PABLO NERUDA

OBRAS COMPLETAS

OPERA MUNDI

PABLO NERUDA

OBRAS COMPLETAS

I
De «Crepusculario» a «Las uvas y el viento»
1923-1954

II
De «Odas elementales» a «Memorial de Isla Negra»
1954-1964

III
De «Arte de pájaros» a «El mar y las campanas»
1966-1973

IV
Nerudiana dispersa I
1915-1964

V
Nerudiana dispersa II
1922-1973

PABLO NERUDA

OBRAS COMPLETAS IV

Nerudiana
dispersa I
1915-1964

Edición, prólogo y notas de Hernán Loyola

GALAXIA GUTENBERG
CÍRCULO DE LECTORES

Primera edición:
Barcelona, 2001

PRÓLOGO

La otra escritura de Pablo Neruda

I

Trazar y razonar una historia mínima de los textos dispersos de Pablo Neruda –a modo de introducción a su lectura– supone tener en cuenta el paralelo despliegue de los textos admitidos en sus libros canónicos (vale decir, las compilaciones organizadas y tituladas por el poeta mismo). Hay una relación constante entre los dos itinerarios porque ambos se nutren de la evolución biográfica del común autor, en el sentido que Neruda resumió al comienzo de una lectura de sus poemas, regresando desde México en 1943:

> Si ustedes me preguntan qué es mi poesía debo decirles: no sé;
> pero si le preguntan a mi poesía, ella les dirá quién soy yo.

Para entendernos, propongo aquí una historia de la escritura de Neruda que reconoce dos grandes fases o etapas, separadas por una fecha fronteriza: 1956. Ése fue el año de la *coupure*, de la radical ruptura que afectó tanto a la *nerudiana canónica* (los libros reconocidos por el poeta) como a la *nerudiana dispersa*. A partir de 1956 también la escritura marginal de Neruda dejó de perseguir esa configuración *profética* definitiva que la escritura central tanto había buscado a través de libros en metamorfosis permanente, desde el adolescente *Crepusculario* de 1923 hasta la madurez de las *Nuevas odas elementales* de 1956.

(A «lo profético que hay en mí» y a «mi sentido profético» aludió Neruda en textos de la primera *Residencia*, y más explícitamente en una carta de 1929 a Héctor Eandi: «El poeta no debe ejercitarse, hay un mandato para él y es penetrar la vida y hacerla profética: el poeta debe ser una superstición, un ser mítico». Ahora bien, lo que Neruda entiende por «mi sentido profético» es precisamente lo que cambiará en su poesía según irá cambiando su vida. La actuación del mandato profético, de «lo profético que hay en mí», asumirá otros objetivos y nuevas modulaciones en la escritura nerudiana. Pero seguirá siendo el horizonte ambicionado por el poeta. Al menos hasta 1956.)

La primera fase había nacido cuarenta años antes de esa fecha fronteriza con el saludo a la *mamadre* (1915): «... unas cuantas palabras semirrimadas, pero extrañas a mí, diferentes del lenguaje diario», según evocó Neruda en sus memorias. El verdadero desencadenamiento de tan extraordinaria escritura poética, sin embargo, quedará registrado pocos años después en *Los cuadernos de Neftalí Reyes*. Esos tres cuadernos escolares –conservados por Laura, la hermana– contienen los poemas que Neruda escribió entre 1918 y 1920, o sea entre los 14 y los 16 años de edad, y que el muchacho mismo reunió, copió en limpio y puso cuidadosamente en orden con vistas a su próximo viaje a (y a su próxima instalación en) Santiago para iniciar estudios universitarios. El valor de los cuadernos, como se puede presumir, es más documental que literario. Ellos permiten al lector y al investigador interesados una rara experiencia: la de asomarse al «taller» de un niño lanzado a la conquista de su lengua poética y seguir sus esfuerzos, vaivenes, vacilaciones, cambios de estilo o de tono, y en particular sus ingenuas tentativas de innovación léxica (incluyen una buena cantidad de «neologismos»).

Esos tres cuadernos, entonces, hay que leerlos hoy como el *diario* de la formación básica de un poeta excepcional. El tercero de ellos era el original de un libro, *Helios*, ya estructurado y pronto para entrar en prensa. El segundo –el más abundante– era la recopilación totalizante y cronológicamente dispuesta de los poemas escritos hasta noviembre de 1920: como quien dice, tres años de textos preparatorios (ejercitaciones livianas o pruebas mayores) del aspirante a poeta. El primer cuaderno traía en cambio un solo poema de Neftalí (el más antiguo: «Nocturno»): las páginas restantes eran la transcripción de poemas ajenos (de autores chilenos, como Gabriela Mistral, y de extranjeros como Baudelaire). Todo ello configuró desde el comienzo la experiencia clave de nuestro poeta: su lenguaje propio y caracterizante emergerá desde un largo, paciente y esforzado *atravesar* (imitando, parafraseando, reproponiendo, recreando) el lenguaje de los poetas anteriores: emergerá desde los subterráneos de una tradición (europea y americana) que Neruda, precozmente precedido por Neftalí, durante decenios exploró, ensayó y metabolizó con rara porfía.

2

Al llegar a Santiago –marzo de 1921– Neruda comprendió enseguida la insuficiencia de sus tentativas liceanas. El proyecto *Helios* no era el libro viable y prometedor que había imaginado en la provincia. De los 200 poemas con que desembarcó en Santiago sólo ocho pasaron el examen del autor al momento de seleccionar los textos para su primer libro canónico, *Crepusculario*, publicado en 1923.

Los textos de 1921-1922 desechados (no recogidos en ese primer libro) dan cuenta de nuevas y variables orientaciones, determinadas por lecturas tan disímiles como Verlaine y Hamsun, Maeterlinck y Andréiev, Whitman y Schwob, Baroja y Frédéric Mistral. Pero sobre todo comienzan a dar cuenta de una fundamental experiencia de vida y de amistad en torno a la Federación de Estudiantes de Chile con sus dos espléndidas revistas, *Claridad* y *Juventud*. Basta hojear los años 1921-1922 de esas publicaciones para advertir cuán sensibles fueron los universitarios chilenos al nuevo clima internacional que la primera guerra mundial y la Revolución rusa de 1917, conjuntamente, determinaron en el ámbito político y cultural. La hegemonía anarquista en la Federación y el carisma personal de amigos como Juan Gandulfo y Alfredo Demaría influyeron decisivamente, desde los primeros años santiaguinos, sobre la orientación básica que habría de tomar la praxis –tanto literaria como política– de Neruda.

Tal marco de inquietudes juveniles explica la escritura y publicación, en 1921, de textos de rebelión privada como
«Sexo» (con ecos del Baroja de *Juventud, egolatría*), o de protestas libertarias como «A los poetas de Chile» y «Scouts», o
de solidaridad social como las varias «Glosas» de la ciudad
y de la provincia.

A mediados de 1923, aún fresco de imprenta *Crepusculario*, Neruda ya ha olvidado ese libro y está embarcado en otra
operación de muy diferente perfil: operación doble y ambigua
que signa un año de encrucijada, de conflicto por resolver, y
cuyos contrastes internos asoman en los textos dispersos. Por
un lado algunos fragmentos del ciclo «La vida lejana» (como
«La tormenta del amor» y «El cazador de recuerdos») y la
nota-cartel «Miserables!» exaltan la delirante línea de escritura poética que, caracterizada por la exasperación grandilo-
cuente y autofirmativa del sujeto enunciador, cristalizará en
El hondero entusiasta. Otra línea, opuesta, la desarrollan varios textos del *Álbum Terusa* y la importante crónica «Figuras en la noche silenciosa-la infancia de los poetas», textos
que afirman de hecho el tono menor de una poesía de los sentimientos y de la memoria.

Esta última línea, la triunfadora, cristalizó a su vez en los
Veinte poemas de amor y una canción desesperada (1924).
Ellos instalaron en el Sur de la infancia el *espacio mítico fundador*. Ellos, más los tres libros prerresidenciarios de 1926
–*Tentativa del hombre infinito, El habitante y su esperanza,
Anillos*–, situaron en los bosques en torno a Temuco, en la desembocadura del río Imperial y en la costa de Puerto Saavedra
el *espacio literario* que generó toda la obra del poeta. En ese
fragmento forestal y lluvioso del sur de Chile, que coincide
con el territorio épico de los indios araucanos, o sea con la
Frontera, estableció Neruda el *centro sagrado y tutelar* al
que remitirá en última instancia toda su escritura. La ficción
narrativa de *El habitante y su esperanza* asignó a ese mítico
espacio literario un nombre igualmente ficticio: Cantalao, que
para Neruda valió lo que Macondo para García Márquez.

El exasperado énfasis de «Miserables!» y la gesticulación
delirante del Hondero abandonarán para siempre la escritura

de Neruda en 1924. En cambio, la creciente textualización del espacio sacro del Sur y varias formas de experimentación poética definirán, dialécticamente, la lírica marginal entre 1924 y 1926: «Poemas de Lorenzo Rivas», «Panorama del Sur», «Poesía del volantín», «Viñetas de luto» ofrecen la misma convergencia de mundo rural y lenguaje de vanguardia que leemos en *Tentativa del hombre infinito*, en *Anillos* y en *El habitante y su esperanza*, libros también escritos durante ese período. Resulta evidente, por lo demás, el parentesco entre el "prólogo" a la narración breve de J. Pérez-Doménech –«[La novela es la clásica emboscada del escritor]»– y el prólogo a *El habitante y su esperanza*: ambos textos promueven ese maridaje de aristocratismo en la expresión y «democracia» en los asuntos que definió, de modo caracterizante, la modernidad literaria de la primera mitad del siglo XX (comenzando por el *Ulysses* de Joyce y por *Trilce* de Vallejo, ambos de 1922).

3

Es el mismo maridaje que en propia clave actualizaron las doce magníficas crónicas viajeras, enviadas desde Oriente (Port Said, Djibouti, Colombo, Rangún, Singapur, Shangai...) al diario *La Nación* de Santiago entre 1927 y 1929, contemporáneas de la primera *Residencia* con la que comparten atmósfera, figuras y materiales del *imaginario* poético. Así, por ejemplo, el motivo del soñar ajeno (o «sueño de otros») es común a la crónica «El sueño de la tripulación» y al poema residenciario «Colección nocturna» (reaparecerá además en el poema «Número y nombre» de 1933). El deslumbrante vestuario y ciertas costumbres de las mujeres en Birmania y en Ceilán introducen tonos y contrastes de coloración en las crónicas «Contribución al dominio de los trajes» y «Oriente y Oriente», así como en algunas prosas de *Residencia* («La noche del soldado», «El joven monarca»).

Las cartas de 1929-1931 a Albertina y a Héctor Eandi (el lector las encontrará en el volumen V de estas *Obras completas*) dan cuenta del íntimo y atormentado trasfondo que gobernó en esos años la escritura de *Residencia*, cuya maduración de lenguaje se advierte también en la nota sobre Ángel Cruchaga Santa María enviada desde Batavia en 1931 para la revista *Atenea* de Concepción. Los poemas «Oda tórrida» (también escrito en Batavia, 1931) y «Número y nombre» (en Santiago, 1933) marcaron momentos de crisis y búsquedas de un nuevo anclaje o fundamento para una poesía que parecía haber agotado el ciclo residenciario.

4

«Barcarola» y «El Sur del océano» de *Residencia II*, poemas escritos en Chile durante el otoño (abril-mayo) de 1933, evidenciaron un fuerte –aunque desolado– renacer del ímpetu poético. Renacer que sin embargo pudo ser efímero ya que sólo pocos meses después (¿septiembre 1933?) ofrece nuevos y más graves signos de crisis en Buenos Aires con «Walking around». Ese texto tradujo, en el más alto registro poético, el nadir absoluto del temple anímico y vital de Neruda, el peor momento de riesgo de toda su escritura. Pero justo entonces apareció García Lorca, que llega a Buenos Aires en octubre de 1933 para promover y coronar el ciclo de representaciones de su teatro con la compañía de Lola Membrives. Y, sin saberlo, para sacar a Neruda del pozo de desesperación en que había caído.

El «Discurso al alimón sobre Rubén Darío» (noviembre 1933) no es sólo una *performance* espectacular sino un pacto de sangre entre los dos poetas. Ambos se reconocen de inmediato y de inmediato comienzan a ayudarse, recíprocamente, en la superación de los respectivos problemas de poesía y de vida entonces actuales (y cuya descripción en detalle la encuentra el lector interesado en Loyola 1987). Neruda, gracias a García Lorca, recupera el entusiasmo creador por entonces en peligro: el tríptico erótico de Buenos Aires –«Oda con un lamento», «Material nupcial» y «Agua sexual»– señala el inicio de un nuevo ciclo de poemas que proseguirá con sostenida convicción en Barcelona y en Madrid (1934-1935). La segunda *Residencia*, así como *Diván del Tamarit* y los *Sonetos del amor oscuro*, deben no poco a la muy leal amistad y a las indocumentadas conversaciones entre Lorca y Neruda.

Buenos Aires fue para Neruda lo que Nueva York había sido para Lorca: el espacio desencadenador de un difícil y abigarrado proceso de autorreconocimiento (y/o de auto-aceptación) que interesó *conjuntamente* zonas muy íntimas del sexo y de la escritura. Aquí importa destacar cómo en este período la ambición *profética* de la poesía de Neruda cambia desde una modulación *testimonial*, dominante en la primera *Residencia*, a una modulación *agonística*, es decir activa, participante, incluso beligerante y agresiva. Por ejemplo, en este período el poeta por primera vez «desciende» a responder –aunque todavía marginalmente– a los ataques de la envidia y del resentimiento con feroces textos clandestinos como «Severidad» (Buenos Aires, 1934) y «Aquí estoy» (Madrid, 1935). Y al mismo tiempo «asciende» a la egregia fundación-dirección de la revista *Caballo Verde para la Poesía* y a la escritura de sus célebres editoriales o prólogos.

Pero aquello fue la manifestación secundaria de la metamorfosis central que comienzan a registrar los últimos poemas de *Residencia*. Desde ese mismo 1934 en que Neruda llega a España, su escritura tiende a conjugar la representación de asuntos privados, lo cual no es una novedad, con la de asuntos públicos de orden político-social. Tampoco esto último es una novedad absoluta considerando sus colaboraciones en *Claridad* y el anarquismo de los años veinte, pero esta vez supone una alineación-a-izquierda más concreta y definida. El acontecer histórico (la amenaza fascista en Europa, la represión de los mineros alzados en Asturias en octubre de 1934) y también el acontecer privado (el amor con Delia y la amistad con Alberti, comunistas ambos): todo presiona en esa dirección. De modo que el estallido de la guerra civil en julio de 1936 encuentra a Neruda ya bien instalado en la trinchera republicana.

Su íntima definición política alcanzará sin embargo robustez aún mayor al verificar personalmente y de cerca cómo los comunistas –en medida determinante– organizaron la defensa de Madrid contra el furioso asedio de las cuatro columnas franquistas durante la segunda mitad de 1936. Con éxito al menos transitorio, ya que la capital no cayó sino dos años después.

5

Nótese que Neruda no se limita a escribir *España en el corazón*, su testimonio mayor de aquellos días y meses (que por lo demás le cuesta el cargo consular). Regresa a Chile con Delia y a tal punto enfervorizado que pondrá en marcha al menos cuatro proyectos: ayudar a la república española en guerra, ampliar e intensificar en el país la batalla mundial contra el fascismo, fundar la Alianza de Intelectuales de Chile (con su importante revista *Aurora de Chile*) y escribir un libro que titularía *Canto general de Chile*. Pero todo es una sola cosa, un solo gran proyecto inscrito por ahora en el marco histórico de la inminente elección presidencial en Chile que ve al candidato Pedro Aguirre Cerda, del Frente Popular, enfrentando a Gustavo Ross Santa María, candidato de la coalición de derechas acostumbrada a gobernar el país. Por primera vez en Chile una agrupación de centro-izquierda desafía a la tradicional casta dirigente de banqueros y latifundistas. Con éxito: Aguirre Cerda, «Don Pedro», es elegido presidente en 1938.

Aunque muchas buenas gentes vivieron con pánico la victoria de los *rojos* –me lo atestiguan mis propios recuerdos de infancia–, en realidad se trató de un limitado recambio en la gestión del poder. La coyuntura nacional e internacional favoreció el ascenso económico y social (a través del poder político) de dinámicos sectores de la media burguesía comerciante y empresarial hasta entonces marginados. Muy pronto ello se hará evidente, para bien y para mal, hasta hoy.

El fervor y la determinación que en 1938 hicieron posible el triunfo del Frente Popular habían corrido por cuenta de los desheredados de siempre a través de los partidos más o menos revolucionarios y de los sindicatos. Neruda no escatimó energías contribuyendo con artículos y conferencias en los que el asesinato de García Lorca y la épica del Quinto Regimiento y de las Brigadas Internacionales se mezclaban con la denuncia del nazismo local (ver «El verdadero espíritu alemán» y «Fuera de Chile los enemigos de la patria!»), con la exaltación de figuras ejemplares como el presidente Lázaro Cárdenas («México, México!») y el propio candidato («Don Pedro») y con la formulación de proyectos culturales para el nuevo gobierno («Arte popular» y «La educación será nuestra epopeya»).

6

Entre 1938 y 1939 la victoria y el luto coexisten para Neruda. Muere Vallejo en París. A la muerte del iracundo padre ferroviario en mayo de 1938 seguirá, en agosto, la muerte de la dulce *mamadre*. El traslado de los restos del padre (a una nueva tumba que compartirá con su esposa) determina la escritura de uno de los textos más importantes de este volumen: «La copa de sangre». Es una breve prosa en la que convergen y se funden decisivos niveles de significación: la memoria conjunta de una infancia y de un territorio vividos *también* bajo el signo del rechazo por parte del padre (que acaba de morir sin haber *reconocido* al poeta en su hijo) y que ahora el poeta solemnemente decide recuperar y rescatar para integrarlos a su proyecto de *Canto general de Chile*. De ahí la bárbara ceremonia ritual evocada por el título de la prosa: el poeta ha regresado al sur (ayer/hoy, infancia/muerte) para beber con decisión y a plena conciencia, *ahora*, esa copa de sangre que cuando niño bebió haciéndose violencia, sin comprender. El texto supone también –implícitamente– otra ceremonia, íntima, dolorosa y secreta: el más que veinteñal conflicto *hijo/padre* viene cancelado por el hijo al conferir a su padre el mismo estatuto que confiere a los rudos oficiantes del rito de antaño, a los bárbaros tíos que le tendieron la copa cuando niño. A través de «La copa de sangre» don José del Carmen Reyes entra a la nueva escritura de su hijo principalmente como ferroviario, como hombre de trabajo, en suma, como una encarnación más del pueblo de Chile.

Un nuevo luto en 1939: la caída de la república española. Neruda proclama: «España no ha muerto» y bajo este lema cumple la más grande empresa cívica de toda su vida: lograr que el nuevo gobierno chileno le asigne la misión especial de embarcar en el *Winnipeg* a 2.000 refugiados españoles con destino a Valparaíso. Y sobre todo: lograr que esos 2.000 españoles partan efectivamente el 4 de agosto de 1939 desde el puerto fluvial de Pauillac, en Francia, y que sean acogidos oficialmente al llegar a Valparaíso el 3 de septiembre, lo que costó no poco debido a la feroz oposición de sectores conservadores dentro y fuera del gobierno. En aquellos días Neruda no tuvo tiempo ni perspectiva para escribir sobre su propia proeza sino las pocas líneas de «Chile os acoge». Lo hará años después –con legítimo orgullo– en sus crónicas y memorias.

7

Desde mediados de 1940 a mediados de 1943 Neruda ejerce como cónsul general de Chile en México D.F. No sin dificultades burocráticas, o mejor, no sin hostilidades de orden político, a tal punto que en 1942 será suspendido de sus funciones (sin goce de sueldo) por un mes, que el poeta aprovechará viajando a Guatemala y a Cuba. Para esta gira escribe sus conferencias «Viaje al corazón de Quevedo» –reelaboración ampliada del «Quevedo adentro» de 1939– y la primera versión de «Viaje por las costas del mundo». Ese mes de «vacaciones» será aún más fructífero: el proyecto *Canto general de Chile* comienza a extenderse a todo el continente con la escritura de «América, no invoco tu nombre en vano», grupo de poemas que más tarde constituirá el capítulo VI de *Canto general* (y del que la «Sonata de las súplicas», incluida en este volumen, podría ser un texto residual).

Entretanto Hitler ha desencadenado la segunda guerra mundial con una violencia, una rapidez y una determinación tales que ninguna fuerza humana parece capaz de detenerlas –hasta que las mejores divisiones del Tercer Reich, al mando del general Von Paulus, se lanzan a la conquista de Stalingrado. La épica resistencia y la final victoria de la ciudad suscitan en Neruda dos célebres poemas (sus «cantos de amor a Stalingrado»), representativos del nuevo vigor y de la creciente convicción de su vocación *profética*. Durante los años de México la poesía de Neruda vive en efecto un período de ebullición y de apasionadas tentativas, persiguiendo por un lado –sin encontrarlo aún– el lenguaje más adecuado para desencadenar finalmente la escritura de *Canto general*; y por otro lado ejerciendo con pasión paralela, principalmente en relación al espacio Europa, su militancia literaria antifascista.

Resultan así dos líneas de escritura poética que hasta 1946 Neruda canaliza separadamente en dos proyectos: (1) el *Canto general*, que agruparía los textos que apuntan a la revelación de la naturaleza americana y a la evocación crónico-lírica del pasado histórico colectivo; (2) la *Tercera residencia*, que reuniría en cambio los textos más explícitamente *engagés*, desde «España en el corazón» al «Canto al Ejército Rojo a su llegada a las puertas de Prusia», pasando por el «Canto a Bolívar» (en clave antifascista) y por los cantos de amor a Stalingrado. Este segundo libro fue efectivamente publicado por Losada en Buenos Aires, en agosto de 1947. Unos meses más tarde la traición del presidente Gabriel González Videla tendrá el efecto de anular la distancia entre las dos líneas, de modo que la última fase de la escritura de *Canto general*, 1948-1949, será también una prolongación de la combativa y militante *Tercera residencia*.

La *nerudiana dispersa* del período mexicano tiene menos cuenta de las diferencias entre las líneas recién señaladas. El redescubrimiento personal de América y la batalla antifascista se mezclan y recíprocamente se potencian en los discursos de Neruda en la ciudad de México (anfiteatro Bolívar), en Morelia, en Michoacán. Lo mismo durante el viaje de regreso a Chile en 1943: la feroz riña a sonetos con Laureano Gómez no desentona, a bien mirar, con el estilo *alto* del mensaje a la Universidad Nacional de Bogotá; pero no deja de sorprender a los peruanos que en su discurso del restorán La Cabaña de Lima, en octubre, Neruda mezcle a Bolívar con Mariátegui, y las batallas libertarias de ayer a las del presente antidictatorial y antifascista. Por esos mismos días el ascenso a Machu Picchu abre perspectivas todavía más audaces y ambiciosas al discurso poético (y *profético*) de Neruda. Perspectivas que, significativamente, tardarán dos años en madurar y en alcanzar su cabal formulación poética con «Alturas de Macchu Picchu».

8

«El 3 de noviembre de 1943 Neruda llega a Santiago. La guerra arde en Europa y en el Oriente. El viaje por la costa del Pacífico, la ascensión a los Andes, le han reportado algo más que lecciones de geografía. Se ha adentrado en sí mismo. Se ha vuelto más consciente de su identidad [...]» (Teitelboim 1996, p. 278[1]). Abandona la diplomacia y acepta la propuesta del Partido Comunista: junto a Elías Lafertte será candidato a senador por las provincias de Tarapacá y Antofagasta. Durante la campaña electoral –gran parte de 1944 y comienzos de 1945– el poeta del Sur lluvioso y forestal recorrerá palmo a palmo una región de opuestas características: el Norte de las minas y del desierto, zona de máxima concentración obrera. A los trabajadores del cobre y del salitre Neruda les destina discursos políticos bien poco habituales que incluyen lecturas de sus poemas, en particular del nuevo poema «Saludo al Norte», que caracterizó la campaña del candidato y todo ese período del escritor. Experiencia decisiva que más tarde la crónica «Viaje al Norte» evocará como viaje hacia el contraste: «El muchacho de los bosques, el niño que buscó copihues y humedeció sus manos con los helechos empapados de rocío, se traslada a un mundo que es la luna en la tierra. El suelo sin vegetación, un planeta extraño en el mismo planeta. Pero más lo sobrecoge el hombre, el metal despreciado» (Teitelboim 1996, p. 280).

Hacia fines de 1944 Neruda se equivoca en ámbito internacional al interpretar la inminente derrota del fascismo en Europa –resultante de la alianza USA/URSS– como preludio a

---

1. Véase «Referencias bibliográficas», pp. 1213-1214.

una cordial convivencia entre capitalismo y socialismo. Lo atestigua su muy favorable e incluso entusiasta comentario al libro *Teherán* de Earl Browder, secretario general del Partido Comunista de Estados Unidos, quien poco después será destituido y expulsado de la organización justamente por las tesis revisionistas que Neruda elogia en su artículo (publicado en la revista oficial del Partido Comunista Chileno a comienzos de 1945). El tropezón será pronto sepultado por los (muchísimos) votos con que el poeta viene elegido senador en marzo y por otros votos que, algunas semanas más tarde, lo consagran premio Nacional de Literatura 1945. Ese año, memorable en la vida y en la obra de Neruda, culmina a nivel de vida con su ingreso oficial en el Partido Comunista de Chile (recibirá el carnet de militante durante un multitudinario acto público en el Teatro Caupolicán el 8 de julio) y a nivel de obra con la escritura de «Alturas de Macchu Picchu» en Isla Negra, desde septiembre.

9

Las actas del senado transcriben, desde mayo de 1945 hasta diciembre de 1946, las intervenciones del senador Ricardo Reyes Basoalto (el nombre *Neftalí* quedó ligado a las primeras incursiones poéticas y al espacio familiar). Desde enero de 1947 hasta enero de 1948 las actas transcriben en cambio, aunque se trata de la misma persona, las intervenciones del senador Pablo Neruda. Apenas elegido, el poeta había puesto rápidamente en acción los recursos de su nueva condición para transformar en nombre legal el que hasta entonces, siendo de hecho el nombre público y real con que todos lo conocían, legalmente era sólo su pseudónimo. Las actas del senado no hicieron entonces sino sancionar oficialmente el nuevo nombre del parlamentario. Nombre no menos legal –vale decir: no menos *verdadero*– que el precedente, aunque hasta hoy ciertos cronistas e incluso estudiosos de la literatura (no siempre de buena fe) insistan en afirmar «Pablo Neruda, pseudónimo de (o: cuyo *verdadero* nombre era) Neftalí Reyes».

La campaña electoral en el norte y la actividad parlamenta-

ria dentro y fuera de las sesiones (por ejemplo, los días compartidos con los mineros en Punitaqui o con el pueblo brasileño en São Paulo y particularmente en el estadio Pacaembú)
contribuyen a enriquecer el pensamiento político de Neruda
y aceleran su radicalización. Los discursos del senador Reyes
abordan sobre todo los asuntos culturales al orden del día –el
premio Nobel 1945 de Gabriela Mistral o la muerte de Domingo Amunátegui Solar o el convenio con el Uruguay–, pero
al senador Neruda el partido le asignará en 1947 intervenciones de creciente peso político. Los dirigentes comunistas
chilenos verifican que el partido cuenta en el senado no sólo
con el prestigio de un gran poeta (que los adversarios odian y
envidian) sino también con la inteligencia, la perspicacia, la
capacidad de información y de organización propias de un
político de fuste. Porque la política (nacional e internacional) interesó siempre a Neruda como dimensión estrechamente conexa al ejercicio de su escritura y, por lo mismo, de su
vocación *profética*. La seriedad de su interés ya quedó en evidencia, antes de *España en el corazón*, con sus colaboraciones en *Claridad* entre 1921 y 1927 y con poemas residencia-
rios como «Estatuto del vino» (ver mis notas a dicho texto
en Loyola 1987).

La actividad parlamentaria fue para Neruda la universidad,
la escuela de altos estudios en materia política. Vale la pena
leer desde este punto de vista –más allá de los asuntos mismos– la secuencia de sus discursos que culmina con el extraordinario y bien documentado «Yo acuso!» de la sesión
del 6.1.1948 (precedido por la no menos notable «Carta íntima para millones de hombres» publicada en Caracas en noviembre de 1947).

El problema del substrato ideológico en la escritura de Neruda es a mi juicio un falso problema. Establecer una frontera
neta, aséptica, entre el poeta y el ciudadano, entre el escritor y
el político, es como separar la poesía y la fe en san Juan de la
Cruz. En ambos casos no es indispensable compartir la *ideología* de los textos para medir el valor poético, pero en cambio
no se la puede ignorar o desechar si se pretende una inmersión
total y a fondo en esos textos, si se quiere *leerlos* de veras.

10

Ello se hará evidente en los textos de *Canto general* escritos en 1948-1949 (como el capítulo «El fugitivo»), pero sobre todo en los libros propiamente del exilio: *Los versos del Capitán* (1952) en su totalidad y, en buena parte, *Las uvas y el viento* y las *Odas elementales* (ambos de 1954). Durante este período, que se prolonga hasta 1956, el sujeto nerudiano vive la hora culminante de su vocación *profética* porque está seguro de haber alcanzado la ambicionada unidad de las figuras mítico-biográficas que hasta entonces habían escandido su itinerario personal: vale decir el niño de la Frontera, el exaltado hondero, el estudiante enamorado, el soñador austral del bosque y del océano, el viajero errante por el mundo, el testigo acusador en España, el indagador americano en México y en Machu Picchu, el chileno de regreso, el militante comunista, el senador, el perseguido. El poeta está seguro, en suma, de haber alcanzado la identidad final tanto buscada y que ahora lo autoriza a cerrar el *Canto general* con un enfático y orgulloso «YO SOY».

Pero precisamente entonces Neruda verifica que algo seguía faltando. Porque en México, hacia septiembre de 1949, reaparece Matilde Urrutia (a quien Neruda no veía desde aquel fugaz y apasionado primer encuentro a comienzos de 1946 en Santiago) y ella pone en marcha la fase conclusiva del íntimo proceso que el poeta está viviendo. Neruda no resiste a la tentación de incluir en *Canto general* –ya prácticamente completado– alguna rápida y oblicua alusión a Matilde («paz para mi mano derecha / que sólo quiere escribir Rosario»), pero los textos decisivos que a ella conciernen serán escritos en Europa (1950-1952) y recogidos en *Los versos del Capitán* (1952) y en *Las uvas y el viento* (1954).

Inicialmente la presencia de Matilde en la línea poética dominante –que tiende a prolongar y a desarrollar en nuevos ámbitos la épica de *Canto general*– aparece restringida, lateral, a veces críptica como en el poema «Regresó la sirena», donde se confunden imágenes de una ciudad reconstruida

(Varsovia) y de una mujer reencontrada (Matilde). Pero de pronto el poeta interrumpe su crónica de asuntos vinculados a la geografía y a la política internacional para dedicar a una dama secreta e innominable (dotada de cabellera roja y de rasgos evocadores de la patria del exiliado) un capítulo *intermedio* que recorta «un círculo en la estrella» o simplemente «un día».

Los versos del Capitán suponen la amplificación del «círculo en la estrella», la repentina expansión del tema amoroso dentro del proyecto global. Suponen por ello un salto de calidad en la representación de la figura femenina, conectada de pronto a un espacio secreto y singular: la isla clandestina del amor. Pero en definitiva se trata de algo simple. El poeta-combatiente ha terminado por reconocerse completamente, ya sin reservas, en su relación amorosa con la pelirroja innominable. La fórmula YO SOY de *Canto general* significa ahora, *también*, YO SOY FELIZ.

Por eso *Los versos del Capitán* es el libro que en 1952 testimonia el cenit del temple anímico y vital de toda la trayectoria nerudiana, textualizando así, desde tal perspectiva, el momento opuesto al «Walking around» de 1933. Al autoconfigurarse Capitán el poeta proclama la verdadera plenitud del *yo soy*, la íntima glorificación del sujeto, su secreta apoteosis. Las circunstancias objetivas autorizan la ficción épica (acentuada en *Las uvas y el viento*) de un héroe exiliado y errante que en sus desplazamientos ha encontrado una paralela figura femenina, también errante: la «misteriosa dama» del combatiente perseguido. La clandestinidad del *amante* re-propone así, en simetría, la clandestinidad del *fugitivo* (protagonista del capítulo X de *Canto general*). El amor de la dama desconocida (en ámbito privado) completa el espaldarazo del pueblo (en ámbito público). En *Canto general* el poeta había conquistado credenciales de portavoz y de combatiente, pero en ese libro faltaba de hecho el amor. Ahora ha llegado el amor de la dama misteriosa que autoriza, por fin, la promoción del Yo al grado de héroe cumplido, de Capitán.

Así, una trayectoria compleja y esforzada pero al mismo tiempo auténtica (prescindiendo aquí de juicios de valor so-

bre los resultados) condujo a Neruda hasta un momento cenital en que la dimensión política y la dimensión amorosa
–los extremos del abanico poético– lograron por fin confun-
dirse en el ámbito más alto de su escritura (o sea, en su obra
canónica), lo que es verificable en poemas como «El amor del
soldado» y «La carta en el camino» (*Los versos del Capitán*),
o «Regresó la sirena» (*Las uvas y el viento*). Por fin, digo, pues
para Neruda poder escribir *Los versos del Capitán* significó
no sólo traducir en clave lírica la experiencia Bucarest-Tran-
siberiano-Shangai-Praga-Viena-Nyon-Capri vivida entre 1951
y 1952 (que para el poeta fue ya en sí misma una experiencia
gloriosa e inolvidable) sino también el cumplimiento del viejo proyecto, perseguido al menos desde 1925, de una poesía
que fundiera en unidad el plano individual de los *sueños* (sentimiento, pasión, eros, memoria, fantasía, extravío) y el plano colectivo de la *acción* (amistad, solidaridad social, capacidad transformadora de la realidad hostil, inserción en la
historia, razón).

Es el triunfo de la vocación *profética*. Ello explica –desde
una perspectiva interior a la obra– el relativo «sectarismo»
del período 1948-1956. Aquí cabe precisar que la adhesión
de Neruda y de su poesía a la causa comunista tuvo su propia
historia, mucho menos homogénea de cuanto cierta crítica
–las más de las veces por prejuicio o por desinformación– superficialmente da por descontado. Al menos tres grandes ciclos cabría distinguir: (1) desde el 1934 de la revolución as-
turiana («Estatuto del vino») al 1945 de la elección senatorial
y del ingreso oficial al partido; (2) desde el 1945-1946 del
neo-senador en ejercicio (y del poeta de «Alturas de Macchu
Picchu» y «Las flores de Punitaqui») al 1956 del XX Congreso del PCUS y del Ejército Rojo en Budapest; (3) desde el
1956-1957 de la nueva vida con Matilde (y de la escritura de
Estravagario) al 1973 del golpe de Estado en Chile.

En cada uno de estos ciclos cabría discernir subperíodos
como este que aquí interesa (1948-1956), marcado por la
exacerbación acrítica del optimismo histórico y del voluntarismo ético-político-literario. Vale decir, marcado por ese ho-
nesto y hasta comprensible «sectarismo» con que el ciudada-

no y el poeta expresaron la fusión de dos apoteosis, una en el terreno público (el reconocimiento mundial), otra en el terreno privado (el cumplimiento del amor). A partir del *Tercer libro de las odas* de 1957, la poesía de Neruda será ella misma la primera en fustigar el propio «sectarismo», dejado atrás con decisión y desgarro pero sin renegar las honestas equivocaciones (los poemas a Stalin, por ejemplo). Y, por ello, sin renegar su adhesión de fondo a la causa comunista.

II

Puesto que a partir de 1948 Neruda inscribe *también* el tratamiento ambicioso de los pormenores de la política *chilena* en el más alto registro de su escritura poética –o sea en su obra canónica–, la *nerudiana dispersa* se puede permitir tonos y juegos de menor nivel como los que leemos en «Los riñones del general Marshall» y en la ficticia poesía popular de la *Antología de la Resistencia* (no por ficticia menos interesante). Esos textos fueron escritos en la clandestinidad debida al desafuero parlamentario y a la inminencia del arresto.

Notar que mientras la *nerudiana canónica* persigue el tratamiento épico de la política nacional e internacional, incluso de aquella más contingente (ver por ejemplo los capítulos «La tierra se llama Juan», «Que despierte el Leñador» o «Coral de Año Nuevo para la patria en tinieblas»: *Canto general*, VIII, IX, XIII), la *nerudiana dispersa* persigue en cambio el registro grotesco al diseñar con el general Marshall y con las figuras de la *Antología* un tinglado de monstruos, una galería esperpéntica, un álbum de poderosos (extranjeros y locales) retratados en grupo *à la Daumier* como una auténtica «corte de los milagros».

Tras haber burlado a la policía de González Videla y haber reaparecido triunfalmente en París (abril 1949), nuestro poeta pronuncia en septiembre el discurso central del Congreso Latinoamericano de Partidarios de la Paz en la capital de México. Allí enferma de cuidado pero reencuentra a Matilde. Dos buenos motivos –que se agregan a la fatiga de editar el

Canto general– para prolongar su permanencia en México, desde donde viaja a Guatemala en 1950. La crónica «El esplendor de la tierra» es uno de los resultados de esa experiencia.

Neruda vive el resto del exilio en Europa... y en otra «clandestinidad» dominante: la de su relación amorosa con Matilde. El acontecer erótico y los azarosos encuentros y viajes de los enamorados (con luna de miel en Capri durante la primera mitad de 1952) invaden la escritura *alta* de Neruda, con modulación explícita y dominante en *Los versos del Capitán*, con modulación oblicua, en cambio, en el sutil estrato escondido bajo la robusta corteza política de *Las uvas y el viento*. Esos intereses centrales del exiliado –el amor y la política trascendentes– apenas dejan espacio a buenos textos de circunstancia como el discurso en el Teatro Polski de Varsovia, el artículo «Vámonos al Paraguay» o la elegía en la muerte de Ricardo Fonseca, secretario general del Partido Comunista chileno. O como la erótica y enigmática «Serenata» escrita en París, 1951, para incierta destinataria.

12

«Yo soy chileno del Sur»: son las primeras palabras del discurso con que Neruda saluda a la multitud que ha venido a darle la bienvenida en la plaza Bulnes de Santiago. Es el 12 de agosto de 1952. El poeta vuelve a su casa en el barrio Los Guindos, pero su verdadero domicilio es ahora el departamento de Matilde en la avenida Providencia. Disfruta el «olor del regreso», viaja al sur, aporta su contribución a la primera campaña presidencial de Salvador Allende. Durante el poco tiempo que le deja la elaboración de las *Odas elementales* y de *Las uvas y el viento* escribe algún artículo suelto en celebración y goce del retorno, como «Oceanografía dispersa».

Tras algunos meses de relajamiento, el Capitán vuelve a la acción. Desde comienzos de 1953 organiza el Congreso Continental de la Cultura. En mayo acuden a Chile, al llamado de Neruda, artistas y escritores de todo el mundo. El éxito del evento y la estatura de los participantes configuran un reconocimiento planetario. El discurso del poeta a la asamblea plenaria del Congreso evidencia cómo su condición *profética* asume crecientemente un perfil internacional, más aún, intercontinental, que la asignación del premio Stalin por la Paz ratificará al inicio de 1954.

Todo ello será coronado por la apoteosis del 50.° cumpleaños en ese mismo 1954. Importa tener en cuenta que desde el YO SOY de *Canto general* (1950) la escritura canónica de Neruda –salvo, y no totalmente, el paréntesis privadísimo de *Los versos del Capitán* en 1952– se ocupa sobre todo de asuntos públicos, externos al *yo* enunciador. En coherencia con la poética formulada en el largo pórtico o prólogo –escrito en 1952– de las *Odas elementales*, los textos del Hombre Invisible (y secreto Capitán) persiguen por un lado hacer cada vez más *visibles* los sueños y esperanzas, los conflictos y dificultades, las luchas y derrotas y victorias de los Hombres, de la comunidad humana, y por otro lado persiguen el *inventario* poético del mundo, un lírico registro o repertorio de los «elementos» más inmediatos y simples, sea de la realidad natural (pero en su relación con los seres humanos), sea de la realidad historizada. Sólo incidentalmente el poeta se permitirá un intervalo de atención a sus asuntos privados: *Intermedio* (como en el cine) viene calificado el capítulo XI, «Nostalgias y regresos», de *Las uvas y el viento*, donde se incluye el poema «Un día» que alude explícitamente a un retazo de tiempo sustraído a la Historia por el Amante.

Cabría representar la poética del Hombre Invisible como la generosidad alocéntrica y solidaria de un personaje que se siente «culpable» de estar viviendo un momento de dichosa plenitud. Y que busca «compensar» su privilegio individual restando a sí mismo visibilidad y volcando en cambio hacia la colectividad, hacia el *otro*, las proyecciones más ambiciosas de su escritura. (Pero sin olvidar que las tentativas hacia la resolución dialéctica de la oposición *yo/otro* fueron una constante en la trayectoria de Neruda, puesto que eran la clave del obsesivo conflicto *sueños/acción*. Sólo que esta vez se nota más porque esta convergencia, *felicidad privada/apoteosis*

pública, el poeta la vive como el triunfo reivindicativo que
siempre persiguió. Lástima que el padre ya no esté.)

Si por dichas razones la *nerudiana canónica* del período
tiende a ocuparse principalmente del *otro*, será entonces función de la *nerudiana dispersa* recoger los textos del *yo-en-pri-
mer-plano*, en particular los textos celebrativos del 50.° cumpleaños. Entre los días 20 y 28 de enero de 1954 Neruda
dicta en el Salón de Honor de la Universidad de Chile un ciclo de cinco charlas autobiográficas bajo el título *Mi poesía*.
(De esas charlas, sólo serán publicadas las dos primeras: «Infancia y poesía» y «Algo sobre mi poesía y mi vida». Las
otras tres fueron básicamente lecturas de poemas con breves
comentarios intercalados.) El 20 de junio, en solemne acto
académico, el rector Juan Gómez Millas recibe a nombre de
la Universidad de Chile la donación que hace Neruda de su
muy valiosa biblioteca personal y declara inaugurada sobre
esta base una Fundación para el Estudio de la Poesía. Algunas semanas más tarde, Neruda será objeto: (1) de un solemne homenaje académico en el mismo Salón de Honor de la
Universidad, exactamente el 12 de julio del 50.° cumpleaños,
al que responderá con el discurso «Andando hace muchos
años por el lago Ranco hacia adentro...»; (2) de un homenaje popular y multitudinario en el Teatro Caupolicán la mañana del 18 de julio; (3) de una cena de celebración y gratitud
que le ofrecieron, ese mismo 18 por la noche, los españoles
republicanos residentes en Chile, en especial los del *Winnipeg*
y sus descendientes.

13

El período de las certezas y de la plenitud *proféticas* se disolvió
a lo largo de 1956 a raíz de un doble y doloroso impacto: en
marzo el informe Jruschov al XX Congreso del Partido Comunista de la Unión Soviética denunciando los aspectos secretos
y nefastos del período estaliniano; y en noviembre la intervención del Ejército Rojo en Budapest. A diferencia de muchos intelectuales hasta entonces simpatizantes de la política soviética, Neruda no sólo aceptó la explicación que de esos hechos

ofreció el Partido Comunista en Chile sino que reafirmó su militancia en los años que siguieron, hasta su muerte.

Paradójicamente, sin embargo, las consecuencias de aquel 1956 fueron para Neruda mucho más graves que para la mayoría de los intelectuales que entonces abandonaron (por lo general sin grandes traumas y a veces pasando con desenvoltura a la trinchera opuesta) su adhesión a «la causa». Adhesión que para Neruda tenía en cambio implicaciones muy hondas en cuanto radicalmente conexa a su escritura poética. Por ello no se declaró engañado o traicionado –como hicieron tantos intelectuales en el mundo, no siempre en buena fe a juzgar por comportamientos o adhesiones sucesivas– sino que admitió en secreto su personal autoengaño en el modo de vivir «la causa». O, más precisamente, en el modo de *escribirla*. Por ello no se alejó del partido: fue su poesía la que cambió.

Basta comparar los textos de *Odas elementales* (1954) con los del *Tercer libro de las odas* (1957) para advertir la profundidad de un cambio que los libros sucesivos en 1958 –*Estravagario*– y en 1959 –*Navegaciones y regresos*, *Cien sonetos de amor*– confirmarán desde ángulos diversos. El factor común es la nueva desacralización del *yo* enunciador-protagonista. Las autoconfiguraciones totalizantes y unívocas surgidas desde el YO SOY de *Canto general* (el Hombre Invisible, el Capitán) desaparecen de improviso y para siempre. La unidad misma del sujeto nerudiano, durante decenios tenazmente perseguida y arduamente conquistada, entra de pronto en desintegración tanto vertical (no una sino «muchas vidas» en el pasado: *las vidas del poeta*) cuanto horizontal (no una sino varias identidades en el presente: *muchos somos*).

La nueva escritura canónica se define entonces, inicialmente, como *fase de reflujo o de resaca* en cuanto invierte la proporción característica y definidora de la fase anterior: la tendencia dominante es ahora la exaltación del *yo privado* y la violenta reducción del *yo público*. Lo cual determina en primer lugar la repentina visibilidad poética del amor hasta entonces oculto, enmascarado, clandestino. Porque a los traumas provenientes de la política internacional hay que agregar la ruptura (no buscada) de Neruda con Delia del Carril y el inicio de su abierta convivencia con Matilde Urrutia (y de la construcción de la casa La Chascona al pie del cerro San Cristóbal).

La novedad decisiva es sin embargo la desaparición (a partir del *Tercer libro de las odas*) del utópico horizonte (político) que regía la visión poética del mundo en *Las uvas y el viento* y en las *Odas elementales* y que –en coherencia– confería al lenguaje de esos libros un tono exhortatorio y una clara intención edificante. Tal metamorfosis adquiere estrepitosa visibilidad en *Estravagario* cuyo único texto vagamente militante, «El gran mantel», reduce en modo drástico y deliberado su horizonte –antes radical– de reivindicaciones sociales: «Por ahora no pido más / que la justicia del almuerzo».

14

A modo suyo la *nerudiana dispersa* reflejó también ese cambio radical que alguna vez –por ejemplo en Loyola 1999– he caracterizado como el pasaje desde un Neruda *moderno* a un Neruda *posmoderno*. Desde los *Veinte poemas* de 1924 hasta las *Nuevas odas* de 1956, según ya señalé, el sujeto moderno había perseguido un *ideal de unidad* en todos los terrenos: como unidad del autorretrato (búsqueda de un YO SOY = identidad, autenticidad y coherencia íntimas del yo) y como unidad de propósitos para su obra (búsqueda de una escritura totalizante). Entre 1956 y 1959 los textos sueltos acentúan ya, en cambio, la *praxis de fragmentación* con que el sujeto posmoderno está paralelamente abandonando en su escritura canónica –o sea en sus libros– aquel viejo y caro ideal unitario ahora deteriorado, ya no más viable.

Tal *praxis de fragmentación* Neruda mismo la reconocerá algunos años más tarde (1964) al admitir con notable lucidez que sus libros entonces más recientes parecían retornar a la estructuración del libro más antiguo, *Crepusculario* (1923), elaborado en juventud como una especie de «diario de cuanto acontecía dentro y fuera de mí mismo, de cuanto

llegaba a mi sensibilidad». Vale decir: el *diario* como metá-
fora de la tematización *fragmentaria y casual* que dominó la
escritura de Neruda hasta 1923, antes de los *Veinte poemas
de amor*.

El retorno (a partir de 1957) a la arcaica modulación *diario*
no fue inmediatamente advertido en los libros del poeta –y
menos aún en los textos sueltos– porque la variedad temática
nunca les había faltado. Pero esta vez se trataba de algo diverso: había reaparecido verdaderamente, con otra valencia
claro está, aquella frontera decisiva que en 1924 había relegado *Crepusculario* y *El hondero entusiasta* a una especie de
prehistoria nerudiana. La variedad de asuntos y personajes,
de tiempos y espacios había sido –en las *Residencias* como en
Canto general, en *Las uvas y el viento* como en *Odas elementales*– una variedad organizada unitariamente en torno a
una línea y a un horizonte centrales (conexos a la tensión y
propensión del poeta hacia el cumplimiento pleno, triunfal,
de su *vocación profética*). En su aún más abigarrada apariencia, la paralela variedad presente en los textos sueltos del período (1924-1955) respondía a la misma unidad de fondo. La
nueva *praxis de fragmentación*, en cambio, buscaba sólo representar la variedad misma del mundo y la casualidad del
acontecer, operando desde el punto de vista del nuevo *yo* –de-
sacralizado– propuesto por *Estravagario* en 1958.

Dentro del nuevo cuadro general la *nerudiana dispersa* juega inicialmente un rol de contrapunto a la *nerudiana canónica*. Contrapunto complementario puesto que, entre otras
novedades, el bien conocido alineamiento del poeta respecto
a las tensiones internacionales (la Guerra Fría) aparece sustituido en *Estravagario* por una visión distanciada que implícitamente asigna responsabilidades a todos los campos en lucha. En este libro de ruptura Neruda exhorta al silencio y a
la inmovilidad como vías de paz y de entendimiento entre los
hombres. Pero tal exhortación la destina no sólo al «enemigo» sino también al «compañero» porque ambos «preparan
guerras verdes, / guerras de gas, guerras de fuego, victorias
sin sobrevivientes». De ahí que el nuevo sujeto posmoderno
use un *nosotros* global, omnicomprensivo y no alineado: «Si

no pudimos ser unánimes / moviendo tanto nuestras vidas, / tal vez no hacer nada una vez, / tal vez un gran silencio pueda / interrumpir esta tristeza, / este no entendernos jamás / y amenazarnos con la muerte / [...]» (*Estravagario*, «A callarse»).

Estos versos inauguraron en 1958 una percepción apocalíptica –y por ello característicamente posmoderna– de la historia contemporánea, que alcanzará su más cabal e intensa formulación poética en sucesivos libros de Neruda, particularmente en *Fin de mundo* (1969), en *La espada encendida* (1970) y en *2000* (1974).

15

Ahora bien, la *nerudiana dispersa* acogió en contrapunto complementario el otro *discurso* del Sujeto: vale decir el discurso del militante, marginado por la *nerudiana canónica* durante los primeros años de la resaca –como quien, al despertar de una noche de parranda, rechaza el licor que lo embriagó (pero transitoriamente, hasta que el equilibrio se restablezca). Cumplieron esa función los textos «Recabarren», «Ha fallecido la Ley Maldita...» y la «Intervención durante el XI Congreso del PC de Chile», en los que importa advertir, sin embargo, cómo la fidelidad de Neruda a la causa comunista se conjuga ahora, de modo muy visible, con la desaparición del horizonte utópico y de la trascendencia profética que hasta entonces habían caracterizado el discurso del poeta militante (en todos los sectores de su escritura).

Durante esos primeros años de resaca (1956-1959) hay entonces un cierto grado de separación entre las diversas *personas* de Neruda. Lo cual se manifiesta también en los textos sueltos. A veces su estilo es grave y solemne, como de costumbre en las ocasiones importantes (por ejemplo en la muerte de Gabriela Mistral). Otras veces asume ese comportamiento tendencialmente lúdico o desenfadado, a veces irreverente y en general liviano o casual, desprovisto de intencionalidad trascendente, con que el poeta posmoderno buscó compensar los excesos apolíneos –edificación, «realismo», claridad– de su escritura anterior. Por ejemplo en el «Romance de los Carrera» y en el «Canto a Bernardo O'Higgins», donde la connotación épica de *Canto general* cede lugar a un tratamiento ligero de los personajes, más apto a textos para canciones.

En 1960-1961 la *nerudiana canónica* ensaya un controlado retorno a la épica y a la trascendencia, dentro de la fórmula del *diario*, con *Canción de gesta* (1960) y con *Cantos ceremoniales* (1961). Estos libros buscan evidentemente recuperar, con estructuración más orgánica que la de *Navegaciones y regresos* (1959), las temáticas *de interés público* –la Historia– vistosamente ignoradas por los eneasílabos de *Estravagario* y por los *Cien sonetos de amor* dedicados a Matilde en 1959. Neruda sitúa la revolución de Fidel en el registro canónico de su poesía, aunque más por su autónoma dimensión americana que por su propensión socialista. Restarán textos de circunstancia, en cambio, tanto los homenajes fúnebres al senador Lafertte, líder histórico de los comunistas chilenos («Corona para mi maestro», «En la pampa con don Elías»), como la exaltación pacifista de la bomba soviética de 50 megatones.

16

Pero lo más significativo de *Canción de gesta* fue el poema epilogal (de la primera edición) con doble título: «Meditación sobre la Sierra Maestra» y «Escrito en el año 2000». Con ese poema Neruda introdujo un sumario autobiográfico en un lugar aparentemente inesperado. La intención, sin embargo, no era nueva. Se trataba de instalar al cierre de *Canción de gesta* un YO SOY, como al cierre de *Canto general*, pero a otra escala y en opuesta clave. Se sabe que en el itinerario poético de Neruda fueron recurrentes las incursiones autobiográficas globales, o sea los *sumarios*. Desde muy temprano el poeta textualizó su inclinación a revisar periódicamente el propio pasado, en especial alrededor de los cumpleaños. Este mismo volumen trae, sin ir más lejos, los minimemoriales que escribió el liceano Neftalí en julio de 1919 («Estos quince años míos») y en julio de 1920 («Sensación autobiográfica»).

Así como los textos del 50.º cumpleaños («Infancia y poesía», «Algo sobre mi poesía y mi vida» y otros de 1954).

Antes de 1958 los más importantes sumarios autobiográficos fueron recogidos en *Canto general*: las cinco series iniciales de «Alturas de Macchu Picchu» y todo el capítulo XV, «Yo soy». Tales sumarios cumplieron una función integradora y totalizante: las diversas fases o períodos atravesados por el sujeto nerudiano –todas las «enajenaciones» precedentes– habían venido a desembocar en la unidad definitiva y redentora del YO SOY.

La voluntad memorialística que asomó en *Estravagario* (1958) no fue el menos sorpresivo de los rasgos de ese libro. A primera vista parecía una simple reiteración de intentos anteriores, pero poemas como «Dónde estará la Guillermina?», «Regreso a una ciudad» o «Itinerarios» marcaron bien la novedad y la diferencia. Los recuerdos de infancia en la Frontera nunca tuvieron, al ser evocados en *Canto general* o en «Infancia y poesía», la atmósfera melancólica y otoñal que ahora alcanzaban en los nuevos textos. Pero la principal novedad fue el derrumbe del horizonte personal que hasta entonces había orientado y definido las sucesivas fases de elaboración textual del autorretrato. En oposición al héroe *moderno* que había cultivado la ilusión de la unicidad vertical del YO SOY (figura final que resolvía la pluralidad de las figuras-tentativas precedentes), el nuevo sujeto *posmoderno* admite haber vivido «muchas vidas» (*Tercer libro de las odas*, «Oda al camino»).

Muchas vidas. Lejos del itinerario moderno que desembocaba en la gran Figura unificadora, el registro autobiográfico posmoderno tiende por el contrario a rescatar la pluralidad de las existencias pretéritas del sujeto nerudiano, la validez y autonomía de cada una de sus *muchas vidas*: «ahora me doy cuenta que he sido / no sólo un hombre sino varios» (*Estravagario*, «Regreso a una ciudad»). Los *sumarios* cumplen ahora una función de *ruptura* a nivel de autorrepresentación del Sujeto, opuesta a su anterior función unificante.

Otra modulación autobiográfica emergió entonces de la nueva conciencia del propio pasado que los eventos de 1956 precipitaron en la vida y en la poesía de Neruda. Los prime-

ros libros de la fase posmoderna incluyeron, entre 1957 y
1959, intermitentes revisitaciones de la topografía y de la ico-
nografía residenciarias (Rangún, Colombo, Batavia, el fantasma de Josie Bliss). Pero el poema «Escrito en el año 2000»
de *Canción de gesta* inauguró en 1960 la estructuración cada
vez más sistemática y ambiciosa de los sumarios. En 1962 la
revista brasileña *O Cruzeiro Internacional* sorprendió a todo
el mundo con la publicación (desde enero a junio) de diez espléndidas crónicas autobiográficas de Neruda bajo el título
de conjunto *Las vidas del poeta*. Ellas fueron la antesala del
proyecto *Memorial de Isla Negra* que Neruda comenzó a realizar durante ese mismo 1962 con el volumen *Sumario*, publicado en Italia por el impresor Tallone (y cuyo prefacio reproducimos aquí), para culminar en 1964 con los cinco
volúmenes que Losada publicó en explícita coincidencia con
el 60.° cumpleaños del poeta. Esas crónicas de *O Cruzeiro
Internacional* serán más tarde el texto de base –por no decir
el borrador– de *Confieso que he vivido*.

En marzo de 1962 la Facultad de Filosofía y Educación de
la Universidad de Chile recibió a Neruda como miembro académico con un acto solemne en el Salón de Honor del ateneo.
El discurso de investidura estuvo a cargo del poeta (y profesor de Física en la universidad) Nicanor Parra. Su propio discurso de incorporación a la Facultad sirvió a Neruda como
vehículo para una importante formulación de sus ideas sobre
la tradición literaria y sobre su personal desarrollo como poeta desde los años veinte. Fue sobre todo la ocasión para recordar a los escritores que conoció en juventud, como Pedro
Prado y Eduardo Barrios, y para reconocer su deuda de formación literaria con «libros desacreditados ahora» como los
de Felipe Trigo, Paul Feval y Emilio Salgari. Su estrato me-
morialístico inscribió este discurso –cuyo excepcional interés
subrayo– en el mejor nivel de la nueva modulación autobiográfica.

17

En agosto de 1962 Neruda envía al diario *El Siglo*, desde
Moscú, una nota sobre los vuelos coordinados de los cosmonautas Adrian Nikoláiev y Pável Popóvich. Como se sabe, el
poeta establecerá más tarde un nexo entre esa hazaña de la
ingeniería espacial soviética y la elaboración de su libro *Arte
de pájaros*. A estos dos asuntos aludirá en el extenso discurso
que lee en el Teatro Caupolicán de Santiago el 12 de octubre,
a pocos días de su regreso al país. Neruda ha vuelto con re-
novadas energías. Trabaja ya con vistas al *Memorial de Isla
Negra* (que publicará en 1964) y a la vez se ocupa activamente de asuntos políticos, según atestigua –por ejemplo– su
carta al presidente Jorge Alessandri a propósito de la política
exterior del gobierno chileno, publicada en *La Nación* el 18
de octubre.

Conocido bajo el título «Con los católicos hacia la paz», el
discurso del Teatro Caupolicán entre otras cosas confirma y
visualiza la dualidad de la escritura de Neruda en ese período,
y a la vez la propensión del poeta a reunificarla. El núcleo del
discurso es una respuesta a la reciente Pastoral emitida por
los obispos chilenos, y firmada por el prestigioso cardenal
Raúl Silva Henríqucz, que además de examinar la situación
política y social en Chile (y en el mundo) reitera los juicios
condenatorios de la Iglesia católica hacia los comunistas. La
Pastoral misma se explica en el contexto histórico y político
de entonces, marcado en el ámbito internacional por el auge
del prestigio de la URSS (en particular por sus éxitos espacia-
les y por su poderío bélico, la bomba de 50 megatones) y de
Cuba (por su rechazo de la invasión mercenaria en Playa Girón); y en el ámbito nacional por la creciente posibilidad de
un triunfo de la izquierda marxista en la ya próxima elección
presidencial de 1964. El discurso del Teatro Caupolicán interesa en cuanto índice del alto nivel jerárquico de Neruda dentro del partido –que le ha asignado la responsabilidad enorme de responder a (y de intentar un diálogo con) la más alta
jerarquía eclesiástica de Chile–, así como de su destreza y

pertinencia en la polémica. Pero aquí interesa aún más subrayar la conexión, actuada por Neruda mismo en su discurso,
entre sus textos canónicos (el tema del vuelo en *Arte de pájaros*) y sus textos ocasionales (el tema del vuelo de los cosmonautas en la polémica afirmación del socialismo).

Casi un año más tarde Neruda pronunciará otro extenso y
no menos polémico discurso frente a una multitud reunida
en el Parque Bustamante de Santiago. Esta vez el tema de
fondo es –nada menos– el pronunciamiento de los comunistas chilenos frente a las graves divergencias surgidas entre el
Partido Comunista de la URSS y el de China. El énfasis con
que Neruda denuncia las manifestaciones del «culto de la
personalidad» en China se podría leer como una indirecta reflexión crítica acerca de sus propios antiguos escritos sobre
Stalin. Reflexión que en cambio se hará explícita poco después mediante el poema «El episodio» de *Memorial de Isla
Negra* (1964).

El replanteamiento conceptual y poético de su militancia
política caracterizó en efecto el período precedente al 60.º
cumpleaños del poeta, superando así la resaca ideológica de
los años 1956-1959. Aparte *Canción de gesta*, el texto canónico más importante en esa dirección fue el poema «El pueblo» de *Plenos poderes* (1962), que no por casualidad fue
escrito como contribución de Pablo Neruda, miembro del
Comité Central, al XII Congreso de su partido en marzo
de 1962. Algunas semanas antes registramos un texto suelto:
«Al Partido Comunista de Chile en su cuadragésimo aniversario», y otro un año más tarde: «1.º de mayo en otoño». Estos tres poemas aparecen acomunados por la reafirmación
del compromiso político de Neruda, pero sin conectarlo ahora a un horizonte socialista mundial. Vuelve el optimismo
histórico de la fase moderna, pero ahora en versión muy ate-
nuada.

Y sin embargo esos textos anuncian y certifican el retorno,
si bien en otra clave, del *sentido profético* del poeta. Dado
que 1964 trae consigo el 400.º cumpleaños de Shakespeare
pero también su propio 60.º cumpleaños, Neruda celebra la
coincidencia con una nueva y audaz traducción de *Romeo y*

Julieta, en versos castellanos, que será representada el 10 de octubre de ese mismo año por el Instituto del Teatro de la Universidad de Chile.

En agosto, durante un acto de homenaje a sus 60 años en la Biblioteca Nacional, el poeta había intervenido con «Algunas reflexiones improvisadas sobre mis trabajos». El texto resultante será muy útil para entender la ruptura que se ha producido en el desarrollo de su obra, pues por un lado reconoce la nueva fragmentariedad de su escritura, similar a la del viejo *Crepusculario*, y por otro admite haber dejado atrás la ambición de una poesía cíclica y abarcadora que guió por un tiempo su trabajo. Cuando Neruda declara que su nuevo libro *Memorial de Isla Negra* supone el retorno deliberado «a los comienzos sensoriales de mi poesía», lo que quiere indicar es la desaparición de las metas u horizontes racionales que, a través de la anhelada conquista del autorretrato definitivo, su escritura persiguió por decenios.

Pero el contacto con la creatividad de Shakespeare a través del esfuerzo por traducirlo, por un lado, y por otro la lucidez sobre las recientes metamorfosis de su propia poesía, todo ello está desembocando en el nuevo *sentido profético* que la obra de Neruda actualizará durante el último decenio de su vida.

HERNÁN LOYOLA
Sássari, junio de 2001

Nota a esta edición

La fórmula *Nerudiana dispersa* quiere obviamente ser un eco de aquella *Oceanografía dispersa* con que el poeta tituló una bien conocida crónica suya publicada en 1952, al regreso del exilio europeo. En ambos títulos el adjetivo *dispersa* alude sólo a yuxtaposición de elementos heterogéneos.

A la hora de reunir los textos de esta *nerudiana dispersa*, su cantidad había crecido tanto que, a pesar de algunas eliminaciones inevitables hubo que dividir en dos el volumen previsto para este material en nuestras *Obras completas*. Y, sin embargo, no es improbable que reaparezcan aún, en el futuro, otros textos sueltos de Neruda.

He preferido, entre otros criterios posibles, disponer el material reunido según la secuencia cronológica de los textos (dando prioridad además a las fechas de escritura, cuando eran conocidas, a las de publicación). En la sucesión misma de los textos el lector puede, así, seguir el itinerario formativo, las metamorfosis de crecimiento y maduración, las crisis, las explosiones de entusiasmo y las fracturas dentro del desarrollo de un poeta tan vario, tan expuesto –según eligió vivir Neruda– a los riesgos de una escritura siempre volcada a los concretos escenarios y personajes de la propia biografía personal y de la biografía colectiva (o sea, de la historia). El valor documental se suma de este modo al promedio de calidad literaria del volumen, que es muy bueno a pesar de los altibajos inevitables dentro de una producción relativamente abundante y, además, situada al margen de la obra canónica.

Siguen algunas acotaciones sobre la procedencia del material incluido en este volumen.

El instrumento de base para la recolección efectiva de los textos sueltos fue la sección C (= Nerudiana Dispersa: entradas 478 a 1.114) de mi propia «Guía bibliográfica», incluida en *Obras completas* de Pablo Neruda, ediciones tercera y cuarta (Buenos Aires, Losada, 1968 y 1973). La gran mayoría de los textos así reunidos procede de diversas bibliotecas (Nacional de Santiago, Fundación Neruda, Universidad de Chile); sin embargo, quiero precisar algunos casos especiales.

«El saludo a la mamadre» fue escrito en una postal que conservó Laura Reyes y cuyo facsímil apareció en *Nerudiana'95* (1996).

Los cuadernos de Neftalí Reyes reproducen la copia dactiloscrita –fiel, cuidadosa y además anotada– que yo personalmente hice, a comienzos de 1965, de los tres cuadernos (manuscritos) conservados también por Laura Reyes y que ella me confió por algunos meses. Poseo además una fotocopia del «Cuaderno 3» (*Helios*) que utilicé para el control definitivo. Uno de los cuatro o cinco ejemplares de mi copia dactiloscrita lo di a Pablo Neruda ese mismo año (1965) y más tarde sirvió a Matilde y a Jorge Edwards para componer el volumen *El río invisible* de 1980 (que incluyó «Nocturno» del «Cuaderno 1», algunos poemas del «Cuaderno 2» y casi todo el «Cuaderno 3», *Helios*). Hasta donde sé, Laura Reyes al morir habría confiado los cuadernos de su hermano a un cierto profesor Aguayo Quezada, de Temuco, cuyo presunto parentesco con la difunta no le habría impedido vender (mal) los preciosos cuadernos a un tercero, quien a su vez, con más olfato comercial, en 1982 los puso proficuamente a remate en Londres mediante Sotheby's. Ignoro el actual paradero de los cuadernos.

Aclaro además que nuestra edición de los *Cuadernos* no tiene ninguna cuenta del volumen titulado *Cuadernos de Temuco* (Seix Barral 1996), editado en modo asaz incompetente por Víctor Farías, que reproduce parcialmente –y con no pocos errores y vacíos– sólo el «Cuaderno 2» de nuestra edición. Dicho volumen se basa al parecer en un incompleto y defectuoso repertorio de fotocopias de ese «Cuaderno 2», probablemente dividido en tres bloques que Farías llama «cuadernos» (intentando sin duda hacerlos pasar por los verdaderos tres cuadernos conservados por Laura). Incidentalmente señalo en notas algunos de los vacíos y errores más vistosos de ese volumen.

Reproduzco el *Álbum Terusa 1923* según su publicación en *Anales de la Universidad de Chile*, núm. 157-160 (1971). A las diez *Crónicas desde Oriente 1927-1929* recogidas por Juan Loveluck para ese mismo número de *AUCh* –y que aquí reproduzco revisadas– agrego ahora las dos que entonces faltaron y que Juan rescató después: «Port Said» y «Oriente y Oriente». Para la selección de *discursos parlamentarios* –excluí sólo el material de documentación y algunos textos de rutina– pude disponer afortunadamente de la reciente compilación publicada por Leonidas Aguirre Silva.

Más de seiscientas indicaciones registradas en la sección C de mi «Guía bibliográfica» no fueron sin embargo suficientes. Faltaban en ese repertorio, y a veces faltaban también en las bibliotecas arriba mencionadas, textos importantes cuyo rescate –por cuanto concierne a este volumen 4– señalo y agradezco:

— a César Soto, librero de Santiago, porque su preciosa colección completa de la revista *Claridad* me permitió disponer de algunos textos del período 1921-1926 inencontrables en otras sedes, y también por «Historia de amor», 1924 y «Mé, México!», 1938;

—a Justo Alarcón, Biblioteca Nacional de Santiago, por «El Maestro entre los hombres», 1922;

— a Alberto Buhadla, Santiago, por «[La novela es la clásica emboscada del escritor]», 1927;

— a Juan Camilo, Biblioteca Nacional de Santiago, por algunos prólogos difíciles de haber;

— a Anvy Guzmán, a Ligeia Balladares y a Juan Pablo de Pina García, todos de México D.F., por los materiales, fotos y documentación del período mexicano (1940-1943);

— a Nurieldín Hermosilla, Santiago, por el raro inédito «Sonata de las súplicas» de 1942, por el «Soneto punitivo para Germán Rodríguez» de 1961, y por otros materiales y documentos de su muy valiosa colección nerudiana;

— a Edmundo Olivares, Santiago, por haber recuperado el «Discurso de Michoacán», 1943;

— a Juan Loveluck por tantos textos que me envió desde Columbia, Carolina del Sur;

— a Adriana Valenzuela, Fundación Neruda, Santiago, por el rescate de «Julio Ortiz de Zárate, araucaria nacional», 1946;
— a Robert Pring-Mill, Oxford University, por la rara *Antología de la Resistencia*, por los dos inéditos «Sonetos republicanos» y por el dactiloscrito original de «Los riñones del general Marshall», 1948;
— a Matilde Urrutia por haber felizmente recogido en el volumen *El fin del viaje* (*FDV*, 1982) tantos originales inéditos conservados en su archivo personal;
— a José Miguel Varas, narrador y periodista, por los textos humorísticos rescatados en su *Nerudario* (1999).

A pesar de los esfuerzos míos y de algunos amigos (como Bernardo Reyes, de Temuco) no fue posible recuperar ciertos textos de vario interés, hoy inencontrables porque –hasta donde sé– ninguna biblioteca estatal o colección privada conserva las publicaciones originales. Lamento en particular que por tal motivo esta compilación no haya logrado incluir la «Salutación a la Reina» de 1920, dedicada a Teresa Vásquez.

Los buenos lectores de Neruda advertirán que en este volumen faltan los siguientes textos sueltos, muy conocidos:

(1) «Oceanografía dispersa», en *Vistazo*, núm. 9, Santiago, 21.9.1952;

(2) «*Las vidas del poeta*. Memorias y recuerdos de Pablo Neruda», diez crónicas autobiográficas publicadas en diez números sucesivos de la revista *O Cruzeiro Internacional*, Río de Janeiro, entre el 16 de enero y el 1.° de junio de 1962.

Estos materiales –con variantes que señalaré en notas– fueron incorporados por Neruda al proyecto *Confieso que he vivido*, inconclusas memorias (póstumas) que el lector encontrará al final del volumen V de estas *Obras completas*.

Las siglas y referencias bibliográficas que uso en el prólogo y al pie de los textos de Neruda remiten al elenco situado al comienzo de las Notas (pp. 1211-1214).

AGRADECIMIENTOS

El presente volumen IV reconoce, todavía más que los anteriores, su enorme y múltiple deuda con la Fundación Neruda a través de Aída Figueroa y de Francisco Torres, miembros de la junta directiva, y muy en especial a través de Tamara Waldspurger, directora de Archivos y Bibliotecas de la Fundación, y de su colaboradora Adriana Valenzuela, siempre activamente identificadas con el espíritu y ambiciones de estas *Obras completas*. Agradezco también a Darío Oses y a Gladys Sanhueza la ayuda de la Colección Neruda (Archivo Central de la Universidad de Chile) para la recuperación de algunos textos y documentos. Reitero reconocimientos de varia cuanto entrañable motivación a Robert Pring-Mill, de Oxford; a Elena Mayorga Marnich, de Concepción, Chile; a Enrique Robertson, de Bielefeld.

Un agradecimiento muy particular a Saúl Yurkievich por su generosa disponibilidad, por sus autorizados consejos y por su ayuda valiosísima a través de la lectura y control de originales, prólogo, notas y demás materiales de estas *Obras completas*.

Al cierre del cuarto volumen dejo testimonio de reconocimiento y admiración hacia Nicanor Vélez –eficientísimo editor, ensayista, amigo y atinado consejero, apoyo y estímulo en los momentos de dificultad– con quien he tenido el honor de construir en tándem, página por página, el edificio de las *Obras completas* de Neruda.

Este primer tomo de la *Nerudiana dispersa* lo dedico a mis hijos Martín y Eli Mercedes en Santiago de Chile, David en Budapest y Matías en Sássari.

HERNÁN LOYOLA
Sássari, junio de 2001

Los primeros textos

(1915-1917)

[El saludo a la Mamadrc]

De un paisaje de áureas regiones
yo escogí
para darle querida mamá
esta humilde postal. *Neftalí.*

Postal manuscrita, fechada en Temuco el 30.6.1915.

Entusiasmo y perseverancia

Estos dos son los factores que coadyuvan principalmente al levantamiento y engrandecimiento de los pueblos.

Cuántas veces, víctimas del poco entusiasmo y perseverancia caen por tierra ideas y obras de provecho, que al ponerse en práctica aportarían bienes en abundancia a los países que las adoptaran!

Otras veces se siguen con ardor! pero he aquí que poco a poco va decayendo el entusiasmo hasta que al fin desaparece por completo, y sólo bien secundadas pueden resurgir.

Hay filósofos en el siglo presente que sólo tratan de difundir el entusiasmo y la perseverancia y sus libros son verdades sinceras y elocuentes, que leídas por todos, en especial por las clases obreras, traerían grandes beneficios a la humanidad.

Todo lo que se desea, en bien de cada país se debe proseguir con perseverancia y entusiasmo, pues sin estas condiciones, es de todo punto imposible que se verifiquen.

Hay ejemplos que ponen de relieve lo antedicho, ejemplos que todas las naciones enseñan a sus hijos para que aprendan la manera de saber honrar a su patria.

Ejemplos, como el que nos dio Colón, Marconi y tantos otros, no deben echarse en saco roto, pues ellos conducen a la vida más honrosa y sin ellos es casi imposible vivir!

Firmado Neftalí Reyes, en La Mañana, *Temuco, 18.7.1917.*

Los cuadernos de Neftalí Reyes

(1918-1920)

CUADERNO 1

NOCTURNO

Nocturno

Es de noche: medito triste y solo
a la luz de una vela titilante
y pienso en la alegría y en el dolo,
en la vejez cansada
y en juventud gallarda y arrogante.

Pienso en el mar, quizás porque en mi oído
siento el tropel bravío de las olas:
estoy muy lejos de ese mar temido
del pescador que lucha por su vida
y de su madre que lo espera sola.

No sólo pienso en eso, pienso en todo:
en el pequeño insecto que camina
en la charca de lodo
y en el arroyo que serpenteando
deja correr sus aguas cristalinas...

Cuando la noche llega y es oscura
como boca de lobo, yo me pierdo
en reflexiones llenas de amargura
y ensombrezco mi mente
en la infinita edad de los recuerdos.

Se concluye la vela: sus fulgores
semejan los espasmos de agonía

de un moribundo. Pálidos colores
el nuevo día anuncian y con ellos
terminan mis aladas utopías.

18.4.1918

CUADERNO 2

LOS POEMAS DEL LICEANO

Mis ojos

Quisiera que mis ojos fueran duros y fríos
y que hirieran muy hondo dentro del corazón,
que no expresaran nada de mis sueños vacíos
    ni de esperanza, ni ilusión.

Indescifrables siempre a todos los profanos,
del azul hondo y suave del tranquilo zafir,
y que no vislumbraran los dolores humanos,
    ni la alegría del vivir.

Pero estos ojos míos son cándidos y tristes:
no como yo los quiero ni como deben ser.
Es que a estos ojos míos mi corazón los viste,
    y su dolor los hace ver!

Corre-Vuela, núm. 566, Santiago, 30.10.1918.

De mis horas
Soneto

Vaya! Por qué estoy triste? Será la tarde fría,
invernal y callada, que me hace estar más triste?

Esta tarde callada, con la melancolía,
con que a todos los seres y las cosas reviste.

He andado con chiquillos alegres todo el día,
compañeros que saben nada más que reír,
a veces me contagia su perenne alegría,
pero ahora me ha hecho nada más que aburrir.

Y la luz de mi cuarto: luz que apenas alumbra.
Las cosas se destacan blancas de la penumbra
de este mi cuarto solo. La tristeza subsiste.

Encima de mi mesa unos libros abiertos,
y cuadernos azules y crisantemos muertos...
Será la tarde fría que me hace estar más triste?

Otoño de 1918

Primavera [1]

Ya llegó la Primavera con su corte florida
alegrando los campos y alegrando las vidas.

Los jardines que muertos estaban en invierno
se han poblado de flores y de capullos tiernos.

Los pájaros saludan este resurgimiento
con cánticos sonoros de sublime contento.

En la atmósfera tibia danzan las mariposas
aspirando el perfume de nardos y de rosas.

Y de todos los pechos parte un himno a esta calma:
es que la Primavera ha inundado las almas.

Corre-Vuela, núm. 566, Santiago, 30.10.1918.

Iré por mi camino

Iré por mi camino sin sentir los dolores,
sin sentir los dolores que quedaron atrás.
Iré por las orillas recogiendo las flores
de este camino largo que ya no veré más...

Las zarzas del camino me hundirán sus espinas,
harán gotear la sangre de mi cuerpo cansado,
y cuando velozmente pasen las golondrinas
verán rotos mis miembros y mi cuerpo doblado.

Por la jornada enorme de este largo sendero
mi espíritu apagado se llenará de bríos...
Me clavan las espinas, por eso las venero
cual venero las flores bajo el sol del estío.

Pero las arideces de este camino largo
harán que cicatricen mis heridas abiertas,
se hundirá mi alma en un suave letargo
y pasará el olvido por mis pasiones muertas.

Corre-Vuela, núm. 584, Santiago, 5.3.1919.

Incertidumbre

Cuando los años pasen, me traerá la vida
a este mi pueblecito silencioso y dormido?
Aspiraré el perfume de estas cosas queridas
y sufriré el recuerdo de lo que aquí he sufrido?

Quizás, quizás entonces de estas cosas queridas
no quede ni el perfume de lo que ya se ha ido.
También borra el recuerdo de las horas vividas,
con su dolor el tiempo, con su tedio el olvido!

1918

Esperanza

Te saludo, Esperanza, tú que vienes de lejos
inunda con tu canto los tristes corazones.
Tú, que das nuevas alas a los ensueños viejos.
Tú, que llenas el alma de blancas ilusiones.

Te saludo, Esperanza, forjarás los ensueños
en aquellas desiertas, desengañadas vidas
en que huyó lo posible de un porvenir risueño,
y en aquellas que sangran las recientes heridas.

A tu soplo divino huirán los dolores
cual tímida bandada desprovista de nido,
y una aurora radiante con sus bellos colores
anunciará a las almas que el amor ha venido.

Corre-Vuela, núm. 574, Santiago, 17.2.1918.

No te ocultes, araña

No te ocultes, araña, deja a la luz del día
penetrar en tu cueva, no te ocultes, araña.
En esas claridades entrará la alegría,
las cosas son alegres cuando la luz las baña.

Araña, no te ocultes, el olvido y la duda
flotan en el ambiente de tu oscuro rincón:
las cosas agriamente son hostiles y mudas
con el tinte sombrío de la desolación.

Mira, araña, la vida, porque toda la vida
a la luz agradece con su palpitación.
No te ocultes, araña: esa luz bendecida
llevará la alegría a tu oscuro rincón.

Corre-Vuela, núm. 574, Santiago, 25.12.1918.

La canción del árbol viejo

Arroyo, tú que pasas murmurando
con tu voz cristalina esa canción:
tú que pasas así, siempre cantando,
dando tus aguas como bendición,

tú que sabes de vida, tú que sabes
la alegría riente del amor:
qué te dicen los ojos de las aves?
te han dicho de mi vida y mi dolor?

Yo soy un árbol viejo, estoy cansado,
tiene mi llanto sal de mi aflicción,
y aunque tengo mis brazos levantados
no viene nunca una consolación.

He esperado los brotes bendecidos,
pero ya estoy cansado de esperar.
La tierna primavera no ha venido:
la llevas tú, arroyuelo, en tu cantar?

Con mis oscuros ganchos retorcidos
yo soy como un espectro en el verdor
de la alegre pradera. Estoy vencido
y estoy solo, muy solo, en mi dolor.

Se aferran a la tierra mis raíces,
crispadas por la desesperación.
Las flores con sus tímidos matices
han vivido en mi fiel resignación.

Yo soy un árbol viejo, estoy cansado,
tiene mi llanto sal de mi aflicción,
y aunque tengo mis brazos levantados
no viene nunca una consolación.

Corre-Vuela, núm. 580, Santiago, 5.2.1919.

Caminando

A Federico Ricci

Vamos cantando, vamos cantando las canciones
que llenen nuestras almas de alegría y de amor,
y estas dudas amargas que hay en los corazones
sacudirán las alas a su alegre rumor.

Todos vamos marchando sedientos de ilusiones,
agriados los semblantes de cansancio y dolor.
Pero vamos cantando: lejos, en los rincones
del bosque está la fuente de anhelado frescor.

Llegaremos cansados, doblaremos la frente,
y nuestros secos labios, arrugados y ardientes,
beberán temblorosos de sed y de ilusión.

Y entonces con la calma de las aguas tranquilas
veremos renovarse la luz de las pupilas
y la sed de ilusiones de nuestro corazón.

La Mañana, *Temuco, 27.2.1919.*

Una tarde

La luna se ha ocultado en la montaña
dejándonos velada claridad,
esta luz amorosa que nos baña
ha llenado mi alma de suprema bondad.

Y he sentido las hojas agitarse
cantando en el silencio una canción,
y he sentido a mi espíritu alejarse
persiguiendo las alas de una bella ilusión.

Recostado en el musgo humedecido
he sentido a mi espíritu volver,
nunca más en mis sueños he sentido
la celeste dulzura de aquel atardecer.

Corre-Vuela, *núm. 585, Santiago, 12.3.1919.*

Los buenos

Nos quedamos, los buenos, pobrecitos nosotros
que nos quedamos solos. La tristeza nos viste.
Por el largo camino ya se han ido los otros,
nos han dejado torvos, dolorosos y tristes.

Porque somos cobardes, doblemente cobardes
porque sentimos ansias de mirar a la altura,
porque una triste tarde (como todas las tardes)
supimos engañarnos con mentidas dulzuras,

porque nos extasiaron los perfumes lejanos
y porque renegamos de mortales venenos.
Ya se han ido los otros, eternamente humanos,
y nos quedamos solos: pobrecitos los buenos!

Corre-Vuela, núm. 594, Santiago, 14.5.1919.

El dolor del viajero

A la desconocida que una tarde
alumbró la aridez de mi camino
con la luz suave de sus ojos verdes.

Me voy por el camino callado y polvoriento
con el loco reír de una falsa alegría.
Llevo angustiada el alma y eternamente siento
la marcha gris y lenta de la melancolía.

Siempre de entre la bruma de los tiempos pasados
renacen los recuerdos de los días más bellos,
y yo que en la tristeza de un andar desolado
llevo el recuerdo alegre de unos rubios cabellos,

de una boca tan roja como una herida abierta,
de unos ojos dormidos muy claros y muy verdes...
pero esos son recuerdos de mi ruta desierta!

Ahora voy andando con toda el alma llena
de ilusiones perdidas, y el recuerdo se pierde
en medio del cansancio, del hastío y la pena...

Corre-Vuela, núm. 608, Santiago, 20.8.1919.

El llanto por los tristes

Lloremos, corazón, por los que quedan,
por todos los que un día se quedaron
con todas sus angustias y sus penas,
lloremos por los tristes que una tarde
anhelaron un sol de primavera
y sintieron dulzores de esperanza
dentro del alma dolorosa y buena.
Por los que fracasaron y que corren
buscando idealismos que se alejan
(se pierden en el linde del camino,
y se van y se van y nunca llegan).
Y por todos aquellos que presienten
manos de blanca suavidad de seda,
que esperan a la amada que no viene.
Saben que no vendrá, pero la esperan!

Por los que se murieron no lloremos:
dejemos que se vayan sin sentirlos
y no vistamos luto a su recuerdo.
Quizás desde una vida no soñada,
que nosotros también conoceremos,
ellos nos compadezcan! Poco a poco
seguiremos la ruta que siguieron,
sentiremos la misma repugnancia
hacia la vida que tuvieron ellos.

Lloremos por los tristes que se quedan
y por los que se fueron no lloremos!

Corre-Vuela, núm. 602, Santiago, 9.7.1919.

De mi vida de estudiante [1]

Tomar el desayuno, irse casi corriendo,
repasando en la mente la lección que hay que dar.
Después oír la charla de los otros sintiendo
unas secretas ansias de llorar y llorar...

Al ver que todos ríen clara y sinceramente
(es algún chiste tonto que los hace reír),
inclinar la cabeza, sentir ardientemente
unos locos deseos de alejarse y huir...

En la clase esforzarse por escuchar atento,
haciendo que se vayan todos los pensamientos
que fastidiosamente sentimos aletear...

Y sentir que se pasan los días y los días,
con el prometimiento de sanas alegrías
que algún lejano día sentiremos llegar.

Corre-Vuela, *núm. 601, Santiago, 2.7.1919.*

Cómo te presiento

Cómo te presiento
en las horas tristes
cargadas de tedio,
todas amargadas
por los sufrimientos,
dándome el consuelo
de tus blancas manos,
dándome el afecto

de tus claros ojos
tímidos y buenos.
…Y cómo presiente
la alegre sonrisa
de tus labios frescos,
la sonrisa triste
de mis labios viejos.
En las largas horas
de mi amargo tedio,
yo siento que brotas
del triste silencio…
Cómo te presiento,
cómo te presiento!

Corre-Vuela, *núm. 590, Santiago, 16.4.1919.*

La desesperación

Se han cerrado mis ojos, Dios mío,
y no sé de dolor dónde estoy!
Es muy tarde. Ya todos se han ido
y en el alma me clava cruelmente el dolor.
Dónde miro? Mis ojos! Mis ojos!
Quién ahoga en mi boca mi voz?
Estoy solo, Señor, estoy solo
y no siento el latido de mi corazón.
Quién me llama en la sombra? Quién siente
mis aullidos de rabia y dolor?
La impotencia me estruja… No vienen,
pero viene la negra desesperación!
A quién llamo, Señor, a quién llamo?
Es inútil que te llame a ti!
Me destrozo los dedos en vano
pues bien sé que a mi alma tú no has de venir.
El silencio! El eterno silencio!

Quién mis gritos podrá contestar?
Y se llevan mis voces los vientos
y me traga el abismo de la oscuridad!

El que se va

Un amor que se va, mi amigo triste.
Venéralo sintiendo la dulzura
que por el mismo amor tú conociste.

Flor de piedad, en tu alma deja un nido
solitario aunque lleno de ternura.
Si se va, triste amigo, lo has querido.

Pero, amigo lejano, tú supiste
de la divinidad de su consuelo.
Se va. Tú lo quisiste.
Flor de piedad que transformada en ave
bate las alas en la paz del vuelo.

De mi vida de estudiante [2]

Adorar la belleza desconocida de una
mujer que en nuestra vida nunca podremos ver,
presentir el blancor de unas manos de luna
y la clara leyenda de una voz de mujer.

Llevar dentro del alma dulces presentimientos
(que traidoramente los sentimos bullir),
después mirar abajo y estrellar el contento
en la rutina inmensa de tener que *vivir*...

Un apaciguamiento. Una breve energía.
Después la rabia inmensa de aquella rebeldía
que nosotros sabremos dominar y vencer...

Pero el presentimiento! La infinita amargura
de soñar con los goces de suprema dulzura
que nunca en nuestra vida podremos poseer!

Junio 1919

Amo la mansedumbre...

Amo la mansedumbre y cuando entro
a los umbrales de una soledad,
abro los ojos y los lleno
de la dulzura de su paz.

Amo la mansedumbre sobre todas
las cosas de este mundo.

Yo encuentro en las quietudes de las cosas
un canto enorme y mudo.
Y volviendo los ojos hacia el cielo
encuentro en los temblores de las nubes,
en el ave que pasa y en el viento,
la gran dulzura de la mansedumbre...

La mirada

Quiero que oculte la mirada
todo dolor del corazón,
que sea mansa y sea clara,
plena de mística emoción...

Y los dolores que hay adentro,
con lo eternal de su amargor,
se cambiarán en la mirada
en mansedumbre y en dulzor.

Y la mirada de los ojos
llenos de algún atardecer,
en el recuerdo de algún hondo
y amortiguado padecer

tendrá un prestigio de virtud
hecha de luz y hecha de amor
y perderá toda inquietud.

Y la mirada será una
flor de dolor y de emoción
santificada de dulzura.

Selva Austral, *Temuco, julio de 1919.*

De mi vida de estudiante [3]

Campanas, campanas. Tocan las campanas
y pueblan el aire todos los sonidos.
Campanas, campanas. Las notas lejanas
tienen el doliente vibrar del gemido...

... Se pasan los días! Llegará mañana.
Pasará mañana sin luz y sin ruido!
Y las luminosas quimeras humanas!
Y los goces siempre, siempre prometidos!

Mañana, mañana! Los ojos cansados
hace mucho tiempo que ya están cerrados
y húmedos y tristes de tanto esperar!

No tocar las tristes campanas lejanas!
(Se pasan los días como las campanas
tocan, tocan. Luego dejan de tocar.)

El deseo supremo

Vivir serenamente, sin agitarse nunca,
una vida alumbrada por la luz del amor,
y tener para todas las ilusiones truncas
la pequeña tristeza de un pequeño dolor...

Tener en la mirada, serenamente pura,
el poder y el prestigio de alguna elevación,
y sentir en el alma la emoción de la altura
y unas ansias sagradas de purificación...

Y tener para todos los seres y las cosas
una dulce alegría, risueña y generosa,
perfumada del hondo contento de vivir...

Entonces, sólo entonces, vivir serenamente,
sin agitarse nunca y consoladamente
en la mansa dulzura de una tarde partir.

Aquel...

Porque era un chiquillo bueno y resignado
y muy tristemente solía pasar
bajo tu mirada, porque un amargado
corazón veías tras de su mirar,

tú nunca lo amaste. Ensueño dorado
que con blancas alas se ve aletear
fuiste para el pobre chiquillo olvidado
con su pena grande: tristeza de amar...

Pero en el bullicio de tus alegrías
o en el fatigado rodar de tus días
amargos, tú nunca podrás encontrar

el cariño grande de aquel ignorado
corazón, que siempre quedóse amargado
por la pena grande de amar y de amar...

El deseo de irse

Ha penetrado el sol por mi ventana,
todo lo ha iluminado alegremente.
Ladra un perro y un pájaro desgrana
armoniosos gorjeos a torrentes.

De espaldas en mi lecho siento un vago
deseo de adorar las lejanías,
de perderme en la bruma de los lagos
y cegarme en la luz de la alegría.

De irme cantando en el camino agreste
sintiendo la dulzura de las tardes,
y lleno el corazón de la celeste
llama de amor que en los caminos arde...

Corre-Vuela, *núm. 619, Santiago, 5.11.1919.*

Los álamos

I
LUNA

Han quedado extasiadas las profanas pupilas
mirando la belleza del paisaje dormido.
Han quedado mirando la dulzura tranquila
de la aldea en la noche, pequeña como un nido.

La luna entre la niebla del cielo ceniciento
dando las claridades de su luz argentina,
las casas apretadas, la torre del convento,
tienen el sello dulce de la paz campesina.

Los álamos se elevan negros y adormecidos,
y arriba, entre la copas, pasa como un latido
o un estremecimiento de frío y de rencor...

Es que tienen deseos de embriagarse de cielo,
de sentir cual las aves el vértigo del vuelo,
y al quedar aquí abajo se crispan de dolor...

II
LA REBELDÍA

Cuando son azotados por la lluvia y el viento
los álamos elevan una oración salvaje,
y parece que muestran al negro firmamento
la hirsuta cabellera de su verde ramaje.

Pero después se cansan de implorar lo imposible
y en un rebelde instante se mantienen erguidos
desesperadamente, con un indefinible
deseo de agrandarse para no ser vencidos.

Y en la lucha salvaje con la naturaleza
tienen esa apostura de suprema grandeza
de los que se levantan en una rebelión.

Pero ellos serán siempre los eternos vencidos,
y victoriosamente da siniestros silbidos
el viento que retuerce la dócil ramazón.

III
EL SOLITARIO

Patio de escuela, patio soleado y sencillo,
rodeado de casuchas de paredes musgosas,
un álamo que eleva su ramaje amarillo,
un corredor muy largo y un rosal hecho rosas.

El tiempo, el caprichoso cambiador, el que viste
con ropaje confuso la quietud de las cosas,
lo ha puesto todo triste, borrosamente triste,
pero es una tristeza descuidada y hermosa.

El álamo se eleva, soberbio y orgulloso,
ondulando el ramaje dorado y poderoso
encima de la suave tristeza de las cosas.

El álamo desprecia lo que abajo se extiende.
Desprecia sin mirarlo al rosal que le tiende
el sagrado perfume de sus últimas rosas...

El momento sereno

Se endulzan en las almas las ansias, los dolores,
y se reflejan todos los afectos errantes,
ha llegado a las almas el olor de las flores
como un canto piadoso, poderoso y fragante.

Las almas se recogen en sí mismas. Son fuertes.
Se han calentado en todos los dolores humanos.
Nada temen ni esperan: cuando venga la muerte
la esperarán tal como si llegara un hermano.

Se eclipsan en los ojos los deseos profanos,
y cual quietas palomas se detienen las manos
simbolizando toda la pureza interior.

Las voces vibran llenas de sonoros acentos.
Ni un ansia. Ni un anhelo. Todos los pensamientos
se elevan por encima del humano dolor.

Selva Austral, *Temuco, julio de 1919.*

De mi vida de estudiante [4]

He tomado un libro, luego lo he dejado.
Contra mis deseos no puedo estudiar.
Con la noche en calma se me han despertado
unos seductores deseos de andar.

Me iría cantando por una calleja
el viejo estribillo de un viejo cantar,
y añorando todas las penas añejas
no me cansaría de andar y de andar.

Me iría por todas las calles lejanas,
mirando los vidrios de alguna ventana
y mirando el cielo gris o ceniciento.

La luna riente me iluminaría
y añorando penas yo no sentiría
más que la alegría del alejamiento.

[Me he quedado pensando largamente
en la inmensa]

Me he quedado pensando largamente en la inmensa
floración de poemas de la vida vulgar,
en la emoción sentida tan grandemente intensa
que las bocas se cierran y no pueden hablar...

Floreciendo en la vida, se quedan hechos flores
(para que las miremos desde las lejanías),
arabescos sutiles forjados en dolores
que alumbran por momentos el correr de los días...

La belleza ignorada

Curvados en el borde del camino, una tarde,
sentiremos las almas cansadas de dolor,
miraremos la ruta continuada, cobardes...
Nunca más sentiremos el divino temblor!

Ya nunca nuestros ojos nos mentirán adioses
que eran peregrinajes de vida y de emoción,
y al sentir la suprema nostalgia de los goces
vislumbraremos una fatal renunciación.

Y entonces sentiremos la sagrada realeza
de encontrar en nosotros la fuente de belleza
que para lo que queda nos llenará de amor.

Cuando veamos arderse de rosas el camino
bajo el potente empuje de algún calor divino,
sentiremos nosotros ese mismo calor...

El esperar doliente

No ha venido la amada ni vendrá todavía,
no han llegado las manos que debían llegar.
Y para cuando llegue florecerán los días
alumbrando la suave dulcedumbre de amar...

Y todos los dolores se apagarán. La luna
saldrá mucho más bella tras el monte ideal,
la mirarán los ojos extasiados en una
comunión de sentires alta y espiritual.

No ha venido la amada ni vendrá todavía,
pero, mientras que llega, vivamos la alegría
de tener en la vida una esperanza más.

Ahora por encima de dudas y temores
y engañando la herida de los viejos dolores
esperemos la amada que no vendrá jamás.

Cuando se deshizo el encanto

Lenta, muy lentamente se deshizo el encanto.
(Irremisiblemente tenía que pasar.)
No hubo mueca en los labios ni hubo en los ojos llanto,
ni siquiera hubo un hondo deseo de llorar...

Vagos presentimientos que se hacían verdades,
verdades tristes, pero que ya eran conocidas.
Yo tuve el desaliento del que ve soledades
que harán que se despierte la honda pena dormida.

En la buena canción...

Mirar atrás. Es tanto lo que ya hemos vivido!
Tanta sana alegría! Tanta luz de emoción!
Y al descorrer la bruma doliente del olvido
sentimos revivirnos en la vieja canción...

Aquella canción vieja de dolor florecido
que nos mostró las mieles de tanto dulce amor,
que emblandeció las plumas de nuestro santo nido
y que hizo que miráramos cara a cara al dolor...

Y al mirar las cenizas azules del pasado
nos sentimos más grandes y más eternizados,
y sentimos que nace como una inmensa flor

la canción optimista que hará que en lo futuro
seamos más tranquilos, más hondos y más puros,
unidos los amores en un supremo amor...

> Selva Austral, *Temuco, julio de 1919*,
> *bajo el título «En la santa canción».*

Esta crueldad nuestra

Esta crueldad sin límites y que lleva uno mismo
de ahondar en nosotros los profundos abismos
que llevamos ocultos en la vida interior...

Esta crueldad sin límites que al sentirnos sedientos
hace que contemplemos lagos de encantamiento
perdidos en la aurora de un celeste claror...

Esta crueldad se oculta en todo corazón,
enciende los espasmos de un enorme dolor
o revive las alas de la meditación...

Noche del 20 de julio de 1919

Selva Austral, *Temuco, agosto 1919.*

Desde que te fuiste

Desde que tú te fuiste yo siento la amargura
infinita de haberte callado tantas cosas,
de haber callado, mártir, esta blanda ternura
que oculté como pueden ocultarse las rosas,

y de no haberte dicho las palabras fragantes
que llevaba en la boca, cuidadas y sumisas,
que esperé tantas veces que salieran vibrantes
y que siempre se helaron en una cruel sonrisa.

Ahora que te fuiste sufro el dolor intenso
de haber callado, mártir de mí mismo, el inmenso
tesoro de dulzura que floreció en mi amor...

Pero sé que si un día volvieras a mi vida,
al buscar vanamente las palabras perdidas
sellaría mis labios el oculto amargor.

21 de julio de 1919

Corre-Vuela, *núm. 624, Santiago, 10.12.1919.*

La emoción fugitiva

Vamos buscando la emoción
que no podemos encontrar
en este tedio siempre igual
que nos envuelve el corazón.

Enfermos de este eterno mal
que antes que nazca algún amor,
que alegrará con su canción
esta amargosa soledad,

lo matará con su dolor
que suena como perpetual
y lento toque de maldad
dentro de nuestro corazón.

Vamos buscando la emoción
que no podemos encontrar
y que anhelamos con ardor.

(... Enfermos de este eterno mal
que nos enfría el corazón
nunca la habremos de encontrar.)

23 de julio de 1919

Comunión ideal

Se detuvo el viajero bajo la paz inmensa
que subía cual madre poderosa el camino.
Todo era amor. Las flores le daban sus intensas
fragancias que eran cantos de pasión. Un divino

sol potente y risueño doraba más los trigos
que se alzaban humildes sobre la buena tierra
que curvaba sus lomos al sol, dueño y amigo
dando mares dorados al llano y a la sierra.

Se detuvo el viajero. Miró el cielo sereno,
sintió el canto hondo y claro de la Naturaleza,
y al elevar los ojos los encontró más buenos
caldeados en la suma de todas las bellezas.

Él, que era un peregrino sin emoción, cegado
por el cansancio inútil de la escueta ciudad
(por todos los dolores él había llorado)
sintió dulce y sonora la santa soledad.

Y alzó la voz humilde pero tan poderosa
que las aves errantes detuvieron su vuelo
un instante, mas luego prosiguieron la hermosa
e ilusoria conquista de cielos y de cielos.

Y habló:
             «Yo sé de todos los mortales dolores
y estoy crucificado por dentro de mi ser,
por los dolores mismos que llegando a ser flores
fueron cruz dolorosa después de florecer...

Han agitado mi alma todas las llamaradas
que a las almas humanas pudieran agitar,
tuve siempre en los ojos la visión de la amada
que ahora sé que nunca, nunca pudo llegar.

Y al contemplar de cerca los dolores humanos,
el tropel de miserias de la vida vulgar,
oí la voz doliente de un ignorado hermano
a quien guiaba el ansia santa de renunciar.

Y yo que tuve orgullo de saberme poeta
desprecié los tesoros ignorados. Pasé.

Devorado por ansias celestiales, asceta,
martiricé mi carne que tan lasciva fue.

En la obsesión eterna del desprecio terreno
quise purificarme más en la soledad,
apartarme más lejos de todos los venenos
que los hombres mendigan en perenne ansiedad.

Y los hombres han dicho que estoy loco, locura
que me ha hecho en los caminos caminar, caminar,
que me ha puesto en los labios acritud de amargura
y en los ojos eternos deseos de llorar...

Ahora yo me entrego, Madre Naturaleza,
a vivir la belleza sagrada que hay en ti,
a palpitar en todas las supremas bellezas
que en todos tus caminos sin querer recogí.

Y errando en los caminos he aprendido a adorarte
como a una inmensa amada, plena toda de amor.
(Ahora sumo toda mi sed en contemplarte
en el divino éxtasis de toda anunciación...)»

Se extinguió la voz clara del viajero cansado,
bajó los ojos plenos de celeste belleza.
(Siguió mucho más hondo, más claro y perfumado,
el buen cantar supremo de la Naturaleza.)

27 de julio de 1919

Firmado Kundalini en Juegos Florales del Maule,
folleto, Cauquenes, edición de la revista Asteroides,
1919, y en La Mañana, *Temuco, 7.10.1919.*

[Morbosa lasitud que nos condena]

Morbosa lasitud que nos condena
a vivir dentro de nosotros mismos,
en estas tardes que nos atormentan
con su quietud tediosa.
                    Descendemos
a la profundidad inconocida
de la siempre vulgar filosofía
de las hora que pasan...
                    (Un lejano
violín vierte una extraña sinfonía
de sonidos sutiles o apagados.)

25 de julio de 1919

El poeta que no es burgués ni humilde

Un muchacho que apenas tiene quince años,
que hace versos punzado por la amargura,
que saboreó las sales del desengaño
cuando muchos conocen risa y ternura.

Él conoció la vida tras los bestiales
instintos de la humana naturaleza,
cuando creyó encontrarse con ideales
hechos de perfecciones y de belleza,

y sigue por la vida viviendo triste.
(Los hombres no han sabido que en él existe
el poeta que niño no fue pueril.)

Y él espera orgulloso con sus dolores,
inconocido y solo, días mejores
que se imagina, loco, que han de venir.

En clase de Química del 30 de julio de 1919

Yo te soñé una tarde

Mujer, hecha de todas mis ficciones reunidas,
has vibrado en mis nervios como una realeza,
llorando en los senderos de la ilusión perdida
siempre he sentido el roce de tu ignota belleza.

Marchitando mis sueños y mis buenas quimeras,
te he forjado a pedazos celestes y carnales
como un resurgimiento, como una primavera
en la selva de tantos estúpidos ideales.

He soñado tu carne divina y perfumada
en medio de un morboso torturar de mi ser,
y aunque eres imprecisa sé cómo eres, amada,
ficción hecha realeza en carne de mujer.

Yo te miro en los ojos de todas las mujeres,
te miro, pero nunca te he podido encontrar,
y hay en el desencanto el encanto de que eres
o que serás más bella que una mujer vulgar.

Te sentirán mis sueños eternamente mía,
brotando de la bruma de todas mis tristezas,
como germinadora de raras alegrías
que avivarán la llama de tu ignota belleza.

31 de julio de 1919

Corre-Vuela, *núm. 612, Santiago, 17.9.1919.*

Las emociones eternas
En Temuco el 3 de agosto, de 11 a 12 m.

I
LOS DÍAS

Se concretan en torno de nosotros, oímos
las quejas vibradoras con alguna inquietud.
Más tarde en las llanuras del corazón sentimos
que ya estamos dorados en la buena quietud...

Pero siguen las voces humildes y armoniosas
desmenuzando todas las caricias del día.
Sentimos al oírlas ruido de mariposas
aleteando en el cáliz de una dulce alegría.

... Florecimientos llenos de infinita ternura
que dejaron al alma perfume de dulzura,
caricias luminosas y cielos de emoción:

todos esos tesoros de alegría ya idos
se desmenuzan frágiles en la masa de olvido
que las voces humildes tejen al corazón.

II
EL PLACER

Entré por los senderos de mis sueños extraños
a las remotas tierras de un país ideal,
blanqueaba mis cabellos el polvo de los años
y mis ojos tenían vaguedad de cristal.

Era un país forjado de ensueños y de brumas,
fijado en encantados milagros de color,
brotaban Afroditas de todas las espumas
y todas las arenas eran lechos de amor...

Yo entré, turbé la paz de aquel recogimiento:
anhelante quería probar refinamientos
que prometían labios divinos de mujer.

Y me embriagué en la suma de todas las delicias,
pero encontré que aquellas prometidas caricias
eran siempre el preludio de un ajado placer.

III
LA MUERTE

Negrura luminosa que vendrás algún día
a cortar las raigambres de nuestra soledad
para comunicarnos con la inmensa armonía
que presentimos desde nuestra eterna maldad.

(Tanto perfume vano de rosas y de rosas
que se hace transparente, sin sentir la ansiedad
suprema de callarnos estas terrenas cosas
e irnos por la ruta de frente a tu bondad!)

Pero ya que nosotros sentimos el perfume
de tu buena venida, ya que tú nos resumes
todas las ansiedades de nuestra plenitud,

tú tendrás que venir aladamente, y luego,
a darnos con tus labios aquel beso de fuego
que vagamente entonces se trocará en quietud...

Ensoñación perdida

Florida ensoñación que me dejaste
la vagarosidad de una inquietud
vibrando en mis sentires, tú sumaste
todos los sueños de mi juventud.

Después de un amargor tú te alejaste.
Primero no sentí: te habías ido
tal como en una tarde tú llegaste
a retoñar mi corazón hundido

en la profundidad de un desencanto.
Después te perfumaste con mi llanto,
te hice blandura de mi corazón.

Ahora tienes aridez de nudo,
un desencanto más, árbol desnudo
que mañana se hará germinación...

Clase de Química del 6 de agosto de 1919

Desde mi soledad...

I

Estar solos las noches y estar solos los días
esperando alegrías que no han de venir nunca,
amargamente tristes sentir que todavía
nuestras horas se quedan como páginas truncas...

Las rosas florecieron. Después siguió la vida.
Se avivaron las ansias con sus prometimientos.
Adentro de nosotros hubo paz encendida
en la luz decadente de nuestros aislamientos.

Pero seguimos siempre dolientes y amargados,
con las pupilas plenas de cansancios llorados
en la rebusca inútil de aquella claridad

cegadora que vimos con sus rosas triunfales,
pedazos de la carne de los rubios rosales
que tal vez florecieron en nuestra soledad...

II

Hiperestesia dolorosa
que se incubó en mi soledad,
cansancio inútil que las cosas
me dieron como una bondad.

Seda fragante y luminosa
de algún minuto fugaz
que floreció como una rosa
en esta humilde soledad.

(... Lejanos jardines, sonoros
violines de llantos de oro
magníficamente triunfal...)

Todos tuvieron su momento
en el sutil contentamiento
de esta mi humilde soledad...

III

Blandura dolorosa de esta tarde que llora
buenas cosas risueñas que se fueron ayer,
azulina caricia de esta tarde que enflora
otra tarde, otra vida, quizás una mujer…

(Amiga buena o triste de estos quince años míos
que me ha enfermado el alma de querer ensoñar,
soledad, yo te siento palpitar en los bríos
apagados que laten en mi carne mortal.)

Solo, solo. La vida corre siempre de prisa,
estúpida amalgama de llantos y de risas
que antes que amara el Bien me hizo amar el Mal.

…Hay que seguir viviendo sin amarguras largas,
amando dulcemente la herida que aletarga
el claroscuro eterno que abrió mi soledad…

Agosto de 1919

Selva Austral, *núm. 8, Temuco, 1919.*

Estos quince años míos

Hostilidad de seres, hostilidad de cosas,
alfilerazos hacia la carne dolorosa
que mintió las caricias que vibraron ayer.
Pena, pena infinita, desesperante pena,
cerrazón dolorosa de idealidades plenas
de tanto ensueño vago que truncó una mujer.

Horas que pasan lentas, pesadas y malditas,
curvando el ala turbia de la pena infinita
que se estremece y late dentro mi corazón.
(…Y pensar que vi en sueños divinos espejismos,
que quise hundir mis ojos en los mil narcotismos
que templaron mis nervios enfermos de emoción.)

Yo no sé si pasaron las alegrías raras,
no sé si ellas, piadosas, me dejaron la clara
lumbre serena y dura de perpetua inquietud
que encendió los destellos de mis vagas pupilas.
Yo no sé si se fueron esas horas tranquilas.
Yo no sé si huyó lejos aquel pájaro azul!

Pero torva, continua como una pesadilla,
yo conozco esta pena que mata la semilla
que en un soplo ligero podría germinar;
yo conozco la suma de estas torturas malas
que encima de mis sueños baten las negras alas
y siegan las dulzuras que puedo vislumbrar.

En las horas que pasan estos quince años míos
se encorvan como en una resurrección de estío
y me siguen matando con la eterna inquietud
de saberme imposible con todos mis dolores…
(Quince años dolorosos que después serán flores
para las cuatro tablas de mi negro ataúd.)

Yo no sé si se fueron todas mis horas buenas,
ni sé la enferma hondura de mis remotas penas.
Yo no sé si huyó lejos aquel pájaro azul!

[Julio de 1919]

Selva Austral, *núm. 8, Temuco, 1919.*

Idealidad postrera

Esperanza postrera, sentiré tus latidos
realizados dentro de mi eterno esperar?
Hace mucho tiempo que caliento el nido:
quizás si mis llantos lo van a mojar!

Tantas veces, tantas, que yo te he sentido
florecida dentro de mi corazón,
entre mis cansancios y entre mis olvidos
como un toque bueno que es risa y canción...

Sentí que moría tu cantar sonoro,
que me devolvías la vieja acritud
y que me envolvían raudales de lloro:
la canción tristísima de mi juventud!

Pero no era cierto. Vibraba tu canto
en lo más recóndito de mi corazón
(corazón llenado de los desencantos
que hallé en un sendero de desolación).

Postrera esperanza, mi esperanza buena!
Me aferro a tu débil rayito de luz
en la crispadura de las agrias penas
que me hunden sus clavos de perpetua cruz.

Cruz que fue bendita por tu hilo dorado
y el humo de ensueño que echaste a mi sien,
el dulzor piadoso de tus incansados
arrullos humildes de amor y de bien.

Pero como un lento y oculto veneno
asoma la llaga de mi pesimismo
que apaga la llama del mirar sereno
y pone en mis sueños sus malos abismos.

Es la racha triste, la obsesión que cansa,
el repiqueteo de plena maldad
que hace que te sienta –postrera esperanza–
como una leyenda de mi soledad.

(Leyenda doliente de mis espejismos
que pone caricia de triste dulzor
ante las durezas de mi pesimismo
y ante la evidencia mala del dolor.)

(Todas fueron bellas, todas fueron buenas,
todas me botaron un poco de encanto
al recinto triste de perpetuas penas,
en las plenitudes de mis desencantos.)

Hincha tus raigambres, esperanza mía,
no busques firmeza tras mi corazón,
que al prender tu cirio de poca alegría
no te apague el viento de desolación...

Y pondrás negrura más densa y más fuerte
porque no vibraste plena de piedad,
habrá entre mis sueños más humo de muerte,
epílogo triste de tanta ansiedad...

Y aquellas canciones tejidas de rosas
(esperanzas buenas, vueltas inquietud)
se harán dolorosas, se harán dolorosas,
la canción tristísima de mi juventud!...

Los sonetos del diablo

I

Ojos que me miran continuadamente
con una mirada de envenenamiento,
que besan la helada carne de mi frente
y que me persiguen con enconamiento.

En todas las horas, en todos los días,
y en todas las noches sordas y calladas,
vienen lentamente las pupilas frías
como un llamamiento de la eterna Nada.

Son los ojos verdes del Dios del Abismo
y los llevo dentro, dentro de mí mismo,
entre las cenizas de sueños de ayer...

Ojos que me alumbran con su satanismo,
ojos del demonio que en mis espejismos
tienen el enigma de ojos de mujer...

II

Me dejó una rosa de sensualidad
que estira sus pétalos en eterna sed,
y me dio un chispazo, rojo, de maldad
(la maldad que todos hemos de tener).

Y me ardo en la llama de la tentación
(la eterna razón que me dio Satán)
y como Papnucio llevo la oración
en un hormigueo de sensualidad.

Rosas lujuriosas del jardín del Mal
que me llevan lejos de toda bondad,
en el ansia aquella roja y perpetual

que me dio el chispazo rojo de maldad:
el olor de rosas de sensualidad
que hace mucho tiempo me dejó Satán!

III

Terrorismos enormes, infantiles y llenos
del sabor de dolores hondos, desconocidos,
cuando se aprietan todas las ansias de ser buenos
en una masa informe de terror y de olvido.

En la inmensa negrura de la noche monstruosa
vibran sonoramente los minutos que pasan,
y los ojos se cierran ante la dolorosa
visión de ignotos fuegos en que todos se abrasan:

almas, cosas y seres, rocas, piedras y lodos,
en la sanguinolenta mezcolanza del todo
que se hunde en la negrura del abismo total.

Terrorismos enormes, infantiles y mudos,
en que cruza los brazos, poderoso y desnudo,
el demonio cantando la Sonata del Mal.

23 de agosto de 1919

Proemio

*(En Los rosales de la soledad,
próximo (?) a aparecer.)*

Una ruta de sol,
y una luz,
y un rosal.
No pedía yo más
y en aquella inquietud
se posaron las sedas de mi blanda canción.

Una luz vino a mí
y un rosal floreció.
Y como una promesa que nunca ha de venir
parpadea a lo lejos mi camino de sol...

La luz buena me guía por el camino estéril,
el rosal se hizo rosas y rosales en flor,
y los pájaros vienen
a escuchar mi canción.

Canté cuando los pájaros quisieron escucharme
(los pájaros se fueron como siempre se van):
entonces mis rosales
dieron a mis canciones olor de soledad.

El cuento ingenuo

Un pedazo, un pedazo de amargura que luego
se confundió en la masa doliente de mi vida
(que siguió tal como antes, con fríos y con fuegos),
y en el fondo mi misma ternura dolorida.

Un cuento ingenuo, apenas. En la bruma olvidada
el oro del silencio rimó a mi corazón,
me consolé soñando que vendría la Amada
y que todos los llantos eran su anunciación.

Y aquella historia ingenua se apartó del sendero
de mis dolores, como se apartan los primeros
cansancios que presienten una dulzura más.

Y, oh viejo cuento ingenuo! llevo en mis desencantos
el dolor de no haberte llorado con mis llantos,
pues los presentimientos no llegaron jamás.

[28 de agosto de 1919]

Corre-Vuela, núm. 628, Santiago, 1.1.1920.

[Oh! la triste sonata de los males eternos]

Oh! la triste sonata de los males eternos,
este caer de bruces en todos los inviernos,
esta noche doliente sin una luz y sin
un sendero siquiera que me lleve hacia el fin.

Con todos los cansancios y con todas las dudas
se hacen negras mis hondas soledades desnudas
y se infiltran los hielos de mi desolación.

Y brota el grito estéril, antes de haber nacido,
que quiso ser canción: no alcanzó a ser gemido
y se deshizo, frágil, dentro del corazón.

29 de agosto de 1919

Momento

Momento de alegría tibia
que buenamente llega en su bondad
a restañar la sangre de todas las heridas.

Toque crepuscular,
silencioso y dormido,
que enciende en el momento de piedad
esta dulzura que rompió los vidrios
amargos del pensar.

Todo lo que se estrecha en el momento
canta sereno y tibio una canción.
(Duelen los dolores eternos
lejanamente,
vienen
y se transforman en amor.)

1 de setiembre de 1919

Mi juventud

Juventud de mi vida, polvo de rosas tristes,
mis jardines enfermos de tanta idealidad
trunca por las malvadas manos de la que viste
con las flores ardientes de la sensualidad.

Eché mi queja humilde por todos los caminos,
cuajada en sus dolores en mis versos en flor,
y corrí, peregrino,
por el paisaje inmenso de mi mundo interior.

Juventud de mi vida, dulzuras vanas pero
que me muestran eternas los dolores primeros
y la ruta inseguida que debiera seguir...

Juventud de mi vida, polvo de tristes rosas,
esta mueca en mis labios, más y más dolorosa,
ante el quebrantamiento de la pregunta estéril
a lo que ha de venir.

9 de setiembre de 1919

El cansancio total

Paz de quebrantamiento que se allega doliendo
en el agotamiento del cansancio total,
paz de sordas negruras interiores, recuerdos
que fugitivamente nos dejan y se van.

Y sin estoicidades, y sin gritos aislados,
miramos cómo cantan los hombres su canción.
No somos nadie, nada. Cansancios que llevaron
todo lo nuestro en una total desolación.

10 de setiembre de 1919

Tedio

Ir llevando en la ruta los amores perdidos
y los ensueños idos
y los fatales signos del olvido.

Ir marchando en la duda de las horas borrosas
pensando que se han hecho agrias todas las cosas
para alargarnos más la ruta dolorosa.

Y siempre, siempre, siempre recordar la fragancia
de las horas que pasan sin dudas y sin ansias
y que dejamos lejos en la estéril vagancia.

11 de setiembre de 1919

Cansancio [1]

Dejar fecundamente clavado el corazón.
Para qué rebeldías? Para qué sufrimientos?
Elevemos más grande nuestra eterna canción
en el molde callado de los propios momentos.

Los pájaros ignaros siguen el rumbo eterno,
y nosotros, humildes, seguiremos también,
nos blanqueará el cabello la nieve del invierno,
la racha más helada nos herirá la sien.

Para qué sufrimientos? Para qué rebeldías?
Tendrá que helar los huesos la racha del dolor:
fatalmente tendremos que sentir que no ardía
eterna, eternamente, nuestro primer ardor.

11 de setiembre de 1919

La vulgar que pasó

No eras para mis sueños, no eras para mi vida,
ni para mis cansancios aromados de rosas,
ni para la impotencia de mi rabia suicida:
no eras la bella y buena, la bella y dolorosa.

No eras para mis sueños, no eras para mis cantos,
no eras para el prestigio de mis amargos llantos,
no eras para mi vida ni para mi dolor:
no eras lo fugitivo de todos mis encantos.
No merecías nada: ni mi agrio desencanto,
ni siquiera la lumbre que presintió el Amor.

Bien hecho, muy bien hecho que hayas pasado en vano,
que no se haya engarfiado mi vida a tu mirar,
que no se haya juntado a los llantos ancianos
la amargura doliente de un estéril llorar.

Eras para un imbécil que te quisiera un poco.
(Oh mis ensueños buenos! Oh mis ensueños locos!)
Eras para un imbécil, un cualquiera no más
que no tuviera nada de mis ensueños, nada,
pero que te daría tu dicha animalada,
la corta y bruta crisis del espasmo final.

No eras para mis sueños, no eras para mi vida,
ni para mis quebrantos ni para mi dolor,
no eras para los llantos de mis duras heridas,
no eras para mis brazos, ni para mi canción.

12 de setiembre de 1919

La nube

Tiende las alas negras, negras como la noche,
quiere estrujar la tierra con su odio y su negrura,
quiere erguirse por sobre las ruinas de los hombres
levantando en un reto su techumbre desnuda.

Conjunción de los odios que vibran en la Altura,
hincha sus alas negras con un vago dolor
y un estremecimiento de temor y de duda
levanta las ncgruras de su desolación.

Curvación tenebrosa de los soplos eternos,
tiene en su vientre toda la desesperación.
Símbolo enorme y mudo de los odios inmensos,
hincha su abismo negro de desconsolación.

13 de setiembre de 1919

Mi paraíso perdido

En los atardeceres llegabas a mi vida
y te cubría toda mi sed de idealidad,
destacando en la tarde tu silueta perdida
eras el milagroso canto de claridad

que echaba sombra de oro sobre mis aislamientos
y ponía en mis sueños su punto de piedad.
En las contemplaciones se tejía el momento
suave y sereno, lleno de suprema bondad.

La suavidad de idilio de la tarde venía
con la clara leyenda de tu mirar venido:

Oh la dulce alegría
que iluminó mi frágil paraíso perdido!

14 de setiembre de 1919

Capricho

El encanto doliente de la música rara
nos teje un aislamiento y un silencio interior
para que fecundemos la soledad, y para
que sigamos el hilo de un remoto claror

que nos lleva y nos lleva por las rutas oscuras
y nos deja en el pecho sabor de plenitud.
(Estamos ya muy lejos de la humana amargura
y todos los dolores se siegan en quietud.)

Rodamos por países de fiebre y de delirio
(la luz vive y alumbra con palidez de cirio
los abismos dulcísimos del camino ideal),

seguimos y seguimos de locura en locura
y, locos ya nosotros, en las rutas oscuras
parpadea, maldita, la claridad fatal.

15 de setiembre de 1919

Mi tríptico simbólico

I
NADA

Toda mi vida inútil te la ofrezco sumiso,
este fardo doliente que nunca nadie quiso
pero que te lo ofrezco con un orgullo más,
orgullo estéril como todas las cosas mías
porque sé la amargura de que si en algún día

me botaras lo único que yo te pude dar,
sería solamente otra historia olvidada
para ti y para el mundo.
                    Después de la amargura
yo sabría mi ruta más y más inhallada,
vendría la obsesión desgarrada y oscura
de que ya para el mundo yo no sería nada,
yo no sería nada,
yo no sería nada.

II

NADA

La ilusión hecha trizas quebrará mis caminos,
todo se hará cansancio, todo se hará dolor,
se harán cansancios todos mis árboles divinos
y se harán dolorosas mis fontanas de amor.

Nacerán en la tierra fragante los espinos,
savia triste y anémica correrá en el verdor,
me herirá las pupilas la maldad del destino
que hizo sangre las flores de mi ruta mejor.

Pobres vidrios azules de la ilusión florida
que tendrá que truncarse fatalmente en mi vida
bajo el impulso ciego de la desolación!

... Después echar perfumes de una nueva canción
que hará otra vez las rosas de la carne cansada
y hará otra vez caminos que no dejarán nada.

III
NADA

Por mi ventana pasan los hombres, las mujeres,
los niños y los perros. Todos pasan iguales.
Pasan por mi ventana como toda la gente
cuando pasa por ésta, mi larguísima calle.

Las mujeres que pasan se quedan un momento
en mis ojos. Las miro. No las veré jamás,
ni tampoco a estos hombres, ni tampoco a estos perros,
que se irán por la vida como todos se van.

(Una nube de polvo entra por mi ventana.)
Dolor por las mujeres que tienen que pasar
y por todas las cosas. Por todo lo que pasa
en un momento frágil, quebradizo y fugaz.

Son todas pequeñeces. Como nosotros. Alas
que levantan el vuelo, que no vuelven jamás.
Toda la masa anónima. Nosotros, nada, nada,
perros, hombres y cosas vulgares. Nada más.

En el tren

Estaciones y pueblos y paisajes ligeros
que corren tras los vidrios como una exhalación,
nublación del recuerdo, los cansancios primeros,
los primeros desgastes plenos del corazón.

Todo vive tras una cerrazón enfermiza
de recuerdos que acuden cuando corre el vagón
su ruta triste bajo los cielos de ceniza,
en los paisajes grises de la desolación

que pasa evocadora de todos los dolores,
y de la rubia lumbre de los días mejores
y del abismo enorme de desconsolación

que puso sus negruras en la ruta cansada
y que (llanto en los ojos) encendió una amargada
y espasmódica crisis de desesperación.

20 de setiembre de 1919

Los pueblos humildes

Llegar en una tarde o en un día cualquiera
a los pueblos humildes en donde nadie espera,
donde el olor de flores, besos de primavera,
nos recoge y nos hace latir el corazón

en la emoción sencilla de las cosas pequeñas
que saben sernos dulces, parecernos risueñas
tras el encanto ingenuo de la tarde que sueña
o del día que enarca la luz de su canción.

Nuestro cansancio inútil es la bruma de olvido
que tejen las fragancias de las flores de nido
en un encantamiento de amor y de bondad!

Y sentirnos humildes, pequeños y malditos,
por la ruta ilusoria de nuestros largos gritos
en el quebrantamiento de la fatalidad.

21 de setiembre de 1919

[Desgaste de emociones y de llanto]

Desgaste de emociones y de llanto
en un desleimiento de dulzura
ingenua y triste como un suave canto.
Serenidad. Leyenda de amargura.

(Canto de vida suave y lento
que vibra con el corazón,
melancolía del momento
humilde tras de la oración.)

Pero a pesar de todas las cosas es amarga
la hora enharinada funambulescamente.
(El payaso triste de las horas largas
desgrana la risa diabólicamente.)

30 de setiembre de 1919

Primavera en la noche

Mefisto casi bueno cantando a Margarita!
La luna está borracha bajo el cielo embrujado
y si vamos, amada, se hará luz infinita
la vida entre los vidrios del milagro azulado.

(Oh, tus ojos sombríos me parecen dos lagos
en que la Esfinge pone sus aguas misteriosas!)
Vamos, amada, vamos! Por mis ensueños vagos
no tejas en la noche la canción dolorosa!

Que se harán llanto triste todas las rosaledas
y la luna borracha bajo el cielo de seda
correrá en la leyenda del inútil amor.

Fíjate que es la noche carne de Primavera
y que los cisnes tienen palideces de cera
en el vislumbramiento de tu vago dolor!

Comienzos de octubre de 1919

La Mañana, *Temuco, 25.10.1919.*

Deslumbramiento

Cómo rueda el dolor y cómo rueda
todo el cansancio de lo que no existe!
(Aunque la tarde es toda de rasos y de seda
los árboles se amargan sobre la tierra triste.)

Cantan gloriosamente los pájaros divinos
la gloriosa sonata de la luz y el amor:
ensombrándose todas las curvas del camino
se fingen ilusiones de sombra y de color.

Cómo rueda el dolor! Filosofía
escueta tras el manto de ilusiones del día
que miente en el crepúsculo mentira de mujer!

Los árboles humildes sobre la tierra triste.
Llorar eternamente todo lo que no existe
en el instante ambiguo del ser o del no ser.

4 de octubre de 1919

En el país encantado

La vida se hace pompa de oro
y el amor lírica canción
que, blanda y suave, vibra como
místicas mieles de oración.

Una voluta y un suspiro
(divino milagro de azul)
que se desangra en el sombrío
lago supremo de quietud.

Las tardes rubias como un largo
beso de entrega generosa.
(Sangre de luz en el cansancio
de seda santa de las rosas.)

4 de octubre de 1919

La tarde idealizada

Duerme en tus ojos toda la noche ilusionada
con el aroma suave de la luna dormida,
el amor tiene ritmos de oraciones aladas
santificando todos los llantos de la vida.

Ingenuidad serena de la tarde fragante,
el corazón nos vibra con latidos más fuertes:
mucho, mucho más cerca sentimos lo distante
y a sus predios estériles se retira la muerte.

Ayer era la vida mucho más amargada,
cada llanto era inútil en el dolor y cada
amargor nos hacía latir el corazón.

Y –amada!– por la ruta más y más ilusoria
esta tarde en lo estéril tiene un canto de gloria
y en mis idealidades perfume de oración.

5 de octubre de 1919

Plenitud dolorida

Todo el llanto inllorado de las cosas
en todas las espinas de las rosas
y en la fragancia humilde de la flor

que no encontró la fuerte quietud de la belleza
y que lloró sus lágrimas a la Naturaleza
como un canto piadoso que se truncó en dolor.

Todas las emociones en la ruta dolida,
todas las cosas buenas que quedaron perdidas
como se pierde todo perfume de canción.

Canto triste y callado. Palidez de elegía.
El viento trae amarga nostalgia de alegría
y se ensombra la dulce fontana de ilusión.

7 de octubre de 1919

[Canto de gloria es este sol en la vida buena]

Canto de gloria es este sol en la vida buena
como la piedad dulce de la luna serena
en las noches cantantes de nuestra claridad,

canto que enciende todos nuestros deslumbramientos
con la seda embrujada de los encantamientos
que prendieron las lámparas de plena soledad

una tarde que todo se quedó en harmonía
y se hicieron canciones todas las alegrías
y los quebrantamientos aromas de mujer.

Ojalá si en el canto de la vida armoniosa
llegara en otro tiempo, sol y luna piadosa
que el encanto doliente vibre como otra vez...

8 de octubre de 1919

Mujer de mis primeros ensueños

Oh mujer que en mi ruta con mi dolor te igualas
en este amor extraño que se formó al vibrar
aquella pena vieja que me rompió las alas
y que puso dolidas rosas en mi cantar!

Yo te he llevado toda mi vida hecha sollozos
en mi cansancio sangre de mi vano querer,
en este único algo que se hizo doloroso
por la leyenda inútil de tu voz de mujer.

Siempre, siempre en la vida como una hermana triste
a quien no he hablado nunca pero que sé que existe
por este amor extraño que se truncó en dolor.

Por estas rosas tristes de mi cantar dolido
y porque me aromaste con aromas del nido
de todos mis dolores y de este extraño amor.

12 de octubre de 1919

La plegaria dolida

Ilusión... (Si mi canto desangró mis heridas
y si mi llanto tibio no apagó mi dolor
era por el desgaste de la ilusión caída
cuando yo la creía luz y aroma de flor.)

Y esta ilusión, amada, viene en la Primavera
perfuma mis dolores con su suave venida
y revive el encanto de las horas primeras
en que fuiste el milagro que se encendió en mi vida.

Para siempre ¡oh amada de mis llantos primeros!
amada que ensoñaste de bruma mi sendero
y que echaste el ensueño de tu perfumación

en la ruta ilusoria de mis idealidades.
Amada, vi en tus ojos las buenas claridades,
amada, no quebrantes mi divina ilusión.

Octubre de 1919

Odio

Esta ciudad plomiza que me envuelve en su largo
quebrantamiento que hace dolor mi soledad
que me da el sorbo amargo
de quedarme en la vida sin amor ni bondad.

Porque todas las tardes se hace crisis la vida
se hacen cansancios hondos las tristezas dormidas
y solamente vibra la cuerda del dolor:

ciudad plomiza y triste que desgarra mis buenos
entusiasmos humildes con que mis ojos plenos
de tedio agonizaron en un duro claror,

ciudad gris y monótona bajo mis desencantos,
bajo la lluvia turbia de mis primeros llantos
en las desolaciones de la ruta primera.

Ciudad que bajo el canto de la azul primavera
es hostil y cansada como un día cualquiera
con sus hombres que chatos de espíritu han dejado
que se desangre todo mi llano ilusionado.

11 de octubre de 1919

Vieja primavera

Este amor insepulto te lo ofrezco de nuevo
como el último pétalo de mi buena ilusión.
La primavera vibra con murmullos de besos,
piruetea y se esconde dentro del corazón.

Si tú quieres vendrá mi fresca primavera
ensoñará de flores este insepulto amor
y ante el alegre incendio no sentiré que llega
sino para el perfume de esta vieja canción.

Y este amor insepulto que vibró en harmonía
con el encantamiento de mis mejores días
entre la primavera sería un brote más.

Y en el rumor de besos de nuestra primavera
florecería el canto de la ilusión primera
cuando apenas soñaba que podrías llegar.

Octubre de 1919

Música diablesa

Predios azules y lejanos
en que tú vives reina azul
reina en lo suave y en lo fuerte
en el aroma de la muerte
y en el perfil de la inquietud.

Predios profundamente arcanos.
(La vida se deshace y se
queda cantando largamente.)
Vente,
reina que no he de conocer.
Porque eres blanca y porque existes
has de venir. La tierra triste
te llama buena y candorosa
y las hogueras de la vida
chisporrotean cosas idas,
crucificadas, dolorosas.
Reina virgínea, vente, vente,

por el sendero te he llamado
con mi dolor y no has llegado
de tus azules predios. Vente.

Octubre de 1919

Lo mismo

Por estas calles tristes en este atardecer
paseando mi cansancio de chiquillo precoz,
un sentir en los labios, en los ojos y en
el recuerdo el retrato de la estéril visión...

... Las calles. Dos muchachos que conversan y dan
risotadas a costa de vaciar el placer
ficticio del ridículo que pueden encontrar
en las caras, los hombres y todo lo que ven.

Y en esta ciudad de odios andar, y andar, y andar,
acunar más los odios dentro del corazón,
ahondar esta herida que sangra siempre igual
como una flor extraña que se fundió en dolor...

Por las calles enormes, desoladas y sin
aquel encantamiento que se perdió en el Mal
y la mancha enfermiza de este eterno sentir
en los labios y adentro de los ojos... Andar...

31 de octubre de 1919

Ya te perdí

Ya te perdí, mujer. En el camino
me prendiste una lámpara fragante,
entonces se aromaron y se hicieron divinos
todos estos cansancios humildes y constantes.

No sé si apenas eras una leyenda o eras
un río que afluía para todo dolor
pero si fue leyenda para mi primavera
enfloreciste aromas dentro de mi canción.

Hiciste un semillero de ilusiones
que vivió ingenuamente en mi tristeza.
Lentamente. Fue el jugo de rencores
echados sobre el manto de la ilusión ingenua.

En mi torre de odios tuviste una ventana
(un vidrio ilusionado, transparente y gentil).
Ya se quebró. Es inútil que te llame mi amada
porque, mujer, en una negrura te perdí.

Noviembre de 1919

Nunca

Se hará noche mi vida porque no oí tu voz
en el torturamiento de la más agria duda
y yo que soñé el santo poema del amor
tendré en mis labios tristes una mueca desnuda.

La Primavera se hará trizas. Nunca
cantaré en el silencio mi divina canción
... Jamás... y como un nudo vibrará mi dulzura
por los vientos heridos de mi desolación.

23 de octubre de 1919

Lumbre muerta

Por arriba, en la ruta, con el canto vacío
asomando en los labios, horadado en dolor
y las rosas humildes, despiadadas de frío
por la lumbre apagada de toda la emoción.

Y los días, los días, filtradores ocultos
del venenoso aroma gestor de somnolencias.
(Ante el camino largo del dolor insepulto
el rimar multifolio del amor se silencia.)

Fundido el oro triste nos quedamos desiertos,
nos alumbran apenas los viejos fuegos muertos,
se deshacen, cansadas, las rosas de emoción.

Y la araña condensa sus cóncavos telares,
desgastadas, humildes voces de los pesares
que se amargan en una plenitud de dolor.

5 de noviembre de 1919

Dolor

Beber el agua de la hora cruel
ir en la sumisión de los senderos
tras de los sacrilegios del dolor.

Y nada más. Adentro del abismo
hundirse, hundirse, hundirse lentamente
horadando el tejido de la carne.

(Yo no la pude ver
adentro de mi vida,
rodaron los crepúsculos enormes
en una ligazón de juramentos.)

Y en las complejidades del espíritu,
hubo sol fuerte, suave y harmonioso
que rodaba y rodaba.

(... Ir en la sumisión de los senderos
y no poderla ver tras de aquel prisma
oscuro...)

Aquel «nosotros» me quedó clavado
hondo y eternamente oscuro.

6 de noviembre de 1919

Lo estéril

Adentro de mi vida voy echando mi ensueño
en lloviznas sutiles de amor y de veneno.

Me fecundó el abismo, se deshizo mi encanto
y en el dolor quedéme dolorido pensando.

(Era un canto adormido
en seda triste y blanda,
se adurmió en el estéril desgarrón de los vientos
y la vida, hecha trizas como un árbol desierto
quedó.)

Oh! Duelen, duelen y duelen los dolores humildes!

8 de noviembre de 1919

Cansancio [2]

Una caricia de relámpago luminoso
que se perdió en la bóveda del vacío
yo quise buscar y arañé vanamente
el escalofrío de la sombra.

Mis cielos fueron almáticamente azules
y mis mármoles duros, mórbidamente blancos
en el minuto de las Transformaciones
y del cantar anunciador venido.

Y brotó el árbol en el canto mudo
que habíamos mordido estérilmente.
Todo lo suavemente bueno
llegó.

Pero se abrió la llaga de los labios heridos
agitaron las alas los pájaros venenosos
y otra vez, como antes, desconsoladamente
auné los repliegues del dolor en mí mismo.

6 de noviembre de 1919

La sinfonía brumosa

Sales crepusculares amargamente plenas
de estos dolores hondos que se quedan adentro
infecundos y ardientes como la tierra seca.

Estrujan las dolidas llamaradas del grito
brotan las aguas brutas de la infecundidad
por entre las cavernas de nuestro paroxismo.

Y sentimos el soplo de la muerte que llega,
asustados hablamos hacia la eternidad
y quedamos echados sobre la tierra seca.

Sabor de llaga u hondo resplandor de infinito
mojamos nuestros labios en la tierra infecunda
y miramos el cauce de dolor del abismo.

Quizás...! No vibra el soplo de las cosas que fueron
gestación de alegría sobre la tierra triste
y humildad de caricias en los dolores buenos.

Pero en el espasmódico sacudir de la vida
en cansancios y en vagas urdidumbres de hastío
vibran, pájaros ciegos, las palabras sumisas.

(En la sangre cansada luz firme de inquietud,
oro santo de nobles cansancios que pasaron,
los días recogidos
en nuestras manos albas
santificadas por Nuestro Señor,
el de las hojas y el de los momentos
que no tuvieron el hondor de olvido
y que crucificaron en dolor.
Nuestro Señor dolor,
por todos los minutos
y por las aguas brutas de la infecundidad,
Señor, Señor, Señor.)

La ruta es una llaga dolorosa. Sigamos.
Tiene voces doradas el desamor del Mal,
y el infinito lanza la estrujada oración.

11 de noviembre de 1919

Las transparencias crueles

En un temblor de vida y en un cerco enlutado
ver rodar los momentos alucinantemente
y seguir y seguir con los ojos cerrados
desgarrando la grieta de la herida doliente.

Pero se pulverizan lentamente los crueles
humos sacrificantes del dolor y la vida
caen lánguidamente sobre las manos fieles
y aroman el cansancio con aroma suicida.

Mirar… En lo infinito la luz se hizo montaña
y cerramos los ojos porque tejió la araña
del cansancio el desgaste de su tela fatal,

y en la noche temida, tras del cerco enlutado
miramos cómo ruedan los momentos curvados
en la sacrificante caravana espectral.

15 de noviembre de 1919

[Me bañé en las lumínicas aguas de tu mirada]

Me bañé en las lumínicas aguas de tu mirada
y pesimistamente te miré con hondura.
Quedaba una amargura
una cosa callada
como un caminar sordo lentamente vivido.
Una cosa doliente
sorda como un olvido
algo que se hundiría en los mares ocultos,

que tendría el dolido ruego de la simiente
al quedarse en los flancos del guijarro insepulto.
Era una sombra oscura,
algo que se alargaba
por las sendas más duras,
algo que se nublaba
agitando las alas negras de la amargura...

Se hizo todo sangrantes floraciones truncadas,
aquellas manos albas me negaron su albura
y la sombra alargada
cubrió con sus fatales signos la senda dura.
Eso tú lo supiste,
tenía en toda tu alma mis honduras amargas
y aquella sombra triste
ya te había cubierto con su bruma más larga...

Ahora que te fuiste,
ahora que me echaste
polvo de olvido por mi ruta triste
y que en el desconsuelo
fuiste como una nube amarga y más amarga,
porque miraba el cielo
porque miraba el hondo palpitar de las horas
como detrás de un velo
en que tú me mirabas lenta y desoladora,
ahora,
puede ser que no pases desconsoladamente,
que no horades la gruta de mi sombra total,
que seas una blanca soñación de la ausente
en el abismo pleno de dolor y de mal.
Porque ya que tuviste la estela dolorida
habrás de ser tristeza santamente vivida
y en mi vaso cansado, poco más de emoción,
dentro del desconsuelo firmemente cerrado
tendrás que por mi llanto ser un llanto llorado
que fluya y sea bueno como una oración...

20 de noviembre de 1919

Gracias [1]

Este hilo invisible tendrá que abandonarme
y dejarme el dolor de mis vanos sentidos,
este hilo invisible tendrá que abandonarme
tras de las posesiones del cansancio vivido.

Este hilo invisible que me amarra a las cosas
más humildes, que me hace latir el corazón
cuando con su urdidumbre que me amarra a las cosas
pone un aliento amigo dentro de la emoción.

Sentiré que te has ido, pobre hilillo dorado,
no sentiré ya nunca la humildad generosa
con que entre mis cansancios, pobre hilillo dorado,
fecundabas mis largas inquietudes borrosas.

Pobre urdidumbre buena! Fiel amigo cercano!
Único que en mi vida teje un lazo de amor
con las cosas humildes, con los humos lejanos
y con estas sutiles ansias de mi dolor.

Circa, *20-25.11.1919*

Revista Cultural, *núm. 2, Valdivia, mayo 1920, bajo el
título «El poema de gracias».*

Estas grietas enormes...

Estas grietas enormes del imposible, estas
trasmutaciones hondas por lo desconocido
cuando en la transparencia de las horas que quedan
suenan los latigazos de lo que no ha venido.

Y escalar, escalar (las rodillas sangrantes
y las manos heridas) por lo que no vendrá
y entre la polvareda de rosales inútiles
ver hundirse la ruta del Dolor y del Mal.

Pero seguir... arañas de las grietas más tristes
con las manos heridas irse poniendo humildes
y seguir, y seguir para nunca volver...

Y en el milagro largo del camino infinito
llorar llantos humanos por lo que no ha venido,
por lo que fatalmente no podremos vencer.

25 de noviembre de 1919

[Cómo duelen las notas de los pianos!]

Cómo duelen las notas de los pianos!
Amada
has puesto un mal de pena sobre mi corazón,
antes tenía una melancolía blanda
que florecía en rosas de desconsolación.

Pero ahora – oh amada! – me has dado este veneno
que subterráneamente mina mis entusiasmos,
va echando piedras tristes por mis caminos ciegos
y cuando pido rosas plenas me da espasmos.

Mal de pena cortante sobre la vida trunca!
Estas eternas ansias de sentirme alejar
alargando las hondas simas de la amargura
en las rocas, misterios de la fatalidad.

Oh! Tendrías que ser rosas hechas milagro,
tendrías que ser agua de divina bondad,
y tendrías que ir hasta todos los pianos,
decirles que no duelan para mi soledad!

Y tendrías que ir a la vida insepulta,
y quitarme estas ansias estériles, y ser
vapor de suavidades, plenitud de dulzura
de otra manera yo no podría volver.

Y este mal que me has puesto sobre mi pecho triste
este desangramiento fuera de mi ilusión,
ojalá que se hiciera lluvia aromada y firme
y brotara otro prisma para tu corazón...

26 de noviembre de 1919

Lluvia lenta

No ha de venir porque la esperas,
no ha de venir! No ha de venir!

Habrás de ser todo promesas
ilusionadas, hasta el fin...

Lluvia de vida lastimosa
encima de nuestros sentidos,
ansia de beberse las rosas,
y no ha venido. No ha venido!

(Cómo se empapan las divinas
regiones de las cosas mías.)

Habrás de ser lumbre sagrada:
un semillero de alegrías!

Lluvia, cansancio lastimoso,
me harás de nuevo el corazón?
Harás que sangren mis sentires
tras mi quebranto de ilusión?

Ilusionadas y lejanas
vibran las tardes, hasta el fin.

No ha de venir porque la esperas.
No ha de venir! No ha de venir!

30 de noviembre de 1919

[Aroma ingenuo y blanco de estas rosas más blancas]

Aroma ingenuo y blanco de estas rosas más blancas,
he de subir la cumbre que no puedo subir
y he de tomar las rosas más buenas y más santas
y he de quemarlas en el altar del porvenir,

y he de gritar hundidas las sienes en lo mío
por estas rosas blancas de mi mejor altar
y estrujando el cansancio con mi sangre hecha olvido
me veré desoladamente solo en el Mal.

Después… hilos cruzados de la angustia. La vida
carcomiendo la sangre fresca de las heridas
resumiendo las ansias en un solo dolor,

oh! buen aroma simple de estas ingenuas rosas
amar en un minuto la bondad de las cosas
y en un cansancio inútil esperar ser mejor.

1 de diciembre de 1919

[Salmo de recordaciones]

Salmo de recordaciones,
plenitud de dolores de alegrías o de
la infinita tortura de las meditaciones.

Salmo de la vida invisible
(todas las cosas raras, todas las cosas tristes
desangrándose encima de nuestro corazón):

por toda la emoción,
y por esta lumínica senda de nuestra luz
haz que el salmo nos arda como una canción,

haz que sea callada floración de quietud
y que su aroma sea nuestra perfumación.

Salmo de recordaciones.
Salmo de la vida triste
extiende los telares de las purificaciones
sobre nuestros humildes
cansancios nostalgiosos, luz, dolor o dolores.

Y habrás de ser la única, la aromada canción,
salmo de la vida invisible,
vaso para toda emoción.

1 de diciembre de 1919

[Llevaré para siempre todas mis emociones]

Llevaré para siempre todas mis emociones
entre los infecundos dolores paralelos,

estas mismas esencias de mis torturaciones
hundidas en el lodo, bajo los mismos cielos.

Mañana recordar,
polvo triste y ceniza dolorosa, los mismos
caminos abismales hacia la eternidad
con que vibró la túnica de los siete espejismos.

Y seré como el largo sollozar de la muerte
fusionado en el ritmo de las inmensidades,
despegado en el beso más sereno y más fuerte
con la quietud abierta para mis soledades.

Oro único y bueno! Santa quietud eterna.
No he de arrastrar cambiados mis deseos finales
y llevaré mi carga de emociones enfermas
por esta misma ruta de cansancios iguales...

2 de diciembre de 1919

[Oh! toque de los violines en la tarde muriente]

Oh!
      toque de los violines en la tarde muriente
nuestros cordajes íntimos, vibradores en él.

En los besos espasmos helados de la muerte
echarnos a rodar como un vaso de hiel.

Y ser amargos como la dura eternidad
amarrarnos las dudas en un nudo de duelos
que nos escarbe el hondo deseo de bondad
por entre la barrera de venenos.

Aunque todas las tardes se perfumen de vida
habremos de ser almas de silencios distantes,
vientos agrios que hinchen en la lluvia suicida
los remotos cordajes de violines cansantes.

6 de diciembre de 1919

Velada familiar

El alma de Chopin brumoso sobre la vida vulgar
por entre las telarañas de estos encantamientos
que traen, oro hecho sedas, en plenitud de bondad,

y cerrados los ojos por los divinos senderos
caminar, caminar.

> (Ir presintiendo una agonía
> lánguidamente espiritual
> sepulcros de la melodía
> enfermiza... el sendero... y caminar
> y caminar...)

Oh! No como aquel de las extrañas canciones
nosotros, almas simples, ir rimando los sones
de la música triste con la ruta interior.
Oh! No como aquel mago pálido de las pupilas lejanas
nosotros, almas simples, ayer como mañana
cruelmente ilusionados para siempre, Señor.

(El alma de Chopin brumoso, sobre la vida vulgar.
Oh! el sendero sin cansancios... y caminar... y caminar...)

[Me he de volcar en un poema]

Me he de volcar en un poema
que sea un grito de cristal
hundido encima de la enferma
lluvia humillante de mi mal.

Mis soledades lastimosas
y mis latidos de emoción
todo el camino de mi vida
en mi desierto de dolor,
tal una misa de cansancios
rezada por mi corazón.

(Este poema lo he llevado por la senda
entre un latido de momentos fervorosos
y entre la sangre de la pena
que echa sus cauces dolorosos.)

Volcarme todo en un poema
y en él vibrar, vibrar, vibrar,
con todas estas voces plenas
nacidas en la soledad.

Mi áspera ruta desolada,
mis letanías de sentir,
serán la llaga perfumada
que hará la estrofa vibradora del vivir.

Pero este vaso de impotencia
me ha desgarrado el corazón
me ha contagiado en una enferma
crisis de desorientación.

(Y después hacer aguas, deshacerse en ternura,
no mostrar nunca a nadie los racimos del mal

y tejer, como todas las veces, la amargura
en un hilo quebrado en suavidad.)

Hondo poema de mi vida
que no podré nunca escribir
con esta sangre de mi herida
con este deseo sin fin.

Y soledad, luz y dolor,
áspera carga de venenos,
me he de cegar en la emoción:
y he de estar solo, mudo y ciego?

13 de diciembre de 1919

[Poeta]

A Daniel de la Vega

Poeta,
no supiste cantar la vida provinciana
tú no estuviste adentro, tú no dejaste plena
tu alma de emociones ardorosas y sanas.

Tú cantaste tan sólo mirando tus alturas
y creíste encontrarte con la vida más pura,
más sencilla y más buena,
no pensaste en espasmos de desgarrantes penas
que viven como flores sangrantes en la vida
que creíste un atado de emociones serenas
en donde el dolor era tal vez una mentida
y enferma excitación hacia lo artificial.

Pero, Poeta, tú no viviste en el mal,
no arrastraste algún carro de dolor por la ruta,
en estas soledades no fuiste soledad,
por aquí no creíste que era una maga bruta
la vida en los senderos de la fatalidad.

No conociste el agrio caminar de los hombres
que están en el veneno de estos crueles rincones
y que son un racimo triste de corazones
apretados y solos.

Cada uno lamiéndose su llaga dolorosa
y mirando cansados cómo pasan los locos
inciensos profanados de la vida tediosa,
cada uno esforzándose en vivir en sí mismos,
hiriéndose las manos por cortar la marea
de los dolores hondos y de los fatalismos.
Pero todos se cansan, se botan en la tierra
estéril, y se quedan, se quedan y se quedan.

Carne estéril, humilde conjunción de fracasos
son una sola cuerda tendida en el dolor,
echan más mieles hacia los días que pasaron
y ruegan a la vida que los trate mejor.

Es inútil, se pasan lentamente los días,
se desgastan, se van, pero siempre la vida
echa para los hombres tensión de paroxismos
y gritan, y se quedan... Serán siempre los mismos.

Así. Tundiendo al soplo de todos los dolores
todos los escondidos hervideros del ser
y sintiendo el enorme
dolor de vivir solos entre la gente y en
la vida toda, entera.
(Dolor el de los ojos, de no ver el después
detrás de los cansancios de este montón de células
agotadas y ansiosas de revivir más fuertes
pensando en las podridas montañas de la muerte.)

Poeta, tú quizás
no sabías la carga de dolores hundidos
por entre los abismos llenos de soledad.

Poeta,
tú quisiste cantar sencillamente
las emociones buenas
pero tú no buscaste los senderos ardientes
prendidos por las cinco lámparas del dolor
y que se hacen más duros en un agrio rincón.

No supiste cantar la vida provinciana,
no todos son ensueños ni rumores de alas,
eso es superficial:
por aquí van los hombres ya cansados de andar
y llevando en los labios como una oración
las hieles tremolantes que les echó el dolor...

14 de diciembre de 1919

La visión simple

Por este noble pasto te miraba danzar,
oh Visión! Yo creía que no vendrías nunca.
Yo creía que el oro del día te iba a dar
las lámparas gloriosas que alumbraban su túnica.

Y todas las extrañas virtudes de su vientre
para que hicieran ritmos a tus senos temblantes
y echaran bocanadas de humaredas ardientes
al legendario son de tus voces vibrantes.

Pero todo temblaba porque habías venido:
la tierra era un botón ciego de tempestad.
Las nubes se entregaban en un escalofrío!
Hasta aquel noble pasto sintió su soledad!

Yo era el único hombre, borracho de dulzura
vibré en el insensible concierto de las cosas,

tuve el temblor de aquellas inextinguibles células
en que tú eras el simple milagro de una diosa.

Oh Visión, ya que no vendrás nunca más a mi vida
porque la tierra ciega te tendría que llevar,
haz que me haga un venero de milagros, un simple
vibramiento de células para tu eternidad.
Dórame para siempre con tu fuego ilusorio
con el hilo sencillo de tu canción
para que cuando mueva los labios en tu busca
se disuelvan mis brazos porque tú eras la única
que fue para mis labios sólo una oración...

17 de diciembre de 1919

En mi noche caliente

Quizás por qué caminos maldicientes
haré brotar la lluvia de mi dolor final,
en el torvo milagro de mi noche caliente
o en esta misma soledad!

Mañana por el turbio dolor de mi silencio
quizás si estaré ciego de los mismos cilicios...

Una llaga, dos labios que los hombres no vieron:
todo será una negra lámpara de suplicio.

(Eras, mi corazón, demasiado chiquillo
y estrujaban las cuatro paredes de mi pecho
los ritmos intocados de tu latir sencillo.)

Con la cara anegada por el soplo más duro
cortaré los inútiles ríos de mi piedad.

Entonces vendrán vientos lancinantes y oscuros,
yo seré un milagroso vibrar de eternidad.

Mañana, pero siempre por mi noche caliente
esta lámpara negra de mi llaga final
en todos los caminos hostiles y mordientes
donde vayan mis ojos desiertos de bondad.

...Y cruzados los brazos en el turbio momento
sentiré cómo bajan las linfas del dolor,
pasará por mi cuerpo
el temblor de una lluvia cuajada de emoción.

La tierra será un seno temblante de infinito
hundida en el sopor del encanto naciente...

(Eras, mi corazón, demasiado chiquillo
en el torvo milagro de mi noche caliente!)

26 de diciembre de 1919

Sonata de la desorientación
(El 16 de diciembre en horas de cansancio)

I

A mí la vida no me ha puesto triste:
sólo he sido yo mismo,
yo he vivido el hondor de mi orgullo imposible,
yo he caldeado el hondor de mi obscuro suplicio.

Y yo mismo he tejido
todos estos telares venenosos y amargos
por donde voy filtrando mi dolor de estar vivo
encima del montón de mis agrios cansancios.

Yo no sé en qué lejana trasmutación enferma
dieron para mis brazos estos hondos dolores,
yo no sé si soy barro de una dolida tierra
que en carnales deseos encantó sus rincones,

yo no sé qué veneno
de fatalismos sordos se volcó tras mi ruta,
dejó plenas las cóncavas copas de mi deseo
con emociones raras que no he sentido nunca.

Tal vez en algún lago de hiel caliginosa
hicieron pasar uno por uno mis sentidos
y me llovieron tedio para todas las horas
hasta para el segundo más humilde y más mío!

Y tal vez para siempre! Dejar todas mis ansias
en muñones sangrientos, morbosamente tristes.
Y por la ruta larga
en vez de aquel orgullo ser como un perro humilde.

Así, insensiblemente voy haciendo más ancha
la herida en el hondor de mi orgullo imposible.
He de crucificarme para todas mis ansias
hundido en el cansancio de la ruta más triste!

II

En el sendero áspero mi dolor es un punto
desesperantemente cortado en soledad.
Yo no debí a los hombres haber estado solo
incendiado de lentas unciones de maldad.

En el vivir de toda mi sangre lastimosa
he estrujado la enferma promisión de mi sed.
(Todo el latir redondo de mi vida brumosa
anegado en la esfera de un torrente de miel.)

Mientras que llega, vamos. Llevo cansancio, pero
en los miembros cansados llevo mi vida plena.
Tal vez en algún día sólo sabré ser ruego
para los hombres, para las aves, para la tierra.

Y si no, ser aroma quebrado de infinito
concretado a este punto cortado en soledad.
(Tal vez no vendrá nadie para el cansancio mío
y seré sólo un turbio desgarrón de maldad!)

III

Sin sed, sin ninguna hambre de alegría
bebo en los manantiales crispados del dolor.
Yo no he bebido nunca lo que pedí a la Vida
porque me emborracharon los jugos que me dio.

Y como el cuervo aquel de torturantes alas
bebo en la fuente negra de un fatalismo idiota:
si no pude beber de serena agua clara
he de esperar de bruces que venga alguna cosa...

Alguna cosa sana que me llene algún día
y que tape el hondor de mi fuente dolida.
Ya que no tengo sed, ni hambre de alegría,
beberé torvamente los rastros de la vida.

Desgarraré los gajos de mi quietud enferma
para hacerme un descanso donde vivirme solo
y sin llagar mi cuerpo
liquidaré mis células en un torrente de odio.

Por qué? Por qué? Si en mis claros deseos
dejé suelta la túnica de mi vida serena.
Y por qué estos deseos de ver lo que no veo,
de botar a la tierra mis ilusiones buenas.

Entonces no fui bueno?
En qué tramas complejas se envenenó mi vida?
Por qué secaron toda la leche de los senos
maternos y quedamos duros agrios y llenos
de ternuras deshechas en una sola herida?

Y todos, todos, todos. Mañana, ayer. Quizás
si sobre la cabeza de los hombres llovieron
los jugos estrujantes del cansancio y del mal,
y quizás si quisieron
que fuéramos un fruto negro de soledad
un rebaño de carne pensante y dolorosa
y tal vez nada más...

Todas, todas las buenas e inencontradas rosas
se las han de llevar. Se las han de llevar!
Todos ir torvamente maldiciendo las cosas,
se las han de llevar. Se las han de llevar!

... Un rebaño estrujado de dolor y cansancio,
y tal vez nada más!...

La voz desolada

I

Ya no podré amar nunca, ya no podré amar nunca,
todos los hielos malos se clavaron en mí,
por eso he de quedarme y he de vivirme solo
mirando las heridas rosas del porvenir.

Yo que no he sido brasa para el brasero santo
habré de ser un nudo de carne silenciosa
quizás si un hilo turbio, pero frágil y bueno,
tendido entre las llagas de la noche brumosa.

Pero eché la fragancia de todas mis bondades,
de toda el ansia firme de mis voces primeras
y después en la tierra agria de soledades
vibré en el canto bueno
de querer hacer células de nuevas primaveras.

Ya no podré amar nunca,
ya deshice el montón de mis ruegos caldeados
y ya solté las vírgenes linfas de mi dulzura
para que abrieran cauces hondos y desolados.

II

Amor, si no me diste
nada de los ardientes sueños de mi ternura,
si incendiaste mi vida con tu llama más triste,
para qué me dejaste
mis manos infantiles secadas y desnudas?

Yo congelé la hondura serena de mi fuente
(la de las aguas vírgenes, humildes y piadosas)
para regar la sangre de mis venas ardientes,
hundidas en el claro veneno de tus rosas.

Yo, el de las manos simples,
esperé tu leyenda rosada y ardorosa
y apreté los pequeños deseos infantiles
para que levantaras tus alas olorosas.

Y para que pasaras
tuve que ser todo esto que tú sabes ahora.
(Ir matando en mi vida las ilusiones claras
y sentir que eran lentas e inútiles las horas.)

Ahora, amor, ahora
tú sabes que soy sólo un atado de dudas

y porque lo quisiste
llevo abiertas mis manos cándidas y desnudas.

Y, Amor, aunque lo quieras
aunque vibren los versos de todas tus dulzuras,
aunque tus voces canten las canciones más puras,
con mi voz desolada te habré de decir siempre
      ya no podré amar nunca,
      ya no podré amar nunca!

[Una luz irreal me alumbra en el camino]

Una luz irreal me alumbra en el camino
y cubre mis dolores y mis contentos con
el raro sortilegio de su manto divino.

Es como una ilusión
inesperadamente serena y bondadosa,
jugo suave y extraño para todo dolor

que hace que se maduren irrealmente mis buenos
ensueños. Quedan como las telarañas
los olvidos que tienen acritud de venenos.

...Y la luz viene lenta, viene lenta y me baña
en su languideciente crepúsculo sereno
de rosas luminosas irrealmente extrañas.

Noviembre de 1919

Los tres mosqueteros

En la brava leyenda de aquellos mosqueteros
nosotros tradujimos un poema gentil,
oro y sangre, la sangre de los sueños primeros
un poco dolorosa y otro poco infantil.

Pero aunque yo ya estaba cargado de venenos
esperaba aquel viejo cuento del optimismo.
Me contenté pensando que ustedes eran buenos,
que me echarían mieles adentro del abismo.

Y así fue: tuve un vago renacer de alegría,
encontré más humildes y más suaves los días
y hallé algunas bondades para mi corazón.

Por eso en esta hora nostalgiosa y herida
he llenado de gracias la hondura de mi vida
y he pedido que nunca los maltrate el dolor.

20 de diciembre de 1919

Los árboles [1]

I
LOS ÁRBOLES RECTOS

Se elevan solos, agrios en el silencio. Viven
en las serenas ansias de sus renovaciones,
son como las campanas de una dulzura triste
desnudadas en una cerrazón de dolores.

En el otoño viven serenos y confiados
adormeciendo el oro de sus hojas postreras
y esperando, esperando que vuelvan del pasado
los estremecimientos de alguna primavera.

Y así son... Viven... Alzan en quietudes extáticas
los dedos taladrados de la rama más fuerte
y se hacen un milagro de dulzura y silencio
para que cuando venga no los lleve la muerte.

II
INTERMEDIO SONORO

Aguas, divinas aguas, que en el turbio silencio
hacéis vibrar las claras campanas del amor,
se ha quedado callado como un pájaro el viento
al oír esta magia profana hecha oración.

(Yo no sé si el fragante latir de Primavera
que ha inundado las aguas alegres y cantantes
trajo el rezo ignorado de las aguas parleras
que humedecen de miedo los árboles distantes.)

(El camino desierto,
y aguas, divinas aguas sumergiéndose en él.)

Y cómo pesa el hondo latido del silencio,
aguas, divinas aguas, sobre lo que se fue.

Son un claro de luna volcado en armonías
estas aguas en medio de los árboles mudos
y oímos, tremolante la carne de alegría,
el latir inocente del corazón desnudo.

III
LOS SEDIENTOS

Los respetó el invierno cuando pasó. Quedaron
en un solo montón doloroso y vencido.
Son un resumidero de otoños que pasaron
y secaron los brotes que no habían nacido.

Y la sangre, la savia que fue potencia firme
cuando los anegaban sus ríos de dulzura,
es una fuente muerta para todo el humilde
cordaje de los troncos sobre la tierra dura.

Las raíces escarban. Están cansadas, tienen
ansias, extrañas ansias de subir a la altura,
han esperado tantas primaveras que vienen
pero que son el prólogo negro de la amargura.

Y los dedos humildes se han desgarrado en vano,
los anillos febriles de la sed llegarán
y hunden en las podridas entrañas del pantano
toda la desgarrante sensación de su mal.

Y otra vez, nada, nada. Desconsoladamente
el otoño deshace las buenas hojas mustias
y mientras los estruja la sed cansadamente
vibran en el espasmo supremo de la angustia.

IV
INTERMEDIO SILENCIOSO

Una voz de mujer que en la noche vibrara
se disolvió en el viento saturado de amor,
los árboles hablaron de las cosas lejanas
y los pájaros ebrios divisaron a Dios.

...Y nada, nada más. Hasta en el cielo
llovieron las ignotas lágrimas del silencio.

V

LOS ROSALES DE LA SOLEDAD

1

Ya se heló el corazón de los hombres del mundo
y tú, rosal, aprietas tu soledad humilde,
haz de vivir eterno y haz de vibrar profundo
como un surco en el plano de los minutos grises.

Y viciados los hombres, te nutrieron las dudas
desgajaron la clara canción de tu perfume,
y mientras tú mostrabas la ramazón desnuda
se callaba el milagro de los cielos azules.

2

Rosales, oh rosales de soledad! Yo creo
que estos buenos rosales serán una simiente,
una santa simiente que agitarán los vientos
encima del helado corazón de la gente.

Y cuando nutran estos rosales la semilla
los hombres serán dulces racimos de humildad,
jardineros cuajados de virtudes sencillas
que van en el camino para la eternidad.

...Y florecerán rosas inmensas y confiadas
de los rosales de la soledad...

3

Rosal, rosal, un día se encantará de besos
el complejo tesoro de tus castas raíces,
es que entonces, rosal, florecerán los huesos
de estos enormes días grises.

Y tu carne fragante
se deshará en la gloria potente de los días,
amarás lo distante
de las cosas que fueron serenas de alegría.

Pero siquiera entonces en tu aroma divino
crepitará el cansancio de todos los caminos
y en una llama negra de dolor y alegría
rosal, rosal, harás que se pierdan los días.

Abre el surco, taladra las entrañas serenas,
llueve aroma de luna sobre las almas buenas,
que tus raigambres sean una sola bondad
para los hombres todos, para la tierra, para
las grietas estrujantes de las vidas más raras,
rosal de soledad.

1920

La oración en la noche

Sin luna y sin amor, como dos huérfanos
se han cerrado mis ojos. Ha venido
un estremecimiento desolado,
algo así como un escalofrío.

En la noche desierta y fragorosa
he recordado la honda claridad de la luna

que echaba su alba leche sobre todas las cosas
con una blanda pena, casi sin amargura.

Y en una calentura de ruegos humillados
he caído de bruces sobre la tierra buena
y en los cielos azules por los hombres cansados
he querido ser bueno como una luna llena.

Y a los hombres que solos van por su soledad
bajarse para darles toda la claridad.

Y que beban, que beban de la fuente serena
sin odio, sin cansancio, sin dolor y sin pena.

1920

Soledad

(La tarde es como un presentimiento.)
Anudo mis heridas desesperadamente
en un turbio montón de sol, de agua y de viento.

Vivo en la lentitud cansada de mi vida
y hundo mis dientes jóvenes en las manzanas tristes
del ensueño anudado por todas mis heridas.

Maldición de sentirse desgarradoramente
solitario en la duda y en el dolor! Mañana
se quebrará mi nudo de sol y viento ardiente.

1920

[Tengo necesidad de comprenderme]

Tengo necesidad de comprenderme,
de entrar en mí como una nube clara
en un cielo cuajado de arreboles de fiebre.

Y desgajar en mi alma
la quietud más humilde, el amor más sencillo,
el cantar de los árboles, la pasión de las aguas.

Todo como una gloria sensitiva y fragante
que volcara en la sombra de mi vida olvidada
el ritmo inolvidado de las cosas distantes,

el oro santo y bueno
que los pájaros saben encontrar en el cieno.

En Quepe, 1920

El silencio

Abre el clamor de tu pecado triste
y vive y vibra solo y lentamente.
Cuando pasen los pájaros humildes,
hombre desconsolado, has de bajar la frente.

En la cumbre sonora
has de tener un gesto decidor y potente
que anude la cuajada santitud de las horas
en la pálida albura de tus manos ardientes.

Que en el noble silencio de tu vida entrañada
las palabras no tengan signaciones dolidas
que en todas las mañanas,
hombre, tú solo seas el dueño de tu vida.

Y como el desgarrante luminar de un incendio
sumido en la montaña de tus horas serenas
haz que reine en tu vida la canción del silencio
como una inmensa oración buena.

2 de febrero de 1920

En la ventana

Ayer, ayer no más, como una carga
era mi corazón un ritmo bueno.

Y no pasó una amada,
no pasó un canto amable florecido de ensueño.

No pasó una alborada.
No pasaron los pájaros trinadores de luz.
No pasó nada, nada.

(Los hombres se callaban. Yo miraba el azul,
pasó una nube rubia, pero nunca volvió.)

(A qué mundo? A qué mundo
te fuiste, nube rubia, candorosa y cobarde?)

Ir viviendo, Señor! como un milagro
dormido en los cansancios de la tarde.

2 de febrero de 1920

Si algún día volvieras

Amada, rubia amada de mis días primeros
te has ido de mi vida sin que tú lo supieras
y tal como viniste para mis días buenos
habrás de hacer temblar mi primavera.

Amada, rubia amada que esperó mi cansancio
hace ya mucho tiempo que no puedo esperar
desde que se enturbiaron mis deseos más claros
y desde que no puedo caminar.

Si algún día volvieras, rubia amada perdida,
haré seda el cansancio y te sonreiré
pero serás la llaga más honda de mi vida
si a mis desesperanzas llegaras otra vez.

8 de febrero de 1920

La pequeña alegría

(Por publicar en Siembra)

Mi corazón de niño dolorido y precoz
hundido en el desgaste de la senda sombría
ha tenido un humilde y agitado temblor.
Es que, Señor, hoy tuve una alegría.

En el claror teñido de paz crepuscularia
vibró mi corazón como un manantial
y mi frente signada por las rutas lunarias
tuvo un escalofrío sereno de humildad.

Es que, Señor, hoy tuve una alegría,
yo quise recogerla con mis manos cansadas:
era un leve minuto que cuajaba mis días
en el rumor sedante de la noche lunada.

Era un leve minuto pero yo lo quería
aprisionar entero entre mis manos débiles:
yo quería tenerlo como una melodía
brotada entre la ruina de la jornada estéril.

Mi corazón de niño pensativo y precoz
tuvo la transparencia de una fuente tranquila.
(Pedir al alba, al árbol, a la tierra o a Dios
que aquel canto vibrara para siempre en mis días.)

Y hacerme todo ruegos, ahuecarme las manos,
desdoblarme en los frutos albos de mi bondad
y cerrados los ojos trasmutar al Arcano
este fuerte latido de dolor y ansiedad.

Para esperar de alguna montaña de leyenda
un harmonioso trozo de alegría, Señor,
para esconder el torvo caminar por la senda,
para alumbrar de un claro de luna el corazón.

Y por eso, Señor, para todos mis días
he de esperar las horas milagrosas.

Hoy tuve una alegría,
después entré en la enorme lentitud de las cosas.

6 de febrero de 1920

*Texto fechado «Temuco, febrero de 1920» en
Siembra, núm. 5, Valparaíso, mayo de 1920.*

[Me botaré en el llano más claro de mi vida]

Me botaré en el llano más claro de mi vida:
ni el alba ni la noche me sacarán de él!

Y vibraré con todas estas fuerzas dormidas
que tienen en mi carne ansias de amanecer.

Para toda la vida, para toda la vida
hundido en el vibrante milagro de mi ser.

Y cuando entre en el llano de seda florecida
ni el alba ni la noche me sacarán de él!

4 de febrero de 1920

Gracias [2]

Gracias, mujer ignota que en este día gris
pusiste la fragante nota de una ilusión,
los gajos temblorosos de una miel juvenil
en los viejos racimos de mi mal corazón.

Gracias, mujer.
Gracias por este loco minuto de inquietud
que me abrió un ventanal de amanecer
entre las nubes de mi juventud.

Gracias porque no tengo que esperarte mañana
en el huerto cerrado que no ha de florecer:
gracias, mujer lejana,
porque nunca has venido, porque no has de volver.

Febrero de 1920

La paz exterior

En el aire inundado de un aroma imposible
y en la tierra dormida, dolorosa y sensual,
se agitan estas manos blancas pero invisibles
que rodean mi vida con la unción de la paz.

Y dormidos, callados, las cosas y los seres
van haciendo estrujarse de luz el corazón,
con el sordo cansancio del animal que muere
en la atroz inconsciencia de la paz exterior.

Después seré una isla sensitiva y el mundo
será un lejano toque de campanas de ayer
y mis brazos vibrantes serán un canto mudo
desolado en la albura de algún amanecer.

En la clara mañana de silencio, la huida
de los pájaros locos herirá mi emoción
y esta isla sangrante y ardiente de mi vida
se quebrará en los hielos de la paz exterior.

18 de febrero de 1920

No me siento cambiar

No me siento cambiar. Ayer yo era lo mismo:
el tiempo pasa lento sobre mis entusiasmos,
cada día más raros son mis escepticismos,
no he sido nunca víctima ni de un pequeño orgasmo

mental que derribara la canción de mis días,
que quebrara mis dudas, que borrara mi nombre.

No he cambiado. Es un poco más de melancolía
y el poquito de tedio que me dieron los hombres.

No he cambiado. No cambio. Mi padre está más viejo,
los rosales florecen, las mujeres se van,
cada día hay más niños para cada consejo,
para cada cansancio, para cada bondad.

Pero yo estoy lo mismo. En las tumbas ancianas
los gusanos rabiosos deshacen el dolor,
todos los hombres piden de más para mañana
y yo no pido nada, ni un poquito de amor.

Pero en un día amargo, en un día lejano,
yo sentiré la rabia de no tender las manos,
de no elevar las alas de la renovación.

Quizás si será un poco más de melancolía
pero en la certidumbre de la crisis tardía
yo haré una primavera para mi corazón.

1920

La estrofa humilde

Ir por la calle con una estrofa dulce
entre los labios cada vez más nuestros.

Dejar que pasen los hombres cansados,
los niños que tienen los ojos humildes.

Pero la estrofa deshecha en los labios
tiene una lenta caricia de miel.

La calle se alarga.
Todas las mujeres

tienen en los ojos un claror de bestias
sensuales.
Los niños se pierden. Los perros también.
Y los hombres pasan con ojos brutales,
con ojos que piden algo que se fue.

Pero la estrofa nos guía.
Deshace sus mieles intactas
como una pastilla de goce, de vida, de fe.

21 de marzo de 1920

Allegro en *a* clarísima

Alguna clara llama
se revelaba en toda la santidad del alba.
Las horas esperaban
trémulas y calladas.

Una sombra danzaba y otra enarcaba
la perdida fragancia de la calma.

El sol, macho rabioso, no nos decía nada
mientras la gloria rubia del alma se marchaba.

Alguna llama ignota nos cantaba palabras
y el alba nos entraba candorosa en las almas.

1920

Ya siento que se va mi adolescencia

Ya siento que se va mi adolescencia
en un temblor que encanta la quietud de mi sangre

se empañaron las albas tramas de mi inocencia
y un río de oro turbio fluye sobre mi carne.

Es la carne intocada de alguna primavera
que me ha echado las linfas vírgenes de su amor,
es el paso temblante de la sombra primera
que rediviva ha muerto para mi corazón.

(Piano, piano enlutado de las tardes románticas,
ya no puedes cantar
ya no sueño en las tardes con las sombras extáticas,
que llovían sus besos sobre mi soledad.)

(Árboles, perros tristes, malditamente mudos
un vino cantarino disolvió mi dolor
y en la noche ya nunca besaré los desnudos
troncos hermanos de desolación.)

En mis venas enormemente débiles
siento un galope de caballos, ebrios de sangre y de inquietud,
y en mis arterias candorosas los rondeles
desorientados de la juventud.

En mis estanques se ha nublado la santa y buena transparencia
y un viento negro ha derribado la lucidez de mi emoción:
es que ya siento que se va mi adolescencia
y va dejando que revienten los frutos negros del dolor.

1920

La llaga mística

Y haber volcado en tu alba las rosas del deseo
desde el enorme empuje donde corre mi senda,
haberte amado como Gonzalo de Berceo
pudo amar a la virgen santa de la leyenda.

Amarte, amarte, amarte sobre toda mi vida,
amarte con los tristes racimos de mi ser
y deshacer las rosas de mi heredad florida
para que se fecunde tu carne de mujer.

Y después miraría con mis ojos lejanos
tu belleza perdida, tus trenzas y tus manos
y el rosal de cansancios que se anegó de luz.

Y querría entregarte las rosas del deseo
que en su celda llagada Gonzalo de Berceo
ofrecía a la virgen florecida de azul.

1920

La hora del amor

Yo voy todo borracho de amor en esta hora,
se levantan en mi alma las dulzuras perdidas
las tremantes campanas de la vida sonora
se llevan los celestes cansancios de mi vida.

Ven crepúsculo tibio, ven aurora rosada,
ven fragancia de besos, ven calor de mujer.
Hace ya tanto tiempo que no espero la amada
que me muerden los perros del deseo y la sed.

Pero si voy borracho de amor ya no me importa
el ensueño lejano que no puede volver,
llevo todas mis rosas por si la vida es corta
y, es claro! mis rosales tienen que florecer.

Pero si llevo todos mis rosales cuajados,
dame una mano amiga, dame un fruto, Señor,
dame dos senos tibios y dos ojos amados,
si no me los entregas, qué será de mi amor?

Mayo de

Los cuentos viejos

I

Aquel cuento decía...
Pero por qué te busco, por qué te busco tanto?
He cruzado los yermos, he mojado con llanto
mi difunta alegría,
y por qué amada mía,
por qué te busco tanto?
He atravesado llanos, montes y trigaladas
por buscar el tesoro
de tus manos de seda
y tus trenzas de oro...
(Yo conocí tus trenzas y tus manos un día
porque el cuento decía...)

II

Éramos tres hermanos.
Salió el mayor un día por mares y por llanos
por un viejo tesoro que no habrá de tener,
y mi hermano segundo
salió a correr el mundo
por ser un hombre y por saber...
Éramos tres hermanos y ninguno volvió.
(El otro loco era
yo.)

III

Han pasado los años y ya nadie me espera
y así se van pasando los meses y los días,
yo no me canso de esperar...

y los tres locos tristes no vuelven todavía
caminando en la tierra y esperando en el mar.

Yo te espero y te busco como en el primer día,
porque hace tanto tiempo que te espero
y aquel cuento decía...

1920

Ratos Ilustrados, *núm.* XXII, *Chillán, 3.12.1920.*

La dulce balada

Quedó pensando la niña
en los corderitos blancos,
mientras la luna besaba
los caminos desolados.

Agua, sol y luna ardientes
en los cuerpecitos blancos,
toda la luz y la suave
canción del amor cercano.

Quedó pensando la niña
en los corderitos blancos.

Lanita blanca y perdida
en los brazos de la bruma,
que trajeron los corderos
desde el fondo de la luna.

Desde los buenos caminos,
desde las tierras remotas
donde hay pastores de cielo
y agua, y sol, y luna, y rosas.

Quedó pensando la niña
en los corderitos blancos...

Montón de lana hecha cielo,
lana crespa, lana blanca,
lana como la de aquellos
corderos de Tierra Santa...

ENVÍO

Hombres lejanos y tristes
con los ojos más lejanos
hay que mirar la lanita
de los corderitos blancos...

1920

El cantar generoso

Almas de ensueños y almas de canciones
ya tocan las campanas de la muerte,
y quedan tantos besos por besar, tantas flores
que no se fecundaron en ninguna vertiente,

pero nosotros somos el mundo. Cada día
nace un mundo por cada nacimiento de amor,
y el olvido renace muriendo en las pupilas
astrales que llevamos dentro del corazón...

Y si hay rosa besémosla. Y si hay vientre curvado
démosle agua, mucha agua, mucho pan, mucho amor,
y casi sin palabras démosle nuestros labios
como una bendición...

1920

Pantheos

Oh pedazo, pedazo de miseria, en qué vida
tienes tus manos buenas y tu cabeza triste?
Y tanto andar y tanto llorar las cosas idas
sin saber qué dolores fueron los que tuviste,

sin saber qué pan blanco te nutrió, ni qué duna
te envolvió con su arena, te fundió en su calor,
sin saber si eres carne, si eres sol, si eres luna,
sin saber si sufriste nuestro mismo dolor.

Si estás en este árbol o si lloras conmigo,
qué es lo que eres pedazo de miseria y amigo
de toda carne clara que no quiere perderte?

Si quieres no nos digas de qué racimo somos,
no nos digas el cuándo, no nos digas el cómo,
pero dinos adónde nos llevará la muerte!

Mayo de 1920

Las puertas

Tengo dos puertas claras
como el aire y el sol,
tengo dos puertas claras:
las puertas claras de mi corazón,

abiertas a los vientos
y a la luz y al amor
como se abren las puertas multiformes
de todos los caminos del dolor.

Como el pájaro tibio
que mira a Dios yo escucho
y miro los rosales que florecen
como mi corazón de esperar mucho.

La hoja cae,
cae el dulce retoño,
y el fruto vibra como un seno suave
presintiendo las rutas del otoño.

Tiembla la tierra y todo fruto nuevo
se abre a los caminales del dolor
y abro como dos rosas de silencio
las puertas claras de mi corazón...

1920

Sensación autobiográfica

Hace dieciséis años que nací en un polvoso
pueblo blanco y lejano que no conozco aún,
y como esto es un poco vulgar y candoroso,
hermano errante, vamos hacia mi juventud.

Eres muy pocas cosas en la vida. La vida
no me ha entregado todo lo que yo le entregué
y ecuacional y altivo me río de la herida:
el dolor es a mi alma como dos es a tres!

Nada más. Ah! me acuerdo que teniendo diez años
dibujé mi camino contra todos los daños
que en el largo sendero me pudieran vencer:

haber amado a una mujer y haber escrito
un libro. No he vencido, porque está manuscrito
el libro y no amé a una, sino que a cinco o seis...

12 de julio de 1920

Las manos de los ciegos

Dame tus manos, ciego. Las manos de los ciegos
son como las raíces de estos hombres inertes,
se queman retostadas por el sol en enero
y en el otoño sienten cómo llega la Muerte...

Tajeadas y sumisas en el silencio viven
descarnando en sus dedos la hilacha del dolor,
y la hilan recogidas como frailes humildes
que estuvieran hilando las palabras de Dios.

... Los ciegos tienen toda su alma en estas manos
ásperas de rozarse con los miembros humanos
traspasadas de duelo, temblorosas de amor.

Tiemblan como cordajes los largos dedos magros
y parecen dos santas palomas de milagro
tajeadas y sangrantes de noche y de dolor!

12 de julio de 1920

El liceo

Y esta sala, esta sala de Liceo, esta sala
que para los dolores me ha cortado las alas
y para los ensueños me las deja crecer!
Esta sala egoísta que me ha dejado ser
mezquino como todos, como muchos pequeño.
Todos los días, todos los días como ahora,
esperar que se pasen bien ligero las horas
y cotidianamente conversar con los mismos,
matando cada día los mismos espejismos...

Llegué cuando tenía seis años al Liceo.
Tenía en las vertientes de mi vida el deseo
de conocer siquiera lo que era la alegría.
Y pensar que no puedo sentirla todavía!
Ha sido el mismo eterno cuento del desengaño
pasando por mi vida como pasan los años,
como pasan las nubes, como pasan los vientos
dejando lluvias tristes y dolores violentos.
Y así seguir andando dolorido. Mañana
cerraré más mi puerta y abriré mi ventana
para no hacer lo que hacen estos hombres pequeños
que no sufren dolores y que no sueñan sueños...
Pero, claro! es inútil porque en un cierto día
compraré una maleta y sin una alegría
me iré donde van todos estos «que han estudiado».
Qué me importa? Ingeniero, médico o abogado,
siempre seguiré siendo lo que hasta ahora he sido:
un muchacho que tiene mucho de dolorido,
mucho de candoroso, mucho de desgraciado!

Y en todos estos años de Liceo no he amado:
apenas si en los ojos de una rubia lejana
creí finir mi éxodo por buscar una hermana,
por buscar los remansos de ensueño de una fuente
donde meter mis manos afiebradas y ardientes.

Ahora sé que no era la hermana prometida
porque tal como vino se la llevó la vida!

Y amando, amando siempre nuestros pobres hermanos
por todo lo que tienen de deseos humanos
sacrificados bajo la potencia del yugo,
trabajando en la mina, deshaciendo los jugos
de sus vidas en duelos, en sudores y esputos,
amamantando tigres y soportando brutos...
Y justicia y derecho del porvenir que gimen
bajo el peso tremendo del dolor y del crimen!
Sangre, sangre caliente de los hombres: adónde

dejas toda tu carga de energías? Responde!
Éste es mi santo grito contra las manos lerdas
que soportan tiranos hechos de barro y mierda...

El Liceo, el Liceo! Toda mi pobre vida
en una jaula triste... Mi juventud perdida!
Pero no importa, vamos! pues mañana o pasado
seré burgués lo mismo que cualquier abogado,
que cualquier doctorcito que usa lentes y lleva
cerrados los caminos hacia la luna nueva...
Qué diablos, y en la vida como en una revista
un poeta se tiene que graduar de dentista!

Y pensar que yo espero que llegue una mujer
inmensa, buena y dulce para todo mi ser!
Quizás mañana mismo por mi ruta la sienta
y tendré un dolor grande que no estaba en mis cuentas:
con el dolor bicóncavo de ser hombre y poeta
me iré con mis ensueños y dos o tres maletas...!

Julio de 1920

Elegía de la pena que pasa

I

Esta mañana pasaron cantando
los tres soldados que van al cuartel
por las avenidas floridas de oro
bajo los oros del amanecer,

oro sangrante de las alboradas,
triunfo celeste del sol y del bien:
cómo brillaban las hojas y cómo
sangraban los oros del amanecer!

Los tres cantaban canciones ardientes
de amores suaves, de penas silentes,
de cosas lejanas que no han de volver.

Doblaron cantando el polvoso recodo,
cantando, cantando se fueron y todo
se entregó al oro del amanecer...

II

Dulce muchacha de los ojos grises,
no tengas pena que van a volver
a consolar tus heridas humildes
de muchachita que es ya una mujer...

No llores tanto, muchacha doliente,
todas las cosas se van y se van
como esta mañana las voces ardientes
pasaron cantando para la ciudad.

La vida es un poco cansante, muchacha,
nos duele, nos duele como una campana
que vibra en el oro del amanecer,

y cuando miramos por las avenidas
oímos canciones y voces dolidas
cantadas por hombres que no han de volver.

Julio de 1920

El romance rural

Chiquilla de ojos pardos y de dulce mirada
porque no lo quisiste no tuviste mi amor,

aquí entre estos burgueses de aldea descansada
donde un poeta es casi lo mismo que un ladrón.

Yo que llevé mis versos como un dolor de muelas
que todas estas gentes trataban de curar
miré tus ojos dulces y tu carita buena:
tuve el presentimiento de lo que va a llegar.

Y luego en una tarde, mientras un tren piteaba
(yo creo que pitea y que no pita un tren),
haberte dicho algunas candorosas palabras
con un poco de ensueño y otro poco de miel.

Y después un idilio que soñaba. Tres besos:
para tu boca, para tu voz, para tu ser:
un idilio de pueblo fragancioso y sereno
(olvidar desde luego a Trigo y a Lorrain).

Pero la vida quiso, chiquilla, que esa tarde
cayeran mis palabras como pueden caer
las piedras dolorosas en el cercado suave...
y mis palabras eran luces de amanecer!

Chiquilla (yo me acuerdo que usabas taco bajo),
eras sencilla y buena como la sencillez!
Y sin embargo nunca te pude abrir mis brazos,
mostrarte mis panales y entregarte la miel.

Graciela te llamabas, Graciela de ojos dulces.
Ahora que he sufrido te doy las gracias. Yo
al que me da emociones como se dan perfumes
le dejo en mis recuerdos algo de corazón...

Junio de 1920

[Un dolor más…! Qué importa!
Cosas de aldea, cosas]

Un dolor más…! Qué importa! Cosas de aldea, cosas
que me hacen ver la vida más o menos sincera.
Gracias por el poquito de emoción dolorosa:
el invierno es a veces como la primavera!

Así… Pero es la vida! Mi vida de estudiante,
mi vida de muchacho sin entusiasmos, sin
las rosas del futuro y los lirios de antes,
estas flores que llevan en un sueño hasta el fin.

Estas flores que siempre me han faltado, estas flores
que en un cuadro son como la luz y los colores
y en un verso la clara miel de la plenitud.

Flores que no llegaron y que nunca he sentido.
Pero vale la pena sentirse agradecido
cuando a pesar de todo se tiene juventud!

Circa *julio de 1920*

La chair est triste, hélas!

Pobre, pobre mi vida envenenada y mala!
Cuando tuve trece años leía a Juan Lorrain
y después he estrujado la emoción de mis alas
untando mis dolores con versos de Verlaine.

En mi senda bien triste fueron libros amigos
los que me dieron agua, los que me dieron pan.

(Amé las rubias vírgenes que amó Felipe Trigo
y amé el decadentismo feudal de Valle-Inclán.)

Y luego Schopenhauer se llevó mi alegría.
La carne se me antoja más triste cada día
y más triste mi vida se llena de porqués.

Y pienso lentamente, casi sin amargura,
que en libros y mujeres se fueron mis dulzuras
como en aquel doliente verso de Mallarmé!

1920

Sensación de clase de Química

Los alumnos hacen paralelepípedos
o copian grabados del libro de Química,
me roe el fastidio mordiente del bípedo
que siente la herida de la metafísica.

Odiosa ganguea la voz pedagógica!
… ácido esteárico… química sintética…
tantas endiabladas curvas psicológicas
en la gelatina de mis energéticas!

La lluvia en los vidrios deja sus rosetas
y yo pienso, pienso tal como un poeta
que a veces detesto y a veces… envidio…

La herida, qué diablos! de vieja se amustia
y sobre la silla me agacha la angustia…
Angustia? Fastidio, fastidio, fastidio!

Clase de Química, julio de 1920

*Ratos Ilustrados, núm. 27, Chillán, 18.9.1920,
bajo el título «Clase de Química en ultragrís».*

Elogio de las manos

MANOS DE CAMPESINO

Manos torpes y honradas. Manos buenas
que en la tarde se duermen, milagrosas,
bajo el influjo de la luna llena
bendiciendo los senos de la esposa.

Y se duermen cansadas de la labor vencida
como en el rozamiento de un afluyente encanto,
tienen entre los músculos flores encallecidas
de haber labrado mucho y haber sembrado tanto!

Santificadas sean en toda letanía:
nos dan el trigo rubio y el pan de cada día
y siguen los preceptos que les diera el Señor.

Debieran de llenarlas de perlas y de gemas:
manos de campesino que son como poemas
en que los versos huelen a tierra y a sudor!

MANOS DE CIEGO

Dame tus manos, ciego. Las manos de los ciegos
son como las raíces de estos hombres inertes:
se queman retostadas por el sol en enero
y en el otoño sienten cómo llega la muerte.

Tajeadas y sumisas en el silencio viven
descarnando en sus dedos la hilacha del dolor
y la hilan recogidas como monjes humildes
que estuvieran hilando las palabras de Dios.

Los ciegos tienen toda su alma en estas manos
ásperas de rozarse con los miembros humanos,
traspasadas de duelo, temblorosas de amor...

Tiemblan como cordajes los largos dedos magros
y parecen dos santas palomas de milagro
tajeadas y sangrantes de noche y de dolor...

MANOS DE TÍSICO

Manos que fueron buenas como un canto risueño
sintiendo la tristeza de un camino de ayer
perdidas en el hondo cansancio del ensueño,
cansancio este que nunca deja de florecer...

Manos de enfermo, manos tísicamente buenas,
austeramente santas en su triste virtud.
(Yo he visto en la blancura de esas dos azucenas
la ruta pecadora de una venita azul...)

Manos que con el tiempo, tuberculosamente,
han sentido la huida de las almas ardientes
lejanas compañeras de sus 18 abriles.

Y que ahora en la tarde se encogen tembladoras
porque mientras que pasan desolantes las horas
se van cubriendo de oro como viejos marfiles.

1920

Los tres sonetos fueron publicados en Selva Austral,
núm. 3, Temuco, 1920. Sólo «Manos de ciego» en
Claridad, *núm. 12, Santiago, 22.1.1921.*

[El hombre es un estéril silencio campesino]

El hombre es un estéril silencio campesino
donde la duda muere, donde muere el perdón:
no tiene ni el consuelo de saber si el camino
dobla por donde debe doblar su corazón.

En nuestra vida triste tiene un algo de reto
este ruego a la vida para que no haga mal
y damos en palabras todo nuestro secreto:
secreto más sencillo que una virgen rural.

Norma de rebeldía

Ser un árbol con alas. En la tierra potente
desnudar las raíces y entregarlas al suelo
y cuando sea mucho más amplio nuestro ambiente
con las alas abiertas entregarnos al vuelo.

La busca

El buen loco de Nietzsche decía:
en la casa llena deja de cantar
pero canta y canta en la casa vacía:
tu voz sea un grito disuelto en el mar.

Canta en el silencio tu canción primera,
lanza en el silencio tu última canción
de frente al milagro de la primavera
que va floreciendo la aldea interior.

Esto es lo *quel* loco de Nietzsche decía
y yo voy buscando la casa vacía
pensante y vibrante como un corazón.

Ya me estoy cansando de buscar en vano:
no encuentran mis ojos, mis pies ni mis manos
la casa en que debo cantar mi canción.

1920

Amanecer

Esta mañana el sol salió temprano:
yo estaba en la labor de la mañana.
Levanté mis dos manos,
hice una acción de gracias.

Como canciones dos aves volaron
y se perdieron en la lejanía,
y los dos montes como dos milagros
me sonreían...
Tembló mi corazón al nuevo día
que la luz acababa de parir.
Gracias candentes como aquellas mías
nadie pudo sentir.

Hinqué las manos en el surco nuevo
tembloroso de amor.
Esta mañana sobre los terrenos
salió temprano el sol.

1920

Égloga simple

El paisaje sencillo se me entra en las retinas
como un camino nuevo lleno de claridad.
Las hojas amarillas
se cansan de esperar
y los troncos nudosos se ponen de rodillas
ante el milagro unánime de un dorado trigal.

Los álamos se empinan
y arrugan los ramajes implorantes
en una petición de caridad
que los hace más suaves
que la misma bondad.

El río corre, hierve y se desliza
en un milagro de tranquilidad
que hace más dulce el agua campesina
a mis pupilas de hombre de ciudad.
El río fluye como una vertiente
que en vez de agua trajera castidad.
Dos mujeres
hablan y beben agua y comen pan.

... Pan campesino, áspero y sabroso,
pan que la madre amasa en el salar
y que además de misericordioso
es aromoso
y maternal.
Pan que se ofrece al hombre de la aldea
para que sea fuerte, para que labre más,
y eche la siembra ubérrima
en el surco, contento de su animalidad.

Pan campesino, dame tus entrañas,
Pan,
para mi primavera desolada,
Pan,
como una bendición de este paisaje
en la consolación de mi cantar.

                                        1920

Otoño

Tanto mal que me hiciste
mujer de los ojos lejanos!
Los caminos más buenos se van poniendo tristes
y todos los deseos se me tornan ancianos.
Pero a la primavera
curarán mis retoños
y astral y santa será la primera
ruta de los otoños!
Sabré mirar la nueva fuente de mis encantos,
como una golondrina sabré mirar el sol:
diré una estrofa dulce en cada desencanto
y en cada atardecer pintaré un arrebol.
Todo el mal que me has hecho, todo el mal que me has hecho,
con la nueva esperanza desaparecerá.
Y bajo el viejo techo
toda menguante me verá.
Un poco más doliente, un poco más anciano,
pero con una miel más serena en el pecho.
Cómo sabré gustar, mujer de los ojos lejanos,
todo el mal que me has hecho!

                                        1920

Balada de la infancia triste

Infancia mía triste como un canto que sigue
por perderse en la bruma, en la luz o en el mar.

Infancia mía triste
y clara como un albo voto de castidad.

Horas mías lejanas, horas mías perdidas
que entre la lejanía se santifican más.

Ni un hermano. Ni afectos. Apenas la neblina
de las cosas lejanas que pudieron llegar...

Quién enturbió mi infancia, quién me botó cenizas
de muerto? Qué me dieron, qué me dieron, Señor?

Quién recogió el afecto de mis dulces bondades,
los licores rosados de mi buen corazón?

Me pudrieron el vino los odios ancestrales?
Tuvieron mis heridas hombres de otras edades
            que no conozco aún?

Infancia mía triste como un día de lluvia,
en que deshice toda la sed de mi dulzura
en mirar el camino, cada vez más azul!

ENVÍO

Álamos del camino, este cantar que tenga
tres algos de cansancio y uno de bendición,
cansancio, mis paseos bajo las arboledas.
Que bendecida sea la primera canción!

Álamos, he salido de mi infancia musgosa
en que sólo el camino me hablaba de emoción:
aprendí [a] amar los árboles y contemplar las cosas
poniendo en mis pupilas un poco de emoción.
Álamos, por mis horas
lejanas bendigamos la primera canción!

1920

Ciruelos florecidos

En el huerto pequeño tan dulce
de intimidad que ciegan las más mínimas cosas,
las lechugas humildes tienen algún perfume
y la tierra es amiga, moldeada y aromosa.
Los ciruelos levantan las corolas
florecidas y tiemblan de un apacible amor.
Rebalsa así una ola
un perfume de tierra y un latido de sol.

1920

[La colegiala tenía]

La colegiala tenía
los ojos tan lindos!
Yo me la encontré en la tarde
de un día
domingo.

La colegiala tenía
los ojos profundos,
yo me sentí bueno como
un arbolito desnudo...

Desde aquella tarde nos
vamos al colegio juntos...

1920

El soneto pagano

Como un surco en descanso sentí tu cuerpo abrirse
por recibir la ofrenda máxima de mi ser.
... Sentir, tremar, y oh tierra! hundirse, hundirse, hundirse,
así como los soles en el atardecer...

Y la siembra caliente que desciende y que entrega
su tesoro instintivo de sangre y de calor,
mientras en el vacío tiemblan las manos ciegas
de haber tactado tanto racimo de esplendor.

Soles de otoño, vientos del norte, chorros de trino!
Quién me abrasó las manos? Quién me extravió el camino?
Uvas de qué viñedos estrujaron en mí?

...Y ahora entre la bruma total de mis sentidos
sé que en mi vida virgen tu cuerpo se ha finido
y que aunque me venciste, yo también te vencí!

1920

La angustia

Vaquera, los caminos se han llenado de flores
y tus pies se deshacen de cansancio, por qué?

El mal de qué raigambre mojó tu primavera
que ayer era de rosas y antes era de miel?

Y –oh! silencio, silencio– es que tú, campesina,
te morirás también?

Facsímil del manuscrito en Silva Castro, *p. 145.*

La maestrita aquella...

Aquella maestrita rubia como las mieses
–tan rubia que al principio la creyeron inglesa–
sigue triste como antes, tan triste!
                              Si parece
que desde su llegada se enfermó de tristeza!

Unos le dicen Celia y otros le dicen Marta:
ella contesta siempre con toda indiferencia.

Hace ya tanto tiempo que no recibe cartas
que parece que nadie lamentara su ausencia!

La quieren los chiquillos de la clase aunque ella
se va poniendo mucho más triste cada vez,
triste cuando les habla de lejanas estrellas,
triste cuando pregunta cuánto es ocho por tres.

Y ayer al deletrearles un nombre del dictado
se le subió a los ojos la niebla del pasado
y detrás del pupitre se quedó sin hablar...
Entonces bajo el peso de un dolor infinito
los niños de la clase –pobres corazoncitos
que no saben lo que hacen!– rompieron a llorar...

1920

[Tu larga cabellera desgarrada]

Tu larga cabellera desgarrada,
tus pupilas morenas machucadas
por el odio del sol te irás muriendo
y así mi primavera desolada
recibirá cada despojo en cada
hueco de las dos manos que te tiendo.
Y así sabrás que mis dolores mudos
más tristes y más grandes y más hondos
resistirán en el supremo orgullo
de saber que sabiéndome desnudo
y ofreciéndote todo lo que escondo
se morirán mis huesos con los tuyos.

1920

[No seas como el árbol primifloro]

No seas como el árbol primifloro
que después de dar hojas y morirse
comienza a florecer.
          La vida tuya
necesita de tierra removida
germinadora y buena. Todo paso
de otoños ha de ser como una ruta
que te alumbre de sol las yemas nuevas.
Después arder, hundirse en el espasmo
de florecer y florecer...
            Más tarde
la primavera pasará cantando...

1920

Facsímil del manuscrito en Silva Castro, *p. 65.*

Sensación de olor

Fragancia
de lilas...

Oh dulces atardeceres de mi lejana infancia
que fluyó como el cauce de unas aguas tranquilas.

Y después un pañuelo temblando en la distancia.
En el cielo de seda la estrella que titila...

Nada más... Pies cansados en las largas errancias
y un dolor que tirita, que se alza, que se afila...

Allá lejos campanas, novenas, misas, ansias,
vírgenes que tenían tan dulces las pupilas...

Fragancia
de lilas...

Este poema pasó a Crepusculario *(1923) con variantes.*

Campesina

Entre los surcos tu cuerpo moreno
es un racimo que a la tierra llega.
Torna los ojos, mírate los senos
son dos semillas ácidas y ciegas.

Tu carne es tierra que será madura
cuando el otoño te tienda las manos
y el surco que será tu sepultura
temblará, temblará como un humano

al recibir tus carnes y tus huesos,
rosas de pulpa con rosas de cal,
humedecidas en el embeleso
de ser limpias así como un cristal.

La palabra de qué concepto pleno
será tu cuerpo? No lo he de saber!
Torna los ojos, mírate los senos.
Tal vez no alcanzarás a florecer!

Noviembre de 1920

Este poema pasó a Crepusculario *(1923) con leves variantes.*

[Sobre la podredumbre de los ritos humanos]

Sobre la podredumbre de los ritos humanos
hermano, cada día tienes que ser mejor
aunque el día que viene nos traiga un desengaño
aunque mañana mismo se muera la ilusión.

Que el camino que acaba nos eleva a otro camino
que la flor que se agosta florecerá después
hermano no te cuides de manchar el olvido
si en vez de carne llevas un racimo de miel!

Más dulce cada día sobre las podredumbres
carne que fuera fruta de santas dulcedumbres
de santos entusiasmos y de santa emoción.

Hermano, los caminos se van haciendo rectos:
que el rosal que florece te vea más perfecto:
hermano cada día tienes que ser mejor!

1920

Primavera [2]

La lluvia cae, payasos,
sobre las calles mojadas.
Ojos que nada miraron,
boca que no dijo nada.
(Oh Primavera de grumos
dulces, de carnes rosadas,
cielos de un azul obscuro
y aguas de color de agua.)
Ahora
carmín sobre bocas muertas,
broma,
fiesta.
Para quién llegaste, para
quién llegaste, Primavera?

1920

*Ratos Ilustrados, num. 27, Chillán, 18.9.1920,
bajo título «La primavera nueva».*

El amor que no quieres

Un amor de caricias letales. Un lejano
florecer de dulzuras sobre tu primavera!
No es cierto. Apenas esto que te dicen mis manos,
ni siquiera mi boca te dirá lo que quiera.

Sencillo. Claro. Dulce como una maravilla
desconocida mi alma te entregará su amor:
nos diremos esas palabras tan sencillas
que todos saben aunque nadie las enseñó!

Nada de cine. Tu alma se me ha de dar lo mismo
que un trago de buen vino o un trozo de buen pan.
Un amor sin dolores, un amor sin abismos
y sin romanticismo
banal.

... Un beso, un beso largo pero como
todos los besos
que se dan...

1920

[Por cada primavera que nace, hermano mío]

Por cada primavera que nace, hermano mío,
una alegría dulce se va muriendo en ti.
No le creas al árbol que tiembla en los rocíos,
no le creas al fruto de oro y de rubí.

Mentiroso es el árbol, la luz, el agua, el fruto,
el sol, el padre máximo de nuestra juventud.
Se encorvan al otoño los árboles desnudos
temblorosos de frío y de inquietud.

Y cuando te hayas muerto
árboles, agua, luz, frutos maduros
alegrarán la primavera azul.

Porque te han engañado, hermano mío,
no sentirán que te hayas ido tú!

1920

Balada de la desesperación

Los ojos verdes son tristes: la vida pasa,
el sol cada día sale por el mismo lado.
Ya tengo las pupilas desoladas
de no ver un camino ilusionado!

Las calles son las mismas. El silencio
echa su cruz sin clavos sobre mí.
Pensar que cuando yo ya me haya muerto
el sol saldrá...! Y por qué no ha de salir?

... Las calles, las aceras que se alargan,
los árboles, manos de niño recién nacido...
... no hay seda en que descansen mis miradas
... ya no hay dolor que no haya conocido!

Palabras, actos, qué cosa lejana
mueve mis pies, disgrega mi existir?
Las calles que se alargan,
por qué, por qué se alargarán así...?

Una voz que me hable,
un llanto que me moje,
la palabra desnuda que me llame
como la lluvia moja a las flores...
Que se me grite un rezo,
que se me erice un canto en la garganta!
Viento,
agua!
Soy una esponja, nadie me ha estrujado
y soy un vino, nadie me ha bebido...
Se me llenaron de dolor las manos
se me crisparon hasta el infinito...
Llámame, Sol!

Aquí estoy
para ti y para mí.
Por la triste aridez de mi sentir,
por las manos cansadas de luchar,
por esperar
y por vivir!
Padre Sol, estoy triste.
Dime,
las calles que se alargan,
por qué, por qué se alargarán así?

1920

Campanas matinales

Rosas que cantan, rosas que clavan, rosas que vibran...
Santificada sea la emoción
sencilla
de hoy.
Agua que suena dulce,
músculos limpios, sol
fuerte, sangre que sube,
que llega al corazón.

–Manos, qué nuevas rutas
irán a abrir!
En este otoño qué uvas
negras y rojas irán a exprimir!
Qué carnes de mujer limpias y puras
las harán revivir!

–Ojos –amigos nobles– cuántas cosas
quedan por ver!
Tantos rosales hay que hasta esta hora
aunque han querido
no han podido
florecer...

–Pies,
cuántos caminos en la lejanía,
cuánta alegría
que vencer!

Campanas matinales,
claras como cristales,
lejanas de todos los males
de las sensaciones sensuales,
de las perversiones carnales
que azotan a mi corazón.
Gracias temblantes y enormes las mías
por esta sencilla
emoción...!

Noviembre de 1920

Maestranzas de noche

Fierro negro que duerme, fierro negro que gime
por cada poro un grito de desesperación.

Las cenizas ardidas sobre la tierra triste
los caldos en que el bronce derritió su dolor.

Aves de qué lejano país desconsolado
graznaron en la noche dolorosa y sin fin?

Y el grito se me crispa como un nervio enroscado
o como la cuerda rota de un violín.

(Cada máquina tiene una pupila abierta
para mirarme a mí.)

En las paredes cuelgan las interrogaciones
florece en las bigornias el alma de los bronces
y hay un temblor de pasos en los cuartos desiertos.

Tanteando como niños recién nacidos corren
y sollozan las almas de los obreros muertos.

Noviembre de 1920

El nuevo soneto a Helena

Cuando estés vieja niña –Ronsard ya te lo dijo–
te acordarás de aquellos versos que yo decía.
Tendrás los senos tristes de amamantar tus hijos
los últimos retoños de tu vida vacía.

Yo estaré tan lejano que tus manos de cera
ararán el recuerdo de mis ruinas desnudas.
Comprenderás que puede nevar en Primavera
y que en la Primavera las nieves son más crudas.

Yo estaré tan lejano que el amor y la pena
que antes vacié en tu vida como una ánfora plena
estarán condenados a morir en mis manos...

Y será tarde porque murió mi adolescencia.
Tarde porque las flores una vez dan su esencia
y porque aunque me llames yo estaré tan lejano!

Noviembre de 1920

Este soneto pasó a Crepusculario *(1923) con leves variantes.*

Epitalamio sencillo

Tenías los ojos tristes
como dos cuerpos cansados...
Cuánta tristeza tenías
escondida entre las manos!

Llegué. Llegaste. Mi vida
fue más buena desde aquel
día en que tú conociste
que yo era triste también...

1920

Los árboles [2]

Un alma tuya hay en cada árbol, un alma tuya
que se retuerce en troncos y se abandona en frutos,
un alma que se mueve sobre la tierra pura
como sobre los senos los pezones obscuros.

Un ave es cada hoja que vuela en los otoños
y que deshilachada va a nutrir una flor.
Cada tronco sufrido, llagado y resinoso
dona por cada estría aguas de corazón...

En la llanura el árbol es una llaga viva
que se retuesta en brasas y da sombras aún.
Amásalo en tu sangre, viajero que caminas
y ruega por que llegue la Primavera azul

que le dará temblores de savia y armonía
(hoja oblonga o rosada poma de amanecer)

y así podrán mirar sus ramajes arriba...
Es tan dulce la sabia promesa de la miel!

[*Noviembre de 1920*]

[Ir por las calles de una ciudad bella y lejana]

Ir por las calles de una ciudad bella y lejana
toda llena de rosas en un atardecer,
sombrero de alas anchas y capa sevillana
y endulzando los labios un nombre de mujer.

El alma toda moza, sin la duda que agobia
. . . .

1920

Día miércoles

Casita pobre.
Las gallinas que andan por el patio solo,
la madre que cose.

La madre que cose,
que zurce, que parcha las ropas cansadas
de día y de noche.
Hay en los rincones
de la casa muchas
flores.

Y por todas partes
la tristeza blanca
de las casas pobres.

1920

CUADERNO 3

HELIOS

Pero ahora
que eras el agua en mi vertiente,
eras la pulpa de mi pan,
eras la sombra de mi gruta,
la reina de mi pinar,
el ala de mi vuelo experto,
el cascabel de mi manantial,
la lumbre agraria de mi huerto,
la transparencia de mi cristal,
dulce fruta recién mordida
que de dulce me hacía mal,
voz de regreso y de partida,
miel de corola y de panal,
senda en que mis pies quedaban presos
como el acero en el imán,
corazón mío que en mi pecho
tal vez hubiera estado mal,
puente entre Dios y mi tristeza,
copa del cielo sobre el mar,
pasto estrellado de rocíos,
santo pecado capital,
olor de flor y de camino
en un crepúsculo campesino
a la sombra de un manzanar,
antena fina que me tocaba,
cuchillo agudo que me mataba,
aire, tierra, canciones, mar,
astros de la noche azul
sobre el horizonte polar:

eras camino que seguir,
luz de la estrella de guiar,
y que además de conducir
eras la tierra a que llegar.

Inicial

He ido bajo Helios que me mira sangrante
laborando en silencio mis jardines ausentes.

Mi voz será la misma del sembrador que cante
cuando bote a los surcos siembras de pulpa ardiente.

Cerré, cerré los labios – Pero en rosas tremantes
se me escapó la voz que casi nadie siente.

Que si no son pomposas – que si no son fragantes,
son las primeras rosas – Hermano caminante –
de mi desconsolado jardín adolescente...

Este poema pasó a Crepusculario *(1923) con variantes.*

I
EL DÍA

Amanecer

Esta mañana el sol salió temprano,
yo estaba en la labor de la mañana.
Levanté mis dos manos,
hice una acción de gracias.

Como canciones dos aves volaron
y se perdieron en la lejanía...
El surco abierto y fresco era un milagro
que sonreía...
Tembló mi corazón al nuevo día
que la luz acababa de parir,
gracias candentes como aquellas mías
nadie pudo sentir.

Hinqué las manos en el surco nuevo,
vaso de amor.
Paloma ensangrecida – por el cielo
el sol...

Manos de campesino

Manos torpes y honradas. Manos buenas
que en la tarde se duermen milagrosas
bajo el influjo de la luna llena
bendiciendo los senos de la esposa.

Y se duermen cansadas de la labor vencida
rudamente – en silencio – como bajo el encanto
de tener en los músculos rosas encallecidas
de haber labrado mucho y haber sembrado tanto!

Santificadas sean en toda letanía:
nos dan el trigo de oro y el pan de cada día
y siguen los preceptos que les diera el Señor.

Debieran de llenarlas de flores y de gemas,
manos de campesino que son todo un poema
en que los versos huelen a tierra y a sudor!

El silencio

Abre el clamor de tu pecado triste
y vive y vibra solo y lentamente.
Cuando pasen los pájaros humildes,
hombre desconsolado, has de bajar la frente.

En la cumbre sonora
has de tener un gesto decidor y potente
que anude la cuajada santitud de las horas
en la cálida albura de tus manos ardientes.
Que en el noble silencio de tu vida entrañada
las palabras no tengan signaciones dolidas,
que todas las mañanas,
hombre, tú sólo seas el dueño de tu vida.

Y como el candoroso luminar de un incendio
sumido en la montaña de tus horas serenas,
haz que reine en tu vida la canción del silencio
como una inmensa canción buena.

Grita

Amor – llegado que hayas a mi fuente lejana,
cuida de no embrujarme con tu voz de ilusión,
porque antes era bueno sin tus dos alas claras
y porque no tenía tu sangre ni tu voz.

Amor – llegado que hayas
a mi fuente lejana
sé turbión que desuella
sé rompiente que estalla…

Amor –deshace el ritmo
de mis aguas tranquilas
sabe ser el dolor que retiembla y que sufre
sábeme ser la angustia que se retuerce y grita.

Amor llegado que hayas
a mi fuente lejana
tuérceme las vertientes
críspame las entrañas.

Y así una tarde – amor de manos crueles
arrodillado te daré las gracias...

Este poema pasó a Crepusculario *(1923) con variantes.*

El nuevo soneto a Helena

Cuando estés vieja, niña (Ronsard ya te lo dijo),
te acordarás de aquellos versos que yo decía.
Tendrás los senos tristes de amamantar tus hijos,
los últimos retoños de tu vida vacía.

Yo estaré tan lejano que tus manos de cera
ararán el recuerdo de mis manos desnudas,
comprenderás que puede nevar en primavera
y que en la primavera las nieves son más crudas.

Yo estaré tan lejano que el amor y la pena
que antes vacié en tu vida como un ánfora plena
estarán condenados a morir en mis manos.

Y será tarde porque murió mi adolescencia,
tarde porque las flores una vez dan su esencia
y porque aunque me llames yo estaré tan lejano!

Este poema pasó a Crepusculario *(1923) con variantes.*

Trópicos arenosos

Tierra que grita bajo el sol ardiente
en mediodía prístino y maduro,
calcinación de huesos y semillas
en la hiperbórea salazón del fruto.

La arena sabe recoger el largo
espasmo de los rayos encendidos
y devolverlo en cálido ofertorio
de desnudez y latigazo vivo.

Arena... Arena... Tierra removida,
aceite hirviente del verano crudo.
La vida toda cabe entre mis venas.
El sol está en mi corazón desnudo!

Pantheos

Oh pedazo, pedazo de miseria, en qué vida
tienes tus manos albas y tu cabeza triste?
Y tanto andar y tanto llorar las cosas idas
sin saber qué dolores fueron los que tuviste,

sin saber qué pan blanco te nutrió, ni qué duna
te envolvió con su arena, te fundió en su calor,
sin saber si eres carne, si eres sol, si eres luna,
sin saber si sufriste nuestro mismo dolor.

Si estás en este árbol o si lloras conmigo,
qué es lo que eres, pedazo de miseria y amigo
de toda carne clara que no quiere perderte?

Si quieres no nos digas de qué racimo somos,
no nos digas el cuándo, no nos digas el cómo,
pero dinos adónde nos llevará la muerte!

Este poema pasó a Crepusculario *(1923). Hay facsímil de una copia manuscrita por Neruda en Silva
Castro y en* CEG.

Campanas matinales

Agua que suena dulce,
músculos limpios, sol,
fuerte sangre que sube
que llega al corazón

—Manos, qué nuevas rutas
        irán a abrir!
En este otoño qué uvas
        negras y rojas irán a exprimir!

Qué carnes de mujer limpias y puras
        las harán revivir!

—Ojos —amigos nobles— cuántas cosas
        quedan que ver!
Tantos rosales hay que hasta esta hora
        aunque han querido
no han podido
        florecer...

—Pies,
cuántos caminos en la lejanía,
cuánta alegría
que vencer!

Campanas matinales,
claras como cristales,
lejanas de todos los males,
de las sensaciones sensuales
que azotan a mi corazón:
limpio y lejano a toda mala pena
soy una copa agradecida y plena
deste licor azul de la emoción...

Campesina

Entre los surcos tu cuerpo moreno
es un racimo que a la tierra llega.
Torna los ojos, mírate los senos:
son dos semillas ácidas y ciegas.

Tu carne es tierra que será madura
cuando el otoño te tienda las manos
y el surco que será tu sepultura
temblará, temblará como un humano

al recibir tus carnes y tus huesos
—rosas de pulpa con rosas de cal.
Rosas que en el primero de los besos
vibraron como un vaso de cristal.

La palabra de qué concepto pleno
será tu cuerpo? No lo he de saber!
Torna los ojos, mírate los senos.
Tal vez no alcanzarás a florecer!

Este poema pasó a Crepusculario *(1923) con leves variantes.*

Con las manos vacías

Cada vez que te tengo – amor – entre las manos
no sé cómo te llegas ni sé cómo te vas,
cuando voy a buscarte te encuentro tan lejano
que me parece que no volverás.

Era invierno de angustia la última vez. Viniste.
Se retoñó mi cuerpo de un poco de alegría.
Y cuando ya pensaba que no todo era triste
me estremecí de nuevo, con las manos vacías…

El placer

Como un surco en descanso sentí tu cuerpo abrirse
por recibir la ofrenda máxima de mi ser
… Sentir… tremar – Y, oh carne, hundirse, hundirse, hundirse,
así como los soles en el atardecer.

Y la siembra caliente que desciende y que entrega
su tesoro instintivo de sangre y de calor,
mientras en el vacío tiemblan las manos ciegas
de haber tactado tanto racimo de esplendor!

Soles de otoño – vientos del norte – chorros de trino!
Quién me abrasó las manos, quién me extravió el camino?
Uvas de qué viñedo estrujaron en mí?

Y ahora entre la bruma total de mis sentidos
sé que en mi vida virgen tu cuerpo se ha finido,
y que aunque me venciste, yo también te vencí!

II
LA TARDE

La espera

Mi juventud –buey lento– rumia tu recordancia
como si en otro plano te hubiera conocido.
Yo no sé tu recuerdo – yo no sé tu fragancia
y te busco en la sombra como un niño perdido.

Pero sabré encontrarte porque mi vida alarga
los brazos que te esperan desde yo no sé cuándo.
Yo sé que con la muerte vendrá la tarde amarga
pero sé que mis huesos seguirán esperando...

Intermedio: Jacobo Nazaré

Este muchacho hiperestésico
sufriente de un mal metafísico,
lejano del ritmo genésico
del endecasílabo físico,

éste del verso raro y cálido
que salta y que brinca de frío
y que en el rostro moreno pálido
se parece a Rubén Darío,

es Jacobo Nazaré. (Estética:
ninguna línea teorética
que involucre el verso vacío.)

Va viviendo el mal de ser vivo,
ancestralmente primitivo,
debajo de su nombre judío.

Manos de tísico

Manos que fueron buenas como un canto risueño
sintiendo la tristeza de un camino de ayer,
perdidas en el hondo cansancio del ensueño,
cansancio este que nunca deja de florecer...

Manos de enfermo – manos tísicamente buenas
austeramente santas en su triste virtud.
(Yo he visto en la blancura de esas dos azucenas
la ruta pecadora de una venita azul.)

Manos que con el tiempo – tuberculosamente
han sentido la huida de las almas ardientes
lejanas compañeras de sus 18 abriles.

Y que ahora en la tarde se encogen tembladoras
porque mientras que pasan desolantes las horas
se van amarilleando como viejos marfiles.

III
LA NOCHE

Iniciación

Por cada primavera que nace, hermano mío,
una alegría ignota se va muriendo en ti:

no le creas al árbol que tiembla en los rocíos,
no le creas al fruto de oro y de rubí.

Mentiroso es el árbol, la luz, el agua, el fruto,
el sol – el padre máximo de nuestra juventud.
Se encorvan al otoño los árboles desnudos,
temblorosos de frío y de inquietud.

Y cuando te hayas muerto, hermano mío,
árboles, agua, luz, frutos maduros
alegrarán la primavera azul.

Porque te han engañado – hermano mío,
no sentirán que te hayas ido tú!

Hombre:

No seas como el árbol primifloro
que después de dar hojas y morirse
comienza a florecer.
                    La vida tuya
sea como la tierra ensangrecida
germinadora y buena.
                        Todo paso
de otoños ha de ser como una ruta
que te alumbre de sol las yemas nuevas.
Después arder, hundirse en el espasmo
de florecer y florecer.
                    Más tarde
la primavera
            pasará
                cantando...

Hay facsímil de una copia manuscrita por Neruda
en Silva Castro y en CEG.

La angustia

Vaquera – los caminos se han llenado de flores
y tus pies se deshacen de cansancio, por qué?

El mal de qué raigambres mojó tu primavera
que ayer era de rosas y antes era de miel?

Y – oh silencio, silencio – es que tú, campesina,
te morirás también!?

Hay facsímil de una copia manuscrita por Neruda
en Silva Castro y en CEG.

Las palabras del ciego

Viejo ciego, llorabas cuando tu vida era
buena, cuando tenías en tus ojos el sol:
pero si ya el silencio llegó, qué es lo que esperas?
qué es lo que esperas, ciego, qué esperas del dolor?

En tu rincón semejas un niño que naciera
con las puertas cerradas de la tierra y el mar
y que – como las bestias – entre la noche ciega
sin día y sin crepúsculo se cansan de esperar.

Porque si tú conoces el camino que lleva
en dos o tres minutos hacia la vida nueva,
viejo ciego, qué esperas? qué puedes esperar?

Y si por la amargura más bruta del destino
–animal viejo y ciego– no sabes el camino,
yo que tengo dos ojos te lo puedo enseñar!

Este poema pasó a Crepusculario *(1923). Hay facsímil de una copia manuscrita por Neruda en Silva
Castro y en* CEG.

Aquel cuento decía

I

Aquel cuento decía...
Pero por qué te busco, por qué te busco tanto?
He cruzado los yermos, he mojado con llanto
mi difunta alegría,
y por qué, amada mía,
por qué te busco tanto?
He atravesado llanos, montes y trigaladas
por buscar el tesoro
de tus manos de seda
y tus trenzas de oro...
(Yo conocí tus trenzas y tus manos un día
porque el cuento decía...)

II

Éramos tres hermanos.
Salió el mayor un día por mares y por llanos
por un viejo tesoro que no habrá de tener,
y mi hermano segundo
salió a correr el mundo
por ser un hombre y por saber...
Éramos tres hermanos y ninguno volvió

a la heredad lejana donde la madre espera.
(El otro loco era
yo!)

III

Andando, andando, andando se han pasado los años,
se han pasado los meses, se han pasado los días.
Mis dos hermanos muertos en países extraños,
muertos sin la riqueza ni la sabiduría.

Pero
yo te busco lo mismo que en los primeros días
porque hace tanto tiempo que te espero
y aquel cuento decía…

Sin que lo sepas

Hombre – tu vida acabará mañana,
así, sin que lo sepas, de repente.
Sabes cómo redoblan las campanas
cuando en el alba aún nadie las siente?

Tú tocarás también una mañana,
tú tocarás desesperadamente.

Tu minuto angustioso será vano,
todos los hombres estarán inertes.
Entre la gruta del dolor humano
nadie sabrá que tú puedes perderte.
No habrá un hueco en que tú pongas las manos
estremecidas en la angustia fuerte.

Hermano,
sin que lo sepas llegará la muerte.

Fin

Tu larga cabellera desgarrada,
tus pupilas morenas machacadas
por el odio del sol te irás muriendo
y así mi primavera desolada
recibirá cada despojo en cada
hueco del cuerpo virgen que te tiendo.
Y así sabrás que mis dolores mudos
más grandes y más tristes y más hondos
resistirán en el supremo orgullo
de saber que sabiéndome desnudo
y ofreciéndote todo lo que escondo
se fundirán mis huesos con los tuyos.

Manos de ciego

Dame tus manos, ciego. Las manos de los ciegos
son como las raíces de estos hombres inertes:
se queman retostadas por el sol en enero
y en el otoño sienten cómo llega la muerte.

Tajeadas y sumisas en el silencio viven
descarnando en sus dedos la hilacha del dolor
y la hilan recogidas como monjes humildes
que estuvieran hilando las palabras de Dios.

Los ciegos tienen toda su alma en estas manos
ásperas de rozarse con los miembros humanos,
traspasadas de duelo, temblorosas de amor.

Tiemblan como cordajes los largos dedos magros
y parecen dos santas palomas de milagro
tajeadas y sangrantes de noche y de dolor!

Elegía de un pobre grillito que mataron mis pies

Y bajo el pie asesino curvó el suave
pechito de quitina milagrosa.
Llegó el dolor. Llegó el dolor. Quién sabe
cómo fue aquella crisis dolorosa.

Se sacudió la tierra como un seno
que rechazara un arañón tremendo
y se empapó mi corazón de bueno
de aquel dolor que no estaba sintiendo.

Todo siguió lo mismo, el pasto, el río,
el olor acre de las sementeras,
pero sentí la huida de algo mío
como cuando se va la primavera...

Ya no dirá su canción primitiva
–cascabel pleno, rosa de alegría–
y entre los labios de mi boca viva
el grito crudo se tornó elegía...

Hay facsímil de una copia manuscrita por Neruda
en Silva Castro y en CEG.

Divinización

Yo voy aquí cantando mis canciones
que son como resinas dulcerosas
exprimidas en medio de la noche.

Yo voy aquí apretando mis rosales
un amor mío grande en cada rosa,
un beso mío en cada brote suave...

Yo voy cantando en medio de la noche
una canción que no ha cantado nadie...

IV
CANCIONES DE LA VIDA MEDIOCRE

Colegiala

La colegiala tenía
los ojos tan lindos.
Yo me la encontré en la tarde
de un día
domingo.

La colegiala tenía
los ojos oscuros.
Yo me sentí bueno como
un arbolito desnudo.

Desde aquella tarde nos
fuimos al colegio juntos...

Apunte de primavera

La lluvia cae...
                    Payasos
sobre las calles mojadas.
Ojos que nada miraron.
Boca que no dijo nada.

A N T E S Oh primavera de grumos
dulces, de carnes rosadas,
cielos de un azul oscuro
y aguas de color de agua.

Ahora
carmín sobre bocas muertas
broma...
fiesta.
Para quién llegaste, para
quién llegaste primavera?

Luna

Cuando nací mi madre se moría
con una santidad de ánima en pena.
Era su cuerpo transparente. Ella tenía
bajo la carne un luminar de estrellas.
Ella murió. Y nací.
                    Por eso llevo
un invisible río entre las venas,
un invencible canto de crepúsculo
que me enciende la risa y me la hiela.
Ella juntó a la vida que nacía

su estéril ramazón de vida enferma.
El marfil de sus manos moribundas
tornó amarilla en mí la luna llena...

Por eso —hermano— está tan triste el campo
detrás de las vidrieras transparentes...
... Esta luna amarilla de mi vida
me hace ser un retoño de la muerte...

La copla del amor perdido

I

El amor que no le dije
me está entristeciendo ahora.
No salió de mis labios y pasó por su lado
como una suave sombra!

No lo supo mirar,
no lo supo sentir,
y mi boca tampoco
se lo pudo decir...

Se perdió como un canto que se muere en los labios,
se murió como un buque que se pierde en el mar.
Pasó como una sombra... No lo supo sentir...
no lo supo sentir... no lo supo mirar...!

II

Silencioso amor. Campana
     sin metal.
Silencio. Estoy triste ahora.
Tarde. Recuerdo. Silencio.
     Soledad.

Amor… Si lo hubiera dicho
en aquel atardecer…
Para qué lo callaría…?
Para qué?!…

Las sirvientes

Con la guagua en los brazos van pasando la vida
que es tan larga, tan larga! y es tan dura, tan dura!
Para después que exista la Tierra Prometida
y que ahora haya leche para la criatura!

Para la criatura de los ojitos castos,
de las manos temblonas, de la carne inocente,
para el niño sin padre que nació como el pasto
del camino que pisa casi toda la gente…

Y pensar que mañana la noche estremecida
recogerá la guagua casi recién nacida
y poquito a poquito se llevará a la madre…

Y cuando caminito de la tumba los lleven,
ante el cortejo lento de hombres que no se mueven
no habrá un niño que llore, no habrá un perro que ladre…

Día miércoles

I

Casita pobre.
La gallinas que andan por el patio solo.
La madre que cose.

La madre que cose,
que zurce, que parcha las ropas cansadas
de día y de noche.
Hay en los rincones
de la casa muchas
flores.

Y por todas partes
la tristeza blanca
de la casas pobres.

II

La voz se me ahoga
sumida en el pecho...
Un zarzal que rompa mis arterias rojas,
mis músculos nuevos!

Tengo herida el alma de andar en la noche,
las horas amargas
me van cercenando la vida interior.
(Este día miércoles
es una montaña
sobre un corazón...)

III

La vida sumisa...
La vida cansada...
En el patio solo miro las gallinas
que entre las basuras escarban y escarban...

Ay! tristeza lenta
de las casas pobres,
tristeza de patios,
tristeza de flores...

Y por los jardines y por los rincones
la vida sumisa,
la vida mediocre...

V
HIMNO AL SOL

Himno al sol

Urdimbre de oro turbio y de oro amanecido.
Heredad astral!
Catarata de cobre y de bronce fundidos,
leche de luz, sonido.
Heredad astral!

Altar multifulgente para mi alma inclinada
ante el día dorado que se penetra en ella.
Carro de luz adonde van mis manos cansadas
de vendimiar espinas y de sembrar estrellas.

Cuando llegue la noche me hallaré de rodillas
esperando que llegues por donde te perdiste.
Dejarás en mi vida tus llamas amarillas,
encarnarás tus óvulos en mi carnada triste?

Padre de los volcanes y de las trigaledas,
haz que tu hablar fecunde mi sencilla garganta,
dime qué ritmo siguen el metal y la seda,
la cordillera púber y el pájaro que canta!

Y que mi boca ardiente recoja el canto tuyo,
que lo repita el viento, que lo endulce la fuente:
haz que cada gusano mantenga su capullo
y que el capullo mismo cante sencillamente.

Cante la gran verdad de tu vida y la mía,
la lumbrarada joven de tu luz y mi verso,
y la felicidad bajo la noche fría
dé una gran alborada sobre un gran universo...

Sabré por qué las uvas maduran al otoño,
por qué el oro del trigo tiene tu plenitud,
por qué el árbol desnudo tirita en sus retoños
tal como el cuerpo nuevo tiembla en su juventud.

Padre Sol, me dirás con tu palabra ruda
lo que haremos mañana y lo que hicimos antes,
y por qué va segando la materia desnuda
nuestra Señora de la hoz sangrante...

Mientras tanto yo voy caminando dormido...
Rompiéndome las sienes los rosales floridos
va fermentando en mi alma tu óvulo espectral,
urdimbre de oro turbio y de oro amanecido,
catarata de cobre y de bronce fundidos!
                    Heredad astral!

Las lámparas

Sobre esta vida nuestra triste y rota
las culebras verdosas de los sueños
vienen a veces a mover sus colas.

El viento
a veces llega
y en lo obscuro los ojos quedan ciegos
y tiemblan de terror las carnes trémulas.

Y sobre nuestra vida un largo grito
suele elevarse a Dios, temblante y rudo,

un grito frío
que va desde lo obscuro hacia lo obscuro.

Por eso, hermano mío,
te dieron una lámpara
para cada minuto.

En el sueño una lámpara con alas
para que te ilumine y te conduzca.

Una lámpara fuerte
de cobre y fierro para las angustias.

Y hasta allá cuando el sueño se prolonga
y traspasa el dolor la carne débil,
y un viento alucinado viene y toca
la frente y toda angustia y dolor vienen,
habrá una lámpara maravillosa
que te alumbre el camino hacia la muerte.

Todos tenemos lámparas, vinimos
a alumbrarnos la ruta con sus llamas.
Que las tuyas te alumbren a ti mismo.
Todos tenemos lámparas.

Un hombre anda bajo la luna

(1919-1922)

POESÍA EN VERSO Y EN PROSA
(1919-1922)

Los minutos sencillos

I

Deseo de irse andando por todos los caminos del mundo,
caminos agrestes de verdor y de luz,
caminos ciegos de la noche,
caminos gloriosos de sol,
y esparcirse por todos los caminos, arrastrarse en las si-
  nuosidades del dolor y de la alegría, plenos del deseo
  lento,
claro y sencillo de estar en todas partes, de haber llevado en
  todos los caminos la miseria escondida de los dolores humanos.

II

Fragilidad enorme del cielo azul y del sol dorado,
profundidad cantante del minuto en la abstracción momentá-
  nea
de los hombres que miran el milagro del cielo, y del sol y del
  campo verde.
  Los ojos se cansan y miran a la madre tierra bajo la flora-
    ción de entusiasmo del macho rey.
...Y los ojos lo miran todo, lo abrazan todo, árboles y
  cosas,
ciegos y humildes en la consagración misma del minuto
  agreste.

III

Noche.
Yo y mi amigo marchamos por el sendero lunado.
En la noche delicada y armoniosa, se transparentan las emo-
    ciones sencillas y fuertes; hay una conmoción de dolores
    hondos y viejos que escarban a las puertas del espíritu en
    estas noches delicadas, armoniosas.
La luna, milagro de sutileza divina y alegre tras la noche en-
    calmada, nos mira, nos mira...
La luna es blanca,
El cielo azul.
El minuto, milagro de color...
Yo y mi amigo marchamos por el sendero lunado...

                              La Mañana, *Temuco, 26.9.1919.*

Con los brazos abiertos

Mi juventud, buey lento, rumia su recordancia
como si en otro plano te hubiera conocido.
Yo no sé tu recuerdo, yo no sé tu fragancia
y te busco en la sombra como un niño perdido.

Porque me desperté cuando tú ya no eras,
cuando el cielo o la tierra te habían encubierto.
Pero sabré encontrarte cuando la primavera
haga lumbre los brotes de los rosales muertos.

Sabré. Sabré encontrarte porque mi vida estira
los brazos que te esperan desde yo no sé cuándo

y ojalá que Dios quiera perdonar la mentira
de seguirte esperando...

Versión corregida y ampliada de «La espera» (p. 196),
probablemente escrita en noviembre de 1920. Hay fac-
símil de una copia manuscrita por Neruda en Silva Cas-
tro y en CEG.

Égloga absurda

Todos los versos que no he escrito
me van cantando en el corazón
con la sencillez de un pajarito
que al despertar da su canción.

Yo tengo el tiempo en las arterias
que desembocan en mi ser,
yo tengo en mí la noche seria,
el alba y el atardecer.

Cóncava copa de mis brazos
sostiene mi aroma espiritual,
oh maravilla esta del vaso
de carne unánime y sensual
que retoña en la poma sangrante
de la mejilla palpitante
y el pecho, caja de cristal...

Caja de cristal en donde
sensible y cálido se esconde
el pajarito del corazón
que canta un verso nunca escrito...

Oh canta y canta pajarito,
que está mi vida en tu canción!

*Escrito probablemente en 1921, este poema fue
incluido en la primera edición de* Crepusculario
(1923) y eliminado a partir de la segunda (1926).

De los hombres que esperan

ELOGIO DE LA ESPERANZA

He aquí que en la caverna negra de la noche, un puntito de
luz: líquida y blanca es como una estrella alumbradora. Han
levantado la cabeza los hombres – antes curvados de angustia
y esperan... esperan...
   Que caiga sobre la ruta, hecha un milagro sonriente esta
promesa de la lejana estrella esperanzada.

DEL INDIFERENTE

Qué importa? Si no llega todavía, qué importa? Pero este
hombre, frío como un hacha abandonada en medio de la noche, verá arder su crepúsculo cuando sea irremediable... Pero
qué importa?
   Ahora es el hombre que en su infancia perdió un globito
azul y no se acuerda cómo.

DEL HIPOTÉTICO

Si no ve el sol a medio día piensa que su dolor es tan grande que
le tapa la luz. Y así va acunando la esperanza en las venas y olvidando la tristeza. Si el amor no viene, si está herido, si el día
no prende todavía su lámpara, sabrá esperar, sabrá esperar...

Y cuando ya esté cansado, la flor que se cierra o el pájaro de alas abiertas, algo pequeño, grande, triste, consolador o inesperado lo salvarán...

DEL RESIGNADO

Cuando pasaste ayer, viajero, yo estaba donde estoy ahora. Al borde del camino, mirando el cielo y amando el aire que me entra en racimos azules por el pecho.

No me invites, viajero. Aquí estoy porque estoy resignado. No puedo esperar ya nada porque me duelen los ojos de haber mirado demasiadas cosas.

Pero aquí, al borde del camino, cuando viene el sol nuevo, me traspasa un miedo, un miedo muy grande.

Mi miedo no canta, ni se agita, se esconde en el fondo de mi cuerpo y me hace quejarme como un árbol en medio de los vientos. Tengo miedo de no morirme.

DEL INQUIETO

La lluvia de ayer mojó los árboles sabiamente. Las hojas verdes relucen en puntitas brillantes y los troncos rectos anuncian el corazón todo empapado, todo nuevo de frescura.

Por eso muerdo las hojas, las más verdes, las más tiernas, las más altas hojas. Es una delicia. Crujen entre mi dentadura adolescente y me dan la sensación de las cosas intocadas. La sensación de los pastos sedosos de no sé qué país de lejanía. Habrá ahí árboles paternales, habrá frutas ácidas y frutas sazonadas y mujeres de plena alma y cabellera lisa.

Echarse a correr por los valles como un cauce abierto y desnudo, echarse a correr sobre los pastos, sobre las lagunas... echarse a correr por las tierras generosas, encaramarse por los árboles, morder las hojas llovidas... Oh divino país lejano, cuándo podré encontrarte... Hombre:

Hay que ramonear, adivinar el eterno sentido de las cosas. Acaricio con los ojos los árboles amigos, muerdo con la boca

toda fresca, las más tiernas, las más altas, las más verdes hojas...

La Mañana, *Temuco, 23.1.1921.*

[Como en la noche
el pueblo duerme benditamente]

Como en la noche el pueblo duerme benditamente
y no existen carruajes, ni almacenes, ni gentes,

marcha el hombre en la noche con la cabeza al viento,
agilizado el cuerpo de carne y sentimiento,

se imagina colgar de las estrellas. Piensa
que si el cielo nocturno fuera una copa inmensa

y su alma como un fruto se exprimiera sobre ella
y aquel jugo de su alma lavara las estrellas

la alegría del cielo sería su alegría
entre las astroledas su cantar quedaría

y como el agua de un surtidor imaginario
su sangre mojaría los jardines lunarios.

El hombre que camina grita incesantemente.
El hombre que camina debe ser un demente.

Sonámbulo o borracho déjalo que camine
tropezando en las piedras o pisando jardines.

Que cruzando una calle se olvidará del cielo
y quedará clavado como un árbol al suelo.

Mariposa sin alas, clavicordio sin notas,
se encorvará su espíritu como una cuerda rota,

y oyendo en las estrellas la voz que no lo nombra
el hombre que camina sollozará en la sombra.

*Manuscrito s.f., prob. 1921, conservado en la Biblioteca
Nacional de Santiago, publicado por primera vez en Mapocho, núm. 24, Santiago, 1977.*

Laus Deo

Mis pies quieren seguir la senda suya,
por que la senda suya sea mía,
por que concluya donde yo concluya,
y sea mi alegría su alegría.

Mis manos van tocando lo que toca,
por ver si en mí su ser se continúa,
la mano suya emblandeció la roca
y arrancó del zarzal todas las púas.

Mi boca busca la palabra pura
que cubrirá mi corazón desnudo
cuando quiera dar toda la dulzura
que antes quiso entregar, pero no pudo.

Alabo a Dios por esto y por aquello.
Porque clavando en ella mi deseo
en ella resumió todo lo bello,

por el dolor de aquel amor perdido,
porque por ella en mis jardines veo
florecer un rosal ya florecido.

Porque el amor que tengo me ilumina,
porque en ella creí y en ella creo,
y ella sabrá aquietar mi sed divina
uniendo a mi deseo su deseo,
mi corazón por mi garganta trina:
        LAUS DEO
        LAUS DEO

> *Manuscrito s.f., prob. 1921, conservado en la Biblioteca*
> *Nacional de Santiago, publicado por primera vez en* Ma-
> pocho, *núm. 24, Santiago, 1977.*

El salmo del amor perdido

Porque me traspasó el amor que tuve
y abrí de par en par las puertas del deseo...
Porque la amé canción, espuma o nube
        Laus Deo.

Porque por ella en mí casi no cupo
esta mortal angustia de ser triste y ser feo...
Porque mi amor fue grande...
                    Y no lo supo!...
        Laus Deo.
        Laus Deo.

> La Mañana, *Temuco, 13.3.1921.*

El amor perdido

Mis deseos se van tras de la amada
en cauces apacibles o violentos
y se sacuden bajo su mirada
como las arboledas bajo el viento.

Mis ojos tiemblan en la tarde obscura
adivinándola por los senderos:
ya no saben mirar hacia la altura,
que ven sobre la tierra los luceros.

Mi boca busca la palabra pura
que cubrirá mi corazón desnudo
cuando quiera dar toda la dulzura
que antes quiso entregar, pero no pudo.

Mis pies quieren seguir la senda suya
por que la senda suya sea mía,
por que concluya donde yo concluya
y sea mi alegría su alegría.

La mano suya emblandeció la roca
y arrancó del zarzal todas las púas.
Mis manos van tocando lo que toca
por ver si en mí su ser se continúa.

Ya no naufragará bajo tus ojos
mi corazón como una barca pobre,
te pesará mi amor sobre los hombros
y tu garganta esconderá mi nombre.

Mis pasos hollarán sendas dolientes,
extinguirán mis ojos las estrellas,

y horadando la noche en que me encuentre
arderán tus placeres en mi pena.

Mis manos cogerán flores y frutos,
–aunque los cojan estarán vacías–
amarán los racimos más obscuros,
desgranarán las últimas espigas.

Y serán los balcones extranjeros,
tu voz lejana y tu mirada siempre,
la lámpara encendida del recuerdo
alumbrando las manos en la frente.

Déjame amarte más en esta hora.
… Ámame ahora para no pensarlo.
En el jardín que morirá en la sombra
deja que el surtidor siga cantando…

¿1921? Manuscrito en Archivo R. Silva Castro.

Sexo

Es fuerte. Y joven. La llamarada ardiente del sexo corre por
sus arterias en sacudimientos eléctricos. El goce ya ha sido
descubierto y lo atrae como la cosa más simple y maravillosa
que le hubieran mostrado. Antes le enseñaron a esconder la
inmundicia del bajo vientre y su frente de niño se arrugó en
una interrogación inconsciente. Después el primer amigo le reveló el secreto. Y el placer solitario fue corrompiendo la pureza del alma y abriéndole goces desconocidos hasta entonces.
    Pero ya pasó el tiempo aquel.
    Ahora, fuerte y joven, busca un objeto en quien vaciar su
copa de salud. Es el animal que busca sencillamente una salida a su potencia natural. Es un animal macho y la vida debe
darle la hembra en quien se complete, aumentándose.

Por eso busca. La hermana ha crecido como él; como él es fuerte y poderosa; la juventud hízole ya las ánforas del pecho y los ojos que guardan el deseo. Pero es su hermana. Y una ley castiga el amor entre ambos.

Pero hay más mujeres. Las calles llevan cientos de hembras inquietas y vigorosas y el hombre busca de nuevo. Pero descubre que la entrega de una de esas mujeres trae una cosa divertida y rara: la «deshonra» de la que quiso, como él, gozando un placer para el que la naturaleza le dio un órgano.

Entonces el hombre joven, que es honrado, aprende a conocer la moralidad hipócrita que inventaron para impedir la eclosión plena de sus inclinaciones físicas.

Pero siempre busca. Y hay la casa del placer. Pero el hombre, que es puro, reduce su necesidad natural y desprecia compadeciendo, la máquina que ha de darle el placer a tanto la hora. Y entonces el hombre joven y fuerte siente una oleada de rabia contra los estúpidos que hicieron el marco cuadrado y tieso en que debe meter su vida. Desprecia y odia la ley que le va dando en la cara un latigazo por cada tentativa de su ser hacia lo que todos hacen como larvas oscuras en los rincones ocultos y siente deseo de volcar su rabia sobre los que le dieron el deseo ancestral que lo amarra como un gancho enorme, a la vida. Y deja de ser puro y quiere comprar amor.

Pero es pobre. Y piensa que el placer y todo lo que han hecho sobre la tierra, con la tierra misma, es para los que todo lo tienen y lo obligan a él, fardo de deseos naturales, a ser un mueble pegado al oro de los otros.

Claridad, núm. 23, Santiago, 2.7.1921.

A los poetas de Chile

Joaquín Cifuentes Sepúlveda
(no es un verso este nombre por sí solo?)
está muriendo en una cárcel.

Ya va llegando al verso de su boca
la sangradora queja desgarrada
de desesperación y de agonía.
Poetas de mi tierra:
                              su mirada
debiera acariciar el campo pleno,
las raigambres fecundas de la vida
el sol, la luz, el aire.
Sus manos deben de tactar el claro
cuerpo de la mujer de sus cansancios,
su boca descubrir el ritmo vivo
de los varones libres de la tierra.
Sus manos deben exprimir el oro
maravilloso de las uvas blancas.
Debe oír en la tarde campesina
las astrales campanas del crepúsculo
cayendo sobre el mundo como muchos
corazones sonoros...
                              Compañeros,
los jueces lo mantienen encerrado
sin sol,
sin luz,
sin aire,
por un delito que no cometió.
Y aunque lo hubiera cometido. Era
un poeta. Decidles a los jueces
el aleteo de sus versos hondos,
la suavidad de sus penas antiguas,
mostradles el azul del cielo libre,
los paisajes enormes de la tierra
que los jueces no miran. Pobres almas
de estampilla de impuesto!
                              Y si no saben
todavía del cielo ni del verso,
incendiadles sus casas,
robadles sus mujeres,
y que la dinamita milagrosa
fecunde las entrañas de la tierra,
reviente las murallas de la cárcel!

Que los mismos gusanos que comieron
la carne de Domingo Gómez Rojas
vayan comiendo carne de juzgado!

Si no hay jueces poetas que lo libren
haced que los poetas sean jueces!
Y Dios, sobre nosotros,
echará una mirada agradecida...

Juventud, *núm. 16, Santiago, sept.-oct. de 1921.*

La canción de la fiesta

Hoy que la tierra madura se cimbra
en un temblor polvoroso y violento,
van nuestras jóvenes almas henchidas
como las velas de un barco en el viento.

Por el alegre cantar de la fuente
que en cada boca de joven asoma:
por la ola rubia de luz que se mueve
en el frutal corazón de la poma,

tiemble y estalle la fiesta nocturna
y que la arrastren triunfantes cuadrigas
en su carroza, divina y desnuda,
con su amarilla corona de espigas.

La juventud con su lámpara clara
puede alumbrar los más duros destinos,
aunque en la noche crepiten sus llamas
su lumbre de oro fecunda el camino.

Tiemble y estalle la fiesta. La risa
crispe las bocas de rosa y de seda

y nuestra voz dulcifique la vida
como el olor de una astral rosaleda.

Hombres de risa vibrante y sonora,
son los que traen la fiesta en los brazos,
son los que llenan la ruta de rosas
para que sean más suaves sus pasos.

Y una canción que estremece la tierra
se alza cantando otra vida mejor
en que se miren el hombre y la estrella
como se miran el ave y la flor.

Se harán agudas las piedras al paso
de nuestros blancos y rubios efebos
que seguirán con los ojos en alto
volcando siembras y cánticos nuevos.

Tiemble y estalle la fiesta. Que el goce
sea un racimo de bayas eximias
que se desgrane en las bocas más nobles
y que fecunde otras bellas vendimias.

Claridad, núm. 38, Santiago, 15.10.1921; y Juventud,
núm. 16, Santiago, septiembre-octubre de 1921.

Carta a la señorita Albertina Rosa

Albertina Rosa,
mariposa.
Collar de lumbres sobre
las cosas.
Es
la hora de las rosas,
la hora que no cesa.

Acosa,
besa
la poderosa
cabeza
del que te apresa,
te roza
y te besa
en todas las cosas,
dulce y divina
Albertina
Rosa.

12 del mediodía del 10 de noviembre de 1921

Facsímil del manuscrito en CMR, *en* NJV = CYP *y en* PAR.

Amar

Alguien ha dicho el verso que yo debí decirte,
en otro corazón se apretó mi deseo,
la vida de otros hombres en mi vida revive
como un licor antiguo sobre unos labios nuevos.

Amo, y Amor es éste que otros en sí tuvieron
bordado en oros duros, tatuado en surcos firmes.
Amor que es siempre el mismo como es el mismo cielo
el de las albas rojas y el de las tardes grises.

El recuerdo que escondo, la palabra que dije,
venían hacia mi alma desde el fondo del tiempo
y al tenderles mis redes ásperas y terribles
encantadas quedaron en palabra y recuerdo.

Pues exprimo las uvas de un oculto viñedo
–dulces son tus racimos, viñador invisible!–

y en el cielo profundo de medianoche veo
escritas las palabras que no pueden decirse,

Amor, estoy alegre porque otros te tuvieron,
estoy alegre Amor y ebrio y alegre y triste.
Por ti duermen en mi alma tantos remotos sueños
que en tantas almas nuevas volverán a dormirse!

Hay facsímil de una copia manuscrita por Neruda,
fechada «abril 4 de 1922», en Silva Castro y en CEG.

Un hombre anda bajo la luna

Pena de mala fortuna
que cae en mi alma y la llena.
Pena
Luna.

Calles blancas, calles blancas...
... Siempre ha de haber luna cuando
por ver si la pena arranca
ando
y ando...

Recuerdo el rincón oscuro
en que lloraba en mi infancia:
los líquenes en los muros,
las risas a la distancia.

... Sombra... silencio... una voz
que se perdía...
La lluvia en el techo. Atroz
lluvia que siempre caía...
y mi llanto, húmeda voz
que se perdía.

... Se llama y nadie responde,
se anda por seguir andando...

Andar... Andar... Hacia dónde?...
Y hasta cuándo?...
Nadie responde
y se sigue andando.

Amor perdido y hallado
y otra vez la vida trunca.
Lo que siempre se ha buscado
no debiera hallarse nunca!

Uno se cansa de amar...
Uno vive y se ha de ir...
Soñar... Para qué soñar?
Vivir... Para qué vivir?

... Siempre ha de haber calles blancas
cuando por la tierra grande
por ver si la pena arranca
ande
y ande...

... Ande en noches sin fortuna
bajo el vellón de la luna,
como las almas en pena...

Pena de mala fortuna
que cae en mi alma y la llena.
Pena.
Luna.

Claridad, *núm. 49, Santiago, 29.4.1922.*

Poesías [1]

EL BARCO DE LOS ADIOSES [LAS ANCLAS]

Desde la eternidad navegantes invisibles vienen llevándome a través de atmósferas extrañas, surcando mares desconocidos. El espacio profundo ha cobijado mis viajes que nunca acaban. Mi quilla ha roto la masa movible de icebergs relumbrantes que intentaban cubrir las rutas con sus cuerpos polvorosos. Después navegué por mares de bruma que extendían sus nieblas entre otros astros más claros que la tierra. Después por mares blancos, por mares rojos que tiñeron mi casco con sus colores y sus brumas. A veces cruzamos la atmósfera pura, una atmósfera densa y luminosa que empapó mi velamen y lo hizo fulgente como el sol. Largo tiempo nos deteníamos en países domeñados por el agua o por el viento. Y un día – siempre inesperado – mis navegantes invisibles, levantaban mis anclas y el viento hinchaba mis velas fulgurantes. Y era otra vez el infinito sin caminos, las atmósferas astrales abiertas sobre llanuras inmensamente solitarias.

Llegué a la tierra, me anclaron en un mar, el más verde, bajo un cielo azul que yo no conocía. Acostumbradas al beso verde de las olas, mis anclas descansan sobre la arena de oro del fondo del mar, jugando con la flora torcida de su hondura, sosteniendo las blancas sirenas que en los días largos vienen a cabalgar en ellas. Mis altos y derechos mástiles son amigos del sol, de la luna y del aire amoroso que los prueba. Pájaros que nunca han visto se detienen en ellos después de un vuelo de flechas, rayan el cielo, alejándose para siempre. Yo he empezado a amar este cielo, este mar. He empezado a amar estos hombres…

Pero un día, el más inesperado, llegarán mis navegantes invisibles. Levarán mis anclas arborecidas en las algas del agua profunda, llenarán de viento mis velas fulgurantes…

Y será otra vez el infinito sin caminos, los mares rojos y blancos que se extienden entre otros astros eternamente solitarios.

LOS HÉROES

Como si los llevara dentro de mi ansiedad encuentro los héroes donde los busco. Al principio no supe distinguirles, pero ya enrielado en las artimañas de la vida, los veo pasar a mi lado y aprendo a darles lo que no poseen. Pero he aquí que me siento abrumado de este heroísmo y lo rechazo cansado. Porque ahora quiero hombres que doblen la espalda a la tormenta, hombres que aúllen bajo los primeros latigazos, héroes sombríos que no sepan sonreír y que miren la vida como una gran bodega, húmeda, lóbrega, sin rendijas de sol.

Pero ahora no los encuentro. Mi ansiedad está llena de los viejos heroísmos, de los antiguos héroes.

LA LUCHA POR EL RECUERDO

Mis pensamientos se han ido alejando de mí, pero llegado a un sendero acogedor rechazo los tumultuosos pesares presentes y me detengo, los ojos cerrados, enervado en un aroma de lejanía que yo mismo he ido conservando, en mi lucha pequeña contra la vida. Sólo he vivido ayer. El ahora tiene esa desnudez en espera de lo que desea, sello provisorio que se nos va envejeciendo sin amor.

Ayer es un árbol de largas ramazones, y a su sombra estoy tendido, recordando.

De pronto contemplo sorprendido largas caravanas de caminantes que, llegados como yo a este sendero, con los ojos dormidos en el recuerdo, se cantan canciones y recuerdan. Y algo me dice que han cambiado para detenerse, que han hablado para callarse, que han abierto los atónitos ojos ante la fiesta de las estrellas para cerrarlos y recordar...

Tendido en este nuevo camino, con los ávidos ojos florecidos de lejanía, trato en vano de atajar el río del tiempo que tremola sobre mis actitudes. Pero el agua que logro recoger queda aprisionada en los ocultos estanques de mi corazón en que mañana habrán de sumergirse mis viejas manos solitarias...

CANCIÓN

Mi prima Isabela... Yo la conocí a mi prima Isabela. He atravesado, años después, el patio ajardinado en que, me dicen, nos vimos y nos amamos en la infancia. Es un sitio de sombra: como en los cementerios hay en él árboles invernizos y endurecidos. Un musgo amarillo rodea las cinturas de unas tazonas de greda parda recostadas en el patio de estos recuerdos... Allí fue, pues, donde la vi a mi prima Isabela.

Debo de haberle puesto esos ojos de los niños que esperan algo que va a pasar, está pasando, pasó...

Prima Isabela, novia destinada, corre un caudal continuado, eterno entre nuestras soledades. Yo desde este lado echo a correr hacia valles que no diviso, mis gritos, mis acciones, que regresan a mi lado en ecos inútiles y perdidos. Tú desde el otro lado...

Pero muchas veces te he rozado, Isabela. Porque tú serás quién sabe dónde! esa recogida mujer que, cuando camino en el crepúsculo, cuenta desde la ventana, como yo, las primeras estrellas.

Prima Isabela, las primeras estrellas.

VIENTOS DE LA NOCHE

Como una bambalina la luna en la altura se debe cimbrar... Vientos de la noche, tenebrosos vientos! Que rugen y rajan las olas del cielo, que pisan con pies de rocío los techos. Tendido, durmiendo, mientras que las ebrias resacas del cielo se desploman bramando sobre el pavimento. Tendido, durmiendo, cuando las distancias terminan y vuelan trayendo a mis ojos lo que estaba lejos. Vientos de la noche, tenebrosos vientos! Qué alas más pequeñas las mías en este aletazo tremendo! Qué grande es el mundo frente a mi garganta abatida! Sin embargo, puedo, si quiero, morir, tenderme en la noche para que me arrastre la rabia del viento. Morirme, tenderme dormido, volar en la violenta marea, cantando, tendido, durmiendo! Sobre los tejados galopan los cascos del cielo. Una chimenea solloza... Vientos de la noche, tenebrosa de vientos!

Claridad, núm. 69, Santiago, 16.9.1922.

El muro

1

Liviano saltarín, qué te detiene? Ya no avizoras el horizonte que ahora descansa entre tus dedos, dominando en la rosa de las rutas. Tus pupilas se han detenido en un punto y las arañas desenredan sus vientres en tu mirada extática.

2

Fácil bailador, ya no aprestas los redondos talones en la nueva cabriola: tus músculos no se remecen frente al obstáculo y en la partidura de tu pecho va cayendo el sello de un gesto impostergable.

3

Te aprietas entre la sombra del muro derecho, te acoges en la propicia blandura de la tierra. La sombra derramará musgos en tus huesos y la tierra blanda recibirá tus huesos y su musgo.

4

Mientras tanto crecerá el muro. Verás bifurcarse el ardido azul en la noche y el día. Oirás morirse la melodía de tu danza plural. Sentirás aquietarse tus ansias imponderables. Te rodeará tu esfuerzo durmiente y para todas las cosechas irán amarilleando las mieses ajenas. Mientras tanto crecerá el muro...

5

Crecerá el muro y tu amor crecerá. Harás festivales solitarios frente a su extendida quietud. Rodarás de dolor en las noches sin lumbre; y encendido tu corazón en una fulgurada de oferta, pensarás que el muro danza ardiendo, ebrio de tu propia embriaguez.

6

(Es esto una canción? Qué es esto? Me arrastran estas palabras y sin embargo sé que son inútiles. Es esto una canción? Me lleva su ritmo que no es el frenético ritmo de mi impotencia. Me arrastran sus palabras que nadie entenderá, me sacude su vértigo. E incapaz de detenerme, sigo dejando caer como un gotario, la angustia de estas palabras iguales.)

7

Ardiente cantador, no te inquietes. La sombra invadirá tu garganta y porque estarás mudo no saldrá sombría tu canción.

8

Porque al atardecer las pequeñas lumbres son inútiles. Llega la noche. Y se detienen uno a uno los vientos que enderezaron tu virtud y termina el silencio inacabable. La noche.

9

La noche. Es hora, pues, de que aprestes el salto mortal. El muro no esperará para crecer y tus músculos no habrán de crecer por esperar. Danza desde luego, arde desde luego. Grita porque el silencio quiere mellar tu voz. Más allá del muro irás envuelto en el viento, enredando tus cabriolas en la cabellera solar. Liviano saltarín, qué te detiene? Te enloquece ahora la angustia. Qué se ha hecho tu frenesí? Aparta tus ojos del muro, rompe la seda de araña que se había dormido en tus miradas. Cierra los ojos, exprime y aprieta tu corazón en el final impulso de tu salto final...

10

... Porque cae la noche, cantador ardiente, liviano saltarín, danzador encantado...

Claridad, núm. 73, Santiago, 14.10.1922.

La rotonda de los símbolos

LA REJA

Impetuosa fuerza de mi corazón, rayada apenas por el filo de los días que pasan, nunca pude vaciarte entera en mis acciones, nunca pude soltar esta red de amarras que me estorban para clavarte en un inmenso grito vertical en el cielo de los hombres. Como una bestia en acecho debo esperar pequeñas lumbres, pequeños símbolos, cauces pequeños que arrastren el fermento de mis inquietudes. Detrás de ellos canta mi vida como detrás de una reja. Sólo así pueden atarse mi música y las palabras ajenas, y sólo así sigo en soledad conmigo mismo como un símbolo inédito cuya verdad espera sólo palabras inmensas para entregarse.

EL ESPEJO EN LA NOCHE

La noche llena la calle en un dulce arrastrarse de sombras. Después, curiosa de sorprender mi oscura vida, entra en puntillas en mi alcoba. Yo, tendido frente al inmenso espejo mural que me rodea, no la siento llegar. Ofendida, se esconde entonces en los rincones y desde allí me acecha, pronta a invadir en un relámpago negro, la habitación entera.

Lo hace, ahora. Por mi ventana veían mis ojos adormecidos los derechos caminos de la ciudad. Ahora nada veo. Es como si la sombra hubiera cerrado la calle. Desesperando de ver pasar frente a mi ventana las mujeres crepusculares, desesperando de ver este paisaje que mi antiguo tedio conoce detalle por detalle, vuelvo los ojos a mi habitación circundada por el ancho espejo mural que ha olvidado en su mirada unánime mis gestos, mis actitudes de ayer, perdidas para siempre.

Pero al volverte a ver, oh antiguo espejo inmóvil como un estanque del tiempo, se renueva en mi alcoba oscurecida la tragedia de todos los atardeceres. Yo estoy delante de ti, y mi imagen actual debe reflejarse, extática como estoy, en la lámina inexorable. Comprendo oh antiguo espejo, comprendo bien que la noche ha llegado, pero mi imagen qué se ha hecho? Está dentro de ti o más allá de la sombra o más allá del agua transparente que se detuvo en tus cristales? Qué se ha hecho mi imagen? Mírame, enloquecido, haciendo gestos turbios por sentirme vivir y no creerme desaparecido de tu palma borrosa y distante. Araño tu lámina y busco allá lejos mi imagen perdida. Qué se ha hecho? Acaso, disuelta en la noche, amarrada a la sombra, ha salido a arrastrarse con ella por otras calles desconocidas, a entrar en otras alcobas ignoradas en que hombres locos y desesperados busquen también su imagen caída irremediablemente, perdida para siempre en el pozo de un espejo nocturno?...

EL PUENTE QUE ANDA

Tendido, bajo el cielo altísimo, y descansando de largas caminatas, observaba mis zapatos deshechos, cuando lo sorprendí. Cansado, estaba como yo. Pero su cansancio era el de la inmovilidad. Estaba cansado de dejar pasar bajo su toldaje de fierro el agua mansa que fluye y fluye. Estaba cansado de mirar alejarse los pasajeros emigrantes. Cansado de ver cambiar el cielo y huir, huir los días perseguidos por las noches veloces y estrelladas. Cansado de estar tendido como un sepulcro, para que por él pasaran los trenes trepidantes y los viajeros inquietos.

Fue sin quererlo cuando lo sorprendí. Se había levantado enderezando sus piernas de riel, y su esqueleto semienterrado en la tierra fugitiva. En la llanura emprendió una frenética carrera, una salvaje danza en que titilaban inmensamente sus vértebras mecánicas. Por los montes trepó a zancadas y sobre las cimas se detuvo besado por los vientos olorosos. Saltó las carreteras. Quebró los muros.

Pero sus pisadas ignorantes van destruyendo las sembraduras. Pasa y las maravillosas flores amarillas caen aplastadas bajo sus pasos. Ha roto los árboles del camino, sus únicos amigos, los árboles quietos y dulces, que levantaban al cielo sus nidos y sus brotes. No puede caminar por las carreteras. No puede saltar las montañas. No puede dejarse llevar como una rama caída por el estero azul que se desgrana en los campos. Cuando queda derecho sobre una cumbre, sus garfios de acero desgarran los arreboles impalpables.

Mientras tanto, la tierra en reposo junta su silencio al silencio inmenso del cielo. Están quietas las alamedas lejanas. Se han detenido los pájaros en las ramas más altas y el puente andante es el único movimiento que tuerce la igual armonía de los campos en el atardecer. Una estrella, la primera, clavada en el cielo, mira desde la altura, inmóvil y lejana...

COMO EN EL JUEGO DEL TUGAR

Divina Alegría la de esconder. Como en el juego del tugar voy a esconder mis pensamientos en los rincones más oscuros...

Divina Alegría la de esconder. Dios es un signo escondido entre la inmensa ecuación del día y de la noche. Como en el juego del tugar, busco los sitios más lejanos para ocultar mis inquietudes, y las cubro con espinas o rosales.

Pero los hombres las descubren. Las descubren en los breñales más hostiles, entre los rosales más fragantes. Cómo adivináis, buscadores? Como en el juego del tugar...

Pero si dejo mi inquietud a pleno sol, tendida en medio del camino, bajo todas las pupilas, pasan los buscadores y no la descubren, pasan y buscan y no la ven. En ella se queman y no la sienten! Y se alejan a buscarla en los rincones obscuros, en los sitios lejanos, en donde no está mi inquietud. Como en el juego del tugar...

Claridad, núm. 75, Santiago, 28.10.1922.

Palabras de amor

En la noche de estrellas te he besado las manos...

Piensa, yo que te he visto perdida y recobrada;
piensa, yo que me alejo de ti cuando me esperas;
piensa, esta dolorosa paz del campo dormido
oloroso a las flores y a las frutas primeras...

Todo lo sabes, todo. Lo has escuchado todo
con los inmensos ojos perdidos a lo lejos;
cuando callo me miras y de mi boca cae
como una flor cortada para tu boca un beso.

(Ésta es la despedida cuando apenas llegaba,
esto es tocar apenas los puertos y partir...
Que me amarren tus brazos, que no me dejen irme
para tocar apenas otro amor y partir!)

Tú escuchas mis palabras y recoges mis besos,
y prolongamos juntos el silencio del campo
rayado por el duro ladrido de los perros
y por la numerosa canción de nuestros pasos.

... En la noche de estrellas te he besado las manos...

Cruzo de despedida tu amor y me detienes.
Voy a decirte adiós y me queman tus ojos;
te voy a dar la angustia que golpea mis sienes
y galopa en mis venas como centauro loco,

pero mi voz se ha vuelto cantarina y ardiente
y mis dedos revuelven tu cabellera oscura;
en la noche de estrellas mis palabras se pierden
y caminamos ebrios de la misma dulzura.
... Todo lo sabes, todo. Lo has escuchado apenas,
pero lo sabes todo.

Claridad, núm. 76, Santiago, 4.11.1922.

Poesías [2]

ES MUY TEMPRANO

Grave inmovilidad del silencio. La raya el cacareo de un gallo. También la pisada de un hombre de labor. Pero continúa
el silencio.

Luego, una mano distraída sobre mi pecho, ha sentido el latido de mi corazón. No deja de ser sorprendente.

Y de nuevo –oh los antiguos días!– mis recuerdos, mis dolores, mis propósitos, caminan agachados a crucificarse en los senderos del espacio y del tiempo.

Así se puede transitar con facilidad.

UN AMOR

Por ti junto a los jardines recién florecidos me duelen los perfumes de la primavera.

He olvidado tu rostro, no recuerdo tus manos: cómo besaban tus labios?

Por ti amo las blancas estatuas dormidas en los parques, las blancas estatuas que no tienen voz ni mirada.

He olvidado tu voz, tu voz alegre, he olvidado tus ojos.

Como una flor a su perfume, estoy atado a tu recuerdo impreciso.

Estoy cerca del dolor como una herida, si me tocas me dañarás irremediablemente.

Tus caricias me envuelven como las enredaderas a los muros sombríos.

He olvidado tu amor y sin embargo te adivino detrás de todas las ventanas.

Por ti me duelen los pesados perfumes del estío: por ti vuelvo a acechar los signos que precipitan los deseos, las estrellas en fuga, los objetos que caen.

LA LEPROSA

He visto llegar a la leprosa. Quedó tendida junto a la mata de azaleas que sonríe en el abandono del hospital.

Cuando llegue la noche, se irá la leprosa. Se irá la leprosa porque el hospital no la acoge. Se irá cuando el día vaya hundiéndose dulcemente en el atardecido, pero hasta el día prolongará sus lumbres amarillas para no irse, para no irse junto con la leprosa.

Llora, llora junto a la mata de azaleas. Las hermanas rubias y vestidas de azul la han abandonado: no curarán sus tristes llagas las hermanas rubias y vestidas de azul.

Los niños, prohibidos de acercársele, han huido por los corredores.

La han olvidado los perros, los perros que lamen las heridas de los olvidados.

Pero la mata rosada de las azaleas –sonrisa única y dulce sonrisa del hospital– no se ha movido del rincón del patio, del rincón del patio donde la leprosa quedó abandonada.

LA CARPA

Arreglábamos entonces un pilotaje derrumbado, en pleno campo austral. Era el estío. En las noches se recogían las cuadrillas, y fatigados, nos tirábamos sobre el pasto o las mantas extendidas. El viento austral cargaba de rocíos la campiña en éxtasis, y sacudía nuestra carpa movediza como un velamen. Con qué extraña ternura, amé en aquellos días, el pedazo de lona que nos protegía, la vivienda que quería mecer nuestro sueño a la vuelta de la jornada agotadora!

Después de medianoche, abría los ojos, e inmóvil, escuchaba... A mi lado en ritmos iguales, la respiración de los hombres dormidos... Por una abertura oval de la carpa pasaba el amplio aliento de la noche en los campos... De cuando en cuando la angustiosa voz de amor de las mujeres poseídas; e intermitentes y lejanos, el alucinado croar de las ranas o el azotar de la corriente del río contra las obras del pilotaje.

A veces, arrastrándome como una cuncuna, salía furtivamente de la carpa. Al lado afuera me tendía sobre el trébol mojado, la cabeza apretada de nostalgias, con las pupilas absortas en cualquiera constelación. La noche campesina, clara y oceánica, me mareaba y mi vida flotaba en ella como una mariposa caída en un remanso.

Una estrella filante me llenaba de una alegría inverosímil!

MUJER LEJANA

Esta mujer cabe en mis manos. Es blanca y rubia, y en mis manos la llevaría como a una cesta de magnolias.

Esta mujer cabe en mis ojos. La envuelven mis miradas, mis miradas que nada ven cuando la envuelven.

Esta mujer cabe en mis deseos. Desnuda está bajo la anhelante llamarada de mi vida y la quema mi deseo como una brasa.

Pero, mujer lejana, mis manos y mis ojos y mis deseos te guardan entera su caricia porque sólo tú, mujer lejana, sólo tú cabes en mi corazón.

Claridad, *núm. 83, Santiago, 23.12.1922.*

CRÓNICAS Y NOTAS

La exposición Oyarce

– Pasemos…?
– Bueno…
Pasamos. Un derroche de colorido nos sorprende. Esto se observa con más intensidad en lo que Oyarce ha denominado «fantasías».

Indudablemente tiene aciertos, dibujos que son una demostración de su capacidad artística, dibujos que ejecutados bajo la influencia directa de Valenzuela y Meléndez, nuestros dibujantes de avanzada, tienen mucho de acabada perfección; pero hay otros que nos dan inmediatamente la sensación de mal gusto, de extremada confusión en las imágenes y de errores indudables en la técnica.

Pero, debemos aplaudir más que todo el esfuerzo gastado por Oyarce, atreviéndose a presentar sus producciones en un medio helado por la indiferencia y la mediocridad artística casi común.

NEFTALÍ REYES

La Mañana, *Temuco, 30.9.1919.*

«Y dolor, dolor, dolor…»: poemas de F. García Oldini

Ha sido latido recio, hondo de emociones inhalladas el que me sorprendió en la lectura de este libro. Pasan por sus poemas las filtraciones venenosas del dolor y de la duda en un desgajamiento de musicalidades firmes y vibrantes, a veces inundadas por la fiebre de la sensualidad o de la obsesión, pero hechas en quizás qué divinos torrentes de luz, plasmadas en admirables gritos líricos.

Me he acordado amargamente de algunos seudo-críticos que sin comprender el inmenso pedazo de belleza que se abre en este libro, lo han ridiculizado estúpidamente.

Y después de haber leído esos trozos en que hasta se ha llegado a deformar y agregar palabras ridiculizantes a los versos de García Oldini, he vuelto a leer serenamente el libro.

Pero ha sido la misma sensación única, he sentido de nuevo este mismo aroma hecho espasmos de dolor o duda que vibra en todos los poemas, que se hace suavidades de seda dolorosa en la «Sinfonía desolada» y asperezas de tierra sensitiva y humana en los «Versos de la fiebre».

Como dijo González Vera, estos versos no se parecen a los de ningún otro poeta. Y porque son únicos, y porque están tan hondamente ungidos en los ritos estrujantes del dolor, llegan y aletean adentro de nosotros y vibran, y vibran...

Son los versos desolados de «Sed»:

Hoy, Señor, mansamente vestido de humildad,
vengo a golpear las hondas puertas de la bondad
con mis manos de bruto cuajado en el dolor...
Olor de «ABS» por donde pasa el torvo latir de la fatalidad:

Será inútil... Habré de despeñarme
como un turbión fatal hacia el abismo.
. . . .
Será inútil esta ansia de ser bueno
porque el mal está dentro de mí mismo.
. . . .
Y a pesar que allá arriba no habrá nada
y que mi vida fue un dolor estéril
que fue inútil esta ansia de ser bueno,
de consumir en llamas de infinito
todo mi interno busque de venenos.

Primero creí en profundos errores, después encontré demasiado pocos.

Y esto le pasará a todo el que quiera encontrar bellezas en este libro, a todo el que no quiera encontrar versificaciones y síntesis pacotillescas, a todo el que sepa palpitar en el hondo dolor de sus poemas y los lea honradamente. Aunque transparentados por un alma demasiado original, demasiado compleja tal vez, el que los lea sentirá sed y cansancio bebidos en su misma fuente dolorosa y después de leerlos sentirá obstinadamente, toques de violines desgarrados y sutiles, versos de la «Sinfonía desolada»:

> Y si es verdad... si existes... si eres dios... si eres fuerte, si tejiste la carne con células de cieno y le diste la vida... y el dolor... y la muerte de Jesús Nazareno, qué te cuesta ser bueno?... qué te cuesta ser bueno?

La Mañana, Temuco, 29.12.1919.

Las semanas [1]

LEYENDO A AZORÍN EN UN PUEBLO CHICO

Enterrados en la quietud de un pueblo muy pequeño, hemos leído a Azorín. Y esto tiene un encanto doble: una página de Azorín es un día de vida de pueblo, vida sencilla y buena, casi buena.

Éste es un pueblo humilde, un pequeño pueblo, insignificante casi, con aromas de flores cuidadas y fragantes, con el aroma triste de la vida poblana, tan falseada, tan oscurecida de mala literatura.

Y nosotros hemos descendido al alma de este pueblo.

Habremos de descender a nosotros mismos si queremos descender al alma de los pueblos humildes. Y descender a nosotros mismos, vernos hechos una abstracción notable y candorosa, es casi imposible, está en la ruta de la perfección. Somos demasiado cobardes, demasiado débiles, la atracción al análisis, al autoanálisis torturador y hondo es puramente una forma más de la artificialidad de los humanos.

Por eso descender al alma de los pueblos humildes es analizar este yo triste y desoladoramente gris que nos asedia. Somos cobardes, demasiado cobardes, demasiado débiles, quizás, si nos atormentamos más en esta amalgama cuajada de burdas alegrías en que nos entretenemos, sin bajar al alma de los pueblos humildes, de los pueblos grises, de los pequeños pueblos demasiado tristes...

OYARCE Y SU EXPOSICIÓN

Aquí en Temuco, Víctor Oyarce mantuvo abierta una semana su exposición de dibujos y caricaturas. Los visitamos el último día y nos apenó este muchacho vigoroso que teniendo no poco de talento, ha fracasado redondamente en su pueblo: Temuco. Su labor es de dibujante, él pone su alma, toda su alma de muchacho ingenuo y vigoroso, en sus fantasías atrevidas. Meléndez, el originalísimo, lo esclaviza en las líneas y él dibuja siguiendo a Meléndez por inclinación natural, por esto que los burgueses llaman «vocación», por esta fuerza serena de los que tienen trazado sin trazar, el camino de la vida.

Interpreta a Baudelaire a su manera, sin rebuscamientos, casi sencillamente. Es que él ha descubierto el alma simple de Baudelaire, el alma simple que no todos ven, no el alma espúreamente venenosa que tiene mucho de postizo. Y nada más. Oyarce tiene mucho de original. Y por eso, en este pueblo en que ha vivido toda su vida, ha fracasado.

De sus dibujos en que él ponía tanto de su alma fuerte, no se vendió uno solo. Y no es que hayan sido malos. Aquí se han vendido cuadros mamarrachentos de pintores con nombres uruguayos, brasileños, etc. Es que aquí necesitan nombres sonoros, nombres conocidos. Y esos burgueses que compran cuadros malos, estos burgueses que no ayudan la noble iniciativa de Oyarce porque es de aquí, estos burgueses necesitan taparse la boca con decir: yo compré un cuadro de tal...

Y el cuadro es un mamarracho.

A éstos les ha dado Oyarce caricaturas. Les ha halagado la vanidad reproduciéndoles sus gestos de inmortales baratos, de aristócratas...

NADA DE ORIGINALIDADES

Hemos ido al teatro. Se da una película local en que se echa un manojo de alabanzas al pueblo, a las gentes, a los gordos toros de la exposición, al «progreso» en fin... Es una literatura ramplonamente vulgar, se alaba *la raza heroica, los copihues rojos como la sangre, las selvas impenetrables* y un cúmulo de vulgaridades más.

Y se le echa florones a la gente rica, como por ejemplo, se dice ahí que la gente distinguida es la que pasea todas las tardes en la plaza. Y nosotros nos hemos quedado pensando. Hemos pensado en esta ridícula gente que trajina en un ir y venir sin ton ni son por una avenida de la plaza, por puro exhibicionismo de gentes frívolas y vulgares, de gomosos más o menos cursis. Y he pensado en los que en el atardecer trabajan, escriben, leen, en los que huyen para mirar la belleza del crepúsculo lejos de una banda ramplona, sin trajines exhibicionistas, dando más alas a la serenidad de los espíritus, dando más firmeza a la soledad de los sueños. Esta gente, para los dueños de la película, esa gente que piensa, que trabaja, ésa no es la gente distinguida...

NEFTALÍ REYES

La Mañana, *Temuco, 12.4.1920.*

Las semanas [2]

CALLE ARRIBA Y CALLE ABAJO

Hay que andar calle arriba, calle abajo por estas calles llenas de barro, llenas de miseria para saber la tristeza de este pueblo. Cae una lluvia fina en alfileres de agua uniformes y crueles que se clavan en la cara, en las manos, en todas partes.

Y después la lluvia fuerte, rabiosa, que nos azota en sus turbiones potentes mientras caminamos calle arriba, calle abajo.

Y luego esta gente anónima que se escurre por todas partes con sus paraguas enlutados en un trote indiferente hacia las pobres vidas miserables que se consumen en la desolación de los inviernos...

Oh! cómo odiamos, cómo odias tú, lector joven y fuerte que lees estas líneas, a esa gente indiferente y egoísta que no mira los dolores de nadie, que se escurre venenosamente bajo sus paraguas enlutados, mientras la rabia del invierno se deshace en aguas...

LOS ÁRBOLES

Los árboles son almas buenas en el otoño. El oro de los soles pretéritos los hace florecer en las hojas más altas. El que va cansado en un camino, mientras cae la lluvia eterna, que mire la claridad sangrienta de las hojas, que mire los nobles álamos heridos de bronce y de sol, que sienta el renuevo de sentir una claridad en la tristeza de la ciudad de otoño.

Parece que los árboles se alargan en espasmos serenos al darnos estas últimas hojas amarillas, parece que los caminos se alumbran de una pena dulce, de la pena de los atardeceres floridos de emoción, de esta pena de los viajes cortos, de toda esta pena vagabunda que nos hace retoñar de dulzura los corazones. Son pasivos y buenos estos árboles amarillos de otoño, heridos de bronce y de sol, no es cierto?

UN RECUERDO DE «SELVA AUSTRAL»: E. SILVA ROMÁN

Has leído los versos de Silva Román en *Siembra*?
–Sí, muy buenos.

Y me he quedado pensando en aquel gran muchacho de los ojos profundos que vivió tres años en este pueblo, desconocido de casi todos, haciendo versos extraños e ilusiones senci-

llas. Se aburrió. Su espíritu claro de aventurero joven se ador-
mecía en el soberbio quiste que es este pueblo. Y un día, sin
decirnos adiós apenas, se fue...

Pero antes había sido un héroe. Había logrado mantener una
revista. Y medios! Mantener una revista aquí es un acto heroico. Es encararse con gente egoísta, es ponerse frente a hombres
absurdos, frente a pequeños odios sin razón, a tantas cosas.

Y aquella revista fue mirada buenamente por algunos
pocos: Gabriela Mistral, la enorme poetisa, colaboró una vez,
Segura Castro y otros. Cada número era sacrificio, se publicaron ocho. Pero un día zas! el desenlace. Fue por unos
versos de Benjamín Velasco Reyes, en que decía algo que la
«gente honesta» no podía oír. Esta gente honesta que devo-
raba los números pornográficos de *Monos y Monadas*, esta
gente que va a ver las cintas cuando traen recomendaciones
de inmoralidad, esta gente que fue no a ver los bailes sino las
piernas de las bailarinas rusas. Pero estos versos simples no
los toleraba esta gente. Y así fue. El diario clerical de esta ciudad dio la alarma en nombre de «moralidad», «honestidad»
y otras palabrejas sonoras... Y la revista no salió más...

Todo esto he recordado al nombre de aquel gran muchacho poeta, Ernesto Silva Román, que publicaba ahí sus buenos versos extraños.

> El pálido poeta de las hondas ojeras
> hermanas de los cisnes y del fauno Verlaine,
> iba como era justo derrochando quimeras
> y no dejando sino para su alma lo cruel...

No ha publicado ningún libro. Hace tiempo anunció uno, *Por
los caminos absurdos*. Dificultades materiales, todas esas pequeñas cosas que se conjuran para hacer malograr los proyectos
soñados lo hicieron retardarse... Hasta hoy. Poco se les conoce.

Sus versos vibrantes tienen aquellas raras corrientes extrañas que con Rollinat conducen al dolor, a la noche, a la
muerte. Ama poco la vida, pero es orgulloso. Y es joven, muy
joven aún. Así este gran muchacho poeta de los ojos profundos que un día cayó en este pueblo. Soñó. Se cansó un poco y

se fue, tal vez a otro pueblo gris. Se cansará. Y tal vez un día se irá también...

NEFTALÍ REYES

La Mañana, *Temuco*, 27.4.1920.

[Manuel Rojas]

Noble serenidad del verso de Manuel Rojas. Parece que brotara desde el fondo mismo de un alma macerada en la belleza, sabia en exprimir de sí misma un divino y puro licor de poesía.

Juventud, *núm. 15, Santiago, agosto de 1921.*

Glosas de la ciudad [1]

CIUDAD

Los brazos caen a los lados, como aspas cansadas. Son muchos. Van juntos: las anchas espaldas, las miradas humildes, los trajes deshechos, todo es común, todo es carne de un solo cuerpo, todo es energía rota de un solo cuerpo miserable que parece llevar la tierra entera. Por qué estos hombres que van juntos, tocándose las espaldas robustas, no llevan los vigorosos brazos levantados, no levantan hacia el sol la cabeza? Por qué, si van juntos y tienen hambre, no hacen temblar los pavimentos de piedra de la ciudad, las gradas blancas de las iglesias, con el peso sombrío de sus pisadas hambrientas, hasta que la ciudad se quede inmóvil, escuchando el rumor enorme de las pisadas que treparían hasta cegar el fuego de las fábricas, hasta encender el fuego de los incendios? Por qué, estos hombres no levantan los brazos, siquiera?

EMPLEADO

Es claro, no lo sabes, pero conozco tu vida, entera. Así, sin que se me oculten las alegrías raras o los disgustos de todos los días. Sé tu vida febril: de la cama a la calle, de ahí al trabajo. El trabajo es oscuro, torpe, matador. Después el almuerzo, rápido. Y al trabajo otra vez. Después la comida, el cuerpo extenuado y la noche que te hace dormir. Ayer, mañana, pasado, sucedió y sucederá lo mismo. La misma vida, es decir lo que tú llamas vida. Ahora alimentas a la madre, mañana será a la mujer, a los hijos. Y pasarás por la tierra como un perro sin dueño. Al perro lo matará un veneno; a ti también: el trabajo.

Y es que no sabes que eres explotado. Que te han robado las alegrías, que por la plata sucia que te dan tú diste la porción de belleza que cayó sobre tu alma. El cajero que te paga el sueldo es un brazo del patrón. El patrón es también el brazo de un cuerpo brutal que va matando como a ti a muchos hombres. Y ahora, no le pegues al cajero, no. Es al otro, es al cuerpo, al asesino cuerpo.

Nosotros lo llamamos explotación, capital, abuso. Los diarios que tú lees, en el tranvía, apurado, lo llaman orden, derecho, patria, etc. Tal vez te halles débil. No. Aquí estamos nosotros, nosotros que ya no estamos solos, que somos iguales a ti; y como tú explotados y doloridos pero rebeldes.

Y no creas que necesitas leer a Marx para esto. Te basta con que sepas que no eres libre, que quieres serlo, que romperás, por fuerza o amor –qué importa?– los frenos que te sujetan y te envilecen. Y después hay que decirlo, no? Hay muchos, como tú, como todos. Hay que decirlo. Porque no sólo el que no obra como piensa, piensa incompletamente. También el que no lo dice...

EL HIJO

Era un petardo vulgar. Cuando González lo trajo, nosotros los hombres lo recibimos con amor y misterio. Era ya lo último.

Ahora que el patrón nos siguiera haciendo trabajar catorce horas, en esa galería mojada, curvados como bestias de carga entre el ruido diabólico del fierro machacado, qué importaba. Ahora, allí en el rincón, debajo de un fardo producido por nuestra miseria, estaba Él. Qué importaba, ahora! Un día él se encargaría de todo eso, de todo. (Ah! quiebra, deshace, reviéntalo todo, haz que las malditas paredes dejen entrar el sol de oro, por dos mil rajamientos, crispa, eleva y bota esta turbia y encanallada sociedad de nuestra vida, echando al cielo la obra de muchos años en un puñado de huesos y de fierros!)

Nosotros, los hombres, lo conocíamos todos. Pero de las mujeres sólo a Marta, la más valiente, quisimos mostrárselo. Era alta y vigorosa, la fábrica no la había aún desvertebralizado, y tuvo para Él una mirada de amor.

Y cuando nosotros, los hombres, la miramos, ella tiene un gesto de pudor secreto. Es como si estuviera preñada de un infante nuestro, de todos nosotros, los explotados de todas las fábricas del universo, de un hijo que será más fuerte, más fuerte, mucho más fuerte que nosotros.

Claridad, núm. 29, Santiago, 13.8.1921.

Glosas de la ciudad [2]

EL DOLOR DE LOS OTROS

A mi lado era una sombra negra y alta que hablaba y hablaba. Hablaba de una tristeza amargosa e indefinida que socavaba la inquietud de su existir. Me trataba de hacer comprender que sólo hay la angustia del hombre que nada tiene; él lo tenía todo. Y sin embargo, algo desmoronaba insensiblemente su vitalidad.

Pero yo comprendía que era aquello una compensación natural. Son tantos los hombres que nada tienen y que sufren taladrados por el deseo y la necesidad que ese excedente, ese peso negativo del dolor de la miseria humana, se descarga sobre los otros que no debieran sufrir. Es la ley inevitable, el equilibrio de la naturaleza que pesa como un yugo sobre los hombres y los hace buscar una nueva justicia que anule el sentimiento de dolor común a los muchos y purifique la felicidad de los otros, fundiéndolos, igualándolos en la armoniosa ritmación de la vida.

AGENCIAS

Como los días son largos y más que nunca a esta hora, me interno en las calles del barrio. Ya se ha abierto el inmenso paraguas de la noche y por sus roturas empiezan a temblar, tímidas, las primeras estrellas. Por las ventanas de una casa salen chorros de una luz lechosa que más bien ensucia que alumbra la calle. Me acerco: es una agencia. Mujeres, mujeres, siempre entran mujeres: caras deformadas sobre la costura incesante, pies vacilantes que entran con miedo. Debajo de los mantos oscuros se esconden los objetos, lo más nuevo, lo mejor, lo único que relumbra alegremente en el hogar ensombrecido de miseria. En el horror de la vida que sufre y calla, estos seres parecen navegantes que van al naufragio fatal, irremediable, sin violencia ni rebeldía, sumergiéndose en la fatalidad. Llegan hombres agachados, adolescentes bestializados taller adentro, que traen sus útiles de trabajo o sus mejores ropas. Un acaso cualquiera, enfermedad, cansancio, detuvo en ellos el impulso maquinal del cuerpo que trabaja. Y esta casa, esta maldita casa, va absorbiendo mientras tanto los últimos recursos, las últimas fuerzas. Desde adentro viene un sucio olor de ropas y cuerpos, de miseria amontonada, que sale y se esparce por la ciudad con estos hombres que seguirán mañana fabricando dinero para los que hacen leyes y hablan de deberes... Deberes...

Arriba, en el cielo, se encienden las estrellas como puntas de mechas de no sé qué dinamitas cosmogónicas.

ORACIÓN DE LOS POBRES HOMBRES

La belleza y el espíritu no tienen poderes capaces de aniquilar en nosotros, nuestra vida hecha de sensaciones exteriores.

Nunca podremos, oh Walter Pater!, fundir en el sonido y el color el terroso dinamismo de una existencia que va pegada al suelo, inmensamente ausente de tus fiestas interiores. No seguirán nuestras almas las paganas rutas de Gaston de Latour o de Emerald Uthwart; seguirán viviendo, como hasta ahora, junto a la tierra erizada de casas grises, bajo un cielo que siempre tiene los mismos colores. Cuando éramos niños, en la edad en que tú, Florián, amabas unos valles del norte en que entre una bruma perlarrosa se estremecían las estrellas de Dios, nosotros teníamos enturbiados los ojos por la maldad de un trabajo prematuro y solitario. A veces, sobre los tejados, elevábamos volantines multicolores que llevaban al cielo algo de nuestras pobres almas. Tú no sabes, pagano Florián, cuánto amábamos estos juegos, estos papeles blancos y verdes que tan luego el viento y los árboles rompían. Pero la infancia, de pies descalzos, pasó y pasó también la juventud que ni siquiera incendió nuestras almas con su lámpara alada. Y ahora somos hombres, hombres como todos los otros, sin dolores propios, sin ensueños voladores. Vivimos en anchas ciudades en que las fábricas nos envenenan el cuerpo, ya sin espíritu, ya disgregados. Nada puede el divino temblor de la música sobre nuestros oídos, anulados en el resonar de las máquinas que matan; nada puede el color libre y desnudo sobre nuestros ojos oscurecidos por el humo y el polvo de las chimeneas y las calles. Y nada podrá jamás la belleza doliente de tu siglo contra este dolor de hombres, aniquilados por los hombres mismos, acorralados y deshechos en un vivir de miseria y de hambre. Son como nosotros, somos iguales e iremos viviendo la vida, anclados en la tierra, sin conocer jamás la divina sabiduría de tu siglo bárbaro y lejano.

Claridad, núm. 31, Santiago, 27.8.1921.

Glosas de la provincia

LA VIDA

La vida, la vida es cosa lenta. Por eso hay que pensar desde luego, en dejar que pase sin saber que pasa. Hay que dejar afuera a todos los demás, hay que meterse más adentro de sí mismo. Cuando empieza a caer la lluvia hay que tener una casa y un tejado y un brasero. Después, si llega el tiempo bueno, que haya una arboleda verde en donde descansar. Es cierto, hay otros hombres en el mundo. Los puertos lejanos traen y llevan otros hombres rubios, de otras tierras en que también hay soles y lluvias. Bueno, ésos que lloren. Uno ha trabajado mucho ya para darles lo que no se puede dar. Se trabaja, claro, después se acostumbra a trabajar. Los vicios... el amor... todo hay que dejarlo afuera. El amor, también el amor. Allá en la juventud era bueno; había siempre una cosa oculta y olorosa que estallaba por la boca y las venas; ahora no.

Ahora, niño, ahora tenemos que vivir. Déjalo todo afuera, todo. Y arregla tu tejado que ya empieza a caer la lluvia...

EL PUEBLO

Ausente, se siente cariño por el pueblo, perdido allá lejos. Se recuerdan las calles parejas, los seres tranquilos e indiferentes, las grandes montañas peludas, la mujer a quien se amó. Volver... Todo habrá cambiado, hasta se piensa que el cielo debe estar, con la primavera, más azul. Pero un día cualquiera se vuelve. Y se nota que todo está lo mismo.

Hasta está menos azul el cielo. Se vuelve a pisar las calles, de casas feas e iguales. Uno pasa y encuentra que los seres son mucho más tranquilos e indiferentes de lo que se pensaba. Son demasiado indiferentes y lo bastante tranquilos para no saberlo. Las montañas están lejos y con el barro no se puede ir hacia ellas. La amada, bah… ahora no nos saluda. La primavera tampoco ha hecho nada. Ha empezado a pintar con su eterno color blanco y rosado los árboles, los jardines. De repente una lluvia sigilosa y porfiada le ha estropeado el trabajo. Ha echado abajo las flores, ha mojado los techos. Debes de irte Primavera, si no eres capaz siquiera de hacer florecer los árboles, adormilados, nunca podrás hacer brotar una flor, la más pequeña, en el corazón de estos hombres…

LOS HOMBRES

Pablo, en el atardecer ha sentido sobre él una gran tristeza. Se ha encontrado un amigo de antes y han vagado un poco por la húmeda ciudad. Recuerda en silencio al amigo que antes como él mantenía un largo sueño de humanidad enaltecida.

Ahora mientras el otro habla, lo siente cambiado, más viejo, más pequeño. Se ha enquistado en su oficio y vive ahora pisando a los de abajo y lamiendo a los de arriba. Pablo le ha hablado unos momentos de todo lo que conoce, de la maldad de unos pocos, de la suciedad común de nuestra vida en que el placer y la belleza están lejanos siempre. Sus palabras en el atardecer han sonado suavemente y se han apagado, con lentitud. Ha estrechado una mano fría y ha sentido que un cuerpo amigo se aleja del sentimiento suyo para entrar en la mala vida de los otros. Y con su rebeldía anudada a la garganta, ha seguido andando, solo.

Claridad, *núm. 36, Santiago, 1.10.1921.*

De la vida intelectual de Chile
Todo un novelista

Cuando el abuso del poder hace reflejar su existencia viviente por una nueva medida de represión o de ofensa, los hombres jóvenes, que aún conservan un poco de optimismo adentro del cuerpo, se acuerdan, dulcemente esperanzados, de los libres hombres que se han puesto, por la mala palabra o la acción, fuera del medio moral, fuera del marco de la hipocresía ciudadana.

Casi siempre, estas manifestaciones de la esperanza de los jóvenes se dirigen a los intelectuales. El intelectual es una lucha constante entre el fuera y el dentro, entre la exterioridad aparatosa y múltiple, y la firme conciencia interior, destructora de postizos y barnices. De manejar las cosas del espíritu, casi siempre, tienen la visión crítica que aprecia desde luego el hondor de lo malo, la potencia de los malos.

Eso me había pasado con Joaquín Edwards [Bello]. No he leído sus libros: *El inútil* prodújome hace tiempo una violenta reacción que me hizo despreciar el libro, condenando a su autor. Pero, dije, es joven. Después, he sabido, en otros libros ha mostrado a la faz de los de arriba la bestialidad de la opresión que sufren los de abajo.

Por eso, ahora que un decreto gubernamental ha estrangulado una libertad, yo había presentido, junto a otras libres voces, la de este hombre, alzándose contra la nueva injusticia, echando al viento su protesta vibrante ante la cobardía oficial de este gobierno republicano. Pero no. Edwards Bello, en un artículo de diario grueso, se lamenta de que la opinión de Vicuña Fuentes carezca de originalidad... Es toda la corrupción boulevardera, toda la espesa capa de mal intelectualismo la que ha hablado por boca de Edwards Bello! Ante actos así, como los del gobierno, se protesta, se grita, se trata de rajar la sensibilidad y la sentimentalidad justiciera de los hombres. Edwards pide elegancias a un individuo aplastado por una estúpida acción gubernativa. Éste es el hombre libre... Que caigan sobre el aprovechado discípulo de Blasco Ibáñez, sobre el dadaísta autor de las *Metamorfosis*, sobre el sostenedor de una nueva aristocracia de canzonetistas y de boxeadores, las miradas compasivas de los libres espíritus de esta tierra...

Temuco

Claridad, núm. *37*, Santiago, *8.10.1921*.

Scouts

No preguntar adónde se va si se va, ni por qué se va.

Obedecer... No mirar a los ojos al que manda. Obedecer...

No hablar, ni reír, ni moverse, en las filas en que cada niño se mueve con una rigidez de esqueleto.

Obedecer... Y así envenenan el alma de los únicos que pueden prometer algo, así corrompen el alma de los únicos que mañana podrán luchar con los corrompidos. Y todo eso con banderas, con música, con uniformes, poniendo sitio a cada futuro ser con la sugestión y la amenaza para reducirlo, maquinizarlo, incluirlo en el engranaje del mundo que han hecho. Exploradores que nada exploran, se les enseña a mirar el cielo, con la esperanza de que viendo lo bien que está hecho lo de arriba, no miren la deformidad de lo de abajo.

Y la tarea, la tarea sorda y tenaz de meter en los niños la agresividad, el odio, el patriotismo de la tierra, limitado y obtuso, la preparación lenta y continua de los maniquíes que quedarán cualquier día del futuro con las vísceras deshechas entre las bayonetas de otros hombres que también fueron niños y que así también educaron, para que así también murieran.

Y todo eso, tarea de sangre y muerte, enseñada con músicas y flores y cantos...

Ya es de no soportar esto! Los niños, qué más podemos amar entre los humanos, nosotros? Ellos, infantes que mañana abrirán otras rutas y caminarán por las que empezamos a abrir nosotros. Y ensuciarles así el alma, empequeñecerlos así, cortar en ellos todo lo que tiene alas...

Y hacerlos marchar así sobre unos campos que no ven entre el polvo de los de la manada delantera, reunidos, cansados, con la lengua afuera, marchar, marchar... Si se para el jefe, que va a caballo, pararse. Si no, seguir... O detenerse, en las noches, para dormir, sobre las cuadras calientes con el cuerpo de las vacas que allí duermen.

Y las noches, el frío, la broma tonta, el cuento más sucio que deja caer el grande en las orejas del más chico, la masturbación por la fuerza, el habla que rebaja al hombre manejada por el niño. Y detrás de ellos, el capitán, capataz de inocentes, a cuyo despertar hay que despertar, a cuyo andar hay que andar. Y mañana, que morir!

Scouts... la pasividad, el polvorismo, la guerrería de grito y canto, la mecanización, la estupidez.

Claridad, núm. 41, Santiago, 5.11.1921.

El Maestro entre los hombres

–Y tú qué haces? –díjole.

Y el hombre le repuso:

–Soy obrero del fierro y del bronce. Mi martillo machaca el metal sobre la bigornia y de ahí sale el metal purificado. Vivo escondido, detrás de mi fragua, cantando mientras que trabajo. Trabajo, Maestro, y eso es todo.

Y él le respondió:

–Trabaja, hermano, que en tu fragua se está modelando el porvenir.

–Y tú qué esperas, mujer?

–Yo soy la esposa del labrador –le dijo–, y a él espero. Allá, en la llanura, bajo el látigo del mayoral y la furia del Sol, él está. Lo espero en las tardes, en esta colina, por que mi sonrisa le haga dulce el regreso. Nuestra vida es triste, oh Señor, pero di la palabra que haga bella la vida del hijo que duerme en mi vientre.

Y el Maestro le dijo:

–Te bendigo, hermana, porque de tu vientre nacerá el porvenir.

Siguió su camino el Maestro. En un recodo solitario un hombre meditaba. Se acercó a él en silencio y lo observó. Las cejas negras divididas por la vertical arruga de la sabiduría,

los cabellos grises, la espalda agachada, aquel hombre era la
rebeldía sobre el dolor y la fatalidad.

Y el Maestro le dijo:

–Piensa, hombre, que tu pensamiento creará el Porvenir.

Y el Pensador le sonrió.

Aún se detuvo a interrogar a otro hombre.

Y éste le dijo:

–Soy soldado. En la paz no hago nada, en la guerra, mato.
Encarno la Fuerza que lucha con la Idea. Soy el recipiente del
Pasado. Por dos cuartas de tierra mataré hombres, destroza-
ré ciudades, robaré, violaré, moriré. Mando sin «para qué» y
obedezco sin «por qué». Soy soldado.

Y díjole el Maestro:

–Hermano, desgarra tu vestidura de guerrero, arroja tus
armas y rebélate, que estás ahogando el Porvenir.

Pero el Soldado no lo escuchaba.

La Mañana, *Temuco, 21.1.1922.*

El cartel de hoy [1]

VEINTIUNO DE MAYO

…Y otra vez tambores y otra vez banderas… Por suerte, esto
lo hacen todavía sólo por obligación, que ya las gentes se van
olvidando de aquel sacrificio torpe y estéril de aquella guerra
odiosa y cruel. Porque si alguien ganó, ¿qué fue lo que ganó?

Unas tierras que el hambre ha marcado, porque la explotación y la riqueza las habían marcado antes. Y la sangre de los
de ayer… Y, también puede ser, la sangre de los de mañana.
Porque, amigo desconocido, los mismos actores, detrás de las
mismas caretas, tratarán de arrearte mañana, en las mismas
inicuas odiseas, por sus intereses, por sus pasiones y para tu
mal. Por eso, amigo desconocido, aprende a integrar cada día
tu cuotidiana rebeldía; afirma tu negativa interior ante las

mentiras forradas de músicas y banderas; ante este ídolo de la Patria Guerrera, Moloch que después quebrará tus huesos, porque tú no supiste desde temprano mirarlo frente a frente. Y mirarlo frente a frente, es medirlo y disminuirlo; y conocerlo, pequeño como es, sostenido tan sólo por el más perecedero de los pedestales, la Fuerza; y no perdonarle, con la aquiescencia de hoy, la violenta brutalidad del futuro.

Y para eso –bien poco, amigo desconocido–, no estás solo, sábelo bien, están muchos contigo. Desde allá lejos, vienen, vienen... venimos, en cabalgata sufridora y heroica, a pisar la llanura del Porvenir, que es nuestra y que puede ser tuya.

Claridad, núm. 52, Santiago, 20.5.1922. Editorial de portada.

El cartel de hoy [2]

Frente a mí, el papel blanco en que este cartel debe ser escrito y, junto a él, el grabado, esa pareja miserable y muda que se aprieta en una contracción desesperada de frío. Pero, por qué no se enciende en mis labios la hoguera de mi rebeldía? Por qué ante estos dos seres anudados en el símbolo mismo de mi dolor, no restalla en mi corazón y en mi boca la palabra roja que azote y que condene? Miro el papel, el grabado, los vuelvo a mirar y... nada! Pero, he aquí que de repente, soltándose de su compañera, el hombre me toma las manos y mirándome a los ojos me dice:

–Amigo, hermano, por qué callas? Si no me hubiera levantado a impedírtelo, es que habría callado una vez más tu boca, es que en el puesto del sufrir continuo habrías desdeñado una flor que mañana fructificaría? Tú que sabes la gracia de iluminar las palabras con tu lumbre interior, has de cantar y cantar tus placeres pequeños y olvidar el desamparo de nuestros corazones, la llaga brutal de nuestras vidas, el espanto del frío, el vergajazo del hambre? Sigues en vida para mirar tu sufrimiento, o para elevarte sobre él y

gritarlo al mundo con las salivas amargas de tu descontento
y tu rebelión? Si tú no lo dices y si no lo dices en cada momento de cada hora se llenará la tierra de voces mentirosas
que aumentarán el mal y acallarán la protesta. Sobre los
huesos de la canalla actual brotarán sin tregua los que continuarán su obra. Y después otros... Tú, yo, estaremos viejos o muertos, y nuestra vida machacada en tanto yunque de
maldición, no podrá decir, no dirá jamás esto que ahora con
la frente al viento debes repetir y repetir por todos, contra
todos...

Calla el hombre. Me mira su compañera. Y comienzo a escribir...

Claridad, núm. 56, Santiago, 17.6.1922. Editorial de portada.

Contradicciones y categorías

DANZA DE ESPEJOS

En nuestras conversaciones solitarias con nosotros mismos,
descubrimos un nuevo lenguaje que nunca traducen nuestras
palabras. En un subfondo sólo conocido de nosotros, descansa y se mueve el hecho simple que deformará los oídos de los
otros al recibirlo alterado de nuestra boca. En dónde estamos, en lo que decimos o en lo que escondemos? Cuál es la
verdadera máscara? La de la conciencia que no puede expresarse o la del juicio ajeno?

En esta danza de espejos, se corre el riesgo de embriagarse
y de soltar la última amarra de la imagen, para que ésta nos
reemplace en el escenario.

CONTRA LA TRAGEDIA

Quiero...
Debo...
Querer deber.

CONTRA LA AMISTAD

La amistad viene a ser un robo que se hace a los mejores a beneficio de los buenos, de los medianos o de los malos. Sólo que el que no roba es aquí el que recibe, y no es la víctima el que da, sino la multitud, los hombres solos, y el horizonte que camina al futuro.

Porque en el círculo ideal no existe una confirmación de la conservación de la energía. Más bien existiría una de aminoración, de pérdida, o de degradación. Otra vez el individuo como tumba de sus propios retoños, impotentes de abrirse como quisieran. La amistad los hace abrirse dentro de la tumba más próxima como descanso, pero sería un descenso para las almas que no estuvieran altas. Absurdo del descanso en la amistad.

Y para qué hablar de la comedieta del interés? Es minuciosa, engañadora y ubicua.

EL LICOR SINGULAR

Nunca pude arrojar mi alma de mi lado, confundirla, mezclarla. Viajó y viaja aún, silenciosa, tal un barco pescador entre la bruma, por las almas extranjeras que se abrían o cerraban para recibirla o rechazarla. Pero siempre liberada de la hospitalidad o del rechazo. Te volvía a encontrar, alma mía, incontaminada, siempre mayor y siempre igual. Por eso después del más largo de los viajes quiero alabar tu deseo fallido de mezclarte, cambiarte, mezclando y cambiando tu emoción con la del primer viajero, entrando y saliendo de las multitudes, mirándote distinta y diferente en cualquier alma desconocida que pensaba conocerte y no hacía más que divisar la imagen suya que tú le ofrendabas. Para mí fuiste un licor singular que pasó sin consumirse por gargantas extrañas, que se alejó sin apartarse de toda unión y que revive aún en los odres secretos de mi vida. Ésa fue tu soledad, oh, alma mía, soledad dulce y terrible. Por eso sonreías cuando te aconsejaban aislamiento. Porque mientras tú, licor singular, renovado e igual, soltando amarras traspasabas los últimos límites sin salir de la sala del vecino, los que te recetaban la soledad figuraban garabatos en las paredes de su encierro.

DADA

No confundas mi corazón con la joroba de ese polichinela.

DESCRIPCIÓN SIN IMPORTANCIA

En la noche, el humo de las chimeneas cuotidianas regresa del cielo y pasea su pisada densa y grávida por las avenidas de la ciudad.

Yo, Vasia, sin fijarme en él, miro la torre y trato de olvidarme. Porque detrás de la ciudad han desplegado una fantástica bambalina color cereza y la luna –titiritera jubilada– quisiera danzar como antes de la creación.

Vasia, la torre es alta y derecha y en su rotundo impulso vertical sólo la pueden acariciar algunas estrellas.

Y mis ojos –Vasia, estrellas pardas que ven– a través de las ventanas de la torre –tres cuadriláteros encantados de crepúsculo.

Claridad, *núm. 61, Santiago, 22.7.1922.*

[Nota sobre] «Los gemidos» [de Pablo de Rokha]

Un impulso hacia la raíz trascendente del hecho, una mirada que escarba y agujerea en el esqueleto de la vida y un lenguaje de humano, de hijo de mujer, un lenguaje exacerbado, casi siempre sabio, de hombre que grita, que gime, que aúlla, ésa es la superficie de *Los gemidos*. Más adentro, libres ya de las palabras, de los alaridos, y de las blasfemias, sentimos un amador de la vida y de las vidas, azotado por la furia del tiempo, por los límites de las cosas, corroído hasta la médula por la voluntad de querer y por la horrible tristeza de conocer. Continuador del coro trágico? Tal vez. Lejos de la ataraxia de los socráticos, P. de R. trasluce su sentido de la vida, en una agitación discontinua, que se paraleliza a la de los cantores de *Dionysos*. Canta a Prometeo, griego de nacimiento, cuando desata su imprecación al católico Satanás. Y su libro entero es un solo canto, canto de vendaval en marcha que hace caminar con él a las flores y a los excrementos, a la belleza, al tiempo, al dolor, a todas las cosas del mundo, en una desigual caminata hacia un desconocido Nadir.

Claridad, núm. 82, Santiago, 16.12.1922.

Álbum Terusa

(1923)

I

Aquel bote, salvavidas de un barco mercante que conducía harinas de Valdivia al norte, naufragó quién sabe dónde. Las olas lo botaron a esta costa y ahora reposa en el huerto de mi casa, como un animal dulce y familiar.

Como esos recuerdos que a pesar del tiempo sostienen aún su huella inexpresable en los recodos del corazón, él conserva todavía algas diminutas y marinas, líquenes del agua profunda, esa flora verde y minúscula que decora las raíces de los barcos. Y yo creo ver aún la huella desesperada de los náufragos, de los que en la final angustia se agarraron a esta armazón marinera mientras la tempestad los perseguía inmensamente.

Cuando el sol no se ha escondido aún, trepo a este bote náufrago, abandonado entre las hierbas del huerto. Siempre llevo un libro, que nunca alcanzo a abrir. Extiendo mi capa en la bancada y, extendido sobre ella, miro al cielo infinitamente azul.

Viejos recuerdos, sumergidos en el agua del tiempo, me asaltan. Siempre, en sitios de soledad, me acechan estos indefinibles salteadores. Siempre, en sitios de soledad, siento extranjera mi alma. Ruidos inesperados, murmullos de voces desconocidas, cantos avasallados y nuevos cantos vencedores, una música extraña e incontenible se quiebra sobre mi corazón como el viento sobre una selva.

Mujer, en esos momentos te amo sin amarte. En ti no pienso porque en nadie se detiene mi pensamiento. Como un pájaro ebrio, como una flecha perdida, atraviesa sin destino hasta perderse en la obscura lejanía.

Yo mismo no me recuerdo: cómo pudiera recordarte?

Pero tu amor descansa más adentro y más allá de mí mismo. Vaso maravillado que trajo hasta mis labios el vino más dulce, vaso de amor. No necesito recordarte. Como una letra grabada profundamente, bástame hacer volar el polvo impalpable para verte. No pienso en ti, pero, abandonado a todas las fuerzas de mi corazón, a ti también me abandono y me entrego, oh amor que sostienes mis tumultuosos ensueños, como la tierra del fondo del mar sostiene las desamparadas corrientes y las mareas incontenibles.

2

Pudo esta página quedar sin escribir, como muchas de este cuaderno tuyo quedarán. Por qué la escribo? Nada sabría decir de mí ni de nadie. Es la hora de siempre. Mi alma, una raya derecha e infinita, sin comienzo y sin fin.

El deseo sube como una ola sobre el horizonte de nuestra vida. Y muere como una ola. Ése es el drama. El corazón hecho una planicie gris y desolada donde se van borrando las huellas más profundas, el corazón donde ya no cabe nadie porque quiso contenerlos a todos. No alcanzar, no encontrar, no saciar el ansia innumerable: es ésta pues la fuente de la felicidad?

Que no haya, entonces, que no haya nunca una corola para mi corazón de abeja, que no haya nunca un nido para mi corazón de pájaro viajero, y que nunca encuentre la flauta que necesita mi boca de pastor.

3
Carta a un desconocido

20 de febrero [*1923*]
Sr. L. Vinci, La Serena. –Señor: Más allá de sus palabras, y en las partes que usted tal vez menos imagine, creo encontrarlo a usted. Se la agradezco, toda ella, como una mano tendida hacia mí. No es la hora de que me apoye en ella, tal vez las ma-

nos mías son capaces de socorrer las ajenas, pero, como cualquier momento, pasa el de la alegría y llega el de la soledad. Para entonces busquémonos. Búsqueme. Yo tengo el corazón abierto para todos. Y no se desencante luego. Soy pobre de monedas y de palabras, pero desprecio igualmente las palabras y las monedas. Ellas, lejos de nosotros se entregan y nos venden, o venden una mezquina imagen nuestra. Ahora mismo me están vendiendo. Porque nada deseo decir a usted, y si usted estuviera conmigo, se habría sentado en ese sillón de mimbre y habríamos escuchado en silencio la rodante voz del mar, precipitándose sin agotarse en el atardecer del puerto.

4

10 de febrero [1923]
Hoy al atardecer, con la marea alta que llenaba el río con su ola invasora y lenta, he remado hasta cansarme. A ratos me tendía en la bancada del bote y fumaba, de cara al cielo inmenso. Oh qué vastos, qué vastamente vastos estos cielos de los puertos! La mirada se embriaga de mirar la altura y hay que bajar los ojos a las costas, cansados como las palomas de volar sobre el horizonte ilimitado.

Luego, el mar. El mar este es estruendoso y magnífico. En la playa se rompe, se quiebra, se levanta, se extiende al fin con las últimas olas que lamen las arenas luminosas. Pero adentro, en la lejanía, es puro y sereno, y se redondea como el vientre de las madres.

Hoy hacía un crepúsculo, como esos que los japoneses pintan en las tazas de té o en los biombos. Era un sol redondo, redondo y rojo como una cereza muy redonda, o más bien como una naranja de púrpura o de oro. Amarillo, violeta, azul, qué maravillosos colores desplegaba en las olas! Sobre todo en las moribundas, en las que besaban mis pies extranjeros, como esclavas portadoras de los mejores frutos de su país de agua, de fuego y de oro.

5

Y al irme, he dejado escrito tu nombre, y mi nombre, en la arena mojada. Era un letrero grande, ancho, así:

PAOLO

TERESA

Pero era más bonito que éste.

6

Ella fue tierra de camino,
por ella cruzó mi destino
y me alumbró como una estrella:
racha de amor que me la trajo,
arráncamela de los brazos
que ya no puedo estar con ella!

En la hora del beso fuimos
cada uno boca y racimo,
racimo y boca, cada uno,
y amor como el que me entregó
y dolor como el que me dio
nunca pudo probar ninguno.

Dios le dirá cuánto la quise.
Dios le dirá los días grises
que habrá sin ella en mi sendero.
Ahora, en el primer recodo,
con ella lo abandono todo:
Dios le dirá cuánto la quiero!

7

El mar, a lo lejos, rompe
su grito oscuro y pavoroso.
—Madre, cuéntame la historia
del Príncipe que estaba loco.

—Mi niño, a ti se parecía
en lo pálido y en lo triste:
todo lo amaba y parecía
que odiaba todo lo que existe.

De querer sin que lo quisieran
estaba el Príncipe loco:
andaba solo en las mañanas
y por las tardes vagaba solo.

De esperar sin que lo esperaran
estaba el Príncipe loco:
más allá de la tierra vasta,
más allá miraban sus ojos:
envuelto en su capa oscura
era más pálido su rostro
cuando en las tardes lo besaba
el sol como un perro de oro.

De llorar sin que lo lloraran
estaba el Príncipe loco:
nadie [...]

[*Aquí se interrumpe el manuscrito*]

8
Puerto fluvial

A veces, cuando el remo cae,
me salpica de agua los ojos:
voy tendido, de cara al cielo,
ebrio de un goce silencioso.

Me entrego al cielo que me cubre
y me abandono a la corriente.
Oh la alegría de entregarse,
entregarse, entregarse siempre!

Adónde voy? De dónde vengo
y quién me espera? Qué me importa!
Mi vida vale mucho menos
que el ala gris de una gaviota!

Mi vida flota sobre el agua
y la canoa sacudida
lleva –a la tierra donde vaya–
toda mi vida!

9

Cuando recuerdo que tienes que morirte
me dan deseos de no irme nunca,
de quedarme siempre!
Por qué vas a morirte? Cómo vas a morirte?
Te cerrarán los ojos, te juntarán las manos
como se las juntaron a mi madre al morirse,
y será el viaje, el hondo viaje que no conoces
y que yo no conozco porque tú me quisiste.

No te llevaré yo de la mano
y no descansarás en mis palabras tristes:
irás
como viniste,
sola, sin este cuerpo que arrullaron mis besos
y que se tragará la tierra en que dormiste.

Déjame poseerte para que en mí perdures!
Deja que te cimbre el viento del corazón
y como una corola vacía en mí tu perfume!

Bésame hasta el corazón.
Encuéntrame ahora para que después no me busques.
Entiérrate en los surcos que me van enterrando
y entrégate en mis frutos más altos y más dulces
Que tus ojos se acaben de mirarse en los míos.
De llegar a mis labios que tus senos maduren.
Despréndete de mis canciones
como la lluvia de las nubes.
Sumérgete en las olas que de mí van naciendo.
Quémate para que me alumbres.

10

Amiga, no te mueras!
Escúchame estos gritos que me salen ardiendo
y que nadie diría si yo no los dijera.

Amiga, no te mueras!

Yo soy el que te llama en la estrellada noche,
ebrio de amor, perdido de amor y de belleza.
Sobre las hierbas verdes, cuando el viento solloza
y abre las alas ebrias.

Yo soy el que te acecha en la estrellada noche
cuando danza la ronda de las sombras inmensas.
Bajo el cielo del Sur, el que te nombra cuando
el aire de la tarde como una boca besa.

[*Aquí se interrumpe el manuscrito*]

El cazador de recuerdos

(1923-1927)

I

LA LÍRICA MARGINAL

Águeda Rosa
La familia de las abejas ebrias

Entre los vahos de la tierra
gira el verano silencioso.

Sol de la tarde, fruta ajada.
Vuelo de pájaros ociosos.

Estoy a la orilla del agua
caída como un lirio roto.

Avidez de mi cuerpo lleno
de inquietudes y de retoños.

Necesito un cuerpo desnudo
sobre mi cuerpo caluroso.

Estriado de venas azules
y de deseos poderosos.

Que balancee sus ojos pálidos
sobre mis ojos,

como una mirada de niño
sobre la mirada de un pozo.

Estiro mis piernas delgadas
en el atardecer bochornoso.

Y, al sol, mi vientre se enciende como
una inmensa abeja en reposo.

Puerto Saavedra, febrero de 1923

Facsímil en CMR, *en* NJV *y en* CYP.

La vida lejana [1]

EL SUEÑO

Luego, fatigado de meditaciones, me arrastraba hasta mi lecho de mantas. El frío tiritaba en mi cuerpo; y voloteaba sobre mi cabeza, tocándome los párpados, la alucinada mariposa del sueño. Ponía la sien sin lastimarla sobre mis almohadones rústicos, y de repente, me dormía. El campo del sur, aquella carpa abandonada y latiente, yo mismo, pobre hombre orgulloso y solitario, todo era, en mi sueño, un gran barco incendiado que atravesaba y dividía la ola negra de la noche.

HORA FLUVIAL

Me fui tendido sobre el techo de los camarotes de segunda, recibiendo el sol en la espalda y el viento en la frente. Un río ancho, liso, orillado de malezas de un verde sombroso. Pájaros del agua, siempre huyentes, sumergiéndose en la boca del río. Luego, a lo lejos, las tierras sembradas arqueándose y moviéndose en el lomaje infinito. A veces una bandada de aves cruzaba el río y más y más se alejaba dando gritos tristes que caían al agua como piedras reblandecidas.

EL INFINITO

Pero, como aleteando entre la corriente y el cielo, surge una música, a mi lado. Un aire que se queja, y que huye. Algo simple y que siempre triza una nota de nostalgia aulladora. Más allá de este río, de esta tierra. Más allá de mi corazón quebrado, más allá, amigos. Una lengua infinita me lame y me oprime, un brazo hecho de árbol y de agua me ciñe como un cinturón, un sentimiento ajeno me desenfrena, una boca desconocida me dice.

– Es un acordeonero ambulante.

Se llama Zoemir.

He llorado, con un hombre desconocido, tendido sobre un camarote allá lejos.

ARABELLA

No debiste amarme, Arabella, no debiste amarme. No ibas a dejar huella en mi mirada en fuga, no ibas a enterrar tu inicial en la greda pálida de mi camino, y me amaste, Arabella, aún me amas.

Sólo míos fueron tus ojos azules, tus trenzas amarillas, por mí desatadas en aquella noche, y en aquel invierno.

Para mí solo deben ser tus crepúsculos, cosiendo sin compañía, ahora que otra lluvia cae, como entonces, sobre tu techo, en el puerto. Te acuerdas del viento siniestro que entraba, en las noches, por la ventana rota?

No debiste amarme, Arabella, para qué me amaste?

LOS COMPAÑEROS

Además de Zoemir, y de Arabella, unos amigos tuve, que recuerdo con las cosas queridas de ese tiempo. Fueron unos fleteros, alegres y borrachos, que principiaron por adularme, después se burlaron de mí y terminaron por quererme mucho. Después del trabajo, nos juntábamos, y sobre un bote a la deriva, unos cantaban, otros conversaban de temas familiares, y otros dormían. Cuando oscurecía no nos veíamos, sólo el fuego diminuto de los cigarros parecía vivir: y sin darnos cuenta, callábamos todos, nosotros también, en la callada noche infinita.

Buenos muchachos. Un día, pescando, se ahogaron dos. Eran los que yo quise más.

Claridad, núm. 92, Santiago, 16.6.1923.

La vida lejana [2]

LOS DÍAS INÚTILES

El mal tiempo me quitaba deseos de salir, y a medida que los días corrían me iba quedando más solo. En las tardes nadie venía a buscarme y –sin libros– las horas resbalaban sobre mi absorta inactividad.

A veces una mala angustia me tiraba, hecho nudo, sobre el lecho. La lluvia caía, densa y largamente; los vientos roncantes descendían de los cerros y la luz del crepúsculo se acongojaba como una moribunda detrás de la ventana que daba al río.

LA TORMENTA DEL AMOR

Quise refugiarme en el anochecido país de sus ojos, contener en ella las fuerzas oscuras que me poseían, aquietar los tumultuosos impulsos que como agua sin cauce me invadían y me desesperaban.

Escogía las tardes tranquilas para hablarla, las noches puras. También para callar solos, en el pueblo pobre, lejos de todas las voces. Amábamos fijar nuestros ojos juntos en un mismo arrebol del día terminado. O besarnos largamente bajo las altas estrellas numerosas.

Pero dedos desconocidos trabajaban en silencio la arcilla de nuestros corazones. Hacían lámparas de incendio, ánforas de pasión, vasos de la sed infinita. Un gran viento de fiebre precipitó nuestras palabras y aleteó como un pájaro siniestro sobre nuestros cuerpos enamorados.

Hui de ella como huyen los pájaros de los incendios. Ahora, demasiado tarde, la nostalgia; mi corazón sigue incendiando las cosas que toca y huyendo de ellas como un pájaro del fuego.

HOSPITAL

Un dedo de sol amarillo que podía atravesar el cortinaje era, a menudo, el único centro de mi existencia. Lo miraba abrillantarse, distenderse, difluirse. Los gemidos de mis compañeros de sala me sacaban a veces de aquella obsedante observación, y toda la tristeza mortal de aquellas salas de enfermos se vaciaba de súbito sobre mi corazón derrotado.

Convaleciente, recorría a pasos lentos los corredores extrañamente silenciosos. Las hermanas cruzaban a mi lado en sus trajines de todos los días, y a veces, un trémulo grito angustioso me detenía cerca de una ventana o frente al hueco de una puerta. Fragantes matas de azaleas llenaban las orillas del patio, frente a mi sala. Me sentaba entre ellas por las tardes, desgranando desvariadas meditaciones. La noche caía de bruces sobre el hospital: sus oscuros dedos palpaban las heridas de los moribundos, y se acostaba al lado de ellos, infinitamente acechante. Posesos de la fiebre, deliraban los enfermos en la alta noche. En el centro del patio las monjas tenían un altar a la Virgen: una gruta roquediza, trepada de enredaderas. Era el único punto luminoso en medio del hospital en sombras. De día y de noche estaban encendidas todas las velas de aquella hornacina, y yo iba encendiendo uno a uno mis cigarros en aquellas sagradas llamas que el viento de la noche hacía vacilar.

TÍO LORENZO

Nunca escuché tus historias, tío Lorenzo, tus viejas historias campesinas. Oía tu voz y las simples palabras, el rosario ferviente de tu malaventurera vida, la gesta oscura de tu existencia poblada de recuerdos. Pero entonces nada supe de ti, y mientras hablabas, mi alma distante iba viajando, tío Lorenzo, por otros países, y si te veía era a través de un humo que hacía vagas y lejanas todas las cosas. El brasero crepitaba y ardía su incendio familiar. La lluvia resbalaba sus ramajes transparentes sobre la casa dormida. Tú hablabas, tío Lorenzo, contabas largamente; y muchas veces mientras hablabas, oscuras mariposas de ensueño cruzaban aleteando desde mi corazón hacia lo desconocido.

EL CAZADOR DE RECUERDOS

No quiero revivirlos, y casi los odio. Los desentierro, y rompo de nuevo sus viejos surcos para que ahora queden enterrados para siempre. No son mi riqueza: soy más del minuto ignorado que del conocido. Amo prolongarlos en una lucha desigual contra la vida y el tiempo. He hundido mi brazo en el pasado y, al levantarlo hacia el futuro, gotea cosas extrañas, como las algas chorrean cosas azules del mar.

Vivo incontiblemente alzado bajo el fugante látigo del tiempo; y mi corazón prepara el ubicuo flechazo que ha de rebotar temblando en el último horario de las últimas tinieblas.

Claridad, núm. 94, Santiago, 30.6.1923.

La vida lejana [3]

EPÍLOGO

Ahora siento la necesidad de hacer algunas líneas que terminen estos cortos relatos y den fin de continuidad a mi vida lejana. También es cierto que las cosas nunca se acaban en definitiva, y menos el pasado, pero creo que al dejar de hilar estos recuerdos mato de una vez por todas un alma vieja que iba siempre detrás de mí, como un perro ahuachado. También mientras escribo estas líneas últimas me asalta una noción de insignificancia de todos estos hechos oscuros que las manos de las cosas fueron anudando a mi existencia. No valía la pena removerlos. No dieron dulzura tal vez a ningún ser en lo lejano, y acaso no lograron aquietar mis viejas ansiedades ni mis nuevos deseos. Como no he envejecido, nuevas cosas me suceden, me atraen otros caminos, dejo senderos ya caminados. En la zona de luz corren a veces extrañas sombras que mi propio corazón hace al vacilar. He aquí que uno es el modelador de todas estas figuras de tierra oscura, que un día inesperado emergen en nuestra compañía, y que se alejan fatalmente con los días que se alejan. Amigos vueltos a la zona de la sombra, mujeres que contuvieron besos y sueños distantes; ahora, en esta hora de examen, siento que, a la vez, sólo fuisteis variaciones que creó mi sed y mi deseo infinitos, que yo fui creado por vosotros en vuestra fuga hacia la noche; una melancolía me llena poco a poco, como se llena una estancia de oscuridad, en la hora de la tarde. Como ahora, por ejemplo. Cae la noche, entra un gran viento frío por las abiertas ventanas, y siete alambres que estoy viendo rayan con sus siete hilos de sombra el claro crepúsculo que en la lejanía se apaga inmensamente. Diviso lejos siluetas que se agitan y se pierden y se renuevan. Todo esto me sirve para no seguir hablando de mí, y recogerme a pensar, abandonado como un enfermo, ahora que la tierra es

la enfermera que arrolla sus sábanas de sombra a la cabecera del sol.

                                   Claridad, *núm. 97, Santiago, 21.7.1923.*

Poema 9/El prisionero

Fimbria rubia de un sol que no atardece nunca,
que no se va, que aún amarilla el ambiente,
con una humanidad de boca inmensa y pura
que nos madura el alma besándonos la frente.

Luminosa quietud de las cosas presentes.
Silenciosa advertencia de las cosas lejanas:
el dolor que renace junto al dolor que muere:
sombra y lumbre que llegan por la misma ventana.

Líbrame de tu amor, mujer lejana y bella,
que por bella y lejana me dueles cada día.
Rompe las claras cuerdas, suelta las blancas velas
del barco que aprisionan tus manos todavía.

Y oh minuto, no vuelvas a ser como ahora fuiste!
Mi alma errante y nostálgica a toda sed se enreda.
El mar inmenso y libre para nadie es más triste
que para un barco atado por anclas de oro y seda!

> *Escrito en 1923, este poema fue el núm. 9 en la primera
> edición de VPA (1924) y sustituido por otro poema 9
> –definitivo– a partir de la segunda edición (1932). Neru-
> da le habría dado un nuevo título, «El prisionero», escri-
> biéndolo sobre un manuscrito del texto (J. Edwards).*

Las anclas

Desde la eternidad navegantes invisibles vienen llevándome a través de atmósferas extrañas, surcando mares desconocidos. El espacio profundo ha cobijado mis viajes que nunca acaban. Mi quilla ha roto la masa movible de icebergs relumbrantes que intentaban cubrir las rutas con sus cuerpos polvorosos. Después navegué por mares de bruma que extendían sus nieblas entre otros astros más claros que la tierra. Después por mares blancos, por mares rojos que tiñeron mi casco con sus colores y sus brumas. A veces cruzamos la atmósfera pura, una atmósfera densa y luminosa que empapó mi velamen y lo hizo fulgente como el sol. Largo tiempo nos deteníamos en países domeñados por el agua o el viento. Y un día –siempre inesperado– mis navegantes invisibles levantaban mis anclas y el viento hinchaba mis velas fulgurantes. Y era otra vez el infinito sin caminos, las atmósferas astrales abiertas sobre llanuras inmensamente solitarias.

Llegué a la tierra, me anclaron en un mar, el más verde, bajo un cielo azul que yo no conocía. Acostumbradas al beso verde de las olas, mis anclas descansan sobre la arena de oro del fondo del mar, jugando con la flora torcida de su hondura, sosteniendo las blancas sirenas que en los días largos vienen a cabalgar en ellas.

Mis altos y derechos mástiles son amigos del sol y de la luna y del aire aromoso que los penetra. Pájaros que nunca han visto se detienen en ellos y después en un vuelo de flechas rayan el cielo alejándose para siempre. Yo he empezado a amar este cielo, este mar. He empezado a amar estos hombres... Pero un día, el más inesperado, llegarán mis navegantes invisibles. Levarán mis anclas arborecidas en las algas del agua profunda, llenarán de viento mis velas fulgurantes...

Y será otra vez el infinito sin caminos, los mares rojos y blancos que se extienden entre otros astros eternamente solitarios...

Zig-Zag, núm. 963, Santiago, 4.8.1923.

Poema en la provincia

Estoy esperando a mi novia
en la mañana de un domingo provincial.
Como mi novia coquetea,
hace más de dos años que la estoy esperando
ver asomar
por las cuatro esquinas abiertas de esta plaza
en la mañana de este domingo provincial.

Oh forestal
liturgia de las horas,
oh forestal
encanto de esperar
tendido en un escaño de una plaza de pueblo.

Arriba el cielo como un mar.
Abajo los árboles verdes
y el corazón latiente y forestal!

De repente una música de alas blancas se extiende
y un coro de oros puros hiende el azul sutil.
Como a una flor del mar los dedos de las redes
esta música absorta me ha aprisionado a mí.

Dulce coro anglicano: delgada voz unánime
que he sentido doblarse como un junco en la brisa,
mientras el cielo inmóvil es un extenso oído
y la tierra una iglesia rural cantando misa.

Más que sabor a música, tienes sabor a pan.
Pan provincial, aroma de manzanas maduras.
En este quieto día sólo yo te he probado,
yo y el viento que, a veces, se detiene y escucha.

Música de esta plaza, cruzas, corres. Te alejas.
Errante olor a siembras y frutas y follajes.
He aquí mi corazón que la esperaba a Ella,
ávido de seguirte para siempre en tu viaje.

Y eres como una puerta abierta bajo el cielo,
puerta por donde pasa toda la voz del mar:
ante ti se arrodillan los ingleses del pueblo
y mi corazón triste de esperar.

Dulce coro anglicano que arrodillado escucho
mientras espero a mi novia,
en la mañana de un domingo provincial.

Claridad, núm. 103, Santiago, 1.9.1923.

Poema de la ausente

A ti este arrullo, Pequeña, donde estés, donde vayas.
  Caliente río trémulo, la ternura moja mi voz, mi voz que te
nombra.
  Por ti, más lejos que los arreboles lejanos, y las montañas
lejanas, y las estrellas lejanas, lejanas por ti más lejos miro,
más lejos.
  Un hueco aquí entre mis dos brazos, un sonido tembloroso
que falta en mi voz, la mancha de tu cuerpo ausente del paisaje, eso eres, Pequeña, y sin embargo eres más.
  Flor de mi corazón, alma de agua que tiembla en mi tierra,
flor mía.
  Llena de mis dolores y de mis silencios, niña de ojos absortos como toda mi infancia, quiero que te crucifiques en mis
sueños, y me sobrevivas en todas las cosas de la tierra.
  A media noche brotas hecha árbol de mi pecho, como de
una piedra partida, como un árbol te elevas en el cielo profundo y te constelan las estrellas altísimas.

Me ocupas como el aire ocupa las salas vacías, como la presencia de la sombra ocupa las salas cerradas, como el perfume satura las corolas de estío.

Acaso me aleje de ti. No te entristezcas. Pasa, recién, frente a la ventana, el vuelo de un pájaro errante y silencioso.

La ausente, eres la ausente. Te llamo y mi voz cae y se arrastra, pero la oyes.

La oyes, Pequeña, al dormirte, como el ruido de un río distante.

La noche, es la noche. Emerges floreada de luces azules, y eres el astro que ama mi deseo. No estás.

La ausente, la que cierra los párpados, al otro lado de la sombra. Te hablo, y mi voz te llama, Pequeña. No te vayas, no te vayas nunca.

La Mañana, _Temuco_, _10.9.1923_ y Claridad,
núm. 106, Santiago, 22.9.1923.

Momentos

EL PROBLEMA

Donde ya se ausentan las últimas casas; donde la tierra verde se torna pasto y flores y la tierra parda se vuelve camino, más allá de los senderos de todos, frente a la ola del viento ebrio que tuerce y cimbra los matorrales húmedos. O al pie de los sombríos eucaliptus, albergue en que cuelgan a media noche los ahogados y los ladrones. Otras veces, andando por las lomas mojadas, cuando el sol extiende sus dedos de fuego, y una nube de espanto lo cubre y lo aniquila. O tendido, mirando en la alta noche los astros que centellean y palpitan clavados y la sombra innumerable. En todas partes, bajo el cielo de sol y de luna, sobre la cama de mantas o de tréboles, mi deseo en huida, siempre en huida; todavía mis ojos traidores huyendo, siempre huyendo; mi corazón sin fatiga, buscando, como un pájaro de presa, buscando siempre.

PIEDRAS EN RETORNO

He lanzado hacia la noche infinita tres piedras errantes, acusadas por mi ansiedad, durecidas y agudas por mi inquietud inextinguible. Las preparé en las tardes de temporal: el viento tambaleaba mi vivienda solitaria, los truenos retumbaban y caían las aguas del cielo inagotable. Las lancé con mi fiebre de saber tres enigmas, tres oscuros secretos, tres robos de la noche.

Tarde, tendido en mi vivienda solitaria, frente a la ventana más alta, he visto caer tres piedras errantes, desde la noche infinita.

Claridad, *núm. 106, Santiago, 22.9.1923* y
Nuevos Rumbos, *núm. 15, Santiago, 15.4.1924.*

Los viajes imaginarios

EL DUEÑO DE TODO

Que de todas las cosas algo hubiera caído hasta mi red delirante, que yo hubiese podido alterarlo y transformarlo todo. Qué silencio no es mi palabra, qué existencia no es mi existencia? Solo, en la tarde ceñida de arreboles, con la cabeza humedecida en la niebla, soy el más vasto impulso de la tierra subiéndose a la tarde infinita. Hacen de mi corazón, como de las gredas quemadas las ánforas que alojan tallos tiernos, guirnaldas florecientes. Crecen de mis brazos los mimbres donde agitan los racimos frutales. Que el fuego ascienda su enredadera de braza entre mis muslos y el agua se divida en ríos rumorosos al salir de mis venas liberadas de la amarra de los límites. Allá lejos, las vendas de la niebla agitadas por el viento violento y los lejanos árboles arrodillados, y las campanadas de las torres de música y altura, y las sombras que juegan y pelean entre los cerros negros y los vahos selváticos que, sacudiéndose, emergen de los pastos mojados; eso, todo eso, es mi juego solitario y terrible, ésas son las figuras que mueven mis dedos sin reposo; ésos, los maderos que tiro en la hoguera del sol para que surjan y agonicen incendiándose y alumbren al morir mi cabeza sumergida en la sombra. Cómo pude heredar este imperio sin márgenes ni orígenes; alcanzadme una torre que pueda avizorar tierras ajenas; decid, amigos, decid el conjuro o el signo que extermine y aleje mi poder infinito, mi ciencia dolorida.

BALADA POLVORIENTA

Para que nadie pueda oírlo iré esparciendo un secreto en estas palabras, y en ellas anidará para que nadie pueda oírlo. No es un enigma, compañeros; trazad una larga línea desde un monte a una estrella difícil; haced tenaz la línea y dura y derecha; y atravesad, compañeros, por esa cuerda de peligro, atravesad desde los montes hacia la estrella difícil.

Tramad anillos de metales ardientes, y haced que el viento de las noches se agache y pase saltando por vuestras rodelas. Haced caer las piedras que avecinan los ríos, y que el agua furiosa azote sus estatuas sin nombre.

Cazad los pájaros temibles que vuelan sin almas, trenzad las serpientes manchadas de polen, y recoged antes que caiga, el astro loco que rodó de la noche.

Eso es, compañeros, y adivinad el secreto que fui esparciendo y escondiendo en estas palabras para que nadie, para que nadie lo supiera.

LA OLA VERTIGINOSA

En vez de huir de ella, la fui meciendo con los brazos, y trepó desde mi corazón la ola temible.

A nadie pido socorro, no me lamento si estoy fatigado. Sólo quiero decir, cantar, la resaca poderosa que se estrelló a mi pecho.

Fue subiendo caliente y trémula; yo, equivocado, no intenté extinguirla, y abrazando invadía y anegaba, y los anhelos, entonces, crecieron y cantaron.

Los anhelos oscuros que enterré en otro tiempo, aletearon heridos de paroxismo. Se levantaron arrasando las zonas sombrías y su vuelo salvaje incendió los crepúsculos.

Hierve y se mueve mi alma, y la ola oceánica suspende mis gritos. Me agito, y mi movimiento es danza y mi alma baila trizada en la ola oceánica.

En la ola huracanada que azotó su látigo en mis ansias. Sólo quise decir, cantar, la resaca angustiosa que se estrelló contra mi pecho.

Claridad, núm. 116, Santiago, 1.12.1923.

[Mujer, quiero que seas como eres]

Mujer, quiero que seas como eres,
así surgiendo apenas de la oscuridad,
como te veo ahora, como nunca
más te veré.

Como nunca más. Por eso quiero
que seas como eres en este instante,
que se detenga el tiempo en tu mirada,
en este amor
que de ti se desprende como una fruta de una rama.

Inmóvil frente a mí, tú serás mi destino.
Yo, en cambio, no soy nada.
Soy la actitud mirante de todas las cosas
que hacia ti convergen y desde ti se apartan.

Soy el cerco apretado de musgos que rodea
la gloria del rosal que estalla,
o la cinta del río multiplicada en gotas
en cada piedra de las montañas.

Mujer, inútil el deseo
e inútiles todas las palabras.
Cambias como el dolor en el minuto,
como la luz en el agua.

Mírame mucho
en los ojos abiertos que cerraré mañana
para guardar en ellos tu mirada
contra el turbión del tiempo
que llueve siempre lágrimas!

Dionysos, núm. 1, Santiago, diciembre de 1923.

[Gota de canto, abeja de silencio]

Gota de canto, abeja de silencio,
vaso de verso, corazón de espiga,
echo en tus brazos todo lo que tengo,
rosa de pan, gotera de alegría.

Vaho de huerta, palomar de sueños,
pausa de estero, campana batida,
me has entregado todo lo que tienes,
greda de aroma, ala de golondrina.

*Probables cuartetas de un soneto incompleto, que
supongo escritas en Puerto Saavedra, verano de 1924.
Facsímil en CMR, en NJV = CYP y en PAR.*

Un viejo muro

La lluvia del cielo, el musgo de la tierra, la soledad de los hombres, fueron escribiendo en tu frente signos polvorientos, señales de muerte, cicatrices de ausencia. Detrás de ti murieron los hombres y callaron las voces humanas. De noche crujían los viejos tijerales, caían las tablas podridas, se soltaban las tejas gastadas, todo corría a exterminarse en una presura incontenible. Roedores amarillos, arañas de trapo, murciélagos sigilosos, ah!, vosotros, los dueños de esa fragua nocturna, cómo martillabais, cómo mordíais, cómo aniquilabais aquella ruina inmóvil, suspendida en el tiempo por la fatalidad de los designios. Abatida la techumbre orgullosa, borrado el límite de las habitaciones, todos se sumerge en la tierra, y encima de los adobes el pasto danza y devora. Pero tú permaneces, viejo muro, parado aún sobre esa confusa quietud y sobre ese tenaz exterminio. La lluvia del cielo, el musgo de la tierra, la soledad de los hombres, te acorralaron y forjaron tu triste belleza. Estás hecho de lo que no existe, de los adobes caídos, de las puertas que te faltan, de la sombra dividida en ti en gruesas arrugas, de la pródiga luz que decora en bermellones fugitivos. Tienes un árbol amargo como un crucificado, a tus pies. Cansada cara de viejo, medalla quebrajada y rectangular, un maleficio oscuro ahuyentó los pájaros y hasta las hojas que arranca el viento del otoño se alejan de ti, despedidas por un sortilegio de abandono. Sólo yo, pobre, vagabundo y abandonado, he descansado a tu sombra y he grabado fechas y nombres entre tus grietas, con mis manos llenas de esperanzas. En tu destrucción, en tu mutismo, en tu inmovilidad desventurada, hallan refugio mis ásperos sueños, mis sangrientas alegrías. Detrás de tus puertas destrozadas, no hay habitaciones que me aprisionen, ni senderos que me guíen. Apareces inútil, porque nada aguardas, y de pronto acoges la invasión de mis pensamientos. A tu lado pasan sin detenerse las miradas humanas, porque tienes la apariencia de lo que no existe. Rodeados de espectáculos maravillosos, los ojos buscan siempre lo que no logran ver. Pero yo, ayudado por una vieja merced de meditación y de angustia, te hago emerger, vieja pared abandonada, de entre las cosas maravillosas, y a tu sombra de muerte, enredo y desenredo, el ovillo de mi corazón desesperado.

Zig-Zag, *núm. 999, Santiago, 12.4.1924.*

El humo

A veces me alcanza el deseo de hablar un poco, sin poema, con las frases mediocres en que existe esta realidad, del rincón de calle, horizonte y cielo que avizoro al atardecer, desde la alta ventana donde siempre estoy pensando. Deseo, sin ningún sentido universal, atadura primaria que es necesario estirar para sentirse vivo, junto a la más alta ventana, en el solitario atardecer.

Decir, por ejemplo, que la calle polvorienta me parece un canal de tierras inmóviles, sin poder de reflejo, definitivamente taciturno.

Los grandes roces invaden de humo el aire detenido, y la luna asomada de esa orilla gotea gruesas uvas de sangre.

La primera luz se enciende en el prostíbulo de la esquina, cada tarde. Siempre sale a la vereda el maricón de la casa, un adolescente flaco y preocupado debajo de su guardapolvo de brin. El maricón ríe a cada rato, suelta agudos gritos, y siempre está haciendo algo, con el plumero o doblando unas ropas o limpiando con una escoba las basuras de la entrada. De tal modo que las putas salen a asomarse perezosamente a la puerta, asoman la cabeza, vuelven a entrar, mientras que el pobre maricón siempre está riéndose o limpiando con un plumero o preocupado por los vidrios de la ventana. Esos vidrios deben estar negros de tierra.

Yo, mirando estas pequeñas acciones, puedo estar con el alma en viaje: Isabel tenía la voz triste, o tratando de recordar, por ejemplo, en qué mes me vine al pueblo. Ah, qué días caídos en mi mano extendida! Sólo ustedes lo saben, zapatos míos, cama mía, ventana mía, sólo ustedes. Tal vez me creen muerto. Andando, andando, pensando. Llueve, ah Dios mío!

Aunque supongo que un perro flaco y agachadizo atraviesa oliendo y meando lentamente por la orilla de las casas, ese perro es exacto y real, y nunca mudará su caminata imaginaria.

Parece que es forzoso poner un poco de música entre esas letras que tiro al azar sobre el papel. Indispensable acordeón, escalera de borrachos que a veces tropiezan. Pero también un organillo haciendo girar sus gruesos valses encima de las techumbres.

También ahora me parece ella la que viene, pero ahora, a qué vendría? Aúllan los lebreles del campo. Qué larga corrida de eucaliptus miedosos, negros y miedosos!

Recordarla es como si enterrara mi corazón en el agua. También ahora me parece ella, pero a qué vendría ahora? Ah qué días tristes! Me tenderé otra vez en la cama, no quiero mirar otra vez esta perspectiva húmeda. Tus ojos: dos soñolientas tazas negreadas con maquis de la selva. En la selva qué hoja de enredadera blanca, fragante, pesada, te habría traído. Todo se aleja de esta soledad forjada a fuerza de lluvia y pensamiento. Dueño de mi existencia profunda, limito y extiendo mi poder sobre las cosas. Y después de todo, una ventana, un cielo de humo, en fin, no tengo nada.

Carretones pasan tambaleando, resonando, arrastrando. La gente garabatea al andar figuras sobre el suelo. Alumbra una voz detrás de aquella ventana. Cigarros encendidos entre la sombra. Quién golpea con tanta prisa en la casa de abajo? La montaña del fondo, sombrío cinturón que ciñe la noche. Nada más fatal que ese golpe a la puerta, después los pasos que ascienden mi pobre escalera: alguien me viene a ver. Entonces escribo con apuro: la noche, como un árbol, tiene en mí raíces, tenebrosas raíces. Enredado de frutas ardiendo, arriba, arriba el follaje, entoldando la luna.

Pobre, pobre campanero, ahuyentando la soledad a golpes de badajo. La campanada agujerea el aire y cae velozmente. Te quedas solo, trepado a tus campanas, allá arriba.

Claridad, núm. 122, *Santiago, junio de 1924.*

Poemas de Lorenzo Rivas [1]

VIADUCTO

He ahí corriendo
agua entre piedras partidas.
Trapecio de la noche.
Todo de triángulos y de vértebras hunde
su tenaza de fierro entre dos esmeraldas inmensas.

Tren de juguete, a veces,
aventando los pájaros.
Ahí debajo nubes.
Vacas de aceite.
A media noche
de prisa, anduvo hacia el Norte.
Al lado allá, donde hay una cruz
mataron a Lonconao, ladrón de animales.

REPÚBLICA

De alguna manera haré tu elogio.
Andando por la costa
o comprando frutas recientes.
Cuando la sombra trepa al continente
gusanos de luz errante enervan tu cabeza.

Patria, palabra triste
como «termómetro» o «ascensor».
Algún día, ahíta de pájaros,
fuiste el terreno de gracia,
cordillera de palabras muertas.

El mar golpeando por todas partes.
Toda una familia de visita.

HISTORIA DE AMOR

Escribo cosas de amor sin literatura
para Inés Arellano, que vive en el Sur.
Trenzas de tinta, faltas de ortografía:
parece que me quiere.
Hay un río en la noche,
río que corre como una pregunta.
Ella, ojos tan negros,
teje mi nombre con agua de lluvia
para mirar a través de las cosas.
Vive en una curtiembre de sus hermanos.
Para hablar de mi vida es necesario
poner a cada rato un farol rojo.

Claridad, *núm.* 125, *Santiago, septiembre de* 1924.

Panorama del Sur

VIAJE

Una estrella corrió detrás del tren, toda la noche. Abotonada
al cielo, el azar del camino, los matorrales, los pueblos, los
puentes, la escondían.

He ahí ese diamante surgiendo cada vez en el horizonte de
sombra. A través de la noche, a tumbos, corre el tren a la siga
de la aurora. Es el campo sin nadie, sin nada, en la distancia
desolada.

Puntos de luz, a veces apagándose, reapareciendo. En los
vidrios del vagón el semblante del viajero escudriñando lo
desconocido. De repente el tren se cruza en una estación con
el alba lívida. Aún vacila la sombra, pero el día, pájaro de rocío, se levanta de la hierba.

ATRACCIÓN DE LA CIUDAD

Es decir la bandera del día ondulando sobre techos escasos. Alegría conmovedora, luz de manzaneros blancos, cielo tripulado de volantines alegres. Línea férrea atravesando la mañana, perdiéndose en la misma dirección de la vida. Hacia allá todo, todo el paisaje se encamina. Las casas abren hacia ese lado sus ventanas, hacia allá los árboles hacen señas. También yo tengo los ojos puestos en esa lejanía, y voy andando con prisa, como queriendo partir. Es la dirección de la ciudad, y el viento tuerce las veletas, y el deseo dirige los rieles hacia ese punto confuso de la distancia. Casas pequeñas, de cortinas azules, hay que despedirse siempre. Sólo albergasteis en años de descanso la esperanza del viaje. Techo para golondrinas, lecho para viajeros, ¿quién designa en el aire el camino de las inquietudes? Se abre la puerta y el viajero desciende. Azulean las violetas, arden las maravillas en la huerta, pero no vuelve, no vuelve todavía. Todo corre hacia las ciudades, toda esperanza señala el horizonte. Exterminando noticias del otro lado del mundo, gravita la soledad sobre las cosas.

Buen tiempo, alegría de sol, fugitiva alegría. También te asalta la nostalgia, y huyes, errante, en la dirección de la vida.

VOLANTÍN

Volantín de los niños, alto sobre los pueblos, más allá de las campanas.

Tulipán de papel, sujeto con humo, decoras el azul ardiendo:
Y cómo vuelas, grave y audaz, como enfermándote.

Padre de la flecha, no te espantan las palomas y te paras encima de tu arco gozoso.

Viento feliz, hinchas la cuerda que sostiene el juguete
y ayudas a encumbrar estos frágiles sueños.

Mariposa desgraciada, conducida por el viento, atraída por el hilo.

Gota de color, flor hechiza, entusiasmo de mis ojos.

Hacia donde arranca el sonido de las campanas, hacia donde mi amiga está con su triste sonrisa, o más allá aún, donde nadie me espera.

Lejos, lejos y ardiendo, alto sobre los pueblos, lejos, lejos aún.

Vuelas, flor de papel, sostenida con humo, en el cielo apresurado.

El Mercurio, Santiago, 19.10.1924.

Poesía del volantín

Volantín de los niños, alto sobre los pueblos, designas tu
    subida.
Tulipán de papel, sujeto con humo, te caes hacia el este.
Subí la loma orillando el cielo.
Ah, más libre que mi alma, errante, solo.
Pasé el invierno detrás de una ventana
y un sol de rocío de repente se paró en la hierba.
De otra parte, de las ciudades, lejos, lejos de aquí.
Sin embargo, orillando el cielo, surgiste en la colina.

Bailas, grave y audaz, como enfermándote.
Hermano de la flecha, asustas las abejas y trepas a tu arco de
    hilo.
Viento, viento sin presencia, tiendes la cuerda que sostiene el
    juguete y encumbras esa frágil alegría.
Mariposa sin suerte, vacilante ante todo.
Publicas la primavera más arriba de los manzaneros blancos.
Gota de color, flor hechiza, entusiasmo de todo.
Yo grité sobre la loma, huía lejos hacia donde arranca la
    campanada,
donde
mi amiga está con su triste sonrisa.
O más allá todavía, porque nadie me espera.

Vienes de lejos, corazón mío, y aún te alejas.
Te miro, enredado en la hierba, mirando hacia los bosques y
   no te reconozco.
Aquí juegas, abres tu abandono en abanico.
Sin embargo, encendida la luz, y la mano en la frente,
para qué decir: «esto fue así», «esto se ha muerto».
Es que renace de entre cicatrices la raíz enterrada.
A quién pertenece el blanco viento? grité solo en el bosque.
Triste, libre de todos, defendiste tu alma.
Tristeza para qué decirla, y huyendo, huyendo siempre.

A ti te asocio, compañera,
mi mujer dulce.
Era, sin duda, la que el viento quería arrastrar
detrás de su trineo, entre mariposas difuntas.

Lejos de la colina, atajando cielo, de pronto vacilas.
Lejos, lejos y ardiendo alto sobre los árboles.

Tulipán de papel, sostenido con humo en el viento apresurado
giras entre sus aspas pesadas de silencio.

> Atenea, *año I, núm. 10, Concepción,*
> *Chile, diciembre de 1924.*

Poemas de Lorenzo Rivas [2]

SOLEDAD DE LORENZO

A grandes gritos extingo
el sol para que arranque.

Clown de espinazo verde, montaña del sur,
arquea su homenaje hirsuto de vasos verdes.

Pongo una estrella, forma una cruz,
andando con sigilo en la punta de los robles.

Mi Browning enlutada persigue el día de plata.

Troncos podridos, grandes costuras fijas,
y el blando vuelo de los pájaros repentinos.
Con nadie tengo que hacer, a nada me he amarrado.
Huele el pasto, y las costras de los árboles recién húmedos
soplan sus olores claros como sonidos.
Atravesando espadas el viento agacha las ramas
y me entra por debajo, desde el pene hasta el pecho.

ALTO DE SELVA OSCURA

Hay entre todos un pueblo.
Qué ánimo de decir historias que a nadie importan.
Parado a la orilla de una línea férrea,
hombres, piedras, ovejas, y una directora de escuela.
Además los carabineros.
La calle como durmiendo bajo el caserío,
nadie se arrepiente de haber vivido aquí.

En la noche volviendo a mi bodega
tropiezo con veinte borrachos y en los bolsillos
algunas luciérnagas.

INDIVIDUO ENAMORADO

Saludo a mi novia, tonta como un libro,
y nos sentamos a la mesa.
Compañero, quien seas, ven a ver mi existencia
y comprende lo que vale un hombre.
Ella está sentada y, transparentándola,
el occidente baila entre aguas ebrias.
Personajes sonámbulos sostienen el espejo
que niños sin nombre rompen a golpes de piedra.

Ella está sentada en su silla de mimbre
y con la oreja, a veces, tapa la congoja del mundo.

Selva Oscura, 1924

Claridad, *núm. 129, Santiago, enero de 1925.*

Viñetas de luto

OCEANA

Cómo me costó conformarme, no verte para nunca, y apareció el otoño en el rincón de tu pueblo. Las hojas destrozándose señalan las fechas del abandono. Triste, triste es la soledad. En la puerta estás tú, muñeca de ojos redondos. Buques de minerales doloridos, flor azul amanecida entre brazaletes y restos de naufragio. Bueno, desde lejos te tiro mi ansiedad, aparejada con correas difíciles, quiero que te sorprendas, cuando salga la niña con su novio, al lado de él estaremos fijamente interesados. Entre nosotros dos un itinerario atravesado de siembras y caminos, me acuerdo de ti. A veces se te aparecía algo detrás de los ojos como una cara pegada a los vidrios en una casa sola. Me acuerdo de ti, seis olmos acorralan tus dedos en ese callejón sombrío. Encantadora como una estrella o un triángulo, trabajas sin duda en ponerles nombre a los días, los guardas en el fondo de tu caja, los envuelves en pañuelos azules que tienen tanto llanto, y el mar es el lejano ribete que ha de transformarlos. Señorita de circunstancias doloridas, tu alma está hecha para el naufragio como la embriaguez de los pilotos y las embarcaciones de papel.

En la mañana, cuando el sueño se hace denso, se pega a los vidrios un tren de rosas de aldea, un tren llegando de los campos, y cuyo humo paraliza el ladrido de los millares de perros. Viene de los campos y se queda allí detenido en la ventana toda la mañana nocturna, con su olor de rosas de los caminos.

SOLEDAD DEL OTOÑO

Con gran pasión las hojas arrastran quejando, los pájaros se dejan caer desde las altas pajareras y ruedan ruidosos hasta el pálido ocaso, donde destiñen levemente, y existe por toda la tierra un grave olor de espadas polvorientas, un perfume sin descanso que hecho una masa por completo se está flotando echado entre los largos directos árboles como un animal gris, pelado, de alas lentas. Oh animal del otoño, hecho de deshechas mariposas con olor a polvo de la tierra notándose aún callado en la noche que sube de los agujeros tapándolo todo con su manto sin cesar.

Por la tarde es un capullo frío de donde como negras flores emergen sombras, pasan carruajes triturando el amarillo de las hojas, amarillo lívido de caídas muertas arrastradas quebradizas lencerías, parejas inclinadas en sí mismas que pasan tambaleando como campanas, dirigiéndose hacia esa dirección en que un naipe de metal en monedas descuella sobre la pared. Otoño asustado, vaivén de cosas sin ruido que olfateándose se divierten, de esa manera irreductible por la cual el ciego conoce el terciopelo y la bestia se somete a la noche.

Hasta clavado implacablemente en la atmósfera que rodea las constelaciones, circula como un anillo largo aventando soledades, trizas de ilusiones, aquéllas no ya definitivamente perdidas, porque son las que el viento puede cimbrar, dejar caer a latigazos, flotando entremedio de las montoneras de hojas rotas, sumiéndose en lo profundo de los patios deshabitados, de las alcobas demasiado grandes, llegando a todo inundarlo y a establecerse como no se puede decir qué composición misteriosa en los espejos, en las ateridas arañas de luz, en los flecos de los cansados sillones, ay porque todo eso quiere recobrarse hacia su verdadera, ignorada vida secreta y tira a regresar sin sentirse demasiado muerto.

Atenea, año III, núm. 3, Concepción, Chile, mayo de 1926.

Cercanía de sus párpados

Tus párpados de leguas he debido recorrer.
Ellos tienen el síntoma, el alcance puro.
Entre ellos como el cuerpo entre las sábanas
alimenta un crecido ejercicio de fulgor.

Acercándose hasta el punto de rodar
hasta la hierba en cuyos dedos crece el rocío,
de duelo y luto permanecidos a la orilla de los ojos
como centinelas en la sombra de la aurora, callados,
oscuros, con color de campanas que el viento ha pedido
de un extremo a otro del verano está nuestro sueño.

Acercad vuestras uvas a lo ciego mío
cuando vuestro mineral de loza quiere llorar
y estáis como dos viudas después de la guerra
sentadas en la luz con llanto en los dedos.
De todas partes llega el color del cielo.
Tus párpados guardan la fuerza del día. Cruzan
las golondrinas volando hacia arriba.

Atenea, *año IV, núm. 4, Concepción,
Chile, junio de 1927.*

II

CRÓNICAS Y NOTAS

Sachka/Los libros [1]

PROPÓSITO

Corramos poco a poco esta llama que nos atraviesa: ella va tambaleando hasta alumbrar zonas totales y sombrías. Insegura: quién dicta y quién guía? La palabra que emerge desde la obscuridad de todos los elementos? Retardada: hasta dónde se proyecta esta desenfrenada fuga de límites y qué mano detenida continuará su tormentosa elaboración si no hay la campana que para ella se rompa en los campaniles más lejanos? Algo como una cuerda llena de vibraciones la recorre en nudos de estrépitos y músicas o la distiende en abandonada languidez. Es eso, sólo un rosario de palabras atraídas desde la lejanía de sus meditadores, hasta esta presión, que la comprime y la amplifica en hileras de versos, agachados socavadores de lo infinito. Llega a la rigidez: es el innumerable coro de las alegrías de los océanos o la desarticulación de todas las preguntas frente al muro fatal. O es la contorsión del pensamiento en las alturas y el vaivén de las palabras, reverberando como cohetes fantasmas. Todo bajo la presión de una activa conciencia de analítico cubileteo diestro de los elementos primeros de la razón y del enigma. En verdad es gran cosa este uruguayo. Nada de estos poetas blandicios de Chile. Él se ha lanzado y requemándose los dedos moldea figuras en metales ardiendo. Él es la trompeta de la victoria, el canto que divide las tinieblas, y el flechazo centelleante que horada el olvidado corazón de la Esfinge.

WALT WHITMAN SEGÚN TORRES RIOSECO

O sea la prédica de un ideal gimnasta para los poetas. El aprendizaje de la vitalidad en las energías que revientan, el olvido de las viejas cantinelas bajo la humareda del país venidero, aconseja también –Marinetti lo hacía– matar el claro de luna. Palabras perdidas! Cada poeta cantará lo que quiera, sin hacer caso de preceptos higiénicos. Porque cada uno para cantar debe situarse como Adán: creerse el primer descubridor de las cosas y su primer dueño al entregarles nombre. Trae este libro animación de parte de este araucano reclamista que es A. Torres Rioseco, y bellas palabras del varón de Camdem, vertidas por primera vez en un castellano digno del que las escribiera en inglés.

LA ROMÁNTICA HISTORIA DE SACHA POGODIN, CONTADA POR LEÓNIDAS ANDRÉIEV

Hace mucho tiempo que leímos este libro. Nos hizo llorar en cualquier hora lejana la leyenda del niño Yegúlev que se hizo bandolero en las tierras de Rusia. Recordamos aún su infancia en la sombría casa de su madre, Helena Petrovna, «que tenía grandes ojos negros, como rodeados de cenizas apagadas, pero calientes aún». Vino después Kolésnikov, el predicador, enviado de lo desconocido, que debía arrastrar a Sacha Pogodin al sacrificio.

Después –recuerdo aún– el viento negro de tragedia que pasó con aquella horda de hombres selváticos, cuando el pálido niño Yegúlev los conducía. Fue más tarde la caverna escondida, y Yegúlev, las manos en la frente, escuchando la trémula lágrima de la balalaika. O la muerte del marinero, sobre una ruta de poseídos, mientras se perdía al galope de los camaradas en fuga. Así fue Sacha Pogodin. «Triste y tierno, amado por todos a causa de su belleza y de la pureza de sus pensamientos, unos labios sedientos bebieron su sangre, y pereció muy joven, de una muerte solitaria y terrible.»

Claridad, *núm. 86, Santiago, 5.5.1923.*

Sachka/Los libros [2]

«POEMAS DEL HOMBRE: LIBROS DEL CORAZÓN, DE LA VOLUNTAD, DEL TIEMPO Y DEL MAR», POR CARLOS SABAT ERCASTY

Carlos Sabat es un gran río de fuerzas expresivas. Las encadena en atléticas sucesiones, las arrolla en resacas invasoras, las precipita en diáfanos collares de sílabas. Antes de él quién, en nuestros países, recolectó estas victoriosas sacudidas del sollozo, estas heroicas guerras del ancestral, quién, antes de Sabat, se debatió con más delicadeza entre las llamaradas y las sombraredas del infinito del ayer y del futuro? Posesor de la música más esperada, la de la idea. Miramos cómo, sin dejar de ser canto, ella revuelve su caravana desesperada hasta estrellarse en la expresión, que la comprime y la amplifica en hileras de versos, agachados socavadores de lo infinito. Llega a la rigidez: es el innumerable coro de las alegrías de los océanos o la desarticulación de todas las preguntas frente al muro fatal. O es la contorsión del pensamiento en las alturas y el vaivén de las palabras, reverberando como cohetes fantasmales.

Todo bajo la presión de una activa conciencia de analítico, cubileteo diestro de los elementos primeros de la razón y del enigma. En verdad es gran cosa este uruguayo. Nada de estos poetas blandicios de Chile. Él se ha lanzado y quemándose los dedos moldea figuras en metales ardiendo. Él es la trompeta de la victoria, el canto que divide las tinieblas, y el flechazo centelleante que horada el olvidado corazón de la Esfinge.

ESTO DE LAS PALABRAS

O la linotipia equivocada podríamos llamar a esta meditación de ahora. Porque alguien advertirá la repetición de los comentarios anteriores traídos aquí de nuevo por un lamentable hábito del linógrafo. Eran, sin duda, las mismas palabras. Pero se entrecruzaban en distintas redes y saltaban en posturas diversas a su impulsador. Ahora, de nuevo atraídas a la lumbre de dos ojos extraños, pasan en sus primitivas hileras y sufren el castigo de ser de nuevo meditadas para ser olvidadas otra vez. Sin duda, a Sachka alguna inquietud causaría su desorden: pero él piensa que en ellas no alcanzaron a caber designios y meditaciones que huyeron como olas agitadas al querer sorprenderlas. Mi empeño es detenerlas, y he aquí que obscuras fuerzas dominadoras las hacen emerger y relucir como anilladas al dominio de las fatalidades. Mi empeño es empujarlas, y mirad cómo tuercen por viejas carreteras y se anudan a los recuerdos y a los pensamientos inexpresables. Selladas por gargantas desconocidas gestan y deforman sus contornos pasando como monedas entre pródigos o avaros dedos. Androvar amaba compararlas con viejos ropajes que aún conservan la huella de sus primeros dueños. Otro las imaginó copas sedientas, y aún hubo extranjero que las sintió rejas en que sus impulsos y sus vestidos chocaban. Pero –monedas fugaces, o copas, o rejas o vestidos opresores– para todos danzaron, para todos ardieron y desde todos los labios yo las he visto ir descendiendo hasta la misma oreja del olvido.

«LA TORRE»: EL ACENTO RODANTE DE ALGUNAS POESÍAS DE CIFUENTES SEPÚLVEDA

Entonces parece como si fuera a desprenderse de alguna parte el verso y fuera a caerse de donde estaba. De repente lo siguen y lo continúan nuevos torrentes trémulos que van a despeñarse. Se precipitan por las laderas quejándose y gritando como rodados de sangre y vértebras. Se estorban y se alcanzan en el desesperado éxodo que los expresa. Es la fuga de los objetos que al rodar se despedazan, y el choque de una mano temblorosa que se hirió al alcanzarlos. A veces parece que hostiles voces se apiñaran detrás de cada verso, y sólo es el fondo removido de los ecos que se despiertan y se persiguen.

Mi amigo, el silencioso Zoemir Araiz, cree descubierta por el poeta una nueva y difícil forma: el «terceto rodante»!!

«DESOLACIÓN», POEMAS POR GABRIELA MISTRAL

Le juntan a Gabriela en este libro –impreso en Estados Unidos– casi todos los poemas que conocíamos, y otros menos leídos. Rosario tormentoso, los dedos de ella han dejado en sus cuentas, huellas que sólo sus dedos pudieron imprimir. De Gabriela dice Araiz que le palpitan los versos, cosa que todos dicen del corazón.

OTRO LIBRO DE VERSOS

Estos cubileteros ponen su intención como un dado adentro de la estrofa, y las revuelven y las barajan, «para hacerla sonar».

Claridad, núm. 87, Santiago, 12.5.1923.

La bondad

Endurezcamos la bondad, amigos. Ella es también bondadosa, la cuchillada que hace saltar la roedumbre y los gusanos; es también bondadosa la llama en las selvas incendiándose para que rajen la tierra los arados bondadosos.

Endurezcamos nuestra bondad, amigos. Ya no hay pusilánime de ojos aguados y palabras blandas, ya no hay cretino de soterrada intención y gesto condescendiente que no lleve la bondad, por vosotros otorgada, como una puerta cerrada a toda penetración de nuestro examen. Ved que necesitamos que sean llamados buenos los de recto corazón, y los no doblegados, y los [no] sumisos.

Ved que la palabra va haciéndose acogedora de las más viles complicidades, y confesad que la bondad de vuestras palabras fue siempre –o casi siempre– mentirosa. Alguna vez hay que dejar de mentir ya que, a fin de cuentas, sólo de nosotros dependemos y siempre estamos remordiéndonos a solas de nuestra falsedad, y viviendo así encerrados en nosotros mismos entre las paredes de nuestra astuta estupidez. Los buenos serán los que más pronto se liberten de esta mentira pavorosa y sepan decir su bondad endurecida contra todo aquel que se la merezca. Bondad que marcha, no con alguien, sino contra alguien. Bondad que no soba, ni lame, sino que desentraña y pelea porque es el arma misma de la vida.

Y así sólo serán llamados buenos los de derecho corazón, los no doblegados, los insumisos, los mejores. Ellos reivindicarán la bondad podrida por tanta bajeza, ellos serán el brazo de la vida y los ricos de espíritu. Y de ellos, sólo de ellos, será el reino de la tierra.

Claridad, núm. 92, Santiago, 16.6.1923.

Sachka/Los libros [3]

«LA PUERTA» POR RUBÉN AZÓCAR. «BARCO EBRIO» POR SALVADOR REYES

He aquí dos libros paralelos. He aquí una misma inquietud llevada a un mismo cruce de caminos, hasta el necesario vértice en que se apartan sus diferencias. Si por el uno corre un alado apartamiento de las cosas de aquí, y son velámenes y arañadas jarcias sus símbolos, corre por el otro un oscuro sentido de las cosas usuales, figurado y definido en el nervioso verso que a ambos pertenece. Al que mayores virtudes amparan, más grandes defectos aminoran. Digo de *La puerta* que es el más profundo de los dos. Azócar sorprende más abiertamente el gesto trágico de la vida; yo sé que detrás de todo estrellean los signos de la poesía, y quien revele sólo los más escondidos será quien los revele todos. Reyes es más in-

quieto que el otro en el tema y en la palabra. Horizonte de
mar y escogidas frases de indolencia y elegancia. Más ligero,
tal vez, más sorprendente: sus figuras despuntan en cada verso, acechan en los fines de estrofa, saltan a los ojos, corren.
Mayor arte, en éste, del arreglo, mayor esfuerzo en el otro y
mayor sed del agua de las cosas trascendentes, de esa agua
que al humedecer eterniza.

También de los dos digo esto: que falta en ellos el gran viento que sacude y desgarra la última raíz y el más escondido designio. El gran latido, el vasto impulso, el número que integra
las dimensiones permanentes. Hay un átomo heroico que con
su presencia torna y trastorna la médula del arte, hay un elemento titánico que mueve sobre nuestra obra oscura grandes alas que no obedecen a nuestros deseos infinitos y que sin
embargo dejan su huella de alas sobre nuestra obra oscura.
De este inalcanzable elemento no participan estos dos libros.
Ambos caminan por veredas angostas. Alcanzan su fin, poseen su clave, entierran sus flechas, ambos. Pero si rueda un
trueno, aunque lejano, volvemos la cabeza.

LAS EXTRAÑAS HISTORIAS DE MARCEL SCHWOB

Tierra llena de flores extranjeras, ríos extraños sepultados en
el otro tiempo, Marcel Schwob, qué cargamento indeciso y
pleno aportaste a la Eternidad. Leo tus historias, selladas por
tu mano alucinada, y te sigo a través de tu pensamiento que
cruza las edades y recolecta los hechos singulares. Es la Ciudad Durmiente, con sus pálidos mercaderes absortos en un
sueño de piedra: es el capitán del Pabellón Negro, errante
como nadie y como vosotros; es la historia de la criatura Mo-
nella «aquella que está y desaparece», o son los tersos mimos,
hantés de la ilusión griega y llenos de perfumes y de óleos sua-
vizantes. Y así está llena la página que nos legaste, de números borrados y de efigies áureas.

Desde este pedazo de tierra que tú no conociste sigo, Marcel Schwob, tu camino terminado; y para que en la muerte lo
encuentres tiro hacia el cielo, en tu homenaje, el rosario de

cuentas blancas que olvidó Arabella en mis manos, el último domingo.

«SERENAMENTE», VERSOS DE FERNANDO MIRTO

Entiendo que está comenzando.

«EL SILBAR DEL PAYASO.» POEMAS DE MARIO CHÁVEZ.
PERÚ

Verso ansioso de nuevas formas pero atrozmente descolorido y sin tormento. No me gusta.

AMIGOS, NO OS ES POSIBLE...

Amigos, no os es posible concebir y reglar un arte menos lleno de insignificancia, una más grande nobleza, no os es posible aislar vuestras inquietudes de vuestras falsedades y arraigar aunque sólo por una vez en la entrañada boca del surco primero? Es la noche, amigos: vahos negros ascienden de las cerraledas durmientes, fugan a veces las estrellas, y vuestros corazones, oh amigos, sienten pasar sobre ellos los pies y las alas del silencio. Todo será perdido, todo, noche, estrellas, lejanos cerros, sombras infinitas, todo será perdido. Llenáis de signos débiles vuestros minutos, entretenéis de risas juglares la hora que corre, la hora que no vuelve, y todo, amigos, todo será perdido. Ved, una mano se alza, se cimbra en la noche una honda atrevida y he aquí que hacia la altura vuela y rueda y vacila y sube la piedra que en lo obscuro elaboró un deseo humano. Atreveos, amigos, contened también los impulsos efímeros; cortad también las ligaduras que sin causas os atan, y lanzad conmigo, las hondas valientes, las piedras que asciendan en el viaje sin retorno.

Claridad, núm. *95, Santiago, 7.7.1923.*

Miserables!

Somos unos miserables... Jugamos a vivir, todos los días; todos los días salen al sol nuestros pellejos, espesos de cuanta ignominia se arrastra bajo el sol, maculados de todas las lepras de la tierra, desgarrados de tanto refregarse a la porquería circundante; deshechos, estériles, baldíos, de tanta ansiedad insatisfecha, de tanto sueño sacrificado. En ese pedazo diario de existencia, en ese asomarse a recibir la maldad y a devolverla, estamos enteros, amigos. Con nuestra ruindad inútilmente parchada por los viejos ensueños heroicos de otros hombres y de otros días. Con nuestras raíces, afiebradas de lodo, revolviendo el pantano y la huesera, inútilmente cubiertas por el toldaje del cielo infinito.

Eso somos, amigos, y menos que eso. Qué hemos hecho de nuestra vida, compañeros? Asco y lágrimas, lágrimas me asoman al preguntaros, qué habéis hecho de vuestras vidas? Todos, todos, los más altos, los mejores, habéis consentido todos en aniquilaros mutuamente, como quien cumple una tarea, como quien labora su destino. Os he visto a besucones, a dentelladas, royéndoos, ensuciándoos, empequeñeciéndoos, siempre igualmente grises y bestiales. A fe mía que habéis cumplido la tarea, miserables... Ya no sois nada, ya no podéis ser más. Agua que retornó a la tierra. Nube que la racha hizo cenizas. Estiércol que chupó la raigambre. Lo que fue, lo que no pudo ser sin el auxilio de todos, lo que vino de la nada y se fue –oh amigos! – sin salir de la nada...

Y yo? Quién es este que os reta, qué pureza y qué totalidad son las suyas? Yo, también como vosotros. Como vosotros empequeñecido, maculado, sucio, deshecho, culpable. Como vosotros. Nos traga la misma feroz garganta, el mismo monstruo terrible. Pero, oídme, yo he de liberarme. Lo comprendéis? El salto hacia la altura, el vuelo contra el cielo infinito, seré yo quién lo haga, y antes de vosotros. Antes de podrirme deberé ser otro, transformarme, liberarme. Vosotros podéis

seguir la feria. Yo no. Me zafo de esto, arranco estos vestidos
con que me conocisteis hasta ayer y loco de tempestad, ebrio
de libertad, convulso de amenazas, os grito: Miserables!

Claridad, núm. 103, Santiago, 1.9.1923.
Editorial de portada.

Figuras en la noche silenciosa
La infancia de los poetas

Tiene ese pobre y doloroso poeta lírico Giovanni Papini, un
comienzo de libro, al relatar su niñez, desconsolado y tristísi-
mo. Mira sus compañeros, alegres *ragazzi* florentinos, busca
y no halla el secreto de aquellas alegrías. Los acecha con sus
serios ojos verdes, y aparte de todos es su juez y su enemigo.
Lo persiguen y lo maltratan. De suerte que al niño lo
amamantó la soledad de su campiña toscana, y hasta el fin de
su vida sella su corazón aquella infancia sola y desesperada,
invadida de oscuros ensueños, manchada de tinta y de dolores. Después son los terribles accesos de aquel *bambino* meditativo; los meses de roer bibliotecas, las noches de lectura
encarnizada que le dejan estropeados los ojos para siempre...
Y en todas las partes donde se posan sus graves ojos de pequeño, entristecidos, una cosa, una sola y terrible cosa: la soledad. Oh, no! *Io non son stato bambino*... No, él no fue
nunca niño: desconoce ese país quieto y adormecido de donde brotamos. Giovanni Papini, triste poeta lírico, filósofo ensañado y discontinuo, nunca fue niño. *Io vi ripeto che non ho
avuto fanciullezza.*
   Es una palabra en Baudelaire que torna y retorna de continuo: la soledad. Lo acompaña esa viajera alucinada y es la
quimera que le picotea la espalda. Desde la infancia leo en su
diario que siempre la tuvo a su lado. «Sensación de aislamiento, desde muy niño, aun entre los camaradas.» Es el mosaico negro que reaparece a cada mirada, la *solitude* exaspe-

rante, la raíz húmeda que, enterrada en la infancia, sobrelleva y sostiene el hastío imperial del *dandy* Charles.

Hay aún los niños de Octavio Mirbeau, prodigiosos juguetes de un mal sueño, campanas de nervios, infantes lacerados y lunáticos. Poetas todos. Sensibles.

Vidas perdidas en una trepidación inacabable. Atormentados por padres malvados o ignorantes, vagan por sus casas inmensas, recorren los parques solitarios, enferman de una angustiosa necesidad de sufrir, y viven y mueren niños, entre la bruma de esas sordas novelas de Mirbeau, donde, a manera de estribillo desolado, un niño padece: el poeta Mirbeau.

O es la niñez de los más jóvenes y vecinos: la del peruano Valdelomar, *serena, triste, sola / en la aldea lejana / entre el rumor de la ola / y el tañer de una vieja campana. / Él, en la mañana azul sentía, / al despertar / el ruido, la canción, la melodía, / del mar. / Aún lo que el mar le dijo en su vida persiste. / Su madre era callada / su padre era tan triste! / y la alegría nadie se la supo enseñar.*

Ahora hago brotar de la noche silenciosa una última infancia de un último poeta. La de Romeo Murga *casi niño todavía. Él recuerda / la casa blanca, la madrecita que cosía y callaba / y ese niño solitario y dormido que era yo / atravesando en silencio las piezas anochecidas.* Es aún la soledad, la *solitude,* mariposa oscura que se posa en las frentes de esos recién nacidos y los hace jugar toda la vida entre sus dos alas. El mosaico negro que aparece y reaparece en sus vidas que evoco en esta noche silenciosa. A través de los campos; junto a las ventanas donde cantan y sollozan las lluvias australes; abandonados en la seca campiña florentina; olvidados en la Bretaña acre, en el Perú soñoliento, en Chile. En todas partes el niño entristecido que no habla, el hombre que ha de decirnos más tarde, con la mano en la frente, recordando: *no, io vi ripeto, non ho avuto fanciullezza...*

Zig-Zag, núm. 974, Santiago, 20.10.1923.

Saludo al escultor Tótila Albert

Seres de vértigo y espanto, creaturas sin nombre, erectas en una resaca incontenible, figuras delgadas y absortas, líneas inesperadas, furia, paroxismo, irritación: el estatuario rompió todos sus cauces y asumió su más virtual intención de forjador de anhelos en carnes de metales o piedras. Tenaz y poderosa mano que estrella en la pared de la noche el trozo de deseos, el trozo de donde saltan realizados los impulsos más libres. Que ésa es la guerra, entre el ansia imponderable que pide acción y cauce, y el corazón inamovible de la tierra. Todo viene a torcer nuestro designio, y la leche no acude al seno deseoso, y la flecha no resbala del arco henchido, y la piedra no sube desde la honda centelleante. Alabo a quien volcó la leche del seno deseoso, y a quien resbaló la flecha y a quien hizo saltar la piedra centelleante. Alabo al que buscó y halló, al que hizo trizas la inquietud de la forma en la forma victoriosa, y al que empujó su corazón hasta hacerlo sediento y anhelante de su propia inquietud. De estos hombres rebalsa un fluido de fuerza en acción eterna, y la tierra los torció con los dedos que animaron los lirios. De estos hombres, hoy saludo al estatuario Tótila Albert, un contemporáneo en el espacio y en el tiempo, prodigioso figurador de la furia, cruzado como los campos por el agua de riego, por los deseos inexplicables y las corrientes infinitas.

Claridad, *núm. 117, Santiago, 8.12.1923.*

Anatole France

Fue solamente un gran escritor. Aprendiz de la sabiduría, se encontró en el camino la perfección, y olvidó su destino. A la forma sólo le pidió ser forma: sin embargo, situado en el vértice de la inteligencia, su posición de pura expresividad no le impidió la tendencia a la lucha, el deseo y la desilusión de la lucha. Pero hablemos en presente, porque este hombre no ha muerto. Su personaje conversa con nosotros sobre la actual realidad y la actual ilusión. Pertenece al presente y su corazón destruido y duradero aún enciende llamas. Sin cualidad moral, sin atadura del espíritu, su presencia perdura. Como los grandes pensamientos, obtuvo una profunda relación de desencanto, y alcanzó alguna vez en la soledad de la inteligencia el aislamiento de la desesperanza. Es cierto que lo retuvo entre los hombres el ancla de una sonrisa permanente.

Nota-prefacio a Anatole France, Páginas escogidas, *selección de Pablo Neruda, Santiago, Nascimento, 1924.*

Crónica de Sachka [1]

ALIRO OYARZÚN

La tierra, el capricho de los destinos subterráneos levanta a veces seres débiles, tendidos en el plano inclinado de la tristeza. En ellos la vida duplica sus fuerzas delicadas, sus espíritus son perpetuamente tensos como las cuerdas sonoras y están como de viaje, golpeando con el corazón la puerta misteriosa. Haces de edades sumergidas, y anuncios de años próximos, pasan vacilando entre los transeúntes preocupados. De ellos fue Aliro Oyarzún, prematuramente muerto, cuando se buscaba a sí mismo, desesperado de sí mismo.

EL ATENEO LLENO DE RATAS

Desde hace mucho tiempo se pobló de roedores, de telas de arañas y de barbas. Cada vez se sumergían más en el rincón, de donde no se debe salir.

Al calendario de la tontería sólo le arrancaban las hojas algunas señoras gastrálgicas que acudían con grave descontento de las niñeras. Trepado a una baranda algún ratón roía una lata macilenta arrancándole el peculiar sonido del rasguño.

DEFENSA DE VICENTE HUIDOBRO

Su poesía extrañamente transparente, ingeniosamente ingenua. Con esa pureza del viejo *lied* del norte, motivo desnudo, de realización acuaria. Creación, creacionismo, estética nueva, todo eso es fórmula, garabatos, ropa usada. Lo único es el poeta y el camino desde él a su poema. Huidobro, qué fresca sensación infantil, de juego atrevido, mezcla del extático *haykay* con el trepidante traqueteo del Occidente.

UNA EXPRESIÓN DISPERSA

Todavía circulan los vehículos, llora una guagua desesperadamente, yo escribo y escribo sin que mi pensamiento me encadene, sin libertarme de las asociaciones del azar. Simultáneamente coinciden con el acto de crear, mil actitudes admirables del ambiente. Ellas entran por dominios solapados en la expresión sensible, ellas facturan secretamente los pensamientos confundidos, ellas condicionan, actúan sobre el resultado de la meditación. Por qué despreciarlas? Ni siquiera desfigurarlas. Hacer que cuanta expresión estimule la realidad, se suceda o se sincronice en el poema. El pensamiento no hace sino eliminar a cada rato las ligazones convenidas para su expresión: baila, se detiene y sin empinarse en trampolines engañosos, apura saltos mortales entre regiones inesperadas. Anudar, vertebrar este contenido imponderable, llenarlo de puentes y candados, ah criminales! Dejo libre mi sensación en lo que escribo: disasociado, grotesco, representa mi profundidad diversa y discordante, construyo en mis palabras lo construido por la libre materia y destruyo al crear lo que no tiene existencia ni agarradero sensible.

TOMÁS LAGO

Ah, jóvenes compañeros, llenos de fuerza y oscuridad! La selva está cruzada, llena de senderos. Una hoja trizada multiplica la luz del mundo. Ágiles compañeros, presos del supremo placer de entregarse, aprovechad la hora, el minuto que dobla la esquina. Tomás, desigual, delicado, va bordando con ojos difíciles cuanta malla singular le designa el camino.

Ágiles compañeros, llenos de fuerza, es la época de los desbordes.

Claridad, núm. 122, Santiago, junio de 1924.

Exégesis y soledad

Emprendí la más grande salida de mí mismo: la creación, queriendo iluminar las palabras. Diez años de tarea solitaria, que hacen con exactitud la mitad de mi vida, han hecho sucederse en mi expresión ritmos diversos, corrientes contrarias. Amarrándolos, trenzándolos sin hallar lo perdurable, porque no existe, ahí están *Veinte poemas de amor y una canción desesperada*. Dispersos como el pensamiento en su inasible variación, alegres y amargos, yo los he hecho y algo he sufrido haciéndolos. Sólo he cantado mi vida y el amor de algunas mujeres queridas, como quien comienza por saludar a gritos grandes la parte más cercana del mundo. Traté de agregar cada vez más la expresión a mi pensamiento y alguna victoria logré: me puse en cada cosa que salió de mí, con sinceridad y voluntad. Sin vacilar, gente honrada y desconocida –no empleados y pedagogos que me detestan personalmente– me han mostrado sus gestos cordiales, desde lejos. Sin darles importancia, concentrando mi fuerza para atajar la marea, no hice otra cosa que dar intensidad a mi trabajo. No me cansé de ninguna disciplina porque nunca la tuve: la ropa usada que conforma a los demás, me quedó chica o grande, y la re-

conocí sin mirarla. Buen meditador, mientras he vivido he
dado alojamiento a demasiadas inquietudes para que éstas
pasaran de golpe por lo que escribo. Sin mirar hacia ninguna
dirección, libremente, incontenciblemente, se me soltaron mis
poemas.

La Nación, Santiago, 20.8.1924.

Crónica de Sachka [2]

LIBRO DE GERARDO SEGUEL

Uso estas palabras en bienvenida de este joven espíritu deli-
neando confusas realidades del corazón. Apasionando circunstancias y pasajeros movimientos, resbalando nieblas,
desvanecidas figuras en ese su sentimiento y su camino hacia
la cima. Pongo en él algo más que la situación de la esperanza. Tiene la fija señal de la obra en mitad del sueño, su vigilia
está constelada por una alta cintura de astros.

Empieza Gerardo a atajar los emisarios fantasmas portado-
res del encanto y comienza a descubrir las estrellas encima del
techo, despuntando de pronto joyas húmedas. Está en el primer gesto de su temperamento.

Debemos alabar esta realización llena de características de
soledad y de indecisión. Como tiene la edad del alba, va como
el amanecer diluyendo cosas, saliéndose del sueño.

VIAJE A ALEMANIA DE [YOLANDO] PINO SAAVEDRA

Pino Saavedra, poeta de la sensación sentimental y de la lenta trama, debemos decir *hasta luego* en estas líneas y hacer al
lado de su partida el comentario de las despedidas.

Desear al amigo silencioso el viaje lleno de sortilegios y la
feliz arribada y también el regreso y las noticias y los versos.
Y la permanencia alegre en la tierra que lo atrae, y su depu-

ración de artista solitario, en medio de otros compañeros y de otra soledad.

Claridad, núm. 129, Santiago, enero de 1925.

Pablo Vidor y el Salón Oficial

Como nota humorística debe saberse que en el regateo de este Salón 1926 fueron descategorizadas dos telas del pintor húngaro Vidor, actualmente el más poderoso temperamento pictórico existente en Chile, y figura artística que honraría una exposición de gran país. Sin embargo, la triquiñuelería, el ladronismo, la desvergüenza cínica y sudamericana, después de llenar de podre la política, la administración, la justicia, el comercio, las obras públicas, los paseos públicos, el tránsito, las sociedades de ayuda, la policía, el licor, el regocijo popular, todo lo que toca, mete su cabeza de cientopiés en los negocios falsamente artísticos de la escuela de bellas artes.

Claridad, núm. 135, Santiago, octubre-noviembre de 1926.

[La novela es la clásica emboscada del escritor]

La novela es la clásica emboscada del escritor. Éste se pega fraudulentamente al miserable ser de la realidad y su expresión se convierte en desnudos residuos, en congregaciones estériles de acciones y su premeditado fluir se arrastra a cansados tumbos. La mala ley del sensacionalismo, del naturalismo, del localismo inaugura casi siempre la pluma del joven autor y lo convierte en vástago de innumerables generaciones decaídas. En tal corriente de libros no aparece ningún elemento sobrenatural o delicado, su tejido es supersticiosamente igual y no desarrolla esa sustracción del alma al mundo que guarda como tesoro la condición de poeta ejemplar.

No así en este cuaderno de Pérez-Doménech. Por entre sus letras y moviéndolas un poco, desordenando su rigidez tipográfica, pasa un aire dulce, letal, entusiasta, misterioso, empapando sus objetos literarios y acendrándolos con luz libre.

Este cuaderno tiene también sabor de viajes, y como un generoso itinerario, exhibe su rápida designación de tierras, embarcaciones, aguas nocturnas, travesías y pasión.

Prefacio a J. Pérez-Doménech, La moscovita de los trasatlánticos, *núm. 30 de* Lectura Selecta, *revista semanal de novelas cortas, Santiago, 8.4.1927.*

Crónicas desde Oriente
para «La Nación» de Santiago de Chile
(1927-1930)

Imagen viajera

Alta mar, julio, 1927.

De esto hace algunos días. El inmenso Brasil saltó encima del barco.

Desde temprano la bahía de Santos fue cenicienta, y luego las cosas emanaron su luz natural, el cielo se hizo azul. Entonces la orilla apareció en el color de millares de bananas, acontecieron las canoas repletas de naranjas, monos macacos se balanceaban ante los ojos y de un extremo a otro del navío chillaban con estrépito los loros reales.

Fantástica tierra. De su entraña silenciosa ni una advertencia: los macizos de luz verde y sombría, el horizonte vegetal y tórrido, su extendido, cruzado, secreto de lianas gigantescas llenando la lejanía, en una circunstancia de silencio misterioso. Pero las barcas crujen desventradas de cajones: café, tabaco, frutas por enormes millares, y el olor lo tira a uno de las narices hacia la tierra.

Allí subió aquel día una familia brasilera: padre, madre y una muchacha. Ella, la niña, era muy bella.

Buena parte de su rostro la ocupan los ojos, absortos, negrazos, dirigidos sin prisa, con abundancia profunda de fulgor. Debajo de la frente pálida hacen notar su presencia en un aleteo constante. Su boca es grande porque sus dientes quieren brillar en la luz del mar desde lo alto de su risa. Linda criolla, compadre. Su ser comienza en dos pies diminutos y sube por las piernas de forma sensual, cuya madurez la mirada quisiera morder.

Despacio, despacio va el barco costeando estas tierras, como si hiciera gran esfuerzo por desprenderse, como si lo atrajeran las voces ardientes del litoral. De pronto caen sobre cubierta muy grandes mariposas negras y verdes, de pronto el viento silba con su aire caliente desde tierra adentro, tal vez trayendo la crónica de los trabajos de las plantaciones, el eco de la marcha sigilosa de los seringueiros hacia el caucho, otra vez se detiene y su pausa es una advertencia.

Porque aguas andando llegamos a la línea ecuatorial. En el desierto de agua como aceite penetra el barco sin ruido, como en un estanque. Y tiene algo de pavoroso este acceso a una atmósfera caliente en medio del océano. Dónde comienza este anillo incendiado? El navío marcha en la más silenciosa latitud, desierta, de implacable ebullición apagada. Qué formas fantasmas habitarán el mar bajo esta presión de fuego?

Marinech, la brasilera, ocupa cada tarde su silla de cubierta frente al crepúsculo. Su rostro levemente se tiñe con las tintas del firmamento, a veces sonríe.

Es amiga mía, Marinech. Conversa en la melosa lengua portuguesa, y le da encanto su idioma de juguete. Quince enamorados la rodean formando círculo. Ella es altiva, pálida, no muestra preferencia por ninguno. Su mirada, cargada de materia sombría, está huyendo.

Bueno, las tardes al caer en la tierra se rompen en pedazos, se estrellan contra el suelo. De ahí ese ruido, esa oquedad del crepúsculo terrestre, esa greguería misteriosa que no es sino el aplastarse vespertino del día. Aquí la tarde cae en silencio letal, como el desplomarse de un oscuro trapo sobre el agua. Y la noche nos tapa los ojos de sorpresa sin que se oigan sus pasos, queriendo saber si ha sido reconocida, ella, la infinita inconfundible.

La Nación, Santiago, 14.8.1927.

Port-Said

Port-Said, 24 de agosto, 1927.
Comentar este pasar de cosas es adquirir un tono. Se rueda sobre el plano inclinado de una tendencia interior y van apareciendo presencias: el sentimental hallazgo, sus aspectos desgarradores de partir o llegar, el burlesco traza sus fósforos, el trágico sus sangres.

Yo, sobre la proa del *paquebot*, sentado en mi silla de lona, tengo una carencia de sentido especial, mi mirada es de esfinge hueca, de cartón, difícil de amamantar lo sorpresivo. El Oriente llega hasta esa silla, muy de mañana un día, toma la forma de mercaderes egipcios, de laya morena, con cucurucho rojo, expositivos, insistentes hasta la locura, demostrando su tapicería, sus collares de vidrio, convidando a las mancebías.

Pegado al barco está Port-Said, una hilera de almacenes internacionales, la lanchas del cambalache marítimo, más adentro el horizonte de arquitecturas truncadas, casas cuya azotea parece haberlas impedido crecer, y las palmeras de África, las primeras, tímidamente verdes, humilladas entre este traqueteo de carbón y harina, adentro de este hálito internacional, chillar de *donkeys*, pesada palpitación de máquinas que entregan y reciben con grandes dedos de fierro.

Port-Said encierra una ruidosa gravitación de las más chillonas razas del mundo. Sus callejas estrechas son por completo bazares y mercados y gritan en todas las lenguas agudamente, acosan con inmundos olores, se tiñen con tintas verdes y escarlatas. En esa acumulación vegetal y bestial quisiera retrocederse inútilmente; el aire de Port-Said, la luz, gritan también precios y convites; el cielo de Port-Said, bajo y azul, es una carpa de barraca, y apenas oscila sobre su monstruoso bazar.

De cuando en cuando, cruzan por las calles las árabes embozadas, de ojos llamativos. Son una resurrección más bien triste de las lecturas de Pierre Loti: envueltas totalmente en sus trapos oscuros, como agobiadas por ese oficio de mantener su prestigio literario, no participan de ese violento aire africano, despiertan una curiosidad melancólica y escasa. También los fumadores de *narghilé*, aunque auténticos, sin lugar a dudas, chupando ese aparato visto hasta la saciedad en las casas de antigüedades, sobrellevan con verdadera dignidad su papel legendario difundido en antiguos libracos. Fuman con notable despreocupación, sudando un poco, gruesos, morenos, envueltos entre sus polleras.

Pronto el navío deja atrás tendidas al sol todas estas ricas miserias, este puerto un poco falto de esa seria decoración oriental de los *films*. Unas escalinatas, algunas cúpulas, las vasijas grandiosas de *El ladrón de Bagdad*, y el barco se escaparía con mayor nostalgia por el canal de Suez (esa obra fría, desierta, no salida aún del papel Whatman, del ingeniero Lesseps). Llevaría el barco el mayor desconcierto producido por un desconocido aspecto de la tierra, la marca recóndita de lo que ha vivido un día más de la vida entre lo fantástico, lo imaginario, lo misterioso.

La Nación, *Santiago, 8.1.1928.*

Danza de África

Djibouti, 2 de septiembre de 1927.
Debo escribir este pasaje con mi mano izquierda, mientras con la derecha me resguardo del sol. Del agudo sol africano que, uno a uno, hace pasar mis dedos del rojo al blanco. Entonces los sumerjo en el agua; bruscamente se hacen tibios, fríos, pesados. Mi mano derecha se ha hecho de metal: venceré con ella (ocultándola en un guante) a los más espantosos boxeadores, al más atrevido fakir.

Estamos frente a Djibouti. No se nota el límite del Mar Rojo y del océano Índico: las aguas franquean esta barrera de letras, los títulos del mapa, con inconsciencia de iletrados. Aquí se confunden aguas y religiones, en este mismo punto. Los primeros salmones budistas cruzan indiferentes al lado de las últimas truchas sarracenas.

Entonces de la profundidad del litoral saltan los más graciosos negroides somalíes a pescar monedas del agua o del aire. Episodio descrito millones de veces y que de verdad es así: el granuja es de aceituna, con altas orejas egipcias, con boca blanca de una sola y firme sonrisa, y cuyo ombligo notable se ve que ha sido trazado por una moneda francesa lanzada desde la borda con demasiada fuerza. Son una flota de abejas obscuras que a veces, al vuelo, cazan el ejemplar fiduciario; las más del tiempo lo arrancan del mar y lo levantan en la boca, habituándose así a ese alimento argentino que hace del tipo somalí una especie humana de consistencia metálica, clara de sonido, imposible de romper.

Djibouti es blanco, bajo, cuadrado en su parte europea, como todos los dedos sobre un hule resplandeciente. Djibouti es estéril como el lomo de una espada: estas naranjas vienen de Arabia; esas pieles, de Abisinia. Sobre esta región sin inclinaciones de madre el sol cae vertical, agujereando el suelo. Los europeos se esconden a esta hora en el fondo de sus casas con palmeras y sombra, se sepultan dentro de las bañeras, fuman entre el agua y los ventiladores. Sólo transitan por las calles, perpetuamente fijas en una iluminación de relámpago, los orientales desaprensivos: callados hindúes, árabes, abisinios de barbas cuadradas, somalíes desnudos.

Djibouti me pertenece. Lo he dominado paseando bajo su sol en las horas temibles: el mediodía, la siesta, cuyas patadas de fuego rompieron la vida de Arturo Rimbaud, a esa hora en que los camellos hacen disminuir su joroba y apartan sus pequeños ojos del lado del desierto.

Del lado del desierto está la ciudad indígena. Tortuosa, aplastada, de materiales viejos y resecos: adobe, totoras miserables. Variada de cafés árabes en que fuman tendidos en esteras, semidesnudos, personajes de altivo rostro. Al dar vuelta a un recodo, gran zalagarda de mujeres, pollerones multicolores, rostros negros pintados de amarillo, brazaletes de ámbar: es la calle de las danzarinas. En multitud, a racimos, colgadas de nuestros brazos, quieren, cada una, ganar las monedas del extranjero. Entro en la primera cabaña, y me tiendo sobre un tapiz. En ese instante, del fondo, aparecen dos mujeres. Están desnudas. Bailan.

Danzan sin música, pisando en el gran silencio de África como en una alfombra. Su movimiento es lento, precavido, no se las oiría aunque bailaran entre campanas. Son de sombra. De una parecida sombra ardiente y dura, ya para siempre pegada al metal recto de los pechos, a la fuerza de piedra de todos los miembros. Alimentan la danza con voces internas, gastrálgicas, y el ritmo se hace ligero, de frenesí. Los talones golpean el suelo con pesado fulgor: una gravitación sin sentido, un dictado irascible las impulsa. Sus negros cuerpos brillan de sudor como muebles mojados; sus manos, levantándose, sacuden el sonido de los brazaletes, y de un salto brusco, en una última tensión giratoria, quedan inmóviles, terminada la danza, pegadas al suelo como peleles aplastados, ya pasada la hora de fuego, como frailes derribados por la presencia de lo que suscitaron.

Ya no bailan. Entonces llamo a mi lado a la más pequeña, a la más grácil bailadora. Ella viene: con mi chaqueta blanca de *palm-beach* limpio su frente nocturna, con mi brazo atraigo su cintura estival. Entonces le hablo en un idioma que nunca antes oyó, le hablo en español, en la lengua en que Díaz Casanueva escribe versos largos, vespertinos; en la misma lengua en que Joaquín Edwards [Bello] predica el nacionalismo. Mi discurso es profundo; hablo largamente con elocuencia y seducción; mis palabras salen, más que de mí, de las calientes noches, de las muchas noches solitarias del Mar Rojo; y cuando la pequeña bailarina levanta su brazo hasta mi cuello, comprendo que comprende. Maravilloso idioma!

La Nación, 20.11.1927.

Colombo dormido y despierto

8 de septiembre de 1927, océano Índico.
Después de las diez de la noche (hora inglesa) Colombo fallece. Estuve en Colombo a las 10.05, ansioso de alcanzar aún un estertor. Aquello había muerto de golpe, aquello era una ciudad sin sombra, sin luz; era Valparaíso de noche o Buenos Aires. Era un puerto de geometría; sus ángulos blancos no tenían el menor parentesco con las axilas orientales cargadas de temperatura y color. Era el plano en relieve de una población hierática, dura, sin respiración, sin bebidas. Ni rastro de mujeres, ni sombra de canciones alegres. Adiós.

Volví de mañana. Los muertos habían salido del sepulcro, los muertos de extraños colores y vestidos. Aquel sacudimiento de resurrección tenía el alcance y el efecto del torbellino. Al escarbar esa indiferente cáscara terrestre, quedaron al sol las entrañas secretas de Ceilán, y su sonido ensordecedor, su ronca voz de timbal. Voy sentado en la *ricksha* de la que tira con ligereza un cingalés que para correr toma una apariencia de avestruz. La ciudad indígena hierve a mis cuatro lados, y paso entre los doscientos ochenta mil habitantes de Colombo, toda una movible hora de color.

La multitud que cruza tiene cierta uniformidad. Los hombres de tinte moreno oscuro, van vestidos sencillamente, con pollerón que los recubre casi enteros, el *vetti* nacional. Las mujeres, casi todas con adornos en la nariz, agujereada con piedras azules o moradas, vestidas de tul pesado, al cuello echarpes multicolores. Entre la gran multitud de seres descalzos, de cuando en cuando ingleses de grandes botas, malayos de zapatillas de terciopelo. Las gentes de Ceilán son raramente hermosas; en cada rostro, regular y ardiente, dos ojos de fuerza, de mirada impresionantemente grave. Parece no existir ni la miseria ni el dolor en este mundo indiferente. Los viejos marchan con la cabeza erguida, su mirada de carbón es altanera, y los pilletes semidesnudos sonríen con soltura, sin petición, sin aire de limosna.

Las pequeñas, blancas casas hindúes prolongan en toda la acera sus tiendas, invadiéndolas de mercancías extrañas. Las tiendas de los peluqueros asombran sobre todo: el cliente y el barbero están en cuclillas, inmóviles uno frente al otro, como en la práctica de un paciente rito. El barbero me mira sin inquietud, mientras recorre el cráneo de su contendor con una larguísima navaja. Los usureros, llamados *chettys*, se pasean con grandes barbas de monarca, en camisa, con aire impasible; pasan varones de aspecto religioso con una viva mancha fulgurante de azafrán en el entrecejo; otros más ricos con un rubí o un diamante incrustado. En todas las tiendas, caucho, sederías, té y elefantes de ébano con colmillos de marfil, de pedrería, de todas dimensiones. Compro uno en tres rupias del tamaño de un conejo.

Este colorido variado, como un árbol cuyas hojas fueran cada una diferente de tono, de forma, de estación, forma junto a uno una atmósfera inmensa de sueño, de vieja historia. Son de cuento también, de amarillenta poesía, los cuervos que por cientos se hospedan en las cornisas de la ciudad indígena, bajando hasta la acera, cambiando de vereda en vuelos cortos, quedando inmóviles y chuecos encima de las puertas como números de cantidad desconocida.

Pero no fue accesible el templo brahamánico de Colombo, viejo de trescientos años, con su exterior barroco, apretado de mil figuras guerreras, femeninas, místicas, talladas y pintadas en azules, verdes y rojos, con sus dioses de nueve caras soberbias y sus diosecillos de cabeza de elefante. Impide la entrada un bonzo pintado de azafrán, siendo inútil mi gesto de descalzarme o de sacar algunas rupias. Los templos hindúes están prohibidos al extranjero, y debo contentarme con mirar y escuchar fragmentos de ceremonias. Frente a las puertas, dos creyentes rompen contra el suelo de piedra grandes cocos cuya pulpa blanca queda ofrecida así al dios Brahma. Suena un campanín que indica el momento de las libaciones de flores; los bonzos corren, se prosternan, se tienden en el suelo con aire de heridos mortales.

Lo más hermoso de Colombo es el mercado, esa fiesta, esa montaña de frutas y hojas edénicas. Se apilan a millones las piñas, las naranjas verdes, los minúsculos limones asiáticos, las nueces de *arec*, los mangos, las frutas de nombre difícil y de sabor desconocido. Las hojas de betel se apilan en columnas gigantescas, ordenadas con perfección como billetes, al lado de los frejoles de Ceilán, cuyo *capi* tiene un metro de largo. El inmenso mercado se mueve, hierve por todas partes su carga fastuosa, embriaga el perfume agudo de los frutos, de los montones de legumbres, el color exaltado, brillante como cristalería, de cada montón, detrás del cual muchachos hindúes, no más morenos que sudamericanos, miran y sonríen con más sabiduría, más resonancia íntima, en actitud de más calidad que la manera criolla. Por lo demás, a veces el parecido sobrecoge; de repente se acerca un dibujante de tatuajes igual a Hugo Silva, un vendedor de betel con el mismo rostro del poeta Homero Arce.

El barco sale de Colombo. Es desde luego la inmensidad del puerto cosmopolita, sus barcos mercantes de todas las latitudes, y al centro un crucero inglés, blanco, plateado, delgado, perfecto y liso como un diente o un cuchillo. Queda ahí frente a los bosques de la isla, frente al techo agudo de las pagodas, entre el olor a especias que llega de la tierra sometida, pegado al mar como signo de fría amenaza.

Luego, dispersas, las canoas cingalesas de velas ocre y rojo, tan estrechas que los tripulantes van de pie sobre ellas. De pie y desnudos, como estatuas, parecen salir de la edad eterna del agua, con ese aire secreto de la materia elemental.

La Nación, Santiago, 4.12.1927.

El sueño de la tripulación

Cargo Elsinor
Golfo de Bengala, septiembre, 1927.
El barco cruza insensible su camino. Qué busca? Pronto tocaremos Sumatra. Eso disminuye su marcha, y poco a poco se torna imperceptible, de pavor de hundirse repentinamente en los blandos boscajes de la isla, de despertar en la mañana con elefantes y tal vez ornitorrincos sobre el puente.

Es de noche, una noche llegada con fuerza, decisiva. Es la noche que busca extenderse sobre el océano, el lecho sin barrancas, sin volcanes, sin trenes que pasan. Allí ronca su libertad, sin encoger sus piernas en las fronteras, sin disminuirse en penínsulas; duerme, enemiga de la topografía con sueño en libertad.

La tripulación yace sobre el puente, huyendo del calor, en desorden, derribados, sin ojos, como después de una batalla. Están durmiendo, cada uno dentro de un sueño diferente, como dentro de un vestido.

Duermen los dulces anamitas, con el torso dormido sobre mantas, y Laho, su caporal, sueña levantando una espada de oro bordada; sus músculos se mueven, como reptiles dentro de su piel. Su cuerpo sufre, se fatiga luchando. Otros tienen adentro un sueño de guerreros, duro como una lanza de piedra y parecen padecer, abrir los ojos a su aguda presión. Otros lloran levemente, con un ronco gemido perdido, y los hay de sueño blando como un huevo, cuyo tejido a cada sonido, a cada emoción, se quiebra; el contenido resbala como la leche sobre cubierta, y luego se recompone, se pegan sus cáscaras sin materia y sin ruido, y el hombre sigue absorto. Hay otros.

Laurent, el verdadero marinero del Mediterráneo, reposa echado, con su camiseta rayada y su cinturón rojo. Los hindúes duermen con los ojos vendados, separados de la vida por esa venda de condenados a muerte, y uno que otro pone la mano levemente en el sitio del corazón, batiéndose bravamente con el sueño como con una bala. Los negros de la Martinica duermen, voluptuosos, diurnos: la oscuridad índica se traspone en una siesta de palmeras, en acantilados de luz inmóvil. Los árabes amarran su cabeza para mantenerla fija en la dirección de Mahoma muerto.

Álvaro Rafael Hinojosa duerme sin sueño, sueña con costureras de Holanda, con profesoras de Charlesville, con Erika Pola de Dresde: su sueño es una descomposición del espacio, un líquido corruptor, un barreno. Se siente descender en esa espiral de taladro, tragado como una mariposa en un ventilador muy grande; se nota perforando las distancias duras de la tierra, los transcursos salobres del mar; se ve perdido, débil, sin piernas, enrollado en la transmigración interminable; queriendo regresar golpea con la frente edades equivocadas, sustituidas; regiones de las que huye, recibido como descubridor. De un punto a otro del tiempo vuela con furor, el viento silba a su lado como en torno a un proyectil.

Los chinos, prosternados a medias, se han encajado su máscara de sueño, helada, tiesa, y andan entre lo dormido como en el fondo de una armadura. Los corsos roncan, sonoros como caracolas, llenos de tatuajes, con semblante de trabajo. Es que levantan el sueño como la arboladura de una barcaza, a golpe de músculo, con oficio marinero. También su barco es el más seguro entre los sueños, apenas titubea en el temporal celeste: lleva entre los cordajes ángeles y cacatúas ecuatoriales.

Allí está Dominique, tendido sobre las tablas. En el tobillo está tatuado *Marche ou Crève*, con letras azules. En los brazos tiene una mano sujetando un puñal, lo que significa valor; en el pecho el retrato de la ingrata Eloïse, entre una araña de vello; lleva además tatuadas las piernas con anclas que conjuran los peligros del mar; palomas que evitan la cárcel de la rosa de los vientos, buena para orientarse y protectora de la embriaguez.

Los hay que duermen sin soñar, como minerales; otros con cara asombrada como ante una barrera infranqueable. Yo extiendo mi estera, cierro los ojos y mi sueño se arroja en su extensión con infinito cuidado. Tengo miedo de despertarlos. Trato de no soñar con cascabeles, con Montmartre, con fonógrafos; podrían despertar. Soñaré con mujercitas las más silenciosas: Lulú o mejor Laura, cuya voz más bien se leía, más bien era del sueño.

La Nación, Santiago, 26.2.1928.

Diurno de Singapore

Singapore, octubre de 1927.
Despierto: pero entre yo y la naturaleza aún queda un velo, un tejido sutil: es el mosquitero de mi cama. Detrás de él las cosas han tomado el lugar que les corresponde en el mundo: las novias reciben una flor: los deudores una cuenta. Dónde estoy? Sube de la calle el olor y el sonido de una ciudad, olores húmedos, sonidos agudos. En la blanca pared de mi habitación toman el sol las lagartijas. El agua de mi lavatorio está caliente, zancudos nacidos en la línea ecuatorial me muerden los tobillos. Miro la ventana, luego el mapa. Estoy en Singapore.

Sí, porque al oeste de la bahía viven los oscuros indostánicos, más acá los morenos malayos: frente a mi ventana los chinos verdaderamente amarillosos, y al este los rosados ingleses: en transición progresiva, como si sólo aquí hubieran ido cambiando de color y lentamente hubieran adoptado unos el budismo, otros el arroz, otros el tenis.

Pero verdaderamente, la capital de los Straits Settlements es China. Hay 300 mil pálidos y oblicuos ciudadanos, ya sin coleta, pero todavía con opio y bandera nacionalista. Hay dentro de la ciudad una inmensa, hervidora, activísima ciudad china. Es el dominio de los grandes letreros con bellas letras jeroglíficas, misteriosos alfabetos que cruzan de lado a lado la calle, salen de cada ventana y cada puerta, en espléndida laca roja y dorada, entremedio de dragones de auténtico coromandel. Desde entonces, son la pura advertencia de los nuevos enigmas, de la gorda tierra, y aunque anuncien el mejor betún, o la perfecta sombrerería, hay que darles significación oculta y desconfiar de su apariencia.

Magnífica muchedumbre! Las anchas calles del barrio chino dejan apenas trecho para el paso de un poeta. La calle es mercado, restaurante, inmenso montón de cosas vendibles y seres vendedores. Cada puerta es una tienda repleta, un almacén reventado que no pudiendo contener sus mercancías las hace invadir la calle. En ese revolverse de abarrotes y juguetes, de lavanderos, zapatistas, panaderos, prestamistas, mueblerros, en esa jungla humana no hay sitio apenas para el comprador. A cada lado de la calle las comidas se amontonan en hileras de mesas, largas de cuadras y cuadras, frecuentadas a toda hora por pacientes comedores de arroz, por distinguidos consumidores de spaghettis, los largos spaghettis que caen a veces sobre el pecho como cordones honoríficos.

Hay forjadores que manejan sus metales en cuclillas, vendedores ambulantes de frutas y cigarros, juglares que hacen tiritar su mandolino de dos cuerdas. Casas de peinadoras en que la cabeza de la cliente se transforma en un castillo duro, barnizado con laca. Hay ventas de pescados adentro de frascos; corredores de hielo molido y cacahuetes; funciones de títeres; aullidos de canciones chinas; fumaderos de opio con su letrero en la puerta:

Smoking Room

Los mendigos ciegos anuncian su presencia a campanilla-
zos. Los encantadores de serpientes arrullan sus cobras sonando su música triste, farmacéutica. Es un inmenso espectáculo de multitud cambiante, de distribución millonaria: es
el olor, el traqueteo, la paciencia, el color, la sed, el hambre,
la mugre, la costumbre del Lejano Este.

Es en la ciudad europea donde se agitan confundidas las remotas razas detenidas en la puerta del Extremo Oriente. Pasan tomados de la mano con largas cabelleras y faldas los cingaleses: los indostánicos con sus torsos desnudos: las mujeres
del Malabar con su pedrería en la nariz y en las orejas: los
musulmanes con su bonete truncado. Entre ellos los policías,
de la raza *sikh*, todos igualmente barbudos y gigantescos. El
malayo originario escasea, ha sido desplazado del oficio noble, y es humilde coolí, infeliz *rickshaman*. Eso han devenido
los viejos héroes piratas: ahí están los nietos de los tigres de la
Malasia. Los herederos de Sandokán han muerto o se han fa-
talizado, no tienen aire heroico, su presencia es miserable. Su
único barco pirata lo he visto ayer en el Museo Raffles: era el
navío de los espíritus de la mitología malaya. De sus mástiles
colgaban tiesos ahorcados de madera, sus terribles mascaro-
nes miraban al infierno.

Dirigen el tránsito los policías con alas de tela en cada hombro, matapiojos de pie. Los tranvías de dos *trolleys* cruzan
blandamente el asfalto brillante. Todo tiene un aire corroído,
patinado de viejas humedades. Las casas sustentan grandes costurones de vejez, de vegetaciones parásitas: todo parece blando,
carcomido. Los materiales han sido maleados por el fuego y el
agua, por el sol blanco de mediodía, por la lluvia ecuatorial,
corta y violenta como un don otorgado de mala gana.

Al otro lado de la isla de Singapore, separado por una an-
gosta visitación del mar, está el sultanato de Johore. El auto
corre por espacio de una hora el camino recién abierto entre la
jungla. Vamos rodeados por un silencio pesado, acumulado:
por una vegetación de asombro, por una titánica empresa de
la tierra. No hay un hueco, todo lo cubre el follaje violentamente verde, el tronquerío durísimo. Se encrespan las trepa-
doras parecidas al *coille*, en los árboles del pan, se nutren de

la altura las rectas palmeras cocoteras, los *bamboos* gruesos como pata de elefante, los *traveller-trees* en forma de abanico.

Pero lo extraordinario es una venta de fieras que he visto en Singapore. Elefantes recién cazados, ágiles tigres de Sumatra, fantásticas panteras negras de Java. Los tigres se revuelven en una furia espantosa, no son los viejos tigres de los circos de fieras, tienen otra apostura, diverso color, un listado pardo de tierra, un tinte natural recién selvático. Los pequeños elefantes soñolientan en una atmósfera de chiquero. Las panteras hacen relumbrar dos discos de oro desde el pellejo de azabache. Cuatro cachorros de tigre valen dos mil dólares; y mil una serpiente pitón de doce metros, vestida de gris. Orangutanes ladrillosos asaltan con furia la pared de la jaula; los osos de Malasia juegan con aire infantil.

Pero, venido de las islas Oceánicas, vestido de plumas de fuego, conjunción de zafiros y azufres, anhelo de los ornitólogos, estaba como la astilla de una cantera deslumbradora un Pájaro del Paraíso, de luz y sin objeto.

La Nación, Santiago, 5.2.1928.

Madrás. Contemplaciones del Acuario

Madrás, noviembre de 1927.
Por la mañana se instala en el barco un juglar hindú y encantador de serpientes. Sopla una calabaza de sonido estridente, lúgubre, y como eco se desenrolla desde un canastillo redondo una cobra parda, de cabeza aplastada: la terrible *naja*. Fastidiada en su reposo, quiere en cada momento pinchar al encantador: otras veces, con horrible pánico de los pasajeros, trata de aventurarse sobre el puente. El virtuoso no para en eso: hace crecer árboles, nacer pájaros a la vista de todos: fomenta sus trucos hasta lo increíble.

Madrás da idea de una ciudad extendida, espaciosa. Baja, con grandes parques, calles anchas, es un reflejo de ciudad inglesa en que de repente una pagoda, un templo, muestran su arquitectura envejecida, como restos de instinto, rastros oscurecidos del resplandor original. La primera miseria indígena se hace presente al viajero, los primeros mendigos de la India avanzan con pasos majestuosos y mirada de reyes, pero sus dedos agarran como tenazas la pequeña moneda, el *anna* de níquel: los coolíes sufren por las calles arrastrando pesadas carretas de materiales: se reconoce al hombre reemplazando los duros destinos de la bestia, del caballo, del buey. Por lo demás, estos pequeños bueyes asiáticos, con su larga cornamenta horizontal, son de juguetería, van ciertamente rellenos de aserrín o son tal vez apariciones del bestiario adorativo.

Pero quiero celebrar con grandes palabras las túnicas, el traje de las mujeres hindúes, que aquí encuentro por primera vez. Una sola pieza que luego de hacerse falda se tercia al torso con gracia sobrenatural, envolviéndolas en una sola llama de seda fulgurante, verde, purpúrea, violeta, subiendo desde los anillos del pie hasta las joyas de los brazos y del cuello. Es la antigüedad griega o romana, el mismo aire, igual majestuosa actitud: las grecas doradas del vestido, la severidad del rostro ario, parecen hacerlas resurgir del mundo sepultado, criaturas purísimas, hechas de gravedad, de tiempo.

Un *ricksha* me lleva a lo largo de la Avenida Marina, orgullo de Madrás, ancha de asfalto, con sus jardines ingleses entrecortados de palmeras, con su orilla de agua, el agua extensa del Golfo de Bengala. Grandes construcciones públicas llenas de árboles, canchas de tenis con jugadores morenos en verdad entusiastas. Estamos bajo el sol del primer mes de invierno, un sol terrible que golpea sin conmoverse ante esa fría palabra. La espalda de mi *rickshaman* chorrea sudor, por la hendidura de su espinazo de bronce veo correr los hilos gruesos y brillantes.

Vamos al Acuario Marino de Madrás, famoso en un vastísimo alrededor por sus extraordinarios ejemplares. En verdad es extraordinario.

Hay no más de veinte estanques, pero llenos de excelentes monstruos. Los hay inmensos peces caparazudos y sedentarios, leves medusas tricolores, peces canarios, amarillos como azufre. Hay pequeños seres elásticos y barbudos: graciosos *maderas* que comunican a quien los toca un sacudimiento eléctrico: «peces dragones» trompiformes, aletudos, enjaezados de defensas, parecidos a caballeros de torneo medieval, con gran ruedo de cachivaches protectores. Pasean por su soleado estanque los «peces mariposa», anchos como lenguados, con una varilla enmarcada en el lomo y anchas cintas azules y doradas. Los hay como cebras, como dominós de un baile subterráneo, con azules eléctricos, con grecas dibujadas en bermellón, con ojos de pedrería verde semicubiertos de oro. Los caballitos de mar se sostienen enroscados de la cola en su trasplantada coralífera.

Las serpientes marinas son impresionantes. Pardas, negras, algunas se elevan como columnas inmóviles desde el fondo del estanque. Otras, en un perpetuo martirio de movimiento, ondulan con velocidad sin detenerse un segundo. Ahí están las siniestras cobras del mar, iguales a las terrestres, y aún más venenosas. Se sobrevive sólo algunos minutos a su mordedura, y ay del pescador que en su red nocturna aprisionó tal siniestro tesoro.

Al lado de ellas, metidas todas en una pequeña gruta, las murenas del océano Índico, crueles anguilas de vida gregaria, forman un indistinto nudo gris. Es inútil intentar separarlas, atraviesan los altos estanques del Acuario para juntarse de nuevo a su sociedad. Son un feo montón de brujas o condenadas al suplicio, moviéndose en curvaturas inquietas, verdadera asamblea de monstruos viscerales.

Hay pequeños peces milimetrales, de una sola escama; agudos escualos manchados de pintura; pulpos curiosos como trampas; peces que caminan en dos pies como humanos; habitantes del mar nocturno, sombríos, forrados de terciopelo; peces cantores, a cuyo llamado se congrega su cardumen: ejemplares contemporáneos del que se tragó Ángel Cruchaga, pez diluvial, remotísimo. Inmóviles en el fondo de los estanques o girando en anillos eternos, dan idea de un mundo desconocido, casi humano: condecorados, guerreros, disfrazados, traidores, héroes, se revuelven en un coro mudo y anhelante de su profundísima soledad oceánica. Se deslizan puros de materia, como colores en movimiento, con sus bellas formas de bala o de ataúd.

Es tarde cuando regreso del movible museo. Ya a las puertas de las casas, hindúes en cuclillas comen su curry sobre hojas anchas, en el suelo, con lentitud: las mujeres mostrando sus tobilleras de plata y sus pies con pedrerías; los hombres melancólicos, más pequeños y oscuros, como aplastados por el inmenso crepúsculo de la India, por su palpitación religiosa.

En los lanchones del malecón, en la semioscuridad, los pescadores tejen redes con destreza, y la mirada sobrecogida, ausente. Uno de ellos, en cada grupo, lee a la luz de una lámpara que vacila: su lectura es un canturreo, a veces un poco gutural y salvaje, otras veces desciende apenas hasta los labios en un palabrerío imperceptible. Son oraciones, alabanzas sagradas, leyendas rituales, ramayanas.

Bajo su imperio hallan consuelo los sometidos, los dominados: resucitando sueños cósmicos y heroicos, buscan caminos para el olvido, nutrición para la esperanza.

La Nación, *Santiago, 12.2.1928.*

Contribución al dominio de los trajes

[Rangoon, a comienzos de 1928.]
Hay fronteras del planeta en que los trajes florecen. Hay una estación para ellos: una primavera detenida, un verano fantástico. El vestido, compañero gris de la acción, ángel cotidiano, sonríe. Era en verdad eterna aquella agonía de colores; mano a mano no había diferencia entre multitudes de la España abrasadora y de la lluviosa Gran Bretaña. Multitudes confusas, ennegrecidas; añoradoras del impermeable, idólatras del tongo; formadas en lúgubres vestimentas burocráticas, uniformadas bajo el mandato del casimir.

Esta oscuridad vestuaria, aparentemente sin consecuencias,

ha ido dañando profundamente el sentido de lo histórico, ha detenido el sentimiento popular de grandeza. Revolución, destronamiento, conspirador, motín, todo este magnífico rosario de efectos aún actuales hoy suena a hueco, a difunto, ahogado en las profundidades del pantalón, sometido al *smoking* y al paraguas.

Esas palabras, sus grandes significaciones, abandonan el mundo expulsadas por un vestuario sin grandeza. Pero sin duda sobrevendrán futuramente acompañando al Dictador del Vestido que, con corazón de dictador, amará la mágica ópera italiana y restituirá los bellos borceguíes de terciopelo, el calzón encarrujado, la manga azul turquí.

Pero quiero hablar del Oriente, de esta continua *saison* de los trajes. Me gusta, por ejemplo, el Teatro Chino, que parece ser sólo eso: una idealización del vestido, restitución a lo maravilloso. Todo parece referirse allí al lujo, a la magnificencia vestimental. Muchas veces, y por largas horas, he asistido al desarrollo de la lentísima dramática china. Como soplados por el insistente, agudísimo sonido de las flautas, asoman por la izquierda los personajes, con paso exageradamente majestuoso. Son principalmente monarcas bienhechores, santones venerados, vestidos hasta lo indecible: fardos de sedería con barbas inmensas y blancas, con anchas mangas más largas que los brazos, con espada al cinto, un plumero ritual y un pañuelo en las manos. Su cabeza apenas sobresale, agarrotada bajo un tremendo casco relumbrante y agigantado en un penacho; un luminoso, vivísimo ropón talar lo cubre, abierto, mostrando un calzón recamado y cegador. En sus hombros, franjas de tela como estolas penden hasta los pies subidos en coturnos de metal y laca. Éste es el personaje: avanza a pasos cortos, ceremoniales, como en un viejo baile; mueve hacia atrás la cabeza, de continuo, acariciándose las largas barbas; retrocede, se da vueltas para dejar admirar las costosas espaldas. Encarnación de lo solemne, cruza un momento la escena, empavesado, estupendo, maniquí sobrenatural de carmín y amarillo. Luego este inmenso fantasma de seda desaparece, cede el paso a otros aún más deslumbradores. Muchas veces duran largamente estos desfiles sin palabras, esta exhibición de atavíos. Cada movimiento, cada inflexión del paso del personaje son devorados y digeridos por un público ávido de maravilloso. El objetivo teatral se ha indudablemente logrado exaltando la importancia vestuaria: el derroche recaído sobre el cuerpo de un actor ha dado ansiedad y placer a una multitud.

El traje callejero chino es simple y sin belleza: una chaquetilla, un pantalón. El chino, laborioso, hormiguesco, desaparece en su común vestido; parece gastado, patinado por un trabajo de centurias; su cuerpo mismo parece usado como el mango de un martillo. Por eso, esa fantasmagoría escénica le abre la vida y ese fantoche prodigioso parece favorecer sus sueños.

Aún recuerdo mi impresión ante las primeras mujeres indostánicas que viera hace algunos meses en Colombo. Eran bellas, pero no es eso. Yo adoré sus trajes desde el primer día. Sus trajes en que el color rodea como un aceite o una llama. Es solamente una extensa túnica llamada *sari*, que da muchas vueltas de la cintura a los pies, dejando apenas ver al andar las ajorcas tobilleras y el talón desnudo; túnica que luego se tercia al torso con firme solemnidad y que en las mujeres de Bengala sube hasta la cabeza y encuadra el rostro. Es un sereno vestido péplico, clamidático, sobreviviente de una antigüedad ciertamente serena. Pero casi su total vida está en el color, en esa fuerza de colores para los cuales el nombre es pálido. Verdes, azufrados, amarantos, palabras sin vigor: son más bien tintas puras vistas por primera vez. Esas piernas adolescentes amarradas por una tela de fuego, esa espalda morena envuelta en una ola de luz, un peinado de moño negro en que relumbra una rosa de pedrería, quedan por mucho tiempo en la memoria como vivientes apariciones.

Ahora, al traje indostánico más bien es inherente su condición de nobleza, de tranquilidad. Nadie lo lleva mejor que Tagore: lo he visto, y envuelto en su túnica color trigo era el mismo Padre Dios. Estaba en su papel el poeta, en ese cargo por mitad sagrado y director. Yo di la mano al viejo poeta, grande en su ropaje, augusto de barbas.

En Birmania, donde escribo este ocio, el colorido solamente designa los trajes. El hombre se envuelve en faldas multi-

colores y a la cabeza un pañuelo rosado. Lleva una chaquetilla oscura, de estilo chino, sin solapas, es decir, franca: de la
cintura arriba es un torero mongólico. Pero su pollerín, su
lunghi, es reluciente y extraordinario: de una manera es car-
mesí, o alazán o azul bermellón. Las calles de Mandalay, las
avenidas, los bazares de Rangoon, ebullen perpetuamente teñidos de estas tintas deslumbrantes. Entre la multitud colori-
nesca pasean los *penyis*, frailes budistas mendicantes, serios
como resucitados, vestidos de un sayo ligero, vivamente azu-
frado, sagradamente amarillo. Esta muchedumbre es un día
embanderado, una errante caja de acuarela, por primera vez
quiero incurrir en la palabra calidoscopio.

Hablo de Burmah, país en que las mujeres sobrellevan largos peinados cilíndricos, en los que nunca falta la dorada flor
del *padauk*, y fuman cigarros gigantescos. Venida a tierra la
dinastía birmana, las bailarinas visten el traje de las prince-
sas, blanco de joyas y con aristas inexplicables en las caderas. Estas aletas entraban la gimnástica dureza de las *pue*
populares y hacen más extraños esos encogimientos indescriptibles de que están hechas sus tensiones mortales.

Con frecuencia en este tumultuoso jardín de los trajes, en
esta abigarrada estación vestuaria, cruzan las mezclas de lo
grotesco y de lo arbitrario. Éste es el parque de las sorpresas,
el hervidero de las formas vivas, y se pierde la observación en
un océano de inesperadas variaciones, tentativas excelentes y
momentáneas de osadía y, a veces, bellas gentes desnudas.

(Recuerdo haber hallado en las afueras de Samarang, en
Java, una pareja de danzarines malayos, ante un público escaso. Ella era una niña: vestía corselete, sarong y una corona de
metal. Él era viejo, la seguía moviendo los talones y los dedos
del pie, según la manera malaya; sobre la cara llevaba una ca-
reta de laca roja, y en la mano un largo cuchillo de madera.
Muchas veces, dormido, reveo aquella triste danza de suburbio.

Es que aquél era mi traje. Yo quisiera ir vestido de bailarín
enmascarado: yo quisiera llamarme Michael.)

La Nación, *Santiago, 4.3.1928.*

Invierno en los puertos

Shangai, febrero de 1928.
Es triste dejar atrás la tierra indochina de dulces nombres, Battambang, Berenbeng, Saigón. De toda esta península, no en flor sino en frutos, emana un consistente aroma, una tenaz impregnación de costumbre. Qué difícil es dejar Siam, perder jamás la etérea, murmurante noche de Bangkok, el sueño de sus mil canales cubiertos de embarcaciones, sus altos templos de esmalte. Qué sufrimiento dejar las ciudades de Cambodge, que cada una tiene su gota de miel, su ruina khmer en lo monumental, su cuerpo de bailarina en la gracia. Pero aún más imposible es dejar Saigón, la suave y llena de encanto.

Es en el Este un descanso esa región semioccidentalizada. Hay allí un olor de café caliente, una temperatura suave como piel femenina y en la naturaleza cierta vocación paradisíaca. El opio que se vende en cada esquina, el cohete chino que suena como balazo, el restaurante francés lleno de risas, ensaladas y vino tinto, hacen de Saigón una ciudad de sangre mestiza, de atracción turbadora. Agregad el paso de las muchachas anamitas, ataviadas de seda, con un pañuelo hecho deliciosa toca sobre la cabeza, muñecas de finísima feminidad, impregnadas sutilmente de una atmósfera de gineceo, gráciles como apariciones florales, accesibles y amorosas.

Pero aquello cambia con violencia en los primeros días de navegar el mar de la China. Se cruza bajo una implacable constelación de hielo, un terrible frío rasca los huesos.

Ese desembarco en Kowloon, bajo una llovizna pétrea, tiene algo de acontecimiento, algo de expedición en un país esquimal. Los pasajeros tiritan entre sus bufandas y los coolíes que desembarcan los equipajes visten extraordinarios macfarlanes de arpillera y paja. Tienen aspecto de fantásticos pingüinos de una ribera glacial. Las luces de Hong Kong tiemblan colocadas en su teatro de cerros. En el atardecer las altísimas construcciones americanas se desvanecen un poco y

una multitud insondable de techos se acuesta a montones
bajo las sábanas de una niebla gruesa.

¡Kowloon! Miro las calles en que recién Juan Guzmán
[Cruchaga] consumía y creaba un tiempo decididamente solitario, un aislamiento de espantoso vecindario inglés, y las
avenidas parecen conservar aún algo de su literatura, algo
elegante, frío y sombrío. Pero algo resuena al borde mismo de
las aguas del canal, y es Hong Kong vasto, obscuro y brillando como una ballena recién cazada, lleno de ruidos, de respi-
raciones misteriosas, de silbatos increíbles.

Y ya se halla uno rodeado de una ciudad hormigueante,
alta y gris de paredes, sin más carácter chino que los avisos de
alfabeto enigmático; una violencia de gran ciudad de Occidente −Buenos Aires, Londres− cuyos habitantes hubieran
adquirido los ojos oblicuos y la piel pálida. La multitud que
nos empuja en su tránsito va mayormente metida en enormes
sobretodos, largos hasta la extravagancia, o en batas negras
de seda o satín debajo de las cuales asoma un grueso acol-
chado protector. La gente así vestida camina ridículamente
obesa y los niños, cuya cabeza apenas asoma entre esta espesura de vestuario, toman un curioso carácter extrahumano,
hipopotámico. Cada mañana amanece una docena de muertos por el frío de la terrible noche de Hong Kong, noche de
extensión hostil que necesita cadáveres, y a la que hay que sacrificar puntualmente esas víctimas, alimentando así sus designios mortíferos.

Shangai aparece más hospitalaria y confortable, con sus ca-
barets internacionales, con su vida de trasnochada metrópoli
y su visible desorden moral.

Todos los pasajeros del barco en que viajo descienden en
Shangai como fin de viaje. Vienen de Noruega, de la Martinica, de Mendoza. En todo el litoral de Oriente no hay mayor
imán atractor que el puerto del río Wangpoo, y allí nuestro
planeta se ha acrecido de un densísimo tumulto humano, de
una colosal costra de razas. En sus calles se pierde el control,
la atención se despedaza repartiéndose en millones de vías,
queriendo captar la circulación ruidosa, oceánica, el tráfico
agitándose millonariamente. Las innumerables callejas chinas

desembocan en las avenidas europeas como barcas de extraordinarios velámenes coloreados. En ellos, es decir en la selva
de tela que adorna el exterior de los bazares, se encuentran a
cada paso el león de seda y el loto de jade, el vestido del man-
darín y la pipa de los soñadores. Estas callejas repletas de
multitud, hechas de un gentío compacto, parecen la ruta de un
solo gran animal vivo, de un dragón chillón, lento y largo.

Dentro del límite de las Concesiones, el *Bund* o *City* bancaria, se extiende a la orilla del río; y a menos de cincuenta metros los grandes barcos de guerra ingleses, americanos, franceses, parecen sentados en el agua, bajos y grises de silueta. Estas
presencias severas y amenazantes imponen la seguridad sobre
el gran puerto. Sin embargo en ninguna parte se advierte más
la proximidad, la atmósfera de la revolución. Las puertas de
hierro que cada noche cierran la entrada de las Concesiones,
parecen demasiado débiles ante una avalancha desencadenada.
A cada momento se ostenta la agresividad contra el forastero,
y el transeúnte chino, súbdito antiguo de Nankín y Londres, se
hace más altanero y audaz. Mi compañero de viaje, el chileno
Álvaro Hinojosa, es asaltado y robado en su primera excursión
nocturna. El coolí de Shangai toma ante el blanco un aire de
definida insolencia: su ferocidad mongólica le pide alimento en
este tiempo de ferocidad y sangre. Ese ofrecimiento que el viajero oye en Oriente mil veces al día: *Girls! Girls!*, toma en
Shangai un carácter de imposición; el *rickshaman*, el conductor de coches, se disputan al cliente con aire de ferocidad contenida, desvalijándolo desde luego con los ojos.

Sin embargo Shangai excepciona la obscura vida colonial. Su
vida numerosa se ha llenado de placeres: en Extremo Oriente
marca el mismo solsticio del cabaret y la ruleta. A pesar, yo ha-
llo cierta tristeza en estos sitios nocturnos de Shangai. La misma monótona clientela de soldados y marineros. *Dancings* en
que las piernas bombachas del marino internacional se pegan
obligatoriamente a las faldas de la rusa aventurera. *Dancings*
demasiado grandes, un poco obscuros, como salas de recepción de reyes desposeídos, y en cuyo ámbito la música no alcanza hasta los rincones, como una calefacción defectuosa,
fracasada en su intento de temperatura e intimidad.

Pero, como inquebrantable recurso de lo pintoresco, hay la calle, el sorpresivo, magnético arroyo del Asia. Cuánto hallazgo, qué saco de extravagancias, qué dominio de colores y usos extraños cada suburbio. Vehículos, vestuarios, todo parece revuelto entre los maravillosos dedos del absurdo. Frailes taoístas, mendicantes budistas, vendedores de cestos, repartidores de comidas, juglares, adivinos, casas de placer o Jardines de Té, dentistas ambulantes, y también el palanquín señorial transportando a bellas de dientes que sonríen. Cada cosa delata un encuentro intraducible, una sorpresa súbita que se amontona a otras.

La Nación, *Santiago, 8.4.1928.*

Nombre de un muerto

Singapore, febrero de 1928.
Yo lo conocí a Winter en su puerto, en su escondrijo de Bajo Imperial. Lo conocí de leyenda, lo conocí luego de vista, y al fin de profundidad. Cómo asombrarse de que se haya muerto? Como no me sorprende que una mujer joven tenga hijos, que un objeto dé sombra. La sombra de Winter era mortal, su predilección iba enlutada, era un auténtico convidado de fantasmas, Winter. Su vocación de soledad fue más aguda que ninguna y su penetración en lo inanimado lo aislaba, envolviéndolo en frío, en aire celeste. Estudiante de Sombras, Licenciado de los Desiertos!

Don Augusto era el hombre de manos minúsculas, de ojos de agua azul, el hombre aristocrático del norte, el viejo caballero auténtico. Llegó al sur a contrastar, a una tierra de mestizos revoltosos, de colonos oscuros, a un semillero de indios sin ley. Allí vivió don Augusto, delicado, envejeciendo. En su cercanía más próxima había libracos, sabidurías, y a su alrededor, un cortinaje denso de lluvia y alcoholismo. Hasta mis recuerdos se asustan de aquellas soledades! Cuando el mal tiempo se desamarra por allí, las aguas parecen parientes del demonio, y las del río, las del mar, las del cielo, se acoplan, bramando. País abandonado en que hasta las cartas llegan sin frescura, ajadas por las distancias, y en que los corazones se petrifican y alteran.

Eso todo está pegado con mi niñez, eso, y don Augusto, con su barba medio amarilla de tiempo, y sus ojos de viaje certero. A mí –hace tantos años– me parecía misterioso ese caballero, y su luto y su aspecto de gran pesar. Yo espié sus paseos de la tarde, en que paso a paso por la orilla de un mundo amortecido, miraba como para adentro, como para recorrer sus propias extensiones. Pobre, solo! Después de entonces he visto hombres ya muy apartes, ya muy dejados de la vida, y muy abstenidos de acción, muy envueltos en distancias. Pero como él, ninguno. Ninguno de tanta confianza en la desgracia, de tanta similitud con el olvido.

Yo muchas veces oí aullar los largos temporales de la frontera conversando con Winter. A veces lo vi, puro sobre fondo sangriento, escuchar el rumor del vocerío eleccionario, y así me parecía como desterrado de ejemplo, don Augusto, tan excepcional, tan acendrado, entre el huracán de los mapuches y el galope asolador de los rifleros. Con fondo de lluvias, de lagos australes, estaba más en paz, parecido él mismo al elemento transparente y turbado. Detrás de una cortina de años, de años deslizados de a mes, de a semana, de a día, millones de horas en el mismo sitio, rompedoras y amargas como tenacidad de gotas. Yo recuerdo su casa, su tabaco, su teosofía, su catolicismo, su ateísmo, y lo veo tendido, durmiendo, escoltado por tales costumbres y ansiedades. Yo admiro su figura y con horror me persigno ante ella, para que me favorezca: apártate, soledad tan tremenda!

Algo hay de él en sus versos, algo en esa como cadencia errante que poseen, en esa luz de paciencia y ese tejido de edad que parecen tener. Sus poesías son como viejos encajes destructoramente marchitos, tienen un aire ajado y un olor de escondite. Son viejas laudatorias en que una nota de aguas melancólicas, ay, se repite: un acorde de tristeza espacial, de sueños perdidos. Su poesía es el caer y recaer de un sonido desolado, es la pérdida y la devolución de una substancia desgarradora.

Pero había además en él una trepidación de insostenibles desesperaciones. Yo lo noté visitado por las incertidumbres y a un mismo tiempo comían de su alma la paloma y el látigo. Su existencia buscaba un Derrotero, sus condiciones dolientes rechazaban y exigían.

Pienso en su cadáver acostado y callado, al lado del mar Pacífico. Camaradas viejos, camaradas amargos!

La Nación, Santiago, 20.5.1928.

Ceilán espeso

Wellawatta, julio de 1929.
Litoral feliz! Una barrera de coral se alarga, paralela a la playa; y el océano interrumpe allí sus azules en una gorguera rizada y blanca y perpetua de plumas y espumas; las triangulares velas rojas de los *sampangs*; la longitud pura de la costa en que, como estallidos, ascienden sus rectos troncos las palmas cocoteras, reuniendo casi en el cielo sus brillantes y verdes peinetas.

Cruzando casi en línea recta la isla, en dirección a Trincomali, el paisaje se hace denso, terrestre, los seres y cosas muebles desaparecen: la inmutable, sólida selva lo reemplaza todo. Los árboles se anudan ayudándose o destruyéndose, y mezclándose pierden sus contornos y así se camina como bajo un túnel de bajos y espesos vegetales, entre un pavoroso mundo de coles caóticas y violentas.

Rebaños de elefantes cruzan la ruta de uno en uno; pequeñas liebres de la jungla saltan velozmente huyendo del automóvil; gallinas y gallos silvestres, minúsculos y finos, asoman por todas partes; frágiles y azules aves del Paraíso aparecen y huyen.

De noche nuestra máquina corre silenciosamente a través de los perfumes y las sombras de la jungla. De todas partes brotan ojos de seres sorprendidos; ojos que arden verdemente como llamas de alcohol; es la noche selvática, poblada de instintos, hambre y amores, y disparamos constantemente a los cerdos salvajes, a los bellos leopardos, a los ciervos. Bajo las lámparas del automóvil se detienen sin intentar huir, como desconcertados, y luego caen desapareciendo entre los ramajes, y se trae un moribundo todo húmedo y magnífico de rocío y sangre, con olor a follaje y a la vez a muerte.

Hay en la espesa selva un silencio igual al de las bibliotecas, abstracto, húmedo.

A veces se oye el trompetear de los elefantes salvajes, o el familiar aullido de los chacales. A veces un disparo de cazador estalla y cesa, tragado por el silencio, como el agua traga una piedra.

Descansan también, en medio de la selva e invadidas por ella, las ruinas de las misteriosas ciudades cingalesas: Anuradhapura, Polonaruwa, Mihintala, Sigiriya, Dambulla. Delgados capiteles de piedra enterrados por veinte siglos asoman sus cáscaras grises entre las plantas; estatuas y escalinatas derribadas, inmensos estanques y palacios que han retornado al suelo con sus genitores ya olvidados. Todavía junto a esas piedras dispersas, a la sombra de las inmensas pagodas de Anuradhapura, la noche de luna llena se llena de budistas arrodillados y las viejas oraciones vuelven a los labios cingaleses.

La trágica roca Sigiriya viene a mis recuerdos mientras escribo. En el espeso centro de la jungla, un inmenso y abrupto cerro de roca, accesible tan sólo por inseguras, arriesgadas graderías talladas en la gran piedra; y en su altura las ruinas de un palacio y los maravillosos frescos sigiriyos, intactos a pesar de los siglos. Hace mil quinientos años un rey de Ceilán, parricida, buscó asilo contra su hermano vengador en la cima de la terrible montaña de piedra. Allí levantó entonces, a su imagen y semejanza, su castillo aislado y remordido. Con sus reinas y sus guerreros y sus artistas y sus elefantes, trepó y permaneció en la roca por veinte años, hasta que su hermano implacable llegó a destruirlo.

No hay en el planeta sitio tan desolado como Sigiriya. La gigantesca roca con sus tenues escalerillas talladas, interminables, y sus garitas ya para siempre desiertas de centinelas;

arriba, los restos del palacio, la sala de audiencias del monarca con su trono de piedra negra, y por todas partes ruinas de lo desaparecido, cubriéndose de vegetales y de olvido; y desde la altura, a nuestro alrededor, nada sino la impenetrable jungla, por leguas y leguas, nada, ni un ser humano, ni una cabaña, ni un movimiento de vida, nada sino la oscura, espesa y oceánica selva.

La Nación, *Santiago, 17.11.1929.*

Oriente y Oriente

Wellawatta, Ceilán [1930].
A mí me parece extraño que los escritores «exotistas» hablen en términos ardientes de las regiones tropicales orientales. No hay tierra que se preste menos para las efusiones panegíricas o alegóricas. Estos dominios requieren solamente constante conocimiento e implacable atención. Un gran aire de fuego, de deslumbrantes vidas vegetales ha reducido al hombre a un estado minúsculo. En la India el ser humano forma parte del paisaje, y no hay discontinuidad entre él y la naturaleza como en el Occidente contemporáneo. Las grandes épocas culturales del Oriente intermedio o brahmánico, no destruyen la raíz del hombre ni suplantan su florescencia como lo hizo el cristianismo, se levantan más bien como grandes paredes monumentales, sin gran atingencia con las dolencias del ser, pero sí con poderoso tributo al misterio circundante.

Siempre ha existido un remoto pasado detrás de los cultos y ceremonias del Este, y este pasado permanece vivo y cargado de influencias. Los dioses son, pues, sólo una casta superior desaparecida, pero actuando y ordenando desde ese activo pasado, como una ciudad invisible pero próxima, poblada de seres puramente directores. El poder los llena de venenos infernales, como sucede en la humanidad, tales dioses son sexuales y sangrientos.

Sí: el tiempo sólo puede construir ídolos, y lo remoto es directamente divino. Origen y perpetuidad son antagónicas virtudes, el ser original está aún sumergido en lo espontáneo, en lo creador y destructor; mientras que las vidas persistentes sobreviven abandonadas, sin poder de principio o de final. Sin perderse, y perdiéndose, vuelve el ser a su origen creador, «como una gota de agua marina vuelve al mar», dice el *Katha Upanishad*. Participar en lo divino, regresar a esa actividad inquebrantable: no es éste un germen de imposible y de fatales oscuridades doctrinarias?

Así, pues, como súbitamente herido por estas distancias abrumadoras, el hombre ha caído reduciendo sus inteligencias individuales y acrecentando sus fuerzas instintivas, atemorizado ante una posible evasión o destello creativo que atrajera nuevos conflictos y desorden a su existencia. Las sociedades hindúes son un descompuesto detritus, pero su descomposición es natural, vegetal y animal: fermentación, reproducción y muertes.

En contraste, nada más frenético, grandioso y cruel que los dioses; y es desesperante ver en los templos hindúes a los brahmanes encargados que, miserables y oscuros, se arrastran debajo de las idolatrías sobrehumanas, bajo las enormes puertas y columnas de piedra. El pasado los ha mordido en el corazón, haciéndolos insignificantes.

De ahí esa apariencia repulsiva de las sociedades indias. El hombre no ha asumido lo divino, como el moderno occidental, sino que lo ha dejado por completo a los dioses, en una trágica división del trabajo mortal.

Yo no tengo apuro por escribir sobre la India y sobre Birmania y Ceilán, porque muchas causas y orígenes me aparecen ocultos y muchos fenómenos aún inexplicables. Todo parece en ruinas y despedazándose, pero en verdad fuertes ligamentos elementales y vivientes unen estas apariencias con vínculos casi secretos y casi imperecederos.

La Nación, *Santiago, 3.8.1930.*

Santiago-Madrid ida y vuelta

(1931-1939)

I

DE BATAVIA A SANTIAGO
(1931-1933)

Introducción a la poética
de Ángel Cruchaga Santa María

Ni el que impreca con salud de forajido, ni el que llora con gran sometimiento quedan fuera de la casa de las musas poesías. Pero aquel que ríe, ése está fuera.

La residencia de las señoras musas está acolchada de tapices agrios y comúnmente van las damas aderezadas de doloroso organdí. Duras y cristalinas, como verticales y sólidas aguas son las murallas de la vivienda solemne. Y las cosechas de sus jardines no dan el resultado del verano sino que exponen la obscuridad de su misterio.

Ésta es la manera y sacrificio de comenzar a frecuentar las estancias de Ángel Cruchaga Santa María y el modo de tropezar con sus números angélicos y digerir sus obstinados y lúgubres alimentos.

Como un toque de campanas negras, y con temblor y sonido diametral y augur, las palabras del mágico cruzan la soledad de Chile, tomando de la atmósfera substancias diversas de superstición y lluvia. Devoluciones, compras, edad lo han transfigurado, vistiéndolo cada día lunar con un ropaje más sombrío, de tal manera que repentinamente visto en la Noche y en la Casa, siniestramente despojado de atributos mortales parecería, sin duda, la estatua erigida en las entradas del gran recinto.

Como anillos de la temperatura del advenimiento del alba del día del otoño, los cantos de Ángel se avecinan a unos llenos de helada claridad, con cierto temblor extraterrestre y sublunar, vestidos con cierta piel de estrellas. Como vagos cajones de bordados y pedrerías casi abstractos, aún enredados de fulgurantes brillos, productores de una tristeza insana, parecen adaptarse de inmediato a lo previsto y presentido y a lo antiguo y amargo, a las raíces turbiamente sensibles que agujerean el ser, acumulando allí sus dolientes necesidades y su triste olvido.

Esos cajones dulces y fenomenales de la poética de Ángel guardan sobre todo ojos azules de mujeres desaparecidas, grandes y fríos como ojos de extraños peces, y capaces aún de dar miradas tan largas como los arcos iris. Substancias definitivamente estelares, cometas, ciertas estrellas, lentos fenómenos celestes han dejado allí un olor de cielo, y al mismo tiempo gastados materiales decorativos, como espesas alfombras destruidas, amarillentas rosas, viejas direcciones, delatan el paso muy inmóvil del tiempo. Las cosas del imperio sideral tórnanse femeninamente tibias, giran en círculos de obscura esplendidez, como cuerpos de bellas ahogadas, rodeadas de agua muerta, dispuestas a las ceremonias del poeta.

Las vivientes y las fallecidas de Cruchaga han tenido una tiránica predisposición mortuoria, han existido tan puramente, con las manos tan gravemente puestas en el pecho, con tal acierto de posición crepuscular, detrás de una abundancia de vitrales, en tan pausado tránsito corpóreo, que más bien semejan vegetales del agua, húmedas e inmóviles florescencias.

Colores obispales y cambios de claridad alternan en su morada y estas luces duales se suceden en perpetuo ritual. No hay el peso ni los rumores de la danza en los atrios angélicos, sino la misma población del silencio con voces y máscaras a menudo tenebrosas. De un confín a otro del movimiento del aire repite sonidos y quejas en amordazado y desesperante coro.

Enfermedades y sueños, y seres divinos, las mezclas del hastío y de la soledad, y los aromas de ciertas flores y de ciertos países y continentes, han hallado en la retórica de Ángel mayor lugar extático que en la realidad del mundo. Su mitología geográfica y sus nombres de plata como vetas de fuego frío se entrecruzan en su piedra material, en su única y favorita estatua.

Y entre los repetidos síntomas místicos de su obra tan desolada, siento su roce de lenta frecuencia actuando a mi alrededor con dominio infinito.

Batavia, Java, febrero de 1931

Atenea, núm. 75-76, Concepción,
Chile, mayo-junio de 1931.

Oda tórrida

Venid con vuestro cargamento de direcciones rojas,
veranos duros, permanentes, agrios de estas zonas de la tierra,
cargad sobre mis sienes sacos de sudor blanco,
cegadme de luz loca, de relámpagos viejos,
heridme el corazón con vuestros besos de brasa y vidrio,
entrad en mis materias intestinales, mordiendo
mi blando ser interior con alimentos devoradores,
pimienta, ají, jengibre, marisco, nueces ardientes,
alimentos que atenazan como cangrejos y aún
corred, zona infinita, vuestras influencias líquidas,
en mi garganta extrañamente exasperada,
vuestros espesos manantiales de azúcar,
vuestros infinitos espermas, oh tierra creadora de la vida,
vuestros petróleos sutiles mezclados a la orina de las bestias
    salvajes,
el barro apocalíptico de los búfalos y el lodo fino de los arro-
    zales,
el té y la lluvia del monzón y el rocío entre las orquídeas,
oh tierra de los infiernos reunidos,
cielo mío,
junta desde luego tus sólidos en mi alma,
tu suelo exorbitante y tenaz,
tus piedras capaces de nutrir, y aun
la raíz de tus minerales, la piel y el cuero de tus bestias,

las uñas y el pico de tus vivientes pájaros,
la sed de tus instrumentos, el sonido
oscuro, turbador del trueno en tu cielo,
tu lento vital silencio como alcohol o ácido,
y tus cifras secretas de muerte y permanencia
entierra en las pasajeras tierras de mi alma.

Isla de Java, 1931

Revista del Pacífico, *núm. 1, Santiago,
junio de 1935.*

Nota sobre la poesía de Juvencio Valle

Señor Raúl Silva Castro.

Mi querido amigo: No me gusta escribir cartas literarias, ni artículos, ni siquiera contesto al mercader de cuadros que me insulta por envidia.

Sin embargo, no resisto a la tentación de protestar ante la injusticia y desorden de juicio que han significado hasta ahora única apreciación [*sic*] del libro *Tratado del bosque* por Juvencio Valle.

Alone trató este libro con su repetida manera de protección florida con doble crimen de superficialidad y alevosía. Alone sigue invocando esos fantasmas fallecidos de D'Halmar, Shade y Magallanes: su crítica adolece de muerte y olvido, y este silencio me parece indecoroso.

Además el joven *runrunista* Reyes Messa, en *Los tiempos,* después de mil vaciedades a propósito de mi supuesta influencia, corta, denigra y martiriza la substancia de este libro magnífico.

Horror de horrores! Un ser juvenil que quiere defender a dentelladas su puesto en una pretendida vanguardia, un joven poeta que sin querer quedarse atrás, y sin mostrar frente a frente su desarrollo poético, se hunde hasta la garganta en el periodismo y desde ahí lanza su tinta nacional contra el alto, puro y solitario joven sureño.

Juvencio Valle no es vanguardista ni es, por suerte, runrunista. Es, sin embargo, por derecho del señorío lírico, por tensión y aumento de vida verbal; por condiciones esenciales y secretas, visibles sin embargo en su estructura; por lo arbitrario, lo profundo, lo dulce y perfumado de su poesía es, digo, el poeta más fascinador y atrayente de la poesía actual de Chile.

Tratado del bosque es concisión, desnudez, poder, voluntad y libre arbitrio poéticos, realizados con seguridad y vitalidad resistentes. Es un fuego purísimo en mitad de la selva. Una guitarra de cuerdas claras.

Soledad, sueños, amores, hojas, el agua silvestre sonando como un metal, corriendo todo el sur, vive en los versos del nuevo poeta con magnificencia y dignidad de corazón. Todo se ha convertido en él en substrato vivo, en humus abandonado, de donde surge, para bienestar de mi alma, su delicioso canto.

El Mercurio, *Santiago, 20.11.1932.*

Número y nombre

De un sueño al sueño de otros!
De un rayo húmedo, negro,
vertiendo sangre negra!
Qué corcel espantoso
de brida soñolienta
y látigos de espuma
y patas paralelas!

Aguas del corazón
metidas en el sueño,
olas, canales, lenguas,
en desarrollo lento,

invasoras y activas
trepando al sueño de otros,
escalando silencios,
atravesando párpados,
modificando sueños!

Sueños solos, temibles,
sueños de labios secos,
solos, sin dirección,
en busca de otros sueños,
con boca de vampiros,
en la noche, corriendo,
carcomiendo como ácidos,
saltando sobre sueños,
corroborando espantos,
comunicando muertos.

Campanas de olas muertas,
disparan aves negras
de cartílago inmenso,
alas que agarran sombras,
picos y uñas de sueño,
latitudes golpeadas
de sonidos y vuelos,
sonidos cazadores,
sueños vencidos, húmedos,
respirados, opresos.

Sueños que inundan sueños,
crecen y cortan sueños,
tragan y botan sueños,
lavan y tiñen sueños,
hunden y rompen sueños,
sueños que comen sueños,
crecen dentro de sueños,
duermen dentro de sueños,
sueñan dentro de sueños.

Entre barrotes negros,
cerraduras heladas,
escaleras oscuras,
sueño a sueño se amarra,
sueño a sueño se bate,
sueño a sueño baila.
Con espadas de gas,
con estrellas de vino
se sumergen en negros
corredores vacíos,
vagos como cenizas
y largos como ríos,
como ciudades muertas
o ejércitos heridos,
o túneles espesos,
callados y vacíos,
blandos seres que se hunden
o se unen como hilos,
lentas ropas de miedo,
de sopor, de sigilo,
que tiemblan y se caen
como lágrimas de humo,
cenizas instantáneas,
reuniones de olvido.

(La escala vertical
y su paso de plata,
y su cuerpo delgado,
desnudo como el agua,
su olor a té y orgullo,
su rostro de topacio,
confusos, titubeando,
corren la noche clara,
tropezando con sombras,
sedientos como mi alma.)

Domicilios del sueño
con árboles de trapo

y sombras de manzana,
y brillos en el fondo,
brillos heridos, húmedos,
como espadas con sangre
caídas en el agua.

El Mercurio, *Santiago, 26.2.1933.*

II

BUENOS AIRES
(1933-1934)

Discurso al alimón sobre Rubén Darío
por Federico García Lorca y Pablo Neruda

Neruda: Señoras...

Lorca: y señores: Existe en la fiesta de los toros una suerte llamada «toreo al alimón» en que dos toreros hurtan su cuerpo al toro cogidos de la misma capa.

Neruda: Federico y yo, amarrados por un alambre eléctrico, vamos a parear y a responder esta recepción muy decisiva.

Lorca: Es costumbre en estas reuniones que los poetas muestren su palabra viva, plata o madera, y saluden con su voz propia a sus compañeros y amigos.

Neruda: Pero nosotros vamos a establecer entre vosotros un muerto, un comensal viudo, oscuro en las tinieblas de una muerte más grande que otras muertes, viudo de la vida, de quien fuera en su hora marido deslumbrante. Nos vamos a esconder bajo su sombra ardiendo, vamos a repetir su nombre hasta que su poder salte del olvido.

Lorca: Nosotros vamos, después de enviar nuestro abrazo con ternura de pingüino al delicado poeta Amado Villar, vamos a lanzar un gran nombre sobre el mantel, en la seguridad de que se han de romper las copas, han de saltar los tenedores, buscando el ojo que ellos ansían, y un golpe de mar ha de manchar los manteles. Nosotros vamos a nombrar al poeta de América y de España: Rubén...

Neruda: Darío. Porque, señoras...

Lorca: y señores...

Neruda: Dónde está, en Buenos Aires, la plaza de Rubén Darío?

Lorca: Dónde está la estatua de Rubén Darío?

Neruda: Él amaba los parques. Dónde está el parque Rubén Darío?

Lorca: Dónde está la tienda de rosas de Rubén Darío?

Neruda: Dónde están el manzano y las manzanas de Rubén Darío?

Lorca: Dónde está la mano cortada de Rubén Darío?

Neruda: Dónde está el aceite, la resina, el cisne de Rubén Darío?

Lorca: Rubén Darío duerme en su «Nicaragua natal» bajo su espantoso león de marmolina, como esos leones que los ricos ponen en los portales de sus casas.

Neruda: Un león de botica, a él, fundador de leones, un león sin estrellas a quien dedicaba estrellas.

Lorca: Dio el rumor de la selva con un adjetivo, y como fray Luis de Granada, jefe de idioma, hizo signos estelares con el limón, y la pata de ciervo, y los moluscos llenos de terror e infinito; nos puso al mar con fragatas y sombras en las niñas de nuestros ojos y construyó un enorme paseo de Gin sobre la tarde más gris que ha tenido el cielo, y saludó de tú a tú el ábrego oscuro, todo pecho, como un poeta romántico, y puso la mano sobre el capitel corintio con una duda irónica y triste, de todas las épocas.

Neruda: Merece su nombre rojo recordarlo en sus direcciones esenciales con sus terribles dolores del corazón, su incertidumbre incandescente, su descenso a los hospitales del infierno, su subida a los castillos de la fama, sus atributos de poeta grande, desde entonces y para siempre e imprescindible.

Lorca: Como poeta español enseñó en España a los viejos maestros y a los niños, con un sentido de universalidad y de generosidad que hace falta en los poetas actuales. Enseñó a Valle-Inclán y a Juan Ramón Jiménez, y a los hermanos Machado, y su voz fue agua y salitre, en el surco del venerable idioma. Desde Rodrigo Caro a los Argensolas o don Juan de

Arguijo no había tenido el español fiestas de palabras, choques de consonantes, luces y forma como en Rubén Darío. Desde el paisaje de Velázquez y la hoguera de Goya y desde la melancolía de Quevedo al culto color manzana de las payesas mallorquinas, Darío paseó la tierra de España como su propia tierra.

Neruda: Lo trajo a Chile una marea, el mar caliente del norte, y lo dejó allí el mar, abandonado en costa dura y dentada, y el océano lo golpeaba con espumas y campanas, y el viento negro de Valparaíso lo llenaba de sal sonora. Hagamos esta noche su estatua con el aire, atravesada por el humo y la voz y por las circunstancias, y por la vida, como ésta su poética magnífica, atravesada por sueños y sonidos.

Lorca: Pero sobre esta estatua de aire yo quiero poner su sangre como un ramo de coral, agitado por la marea, sus nervios idénticos a la fotografía de un grupo de rayos, su cabeza de minotauro, donde la nieve gongorina es pintada por un vuelo de colibrís, sus ojos vagos y ausentes de millonario de lágrimas, y también sus defectos. Las estanterías comidas ya por los jaramagos, donde suenan vacíos de flauta, las botellas de coñac de su dramática embriaguez, y su mal gusto encantador, y sus ripios descarados que llenan de humanidad la muchedumbre de sus versos. Fuera de normas, formas y escuelas queda en pie la fecunda substancia de su gran poesía.

Neruda: Federico García Lorca, español, y yo, chileno, declinamos la responsabilidad de esta noche de camaradas, hacia esa gran sombra que cantó más altamente que nosotros, y saludó con voz inusitada a la tierra argentina que pisamos.

Lorca: Pablo Neruda, chileno, y yo, español, coincidimos en el idioma y en el gran poeta nicaragüense, argentino, chileno y español, Rubén Darío.

Neruda y *Lorca*: Por cuyo homenaje y gloria levantamos nuestros vasos.

> *Discurso escrito a dos manos y leído a dos voces por Neruda y Lorca durante el banquete de homenaje a ambos en el PEN Club de Buenos Aires, 20.11.1933. Publicado por primera vez en* El Sol, *Madrid, 30.12.1934.*

Severidad

Os condeno a cagar de mañana y de noche
leyendo periódicos atrasados y novelas amargas,
os condeno a cagar arrepentimiento y melancolía
y suaves atardeceres amarillos.

Os condeno a cagar en *corset* y en camisa
en vuestras casas llenas de bicicletas y canarios,
con vuestras posaderas azules y calientes
y vuestros lamentables corazones a plazo.

De un mundo hundido salen cosas siniestras:
aparatos mecánicos y perros sin hocico,
embajadores gordos como rosas,
cigarrerías negras y cines averiados.

Yo os condeno a la noche de los dormitorios
interrumpida apenas por irrigadores y por sueños,
sueños como eucaliptus de mil hojas
y raíces mojadas en orines y espuma.

No me dejéis tocar vuestras aguas sedentarias
ni vuestras reclamaciones intestinales, ni vuestras
    religiones,
ni vuestras fotografías prematuramente colgadas:
porque yo tengo llamas en los dedos,
y lágrimas de desventura en el corazón,
y amapolas moribundas anidan en mi boca
como depósitos de sangre infranqueable.

Y odio vuestras abuelas y vuestras moscas,
odio vuestras comidas y vuestros sueños,
y vuestros poetas que escriben sobre «la dulce esposa»,
y «las felicidades de la aldea»:

en verdad merecéis vuestros poetas y vuestros pianos
y vuestros desagradables enredos a cuatro piernas.

Dejadme solo con mi sangre pura,
con mis dedos y mi alma,
y mis sollozos solos, oscuros como túneles.
Dejadme el reino de las largas olas.
Dejadme un buque verde y un espejo.

> *En* Paloma por dentro, *opúsculo dactiloscrito, Buenos Aires, a comienzos de 1934 [ver estas OCGC, I, pp. 1183-1184]. Recogido en* FDV, *pp. 131-132.*

III

MADRID
(1935)

Aquí estoy

Estoy aquí con mis labios de hierro
y un ojo en cada mano
y con mi corazón completamente,
y viene el alba, y viene
el alba, y viene el alba,
y estoy aquí a pesar
de perros, a pesar
de lobos, a pesar
de pesadillas, a pesar
de ladillas, a pesar de pesares
estoy lleno de lágrimas y amapolas cortadas,
y pálidas palomas de energía,
y con todos los dientes y los dedos escribo,
y con todas las materias del mar,
con toda las materias del corazón escribo.

Cabrones!
Hijos de puta!
Hoy ni mañana
ni jamás
acabaréis conmigo!
Tengo llenos de pétalos los testículos,
tengo lleno de pájaros el pelo,
tengo poesía y vapores,
cementerios y casas,

gente que se ahoga,
incendios,
en mis *Veinte poemas,*
en mis semanas, en mis caballerías,
y me cago en la puta que os malparió,
derrokas, patíbulos,
vidobras,
y aunque escribáis en francés con el retrato
de Picasso en las verijas,
y aunque muy a menudo robéis espejos y llevéis a la venta
el retrato de vuestras hermanas,
a mí no me alcanzáis ni con anónimos,
ni con saliva,
existo, entre los metales, la harina y las olas,
entre el mundo y el cielo, con un corazón lleno de sangre
y de rocío.

Venid a lastimarme con esputos
de la mañana a la noche,
no inauguréis adulterios con vacas amaestradas,
ni os hagáis secuestrar,
ni mañana os hagáis comunistas de culo dorado,
sino verted vinagre,
echad por la boca el semen recogido en la vulva
de la prostituta, y rociad las paredes de los *water-closets*
con toda vuestra mierda que os condeno a tragar otra vez
con el solo hecho de que yo en la mañana y en la noche
escribo poemas llenos de piedras y lamentos,
cosas llenas de agujas y cenizas,
aguas amargas
caídas para siempre en vuestra muerte.

Muerte! Muerte! Muerte!
Muerte al ladrón de cuadros,
muerte a la bacinica de Reverdy,
muerte a las sucias vacas envidiosas
que ladran con los intestinos cocidos en envidia,
en cal y podredumbre.

Muerte al bandido
que cambia fechas en sus libros y con la otra mano
vive de puro perro y puro rico,
vive de obscuras administraciones,
vive falsificando incestos
con hijas de madres ultrajadas!
Muerte al bandido, al estafador de diez años,
cuadros, muebles, tíos, provincias saqueadas,
y después, a colgar de las babosas barbas del coronel,
y del útero podrido de la podrida esposa del coronel!

    Huid de mí, podridos,
haced clases de estítica y callampas, haceos raptar y
poseer por scouts finlandeses,
mercachifles hediondos a catre de prostituida,
pero a mí no vengáis, porque soy puro,
y con la garganta y el alma os vomito catorce veces,
os vomito cuatrocientas veces, a vosotros,
a vuestras jeringas, aunque colaboréis en *La Opinión*
y en la matonería, aunque cada día cultivéis
con mayor atención vuestra bilis y vuestra mierda,
y os colguéis de los talones de *El Mercurio* y el oro,
y aunque escribáis montañas tibias perfectamente pútridas,
permitidme una pálida cosa,
con treinta años ardientes,
con un alma de hueso y laberinto,
permitidme
cagarme en vuestros codos y en vuestras abuelas,
y en las revistillas de jóvenes *Ombligos*
en que derretís las últimas chispas que os salen del culo.

    Mierda y mierda y mierda,
tierra y tierra y tierra,
gusanos,
para vosotros,
falsos caudillos interrumpidos por la envidia,
poetas tartamudos!
Polvo, polvo, polvo,

para vuestras cenizas:
de nada vale vuestro nombre de pila
traducido al francés, como conviene al judío cursi,
de nada haber pagado diez años de comidas
en Montparnasse,
de nada vale venir de Talca dispuestos
a ser titulados genios y ladrones de pinturas,
os mato,
os mato con espuma y sacrificios,
y os meo, envidiosos,
ladrones, hijos del hijo de la suegra de la puta,
os meo eternamente en vuestros hígados
y en vuestros hijos,
os meo en la fuente del corazón
que habéis cubierto con estiércol,
y habéis alimentado con estiércol,
y habéis asesinado con estiércol.

Mientras el mundo se surte de llanto a cada lado,
y los trabajadores y los alcaldes crujen de sangre,
mientras el mapa se sobrecoge entre las sábanas,
y la angustia hace gritar a los cabildos,
hay literatos de siniestra cara,
ladrones verdes, payasos de París,
miserables de Talca,
descubriendo odio,
fabricando pequeños «plagios»,
disfrazados de comunistas náufragos y fecales,
y mientras a la mamá sacan dinero,
al coronel sacan dinero,
a la mamá sacan dinero,
alcoronelalamamásacandinero-sacan,
viva el comunismo!
dicen los letrina-literatos
mientras el mundo cae y nace,
sólo el odio y la envidia crece en sus uñas,
y se preocupan de denunciar,
de mancillar, los hediondos,
mientras Alberti lucha,

González Tuñón lucha,
Aragon lucha,
los hediondos disfrazados
corren atrás de la literatura
echando sangre de parto maldito,
echando abecedarios y pescados vinagres,
diciendo: acusemos a aquél
y así llegaremos a creer que somos genios,
los hediondos,
incapaces del bien, incapaces del mal,
incapaces del suelo.

Porque morirán muertos, entre eructos
de doctores borrachos y pedos traducidos,
porque el gusano en ellos está vivo y ordena,
porque han nacido entre muelas cariadas
y gatos escupidos,
porque su sangre de sobaco sucio
será fuente de víboras siniestras,
porque hasta ellos llegarán a morderlos
sus hijos llenos de lenguas,
y hasta el de Thalca con Vincente espanto
llegarán algunos días con cuchillo
diciendo: «Antes que hables y publiques,
devuelve cabrón de aire, lo que robas,
los aguafuertes, los óleos, los pesos,
pesos, pesos, pesos,
ladrón de camaradas,
hipo de cerdo»,
y entonces, en la sombra, Apollinaire
y otros muchos contestan:
«aquí estuvo el inmundo,
moviendo las aletas, secuestrándose
y dando pequeños gritos de niña raptada.
Albión me teme, seré presidente,
yo y Picasso (y un pedo se le escapa).
Horror de sueños, carencia de venas,
aquí pasó, su nombre transformó,
y en talquinas uniones anónimos enviaba,

panfletos purulentos repartió
y lamiendo escritores y sobornando puertas
su destino de loro bisiesto continúa».

Y dicen: «Aprovechemos este momento
para ser libertarios, el siglo se hunde,
y nos haremos héroes,
con una pluma entre los pies
y odio en los párpados,
ceniza en los cojones,
venga Lenin, robando,
simulando, con palacio en la calle principal,
o coronel vestido de camello».

No, villanos, a mí no me engañáis,
si el mundo se transforma,
caed a la ciénaga, al luto y a la lepra,
al francés y a la megalomanía,
vargasvilas con cabezas de zorras,
d'annunzios de a cuarenta,
a mí no me asustáis
con pequeños insultos que podéis repetir
llenos de gozo a vuestras enfermeras,
aquí estoy
echando hasta morirme poemas por los dientes,
hasta que me matéis
a veneno y a sombra.

Pero, nunca! Prefiero morir matando
vuestros cadáveres de cincuenta años,
y, desde hoy, tendréis hundida la espada
en vuestros intestinos de envidia y de fracaso
para que gritéis: «Neruda plagia», «Neruda no existe»,
y os caguéis de melancolía.
Muertos! Muertos en castellano, en francés y en pus,
muertos en horrorosa cascada de amargura,
corred al nicho, ahora, ahora mismo,
corred al nicho enarbolando un nuevo truco
de identidad falsificada!

Pero aún es tiempo del catolicismo,
os quedan sotanas y nuevas posturas que ensuciar,
tristes cobardes, os quedan aún la teosofía
y las escuelas por correspondencia!
Ya habéis escrito la biografía de «Papá»
por su hija caliente,
ya habéis empeñado las pezuñas del coronel
en el Chile agricultor,
ahora vended a vuestras madres,
y dedicaos al ciclismo!

Yo he conocido rebeldes: artesanos,
poetas de frente limpia y manos limpias,
seres humanos, pero no peste y lepra y pus y callos
como vosotros!
Conocedme:
soy el que sabe y el que canta,
y no podréis matarme aunque os partáis las venas
y volváis a nacer otra vez entre orines!

Adiós a muerte,
adiós a vida, fracasados,
aquí estoy con harinas y simientes,
aquí estoy haciendo pájaros,
aquí estoy solo.
Venid horribles seres muertos
a clavar cadáveres en mi alma,
para que en vuestra muerte,
en el horrible olor a muerte
de vuestras muertes,
os ayude a salir de las tumbas amargas
en que estaréis llenos de baba pútrida
con el olvido a cuatro labios
y una víbora negra en la garganta!

Madrid, 2 de abril de 1935. Primera publicación completa, según original dactiloscrito autorizado por Neruda con sus iniciales manuscritas (primeros años sesenta) y según el texto «impreso por amigos del poeta» en 1938.

IV

MADRID

(1935-1936)

Los prólogos a los Caballos Verdes

SOBRE UNA POESÍA SIN PUREZA

Es muy conveniente, en ciertas horas del día o de la noche, observar profundamente los objetos en descanso: las ruedas que han recorrido largas, polvorientas distancias, soportando grandes cargas vegetales o minerales, los sacos de las carbonerías, los barriles, las cestas, los mangos y asas de los instrumentos del carpintero. De ellos se desprende el contacto del hombre y de la tierra como una lección para el torturado poeta lírico. Las superficies usadas, el gasto que las manos han infligido a las cosas, la atmósfera a menudo trágica y siempre patética de estos objetos, infunde una especie de atracción no despreciable hacia la realidad del mundo.

La confusa impureza de los seres humanos se percibe en ellos, la agrupación, uso y desuso de los materiales, las huellas del pie y los dedos, la constancia de una atmósfera humana inundando las cosas desde lo interno y lo externo.

Así sea la poesía que buscamos, gastada como por un ácido por los deberes de la mano, penetrada por el sudor y el humo, oliente a orina y a azucena, salpicada por las diversas profesiones que se ejercen dentro y fuera de la ley.

Una poesía impura como un traje, como un cuerpo, con manchas de nutrición, y actitudes vergonzosas, con arrugas, observaciones, sueños, vigilia, profecías, declaraciones de amor

y de odio, bestias, sacudidas, idilios, creencias políticas, ne-
gaciones, dudas, afirmaciones, impuestos.

La sagrada ley del madrigal y los decretos del tacto, olfato,
gusto, vista, oído, el deseo de justicia, el deseo sexual, el ruido del océano, sin excluir deliberadamente nada, sin aceptar
deliberadamente nada, la entrada en la profundidad de las
cosas en un acto de arrebatado amor, y el producto poesía
manchado de palomas digitales, con huellas de dientes y hielo, roído tal vez levemente por el sudor y el uso. Hasta alcanzar esa dulce superficie del instrumento tocado sin descanso,
esa suavidad durísima de la madera manejada, del orgulloso
hierro. La flor, el trigo, el agua tienen también esa consistencia especial, ese recuerdo de un magnífico tacto.

Y no olvidemos nunca la melancolía, el gastado sentimentalismo, perfectos frutos impuros de maravillosa calidad olvidada, dejados atrás por el frenético libresco: la luz de la
luna, el cisne en el anochecer, «corazón mío» son sin duda lo
poético elemental e imprescindible. Quien huye del mal gusto
cae en el hielo.

Caballo Verde para la Poesía, *núm. 1,*
Madrid, octubre de 1935.

LOS TEMAS

Hacia el camino del nocturno extiende los dedos la grave estatua férrea de estatura implacable. Los cantos sin consulta,
las manifestaciones del corazón corren con ansiedad a su dominio: la poderosa estrella polar, el alhelí planetario, las
grandes sombras invaden el azul.

El espacio, la magnitud herida se avecinan. No los frecuen-
tan los miserables hijos de las capacidades y del tiempo a
tiempo. Mientras la infinita luciérnaga deshace en polvo ardiendo su cola fosfórea, los estudiantes de la tierra, los seguros geógrafos, los empresarios se deciden a dormir. Los abogados, los destinatarios.

Sólo solamente algún cazador aprisionado en medio de los
bosques, agobiado de aluminio celestial, estrellado por furio-

sas estrellas, solemnemente levanta la mano enguantada y se golpea el sitio del corazón.

El sitio del corazón nos pertenece. Sólo solamente desde allí, con auxilio de la negra noche, del otoño desierto, salen, al golpe de la mano, los cantos del corazón.

Como lava o tinieblas, como temblor bestial, como campanada sin rumbo, la poesía mete las manos en el miedo, en las angustias, en las enfermedades del corazón. Siempre existen afuera las grandes decoraciones que imponen la soledad y el olvido: árboles, estrellas. El poeta vestido de luto escribe temblorosamente muy solitario.

Caballo Verde para la Poesía, *núm. 2, Madrid,*
noviembre de 1935.

CONDUCTA Y POESÍA

Cuando el tiempo nos va comiendo con su cotidiano decisivo relámpago, y las actitudes fundadas, las confianzas, la fe ciega se precipitan y la elevación del poeta tiende a caer como el más triste nácar escupido, nos preguntamos si ha llegado ya la hora de envilecernos.

La dolorida hora de mirar cómo se sostiene el hombre a puro diente, a puras uñas, a puros intereses. Y cómo entran en la casa de la poesía los dientes y las uñas y las ramas del feroz árbol del odio.

Es el poder de la edad o es, tal vez, la inercia que hace retroceder las frutas en el borde mismo del corazón, o tal vez lo «artístico» se apodera del poeta y en vez del canto salobre que las profundas olas deben hacer saltar, vemos cada día al miserable ser humano defendiendo su miserable tesoro de persona preferida?

Ay, el tiempo avanza con ceniza, con aire y con agua! La piedra que han mordido el légamo y la angustia florece de pronto con estruendo de mar, y la pequeña rosa vuelve a su delicada tumba de corola. El tiempo lava y desenvuelve, ordena y continúa.

Y entonces, qué queda de las pequeñas podredumbres, de las pequeñas conspiraciones del silencio, de los pequeños fríos sucios de la hostilidad? Nada, y en la casa de la poesía no permanece nada sino lo que fue escrito con sangre para ser escuchado por la sangre.

Caballo Verde para la Poesía, *núm. 3, Madrid, diciembre de 1935.*

G. A. B.
(1836-1936)

*... allí cae la lluvia
con un son eterno...*

Esa mano de madreselva ardiendo inunda el crepúsculo con humo lleno de lluvia, con nieve llena de lluvia, con flores que la lluvia ha tocado.

Grande voz dulce, corazón herido!

Qué enredaderas desarrollas, qué palomas de luto celestial vuelan de tus cabellos? Qué abejas con rocío se establecen en tus últimas substancias?

Ángel de oro, ceniciento asfódelo!

Las viejas cortinas se han desangrado, el pulso de las arpas se ha detenido por largo tiempo oscuro. Los dolores del amor ponen ahora falanges de cólera y odio en el corazón. Pero las lágrimas no se han secado. Debajo de los nombres, debajo de los hechos corre un río de aguas de sal sangrienta.

Triste traje, campana con flores!

Y debajo de las cosas se levanta tu estatua de bordados caídos, lavada por tanta lluvia y tanta lágrima, tu estatua de fantasma con los ojos comidos por las aves del mar, tu estatua de jazmines borrados por el rayo.

Sol desdichado, señor de las lluvias!

Caballo Verde para la Poesía, *núm. 4,*
Madrid, enero de 1936.

El escultor Alberto

El mismo esfuerzo que hace la tierra para crear una verdadera montaña de presencia imperial, y surcada sin embargo por infinitos detalles, ha padecido la especie y la raza para levantar la oscura y gigantesca estructura de Alberto el escultor. Ha costado muchos años de tierra impulsar sus insondables, poderosas, tenebrosas raíces: ha costado muchas llamas producir su corazón victorioso; ha significado muchas estaciones de sombra negra y luz calcárea producir esta asombrosa magnitud, subiendo desde las pisadas del instinto hasta la inteligencia impura y verdadera. Es un árbol.

Es Alberto, sin duda, la más arriesgada aventura de la plástica española, la más atrevida exploración dionisíaca del mundo ibérico. Mientras los viejos artistas estilizados –hablo sólo de los más dignos– se agarran a la rosa y la ejecutan en interminables aforismos de odio senil, la juventud madura y seca de Alberto da golpes de cabeza y de martillo a lo desconocido y abre huellas y túneles en el suelo y en el cielo, dejando en ellos para siempre sus inconfundibles pasos de sangre. Estos nuevos caminos, por los que creo honestamente han de pasar muchas generaciones de plásticos actuales y venideros, no muestran dulzura ni complacencia personal, sino áspera presión orgánica, acérrima lucha, violento sacrificio vital. Su mundo formidable disgustará y asustará al barbudo confitero poético, al eclesiástico en miniatura, y en general al terrible burócrata productor de «arte» vendible y comestible, porque su contextura impresionante, su transfigurada geología, su descubrimiento acerbo, sus extensiones toledanas, llenas de piedras y fantasmas, deben por fuerza asustar pánicamente a hombres y mujeres ya catalogados por la muerte.

Acompaña a Alberto el creciente canto temible de los impulsos sexuales, que en él dejan su mácula y sus feroces cicatrices, y las formas oceánicas y terrestres persiguen atropelladoramente su creación espontánea, de la misma manera que persiguieron al barro original: infundiéndole soplos de desnudez de río, sencillez de soplo de río, y al mismo tiempo patentes de cristal hecho trizas, humedades larvarias, sollozos de culturas sin nombre.

Pero si el fondo del mar se lo disputa, sólo ha vencido el haz de la tierra. La tierra marca sus trabajos con espacio inasible, con superficies quemadas por el rayo, con áreas que el sol y la luna y el frío han usado, con longitud de arbolados, viñedos y pájaros, vacas, relámpagos y amanecer. Su cara de varón, hecha, como las piedras, con arrugas de la intemperie, ha sido construida por el mismo planeta que a través suyo ha penetrado sus trabajos, dándoles para siempre tejido y temblor de grandeza terrestre.

Repertorio Americano, *núm. 769, San José, Costa Rica,*
5.9.1936.

V

TEMPESTAD EN ESPAÑA
(1937-1938)

A mis amigos de América

Recibo cada día solicitudes y cartas amistosas que me dicen: deponga usted su actitud, no hable de España, no contribuya a exasperar los ánimos, no se embarque usted en partidarismo, usted tiene una alta misión de poeta que cumplir, etc., etc. Quiero responder de una vez por todas que, al situarme en la guerra civil al lado del pueblo español, lo he hecho en la conciencia de que el porvenir del espíritu y de la cultura de nuestra raza dependen directamente del resultado de esta lucha. Supongamos por un momento que los bestiales elementos militares llegaran a triunfar en España, supongamos que Franco, Von Faupel y Conti implantaran su régimen de traición e invasión, no nos detengamos en las consecuencias morales y materiales de una catástrofe semejante, pensemos un momento en lo que sobreviviría del intelecto. No olvidemos que después del asesinato de Federico García Lorca, en la plaza de Granada se hizo una hoguera y se quemaron miles de ejemplares del *Romancero gitano* y todos los papeles inéditos del poeta.

El asesinato y el incendio presiden el programa del militarismo fascista español, inspirado en el pavoroso régimen alemán. Los maestros de Galicia han sido casi enteramente exterminados: la caza de maestros de primera enseñanza era un deporte diario de los falangistas gallegos. Estoy convencido de que una ola de persecuciones jamás vistas en la historia del mundo, terminaría con todo lo vital y creativo de España. A sangre y fuego terminarían con todo.

Al lado de ellos, haciendo el mismo papel de los militares felones, veríamos a la hez literalizante de España, los novelistas pornógrafos, y algunos traidores profesionales como Marañón, hacer alguna apariencia de actividad intelectual. Pero los verdaderos, el conjunto de investigadores, maestros, bibliotecarios, ensayistas, novelistas, poetas, pintores, escultores, grabadores, estaría muerto o desterrado. La barbarie y la muerte reinarían en España.

Pero no pasarán. Y los rifleros del pueblo al defender su vida defienden las bibliotecas y los museos, y nos defienden a nosotros, escritores de lengua española. Al defender sus ciudades defienden el intelecto de nuestra raza madre. Y yo estoy con ese espíritu indestructible, con el corazón épico y valeroso de España irreductible, con el mismo corazón del pueblo que hizo brotar los primeros torrentes de poesía, ahora bases pétreas de nuestro idioma. Estoy y estaré con el pueblo español masacrado por el bandidaje y el celestinaje internacional. Y a todos mis múltiples amigos de América Latina quiero decir: no me sentiría digno de vivir si así no fuera.

París, 1937

Nuestra España, *París, 9.3.1937.*

Federico García Lorca

Cómo atreverse a destacar un nombre de esta inmensa selva de nuestros muertos! Tanto los humildes cultivadores de Andalucía, asesinados por sus enemigos inmemoriales, como los mineros muertos en Asturias, y los carpinteros, los albañiles, los asalariados de la ciudad y el campo, como cada una de miles de mujeres asesinadas y niños destrozados, cada una de estas sombras ardientes tiene derecho a aparecer ante vosotros como testigos del gran país desventurado, y tiene sitio, lo creo, en vuestros corazones, si estáis limpios de injusticia y de maldad. Todas estas sombras terribles tienen nombre en el recuerdo, nombres de fuego y de lealtad, nombres puros, corrientes, antiguos y nobles como el nombre de la sal y del agua. Como la sal y el agua se han perdido otra vez en la tierra, en el nombre infinito de la tierra. Porque los sacrificios, los dolores, la pureza y la fuerza del pueblo de España se sitúan en esta lucha purificadora más que en ninguna otra lucha con un panorama de llanuras y trigos y piedras, en medio del invierno, con un fondo de áspero planeta disputado por la nieve y la sangre.

Sí, cómo atreverse a escoger un nombre, uno sólo, entre tantos silenciosos? Pero es que el nombre que voy a pronunciar entre vosotros tiene detrás de sus sílabas oscuras una tal riqueza mortal, es tan pesado y tan atravesado de significaciones que al pronunciarlo se pronuncian los nombres de todos los que cayeron defendiendo la materia misma de sus cantos, porque era él el defensor sonoro del corazón de España.

Federico García Lorca! Era popular como una guitarra, alegre, melancólico, profundo y claro como un niño, como el pueblo. Si se hubiera buscado difícilmente, paso a paso, por todos los rincones de quien sacrificar, como se sacrifica un símbolo, no se hubiera hallado lo popular español, en velocidad y profundidad, en nadie ni en nada como en este ser escogido. Lo han escogido bien quienes al fusilarlo han querido disparar al corazón de su raza. Han escogido para doblegar y martirizar a España, agotarla en su perfume más rápido, quebrarla en su respiración más vehemente, cortar su risa más indestructible. Las dos Españas más inconciliables se han experimentado ante esta muerte: la España verde y negra de la espantosa pezuña diabólica, la España subterránea y maldita, la España crucificadora y venenosa de los grandes crímenes dinásticos y eclesiásticos, y frente a ella la España radiante del orgullo vital y del espíritu, la España meteórica de la intuición, de la continuación y del descubrimiento, la España de Federico García Lorca.

Estará muerto, él, ofrecido como una azucena, como una guitarra salvaje, bajo la tierra que sus asesinos echaron con los pies encima de sus heridas, pero su raza se defiende como sus cantos, de pie y cantando, mientras le salen del alma torbellinos de sangre, y así estarán para siempre en la memoria de los hombres.

No sé cómo precisar su recuerdo. La violenta luz de la vida iluminó sólo un momento su rostro ahora herido y apagado. Pero en ese largo minuto de su vida su figura resplandeció de luz solar. Así como desde el tiempo de Góngora y Lope no había vuelto a aparecer en España tanto *élan* creador, tanta movilidad de forma y lenguaje, desde ese tiempo en que los españoles del pueblo besaban el hábito de Lope de Vega no se ha conocido en lengua española una seducción popular tan inmensa dirigida a un poeta. Todo lo que tocaba, aun en las escalas de esteticismo misterioso, al cual como gran poeta letrado no podía renunciar sin traicionarse, todo lo que tocaba se llenaba de profundas esencias, de sonidos que llegaban hasta el fondo de las multitudes. Cuando he mencionado la palabra *esteticismo*, no equivoquemos: García Lorca era el antiesteta, en este sentido de llenar su poesía y su teatro de dramas humanos y tempestades del corazón, pero no por eso renuncia a los secretos originales del misterio poético. El pueblo, con maravillosa intuición, se apodera de su poesía, que ya se canta y se cantaba como anónima en las aldeas de Andalucía, pero él no adulaba en sí mismo esta tendencia para beneficiarse, lejos de eso: buscaba con avidez dentro y fuera de sí.

Su antiesteticismo es tal vez el origen de su enorme popularidad en América. De esta generación brillante de poetas como Alberti, Aleixandre, Altolaguirre, Cernuda, etc., fue tal vez el único sobre el cual la sombra de Góngora no ejerció el dominio de hielo que el año 1927 esterilizó estéticamente la gran poesía joven de España. América, separada por siglos de océano de los padres clásicos del idioma, reconoció grande a este joven poeta atraído irresistiblemente hacia el pueblo y la sangre. He visto en Buenos Aires, hace tres años, el apogeo más grande que un poeta de nuestra raza haya recibido. Las grandes multitudes oían con emoción y llanto sus tragedias de inaudita opulencia verbal. En ella se renovaba cobrando nuevo fulgor fosfórico el eterno drama español, el amor y la muerte bailando una danza furiosa, el amor y la muerte enmascarados o desnudos.

Su recuerdo, trazar a esta distancia su fotografía, es imposible. Era un relámpago físico, una energía en continua rapidez, una alegría, un resplandor, una ternura completamente sobrehumana. Su persona era mágica y morena, y traía la felicidad.

Por curiosa e insistente coincidencia los dos grandes poetas jóvenes de mayor nombre en España, Alberti y García Lorca se han parecido mucho, hasta la rivalidad. Ambos andaluces dionisíacos, musicales, exuberantes, secretos y populares, agotaban al mismo tiempo los orígenes de la poesía española, el folklore milenario de Andalucía y Castilla, llevando gradualmente su poética desde la gracia aérea y vegetal de los comienzos del lenguaje hasta la superación de la gracia y la entrada en la dramática selva de su raza. Entonces se separan; mientras uno, Alberti, se entrega con generosidad total a la causa de los oprimidos y sólo vive en razón de su magnífica fe revolucionaria, el otro vuelve más y más en su literatura hacia su tierra, hacia Granada, hasta volver por completo, hasta morir en ella. Entre ellos no existió rivalidad verdadera, fueron buenos y brillantes hermanos, y así vemos que en el último regreso de Alberti de Rusia y México, en el gran homenaje que en su honor tuvo lugar en Madrid, Federico le ofreció, en nombre de todos, aquella reunión con palabras magníficas. Pocos meses después partió García Lorca a Granada. Y allí, por extraña fatalidad, le esperaba la muerte, la muerte que reservaban a Alberti los enemigos del pueblo. Sin olvidar a nuestro gran poeta muerto recordemos un segundo a nuestro gran camarada vivo, Alberti, que con un grupo de poetas como Serrano Plaja, Miguel Hernández, Emilio Prados, Antonio Aparicio, están en este instante en Madrid defendiendo la causa de su pueblo y de su poesía.

Pero la inquietud social en Federico, tomaba otras formas más cercanas a su alma de trovador morisco. En su *troupe* La Barraca recorría los caminos de España representando el viejo y grande teatro olvidado: Lope de Rueda, Lope de Vega, Cervantes. Los antiguos romances dramatizados eran devueltos por él al puro seno de donde salieron. Los más remotos rincones de Castilla conocieron sus representaciones. Por él los andaluces, los asturianos, los extremeños, volvieron a comunicarse con sus geniales poetas apenas recién dormidos en sus corazones, ya que el espectáculo los llenaba de asombro sin sorpresa. Ni los trajes antiguos, ni el lenguaje arcaico chocaba a esos campesinos que muchas veces no habían visto un automóvil ni escuchado un gramófono. Por en medio de la tremenda, fantástica pobreza del campesino español que aun yo, yo he visto vivir en cavernas y alimentarse de hierbas y reptiles, pasaba este torbellino mágico de poesía llevando entre los sueños de los viejos poetas los granos de pólvora e insatisfacción de la cultura.

Él vio siempre en aquellas comarcas agonizantes la miseria increíble en que los privilegiados mantenían a su pueblo, sufrió con los campesinos el invierno en las praderas y en las colinas secas, y la tragedia hizo temblar con muchos dolores su corazón del sur.

Me acuerdo ahora de uno de sus recuerdos. Hace algunos meses salió de nuevo por los pueblos. Se iba a representar *Peribáñez*, de Lope de Vega, y Federico salió a recorrer los rincones de Extremadura para encontrar en ellos los trajes, los auténticos trajes del siglo XVII que las viejas familias campesinas guardan todavía en sus arcas. Volvió con un cargamento prodigioso de telas azules y doradas, zapatos y collares, ropajes que por primera vez veían la luz desde siglos. Su simpatía irresistible lo obtenía todo.

Una noche en una aldea de Extremadura, sin poder dormirse, se levantó al aparecer el alba. Estaba todavía lleno de niebla el duro paisaje extremeño. Federico se sentó a mirar crecer el sol junto a algunas estatuas derribadas. Eran figuras de mármol del siglo XVIII y el lugar era la entrada de un señorío feudal, enteramente abandonado, como tantas posesiones de los grandes señores españoles. Miraba Federico los torsos destrozados, encendidos en blancura por el sol naciente, cuando un corderito extraviado de su rebaño comenzó a pastar junto a él. De pronto cruzaron el camino cinco o siete cerdos negros que se tiraron sobre el cordero y en unos minutos, ante su espanto y su sorpresa, lo despedazaron y devoraron. Federico, presa de miedo indecible, inmovilizado de horror, miraba los cerdos negros matar y devorar al cordero entre las estatuas caídas, en aquel amanecer solitario.

Cuando me lo contó al regresar a Madrid su voz temblaba todavía, porque la tragedia de la muerte obsesionaba hasta el delirio su sensibilidad de niño. Ahora su muerte, su terrible muerte que nada nos hará olvidar, me trae el recuerdo de aquel amanecer sangriento. Tal vez a aquel gran poeta, dulce y profético, la vida le ofreció por adelantado, y en símbolo terrible, la visión de su propia muerte.

He querido traer ante vosotros el recuerdo de nuestro gran camarada desaparecido. Muchos quizá esperaban de mí tranquilas palabras poéticas distanciadas de la tierra y de la guerra. La palabra misma *España* trae a mucha gente una inmensa angustia mezclada con una grave esperanza. Yo no he querido aumentar estas angustias ni turbar vuestras esperanzas, pero recién salido de España, yo, latinoamericano, español de raza y de lenguaje, no habría podido hablar sino de sus desgracias. No soy político ni he tomado nunca parte en la contienda política, y mis palabras, que muchos habrían deseado neutrales, han estado teñidas de pasión. Comprendedme y comprended que nosotros, los poetas de América España y los poetas de España, no olvidaremos, ni perdonaremos nunca, el asesinato de quien consideramos el más grande entre nosotros, el ángel de este momento de nuestra lengua. Y perdonadme que de todos los dolores de España os recuerde sólo la vida y la muerte de un poeta. Es que nosotros no podremos nunca olvidar este crimen, ni perdonarlo. No lo olvidaremos ni lo perdonaremos nunca. Nunca.

Hora de España, III, Valencia, marzo de 1937.

Tempestad en España

He mantenido un largo contacto terrestre con la superficie de España, con ese país planetario, por largos años de historia más silencioso y misterioso que ninguno, arribado como un gran barco fantasma a la costa del conocimiento y a la abstracción de la inteligencia, situado como su propio titánico Escorial con su pesada y orgullosa leyenda que eleva su estructura en la planicie de su gran miseria. De este largo y lento contacto con su tierra y su cultura he sacado la llama viva que me consume ante las grandes desventuras y las grandes esperanzas de España y pedimos para este relato apasionado toda vuestra atención porque ante la gran tragedia de nuestra Patria Madre uno debe entregarse por entero: sólo toda la vida o todo el silencio son dignos de enfrentarse con su substancia de fuego.

Y nos dirigimos a todos los que están con nosotros en la lucha, a todos los que el pudor o la timidez mantiene en la imprecisa indecisión y a todos los que militando en las filas del enemigo no pueden tolerar, estoy seguro, la culata y el aullido de los moros campales en nombre de Jesús de Nazaret, invadiendo y azotando la desmedrada morada material de los hijos de España, no podrán aceptar que los que en la Alemania negra de hoy arrastran a los sacerdotes al ultraje y a las cárceles pretendan ponerse, para destruir el pan y la vida de un pueblo, la máscara de la piedad y de la defensa de Cristo. Esa máscara de Judas ha sido manchada de sangre y detrás de ese falso rostro que bendice salpicado por gotas terribles, hay campos de concentración donde toda la cultura alemana se pudre, hay terror y martirio, hay gran sol de oro y de paz de Abisinia atormentada y barrida por los asesinos: hay detrás de esa máscara sólo el helado hueso de la muerte.

El 19, 20 y 21 de julio, cuando hemos visto salir al pueblo armado escasamente, cuando en la noche del 19 cruzábamos Madrid con el gran músico chileno Acario Cotapos, vimos las primeras escopetas, las primeras pistolas en manos del pueblo. Que se armara el pueblo español en Barcelona y en Madrid ha sido criticado severamente por todos los que ven en cada obrero un energúmeno, por todos los que hubieran querido ver la masacre y la traición consumadas, pero puedo decir que nada nunca en el mundo me ha dado más orgullo que ver a los pobres de la tierra levantar el puño y la pureza contra la injusticia preparada. Y aquella mañana en que mi casa situada a corta distancia del Cuartel de la Montaña se sacudía entera a cada explosión, también se sacudía de orgullo el corazón del mundo. Por primera vez en la historia, a una fuerza internacional, a un ataque preconcebido por los traidores de Berlín y de Roma, por primera vez en nuestra época, un pueblo decía no a la reacción sistematizada, decía no a unas fuerzas militares enormes y contrarias, decía no al fascismo. Y, aún ahora, ha pasado más de un año y ese pueblo, atenazado por la miseria, condecorado y constelado por su sangre ejemplar, no se somete, no se entrega, sino que crece en su defensa como un gran árbol de hojas de acero y de raíces empapadas de la verdad humana.

Os contaré la historia de mis dos criadas Pepa y María. El 21 de julio no hubo comida ni limpieza en mi casa porque las dos, una de dieciséis y otra de dieciocho años habían tomado parte formando en las desordenadas filas de las primeras horas en el asalto y caída del Cuartel de la Montaña. Llegaron a mi casa al día siguiente y aquellos dos ángeles iletrados de Andalucía, aquellas dos criaturas ruborosas y dulces, tenían heridas las manos de disparar, habían entrado de las primeras al cuartel defendido por los tácticos, por las ametralladoras y por los generales. Y, por muchos días he escuchado a Pepa y María usando mi teléfono y diciendo: «Necesitamos un receptor de radio en nuestra organización, necesitamos una maestra de primeras letras, necesitamos una máquina de escribir, necesitamos una docena de camas para nuestro nuevo hospital».

Pepa y María, adonde la guerra os haya llevado, sabed que os recuerdo desde la capital de mi patria, desde aquí y en esta hora y sabed, que mi orgullo quiere para mi pueblo mujeres como vosotras, puras aunque iletradas, heroicas de grandeza y de divina sencillez.

Las calles olían a pólvora, los milicianos habían sacado fusiles y cascos y uniformes de la vieja fortaleza. Los soldados engañados, a quienes dentro del cuartel –como en las zonas que hoy están bajo el látigo italiano– se les había dicho que el gobierno había sido tomado por los rusos, lloraban y besaban a sus libertadores. Camiones llenos de sonrisas manchadas de humo, estrépito de vivas a la República, de vivas a España, color de banderas nacionales, ráfaga de luz y fuego, 21 de julio sagrado en la historia del pueblo que es la historia del mundo!

Pero, semanas después, he visto mi casa sacudirse con nuevas explosiones. No eran las explosiones de la libertad. Comenzaba el martirio. Recuerdo la primera bomba, aquella que cayó en la calle Roso de Luna. Había ya sonado la alarma. Estábamos los habitantes de la casa agrupados en la planta baja con nuestros hijos en los brazos, oíamos el zumbar de los aviones alemanes, las voces altas de los españoles se oían en la noche tensa. De pronto, como un inmenso volcán que explota junto a nuestros oídos y un olor instantáneo de pólvora en las narices y un estrépito de hundimiento y vidrios quebrados y un susurro de seres que lloran.

Claridad, *Santiago, 16.2.1938.*

VI

CHILE 1938: PUEBLO Y COMBATE

Arte popular

Pueblo para nosotros, quiere decir campos de Chile, corazones morenos, divinas substancias terrestres, como ser harina o greda; pueblo para nosotros los escritores, que por orgullo estamos con el hombre del pueblo en su desesperación y en su esperanza, significa más que toda estética cultivada o reacción químicamente pura de espíritu. Pueblo, matriz silenciosa de mi patria que estimo más que en sus paisajes, más que en su volcánico y oceánico territorio, más que en sus palacios, más que en sus superficiales formas legales, en su esencia áspera y taciturna de trabajadores llenos de melancólica alegría. Sufridos, dominados, callados, hombres obscuros de la ciudad, del campo y del mar de mi patria maravillosa, vuestra arte florece como pequeñas luciérnagas en la noche del infortunio y de la miseria y de la muerte, y machacando duros metales, sujetando y horadando correas y cueros hasta hacer del material informe monturas y estribos que más parecen flores estupendas; combatiendo la madera en el fondo terrible de nuestros desamparados presidios, hasta hacer con ellas torpes y conmovedores objetos que, sobre todo, muestran la pureza y la paz del corazón, amasando la madera y la tierra hasta fortificarla en nuestra maravillosa greda negra que no tiene igual en ningún arte popular del mundo, artesanos, artistas de mi desventurado pueblo, nos dais a nosotros, los escritores y los artistas cultivados, una lección sobrehumana de resistencia a la desgracia y de creadora belleza convertida en esperanza. Sabedlo, pueblo divino por proverbio y magnitud, todos vuestros gestos y vuestras artes, cruzando la inatravesable distancia que el destino social ha puesto entre las clases, nos humilla, porque en toda nuestra creación, en nuestra tambaleante búsqueda, en la obscuridad de lo emocional y lo estético, en nuestra atormentada situación de hechiceros de un mundo agotado, no hallamos jamás la realización fragante, espontánea, esencial, que halláis vosotros como la abeja halla la forma celular o el niño la luz de las estrellas.

Del pueblo de todos los países sale esta luz obscura que, formando un arte delicadísimo y violento, funda la base racial y popular en que las artes y las vidas nacionales se levantan a la luz del mundo. Del romancero español, de la protesta versificada con espontaneidad de rosas en contra de la invasión mora, y fundada en los latidos de la sangre, salen como un torrente de piedra la poesía española y el heroísmo popular, como corrientes inseparables nacidas en la misma durísima cuna. Y nuestro más grande poeta chileno, Carlos Pezoa Véliz, se parece mucho en su forma y en el contenido de su canto a la voz y a la guitarra y al perro de los mendigos ciegos.

Aprendamos con esta exposición la aspereza y la dulzura de los que no tienen nombre, y a ese silencio de nuestra raza demos con todo el corazón rosa y paloma, palabra y esperanza, porque el pueblo no tiene nada y todo lo merece.

> Boletín Bimestral de la Comisión Chilena de Cooperación Intelectual, *núm. 7, Santiago, enero-febrero de 1938. Discurso leído en la apertura de la Exposición de Arte Popular, Museo de Bellas Artes, Santiago, 6.1.1938.*

El verdadero espíritu alemán

Dónde están estas grandes vidas desmoronadas por el destierro, la persecución y muchas veces la muerte?

Dónde están, alimentando la idea de patria como quien alimenta una paloma perdida en el fondo de un patio oscuro,

con un trigo desesperado, hecho de esperanzas y de silencio?
Ay de mí, ay de nosotros si no fuera por la esperanza!

Aquí traemos, señor Director, estos grandes vestigios, estas
grandes velas del barco nórdico, levantado hasta el cielo por
las llamas de lo eterno, y descendido hasta el fondo del naufragio por las contingencias de la vida terrestre.

Todo lo que el gran país fértil construyó en el sueño, en la
realidad y en la profundidad, helo aquí, traído por nosotros,
este tesoro magnífico, azotado por la sangre y por las olas,
traído por nosotros, hombres de un remoto país recién salido
de la sombría selva.

Tal vez por eso sabemos y atesoramos, y en vuestras manos
confiamos el doloroso y castigado y perseguido y desterrado tesoro. Como las hojas acumuladas por el tiempo con lentitud e
inmensidad dan a la sombra del bosque su poderosa magnitud,
debajo de estos libros eminentes, debajo de esta rosa germánica
de mil pétalos, hay siglos de tiempo y de cultura, palabras y silencio que han llenado la tierra. Para que un Enrique Heine, un
Einstein, un Thomas Mann muestren a la superficie del mundo
su diamante floral, su enigmática geometría o su humanidad
empapada en misterio, hay en la tierra alemana siglos de preparación a la sabiduría que hoy han enmudecido, millones de
raíces maravillosas sobre las cuales hoy cae una nieve negra.

Al entregarlas, señor Director, al entregaros hoy estos libros, preservándolos tal vez del conflicto universal, con qué
orgullo pensamos en que nuestra querida patria no se conta-
mina con los vientos de la furia y ofrece refugio en el corazón
de su noble biblioteca a esta respiración universal de la inteligencia, tanto más alta cuanto más dolorida.

Señor Director, creo que esta fecha generosa en vuestra institución y en vuestro país, será recordada más tarde en muchas instituciones y en muchos países. Solemnemente os dejo
resguardar por muchos años el verdadero corazón de Alemania.

> *Frente Popular, Santiago, 21.7.1938. Discurso de entre-*
> *ga a la Biblioteca Nacional (Santiago) de los libros pros-*
> *critos por la Alemania nazi, donación simbólica de la*
> *Alianza de Intelectuales de Chile.*

Fuera de Chile los enemigos de la patria!

Queridos camaradas, la guerra de España me sorprendió en Madrid. Recuerdo la noche de aquel día como hoy.

Íbamos cuatro chilenos a un espectáculo teatral, de pronto cañones de escopeta y pistolas dentro del taxi. Así comenzaba la guerra civil del mundo en este corazón de chileno, con unas cuantas armas proletarias que interrumpían el porvenir de una fiesta nocturna. Esas armas, esos brazos llenos de balas, me enseñaron una noche de Madrid lo que jamás aprendí en los textos revolucionarios. Me enseñaron que el proletario puede respetar todos los cañones, puede marchar en unión absoluta con los aliados para conservar el prestigio de la democracia y de la paz y el pan de sus hijos; pero que si esa paz y ese pan y esa democracia son pisoteadas, el pueblo puede salir a defenderse por las calles con grandes corazones de león acostumbrado a la intemperie y al incendio.

Y después, por meses he seguido la marcha de ese glorioso ejército del pueblo, en el mismo centro vital de su glorioso nacimiento, he visto crecer sus grandes alas rojas como una material águila inmensa. He visto sus grandes y pequeños héroes y delante de vosotros, en la confidencia de mi voz y de vuestros oídos que son los oídos sagrados del pueblo de mi patria, os diré que he asistido a la vida y a la muerte de los obreros de Madrid como cónsul de Chile, porque me sentí designado para representar a Chile y no para traicionarlo por un montón de monedas teñidas con sangre.

Pero allí no representé a un montón de decrépitos demagogos, no represente jamás al círculo que falsamente en nuestra patria quiere arrogarse los carteles del orden, cuando debieran llevar en la frente la marca del bandolero, allí en Madrid, corazón quemante y humeante y dolorido del mundo, creo haber representado a Chile en sus obreros y en sus intelectuales, destrozados y martirizados por una reacción,

por una ola de mercaderes sin ley y sin alma. No son la patria
ellos, como no son la patria española los traidores de Franco,
ni los moros e italianos y alemanes que taladran los angustiosos campos de nuestra gran madre española. No, la madre
somos nosotros, los que combatimos por la verdadera tradición de nuestras libertades, mancilladas hoy por una clase
aprovechada y amenazada por una inmensa ola de tiranía
universal. Nuestra es la patria, chilenos que me escucháis, y
seréis desgraciados si soltáis el pabellón que nos es tan querido, porque fue conquistado y levantado al respeto y al triunfo por manos y corazones de obreros traspasados por una
bala de fusil, la bandera de Chile dada al aire maravilloso de
nuestro país querido por hombres que amaron la libertad
como sólo nosotros la amamos y la defendieron como nosotros, estoy seguro, sabremos defenderla.

Qué tienen que ver con nuestra patria los que entran a saco
en nuestros minerales y explotan y venden nuestros suelos y
remiten las entrañas de nuestra fecunda capa terrestre para
que no coman y se aniquilen los chilenos? Es la misma casta
de Franco el Maldito y los Ladislao Errázuriz, los Ross, los
Fidel Estay de hoy no vacilarán en que el pueblo de Chile sea
masacrado mañana por los indios del Chaco, si esta masacre
puede llevar a sus faltriqueras algunos billetes esterlinos, aunque éstos lleven muchas gotas de nuestra pobre sangre.

Este primero de mayo es obrero; pero no olvidemos que el 18
de septiembre es tan obrero como este día y espero que este
próximo estén las cosas más definidas y la esperanza del
triunfo más cercano. Porque el 18 de septiembre de hace más
de cien años fue también un Frente Popular que nos dio la
Independencia y hoy no es otra cosa que una independencia
nacional la que necesitamos los chilenos.

He venido a Chile a propiciar un movimiento de intelectuales, de escritores; de profesionales, de artistas que militen
y luchen y sufran y vivan en el pueblo. Puedo decir con orgullo que he triunfado. Debéis conocer nuestro nombre: somos
la Alianza de Intelectuales de Chile para la Defensa de la Cul-

tura. Porque la cultura está amenazada, así como el pueblo está amenazado por la reacción militante hecha fascismo y rossismo. Así está la cultura, los libros y la enseñanza y los cuadros, todo esto, como la vida de los obreros, yo lo he visto destruido en la Europa fascista y cavernaria.

Yo he visto los libros quemados por los bárbaros y los poetas asesinados contra una pared y los cuadros bombardeados sin contemplación, sin ningún respeto por la vida del niño ni de la mujer ni del hombre. Y ante este peligro inmenso que arrasa a la humanidad y convierte en dolores humeantes y en ruinas desconsoladas lo que existe, yo me he dicho: mi puesto no está en Europa; mi puesto está aquí aunque éstos, como los españoles, sean uña y carne de mi propio corazón. Mi puesto está con mis hermanos de Chile; mi puesto está con mi propia sangre y aquí estoy, compañeros, haciendo de cada minuto de la vida una sola advertencia y un solo ardiente y frenético y llameante llamado para deciros: aun a costa de la vida, defended nuestra libertad, que no se diga que en Chile pasó el fascismo, porque si ese día llega es mejor estar frío y lleno de sangre en una cuneta.

Pero esa hora no ha llegado y mientras tanto seriedad y disciplina y frentismo: ésa es nuestra consigna. Y mirar, y mirar por todos los lados al enemigo que en este momento en los aristocráticos clubs de Santiago no sólo se reúnen, sino que tienen la osadía de celebrar en el Club Alemán de Temuco el día de Alemania. El día de Alemania! Este montón de asesinos siniestros que como aves agoreras echan en esta hora misma toneladas de explosivos sobre las madres y los niños españoles; estos desleales colonizadores de nuestra frontera se atreven a desafiar al pueblo, reuniéndose en el santo día del proletariado universal para levantar las barrigas en un brindis de sangre que tal vez mañana nos alcance a nosotros.

Fuera de Chile los enemigos de la patria! Fuera de aquí los espías y los agentes de Hitler el carnicero megalómano! Que se clausuren las escuelas nazis de la frontera y del sur! Ésta debe ser nuestra consigna. Queremos extranjeros que respeten la soberanía de Chile; queremos que nuestra patria y nuestro idioma estén en el corazón de todas las escuelas. Y si nuestras autoridades o débiles o inconmensurablemente estúpidas o, lo que es peor, cómplices o asociadas no ven el peligro del perro nazi en nuestro territorio sureño, el pueblo de Temuco debe levantarse y vigilar, porque no hay más patria que el pueblo, ni más antipatriotas que los que traicionan y lo olvidan y lo venden y ahora planean comprarlo.

Esta ciudad, Temuco, debe ser el centro de una campaña antinazi, antialemana, comprendiendo en este término no a los alemanes pacíficos que no tienen miras imperialistas ni políticas sobre nuestro país, sino aquellos que ayudados por el desorden y la codicia de la clase gobernante se posesionan de nuestro suelo e insolentemente pasean ante nuestras narices los emblemas de las swásticas asesinas.

Y como ejemplo reciente de abuso, de deshonestidad, de mentira interesada y pagada, leamos el diario de hoy publicado en Temuco. En homenaje de esta falsa fiesta del pueblo alemán, que no es tal fiesta sino un ladrido oficial puesto sobre la boca del pueblo alemán para que no hable ni recuerde la fecha internacional que conmemoran los pueblos libres del mundo, como homenaje a la infiltración de nuestro territorio, como homenaje al desprecio que en las escuelas alemanas de esta región se enseña a los niños por Chile, como homenaje a todo esto, dos páginas de propaganda nazi alemana en este *Diario Austral*, a cuyos propietarios acuso de traidores a nuestra patria.

Por suerte y tal vez por casualidad se les ha escapado públicamente algo: y es que en la primera página va una fotografía de los bombardeos de Barcelona y ahí compañeros sabemos la verdad, aunque la quieren ocultar con páginas de propaganda. Ahí en esas ruinas dolorosas, en esos cadáveres deshechos por la metralla alemana tenemos la verdad que la página de este diario antichileno pretende cubrir con dos páginas de falsedad y de traición.

Y pido a todos vosotros un óbolo, inmediatamente para comenzar una gran campaña de nacionalidad popular aunque sea 20 centavos, ahora mismo depositadlos en la bandera chilena para contribuir a expulsar a los invasores! Necesitamos volantes, folletos, carteles y cada uno de vosotros debe contribuir.

Éste es mi mensaje y no he dudado en venir a hablaros alejándome por algunos momentos del lecho de mi padre agobiado por una grave enfermedad y casi inconsciente, porque también interpreto su pensamiento de radical frentista al venir yo, hijo pródigo de Temuco, a poner en los mismos oídos, en el mismo corazón de mi pueblo, estas palabras de la Pasionaria, escritas con sangre y laureles:

Más vale morir de pie que vivir de rodillas.

PABLO NERUDA *(Neftalí Reyes)*

La Voz Radical, *Temuco, 2.7.1938. Discurso leído en la Casa del Pueblo, Temuco, 1.5.1938.*

México, México!

Qué orgullo te tenemos, México hermano, México, águila
    verde,
desde arriba del mapa como laurel de hierro
dejas caer una hoja que recorre
todo el desamparado corazón de Sudamérica
como un lingote rápido de orgullo,
y de tu sol central como de una granada
salen olas de luz para nuestras banderas.

México, yo me acuerdo
de ti cuando en Madrid volvían
mis compañeros combatientes
de vuelta de la sangre.

Me traían no una flor de trinchera,
me traían no un pájaro recién asesinado,
sino un puñado de cápsulas de bronce
detrás de las que pude descifrar con orgullo
la siguiente leyenda «MÉXICO, 1936».

Ellos, los combatientes,
trajeron hasta mí tu flor de fuego,
trajeron hasta mí tu plumaje de pólvora,
para decirme México nos ayuda, no estamos tan solos, her-
　　mano.
Y entonces
no me sentí hijo de una patria traicionada,
no me sentí habitante de un mundo que acorralaba a España,
me sentí hijo de América, y una gota
de tu valiente sangre, México, salió a cantar al mundo.

Eran terribles aquellos días:
era Badajoz, Talavera, Toledo,
era la retirada,
el mundo había dado vuelta la espalda,
el mundo cerraba las fronteras es decir la conciencia,
y desde Madrid veíamos avanzar a los traidores,
y en los campos veíamos retroceder a los valientes,
y en la línea veíamos morir la flor más roja de España
porque las escopetas y el corazón ya no servían: hacían falta
　　fusiles.
Y entonces llegaron blancos fusiles que habían atravesado el
　　mar,
bendito seas México, benditos sean tus blancos fusiles a tra-
　　vés del mar.
Es que a ti México, aquel a quien tu pueblo tituló elegido,
México, aquel a quien subiste y nombraste capitán de tu pueblo,
Lázaro Cárdenas, presidente, no llegó a la cima para traicio-
　　narte,
sino para estar con su pueblo en la desgracia y en la suerte.
Nosotros, México, hemos elegido mal, y en esta hora
aterida, solemne, aleteada de duda,

el pastor que elegimos, el que pudo ser padre de su pueblo,
mira impasible el desventurado pecho de Chile herido por
  mercaderes miserables.
Mi oscuro pueblo cantó una canción mexicana para darle la
  gloria,
México, perdónanos haber usado tu canción para una derrota
y enséñanos una nueva y segura canción de victoria.

Pero ya la sabemos, pero ya la sabemos,
es una canción de esperanza de todos los americanos,
es una canción de fuego que baja de tus volcanes
hasta nuestros desiertos archipiélagos, hasta nuestras infinitas islas,
y los presos del Perú dicen tu nombre México, como dicen España, como dicen Unión Soviética, como dirán mañana Chile,
y los combatientes del Levante español dicen México ellos
  también,
y los mineros de Sewell dicen en esta hora México,
porque México quiere decir esperanza y futuro: México quiere
  decir Alegría.

> *Claridad, Santiago, 18.7.1938. Texto leído por Neruda
> en el Teatro Caupolicán de Santiago durante el homena-
> je popular al presidente Lázaro Cárdenas.*

Don Pedro

La batalla política ha enfrentado como nunca antes en Chile a
dos hombres extraordinariamente contrarios. Entre estos dos
apellidos, Ross, internacional, y Aguirre, chileno, hay más que
una simple contradicción lingüística. Esta palabra: Aguirre, y
más aún, Don Pedro, la pronuncia Chile como en un estertor,
como en una última mueca de esperanza. Ross es la mesa lus-
trosa, extraña, extranjera, de los directorios fuleros, de la ganancia codiciosa: de esas mesas salen las noticias de derrumbes

financieros con suicidios y fugas a Europa. Aguirre, Don Pedro, es la mesa silvestre de las escuelas rurales de Chile, y luego la mesa con lámpara en la alta noche, la mesa de la meditación y del estudio. La oligarquía chilena, el Club de la Unión recurren a un extranjero extralegal, a un *business's desperado*, a una píldora tóxica. Chile escoge a su más exacto representante, a un maestro moreno de nuestra clase media, a un hombre severo y puro, a un chileno esencial.

Y cómo dice el pueblo DON PEDRO! No se predica mucho este don del pueblo. No hay DON Gustavo, ni Don Ross, ni Don Carlos, ni hay ya más, *hélas*, DON Arturo! Para el pueblo, para su voz y por su divina voz popular no hay más Don que Don Pedro. Y para mí tampoco.

DON Pedro existe, Don Pedro, habla, Don Pedro ha pasado por todo Chile pensando, actuando, hablando, viviendo, examinando, solucionando desde ahora los problemas que no tienen sino una solución: el triunfo de la clase media, y del pueblo, la derrota final de una oligarquía disociada y extinguida. Don Pedro es como un buen y fino árbol de nuestras regiones sureñas, maderas fuertes y silenciosas, con las cuales se ha construido lo que tenemos de vivienda nacional y de familia y casa: hoy traemos esa noble madera a la cual ha querido postergarse por decreto gubernativo y forastero, hoy traemos madera de Aguirres, recia y callada madera de escuelas australes, para reconstruir la patria.

Aurora de Chile, núm. 5, Santiago, 12.10.1938.

La educación será nuestra epopeya

En un largo viaje por el mundo comenzó a hacerse más decisiva en mí la campana de tierra que nos llama cuando estamos ausentes, la inmensa campana de follaje, de rocas azotadas y lenguaje, y al oír el silencio de mi patria entre el fragor de la guerra y entre el humo y la miel de las ciudades, quise distinguir para siempre los rostros evidentes o secretos de su realidad, comencé a estudiar los vegetales y los pájaros de Chile, amé delirantemente nuestra escultura de nieve y me precipité al fondo obscuro de nuestros ríos de salitre y azufre, hundí mis ojos en los pétalos de pólvora, fuego y asombro de Góngora Marmolejo, de Pedro de Oña, de Pineda y Bascuñán. Y entonces el silencio de mi patria, que hasta entonces era su bandera y su campana de tierra removida, fue para mí no un silencio de extensas selvas y mares que me siguió toda la vida como un fantasma, sino una mano dura que tomaba mi pequeña mano de poeta angustiado y angustioso, y me arrojaba con violencia a tratar de remediar, de rodillas, con pasión y con dulzura, la desgarradora soledad de mi patria.

No he tenido, en este año de lucha, no he tenido tiempo siquiera de mirar de cerca lo que mi poesía adora: las estrellas, las plantas, los cereales, las piedras de los ríos y de los caminos de Chile. No he tenido tiempo de continuar mi imperiosa exploración, la que me ordena tocar con amor la estalactita y la nieve para que la tierra y el mar me entreguen su misteriosa esencia. Pero he avanzado por otro camino, y he llegado a tocar el corazón desnudo de mi pueblo, y a realizar con orgullo que en él vive un secreto más fuerte que la Primavera, más fértil y más sonoro que la avena y el agua, el secreto de la verdad, que mi humilde solitario y desamparado pueblo saca del fondo de su duro territorio, y lo levanta en su triunfo, para que todos los pueblos del mundo lo consideren, lo respeten y lo imiten.

He conocido también en otras tierras un elemento de piedra dura y tierna que se llama fraternidad. Sobre esa piedra se ha cimentado nuestra defensa de la cultura. Nadie puede decir sin mancharse que en nuestro trabajo interno alguien quiera asumir categoría especial o destacarse. Hemos comprendido que todos interinamente desempeñamos un trabajo más grande, más puro y más largo que nosotros. La altivez y el orgullo, la mano empuñada para el ataque la hemos reservado para el enemigo, para el que se sitúe frente a nosotros a romper la fraternidad del hombre o su esperanza en el porvenir. Y es ejemplar para el que estudie la humanización de la lucha social que hemos sido atacados con igual violencia por dos sectores empeñados en igual destrucción. Por una parte, los tétricos mentecatos que la extrema derecha destacó para levantar a un candidato de bárbara y violenta mentalidad, y por otro, los irresponsables, descontrolados y personalistas, que, situándose en una simulada posición de izquierda sólo sirven con su hacha de división y lucha personal al acechante enemigo. Nuestro estandarte y su estrella con su libro los acogió, hoy se levanta sobre ellos y les dice: «El pueblo os ha señalado un camino de unión para grandes destinos y para grandes enemigos, y vosotros afiláis en la sombra el cuchillo contra vuestros hermanos. En vez de enseñar al pueblo como era vuestro deber, tenéis que aprender de él su línea inexorable de nobleza política».

En la Conferencia Internacional de Escritores de nuestra asociación, presidida por el gran novelista norteamericano Theodore Dreiser, celebrada este año en París, Aragon, al dar cuenta en su memoria anual de la marcha de los intelectuales del mundo, dijo lo siguiente: «Si tuviéramos un cuadro de honor en nuestra casa, tendríamos que poner a la cabeza de ese cuadro de honor a la Alianza de Intelectuales de Chile». He aquí, pues, reconocido internacionalmente nuestro trabajo en defensa de la cultura, y en París, en un acto solemne en el cual participaban cientos de hombres ilustres.

Un nuevo conocimiento, un nuevo enlace rodea el mundo como una cinta de temblorosa inteligencia. Ya nuestros actos propios no están aislados en relación a nuestra patria ni a remotos países. Ya los latidos del corazón de Chile, corazón muchas veces reunido por nosotros en actos impresionantes, no tocan solamente la piel emocional de los hombres, sino que llegan a su objetivo, para fundar nuestro amor por una causa o para edificar la resistencia contra los malvados, y llegan allí donde estaban destinados aunque tengan que atravesar los mares. Nosotros los intelectuales, con absoluta conciencia, hemos determinado para nosotros mismos este destino: el de ser testigos ardientes de nuestra época, y este testimonio y esta vigilancia los realizamos como deber implacable dentro y fuera de nuestras fronteras. La inteligencia para cumplir con su carta magna no puede reconocer fronteras: cuando muchas fronteras se hayan modificado o desaparecido, quedarán nuestros testimonios que no han sido escritos con espuma, sino con sangre de la martirizada humanidad.

Tendríamos que saludar en esta hora a todas las secciones de la Alianza en nuestro territorio, a la de Concepción, Rancagua, Valparaíso, Linares, y en especial a la brillante brigada de San Felipe. Pero más que todo quiero que pensemos que en el último punto sur del mundo, en Magallanes, un grupo de chilenos ha constituido allí la Alianza de Intelectuales para que probáramos con el triunfo del Frente del Pueblo que en esta tierra, en sus más lejanas arrugas geológicas, cerca del desierto o junto a los mares solitarios del final del mundo, en la soledad de los temporales y de los hielos, brilla como centella bravía la resolución de dar a nuestra patria todo su poderío y toda su dignidad dentro de la paz de los hombres.

Y en este sentido, es necesario recordar que España nos ha dado más ayuda de la que le damos. La gran estirpe de su indomable pueblo ha enseñado al nuestro que los derechos del hombre son irrevocables. Y cuando hemos traído y esparcido los dolores de España, cuando pedíamos en todos los tonos y en todos los sitios ayuda para su grandiosa circunstancia enlutada, esa sola palabra *España*, ese sólo pétalo España, esa palabra pura, nos ayudaba en la lucha de independencia que acabamos de sostener, mucho más de lo que ayudó el oro al candidato vencido. Hora es de decirlo: la inmensa corriente popular que ha llevado al poder a nuestro venerado presidente, don Pedro Aguirre Cerda, tiene una inmensa deuda con España, deuda que esperamos y exigimos se pague con la misma generosidad que España tiene con el mundo, al defender la cultura con todas las palabras y con toda la sangre.

Junto a la defensa del espíritu perseguido en lejanas latitudes, nunca la Alianza de Intelectuales se apartó de Chile. Es la estrella de Chile con un libro en su centro la que forma nuestro emblema. Hemos puesto en nuestros homenajes a Freud, junto a Camilo Henríquez, hemos revivido todas las arrebatadoras presencias de los héroes del pueblo, hemos honrado a Manuel Rodríguez, a Lastarria, a Bilbao, al tipógrafo Molinare, a Manuel de Salas, a Juan Egaña, a Carlos Pezoa Véliz, etc. Mucho antes de la lucha presidencial, verdadera guerra sin fusiles, hemos vuelto a crear la *Aurora de Chile*, y nuestro periódico empapado de amor a nuestro suelo y de esperanzas en su libertad, recorrió todo el territorio. Vivimos, pues, una nueva aurora. Y los que sostuvimos que debíamos afrontar el combate, estamos de nuevo reunidos para ayudar a sostener el triunfo del pueblo. Y no hay otra manera de sostener ese triunfo, sino llevar la educación de las masas hasta que sea una verdadera epopeya. Nuestro presidente ha tenido una frase alta y religiosa para este problema, frase que queremos recoger aquí; nos ha dicho: «Quiero que todo Chile sea una gran escuela». Sí, eso queremos y estamos dispuestos al trabajo. Las escuelas deben derramarse, deben salir a los campos, los escritores, los pintores y los músicos, con los maestros de primera enseñanza deben salir en misiones culturales a los puntos más alejados de las vías férreas y a los centros feudales del territorio, y a las minas y a los litorales, deben ir a llevar el cine, la música, el libro, el teatro, y basta con ello, allí donde llega el abecedario llega pronto la libertad. Sabemos que las imprentas del Estado, que las radios del Estado o colocadas bajo su custodia y responsabilidad, que todos los medios de propaganda puestos en sus poderosas manos, no serán nunca más puestas al servicio del insulto, de la ignorancia, de la falsificación y demás productos de la reacción. Pero ello no basta. Queremos que penetren a nuestra historia y la actualidad de nuestro pueblo; que las profundas personalidades, como Ercilla, Pedro de Oña, el padre Ovalle, Diego Rosales, el abate Molina, el poeta Pineda y Bascuñán y otros que en plena colonia forjaban nuestra nacionalidad, sean revelados al pueblo en ediciones fáciles y baratas; deseamos que Camilo Henríquez, Egaña, Manuel de Salas y todos los héroes de la democracia chilena y animadores de la cultura republicana lleguen a manos de todos los chilenos; pensamos que Pezoa Véliz, Baldomero Lillo y demás artistas que nos trazaron el camino hacia el pueblo, así como los más jóvenes, productos de nuestra actualidad, lleguen hasta los más solitarios hijos de Chile.

Así se afirma la democracia, enseñando a un pueblo abandonado, amparando a un pueblo abandonado, y en esta tarea de inmenso sacrificio no bastan los esfuerzos de ningún gobierno; tenemos que afrontar esta responsabilidad todos los chilenos. La Alianza de Intelectuales de Chile ha encargado a una comisión de técnicos escritores, músicos y artistas plásticos, un plan completo que en la próxima semana presentará al Excmo. señor Aguirre Cerda.

Nosotros iniciamos la batalla contra el cohecho muchos meses antes de la campaña presidencial; nosotros hicimos las primeras estampillas engomadas y los primeros dispositivos cinematográficos para denigrar al cohechador y al cohechado; pero esa campaña, señores, no la considero terminada. Tenemos que acabar para siempre con esta terrible vergüenza nacional. Las penas contra el cohechador deben aumentarse a muchos años de prisión y debe privársele de todo derecho ciudadano. El nuevo gobierno debe asegurar por medio de todas sus fuerzas armadas y civiles que jamás se volverá a comprar un voto en esta República. Y sabemos lo que esto significa.

La Alianza de Intelectuales no tiene partido político alguno. Hombres de muchas creencias luchan en ella, como fuerza moral y previsora, como expresión aguda ante el peligro que hoy se levanta como amenazante aparición ante todo el mundo. Tres naciones han roto todo pacto con la humanidad y dedican su esfuerzo a acumular un río de agonías, de sangre y de muerte, como jamás lo contempló la historia. Ante esta sombra trágica nos hemos agrupado, sin miedo para desafiar al monstruo frente a frente y para crear en lo más amado que tenemos, nuestra patria, un clima imposible al advenimiento de tan terribles desventuras. Y hemos levantado un grito y una consigna primera, que aún no se ha cumplido: LAS ESCUELAS ANTICHILENAS FUNDADAS CON UN PROPÓSITO POLÍTICO POR LOS NAZIS ALEMANES, CON CONSENTIMIENTO DE NUESTRAS AUTORIDADES, DEBEN SER CLAU-

SURADAS. Y no hemos hecho solos esta consigna. Mujeres y hombres eminentes, encabezados por nuestra Gabriela Mistral, han repetido públicamente: esas escuelas deben cerrarse. Hemos llevado al gobierno actual nuestro ferviente deseo: no se nos ha escuchado. En esas escuelas se enseña a los hijos de alemanes, nacidos en Chile, a despreciarnos en nombre de la «Gran Alemania». El retrato del turbio y trágico demonio que rige al Tercer Reich está allí en la puerta de cada escuela, en vez de estar el del presidente de la República que ha acogido a estos ingratos inmigrantes. Pero en verdad, no merece estar allí el retrato de un gobernante que no ha tenido ni la autoridad política ni moral necesaria para hacer respetar nuestra soberanía.

Igualmente nuestra directiva considera trabajo venidero algo que quiero predecir sin demora: hemos visto las crueles tentativas del señor Ross para producir una insubordinación militar, tentativas contestadas en realidad por la oficialidad, por la tropa, con una negativa que enaltece no sólo a nuestro ejército, sino a nuestro país. No, ya no pueden fomentar una guerra civil, para que periodistas envilecidos nos hubieran llamado «rojos» y nos hubieran cubierto de supuestos atroces crímenes comentados después por pervertidos críticos literarios que ya debían renunciar a sus soldadas. Así se procedió en España. Ahora queda para los exterminadores de mi pueblo un camino que ya han emprendido: la guerra financiera, el bloqueo a la economía, guerra que emprenden contra un pueblo sin comida y sin ropa, capitaneados por un viejo director de especulaciones y de fraudes. Y ante estas guerras y las próximas crisis económicas más o menos profundas, ante la amenaza del hambre para nuestro pueblo, tenemos que aconsejar al pueblo a no cifrar demasiado rápidas esperanzas, tenemos los intelectuales que salir a la calle de nuevo y pedir todo el sacrificio que necesitaremos para defender la libertad conquistada. No nos vencerán por hambre, resistirá Chile, que ha cerrado la boca hambrienta para no comer el pan que el enemigo le ofreció el 25 de octubre, resistirá otra vez, pero hay que enseñarle e indicarle los nombres de los chilenos traidores que preparan su martirio.

Hasta este instante, obedeciendo a la dura necesidad de una intensa propaganda por la democracia y contra el fascismo, la Alianza de Intelectuales ha desempeñado su papel en este terreno y se ha visto obligada a renunciar a muchas de sus tareas de creación y divulgación cultural. Lo hemos hecho con satisfacción, con alegría, y sinceridad, porque comprendíamos la necesidad de hacerlo, porque en ello consistía la salud del pueblo y nosotros creemos, como Camilo Henríquez, que la salud del pueblo es la suprema ley. Nuestra *Aurora de Chile*, en sus últimos números se convirtió casi en una sencilla hoja de propaganda electoral, destinada principalmente a expresar la voz de la cultura, en medio de la batalla por la democracia, en el seno de la lucha electoral. Ahora creemos que esa labor puramente agitativa, que las tareas propagandistas que realizamos deben continuar realizándose, pero no a través de los agitativos y de la sola propaganda sino a través de la creación y la divulgación cultural. En este sentido, nuestros camaradas de España nos ofrecen un ejemplo insubstituible: así como en los primeros días de la guerra antifascista ellos se dedicaron a divulgar el manejo del fusil, ahora que el pueblo lo hace por sí mismo y que tienen poderosas escuelas militares, cultivan el corazón poético y filosófico de España como no se ha hecho durante casi un centenar de años. Y todo ello aún en medio de la prolongación dolorosa de la guerra.

Así pues el año termina y nuestra tarea se revela como recién empezada. Ánimo compañeros queridos, que hasta ahora habéis puesto vuestra confianza generosa en mis manos, hasta ayer sólo capaces de fabricar mis sueños. Todos, y en especial, nuestros vicepresidentes, Roberto Aldunate, Alberto Romero, Armando Carvajal, René Mesa C., y nuestro secretario, Gerardo Seguel; los ausentes: Juvencio Valle, en Madrid; Lorenzo Domínguez, en Barcelona, deliciosa María Valencia en París, todos habéis llevado este duro trabajo con una conciencia y una espléndida valentía. En un año de ataque para defender el espíritu, sólo hemos tenido una sola deserción. Todos los brazos, todas las vidas de nuestros compañeros médicos y arquitectos, músicos y plásticos, poetas y novelistas, periodistas y correctores de pruebas, todos habéis respondido y espero que responderéis desde mañana de nuevo. Recién inauguramos nuestro nuevo local, y quiero contaros, para orgullo nuestro, que cuando comprábamos los muebles para nuestra pequeña oficina en una casa de muebles viejos, nos dimos cuenta de que no llevábamos dinero. Entonces, nos dijo el cajero, los muebles no podían sernos remitidos ese día. Pero los necesitábamos. Y entonces desde el fondo de la tienda un obrero que levantaba al hombro una gran mesa, dijo al cajero en voz alta: son para la Alianza de Intelectuales, yo respondo. Y luego cuando el mismo obrero los transportó allí a nuestro local, en un tercer piso, y quisimos pagarle la conducción, nos dijo sencillamente no, es mi contribución para vuestro trabajo. Y esto ocurrió hace tres días, aquí en la calle Estado, a un paso de las mansiones de los magnates, que desprecian e injurian a nuestro noble pueblo. Hace un año os dije: «El pueblo está con nosotros, nosotros debemos estar con el pueblo»; hoy hemos dado un paso, un solo paso en la lucha y el pueblo nos manifiesta con toda su vegetal pureza, con todo su poderoso corazón de arena y sangre que no nos hemos extraviado en el camino.

Hoy, en la aurora y en la primavera popular de Chile, los obreros del pensamiento nos reunimos para terminar con un recuerdo, un año de trabajo. Y juramos de pie en nuestra tierra reconquistada, bajo nuestros ardientes mártires, bajo la sombra de Camilo Henríquez, de Gómez Rojas, de García Lorca, de Emiliano Barral, de Máximo Gorki y de Henri Barbusse, ahora confundidos para siempre en la harina del tiempo, juramos continuar luchando porque todos los derechos del hombre, porque la dignidad del espíritu triunfe sobre la noche negra del fascismo y porque de este terrible invierno de hielo y sangre que azota la faz de la tierra, salga repentina y profunda la primavera que esperamos, la gran primavera del mundo.

Aurora de Chile, *núm. 6, Santiago, 3.12.1938.*

VII

CHILE 1938: LUTO

César Vallejo ha muerto

Esta primavera de Europa está creciendo sobre uno más, uno inolvidable entre los muertos, nuestro bienadmirado, nuestro bienquerido César Vallejo. Por estos tiempos de París, él vivía con la ventana abierta, y su pensativa cabeza de piedra peruana recogía el rumor de Francia, del mundo, de España... Viejo combatiente de la esperanza, viejo querido. Es posible? Y qué haremos en este mundo para ser dignos de tu silenciosa obra duradera, de tu interno crecimiento esencial? Ya en tus últimos tiempos, hermano, tu cuerpo, tu alma te pedían tierra americana, pero la hoguera de España te retenía en Francia, en donde nadie fue más extranjero. Porque eras el espectro americano –indoamericano, como vosotros preferís decir–, un espectro de nuestra martirizada América, un espectro maduro en la libertad y en la pasión. Tenías algo de mina, de socavón lunar, algo terrenalmente profundo.

«Rindió tributo a sus muchas hambres», me escribe Juan Larrea. Muchas hambres, parece mentira... Las muchas hambres, las muchas soledades, las muchas leguas de viaje, pensando en los hombres, en la injusticia sobre esta tierra, en la cobardía de media humanidad. Lo de España ya te iba royendo el alma. Esa alma tan roída por tu propio espíritu, tan despojada, tan herida por tu propia necesidad ascética. Lo de España ha sido el taladro de cada día para tu inmensa virtud. Eras grande, Vallejo. Eras interior y grande, como un gran palacio de piedra subterránea, con mucho silencio mineral, con mucha esencia de tiempo y de especie. Y allá en el fondo el fuego implacable del espíritu, brasa y ceniza... Salud, gran poeta, salud, hermano.

Aurora de Chile, *núm. 1, Santiago, agosto de 1938.*

La copa de sangre

Cuando remotamente regreso y en el extraordinario azar de los trenes, como los antepasados sobre las cabalgaduras, me quedo sobredormido y enredado en mis exclusivas propiedades, veo a través de lo negro de los años cruzándolo todo como una enredadera nevada un patriótico sentimiento, un bárbaro viento tricolor en mi investidura: pertenezco a un pedazo de pobre tierra austral hacia la Araucanía, han venido mis actos desde los más distantes relojes, como si aquella tierra boscosa y perpetuamente en lluvia tuviera un secreto mío que no conozco, que no conozco y que debo saber, y que busco, perdidamente, ciegamente, examinando largos ríos, vegetaciones, inconcebibles montones de madera, mares del sur, hundiéndome en la botánica y en la lluvia, sin llegar a esa privilegiada espuma que las olas depositan y rompen, sin llegar a ese metro de tierra especial, sin tocar mi verdadera arena. Entonces, mientras el tren nocturno toca violentamente estaciones madereras o carboníferas como si en medio del mar de la noche se sacudiera contra los arrecifes, me siento disminuido y escolar, niño en el frío de la zona sur, con el colegio en los deslindes del pueblo, y contra el corazón los grandes, húmedos boscajes del Sur del mundo. Entro en un patio, voy vestido de negro, tengo corbata de poeta, mis tíos están allí todos reunidos, son todos inmensos, debajo del árbol guitarras y cuchillos, cantos que rápidamente entrecorta el áspero vino. Y entonces abren la garganta de un cordero palpitante, y una copa abrasadora de sangre me llevan a la boca, entre disparos y cantos, y me siento agonizar como el cordero, y quiero también llegar a ser centauro, y, pálido, indeciso, perdido en medio de la desierta infancia, levanto y bebo la copa de sangre.

Hace poco murió mi padre, acontecimiento estrictamente laico, y sin embargo algo religiosamente funeral ha sucedido en su tumba, y éste es el momento de revelarlo. Algunas semanas después mi madre según el diario y temible lenguaje fallecía también, y para que descansaran juntos trasladamos de nicho al caballero muerto. Fuimos a mediodía con mi hermano y algunos de los ferroviarios amigos del difunto, hicimos abrir el nicho ya sellado y cimentado, y sacamos la urna, pero ya llena de hongos, y sobre ella una palma con flores negras y extinguidas: la humedad de la zona había partido el ataúd y al bajarlo de su sitio, ay sin creer lo que veía, vimos bajar de él cantidades de agua, cantidades como interminables litros que caían de adentro de él, de su substancia.

Pero todo se explica: esta agua trágica era lluvia, lluvia tal vez de un solo día, de una sola hora tal vez de nuestro austral invierno, y esta lluvia había atravesado techos y balaustradas, ladrillo y otros materiales y otros muertos hasta llegar a la tumba de mi deudo. Ahora bien, esta agua terrible, esta agua salida de un imposible, insondable, extraordinario escondite, para mostrarme a mí su torrencial secreto, esta agua original y temible me advertía otra vez con su misterioso derrame mi conexión interminable con una determinada vida, región y muerte.

Temuco, prob. agosto de 1938

Pablo Neruda, Selección *(de A. Aldunate Phillips),* *Santiago,* Nascimento, *1943.*

Humildes versos para que descanse mi madre

Madre mía, he llegado tarde para besarte
y para que con tus manos puras me bendijeras:

ya tu paso de luz iba extinguiéndose
y había comenzado a volver a la tierra.

Pediste poco en este mundo, madre mía.
Tal vez este puñado de violetas mojadas
está de más entre tus dulces manos
que no pidieron nada.

Tu vida era una gota de miel temblando apenas
en el umbral del sueño y del perfume,
sagrada estabas ya como dulce madera
de altar, o como aureola de ceniza o de nube.

Dulce, ya no podías esperar sola un nuevo
día, una nueva primavera,
y a encontrarte con él para esperarlo has ido
camino de la tierra.

Temuco, agosto de 1938

Recogido en RIV, *p. 134.*

VIII

AMÉRICA Y EUROPA 1939:
ESPAÑA NO HA MUERTO

España

Un poco fatigado por un año de lucha por la libertad intelectual y política de mi patria, he venido hasta este recinto a no decir nada y a escuchar con devoción y esperanza, devoción porque, sin duda, compañeros, traéis, desde los distantes países que representáis, algunas gotas de mezclada fraternidad y curiosidad, y esperanza, porque nuestra institución, la Alianza de Intelectuales de Chile para la defensa de la cultura, pone sobre toda reunión humana, una condición de esperanza.

Y así, sumergido en esta atmósfera de cordiales tentativas, he visto pasar entre el terrible y necesario abecedario de las preocupaciones técnicas, las palabras que a nosotros, intelectuales chilenos, nos son más respetables y queridas. Me refiero a la palabra *dignidad humana*, me refiero a la palabra *democracia*, me refiero a la palabra *libertad*.

Pero una palabra ha tardado en llegar a este recinto, una palabra ha esperado hoy demasiado para llegar a ser pronunciada en el corazón popular de nuestra universidad, una palabra que es repetida por millones de hombres y por miles de intelectuales en toda la tierra, como símbolo y como realidad desgarradora. Y esta palabra es *España*.

Amigos de toda América: hace poco más de un año, nos reunimos en una asamblea como ésta sesenta escritores de todas las regiones del mundo, en la capital llameante de España. Os juro que en esa reunión de hombres del espíritu, unidos bajo los bombardeos de los enemigos de la civilización, en esas reuniones, en esas comidas dentro de una ciudad sitiada, hubo más alegría que en estas reuniones protegidas por el espíritu de mi pueblo encarnado en nuestra universidad. Y es que allí nos juntábamos, no a analizar las consecuencias de un mundo perdido, sino a crear la realidad de un mundo futuro. Una noche, después del trabajo de todo un largo día de guerra, junto al hotel donde comíamos todos los escritores, se hizo más frecuente el ruido de las explosiones y subió al cielo una inmensa cortina de fuego de la ciudad herida y atacada. Y ante la explosión más y más continua de las bombas enemigas nos reuníamos a cantar nuestras canciones de esperanza: era la voz de Orfeo en las puertas del infierno; era la voz del pueblo encarnado por vez primera en intelectuales que la vida desparramara por todos los países y que la única realidad actual, la espantosa realidad de la cultura amenazada, juntó en Madrid, en la capital del mundo. Por eso no quiero irme de estas reuniones sin haber pronunciado esta palabra que define toda nuestra actitud, que define toda nuestra lucha, toda nuestra esperanza, toda nuestra alegría. Esta palabra *España*, que entra como un ángel de fuego a la conciencia de los hombres, a decirles: intelectuales de todos los países, uníos para defender la cultura.

Cuando recién hablaba esta tarde el respetado profesor don Enrique Molina, me parecía asistir a un antiguo baile lleno de imponentes y dolorosos fantasmas vestidos de organdí. Esos fantasmas, que como ante una dulce cajita de música, salían a bailar convidados por el rector de [la Universidad de] Concepción, llevaban nombres que hoy apenas reconocemos, se llamaban Cultura Interior, Convivencia espiritual y otros. Pero ante el baile organizado tan aéreamente, tan deliciosamente por este creyente sincero, apagando los pasos de esta gavota, yo oía el rugir de los cañones de Madrid bajo los cuales tiemblan las muselinas del espíritu. Este sonido terrible no se ha oído en esta asamblea, a pesar de que en este momento llena la vida de nuestra madre España.

Los intelectuales de Chile quieren, sobre la base de un realismo socialista, conquistar la paz de la humanidad entera.

Quieren una fraternidad implantada por el pueblo, quieren excluir de esa fraternidad a los que destruyen a España monumental y a China inmemorial, con procedimientos de tan dura crueldad, que el corazón del hombre se hace un nudo de terrible angustia; queremos un humanismo en contra de los tiranos, queremos la libertad de la cultura, porque sabemos que ésta quiere servir al pueblo, y queremos también una América de pueblos felices, una América sin harapos, una América para americanos y para refugiar la libertad del mundo. Y, como dijo Marta Brunet, nuestra noble camarada presidente de los periodistas chilenos, ya tenemos que decir al mundo: *No pasarán*, como lo han dicho ante Madrid el novelista Cervantes y el general Miaja, el poeta Garcilaso de la Vega y la Pasionaria, el gran Quevedo y el general Rojo, la cultura y el pueblo.

11 de enero de 1939

La Nación, *Santiago, 22.1.1939. Discurso de clausura de la Primera Conferencia Americana por la Cooperación Intelectual.*

España no ha muerto

En una noche sobre la cual ha caído el tiempo, un tiempo duro como un látigo, en una noche ya envejecida y arrugada por tantas ausencias y quemada con pólvora, bajé del tren para pisar Madrid por vez primera. Y entre la multitud que rodeaba y llenaba la estación, multitud increíblemente remota y desconocida, sólo un rostro era para mí, sólo una cara pálida y morena, sólo una máscara de España venía para encontrarme. Le divisé de pronto, entre el humo, entre toda la soledad que llegaba hacia mí, divisé un hombre en los andenes ya casi desiertos, un hombre que levantando unas flores me esperaba, él solo, en la estación de invierno. Pero ese hombre era España, y se llamaba Federico.

Entonces con él bajé las escalinatas hechas de la dura piedra de España, y con él subí hacia el enigma de las vestiduras y de los huesos de ese territorio, más polvoriento, más enterrado en la humana tierra que ninguno, más planetario y aislado que ninguno, más estelar y más radiante que ninguna patria del hombre.

Porque allí surgía de pronto de las piedras ardientes en que ardía un tembloroso pasado, y por entre el marfil deshecho de los muertos, de allí surgía una vida terrenal con silencioso y poderoso movimiento de hierro, porque allí se unía ante mis asombrados ojos americanos el párpado cerrado de la estatua con la paloma infinita de la creación y de la libertad.

Comprendí entonces que a nuestro romanticismo americano, a nuestra fluvial y volcánica construcción, hacía falta esa primera Alianza que en España, antes de esta guerra terrible, vi a punto de realizarse, juntándose el misterio con la exactitud, el clasicismo con la pasión, el pasado con la esperanza.

Porque yo sostengo que lo tradicional de España, sus descubrimientos en el espacio y en el corazón de la humanidad, no pertenecen a quienes han traicionado, invadido, ultrajado y despedazado a España precisamente en nombre de lo tradicional y de lo imperial, sino que su pasado inmenso sólo vivía con su pueblo, para resucitar con él en una ola de maravillosa esperanza que vemos en esta hora agonizar, pero que quedará para siempre azotando la conciencia del hombre sobre la tierra.

Cantaban las calles de Madrid, del Madrid anterior a la lucha, cantaban los niños de España, cantaban porque había llegado el Frente Popular y celebraban esa ventana abierta hacia el futuro. Ellos, los trabajadores de España, habían abierto esa ventana al mundo, y en ese hueco de luz y de sombra veíamos los rostros de España, los rostros heridos por el hambre iluminados por un nuevo resplandor planetario, y llenos de una canción poderosa como la tierra y fuerte como el tiempo. Y esa canción nacional e internacional, bajo la rápida primavera castellana apoyándose en las mismas piedras del misterio y en las mismas fuerzas de esta nueva primavera

decía a toda la tierra: «Arriba los pobres del mundo» en el
atardecer de las fábricas de Madrid, en el amanecer de los
nuevos follajes y entre el canto sin corazón de los pájaros,
arriba los pobres del mundo, cantaba la humanidad desde la
boca sedienta de España.

Camaradas, hemos oído esta voz. Hemos oído esta voz en
su presión más alta, esta voz de España, esta voz de madre
deslumbradora, esta voz que iba a parir. Y hemos oído cerca
o lejos un ruido terrible de pólvora que ahogaba esta voz
anunciadora, y entonces, súbita como canto de tempestad,
hemos oído la voz del pueblo en combate, alta, dura y cortante como espada, y hemos llegado a este crepúsculo terrible
en que quebrantando la luz y la flor oímos sólo el sollozo de
España, sollozo brusco y confuso porque la noche, la traición
y la muerte invaden en esta hora asesina a la humanidad entera y es justo que entren por su puerta más espléndida, por
el corazón de España. Por ahí también saldrán las tinieblas y
entrará la regadora luz del día de la libertad.

Fábricas de esos días, escuelas de esos días, espigas de esos
días, yo os saludo desde Montevideo, y os saludo desde Chile, y os saludo días de España con la conciencia y la esperanza de que habéis de volver.

Os saludo sobre todo desde Chile, mi adorada patria, el país
más hermoso del mundo, desde Chile, mi dolorido país volcánico, país de vinos y de trigo, país de litoral verde azotado
por las más grandes y transparentes olas del océano. Allí, madre mía, madre España, cantan los hombres de nuestro mar y
de nuestra tierra, cantan nuestras escuelas y nuestras minas,
cantan nuestros poetas bajo el tricolor sagrado de la patria,
bajo la nieve y el cielo de nuestro país maravilloso, pero no
cantan por el mar, no por el cielo ni por las frutas ni por el
vino; canta mi patria, porque en ella se asila la paloma invencible de la libertad, porque mis rudos compañeros del salitre
y del cobre han hecho un hueco de manos duras y delicadas
para albergar allí la esperanza de América, la esperanza que
nos confiara la desangrada madre de nuestra sangre.

Hermanos americanos, sólo una conciencia profunda y privilegiado puede hacernos comprender la herencia trascendente, la vida pura que resguardamos. Ya no podemos soñar: ya no tenemos tiempo para dormir soñando, nos dormimos pesadamente, con el sueño del cansancio del soldado y del constructor. Por todas partes de América escuchamos ruidos de martillos y cantos: trabajamos, vivimos y luchamos defendidos por el agua oceánica, trabajamos por el trabajo, por la paz.

Y junto a los aterradores volcanes, en las desiertas pampas, en los interminables ríos, en nuestro día quemante de América oímos el ruido de martillos brotando como pura canción de metal enternecido junto a las tenebrosas manos de Europa. Nuestras herramientas dulces y orgullosas levantan la casa de la paz del hombre en estos nuevos territorios circundados por el océano y por el hielo. Y en el mapa de América una canción de herrerías y de fraguas responde como un eco de fuego al invierno de Munich, una llama de luz se enciende en Chile, una voz de metal sin miedo sale de Montevideo, una flor inmensa crece en Uruguay, una mano levanta el puño en Colombia, un pecho duro con un corazón de pan inmenso defiende a México y se llama Cárdenas, y una sonrisa más fina, la más inteligente, la más viril y sin embargo adorable se abre como una nueva estrella para proteger la libertad del hombre, y esa sonrisa decidida sólo nace en nuestra América y se llama Roosevelt, y esta sonrisa y este nombre hacen temblar a las tinieblas.

Pero me asombró, más que nada, ver revivir en los caminos españoles la mano del pintor, los ojos del poeta, la luz de los intelectuales. Éstos habían renacido para el pueblo. Esa tierra estaba sellada no sólo por sombras de navegantes y soldados furiosos, también cerraba España la losa fragante de Luis de Góngora, de Pedro de Espinosa, de Francisco de Quevedo, de El Greco y de Goya. Estos estambres de fuego dormían sobre España como venas de estéril luto. Porque cuando el pueblo duerme, duerme la libertad, duerme la paz y duerme la cultura. Y por eso, ante el despertar del pueblo de España, que me ha tocado presenciar con reverencia profunda, con el despertar

de los mineros de Asturias, con el nuevo día de los panaderos
y de los pescadores, he visto llegar a España como una luna llena de flores, la presencia antigua y fresca de los conquistadores
españoles de la poesía y del arte; he visto amanecer de nuevo
los corales sonámbulos de Góngora amaneciendo sobre la noble frente del gran poeta Rafael Alberti; he visto llegar los caballos de El Greco, con la sombra de siglos, a los talleres de los
nuevos pintores: he contemplado una derramada luz solar llenando de espigas la poesía y el silencio de España.

Como en una cera virgen se modelaban los grandes ejemplos: los poetas salían a los campos a mostrar la pintura y la
poesía y el cine; y como un espectro de espiga, como una tenaz raíz de trigo, como una fotografía del ámbar, Federico
García Lorca, Grande de España, salía por las aldeas y los caminos de Extremadura y Castilla a enseñar al pueblo y a
aprender de él todo lo que fue: porque este hombre entre todos fue como el pueblo, fue harina pura, inmaculada piedra.

En grandes carromatos los intelectuales, es decir, mis hermanos, los verdaderos, los de la tierra, los del pueblo, los de
la letra que no traiciona sino que enciende, en grandes y
destartalados carruajes salían los intelectuales cada día para
dar luz y palabras a los campesinos. Los telares se detenían
suavemente, los arados se quedaban junto a la noche llena de
estrellas, y la voz de los poetas, la voz respetable de mis compañeros caía no en el surco de la tierra sino en la sed del alma.
Nada odió más la prematura rebelión y reacción, ni siquiera
a los obreros, y cuando el general Francisco Franco, persona
que según parece dirige un Estado, y a quien en este país no
debo llamar asesino, cuando este general levantó sus huestes
nacionalmente moriscas, nacionalmente napolitanas, nacionalmente portuguesas, nacionalmente germánicas; cuando este
hombre fuerte no levantó sino que bajó a España, buscó más
que ninguno al que fuera poeta, al que fuera profesor, al que
fuera médico, al que fuera intelectual. Y cuando repercutieron en nuestro desesperado corazón los tiros que habían masacrado a nuestros valientes camaradas intelectuales, cuando
recién asomaba a nosotros el olor de la sangre y de pólvora,
eran nuestros muertos, eran nuestras canciones, era nuestra

pintura resucitada, y nuestras investigaciones y nuestra sabiduría y nuestra ternura la que moría, la primera, asesinada. Y este hecho sangriento, este disparo interminable, esta hacha que cae perpetuamente en Galicia, en Sevilla, en Roma, en Berlín, esta centella de bandidos, esta gota de nuestra sangre que se enciende bajo el hacha de Viena, en Praga, en China, esta estrella de martirio nos mostraba que el fascismo odiaba, más que a nadie ni a nada, la inteligencia y la luz, y nos mostraba junto a ese ocaso de sangre un camino recién parido, vamos a vivir o a morir, no hay más dilema, pero viviremos, moriremos con el pueblo, con los pobres del mundo.

España es, pues, enseñanza singular y total, enseñanza para el pueblo, enseñanza de laureles destrozados, enseñanza para el humanista, lección para la multitud y para la soledad. Su inmenso río de hombres unidos para resguardar en esa árida tierra la dignidad y la independencia, tesoro central del porvenir, su inmenso río de varones y de banderas, sus poblaciones calladas bajo el trueno de las explosiones y de las agresiones más salvajes que contempló la historia; sus niños que en los subterráneos de Madrid nos hacían callar, indicándonos con sus manitas el cielo donde se oía el murmullo negro de los aviones invasores; sus escuelas recién abiertas al lado de la sangre derramada por la metralla; sus poetas agrupados junto a los soldados, mirando el horizonte de la pólvora; seguirán mostrando durante siglos a las multitudes, el poder de la unión organizada, y el destello de la inteligencia total del mundo, conmovida hasta sus secretas bases, por tanta impiedad y tanta persecución, también organizada contra todo un pueblo de la más noble estirpe, es la lección para la soledad del examen, lección de humanidad convulsiva, temporal de sollozos que entra bajo los pies del sabio, que abre las puertas del soñador ensimismado, que baja por las chimeneas, contra el humo, contra el carbón, hasta el alma de los neutrales y con un dedo de relámpagos les escribe y les araña la escondida conciencia.

Yo soy un poeta, el más ensimismado en la contemplación de la tierra; yo he querido romper con mi pequeña y desordenada poesía el cerco de misterio que rodea al cristal, a la madera y a la piedra; yo especialicé mi corazón para escuchar todos los sonidos que el universo desataba en la oceánica noche, en las silenciosas extensiones de la tierra o del aire, pero no puedo, no puedo, un tambor ronco me llama, un latido de dolores humanos, un coro de sangre como nuevo y terrible movimiento de olas se levanta en el mundo, y caen en la tierra española por los laberintos de la historia los ojos de los niños que no nacieron para ser enterrados, sino para desafiar la luz del planeta; y no puedo, no puedo, porque en China salta la sangre por los arrozales, porque caen los muros de Praga sobre un barro de infinitas lágrimas; porque las flores de los cerezos austriacos están manchadas por el terror humano; no puedo, no puedo conservar mi cátedra de silencioso examen de la vida y del mundo, tengo que salir a gritar por los caminos y así me estaré hasta el final de mi vida. Somos solidarios y responsables de la paz de América, pero esa tarea nos da también autoridad, y nos muestra el deber de que la humanidad, con nuestra intervención, salga del delirio y renazca de la tormenta.

España no ha muerto: hay millares de hombres, de mujeres y niños que sufren en los campos de concentración que el país que tiene por lema «Fraternidad, Igualdad y Libertad» ha dispuesto para nuestros hermanos, están allí prisioneros, no llevan más delito que el haber defendido la independencia de su patria.

América entera debe movilizarse, a nosotros nos toca también borrar esa vergüenza, y al decir con orgullo que mi gobierno recibirá, a pesar de la desolación que recién nos azota, a los emigrados españoles, tengo que pedir la ayuda de todos vosotros, porque si bien Chile tiene tierras para la paz y para el trabajo de quienes quieran cobijarse bajo nuestra solitaria estrella, no tenemos en nuestro país sacudido por la desgracia, el dinero necesario para transportar españoles. En todas partes, por eso, escribamos, digamos, pensemos: los españoles a América, para formar un nuevo movimiento de unidad y de auxilio hacia la emigración. Que no se oiga en estos meses de angustia, y sobre España, sino estas palabras: españoles a América, españoles a las tierras que ellos entregaron al mundo.

No, no has muerto España, no has muerto. Lo veo todo, veo al asesino y veo al sepulturero, veo los velos enlutados, y veo tu cuerpo desnudo sobre la meseta desde donde brotó nuestro idioma maravilloso, veo tus abiertas heridas mojando la tierra con tu sangre ejemplar, veo las aves de rapiña amontonarse en la altura con voraces garras y picos, veo en el oscuro atardecer tu hermosa frente fatigada. Pero no has muerto, España sobrehumana, España de las lámparas de aceite, España de los cereales, del vino y de la abstracción heroica: no, sólo descansa tu sangre un minuto, para que la historia sepa lo que pierde, para que la libertad se mire de pronto solitaria, para que la cultura se sienta de pronto abandonada, para que el hombre se toque el corazón y se pregunte: dónde está?, dónde está España? Y le contestamos: está para jamás, en nuestra lucha ardiente, está fundida en el destino del mundo, está en los nuevos caminos del viejo océano que ella revelara hace siglos, está en los viejos pensamientos de paz, de dignidad y de justicia que tu martirio, España, ha renovado y hecho temblar con nueva vida ante la luz universal; estás, España, en todas nuestras acciones, en todos nuestros pensamientos, en la determinación de nuestra conducta, en nuestra angustia como en nuestra alegría y en nuestra esperanza. España no ha muerto, y miramos la realidad y el futuro para cobrar pasión y confianza, España no ha muerto, y se nos levanta el alma hasta el sitio en que las manos de todos los hombres cerrados se juntan, hasta el sitio en que todos los puños cerrados se juntan, hasta el sitio en que la madre inmensa nos muestra para toda la noche de los tiempos, cómo se debe morir por la libertad.

Aurora de Chile, núm. 10, Santiago, 6.5.1939. Discurso leído en Montevideo, marzo de 1939, en representación de la Alianza de Intelectuales de Chile ante el Congreso Internacional de las Democracias.

En la muerte de Antonio Machado

En este desgarrador crepúsculo del mundo, después de una campanada de sangre, entra la noche por tierras españolas. Hoy, a esta hora, entra y se instala la sombra hasta debajo de las piedras. Debajo de cada piedra y bajo cada hoja y bajo cada techo, hay en esta hora una gota de sangre y una gota de sombra. Y esta reunida sangre y sombra entierran todo lo terrestre: cubren también el corazón del hombre. Llega la noche por los caminos de España, por los viejos caminos de polvo finísimo y secular llegan las cabalgatas nocturnas, ante cada puerta estremecida se detienen los asesinos, los hombres de la sombra, y ante el que se llama Juan, ante el que se llama Pedro, como tú, como tu padre, ante el herrero, ante el labrador, ante el maestro, ante España, se sitúa una boca de fusil, una llamarada loca y un grito de agonía.

Por los caminos de nuestra sangre llega la noche. Veo cruzar las parejas de campesinos escondiéndose entre las arrugas de la piedra, veo rodar los enloquecidos ojos de los hombres que miran al mar, el mar sin barcos, veo a mis camaradas escritores arañar la tierra con las uñas quebradas porque el tormento ya no tiene capacidad en el corazón, veo correr por los senderos, caerse por las rocas, toda la raza de los orgullosos españoles, a quienes dejaron solos ante sus asesinos, toda una parte de una humanidad miserable. Y en esta fila amarga, entre los niños hambrientos y las madres heridas, miro, antes de la muerte, a este ardiente y melancólico caballero, a esta apostura de encina y piedra tocada por la nieve, a este héroe de una profunda España, que es ahora sólo un estremecimiento, sólo una cuchillada en la sangre, sólo una semilla en la frente de todos los hombres.

Quién eres?, le digo; y esta sombra pura me responde: «Soy lo que dejo atrás, soy una comarca de molinos y luna, soy un sol de frío en la meseta, soy una misteriosa mano de piedra que toca las puertas del pueblo. Soy Antonio Machado expulsado de su mansión tutelar, soy España echada fuera de España».

Todas las breñas arriesgadas de la exploración por la inteligencia, todas las pasiones del ser llevadas a la destreza de la luz, toda la ancianidad llevada a su esplendor y a su destello, todo lo puso Antonio Machado en las manos de su pueblo, toda su sabiduría, toda su ternura, todo su silencio, toda su alcurnia, todo lo dejó Machado ardiendo en esa hoguera de leones, y al mirar atrás y al ver a su pueblo perseguido, destrozado, ofendido, humillado, traicionado y sacudido por esta mortal, por esta infame injusticia consumada, Antonio Machado, al ver la noche, y la gota de sangre y la gota de sombra temblar y ocultar toda la luz de su patria, Antonio Machado cierra los ojos y muere, contemplando a España con los ojos cerrados, porque así miramos ahora a España los que la amamos, con los ojos cerrados, para no ver el puñal de los malvados rompiendo el corazón de los justos.

Yo, si él no se hubiera muerto, yo le habría dicho: «Tomad, señor, este camino; dejadme, señor, haceros hueco bajo este follaje y encenderos fuego entre estas piedras extranjeras». Y le habría dicho: «Mirad, señor, detrás de estos árboles fronterizos; mirad, señor, más allá del océano; mirad hacia allá donde brillan estrellas desconocidas antes al mundo, estrellas que fueron dadas al cielo por un puñado de manos españolas, allá, en el límite de las islas y del mar, está América, y América española, América libre, América rumorosa de sílabas y de venas hispánicas, América llena de frutas y de carne. América no puede mostrar el corazón encallecido de Europa, América, señor –le habría dicho–, América no puede traicionar, no puede negar refugio a la desventurada madre de su sangre».

Pero no pude decírselo. Yo voy a Francia a recoger españoles y darles el refugio de Chile, porque en mi patria manda el pueblo, y es éste uno de sus mandatos. Y no podré decírselo, pero se lo diré a un pescador gallego, a un labriego de Castilla, a un minero de Asturias, se lo diré a cualquier obrero vasco, catalán o andaluz, y sé que Machado, el poeta, escuchará este mensaje que llevo de un pueblo, porque Antonio Machado ya entró a la historia, y la historia escucha y guarda lo grande y lo mezquino, lo alto y lo miserable, lo escucha todo para juzgar mañana.

Y cuando la justicia se escriba, cuando caiga todo el lodo que se nos echa encima cada mañana de este mundo, cuando se rompan los últimos harapos de la mentira, en esa hora de la justicia y del amanecer que esperamos, en las grandes puertas de pórfido, en las columnas fundamentales que sostendrán la paz entre los hombres, estará grabado este nombre con alfabeto ardiendo: Pueblo español, y dentro de ese nombre, como pequeñas, pero formidables abejas, estará el pequeño nombre de Antonio Machado, estará el pequeño nombre de Federico García Lorca, pequeños dentro del gran tribunal palpitante de la justicia universal y popular, pero grandes, titánicos y sonoros como las raíces de la raza.

Pensaréis que cuando rueda degollada la voz de los ruiseñores ha llegado una noche más completa, más salvaje y más sanguinaria que toda las noches del mundo. Y así es. Pensaréis que sombra y sangre van a crecer hasta de la punta de las espigas y hasta del centro de las rosas, y así es; pensaréis que levantan el brazo en España para mostrar las manos manchadas por la traición y la sangre de los hermanos, y así es; pero, acongojados compañeros, camaradas míos, pensad que el mar es más profundo, más amargo y más lleno de cólera, y el hombre ha esperado con los ojos puestos en la otra orilla, pensad que el desierto, la distancia y el tiempo son atravesados por la esperanza humana, pensad que la roca se deshace bajo el pro de la voluntad. Y la manada de lobos se dispersará por las estepas y por las puertas severas de España volverán a entrar la alegría y la justicia del hombre.

Aurora de Chile, *núm. 10, Santiago, 6.5.1939. Palabras leídas durante un acto de homenaje a Machado en Buenos Aires, marzo de 1939.*

Un autógrafo de Pablo Neruda

América debe tender la mano a España en la desventura. Millares de españoles se amontonan en inhumanos campos de concentración, llenos de miseria y angustia.

Traigámosles a América. Chile, recién salido de una convulsión terrestre que lo ha cubierto de ruinas, abre las puertas para que en su territorio se alberguen estas víctimas españolas del fascismo europeo. Agregad a este gesto generoso vuestra ayuda material! Españoles a Chile!

> *Aurora de Chile, núm. 12, Santiago, 4.7.1939. Facsímil de una nota (manuscrita) saludando a la Federación de Organizaciones Argentinas de Ayuda a los Refugiados Españoles (FOARE).*

Chile os acoge

Españoles:

Tal vez de toda la vasta América fue Chile para vosotros la región más remota.

También lo fue para vuestros antepasados.

Muchos peligros y mucha miseria sobrellevaron los conquistadores españoles. Durante trescientos años vivieron en continua batalla contra los indomables araucanos.

De aquella dura existencia queda una raza acostumbrada a las dificultades de la vida. Chile dista mucho de ser un paraíso. Nuestra tierra sólo entrega su esfuerzo a quien la trabaja duramente.

Republicanos:

Nuestro país os recibe con cordial acogida. Vuestro heroísmo y vuestra tragedia han conmovido a nuestro pueblo.

Pero tenéis ante vosotros sólo una perspectiva de labor, que puede ser fecunda, para bien de vuestra nueva patria, amparada por su gobierno de base popular.

> **PABLO NERUDA**
> Cónsul Delegado para la
> Inmigración Española.

> *Texto incluido en el folleto* Chile os acoge *(dirigido a los republicanos refugiados en Francia), París, s.p. de i., 1939.*

Discurso de las liras

La lira de las hojas secas
y su vacilación de aromas de oro
atraviesa la sombra y el olvido
con aleteo de palomas rojas.

Claramente la forma se desliza
hacia el cristal, hacia las blancas manos,
hacia la magnitud de los rosales
cuyas raíces esperan el mar.

La forma arde en su fuego de puñales
y dirige quemantes quemaduras
como estrella de puntas invencibles
o llave enrojecida con secretos.

Es que el alma del hombre busca heridas,
a ciegas, en la sombra de las cosas,
tanto en la escasa inmensidad del pétalo
como en la sorda ciencia de las olas.

Herida! Herida! Voz con agua y ojos
sumando olvidos de aire taciturno,

lágrimas llenas de hojas como yedras,
sustancias derrotadas del otoño!

Temblor que busca patria deslizándose
a borbotones de flechas quemadas
hacia el árbol de rotas iniciales
que la noche y la nieve devoraron.

El poeta escucha y crece con la noche,
y su sistema de suspiros crece
hacia una forma como un globo de agua
o una cebolla de metal remoto.

Porque la lira sale de las hojas
secas, pisadas por el viejo olvido,
como un caballo de patas de plata
y celestial hocico ceniciento.

Taller, núm. VI, México, noviembre de 1939.

Entre Michoacán y Punitaqui

(1939-1947)

I

DESCUBRIENDO AMÉRICA 1
(1939-1940)

[Prólogo a poemas de Sara de Ibáñez]

Montevideo, para recibir al Atlántico, junto a sus inmensos malecones, en cuyas paredes los niños escriben la palabra *Poesía*, ha levantado estatuas a sus grandes poetas, los más graves, los más nocturnos y ciclónicos de la poesía universal.

Golpeadas por el mar y vecinas hasta darse las manos de piedra oscura, emergen las cuatro esculturas ardientes: Lautréamont, Laforgue, Herrera y Reissig, Agustini.

Gaviotas y otras aves del Río de la Plata se acumulan para descansar y dormir sobre las doloridas estatuas ciegas, así es que de amanecer, cuando con mis camaradas Jesualdo, Saralegui, Podestá, Capurro, Ibáñez llegábamos hasta ese recinto marino, entre la delgada niebla escuchábamos un ruido de pájaros salvajes, un aleteo innumerable que elevándose de sus hombros y de sus liras dejaba descubrir, de pronto, las presencias silenciosas.

En esta atmósfera de aire alado y de veneración elemental ha crecido, secretamente, Sara de Ibáñez, grande, excepcional y cruel poeta. Junto a esas sombras de piedra estelar, bajo los gigantescos dinteles infernales, entre estos dedos de fuego y sombra heridos por la luz abandonada del litoral, había pues un corazón de palpitante rama, un coral vivo creciendo en el esplendor sumergido. Estructura y misterio, como dos líneas inalcanzables y gemelas, tejían de nuevo la vieja, temible y sangrienta rosa de la poesía. Y unas poderosas manos de mujer uruguaya la levantan hoy, brillando aún de sustancias originales, en esta claroscura hora crepuscular del mundo.

Magnificada mano, sal misteriosa! Ella se forma, en su fondo sin tiempo, endureciendo allí la raíz cereal y la deslumbradora faceta. Ella aguarda su destino, sobrepasa las épocas del vapor y del humo, y cuaja su sagrado mineral en agudas flechas que atraviesan la sangre.

Quien conozca estos productos humanos verá que esta mujer recoge de sor Juana Inés de la Cruz un depósito hasta ahora perdido: el del arrebato sometido al rigor; el del estremecimiento convertido en duradera espuma.

Verla a ella, ver su dolorosa y extraordinaria belleza, en que el cutis de cera perdida rodea los ojos inmensos y estancados de los que brota una luz verde, mirar todo su ser maduro y moreno es comprender nuestra mayúscula América: tiene en su belleza taciturna algo de Gabriela Mistral: es tal vez un aire misterioso y grandioso, un encadenamiento volcánico que no nos es dado descifrar. Es, sin embargo, mucho más fina que la geológica araucana: todo su rostro, mas no su corazón, han sido endulzados: la raíz sigue siendo amazónica y caudal.

Escribo estas líneas en un barco, junto a las costas de África. Ya comienza el mar a sostener cañones, y el aire a entrar en la venenosa y moribunda hora de la guerra. La fuerza ha exterminado mucha luz en España. Y Austria, Checoslovaquia, Albania muestran también sus desgarradores charcos de sangre humana. Las tinieblas invaden el otoño blanco de Europa.

Y en estos días de océano, los versos mil veces leídos de Sara de Ibáñez han sido americana agua dulce en mi garganta, pero llegada de los ventisqueros de España, de las cimas rayadas ya por las nieves eternas. Sí, la indestructible nieve clásica conforma estas nuevas edades de nuestras praderas, trayendo un material definitivo, una osamenta precisa a la cual Sara de Ibáñez adhiere su cauce incendiario.

Bien recibida sea: es de la más alta aurora. Y para esta recogida furia poética, como para María Luisa Bombal, maravillosas criaturas, salidas a la luz no como indecisos fantasmas sino como medallas claras, ardientes y definitivas, devolviendo en su metal duro y duradero una luz vuelta a la muerte, luz de estos agónicos y crueles estados de la tierra: para ella, para ellas, reverencia y adoración. Aquí agoniza un término y se determina un nuevo universo radiante.

S.S. Campana, *abril de 1939*

Prólogo a Sara de Ibáñez, Canto, Buenos Aires, Losada, 1940.

Saludo a Uriel García

Señor senador: Os saludo con emoción y angustia, emoción que significa el honor de conocer los honores que merecidamente os señalan y angustia porque alrededor de los que como Uriel García se levantan con tanta dignidad y tanta tranquila fuerza, alrededor de ellos se cargan y se encienden las desesperadas esperanzas de nuestro destino de americanos libres. Hablamos solos los americanos en un mundo duramente desierto, creemos y dudamos en la soledad de un territorio misterioso, sin más testigos que las ancianas piedras sagradas. Y de esta soledad debemos sacar resistencia y esperanza, porque alguien mañana preguntará por nosotros, por cada uno de nosotros, golpeando las puertas de la historia.

Aquí estamos en el Perú, en el remoto corazón de América. Nos rodea el viento de todas las regiones. El peruano vive sobre sus edades enterradas, sobre sus joyas sangrientas, y tiene tierra poderosa y ardiente para el porvenir. Del silencio saldrán muchas cosas ardientes.

Del silencio y de la tierra. Conocí por muchos años a un peruano maduro, también fruto mayor de nuestra patria. Era todo silencio y se llamaba César Vallejo. Era mi hermano en poesía y esperanza. Pero a ese hombre lo ahogó la ausencia. Se murió no por falta de aire, sino por falta de tierra.

Sí, a estos territorios los aislan las grandes ausencias. Volva-
mos a nuestra tierra, a nuestra grande América. Llenémosla de
rumores, de voces, de silencio, de llamas vivas. Vivimos una
hora solemne entre todas y nuestra voz comienza a vivir.

> *A fines de 1939, en Lima de paso, Neruda pronunció es-*
> *tas palabras de homenaje al recién electo senador por la*
> *Coalición Obrera Peruana, recogidas en* Qué Hubo,
> *núm. 30, Santiago, 2.1.1940.*

Amistades y enemistades literarias

NO SÓLO DE ESTRELLAS...

Tal vez a nadie por estas tierras le haya tocado en suerte desencadenar tantas envidias como a mi persona literaria. Hay
gente que vive de esta profesión, de envidiarme, de darme pu-
blicidad extraña, por medio de folletos tuertos o tenaces y
pintorescas revistas. He perdido en mis viajes esta colección
singular. Los pequeños panfletos se me han quedado en habitaciones lejanas, en otros climas. En Chile vuelvo a llenar mi
maleta con esta lepra endémica y fosforescente, arrincono de
nuevo los adjetivos viciosos que quieren asesinarme. En otras
partes no me pasan estas cosas. Y sin embargo, vuelvo. Es
que me gusta ciegamente mi tierra y todo el sabor verde y
amargo de su cielo y de su lodo. Y el amor que me toca me
gusta más aquí, y este odio extravagante y místico que me rodea pone en mi propiedad un fecundo y necesario excremen-
to. No sólo de estrellas vive el hombre.

España, cuando pisé su suelo, me dio todas las manos de
sus poetas, de sus leales poetas, y con ellos compartí el pan
y el vino, en la amistad categórica del centro de mi vida. Tengo el recuerdo vivo de esas primeras horas o años de España,
y muchas veces me hace falta el cariño de mis camaradas.

VICENTE ALEIXANDRE

En un barrio todo lleno de flores, entre Cuatro Caminos y la naciente Ciudad Universitaria, en la calle Wellingtonia, vive Vicente Aleixandre.

Es grande, rubio y rosado. Está enfermo desde hace años. Nunca sale de casa. Vive casi inmóvil.

Su profunda y maravillosa poesía es la revelación de un mundo dominado por fuerzas misteriosas. Es el poeta más secreto de España, el esplendor sumergido de sus versos lo acerca tal vez a nuestro Rosamel del Valle.

Todas las semanas me espera, en un día determinado, que para él, en su soledad, es una fiesta. No hablamos sino de poesía. Aleixandre no puede ir al cine. No sabe nada de política.

De todos mis amigos lo separo, por la calidad infinitamente pura de su amistad. En el recinto aislado de su casa la poesía y la vida adquieren una transparencia sagrada.

Yo le llevo la vida de Madrid, los viejos poetas que descubro en las interminables librerías de Atocha, mis viajes por los mercados de donde extraigo inmensas ramas de apio o trozos de queso manchego untados de aceite levantino. Se apasiona con mis largas caminatas, en las que él no puede acompañarme, por la calle de la Cava Baja, una calle de toneleros y cordeleros estrecha y fresca, toda dorada por la madera y el cordel.

O leemos largamente a Pedro de Espinosa, Soto de Rojas, Villamediana. Buscábamos en ellos los elementos mágicos y materiales que hacen de la poesía española, en una época cortesana, una corriente persistente y vital de claridad y de misterio.

MIGUEL HERNÁNDEZ

Dónde estará Miguel Hernández? Ahora curas y guardias civiles «arreglan» la cultura en España. Eugenio Montes y Pemán son grandes figuras, y están bien al lado del forajido Millán Astray, que no es otro quien preside las nuevas sociedades literarias en España. Mientras tanto, Miguel Hernández, el grande y joven poeta campesino, estará si no fusilado y enterrado, en la cárcel o vagando por los montes.

Yo había leído antes de que Miguel llegara a Madrid sus autos sacramentales, de inaudita construcción verbal. Miguel era en Orihuela pastor de cabras y el cura le prestaba libros católicos, que él leía y asimilaba poderosamente.

Así como es el más grande de los nuevos constructores de la poesía política, es el más grande poeta nuevo del catolicismo español. En su segunda visita a Madrid, estaba por regresar cuando, en mi casa, le convencí que se quedara. Se quedó entonces, muy aldeano en Madrid, muy forastero, con su cara de patata y brillantes ojos.

Mi gran amigo, Miguel, cuánto te quiero y cuánto respeto y amo tu joven y fuerte poesía. Adonde estés en este momento, en la cárcel, en los caminos, en la muerte, es igual: ni los carceleros, ni los guardias civiles, ni los asesinos podrán borrar tu voz ya escuchada, tu voz que era la voz de tu pueblo.

RAFAEL ALBERTI

Antes de llegar a España conocí a Rafael Alberti. En Ceilán recibí su primera carta, hace más de diez años. Quería editar mi libro *Residencia en la tierra*, lo llevó de viaje en viaje de Moscú a Liguria y, sobre todo, lo paseó por todo Madrid. Del original de Rafael, Gerardo Diego hizo tres copias. Rafael fue incansable. Todos los poetas de Madrid oyeron mis versos, leídos por él, en su terraza de la calle Urquijo.

Todos, Bergamín, Serrano Plaja, Petere, tantos otros, me conocían antes de llegar. Tenía, gracias a Rafael Alberti, amigos inseparables, antes de conocerlos.

Después, con Rafael hemos sido simplemente hermanos. La vida ha intrincado mucho nuestras vidas, revolviendo nuestra poesía y nuestro destino.

Este joven maestro de la literatura española contemporánea, este revolucionario intachable de la poesía y de la política debiera venir a Chile, traer a nuestra tierra su fuerza, su alegría y su generosidad. Debería venir para que cantáramos. Hay mucho que cantar por aquí. Con Rafael y Roces haríamos unos coros formidables. Alberti canta mejor que nadie el «tamborileiro», el Paso del Ebro, y otras canciones de alegría y de guerra.

Es Rafael Alberti el poeta más apasionado de la poesía que me ha tocado conocer. Como Paul Éluard, no se separa de ella. Puede decir de memoria la «Primera soledad» de Góngora y además largos fragmentos de Garcilaso y Rubén Darío y Apollinaire y Mayakovski.

Tal vez Rafael Alberti escriba, entre otras, las páginas de su vida que nos ha tocado convivir. Se verá en ellas, como en todo lo que él hace, su espléndido corazón fraternal y su espíritu tan español de jerarquía, justos y centrales dentro de la construcción diamantina y absoluta de su expresión, ya clásica.

ENVÍO: A ARTURO SERRANO PLAJA
Y VICENTE SALAS VIÚ

Vosotros sois los únicos amigos de mi vida literaria en España que habéis llegado a mi patria. Hubiera querido traerlos a todos, y no he desistido de ello. Trataré de traerlos, de México, de Buenos Aires, de Santo Domingo, de España.

No sólo la guerra nos ha unido, sino la poesía. Os había llevado a Madrid mi buen corazón americano y un ramo de rimas que habéis guardado con vosotros.

Vosotros, cuántos! todos, habéis aclarado tanto mi pensamiento, me habéis dado tan singular y tan transparente amistad. A muchos de vosotros he ayudado en problemas recónditos, antes, durante y después de la guerra.

Vosotros me habéis ayudado más.

Me habéis mostrado una amistad alegre y cuidada, y vuestro decoro intelectual me sorprendió al principio: yo llegaba de la envidia cruda de mi país, del tormento. Desde que me acogisteis como vuestro, disteis tal seguridad a mi razón de ser, y a mi poesía, que pude pasar tranquilo a luchar en las filas del pueblo. Vuestra amistad y vuestra nobleza me ayudaron más que los tratados. Y hasta ahora, este sencillo camino que descubro es el único para todos los intelectuales. Que no pasen a luchar con el pueblo los envidiosos, los resentidos, los envenenados, los malignos, los megalómanos.

Ésos, al otro lado.

Con nosotros, amigos y hermanos españoles, solamente los puros, los fraternales, los honrados, los nuestros.

Qué Hubo, *núm. 44, Santiago, 20.4.1940.*

Pedro de Oña y Seguel

De los bosques de Angol a los pedregosos ríos de Boroa y Ranquilco, la tierra y los hombres están unidos por una fuerte contextura de raíces y sombras, por una red imperial de altaneros vegetales.

Gerardo Seguel y don Pedro de Oña nacieron y pertenecen a esa región, y entre el corazón antepasado de Angol y la batalladora frente de Seguel hay algo más que sangre: una propaganda de montes sonoros y una tierra acumulada de hojas remotas y silencio.

Por eso Gerardo, nuestro generoso y combativo compañero, en su tarea reconstructora del tesoro secreto de Chile, comienza con el fuerte y florido Pedro de Oña, este río chileno de diamantes cubierto por las sombras australes.

Seguel vive la vida iluminando la obra y la vida de los demás, limpiando y haciendo fulgurar la flora colectiva, encendiendo las lámparas antiguas con su valiente corazón patriota y comunista.

Él nos ayuda a recobrar lo nuestro con sin igual tenacidad, volviendo a la vida lo que fuera en su tiempo fértil y palpitante, porque a los poetas del pasado no se puede volver con ojos secos a removerlos y clasificarlos de nuevo en sus helados nichos, sino con una rama roja que haga saltar el polvo y el agua del tiempo.

Seguel hunde la mano en esta lira encadenada por el olvido y toca sus cuerdas de oro agudo, de infinito y metálico rumor, para que persistan, y sigan brillando, y continúen su oro.

Santiago, junio de 1940

Prólogo a Gerardo Seguel, Pedro de Oña, Santiago, Ercilla, 1940.

II

VIAJES 1
(1939-1943)

Quevedo adentro
(1939)

En este punto litoral y germinal de América, en esta boca de río de cuyas aguas van a brotar imprecisas estrellas, es bueno recordar las sombras que nos han conducido hasta esta fecha, y sobre todo vamos a extender esta sombra y a descansar bajo ella, por la sombra de este estudiante desdichado, de este lunático español llamado don Francisco de Quevedo: es sombra bastante para que en ella descanse un nido y una raza.

Es la sombra del árbol de la raza, la sombra dura, compacta y gigantesca del padre de nuestras palabras y de nuestro silencio, es el hispánico instrumento de padecimiento y de conquista cuyo temblor sacude el aire desde las raíces hasta las estrellas, y es, para los que imaginamos la poesía como explorador del ser, la más atrevida lección de crecimiento y de regreso.

Leamos debajo de este dulce título: «Amor constante más allá de la muerte»:

> Cerrar podrá mis ojos la postrera
> sombra que me llevare el blanco día,
> y podrá desatar esta alma mía
> hora a su afán ansioso lisonjera;
>
> mas no, de esotra parte, en la ribera,
> dejará la memoria, en donde ardía:

nadar sabe mi llama la agua fría,
y perder el respeto a ley severa.

Alma a quien todo un dios prisión ha sido,
venas que humor a tanto fuego han dado,
medulas que han gloriosamente ardido,

su cuerpo dejará, no su cuidado;
serán ceniza, mas tendrá sentido;
polvo serán, mas polvo enamorado.

Bajo esta levantada arquitectura, quién no reconocerá con emoción y pánico nuestra propia sílaba de sangre, la contestación de todo un pasado de pasión, y ante la negativa circundante, ante los ojos ciegos y los oídos que no escuchan, no veis cómo este desbordado corazón español se repliega sobre sí mismo y desafía toda la noche venidera, toda la inhumana substancia del destino?

Cerrar podrá mis ojos la postrera
sombra que me llevare el blanco día.

Contemplad al héroe: junto a Cuenca, en Castilla, en el límite panorámico de un mundo todo piedra y estrella, todo fatalidad, concediendo, sin embargo, su parte a la muerte:

Cerrar podrá mis ojos la postrera
sombra que me llevare el blanco día,
y podrá desatar esta alma mía
hora a su afán ansioso lisonjera;

Un paso más en esa entrega desmedida, una concesión más a la derrota, pero

mas no, de esotra parte, en la ribera,
dejará la memoria, en donde ardía:

así surge la tempestuosa vitalidad de este capitán de la sangre. No, no dejará en la ribera sino la circunstancia dolorida de la

muerte, no dejará en ella sino unas cuantas flores físicas, pero
la luz inmaculada, más allá de las palabras y de la lengua, su
destino español de independencia, de separación y de protesta, no dejará, no, la memoria donde ardía, esta fe imperecedera que levanta al pueblo español invadido por una horda
de villanos más allá de los límites del heroísmo dentro de este
círculo cerrado de cobardes que encierra al mundo como as-
queroso anillo:

> Alma a quien todo un dios prisión ha sido,
> venas que humor a tanto fuego han dado,
> medulas que han gloriosamente ardido,

Sí, alma y pueblo que has albergado toda esta divina aspiración de los hombres a través del hierro y del incendio
y a través del martirio, venas que habéis llenado toda la
tierra con vuestra magnánima e infinita substancia, medulas que han ardido para que la libertad surgiera de la noche,
qué grande cuerpo físico, traspasado de dardos, cuerpo
quevedesco, invencible de España popular y tiernísima, qué
grande es tu corona de espinas y tu resistencia de celestial
presencia dura:

> su cuerpo dejará, no su cuidado;
> serán ceniza, mas tendrá sentido;
> polvo serán, mas polvo enamorado.

Escuchad la voz del héroe español, la voz de la esperanza
sobre las ruinas, la voz del ser absoluto, la voz que viene clamando desde el nacimiento del pueblo, y que tendrá que ser
escuchada, porque se yergue como amenazante campana más
allá de la lucha final, más allá de la derrota y del desierto humeante deshecho por la metralla, más allá de los campos de
concentración, donde los españoles expulsados de su patria
por forasteros sanguinarios, serán

> serán ceniza, mas tendrá sentido;

serán ceniza, serán materia esparcida por la crueldad y la cobardía del mundo, mas tendrá sentido, mas tendrá significación, tendrá combate, tendrá regreso,

polvo serán, mas polvo enamorado.

Sí, Quevedo, serán deshechos tus familiares síntomas del
amor y de la muerte españoles, serán exterminados cuanto
dio al mundo más generosidad con un puñado de hombres
que todo el resto de la historia,

polvo serán, mas polvo enamorado,

polvo enamorado que desde donde yace enseña una rosa profunda, una fe inmortal que no se desangra ni puede morir.
Español Quevedo, español de la misma estirpe que Cervantes y la Pasionaria, porque en tu raza se confunden el pueblo
y la cultura, hemos leído este soneto levantándolo sobre nuestras débiles cabezas porque sus cortas sílabas dan sombra y
viento de banderas, y rompen manantial allí donde no existe
sino piedra implacable.

Montevideo, marzo de 1939

*En Emilio Oribe, Juan Marinello y Pablo Neruda,
Neruda entre nosotros, Montevideo, Ediciones
AIAPE, 1939, y en Aurora de Chile, núm. 19, San-
tiago, 4.5.1940.*

Viaje al corazón de Quevedo
[1942]

En el fondo del pozo de la historia, como un agua más sonora y brillante, brillan los ojos de los poetas muertos. Tierra,
pueblo y poesía son una misma entidad encadenada por subterráneos misteriosos. Cuando la tierra florece, el pueblo res-

pira la libertad, los poetas cantan y muestran el camino.
Cuando la tiranía oscurece la tierra y castiga las espaldas del
pueblo, antes que nada se busca la voz más alta, y cae la cabeza de un poeta al fondo del pozo de la historia. La tiranía
corta la cabeza que canta, pero la voz en el fondo del pozo
vuelve a los manantiales secretos de la tierra y desde la oscuridad sube por la boca del pueblo.

Éste es un viaje al fondo del pozo de la historia. Nos dirigimos a un territorio oscurecido, a un camino en que las hojas
de los árboles permanecen quemadas desde hace siglos, y en
que las interrogaciones se refieren a un infierno terrestre,
arrasado por la angustia humana.

Voy a hablaros de un poeta y de su prolongación en otros,
voy a hablaros de un hombre y sus preguntas, de sus martirios y su lucha, y veréis cómo aparecen en el tiempo, otros dolores, otras luchas, otra poesía y otras afirmaciones. Los
hombres de quienes hablaré pasaron la vida clamando a la
tierra, bajando la mirada a las profundidades del hombre y
de la vida, buscando desesperadamente un cielo más posible,
quemándose los ojos en la contemplación humana, en la desesperación celestial.

Éste es un viaje al fondo escondido que mañana se levantará viviente. Éste es un viaje al polvo. Al polvo enamorado que
mañana volverá a vivir.

Y os traigo conmigo en este viaje a un hombre turbulento
y temible como don Francisco de Quevedo y Villegas, a quien
también considero como el más grande de los poetas espirituales de todos los tiempos. Se hace patente en él, como en
tantos otros de los grandes hombres, este hecho nunca demasiado insistido. Quevedo es azotado por la racha crítica de su
tiempo: es azotado y sacudido como una caña, pero la caña
no se rompe. Es una caña que canta. La mantiene levantada como una flecha y agachada como una azada toda la vida
material de su tiempo. Están en Quevedo, como en una bodega inmensa, como en la bodega de un inmenso vestuario de
teatro, todos los trajes abandonados de una época. Está allí el
traje del noble duque y del bufón miserable, el traje del rey
patético, del rico abusador y el rostro innumerable de la mu-

chedumbre hambrienta que más tarde se llamará «el pueblo». Las casacas bordadas de los príncipes yacen junto a la ropa marchita de las meretrices, los zapatos del buscavida, del avaro, del pretencioso, del pícaro, se confunden con las reliquias de los más ingenuos campesinos.

Pero por una ventana entra el color azul del conocimiento y he aquí que toda esta multitud grosera y lujosa, palpitante y bestial, recibe el rayo que sigue brotando aún del corazón del caballero.

Todo queda viviendo entonces en ese seco recinto, todo, todas las ideas materiales de su época. La crítica estalla por todas partes como un metal hirviente. El caballero del conocimiento, el terrible señor de la poesía, con su mano izquierda ha creado el polvoriento museo de vestuarios olvidados y con su mano derecha mantiene todavía el taladro viviente de la creación y de la destrucción.

> No he de callar, por más que con el dedo,
> ya tocando la boca, ya la frente,
> silencio avises, o amenaces miedo.
>
> ¿No ha de haber un espíritu valiente?
> ¿Siempre se ha de sentir lo que se dice?
> ¿Nunca se ha de decir lo que se siente?
>
> Hoy, sin miedo que, libre, escandalice,
> puede hablar el ingenio, asegurado
> de que mayor poder le atemorice.
>
> En otros siglos pudo ser pecado
> severo estudio y la verdad desnuda
> y romper el silencio el bien hablado.
>
> Pues sepa quien lo niega, y quien lo duda,
> que es lengua la verdad de Dios severo
> y la lengua de Dios nunca fue muda.

Nada dejó de ver en su siglo don Francisco de Quevedo. Nunca dejó de ver ni de noche ni de día, ni en invierno ni en verano, y no cegó sus ojos de taladro frío el poderoso, ni le engañaron el mercenario ni el charlatán de oficio.

Martí nos ha dejado dicho de Quevedo: «Ahondó tanto en lo que venía, que los que hoy vivimos con su lengua hablamos». Con su lengua hablamos... A qué se refiere aquí Martí? A esa su calidad de padre del idioma que, como en el caso de Rubén Darío, a quien pasaremos la mitad de la vida negando para comprender después que sin él no hablaríamos nuestra propia lengua, es decir, que sin él hablaríamos aún un lenguaje endurecido, acartonado y desabrido? Pero no me parece ser éste el caso. La innovación formal es más grande en un Góngora, la gracia es más infinita en un Juan de la Cruz, la dulzura es agua y fruta en Garcilaso. Y continuando, la amargura es más grande en Baudelaire, la videncia es más sobrenatural en Rimbaud, pero más que en ellos todos, en Quevedo la grandeza es más grande.

Hablo de una grandeza humana, no de la grandeza del sortilegio, ni de la magia, ni del mal, ni de la palabra: hablo de una poesía que, nutrida de todas las substancias del ser, se levanta como árbol grandioso que la tempestad del tiempo no doblega y que, por el contrario, lo hace esparcir alrededor el tesoro de sus semillas insurgentes.

A mí me hizo la vida recorrer los más lejanos sitios del mundo antes de llegar al que debió ser mi punto de partida: España. Y en la vida de mi poesía, en mi pequeña historia de poeta, me tocó conocerlo casi todo antes de llegar a Quevedo.

Así también, cuando pisé España, cuando puse los pies en las piedras polvorientas de sus pueblos dispersos, cuando me cayó en la frente y en el alma la sangre de sus heridas, me di cuenta de una parte original de mi existencia, de una base roquera donde está temblando aún la cuna de la sangre.

Nuestras praderas, nuestros volcanes, nuestra frente abrumada por tanto esplendor volcánico y fluvial, pudieron hace ya tiempo construir en esta desértica fortaleza el arma de fuego capaz de horadar la noche. Hasta hoy, de los genios poéticos nacidos en nuestra tierra virginal, dos son franceses y dos son afrancesados. Hablo de los uruguayos Julio Laforgue e Isidoro Ducasse, y de Rubén Darío y Julio Herrera y Reissig. Nuestros dos primeros compatriotas, Isidoro Ducasse y Julio Laforgue, abandonan América a corta edad de ellos y de América. Dejan desamparado el vasto territorio vital que en vez de procrearlos con torbellinos de papel y con ilusiones caninas, los levanta y los llena del soplo masculino y terrible que produce en nuestro continente, con la misma sinrazón y el mismo desequilibrio, el hocico sangriento del puma, el caimán devorador y destructor y la pampa llena de trigo para que la humanidad entera no olvide, a través de nosotros, su comienzo, su origen.

América llena, a través de Laforgue y de Ducasse, las calles enrarecidas de Europa con una flora ardiente y helada, con unos fantasmas que desde entonces la poblarán para siempre. El payaso lunático de Laforgue no ha recibido la luna inmensa de las pampas en vano: su resplandor lunar es mayor que la vieja luna de todos los siglos: la luna apostrofada, virulenta y amarilla de Europa. Para sacar a la luz de la noche una luz tan lunar, se necesitaba haberla recibido en una tierra resplandeciente de astros recién creados, de planeta en formación, con estepas llenas aún de rocío salvaje. Isidoro Ducasse, conde de Lautréamont, es americano, uruguayo, chileno, colombiano, nuestro. Pariente de gauchos, de cazadores de cabezas del Caribe remoto, es un héroe sanguinario de la tenebrosa profundidad de nuestra América. Corren en su desértica literatura los caballistas machos, los colonos del Uruguay, de la Patagonia, de Colombia. Hay en él un ambiente geográfico de exploración gigantesca y una fosforescencia marítima que no la da el Sena, sino la flora torrencial del Amazonas y el abstracto nitrato, el cobre longitudinal, el oro agresivo y las corrientes activas y caóticas que tiñen la tierra y el mar de nuestro planeta americano.

Pero a lo americano no estorba lo español, porque a la tierra no estorba la piedra ni la vegetación. De la piedra española, de los aledaños gastados por las pisadas de un mundo tan nuestro como el nuestro, tan puro como nuestra pureza, tan original como nuestro origen, tenía que salir el caudaloso ca-

mino del descubrimiento y de la conquista. Pero, si España ha
olvidado con elegancia inmemorial su epopeya de conquista,
América olvidó y le enseñaron a olvidar su conquista de España, la conquista de su herencia cultural. Pasaron las semanas, y los años endurecieron el hielo y cerraron las puertas del
camino duro que nos unía a nuestra madre.

Y yo venía de una atmósfera cargada de aroma, inundada
por nuestros despiadados ríos. Hasta entonces viví sujeto por
el tenebroso poder de grandes selvas: la madera nueva, recién
cortada, había traspasado mi ropa: estaba acostumbrado a
las riberas inmensamente pobladas de pájaros y vapor donde,
en el fondo, entre las conflagraciones de agua y lodo, se oyen
chapotear pequeñas embarcaciones selváticas. Pasé por estaciones en que la madera recién llegaba de los bosques, preci-
pitada desde las riberas de ríos rápidos y torrenciales, y en las
provincias tropicales de América, junto a los plátanos amontonados y su olor decadente, vi atravesar de noche las columnas de mariposas, las divisiones de luciérnagas y el paso desamparado de los hombres.

Quevedo fue para mí la roca tumultuosamente cortada, la superficie sobresaliente y cortante sobre un fondo de color de
arena, sobre un paisaje histórico que recién me comenzaba a
nutrir. Los mismos oscuros dolores que quise vanamente formular, y que tal vez se hicieron en mí extensión y geografía,
confusión de origen, palpitación vital para nacer, los encontré detrás de España, plateada por los siglos, en lo íntimo de
la estructura de Quevedo. Fue entonces mi padre mayor y mi
visitador de España. Vi a través de su espectro la grave osamenta, la muerte física, tan arraigada a España. Este gran con-
templador de osarios me mostraba lo sepulcral, abriéndose
paso entre la materia muerta, con un desprecio imperecedero
por lo falso, hasta en la muerte. Le estorbaba el aparato de lo
mortal: iba en la muerte derecho a nuestra consumación, a
lo que llamó con palabras únicas, «la agricultura de la muerte». Pero cuanto le rodeaba, la necrología adorativa, la pompa y el sepulturero fueron sus repugnantes enemigos. Fue sacando ropaje de los vivos, su obra fue retirar caretas de los

altos enmascarados, para preparar al hombre a la muerte desnuda, donde las apariencias humanas serán más inútiles que la cáscara del fruto caído. Sólo la semilla vuelve a la tierra con el derecho de su desnudez original.

Por eso para Quevedo la metafísica es inmensamente física, lo más material de su enseñanza. Hay una sola enfermedad que mata, y ésa es la vida. Hay un solo paso, y es el camino hacia la muerte. Hay una manera sola de gasto y de mortaja, es el paso arrastrador del tiempo que nos conduce. Nos conduce adónde? Si al nacer empezamos a morir, si cada día nos acerca a un límite determinado, si la vida misma es una etapa patética de la muerte, si el mismo minuto de brotar avanza hacia el desgaste del cual la hora final es sólo la culminación de ese transcurrir, no integramos la muerte en nuestra cuotidiana existencia, no somos parte perpetua de la muerte, no somos lo más audaz, lo que ya salió de la muerte? No es lo más mortal, lo más viviente, por su mismo misterio?

Por eso, en tanta región incierta, Quevedo me dio a mí una enseñanza clara y biológica. No es el transcurriremos en vano, no es el Eclesiastés ni el Kempis, adornos de la necrología, sino la llave adelantada de las vidas. Si ya hemos muerto, si venimos de la profunda crisis, perderemos el temor a la muerte. Si el paso más grande de la muerte es el nacer, el paso menor de la vida es el morir.

Por eso la vida se acrecienta en la doctrina quevedesca como yo lo he experimentado, porque Quevedo ha sido para mí no una lectura, sino una experiencia viva, con toda la rumorosa materia de la vida. Así tienen en él su explicación la abeja, la construcción del topo, los recónditos misterios florales. Todos han pasado la etapa oscura de la muerte, todos se van gastando hasta el final, hasta el aniquilamiento puro de la materia. Tiene su explicación el hombre y su borrasca, la lucha de su pensamiento, la errante habitación de los seres.

La borrascosa vida de Quevedo, no es un ejemplo de comprensión de la vida y sus deberes de lucha? No hay acontecimiento de su época que no lleve algo de su fuego activo. Lo conocen todas las embajadas y él conoce todas las miserias.

Lo conocen todas las prisiones, y él conoce todo el esplendor. No hay nada que escape a su herejía en movimiento: ni los descubrimientos geográficos, ni la búsqueda de la verdad. Pero donde ataca con lanza y con linterna es en la gran altura. Quevedo es el enemigo viviente del linaje gubernamental. Quevedo es el más popular de todos los escritores de España, más popular que Cervantes, más indiscreto que Mateo Alemán. Cervantes saca de lo limitado humano toda su perspectiva grandiosa, Quevedo viene de la interrogación agorera, de descifrar los más oscuros estados, y su lenguaje popular está impregnado de su saber político y de su sabiduría doctrinaria. Lejos de mí pretender estas rivalidades en el cauce apagado de las horas. Pero cuando a través de mi viaje, recién iluminado por la oscura fosforescencia del océano, llegué a Quevedo, desembarqué en Quevedo, fui recorriendo esas costas substanciales de España hasta conocer su abstracción y su páramo, su racimo y su altura, y escoger lo determinativo que me esperaba.

Me fue dado a conocer a través de galerías subterráneas de muertos las nuevas germinaciones, lo espontáneo de la avena, lo soterrado de sus nuevas viñas, y las nuevas cristalinas campanas. Cristalinas campanas de España, que me llamaban desde ultramar, para dominar en mí lo insaciable, para descarnar los límites territoriales del espíritu, para mostrarme la base secreta y dura del conocimiento. Campanas de Quevedo levemente tañidas por funerales y carnavales de antiguo tiempo, interrogación esencial, caminos populares con vaqueros y mendigos, con príncipes absolutistas y con la verdad harapienta cerca del mercado. Campanas de España vieja y Quevedo inmortal, donde pude reunir mi escuela de sollozos, mis adioses a través de los ríos a unas cuantas páginas de piedra en donde estaba ya determinado mi pensamiento.

Los martirios de Quevedo, sus prisiones y sus duelos no inauguran, pero sí continúan la persecución a la inteligencia humana en que el hombre se ha adiestrado desde siglos y que ha culminado en nuestros últimos desgarradores años. Pero en Quevedo la cárcel aumenta el espacio material de su poesía, llevándola hasta el ámbito más inmenso, sin romper la corriente fluvial de su pensamiento. Su poder sobrenatural de resistencia lo hace levantarse sobre sus dolores, y sus mismos lamentos parecen maldiciones, y actuales maldiciones:

Dice en una de sus últimas cartas, desde la prisión:

> Si mis enemigos tienen rencor, yo tengo paciencia. El ánimo, que está fuera de la jurisdicción de cerraduras y candados, se destaca desde la tierra al cielo y va y viene descansando de jornadas inmensas.

Pero el horror de su vida a veces le desangra:

> Un año y diez meses ha que se ejecutó mi prisión a 7 de diciembre, víspera de la Concepción de Nuestra Señora, a las diez y media de la noche. Fui traído en el rigor del invierno, y sin una camisa, de sesenta y un años, a este Convento Real de San Marcos de León, donde he estado todo este tiempo en rigurosísima prisión, enfermo con tres heridas, que con los fríos y la vecindad de un río que tengo a la cabecera, se me han cancerado, y por falta de cirujano, no sin piedad me las han visto cauterizar por mis propias manos, tan pobre, que de limosna me han abrigado y entretenido la vida. El horror de mis trabajos ha espantado a todos...

«El horror de mis trabajos...» El poeta, grande entre los grandes, pagaba así su gran poesía, su inmersión en la vida de los hombres, en la política de su tiempo. Él levantó látigos sobre la corrupción de tiranuelos, cortesanos y príncipes, y entre la abismática ciencia de su palabra metafísica no olvida nunca sus deberes esenciales y contemporáneos. Agarra con brazo poderoso las substancias estelares de la noche y el tiempo, y con su otro brazo marca la frente altanera de la maldad. Por eso el abrazo de Quevedo con la tierra nos estremece aún, con las posibilidades de su grandiosa herencia de estrellas y espigas torrenciales.

Quienes más tarde recogieron las granadas azules de curiosidad, de magnificencia y de castigo que Quevedo abrió para los siglos, tocaron también, al conquistar su linaje, las heridas de la persecución y la muerte. El brillo de las sortijas vitales en las manos del poeta, el fulgor de los relámpagos en su cabellera hace temblar a los tiranos y decretar el padecimiento.

No vemos en un gran poeta y escritor quevedesco, en Federico García Lorca, a cuya gracia del sur marítimo y arábigo caen las gotas mortales del alma de Quevedo, no lo vemos padecer y morir por haber recogido las semillas de la luz?

Cuando estalla la insurrección fascista, Federico vio en Granada, antes de morir, una visión terrible, quevediana, del infierno. Su cuñado, el señor Montesinos, era alcalde de Granada. La misma mañana de la sublevación fue fusilado a tiros en su alcaldía, fue amarrado su cadáver de los pies a la trasera de un automóvil y fue arrastrado así por las calles de Granada. Posiblemente, Federico, abrazado a su hermana y a su madre, vio desde los balcones de su casa cruzar el torbellino que arrastraba en verdad el cadáver de España.

Desde entonces no sabemos nada sino su propia muerte, el crimen por el que Granada vuelve a la historia con un pabellón negro que se divisa desde todos los puntos del planeta.

El otro quevediano, el pensativo, el reconcentrado cantor de Castilla, ensimismado en su melancolía, en la visión del paisaje roqueño de Castilla, el grande don Antonio Machado, alcanza a abrir los ojos antes de ser exterminado, y más allá de las colinas quemadas y la extensión terrenal alcanza a ver por única vez, pero de manera profunda, los rostros ardientes y los fusiles de su pueblo. Y antes de morir se convierte en lo sagrado de esta época, en el grande y venerable árbol de la poesía española, a cuya sombra canta y combate y se desangra la libertad humana.

Pero, como Quevedo, paga con sangre su elevación hacia el pueblo. No habéis pensado alguna vez en los últimos días de Machado? Tal vez sólo en la Biblia encontramos tanto dolor acumulado y tanta serenidad augusta. Machado se une a su pueblo que abandona España derrotada y hace el terrible camino hacia los Pirineos entre los cientos de miles de civiles fugitivos, en el más grande éxodo de la historia, con frío y hambre, y ametrallados desde el aire por los «defensores de la civilización occidental». Sosteniendo a su anciana madre y a sus dos hermanos, viajando a pie o en camiones apretados hasta la asfixia por la cantidad de seres que había que recoger, llega Machado, sin quebrarse su espíritu, hasta la frontera francesa. Es siempre el primero en acallar las voces que protestan, el último en quejarse. Pero, casi apenas llegado a un pequeño pueblo, no se levantan más de la cama ni su madre ni él. Muere primero don Antonio, y en su agonía pide que no se comunique su muerte a su madre. Su madre dura pocos días más.

La mitad de España les faltaba bajo el alma. España, la antigua, la dinástica, la sangrienta, la inquisitorial, cubría con una mancha de sangre el territorio. La España refulgente desaparecía y se abría de nuevo la cárcel de Quevedo.

> Miré los muros de la patria mía
> [...]

Pero aún quedaba un quevedesco, un gran poeta dentro de la España encadenada. Veamos ahora su vida, su martirio y su muerte.

En un fuerte verano seco de Madrid, del Madrid anterior a la guerra, me encontré por primera vez con Miguel Hernández. Lo vi de inmediato como parte dura y permanente de nuestra gran poesía. Siempre pensé que a él correspondería, alguna vez, decir junto a mis huesos algunas de sus violentas y profundas palabras.

En aquellos días secos de Madrid llegaba hasta mi casa cada día, a conversarme de sus recuerdos y de sus futuros, llegaba a mostrarme el fuego constante de su poesía que lo iba quemando por dentro hasta hacer madurar sus frutos más secretos, hasta hacerle derramar estrellas y centellas.

Había recién dejado de ser pastor de cabras de Orihuela y venía todo perfumado por el azahar, por la tierra y por el estiércol. Se le derramaba la poesía como de las ubres demasiado llenas cae a gotas la leche. Me contaba que en las largas siestas de su pastoreo ponía el oído sobre el vientre de las cabras paridas y me decía cómo podía escucharse el rumor de la leche que llegaba a las tetas, y andando conmigo por las noches de Madrid, con una agilidad increíble, se subía a los árboles, pasando con rapidez de los troncos a las ramas, para silbar desde las hojas más altas, imitando para mí el canto del ruiseñor. El canto de los ruiseñores levantinos, sus torres de sonido levantadas entre la oscuridad y los azahares, eran recuerdo obsesivo, apretado a sus orejas, y eran parte del material de su sangre, de su alma de barro y de sonido, de su poesía terrenal y silvestre, en la que se juntan todos los excesos del color, del perfume y del sonido del Levante español, con la abundancia y la fragancia de una poderosa y masculina juventud.

Su rostro era el rostro de España. Cortado por la luz, arrugado como una sementera, con algo rotundo de pan y de tierra. Sus ojos quemantes eran, dentro de esa superficie quemada y endurecida al viento, como dos rayos de fuerza y de ternura.

No puede escapárseme de las raíces del corazón su recuerdo, que está agarrado con la misma firmeza con que las raíces agarran los terrones de la noble tierra del fondo. Los elementos mismos de mi poesía y de mi vida vi salir de nuevo en sus palabras, pero alterados por una nueva magnitud, por un resplandor salvaje, por el milagro de la sangre vieja transformada en un hijo. En mis años de poeta, y de poeta errante, puedo decir que la vida no me ha dado contemplar un fenómeno igual de vocación y de eléctrica sabiduría verbal.

Junto a la cristalina, firme y aérea estructura de Rafael Alberti, juzgo a estos tres poetas asesinados. Antonio Machado, Federico García Lorca y Miguel Hernández, como las tres columnas sobre las que descansaban la bóveda material y aérea de la poesía hispánica peninsular: Machado, la encina clásica y espaciosa que guardaba en su atmósfera y en su majestuosa severidad la continuación y la tradición de nuestro lenguaje en sus esencias más entrañables. Federico era el torrente de aguas y palomas que se levanta del lenguaje para llevar las semillas de lo desconocido a todas las fronteras humanas, Miguel Hernández, poeta de abundancia increíble, de fuerza celestial y genital, era el corazón heredero de estos dos ríos de hierro: la tradición y la revolución. Por aquellos años recientes, y tan lejanos, tenía un carácter de niño, de hijo de los campos. Recuerdo que, llevado por mi exigencia para que no volviera a Orihuela, hice mover influencias para obtenerle una colocación en Madrid. Acosado por nuestras peticiones, el vizconde de Mamblas, Jefe de Relaciones Culturales en el Ministerio de Estado, pudo decirnos que sí, que daría una colocación a Miguel Hernández, pero que éste dijera qué es lo que quería hacer. Nunca olvidaré cuando llegó a mi casa aquel día y yo alborozado le comuniqué la buena noticia. «Decídete –le dije–, y dime de inmediato qué quieres pedir para que te hagan el nombramiento.» Entonces, Miguel, muy azorado, me respondió: «No me podrían dar un rebaño de cabras cerca de Madrid?».

En 1939 concurrí al Ministerio de Relaciones Exteriores de mi país, en Santiago de Chile. Nos llegaban a América los rumores increíbles de una revuelta militar y de la entrega de Madrid. Obtuve del Ministerio de Relaciones que ofreciera asilo en nuestra embajada en Madrid a los intelectuales españoles. Así pudimos salvar algunas vidas.

Miguel Hernández no quiso aceptar este asilo. Creyó que podría seguir combatiendo. Entraban ya los fascistas en la capital española cuando él salía a pie hacia Alicante. Llegaba tarde. Estaba encerrado. Volvió como pudo a Madrid, desesperado y despedazado.

Ya la embajada no quiso recibirlo. La Falange Española cuidaba las puertas para que no entrara ningún español, para que no se salvara ningún republicano en el sitio que albergó durante toda la guerra a más de 4.000 franquistas.

Miguel Hernández fue detenido y poco después condenado a muerte. Yo estaba otra vez en mi puesto en París, organizando la primera expedición de españoles a Chile. Me alcanzó a llegar su grito de angustia. En una comida del Pen Club de Francia tuve la dicha de encontrarme con la escritora María Anna Comnene. Ella escuchó la historia desgarradora de Miguel Hernández que llevaba como un nudo en el corazón.

Hicimos un plan y pensamos apelar al viejo cardenal francés monseñor Baudrillart.

El cardenal Baudrillart tenía ya más de 80 años y estaba enteramente ciego. Pero le hicimos leer fragmentos de la época católica del poeta que iba a ser fusilado.

Esa lectura tuvo efectos impresionantes sobre el viejo cardenal, que escribió a Franco unas cuantas conmovedoras líneas.

Se produjo el milagro y Miguel Hernández fue puesto en libertad.

Entonces recibí su última carta. Me la escribió desde la embajada de mi país para darme las gracias. «Me marcho a Chile —me decía—. Voy a buscar a mi mujer a Orihuela.» Allí lo detuvieron de nuevo y esta vez no lo soltaron. Ya no pudimos intervenir por él.

Allí murió hace pocos meses, allí quedó apagado el nuevo rayo de la poesía española. Pero no cesa de derramar dulzura su radiante poesía, y su muerte no me deja secar los ojos que le conocieron.

A través de siglos se pone la luna y la muerte por tierras de España. Una pequeña fosa junto a otra se aprietan bajo la tierra y la endurecen. El tiempo ha pulido las colinas hasta dejarlas convertidas en altillos de huesos, y la luna pasea sobre las altas piedras antiguas su mirada amarilla.

Entonces se apartan puertas secretas, y donde una luz de estrella ha caído, en medio del más ínfimo rumor de la ortiga, de los cardos sacudidos, como si se quebrara un ala de torcaza, se abre el recinto de los poetas enterrados entre las infinitas tumbas de España.

Están todos en el mismo sitio, porque a través de la tierra han caído a lo más hondo, al precipicio interno de donde sale la fertilidad, a la honda sima donde rodó toda la sangre.

Quevedo es allí el inmenso búho, el que sabe las últimas noticias del desastre, el que oye las profundas campanas peninsulares, el que tocó a través de las raíces los corazones más minerales, los corazones endurecidos por el padecimiento. Siempre fue Quevedo el sabio subterráneo, el explorador de tanto laberinto que se impregnó de luz hasta darla para siempre en las tinieblas. Junto a él, al padre profundo, Machado y Federico son como hijos esenciales todavía revestidos de silencio. Miguel recién ha llegado a la hondura desde sus combates.

Están despiertos para que la palabra no muera. Abren la puerta terrestre hacia la intemperie. Nadie puede verlos por la oscura noche española, en el sitio más remoto del azahar que cantaron, lejos del ruiseñor que han adorado, fuera de los ríos y de sus márgenes que guardan aún la huella de las ninfas. Ellos sólo escuchan la tiniebla, ellos sólo avanzan sobre lo destruido, ellos miran las más escondidas lágrimas de Europa.

Ellos agitan no sólo el cardo y la ortiga que les rodean, ellos preservan no sólo la piedra que les pesa, sino un material purísimo, las alas fantasmales de lo que ha de revivir. Ellos anotan en su libro irresistible cuanto de maléfico o maldito se va cumpliendo, cómo se estiran las largas horas de la desdicha, cómo se acerca la campana que ha de romper el cielo.

Ellos viven a través del silencio y ellos continúan la vida. Aun los más crueles y desenfrenados, los que derramaron la sangre para llegar al sitio del poder, serán fantasmas, serán muertos abominables oscurecidos por el horror. Pero los poetas son de tal manera materiales, más que el aluminio y la uva, más que la propia tierra, que atraviesan los años del pavor y son para su pueblo fuente escondida de esperanza y ternura. Viven más abajo que todas las páginas, más altos que las bibliotecas, menos herméticos a través de la muerte, soltando cada vez más esenciales raíces en la profundidad, raíces que van subiendo hacia la superficie y ascendiendo a través de los hombres para mantener las luchas y la continuidad del ser.

Así, pues, materia, substancia material de España, de la eternidad de España, es Francisco de Quevedo.

Quiero que veáis, con el respeto que yo siento hacia su augusta sombra, el duelo inacabable, su combate de amor y de pasión con la vida y su resistencia hacia la seducción de la muerte. A veces la pasión lo hunde en la tierra, lo hace más poderoso que la misma muerte y a veces la muerte de todas

las cosas invade su loco territorio de pasiones carnales. Sólo
un poeta tan carnal pudo llegar a tal visión espectral del fin
de la vida. No hay en la historia de nuestro idioma un debate lírico de tanta exasperada magnitud entre la tierra y el
cielo.

> Si hija de mi amor mi muerte fuese,
> ¡qué parto tan dichoso que sería
> el de mi amor contra la vida mía!
> ¡Qué gloria, que el morir de amar naciese!
>
> Llevara yo en el alma adonde fuese
> el fuego en que me abraso, y guardaría
> su llama fiel con la ceniza fría
> en el mismo sepulcro en que durmiese.
>
> De esotra parte de la muerte dura,
> vivirán en mi sombra mis cuidados.

«De esotra parte de la muerte dura/[...]»

   Pero, es posible? Quién puede de verdad intentar esta terrible empresa? A quién puede la muerte conceder después de la
partida toda la potencia del amor? Sólo a Quevedo. Y este soneto es la única flecha, el único taladro que hasta hoy ha horadado la muerte, tirando una espiral de fuego a las tinieblas:

> Cerrar podrá mis ojos la postrera
> sombra que me llevare el blanco día,
> y podrá desatar esta alma mía
> hora a su afán ansioso lisonjera;
>
> mas no, de esotra parte, en la ribera,
> dejará la memoria, en donde ardía:
> nadar sabe mi llama el agua fría,
> y perder el respeto a ley severa.
>
> Alma a quien todo un dios prisión ha sido,
> venas que humor a tanto fuego han dado,
> medulas que han gloriosamente ardido,

su cuerpo dejará, no su cuidado;
serán ceniza, mas tendrá sentido;
polvo serán, mas polvo enamorado.

«Polvo serán, mas polvo enamorado.»
Jamás el grito del hombre alcanzó más altanera insurrección: nunca en nuestro idioma alcanzó la palabra a acumular pólvora tan desbordante.

«Polvo serán, mas polvo enamorado.» Está en este verso el eterno retorno, la perpetua resurrección del amor.

Polvo seré, mas polvo enamorado... No son Luzbel ni Prometeo, ni los arcángeles de alas exterminadoras. Es la materia humana que, basándose en su propia composición mortal, se sobrepone por primera vez a la destrucción final del ser y de las cosas.

Ése es el Quevedo terrorífico de fuerzas naturales. Pero hay también el Quevedo de la contrición, de la amargura y de la fatiga.

Ésta es la amarga fotografía no sólo del estado de un hombre, sino del estado de una nación desventurada.

Ha muerto el fuego de los hogares, los labriegos duermen por los caminos, perseguidos por el frío y por el hambre. Las iglesias se llenan de armas, los clérigos acompañan al guerrero, los huesos de la guerra blanquean sobre la tierra parda.

Miré los muros de la patria mía,
si un tiempo fuertes, ya desmoronados
[...]

Pero de su debilidad sale otra vez su fortaleza de vidente y esa España desmantelada y deshecha de su tiempo, vuelve a ser el retrato de una España de ahora. La tierra se blanquea de nuevo con huesos de soldados y poetas, los muros carcelarios se pudren otra vez por el llanto del hombre.

El gran testigo sigue mirando, más allá de los muros, más allá de los tiempos. Y así es el testimonio irreductible que estas grandes presencias, estos grandes testigos dejan, como organismos, con tanto hierro y tanto fuego, que pueden resistir la trepidación y el silencio de las edades.

Poco antes de morir Federico García Lorca, me contaba que en una de sus peregrinaciones, en que el gran poeta conducía un pequeño teatro de estudiantes a través de los apartados pueblos de España, llegó a una pequeña aldea y frente a la iglesia detuvo el gran carro de «La Barraca» y comenzó a montar su escenario.

Por no haber nada que mirar en el pueblo, Federico dirigió sus pasos hacia la iglesia y entró en su nave oscurecida. Comenzaba a atardecer...

Algunas viejas tumbas junto a las paredes antiguas, mostraban aún sobre las piedras las letras cinceladas de españoles muertos de otro tiempo.

Federico se acercó a una de ellas y comenzó con dificultad a deletrear un nombre: «Aquí yace –decía la lápida– don Francisco –Federico, no con emoción, sino con algo como terror, siguió leyendo–... de Quevedo y Villegas, Caballero de la Orden de Santiago, Patrono de la Villa de San Antonio Abad...».

No cabía duda, el más grande de los poetas, el rayo terrible, desatado, con toda su pasión y su inteligencia y su trágica concepción gloriosa de la vida y de la muerte, yacía ya olvidado para siempre, en una olvidada iglesia de un olvidado pueblo. El rebelde descansaba y el olvido y la noche de España lo cubrían. Había entrado en lo que él llamara la agricultura de la muerte. El desdén y el desprecio con que él trató a su época se vengaban de él, dejando su nombre radiante y turbulento sepultado bajo unas pobres piedras gastadas. Fue tal su emoción, me contaba Federico, que, turbado, desorientado, confuso y entristecido, volvió hacia los muchachos de «La Barraca» y ordenó embarcar de nuevo el tinglado y continuar el camino de Castilla. Allí quedaba...

> aquella alma a quien todo un Dios prisión ha sido,
> aquellas venas que humor a tanto fuego dieron,
> aquellas medulas que gloriosamente ardieron...

Pero yo os lo repito, al final de este viaje al corazón de Quevedo, porque fértil es la vida, imperecedera la poesía, inevitable la justicia y porque la tierra de España no es sólo tierra sino pueblo, yo os digo a través de aquellas bocas que continúan cantando:

> su cuerpo dejará, no su cuidado,
> serán ceniza, mas tendrá sentido,
> polvo serán, mas polvo enamorado.

Cursos y conferencias, *revista del Colegio Libre de Estudios, núm. 199-200, Buenos Aires, octubre-noviembre de 1943, y en* Viajes, *1947 y 1955.*

III

DESCUBRIENDO AMÉRICA 2
(1940-1943)

El cielo y las estrellas de Chile
por el padre Alonso de Ovalle

Del formidable material que sobre la historia del legendario pueblo chileno dejaron los escritores coloniales, transcribimos hoy una página –clara y estelar– del maravilloso Alonso de Ovalle sobre el cielo chileno. Ovalle es considerado como un clásico en la historia americana. Jesuita, nacido en Chile, como Diego de Rosales, José Ignacio Molina y el padre Lacunza, se caracteriza, como todos ellos, por su extendido y casi extravagante patriotismo. Los elogios de las frutas, los peces, los minerales, los ríos de su desconocida patria, llevan un indecible acento exaltado de amor.

Araucanía, núm. 1, México, 15.1.1941.
Nota de introducción a un texto.

Versos de Sara de Ibáñez

Cuando el diamante anida y se agrupa en el cuerpo del hombre, y en vez de su matiz mineral pone sus hilos en la sangre, cuando su azúcar estelada rompe la piel humana y establece allí su simetría, es difícil sacar a luz fuego y fulgor, porque esta sustancia fría y ardiente quema su camino, y deja a su paso una huella fosfórica, como de sangre o luciérnaga.

Éste es el caso de nuestra pura, alta y resplandeciente camarada en poesía, la uruguaya Sara de Ibáñez, inédita hasta hoy. Si hay que cerrar los ojos para cegarse ante tanta luz conducida, si vemos la rosa radiante que levantan sus manos junto al mar amarillo de Montevideo, pensamos en la dolorosa y delicada fuerza que hizo salir en olas de cuarzo y de ágata profunda, este nuevo y sumergido firmamento para nuestra poesía.

Falta en ella el mueble juanramonesco con patas de libro, falta en ella el rencor del asno demenchínico, es voz y flor y cielo para todos los días fulgor tallado en la viva luz de América, estrella dura, directa y tierna, recién salida y temblando en el litoral del sur.

Taller, núm. XII, México, enero-febrero de 1941.

Discurso en el anfiteatro Bolívar

La palabra sale como una flecha desde una gruta oscura, y siempre será inútil su vuelo y su sonido si no regresa a la tierra con una gota de verdad temblando en su sonora punta. Dos palabras he de deciros esta tarde, pero en ellas irá la flecha de regreso y la gota recién cuajada.

Una nueva mitología de oradores nos conduce a fáciles halagos. Creemos halagarnos mutuamente destacando los parecidos que existen entre nuestros países. Yo, por mi parte, os aseguro no existir dos naciones hermanas tan diferentes como México y Chile. Vamos a tocar sus estructuras, vamos a llamar a sus profundidades.

Y desde luego la hermosura del mundo está en las diferencias. Es un metal, en el seno de la tierra, diferente al que yace dormido junto a su material, es distinta cada familia de hojas y cada copa de árbol. Todo lo que hay sobre la tierra quiere diferenciarse.

Basta mirar un mapa para comprender. Vuestro territorio es un cuerno de abundancia vertiendo hacia el sur y hacia el norte toda vuestra prodigiosa riqueza, muchas veces, como lo dijo vuestro poeta mayor, escriturada por el diablo. Todo es germen, colorido y producto de vuestra extensa patria.

Nuestro territorio es una espada de piedra y nieve abandonada en la costa más lejana del planeta. Los chilenos hemos sentido, no el sonido del aire en las palmeras, ni hemos oído caer las frutas pesadas y maduras en la siesta del trópico; hemos vivido conquistando nuestra propia extensión, limpiando la costa endurecida que nos tocó habitar, y levantando en nuestras manos el fulgor de nuestra dura patria.

Entre Acapulco, azul, y Punta Arenas, polar, está toda la tierra, con sus climas y sus razas y sus regiones diferentes. Allí terminan los árboles, los hombres y la tierra. Comienza pronto el mar antártico y la gran soledad de los hielos.

Mientras grandes razas de sacerdotes y guerreros, entre vosotros, escogían la turquesa, el jade y el oro para levantarlos a la altura de la flor, y las estructuras de templos y pirámides de un imperio gigantesco llenaban vuestro territorio, era entre nosotros la sombra de la prehistoria. Y cuando para enfrentarse al más grande imperio manda España, y el mundo, su más titánico capitán, Hernán Cortés, una nueva España grandiosa de templos y de humanismo se levanta en este lado de América, mientras nosotros oíamos el tambor guerrero de Arauco dominando el silencio de las ciudades recién quemadas.

Nuestra reserva y nuestros silenciosos trabajos civiles comienzan a marcarse como resultado de condiciones históricas y físicas, nuestro desarrollo lento y orgánico nos modela diferentes en todo de los orgullosos argentinos y de los secretos peruanos. México, en el norte, se diferencia de todos, por su vida sacudida y dramática, por su grandioso escenario en que la libertad y la sangre, como grandes estatuas alegóricas, indican los caminos del mundo.

Pero si descendemos desde la copa y desde la flor, si desechamos toda la superficial apariencia, si derrotamos todo benévolo sentimentalismo, si pasamos desde la hoja al tronco y desde el tronco al origen: allí nos encontramos.

Mexicanos y chilenos nos encontraremos en las raíces y allí

debemos buscarnos: en el hambre y en la insatisfacción de las
raíces, en la búsqueda del pan y de la verdad, en las mismas
necesidades, en las mismas angustias, sí, en la tierra, en el origen y en la lucha terrestre nos confundimos con todos nuestros hermanos, con todos los esclavos del pan, con todos los
pobres del mundo.

Hacia nuestra América avanzan en esta hora sangrienta, la
guerra y los protectores; entre la sangre y el oro quieren encadenarnos. No sé, ni sabéis, cuál será nuestro destino en esta
tormenta terrible. Los viejos y los nuevos piratas se reparten el botín del mundo y las viejas manos de Europa que cin-
celaron y pintaron y escribieron todo lo que aprendimos, se
levantan ahora bajo una luna sanguinaria para que nuestra
América también aprenda de ella el arte completo de aniquilar la vida.

Nosotros americanos, queremos la paz, pero si ésta ha sido
imposible, esperamos que de las cenizas de la contienda, en la
que no queremos otros vencedores que los pueblos de cada
país en lucha, salga una nueva humanidad que no acumule
las riquezas en unas cuantas manos, sino que repartiéndolas
haga imposible el exterminio y el odio. Que el botín no cam-
bie de manos, que la paz venga con la justicia.

Por eso en esta hora mi voz va hacia los pueblos oprimidos,
y los saluda con mi libre conciencia de chileno y de americano, y saludo desde esta casa de estudiantes, a los oprimidos
pueblos de Checoslovaquia y de la India, a los chinos que luchan contra su terrible enemigo, a los españoles que aún, entre los breñales de Asturias, resisten con esa fuerza de leones
que los hizo únicos héroes del triste mundo actual.

Mi pensamiento va también a los soldados de las Brigadas
Internacionales, a los refugiados políticos españoles, alemanes, checos, italianos, que se acumulan en campos de concentración en Francia, sin que el mundo dé una mirada a quienes
fueron a dar su sangre al pueblo español en su grandiosa lucha. El monstruoso egoísmo de la humanidad los deja olvidados y perseguidos como criminales, deja que los héroes se
pudran en la mugre y en el hambre, cuando traídos y repartidos en nuestra vasta América serían ellos las únicas bases, las

verdaderas, las bases morales, las bases humanas sin las cuales la lucha contra el fascismo es de antemano una derrota.

 Jóvenes camaradas: perdonad que os haya llevado tan lejos para mostraros una gota de lo que creo la verdad. Espero que vuestro venturoso viaje establezca entre mi patria y la vuestra una nueva corriente de vida: una corriente de juventud y de verdad, una corriente de raíces.

Tierra Nueva, *núm. 9-10, México D.F. mayo-agosto de 1941.*

Miguel Prieto

Prieto, pequeño árbol de ojos azules, nutre sus raíces en el terreno pedregoso y polvoriento de la soledad castellana, y de pronto es todo ramos y flor, primavera incandescente y petulante, por entre los azules pasa el crepúsculo frío, el fuego de las aldeas, los solitarios costados del mar. Joven pintor acendrado y devorador, árbol de mucha miel, hay en su ser la armonía y la furia: las dos sales del mundo.

El Nacional, *México D.F., 19.10.1941.*

A la juventud de Morelia

Tenía yo ganas de conocer vuestra ciudad famosa que Alberti me describiera como una gran flor rosada y que es más bien una campana de coral ceniciento levantando su acorde puro entre las colinas y las praderas verdes. La quise conocer como se quiere entrar en las ciudades dormidas de la selva, una Morelia dormida en el agua del tiempo: una ciudad vacía bajo cuyos portales, sobre cuyos atrios legendarios sólo pasaron las sombras centenarias de los dioses y de los héroes. Pero

desde hoy hago la adquisición de vuestra existencia, jóvenes
fraternales, y sé que desde ahora, en mi recuerdo no estarán
vacíos los bosques ni las bellas piedras monumentales, sino
pobladas por el fuego, por la juventud, por la esperanza, por
lo que sois y seréis, por el espíritu que defendéis con vuestra
presencia en esta sala en torno de un hombre que no busca
otra manera de ser grande que la de ser humano.

Comenzáis a vivir en la angustiosa era decisiva de dos mundos. Dos grandes países titánicos, los más grandes de nuestro
planeta se han trabado en lucha mortal. Uno de ellos lucha
por mantener el odio de razas y de hombres; el otro por levantar a los esclavos, por dignificar la vida. Uno de ellos hizo
de los libros una gran hoguera; el otro terminó una tiranía
y de sus ruinas hizo millones de libros. El jefe de uno de ellos
dijo como lema: «Cuando oigáis la palabra cultura sacad el
revólver», y el otro jefe de Estado aquel mismo día dejó un
laurel rojo en la tumba de Alejandro Pushkin. Así pues, para
vuestra patria, para vuestro pueblo, para el mundo que os to-
cará vivir, tenéis bien trazadas y diferenciadas con sangre, las
rutas que debéis elegir.

Que mi paso entre vosotros, jóvenes y fraternales corazones, os ayude a caminar desde las nobles piedras de Morelia,
por la ruta del conocimiento, de la inteligencia, de la cultura,
hacia la fraternidad final entre todos los hombres.

Palabras pronunciadas durante una recepción en el Salón
Colonial del Museo de Morelia, Michoacán, según cróni-
ca en El Nacional, *México D.F., 22.10.1941.*

Miro a las puertas de Leningrado
como miré a las puertas de Madrid

Amigos míos: cada vez que las circunstancias imponen mi
presencia y mis palabras en una reunión de amigos o enemigos, vivo por muchas horas antes perturbado por un proble-

ma antiguo entre mis problemas. Y es el de hablar o no hablar de los asuntos sociales y políticos, el de esconder o no sus
dramáticas repercusiones, el de hacer jugar la inteligencia o la
conciencia.

Cuántas veces he visto la protesta y el desasosiego de los
que escucharon, y tantas veces he soportado, no sólo la consecuencia física de cuanto dije, sino la simple pena humana de
haber herido a quienes no estaban conmigo cuando estaban
junto a mí. Nadie buscó más que yo el silencio que guardar,
lo busqué en la poesía y en las piedras secretas de la tierra,
busqué el olvido en la botánica que viste de azul las llanuras
de los bosques, me perdí y me embriagué en el océano y en el
cielo.

Pero en la flor y en la palabra, en la planta y en la piedra,
cuando entré en ellos con la mano y con la sangre, encontré
en el fondo de todas las cosas el corazón dolorido de los hombres. Y perdí posiblemente muchas entidades misteriosas,
desconocí sin duda muchos sistemas de sabiduría y de esplendor, para encadenarme de manera definitiva a la rueda terrible de la angustia y de las esperanzas del hombre.

Por eso, perdonadme, si más allá de vuestras nobles frentes,
más allá de este coro de amistad poderosa que me rodea
como un anillo de oro profundo, vea, sienta, oiga, más allá de
esta masa y de vosotros, lo que está grabado cada minuto y
cada hora en la substancia de mi corazón: veo a los campesinos ateridos y azotados, veo a los obreros del carbón, del
caucho, del salitre, del marfil, explotados y heridos, busco en
medio de las selvas el origen del Amazonas, de su fuerza fluvial y sagrada, y veo desde su origen tribus hambrientas, dolores y miserias, y por la costa de nuestros océanos oigo la
carcajada de los grandes y el llanto inmenso de los pobres.
Oigo los pasos y los látigos de los déspotas, veo a Luis Carlos
Prestes, veo a los presos de Puerto Rico, veo a los españoles
encarcelados en España, veo a Martín Niemoller, a Thael-
mann, a Gabriel Peri. Y miro a las puertas de Leningrado
como miré a las puertas de Madrid, la charca de sangre de
donde puede salir la nueva salvación terrestre, y acongojado
hasta el fondo con tantos dolores de la humanidad e ilumina-

do por las esperanzas que nacen de la sangre de la gran nación patriótica y heroica defendida de los bárbaros invasores
por millones de corazones rojos. Perdonadme aquellos que
no creáis, aquellos sin fe, que un hombre, transido y esperanzado, traiga ahora, y siempre, a toda reunión, a todo lugar
donde le escuchen, su testimonio, su congoja y su esperanza.

Queridos amigos mexicanos: me habéis abierto las puertas
de vuestra patria violenta, he entrado en ella tomando posesión de todo. Lo que he querido de vosotros está ya conmigo
para siempre; extranjeros, podéis odiar o adorar esta tierra,
pero ella os ha cambiado, la llevaréis en la vida impregnando
hasta vuestra sombra. Yo sentí al llegar arder las estrellas en
lo obscuro, levantarse los inmensos árboles sobre mi estatura, y el viento musical y grandioso de este clima llevarme arrodillado a los pies de los dioses que aún rigen vuestra grandiosa patria.

Yo os quisiera recibir en Chile, alguna vez con el cariño que
me demostráis esta noche. Allí comienza en esta época la primavera, despunta el frío capullo del manzano salvaje mostrando su pequeño temblor de arteria frente a las grandes cordilleras. El cielo hace temblar sus brillantes materias junto a
nuestro infinito litoral. Las islas se llenan de flores, y el vino
y la primavera tocan como en un vaso los labios de mi patria.

Allí nos juntaremos alguna vez, hermanos. Allí o en Madrid, en Moscú, o en Alemania o en Francia reconquistada.
Allí donde, como en este gran país hermano o como en mi tierra
austral, se pueda tomar el pan y el vino de la amistad bajo las
banderas de la libertad y de la justicia. Allí estaremos alguna
vez, juntos o separados, pero felices.

El Siglo, *Santiago, 23.11.1941.*

Sonata de las súplicas

De ella salía un ronco grito de tempestad, la gota
de la lluvia en la noche, cerca del mar, la pluma
furiosa del albatros, mojada en fuego verde,
y este señor, el hombre, creyó tocar sin duda
ese grito, ese fuego, y el vuelo de la sangre.
Pequeña copa de oro, llena de un mar temido,
dijo, y a su boca sedienta
acercó mar y fuego, la eternidad
a él destinada, el hilo oscuro
de la secreta primavera. «Dame
tu mano, dame tu voz de beso, déjame
reír en las escalas, y a la altura
del alto invierno austral, cuando retorna
a su nivel hundido la flor del ulmo y crecen
las aguas araucanas, la noche desciende
a los salones de terciopelo desteñido,
ama esta flor fluvial, esta planta de plata,
este sonido solo que buscó tu regazo.»

Éste es un tango. Qué tango es éste?

Por qué me matas, le dijo él, por qué hundes
este puñal en mi corazón? Y ella
le dijo: «Éste es un tango. Qué tango es éste?».

Era el tiempo en que el otoño se divide
y cae en oro y agua su existencia confusa,
el frío marino entra en los parques
como la ola salvaje del aire inhabitado,
mas allí, cuerpo a cuerpo, dos verdades,
combatían dos seres.

Él, que de ella amó si no cierto nimbo recto
junto a sus sienes, algo determinado

fuera de ella, él se dijo: ésta es la aurora
de fuertes rizos cortos,
y como antes, y como más tarde y como sigue
este hombre, en la pequeña habitación, encerrado
por todas las paredes que crecen sin cesar,
dijo: «Tócame el alma, allí me hieres...».

Y ella le dijo: «Éste es un tango. Qué tango es éste?».

Texto inédito. Original dactiloscrito sin firma, fechado
en 1942, título y correcciones manuscritos por Neruda.

Zweig y Petrov

La muerte de Stephan Zweig y la muerte de Eugenio Petrov
son sellos y cifras de nuestro tiempo. De un tiempo que agoniza y que nace.

Con el suicidio de Stephan Zweig mueren muchos otros
hombres, mueren de largo suicidio, de evasión, de deserción,
de cobardía. La muerte de Zweig es natural, es la muerte de
un tiempo que no tiene qué hacer. La muerte de un hombre
que no tiene qué hacer sobre la tierra en el momento de las
grandes tareas. La muerte de un escritor –de un escritor–
cuando todo se ha escrito, cuando tenemos que volver a escri-
birlo todo, cuando el tiempo comienza de nuevo a nacer.

Eugenio Petrov muere combatiendo y escribiendo: ametralla-
do, despedazado, esparcido en el huracán de nuestra guerra.
Él es grande. Solamente él es grande.

Él es toda la grandeza. Corre al corazón de la tempestad a
combatir, a escribir, a extraer la noticia heroica, a iluminar
a su pueblo mostrándole que no combate solo. Su muerte
hace nacer una época, riega con una sangre impetuosa la semilla de nuestro nuevo tiempo.

Esta gran guerra de la humanidad deja sembrada a la URSS de
miles de héroes. Sus fronteras se enredan de sangre y de laurel.

Entre ellos, para nuestra condición de escritores, ningún héroe más puro y más alto que Eugenio Petrov.

Su muerte borra otras muertes cobardes, como la primavera la negra cicatriz del tiempo muerto. Su sangre sube desde la tierra hasta los altos árboles. Y encima de los altos árboles queda viviendo su nombre escrito con inmenso fuego.

Repertorio Americano, núm. 946,
San José, Costa Rica, 12.9.1942.

La poesía de Juan Rejano

Cuando se rehagan las medallas destruidas por la noche pestilente de estos tiempos, rota apenas por las rayas valerosas de la batalla española y eslava, recogeremos entre cieno y ceniza las lágrimas de esta poesía, su cola de cristales, de tal manera que estaremos orgullosos pensando cómo pasó la gaviota dejando una estela de platino sobre el cielo oscuro de la tempestad terrestre, y escarbaremos esa minuciosa moneda, fragancia estricta y esplendor, como un documento de antiguos héroes, de mucha edad, de mucha congoja, de mucha primavera también: sonetos, canciones edificadas en la piedra fresca del tiempo ensangrentado: puras, luminosas joyerías dignas de subir a los árboles para ser cortadas: laureles radiantes de la dignidad del corazón.

Esto es Juan Rejano lleno de melancolía y de rumores, y éste su primer árbol en que cada estrella, cada hoja y cada nido guardan los brillos rectilíneos de la conciencia, y los destellos insurgentes de la sangre, y la luz machacada de esta hora de las vidas.

Esta poesía no comienza: había un expectante sitio en nuestro idioma para su diamantina estructura.

Nota de solapa a Juan Rejano, Fidelidad del sueño y La muerte burlada, *México, Ediciones Diálogo, 1943. También en* El Nacional, *México, 18.4.1943.*

Sobre Mayakovski

Cuando éramos muy jóvenes oíamos la voz de Mayakovski con incredulidad: en medio de las órdenes de los sistemas poéticos que habían clasificado la poesía entre las líneas del alba y del crepúsculo, se elevaba una voz junto a los martillos de las construcciones, un poeta hundía la mano en el corazón colectivo y extraía de él las fuerzas y la fe para elevar sus nuevos cantos. La fuerza, la ternura y la furia hacen de Mayakovski hasta hoy el más alto ejemplo de nuestra época poética. Whitman la hubiera adorado. Whitman hubiera oído su grito atravesando las estepas, contestando a través del tiempo y por primera vez sus grandiosidades rogativas civiles. Lo que de espacioso y arrollador tiene la construcción de la URSS, el intenso sonido de instrumentos de acero golpeando las graves extensiones, los últimos disparos de la guerra civil, la nueva bandera que sobre el rojo de la sangre de los trabajadores perseguidos durante siglos levantaba como nuevos planetas la hoz y el martillo, dando así dignidad eterna a las nuevas leyes humanas, el combate, la esperanza, la grandeza de la nueva nación y del Partido Bolchevique, todo eso vive en Mayakovski como si dentro de su propio corazón se estuvieran desarrollando las etapas de la construcción, como si oyera en su pecho todo el rumor de herramientas y de himnos de su poderosa patria.

Después de estos años de silencio la poesía de Mayakovski vuelve a decirnos su verdad y su esplendor. Porque los invasores al atacar la URSS han atacado la substancia misma de sus grandes poemas de pasión y música; han hincado los colmillos en la sangre misma de sus heroicos pobladores y constructores, han querido secar el manantial profundo que llenaba de frescura universal esta nueva y valiente poesía.

Él acompañaba a su patria y a su pueblo como los acompañó en su nacimiento. Grande honor para un poeta, el más grande honor. Porque la fe que inspiraron sus cantos carga

los fusiles, magnifica la voz de los grandes aviones, levanta
las espadas y acompaña a los hombres a la victoria.

Boletín SAURSS *[Sociedad de Amigos de la URSS],*
México, 15.7.1943.

Discurso de Michoacán

Pronunciado en la Universidad de San Nicolás de Hidalgo, Mo-
relia, Michoacán, el 17 de agosto de 1943, al recibir el grado de
Doctor Honoris Causa.

Desde el fondo original de México, florido y aguerrido, siempre me llamó Michoacán, esta región intacta del silencio que
levanta una copa de esmeralda y ahora una copa de fuego, hacia los lentos algodones celestiales de su atmósfera incomparable. Tal vez la belleza de esta tierra, su derramada sombra
verde, halla en lo más profundo de mi ser un paisaje parecido,
el territorio austral de Chile, con lagos y con cielos, con lluvia
y con flores salvajes, con volcanes y con silencio: el paisaje
de mi infancia y de mi adolescencia. Tal vez volvió a encontrar
mi corazón errante la silueta de luz y sombra que huye y perdura, el idioma de las hojas mojadas, el alto ejemplo de las puras campiñas.

Pero otras cosas me hicieron amar a Michoacán. Vuestros
héroes antiguos, que hablan aún por los caminos de una
edad sumergida, edad que empapa las raíces de vuestra juventud con un soplo de rebeldía, de independencia y de libertad que la hace brillar desde lejos, como si tuviera una
lámpara junto a la cabellera; vuestra ciudad señorial de rosa
y de ceniza, vuestra antigua raza tarasca que produjo la más
noble escuela de escultura de América, los tejidos y los peces, el Acueducto y Morelos, el agua de los lagos y Ocampo,
los montes y Lázaro Cárdenas.

Todo eso me lo traían las grandes campanas de Morelia

con su ronca voz que, atravesando las otras tierras fraternales, llegaba a mis oídos en donde estuviera.

Por eso vuestro llamado fraternal, la alta y solemne acogida
en este claustro, la dignidad que ponéis en mis manos, es recogida por mí con una devoción inextinguible. Si no fuera
por las profundas ramas de sangre que os atan a una construcción infinitamente delicada en el pasado, si no fuera por
esa singularidad esencial que produce en vosotros las mejores
vibraciones de la patria mexicana, no diría que hoy dais la
mano a un extranjero sino a un michoacano austral, de otra
latitud lejana. Pero cuántas veces he pensado que si bien conocemos dónde comienza México, muy mal sabemos dónde México termina. La piel de América, la carne turbulenta de
nuestra América comienza en el Río Grande, se hace una cintura en América Central para que dos mares hagan saltar su
espuma sobre las ardientes palmeras, se ensanchan luego
como una gran cadera, se rompe de pronto con nuestro río
general, el caudaloso Amazonas, padre de todos los ríos, se
levanta en bloques de diamante y de plata por el Perú solar,
se extiende como un vientre fecundo en nuestras pampas ar-
gentinas, y termina despedazándose en mi patria más allá de
Magallanes, más allá de las últimas tierras frías del continente y del mundo, entre las olas antárticas.

Sí, la piel de México corre y se difunde, se corta y se eleva, se
enciende y se enfría, pero es la misma piel de América, la misma corteza oscura bajo la cual arden los mismos fuegos, corren
las mismas aguas y se desgrana nuestro mismo lenguaje.

Por eso las heridas que se despiertan en un sitio, las ofensas
que tocan cualquier parte escondida de nuestro continente, se
reparten de inmediato por todo nuestro cuerpo. Pero los gritos de libertad y ansiedad de nuestros hombres también se
propagan sobre toda nuestra materia americana con la misma comunidad avasalladora. En 1810 Hidalgo y O'Higgins
hablan casi al mismo tiempo a través de miles de kilómetros
de extensión inaudita. Pasados más de cien años los movimientos políticos antifascistas encuentran en nuestra América igual espontaneidad unitaria. Después de esta gran guerra

tengo la certidumbre de que los movimientos de liberación de los pueblos encontrarán en nosotros sus más poderosas corrientes de seguridad.

Pero así como me guía una observación positiva al vaticinar, esperar y prometer una mayor unidad histórica en el futuro, no participo de un americanismo sin profundidad y sin dolor, que escuchamos a cada paso, y que tiende a mostrarnos nuestro continente como una tierra sin problemas, como un paraíso encontrado o vuelto a encontrar por los hombres de Europa.

Esto se debe a la sensación pacífica que damos lejos de las sangrientas llanuras en que Europa se deshace. Esto se debe a un concepto egoísta, quimérico y engañador, que quiere alejarnos a la vez de nuestras amargas certidumbres, y de las causas humanas y universales en las que América siempre participó.

En esta piel única y adorada de nuestra América, en esta epidermis morena, de trigo y minerales, de maíz y de sangre, de que os hablaba hace algunos minutos, en esta contextura sagrada de geografía y de responsabilidades, hay manchas como terribles pústulas, hay aún servidumbre y miseria. Pequeños grupos crueles de nuestra misma sangre manejan aún el látigo de los mayorales, sobre su misma especie, que es la nuestra. Naciones que conoceréis progresistas y limpias, avanzadas y decorosas, por arte y milagro de las reuniones panamericanas son en realidad triste resabio de oligarquías fraudulentas, presas de nuevos encomenderos. Estos nuevos encomenderos desprecian a sus pueblos como en otra hora lo hicieron en México, hasta que la Revolución los despertó en medio de la noche transcurrida. En otros pequeños países que acostumbramos a llamar hermanos desde hace años no hay voluntad más que la de un caudillo criminal y temible. En esos países no existe ni poesía ni libertad. En uno de ellos el tirano cambió hasta el nombre de la ciudad capital, nombre viejo y venerado de todos los americanos, por su propio nombre insignificante si no fuera vil. En otros países aún mayores que México, defensores de la libertad cuyos nombres alientan

la esperanza de los combatientes de China y de la Unión Soviética, permanecen en prisión por la voluntad de pequeños
poderosos cuyos nombres serán de inmediato olvidados cuando dejen de apretar los dedos en torno al cuello de la patria
que los vio nacer. En otros grandes países de América, generales recién sublevados comienzan a quemar libros, encarcelar a miles de hombres, y a conducir a sus pueblos al martirio.

Cuando pensamos como americanos, cuando en esta vieja
ciudad condecorada por el pensamiento y por la libertad recibimos, como hoy recibo, el mejor laurel, el de la fraternidad de
nuestra vida americana, pensemos en la extensión que las brillantes luces de esta sala y las conciencias puras de esta sala, no
alcanzan a iluminar. Así como pensamos en lo brillante y fértil
de nuestra comunidad, dejemos un juramento en el silencio
grave de esa otra América más hermana cuanto más dolorida.
Dejemos el juramento de fundamentar nuestro destino de americanos en forma total, haciéndonos cargo de la felicidad de
nuestras pletóricas regiones y del término de tantas agonías.

A los que en forma tenaz hablan de América para elogiar
nuestro prodigioso aislamiento geográfico digámosle: América es hija de la libertad y combate donde por la libertad se
combate. La terrorífica amenaza de los conquistadores nazifascistas no fue para nadie tan grave como para nosotros los
americanos. Si otras naciones iban a perder poderío y esplendor nosotros íbamos a perderlo todo: estábamos destinados a
ser los más nuevos esclavos, los semihombres para la nueva y
grande Alemania. Racialmente despreciados, infinitamente
codiciados como producción y como carne barata en el nuevo e inmenso mercado de la esclavitud que los nazis prepararon, éramos nosotros las verdaderas víctimas soñadas por los
terribles terroristas de la edad moderna. Por eso en esta última época mi poesía ha tocado los temas más palpitantes de la
guerra, de la gran guerra que es nuestra guerra. He decepcionado a muchos que hubieran querido de mí un compañero
más en la fiesta de las flores. Yo he tenido otras flores que celebrar, otras flores martirizadas y otros laureles, otros laureles gloriosos que cantar.

Hasta aquí amigos de hoy, de ayer y de siempre, el recodo que he hecho al agradecer la distinción que habéis destinado a un poeta que no ha tenido otro destino sino el de ser un hombre de su época, y por eso demasiado humano. A los poetas nunca nos quedó bien en la cabeza la corona de laureles, esa corona hecha de falso laurel y falso bronce que marcaba al que se la entregaban como un pequeño histrión en la farsa de las épocas... A nosotros los poetas se nos condecoró mejor con el destierro o con el largo silencio de las edades. Cuando vosotros, nobles amigos, os habéis acordado de valorizar con vuestra dignidad mi poesía y mis combates, no tengo la impresión de recibir una falsa corona, sino una espada para seguir defendiendo el corazón de América.

> *En Raúl Arreola Cortés,* Pablo Neruda en Morelia, *Morelia, Michoacán, Ediciones Casa de San Nicolás, 1972. Y en* Cuadernos de la Fundación Neruda, *núm. 39, Santiago, 1999.*

[Prólogo para Ilyá Ehrenburg]

Lo más implacable y lo más dulce de Ilyá Ehrenburg vive en estas hojas de gran escritor, en este libro con forma y pólvora de obuses, en este volumen alto y rencoroso, ardiente y amargo como tenía que serlo. Yo me muero de cólera viendo al jovencito azteca, viendo al jovencito cubano o argentino endilgarnos su retahíla sobre Kafka, sobre Rilke y sobre Lawrence mientras en la tierra malherida la cabeza plateada de Ehrenburg se agacha, iluminada por la inteligencia, azotada por el odio, para legarnos estas montañas de padecimientos humanos y estos caminos presentes y futuros.

Jóvenes de posición azul, envejecidos súbitamente por una obscena preocupación de «poesía pura», olvidan en este momento sus más elementales deberes humanos. La fuerza, la maldad, la servidumbre, el horror pasean sus banderas terribles sobre nuestras cabezas. Vemos caer y borrarse los pasos del héroe. Vemos, como está descrito en este libro y para siempre, depositarse la ciénaga sobre lo que fue esplendor.

Quien en esta hora no es un combatiente es un cobarde.

No nos corresponde en este tiempo explosivo buscar la mejor espiga del pasado ni explotar los rincones del sueño. La vida y la lucha de los hombres han asumido tales proporciones de grandeza que sólo en nuestra época y en nuestra lucha viven las fuentes de todo lo expresable.

Este reportaje de Ehrenburg, estas páginas, describen un infierno que Alighieri hubiera grabado con su misma pasión, y el viento del odio hubiera hecho volar la espaciosa espuma de sus tercetos para llegar a esta prosa acribillada en que la muerte y la esperanza suben como savias gemelas desde la tierra hasta las hojas sangrientas.

Los que lean este libro verán también, como desde hace años muchos hombres hemos visto, a la Unión Soviética, en una alborada de fuerza y de pureza.

El milagro de la Gran Resistencia no es un acontecimiento sobrenatural, es un milagro material, espiritual y, por fin, verdaderamente humano.

La división de los panes, hecha en la vasta extensión de la URSS por el gran Partido Comunista, único partido del Hombre, es un milagro imperecedero y terrenal, no aprovechado y destruido después por una casta maléfica de sacerdotes, sino extendido en la profundidad y en la distancia de los seres hasta los límites de la naturaleza. La división de los panes realizó más tarde el milagro de la multiplicación de los fusiles.

En estas páginas de soberanía acongojada, los fusiles y los panes de un nuevo mundo – no el Nuevo Mundo que ciertos fakires paradisíacos y mesiánicos nos quieren regalar – brillan como centellas en la noche negra, centellas salidas de la luz inmortal que viene de Rusia y de su combate que es el nuestro.

Prólogo a Ilyá Ehrenburg, Muerte al invasor, *México, Fondo de Cultura Popular, 1943.*

Mensaje a la Universidad Nacional
(Bogotá)

Al agradecer con emoción y con recogimiento vuestras fraternales palabras, me parece verlas levantarse de vuestra patria
maravillosa y siento pasar a través de mi cuerpo sus frases generosas por el camino del aire. Las siento llegar a mis compañeros ausentes, a los que en este mundo doloroso que nos ha
correspondido levantaron antes que yo las banderas de la libertad sobre una mayoría de los seres humanos. A ellos, a los
intelectuales que lucharon junto a sus pueblos, quiero recordar al comenzar esta noche; quiero que mi palabra permanezca interrogando el espacio, el inmenso espacio de la batalla y de la soledad, repitiendo: ellos son la luz, la sal y la
semilla del mundo. Dónde están? Dónde están Romain Rolland, Aragon, Malraux? Dónde están Antonio Machado,
Federico García Lorca y Miguel Hernández, dónde están? Estos tres últimos están desde hace tiempo bajo la tierra, pagaron con la vida el ramo de luz que desgranaron con su poesía
sobre la vida humana. Los otros, los franceses, los alemanes,
los italianos, los noruegos, los poetas de Checoslovaquia, de
Praga y de Rumania, pagan en la cárcel sangrienta o en el largo destierro haber hablado, haber nombrado, haber desafiado a los tiranos.

Por eso hablar en estos días significa interpretar el silencio de
muchas nobles voces desaparecidas, de muchas voces que no
se oyen, que se confunden ya con la esencia misma de la destrucción de este tiempo, pero que aún quieren comunicarse,
comunicar una vez más, tal vez esta noche, tal vez a vosotros,
a través de mi pequeña voz de poeta, un mensaje acongojado
y ardiente que no nos habla de olvido sino de victoria.

Nunca olvidaré cuando al regreso de nuestro Congreso memorable celebrado en Madrid durante la guerra de España, y
al que asistieron tantos célebres escritores antifascistas del
mundo entero, las palabras del francés Vaillant Coutourier:

«Cuáles serán los resultados de este concurso? Libros, libros, muchos libros». Sí, mi querido y muerto Vaillant Coutourier. Hacían falta libros para iluminar la aproximación de la catástrofe. El fascismo llenaba de armas sus bodegas secretas, se oían ya los pasos de los soldados que iban a llenar de opresión todos los caminos de la tierra, y ante la inmensa marejada de angustias dolorosas que venían sobre la humanidad, sólo teníamos el libro: libros, libros y más libros. Ahora mismo recuerdo las palabras apasionadas con que Thomas Mann o el conde Sforza, intelectuales desterrados de los mismos países en que se incubaba la maldad, anunciaban, prevenían y alzaban una voz inútil. Si en este momento solemne de la historia recogiéramos los testimonios, como tendrán que recogerse, de la época próxima pasada, empezando con la discusión de España y su sometimiento a los dictadores de Alemania y de Italia, nos asombraríamos de ver cómo estos dramas repercutieron en la vida y en la hora de los intelectuales de nuestra época, y cómo por primera vez el movimiento inmenso de los hombres de pluma, de pensamiento y de fe, acompañó de manera casi unánime al sentido y a la política popular de nuestro tiempo. Los escritores de Francia, con Aragon a la cabeza; los noruegos, con Anderson Nexo; los españoles, con Alberti; los cubanos, con Marinello; la Unión Soviética, con todos sus poetas y pensadores; los escritores de la humanidad entera desafiaron las nuevas tiranías, ayudaron al vacilante, anunciaron los crímenes futuros y dieron dignidad a una época de invasiones y de traiciones.

Así, pues al hablar como americanos, como chilenos, como argentinos, como peruanos o como colombianos, no hacemos sino, por una parte, recoger en el nuevo continente, que es como una copa abierta, la fragancia fresca que nos viene del ancho mundo, y, por otra parte, continuar la tradición de América que nace no de haber sido descubierta en una mañana de niebla, sino de la lucha de la sangre derramada en la conquista de su libertad.

Y una cosa es evidente y es que nuestro espíritu de americanos trajo de todas partes las semillas que hicieron posible una América independiente. Y la hicieron posible porque nuestra conciencia de jóvenes habitantes de este continente planetario nos señala que aquí pueden reproducirse las plantas más lejanas, las semillas más difíciles, con todo su natural esplendor.

No nos asustan pues a nosotros con la vieja cantilena de las ideas exóticas. Exóticos somos nosotros mismos, descendientes de razas extrañas a estas desnudas tierras, exótica fue nuestra servidumbre y exótica nuestra liberación. En el siglo pasado todas las ideas libertarias de Francia llenaron de esplendor la postración en que vivíamos, y una canción de Francia llegó a ser símbolo americano de la libertad y de nuestros derechos al combate. Las ideas exóticas de los intelectuales de la Revolución francesa entraron a mi patria y a la vuestra disfrazadas de breviarios y de misales; las ideas exóticas se esparcieron, arraigaron, crecieron y florecieron, y aquellas ideas venidas en lenguas ajenas, concebidas por hombres lejanos, encarnaron lo que fue tal vez hasta hoy nuestro ideal viviente. Hoy la humanidad ante la amenaza del terror, de la cárcel y de las tinieblas, nos envía de países lejanos nuevos pensamientos que otra vez se cuajan en nuestros espaciosos corazones americanos. Bienvenidas las plantas, los frutos, los hombres y las ideas exóticas en nuestras fértiles praderas. Grande y generosa es nuestra mansión tutelar, y hemos crecido no para cerrar las puertas y las ventanas a la luz, sino para echar abajo los muros y dejar un jardín palpitante en donde estuvo la construcción sombría. Que nadie quiera cerrar los ojos, tapar los oídos y la boca de América. Nuestra juventud nos hace árbitros y contendores en la sangrienta vacilación de estos años; árbitros para establecer con nuestro juicio el rumbo del pueblo y de las libertades humanas, y contendores para luchar con ellas con toda la energía de nuestra insobornable juventud. Que nuestra fresca y joven América, torrencial y fragante, sea también limpia y profunda. Limpia de crímenes contra el hombre, despojada de pobreza horrenda, divididas las tierras levantadas hacia la primavera. Que todos los americanos sientan al mismo tiempo, como una punta de lanza, cuando se cercena en algún rincón la libertad del hombre americano. Que los presos políticos en este momento, en las pequeñas cárceles tenebrosas, sepan que los rodea hoy una atmósfera de implacable solidaridad y mañana un aire extenso de liberación. Mirad el mapa, jóvenes americanos, cada día: el mapa del mundo y el de nuestra patria grande: marcad de negro enlutado el sitio de las tiranías, marcad de fuego el sitio donde se combate para destruirlas, y marcad de aire vacío los sitios donde el hombre no piensa ni quiere sacudir las cadenas. Y si estos sitios están cerca de nosotros, si constituyen manchas en la pureza estelar de nuestro continente planetario, pensad en el día que vosotros, jóvenes de este instante, llegaréis a las responsabilidades americanas, y hablad entonces el lenguaje de la juventud. Digo el lenguaje y no el silencio, porque ante la ignominia política el silencio hasta hoy acostumbrado es un crimen contra las esencias de América.

Hace años quería llegar a vuestra patria y respirar el aire antiguo de la libertad colombiana, aire que se derrama como un alto perfume enlazándose con el aire de mi patria. Ahora vengo desde México, el grande y generoso país, atalaya y baluarte de nuestra raza.

Llegar desde las alturas de la América Central y mexicana, de aquellas erizadas y duras geografías, caer desde lo alto sobre las puertas de Colombia, pisar una alfombra tejida de fragancia encendida y de amistad inmerecida, era uno de los sueños de mi adolescencia, sueño que sólo hoy redimo de las profundidades en que yacen muertos tantos viajes a que nos incita el corazón. El Valle del Cauca llenó de canciones las guitarras de mi patria, las viejas guitarras de comienzos del siglo, poniendo en la ronca voz de los expedicionarios, de los soldados y de las enamoradas una nota de jazmín adolorido, una invencible mano de fascinación y de lejanía. Así, pues, esta tierra deseada, cantada y cantarina, estaba detrás de mis viajes por el tiempo y la tierra, porque al fin el fondo de cuanto pasa por nuestras más remotas representaciones es siempre un pedazo, grande o chico, de nuestra tierra de América, y esta geografía y esta ciudad, y los valles en que Jorge Isaacs planta para siempre en nuestro corazón su follaje de lágrimas y José Asunción Silva desencadena también para siempre su lunático esplendor, eran para mí símbolo y secreto de América, punto de partida de un conocimiento más profundo de los

sitios en que nuestro hemisferio esconde su palpitante delicia.
Ahora estoy con vosotros, y en este sitio vuestra juventud en
su acogida es para mí como la madera pura de vuestros grandes bosques; vosotros haréis mañana de vuestra propia estirpe el castillo alto, duradero y sagrado de la libertad en el
mundo.

*Texto leído en el Aula Máxima de la Facultad de Dere-
cho de la Universidad Nacional, Bogotá, el 23.9.1943.
Rescatado en El Café Literario, núm. 1, Bogotá, enero-
febrero de 1978.*

En la soberbia la espina
Tres sonetos punitivos para Laureano Gómez

I

Adiós, Laureano nunca laureado.
Sátrapa triste, rey advenedizo.
Adiós, emperador de cuarto piso
antes de tiempo y sin cesar pagado.

Administras las tumbas del pasado,
y, hechizado, aprovechas el hechizo
en el agusanado paraíso
donde llega el soberbio derrotado.

Allí eres dios sin luz ni primavera.
Allí eres capitán de gusanera,
y en la terrible noche del arcano

el cetro de violencia que te espera
caerá podrido como polvo y cera
bajo la jerarquía del gusano.

2

Caballero del látigo mezquino,
excomulgado por el ser humano,
iracunda piltrafa del camino,
oh pequeño anticristo anticristiano.

Como tú, con el látigo en la mano,
tiembla en España Franco, el asesino,
y en Alemania tu sangriento hermano
lee sobre la nieve su destino.

Es tarde para ti, triste Laureano.
Quedarás como cola de tirano
en el museo de lo que no existe,

en tu pequeño parque de veneno
con tu pistola que dispara cieno.
Te vas antes de ser. Tarde viniste!

3

Donde estén la canción y el pensamiento,
donde bailen o canten los poetas,
donde la lira diga su lamento
no te metas, Laureano, no te metas.

Las críticas que aúllas en el viento,
la estricnina que llena tus maletas,
te las devolverán con escarmiento:
no te metas, Laureano, no te metas.

No toques con tus pies la geografía
de la verdad o de la poesía,
no está en lo verdadero tu terreno.

Vuelve al látigo, vuelve a la amargura,
vuelve a tu rencorosa sepultura.
Que no nos abandone tu veneno!

El Tiempo, *Bogotá, octubre de 1943*, y
Zig-Zag, *núm. 2.014, Santiago, 29.10.1943.*

Pedro Nel Gómez

Creo que la obra valiente y valiosa de Pedro Nel Gómez es un
paso más, un paso grande hacia la interpretación de nuestra
América. Si junto a los muralistas mexicanos tuviéramos en
cada uno de nuestros países un Pedro Nel Gómez, el mapa espiritual y material de América habría expresado su estructura, habría llegado a una existencia en el tiempo. Casi toda
nuestra pintura, reflejo florido de Europa, pálida sombra de
una cultura lejana, va desapareciendo ante los nuevos descubridores de América que, como Pedro Nel Gómez, son, por
fin, americanos.

Muera la mitología griega: más terriblemente hermosa que
una columna corintia es una anaconda de quince metros saliendo del lodo de la selva. Pedro Nel Gómez y los que vendrán nos ayudarán a encontrar nuestra alma, con su visión
dulce y mágica de nuestra vida.

Medellín, octubre de 1943

Revista Municipal, *Medellín, octubre de 1943.*

América, no apagues tus lámparas

Siempre para mí existió vuestra patria, pero no como todos
los territorios en que el hombre vive, sueña, padece, triunfa

y canta. Para mí, el Perú fue matriz de América, recinto cercado por altas y misteriosas piedras, por dentelladas de espuma singular, por ríos y metales de cauce profundísimo. Los incas dejaron no una pequeña corona de fuego y martirio en las manos atónitas de la historia, sino una amplia, extensa atmósfera cincelada por los dedos más finos, por las manos capaces de conducir los sonidos hacia la melancolía y la reverencia y de levantar las piedras colosales frente al tiempo infinito.

Pero dejaron también, con fuerza equinoccial, impreso en el rostro de América una ternura pensativa, un gesto delgado y conmovedor que desde las vasijas, las joyas, las estatuas, los tejidos y el silencio labrado, iluminó para siempre el camino de la profundidad americana. Cuando mi tierra recibió las olas de fértiles conquistadores incaicos que trajeron a las sombras enronquecidas de Arauco el contacto textil de la liturgia y del vestido; cuando las palpitaciones anímicas de los bosques tutelares y australes tocaron la turquesa sagrada y la vasija rebosante de contenido espiritual, no sabemos hasta qué punto las aguas esenciales del Perú invadían el despertar de mi patria, sumergiéndola en una madurez telúrica de la cual es simple expresión mi propia poesía.

Más tarde, el viejo conquistador hace su guarida de rayos en donde estuvo el mayor esplendor de nuestra vida legendaria. En el Perú se substituyen como capas geológicas la tierra, el oro y el acero; la tierra transformada en formas tan diáfanas y vitales como las mismas semillas esenciales cuyo crecimiento llenará los cántaros que calmarán la sed del hombre; el oro cuyo poderío desde el sitio secreto de su estatua enterrada traerá, a través del tiempo y del océano, a los hombres de otros planetas y de otros lenguajes; y el acero en cuyo resplandor substancial se formará lentamente el lamento y la raza.

Hay algo cósmico en vuestra tierra peruana, algo tan poderoso y tan lleno de fulgor, que ninguna moda ni ningún estilo han podido cubrir, como si bajo vuestro territorio una inmensa estatua yacente, mineral y fosfórica, monolítica y orgánica estuviera aún cubierta por telas y santuarios, por épocas y arenas, y asomara su vigorosa estructura en la altura de las piedras abandonadas, en el suelo deshabitado que tenemos el deber de descubrir. América es vuestro Perú, vuestro Perú dieciochesco y primitivo, vuestra patria misteriosa, arrogante y antigua, y en ninguno de los Estados de América encontraríamos las concreciones americanas que, como el oro, y el maíz, se derraman en vuestra copa para darnos de América una perspectiva insondable.

Americanos del Perú, si he tocado con mis manos australes vuestra corteza y he abierto la fruta sagrada de vuestra fraternidad, no penséis que os dejo sin que también mi corazón se acerque a vuestro estado y a vuestra magnitud actuales. Perdonadme entonces que, como americano esencial, meta la mano en vuestro silencio.

Desde hace años, de toda la América silenciosa os contemplan dos países que son las atalayas y las levaduras de la libertad en América. Estos dos pueblos se llaman Chile y México.

La geografía los colocó en los extremos duros del continente. A México correspondió ser el baluarte de nuestra sangre cuando la vida de América le exigió gallardamente imponer las materias fundamentales de la América nuestra, frente al gran país materialista del norte. Y también a México correspondió levantar las primeras banderas cuando la libertad amenazada en todo nuestro planeta se veía defendida por la alta estirpe de los americanos del norte.

Chile ha conocido la libertad, como lo predijo Simón Bolívar. En el sacrificio de las tierras más duras, en el conocimiento de los obstáculos más impenetrables, mi patria, con las mismas manos ardientes y delicadas que resistieron las faenas y los climas más crueles de nuestras latitudes, pudo tocar el corazón del hombre, levantarlo como una copa radiante hacia la libertad. La historia de mi país caminó pesada y duramente hacia la aurora y en eso estamos empeñados los chilenos de hoy, en disipar cada día las tinieblas que nos correspondieron.

Desde estos dos puntos, antártico el uno, musical y explosivo el otro, miramos hacia el Perú en la esperanza de que sus pasos se encaminen hacia la responsabilidad que nos da el título de americanos. Si en vuestras manos el difícil destino histórico de América enciende una luz de libertad que el viento de mañana pueda dejar sepultado para siempre, está en vuestro deber no sólo hacia vuestra tierra, sino hacia el resto de la magnitud americana conservar, fortalecer y mantener esta luz esencial. Si miramos en las mañanas la carta geográfica de América con sus bellos ríos y sus espléndidos altares volcánicos notaréis que existen zonas en que las lágrimas ponen un cerco de hielo a las tiranías, advertiréis que en los más prósperos, en el más rico, en el más poderoso de nuestros Estados de América, acaban de nacer nuevos tiranos. Y estos nuevos tiranos son exactamente iguales a los que padecimos con el corazón acongojado: tienen charreteras y usan el látigo y el sable. Vemos cómo los menores vestigios de la libertad son acechados por los tigres y los caimanes de nuestra espantosa fauna cosmogónica. Entonces, peruanos, chilenos, colombianos, todos aquellos que respiráis el aire de la libertad que nos dejan los monstruos de nuestra prehistoria, tened cuidado, tened mucho cuidado. Tengamos cuidado de la antigua fauna apoplética que ya parecía encasillada en los museos con sus inmensos huesos defensivos, sus condecoraciones y sus miembros sangrientos. Está viva aún en el mundo la sed de dominio y la voluntad del tormento y nuestros verdugos nos acechan desde la mañana a la noche. Pero tened también cuidado de nuestros falsos libertadores, de aquellos que, no comprendiendo el espíritu de esta época, pretenden hacer de la violencia un ramo de flores para entregarlo en el altar de las libertades del hombre.

El hijo de la libertad de América, como Sucre, como Bolívar, como O'Higgins, como Morelos, como Artigas, como San Martín, como Mariátegui, es odiado al mismo tiempo por la reacción cavernaria y por la demagogia estéril. La libertad en América será hija de nuestros hechos y de nuestros pensamientos.

Discurso leído en el restorán La Cabaña de Lima durante una cena de homenaje. En La Noche, *Lima, 22.10.1943, y en* Hora del Hombre, *núm. 3, Lima, octubre de 1943.*

IV

VIAJES 2
(1942-1943)

Viaje por las costas del mundo

He comenzado a vivir en tantos sitios y en tantas horas diferentes de nuestra época, que no sé por dónde empezar: si por lo grande o lo pequeño, lo de adentro o lo de afuera, si por la chaqueta o por el corazón. Todo va fundido dentro de uno, fuera de uno, las vidas y los nacimientos, haciendo un círculo de hojas, de lágrimas, de fuego, de conocimiento, de recuerdos. Y la vida de un hombre es como la existencia de un día: el polvo tiembla al paso de la luz central, la vegetación acumula su misterioso alimento hecho de atmósfera y de profundidad, pasan cantos de niños, de borrachos, de enterradores, suenan las cocinas del mundo, transportan los heridos por el mar, por interminables trenes, las máquinas de escribir, las prensas, los motores van hundiéndose en un crepúsculo de donde el día va desapareciendo, como un pequeño ciclista en un largo camino, y no queda sino la noche permanente, las infinitas estrellas, la soledad inmensa.

Por largo tiempo me acompañaron solitarios nombres de regiones desconocidas y lejanas, en donde tuve una casa, unos libros, tal vez una mujer. Esos nombres nunca interesaron a nadie, su ortografía misma era desconocida y difícil, y para mí eran puntos secretos de mi pensamiento, de los que a nadie pude hablar, de los que a nadie pude callar, con una palabra o silencio que los hubiera abarcado. Qué hubiera significado para nadie un mes, mil días, muchas semanas mías, muchas estaciones, en el golfo de Martabán, vagando por las orillas del río Irrawadhy, en cuya boca está Rangoon, mirando la crecida, sucia y turbulenta, del río Salween, o una tarde, un día, una noche en el remoto Sandokan, o un día de lluvia en tren, en una tercera clase, a través de Tailandia, en la selva, o una mañana de frío en el estrecho de Magallanes, tiritando, enfermo y sin trabajo, mirando al borde del agua el hocico de un impreciso buey marino con grandes bigotes de escarcha?

Todo eso ha sido privadamente mío, sin nostalgia, sin desgracia, sin felicidad: ha sido mi lote, mi reserva, mi hacienda solitaria. Hoy por muchas de esas regiones marcha la guerra seguida de cuervos y chacales, de hormigas y de cangrejos: la selva devora con garras y con flores, todo vuelve al silencio, a una luz dura y verde, pero ya todos esos nombres, esas latitudes entran en el pan de cada día, en el piano de cada día, en la sangre de cada mañana, porque la vida nos acostumbra en esta hora a levantar cada mañana la copa de sangre de cada día, y no sólo el tigre y no sólo el lobo son los animales sangrientos, invasores de la selva o de la estepa.

Hace poco tiempo, escarbando por las playas del golfo de California, buscando entre el agua, la arena y el lodo tal vez el argonauta, o las innumerables *protothacas*, o el *phyllonotus bicolor*, llamado chino, caracol doble, en su alrededor de tiza y de espinas, en su interior, rosado como un paladar, retiré sorprendido de entre la espuma una gigantesca estrella de mar, sí, sí, la *oreater occidentalis* o tal vez la *nidorellia armata*. Era una masa de bermellón fosforescente y sus cinco gruesas puntas se levantaban hacia el centro, como un astro encendido.

Recogí y miré por todos sus ángulos la pequeña montaña viva submarina, también feroz y combativa, voraz y sanguinaria. Todo el océano interior llegaba a mis manos, la vida violenta y blanca de los arrecifes, la exploración nocturna del capitán Nemo, la visión y la aventura del norteamericano contemporáneo William Beebe. Sobre el diván de fango delgado y delicado, las esponjas descansan sus volúmenes remotamente vivos. La sílice se desarrolla en grandes abetos translúcidos, los armados erizos de azul ardiente viajan con gran

pereza en el esplendor de cristal. Cangrejos de delgadas y lar-
guísimas manos, crustáceos ciegos, peces como lámparas cristalinas, tentacrinos, braquiópodos, holoturias, crinoides, construyen en el fondo la estatua fosforescente del viejo océano:
sus largas barbas destrozadas por la marea que llega con el
alga inmensa de los mares de Chile y con los ojos llenos de
gorgonias, de alcionarios, de plumas del mar que se encienden de verde y de violeta, iluminan el camino de los monstruos que guardan la casa sumergida del Dios del Mar.

El fondo de las aguas cambia con la vida del tiempo. Fue
oscuro en las épocas del terror prehistórico y las grandes masas pardas de cetáceos salieron de él con lentitud hacia una
superficie de cuero y de silencio. En la edad de oro el poeta
andaluz Pedro de Espinosa ilumina con un rayo de amaranto
la latitud mojada y brilla su esplendor con todas las piedras
preciosas recién salidas de América:

> Vido entrando Genil un virgen coro
> de bellas ninfas de desnudos pechos,
> sobre cristal cerniendo granos de oro
> con verdes cribos de esmeraldas hechos;
> vido, ricos de lustre y de tesoro,
> follajes de carámbano en los techos,
> que estaban por las puntas adornados
> de racimos de aljófares helados.

Y continúa la fábula fluvial del Genil, tal vez el más perfecto poema de nuestra lengua:

> Bien que son plata lisa los umbrales;
> claros diamantes las lucientes puertas;
> ricas de clavazones de corales
> y de pequeñas nácares cubiertas;
> bien que rayos de luces inmortales
> dan, y que están de par en par abiertas,
> y los quirales de oro muy rollizo,
> que muestran el poder de quien los hizo.

Columnas más hermosas que valientes
sustentan el gran techo cristalino;
las paredes son piedras transparentes,
cuyo valor del Occidente vino;
brotan por los cimientos claras fuentes,
y con pie blando, en líquido camino,
corren cubriendo con sus claras linfas
las carnes blancas de las bellas ninfas.

La división del mar es, pues, siempre diferente. Mis largas caminatas, junto a sus acantilados, mis navegaciones hasta los rincones helados, en donde merecí llevar colgante del cuello el albatros muerto del antiguo marinero, me hicieron buscar más abajo de las olas, impregnarme de su zoología fantasmal, temblar en el mismo sitio del naufragio. Y ya después de muchos años, volví mi vida hacia el mar solitario de mi infancia, hacia un trozo del mar de la frontera que es la región de Chile de donde vengo, y hacia ese desierto mar que siempre golpea mi sueño y abre para mí las puertas de la noche del tiempo, escribí alguna vez «Sur del Océano»:

De consumida sal y garganta en peligro
están hechas las rosas del océano solo,
el agua rota sin embargo
[...]

Casi en la época de Pedro de Espinosa, el poeta andaluz que puso más esmalte, más zafiro y más pedrería bajo el agua que nadie hasta esta fecha, vivió en la Corte castellana un gran señor de la poesía y de la vida, un gran poeta asesinado, el Correo Mayor de Su Majestad, don Juan de Tarsis, conde de Villamediana.

No podemos olvidar a los fantasmas. Y cuando éstos, como Juan de Tarsis, cruzaron como un relámpago de amatista un minuto de la historia poética, dejando un fulgor de fósforo que atraviesa y rompe las páginas de los libros y los esparce en un pequeño vendaval oscuro, debemos recordar al fantasma.

Es el enamorado de la reina. Va todo vestido de brocado de

color de plata cenicienta. Una rosa azul rodea el sitio de su espada. Para hacer más evidente su patética pasión, se ha llenado los hombros de monedas de reales: «Mis amores son reales». La bella reina mira. Ni un temblor de sus labios la delata.
Si el rey no mira, hay muchos ojos que fotografían con las
mismas miradas que tejieron las antiguas intrigas de los viejos
libros. Un día, con su propia mano, el conde incendia los cor-
tinajes del escenario en que se estrena la pequeña «petipieza»
en que la reina es estrella y entre el humo y los gritos, corre Villamediana con la reina en sus brazos. Pero Madrid observa.

Lo demás lo cuenta don Luis de Góngora en carta del 23 de
agosto de 1622:

> Mi desgracia ha llegado a lo sumo con la desdichada muer-
> te de nuestro conde Villamediana, de que doy a Vuestra Mer-
> ced el pésame por lo amigo que era de Vuestra Merced y las
> veces que preguntaba por el caballo del Palio.
>
> Sucedió el domingo pasado a prima noche, 21 de éste, vi-
> niendo de palacio en su coche con el señor don Luis de Haro,
> hijo mayor del Marqués del Carpio; y en la calle Mayor salió
> de los portales que están a la acera de San Ginés un hombre
> que se arrimó al lado izquierdo, que llevaba el Conde, y con
> arma terrible de cuchilla, según la herida, le pasó del costado
> izquierdo al molledo del brazo derecho, dejando tal batería,
> que aun en un toro diera horror. El Conde al punto, sin abrir
> el estribo, se echó por cima de él y puso mano a la espada, mas
> viendo que no podía gobernalla, dijo: «Esto es hecho! Confe-
> sión, señores!» y calló. Llegó a este punto un clérigo que lo ab-
> solvió, porque dio señas dos o tres veces de contrición, apre-
> tando la mano al clérigo que le pedía estas señas; y llevándolo
> a su casa antes que expirara, hubo lugar de darle la unción y
> absolverlo otra vez, por las señas que dio de abajar la cabeza
> dos veces. El matador [...] tido de dos lacayos y del caballe-
> rizo don Luis, que iba en una haca, porque favorecido de
> unos hombres que salieron de los mismos portales, asombraron
> haca y lacayos a espaldarazos, se pusieron en cobro sin haber-
> se entendido quién fuese. Háblase con recato en la causa, y la
> justicia va procediendo con exterioridades; mas tenga Dios en

el cielo al desdichado, que dudo procedan a más averiguación. Estoy igualmente condolido que desengañado de lo que es pompa y vanidad en la vida, pues habiendo disipado tanto este caballero, lo enterraron aquella noche en un ataúd de ahorcados que traieron de San Ginés por la priesa que dio el Duque del Infantado, sin dar lugar a que le hiciesen una caja.

Así, pues, falleció asesinado hace algunos siglos el pendenciero, tahúr, coleccionista de joyas, de caballos, de cuadros, conde de Villamediana. La tristeza de Góngora no lo ha salvado del olvido. Espero que ante vosotros lo salvará este dramático, este maravilloso soneto cortesano:

> El que fuere dichoso será amado,
> y yo en amor no quiero ser dichoso,
> teniendo mi desvelo generoso,
> a dicha ser por vos tan desdichado.
>
> Sólo es servir, servir sin ser premiado;
> cerca está de grosero el venturoso;
> seguir el bien a todos es forzoso.
> Yo solo sigo el bien sin ser forzado.
>
> No es menester ventura por amaros;
> amo de vos lo que de vos entiendo;
> no lo que espero, porque nada espero.
>
> Llévame el conoceros a adoraros;
> servir más por servir sólo pretendo,
> de vos no quiero más que lo que os quiero.

Por aquel mismo tiempo uno de los más grandes dramas de la libertad humana se desarrollaba en el mundo: la lucha de la Araucanía contra el Imperio español en la región remota, despiadada, inclemente que los conquistadores llamaron el reino de Chile. Chile, según parece, quiere decir país frío en una de las lenguas incaicas, y el primer europeo que llegó a mi patria, llegó a ella por su parte más helada y fue don Hernando de

Magallanes. Sólo a este gran titán, a este formidable capitán terrestre, podía reservarle el destino aquella región capitánica. Hace algunos años, de vuelta de la India, adonde me llevó mi adolescencia, crucé con recogimiento aquellas regiones lunares en que la desolación planetaria destruye en uno toda posibilidad que no sea la angustia. Al lado de las aguas estrechas y profundas, asoman pedazos negros y pelados de la corteza terrestre, trozos de cáscara de un viejo y abandonado planeta. A nuestro lado los animales marinos de otras épocas asoman aún sobre el agua riendo con dentadura tétrica, los pinos antárticos erizados de clavos quedarán para siempre agachados por la tempestad, el arco iris se levanta sobre el firmamento tormentoso como la única inmensa flor, como la delirante bandera que une los desolados ventisqueros.

Arauco no era el de *La Araucana* antes de la llegada española. Arauco era multitud de tribus dispersas que ni entre sí se conocían, sin un Estado, sin una religión, sin una construcción artística. Pero su lucha formidable, el milagro de trescientos años de batalla, se nos hace más transparente en estos últimos años de estrepitosa sangre. Mientras las oligarquías aztecas e incaicas daban la mano al invasor, tras una breve lucha, mientras los conquistadores reemplazaban los vagos sentimientos de poesía y de terror que sacudían nuestra América, dominada por sacerdotes y aristócratas y, bajando la cruz, hacían del oro un nuevo círculo místico y mitológico, fundiendo en el metal dramático todas las ideas de una época palpitante y temible, nuestra patria escribió una lección desordenada entonces, pero viviente hoy más que nunca. Arauco se hizo unidad ante el invasor: los bárbaros individualistas dormidos bajo la sombra del canelo silvestre, guiados por el tambor o por el fuego, olvidaron sus proyectos de dioses, mataron sus primeros traidores, terminaron todas sus estúpidas disputas por una mujer o por una flecha y, reunidos en un primer frente nacional frente a un invasor, sostuvieron victoriosos una campaña de sangre que duró trescientos años y que ha sido llevada a la historia y a la poesía por el maravilloso caballero, por el grandioso poeta, por el hidalgo don Alonso de Ercilla.

A fines del siglo pasado la Araucanía no estaba conquistada aún. Los orgullosos héroes antiguos rechazaron nuestra sangre española y el gran río, el padre de los ríos de Chile, el Bío Bío, continuó señalando la frontera, es decir, el sitio que el chileno, como antes el español, no podía cruzar.

La agonía de los guerreros, el final de una raza que parecía inmortal, pudo hacer posible el que mis padres, después de un pacto en que el gobierno de Chile reconoció a los araucanos como ciudadanos libres de la República de Chile, con todos sus derechos y prerrogativas, pudieran llegar con los primeros *pioneers* en un viejo coche de alquiler, atravesando varias leguas de territorio desconocido hasta entonces, hasta la nueva capital de la frontera poblada por los chilenos. Ésta se llamó Temuco y ella es la historia de mi familia y de mi poesía. Mis padres vieron la primera locomotora, los primeros ganados, las primeras legumbres en aquella región virginal de frío y tempestad.

Yo nací el año 1904 y antes de 1914 comencé a escribir allí mis primeras poesías. Los largos inviernos del sur se metieron hasta en las médulas de mi alma, y me han acompañado por la tierra. Para escribir me hacía falta el vuelo de la lluvia sobre los techos, las alas huracanadas que vienen de la costa y golpean los pueblos y montañas, y ese renacer de cada mañana, cuando el hombre y sus animales, su casa y sus sueños, han estado entregados durante la noche a una potencia extraña, silbadora y terrible. Para escribir también me hicieron falta por el mundo las goteras. Las goteras son el piano de mi infancia. Mi padre siempre hablaba de comprar un piano que, además de permitir a mis tías tocar mi adorado vals *Sobre las olas*, pondría sobre nuestra familia ese título inexpresablemente distinguido que da la frase: «tienen piano». Mi padre, en los momentos que le dejaba libre su vida de movilidad perpetua, porque era conductor de trenes, llegaba hasta a medir las puertas por donde iba a pasar aquel piano que nunca llegó. Pero el gran piano de las goteras duraba todo el invierno. A la primera lluvia se descubrían nuevas goteras de voz dulce que acompañaban a las viejas goteras. Mi madre

repartía sus cacharros, lavatorios, jarros lecheros y otros artefactos. Cada uno daba un sonido distinto, a cada uno le llegaba del cielo tempestuoso un mensaje diferente y yo distinguía el sonido claro de un lavatorio de fierro enlozado, del
opaco y amargo de un balde abollado. Ésa es casi toda la música, el piano de mi infancia, y sus notas, digamos sus goteras,
me han acompañado donde me ha tocado vivir, cayendo sobre mi corazón y sobre mi poesía.

Así, pues, yo soy un poeta natural de la guerra y de las ciudades, de las máquinas y de las habitaciones, del amor, del
vino, de la muerte y de la libertad. Pero soy también un poeta natural de aquellos bosques sombríos, que recuerdo ahora
con empapada fuerza. Yo he comenzado a escribir por un impulso vegetal y mi primer contacto con lo grandioso de la
existencia han sido mis sueños con el musgo, mis largos desvelos sobre el humus.

Una gruesa capa de humus de más de un metro de espesor
cubre todos los bosques de mi territorio natal. En aquella región fría y lluviosa, las hojas de los viejos árboles han ido cayendo en un inmemorial otoño. Los árboles también, los viejos troncos del pellín, del luma, del ciprés, del *Drymis
Winterey*, los gigantes de la altura caen sobre la humedad de
la vieja tierra silenciosa de donde brota la única voz vegetal
de la selva, la oración de las enredaderas inmensas y mojadas,
los tentáculos del helecho boreal. La *Geografía física* de un
viejo caballero geográfico, el señor Amado Pissis, nos describe así esta región:

> Los árboles que forman las selvas de Chile, pertenecen a un
> número bastante grande de familias diferentes, comprendien-
> do 69 especies que se sustituyen unas a otras según las diver-
> sas latitudes. Cerca de la extremidad austral el *fagus antartica*,
> el *fagus betuloides*, el *drimys wintereii*, algunas proteáceas y
> coníferas forman la esencia de los bosques: el número de las
> especies aumenta más y más a medida que se avanza hacia el
> norte, siendo en las provincias de Valdivia y de Llanquihue
> donde los bosques llegan a su mayor esplendor y los vegetales
> a su mayor desarrollo, favorecidos por una temperatura suave

y por continuas lluvias; los árboles, apretados allí, unos con otros, se elevan verticalmente y extienden sus ramas a una grande altura, hasta donde pueden recibir la luz necesaria para su desarrollo. Debajo de este vasto techo de hojas, donde nunca penetran los rayos del sol, reina una temperatura igual y una humedad constante; allí es también donde crecen las plantas más delicadas, plantas que no podrían resistir a la acción directa del sol. En este suelo, enteramente formado de despojos vegetales, se extienden los musgos, los licopodos, los hepáticos y el *sarmienta repens* enlaza con sus tallos carnosos los árboles caídos de vejez sobre los cuales ostenta sus brillantes flores escarlatas. Desde en medio de estos mismos árboles derribados, salen aún los helechos más hermosos, el *alsophila pruinata*, especie arborescente cuyas hojas llegan a veces a tener tres metros de largo. Algunas plantas más ansiosas de luz, atan sus tallos sueltos al tronco de los grandes árboles y se extienden por sus ramas desde las cuales dejan caer sus hermosas flores de color de púrpura; tal es el copihue o lapageria.

En fin, en los bordes de los espacios claros de los bosques, una bambusácea trepadora ocupa todo el espacio libre y forma un matorral impenetrable como si estuviese destinada a preservar al bosque de los ataques de los vientos y animales.

Esta cita amarillenta de la *Geografía física de la República de Chile*, por el Caballero de la Legión de Honor, miembro de la Universidad y Jefe de la Comisión Topográfica, extraída de la que creo su única edición, la de 1875, no es verdad que tiene algo de ternura, algo más adivinatorio de nuestro paisaje austral que muchas descripciones literarias? Parece a ratos un fragmento del gran poeta Juvencio Valle, que ha dado a nuestra geografía vegetal una nueva dimensión mitológica y radiante. Pero el señor Pissis no acierta sólo allí, veamos cómo en el capítulo de geología nos dice: «Desde esta época aparece el suelo de Chile como uno de esos anchos respiraderos que ponen en relación el interior del globo con su superficie». No hay también una equivalencia misteriosa de cualidades y defectos nuestros en esta observación científica? A lo largo de la larga costa de nuestro territorio, apariciones, fantasmas, espíritus y quimeras se depositan en anchos pozos, en grandes respiraderos que vienen desde la profundidad. Brujos y espiritistas, tan abundantes entre nosotros, sólo cogen esta palpitación telúrica, recogen estas vestiduras indeterminadas y las cortan a la medida de su dimensión humana, en forma de vaticinios o sahumerios. Pero, en nuestras empresas marítimas, intelectuales y musicales, hasta en nuestra historia, parece advertirse la corriente continua de trepidación de los que llama Pissis respiraderos. Hay algo volcánico, raspado y geológico, en la poesía de nuestra Gabriela Mistral, hay un estallido sideral en Ángel Cruchaga, sacudidas, ascensiones, ambiciones caóticas, resultado de este continuo temblor volcánico.

Pasando a otra cosa, en el año de 1930, a las once del día, un joven con cara de expedicionario entraba con gesto fatigado en una habitación de un hotel de una ciudad de Java. Joven aún, su rostro denotaba largos trayectos pasados a la intemperie. Su casco blanco no parecía recién comprado. Ya tenía conocimiento esa cabeza de otros climas y de otras latitudes.

Comienzo así esta narración, en el lenguaje de 1900, pero, como me aburro, os contaré el terrible secreto y el enigma: ese viajero era yo, y estamos en Batavia, en la isla de Java.

Tiritando de fiebre, me tendí en la cama, bajo la gasa. Había gastado ya todos mis pañuelos a causa de una hemorragia nasal y me sentía morir de cansancio y de fiebre, desorientado y solo.

Quise escribir un telegrama a mi país, un telegrama urgente y toqué el timbre para pedir tinta. Vino rápidamente un sonriente javanés. No sabía inglés. Yo desconocía el holandés y el malayo. Hice todos los gestos necesarios y después de un rato volvió con un lápiz. Hice nuevos gestos, acompañados de la palabra *ink*, que tampoco comprendió. Volvió entonces con otros varios malayos sonrientes, todos con sus turbantes y con su ropa inmaculada y todos ellos hacían conjeturas, tal vez sobre la medicina que yo necesitaba. Pero yo quería tinta para escribir mi telegrama y en el colmo de la excitación me levanté de la cama como pude y, corriendo hacia el propio balcón donde un señor leía su periódico, junto a un hermoso tintero y una pluma, los tomé y se los mostré al coro de sirvientes oceánicos y, enseñándoles el tintero, les repetía con furia: *this, this*.

Entonces ellos, con una sonrisa angelical y mirándose unos a otros, exclamaron: «Ah!... tinta». Desde entonces aprendí que en Java y en idioma malayo, la tinta se llama tinta.

Por aquellos mismos años me tocó vivir en Ceilán, junto a Colombo. Viví por largo tiempo solo en una costa despoblada, junto a la desembocadura de un río, adonde cada día venían a bañar por las mañanas y las tardes a los hermosos elefantes de la isla. A veces sólo el punto extremo de la trompa salía del agua como el periscopio de un extraño submarino animal. Otras veces, semirrecostados y enarbolando las trompas, se vertían con delectación grandes mangueras de agua. Con mi perro paseábamos largas horas por la costa, pero el espectáculo de los elefantes sumergidos nunca dejó tranquilo a mi perro, que protestó sonoramente cuantas veces los encontró. Mi perro se llamaba *Kuthaka*, que es el nombre de todo perro que he tenido, porque en una de esas ciudades me tocó llegar a vivir, a mí, recién llegado y extranjero, en una casa grande, súbitamente despoblada por enfermedad de la dueña de casa. Y había en aquella casa cinco horribles perros de Pomerania, orgullo de su propietaria. Yo no sabía cómo ni dónde comer yo mismo, era tan extranjero y tan perdido en aquellas regiones y pobre solitario, y los infames perrillos rehusaban comer los plátanos, única cosa que yo les traía, y poco a poco su flaqueza y su apetito se hacían más formidables y temibles. Yo noté que, por muchos días y semanas, a una hora determinada, la misma siempre, se abría como por encanto una puerta en el fondo de la casa y un gigantesco hindú de la casta de los parias, con un gran turbante blanco y una gran sonrisa blanca, llevándose las dos manos a la frente e inclinándose con decidida reverencia me decía una sola palabra: «Kuthaka sahib». Yo me inclinaba levemente y cerraba la puerta, porque en aquella tierra de tantas extrañas cosas y mitologías no me extrañaba que algún servidor misterioso viniera cada día a hacer delante de mí un acto ritual. Sólo mucho tiempo después vine a saber que «Kuthaka sahib» quería decir en la lengua hindú sencillamente: «Le traigo la comida a los perros, señor?».

Desde entonces, todos mis perros deben llamarse *Kuthaka*, en homenaje a aquellas víctimas de mi ignorancia, pero siempre estuvo feliz aquel *Kuthaka* cuando a la orilla del mar no salía una trompa de elefante, sino que, de repente, sin que hubiera una desembocadura, en plena costa y habiendo como saltado por milagro el cinturón de arrecifes que rodea la isla, un gran velero amanecía clavado casi a la puerta de mi casa. Casi todo el día mirábamos embelesados la forma fina de la embarcación misteriosa. Navegando derechamente desde mi casa solitaria de la costa, un grupo de miles de islas ignoradas que encontraréis en los mapas junto al hermoso nombre de islas Maldivas, se comunicaba una sola vez con el mundo por ese barco que llegaba tan cerca de mi vida, hinchando sus velas blancas a través de aquel extraño mar y trayendo todavía al rey que no existía, un carnero, unas ramas de coral y un inmenso pescado tricolor. El viajero Pyrar de Laval en 1608 dejó escrito en estas islas:

Todo lo que se encuentra en la orilla del mar pertenece al rey, sin que nadie pueda apropiárselo; todo el mundo está obligado a recogerlo y llevarlo al rey, proceda de donde proceda; al que guarda alguna cosa en su poder, se le corta la muñeca. Ordinariamente se recogen los despojos de algún buque náufrago o ámbar gris, que llaman *gomen* o *meuvare*, cuando está preparado, materia más abundante en aquellas playas que en ninguna otra parte de las Indias Orientales. También se recoge una nuez que arroja la mar algunas veces, gruesa como la cabeza de un hombre, parecida a dos grandes melones juntos. La llaman *tavarcarré* y dicen que procede de unos árboles que están debajo del mar. Los portugueses la llaman coco de las Maldivas; es una substancia médica de gran precio. Sucede muchas veces que los oficiales del rey y otros agentes, maltratan a la gente pobre, cuando sospechan que se ha apropiado algún *tavarcarré* o ámbar gris, o bien la acusan de haber cometido sustracciones de esta clase para hacerla buscar y pren-

der. Si alguien se hace rico en poco tiempo, se dice, general-
mente, que ha hallado y se ha apropiado *tavarcarré* o ámbar,
como si fuera un tesoro. También se pesca coral negro en gran
cantidad, que es igualmente propiedad del rey, y los hombres
que lo recogen están pagados por él...

Poco después de mediodía bajaban los misteriosos tripulantes y entre música y perfume quemado, avanzaban por las calles de Colombo hasta la casa del gobernador inglés a depositar aún su antigua ofrenda de sumisión.

Islas Maldivas, velero blanco junto a mi casa remota, cuántas veces quise irme hacia otro sitio desconocido, hacia el final de lo desconocido, cómo me sentía ligado, atraído y
desdeñado por esos mensajeros de las islas y cómo, cuando
cierro los ojos, de noche, en los hoteles, en los trenes, pienso
que cuando llegue la mañana llegaré siempre a donde está esperando, con las velas llenas de viento, el barco blanco que
desde el océano remoto trae a mi corazón una ofrenda de carne, un pescado palpitante y una rama de coral!

Volviendo a aquella casa vacía, la casa de los perros hambrientos, me tocó ver o leer un drama largo, un drama de rincones, de gente escondida y sola. En el desorden de aquella
casa, grande y oscura, con docenas de camas y que sólo yo y
los perros habitábamos, encontré diseminados por todas partes pequeños paquetes de papeles atados con cintitas. La curiosidad me venció y fui abriendo uno a uno los paquetes. Era
algo grotesco y terrible.

La dueña de la casa era una viejecilla insignificante, casi
de setenta años, encorvada, arrugada y de un color producid-
do por el cruzamiento de aquellas razas de Oriente. Aquellas
cartas eran contestaciones de hombres, de soldados, de plantadores ingleses. Ella publicaba permanentemente en los periódicos un anuncio de más o menos esta redacción: «Joven-
cita recién llegada de Escocia, desilusionada de la vida, quiere
entablar correspondencia con plantador o caballero solo».
Ella guardaba copia de sus cartas, en las que se pintaba, nunca lo olvidaré, como una joven «amante de los pájaros y de la
música», «herida por profundas decepciones», «de belleza

singular». La correspondencia de los plantadores era primitiva, torpe y ardiente. En la soledad del whisky y las plantaciones de Assam, las cartas de la joven desconocida traían un romance indescriptible y el corazón de estos seres endurecidos vivía por primera vez la primavera en esos años turbios de soledad y de sudor.

Los idilios duraban hasta que los plantadores enriquecidos llegaban a la ciudad, a la estación de tren de ferrocarriles en donde debían encontrar a la desconocida y decepcionada belleza. Y allí se interrumpían las cartas porque, como pensaréis, los recios plantadores desembocaban con sus maletas, buscaban en el bullicio de la estación suburbana con los ojos angustiados a la rubia desconocida y pasaban, sin mirarla, junto a una viejecita encorvada, inmensamente diminuta, que también esperaba. Vuelta de nuevo a su casa, una nueva correspondencia comenzaba, en el mismo fin del triste idilio terminado.

Llegué a Calcuta en el mes de diciembre de 1928. Se celebraba allí el Congreso de toda la India. Una inmensa cantidad de delegados, más de veinte mil, se agrupaban junto a Gandhi y a Nehru en un suburbio de Calcuta. Toda la tarde y la mitad de la noche, el pueblo hindú traía allí sus desvelos, su humillación, su pobreza y su esperanza. Ya se diferenciaban las corrientes políticas que van cambiando el rostro martirizado del mundo. Se ponía en el horizonte Gandhi, como un flaco y viejo dios cristiano, y despuntaba como una nueva estrella de esperanza el corazón y la conciencia humana del nuevo líder, Jawaharlal Nehru. A veces Gandhi, fatigado, dormía allí, a la intemperie, como si dijéramos en la calle, descansando la vieja cabeza sobre una pequeña almohada. Alguien sostenía una sombrilla sobre su sueño ligero, alguien con un abanico refrescaba su descanso, y de ese sueño corto, de algunos minutos, volvía a salir esa inmensa energía mística que se ha enfrentado al gran imperio. Nehru, del norte de la India, era en aquel tiempo muy joven y muy apuesto y muy bien vestido, con esas vestiduras amplias de color de trigo que usa la gente en Cachemira. Y en sus ojos profundos, en la tenacidad y en la conciencia de su nueva política, se veía ya la nueva sangre que volvía a llenar el cauce milenario.

Yo vi la lucha ganada por Gandhi en un minuto dramático. La corriente de Nehru luchaba por la libertad absoluta de la India. Gandhi pedía sólo el *Dominion Status*, como paso progresivo para llegar a la liberación. Todo el Congreso estaba por la independencia. Y, al aproximarse la votación un murmullo recorre el Congreso: Gandhi quiere romper su silencio de tres días, que practica como un ayuno, y quiere decir algo.

Sube, el cuerpo ligero, la entrepierna blanca, las gafas, la nariz puntiaguda. Sólo quiere decir que, si se aprueba la moción contraria, él, Gandhi, el Gandhiji, dejará de comer hasta morirse. Y no hay más discusión. Se ha aprobado su tesis, su tesis tímida y vegetariana, y la India rezará por el santo, y su voz, su silencio saldrá a la calle, a las ciudades, a la selva, a los cañaverales, a los parias, al bazar: «el Gandhi quiere nuestra salvación, él nos guía».

Aquel congreso, como muchos aspectos de la India, me dejaban un regusto salobre, mezcla de disgusto y de incertidumbre. Me producen igual rechazo el santo y el vicioso, y tiemblo por el futuro que se apoya sobre una sola cabeza humana.

En estos últimos años vagué por México, corrí por todas sus costas, sus altas costas acantiladas, incendiadas por un perpetuo relámpago fosfórico. Desde Topolobambo en Sinaloa, bajé por esos nombres hemisféricos, ásperos nombres que los dioses dejaron de herencia a México cuando en él entraron a mandar los hombres, menos crueles que los dioses. Anduve por todas esas sílabas de misterio y esplendor, por esos sonidos aurorales. Sonora y Yucatán, Anáhuac que se levanta como un brasero frío a donde llegan todos los confusos aromas desde Nayarit hasta Michoacán, desde donde se percibe el humo de la pequeña isla de Janitzio, y el olor de maíz y maguey que sube por Jalisco, el azufre del nuevo volcán de Pararicutín juntándose a la humedad fragante de los pescados del lago de Pátzcuaro. México, el último de los países mágicos, mágico de antigüedad y de historia, mágico de música y de geografía. Haciendo mi camino de vagabundo por esas piedras azotadas por la lluvia perenne, entrecruzadas por un ancho hilo de sangre y de musgo, me sentí inmenso y antiguo, digno de andar entre tantas creaciones inmemoriales. Valles abruptos, cortados por inmensas paredes de roca, de cuando en cuando colinas elevadas recortadas al ras como por un cuchillo, inmensas selvas tropicales, fervientes de madera, de serpientes, de pájaros y de leyendas, en aquel vasto país habitado hasta sus últimos confines por la lucha del hombre en el tiempo, en sus grandes espacios encontré que éramos los países antípodas de América. Nunca he estado de acuerdo con la convencional frase diplomática que hace que el embajador del Japón encuentre en los cerezos de Chile, como el inglés en nuestra niebla de la costa, como el alemán en nuestra nieve circundante, que somos parecidos, muy parecidos, después de tantos discursos a todos los países. Me complace la diversidad terrenal, la fruta terrestre diferenciada en todas las latitudes. No resto nada a México, el país amado, poniéndolo en lo más lejano a nuestro país oceánico y cereal, sino que elevo sus diferencias, para que nuestra América tenga todas sus capas, sus alturas y sus profundidades. Y no hay en América, ni tal vez en el planeta, país de mayor profundidad humana que México y sus hombres. A través de sus desiertos luminosos, como a través de sus errores gigantescos, se ve la misma cadena de grandiosa generosidad, de vitalidad profunda, de inagotable historia, de germinación inacabable.

Por los pueblos pescadores donde la red se hace tan diáfana que parece una gran mariposa que volviera a las aguas para adquirir las escamas de plata que le faltan, por sus centros mineros en que, apenas salido, el metal se convierte de duro lingote en geometría esplendorosa, por las rutas de donde salen los conventos católicos espesos y espinosos como cactus colosales, por los mercados donde la legumbre es presentada como una flor y donde la riqueza de colores y sabores llega al paroxismo, nos desviamos un día hasta que, atravesando México, llegamos a Yucatán, tierra sumergida de la más vieja raza del mundo, el idolátrico Mayab. Allí la tierra está sacudida por la historia y la simiente y junto a la fibra del henequén crecen aún las ruinas llenas de inteligencia y de sacrificios.

Cuando se cruzan los últimos caminos y llegamos al inmenso territorio donde aquellos antiguos mexicanos dejaron su bordada historia escondida por la selva, encontramos una nueva especie de agua, la más misteriosa de todas las aguas terrestres. No es el mar, ni es el arroyo ni el río, ni nada de las aguas conocidas. En Yucatán no hay agua sino bajo la tierra, y ésta se resquebraja de pronto, produciendo unos pozos enormes y abruptos, cuyas laderas llenas de vegetación tropical dejan ver en el fondo un agua profundísima verde y cenital. Los mayas encontraron estas aberturas terrestres llamadas cenotes y las divinizaron con sus extraños ritos. Como en todas las religiones, en un principio consagraron la necesidad y la fecundidad y en aquella tierra la aridez fue vencida por esas aguas escondidas, para las cuales la tierra se desgajaba.

Entonces, sobre los cenotes sagrados, por miles de años las religiones primitivas e invasoras aumentaron el misterio del agua misteriosa. En las orillas del cenote, cientos de vírgenes condecoradas por la flora y por el oro, después de ceremonias nupciales, fueron cargadas de alhajas y precipitadas desde la altura a las aguas corrientes y profundas. Desde la gran profundidad subían hasta la superficie las flores y las coronas de las vírgenes, pero ellas quedaban en el fango del suelo remoto, sujetas por sus cadenas de oro.

Las joyas han sido rescatadas en una mínima parte después de miles de años y están bajo las vitrinas de los museos de México y Norteamérica. Pero yo, al entrar en esas soledades, no busqué el oro sino el grito de las doncellas ahogadas. Me parecía oír en los extraños gritos de los pájaros la ronca agonía de las vírgenes, y en el veloz vuelo con que cruzaban la tenebrosa magnitud del agua inmemorial, me parecía ver las manos amarillas de las jóvenes muertas.

De pronto, sobre la estatua que alargaba su mano de piedra clara sobre el agua y el aire eternos, vi una vez posarse una paloma. No sé qué águila la perseguiría, nada tenía que ver en aquel recinto en que las únicas aves, el atajacaminos de voz tartamuda, el quetzal de plumaje fabuloso, el colibrí de turquesa y las aves de rapiña poseían la selva para su carnicería y su esplendor. La paloma se posó en la mano de la estatua, blanca como una gota de nieve sobre las piedras tropicales. La miré porque venía de otro mundo, de un mundo medido y armónico, de una columna pitagórica o de un número mediterráneo. Se detuvo en el margen de las tinieblas, me miró a los ojos cuando yo mismo ya pertenecía a ese mundo original, americano, sangriento y antiguo, y voló frente a mis ojos hasta perderse en el cielo.

La solidaridad de los hombres sólo la aprendí de golpe. En el hecho heroico, en la vida heroica, en la resistencia, en la victoria y en la derrota de un pueblo.

Os voy a contar la historia de dos hombres, pero no de dos hombres solitarios. Detrás de ellos hay noche y cielo y tierra, pero sobre todo un fondo grande de pueblos y de historia.

Ésta es la historia del general Herrera, aviador de la República española, que hace algunos años nos visitó en una embajada extraordinaria. Pocos días después de haber sido derribado y muerto su hijo Juan por la aviación enemiga, el ejército enemigo dividía el territorio de la República y llegaba al mar Mediterráneo.

El general Herrera fue encargado de mantener el enlace entre las dos zonas leales, volando noche a noche sobre territorio enemigo. Volaba el general español con su piloto, en un avión rigurosamente apagado, en la oscuridad de las noches más oscuras. Ni su reciente hijo muerto, ni la catástrofe que se avecinaba, inquietaron al general Herrera en su misión entre las balas y el fuego nocturno. Nada más sino que –me contaba–, aburrido de tantas travesías, en que hubiéramos visto zozobrar el corazón más recio, el general aprendió la escritura de los ciegos y en esos largos, oscuros, tempestuosos trayectos sobre las filas del enemigo mortal, pudo el austero, el noble general Herrera, en la oscuridad del avión apagado, leerse en la escritura de relieve todos *Los tres mosqueteros*. Parece como si en realidad D'Artagnan hubiera ido acompañando a través de la noche a aquel caballero valeroso.

Y ahora os hablaré de uno de los nuestros, de un sudameri-
cano, de un cubano que yace en el cementerio de Brunete. A las
puertas de Castilla, en el polvoriento cementerio de Brunete.

Allí yace para siempre un nombre que entre todos destaco como
    una flor sangrienta, como una flor de violentos pétalos abra-
    sadores.
Éste es Alberto Sánchez, taciturno, fuerte y pequeño de estatura,
    capitán de 20 años del Ejército miliciano.
Teruel, Garabitas, sur del Tajo, Guadalajara,
vieron pasar su claro corazón silencioso.
Herido en Brunete, desangrándose, huye de la camilla y corre
    otra vez
al frente de su brigada. El humo y la sangre lo han cegado.
De todo su cuerpo sale a borbotones la sangre nuestra, y en el
    suelo de Brunete su cuerpo queda como una bandera.
Hecha de todas nuestras libres banderas.
Y allí cae y allí su mujer, la comandante Luna,
defiende al atardecer con su ametralladora el sitio donde reposa
    su amado.

Estaba toda llena de crepúsculo y de sangre la tierra
y ella en el sitio de su amor defendió a su pueblo
hasta que su corazón rodó también deshecho y entonces la no-
    che cayó en forma poderosa.
Hoy, aquí, entre nosotros, después
de haberos llevado a través del mar y de la tierra,
a través de hombres y noches solitarias, a través de la guerra y
    del tiempo,
dejadme, dejadme a mí con estos preferidos de mi alma y
vosotros todos,
en esta tarde humedecida de enredadera y nube, de petróleo y de
    llama,
en esta nueva tarde terrestre, desangrada en la rueda del marti-
    rio humano,
desangrándose toda la tierra, con la libertad desangrándose,
recordemos al que duerme en Brunete, en España,
duerme para que nosotros estemos despiertos, para que la tierra
    no amanezca dormida,

y para que sobre su pobre corazón desangrado,
un día se oiga vuestro paso, vuestro canto, mi canto,
que cantaremos llorando un poco, sonriendo un poco junto a la
 tumba
de nuestros hermanos caídos.

Me acerqué entonces a Colombia y dije a los colombianos:

La vida de nuestros pueblos se hace a veces
seca y estéril y dolorosa como una extensión sin agua:
la libertad se extingue en algún sitio, y con ella
agoniza y se extingue la luz de las lámparas vitales.
Vemos en el mapa de América
el cielo oscurecido, una sombra que cubre como las mismas alas
 de la desventura,
un país, una región, un sitio
por años y por años.
Hoy es Argentina. Ayer el Perú o mañana, será posible?
De las fronteras de esos sitios sale sólo el silencio,
un silencio mezclado de lágrimas enterradas y oscuras,
un silencio que duerme con un látigo
rodeado por las selvas.
Tú, Colombia, de mar a mar, de tierra a tierra,
asilas el sonoro corazón americano,
riegas el árbol alto de los libres de América
con tu profundo río
y junto al águila de México y a nuestra estrella del Sur,
como una vena de plata y de jazmín, atraviesas
el corazón castigado de nuestro continente.

[EL FIN DEL VIAJE]

Aquí terminan hoy estos viajes en que me habéis acompañado
a través de la noche y del día y del mar y del hombre.
Todo cuanto os he dicho, pero mucho más es la vida.
Quién nos ha dado a escoger entre el combate y el reposo, entre
 el pan y la estatua?
Quién me mandó por los caminos a recoger lo invisible?

Recojamos todo lo visible y lo secreto, lo pequeño y lo gran-
    dioso,
y nos pertenece cuanto fue la existencia, cuanto de la belleza
o de la verdad pudimos cantar y defender.

Sí, de la belleza o de la verdad
enteras o destrozadas porque de las ruinas y de los fragmentos
sale de nuevo la vida, como de la derrota
se reconstruye con lágrimas y con espadas, la esperanza.
Del viejo fondo, del fondo del viejo mar nunca gastado
os he mostrado la esmeralda y el torbellino sangriento,
y la profunda alfombra que los poetas tejen
a través de los siglos y del agua, en el fondo, más abajo de las na-
    vegaciones.

De los viejos ídolos sagrados os traje la paloma,
de la mano del conde asesinado os recogí la rosa,
y de la selva del Sur nací lleno de lluvia
para mostraros vidas oscuras caídas en las costas del mundo
y vidas que daban un relámpago hacia una nueva aurora.

Así, del pecho de la heroína y de su amado
y de tantas luchas amargas del hombre y de este tiempo
sale como una flor amarga y orgullosa regada por la sangre
una nueva aurora de pétalos y perfume, una flor como el sol o
    como el pan.
Yo he escogido, yo he tomado parte en esta lucha, en esta victo-
    ria, en este nacimiento,
he puesto los pies y el corazón en los nuevos territorios desbor-
    dantes
surgidos de las grandes olas del sufrimiento humano.

Dejé muchas veces a un lado la clámide que como una enreda-
    dera
me llenó de fulgor innumerable, rompí los cristales de mi propia
    poesía
para tomar parte en el mundo que nos han legado,
abandoné las costas donde se estrella la espuma

y me interné en los páramos y en las cordilleras
hasta ver los valles verdes donde la semilla entreabierta sonríe.

Y al fin de este viaje empapado de esplendor y miseria,
amigos de este minuto, compatriotas de mi patria y de otras
    patrias,
os invito a combatir con nosotros mismos y con el enemigo.
Con nosotros hasta terminar con el prejuicio de ojos de araña
cuya tela enreda los mejores frutos y los pudre en el vacío.
Juntémonos, luchemos contra la soledad compartida,
y apretemos con las mismas manos el mismo estandarte.

Se ha dicho mucho, no salgas de tu casa, ni de tu huerto, ni de tu
    poesía.
Es falso, la tempestad no cuida los pequeños límites del hombre,
sino que los destruye, pero también destruye al hombre.
Nunca estuvimos tan amenazados, la tierra y la familia,
el cristal y la miel, la golondrina y el recién nacido,
y las casas inmensas se derriban como una copa de pólvora.

Se preparó mucho tiempo, con calor de traiciones,
la caldera del veneno y de las vastas amarguras
hasta que por la tierra por millones
los escorpiones nazis se arrastraron, y ahora, en el naufragio
desde el mar suben las cabezas inmundas, aparecen en nuestra
    frontera,
y se mueven hacia nuestra tierra, queriéndola marcar con líneas
    de baba sangrienta.
Hermosa es nuestra tierra, qué hermosa en este tiempo!
Vaporosa, amarilla, mezcla de otoño y pluma,
mezcla de nieve y oro.

Patria dulce, otra vez te encuentro, dulce patria,
otra vez el invierno tuyo, el preferido
me toca las mejillas con los mismos dedos de escarcha
que tocaron las hojas hasta dejar los árboles desnudos.
Ya la nieve ascendió a su pedestal negro,
ya se hicieron azúcar los últimos racimos.

Ya se desenmascara la madera
de los piñones y de las castañas:
son nuestra fruta: como la nuez guardada
dentro de su pequeño baúl: Chile es una almendra
dentro de su delgada nave de nieve y territorio.

Viva mi patria, viva Chile de larga cabellera,
he visto cómo peinan en el verano antártico
sus hilos cereales de jazmín y cebada,
he oído comentar la cebolla y el huevo,
he visto el detrimento de miel de la manzana,
pero debajo de la tierra nuestra
no sólo las raíces preparan la dulzura,
sino que el hierro, sino que el cobre, sino que los aceros
estudian la materia de la tierra y la estatua.

Hermanos, levantemos esta planta,
defendamos la piedra, cuidemos las raíces,
juntos bajo la tierra todos estamos juntos,
junto al maíz, junto al frejol nacemos,
junto al salitre, junto al roble y la parra extendemos
la misma mano joven que el nitrato derrama,
la misma vieja mano que el metal determina.

Bendito sea cuanto fue creado
en el aire magnífico de Chile:
aquí la piedra se transforma en diosa
y la diosa ha esparcido su semilla
de escritores, mineros, abogados y músicos,
mecánicos, maestros, marineros, presidentes, poetas.

Quién está en contra de la patria? Quién se atreve
a tocar esta efigie de recuerdo y de bosque?
Quién dijo que el chileno es sucio o flojo?
Que su lengua sea cortada.
He andado por el mundo sin climas como el áspero
viento de Magallanes, ni como los desiertos del cobre y de la
  arena,

y no hay patria como la nuestra,
no hay dulce patria como nuestra patria,
no hay tierra ni terrones como esta fértil fuerza,
no hay hombres ni mujeres como los que tenemos.
El harapo no está pegado a la piel del pueblo.
El hambre no puede ser habitante de nuestra tierra hermosa.
Con nuestras propias manos limpiaremos la efigie del pueblo,
para que harapo y hambre caigan en el pasado,
vuelvan a las tinieblas y la estatua de bronce
del pueblo brille en medio de nuestro territorio.

Estamos juntos hoy para siempre, chilenos.
Cómo me gusta el beso de este nombre en mi boca:
chilenos: este nombre digno, dulce y seguro,
ha llegado a mi boca, como el pan amasado
por las manos chilenas llega hasta el horno,
tierra y fuego final de nuestra propia estirpe.

Alabada y defendida sea la patria.
Juntémonos, hermanos, desde el profundo origen
del trigo hasta el pan nuestro de cada día.
Unamos nuestras manos con las manos del mundo
para que así se vea nuestra sangre en la aurora.

> *Texto elaborado por estratos: en México y Cuba (1942)*
> *la versión de base; en Colombia (1943) y en Chile (1943-*
> *1947) los retoques e integraciones. Recogido en* Viajes,
> *1947 y 1955. Propongo la versión* OC II, *pp. 556-579*
> *con leves correcciones.*

V

RETORNO Y DECISIÓN
(1944-1945)

Sangre en El Salvador!

Hay Américas. Hay México. Hay la radiante América de Costa Rica, la pequeña y dulce y silvestre república que conoce la libertad. Hay la América colombiana en que las herencias parpadean y dando un restallido no se sabe si de final o de comienzo se encarcela al nuevo Gómez, al Laureano, cerrando las puertas de esmeralda a la tiranía.

Existe el Uruguay como un encendido rayo marino separado por sus inmensas aguas fluviales de la contaminación terrible.

Existe Chile, la fresca y libre frente de la patria, y existimos para defender sus libertades y su libertad.

Pero para los que en Costa Rica, en Colombia, en Uruguay, en México, y en Chile no hemos conocido sino los minerales de la estatua, sino el aire de los libres, sino la conciencia, es muy difícil traspasar esta América oscura, mezcla de estiércol y leopardo, que se levanta como una tiniebla mayor, como un polo siniestro en nuestro norte.

Y en la inmensa fatalidad de Centroamérica gobernada por los enemigos de Morazán, encadenada por los oscuros instintos de otra época, avasallada por lo más sanguinario y amargo de nuestro continente, hoy quiero dar una voz, unas palabras, unas lágrimas al castigado pueblo de El Salvador.

Hace ya muchos años que sufre una pequeña, hipócrita, despótica, cruel y fatídica dictadura. El tirano Martínez, que

hace leer *El libro egipcio de los muertos* y mucho de la doctrina teosófica a sus ministros, hizo asesinar a sangre fría, en
una represión sólo igualada por los nazis en Polonia y Rusia,
a 19.000 (diecinueve mil) de sus compatriotas.

De esto sólo hace diez años. No hubo cementerios para las
víctimas. La peste y la plaga se levantó de la podredumbre.
Las aldeas fueron quemadas en su totalidad para evitar más
cadáveres.

De ese fuerte olor a humo y a sangre quemada sólo quedó
un recuerdo pálido porque los hombres olvidan con la muerte los nombres del verdugo. Sobre los huesos crecen las plantas tropicales y sobre ellas el servil y el venenoso servidor del
déspota.

Pero hoy como si a la copa de las torturas de América fueran necesarias unas gotas más de acíbar horrendo, vemos que
la sangre se levanta otra vez en El Salvador. Los hombres libres que se alzaron contra el dominio espantoso, los valientes
que invocaron la nueva era de las libertades americanas, están siendo masacrados a sangre fría a estas mismas horas,
están siendo perseguidos por patios de cuartel y entre la selva, cazados como alimañas.

Honor a los héroes muertos! Honor a cuantos en tierras de
endémica tiranía luchan nuestra lucha, mueren porque América sea por entero un continente limpio.

Pero también llamemos, antes de que sea inútil, para que el
primer acuerdo del Día Americano detenga el hacha del verdugo inmolador de las libertades de El Salvador. Recordemos
a sus representantes que aún es tiempo de detener la sangre,
nuestra sangre.

Isla Negra, abril de 1944

El Siglo, *Santiago, 15.4.1944.*

Argentina: escucha lo que mi patria te dice

I

Otras veces he venido a hablar con vosotros
de alguna asociación, de algún sitio, de algún país de América.

En este 4 de junio (aniversario popular de Chile) no os hablo
en nombre de ninguna parcela, de ningún rincón,

os hablo en nombre toda América, en nombre de la libertad
de nuestra América.

II

Para hacer esto, para nombrar este nombre, para que esto se
llamara América,

no bastaba un nombre, sino un apellido, y este apellido es Libertad. América se llama América Libertad.

Primero fue el descubrimiento de sus selvas inagotables, de
sus ríos misteriosos:

América era un panal cuya miel desbordaba,
hasta que de los océanos llegaron los hombres y los aprendi-
zajes del mundo.

III

Pero hasta entonces la guarida del búfalo cerca de Alaska
y los templos enterrados bajo las enredaderas de nuestros
hermanos de México,

y el tronco de Caupolicán, abanderado de nuestra geografía,
eran el velo misterioso de la nueva novia del mundo.

IV

Llegaron los mercaderes, llegaron los explotadores de todas
    las regiones de Europa,

atraídos por el aroma de cobre y azúcar que exhalaba
la novia llena de oro, la nueva novia del mundo.

Hasta que se hizo madura nuestra tierra,
hasta que se casó con Washington y O'Higgins,
con San Martín, con Morelos, con Sucre y con Bolívar,
hasta que se llamó Señora Libertad.

V

Así la conocemos los chilenos.
América es, para nosotros, libre.

En esta mañana libre de nuestra patria pisamos las gradas
de este teatro que se llama Caupolicán,

por nuestro padre araucano padre de la libertad
de Chile. Pero no sólo este teatro y este sitio,
ni este día,

sino todos los sitios son libres para el chileno, todos los días,
y todo el aire y toda la tierra del mundo.

Nacimos para ser libres y cuando os hablo en nombre del
    apellido de América,
los chilenos queremos que toda la grande y confusa América,
    que todo el continente

viva el aire sagrado que respiramos al nacer: no queremos es-
    clavos en esta patria ni en ninguna.

VI

Costó sangre de hombres, militares y civiles,
para que ondulara nuestra bandera en La Moneda y en la
  Universidad,
en Sangra, en Rancagua, en el Norte, en el Sur.
Se llamaban Carrera, se llamaban Freire y Mackenna, Camilo Henríquez se llamaban.
Y se llamaban, pueblo sin nombre y sin apellido, los que lu-
chaban

para que la estrella sagrada brillara sobre el azul sagrado
encima de la franja de sangre sagrada que nos cubre.

VII

No recordáis? Hermanos, Manuel Rodríguez juró que al fascista franquista Marcó del Pont
le daría la oportunidad de conocerlo. Se disfrazó de mendigo
  y le abrió,
la puerta de la carroza: desde el fondo de ella,
el pobre tirano le tiró unos centavos,

pero el mendigo le respondió con ojos
en que brillaba la mirada del puma de Chile.

VIII

Hasta hoy hay lacayos que reciben esos centavos.
Hasta hoy hay esclavos que creen en Marcó del Pont y Franco.

Pero el pueblo de Chile abre la carroza para reconocer al enemigo
y el pretendiente a tirano no encuentra en el fondo el rostro
  de un esclavo
sino los ojos fríos y deslumbrantes de Manuel Rodríguez.

IX

América Rodríguez: América de la libertad y de la sangre,
  hoy te saludo,
porque veo amenazado el patrimonio que nos legaste
como madre impecable.

Porque creemos llegado el día amargo de reconquistar
lo que algunos de tus hijos traidores olvidaron.

Qué han hecho tus hijos en Centroamérica? Han fundido la
  cadena para que el déspota sangriento te martirizara.

Qué han hecho tus hijos en Guayaquil? Hoy, ayer despertaron
América Sucre, América Bolívar, los que estaban dormidos,

y en El Salvador recién resuenan las cadenas quebradas.

X

Qué hacen tus hijos cuando la libertad del mundo
como en los viejos tiempos está acorralada?

Están todos unidos para defender tu apellido?

XI

Sólo sé que mi patria, sólo sé que Chile, la Antártica
de remotas naciones respetada por libre
ni a extranjero dominio sometida por libre
está vigilando de día y de noche, por deber y por libre.

XII

Por eso hoy la Argentina, nuestra hermana abundante,
nos congrega.

Hablemos despacio, escuchemos.
Qué pasa? No se oye nada, hermanos.

No oímos, no escuchamos, no se oye!
Qué os ha pasado? Por qué calláis? Os han robado vuestras
     banderas?

Pero vuestras banderas, hermanos argentinos, son las nues-
     tras,
responded.

O es que las lágrimas no os dejan hablar? Qué pasa?

Tened confianza! contadnos todo!
Algún usurpador, algún traidor está robando la patria

y os está mintiendo?

Rosas se ha levantado de su tumba siniestra?

Hablad, toda esta larga patria os está mirando.

XIII

Cuando llega la noche nos dormimos bajo la misma sábana
     de nieve,
por eso nos exigimos libertad: por eso no dormimos, hermana,
hasta que podamos levantarnos al mismo sol de los libres.

XIV

Hermana Argentina, aquí esperamos y luchamos por tu vida,
y sabemos lo que lucha tu pueblo para incorporarse.

No creas los falsos consejeros que se toman el nombre de
    Chile
para endurecer tus cadenas, hermana.
No creas que cierto minúsculo personaje representa la tierra
que Sarmiento aceptó como palacio para su pensamiento.

Chile espera la libertad del día de mañana, y no se engaña a
    Chile
ni Franco ni Bolivia ni tirano alguno
ha engañado a este pueblo que conoce la libertad.

XV

Argentina Sarmiento, Argentina, Argentina,
no se oye nada. Oyes, nos escuchas?
No queremos comprarte nada, no queremos
venderte nada: Oyes, hermana?
Argentina, Argentina,
Argentina:

escucha lo que te decimos al oído:

XVI

Rosas es un gusano que no vale tu polvo.

Franco Marcó del Pont está hace tiempo muerto,
Hitler ha derramado toda la sangre en vano.

Las tiranías se las lleva la lluvia
hacia los cementerios, y si la buena lluvia
no llega,
tu pueblo barrerá con sus banderas
el altar deslumbrante de la patria.

XVII

Argentina: al oído te decimos: Levántate.
Hermana, mira la nueva nieve

que cae, no te entierres, no te mueras, levántate

para que mano a mano luchemos y ganemos.

Porque Chile no vive con una hermana muerta.

Y hoy te tiende la mano que ayer tú le tendiste

cuando del otro lado llegaron tus gigantes
a derramar la sangre que nos dio tu nacimiento.

XVIII

Llámanos Argentina: tus hermanos crecieron,
y pueden devolverte la sangre derramada
para que estemos juntos sobre la nieve libre!

El Siglo, *Santiago, 11.6.1944.*

Soneto para Ángel Cruchaga Santa María, enviándole una mariposa de Muzo

La mariposa tu mirada espera
La gaviota tus aguas ilumina:
Son las dos unidades de la esfera:
El fuego azul y la mitad marina.

El aire de las alas te venera
Y el subterráneo de la sal más fina
Condecora tus sienes agoreras
Con alta nieve y profesión de mina.

A tu claro estandarte de madera,
De puro sueño, de madura cera
Agrega estas dos alas matutinas

Que esperan, Ángel, verte en las aceras
De las ciudades y las primaveras
Rodeado de banderas albertinas.

Santiago, casa Michoacán, 6 de julio de 1944

Palabras para Alejandro Lipschütz

La Alianza de Intelectuales me encarga decir las últimas palabras de esta noche, últimas en sonido y en sentido, porque
ahora mismo volveremos a las circunstanciales tareas de
nuestras vidas, y porque tan altas y tan profundas palabras
como las que aquí se han dicho difícilmente hallarían continuación en mí.

Lo que tengo que decir, se ha dicho, pero los hechos y las
cosas no sólo son descarnada substancia sino caudales y

corrientes que en su propia velocidad van encontrando aumento. Y en esta hora van encontrando aumento nuestros hechos y nuestras fuerzas –las fuerzas de la dignidad y la cultura– por el solo hecho de ser y por el transitorio hecho de ser negadas. El hecho de ser y ser combatido, el hecho de existir y luchar, el acontecimiento innumerable de circular en la vena más profunda del planeta, de la vida de esta manzana térrea, de llevar y aumentar la sangre más profunda y más sacudida, la corriente del conocimiento, de la creación y de la revolución, es decir, del acontecer nunca inmutable, del crecimiento histórico, formar parte por derecho y por batalla de este devenir universal, nos mantiene orgullosos defendiendo las posiciones que veneramos por ser lo único fértil y lo único vivo de la existencia.

Éste es el caso del eminente amigo, del eminente hermano mayor que hoy celebramos.

El profesor Lipschütz es adalid venerado de lo que somos y seremos porque queremos serlo. No alcanzaremos tal vez la permanente mansión a que sus frutos están destinados, porque en todos los órdenes, aun en el de la juventud, nos aventajó de tal manera que su fuerza y su seguridad, sus resultados y su grandeza se extendieron ya por todas las tierras, desde las heladas áreas del Báltico donde nació y que hoy son liberadas por soldados cubiertos de nieve y de gloria, hasta estas tierras, las últimas australes que le han dado un poco de tranquilidad, donde pueda seguir ardiendo su lámpara que investiga la verdad del hombre en su interior secreto y en su interior amargo.

En lo borrascoso y en lo esperanzado de estos días, hemos visto a Alejandro Lipschütz venciendo obstáculos innumerables para acercarse y deletrear las frases de la verdad, y componer la página admirable, la fórmula terminante que nos va sacando de las tinieblas y que constituye una vez más las herencias de Chile, porque él, para nosotros, como Sarmiento y como Hansen, como Lenz, como Gay, como Bello, como Filkenstein, como Rubén Darío, como Hostos, trajo de tierras lejanas la materia que nos ha ido construyendo la patria, dejándonos la herencia sagrada que defenderemos.

No tiene nada de extraño que de repente en nuestra propia tierra, alguna piedra se lance contra el edificio que nos enaltece. Es condición del hombre producir al gigante y al enano, al señor de mirada deslumbradora y escudriñadora, y al topo de las regiones oscuras alimentado con la oscuridad del pasado, orgulloso de sus pequeños túneles mezquinos. No es necesario discriminar en esta casa abierta a los combates del mundo de qué lado estamos, el hecho de juntarnos hoy junto a Lipschütz, como ayer nos juntamos junto a otros hombres reveladores del espacio cultural del conocimiento humano, revela que en Chile, estamos atentos, listos para fortificar, atender y definir lo que nos corresponde y nos pertenece.

El nuevo libro del profesor Lipschütz es uno de los más significativos y serios testimonios de nuestra realidad americana. Es un libro de profundidad y de detalle, en que nuestro continente, con sus problemas raciales, sus dramas y sus hipocresías, es elevado por virtud de la verdad a ser parte pertinente del mundo sin zonas raciales oscurecidas por el estúpido desprecio o por la ignorancia servil de quienes se creen sombra de conquistadores.

Aquí se acabaron los conquistadores. Todos somos seres humanos, equivalentes en la vitalidad americana, negros, mulatos, americanos y mestizos, nuevos y antiguos habitantes de estas praderas que llamamos América, en las que recién con las primeras casas construimos el primer respeto por la sabiduría y la inteligencia. Por eso también esperamos romper lo que los pequeños topos saliendo de sus covachas traman para encadenarnos porque América es más que todo aire, y sobre todo aire libre, aire libre sobre la tierra libre. Tenemos una bandera de aire, una bandera de aire libre, de aire azul que protege el maíz y el trigo de las Américas, la espada de Bolívar y los trabajos de Alejandro Lipschütz.

No queremos amenazar a nadie. Queremos que en nuestras tierras nadie prepare el cuchillo del odio racial, queremos que en esta fortaleza de los libres viva y determine el que más sepa y el que más cante, el que más trabaje y el que más vuele, y negamos derecho a que hoy, agazapado desde una tribuna que no merece, alguien quiera envenenar los ríos torrenciales y virginales de América india e hispánica, y negra, azuzándonos en contra del indio o del blanco o del negro o del judío. Aquí viviremos en paz, como lo estatuyeron los que derramaron la vida por este planeta libre: aquí no toleraremos el odio ni el veneno que los falsos inteligentes y los decrépitos negreros quisieran esparcir para que no crezca en esta fresca espesura el tigre racista que ahora mismo degüella en los pantanos de Polonia y junto a las catedrales amarillas de Francia la Dulce.

No queremos amenazar, pero que lo sepan: así como hoy hablamos suavemente en esta reunión fraternal, decisiva y solemne por la altura y la bondad que nos confiere la investidura eminente de nuestro querido y venerado maestro Alejandro Lipschütz, estamos dispuestos mañana, para que trabaje tranquilo a montar guardia con un fusil en las puertas de su casa. No faltará un minero ni un campesino ni un soldado que nos acompañe.

Pero esperamos que nunca tal extremo sea necesario. Nuestra vida legal, nuestra tradición inmaculada garantiza lo que no puede sino ser así. Nuestro eminente compatriota trabajará tranquilo, investigará como lo hizo durante toda su fecunda vida los misterios de los seres y sus relaciones especiales. Los topos seguirán bajo la tierra en sus pequeñas cavernas y los grandes árboles dorados por el ancho sol de América se elevarán cada día hasta el mayor esplendor, hasta esparcir por el mundo entero los frutos que supimos defender.

El Siglo, *Santiago, 19.8.1944.*

Versos a la manera de López Velarde
para el pintor Waldo Vila

En tu pintura austral mojo las manos
como bajo la lluvia o en un piano.

Waldo Vila, tu cara es un ciruelo
con dos pequeños pétalos de cielo.

En tu pintura la bandera sube
desde la primavera hasta la nube.

Waldo Vila, tu alma es de madera
como una buena casa en la frontera.

En tu pintura la guitarra reza
sobre las trenzas de la naturaleza.

Waldo Vila, tu corazón
da racimos de azúcar y paz como un parrón.

En tu pintura pobladora
la patria está rosada y azul como en la aurora.

Píntame, Waldo Vila, desde hoy todo el futuro
con la fiesta que vuela desde tus dedos puros.

Préstanos tu madera de cerezo fecundo
para nacer de nuevo y ver como tú el mundo.

El Siglo, *Santiago, 16.9.1944.*

Sobre «Teheran» de Browder

Leer a Browder es enterarse con claridad certera de las cosas. Es entender lo que hay en ellas y detrás de ellas. Pocos o ningún escritor político poseen como Browder la ciencia de escudriñar en los hechos y ordenarlos en grandes síntesis. Lo que para muchos es actualidad caótica, fenómeno incomprensible, a veces hasta magia del destino, se transforma en Browder en elocuente geometría, en arquitectura convincente, en lo que todos deben entender.

Después de su *Victory and After*, elocuente tratado de la angustia del mundo en guerra, análisis quirúrgico de verdades amargas y trascendentes urgencias del pueblo norteamericano, he aquí que Browder nos entrega, en su *Teheran, Our Path in War and Peace*, la exacta medida de lo que ocurre: la medida de la esperanza que amanece para el mundo en crisis y también el trazado lineal de la paz que será hecha para seguridad y beneficio de todos los hombres.

Desde aquel discurso justamente célebre, «Teheran and America», lanzado en enero de 1944 a la faz de las dos Américas como una fotografía anticipada del mundo en su aurora de llamas, Earl Browder, presidente hoy de la Asociación Política Comunista Norteamericana, ex jefe y por tantos años conductor inolvidable del Partido Comunista de los EE.UU. y las vanguardias democráticas de Norteamérica, no había entregado un documento de tanta importancia política y moral como este otro llamado austero a la conciencia del mundo y en especial de nuestro hemisferio.

Porque Browder nos ilumina con su propia luz dialéctica, con su poderoso foco de penetrante marxismo, todo el vasto campo universal a que dio entrada Teherán, el acuerdo de los tres grandes para terminar la guerra en común y forjar entre todos el hierro colectivo de la paz que viene. Aquí, en estas páginas tenaces, de duro análisis y categórico estilo, queda en claro cómo Teherán es la salida de luz después del túnel ne-

gro de Munich y cómo no hay guerra sin política y cómo los
pueblos necesitaban una garantía para seguir luchando y esa
misma garantía para saber que no lo hacían en vano.

Toda esa inmensa proyección, la de una guerra total librada
al fin con un criterio integral y único por los guerreros de la
democracia y de una paz que se elabora como metal fundido dentro del horno de la propia guerra, es lo que Browder deja
magistralmente en evidencia. Todo ello, y la certidumbre de
que a esta conflagración no podrá seguir el caos, ni la lucha
intestina, ni la codicia imperialista, ni la guerra de mercados, ni la sujeción de los pueblos retrasados al yugo ominoso
de economías generadoras de nuevos fratricidios, es lo que
emerge, como una prédica irresistible de grandes hechos universales alineados como cifras en un mapa, de este libro que
es más que una tesis y más que una visión o una predicción.

El contenido y límites de la alianza de la URSS con los
EE.UU. y Gran Bretaña, la reconstrucción ladrillo por ladrillo de Europa lacerada, la liberación del Asia milagrosa de las
garras económicas que la aherrojaban y entregaban al fascismo, el despertar de África negra y la estabilización del turbulento Cercano Oriente y por último nuestra suerte, la suerte
de América Latina amenazada por el fascismo de postguerra,
todos y cada uno de los ángulos del mundo mirados desde el
prisma de esta guerra que construye por sí misma la solemne
estructura de la postguerra, todos ellos están concebidos ma-
temáticamente, con una severa seguridad, en este nuevo libro
de Earl Browder.

El destino inmediato de nuestro continente, su desembocadura a lo que adviene para la humanidad, queda fijo para
todo un período histórico en las palabras de Browder:

Debe declararse con toda franqueza que la responsabilidad de
cambiar las relaciones hoy existentes recae, por equidad, sobre
los Estados Unidos. Ésta es la necesaria consecuencia del principio de que la responsabilidad acompaña al poder. Y no sólo
es Estados Unidos el más poderoso factor, como entidad separada, en el hemisferio occidental: es también el ÚNICO que
puede establecer un PROGRAMA COMÚN de escala y alcan-

ce suficientes a sumergir en su inmensidad todos los intereses creados especiales.

Lo que evidentemente exige la situación es que los Estados Unidos den el primer paso, proponiendo un programa común de desarrollo económico de los países latinoamericanos. Esto debería ser planeado ahora y puesto en movimiento inmediatamente después de la guerra: en la amplísima escala proporcionada a las inmensas reservas latinoamericanas de tierras, materias primas y mano de obra, y a la capacidad angloamericana de aportar capitales y crear mercados para los productos de la industria pesada.

Para que semejante programa sea verdaderamente realizado en común, habrá que reconciliar los intereses de cada vértice del triángulo. Para los países de América Latina deberá garantizar la más escrupulosa salvaguardia de su independencia nacional, a la vez que eleve rápidamente su nivel de desarrollo y bienestar económico y tienda a establecer una economía equilibrada dentro de cada país, evitando los males del viejo sistema colonial del monocultivo, de excesiva especialización. Al capital angloamericano habrá de brindarle un enorme y seguro mercado, donde se asegure la utilidad razonable y la amortización dentro del período prefijado. Los ingleses y los americanos darán por terminada su rivalidad sin freno, asignándose a cada uno su parte dentro del proyecto común, dentro de un acuerdo proporcionado a sus pasadas expectaciones y sus capacidades presentes (páginas 82 y 83 de *Teheran*).

Y luego, deseoso como patriota norteamericano de fijar los contornos de su propio país en esta abrumadora responsabilidad del mundo inmediato, con su responsable escrupulosidad de siempre, Earl Browder nos entrega el secreto de la situación verdadera en Norteamérica: las características de la economía desmesurada, las posibilidades de una meta económica común, el papel de las *unions* en la composición de la unidad interna de los EE.UU., y sobre todo, más allá de todo lo específicamente americano, la tradición jeffersoniana asegurando el derecho de las mayorías a gobernar el país en beneficio no sólo de ellas sino en respeto de las minorías, pulverizando de una vez por todas la discriminación racial, el anticatolicismo y la mil formas en que Hitler quiso combatir a la Unión Soviética dentro de los propios EE.UU.

Todavía algo más: la transformación del Partido Comunista de los EE.UU. en una asociación política para la difusión de una doctrina científica, en lugar de una colectividad dedicada a lo partidista, a lo electoral, a lo exclusivamente político. Esto último, la doctrina estudiada y propagada con fervor de catecúmeno y la libertad de cada comunista para afiliarse al partido que mejor le cuadre y elegir o ser elegido en la lista o combinación que mejor represente el espíritu de la nación norteamericana pariendo el porvenir del mundo, esto último, es lo que no entienden algunos tardos, lo que no pueden entender los «izquierdistas» o los trotskistas lamentables, los demagogos y aventureros de la palabra y la falsa acción de masas, esto último corona este libro de Browder como una bandera de colores sobre una gran montaña.

Teherán, entrada a la luz; Europa, Asia, África, las Américas, en reconstrucción o edificación; los Estados Unidos cristalizando en este forzado laboratorio del mundo; el Partido Comunista norteamericano integrándose al cuerpo político de Norteamérica y fortificándose como magisterio del espíritu e índice de la voluntad. Esto es *Teherán. Nuestro sendero en la guerra y en la paz*, libro de un director para sus dirigidos, de un maestro para sus alumnos, de un político, intérprete del tiempo, para los pocos que, en Chile como en el mundo, hacen la política sin entender el mundo en que viven.

Para todos enseñanza, admonición, advertencia, pauta a seguir, carretera donde está señalizado el mundo que amanece, es *Teheran*.

Principios, *órgano del Partido Comunista de Chile, núm. 43, Santiago, enero de 1945*.

Saludo al Norte

Norte, llego por fin a tu bravío
silencio mineral de ayer y de hoy,
vengo a buscar tu voz y a conocer lo mío,
y no te traigo un corazón vacío:
    te traigo todo lo que soy.

Porque la Patria lleva en la cintura
tal vez un ramo de copihue en flor
pero en el esplendor de su figura
lleva brillando en su cabeza oscura
    una corona de sudor.

Norte, hasta en las lejanas alegrías
de las húmedas tierras labrantías
    brillan las gotas que le diste:
toda la Patria está condecorada
con el sudor de tu jornada:
porque trabajas tú la Patria existe.

Arañando el metal de tus raíces
el hombre te llenó de cicatrices
    y cayeron en un cauce de espuma
las silenciosas sales salitreras
llegando a tus ciudades marineras
    desde la pampa de color de puma.

Para que llegue hasta la mesa el trigo
en la más dura entraña está tu mano.

Siempre está en lucha tu metal humano
con todos los metales enemigos.

Quiero luchar contigo, hermano.

Quiero en tu territorio calcinado
pasar mi corazón como un arado
así enterrando la semilla ardiente.

Quiero cantar entre tu recia gente.

Quiero también oír la voz sufrida,
la canción de la pampa removida
          como el corazón del pampino,
vieja canción que aprieta la garganta
con un nudo de lágrimas que canta
          las amarguras del destino.

Vieja canción de duelo y rebeldía
salida de la sangre y la agonía
          como una lágrima que estalla,
y que lleva en sus sílabas sangrientas
las semillas del viento y la tormenta
          nacidas bajo la metralla.

Quiero que esté mi voz en los rincones
de la pampa, tocando los terrones,
          y se elabore con caliche el canto,
y otra vez se alce barrenando el pique,
y quiero que la sangre me salpique
cuando sobre la pampa llueve llanto.

Cuando ruedas al fondo, hermano duro,
quemado, hundido, derribado, herido,
y en un cajón tus huesos vuelven al sitio oscuro
donde tu corazón golpeó el primer latido
como tu primer golpe de pala sobre el muro.

Yo quiero estar contigo en el día amarillo
de Sierra Overa y de María Polvillo,
cuando entra el polvo ceniciento
de noche, de tarde y de día
cubriendo con su manto lento
el sueño, el pan y la alegría.

Como una campana de plata
mi voz más alta y más segura
que el trueno de Chuquicamata,
para la pampa, tierra dura,
para la mano del minero,
para los ojos arrasados,
para los pulmones quebrados,
para los niños lastimeros.

Y por los socavones de misterio
como desmoronados monasterios,
        los techos rotos, las vacías puertas,
quedan como preguntas demolidas,
junto a un montón de tumbas esparcidas,
        las solitarias oficinas muertas.

Quiero que esté mi canto donde antaño
con su mirada gris y su pelo de estaño,
        Recabarren, el padre, comenzó su jornada,
        de orilla a orilla del desierto,
con la misma bandera que llevo levantada.
        Porque Recabarren no ha muerto.

La Pampa es él. Su rostro es la planicie,
su rostro es la arrugada superficie
        de la Pampa, como él áspera y fina,
su voz nos habla aún por la boca del viento,
su viejo traje está en el campamento:
        su corazón está en la mina.

Y aquí viene Lafertte. Lafertte viene ahora
paso a paso, luchando, descifrando la aurora
        sobre la pampa tutelar
que sudor, sangre y lágrimas en la noche callada
acumuló esperando la alborada
        que nos verá triunfar.

Arde una estrella en la sombra pampina
como una lanza azul, como una espina
        bajo la noche capital.
Arde en las soledades enemigas
como una rosa azul, como una espiga
        sobre el nitrato y el metal.

Sobre el accidentado en su agonía,
sobre el amanecer y la alegría
        que como el mar te bañe.
Norte, deja que cante sobre tu pecho amigo.
Yo quiero que la Patria esté contigo.
        Quiero que Chile te acompañe.

Autoriza mi voz en tus desiertos
entre tu brava gente, entre tus muertos,
        junto a las rocas de tu litoral
para que se derrame en tus rodillas
como un río de espigas amarillas
nuestro canto de pampa y de trigal.

Nuestro canto de tierra y de promesa,
nuestro canto de pan sobre la mesa,
nuestro canto de nuevo mineral,
nuestra canción de naves y de usinas,
nuestro canto de surcos y de minas,
nuestra palabra de UNIÓN NACIONAL.

Yo quiero junto al mar de tus metales
celebrar tus ciudades litorales
        que brotan de la arena desolada,
Iquique azul, Tocopilla florida,
Antofagasta de luz construida,
        Taltal, paloma abandonada.

Arica, flor de azúcar y blancura,
de nuestra dulce Patria frente pura,
        rosa de arena, flor distante,

toca el Perú tu cabeza pampina
y como una luciérnaga marina
adelantas la Patria al hijo errante.

Chile, cuando se hizo tu figura,
cuajada entre el océano y la altura
quedaste como antorcha iluminada.
El Sur forma tu verde empuñadura.
El Norte construyó tu forma dura.
        Y eres, Tarapacá, la llamarada.

Patria, la libertad es tu hermosura.
Y para defender tu lumbre pura
        aquí estamos tus hijos agrupados,
el que salió de la caverna oscura
y el que está por los mares derramado,
el constructor sobre su arquitectura
hasta el agricultor desde su arado:
juntos alrededor de tu figura
porque la Libertad nos ha llamado.

El Siglo, *Santiago, 27.2.1945.*

Sonetos punitivos a «S»

I

9 A. M.

*Al editorialista de un
diario mercenario*

Serpiente, has preparado tu veneno?
Ofidio editorial, te has preparado
para morder la mano del chileno,
del chileno en la pampa sepultado?

Moja la pluma en podredumbre y cieno,
revuélvela en lo que has excrementado,
sumérgela en tu fétido duodeno:
todo tu estiércol te será pagado!

Toda tu saña, tu ponzoña oscura,
conviértela en renglones de impostura,
en toneladas de calumnia fría.

Todo tu pus, tu reuma, tu amargura,
tu papel, tu rencor, tu mordedura,
todo lo pagará la Compañía!

II
12 M.

*A un editorialista
mercenario*

Sabandija, si el hígado te duele,
sabandija, si el colon te deprime,
si el bazo te fustiga y te demuele
y la vesícula se te comprime;

si tu abdomen en ácido quemante
y tu intestino en bilis se convierte,
y en tus vísceras ves, amenazante,
el amarillo rostro de la muerte,

no te lamentes de tus aflicciones:
tu inspiración está en tus secreciones,
tus úlceras te dan más que un terreno!

No sufras! No decaigas! No te aflijas!
porque tú sólo entre las sabandijas
has industrializado tu veneno!

III
5 P. M.

Al alma «limpia» de un
editorialista mercenario

Sabandija, una casa de abastero,
una cueva de ratas y soplones,
un beso para Osvaldo en el trasero:
ésa es el alma limpia que supones.

El alma que ensuciaste por dinero
y vendiste con todos tus rincones,
alma de sacristán y de carnero,
mezcla de podredumbre y oraciones.

Alma que se alquiló a los intereses
de negreros, de yanquis, de escoceses
de quien te pague más por el veneno

que tu siniestra boca de serpiente
deja caer desde sus negros dientes
sobre la pampa del honor chileno.

Tres hojas volantes, *Santiago, s.p. de i., 1945.*

La vuelta de Sarmiento

Quién golpea la puerta, quién toca los umbrales?
Qué adusto paso se oye, qué sombra se avecina?
De quién es la severa mirada que se acerca?
Quién viene solitario sobre la nieve andina?
Es el viejo Sarmiento que regresa.
La noche una vez más cae sobre Argentina.

Abrid de par en par las puertas de la Patria
para que su cabeza fatigada repose

en el aire y la luz de Chile que él amaba,
sobre la tierra libre que conoce.

El látigo de Rosas se levanta de nuevo:
los tigres de Facundo corren por las estepas
en donde maduraba la vida de su pueblo.
Sarmiento no podía descansar en su tierra.

Desde Alemania la semilla malvada
voló para crecer en el campo argentino.
Y la noche de Rosas, la noche carcelaria
llenó de oscuridad y dolor los caminos.
Por eso levantó la orgullosa cabeza
como un antiguo dios del suelo americano,
como un árbol sombrío de arrogancia y tristeza,
y contempló la noche de antaño, la noche del tirano.

Y otra vez emprendió la marcha a la frontera
donde pudiera estar su pensamiento,
y otra vez nuestras puertas de altura y cordillera
vieron pasar la sombra severa de Sarmiento.

Su corazón palpita otra vez en la casa
que amó, en el asilo contra los opresores,
su viejo corazón es como una semilla
que vino a germinar entre nuestros terrones,
por eso lo esperábamos ahora como antes,
hasta que salga el sol más allá de los montes.

Gran refugiado, eres tu patria desterrada,
reposa y lucha: es éste tu solo mandamiento.
Siéntate y come nuestro pan de nuevo,
vuelve a nosotros otra vez tu pensamiento.
Y no devolveremos tu sombra peregrina
hasta que desde toda la extensión argentina
venga la Libertad a encontrarte, Sarmiento.

El Siglo, *Santiago, 25.5.1945.*

Discurso (con interrupciones) agradeciendo un homenaje por el premio Nacional de Literatura 1945

Una vez más me veo obligado a agradecer vuestra generosa amistad que edifica un círculo tan alto y fraternal alrededor de mis palabras, como una reunión de grandes árboles más allá de los cuales la tempestad se detuvo.

Estáis rodeando con solicitud exagerada, como para preservarla de la magnitud nocturna, mi expresión, mi poesía, que se alimenta y palpita en esta noche central como un pequeño brasero americano que la vida y sus deberes me ordenaron encender. Queréis que no se acaben estos carbones oscuros que acumulé en el fondo de mí mismo y que ardieron con las etapas de la primavera incendiada de este tiempo. Y habéis tenido, con singularidad que reclamamos orgullosamente los hijos de nuestra bandera austral, hombres de diversa formación y raíz, de diversa opinión y de ideal diverso, la idea de reuniros junto a un poeta al que conocéis no sólo por su obra sino también por sus combates.

Debo decir que la lucha de estos años desgarradores ha sido tan profunda en mí como mi propia y orgánica poesía. He cantado con el alma y el cuerpo, de manera confusa y clara, abrupta o estrellada, y puedo decir que el más profundo sitio de mi canto, de donde antaño brotaban los rosales, apareció regado para mí cada día de este tiempo con una gota inagotable del martirio humano.

Por eso mi creación fue tal vez perdida para muchos, y para ellos fue mejor cuando anduve por los litorales del alma que cuando entré a la tempestad del mundo. Valorizando cuanto queréis preferir en mi poesía, me hacéis conocer mi propia variedad, y cuando venís a acompañarme no os pido abandonar nada de lo vuestro ya que habéis respetado y alentado mi condición combatiente.

UNA VOZ: *Sí, pero Ud. traicionó a la poesía, a los poetas, a un sistema de pensamiento humanista y desinteresado, Ud. abandonó sus descubrimientos secretos, Ud. no nos habla de la magia, ni de André Breton, Ud. es un* pompier, *un propagandista, Ud. es demasiado comprensible, demasiado claro, dónde está el mito, dónde está la magia?, yo he leído a Kafka, a Apollinaire, al marqués de Sade, y Picasso y Paul Éluard, me parecen sublimes.*

A mí me parece sublime toda contribución profunda rendida a la cultura humana, venero el misterioso secreto musical de la tribu totémica, desde los nacimientos deslumbrantes de los grandes idiomas poéticos con Chaucer, con Villon, con Berceo, con Alighieri, pasando por el piano galante de Ronsard, por la furia y la pedrería de Shakespeare, por la fuerza forestal de Bach o de Tolstói, hasta Stravinsky y Shostakóvich, hasta también Picasso y Paul Éluard. La magia y la construcción son las dos alas del vuelo permanente de la cultura, pero creo traidor a la poesía a aquel que se aleja de la hoguera en que la cultura está quemándose, en vez de rescatarla, aunque sea quemándose las manos. Creo que he sido fiel defensor de lo más secreto y misterioso y de lo más popular de la herencia cultural cuando he levantado mi voz para defender esa continuidad, y no he agachado la cabeza para soñar sueños vacíos en medio de la artillería o de las ruinas, y creo defender el futuro integral del humanismo cuando mi acción tiende a que la cultura se extienda hasta los más vastos sectores que mañana consumirán lo que produzcan los nuevos creadores. En cuanto a Apollinaire y a Kafka, me parece que son más amigos míos que suyos, y muchas veces escucho en el silencio imponderable algo profundo y vivo de ellos que se comunica conmigo. A veces, el mundo toma ese silencio de catedral o de orilla oceánica, antes o después de grandes acontecimientos, y en ese momento escucho sus palabras calladas y me digo: preparemos el mundo para que mañana todos puedan escuchar las grandes voces muertas en el silencio que sólo puede otorgar la dignidad igual de todos los hombres.

UNA VOZ: *Ud. es un demagogo. Además, es Ud. un poeta os-curo que nadie entiende. Yo acabo de leer esto en mi diario favorito. Ud. escribe en jeroglíficos. En nuestro diario tene-mos un gran escritor con barba que se ríe de Ud. todos los días. Los comunistas del norte lo eligieron senador.*

Ud. nos trajo los rojos españoles. Ud. está en contra de la patria, de la familia y del hogar. Ud. obedece las consignas de Moscú. Ud. es enemigo del orden. Ud. tiene dos casas. Las habrá robado, porque éste es un país de ladrones. Le roban a uno en el tranvía, en la calle, en todas partes. Por lo demás, yo leo el diario más respetable, y allí no lo nombran a Ud. Cuando lo nombran lo llaman Neftalí Reyes... Eso me gus-ta. Y además, qué le ha dado por hablar de los nazis? Las pe-lículas, esas que están dando de los campos de concentración son propaganda. Qué gran país Alemania. Hay que tratarla con consideración. Es el país de Beethoven. Nada de odio. Una paz justa, esto es lo que digo. Y cuidado con el imperia-lismo...

Usted, caballero verde, habla como muchos hombres de este tiempo, conservadores de lo que no crearon, destructores en nombre de lo más permanente, patriotas que roen y destro-zan la patria cada día, estrechos y estériles egoístas de la gran internacional humana que aún subsiste: la de la ciega codicia y la del estéril egoísmo.

Tengo dos casas pagadas, una por mi poesía, directamente desde la editorial al propietario, y otra por nuestra Caja de Empleados Públicos. Son dos hermosas casas que he llegado a tener con orgullo y que me recuerdan cada día mis deberes y mis derechos. No he quitado nada a nadie. He dado cuan-to he podido.

Por lo demás Chile no es un país de ladrones. Es un peque-ño país, pero lleno de honradez y de conciencia. Su pueblo es de los mejores pueblos, si hay mejores o peores pueblos. Para mí no hay mejor que éste, porque es el mío y porque llegará a ser tal como lo queremos quienes luchamos para que cada día exista con mayor dignidad. Cuando decimos patria decimos también pueblo. Cuando decimos carbón para el invierno, hay pueblo detrás del carbón, sacándolo de minas infernales, en el frío del Sur. Cuando decimos pan, hay trigo sobre las laderas doradas del verano, pero hay manos del pueblo que lo sembraron y lo llevaron de sitio en sitio hasta tu boca. Cuando decimos salitre yo recuerdo una palas que vi en el norte. Son unas palas para revolver el caliche en los capachos: estas palas vienen de los Estados Unidos, de la madera más dura para que resistan el calor terrible del capacho. Sin embargo no duran más de un mes. Y mirando las palas, usadas por un mes, vi que en cada una las huellas de las manos habían entrado, profundamente, y los dedos estaban marcados hasta un centímetro en la madera dura. Y pensé que Chile está todo marcado, aún en su mayor dureza, por estas manos oscuras del pueblo, que han dejado la vida en su empuñadura.

Pueblo, familia, patria, hogar, Chile, patria marinera, patria de piedra y nieve, patria dulce y desolada, implacable en la tormenta de arena del desierto, implacable en la huracanada nieve antártica, dulce hasta la delicia en tus frutas y en tu vino, en la calidad de tus mujeres y de tus hombres: quien me diga o me piense antipatriota, que se le caiga la lengua, podrida de vergüenza. De noche y de día, ausente en las más lejanas soledades, presente, durmiendo o pensando en tu aire maravilloso, te he recorrido mil veces con mi pensamiento como a un cuerpo sagrado y adorado. Tu frente misteriosa de cobre y arenales, tus valles apretados de delicia, tus montañas mojadas que me enseñaron a soñar, tu costa de plata salvaje, tu final oceánico, cuando tus pies desnudos se sumergen en las últimas soledades del mar del mundo. Y para mí hasta las pequeñas esquinas de adobe celeste con su letrero que dice «Almacén El Ramito», o la grandiosa maquinaria de Chuquicamata, o los crisantemos de este otoño o un remolcador entrando en Valparaíso, son lo que yo más quiero, lo que más defiendo, lo que está noche y día diciéndome que cante. Pero quiero verlo todo poblado por gente feliz, no unos, sino todos, por gentes sin harapos, por chilenos que lleven con orgullo este nombre orgulloso.

Esto no se llama odio, lo llamamos amor, amor, deber de amor.

Yo quiero un orden de amor para mi pueblo y para todos los pueblos. Por eso acompañé a los españoles, para que aquí pudieran construir su amor, cuando fueron expulsados por el odio. Por eso encontramos que en el horizonte del mundo hay una gran nación que sobre las bases morales del verdadero cristianismo y apoyada en la ciencia construye un gran sueño de amor sobre la tierra. Y este sueño de la vieja humanidad está definido por un gran poderío, por una ciencia, por una historia, por una revelación sin término. No hay más consignas que las de la razón. Cada vez es más claro el panorama del mundo, el plan de cooperación universal para una paz de justicia, pero de castigo, para una paz permanente y fecunda. Yo soy también un soldado de esa paz, de esa justicia y de ese futuro. Yo he luchado en este tiempo por esas realizaciones. No estoy arrepentido. Junto a mí han estado los mejores de mi patria, muchos de los que estáis presentes, y los mejores del mundo. Mañana, estará todo el mundo.

UNA VOZ: *Ud. no es un poeta, es un mal poeta. Yo soy grande. Yo soy grandioso. Yo vengo de Mahoma y de Confucio, y de los himnos rúnicos, pasando por el Eclesiastés. Ud. es el autor de un poema llamado «Farewell». Ja, ja, ja.*

Salgo de viaje para maldecir de Ud. y de todos, y la tierra entera tiembla con mis creaciones. Yo sí que soy revolucionario. Ud. es un subpoeta, usted no existe. Nadie existe. Yo existo.

Es usted la voz de la envidia. No tengo nada que decirle.

He abusado tal vez esta noche trayendo a esta mesa fraternal sombras y problemas que llegan a mi camino. Si se tratara de sombras personales no las habría invitado. Son sombras corrosivas que acechan en el mundo que surge.

Pero sería inválida esta velada a la que he venido con mis espectros si no destacara la fraternidad y la altura de vuestra presencia. Vosotros habéis animado en un sentido aislado, en otros sentido opuesto, o en alguna de sus líneas totales el fuego que el destino me llevó a encender. En todo mi camino he encontrado vuestras miradas de amistad positiva o vuestras fuerzas, muchas veces desconocidas, para restaurar en ellas mi fatiga pasajera. Creo como nadie en la lealtad y la amistad, creo en la bondad y en la verdad colectivas, porque son ellas panes que se dividen entre todos los hombres. Y el hecho de que personalidades tan decisivas en nuestra cultura como D'Halmar, Ángel Cruchaga y Alfonso Bulnes, que no sólo representan a sus instituciones sino que tan poderosamente definen la calidad de nuestra literatura, significan más que un homenaje personal, un ejemplo de unidad creadora. Y aquellos que como Jan Havlassa, escritor ilustre y ministro de su nación heroica y dramática, el agregado cultural de Francia, y mister Reginald Close del British Council, traen también un eco del ancho mundo que nace, de una unidad que nace del suelo taladrado por la sangre.

Y a vosotros, refugiados de todos los países que traéis el aliento del espíritu salvado de la tempestad, salud! En especial hermanos refugiados políticos de Argentina y Bolivia, estad tranquilos mientras reconquistáis la libertad, las estrellas que alumbraron la cabeza plateada de Sarmiento brillan todavía en el cielo libre de Chile. Y a todos vosotros, amigos, compañeros de siempre o compañeros desde hoy, quiero deciros: nos ha tocado vivir una época que llenó de crueldad y abominación la tierra. Pero junto a las pústulas de Buchenwald, alrededor del infierno de Dachau, detrás de las cárceles y las ejecuciones que aún sacuden el alma severa de España, el hombre se ha levantado en todas partes a la altura del heroísmo, a la conquista de las dignidades enterradas. Los poetas y los combatientes de la URSS y de las naciones unidas, los muertos y los que sufrieron exilio, han creído que el odio pasajero será sustituido por un progreso apasionado. Yo tengo esa misma fe. Pero esa fe me la habéis dado también vosotros. Y este silencio de vosotros es como el silencio cargado de semillas de nuestra tierra, de nuestra patria. Seguido por vuestra confianza han ido cayéndome al corazón las pesadas semillas de llanto o de alegría, de angustia o de esperanza, que forman letra a letra las sílabas de mi poesía. Si esas sílabas cayeron en vuestras manos amigas, en las manos de mi pueblo, para crecer mañana en el silencio de la patria, estoy contento. Ningún poeta pudo ambicionar mayor grandeza.

Muchas gracias.

El Siglo, Santiago, 24.6.1945. Discurso leído en el acto de homenaje ofrecido al nuevo premio Nacional de Literatura por el PEN Club, Sociedad de Escritores de Chile y Alianza de Intelectuales.

[Pro museo Vicuña Mackenna]

Ninguna figura en la historia de Chile estás más profundamente arraigada que la de Vicuña Mackenna. La ansiedad colectiva que se siente respirar en los momentos más críticos de nuestra crónica civil reconoce en él al padre de sus sentimientos: vive en el pueblo el patriota puro que era Vicuña Mackenna, el paladín de la libertad y del progreso. Por eso su imagen la encontramos tantas veces –descolorida por los años– en los pobres talleres de los artesanos de los pueblos como una protección tutelar.

La adquisición de la casa que habitara en las etapas fundamentales de su vida, para establecer en ella un museo nacional consagrado a su memoria, es una deuda con el pueblo. Creo que el proyecto de ley que presente el gobierno para satisfacer esta aspiración general de los chilenos, será aprobado por el Congreso en forma unánime.

El Siglo, Santiago, 17.10.1945.

[Alberti en Temuco]

Como sabéis mi poesía salió de estas praderas y de estos bosques, de las viejas casas con goteras del barrio de la Estación, donde el pitazo de los trenes en las noches de lluvia y de frío me anunciaba el regreso o la partida de mi padre en su infatigable tren lastrero. En mi camino por las tierras y los mares, encontré amores y dolores, el tesoro sagrado de la vida, la visita a los extramuros y a los confines, a las capitales bordadas por el oro, y a las estepas lejanas de las tierras perdidas.

Hubiera querido traeros cuanto encontré en la vasta extensión, porque cuanto brilló en mi camino, luciérnaga nocturna, estrella, flor o libro, la relacioné con mi tierra lejana, la uní en el humus de mi corazón a estas grandes selvas australes de donde salían recuerdos inapartables. Y hoy la suerte me ha dado el privilegio de traeros el tesoro viviente de lo que más amé: la fraternidad y la gracia, la profundidad y la valentía, en estos dos hermanos míos que andan sin tierra y sin patria, hablando el mismo lenguaje que nosotros, y enalteciéndolo con magnitud raras veces alcanzada. Los conocí en la España feliz de antes de la guerra desencadenada en ella y luego en otros países por el hoy derrotado fascismo, derrotado ay! en todas partes, menos en España. Ellos cumplieron con su deber, y la poesía del primer poeta de España, Rafael Alberti, como la cabeza dorada de su esposa, María Teresa León, estuvieron junto a su pueblo hasta el último minuto de la resistencia.

Después llegó la noche tenebrosa sobre España y a esta noche que no ha terminado le debemos el que hoy lleguen a las puertas de la frontera, a comunicarnos un poco de su acumulado fulgor. Ellos me oyeron hablar en las calles de Madrid de esta comarca originaria de mi canto, pero nunca imaginé que la historia los conduciría un día a ellos tan fraternalmente amados, y tan respetados dentro de la fraternidad, hasta las mismas puertas de las selvas australes, hasta los ríos y los hombres de la Araucanía austral.

MARÍA TERESA, RAFAEL, estas tierras no tienen más tradición que la del viento salvaje golpeando la cima de las montañas, y no tuvo más fruto que el áspero racimo de la araucaria cordillerana.

La vieja raza de Arauco dejó sus lanzas y sus flechas por los caminos, junto a sus muertos innumerables, y regresó a sus telares y a sus sueños pastoriles. Tú que acabas de verlos, Rafael, sabes también la distancia y el tiempo que ha pasado entre las estrofas reales de don Alonso de Ercilla y estos ojos de tierra solitaria que te han mirado hoy desde su profundidad misteriosa. Después vinieron los trenes y la máquinas y el trigo extendiéndose como una inmensa lámina de oro por todo el territorio del sur, y las ciudades que crecen como jóvenes aguerridas cantando junto al mar. Después de estas tierras ya comienza el inmenso archipiélago, las aguas magallánicas y la noche blanca de la Antártica.

Mucho conocéis ya y mucho os quedará por conocer en nuestra patria común americana, desde México sagrado hasta el océano fluvial que corta al Brasil como una cuchillada gigantesca. Pero estáis en este momento en las tierras que más amé, rodeados por corazones extensos y sencillos, y por una naturaleza que nunca podréis olvidar.

Ahora os corresponde dejar caer en esta silenciosa tierra la semilla que en vosotros veneramos, la de la alta inteligencia perseguida, la del amor castigado, la de la luz errante.

La profunda noche austral se levanta desde las montañas. Es hora de escuchar.

Cuéntanos esta noche, Rafael, los caminos, las fiestas y las batallas de tu poesía, nos sentaremos como a escuchar a un hermano que vuelve de un largo viaje. Y tárdate mucho, cuanto quieras, porque los seres de estas latitudes miramos mucho, escuchamos largamente, y guardamos el recuerdo de lo que hemos amado para más de un invierno, para toda la vida.

Te dejo la palabra para esta noche, esperando la voz de María Teresa, con el día de Navidad entre vosotros, porque sois para Temuco un doble regalo que nos envía a través de los mares, la España republicana, la España que amamos y que reconquistaremos.

El Diario Austral, Temuco, 25.12.1945. Introducción a una conferencia de Rafael Alberti en el Café Central.

Rafael Alberti y María Teresa León

Desde este sitio comencé hace años a hablar de España por todos los pueblos y profundidades de América, de aquella España ayer arrasada y herida y hoy de nuevo olvidada y traicionada.

Hoy, estoy orgulloso de presentaros este doble fulgor, esta pareja española sobre cuyas frentes doradas está prendida la aurora y la agonía, que su patria nos mostrara y que quedaron escritas con fuegos indelebles en la tierra de Chile.

Rafael Alberti, primer poeta de España, combatiente ejemplar, hermano mío:

Nunca imaginé, entre las flores y la pólvora de la paz y de la guerra en Madrid, entre las verbenas y las explosiones, en el aire acerado de la planicie castellana, que algún día te daría en este sitio las llaves de nuestra capital cercada por la nieve, y te abriría las puertas oceánicas y andinas de este territorio, que, hace siglos, don Alonso de Ercilla dejara fecundado y sembrado y estrellado con su violenta y ultramarina poesía.

María Teresa, nunca imaginé que cuando tantas veces compartimos el pan y el vino en tu casa generosa, iba a tener la dicha de ofrecerte en mi patria el pan, el vino y la amistad de todos los chilenos.

Porque aquí os esperábamos todos, Rafael, María Teresa. Os distinguía mi pueblo, no sólo como altivas y señeras figuras de la inteligencia, sino como peregrinos de la patria clausurada por la sangre y el odio.

Ningún pueblo en América sintió las desventuras de España como nuestro pueblo, y nadie ha permanecido tan leal como nosotros a vuestra lucha y a vuestra esperanza. No penséis, María Teresa, Rafael, en los gobiernos que se asocian superficialmente a las componendas universales de la cobardía, sino que al entrar en Chile tocad la puerta o el pecho de cualquier chileno y os saldrá a recibir el corazón de un pueblo que no ha reconocido jamás a Franco. Esto os lo dirán los hombres y las mujeres, los niños y los viejos de mi patria, y hasta las piedras de los caminos en que la mano del pueblo escribió con mala ortografía, pero con más conciencia que un ministro laborista, su maldición a Franco, y su amor apasionado por la República popular, de la que sois hijos errantes y embajadores resplandecientes.

En esta tierra de poesía y de libertad, estamos contentos de recibiros, jóvenes creadores de la poesía y la libertad que defendisteis al lado de vuestro pueblo. Y ya que llegáis al final del Pacífico, el más ancho camino del planeta dado al mundo por otros españoles peregrinos, que sea éste también el punto de regreso, porque cuando en toda la tierra germina la libertad, tenéis más derechos que nadie para reclamarla para los españoles, ya que fuisteis los primeros en combatir por ella.

Queridos hermanos: os amábamos desde hace tanto tiempo, que casi no necesitábamos escucharos. Vuestra poesía y vuestra condición de valientes iluminaban desde cualquier rincón las numerosas tierras americanas. Habéis querido atravesar las más altas nieves del planeta para que miráramos en este minuto vertiginoso del mundo vuestros dos nobles rostros que representan para nosotros la dignidad del pensamiento universal. Mirad vosotros también el rostro innumerable del pueblo que os acoge, entrad cantando, porque así lo queremos, en nuestra primavera marina, tocad todos los rincones minerales del ancho corazón de Chile: porque ya lo sabéis, Rafael, María Teresa, ya os lo habrán contado las guitarras: cuando el pueblo de Chile da el corazón, lo da entero y para siempre a los que como vosotros, de manera tan alta, supieron cantar y combatir.

Aquí los tenéis: por su boca hablará España.

1945

Santiago, diciembre. Texto publicado en PNN, *pp. 87-89.*

VI

VIAJES 3
(1945-1946)

Viaje al Norte

Que nos sea revelada la pampa total, su desolación y su belleza desde los altos minerales de Huantajaya. Desde allí contemplamos la áspera y opalina inmensidad. Las llanuras se extienden desde allí, y allí también se arremolinan en multitud, las colinas serenas. El sol de la tarde hace afluir hacia sus líneas cortadas, suaves colores que brotan de los ocres eternos, las vetas de verde palidísimo, los suaves amarillos cereales, los desprendimientos de violeta, las puntas como diademas de púrpura espolvoreada. Como en mil inmensos cuellos de paloma salvaje el color de las tizas patinadas por el viento y el cielo, adhieren a infinitas mezclas que se ondulan y elevan: la piel calcinada de la pampa se hincha y se inmoviliza, un teatro de pechos metálicos, de suaves senos y gargantas turgentes, se agrupa y extiende recibiendo en su desamparada desnudez los rayos secretos que el sol deja caer sobre las más altas y puras soledades.

Yo que soy aborigen austral, acostumbrado a las campiñas y a los bosques, a los copihues y a los helechos empapados de grueso rocío bajo la sombra augusta de los alerces, dejo en Huantajaya una de las más bellas visiones de la tierra. La tierra en la pampa, sin vegetación, ni pájaros, ni animales, es un espectáculo en el que debemos dejar en lo recóndito o para siempre todas las gotas de sensualidad que ponemos al contemplar otros paisajes del planeta. Allí está la tierra en su corte de diamante invisible, en sus repliegues de arenal y extensión. Allí está la geografía pura, determinada en un paisaje extraño y abstracto, aéreo y terrenal. Desde allí bajan también los duros y dolorosos caminos del hombre.

Antes de la mina abandonada, junto a un basural de latas y pedacería de hierro, porque lo demás, el tiempo y el viento lo ha dispersado, está el antiguo cementerio de la mina. Estos cementerios de la pampa son todos iguales: un pequeño montón de cruces torcidas, desgreñadas, combatidas por el viento salitral, rodeadas por una multitud polvorienta de papeles que un día fueron coronas. No hay gran diferencia entre estos acerbos camposantos y las viviendas de los hombres. Allí, desde antaño vinieron los cortejos de los duros pampinos caídos en el accidente: los huesos triturados y quemados, los dedos crispados en la última labor. Los niños que no alcanzaron a sobrevivir, y las heroicas y gastadas compañeras de los hombres. Toda esa raza tiene un pudridero abierto al viento y a las estrellas que le dieron la única belleza en este mundo y junto a los campamentos miserables esta patria de cruces sin nombre y sin cercado, es una etapa más, otro movimiento cumplido de labor dolorosa.

Hace tiempo hubo agitación en la pampa. Los pampinos querían que las compañías cercaran los cementerios. Querían que su muerte y sus muertos fueran respetados. Hubo un comienzo de huelga. Los cementerios han quedado así. Los cadáveres no interesan a las compañías. Los vivos interesan poco. Los muertos no tienen ya significado. Y allí quedan por toda la inmensa pampa estos osarios abandonados, estos muertos obreros a quienes nadie, jamás, traerá las rojas flores que amaron, estos cementerios rotos, deshechos, triturados por la intemperie, como las pobres vidas que allí se detuvieron.

Hace cuarenta años, Lafertte trabajó en estas minas de plata y su madre fue maestra de la pequeña escuela. Hemos llegado con otro minero como Lafertte, de Huantajaya, José Luis. Los dos se internan en el abandono. Los veo desaparecer buscando la escuela. No queda un rastro, una pared, una puerta, un signo de ella ni de las habitaciones. Los miro desde lejos señalar el suelo con un palo, y discutir suavemente sobre la vida desaparecida. De las viejas luchas y alegrías sólo queda este detritus de vidrio y ferretería, este espacio en las altas cumbres donde pasaron la codicia y el trabajo, la plata y la sangre.

Aquí como en otras minas de metales preciosos había mineros que lograban esconder introduciéndolos dentro de su propio organismo gruesos lingotes de plata que luego comerciaban clandestinamente. Se dice que *Monos* o *Cangalla*, como se llamaba a estos trozos de metal tan desesperadamente obtenidos, llegaron a pesar cinco kilos. En ciertas épocas aparecía por el pueblo un personaje forastero: don Jacinto, o como le llamaban en Iquique, don Jacinto de Huantajaya. Se paseaba vestido de levita por un corredor determinado, incansablemente, el día entero. Cuando desaparecía por algunos minutos por una puerta es que un minero también desaparecía furtivamente por otra puerta de la misma casa. Y los lingotes entraban en las faltriqueras de don Jacinto de Huantajaya. Ahora en el aire vacío, entre el desperdicio, me parece ver pasear sin prisa y sin descanso, en un corredor fantasmal de una casa que no existe, al viejo pícaro de las minerías. Mientras Lafertte y José Luis continúan escarbando sombras de ayer, entro en las casas de la administración que aún están en pie. Casas señoriales de ventanas sin vidrios donde el viento que avanza sacude los papeles acumulados en el suelo. El papel de las paredes se cae en grandes trozos, y se reúne a los pliegos de contratos. Levanto uno de ellos. Antonio Bustamante: 55 años, jornalero, casado, etcétera.

Dónde estará en estos días Antonio Bustamante? Por la pampa, en otras faenas oscuras? O en el pequeño cementerio, bajo las cruces resecas y torcidas?

Entro en la casa de máquinas. A pesar del abandono parecen haberse detenido sólo ayer. El hierro resiste más que el hombre y al mirar las viejas máquinas detenidas, con sus moles de fina precisión en donde el óxido comienza a estampar su obra color de tiempo, pienso que los hierros pertenecen a esta gran soledad, son parte agresiva, ganchuda, trituradora de este sitio. Hay algo inmensamente cruel en su sueño. Si despertaran nos devorarían.

Y cuando cierro las puertas de la casa de máquinas para abandonar los minerales de Huantajaya y seguir el camino de la pampa, la puerta, para despedirnos con sus goznes enmohecidos resuena agudamente, como en un gemido de niño de hierro que se quedara para siempre solo en las solitarias cumbres del viento mineral.

En la historia subterránea de estas minas hay una historia de topos, de oscuros topos del sistema, del capital horadador y deshonroso. Dos compañías, dos dueños tuvieron estos yacimientos y éstos desde sus oficinas, sentados sobre sus numerosos servidores y esclavos, se hacían profundas reverencias, y se dedicaban, de igual a igual, las más delgadas gentilezas. Pero la cuadrilla de uno de los propietarios, agotada su veta, fue secretamente, bajo la tierra, entrando en territorio del vecino, extrayendo las piedras de plata del otro lado de la línea. Por encima de la tierra se saludaban y por debajo, en la oscuridad húmeda, los mineros como topos ciegos iban socavando en terreno prohibido. Después de los saludos perdidos se perdió la gentileza, y vinieron entonces los irremediables balazos, los abogados, los ingenieros que bajaban y subían bajo los salados arenales, la policía, los litigios. Pero después vino el agua. Brotó de pronto, en un pique mayor, el agua negada en la superficie, el agua pedida por gotas al cielo azul y a las fronteras distantes, el agua llegó como una inaplacable hemorragia, como la sangre de la tierra transgredida, y llenó los túneles borrando otra vez los límites subterráneos de lo ajeno y lo propio. Veo aquí como una fatalidad sistemática, como una parálisis capitalista, en estos socavones robados en la oscuridad de la tierra, en estas tragedias grotescas, desarrolladas por la codicia, condimentadas con sangre humana y borradas por la ciega justicia extravagante de la naturaleza.

Habíamos llegado de noche a Antofagasta en el tren longitudinal, iniciando así la primera gira en la candidatura presidencial de Elías Lafertte. Toda nuestra gira estaba programada minuciosamente. Pero en Antofagasta tuvimos noticias de la huelga de Humberstone y Mapocho, y seguimos al día siguiente en avión hacia Tarapacá. Llegamos a Iquique y subimos de inmediato a la pampa.

El movimiento se había extendido hacia casi todas las oficinas. Subían a toda prisa por los polvorientos senderos camiones blindados, jeeps, carros de transporte, tanques. Una guerra. Una guerra extraña. Es como si el pueblo fuera una nación sometida a la que hay que mostrarle los instrumentos del dominio. Apenas se agita el sedimento de la angustia en el pueblo, se producen milagros de movilización. Los barcos que hasta hoy van cargados de vino hasta el tope se cargan de soldados, de marinería, de ametralladoras. Una población forastera encasquetada de hierro, galopante y rugiente, levanta el polvo de las huellas. Los obreros miran con seriedad a los pequeños soldados que llegan.

Aquí en Humberstone, desde lejos, vi el pabellón de Chile levantado en el camino para esperarnos. Varios centenares de obreros nos rodearon. Un joven coronel, a quien conocí en París, se me acercó. No podía impedirnos hablar pero nos rogaba algo vago, algo que hasta ahora no comprendo. El orden, nos decía.

El gobierno había ya clausurado el sindicato. Fuimos conducidos por los obreros a una hondonada junto a la huella. Eso era Chile. En los viejos tiempos de persecución y terror, Recabarren hablaba a los obreros en la línea férrea, o en la huella. Eso era lo que quedaba de Chile. Esa línea ficticia de soberanía fue encontrada por los obreros y casi siempre respetada. Hoy, después de tantos años, Lafertte y yo volvíamos a la huella, hablábamos desde Chile.

Ahora nos apuntaban las ametralladoras, y el coronel, muy serio, se puso a mi lado, escuchando militarmente nuestras palabras. Luego me acostumbré en todos los campamentos a estos jóvenes oficiales, atentos y rígidos, llevados hasta allí por un concepto falso de gobierno, para enfrentarse con su propio pueblo, con lo más serio de toda la patria, como si se quisiera dividir hasta lo más hondo y acendrado, a los escasos pobladores del sur y del desierto.

Miré a la multitud. Hablábamos desde lo alto. Caía el terrible sol vertical del desierto. Predominaban las camisas azules, las ropas de mezclilla. Una emoción como una ola especial subía desde mis raíces hasta las espumas de mi alma.

Esos rostros inolvidables de los obreros pampinos. Esas caras quemadas por un uniforme fuego yodado, desde donde relucen las más blancas dentaduras de Chile. Esos ojos brillantes y oscuros como una luz fija y pura, como una llama negra inapagable que sólo se alimenta del aire del desierto. Esas manos que al estrechar, después del corto abrazo, dulce, torpe y tímido, han raspado las mías, dejándome en las palmas su contacto de pequeñas cordilleras.

Desde ese momento comenzamos a investigar las causas de la huelga. Nosotros, los «agitadores profesionales», comenzamos aquel día y seguimos de campamento en campamento, buscando el primer origen, preguntando de boca en boca y delante de miles de hombres las causas del conflicto.

No es fácil saber el punto exacto en que se originan los movimientos obreros. Bajo ellos hay una intensa fermentación de angustia, una levadura desesperada que va levantando su volumen, un arrastre de humillaciones y dolores y miserias que un día llevan a un hombre y luego a mil, a decir:

–Hasta aquí no más, ya no podemos más.

Esta vez el origen fueron unos porotos blancos. Esta gran huelga, y el paro más colosal de nuestra historia, y la sangre llameante de la plaza Bulnes, esto comenzó con unos porotos blancos. Pero esos porotos colmaron una copa amarga, y se derramaron los padecimientos del pueblo.

Estos porotos blancos eran cascarudos y duros y difíciles de cocer. Además, tienen mala reputación, ya que son los porotos que dan a los cesantes o los dieron alguna vez. Son escasamente nutritivos, y lo parecen.

Los pampinos quieren su poroto bayo, su tradicional y suculento poroto bayo, con el cual han dado los combates de la pampa. El intendente Brenner nos dijo: «Quitar los bayos al pampino es imposible». La compañía sostuvo que sus pulperías no seguirían vendiendo bayos porque no existían en el mercado. Pero el intendente nos reveló que la compañía había comprado un saldo barato de cerca de doscientas toneladas de porotos blancos y *tenía* que vendérselos a los obreros.

Nos reveló el intendente que había ofrecido a la compañía repartirlos en el comercio minorista de Iquique para que fácilmente se hubieran eliminado, pero la compañía no aceptó. Se los *tenían* que comer los obreros.

Los obreros tiraban los platos en sus casas, reñían con sus mujeres: «No queremos porotos blancos». Las mujeres iban desesperadas y volvían desesperadas de la pulpería. No había otros porotos.

Y un día dejaron de cocinar. Las mujeres de Humberstone y Mapocho, miles de mujeres dejaron ese día de cocinar porotos blancos. Ese día cuando volvieron los obreros no había de comer.

Así llegó la huelga.

La huelga viene de las empresas, llega a las pulperías, pasa a los estómagos, llega por fin a los brazos. Comenzamos a interrogar allí y en otras oficinas de la misma Compañía Tarapacá-Antofagasta. Nunca cumplió ésta sus compromisos de alimentación. Los artículos pertinentes quedaron establecidos en el convenio, pero no llegaron a la gente. Un día faltaba té, al día siguiente arroz, al día siguiente la carne, al día siguiente los tallarines. Los racionamientos son miserables.

Aquí traigo los tallarines. Se han comprado ya racionados en la Oficina Alianza. Son 15 gramos por persona, cada dos días. Los pampinos me dijeron al darme el paquete de tallarines: «Un ratón necesita más».

Por otra parte, la compañía mantenía sus demandas contra los sindicatos en las Cortes de Justicia. Por una parte provocaba una nueva huelga y por otra hacía pender una espada sobre un movimiento anterior inutilizando toda conquista alcanzada.

En el fondo el problema de los salarios es la base movible de toda la tranquilidad. Por esos días un diario de Iquique traía informaciones oficiales de la compañía con las tablas de salarios actuales. Lafertte los leyó en Humberstone a los obreros. Fue para mí una prueba decisiva.

A cada rubro de oficio con los sueldos atribuidos por la

compañía estallaban grandes carcajadas de los miles de obreros. No eran, sin embargo, sueldos altos los que falseaba la compañía. Eran de 35 a 45 pesos diarios. Sin embargo, provocaban una hilaridad incontenible, una risa sana, estentórea, como si estuvieran en el cine en una cinta cómica. Los sueldos reales son en su mayoría de 17 pesos 50 centavos. Cuando leímos el editorial del mismo diario en que entre otras pérdidas de los huelguistas el periódico decía que estaban perdiendo su participación en las ganancias, la hilaridad fue aún más grande. Nunca se ha dado a los obreros esta participación legal. Como tantas cosas, con abogados y con subterfugios la compañía la ha robado impunemente, sacándola del propio bolsillo de sus trabajadores.

En Santa Rosa de Huara, los carrilanos, obreros que trabajan en los carros de caliche, pidieron hace un año aumento de salario. Un viejo obrero arrugado y severo se levantó entre sus compañeros para contarnos el hecho. Estuvieron un año reclamando. Con la paralización de Humberstone y Mapocho, volvieron a insistir. Los despidieron: «Váyanse al diablo», les dijo el jefe, y quedaron cesantes. Entonces pararon todos los demás. Los echaron a todos.

Cuánto ganan? –les pregunté–. Ganaban 12, 13 y 15 pesos diarios, casados y con familia, en esa dura tarea, los carrilanos. Gente envejecida en la pampa, estos regadores del árido suelo, éstos que han conquistado el norte a golpe de sudor, ganan 12 pesos diarios. Éste es el cáncer de la patria.

Pregunté allí en esa oficina a las mujeres sus gastos de comida, y en la tarde volvieron con diferentes listas. Voy a escoger una, la más simple, de dos personas, marido y mujer, de lo que gasta diariamente esta pareja en este sitio de indescriptible abandono y miseria que es la Oficina Santa Rosa de Huara.

Carne . . . . $ 2.50
Pan . . . . » 3.60
Papas . . . . » 1.40
Té . . . . » 1.–
Arroz . . . . » 0.60

Fideos . . . . » 1.–

Manteca . . . . » 1.–

Porotos . . . . » 1.–

Huesillos . . . . » 1.–

Carbón . . . . » 1.60

Aceite . . . . » 1.–

Parafina . . . . » 0.40

Velas . . . . » 0.80

Sal . . . . » 0.20

Comino, ají, color . . . . » 0.40

Leña . . . . » 0.40

Agua . . . . » 0.20

Fósforos . . . . » 0.20

Mantequilla . . . . » 1.–

Mote . . . . » 0.60

Sémola . . . . » 0.40

Total . . . . $ 20.30

Faltan vino, cigarrillos, legumbres, azúcar, vestuario, zapatos, medicinas, juguetes, periódicos, cine, libros, etcétera.

Son 20.30 para gente que gana hasta 12 pesos diarios. Y habréis oído que esta lista no tiene azúcar ni legumbres, no hay vino, cigarrillos, vestuario, zapatos, medicinas, juguetes, periódicos, cine, libros. En general, a estas cosas no tienen derecho los hombres y las mujeres ni los niños de Tarapacá. Ni a carne ni a leche. No hablemos de jamón o pescado, que no lo han probado nunca.

A veces pude ver colgadas de la pared en alguna habitación de la pampa retratos descoloridos de los viejos pampinos, de ripiadores o jornaleros, cargadores o carrilanos. Se habían retratado descansando sobre sus palas, desnudos los torsos poderosos, de impresionante apostura y estatura. Éstos son los gigantes que cargaban los sacos de 120 kilos, sacos que luego en Europa se negaron a desembarcar. Yo preguntaba a los hombres allí reunidos, y a sus mujeres: quiénes harían ahora esta faena?

Dónde están aquellos poderosos titanes?

Descansan bajo los arenales de la pampa en los pequeños cementerios de cruces martirizadas por el áspero viento.

Una mirada a la multitud basta para ver el drama. La estatura del pampino se ha ido reduciendo artificialmente por la alimentación miserable. Es como una guerra declarada en contra de nuestra raza. Es una empresa de destrucción conducida en forma total sobre la parte más valiosa de la población de Chile. Los grandes campos de concentración que se llaman establecimientos salitreros van aminorando la fuerza de los sobrevivientes. Yo les decía: cuando defendéis vuestros porotos bayos, estáis defendiendo, sin saberlo, el centímetro de estatura que quieren robar a vuestros hijos.

Más allá, en Pan de Azúcar, la huelga se mantenía con inmenso heroísmo. Aún me estremece el corazón el recuerdo de la miseria de este campamento. El mismo camino es difícil e intransitable, como para mostrarnos desde el primer momento que se ha querido aislar del mundo y de la civilización a nuestros compatriotas en aquel agujero miserable. Habitaciones de calamina recalentada por el sol y que guardan su calor de horno durante la noche, aquí han sido suplementadas con casas construidas con pedazos de costra o adobes salitrales sin pintar ni pulir. Como en todos los campamentos no hay suelo de tabla. Los señores del salitre nunca pensaron que las familias pampinas necesitaban como todos los seres civilizados un piso aislador en sus habitaciones. Aquí en el Pan de Azúcar el campamento se construyó sobre unos basurales. Mientras entro a una de las casas, una mujer pampina me va contando cómo de pronto salen del suelo de su habitación ratones muertos, suelas de zapatos, el basural que aflora a la superficie. Entro a su casa y ella me va mostrando los camastros, algunos sobre el suelo, los demás muebles, una mesa hecha de cajones, una sola silla para toda la casa. No hicieron cocina a las habitaciones. A ras del suelo un fogón hecho de calaminas y zunchos hace de cocina. «La comida sale negra», me dice.

Miro los camarotes de los solteros, sin ventanas, con enormes manchas de óxido sobre la calamina, largas hileras oscuras y hediondas. No hay un *water* ni un baño en el campamento y como falta el agua, que a veces deben comprar, el eczema y las úlceras que producen los ácidos de la elaboración del salitre son un problema más en sus vidas angustiosas.

Entremos en otro campamento. Os invito a entrar conmigo al campamento de San José. Hace un momento hemos llegado, la Canción Nacional se eleva de todos los pechos. Os invito otra vez a ver estos rostros, esta generosa mirada morena de la pampa. Escuchamos sus tribulaciones que Lafertte tanto conoce. Él ha sido como ellos obrero de todos los oficios y no hay un solo punto del desértico norte que no lo haya visto trabajar en las faenas. Lo rodean, lo llenan de su veneración cargada de infinita confianza. Qué sueño para todos ellos, qué sueño para todos los niños de la pampa, qué sueño para estos corazones maltratados, para esta muchedumbre tan largamente martirizada.

Las banderas parecen recoger del sol ardiente un azul más espléndido, un rojo más viviente, una estrella más pura. He oído mil veces a Lafertte en la pampa. No me ha cansado nunca. Docenas de niños lo esperan, no pueden traerle flores porque no las hay, un niño le ofrece una tarjeta en que van algunas flores pintadas.

Lafertte se engrandece en la pampa. Es ya el presidente de la pampa. Habla largamente a los pampinos y en su comunicación hay algo tan directo y emocionante que vuestra atención quedaría sobrecogida como la de aquellos sencillos hijos de la arena. Les habla de todos los problemas políticos, pues cree que no hay tema que no puedan escuchar los obreros. Esta vez en todas las oficinas les dirá cómo se conduce una huelga por dentro. Les mostrará el esqueleto moral del movimiento. Unidad, solidaridad, sobriedad, les repetirá mil veces. El alcohol es un aliado de vuestros enemigos. En estos días debéis levantaros sobre vuestra situación, ser más sobrios, más valiosos, debéis aprender lo que antes no habéis aprendido. El que sepa leer enseñe al que no sabe leer. Que estos días de huelga sean así imborrables en vuestra memoria, porque mañana podréis decir: aprendí a leer en la huelga. Y esto, quién podrá quitárselo a ustedes? Lo he oído hablarles también de la Orquesta Sinfónica, de Camilo Mori, de mi poesía. Lo he escuchado explicarles, de manera directa y gráfica, fragmentos de mis versos, y mil direcciones morales para que sea más fraternal la relación entre hombres, y más correctas y más dulces las relaciones conyugales. Lo he oído hablar, como nadie tal vez, junto con los problemas del trabajo y de la economía, de nuestro sentido nacional, de nuestra intimidad chilena. Cuando Lafertte llega por la pampa, desaparecen los tangos y las rumbas porque todos conocen su exigencia: antes que nada, la cueca.

Ahora entremos sorpresivamente en una casa del campamento. Golpeo. Es la casa de doña Emelina Rojas. No me conoce pero me recibe sonriente. Su vestido está hecho de cientos de pedacitos de tela diferente, como ciertos sobrecamas que recuerdo haber visto en mi infancia. Aunque ese vestido está viejo y despedazado y pequeños colgajos de tejido roto lo atacan por todas partes, pienso que es una obra maestra de economía y de paciencia. Pienso: «Para que puedan vestirse los hijos».

Son dos piezas con suelo de tierra. En una están las camas limpias, con esa limpieza sorprendente que se encuentra en las habitaciones de la pampa. Allí duermen siete personas. La otra sirve de comedor, de cocina y de gallinero. Voy contando cuatro gallinas, dos conejos, dos cuyes (que también se comen). Además, un perrito de lana de indefinido color. En las paredes el infaltable retrato de Balmaceda junto al de Recabarren y la inaudita oleografía alemana: elegantes cazadores que ofrecen a una dama en la puerta de un castillo un ciervo recién cazado en sus dominios. Pregunto a la señora Emelina sobre sus problemas. Es una mujer resignada y dulce. Su hermano y su hijo sostienen la casa. Qué edad tiene su hijo?, le pregunto. Diecisiete años y es muy buen hijo. No bebe. Sacan entre los dos $ 40. Cuánto gasta, señora, al día? De 30 a 40 pesos. A veces, más de $ 40.

Siempre a merced de una angustiosa espada estas cabezas de la pampa! Un accidente, una enfermedad, la falta del hermano o del hijo, un casamiento, una muerte o una nueva vida, desordenan todas estas vidas, las vidas de estas mujeres, de estas gallinas y de estos cuyes. Los $ 40 no pueden estirarse más. Al vestido de doña Emelina no le caben ya más pedacitos de tela. El corazón valeroso de doña Emelina debe también estar hecho de muchos retazos cosidos con una aguja muy dura. Un poco más de combate y se romperán sus últimas hilachas. Recuerdo los pequeños cementerios resecos, las cruces también deshilachadas.

Se llenarían páginas y páginas, podríamos relatar hasta mañana la cadena innumerable de estos innumerables padecimientos. Por eso hay tal determinación en esta huelga. Después de 20 días vuelvo a la pampa, veo el mismo esfuerzo, la misma fe para resistir. Los porotos blancos han sido la gota final. La lista de injusticias, de persecución, de frialdad en la destrucción de un pueblo llenaría las páginas de un largo libro, extraordinariamente amargo.

Cuántas veces, volviendo de noche de las profundidades oscuras de la pampa con el espíritu deprimido y dolorido, pensé que existía una voluntad diabólica en perpetuar este estado de angustia irrespirable. Recordé los campos de concentración y de trabajo forzado de los nazis en los países invadidos. La Compañía Tarapacá-Antofagasta entre otros crímenes tiene el de estar matando la alegría del trabajo. Recuerdo los lemas de los nazis, especialmente el que estaba pintado con grandes letras sobre la entrada del campo de Oswiecim: «La libertad por el trabajo». Fatídica mentira para aquellos condenados. Y se trata en realidad del asesinato de la alegría por el trabajo.

En Mapocho nos decía una compañera: «La compañía nos hace querellarnos entre nosotras mismas. En la pulpería es tan escasa la existencia de provisiones que las mujeres deben pelearse allí, hasta el insulto y a veces hasta llegar a las manos para obtener insignificantes raciones». Y recuerdo un libro de la escritora polaca Pelagia Lewinska, que nos cuenta cómo en el campo de muerte de Oswiecim los alemanes usaban no sólo el gas, la horca y el fusilamiento. Usaban también la pelea intestina, la querella por las más ínfimas cosas de la vida de los condenados, para rebajar, machacar y aniquilar su mo-

ral. Y, precisamente, Pelagia Lewinska nos cuenta en este libro terrible que cuando los condenados se enteraron de esta
arma inicua, descubrieron que el conservar la fraternidad y la
solidaridad y la decencia, el no entregarse a la desesperación,
era también un arma poderosa contra el enemigo. Y eso ha
sido la gran huelga del norte: una prueba de maravillosa fraternidad y solidaridad en la desgracia, y si de algo debemos
sentirnos orgullosos los chilenos es de la magnitud y grandeza de nuestros compatriotas, los trabajadores del salitre, que
en una lucha de aniquilación física y rodeados por la desolación y el aislamiento de las inmensas pampas desérticas defienden con insobornable valentía el único de sus tesoros: los
fueros humanos, la dignidad del hombre.

Escribí en aquellos días este soneto, pequeña medalla que
dejé colgada sobre el pecho pampino:

Salitre

Salitre, harina de la luna llena,
cereal de la pampa calcinada,
espuma de las ásperas arenas,
jazminero de flores enterradas.

Polvo de estrella hundida en tierra oscura,
nieve de soledades abrasadas,
cuchillo de nevada empuñadura,
rosa blanca de sangre salpicada.

Junto a tu nívea luz de estalactita
duelo, viento y dolor el hombre habita:
harapo y soledad son su medalla.

Hermanos de las tierras desoladas:
aquí tenéis como un montón de espadas
mi corazón dispuesto a la batalla.

Una de las últimas noches bajamos a Iquique con Radomi-
ro Tomic desde Humberstone. Habíamos ido a llevar con al-

gunos dirigentes sindicales los puntos de arreglo final del conflicto. Los puntos sobre los cuales quedó terminada esta gran huelga fueron débiles: la compañía no cobraría el dinero de las demandas antisindicales, estudiaría el cumplimiento de los convenios de pulpería, estudiaría algunas mejoras de salario. La compañía no abandonó sus porotos blancos. Los mantendría alternados algunos días de la semana.

Un mar embravecido nos esperaba arriba en Humberstone. Los obreros no querían volver al trabajo. Los dirigentes dijeron su palabra, también Tomic y yo buscando el término del conflicto. Pero aún después de casi un mes de huelga la gente no quería ni creía nada. «Hemos sido engañados tantas veces.» «Todo continuará lo mismo», nos decían. Diez horas después, tras largo debate terminó el conflicto de Humberstone. Pero allí como en toda la pampa sigue un clamor, el clamor de mar de aquella noche: «No creemos, hemos sido tantas veces engañados».

Y aquella noche Tomic me decía: «Qué ciego es el capitalismo que daña y mata la misma herramienta que le da la vida». Y es ésa una gran verdad para el norte. Más que nada hay esa política torpe, ciega y egoísta de las compañías imperialistas que van minando la fuente misma de su fuerza: el trabajo humano. Por aquellos días se producían en Norteamérica las inmensas huelgas que afectaron a más de millón y medio de obreros organizados. Allí pedían 25 por ciento sobre los salarios más bajos, de un dólar por hora. En el mismo instante que los obreros del salitre, los trabajadores norteamericanos que ganaban en una hora el doble de lo que nuestros obreros ganan en un día, pedían más, para vivir en sitios privilegiados por el aporte de la cultura y la belleza conquistada por la civilización, en Chicago, en Detroit, en Nueva York o Filadelfia. Y aquí en medio del aislamiento mortal, sin un verdadero placer colectivo, sin árboles y sin ciudad, sin pájaros y sin música, azotados por el viento arenoso del desierto, cuando nuestra gente, carne y sangre de la patria, pide unos centavos de aumento, un cambio insignificante de alimentación, se descarga la cólera del Olimpo, suben los tanques, los diarios hablan de los agitadores profesionales, se cierran los sindicatos, y lo que pudo obtenerse para salvar lo mejor de la raza, se malogra y todo impulso vital ha servido para recoger un mendrugo.

En ningún sitio de los muchos que he recorrido en mi existencia, he visto una prensa tan envenenada y maligna como los tres diarios que impúdicamente mantienen las compañías salitreras en el norte. Son éstos *El Tarapacá*, de Iquique, *La Prensa*, de Tocopilla y *El Mercurio*, de Antofagasta. Cada día se publica en cada uno de ellos un editorial del mismo tamaño, del mismo tamaño material y moral, cortado en la misma tela sucia. No sólo se adultera y tergiversa cuanto concierna al trabajo obrero, sino que se insulta y calumnia con una constancia infame.

Desde aquellos diarios, desde esas viscosas ciénagas donde la calumnia fermenta al calor del horno, se extiende por todo Chile la mentira. Y hasta la gente honrada recibe el eco de una propaganda traidora sobre el estado verdadero, las condiciones del trabajo y salarios del norte. En Chuquicamata, la poderosa y limpia, la sobrecogedora industria, que por su poderío tiene una hermosa ciudad y las mejores condiciones, los salarios más altos para los obreros especializados de la máquina son de 55 pesos diarios. El promedio es mucho más bajo. Recuerdo que en María Elena, otra de las escasas oficinas de superior concepto de vida y condiciones generales, pregunté a una de las campeonas del básquetbol nacional, del primer equipo de Chile, cuánto ganaba al día. Me sorprendió: «Diecisiete pesos diarios». No sólo son campeonas, son heroínas y sobrevivientes, sus músculos y su vitalidad vienen de incontables fuerzas que se aguzaron hasta sobrevivir.

En María Elena, en nuestra gira, cuando llevé un regalo de cien libros al sindicato, me pidieron versos, poemas. Aun en los sitios más abandonados los pampinos habían oído mi nombre de poeta, y no querían renunciar a la parte que ellos saben les pertenece de mi poesía. Y en lo alto de Chuquicamata como en los más pequeños campamentos escuchaban con religioso silencio mis versos. Hubiera querido que mi poesía hubiese sido más pura, más pura aún que el agua de las altas montañas: me parecía que ella bajaba desde mis más profundas vertientes como una claridad de la que ellos estaban sedientos.

Por Mejillones aletargado y olvidado en el centro de su grandiosa bahía, subimos hasta Calama. Al llegar a Calama, las altas luces de Pedro de Valdivia, suspendidas en lo alto de la sombra, y más arriba aún la visión de Chuquicamata iluminada y nocturna, elevada como una corona de diamantes en la altísima atmósfera. Allí hablamos y proclamamos a Lafertte ante cerca de diez mil obreros, reunidos en el magnífico recinto deportivo, pues la muchedumbre no cabía en ninguno de los dos teatros. Niños y mujeres escucharon de nosotros el desarrollo de los sucesos de Tarapacá, la historia de la masacre en Santiago, y las noticias del mundo entero. Escuchan con avidez cuanto pasa en el planeta, en Yugoslavia y en Francia, en China como en Venezuela.

Dejando atrás el alto ripio de Chuquicamata, detrás del cual el fuego perenne de los hornos da a la ciudadela del cobre aún más fuertemente esa apariencia de inmenso rito, de pirámide verde, de anfiteatro de los dioses, bajamos y en el camino, de noche, llegamos a un sitio de fervor inolvidable. A un campamento de los más olvidados y pobres, al campamento de La Paloma.

Desde lejos en el camino vimos luces encendidas. Eran antorchas, antorchas torpemente hechas, y un puñado de pueblo, un puñado de seres tostados de la pampa, torpemente vestidos también, malamente ataviados, pero luminosos también como sus pobres y dulces antorchas.

Estaba toda la gente del campamento. Eran unos pocos centenares. Hombres y mujeres, y sobre todo, por su presencia abundante y preciosa, niños, muchos niños. Esos niños milagrosos de la pampa, los niños más interesantes del mundo entero, con sus ojos chispeantes de fuego negro, con sus pequeños rostros que se transformarán poco a poco con el trabajo en máscaras endurecidas.

Ellos comenzaron a cantar. Es una canción que Lafertte y yo amamos como ninguna, una canción patética y solemne, una canción funeral de angustia y rebeldía. Es la *Canción de la Pampa*, de Francisco Pezoa. Cuenta en sus dolorosas estrofas la matanza de Iquique. Para nosotros cobraba, oída en ese sitio y en ese tiempo, con la sangre recién derramada de la plaza Bulnes, un tono más amargo, más terrible y doloroso.

> Año tras año, por los salares
> del desolado Tamarugal
> lentos cruzando van por millares
> los tristes parias del capital.

Cantando seguimos rodeados por los niños y las antorchas hasta detenernos en la única calleja del campamento. Encuadrados entre las viviendas misérrimas el grupo se hizo íntimo y unánime.

Entonces, cuando nos elevaron sobre un tabladillo para hablar, a plena luna llena, en una noche azul como he visto muy pocas, ronca y ardiente, solemne y grave, se elevó el coro de nuestra canción nacional. Nunca la he oído más bella. La noche azul era infinitamente vasta y planetaria, como una bóveda fija iluminada. La luna misma parecía haberse detenido sobre el pobre campamento.

Y en aquel silencio cientos de voces ásperas y seguras voces de pechos tan golpeados como los metales más nobles, voces de mujeres pampinas, voces como el viento indomable, voces puras salidas de corazones puros, cantaban en la noche celeste:

> Puro, Chile, es tu cielo azulado,
> puras brisas te cruzan también,
> y tu campo de flores bordado
> es la copia feliz del Edén.

Hubiera querido llorar, llorar a gritos, llorar por años enteros. En aquel punto abandonado de la tierra, entre aquellas viviendas desoladas, rodeados por el desierto cuya única voz es el crujido tétrico de los salares que resquebraja la sombra o el sol, apartados de todo lo humano, apartados de todas las praderas floridas, allí, con voz profunda, y tu campo de flores bordado...

allí, rodeados de la inmensa noche solitaria que para otros seres de las ciudades es un río oscuro de placer, para otros hombres de los campos, un movimiento del viento entre los árboles y las estrellas, allí

es la copia feliz del Edén...

allí donde la arena se tiñó tantas veces de sangre, y los piques
se llenaron por toda la pampa de cadáveres, cuando en tantas
voces pidieron tan poca cosa, «otro pedazo no más de pan»
como en los versos de Pezoa, allí donde el sol de fuego quema
la extensión sin agua y el trabajo es tan violento y la vida tan
miserable que nuestra raza se consume, allí

majestuosa es la blanca montaña
que te dio por baluarte el Señor.

Pensé una vez más que tenía que defenderlos. Defender, defender... Qué extraña palabra! Defender al hombre, al pueblo,
al número de la raza, a la célula de la patria, defenderlo de otros
hombres. En otras tierras hay que defenderlo de la guerra, de
las bestias feroces. Aquí tenemos que defenderlo de la miseria
mortal, del hambre, de la enfermedad y el abandono. Tenemos
que defenderlo de aquellos que lo explotan y lo atacan, de
aquellos que cuando no pudieron convertirlo en siervo, llenos
de cólera y odio, buscan cómplices que traicionen y dividan.
Los trabajadores del salitre sabían aquella noche para quiénes
cantaban y quiénes estaban con ellos. Y recordaré toda la vida
esa noche estelar, en la desolación del desierto salvaje, esas voces que llamaron a la mía para que cantara para siempre junto
a ellos

majestuosa es la blanca montaña...

porque su lucha es grandiosa como la blanca montaña que
nunca han visto ni tal vez verán

ese campo de flores bordado...

porque aunque nunca hayan mirado las verdes campiñas ni puedan verlas jamás, ya que hasta en su muerte en aquellos destrozados cementerios de la pampa los acompañarán unas pobres coronas de papel pintado, porque ellos guardan como herencia sagrada la esperanza que Recabarren derramó con sus manos de augusto proletario, creo que ellos son el campo y las flores, el bordado y la montaña, el agua y la tierra. Ellos son la patria.

Texto leído a los estudiantes de la Universidad de Chile, Santiago, mayo o junio de 1946. Recogido en Viajes, 1955.

VII

TIEMPO DE BATALLAS. TIEMPO DE TRAICIÓN
(1946-1947)

Las pequeñas hermanas olvidadas

Las pequeñas repúblicas hermanas de Centroamérica continúan, solitariamente, una lucha increíblemente dura por su liberación. Aquellas que han alcanzado, como la heroica Guatemala, el triunfo después de luchas ejemplares, se vieron en el instante decisivo aisladas e incomprendidas por las grandes repúblicas, y aún en esta hora no son apoyadas como debieran serlo en la implantación y ejecución de sus nuevos códigos democráticos.

El caso de la República Dominicana, como el de Nicaragua, continúa en el mapa mostrando su lámpara apagada en el continente. Las comitivas presidenciales pasan por entre los dominicanos ultrajados, son recibidas y festejadas por el tirano Trujillo, se condecoran mutuamente representantes de regímenes incompatibles, y luego el gran silencio que ya conoce toda la América Central, cae sobre la pequeña república sojuzgada, cubriendo de sombra el calvario aterrador.

Estas páginas son una acusación terrible. Mientras los hechos aquí delatados están ocurriendo en una nación hermana, nuestros delegados a las conferencias internacionales se codean en las deliberaciones con los delegados de esta supervivencia de una América tenebrosa. De estos pequeños países cercados por la tiranía van y vienen confabulaciones, intrigas del laberinto dictatorial. Un consejero a sueldo de Trujillo es, a la vez, funcionario del Servicio Exterior de Chile. A quién da consejos? De qué fuentes vienen éstos?

Así pues todo se complica y enmaraña, y la mentira oficial es protegida por imperialistas y falsos demócratas, mientras en la República Dominicana se eterniza el crimen monstruoso.

Que estas páginas del joven y bravío luchador Franco Ornes lleguen a las abotagadas conciencias de los que gobiernan las relaciones exteriores de nuestros países hermanos. Todos o casi todos protegen hechos como la siniestra pandilla nazi argentina, la servidumbre de Bolivia entregada a algunos audaces aventureros fascistas, y cuando se habla de atacar las cuevas de la tiranía, todo se vuelve hipócrita sustentación de principios que no vienen a cuento, todo se vuelve papeleo y excusas, y el rostro completo de la libertad americana continúa atravesado por estas siniestras cicatrices. Nadie interviene. Los abrazos continúan, y las condecoraciones del muladar se ostentan en el banquete de las naciones libres.

Mientras tanto los muertos, los martirizados, los encarcelados, los desterrados de la República Dominicana hacen preguntas mortales a toda nuestra América, y estas preguntas deben, alguna vez, ser contestadas.

Prólogo a Pericles Franco Ornes, La tragedia dominicana.
Análisis de la tiranía de Trujillo, Santiago, edición de la
Federación de Estudiantes de Chile, enero de 1946

El paraguas podrido de Munich, de nuevo sobre los martirios de España

Aquellos que se dan el trabajo diario de leer penosamente la destartalada y tropezona página editorial de *El Mercurio*, el diario más mal escrito de la América del Sur, ya que está escrito por sus derechos jayanes, robustos mercenarios de la pluma, habrán encontrado hoy uno de esos artículos que protesta por la realización de este acto, y llama la atención a las autoridades clamando al cielo para que los carabineros cierren las puertas de este salón. Para los alpinistas de *El Mercurio*, las universidades sólo sirven de estorbo. Para qué sirven, si el *Manual del perfecto skiador*, *La tía Pepa*, *Mi tierra nativa*, *Esparraguito*, no necesitan del conocimiento, no necesitan para producirse la encrucijada de los cuatro vientos del espíritu, sino de algunos mal pagados copistas y traductores, y ya se encargará el diario de pedir más tarde un monumento para que se perpetúe al autor que tanta goma gastara pegando pensamientos ajenos.

Tiene razón *El Mercurio* en pedir que se cierre esta sala y, si le fuera posible, esta universidad, en que tantas veces se oyeron las voces que han sostenido fuera de las esferas oficiales la inmortal dignidad de nuestra patria. Porque cuando un ex propietario de *El Mercurio* en el Consejo de la Liga de las Naciones daba la peor puñalada, la puñalada fascista, a la dolorosa espalda de la República española, eliminándola a golpes de prevaricación y de amenaza y dando por ende un golpe mortal a la misma Liga de Naciones, aquí en este recinto no faltaron hombres de derecho y de corazón que denunciaran este atropello y que dejaran escrita en el aire, y en lo más imborrable del recuerdo, lo que pudo ser la política internacional de Chile, sin estas traiciones y la adhesión fiel, resuelta, obstinada, insobornable y conmovedora a la causa del pueblo español de toda nuestra inteligencia y de todo nuestro pueblo.

Desde entonces se establecieron los caminos que en este día de hoy se encontraron también en situación conflictiva: por una parte los escribidores fascistas de *El Mercurio* y por otro lado y por otros senderos, diametralmente diferentes, el espíritu republicano y libertador de esta universidad, espíritu que ha sido defendido por muchos jóvenes, por muchos viejos que a través de una no interrumpida cadena de ética civil nos han legado la indestructible cátedra y la tradición espiritual necesarias para que la universidad continúe abierta a la vida del mundo, al aire puro de la libertad y no encajonada, polvorienta y mortuoria como lo quisieran estos desautorizados y desprestigiados mercaderes de la prensa fascista.

Uno de ellos, saliendo del mismo matorral, pretendió, hace algunos domingos, tirar algunos manchones de su tinta mercenaria a la radiante figura del gran poeta español Rafael Alberti, que hace poco tiempo oíamos en esta misma sala y cuya luminosa presencia no se borrará fácilmente del recuerdo chileno. En esta agresión de tinta estúpida hallamos esa cobarde e indeleble marca del fascismo sacristanesco. Se pretendió envolver a Alberti y hasta acusarlo del asesinato de Federico García Lorca. Los que azuzan a la maldita jauría de lobos españoles para que la sangre continúe manchando y anegando las tierras de España, los que nunca tuvieron una palabra de condenación ante el más monstruoso de los crímenes franquistas, los que hicieron continuamente de propagandistas desalmados de las malvadas hordas de Franco, los que traicionaron concienzudamente su deber y su papel de intelectuales al alinearse con los asesinos, se atreven hoy a acusar a aquellos que por dignidad, y por conciencia, y por deber histórico y moral, lo perdieron todo, familia, pueblo y patria. Pero estos ladrones que pretenden correr detrás del juez, no engañarán a nadie. Caiga sobre ellos nuestro más activo, pesado y justiciero desprecio!

Estamos reunidos aquí para evitar a nuestra manera y con nuestras fuerzas, que un nuevo crimen vuelva a salpicar el rostro ensangrentado de España.

Qué doloroso destino el de los españoles de esta época! Justamente en el mismo momento en que en Nuremberg, a pocos pasos de las horcas que los aguardan, son investigados y escudriñados por todas las tenebrosas arrugas del alma los verdugos nazis que casi alcanzaron a estrangular la libertad del mundo, en España los mismos verdugos se atreven a sentarse para juzgar y asesinar a los combatientes de la libertad restaurada en todas partes. Los mismos verdugos pueden allí, en las desamparadas y traicionadas tierras de España, vengar en Álvarez y Zapiraín, la humillante derrota que sufrieron cuando el Ejército Rojo clavó las banderas que siguen ondeando en Berlín. Pueden allí los verdugos gracias al renacer de la cobardía y del apaciguamiento apagar los latidos de otros dos corazones guerrilleros de cuyo movimiento está en este instante pendiente la conciencia de todos los que lucha-

ron en cualquier terreno por asegurar el triunfo de los derechos humanos pisoteados por el fascismo.

Qué acongojado destino el de estos españoles!

Fueron los primeros en mostrar a un mundo dormido la tempestad que venía, sacaron en los campos la escopeta herrum-
brosa, en la minas la dinamita que santificaron y por las calles las piedras y los palos, y así duraron combatiendo. Sólo
una mano atravesó el helado corazón de Europa para ayu-
darlos en su combate, y ésta fue la misma mano que hoy golpea la mesa de las Naciones Unidas para pedir atención hacia la misma lucha, para pedir el mismo decoro perdido por
las naciones que no supieron o no quisieron ayudar a tiempo. Esta mano de la Unión Soviética fue combatida entonces
y esta ayuda fue cercenada y así se sellaron los martirios de
España. Y hoy que clamamos por estos dos jóvenes héroes
de la libertad mundial, Álvarez y Zapiraín, las dos naciones imperialistas, que creen que la paz se ha ganado para
ellos, para ciertas codicias, para ciertas explotaciones, han
rechazado la moción de Polonia apoyada por la Unión Soviética, que habría terminado con esta farsa sangrienta. En
cambio, se ha nombrado un comité investigador. El espectro de Munich se ha levantado, lo hemos oído con sus pasos arrastrados cruzar el vestíbulo de la casa en que se está
construyendo la nueva paz del mundo, hemos sentido su olor
a cadaverina sepultada, pero ha avanzado dejando sobre la
mesa su podrido paraguas. Un comité investigador después
de un millón de españoles muertos, un comité investigador
después de haber echado Franco por el mundo a medio millón de desterrados, un comité investigador cuando hace algunas semanas fusilaron a nueve guerrilleros, un comité investigador cuando las cárceles están llenas de gente digna
que no saldrá de ella sino hacia el cementerio o hacia la libertad.

Así, pues, en malos momentos de olvido en que parecen otra
vez estancarse los manantiales de tanta esperanza humana que
se fue acumulando, en otra hora indecisa vuelve a ser España
la piedra de toque de la libertad. Hacia ella miramos dándole desde nuestro más profundo ser el respeto hacia sus héroes,

la justicia que le han arrebatado, el recuerdo indestructible
que su lucha clavó en nuestras espaciosas Américas, la seguridad de que en una hora no lejana será levantada por todos
nuestros brazos, le será lavada la sangre del martirio y con su
orgullosa cabeza erguida entre todas las naciones, repartirá la
justicia y el castigo. Y a estos dos hombres, frutos fortalecidos y fecundos del pueblo español, a vosotros, Álvarez y Zapiraín, a vosotros, hermanos, hermanos heroicos, aunque no
escuchéis nuestro grito, desde esta casa del pensamiento de
Chile, desde esta casa generosa de la inteligencia americana,
gritamos a través del océano:

«Seguid mirando cara a cara a vuestros verdugos, porque
encarnáis lo grande y lo inmortal de vuestro pueblo, que si no
puede salvaros hoy os vengará mañana».

El Siglo, *Santiago, 11.5.1946.*

Silva en la sombra

Nuestro siglo diecinueve americano fue más largo que todos
los siglos, y aislado, y acerbo, y lluvioso. Las pampas y las cordilleras, las sabanas y los ríos, los hombres y los campanarios
transcurrieron envueltos en distancia, soledad y niebla.

Esta niebla grande y transubstancial galopa y permanece
sobre nuestras alturas, como un manto morado, aquí y allá
dirigido por las rachas de los huracanes más violentos, combatido contra las paredes glaciales de la cordillera nevada, y
rechazado o aceptado a veces por el corazón de los hombres
solitarios.

Por los caminos hay todavía fogonazos y olor acre de pólvora y soldado, y los caudillos interrumpen el silencio con
sus cabalgatas de potros guerreros, y a la luz de la luna muestran en un relámpago las charreteras doradas, los pantalones
escarlata. En las profundas casas de patios y graneros, algunos hombres caen sobre los libros, devorando las páginas a

la escasa luz de los cirios, profesando la vida en forma intelectual encarnizada, enseñando y combatiendo como Sarmiento o Bilbao, o entregándose a la poesía en forma despeñada y total como Pedro Antonio González o José Asunción Silva.

Satanes, ángeles obscuros, sacerdotes martirizados de lo más fantasmal y perdido, comedores de estrellas, pescadores de la noche sombría. Sus siluetas de espectro fúnebremente vestidas se destacan en la blanquecina luz del vapor boreal, y así comencé a ver a José Asunción Silva, elegantemente tétrico, con su lira purpúrea y sus suavísimos guantes de caballero enlutado. En la otra esquina de América, a la luz de los faroles más amargos, iba a cruzar tambaleante la sombra de Pedro Antonio González, amenazado por todos los terrores, triturado por los puñales más mortales, desgreñado por su sonambúlica embriaguez. Por los salones encerados de Bogotá, junto a las más dulcísimas señoras, junto al arpa de mil voces de oro, paseaba el doloroso ruiseñor enguantado, y por las charcas pestilenciales de los cerros de Valparaíso iba dando tumbos nuestro tenebroso y misterioso maestro.

Todas estas soledades las iba a dispersar en un solo trueno de nieve y sonido el alto canto de Rubén Darío.

Pero esta unidad total americana que nos iba a dar Rubén Darío, este tono forestal y coral, esta unidad de rumor y de canto se levantaba sobre los dolores de una América atormentada, sobre los crepúsculos de una América obscura.

Herrera y Reissig, en cuyos sonetos brilla una magnánima luz frutal, luz que no dura, que se tuerce, se encrespa, se enfurece en los últimos lampos geniales de su obra, deshecho de drogas y de amargura, parsimonioso suicida de este clima espectral. Lugones, orgulloso gigante de la forma y del vocabulario; Alfonsina Storni, apasionada y florida; José Asunción Silva, árbol y cítara del romanticismo americano, al entrar en la muerte por voluntad propia, son sólo los más valientes suicidas, son los adelantados de un cortejo ligado a las raíces exterminadoras de la poesía americana. Suicidas fueron también el padre Rubén Darío, tan aterrado y mártir de cuanto existía, y el delirante y perverso Barba Jacob, y el abandonado y desterrado César Vallejo, grande entre los grandes... «Me moriré en París con aguacero / un día del que tengo ya el recuerdo.»

En este coro acongojado como la masa sombría de un cielo de lluvia de una determinada selva americana, de esta necrología que abarca todos los himnos y las sílabas, la expresión toda de nuestro ser continental, la voz de José Asunción Silva se desprende con una pureza y una dulzura ilimitadas, como un violín delgado y combatiente o como la voz del ruiseñor que sale de la noche sombría.

A cuantos hemos abrazado el camino de la poesía nos sobrecoge a veces el inmenso trabajo de los antepasados. Un «Nocturno» de José Asunción Silva es tal avance activo del pensamiento poético, tal conmoción en la ciudad lírica del español, como lo puede ser en el inglés de Norteamérica «El cuervo» de Poe, o en el inglés de Inglaterra «The Rhyme of the Ancient Mariner», de Coleridge. Este gran poema escrito durante esta agónica y corta vida por las manos tan delicadas que, sin embargo, pudieron dispararse el tiro mortal, abre las puertas de terciopelo de un español magnífico y tenebroso, de un idioma nunca antes usado, conducido por un ángel nocturno a las últimas decisiones y desvelos del ritual. Por esas anchas puertas del gran nocturno entra nuestra voz de América a tomar parte en el coro orquestal de la tierra.

Es por la voz de Eduardo Carranza, gran poeta de Colombia, expresión viva de la fuerza y la pureza poética, de un país que ha hecho saltar la poesía de roca en roca y de metal en metal, recogiendo así lo más diamantino de cristal y fulgor, es por la voz de este grande joven y representativo maestro de la juventud poética de Colombia, que iréis conociendo y reconociendo en sus pliegues y repliegues la sombría figura de José Asunción. Y el hecho mismo de que Eduardo Carranza, capitán de la nueva poesía colombiana haya escogido –o la vida lo haya escogido a él– para hablar por vez primera ante chilenos de una figura tan aureolada por la poesía, y tan irreductible en su misterioso ejemplo, nos muestran la grandeza y la continuidad de la cultura colombiana. En esta tarde de gran invierno austral, Silva y Carranza, unidos por lo más secreto y permanente de una inagotable tradición poética, no pueden ser aquí escuchados sino como dos grandes hermanos floridos, el uno taciturno en su abismo, el otro ardiente en su fuego, dándose las manos a través de la noche, en el puente inmortal de la poesía.

La Nación, *Santiago, 27.5.1946. Introducción a una conferencia de Eduardo Carranza sobre José Asunción Silva (a 50 años de su muerte) en el Salón de Honor de la Universidad de Chile.*

A Eduardo Carranza

Querido Eduardo, poeta de Colombia:
   Cuando por muchos años y por muchas regiones mi pensamiento se detenía en Colombia, se me aparecía tu vasta tierra verde y forestal, el río Cauca hinchado por las lágrimas de María y planeando sobre todas las tierras y los ríos, como pañuelos de terciopelo celestial, las extraordinarias mariposas amazónicas, las mariposas de Muzo. Siempre vi tu país al través de una luz azul de mariposas bajo este enjambre de alas ultravioleta, y vi también los caseríos desdoblados en este tembloroso vaivén de alas, y luego vi la historia de Colombia seguida por un cometa de mariposas azules: sus grandes capitanes, Santander, Bolívar con una mariposa luminosa posada en cada hombro, como la más deslumbrante charretera, y a tus poetas infortunados como José Asunción o como Porfirio o soberbios como Valencia, perseguidos hasta el fin de su vida por una mariposa, que olvidaban de pronto en el sombrero o en un soneto, mariposa que voló cuando Silva consumó su romántico suicidio para posarse más tarde tal vez sobre tus sienes, Eduardo Carranza.
   Porque tú eres la frente poética de Colombia, de esa Colombia dividida en mil frentes, de esa patria sonora, poblada por los cantos secretos de la enramada virginal y por el alto

y desinteresado himno de la poesía colombiana. En tu patria se acumuló en el subsuelo la misteriosa pasta de la esmeralda, y en el aire se construyó, como una columna de cristal, la poesía.

Déjame recordar hoy a esta fraternidad de poetas que allí pude amar y conocer. Te gustaría, colombiano loco, que estén tus amigos en esta fiesta. Mirad aquí entre nosotros a este extravagante caballero escandinavo que entra por esa puerta: es León de Greiff, alta voz coral americana. Mirad más allá ese gran gustador de café, de vida y de biblioteca: es Arturo Camacho Ramírez, dionisíaco y revolucionario; aquí, a Carlos Martín, que recién ha pescado tres versos aún empapados de floraciones extrañas en el recodo caimánico de su río natal; aquí viene Ciro Mendía, recién llegado de Medellín, con su lira silvestre bajo el brazo y su noble porte de fogonero marino; y, por fin, aquí tienes a tu gran hermano, a Jorge Rojas, de gran cuerpo y de gran corazón, recién salido de su poesía escarchada, de su epopéyica misión submarina en que sus victorias fueron condecoradas por la sal más difícil.

Pero tú das aquí, y esta noche, el rostro de todos estos queridos ausentes.

En tu poesía se cristalizan, cuajándose en mil rosetas, las líneas geométricas de vuestra tradición poética y, junto a su vigor, un sentimiento, un aire emocionante que toca todas las hojas del Monte Parnaso americano, aire de vida y de melancolía, aire de despedida y de llegada, sabor de dulce amor y de racimo.

Hoy llegas a nuestro huracanado territorio, al vendaval oceánico de nuestra poesía, de una poesía sin más norma que la de sus vitales exploraciones, de una poesía que cubre, desde Gabriela Mistral y Ángel Cruchaga hasta los últimos jóvenes, todas las arenas y los bosques y los abismos y los senderos, como una clámide agitada por la furia del viento marino.

Con este abrazo irregular y con esta fiesta alegre te recibimos entre lo más nuestro, y lo hacemos en la conciencia de que eres un trabajador honrado del laboratorio americano, y que tu copa cristalina nos pertenece porque en ella pusiste un espejo vivo de transparencia y sueño.

Cuando llegué a tu Colombia natal me recibieron tus hermanos y compañeros, y recuerdo que en aquel coro de tan poderosa fraternidad, uno de los más jóvenes y de los más valiosos me reprochó en lenguaje de sin igual dignidad esta última etapa de mi vida y de mi poesía, consagrada férreamente al futuro del hombre y a las luchas del pueblo.

No contesté apenas, sino siendo yo mismo, delante de vosotros, para que vierais lo natural que en mí eran por igual mi vocación poética y mi conducta política. No contesté porque estoy contestando siempre con mi canto y con mi acción muchas preguntas que se me hacen y me hago. Pero tal vez las contestaría diciendo que al luchar tan encarnizadamente estamos defendiendo, entre otras cosas puras, la poesía pura; es decir, la libertad futura del poeta para que en un mundo feliz –esto es–, en un mundo sin harapos y sin hambre, puedan surgir sus cantos más secretos y más hondos.

Así, pues, a mi paso por Colombia, no me negué a las emanaciones de vuestra concepción estética, sino que hice mías también vuestra investigación, vuestro problema y vuestros mitos. Entré en vuestras bellas salas rectangulares y, cuando por sus ventanas entraba el ancho crepúsculo de Colombia, me sentí rico en vuestra pedrería, luminoso con vuestra luz diamantina.

Así también, hoy que vienes a vivir y a cantar entre nosotros, te quiero pedir en nombre de nuestra poesía, desde los piececitos descalzos de Gabriela y los poemas que por la boca de Víctor Domingo Silva hablaron hace ya tiempo los dolores de un pueblo lleno de sufrimientos, hoy te pido que no te niegues al destino que habrá de conquistarte, y que vayas separando algo de tu bien henchido tesoro para tu pueblo, que es también el nuestro. Marineros de las balsas de tus grandes ríos, pescadores negros de tu litoral, mineros de la sal y de las esmeraldas, campesinos cafeteros de casa pobre, todos ellos tienen derecho a tu pensamiento, a tu atención y a tu poesía, y qué gran regalo nos harás a los chilenos si tu vida en nuestra tierra austral, tan hermosa y tan dolorosa como toda la América nuestra, llega a empaparse de los oscuros dolores de los pueblos que amamos y por cuya liberación batallará mañana tu valiosa, fértil y resplandeciente poesía.

Basta de estas palabras, aunque ellas te lleven tanto cariño nuestro. Hoy es día de fiesta en tu corazón y en esta sala. Hoy ha nacido en una calle de Santiago, entre cuatro paredes chilenas, un hijo tuyo. A tu mujer, la dulce Rosita Coronado, le darás cuenta de nuestra ternura. Y para ti esta fiesta con flores de papel picado, cortadas por nosotros mismos, con guitarras y vino de otoño, con los nombres de algunos de los que en tu tierra veneramos, y con un fuego de amistad entre tu patria y la nuestra, que tú has venido a encender, y que debe levantarse alto, entre la piedra y el cielo, para no apagarse nunca más.

Santiago, 1.6.1946. Recogido en PNN, *pp. 83-86.*

Italia, tesoro universal

Hemos amado a Italia como la más antigua madre de la cultura, hemos visto más tarde una Italia desfigurada y madrastra, arrastrando por los cabellos a sus hijos, jugar una parte trágica en las destrucciones de este tiempo: hoy saludamos con amor y esperanza una Italia renacida, una Italia hermana, republicana y popular.

Nunca perdimos la fe en Italia, en el pueblo italiano. Sabíamos de la soledad de Croce, conocíamos el pensamiento de Sforza, estrechamos la mano de los hermanos Rosselli, en París, antes de que fueran vilmente asesinados, conocimos a Frola, a Montagnana, a Vidali, a cientos de emigrados en los que vivía la fe en la resurrección patria como una llama inextinguible. Y cuando los soldados italianos perdían batallas en una guerra que no querían, los soldados italianos de las Brigadas Internacionales dejaron en España un nombre legendario de valentía y de honor.

Yo creo que de todas las naciones es este continente latinoamericano el que recoge con más fervor, con un estremecimiento profundo y fraternal estas nuevas manos republicanas que ayudan a sostener desde ahora el baluarte de la democracia europea. Cuando España, antes odiada, luego desconocida, rompe sus ataduras feudales e irrumpe más allá del mar con su bandera republicana purpúrea, roja y amarilla, nosotros, los americanos, levantamos nuestra más alta y desbordante copa para saludar el nacimiento de un Estado que esperábamos desde nuestra propia independencia, porque los patriotas americanos no lucharon con el pueblo español, no lucharon contra el rebelde espíritu de los comuneros castellanos, ni contra Riego, ni contra Quevedo y Cervantes, ni contra Gracián o Góngora, ni contra Goya, sino contra una España tentacular, inquisitorial y maldita. Bolívar y O'Higgins, Sucre y Morelos, Hidalgo y San Martín lucharon en 1810 contra una España sangrienta que hoy continúa Francisco Franco, y aquellos americanos que hoy pretenden dar la mano a Franco, como los que la dieron a Mussolini y a Hitler, traicionan la causa de la independencia americana.

Nunca fuimos antiitalianos los antifascistas. Precisamente porque venerábamos el foco ultravioleta de su poesía medioeval, porque habíamos aprendido en Alighieri el respeto augusto a la inteligencia y en Garibaldi el culto indivisible de la libertad y en su pintura los más profundos goces del espíritu, porque adorábamos sus pueblos de aceite y vino dorados, sus caseríos litorales llenos de perfume y música, la construcción serena y la turbulencia de siglos en su pensamiento, la fraternidad generosa de su pueblo, precisamente por todo eso y por muchas otras cosas que atesorábamos, salimos al medio de la calle a gritar contra el fascismo, nunca contra Italia, precisamente para no perder a Italia, para liberarla de sus verdugos, para recuperarla como un tesoro universal.

Años acongojados! Los reaccionarios fascistas comienzan por clausurar por un día o tres días un diario comunista, comienzan por intervenir en los sindicatos, produciendo riñas mortales, y después traen la soldadesca para aplastar el desorden que ellos mismos provocan. Ay de aquellos pueblos que no ven a tiempo el peligro, porque después los tiranos se van tragando todas las otras libertades, hasta que sólo quedan ellos fuera de la cárcel con algunas bandas de aventureros que a su turno son devorados! Entonces hay un gran silencio que llaman orden estos sepultureros de la libertad.

Hoy nuestra América republicana tiene una nueva, grande y luminosa hermana: Italia del conocimiento y de la belleza, Italia guerrillera y popular, Italia llena de abejas y banderas, en estos días grandes de tu destino, en que abres las duras puertas del porvenir, limpia tu casa de alimañas, y que tu pueblo ordene, construya, piense, baile, purifique, luche y camine, reconstruya y cante!

Aurora de Chile, núm. 23, Santiago, junio-julio de 1946.

Julio Ortiz de Zárate
Araucaria nacional

Este formidable edificio de fuerza y ternura se ha desplomado, como una gran araucaria de los territorios australes. La vida de Julio Ortiz de Zárate transcurrió entre las materias fundamentales del universo: piedra, madera, color y lucha, fraternidad humana.

Tuvo la estatura áspera y tierna de la gran araucaria, todo músculo y fruto, firme raigambre bajo la tierra roquera y pabellón poderoso donde las canciones se preservaban de la tempestad.

Sus manos de artesano combatieron el hierro más duro y la piedra más altiva. Hierro y piedra bajo sus manos se transformaron en flor, en enredadera, en ala.

Luego, estas manos lucharon con la luz y su fuerza artesana recogió para nuestra pintura el soplo immortal de lo viviente

Yo lo conocí en los húmedos días pasados y, también, en los días de sol. Fue mi amigo de tormenta y primavera, y en la más sombría noche del padecimiento salía de él una canción como desde una casa de piedra, y en los días de los cerezos floridos cantaba en él la luz innumerable.

Ha muerto en estos días de niebla y lucha, cuando apenas tuvimos tiempo para acompañarle, y cuando tenemos que acomodar su inmensa ausencia, empequeñecerla, para poder vivir. Tal vez también pecamos con su vida, sin tomar bastante de ella, sin sacar de su corazón gigante más raíces, más fuerza, más profundidad, más ternura.

Extra, *Santiago, 1.8.1946.*

El pueblo te llama Gabriel
[Fragmento]

Desde la arena hasta la altura,
desde el salitre a la espesura,
el pueblo te llama Gabriel,
con sencillez y con dulzura

como a un hermano, hermano fiel.
Y entre todas las cosas puras
no hay otra como este laurel:
el pueblo te llama Gabriel.

Extra, *Santiago, 4.9.1946.*

En el norte el obrero del cobre,
en el sur el obrero del riel,
de uno a otro confín de la patria
el pueblo te llama Gabriel

En Collier y Sater, p. 217.

Salitre

Salitre, harina de la luna llena,
cereal de la pampa calcinada,
espuma de las ásperas arenas,
jazminero de flores enterradas.

Polvo de estrella hundida en tierra oscura,
nieve de soledades abrasadas,
cuchillo de nevada empuñadura,
rosa blanca de sangre salpicada.

Junto a tu nívea luz de estalactita,
duelo, viento y dolor, el hombre habita:
harapo y soledad son su medalla.

Hermanos de las tierras desoladas:
aquí tenéis como un montón de espadas
mi corazón dispuesto a la batalla.

El Siglo, *Santiago, 27.10.1946.*

Argelia Veloso

Andando entre razas de otras tierras, en los islarios del Pacífico caliente, o entre las arrugadas sierras mexicanas, lamenté muchas veces que Chile no produjera artes miniaturales del pueblo: nos faltará el don prolijo que trabaja en una gota: la ciencia y la paciencia de lo minúsculo.

Por el contrario nuestra gran cordillera, y la imagen de gestas y valores legendarios, provoca y sostiene lo desmesurado de Chile, altura y socavón, elevación o caída que a veces generan grandes cosas bellas y otras derraman en el vacío las palas de la fuerza inútil.

La gracia y la belleza diminutas de estas creaciones de Argelia Veloso, me devuelven con generoso esplendor esta ausencia, como ciertos poemas de Barrenechea o Nicanor Parra, en que la luz, el rocío y el polen bailan sobre una abeja.

Estas mínimas estatuas de color de trigo, finamente tramadas, entretejidas hilo a hilo, viven dentro de lo infinito popular, como muchas maravillosas creaciones sin apellido, brotadas de las manos del pueblo.

Este arte de la *raffia* aportado a Chile por nuestra luminosa María Valencia, se desvía y continúa, encontrando en Argelia un nuevo cauce.

Cuántos detalles de hermosura. Como si el roce digital de un hada hubiera tocado esta materia amarilla, dándole movimiento encantador, numerosa poesía, viento de baile, corporación de flores.

Una nueva artista llega a nuestra geografía, poblando el mapa con pequeños seres inolvidables, que, entre los grandes peñascos y ríos de la patria, existirán orgullosamente, porque fueron construidos con despojos vegetales, con sueños y dedos de mujer, con casi nada, y sin embargo guardan en su construcción parte del frágil y eterno monumento humano: pueblo, ternura, verdad y poesía.

Los Guindos, diciembre de 1946

Extra, *Santiago, 24.12.1946.*

Despedida a Nicolás Guillén

Yo comprendo que Nicolás Guillén tenga pocas ganas de marcharse de Chile. Lo que pasa es que tiene muchas de volver a Cuba, y yo también. Cuba es un punto de tierra rodeada por todas partes por el mar y por la poesía de Nicolás Guillén. Allí los brazos y los vasos, las palmeras y las caderas, los

vientos y los cuentos tienen el perfume ácido, salado y azul de
la espuma antillana, y propagan un sonido de plata fina y
cascabel silvestre; son sonidos que Nicolás Guillén recibió
como herencia en la sangre o donación que él hizo de su activo corazón haciéndolo patrimonio sonoro de su pueblo.

Lo cierto es que si a Cuba tuviéramos que ponerle apellido,
a pesar de que Martí le diera sus estalactitas intelectuales y
guerreras, hallamos ese nombre un poco frío para Cuba, y no
le pondremos Marinello tampoco, a pesar de que Juan honra
a la isla y nos honra a nosotros porque la rígida geometría de
ese apellido no le cuadra a esta isla marinera en su matrimonio. No, señores, a Cuba, entre tantos nombres ilustres de filósofos o libertadores, le daremos hoy un apellido fragante de
poeta platinado por el amor americano, un apellido de cantor
y luchador, llamaremos a Cuba CUBA GUILLÉN por su profundo amor recíproco, ya que la isla ama a su gran poeta y
éste a pesar de sus infidelidades de viajero le conquista a
Cuba palio y respeto, devoción y pasión por todas partes.

Este Guillén es, pues, parte principal, orgánica y estival de ese
mundo antillano limitado por aromas y ciclones desde cuya
entraña sale un pueblo valiente y bailarín, guerrero y alegre,
que muchas veces ha asombrado a nuestro tiempo.

Invencibles e indelebles cubanos de la manigua, hermanos
de la selva, estudiantes antidespóticos, capitanes de Mella y de
Martí, dinamiteros y poetas, sangrantes entre los cañaverales,
durmiendo con libros manchados por la pólvora y la sangre,
serios, afilados, inflexibles y nocturnos combatientes de la libertad cubana!

Entre ellos este Nicolás que a la cadencia asombrosa de su
tambor racial agrega toda el área florida de un combate sin
tregua!

En España le vimos entre las explosiones, en México recién
distribuidas las tierras aspirando el olor acre de las praderas
liberadas, en Venezuela, pensativo y director en época de
grandes confusiones, en Chile, en la plaza de la Constitución,
en el torbellino de nuestra lucha, diciendo sus palabras memorables y queridas: «Si yo fuera chileno, votaría por Ga-

briel González Videla». Desde entonces, Nicolás, eres chileno. Allí firmó el pueblo de Chile tu carta de ciudadanía.

Por lo demás, americano integral, de costa y cordillera; de nieve y calor, de esclavitud y libertad, eres gran poeta de Cuba. Ahora, después de tus viajes atlánticos y pacíficos, vas de un lado a otro, por esta gran Patria nuestra, absorbiendo la aspereza y la suavidad de nuestra geografía común. En algunos sitios te embriagó el azahar o la racha mojada y penetrante del amanecer en el Orinoco, en otras partes salpicaron tu rostro moreno las gotas de sangre que aún saltan del cuerpo martirizado de América. Después, en el alto Perú, recibiste el aire original de nuestro planeta americano, salido del ombligo enterrado, de las culturas del maíz; luego volaste sobre Bolivia, país misterioso, profundo y metalúrgico que asoma a las auroras de una conciencia popular. Por fin, llegaste a este áspero país austral, de nieve y océano, en donde ya te queríamos Nicolás, y en donde te vamos a seguir recordando con una tenacidad en el amor que sólo nosotros, en nuestra América conocemos, porque somos hasta el final un pueblo de raíces y de yacimientos, una patria de profundidades.

Así también te ha querido nuestro pueblo, el gran baluarte austral de la libertad en el mundo. Antifascistas y antiimperialistas, ceñudos ciudadanos de la mina o del campo feudal, los trabajadores de Chile sostienen la columna del porvenir americano. Ellos te han abrazado en la desolada pampa salitrera, en las cordilleras del cobre, en todas partes ellos te han reconocido como campana agorera y sonora en el crepúsculo matutino del hombre.

Nicolás Guillén, falta aquí un poco, mi abrazo personal. Me hubiera gustado hacerte un regalo grandioso: haberte regalado las mejores estrellas de la magnitud austral, haberte dado un río de vino oscuro de la zona de los grandes viñedos, haberte regalado Puerto Montt o Valparaíso, para que fueras rey de estas soledades marinas. Pero has preferido seguir el vasto camino de América en que otras ciudades y otros pueblos te recibirán como hermano, como conquistador conquistado.

Chile no detiene a nadie sino con su amor. Nuestras grandes puertas de agua marina, de granito y ventisquero, se abrieron para recibir tu rango de poeta ejemplar, y quedarán abiertas esperándote, como sólo se abren para los héroes o los desterrados en esta fortaleza cuyos mejores soldados te conocieron y te amaron en la poesía y en la lucha.

El Siglo, *Santiago, 11.1.1947.*

A Paul Langevin

No desaparece Paul Langevin del ESCENARIO europeo, sino de la INTEGRIDAD europea, de la fundamental argamasa de Francia.

No es Langevin un hombre de ESCENARIO sino de PROFUNDIDAD: no es una máscara más de la cultura la que hoy vemos extinguirse a través del océano y la muerte, sino una de sus raíces exploradoras y nutricias.

Situemos esta gran figura de la inteligencia entre la luz sangrienta de las dos guerras mundiales. Entre esos dos angustiosos estertores vemos surgir extraordinarias figuras humanistas, héroes de la conciencia universal, como Einstein y Romain Rolland, Henri Barbusse y Paul Langevin.

En la grave desorientación de aquellos años, firmes en sus baluartes de sabiduría y serenidad, estos hombres expresaron muchas veces con una entereza que los ha hecho inmortales los sórdidos conflictos, las mentiras sistemáticas del capitalismo, las amenazantes tinieblas que se acumulaban para el porvenir de la humanidad.

Langevin es tan grande en este terreno de la moral política de nuestro tiempo como en su acción tenaz en la física material.

Durante esos años le vemos por igual en el laboratorio que en el estrado, buscando y mostrando la verdad científica y civil.

Es de los primeros en anunciar el resplandor soviético, de los primeros en mirar hacia la Unión Soviética y mantener allí su alta mirada insobornable, contrarrestando con ello la calumnia y la vileza que desde un principio acumularon los imperialismos para destruir la resurrección del hombre que allí se operaba.

Este gran buzo de la materia lleva su exploración a lo inevitable: no tiembla ante lo desconocido, sino que busca en las leyes del materialismo la defensa y la elevación de los seres humanos. Este materialista implacable resulta ser uno de los campeones del espíritu humano, un gladiador titánico agigantado en la defensa del patrimonio cultural.

Yo le conocí en aquellos años anunciadores poco antes de la guerra española y de la nueva guerra mundial.

Primero lo vi muchas veces en las presidencias de grandes reuniones de la inteligencia. A veces en la Casa de la Cultura, junto a Barbusse, espectral, devorado por la lucha, otras veces en las grandes muchedumbres del Vélodrome d'Hiver: por todas partes donde se asociaba el hombre para iluminar el camino histórico de la sociedad o para defender los derechos conquistados por el pueblo, allí estaba este varón de caballera blanca y escrutadores ojos serenos y azules.

Así se me mostró la grandeza de ciertas ancianidades de Europa que muestran docenas de estas cabezas nevadas, viejos rostros próceres, cabeceras de proa del conocimiento.

Cuánta falta nos hace en América la robusta ancianidad de estos grandes protagonistas de la cultura. Aquí el hombre en general se reblandece pronto, como una cáscara tropical, y del equilibrio, con los años, pasa al equilibrismo y de ahí a la cobardía, a la traición y a la reacción.

Me gustaba en esos agitados días en que se debatían los problemas huracanados de Europa ver la cabeza de plata de Langevin, junto al viejo y glorioso Barbusse, junto al viejo y glorioso Víctor Base, asesinado después por los nazis, junto a otras figuras memorables, presidiendo innumerables reuniones, combatiendo en todos los frentes de la libertad amenazada.

Después la guerra de España me hizo conocerlo más íntimamente. Conocí su hogar, su hija y su joven yerno, joven sabio que también torturaron y asesinaron los nazis. Estreché su mano de conocedor y combatiente, y al recibirla y apretarla me pareció tocar la más vigorosa encina de Francia rumorosa.

Después lo perdemos de vista. Los nazis lo arrojan a un calabozo solitario y con fósforos apagados escribe fórmulas físicas y pensamientos en minúsculos papeles de cigarrillo. Durante la noche de Europa, la conciencia de nuestro camarada ilustre sigue encendida, iluminando con muchas otras voluntades el camino de la liberación.

Inmediatamente restituido a la libertad, instalado nuevamente con todos los honores en la dirección de la célebre Escuela de Física y Química de París, ingresa en el Partido Comunista de Francia.

Sus últimos trabajos nos advierten el peligro inmenso del uso en la guerra de la energía atómica y del bienestar que esta energía puede derivar para la humanidad si no es encauzada agresivamente hacia la destrucción.

Cito sus palabras: «En los comienzos del período capitalista hubo urgente necesidad de dar al trabajador el mínimo de instrucción, representado por la educación primaria de los viejos tiempos, esto es, por la lectura, la escritura y las cuatro operaciones, aumentar su habilidad técnica y la plusvalía de su trabajo. En la nueva era será menester explotar técnicas y manejar máquinas de complejidad creciente en medio de una comunidad humana que constantemente progresará en cohesión y unidad, y esto exigirá de cada cual en el interés común un grado cada vez más elevado de instrucción, una comprensión incesantemente en desarrollo de la estructura del mundo y de las leyes que rigen la naturaleza y el hombre».

Ya habéis escuchado esta tarde de labios del maestro señor Lira y del joven físico Nicanor Parra, una valoración sin duda justiciera del caudal científico que Langevin deja como herencia a la ciencia universal.

Es conveniente que nos despidamos esta tarde estableciendo también el legado que nos deja al resumir su valiosa conducta ciudadana.

Y permitidme para concentrar la herencia civil de este gran pensador, que baje de lo general a lo incidental a un pequeño motivo de ayer en la noche en nuestra ciudad de Santiago.

Salía yo por la alameda de un restaurante, pensando en las palabras que esta tarde debía deciros cuando observé centenares de estampillas de propaganda recién pegadas en la pared.

Me acerqué, despegué algunas. Aquí tengo una. Dice: «Chileno: Escoge». Y una bandera chilena junto a una bandera soviética. Y unas iniciales de una sociedad anticomunista.

Y pensé en las luchas de aquel hombre, de aquel anciano ilustre.

Sus enemigos están vivos.

Los enemigos de la inteligencia de la verdad, los adversarios de Langevin están también cerca de aquí.

Se levantan en otras partes los venenosos íncubos y súcubos, las larvas que alimentaron las tinieblas de Europa.

Los hijos de Goebbels, de Laval, de Franco, de Hitler, de los asesinos de Nuremberg, levantan la cabeza.

Los asesinos del yerno de Langevin, los que enviaron a la hija del sabio ilustre a una casa de muerte, están cerca de nosotros en este instante.

Publican una revista (*Estanquero*) con hiel y mentira, con veneno y crimen, con detritus de verdugo.

A esas dos banderas que ellos quieren aparecer como banderas enemigas contestemos con la voz siempre eterna de Langevin: «No escogemos, aceptamos las dos, amamos nuestra bandera y la bandera de una gran nación, madre de pueblos y de acciones inmensas». Contestemos: «Nuestra bandera y otras banderas, todas las banderas de los pueblos libres». Pero nunca la bandera de ellos, la swástica del odio chorreante de sangre inocente de gas maldito.

Ésta es la herencia de Langevin, compatriotas. Ésta es su enseñanza.

Aunque nuestro esfuerzo no sea tan intenso, aunque nuestra capacidad no se compare a su grandeza, pongamos nuestra

vida en la hora decisiva de la lucha, por la dignidad y la libertad, por la conciencia y la cultura, por la verdad y por el pueblo, por todo lo que amó en su vida el grande, noble y austero Paul Langevin, héroe venerado de su patria y del mundo.

> El Siglo, *Santiago, 17.1.1947. Discurso en el Salón de
> Honor de la Universidad de Chile.*

La palabra del canciller

Recuerdo que en aquellos terribles primeros meses de la guerra
española, cuando sólo la URSS alzaba la voz en defensa de
aquella acorralada democracia, irrumpió en mi casa un grupo de jóvenes milicianos que, llenos de polvo y sudor, tiraron
encima de mi mesa algunos cartuchos vacíos y tibios aún del
combate:
  –Mírales la marca –me dijeron.
  Eran de México.
  Eran la única ayuda de la América nuestra al pueblo heroico. Me llené de alegría, de una alegría empapada de vergüenza y lágrimas.
  –Y Chile? –preguntaba algo dentro de mí–. Y Chile?
  El gobierno de entonces –y algunos otros que lo siguieron–
traicionaron la propia causa de nuestro nacimiento como República. Agustín Edwards, en la Liga de las Naciones, dio su
puñalada de asesino en la espalda de la República con el
aplauso de toda la villanía fascista del mundo.
  Aquellas balas mexicanas disparadas al pecho del fascismo
me llenaron de orgullo y pena.
  Llevé esta vergüenza por muchos años en la lucha. Chile,
me parecía, no pagaba su deuda con la causa universal de la
libertad.
  Nuestros ministros de Relaciones Exteriores continuaron
una política de cobardía, de compromiso, de negar la luz.
  Hoy por primera vez tengo una sensación grande de alivio.

La voz del canciller en el Senado ha llenado estos años estériles en que el pueblo de Chile no había sido oído.

Julliet ha hecho un discurso histórico. Sus palabras sustentando nuestros derechos en la Antártida, su formidable denuncia del régimen franquista, su posición de apoyo al veto en las Naciones Unidas, fueron por primera vez en largos años, las palabras que esperábamos de nuestra patria y de nuestra democracia.

Este noble alegato por nuestra soberanía, en defensa de la dignidad humana, restituye honor a nuestra política externa. Sobre las instrucciones turbias de las cancillerías anteriores, cargadas de veneno nazi, de instrucciones antiespañolas y antisemitas, de circulares antidemocráticas, llega por fin este documento de alta moral, hijo de una nueva conciencia.

Que lo conozcan los pueblos de América, los pueblos duramente esclavizados que nos buscaron en los momentos difíciles, y no respondimos. Que lo conozcan los pueblos liberados, porque Chile asume de nuevo el papel director y orientador en la lucha contra las tiranías.

Y que la ruptura con Franco no tarde. Ya está planteada en este documento trascendental del canciller, y realizada en pequeño, con sacrificio heroico, por los obreros portuarios de Tocopilla.

El Siglo, *Santiago, 22.1.1947.*

María Luisa Vicentini, futura regidora por Ñuñoa

Una vida de esfuerzo, de ejemplo, de lucha. Una vida que, desde la infancia, se anuncia con un destino irrevocable. A los 16 años, María Luisa Vicentini ya es maestra. A esa misma edad, todo el ambiente que la rodea y en que se ha formado, le da el sello sustancial de su fe reivindicadora. Entre sus amigos está aquel mártir inolvidable de todas las juventudes, José Domingo Gómez Rojas, está aquel Juan Gandulfo, rebelde, brillante y sarcástico, y ese otro mártir de su propio destino, el doctor Demaría, que forman la nervadura de la más brillante y revolucionaria Federación de Estudiantes, ejemplo y conciencia, entonces, de todas las juventudes de América.

Ha tenido unos padres formados en el trabajo rudo y honrado de los emigrantes. Su padrastro es un artista que pertenece a un partido revolucionario en Italia, del cual esta niña que es María Luisa Vicentini, señalada por el dedo del destino, aprende la primeras lecciones de amor al pueblo que más tarde la lleva a ingresar al Partido Comunista.

A los veinte años es madre y con ello ha aprendido todas las lecciones de la vida, pues los azares de su destino y su entrega completa a la causa popular, hacen, entonces, más solitaria y ejemplar una vida de estudio y preparación. Es todavía casi una niña. Pero qué hace entonces esta mujer de ricos y puros dones de humanidad? Con sus escasos medios, forma un colegio que denomina Juan Martínez de Rozas. Allí enseña y logra el sustento para sus hijos. Después organiza una escuela nocturna para obreros que no pueden costear su educación. En estos actos se ve ya la pasta de luchadora que más tarde al frente de todas las más efectivas agrupaciones femeninas del Partido Comunista, luchará en las secretarías y en las calles por la gran campaña antifascista del partido, sin eludir jamás los cargos de mayor responsabilidad y sacrificio. Es la hora en que la bestia parda ha mostrado sus garras y ha sumido al mundo en la guerra más cruenta y exterminadora de todos los tiempos. María Luisa Vicentini está encargada en su comuna de recolectar fondos para ayuda de los pobres, de las grandes desolaciones de la guerra. Es la obra que le cabe cumplir en la 7.ª Comuna, a la cual ha dedicado mil dolores y esfuerzos anónimos. No hay un hogar obrero en ella en donde María Luisa no haya hecho llegar su voz y su mano llena de enseñanzas y ternura. Su voz que anima y aconseja; su mano que señala y que protege. Es tan sincera y eficaz su fe y su labor, han sido tan notables sus servicios, que cuando el partido necesita reforzar sus centros de acción más responsables, la llama para organizar la máquina motora del Primer Congreso

de Mujeres, en la Comisión de Propaganda y en la difícil
Comisión de Problemas Internacionales, para llevarla des-
pués de sumadas todas estas duras pruebas, a la Comisión
Nacional Femenina.

Reflexiva, honrada, revolucionaria y estudiosa María Luisa
Vicentini representará al pueblo de la Comuna de Ñuñoa con
extraordinaria lucidez, con el prestigio de su cultura formada
en la lucha, y su fina personalidad, sensible y férrea, forjada en el mejor acero del partido.

El Siglo, *Santiago, 23.3.1947.*

Ataques a la cultura

En los mismos días, y de la misma mano envenenada, en los
diarios más representativos del estercolero reaccionario, *El
Diario Ilustrado* y *La Opinión*, han salido ataques a dos poetas significativos en nuestra vida nacional: Ángel Cruchaga
Santa María y Julio Barrenechea.

Estos ataques continúan las líneas recién aparecidas en *El
Diario Ilustrado* en que incitan en nombre del patriotismo a
no escuchar música rusa. Pero no se han detenido ahí estos
patanes fascistas.

Atacan a Ángel Cruchaga para impedir que se le otorgue el
premio Nacional de Literatura. Este premio es un acto de justicia retardada, una tardía condecoración para el ancho y rumoroso río de su poesía, una manifestación oficial de reconocimiento a una noble y elevada vida, a una obra trascendental
en nuestra literatura.

No creo que los jurados, a causa de estos ataques innobles, resentidos y envidiosos, vayan a dejar de tomar en cuenta a quien
representa en su poética el total esplendor de nuestra poesía.

A Julio Barrenechea reprochan su brillante representación,
seguramente la primera en calidad de nuestra diplomacia, y
en especial su valiente telegrama enviado desde su embajada
donde representaba al pueblo de Chile y no a envilecidos go-

bernantes, para protestar por lo que el miserable de *La Opi-nión* llama «unos incidentes en la plaza Bulnes».

Ni Cruchaga ni Barrenechea necesitan defensores, pero el origen oscuramente anticomunista, inmundamente reaccionario, envenenadamente nazi de estos ataques a la cultura me hacen escribir estas líneas, aunque sus autores anónimos y cobardes sólo merecerían un salivazo en la cara.

La actitud democrática de estos escritores que representan el espíritu de nuestro pueblo, y que generosamente han contribuido desde la presidencia de la Alianza de Intelectuales que ambos han ejercido a las luchas antifascistas y antiimperialistas de nuestra patria, los hacen hoy objeto de estos sucios ataques.

Es tal vez el verdadero reconocimiento a su posición de luchadores, de escritores y de patriotas. Ello les indicará, sin duda, cuánto molesta el ejercicio de la dignidad a la canalla.

El Siglo, *Santiago, 26.5.1947.*

Para Alfonso Alcalde

Quién los llama?
        De los bosques,
de una lluvia, más otra, de todas las arenas
                            llegan los poetas
dejando un rastro de platino
                quemado
una pequeña huella de zapatos perdidos
en la arcilla subterránea.

Tú, Alfonso, de las
                ciudades marinas traes
                humo y lluvia en tus manos
                y sabes tejer el hilo fresco y frío
                        de la profundidad matutina.

Tú como otros de pronto
acudes desde el honor de la selva, o
perdido, entre las casas de madera
              mojada
en el silencio
           enarenado
              tomas el tren o el aire
y aquí está tu sombrero tembloroso, el
espacio de las nuevas raíces.

                    Te saluda
                    Pablo Neruda
                    Mayo 1947

Alfonso Alcalde, Balada para la ciudad muerta,
Santiago, Nascimento, 1947.

Prólogo para Juan de Luigi

Si cerrando los ojos hundís la mano en esta transparencia que se
estrellará en vuestros dedos, sabed que esta corriente es poesía.

Clarísima materia!

Corrió secreta entre la noche y la aspereza, hiló una a una
las nieves del conocimiento, se sumergió en muchísimas arenas, cantó bajo las hojas.

Sílaba insigne!

Luego el silencio la sepultó viviente: la enredó con sus hebras
más nocturnas, la separó con sus manos textiles y cayó sobre
esta corriente sonora como una piedra grande en un camino.

Entonces Juan de Luigi se alzó de su propia sombra yacente: llegó el áspero día de la vida y su combate. Luchó hora y
hora, noche y noche, fuego y fuego.

Lo vi desde lejos consumir sus ojos, levantar páginas cente-
lleantes, derribar mesetas de telaraña, hundir su rayo en las
trastiendas tenebrosas.

Recordé entonces su implacable juventud, su examen de lo más indescifrable, sun inteligencia nunca sosegada, su pasión elevada a las nieves más altas. Recordé lo que, adolescentes, nos uniera; los textos que nos dieron revelaciones, las palabras que juntos leíamos temblando

Entonces lo vi más y más cerca. Diversos días y viajes y luchas diferentes, y tierras remotas y amigos y enemigos, nos llevaron, sin embargo, al mismo sitio: a defender codo a codo principios y verdades perseguidas y eternas.

Y entonces brillaron estas páginas, esta antigua corriente de aguas puras. Quiso Juan remover la gran piedra de la vida sobre el agua.

Y esta voz canta entre ramas y abejas, dulce y penetrante, empapada de inmortal melancolía y alegre vino clásico! El tiempo y el silencio la decantaron, la obscuridad respetó su fulgor.

Eternidad transparente!
Lúcida lumbre!

Bajo los castaños, domingo 21 de diciembre de 1947.

Juan de Luigi, Poema del verano, *Santiago, Zig-Zag, 1948 y también en* Prólogos, *ed. Lumen, pp. 25-26.*

La patria prisionera

Patria de mi ternura y mis dolores,
patria de amor, de primavera y agua,
hoy sangran tus banderas tricolores
sobre las alambradas de Pisagua.

Existes, patria, sobre los temores
y arde tu corazón de fuego y fragua
hoy, entre carceleros y traidores,
ayer, entre los muros de Rancagua.

Pero saldrás al aire, a la alegría,
saldrás del duelo de estas agonías,
y de esta sumergida primavera,

libre en la dignidad de tu derecho
y cantará en la luz, y a pleno pecho,
tu dulce voz, oh, patria prisionera!

Unidad, *núm. 60, Santiago, diciembre de* 1947.

Discursos y documentos
del poeta-senador

(1945-1948)

I
INTERVENCIONES DEL SENADOR REYES
(1945-1946)

[El primer discurso]

(Sesión en miércoles 30 de mayo de 1945)

EL SEÑOR ALESSANDRI PALMA (PRESIDENTE). Tiene la palabra el senador por Antofagasta y Tarapacá, honorable señor Reyes.

EL SEÑOR REYES. Honorable Senado de la República:

Llego a colaborar en las tareas comunes que la Constitución política nos ha asignado en circunstancias tan extraordinarias para el interés de nuestra patria, que las exigencias ideológicas, morales y legales, cuya presión sentimos todos, o casi todos, son, en mi caso personal, mucho mayores.

Este Congreso Nacional se ve entristecido con la mancha que sobre nuestra actividad futura arroja el desventurado y reciente fallo del Tribunal Calificador de Elecciones. Digo sobre toda nuestra futura actividad, porque aun aquellos que no hemos sido excluidos ni postergados por tan injustas decisiones, sentimos en la benevolencia de ese tribunal también una injusticia, ya que por razones igualmente antojadizas pudo habérsenos negado, discutido y arrancado el mandato a cualquiera de los senadores presentes. Esta ignominiosa violencia impuesta a la voluntad popular hizo que el joven y brillante ex parlamentario Manuel Garretón llamara, desde la Cámara, en su último discurso, a esa anteriormente respetable entidad, «tribunal de prevaricadores». Con este nombre, autorizado por la opinión nacional y por hombres reconocidamente dignos que pertenecen a todos los sectores políticos de nuestro país, pasará a la historia parlamentaria un grupo de hombres que han lesionado gravemente la tradición de limpieza jurídica de nuestro país.

Hay aquí representantes de numerosos sectores del capital, del trabajo y de las profesiones liberales. Yo represento, como escritor, una actividad que pocas veces llega a influir en las decisiones legislativas.

En efecto, los escritores, cuyas estatuas sirven después de su muerte para tan excelentes discursos de inauguración y para tan alegres romerías, han vivido y viven vidas difíciles y obscuras, a pesar de esclarecidas condiciones y brillantes facultades, por el solo hecho de su oposición desorganizada al injusto desorden del capitalismo. Salvo brillantes y maravillosos ejemplos que en Chile nos legaron Baldomero Lillo y Carlos Pezoa Véliz, al identificar su obra con los dolores y las aspiraciones de su pueblo, no tuvieron, en general, sino una actitud de resignada miseria o de indisciplinada rebeldía.

Si buscamos entre los que trabajaron la aureola de la patria, en poesía, como Pedro Antonio González, o en piedra dura, como Nicanor Plaza, o en pintura inmortal, como Juan Francisco González, veremos junto a sus vidas sórdidas el esplendor en que vivió y en que quiere perpetuarse egoístamente la parte privilegiada de la sociedad chilena, adornada y decorada por la prosperidad salitrera, levantada en nuestra solitaria zona norte por los ilustres y heroicos obreros de la pampa.

Son esos obreros los que me han enviado a esta Sala. Son esos compatriotas desconocidos, olvidados, endurecidos por el sufrimiento, mal alimentados y mal vestidos, varias veces ametrallados, los que me otorgaron esto que es para mí el verdadero premio Nacional.

Tal vez muchos creyeron inusitada mi designación como senador por los trabajadores del salitre, del cobre, del oro y de las ciudades litorales del Norte Grande de nuestra patria, pero, al dejar expresado mi legítimo orgullo por tal designación, rindo tributo a nuestro pueblo y a nuestras tradiciones históricas; a nuestro pueblo, porque al acoger mi nombre de poeta como representante suyo con grave disciplina y generoso entusiasmo, me une a Elías Lafertte y a tantos otros que representan en el Senado y en la Cámara, más directamente que yo, las fuerzas espirituales, la inquebrantable tradición moral y el futuro de las aspiraciones de las clases trabajadoras.

Esta responsabilidad de escritor señalado para representar las aspiraciones y los derechos materiales y culturales del pueblo me hace ver más claramente el atraso en que se le ha mantenido. Este atraso es una afrenta para nuestros gobernantes desde la iniciación de nuestra independencia y para todos los chilenos desde que Chile alcanzó la madurez política que lo distingue entre todas las naciones americanas, para los gobernantes por no haber cambiado en forma definitiva las condiciones inicuas que existen hasta hoy y para todos los chilenos por no luchar con la fuerza necesaria que pudo haberlas cambiado.

Desde hace tiempo y aun durante el gobierno originado por el Frente Popular, se enviaban a los mayores conglomerados del trabajo chileno comisiones escogidas entre los elementos más reaccionarios que se encontraban a mano, quienes, después de ser atendidas exquisitamente por las grandes compañías de nuestras zonas mineras y salitreras, regresaban a contar un cuento de hadas, cuento en que los mineros vivían en hermosos castillitos de color de rosa, de donde eran distraídos y extraviados por las actividades de un lobo feroz llamado «agitador». Estos informes eran luego largamente celebrados por esos diarios tan «imparciales», tan «ilustrados» y tan «chilenos», que todos conocéis. Los informes eran floridos, pero las condiciones han continuado siendo tan trágicas como antaño.

He dado la vuelta al mundo, pero ni en la India, milenariamente miserable, he visto el horror de las viviendas de Puchoco Rojas en Coronel, ni he conocido algo más deprimente que las vidas de nuestros compatriotas que trabajaban en algunos establecimientos del desolado norte. Las habitaciones de los obreros del carbón en Coronel, alzadas con infinidad de desperdicios sacados del basural, zunchos y latas, cartones y guijarros, abiertas al húmedo y glacial invierno, en donde hasta catorce personas viven amontonadas y donde se conoce la «cama caliente», porque es ocupada por los sucesivos turnos de mineros, sin que pueda enfriarse durante todo el año; los «buques» del norte, casuchas para solteros con cuatro camastros de madera, sin colchón, en tres metros cuadrados, sin aire, sin luz en la noche, porque las compañías no conceden la corriente eléctrica, a veces aun en sitios donde las instalaciones están hechas; la falta de agua, la falta de leche siquiera enlatada, la escasa alimentación transportada por nuestros barcos nacionales que, sin embargo, van cargados de vino hasta el tope, el polvo que cae sin cesar sobre la población de «María Elena», y que es absorbido día y noche, por toda la vida, por los hombres, las mujeres y los niños, todo esto y otras muchas cosas me han dejado un infinito sabor amargo en la conciencia. Hace dos meses los obreros marítimos de Antofagasta me llamaron a contemplar la faena y el descanso de ese gran puerto. Me tocó verlos almorzar. Debían comer con las manos, recostados sobre los muelles, en tarros de conservas encontrados por allí. Los baños y los servicios higiénicos producían horror. Los obreros marítimos me dijeron: «Nos avergüenza ser vistos por los tripulantes de barcos extranjeros, comer en esta forma, como si Chile estuviera poblado de salvajes». Estos obreros tienen, pues, conciencia del decoro nacional. En nombre de ese decoro, que es una forma del patriotismo, vengo a pedir la solidaridad de todos los patriotas del Senado para que estas vergüenzas no puedan perpetuarse.

El eminente senador doctor Cruz Coke, desde esta misma alta tribuna, nos ha llamado la atención sobre la alarmante disminución de estatura de nuestro pueblo. Es fácil y doloroso comprobar esta aserción de un hombre que tanto ha defendido la salud de los hijos de Chile. Por otra parte, el actual ministro del Trabajo, en documento publicado con fecha 30 de enero de 1945, nos dice: «hay fundos en los cuales se paga a los inquilinos $ [pesos] 2,50 diarios» y agrega, transcribiendo el informe del secretario social de ese departamento: «que por esas causas se produce un verdadero movimiento emigratorio desde el campo hacia la ciudad». Es la autoridad ministerial la que lo afirma y estas tristes verdades se completan y persiguen. Son causa y efecto: bajísimo estándar de vida, miseria fisiológica a que ha sido condenado nuestro pueblo por más de cien años y que puede llegar a aniquilarlo.

Estas condiciones no han sido creadas por una mentalidad perversa, sino por la supervivencia feudal de ciertas instituciones y por una enconada separación, también feudal, entre las clases. Una lucha de clases dura y aplastante ha sido propagada desde arriba con tal fuerza y tal ceguedad que los transitorios triunfos de la clase dominante han logrado dividir al país, hasta racialmente.

Mientras tanto al pueblo, al supuesto siervo, se le consideró con escarnio, se le nombró por sus harapos, por el traje que le dejaron. Y el nombre de ese pueblo pasó a ser sinónimo de vergüenza obscura o de fúnebre humorismo. Nadie quiso llamarse roto. Y, para que cayera como al último estercolero esa palabra de desprecio, no faltó en estos tiempos la tolerancia de nuestras autoridades para que un pasquín miserable, dirigido por un traidor, lleve este sobrenombre del pueblo chileno como título, con el designio de deshonrarlo definitivamente.

A esta altura de mi vida y en mi primera intervención ante este honorable Senado, mi conciencia de chileno me impone el deber de preguntarme y preguntar si semejante situación de injusticia puede continuar, si deseáis o no que todos los habitantes de nuestra nación, sin exclusión alguna, disfruten de todas las ventajas, beneficios y privilegios de nuestras tierras y de nuestras riquezas.

Es que no constituimos una sola familia humana de colaboradores en una sola empresa que se llama la patria?

Y si esta empresa existe realmente, de tal manera que la tocamos todos los días, de manera más áspera o delicada, según nuestras vocaciones diferentes, por qué no remediamos los males comunes y no enfrentamos en comunidad los comunes problemas?

Porque es un error creer que un interés particular o de clase pueda nutrirse a sí mismo, independientemente de otros intereses particulares o de clase. Todos están ligados de tal manera que sólo falta poner justicia entre ellos para que la nación entera florezca en prosperidad y grandeza.

Pero no todos comprenden ni quieren comprender. Algo se opone a los caminos patrióticos que una inmensa mayoría quiere sentir.

En efecto, en estos últimos tiempos asistimos a una campaña profunda de desquiciamiento, de desconocimiento y de desprecio hacia nuestro pueblo. Mientras algunos tratan de enaltecer la patria en su raigambre más esencial, es decir, en el pueblo, vemos que otros, predicando desde un periodismo anacrónico, nos quieren hacer creer que en este país no hay esperanza, que los hombres, y en especial la clase obrera, son viciosos y perezosos y que no tenemos nada que conservar, ni siquiera la especie. Así se prepara desde adentro el debilitamiento interior que trajo a los nazis sus rápidos y sangrientos y, por suerte, pasajeros triunfos.

Desde diarios cuyo papel fabrican los obreros de Puente Alto, estos destructores de la fe civil, encerrados en confortables habitaciones, que quisiéramos multiplicar hasta que resguardaran a todos los chilenos, y que fueron construidas con cemento extraído con el duro trabajo de los obreros de El Melón, rodeados por artefactos fabricados o instalados por manos chilenas, después de beber el vino que desde los viñedos llevaron hasta la copa de cristal hecha por los obreros del sindicato Yungay, innumerables y anónimos trabajadores de nuestra propia estirpe, que también tejen la tela de nuestra ropa, manejan nuestros trenes, mueven nuestros navíos, conquistan el carbón, el salitre, los metales, riegan y cosechan, hasta darnos después de duro trabajo nocturno el pan de cada día, desde esos diarios cuyas linotipias han sido recién movidas por nuestros obreros, se denigra constantemente a este corazón activo y gigantesco de nuestra patria, que reparte la vida hacia todos sus miembros.

De esta manera atrabiliaria e irresponsable se están transgrediendo las leyes políticas no escritas, se pretende llevar un sentimiento de indignidad nacional a todos los sectores, que transportado de boca en boca está provocando un derrotismo venenoso que salpica la fe y la fuerza de nuestro país. Una campaña de odio y de agitación implacable es provocada por los sectores retrógrados, egoístas y codiciosos, por los estertores del fascismo agonizante. Si leemos cada día ciertos periódicos que se dicen portavoces del amor, del patriotismo y de la noble ideología cristiana, corremos el peligro de envenenarnos inconscientemente, porque destilan el odio más reconcentrado y deliberado, como antiguos reptiles de otras edades geológicas que hubieran, por milagro, subsistido, acumulando retraso, rencor y veneno por edades incalculables.

Ese sector minúsculo y privilegiado que predica odio, aislamiento y egoísmo trata de presionar a todos los ciudadanos y ejerce una presión particular sobre el escritor. Nadie dice al médico que se aparte de la enfermedad y de la miseria y, por el contrario, se le estimula para que busque soluciones sociales que ampliando el campo de la medicina ataquen las raíces de la enfermedad en el sitio en que ésta fermenta al amparo de la negligencia y la desnutrición.

Pero al escritor se le dice desde antaño: «No te preocupes de tu pueblo», «No bajes de la luna», «Tu reino tampoco es de este mundo».

De esta manera se pretende establecer la idea de que el conocimiento y dirección de Chile y de nuestro pueblo compete sólo a un grupo y no a todos los chilenos; de que deben excluirse de esta tarea individuos y sectores, en vez de ser todos llamados perentoriamente a cumplir los más altos deberes y obligaciones en recíproca y leal colaboración.

Vamos a seguir tan separados? Debemos combatirnos, asediarnos y extirparnos para que seamos aún menos y menores, para que entre la cordillera nevada y el océano turbulento que nos constriñen a la unión de todos sólo sobreviva una generación parcial que dio privilegios a algunos y aniquiló a los otros? Debemos perpetuar las luchas hasta que ellas constituyan el único pan de nuestro pueblo? Debemos ahondar una división que existe materialmente en nuestra patria, en forma ya desgarradora, contribuyendo aún más a agravar la larga cadena de hechos desgraciados que mantuvieron a nuestro pueblo sólo con sus harapos?

Creo que ningún representante de este cuerpo formula ni ambiciona propósito semejante.

Creemos en nuestra patria, tenemos fe en sus instituciones,

en su historia y en su pueblo. Pero no creemos que este conjunto de hechos y de seres, de pasado y de presente, se transforme en entidades inmutables. Por el contrario, creemos en la transformación y el progreso de cuanto nos rodea, puesto que ni aun el poder bestial de los nazis logró paralizar ni detener el adelanto humano, ese poder que parecía invencible y que ha caído bajo la fuerza de la unidad universal y bajo el impulso formidable de todos los pueblos de la tierra, de los soldados y de los obreros de todo el mundo libre.

He sido durante estos últimos años testigo de tantos dramas en el mundo que no quiero ver uno más en nuestra propia patria, precisamente cuando el triunfo de los pueblos se está uniendo en Europa al triunfo de las armas y cuando los enemigos de la humanidad caen bajo la justicia de ambos.

Por eso me interesó la serenidad del mensaje de S.E. el presidente de la República y el optimismo que caracteriza las palabras que de él oímos en el Congreso Pleno. No podrán dejar de tener eco en el Senado sus palabras cuando nos habla del progreso industrial y agrícola de Chile, en la parte que diríamos activa y creadora de su mensaje, cuando señala en él que, gracias a los esfuerzos de empresarios y trabajadores del carbón, se ha aumentado nuestra producción de ese mineral. El presidente quiere poner término a odiosos prejuicios e inaugurar, también, innumerables posibilidades. Estoy seguro de que las líneas que consagra a una futura electrificación, planificada vastamente, a la explotación más amplia, racional y provechosa de nuestras riquezas madereras y pesqueras, a la mecanización agrícola que nos promete, a la ayuda a la minería mediana y menor, no podrán encontrar en el Congreso sino una colaboración unificada, democrática y progresista para bien del pueblo y de la nación.

Quiero alabar también en el mensaje de S.E. las breves pero determinadas palabras que formula cuando expresa que sólo una irregularidad mantenía separada, oficialmente, a nuestra patria de la gran potencia promotora y dirigente de la paz mundial. Ya se han vertido en este recinto, por boca del senador Contreras Labarca, los sentimientos e ideas que sintetizan el pensamiento de la mayoría democrática de nuestra patria. Por otra parte, las detracciones que con fútil persistencia han derramado los enemigos del progreso humano sobre aquel gran país, tocan a su término, porque van siendo superadas por la verdad y la necesidad con que esperamos la contribución efectiva que la Unión Soviética está dando al mundo del futuro, después de haber aniquilado la parte más formidable del enemigo común de la humanidad.

Si bien estas discusiones han sido a mi entender sobrepasadas por los acontecimientos y a pesar de la lentitud que se advierte en la designación de nuestra misión en Moscú, he querido aprovechar esta ocasión para rendir mi tributo de escritor chileno a esa gran nación en que se han realizado los más grandes esfuerzos de la historia por la extensión y penetración de la cultura, para que ésta no sea, como entre nosotros, un privilegio alcanzado difícilmente por el pueblo. Acabo de leer en las estadísticas oficiales un dato que rebasa mi corazón de escritor como un manantial de alegría invencible. El dato es el siguiente: «Durante la guerra se han publicado en la Unión Soviética 1.000.000.000 de volúmenes, que comprenden 57.000 títulos en 100 idiomas distintos».

Honorables senadores, mientras los soldados del odio avanzaban al corazón de Rusia, mientras los nazis organizaban el asesinato científico que conocéis todos vosotros por los incontestables documentos cinematográficos que se han exhibido en Santiago, mientras era bombardeada Leningrado y diezmados y esparcidos los hombres de las diversas razas de esa gran nación y mientras se organizaba la disciplinada fuerza del Ejército Rojo, aquel país tenía fuerzas espirituales y materiales para imprimir, señores, mil millones de libros. Es un milagro!

Al destacar este milagro moderno que nos trae ese inesperado sabor de las profecías, porque da dimensiones ilimitadas a las posibilidades culturales de la humanidad entera y, por lo tanto, de nuestro propio país, yo me pregunto, honorables senadores, apelando a vuestra conciencia personal, que os ha dado en gran parte el derecho de sentaros en este alto consejo, no es hora de terminar con la calumnia antisoviética que pretende, desde ciertos órganos de prensa, conducir al fracaso de las relaciones diplomáticas con la Unión Soviética, cuyo establecimiento dejará el nombre del señor Ríos grabado en la memoria de nuestro pueblo? En efecto, su acción única entre los mandatarios modernos de nuestra patria se sobrepuso a una ley de retraso que caracterizó, por desgracia, la política exterior de nuestra cancillería, la misma que nos dio hace algunos años, en la Liga de las Naciones, la inolvidable afrenta nacional de que fuera el delegado de Chile quien propusiera la expulsión de la legal e inmortal República española del Consejo de la Liga.

Por este mismo honroso cambio de política exterior, señalo con inquietud un punto de su mensaje, en que el tono de S.E. baja hasta convertirse en un susurro. Mi deber me indica recoger no sólo las altas y hermosas palabras del mensaje, que muestran tan firme voluntad en los senderos de nuestro progreso y de nuestra democracia; me obliga también a no pasar por alto un hecho grave que puede tener infortunadas y próximas consecuencias para nuestro país y que revela hasta qué punto nuestra cancillería no logra desprenderse aún de la antigua tradición de complicidad y de apaciguamiento con las fuerzas destructoras de la paz del mundo.

Me refiero al problema argentino y a la iniciativa chilena de invitar a un gobierno de facto, de ideología fascista, a participar en la Conferencia de San Francisco como quinta columna para envenenar la paz americana.

Una ofensiva especial de apaciguamiento en favor del régimen de Argentina y de las tentativas de supervivencia del fascismo en nuestra América fue encabezada por los enemigos norteamericanos de Roosevelt en San Francisco.

Mientras esa gran figura inmortal pudo defender los verdaderos y sagrados ideales de unidad americana, sus enemigos actuaron en receso; pero apenas enterrados los despojos del gran presidente continental, han surgido con el propósito de desviar aquella gran política.

En este pequeño Munich que también, como lo expresara un publicista norteamericano, tendrá a su debido tiempo su Checoslovaquia sacrificada en la pequeña y democrática nación uruguaya, le corresponde el papel de Chamberlain y debería recibir el paraguas del fatídico personaje, el dudoso y sospechoso componendero Avra Warren, embajador viajero que descubrió democracia en los regímenes de Bolivia y Argentina.

No nos puede sorprender que la quinta columna apaciguadora se manifieste por la boca de un mensajero de la antigua política contraria a los ideales roosceveltianos en la propia Norteamérica y por efecto de esa gran ausencia. Pero en el mismo momento en que abren las puertas de nuestras fronteras y de las fronteras uruguayas para recibir el innumerable desfile de desterrados democráticos, cuando vemos la inescrupulosidad de los gobernantes argentinos que a costa de nuestras más apremiantes necesidades, como ser la del caucho, organizan contrabandos dirigidos oficialmente por un antiguo espía expulsado de nuestro país, para tal vez atacarnos mañana, nos parece gravísimo el hecho de que nuestro gobierno haya ayudado o encabezado, como lo expresó el señor Quintana Burgos, la moción que admitía en la Conferencia de San Francisco a un régimen delineado por Franco y por Hitler en la más vecina hermana de nuestra República.

Los amigos de Chile no son, honorables senadores, los que con sospechosa frecuencia van a depositar coronas en los monumentos de San Martín y O'Higgins, padres de nuestra libertad y democracia, obedeciendo instrucciones que ocultan como un puñal detrás de la corona de flores. Los amigos de Chile están en el pueblo argentino encadenado que, cuando se reúne para celebrar en inmensa y espontánea manifestación la liberación de París, es arrollado por una represión salvaje.

Los amigos de Chile son esos millares de manifestantes y creyentes en la libertad indivisible de nuestra América. Los amigos de Chile están, honorables senadores, entre los quince mil hombres encarcelados por el gobierno argentino. Entre esos presos hay hombres de la extrema derecha de la política argentina, como el senador Santamarina, ex presidente del Partido Conservador, y hay también socialistas y radicales, comunistas y gentes sin partido. Por eso, la fascistización de Argentina es una amenaza para todo el continente. Y aquí debo recordar las palabras inmortales del héroe común de nuestros pueblos, del general San Martín: «La patria no hace al soldado para que la deshonre con sus crímenes, ni le da armas para que cometa la bajeza de abusar de estas ventajas ofendiendo a los ciudadanos con cuyo sacrificio se mantiene». La sombra de San Martín, como la de Sarmiento, héroes comunes de nuestra vida hermana, nos indican que no podemos socorrer ni estimular a los enemigos del pueblo argentino, que transitoriamente manejan su gobierno.

Porque también podemos señalar con alarma que lejos de mostrarse en este instante una mayor fortaleza antifascista, por todas partes de nuestro territorio asoma la víbora emponzoñada que agonizó en Europa. En el sur de Chile continúan abiertos los clubes y las escuelas alemanas y periódicos directamente sostenidos por la quinta columna continúan apareciendo en Santiago. De centenares de espías apresados, sólo unos cuantos quedan en la cárcel esperando la libertad bajo fianza.

Las colonias alemanas del sur de Chile y los núcleos alemanes de la capital y del norte han contribuido ideológica, económica y militarmente con innumerables aportaciones en dinero y en hombres a las hordas enemigas de la civilización que hoy, por suerte, muerden el polvo de una derrota casi tan grande como sus crímenes.

Estas colonias traídas a Chile cuando los mismos vientos de tiranía azotaban la Alemania del siglo pasado, para que aquí hallaran asilo contra la opresión, han traicionado la confianza y el destino que nuestro país les ofreciera. Se han hecho reos de reiterada traición; han paseado por los pueblos del sur una intolerable arrogancia cuando creyeron que la victoria de su amo ensangrentado les daría la oportunidad esperada de rebelarse contra nuestro gobierno y exigir sus propias autonomías. Ahora mismo continúan envenenando el ambiente a lo largo de todo el país, sin que autoridad alguna los haga entrar en vereda, con la dureza que corresponde al trato que pensaron darnos a nosotros en sus sueños criminales de dominación.

Por eso, cuando S.E. el presidente de la República se refiere a la formación de un Cuerpo Consultivo y Ejecutivo de Inmigración, creo de mi deber levantar mi voz sin tardanza en esta alta tribuna. Soy partidario convencido de la inmigración de elementos valiosos a nuestra patria, por sus esfuerzos y por sus ideas, y de esto he dado prueba, propulsando en la medida de mis fuerzas la inmigración más honrosa que ha recibido Chile: me refiero a los republicanos españoles que alcanzamos a proteger de la furia franquista.

Las leyes de inmigración son conquistas democráticas obtenidas a lo largo de América por los partidos de avanzada. Ideas retrógradas hicieron permanecer estática nuestra población, sin abrir las puertas a las corrientes vitalizadoras del exterior. Pero si bien propulsamos una amplia y seleccionada inmigración, de acuerdo con las palabras del señor Ríos, estaremos montando guardia ante el peligro de que quieran aprovechar nuestra generosidad los nazis, fascistas y falangistas que huyen como ratas de una Europa que amenaza achicharrarlos. Por eso, vemos con profunda desconfianza artículos en toda la prensa reaccionaria que aplauden la creación de esta comisión con frases que ya dejan ver el peligro que denuncio. Usando el veneno antisemita, hablando de ciertas pretendidas preferencias raciales, esta prensa quiere torcer, por encargo de la quinta columna, los buenos designios del presidente de la República que si corona efectivamente su proyecto con una inmigración escogida, numerosa y democrática, habrá hecho al país uno de sus más grandes e históricos beneficios.

Honorables senadores:

No quiero terminar sin dejar constancia del orgullo que siento, en mi calidad de escritor, al representar en el Senado a las grandes masas obreras del norte, llevado por la tradición de lucha, honestidad y esperanza que significa el Partido Comunista de Chile.

Desde los tiempos en que se levantara en la pampa la titánica figura de Luis Emilio Recabarren, no se ha extinguido la fe del pueblo en sus continuadores ni se han agotado las enseñanzas de aquel maestro y héroe nacional de nuestra democracia. Por el contrario, ha pasado a ser, para sus aliados políticos y sus innumerables simpatizantes de todos los sectores sociales, una bandera de nuevo, profundo y acendrado patriotismo.

Desde los tiempos de Recabarren ha pasado mucha agua bajo los puentes y también mucha sangre. ¡Ay de aquellos que intentan detener el tiempo en una vieja hora política que sólo sigue indicando el pasado feudal!

Mientras obreros católicos y aun sacerdotes, según nos dice el cable hoy día, ingresan en Italia al Partido Comunista, vemos desatarse en América fuerzas que aún pretenden levantar la manchada bandera del anticomunismo, esa bandera que se ha alzado siempre, en tantos sitios, antes de un desmán o de una traición.

Los comunistas chilenos han manifestado su programa nacional de progreso, sus deseos fervientes de levantar nuestra economía retrasada y de llevar el bienestar y la cultura a todos los rincones de la patria. Los comunistas no ignoran que muchas otras fuerzas participan de este esfuerzo general, porque no pretenden monopolizar el sentimiento patrio, sino quitarle a éste un poco del aire retórico que lo ha ido gastando y llenarlo de un contenido de solidaridad y de justicia para nuestro pueblo.

En este esfuerzo nacional están colaborando y seguirán haciéndolo todos los que esperan el nacimiento de un mundo mejor, sin explotación y sin angustia.

Cuando los padres de toda la patria americana hicieron germinar ideas exóticas que venían de una revolución progresista europea, se quiso ahogar nuestra independencia inútilmente, tildándola de liberal y forastera, cuando ella era el fruto histórico de corrientes universales que llegaban a las orillas de América.

Hoy, algunos retrasados hombres de Estado pretenden desautorizar, también hablando de exotismo, las nuevas corrientes de independencia y progreso que deben con mayor razón fructificar en nuestra América por el mismo retraso en que nos manteníamos. Olvidan que más que nunca formamos lo que Wendell Wilke calificó como «un solo mundo».

Ante las perspectivas de que llegue hasta nuestro país la última ola de la ofensiva anticomunista que se agita antes de atacar a fondo todas las instituciones y partidos republicanos, como en los casos de España y la Argentina, quiero traer a la severidad de este recinto una imagen terrible que es, a la vez, una enseñanza solemne.

Existió, hasta hace pocos días, un hombre demencial que, bajo el estandarte del anticomunismo, masacró y destruyó, mancilló y profanó, invadió y asesinó seres y ciudades, campos y aldeas, pueblos y culturas. Este hombre reunió fuerzas formidables que adiestró para hacer de ellas el más inmenso torrente de odio y de violencia que haya visto la historia del hombre.

Hoy, junto a las ruinas de su nación, entre los millones de muertos que arrastró a la tumba, yace como una piltrafa, quemada, retorcida y anónima, bajo los escombros de su propia ciudadela que en lo más alto sustenta ahora una bandera gloriosa que sobre un fondo escarlata lleva una estrella, una hoz y un martillo.

Y esta bandera, con los otros emblemas victoriosos, significa la paz y la reconstrucción de la ofendida dignidad humana.

[La Conferencia de San Francisco]

(Sesión en miércoles 12 de septiembre de 1945)

EL SEÑOR MARTÍNEZ MONTT (PRESIDENTE). Tiene la palabra el señor Reyes.

EL SEÑOR REYES. Señor presidente:

Séame permitido, honorables colegas, subrayar el carácter de extraordinario realismo del Estatuto de las Naciones Unidas aprobado en San Francisco, a pesar de la diversidad de intereses y de estructuras políticas allí representadas.

Al leer estos capítulos secos y determinados, la gente de mi generación mira nacer la armonía disciplinada de los pueblos y morir, por suerte, el período utópico y soñador que, dentro del verbalismo más inspirado, fue decepcionando a todos los pueblos por su repetida impotencia ante las agresiones internacionales.

Precisamente en esta carta magna y primordial lo que más atrae es la amplitud de poderes del Consejo de Seguridad. No concuerdo con los criterios expresados en este mismo Senado de desear tantas capacidades a la Asamblea, pues esa gota de energía vital del mundo libre, tan difícilmente elaborada, se habría diluido en una eternidad de frases, al igual que el bosque verbal de la finada Liga de las Naciones, a cuya sombra se cultivaron todos los hongos venenosos del exterminio de Europa.

El hecho de que el centro permanente de esta gran vigilancia organizada sea el Consejo de Seguridad y dentro de él los Estados Unidos, Gran Bretaña, la URSS, China y Francia, es decir, la mitad de la población del mundo y casi todo el poder económico y militar, no significa, como se ha pretendido, la liquidación de los pequeños países, sino la responsabilidad generosa de quienes por la unanimidad de sus decisiones van a mantener de manera efectiva la paz que ganaron con indecibles sufrimientos y heroísmos.

Muchos hubieran deseado la resurrección de la Liga. Ésta fue debilitada por la intriga, fracasó en Abisinia, entregó a España republicana en manos del Quisling que hasta ahora la deshonra. Los pequeños países hablaron muchísimo y los embajadores latinoamericanos fueron condecorados por Mussolini, por Hitler y por Franco. Casi todos ellos ayudaron consciente o inconscientemente a perder la mitad de la guerra que venía. El miedo al comunismo era sabiamente administrado en elegantes reuniones que fueron reducidas a silencio por los primeros truenos de la artillería nazi. Las lámparas de Ginebra se apagaron. Algo murió allí para siempre.

Con el pretexto de defender las pequeñas naciones, estas viejas lámparas quisieron encenderse otra vez en San Francisco y con ellas los discursos, las condecoraciones y los antiguos valses. Pero esperamos que de esta Carta de apretados capítulos, basados en la fuerza y en el sacrificio de los grandes pueblos, una robusta luz matutina, una luz natural se haya encendido en la costa de California para iluminar todos los rincones del mundo y en esta política a toda luz y a todo aire salgan ganando extraordinariamente las pequeñas naciones y que no puedan ser atropelladas nunca más a la luz del día, protegidas como nunca antes por los gigantes que montan guardia en torno de la paz duramente ganada.

El episodio de Argentina ha sido para nosotros un gran golpe. Hemos contribuido a dar patente de limpieza a un gobierno que molesta a la dignidad y a la libertad americanas.

Yo no puedo comprender ni aceptar desde hace mucho tiempo nuestra política exterior. Esto viene de lejos. Reconocimos a Franco demasiado pronto. Rompimos con el Eje demasiado tarde. Reconocimos a Bolivia demasiado pronto. Ahora todo el mundo está muy arrepentido, entonces le mandamos un embajador. Establecimos relaciones con la Unión Soviética demasiado tarde. Reconocimos a Ramírez y luego a Farrell-Perón demasiado pronto. Luego Chile les ayuda en San Francisco. Y pocas semanas antes de que Estados Unidos retire al embajador Braden, que ha hablado tan fuerte y tan recio, les enviamos nosotros un embajador para que pase inadvertido, para que se quede calladito.

El honorable doctor Cruz Coke nos ha dicho: «Estamos de acuerdo todos, sabíamos lo que era el gobierno argentino». Sin embargo se invitó a ese gobierno con la dignísima oposición de los senadores Contreras Labarca y Gabriel González. Aquí también el Senado estaba de acuerdo, en rara unanimidad, en postergar el viaje de nuestro embajador en Argentina y el señor Quintana Burgos salió a Buenos Aires, a pesar de la unanimidad.

Se nos dice: cómo íbamos a enfrentarnos a América entera?, cómo íbamos a violentar el compromiso de Chapultepec?

Y yo respondo: Cuando Chile habla y se pone de pie sobre su tradición de libertad y de derecho, es América entera. Chile pudo ser el espíritu, el verdadero espíritu de América entera. Pero si concedemos, si contrariamos el mandato de nuestro pueblo y de nuestra tradición, si entramos en el apaciguamiento, perdemos el derecho a la palabra que siempre debió ser escuchada, dejamos de ser, y para siempre, la palabra de América.

En cuanto al compromiso de Chapultepec, elaborado desde Estados Unidos por el siniestro componendero Avra Warren, el legitimizador del gobierno fascista de Villarroel, ya pertenece al mobiliario descartado, como lo fuera Chamberlain, del salón de los acontecimientos. El canciller Padilla lo ha seguido. Los tiempos cambian y los hombres deben cambiar.

Exigimos una vez más a nuestro gobierno que tome en cuenta las aspiraciones y los mandatos de su pueblo. Al ratificar este noble documento vemos las contradicciones que nos envuelven y que deben ser abolidas. Queremos menos indecisión en nuestra política gubernamental, queremos luz de pleno día en lo interno y lo externo del cuerpo de la patria. Esta carta será estéril y un pedazo más de papel si los gobiernos de todas las naciones no le dan contenido de acuerdo con sus solemnes compromisos.

El pueblo de Chile quiere en este momento ruptura con Franco y con Perón. Nosotros estaremos más y más de acuerdo en ello, pero no romperemos con los tiranos. El nuevo gobierno de la República española ya ha sido reconocido por México y por Guatemala. Nosotros ya tendremos tiempo de hacerlo, cuando ya todos lo hayan reconocido, cuando no signifique ni gallardía ni conveniencia urgente hacerlo. Llegaremos, una vez más, tarde a la cita de la dignidad americana y habrá abogados elocuentes que defenderán nuestro atraso. Pero los senadores de estos bancos, así como muchos otros honorables senadores, han mostrado al país con insistencia y alarma el peligro que para nuestro prestigio significa este camino.

Expresadas con sinceridad absoluta estas objeciones, reitero mi confianza en el Estatuto de las Naciones Unidas que hoy discutimos. En este organismo práctico, cuyas decisiones impedirán o rechazarán las agresiones, tomará parte y responsabilidad activas, junto a todas las naciones, la gran nación defensora de la paz del mundo, la Unión Soviética. Con la participación de su joven y generosa fuerza en los trabajos de la paz y de la nueva economía mundiales, se abre una nueva época para todos los pueblos. Estamos orgullosos de que nuestro pequeño, libre y amado país asuma también su responsabilidad en la construcción de este mundo que nace.

[Mejoramiento económico del profesorado]

(Sesión en miércoles 31 de octubre de 1945)

EL SEÑOR VIDELA (PRESIDENTE). Continúa la discusión general del proyecto sobre mejoramiento económico del profesorado.

[...]

EL SEÑOR ALESSANDRI PALMA (PRESIDENTE). Ofrezco la palabra.

Ofrezco la palabra.

Cerrado el debate.

En votación general el proyecto.

EL SEÑOR SECRETARIO. Los honorables señores Contreras Labarca, Lafertte, Guevara y Reyes solicitan que la votación sea nominal.

EL SEÑOR ALESSANDRI PALMA (PRESIDENTE). Se procederá en esa forma.

EL SEÑOR SECRETARIO. El señor presidente pone en votación nominal el proyecto de ley sobre mejoramiento económico del profesorado.

Durante la votación.

[...]

EL SEÑOR REYES. He oído en esta Sala no sólo críticas al financiamiento del proyecto que discutimos sino también palabras graves sobre la actuación del magisterio chileno, palabras que en este momento no puedo olvidar al fundamentar mi voto que es y quiero que sea un homenaje al heroico magisterio de Chile.

Durante largos años en otros países y en especial en los de habla española, he visto llegar a miles de maestros normalistas de Chile a ocupar situaciones de privilegio entre los del extranjero. He visto universidades formadas por nuestros maestros en países como Costa Rica y otros de Centroamérica; he visto a nuestros maestros colocados en elevadas posiciones en países que honran a nuestra América, como Colombia, por ejemplo. En Venezuela he tenido ocasión de ver misiones de maestros chilenos que han dejado el nombre de Chile escrito con vibrantes letras en la cultura venezolana. Me ha tocado asistir al triste espectáculo de que en el honorable Senado de Chile se hayan pronunciado las palabras *incapacidad, desorden,* con respecto a los maestros que honran no sólo a nuestra patria, sino a América. En México he visto, honorables colegas, la estatua, no a un guerrero chileno, sino a una maestra rural que desde su forma de bronce ilumina la conciencia mexicana. Por eso, señor presidente, mi voto es un homenaje al magisterio chileno, es un homenaje a su obscura labor, que representa el sentido chileno por su modestia, por su paciencia, por su eficacia, por su cultura y, sobre todo, por el desarrollo cívico y de conciencia política que ha adquirido en los últimos años y que honra al magisterio de toda nuestra América.

[Homenaje a Gabriela Mistral]

(Sesión en martes 20 de noviembre de 1945)

EL SEÑOR ALESSANDRI PALMA (PRESIDENTE). Tiene la palabra el honorable señor Reyes.

EL SEÑOR REYES. Señor presidente: El Partido Comunista de Chile me ha acordado una distinción particularmente honrosa en mi condición de escritor, al pedirme expresar nuestra alegría y la del país entero por haber recaído este año la más importante recompensa literaria internacional en nuestra compatriota Gabriela Mistral.

Nuestro pequeño país, este primer rincón del mundo, lejano pero primordial en tantos sentidos esenciales, clava una flecha purpúrea en el firmamento universal de las ideas y deja allí una nueva estrella de mineral magnitud. Cuántas veces apretados junto a una radio escuchamos en la noche limpia del norte o en la tumultuosa de La Frontera la emocionante lucha de nuestros deportistas que disputaban en lejanas ciudades del mundo un galardón para nuestra antártica bandera. Pusimos en esos minutos una emoción intensa que unía desde el desierto a la Tierra del Fuego a todos los chilenos.

Ese premio mundial, esa ventana para mirar al mundo y para que por ella se nos respete, lo ha conquistado el espíritu. Y nuestra capitana es una mujer salida de las entrañas del pueblo.

Gabriela Mistral –ayer lo dijo María Teresa León, heroína española–, «nombre de arcángel y apellido del viento», es en su triunfo la vindicación ejemplar de las capas populares de nuestra nacionalidad. Ella es una de esas maestras rurales o aldeanas, elevada por la majestad de su obra y combatida por todos los problemas angustiosos que acosan a nuestro pueblo. Sin dejar de ver por un minuto la excepcionalidad de su fuerza interior, pensemos cuántas pequeñas Gabrielas, en el fondo de nuestro duro territorio, ahogan sus destinos en la gran miseria que infama nuestra vida de pueblo civilizado.

Gabriela lleva en su obra entera algo subterráneo, como una veta de profundo metal endurecido, como si las angustias de muchos seres hablaran por su boca y nos contaran dolorosas y desconocidas vidas. Toda su obra está empapada por una misericordia vital que no alcanza a convertirse en rebeldía ni en doctrina, pero que traspasa los límites de la caridad limosnera. En ella están los gérmenes de una gran piedad hacia su pueblo, hacia los humillados y ofendidos de otros grandes piadosos, Dostoyevski y Gorki, piedad de la que otros hombres de nueva sensibilidad deducirán caminos, extraerán enseñanzas políticas, como en la patria de Gorki y Dostoyevski las sacaron nuevos hombres que establecieron un orden humano y una justicia basada en la ternura.

Debo también celebrarla como patriota, como gran amadora de nuestra geografía y de nuestra vida colectiva. Esta madre sin hijos parece serlo de todos los chilenos; su palabra ha interrogado y alabado por todo nuestro terruño, desde sus extensiones frías y forestales hasta la patria ardiente del salitre y del cobre. Ha ido alabando cada una de las substancias de Chile, desde el arrebatado mar Pacífico hasta las hojas de los últimos árboles australes. Los pequeños hechos y las pequeñas vidas de Chile, las piedras y los hombres, los panes y las flores, las nieves y la poesía han recibido la alabanza de su voz profundísima. Ella misma es como una parte de nuestra geografía, lenta y terrestre, generosa y secreta.

Aquí nos habíamos acostumbrado a mal mirar nuestra patria por un falso concepto aristocrático y europeizante. Aún persiste un aire dudoso de comparación hacia las grandes culturas, una comparación estéril y pesimista. Recuerdo haber oído de un gran escritor en Francia: «Mientras más local un escritor es, más universal se presenta al juicio universal». Gabriela nos honra ante el mundo porque comienza por honrar a Chile dentro de sí misma, porque, como Vicuña Mackenna, vive en preocupación de toda su tierra, sin compararla, sin menospreciarla, sino plantándola y fertilizándola con esa mano creadora, poblándola con ese espíritu hoy iluminado por la gloria.

Busquemos en nuestro país todas la plantas y los gérmenes de la inteligencia. Levantemos la dignidad de nuestra patria dando cada día mejores condiciones a nuestro pueblo abandonado y esforzado, para que la Gabriela pueda repetirse sin dolores, y para que el orgullo que hoy compartimos todos los chilenos nos haga, en este día de fiesta nacional, limpiar la casa de la patria, cuidar a todos sus hijos, ya que desde la alta y hermosa cabeza arauco-española de Gabriela Mistral, los ojos del mundo bajarán a mirar todos los rincones de Chile.

[«In memoriam» Domingo Amunátegui Solar]

(Sesión en martes 28 de mayo de 1946)

EL SEÑOR REYES. Señor presidente: El tiempo, que pudo segar esta vida tan larga y tan generosa, se encargará, seguramente, de desgranar lo más puro, lo más válido y lo más permanente de la obra de un historiador de tan vasto aliento. Pero, juzgando como contemporáneos y como chilenos, nadie podrá negar a esta obra tan extensa y determinada su impulso patriótico, su gran condición de amor hacia los aspectos más obscuros y originarios de nuestra nacionalidad, su investigación permanente en torno al nacimiento de nuestra patria y su investigación dirigida hacia la colonia y hacia las corrientes formadoras de la nacionalidad de nuestra patria.

Su titánico trabajo, aumentado aún con su vasto esfuerzo dirigido a la enseñanza en nuestro país, hace al señor Amunátegui Solar digno merecedor del respeto de todos nuestros conciudadanos y del homenaje que, de todos los bancos del Senado, le rinden mis honorables colegas en esta hora.

Los senadores comunistas adherimos de todo corazón a este homenaje, que no hace sino aquilatar la obra y vida de un gran ciudadano de nuestra patria.

[«In memoriam» Mijaíl Ivánovich Kalinin]

(Sesión en miércoles 5 de junio de 1946)

EL SEÑOR ALESSANDRI PALMA (PRESIDENTE). En la hora de los incidentes, tiene la palabra el honorable señor Reyes.

EL SEÑOR REYES. Señor presidente: A las diez de la mañana de anteayer interrumpió su transmisión la emisora de Moscú para anunciar a la Unión Soviética y al mundo el fallecimiento de Mijaíl Ivánovich Kalinin. Esta dolorosa noticia fue seguida por la «Marcha fúnebre» de la *Sinfonía heroica* de Beethoven.

Tal vez la música humana, sagrada y solemne de Beethoven dio a millones de hombres la síntesis más profunda de una vida tan noble y el sentimiento de la desaparición del escenario mundial de un gran constructor del porvenir.

Camarada de armas de Lenin y de Stalin, Kalinin fue presidente del Presidium del Soviet Supremo de la URSS, por 27 años, hasta que en marzo pasado su organismo, minado al fin por grave enfermedad, no le permitió continuar en la presidencia de la Unión Soviética.

Pero su vida abarca y contribuye al nacimiento y al esplendor del régimen soviético, que iba a sacar a su patria de las tinieblas medievales para implantarla en medio del concierto de las naciones como potencia gloriosa y respetada y como esperanza encarnada, realización formidable de vastos y antiguos sueños de la humanidad.

Apenas hace algunos meses, en noviembre de 1945, Kalinin dejaba oír su voz para encauzar la actividad pacífica de la URSS, después de aquilatar y denunciar los terribles estragos y la inmensa destrucción causados en su territorio por los bandidos nazis. «Por muy ardua que sea la ruta que hemos de recorrer para nuestra reconstrucción, será mucho más fácil que los cuatro años de guerra», expresó a su pueblo en aquella ocasión.

Con estas simples palabras entregaba su consejo y dirección a tan formidables tareas, alentando el nacimiento del nuevo plan quinquenal de desarrollo de la economía, del transporte y de la reconstrucción, que dará un nuevo y considerable aumento del nivel de vida al pueblo ruso.

Pudo dar así su palabra inicial en esta época de desenvolvimiento pacífico de su patria, el hombre que la acompañó con su actividad fecunda en todas sus luchas, desde aquel día en que desterrado en Siberia, en 1917, al conocer la caída de los Romanoff, se apresuró a tomar parte en los acontecimientos de aquellos días que «estremecieron al mundo». Hijo de campesino pobre, obrero de una fábrica más tarde, su personalidad conservó, durante los largos años en que fue líder del organismo supremo del Estado soviético, su manera alegre, abnegada y sencilla de auténtico hijo del pueblo. Durante la guerra contra los crueles exterminadores alemanes, su palabra llena de fe en la victoria fue escuchada con inmenso respeto y amor por todos los rincones de la URSS.

Un gran capitán de la causa popular, un gran estadista, un gran patriota de una noble nación, un gran bolchevique ha desaparecido. Pero su recuerdo permanecerá como un ejemplo de acción, de abnegación, de pureza y de lucha para todos los defensores del pueblo, en todos los países de la tierra.

[Bienvenida a la Delegación Cultural de Uruguay]

(Sesión en miércoles 26 de junio de 1946)

EL SEÑOR ALESSANDRI PALMA (PRESIDENTE). Tiene la palabra el honorable señor Reyes.

EL SEÑOR REYES. Quiero dar un saludo de bienvenida, respetuoso y fraternal, a la eminente Delegación Uruguaya de Cultura. Viene hacia Chile en busca de un hermano consanguíneo, sostenedor, como lo es su patria, de las columnas del templo de la dignidad y del decoro, en este tormentoso lado del mundo. Yo debería, tal vez, como Rodó lo escribiera en su prosa de oro, decir el salmo de la libertad, sobre todo en esta hora en que parece, entre nosotros, eclipsarse por un momento.

En esta embajada del espíritu, del pensamiento y de la belleza entrañable, permítaseme escoger el nombre para mí muy querido y admirado de aquel que compusiera los poemas trascendentes «El halconero astral» y «La lámpara que anda» y expresara su concepción sobre la esencia del arte en *Poética y plástica.*

Me refiero a Emilio Oribe, artista y filósofo, el «varón estético» de que hablaba Platón.

Estos plenipotenciarios del alma uruguaya nos brindan además un don poderoso y sutil, un regalo de luz y color: la exposición extraordinaria del pintor Figari, cuyo genio pictórico remonta las fronteras de su heredad natal para transformarse en patrimonio y tesoro plástico de América entera.

Séame permitido, asimismo, llamar la atención del Senado hacia la excepcional muestra de simpatía, deferencia y fraternidad que nos ofrece el Uruguay, al dictar una legislación de acercamiento intelectual orientada esta vez exclusivamente hacia Chile. Huelga decir que esta actitud tan cordial, significativa y extraordinaria no envuelve ni la menor sombra de desdén hacia otros países, sino que es índice de afinidades muy

hondas y definitivas entre ambas naciones. Tenemos conciencia de esa corriente que une los caudales de nuestro destino
común y por ello, con el honorable senador Domínguez, pre-
sentaremos a este Cuerpo Legislativo un proyecto encamina-
do a establecer la más justa reciprocidad de tratamiento sobre
la materia con el Uruguay.

Preciosa iniciativa la suya, que pone de alto relieve en el corazón mismo de la ley cuán arraigada está en ese país de pensadores y de gran cultura la veneración a los ideales que pro-
fesara el espíritu fundador e indómito de Artigas y su
devoción a la línea de amor al libre arbitrio en las páginas de
la sabiduría y de la unidad latinoamericana del insigne evo-
cador de Rubén Darío, del simbolista de Ariel y Calibán, del
visionario de los *Hombres de América*, José Enrique Rodó,
cuya evocación se alza con las alas en actitud de vuelo en uno
de los paseos de Santiago. Tierra de poetas precursores, tempestuosos e inolvidables como el conde de Lautréamont, Laforgue y Supervielle, Sabat y Oribe. Cuna de mujeres encendidas por la llama de una devorante poesía, como Delmira
Agustini, Juana de Ibarbourou y Sara de Ibáñez. Suelo donde
crece un pueblo vigoroso, combatiente y democrático, maravillosa savia de los movimientos políticos de avanzada y
libertad. Panorama dinámico, ardiente, que compendia en
suma una atmósfera de mentalidad laboriosa y confiere al
Uruguay carácter de meridiano de ideas y centro de la independencia del pensamiento y del hombre en estas latitudes de
la tierra.

Pero también tenemos que decir que Uruguay mira hacia
Chile buscando el perfil familiar, queriendo abrazarlo sobre
el gran enigma inquietante que significa la resurrección, en
países vecinos, de fuerzas impuras, de corrientes extrañas que
acechan, queriendo atentar contra la vida misma de la cultura y de su necesario y propicio aire libre donde florecer.

Esta preclara delegación acude aquí a una cita con el destino de la libertad, pues Uruguay y Chile, junto a Colombia,
Costa Rica y México, han sido por largo tiempo la garantía
del respeto a los derechos humanos, tan grave y alevemente
atropellados en nuestra América. Y en esta hora, cuando to-

davía suena en los oídos del corazón humano la hora de la victoria y la paz, potencias regresivas que muchos creyeron para siempre acalladas salen de nuevo de los cuarteles de invierno de la derrota, poniendo en peligro los principios esenciales de nuestra independencia, pretendiendo cortar el camino de los pueblos hacia el perfeccionamiento de su democracia.

Por esto, no puedo dejar de pensar que el gesto del Uruguay –entroncado a una prolongada y radiante tradición civil– es presidido en lo hondo por el signo sublime y el noble designio de buscar y encontrar en nuestra democracia y en nuestra cultura esa comunidad de actitud, esa fuerza fraterna –nunca negada– que esté junto a la suya y monte guardia de centinela de América en esta hora de prueba de las libertades.

Pero, para nuestra gran desgracia, esta embajada ha tenido que presenciar hechos indignos, vergonzosos, que seguramente la habrán movido a meditar en los riesgos y responsabilidades de la cultura, al ver que en países tan tradicionalmente democráticos como el nuestro se clausuran diarios y radioemisoras por decir la verdad, de todos conocida, por otra parte; que llenan de policías las imprentas para impedir que el pensamiento del pueblo se exprese, advirtiendo, denunciando y alertando contra la conspiración antidemocrática que estuvo a punto de estallar; que se condena a los periodistas que creen que su misión consiste en contar lo que sucede y no en venderse a tanto el centímetro para publicar apócrifas estupideces como «circulares secretas comunistas», burdamente urdidas. Hora sombría en que el pueblo cae baleado en plena plaza pública, frente al palacio de gobierno, por el «crimen nefando» de pedir medidas para que baje el costo de la vida y se restablezcan las conquistas sociales. Hora sombría en que el envilecimiento ha llegado a órganos periodísticos antes respetables, que han celebrado los atentados contra la libertad de prensa.

Y a esta cadena de indignidades se ha agregado a última hora una que toca directamente al sentido mismo de lo que representa la embajada uruguaya. En el instante en que pisaba nuestra tierra, el Ministerio del Interior, sin proceso judicial ni orden competente de los tribunales, ha hecho perseguir, en una verdadera cacería nazi, al escritor republicano español Antonio Aparicio. Este joven y destacado poeta encontró refugio, en tiempos de don Pedro Aguirre Cerda, en la embajada chilena en Madrid, junto a un puñado de héroes del régimen legal de la madre patria.

Durante dieciocho meses vivió en este pedazo de Chile que le salvaba la vida. Noche tras noche el falangismo aullaba junto a los umbrales de esa casa odiada donde flameaba nuestra bandera, pugnando por forzar esas puertas sagradas y pidiendo la cabeza de aquellos hijos valerosos de la verdadera España. El gobierno franquista se empecinaba en cobrar ese trofeo de sangre, con sed homicida nunca saciada, decidido a quebrantar y violar el derecho de asilo. Entonces don Pedro Aguirre Cerda, interpretando con fidelidad el clamor de su pueblo, contestó con energía y valor, rompiendo relaciones con Franco. Y aquellos refugiados, Aparicio entre ellos, fueron invitados por el gobierno chileno a vivir en nuestro país, a participar de nuestra libertad y nuestra hospitalidad. Hoy, un poder accidental, que no se origina en la consulta popular, quiere no sólo arrojar de Chile a uno de los hombres que un gobernante con mayores derechos invitó, sino que pretende, en el fondo, entregarlo a aquellos mismos verdugos que golpearon durante un año y medio en las puertas de nuestra embajada en Madrid, pidiendo sangre y más sangre.

Yo estoy íntimamente ligado a la venida de la inmigración republicana española, formada de hombres laboriosos y espíritus libres. Fui protagonista y activador de ella. Es uno de los orgullos más grandes de mi vida. El hecho de que haya recibido millares de felicitaciones por ello me indica que fue una inmigración de primera clase, que no necesitaba, como otras que se preparan, de cuantiosos dineros del gobierno para traer dudosos extranjeros de mentalidad y origen en abierta contradicción con nuestra idiosincrasia e intereses.

Aparicio, a quien conozco desde niño, es un notable poeta, poeta por encima de todo, que nunca ha tenido ninguna intervención en la política chilena. Escritor profesional, acaba de publicar dos libros de prominente significado: un reportaje descarnado e impresionante sobre el terror nazi, denominado *Cuando Europa moría* y un lírico y purísimo volumen de poemas, *El pez y la estrella*.

Me entristece también esta absurda persecución porque, aparte de significar literalmente un crimen contra la cultura, es un delito de lesa patria, un atentado contra la estructura legal del país, cometido por vestigios de inclinaciones fascistas que hoy, más que nunca, influyen poderosamente en palacio. El embajador de un gobierno que ni siquiera ha sido admitido en el concierto de las Naciones Unidas, porque tiene las manos sucias con sangre de millones de españoles, influye sobre el ánimo débil y sospechosamente complaciente de nuestros pasajeros ministros y arrastra a la comisión de este grave delito contra nuestra Constitución, contra nuestras leyes fundamentales, contra la santidad del derecho de asilo, contra la médula de una honrosa tradición republicana, que se consubstancia con toda nuestra historia de país independiente. Quiero recordar, a propósito, a estos hombres solitarios de La Moneda lo que aprenden todos los niños chilenos en el silabario: Chile dejó de ser colonia de España en 1810. Somos los dueños de nuestro destino y por nada del mundo renunciaremos a nuestra dignidad. Harían bien estos caballeros en repasar las lecciones olvidadas de O'Higgins y Carrera, de los padres de nuestra libertad, y en escuchar con más patriótica atención la letra de esa Canción Nacional que tocan todos los días frente a La Moneda y que canta «el asilo contra la opresión».

Este país, que está dispuesto a levantarse entero en defensa y salvaguardia de su legalidad, no va a tolerar en silencio el crimen que se quiere perpetrar. El gobierno está notificado de ello. Un clamor de estupefacción comienza a crecer ante la conciencia atónita de los intelectuales de América y Europa, que hacen llegar su expresión de protesta ante el hecho para ellos casi increíble. Yo también quiero formular mi reprobación más enérgica hacia esta conducta inaudita y pido se oficie al Ministerio del Interior para que deje en el acto sin efecto ese decreto que ofende a nuestra carta fundamental y es un insulto a nuestra dignidad y un oprobioso baldón para el buen nombre de Chile ante el consenso internacional.

No puede parecer extraño que haya ligado este acontecimiento sombrío a mi salutación y homenaje a la embajada de la cultura uruguaya. No he transgredido ningún código moral al vincularlos con estos problemas de raíz y resonancia americanas. Conozco el Uruguay y sé que para ellos formamos una misma mansión familiar, sé que siente en lo vivo nuestra unidad de destino. Y por tal motivo presencia con dolor el espectáculo inesperado, medieval y bochornoso, de que en un país admirado en todo el ancho continente por su conciencia y madurez cívicas, las libertades sean pisoteadas como en cualquier tiranía.

Además de una protesta, quiero formular un voto: que la persecución despiadada, al estilo de la Gestapo, contra Antonio Aparicio, poeta y escritor que honra a nuestro país con su trabajo literario, sea sólo un acto fugaz de despotismo.

Porque si así no fuere y la hostilidad hacia nuestros invitados continuara, el pueblo los demandará, implacable, a los culpables. Convocaremos entonces a sus fuerzas invencibles, que no aceptarán estos actos intolerables, que no echarán al olvido a quienes los están ejecutando y a quienes mañana castigarán con la fuerza justiciera con que sólo el pueblo sabe hacerlo.

Y pido a los intelectuales, a los escritores e historiadores de esta época que en sus obras de hoy y de mañana coloquen en su sitio a estos hombres pequeños que ocupan situaciones grandes, dándoles lo único que pueden merecer: el olvido y el desprecio que en su corta actuación conquistaron y merecieron.

[Observación al convenio cultural con Uruguay]

(Sesión en miércoles 7 de agosto de 1946)

EL SEÑOR REYES. Pido la palabra, señor presidente.

Tengo una objeción que hacer a este proyecto.

Estoy enteramente de acuerdo, en general, con el convenio de que se trata. La gran amistad intelectual entre Uruguay y

Chile saldrá enormemente favorecida con él; tengo, empero, un reparo que hacerle. En efecto, vemos aquí un artículo que es extraordinariamente sospechoso, especialmente en estos momentos en que se están dando severos golpes a los preceptos constitucionales y de moral política en Chile.

Dice el artículo 4.º: «Estarán excluidos de estas facilidades los libros que tiendan a realizar propaganda que afecte al orden político, social o moral de los países signatarios».

Esto huele a cosa retrógrada, anticuada, del tiempo de la Inquisición. Contra esta clase de disposiciones legales lucharon Camilo Henríquez y los hombres de nuestra Independencia y no es posible que ahora, en un convenio entre dos democracias orgullo de América, se consigne una disposición de tipo policial, inquisitorial.

El convenio contará con el aplauso de los senadores de estos bancos, pero protestamos en contra del contenido del artículo 4.º y pedimos su eliminación.

[Sobre acontecimientos políticos en Bolivia]

(Sesión en martes 23 de julio de 1946)

EL SEÑOR OPASO (PRESIDENTE). Tiene la palabra el honorable señor Reyes.

EL SEÑOR REYES. Señor presidente, honorable Senado:

Quería agregar unas cuantas palabras a las ya muy elocuentes de mi honorable colega señor Ocampo, porque mi voz de amigo del pueblo boliviano no puede faltar en estos momentos en que ha surgido un episodio de carácter continental, una gran epopeya popular de nuestra América, en la cual sangre de valientes y populares hombres de la democracia boliviana se ha vertido en las calles de ese país para liberarlo, en una hora agónica para la vida institucional de Bolivia.

Hace algún tiempo, honorables colegas, discutimos en este honorable Senado la conveniencia o no de autorizar al embajador de Chile para que fuera a cumplir la misión diplomática que el gobierno le encargaba en la capital boliviana. Y fui yo uno de aquellos que impugnaron, no la designación del embajador, sino el hecho de que apareciéramos dándoles la mano, en un momento crítico para la democracia del país hermano, a los que habían conculcado y arrastrado la libertad, en forma sangrienta, por las calles de aquel país. Por eso, quiero deducir de los hechos actuales algunas ideas que iluminen la filosofía política en que está basada la libertad de nuestra América.

En los últimos tiempos – y aquí tenemos como testigo al honorable Senado de Chile –, en contra de la voluntad de los pueblos de América, los gobiernos y parlamentos de América, incluidos los nuestros, se han apresurado a sellar amistades de esta índole, poniendo el nombre de la democracia en franca complicidad con los peores y más torvos regímenes antidemocráticos de América. Y esto se ha hecho en nombre de una «no intervención» que no esconde sino una pereza rutinaria para ver los problemas de nuestro tiempo.

He estado en este recinto y fuera de él, en las calles, en las plazas, en mis libros y en mis artículos, en contra de esta errada política que ha seguido y que afronta, particularmente, nuestro país, porque he visto, a lo largo de mis viajes, cómo siempre esperaron los pueblos dominados que el gobierno de Chile alzara su voz para defender la independencia ahogada dentro de aquellas naciones y, sin embargo, nuestro gobierno fue el primero que dio la mano a los verdugos de la libertad americana de los últimos tiempos. Que esta política, señores senadores, se rectifique, cimentando la amistad hacia los pueblos y no hacia falaces y transitorios déspotas que puedan usurpar por algunos días los destinos de alguna de las naciones de nuestra comunidad americana.

También llamo la atención hacia el hecho de que los tiranos caídos en Bolivia, cuyos cadáveres justicieramente el pueblo ha colgado en las plazas, enarbolaron la bandera del anticomunismo para apaciguar o martirizar a su pueblo. Cuando se intentan crímenes en contra de la libertad, cuando se quiere amenazar a todas las instituciones vitales para la vida de un país, los usurpadores levantan la bandera del anticomunismo, porque esto favorece sus designios.

En esta ocasión, quiero también saludar a los ilustres refugiados bolivianos que con su presencia han honrado a nuestro país, en especial al señor Alberto Ostria Gutiérrez, a quien seguimos considerando embajador de Bolivia, y a los grandes dirigentes de los partidos de la izquierda boliviana, señores Arce, Anaya y otros.

Que esta sangrienta jornada de liberación en América sirva de ejemplo a los aventureros que, en Chile o en cualquier otro país, quieran aprovechar sus transitorias situaciones actuales para eternizarse en el gobierno en contra de la voluntad del pueblo. Ésta es una advertencia terrible, una lección que nos da el pueblo boliviano para todos los aprendices de déspotas, para que éstos vean el castigo que los espera, aunque comiencen su camino de tiranos con mucha anticipación, cambiando abusivamente a intendentes y gobernadores, repartiéndose un botín preelectoral y entrando a saco en la integridad del tesoro nacional.

Agradezco también, en nombre de los intelectuales de Chile, a los maestros, estudiantes y obreros de Bolivia, que han dado un ejemplo de la cólera popular, justiciera, poniéndola al servicio de la dignidad americana.

He dicho.

Intervención electoral

(Sesión en martes 30 de julio y en 7 de agosto de 1946)

EL SEÑOR SECRETARIO. Conforme al acuerdo adoptado a indicación de los honorables señores Ortega y Alessandri Palma (don Arturo), corresponde tratar el proyecto de ley sobre inamovilidad de los funcionarios de la Administración Pública y de las instituciones semifiscales durante los períodos eleccionarios.

[...]

EL SEÑOR REYES. Me permite, señor presidente?

Yo estaría de acuerdo con las modificaciones a que se refieren algunos señores senadores, pero se trata en el presente caso de un verdadero S.O.S. que nos envían los empleados y funcionarios de todo el país.

Si no les diéramos ahora este auxilio moral se sentirían abandonados, ya que si bien las cuestiones planteadas pueden en realidad ser de importancia, no es menos cierto que en estos instantes ellos son perseguidos por los interventores que existen dentro de las oficinas. En verdad, lo que en estos momentos se desarrolla en nuestro país es una verdadera cacería en las oficinas fiscales: denuncias, delaciones, toda la máquina del Estado atropellando las posibilidades de vida de los funcionarios! Ellos van a leer un acuerdo del Senado mediante el cual el proyecto va a aparecer enviado de nuevo a la honorable Cámara de Diputados y esto va a producir gran desaliento y va a contribuir a ahondar aún más el caos moral que se está creando desde La Moneda.

Deseaba hacer presente esta situación a los señores senadores de todos los bancos a fin de que aprueben el proyecto tal como viene de la honorable Cámara de Diputados.

[...]

EL SEÑOR REYES. Me permite, señor presidente?

EL SEÑOR MARTÍNEZ MONTT (PRESIDENTE). Con la venia de la Sala, puede hacer uso de la palabra su señoría.

EL SEÑOR REYES. Nuestro fallecido presidente, don Juan Antonio Ríos, en una de sus últimas declaraciones a la prensa manifestó que este país entraba en una especie de desintegración moral. Yo jamás estuve de acuerdo con una aserción tan absoluta como ésta, que salió de labios del primer mandatario, porque me parecía que ella no contemplaba la verdadera realidad de lo que ocurría en nuestra patria. Pero, probablemente, el señor Ríos, antes de morir, previó el camino que seguirían sus sucesores en la presidencia, la persecución tenaz que se iniciaría en contra de la clase obrera desde La Moneda, el alza de los artículos de primera necesidad, impuesta desde arriba, los negocios escandalosos de estos últimos tiempos, la intervención electoral agitada como única doctrina por el candidato señor Duhalde, candidato de no se sabe quién.

Son episodios un tanto divertidos los que nos ha relatado el honorable señor Jirón. Por ejemplo, el de aquel picaresco administrador del Correo de Osorno, que se quiere anotar un triunfo comunicando que ha obligado a sus subalternos a proclamar la candidatura del señor Duhalde. Pero yo deseo señalar en esta ocasión algo aún más grave: el envilecimiento sistemático de la prensa de este país, propiciado como clima político desde La Moneda. Hemos visto en los últimos tiempos que los dos diarios vinculados al gobierno se han negado a reconocer las corrientes doctrinarias de la gran mayoría del país, por medio de editoriales y falsas informaciones y aseveraciones continuamente tergiversadas para fomentar un clima de guerrilla y de desprestigio político que jamás habíamos conocido. Y debemos considerar que estos diarios no sólo son escritos por los jefes, que reciben directas insinuaciones del gobierno, sino que están escritos también por jóvenes periodistas, quienes, a pesar de sus creencias y opiniones, se ven obligados a tergiversar y falsear los hechos, en contra de sus propias convicciones. Ocurre también esto con la Dirección General de Informaciones y Cultura, donde se ha llegado más lejos de lo que puede pensar el honorable señor Jirón. Hasta hace poco veíamos en calle Huérfanos cómo el subdirector de ese organismo –que creo es un señor Durán– vigilaba personalmente la colocación de altoparlantes que iban a servir en un comicio en favor del señor Duhalde y hemos visto un espectáculo grotesco en una de las plazas principales del país: una especie de proclamación del señor Duhalde, realizada por algunos artistas circenses y de la cual se retiraron algunos de los artistas más dignos de Chile.

Terrible estado moral de un país! Anticipación de una serie de atropellos que se preparan y a los cuales nos oponemos desde este momento!

Los senadores comunistas adherimos a las palabras de protesta del honorable señor Jirón y anunciamos al país que llevaremos a todos los sectores obreros, a todos los sectores del pueblo, esta protesta, para que el pueblo tome conocimiento

de ella, guarde en su memoria estos atropellos y juzgue mañana a sus enemigos, emboscados dentro de la propia casa de
gobierno.

[...]

EL SEÑOR REYES. Poco después de que el señor Duhalde
convirtiera la casa de O'Higgins y de Aguirre Cerda, la casa
de los presidentes de Chile, en un choclón electoral y en una
agencia de empleos y poco después de aquella ceremonia en
que se autoproclamara el señor Duhalde candidato a la presidencia de la República, rodeado del incienso de la Dirección
de Informaciones y de los nuevos cortesanos del régimen, pisoteando en esa ceremonia una tradición noble y antigua de
prescindencia electoral, el nuevo vicepresidente prometió defender esta tradición pública de decencia y respetar los derechos de los ciudadanos en la próxima contienda electoral.
Pero hemos visto, en pocos días, que estas promesas del vicepresidente van a quedar tan incumplidas como las promesas
famosas del señor Duhalde de abaratar la vida en este país.

Ayer mismo hemos visto un verdadero atropello a la libertad de expresión, ya que en una de las radios más importantes de Santiago se presentó un censor oficial en nombre de la
Dirección de Servicios Eléctricos, pero, en realidad, enviado
por el señor Moller. Ese censor tachó y suprimió de un discurso de propaganda de uno de los candidatos, del señor Gabriel González Videla, las partes que, según su criterio, no debían ser conocidas por el país, impidió que se hablara de la
masacre de la plaza Bulnes y de otros temas que son desagradables para el candidato señor Duhalde.

También debemos tomar en cuenta, señor presidente, la grave declaración aparecida en uno de los periódicos de la mañana de ayer, por la cual se delata a la nación entera la enorme cantidad de nacionalizaciones apresuradas que se han
otorgado en el último tiempo, en especial, a favor de algunos
espías alemanes convictos y confesos de espionaje, como el
caso de José Leute Rathgeh, a quien se le concedió la nacionalidad chilena por decreto supremo N.º 2.263, de fecha 11 de
abril de 1946, en circunstancias que, según informaciones
oficiales que están en la Dirección de Investigaciones, fue

uno de los fabricantes de las bombas y explosivos que hundieron varios de nuestros barcos mercantes durante el pasado conflicto, atentados criminales que costaron la vida de gran cantidad de marineros chilenos y, posiblemente, entre otras, las de los jóvenes cadetes que viajaban en la fragata *Lautaro*.

Tenemos que llamar la atención del país hacia estos hechos con los que se pretende continuar los desacatos a la libertad y a la libre manifestación de las ideas, en complicidad con los más turbios negociados, en los que participan, como hemos visto, espías fichados por la policía nacional e internacional.

Ahora mismo podemos manifestar al honorable Senado y a la opinión pública que en estos momentos se está preparando otro acto de intervención. Están haciendo sus maletas para ejecutar actos de intervención diversos funcionarios de la Dirección de Investigaciones que formarán parte de la comitiva que acompañará al señor Duhalde en su gira electoral. Van en calidad de matones y atemorizadores del pueblo para que este candidato, llamado popular, pueda presentarse ante los pueblos del sur del país. Los funcionarios a que me refiero son los siguientes: de la sección «confidencial», van los señores Alfredo Salvo Cárdenas, Rodolfo Schmied Marambio, Renato Gajardo Bottaro y Luis Rodríguez Sagredo, alias *el Macheteado*, guardaespaldas del jefe de esa sección, Joaquín Vergara Honorato; de la prefectura de Santiago van Carlos Díaz Rojas, Ramón Ramírez Muñoz, Osvaldo Huerta Herrera y Amaro Vergara Pérez; y, como guardaespaldas del ex secretario de la CTCH, Bernardo Ibáñez, van los detectives Andrés Llanos Zúñiga y Roberto Alvarado Guerra. Todos estos funcionarios viajan con pasaje fiscal y con viáticos por quince días.

Señores senadores, me parece que ha llegado el momento de que el gobierno se haga eco del clamor de todos los ciudadanos frente a estos vergonzosos hechos. Por eso, pido al señor presidente se envíe oficio en mi nombre al flamante ministro del Interior, señor Moller, pidiéndole se presente ante esta alta corporación a darnos cuenta de estas transgresiones de la Constitución política del Estado y al orden moral y político de nuestra nación, a fin de que se muestre a la faz de todo el país el criterio con que el gobierno piensa afrontar la lucha electoral próxima.

EL SEÑOR MARTÍNEZ MONTT (PRESIDENTE). Se enviará el oficio respectivo a nombre de su señoría, conjuntamente con las observaciones que el honorable Senado acaba de escuchar.

[Sobre los derechos políticos de la mujer]

(Sesión en martes 10 de diciembre de 1946)

EL SEÑOR ALESSANDRI PALMA (PRESIDENTE). Tiene la palabra el señor Reyes.

EL SEÑOR REYES. Honorable Senado:

Me corresponde intervenir en este debate, haciendo uso de la palabra en nombre del Partido Comunista, justamente cuando una eminente educadora, conocida en el país como una personalidad de brillante inteligencia y estimada en todos los sectores por su seriedad y rectitud, María Marchant, militante de nuestro partido, es designada para la intendencia de la provincia de Santiago.

Por primera vez en nuestro país y en el continente, una mujer llega a un cargo de esta naturaleza y el hecho tiene una doble importancia porque, además de honrar por sí mismo a la mujer chilena, se produce precisamente cuando existe entre gobernantes y gobernados, entre autoridad y pueblo, el propósito de cooperar de la manera más decidida y enérgica, a fin de poner rumbo a grandes transformaciones económicas, políticas, sociales y culturales.

Permítanme, honorables colegas, que en la persona de esta educadora y luchadora que llega a tan alto cargo, rinda fervoroso homenaje a la mujer chilena, que se dispone a participar en las grandes batallas del pueblo por el porvenir de nuestra patria.

Por cuarta vez en los últimos treinta años llega al legislador una iniciativa encaminada a corregir una injusta desigualdad política y todo permite suponer que en esta oportunidad habrá de ser aprobada en el Parlamento la ley que concede derecho a voto a la mujer.

Corresponde el honor de haber firmado la primera iniciativa, en 1917, al diputado conservador, don Luis Undurraga. En 1939, presentado un nuevo proyecto a la Cámara de Diputados, éste no alcanzó a ser discutido siquiera. Finalmente, en 1941, el malogrado presidente don Pedro Aguirre Cerda presentó un tercer proyecto.

Ahora hemos comenzado a discutir un proyecto que ha sido evidentemente mejorado por la comisión respectiva, lo que revela la excelente disposición de los miembros de ella en favor del voto femenino. Por otra parte, me han antecedido ya en el uso de la palabra varios honorables senadores de diferentes partidos, quienes han aprobado ampliamente el proyecto.

Estos hechos revelan que ha sido ya larga y eficiente la lucha de las mujeres dentro de su movimiento por conquistar el derecho a voto y de más está decir que en esta lucha han contado con el apoyo decidido del Partido Comunista, de sectores y elementos de todas las tendencias políticas y credos religiosos y, de manera especial, con el apoyo franco y resuelto de la clase obrera organizada, desde los gloriosos días en que Luis Emilio Recabarren echara los cimientos de esta fuerza que ha llegado a ser el factor fundamental de nuestra pujante democracia.

El fruto de estas luchas viene a obtenerse solamente ahora, con enorme retraso si tenemos en cuenta las iniciativas a que ya aludí y otros hechos de importancia.

En 1877 nuestro país fue la primera nación hispanoamericana que permitió el ingreso de la mujer a la universidad, en igualdad de condiciones que el hombre. Los primeros abogados y médicos mujeres que hubo en América Latina fueron, pues, chilenas.

En la V Conferencia Panamericana, celebrada en Santiago en 1924, nuestro país suscribió una recomendación en favor del voto femenino. Chile fue, igualmente, uno de los primeros países de América Latina en levantar las incapacidades civiles más notorias que colocaban a la mujer en un nivel inferior respecto del hombre dentro de nuestra legislación y fue uno de los primeros también en conceder el derecho a voto a la mujer en las elecciones municipales.

Más recientemente, al firmar los acuerdos de Chapultepec, Chile se pronunció en favor de varias reivindicaciones económicas, políticas y sociales de la mujer.

Sin embargo, debemos reconocer que, a pesar de esta línea progresista que ha seguido nuestro país, nos han aventajado con mucho las repúblicas de Santo Domingo, Cuba, Panamá, El Salvador, Colombia y Uruguay.

En Cuba y Uruguay la mujer ha llegado ya hasta el Parlamento como representante del pueblo. En su período de gobierno, el presidente Batista designó a una mujer como ministro sin cartera. El progreso ha sido mucho más grande aún en los Estados Unidos. Allí las mujeres gozan de los derechos ciudadanos desde 1869; más de 2.000 mujeres han llegado a las legislaturas de los Estados y cerca de 50 al Congreso Federal; otras han sido y son actualmente ministros de Estado, gobernadoras y embajadoras.

Dentro de la historia de la sociedad burguesa, fue en la propia Revolución francesa donde se inició el movimiento por la igualdad de derechos para la mujer y el hombre. En efecto, cuando la Convención dio a conocer la Declaración de Derechos en 1793, un grupo de mujeres presentó, a la vez, una declaración de derechos de la mujer en un conjunto de 17 artículos.

El derecho de voto en favor de la mujer es, pues, uno de los grandes objetivos que entregó a la humanidad la revolución democrático-burguesa, que solamente ahora, a más de un siglo y medio de distancia, están impulsando vigorosamente el pueblo de Chile y, a la cabeza de él, la clase obrera organizada.

No puede caber duda alguna, pues, de que el derecho a voto de la mujer en este período histórico de nuestra patria habrá de tener una enorme trascendencia para el curso progresivo de su desarrollo económico, político, social y cultural, y constituirá un ejemplo digno de seguirse para los demás pueblos hermanos del continente.

II

INTERVENCIONES DEL SENADOR NERUDA
(enero-octubre 1947)

[Sobre las condiciones de trabajo de
los obreros del salitre]

(Sesión en miércoles 26 de febrero de 1947)

EL SEÑOR ALESSANDRI PALMA (PRESIDENTE).
[...]
En la hora de incidentes tiene la palabra el honorable señor
Neruda.

EL SEÑOR NERUDA. Señor presidente, acabo de realizar
una corta pero intensa gira por la pampa salitrera y quiero
aprovechar estos minutos de la hora de incidentes para llamar la atención del Honorable Senado sobre la condición
de vida deplorable que llevan los obreros salitreros de Tarapacá.

Tuve oportunidad de preocuparme de recoger los datos necesarios: he convivido con los obreros, he dormido en sus habitaciones y en estos días he visto el trabajo en la pampa, en
las máquinas, trabajos algunos que podrían citarse como
ejemplos de los más duros realizados sobre la tierra. Sin embargo, los salarios apenas alcanzan a los obreros para cubrir
los gastos de su alimentación y, naturalmente, no bastan para
satisfacer ninguna necesidad de índole cultural, que son negadas a esos obreros que viven aislados del resto del país por
la inmensa soledad del desierto.

En la oficina Alianza, de la Compañía Tarapacá y Antofagasta, hay seis baños de duchas para dos mil personas; las le-

trinas prácticamente no existen; en las habitaciones de los obreros no hay luz eléctrica.

En la actualidad, en una oficina independiente, la oficina Iris, se está desarrollando un movimiento de huelga, que dura hasta la fecha más de 30 días, y en este momento una delegación de obreros inicia conversaciones en el Ministerio del Trabajo. Por eso, mi intervención está encaminada a llamar la atención del señor ministro del Trabajo para que, al juzgar este litigio de la empresa Iris con los obreros, tome en cuenta la situación verdaderamente infernal en que esos obreros trabajan.

Esta huelga será juzgada por los agitadores de la derecha como provocada por los comunistas, como comúnmente se hace.

Señores senadores, los salarios de los obreros de Iris son como sigue: se pagan $ 10 a los solteros; $ 15 a los casados. Hay contratos de $ 7 para muchachos de 17 años que, preferentemente, están escogiendo muchas oficinas salitreras para el trabajo, porque pueden hacerse estos contratos abusivos, pagándoles hasta $ 5 diarios.

Las condiciones de vida son terribles en esta oficina. No hay un solo servicio higiénico en uso y la compañía ha procedido, me parece que como represalia por esta huelga legal, a cerrar los únicos baños que existían.

Tampoco hay luz eléctrica. Los obreros viven apiñados en las pocas habitaciones de que disponen. Hay algunas en que duermen hasta doce personas.

Cómo es posible, señor presidente, tolerar que nuestros compatriotas estén entregados a esta explotación ignominiosa!

Precisamente, en estos días, fui a hablarles de problemas de interés nacional, que ellos reclaman conocer; fui a hablarles de las inmensas posibilidades que abrirá a nuestro país el tratado de comercio con Argentina; les hablé del plan de aumento de la producción presentado al supremo gobierno por el Partido Comunista.

Ellos han escuchado con inmenso interés todos estos problemas públicos de vasta envergadura, pero no podía hablar con tranquilidad sobre problemas tan grandes, al ver la inmensa miseria en que se debatían.

El objeto de estas observaciones, que otra vez serán más extensas y con más detalles, es llamar la atención del señor ministro del Trabajo, para que conozca estos datos y resuelva en justicia las peticiones de los obreros de Iris y, de una vez por todas, se reglamenten los servicios del trabajo y los inspectores hagan respetar, por lo menos, las leyes más elementales de higiene en estos campamentos.

[...]

EL SEÑOR NERUDA. Me permite una pequeña interrupción, honorable senador?

EL SEÑOR RODRÍGUEZ DE LA SOTTA. Con todo gusto, honorable senador.

EL SEÑOR NERUDA. Cree el señor senador que ese *leader*, si viniera a recorrer nuestras pampas, podría hablarles desde su conciencia a los obreros de la oficina Iris, por ejemplo, que ganan $ 10, $ 15, $ 7 y hasta $ 5 diarios? Podría el señor Lewis hablarles a ellos de esta manera? Es posible exigirles aumentar su rendimiento diario –a pesar de que nuestro partido está empeñado en lograr un aumento de la producción nacional y coincidimos en ello con la CTCH– cuando no existen en sus habitaciones ni las más esenciales condiciones higiénicas, cuando no hay luz eléctrica para los trabajadores, no hay baños, y por estas razones han tenido que ir a una huelga legal todos los obreros de esa empresa?

[Movimiento de liberación del Paraguay]

(Sesión en miércoles 19 de marzo de 1947)

EL SEÑOR NERUDA. Señor presidente:

Creo no haber cumplido con mi deber hacia el pueblo paraguayo al no haber elevado mi voz antes de ahora para denunciar ante la opinión política de nuestro país la grave y dolorosa condición de sometimiento que viene sobrellevando esa nación hermana por largos años, ante la impasibilidad de todas las naciones americanas.

Hoy quiero cumplir con este deber sagrado, y al responder tardíamente a tantas quejas de intelectuales y obreros perseguidos por la dictadura de Moríñigo, sea mi primera palabra para desear, como demócrata y ciudadano de América, que el ejército revolucionario de Concepción triunfe en su movimiento, castigue al tirano y a sus cómplices, instaure el régimen constitucional y legal que ha proclamado como objetivo de su lucha y que toda esta crisis sea llevada a su punto final con el menor número de sufrimientos para el legendariamente valeroso pueblo de Paraguay.

Nada de estadista, de filósofo político ni de patriota tiene el pintoresco y sangriento Moríñigo que, con fuerzas tambaleantes, espera en un rincón de su satrapía la hora del farol para él y sus verdugos. Estas dinastías de tiranos feudales, caciques y matones sanguinarios levantan aún el látigo sobre pueblos hermanos de Chile y todavía, para vergüenza de la civilización, las cárceles del Paraguay, del Ecuador, de Nicaragua, de Santo Domingo, de Honduras, se llenan con lo más granado del pensamiento democrático de esas naciones, cuyos amos terribles son sostenidos por el imperialismo norteamericano como dóciles instrumentos, como *yes-men* instigadores y apoyadores del sistemático latrocinio de nuestra riqueza continental por los colonizadores y conquistadores de Wall Street.

El matón Moríñigo, como tantos otros, ha sido recibido en triunfo en Estados Unidos como representante extraordinario de un pueblo esclavizado y ha aceptado, en suculenta ración de dólares, el premio por mantener al Paraguay en inaudito estado de miseria y atraso, vendiendo a sus amos, por miserables dineros, lo mejor de su patria, a cambio de su permanencia encima de la pirámide de los sufrimientos paraguayos. Pero se acerca la hora de la justicia.

Detrás de Moríñigo, sapo de charca petrolífera, hay grandes y complicados intereses, los mismos que de una manera o de otra tejen la red succionadora del gran capital imperialista en nuestra América semicolonial.

El golpe del 13 de enero, en que la camarilla militar, el Guión Rojo, hace la «limpieza» del Paraguay, matando, torturando, encarcelando a comunistas y liberales, no fue sólo un golpe criollo cuartelario, sino una conspiración más de la Standard Oil Co. y la eminencia gris de estas tenebrosas acciones ha sido el embajador de los Estados Unidos en Paraguay, señor Beaulac. Este representante del señor Truman –no del pueblo norteamericano– ha gestionado persistentemente la ilegalidad del Partido Comunista paraguayo.

Esto tiene una explicación.

El Partido Comunista paraguayo ha sido el más tenaz enemigo de la arbitraria y antipatriótica concesión petrolera del Chaco, por la que se concedió a la Standard Oil Co. 23.000.000 de hectáreas con derecho a extraterritorialidad por 50 años. El Partido Comunista se opuso a esta entrega de territorio y propició una asamblea constituyente que pudiera revocar este contrato o normalizarlo hasta que significara un contrato normal y no un atentado contra la soberanía de ese país hermano.

La presión imperialista hizo fracasar la posibilidad de un tratado comercial entre Paraguay y Argentina y obtuvo nuevas concesiones petrolíferas de Moríñigo. Consiguió, entonces, la ampliación del plazo de acción del STICA (Servicio Técnico de Cooperación Agrícola, organismo norteamericano) y firmó un tratado de comercio y navegación con Estados Unidos.

En pago de estos servicios, el embajador norteamericano hizo un rápido viaje a su metrópoli para obtener un nuevo préstamo que sostuviera a Moríñigo en el poder.

Había, pues, que acallar al Partido Comunista paraguayo. Hay que paralizar la defensa de un pueblo y por esto los imperialistas y sus agentes, como hasta hace poco los nazis y sus agentes, antes de dar el golpe a la soberanía, persiguen, ilegalizan y combaten al Partido Comunista y llaman a toda su jauría de perros de presa para atacar a los comunistas.

Entonces Moríñigo y sus fascistas anularon las promesas solemnes del 11 de enero del año en curso, que tendían a constituir, en el aniversario patrio de este año, el 15 de agosto, la asamblea nacional constituyente.

El campo de concentración de Peña Hermosa se llenó de militares democráticos y de toda clase de presos políticos. Quedaron fuera de la vida legal todos los partidos políticos, a excepción del Colorado. Moríñigo entonces clausuró los siguientes diarios y periódicos: del Partido Febrerista *El Pueblo*, *La Hora*, *La Antorcha* y *La Región*; del Partido Liberal *La Libertad*; del Radical, *La Democracia*; del Partido Comunista *Adelante*, *Lucha* y *Patria Nueva*. Por un simple decreto, la Suprema Corte de Justicia fue supeditada al Ministerio del Interior. Se removió a sus miembros, nombrándose presidente, en carácter vitalicio, al presidente del Partido Colorado, doctor Mallorquín. Se anuló el hábeas corpus. Al Guión Rojo, organización fascista oficial, se le proporcionaron armas y, así pertrechados, los sanguinarios sayones iniciaron la persecución, la tortura y el asesinato en gran escala.

Es el lógico camino de la tiranía. Primero se azuza a la guerra sagrada contra los comunistas, que forman el baluarte puro y valiente de la libertad, y luego caen todos los demócratas en el gran rodado que sepulta totalmente la libertad de un pueblo.

Aquí tenemos ya en las calles y en el Parlamento y en la prensa a los agentes de la represión contra el pueblo, construyendo también sus futuros sanguinarios Moríñigos. No es gratuito –en ningún sentido– el hecho de que el diario *La Opinión*, tan estrechamente ligado al pequeño Partido Socialista de Chile, defienda a los criminales detentadores y usurpadores del Paraguay. No es extraño que Moríñigo apresurara sus medidas de represión y que en Chile, como en otras partes, se reúnan en fraudulentos frentes anticomunistas los reaccionarios, justamente después del discurso del minúsculo presidente Truman, sucesor del gran capitán de la democracia, Franklin Delano Roosevelt. Ya ha dado la orden el jefe del gran garrote, el cacique tatuado en el pecho con un dólar sangriento ha tocado el tam-tam y se agrupan en la selva capitalista los explotadores y los traidores para dar una suprema batalla contra la libertad en el mundo.

Pero en el Paraguay, en nuestra pequeña república hermana, un grupo de patriotas de todos los partidos, civiles y militares, ha dado una contestación extraordinaria a estas maniobras tenebrosas. Por los mismos territorios entregados al imperialismo, pequeños soldados de la libertad paraguaya se acercan a la liberación de su patria de un tirano manchado por todos los crímenes contra su pueblo.

Doy la bienvenida a este movimiento de liberación del Paraguay y, con toda la fe americana y el amor a la libertad, eterno y viviente en nuestra patria, deseo la victoria definitiva de los patriotas paraguayos sublevados contra la tiranía y hago votos por que esta victoria y esta liberación, una vez conseguidas, no se desnaturalicen, no se tergiversen en nuevos caudillismos, sino que se engrandezcan y dignifiquen para honor del Paraguay y de América entera.

[Sobre la situación política en Nicaragua]

(Sesión en martes 3 de junio de 1947)

EL SEÑOR ALESSANDRI PALMA (PRESIDENTE). Tiene la palabra el señor Neruda.

EL SEÑOR NERUDA. Señor presidente:

Hace algunos años, en Nicaragua, atraído a una celada traidora, caía derribado para siempre uno de los más heroicos luchadores de nuestra América, el general Sandino. El crimen causó estupor. Se le consideraba victorioso en su gallarda gesta de independencia, después de años de combate contra las fuerzas armadas del imperialismo norteamericano, que enarbolaban ayer como hoy la política del *big stick*, amenazando brutalmente nuestra independencia de pequeñas naciones.

Todo el mundo supo en Centroamérica que el arma asesina que así segara una gloriosa vida fue empuñada por un obscuro mercenario, llamado Somoza, que obedecía las órdenes de los irreconciliables enemigos de su patria, eliminando por el asesinato al gran obstáculo que encontraban los trusts fruteros y los militaristas norteamericanos para aniquilar la libertad de esa república y convertirla en una sórdida factoría colonial.

Se cumplieron las órdenes de los amos y, junto a los despojos sangrientos del héroe traicionado, se levantaron los primeros pasos de un típico caudillo de lo que ojalá llegue a ser la prehistoria política centroamericana. Somoza, cínico jefezuelo de un país desventurado, encarcela, deporta y asesina a sus enemigos políticos y, aceptando el precio pagado por la muerte de Sandino, se encarama al sillón del mando perpetuo como Moríñigo en el Paraguay, como Trujillo en Santo Domingo, como el carnicero Tiburcio Carías en Honduras, sentándose sobre el martirio de su pueblo en un trono de dólares y de sangre.

He podido ver, en mis rápidos viajes por América central, la desesperación de esos pueblos y no traería al Senado de Chile esta materia y estos acontecimientos, si no hubiera visto y recogido en la misma fuente dolorosa de estos padecimientos los ojos de Centroamérica puestos en Chile, en nuestra democracia.

A pesar de que las elecciones fueron una comedia organizada por Somoza, después de diez años los nicaragüenses han tenido por primera vez un hombre digno en la presidencia, S.E. el presidente de aquella República, señor Argüello. Pero a las primeras manifestaciones de dignidad de este anciano de casi ochenta años, los sayones de Somoza han rodeado Parlamento y palacio gubernativo, encarcelado a los militares leales y a las autoridades, debiendo el presidente Argüello, como es del dominio público, asilarse en la embajada de México.

El presidente Argüello fue elegido con la anuencia de Somoza para ser un presidente títere, pero como tratara de paralizar las casas de juego, de las que Somoza y los oficiales de la guardia nacional sacan pingües ganancias, y tratara además de evitar que los soldados de esta guardia trabajaran en las haciendas de Somoza, ha estado en peligro su vida y este leve paréntesis de esperanza democrática se ha cerrado dejando adentro la ola de abuso, tiranía, corrupción y violencia que por largos años ha sepultado a la patria de Rubén Darío.

Quiero pedir al señor ministro de Relaciones Exteriores, apoyándome en sus numerosas decisiones democráticas que han elevado el prestigio de Chile en este último tiempo, nos manifieste su opinión sobre el cuartelazo nicaragüense y haga públicas las informaciones valiosas que sin duda existen en su poder sobre estos vergonzosos acontecimientos. No pongo en duda que Chile, que recientemente enviara un ministro para que nuestro país estuviera presente en la ceremonia de la transmisión del mando, dejará en claro que no reconocerá otro mandatario que el elegido señor Argüello, a pesar de todas las intrigas que en este momento maquina el dictador Somoza. No cabe duda que sus patrones del Departamento de Estado norteamericano lo protegerán de nuevo y que las cancillerías de los otros países de Centroamérica, oprimidos por regímenes parecidos, se apresurarán a alentar a Somoza. Por eso estimo que no hay consultas que hacer y, por el contrario, corresponde a un país de profunda tradición democrática adelantarse a todos los otros del continente y desenmascarar las pretensiones del sátrapa nicaragüense.

Esto traerá inmenso reconocimiento de millones de demócratas centroamericanos hacia Chile y así no se defraudará a aquellos chilenos que al votar por el señor González Videla quisieron contribuir al engrandecimiento democrático no sólo de nuestra patria, sino a la resurrección de la libertad en todo el mundo.

[Proyecto de ley sobre sindicación campesina]

(Sesión en martes 3 de junio de 1947)

EL SEÑOR SECRETARIO. Corresponde al Honorable Senado votar las observaciones formuladas por S.E. el presidente de la República al proyecto de ley sobre sindicación campesina.

[...]

EL SEÑOR NERUDA. Señor presidente, está en los últimos trámites, y seguramente será aprobado, este proyecto, hecho con un criterio de inquisidores y de policía y no con un criterio de legisladores y de seres humanitarios. Está bien o, más bien dicho, está mal.

Desgraciadamente, las observaciones, el veto del señor presidente de la República, no destruyen la malevolencia fundamental, la malignidad con que se ha elaborado esta ley monstruosa, en la que nosotros no colaboramos.

Sería largo redundar en razones que ya han sido expuestas desde estos mismos bancos.

Hace algunas semanas, la Alianza de Intelectuales de Chile, de la cual soy presidente honorario, se dirigió a un grupo de abogados que conocen en toda su profundidad nuestro sistema jurídico y les pidió un informe; lo tengo en mis manos y no deseo leerlo, porque es demasiado largo, pero pido al señor presidente que recabe el asentimiento de la Sala para que sea publicado formando parte de las consideraciones que hago esta tarde para fundar mi voto.

Estamos, tal vez, en el segundo acto de este drama de los campesinos chilenos. El primer acto ha sido largo y terrible: han sido cien años, o más, de miseria, de hambre y de esclavitud. El segundo acto es esta ley inicua. Yo digo a los señores legisladores de la derecha, responsables del despacho de este proyecto, para que lo escuchen los campesinos de toda mi patria, que conocen quiénes son los responsables de las innumerables dificultades y tragedias que involucrará la aprobación de esta ley, les digo, con esperanza, que el tercer acto de este drama de los campesinos lo escribirán, posiblemente, ellos mismos, cuando puedan abolir estas leyes criminales que se quieren dictar.

[«In memoriam» Rafael Luis Gumucio]

(Sesión en martes 17 de junio de 1947)

EL SEÑOR NERUDA. Con profundo respeto adhieren a este homenaje los senadores comunistas.

Con ayuda del pueblo algunos capitanes heroicos fundaron nuestra patria y en ella germinó, desde entonces, un espíritu, un sentido nacional.

Pero la patria no sólo es territorio y extensión; es profundidad y altura. Alta y profunda es la figura de don Rafael Luis Gumucio.

En nuestra vida política hay gente efímera que brilla y desaparece. Gente traviesa y tornátil que juega con los principios y se viste con ellos hasta que la primera racha de la tempestad les arrebata la túnica y los deja en su mezquina desnudez, ante los ojos del pueblo. En don Rafael Luis Gumucio los principios estaban tejidos en los fundamentos de su personalidad, tenían una sola contextura sus ideas y su vida. Por mantener estas ideas recibió incontables heridas morales, dentro y fuera de su propia colectividad política. Patriota verdadero, antifascista, antifranquista, antiimperialista, su levantada actitud, su vida insobornable dieron prestigio a los ideales políticos cristianos.

Dejó para siempre estigmatizada a cierta prensa cavernaria. No podemos olvidar los comunistas palabras suyas que en esta hora, repetidas junto a su fresca tumba y en las circunstancias actuales, cobran un valor de advertencia para nuestra nación. Dijo el señor Gumucio, el 16 de enero de 1945: «Al comunismo no se le combate con cárceles y persecuciones; no se le combate con denuestos; no se le combate con mentiras».

Dijo en esa misma ocasión: «Celebro con toda el alma que los católicos de la Falange Nacional se destaquen como partido. Celebro que vayan contra el capitalismo individualista. Celebro que con sinceridad quieran justicia social. Celebro sus esfuerzos por los justos precios y los justos salarios. Celebro, por fin, que no sean reaccionarios».

Es digna de ser escuchada esta voz de una gran conciencia de Chile, cuando una campaña de vileza inaudita contra los comunistas persigue oscurecer el ambiente para ocultar indecorosos designios.

Nosotros, comunistas, separados de sus ideales por filosofías diferentes, señalamos en este gran demócrata cómo es posible coincidir, desde posiciones diversas, en puntos comunes para la defensa de nuestro pueblo y de la libertad.

Aquí se habla mucho de un viejo Chile que muchos pretenden lleno de virtud y santidad, de seriedad y sinceridad. Algo de esas virtudes, en realidad, formó el patrimonio de nuestra patria. Pero ellas forman sólo el panorama de la altura, los grandes árboles que no dejan ver el bosque. Junto a tales innegables virtudes se mantuvieron el analfabetismo, la miseria fisiológica, la habitación inhumana, la esclavitud de los siervos.

Don Rafael Luis Gumucio no pertenece a ese pasado, no calza en ese viejo Chile patriarcal y feudal.

Es un precursor de nuevas edades, de una época nueva para nuestra patria, pertenece a un nuevo Chile. Sus ideas religiosas, que respetamos y que no compartimos, no le hicieron defensor de la explotación, sino de los explotados.

Los comunistas queremos muchos adversarios como él. Estamos obligados a revelar el ejemplo de tales adversarios políticos, alabando sus preocupaciones por la salud y el porvenir del pueblo. Asimismo, estamos obligados a señalar en nuestros más próximos aliados las debilidades y las concesiones que impiden el progreso que deseamos en común para Chile. No somos ni adversarios ni amigos incondicionales. Nuestra enemistad como nuestra amistad están subordinadas a los supremos intereses del país.

Los últimos años de don Rafael Luis Gumucio fueron de grave y pensativa soledad. Los fariseos lo persiguieron y él mantuvo desde su retiro la rectoría de un pensamiento social cristiano renovador y valioso.

Su vida limpia, su vejez solitaria, habrían sido dignos temas

para una de las vidas de Plutarco. Pero dónde hallar una vida
paralela? Tal vez en Luis Emilio Recabarren. Recabarren
vino del pueblo, de la marea del descontento popular que reclamaba justicia social, y elevó estas corrientes impetuosas, al
fundar el Partido Comunista de Chile, a la altura de la moral
política universal y trajo la palpitación de la masa al conocimiento y a la madurez de su conciencia. Gumucio, partiendo
de altos ideales, llegó por los caminos de su dignidad intelectual a compartir y defender las esperanzas del pueblo.

El Partido Comunista de Chile inclina sus banderas de lucha ante esta noble figura que desaparece de nuestra activa
democracia.

[Posición y acción del Partido Comunista de Chile]

(Sesión en miércoles 18 de junio de 1947)

EL SEÑOR NERUDA. El presidente de la República ha formu-
lado declaraciones contra el Partido Comunista en relación
con las incidencias recientes en la huelga de choferes y cobra-
dores de autobuses y microbuses.

Tengo la misión de referirme a estas expresiones y lo hago
en nombre de la Comisión Política de mi partido.

Trataré de hacerlo con la elevación que corresponde a un
partido que se distingue por su dignidad política y moral y
por el respeto que le merecen los compromisos contraídos
con la nación. Al país no le interesa una polémica entre el
Partido Comunista y el presidente. Le interesa la solución de
sus graves problemas.

Sobre la huelga de este personal, cábeme decir que su solución está finiquitándose en este día de hoy sobre las bases
planteadas desde el primer momento por los obreros, o sea, el
cumplimiento del acta de avenimiento firmada en diciembre
del año pasado y que los propietarios han burlado durante
más de 6 meses.

Quiero agregar que de este personal de 3.000 trabajadores, sólo hay 70 militantes comunistas y que en la dirección del sindicato, entre 11 dirigentes, hay 4 comunistas, elegidos por la abnegación y el sacrificio que han demostrado en la defensa del gremio.

El soplonaje policial, que el señor presidente prometiera suprimir por inútil y corrompido, ha tergiversado las informaciones sobre estas incidencias y ha alimentado, encubriendo sus criminales provocaciones, a la organización fascista llamada ACHA, respecto de la cual se mantiene un riguroso silencio.

Estas organizaciones fraguaron el clima necesario para esta primera acción y fabricaron un informe falso para engañar al gobierno y luego estos hechos sirvieron para poner a la capital del país en un clima de intranquilidad gravísimo y en un estado de emergencia, en pugna con la ley y la Constitución y que hieren gravemente a las instituciones democráticas.

Cuál es la contestación de los comunistas a las comentadas declaraciones de un mandatario cuya llegada al sitial de los presidentes de Chile fue el fruto de una gloriosa, heroica y esperanzada lucha de las fuerzas democráticas, en especial de los militares obreros e intelectuales comunistas?

Nuestra respuesta al presidente consta solamente de tres palabras y queremos que las oigan con atención el Senado y todo Chile: cumpla el programa.

Quiero recordar algunas circunstancias de la reciente lucha presidencial: los tres candidatos pertenecían a la clase media profesional e intelectual; los tres fueron considerados como personas de solvencia moral; los tres eran senadores de la República, y los tres fueron tratados de acuerdo con estos conceptos respetuosos por la mayoría de la población. A mí, como jefe de propaganda de la campaña del actual presidente, me correspondió fijar las líneas decorosas que permitieran la exposición de nuestras ideas sin llegar jamás al ataque personal a ninguno de los otros candidatos a la presidencia de la República, igualmente estimados por grandes sectores de la ciudadanía.

Qué distinguía, pues, a estos candidatos? Cuál fue la herramienta verdadera del triunfo?

El programa de acción, elaborado por las fuerzas populares, a cuya cabeza actuaban estrechamente unidos los Partidos Radical y Comunista.

Así la lucha democrática en esas elecciones extraordinarias se derivó a una lucha de principios y el resultado fue la victoria de aquel programa.

Aquel programa está en La Moneda, fue llevado allí por la inmensa aspiración del pueblo organizado. Aquel programa es jefe de gobierno y el pueblo de Chile, cuando mira el palacio, no ve personas sino letras, letras de un programa que fueron alineadas en cientos de miles de ejemplares y que siguen conteniendo el sentido de la lucha democrática.

De ese programa mi partido no ha recibido observación alguna. No puede tener objeciones para los que le dieron vida, para las fuerzas que lo elevaron al sitial de las realizaciones y que permanecen inquebrantablemente leales a él.

En su declaración, el presidente de la República promete una vez más cumplir el programa antes jurado por él. Ésta es la parte positiva de su declaración. Es, por lo tanto, para nosotros los comunistas, su frase más importante. Otros buscarán la querella artificial, a la cual nosotros no nos prestaremos. Las hordas de Olavarría se aprestan para lanzar a su gente armada a sembrar el terror, que buen resultado les diera con el asesinato perpetrado en los incidentes de la huelga de autobuses, y luego tratarán, como el criminal Caldera, de descuartizar nuestra democracia y enterrarla en pedazos.

Pero no sólo estos elementos existen. Existe una conciencia popular, la que eligió un programa, la que triunfó el 4 de septiembre.

Esta conciencia popular también vigila y espera. No vigila como la fuerza retrógrada para impedir que el presidente cumpla sus promesas, sino para impulsarlas y darles su apoyo, a pesar de toda la virulenta campaña desarrollada en prensa y radio contra el gran partido del pueblo, el Partido Comunista.

Las fuerzas reaccionarias exigen en estos momentos la capitulación del gobierno y el abandono total del programa del 4 de septiembre.

[...]

Trescientos chilenos, miembros del Partido Comunista de Chile, se reunieron en una conferencia nacional entre los días 22 y 27 del mes pasado.

La prensa reaccionaria, los agitadores interesados, toda esa fauna venenosa que vive suculentamente como en un gigantesco caldo de cultivo, adherida a la prehistoria social de Chile, los campeones antisindicales, los mercenarios de la prensa «seria», los esclavizadores del campesino chileno, se echaron a difundir, una vez más, las consignas extranjeras sobre el partido del pueblo chileno.

Creo que la repetición de una calumnia hace que incurran en ella no sólo los malvados, sino la gente honrada, a quien precisamente se trata de enredar en la miserable causa del extremismo anticomunista, envoltura transparente de la persecución antidemocrática.

Se insistió, pues, en que este partido, por una parte, iba a mostrar sus divisiones internas, divisiones que esperan desde hace mucho tiempo cándida e inútilmente muchos sectores que quieren debilitar la mayor fuerza democrática de nuestro país y se dijo que los comunistas recibirían instrucciones de una lejana ciudad europea y, malévolos unos e ignorantes y engañados los otros, propalaron insensateces y falsedades bien conocidas que me aburre y repugna enumerar.

Qué tiene este partido de extraordinario, que concita tantas violencias y conspiraciones en su contra?

Por qué tanto rencor azuzado en contra de una agrupación humana?

Por qué es elegida ésta, entre las fuerzas democráticas, como blanco de ataques sin cuartel de todas las fuerzas tenebrosas del pasado?

Por qué se destinan millones de dólares en la persecución de estos ideales políticos?

Por qué en esta campaña anticomunista se cuenta con el soborno y con la falsificación casi diaria de documentos pagados a buen precio por ciertos sectores?

Por qué virtud se unen los más poderosos intereses, los monopolios de cuantía internacional, hasta los rapaces y codiciosos representantes criollos de las fuerzas del dinero en con-

tra de un partido que en un principio no tuvo más fuerza que
la de cien obreros de la pampa, a menudo martirizados, encarcelados o asesinados?

Todo esto lo va a contestar este examen de la Conferencia
del Partido Comunista, que quiero hacer rápidamente para
no fatigar al Honorable Senado.

Antes que nada, voy a expresar mi ilimitada admiración
por el inmenso progreso de nuestro pueblo, allí políticamente representado.

No se dirigieron aquellos delegados surgidos de la entraña
del pueblo a recriminar a otros grupos políticos populares,
no escuché en aquellos largos debates una intervención que
trasluciera personalismos, divisionismos o ambición. Esta
conferencia, esta discusión colectiva, trató con agotadora insistencia los grandes y pequeños problemas de nuestra patria.

Nunca olvidaré las palabras de María Ramírez, obrera textil, sobre derechos de la mujer en la legislación del trabajo,
sobre salas cunas, sobre descanso maternal, sobre las luchas
y preocupaciones de las mujeres.

No olvidaré tampoco a Hugo Vivanco, campesino de Aconcagua, hablando sobre los problemas agrícolas de su provincia, denunciando la política de la Caja de Crédito Agrario, fa-
vorecedora de los terratenientes y nunca dirigida a prestar
ayuda económica a los pequeños y medianos agricultores.

Ni a Juan Yáñez, dirigente obrero del sur, quien pedía una
política de mayor energía para detener los roces a fuego y expresaba su preocupación por la pérdida de esta riqueza y deseaba planificar y practicar una política de reforestación.

Ni al joven obrero ferroviario René Corbalán detallándo-
nos los esfuerzos del gremio para aumentar la producción y
cómo, con ideas salidas de los mismos, se ha descongestiona-
do la carga, haciendo trabajar las locomotoras en *pool*.

Ni cuando Cipriano Pontigo examinaba, como técnico y
político a la vez, las consecuencias de la sequía en el Norte
Chico e indicaba hasta en sus detalles más pequeños una ayuda efectiva para los pequeños agricultores de esa zona, impulsando con una clarividencia extraordinaria las medidas de
forestación que atajarían la marcha del desierto.

Ni el análisis que hizo Luis Valenzuela sobre la intensifica-
ción de la producción, sobre la Corporación de Ventas del
Cobre y sobre una mejor política de cambios.

Los delegados campesinos de las lejanas islas del sur traían
puntual relato de su vida en el durísimo clima de esas latitudes e ideas prácticas para mejorar los transportes y traer los
productos sin especulación ni acaparamiento hacia los consumidores más necesitados del centro y del norte. Los mineros del norte, preocupados ya de problemas colosales por su
repercusión en las finanzas de la patria, y la voz de los campesinos tocaban, por primera vez quizás, a las puertas de la
patria para que se las abriesen y pasasen a incrementar la conciencia organizada que impulsaría nuestro desarrollo.

Tuve la sensación, en esta Conferencia tan desprovista de
politiquería, tan rotundamente patriótica y sensata, de ver el
cuerpo de Chile, llegando, por fin, a su madurez.

Las partes más vitales, más íntimas y valiosas del organismo de la nación estaban allí representadas. De cada uno de
los climas, de cada rincón de las provincias, de cada repliegue
de nuestro vasto y áspero territorio había llegado allí un mecánico o un marino, un pescador o un empleado, un minero
o un carpintero, un escritor o un inquilino, un ingeniero o un
ferroviario, es decir, aquellos que cada día afrontan la batalla colosal del trabajo, aquellos que cada día llevan adelante el proceso de la creación económica. Todos esos representantes de los sectores obreros hablaban allí con la autoridad
única de un pueblo que está dispuesto a conquistar su propio
bienestar y la grandeza de la nación.

Todo esto revela que, gracias a la enseñanza y a la dirección
del Partido Comunista de Chile, el pueblo ha llegado a ser
mayor de edad. Aquel torneo mostraba las necesidades más
urgentes y los caminos que debe recorrer nuestro país para
solucionarlas.

[Una Casa de la Cultura para Santiago]

(Sesión en martes 2 de septiembre de 1947)

[...]

EL SEÑOR NERUDA. El señor ministro de Educación ha empleado para impugnar la indicación [fundar en Santiago una Casa de la Cultura] la misma fórmula que los enemigos de la Universidad de Concepción emplearon por años para impedir su creación. No establezcamos más cosas que no van a funcionar bien! ha dicho el señor ministro. Cómo sabe el señor ministro, qué intuición divina le indica que esta institución no va a funcionar bien? Qué tipo de burocracia podría importarle al Estado una Casa de la Cultura, que sería el refugio para los artistas y escritores que en estos momentos andan errantes por nuestro país y que no tienen un local adecuado donde reunirse? Es verdaderamente denigrante para nuestro país y para todas sus instituciones culturales que la patria del único premio Nobel americano no tenga en su capital un recinto donde se puedan reunir los escritores. La Sociedad de Escritores de Chile, por años, ha vivido de la caridad pública, asilada por largos años, gracias a la generosidad de los antiguos directores de *El Mercurio*, no de los actuales, que le brindaron un pequeño departamento donde sesionaba. Ahora mismo funciona gracias a la caridad de una compañía comercial, en un pequeño local que le proporciona, donde no puede recibir ni sesionar en forma adecuada. Para qué decir, honorables colegas, de las necesidades de los artistas plásticos que no tienen en realidad un local donde exponer sus obras.

En una capital de más de un millón de habitantes tenemos sólo una sala grande, la sala comercial del Banco de Chile, que cobra precios verdaderamente usurarios a los artistas por exponerles sus cuadros y aunque tenemos otras, ellas son inadecuadas, por pequeñas, como la sala de la Universidad de

Chile y la del Ministerio de Educación, que creó uno de los anteriores ministros de Educación, el señor Benjamín Claro.

Señor presidente, acabo de hacer una visita a la República Argentina. Me ha recibido la Sociedad de Escritores Argentinos, que tiene un hermosísimo local, con jardines, con habitaciones para los escritores visitantes, con club, con sala de sesiones y pequeños recintos de reuniones, con salas de escribir y biblioteca en que hacer consultas.

Quiero preguntar al señor ministro si conoce la existencia de un local así entre nosotros y por qué pretende aplastar esta indicación que revela solamente la necesidad absoluta de tener estas comodidades para los escritores, para los músicos, para los pintores, para la gente de teatro y para la Federación de Artistas Plásticos y cuya administración estaría garantizada, por otra parte, por los tres organismos fundamentales de la educación: la Universidad de Concepción, que tendría un delegado en esta casa, la Universidad de Chile y el Ministerio de Educación.

En cuanto a que se despojaría a aquella Universidad de $ 5.000.000, hemos tomado conocimiento, por la palabra del señor ministro de Educación, de que los $ 10.000.000 son para la adquisición de propiedades rurales.

Pues bien, así como se destinan $ 10.000.000 para propiedades rurales –que seguramente van a necesitar y que no discutimos, ya que el señor ministro ha defendido tan dramáticamente esta necesidad– bien puede acogerse nuestra indicación y nos resistimos un poco a creer al señor ministro, a pesar de su veracidad y de su solvencia, que la Universidad de Concepción estuviera en tan grave peligro de caer si se aprueba lo que he propuesto.

Quiero decir que el capital que se va a crear no mermará las reservas que quiere tener la Universidad de Concepción para cumplir bien sus objetivos ni se retrasarían en absoluto los planes de la universidad, si le restáramos sólo durante tres años los dineros necesarios para la creación de una institución donde pueden reunirse estos grupos de artistas, músicos y escritores o intelectuales y todos los que se ven obligados a pedir prestadas salas para exponer sus obras.

A esto debe agregarse que lo que ahora cuesta $ 15.000.000, dentro de algunos años, cuando el Senado tenga que reconsiderar una negativa de esta especie o cuando haya un ministro de Educación que, en vez de aplastar esta indicación, quiera estimularla, será tarde, porque costará $ 50.000.000 o $ 100.000.000. Por estas razones, quiero pedir al Honorable Senado que hagamos esta obra de cultura que agradecerán todos los intelectuales, maestros, escritores, artistas y periodistas de nuestro país.

[Sobre el derrocamiento de Velasco Ibarra en Ecuador]

(Sesión en martes 26 de agosto de 1947)

[...]

EL SEÑOR NERUDA. Señor presidente:

Hace algún tiempo ya, en otro país, un hombre fue recibido por su pueblo como pocas veces en nuestra América y llevado a la primera magistratura de su patria en virtud de principios y de un programa que encarnaban lo popular y lo nacional, las aspiraciones y los ideales de esa hora. Él se comprometió en compromiso solemne a realizar, con la ayuda de los partidos que conquistaron para él el poder, un vasto programa de bienestar colectivo, de desarrollo económico, de justicia y de progreso.

El mandatario se transformó en el poder. Fue cediendo ante la presión de los enemigos de su pueblo, fue cediendo ante la amenaza y el chantaje imperialista, fue convirtiendo a sus amigos en favoritos serviles y solicitó y obtuvo, inventando el peligro comunista, a que recurren siempre los demócratas inconsecuentes, facultades para perseguir y destrozar las ideologías que en su movimiento histórico lo llevaron al poder. Fue amado como pocos mandatarios antes de él y despreciado, cuando traicionó a su pueblo, como ninguno.

Me refiero al presidente fugitivo del Ecuador, José María Velasco Ibarra. Los mismos militares que él llamó al poder para apoyar por la fuerza su megalomanía, lo han desalojado de él, cuando su presencia era un obstáculo, por su impopularidad, para aquellos mismos a quienes él llevara al gobierno para fortalecerse.

El pueblo ecuatoriano ha sabido mantener en esta ocasión una profunda indiferencia ante el golpe palaciego; ni un solo hombre ha salido a la calle a defender a su antiguo líder y ni una sola voz de protesta popular se ha dejado oír en las ciudades ecuatorianas, habiéndose demostrado con esto, de una vez por todas, la actitud que toma el pueblo frente a los traidores y a los que en charcos de sangre ahogan sus esperanzas.

Al iniciar su gobierno, Velasco fue sincero con el pueblo y consigo mismo. Su primer gabinete fue de unidad nacional, en el que la clase trabajadora estuvo representada por intermedio de los partidos comunista y socialista; pero todos aquellos buenos propósitos se vieron intempestivamente interrumpidos y Velasco Ibarra empezó a dar las espaldas al pueblo. Su primer paso fue sacar del gabinete a los representantes de las fuerzas populares, formando el nuevo gobierno a base de los partidos oligárquicos. Las consecuencias no se hicieron esperar. La reacción dominante hizo prevalecer sus intereses por sobre los del pueblo. Las subsistencias subieron notoriamente en pocos meses. La libertad política fue restringida al máximo y las garantías ciudadanas fueron anuladas. El descontento crecía por momentos hasta que la situación fue imposible de sostener por las vías legales. El pueblo pedía pan y, como no había, era menester darle balas para que silenciase su estómago. Con una habilidad sin precedentes Velasco Ibarra engañó astutamente al ejército, al que comprometió para dar el golpe de dictadura del 30 de marzo del año próximo pasado. Velasco dijo al ejército que había que defender la estabilidad de las instituciones amenazadas por los comunistas, que preparaban una revolución de tipo «terrorista», costeada y dirigida desde Rusia. Y el ejército ecuatoriano se engañó y prestó su contingente para el golpe. Luego este mismo ejército se ha visto humillado y menospreciado.

Los más valiosos militares y dignos oficiales han sido encarcelados o degradados y es el ejército quien ha sufrido con más crudeza la equivocación que tuvo al colaborar en una maniobra semejante. El ejército ecuatoriano quedó mancillado en su honor con todos los hechos vergonzosos que Velasco le obligó a ejecutar, tales como el incendio y destrucción de los talleres del diario *La Tierra*; flagelamiento de más de ciento sesenta estudiantes universitarios que protestaban contra el dictador en los claustros de la universidad; masacre de los obreros de las fábricas de Quito que no solidarizaban con los hechos sangrientos que Velasco ponía en práctica para mantenerse en el poder; destierro y persecución de los jefes de los partidos políticos y dirigentes trabajadores; disolución de la Asamblea Nacional; desconocimiento de la Carta Política Fundamental: hechos que son de todos conocidos. Y todo esto lo hizo Velasco Ibarra olvidando su tradición, sus años de lucha y sacrificio, sus juramentos y sus promesas. Velasco Ibarra, el ídolo del pueblo, «el maestro de la democracia americana», como se hacía llamar, claudicaba miserablemente ante la presión reaccionaria e imperialista. Hasta que estas mismas fuerzas que lo apoyaban, en tanto que seguía divorciándose del pueblo, cuando fue innecesario para sus fines, lo abandonaron y depusieron, alejándolo del poder y de las fronteras patrias.

Señor presidente: del Ecuador, país hermano que tanto admiró nuestra democracia popular y nuestras instituciones, nos llega esta lección política, profética y profunda.

Estamos amenazados en procesos semejantes y nos va cercando una paulatina destrucción de los derechos conquistados por la lucha de nuestro pueblo. El embotamiento que precede al servilismo ya se manifiesta en los puntos nerviosos de nuestro sistema. El Círculo de Periodistas de Santiago acaba de suspender al señor Ramón Cortés, presidente del consejo de *La Nación*, porque este funcionario, antes campeón de la libertad de prensa, por órdenes del gobierno impidió la aparición de un diario independiente que se imprimía en sus talleres. El ministro del Interior acaba de amenazar a uno de los más grandes diarios de la capital con la clausura, porque pu-

blicó la verdad sobre el precio del pan en Lota, rebajado mediante la lucha de los obreros del carbón, quienes obligaron a
un gobierno inactivo a tomar medidas contra los especulado-
res, exigidas por todo el pueblo de Chile y que ahora comienzan a bosquejarse, cuando para ellas no había necesidad
alguna de las facultades, sino de la aplicación de nuestras leyes, apoyadas por la decisión de cumplir las promesas del lejano 4 de septiembre de 1946.

El fin de la dictadura de Velasco Ibarra, como las horcas
en la plaza de La Paz, prueban que en el fondo de nuestros
pueblos americanos, en la amalgama misma de su existencia
ciudadana, viven principios indestructibles de libertad, que
ninguna facultad extraordinaria ni ninguna amenaza ni persecución ni martirio logran extirpar. Se ha visto en el Ecuador
que los aprendices de tiranos que entraron por las anchas
puertas de la voluntad popular, salen por las ventanas apresuradamente abiertas de la ignominia y del desprecio.

No puedo felicitar al nuevo gobierno ecuatoriano. Ya conoceremos su acción, ya examinaremos si responden los nuevos gobernantes a la marea de indignación que los impuso
hace dos días y a la ansiedad liberadora del pueblo hermano.
A este pueblo, duramente sacrificado por oligarcas feudales,
imperialistas, reaccionarios, a este pueblo ecuatoriano, que
aún en la miseria desoladora de sus obreros y campesinos
tuvo fuerzas para luchar contra quienes lo engañaron y escla-
vizaron, envío a través de sus valientes partidos populares mi
mensaje más ferviente para que progrese material y cultural-
mente, para que su dignidad cívica sea restaurada, para que
su soberanía de pequeña nación sea mantenida, para que en
el alcance de estos ideales no claudiquen ni vacilen sus nuevos
gobernantes.

[Sobre el conflicto obrero en la zona del carbón]

(Sesión en martes 14 de octubre de 1947)

[...]
EL SEÑOR NERUDA. Señor presidente:

Nuestro país ha sido arrastrado a una situación extremadamente delicada, debido a la falta de una política realista, constructiva, eficaz, por parte del gobierno. Diversos problemas que afectan a todos los sectores de la población no han hecho más que agravarse día por día y ni siquiera se intenta abordar la solución de problemas fundamentales de la nación, enunciados particularmente en el programa sancionado por el pueblo el 4 de septiembre del año pasado.

El descontento se ha generalizado a todos los sectores políticos y sociales y han llegado a surgir la inquietud y la alarma.

Frente a la gravedad de este momento, el gobierno, pretendiendo desviar la atención pública de las verdaderas causas de la situación, se esfuerza y se empecina en dar un carácter sedicioso a un conflicto provocado por la intransigencia de las compañías y sólo prolongado artificialmente por el capricho de un hombre, atribuye finalidades políticas a peticiones estrictamente económicas y trata, con avieso designio, de hacer creer que tiene extensión nacional, continental y mundial un movimiento local, circunscrito a la zona carbonífera.

La huelga de los mineros del carbón es la culminación de un conflicto que venía gestándose desde hacía meses, en cuyo proceso se observaron estrictamente todas las disposiciones legales del trabajo. Su origen es, única, exclusiva e intrínsecamente, económico. El desnivel entre los salarios y el costo de la vida ha llegado a extremos nunca vistos hasta hoy, aparte de que ya era de sobra conocido el hecho de que los salarios del carbón eran los más bajos que se pagaban en todas las industrias. Este hecho es conocido más allá de nuestras fronteras.
[...]

Por qué no se soluciona la huelga?

Ayer, sintonizando la radio del Partido Radical, Radio Corporación, escuché algo que todo el país debe conocer. Respondiendo el locutor a la pregunta formulada por muchos auditores en el sentido de que se les esclareciera quién se oponía a la solución del conflicto carbonífero, contestó: «Los obreros han insistido en la necesidad inmediata del arreglo».

El senador que habla conversó con una delegación de Partidos de Izquierda de Concepción, presidida por un radical, que solicitó ser recibida por el presidente de la República. Éste rechazó abruptamente tal petición. Han intervenido destacados políticos de derecha en idéntico sentido y se les ha contestado con la misma terca negativa. Los mismos dirigentes de la industria afectada han ofrecido allanar el camino a una solución, pero el señor González Videla les ha manifestado que no acepta ningún arreglo, que la huelga no es un problema económico sino de política internacional, una primera batalla en la tercera guerra mundial.

O sea, la única persona que se opone a solucionar la huelga es el presidente de la República.

[...]

No sólo las espaldas ha dado al pueblo el actual mandatario. Ha hecho algo más grave, ha dado vueltas su corazón y su cabeza. Ha olvidado su corazón a aquellos que lo eligieron, a aquellos que se rompieron las uñas escribiendo su nombre por las calles y los caminos de la patria. Su cabeza ha olvidado la sensación del equilibrio y la justicia.

Se queja el gobierno de la división de la izquierda. Que se busque al autor, al único divisionista de la izquierda, entre las paredes de piedra del palacio.

Allí está el que impide la unidad de los partidos y que, con su acción, está destruyendo su propio partido.

[...]

El Partido Comunista ha ayudado a la carrera política del actual presidente de la República con más sacrificio que ninguna otra colectividad. En las elecciones senatoriales mi partido le cedió el primer puesto, que nos correspondía, posponiendo en la lista electoral a un hombre tan amado de nuestro pueblo como Elías Lafertte y haciendo peligrar mi propia candidatura. En las elecciones presidenciales, en las que me correspondió hacer de jefe de toda la propaganda nacional de la candidatura, fueron los comunistas los que dieron fuego sagrado e impulso arrebatador a la campaña. Tres de nuestros mejores camaradas ocuparon con lealtad y honradez carteras ministeriales en que encontraron obstáculos premeditados para cumplir el programa del 4 de septiembre.

Desde hace tiempo, desde la huelga de autobuseros y la injustificada matanza de gente pacífica que allí se realizó, el presidente de la República ha querido hacer de los comunistas, que así le ayudaron, objeto preferente de ataques insultantes, que no respondimos, usando un lenguaje desconocido en el idioma de los presidentes de Chile. Apelamos una vez más a todos los partidos, en especial al Partido Radical, para exigir el cumplimiento de las promesas juradas al pueblo. Esto pareció llevar al paroxismo al primer mandatario.

Hoy, que parece haber arrastrado a la directiva de este grande y fraternal partido a una próxima catástrofe administrativa, política y electoral, tienen los comunistas el deber de mostrar al desnudo, a los ojos del pueblo, a quienes, siguiendo su trayectoria, se aprestan para engañar mañana a sus nuevos aliados.

[...]

Esta huelga del carbón, legal y local, debe tener también su solución legal. La CTCH [Confederación de Trabajadores de Chile], con los documentos que he leído y que el gobierno impide publicar, desea y busca esta solución que conviene a los intereses de nuestra patria en su integridad.

Pero también conviene a nuestra patria que sus hijos no sean tratados como esclavos. Deben deliberar y discutir la solución propuesta y debe abrirse el camino para el arbitraje de los puntos que no sean esenciales.

Mientras tanto, señalo desde la única tribuna que me ha sido posible ocupar debido a la persecución policial, desde la más alta tribuna de Chile, desde este Senado, que la huelga del carbón ha encontrado hasta ahora un solo obstáculo: el propio gobierno, que sólo propicia la solución o disolución violenta de un movimiento tan justificado que ha llamado la atención del mundo entero cuando se han revelado los miserables salarios de los obreros del carbón.

A ellos vaya mi saludo, mi completa solidaridad y la de mi partido, para que su noble ejemplo de fortaleza en sus deberes y en sus derechos, a pesar de la calumnia y de la imposición, sirva en esta hora de confusión y descontento para guiar a todos los chilenos en la defensa de los principios fundamentales y constitucionales de nuestra República.

III

DISCURSOS Y DOCUMENTOS SOBRE LA CRISIS DEMOCRÁTICA EN CHILE (1947-1948)

Carta íntima para millones de hombres

Quiero informar a todos mis amigos del continente sobre los desdichados acontecimientos ocurridos en Chile. Comprendo que gran parte de la opinión se sentirá desorientada y sorprendida, pues los monopolios norteamericanos de noticias habrán llevado a cabo, seguramente (en este caso como en otros), el mismo plan que siempre han puesto en práctica en todas partes: falsear la verdad y tergiversar la realidad de los hechos.

Tengo el deber ineludible, en estos trágicos momentos, de aclarar en lo posible la situación de Chile porque, a lo largo de mis viajes por casi todos los países de América, pude experimentar en mí mismo, el inmenso cariño que hacia mi patria sentían los demócratas de nuestras naciones. Este cariño se debía fundamentalmente al entrañable respeto por los derechos del hombre, ahincado en mi tierra como tal vez en ninguna otra tierra americana. Pues bien, tal tradición democrática, patrimonio central de los chilenos y orgullo del continente, está siendo hoy aplastada y deshecha por la obra conjugada de la presión extranjera y la traición política de un presidente elegido por el pueblo.

1. LA PRESIÓN EXTRANJERA

Expondré ante ustedes brevemente los hechos.

El actual campeón anticomunista y presidente de la nación llevó a su primer gabinete a tres ministros comunistas. Expresó al Partido Comunista de Chile para obligarlo a designar a estos ministros que si el Partido Comunista no aceptaba esta participación en su gobierno él renunciaría a la presidencia de la República.

Los comunistas en el gobierno fueron verdaderos cruzados para obtener el cumplimiento de las promesas hechas al pueblo chileno. Desarrollaron un dinamismo nunca visto antes en la vida política de Chile. Encararon de frente innumerables problemas, solucionando muchos de ellos. Se trasladaron a todas las zonas del país y tomaron contacto directo con las masas. Apenas pasadas algunas semanas en el gobierno en actos públicos de magnitud extraordinaria dieron cuenta al país del desarrollo de sus actividades, haciendo una política abierta y popular. Combatieron en forma pública los proyectos de alza del costo de la vida, proyectos azuzados por los gestores enquistados dentro del gobierno.

Toda esta política de tipo nuevo, activo y popular, desagradó profundamente a la vieja oligarquía feudal de Chile que influenció y fue cercando poco a poco al presidente de la República. Por otra parte los agentes del imperialismo norteamericano de compañías tan poderosas, mejor digamos todopoderosas, en Chile, como Guggenheim, la Chile Exploration Corp., la Anaconda Copper, la Anglo Chilean Nitrate, la Braden Copper Co., la Bethlehem Steel, etc., no perdían el tiempo. Los agentes de estas organizaciones tentaculares que poseen todos los depósitos minerales de Chile, se movían cercando al presidente recién elegido. Éste fue cambiando de actitud hacia sus ministros comunistas, creándoles obstáculos, enfrentándolos con otros partidos en reiterados intentos de maquiavelismo provinciano. Los ministros comunistas aceptaban este combate subterráneo en la esperanza de que su propio sacrificio personal pudiera obtener la solución de los problemas más importantes del país. Pero todo fue inútil.

Con un subterfugio cualquiera, y en medio de abrazos y cartas de agradecimiento apasionado a sus colaboradores comunistas el presidente los alejó de su gabinete. Fue éste el primer paso de su entrega. La verdadera razón de la salida de los comunistas, a quienes hoy calumnia y persigue policialmente, la dio para el exterior en forma tan categórica que no necesita más explicaciones para ser juzgado.

En efecto, el señor González Videla concedió el día 18 de junio de 1947 una entrevista al corresponsal del diario *New Chronicle* de Londres. Doy la traducción literal del cable corresponsal:

> El presidente González Videla cree que la guerra entre Rusia y USA comenzará antes de tres meses, y que las presentes condiciones políticas internas y externas de Chile se basan sobre esta teoría.
>
> El presidente hizo esta declaración durante una entrevista exclusiva con el corresponsal de *New Chronicle* e indicó que su próxima visita al Brasil no está conectada con la política norteamericana y argentina pero que su visita estará circunscrita a asuntos chileno-brasileños. Estas dos declaraciones son contradictorias porque es lógico presumir que la actitud que vayan a tomar los dos más importantes países sudamericanos y Chile en el caso de una guerra, tendría que discutirse cuando los dos presidentes se reúnan.
>
> El presidente indicó que la inminencia de la guerra explica su presente actitud hacia los comunistas chilenos, contra los cuales no tiene objeciones específicas. Aseguró: «Chile debe cooperar con su poderoso vecino EE.UU. y cuando la guerra comience Chile apoyará a los EE.UU. contra Rusia».

Poco antes de producirse los actuales sucesos vinieron especialmente de EE.UU. varios mensajeros, especialmente adiestrados por el Departamento de Estado, a soplar en las orejas del frívolo presidente de Chile, tétricos mensajes que oscilaban en la disyuntiva de la entrega incondicional o el desastre económico. Tuvieron un papel decisivo en estas gestiones don Félix Nieto del Río, embajador de Chile en Washington, antiguo nazista y diplomático acomodaticio, y el general Barrios Tirado, huésped extraordinariamente festejado de la alta camarilla militar que defiende los intereses monopolistas yanquis. Junto a estos mensajeros de mal agüero, se descargaron en Chile, durante un período de varios meses y en viajes semisecretos, grandes capitalistas de la industria y de la banca norteamericana, y notablemente entre éstos, el rey mundial del cobre Mr. Stannard acompañado de sus expertos en terror financiero, Mr. Higgins y Mr. Hobbins.

Dichos magnates y sus adelantados criollos, obtuvieron del señor González Videla la entrega de mi país a los designios de la dominación norteamericana, sobre la base de la inmediata persecución anticomunista y la marcha atrás de todo el proceso sindical chileno, obtenido a través de una de las más largas, heroicas y duras luchas de la clase obrera en el continente.

2. TRAICIÓN DE GONZÁLEZ VIDELA

Quiero contar a todos ustedes, amigos conocidos y desconocidos, en esta carta íntima para millones de hombres, que el caso del actual presidente de Chile lo conozco íntima y esencialmente. Nuestras relaciones personales datan de largo tiempo, y, a petición suya, fui además el jefe nacional de Propaganda en su campaña presidencial.

Un contacto semejante me permitió conocer lo poco que hay que conocer de tales hombres, pues, entre su más profunda intimidad y su exterior, no median sino vanos espacios ocupados por mezquinas aspiraciones. El ideal entero de la vida del señor González Videla puede resumirse en esta frase: «Quiero ser presidente». En otros sitios de la tierra americana, los políticos superficiales y frívolos de este tipo, para llegar al poder, se enrolan en cualquier aventura o golpe de Estado, lo que no es posible en Chile. La sedimentación democrática de nuestra nación hizo que el señor González Videla, para lograr su objetivo, vistiese el ropaje de la demagogia utilizando el profundo

y organizado movimiento popular. Tal fue el camino elegido
por él para llegar al poder. Combatido bravamente por su
propio partido –dividido hasta hoy a causa de su candidatura–,
el actual presidente hizo de su amistad con los comunistas la
base fundamental de su carrera presidencial. Los comunistas,
sin embargo, de acuerdo con las restantes fuerzas democráticas exigieron, antes de su elección como candidato, la formulación de un programa de gobierno que contuviera las reformas substanciales exigidas por el progreso de Chile. Tales
reformas fueron discutidas en una amplia convención de las
fuerzas democráticas organizadas y el Programa del 4 de septiembre –que así se llamó este documento fundamental– fue
jurado y firmado por el señor González Videla, en uno de los
actos más solemnes de la vida política del país.

3. EL PROGRAMA DEL 4 DE SEPTIEMBRE

No contiene este documento cambios revolucionarios de ninguna especie. Sus puntos principales son: la Reforma Agraria
a base de la expropiación de las tierras sin cultivo para entregarlas a los campesinos, la creación del Banco del Estado, la
igualdad de salarios a hombres y mujeres; pero para mayor
claridad inserto parte del programa mismo. Notaréis el profundo sentido nacional de este plan de organización civil y
económica de un Estado, y las líneas pacíficas de su desarrollo. Su cumplimiento hubiera significado la transformación
progresiva del país y la salida, hoy mucho más difícil, de la
crisis económica.

Reforma constitucional para establecer
el régimen parlamentario

Plenitud de los derechos civiles y políticos de la mujer. Derogación de las Leyes atentatorias de los derechos individuales y
públicos. Dictación de la Ley de Probidad Administrativa.
    Política internacional de Chile orientada al mantenimiento
de la paz mundial. Creación de la Ciudadanía Americana.

Censo nacional de los artículos de primera necesidad. Adquisición por el Estado de productos de importación, tales como azúcar, té, café, etc. Regulación y rebaja de las rentas de arrendamiento.

Nacionalización de los seguros, petróleo, gas, energía eléctrica, etc.

Creación del Banco del Estado. – Realización de una política monetaria que tienda a revalorizar y estabilizar el valor de la moneda. Internación y distribución de los medicamentos a cargo del Estado.

Instalación de una moderna industria siderúrgica. Instalación de la industria del cobre (fundición, laminación, trefilería y manufactura industrial).

Reforma Agraria que consiste en: la subdivisión de los grandes latifundios y tierras baldías entre los inquilinos y trabajadores agrícolas. Mecanización de la explotación agrícola. Aumento de las áreas de cultivo.

Plan nacional destinado a la construcción de habitaciones populares.

Sindicalización obligatoria. Garantía a la organización sindical y a las conquistas alcanzadas por los trabajadores sobre la base del reconocimiento a éstos del derecho a unirse en su central sindical, la Confederación de Trabajadores de Chile, y de una central única de empleados. Perfeccionamiento de la legislación social vigente. El derecho a ser dirigente sindical desde los 18 años de edad. Despacho inmediato de los proyectos de leyes sobre indemnización por años de servicios. Derogación inmediata de la circular ilegal que prohíbe la organización de sindicatos de trabajadores agrícolas. Plan Nacional de Previsión y Asistencia Social por el Estado. Política inmediata de protección a la infancia. Igual opción para cargos y ascensos de hombres y mujeres en la Administración Pública y servicios semifiscales. Cumplimiento efectivo de la disposición del Código del Trabajo que preceptúa la igualdad de salarios entre hombres y mujeres por igual trabajo. Creación de un Seguro de Maternidad. Protección estatal del trabajo y salarios de los menores.

Fortalecimiento del principio del Estado docente, como el medio más adecuado para asegurar la orientación democrática de la educación nacional. Educación de la infancia indigente o abandonada. Extirpación del analfabetismo y semianalfabetismo. Capacitación técnica de la población adulta. Reforma del sistema educacional, de acuerdo con las exigencias del orden social y económico. Dignificación del Magisterio en su aspecto social, político, económico y profesional, reconociendo especialmente la más amplia libertad ideológica del maestro y asegurando el normal desarrollo de la carrera.

El entonces candidato señor González Videla distribuyó por millones este programa con su juramento que hiciera en la Convención Democrática y su firma en facsímile al pie del programa. Transcribo, como nota curiosa, este juramento:

Juro ante vosotros, representantes del pueblo de Chile, que sabré conduciros a la Victoria, y que, con el auxilio del pueblo, cumpliré el Programa de bien público que esta magna Convención nos ha dado para bien de Chile y la grandeza de nuestra Democracia. Santiago: 21 de julio de 1946.

4. OBSTÁCULOS PARA CUMPLIR EL PROGRAMA

Poco después de elegido el señor González Videla casó a su hija con un joven abogado, miembro de una de las familias más connotadas de la oligarquía criolla. Los nombramientos diplomáticos fueron entregados por el presidente al grupo reaccionario que ha dirigido las relaciones exteriores de Chile en los últimos años. Cuando los ministros comunistas propusieron, objetivamente, las soluciones para resolver los problemas de acuerdo con el programa, fueron criticados, hostilizados o «tramitados» por el presidente de la República. Las reuniones de gabinete autorizaban alzas al costo de la vida que significaban verdaderas extorsiones para los asalariados. Los ministros comunistas, fieles al programa político de gobierno, hicieron pública su desaprobación a estas medidas tomadas por el gabinete, votando en contra de ellas. Mientras tanto, una capa espesa de gestores y de agentes de las grandes compañías imperialistas hacían sentir cada día con mayor peso su influencia decisiva. El ministro comunista de Tierras, el día anterior a un viaje a la zona magallánica, donde lo llamaban los intereses de miles de pequeños colonos que clamaban por la escandalosa concesión de inmensos terrenos a compañías extranjeras, a cambio de cantidades irrisorias pagadas al Estado, fue obligado por el presidente a desistir indefinidamente de su viaje. Las protestas públicas que el Partido Comunista hiciera de esta clase de situaciones, fueron llamadas más tarde por el señor González Videla, «intentos de proselitismo político».

5. ABANDONO DEL PROGRAMA

Con la salida de los ministros comunistas, a petición del gobierno y de los monopolios norteamericanos, el cumplimiento del programa popular jurado por el señor González Videla fue abandonado definitivamente. En la actualidad en la censura oficial que el ejecutivo ejerce sobre varios periódicos de Chile, una de las limitaciones invariables que se les impone es la de no mencionar el programa del 4 de septiembre. Mientras tanto dominan, con influencia todopoderosa en las decisiones del gobierno, la insaciable oligarquía criolla formada por retrógrados latifundistas feudales y voraces banqueros, y los círculos tentaculares de las compañías norteamericanas ACM, Ch. E., Anglo Chilean N., Braden Copper, Compañía Chilena de Electricidad, Cía. de Teléfonos de Chile y otras. Los políticos ligados a estos intereses extranjeros son los únicos actualmente escuchados por el jefe del Estado.

Como complemento de estas influencias, el señor González Videla autorizó la entrega del mapa milimétrico de la línea de costa −es decir, de los secretos militares de las defensas− al Estado Mayor norteamericano; y nuevas y numerosas misiones militares y policiales de esa nación actúan, sin ningún control del gobierno chileno, dentro del territorio nacional.

6. LA SITUACIÓN ECONÓMICA

Mientras tanto la situación económica del país se acerca a la catástrofe. Las compañías imperialistas han debido facilitar secretamente al señor González Videla el dinero para pagar a los empleados públicos, exigiendo, naturalmente, medidas represivas contra los trabajadores nativos. La moneda se ha desvalorizado en forma violenta y la inflación continúa en aumento vertiginoso. Naturalmente los sueldos y salarios de la clase media y del pueblo, se hacen cada día insuficientes.

El Partido Comunista señaló con insistencia al presidente que los recursos para modificar esta situación debían venir de dentro del Estado y no del exterior. Modificaciones fundamentales de nuestra estructura económica podían llevarnos al aumento de la producción que frenara esta profunda crisis. En este país de latifundistas, los señores feudales no están obligados a llevar libros de contabilidad de sus haciendas, recayendo sin embargo todo el peso de la ley sobre los pequeños comerciantes, que obligatoriamente deben dejar constancia de sus operaciones. Enormes extensiones de tierra fértil se mantienen sin cultivar a fin de encarecer los productos agrícolas en cada cosecha, obteniendo así las ganancias necesarias al mantenimiento de la clase feudal, a costa de la tragedia social chilena: hambre, desnutrición, tuberculosis.

La gran organización sindical, la CTCH [Confederación de Trabajadores de Chile], propuso al gobierno la creación del Consejo Nacional de Economía con participación de las principales instituciones financieras y de la clase obrera organizada. En el viraje el señor González Videla aprovechó esta entidad –formada a petición de los trabajadores– para dar cada vez mayor influencia a los capitalistas, descartando por fin a los representantes obreros con un simple decreto de esta corporación. La CTCH nacional propuso también un vasto plan de aumento a la producción y la formación en cada industria de comités de obreros y patronos para estudiar y propulsar este aumento, nada de lo cual fue escuchado ni puesto en práctica por el señor González Videla, que encontró más fácil – para satisfacer a sus nuevos amigos reaccionarios – culpar a la clase obrera de «trabajo lento», consigna calumniosa inventada por los agentes provocadores norteamericanos, con el objeto de basar en ella sus planes represivos.

7. INSOLENCIA DE LA OLIGARQUÍA

El señor González Videla antes de su elección presidió numerosos comités de acción democrática antifascista y antifranquista, a fin de obtener popularidad en el electorado. Una vez llegado al poder, lejos de perseguir a los grupos fascistas nacionales e internacionales, ha perseguido con encono a los mismos grupos liberadores de que formara parte y esta conducta monstruosa ha llegado al límite, con el encarcelamiento y relegación de refugiados españoles, amigos personales del presidente de la República que trabajaron a sus órdenes cuando él presidía el Comité Hispano-Chileno Antifranquista.

Fue inútil solicitar del gobierno del señor González Videla acción alguna contra los grupos de provocadores fascistas dentro de mi país. Por el contrario, bajo su mandato estos grupos han prosperado y aun han nacido algunos nuevos. El más importante, dirigido por el agente nazi Arturo Olavarría, bajo el nombre sugestivo de ACHA [Acción Chilena Anticomunista] mantiene milicias armadas que, con el *Horst Wessel Lied* como himno oficial, hacen ejercicios militares públicos todas las semanas, con la condescendencia y protección del antiguo caudillo antifascista Gabriel González Videla.

Organizaciones de este tipo y publicaciones periódicas de la misma orientación son impulsadas por la oligarquía reaccionaria de Chile, la misma que, influenciando al gobierno anterior, fue la última en sostener la causa del Eje en América del Sur. Hoy estas pandillas nazis están íntimamente ligadas en Chile a los agentes militaristas norteamericanos.

8. UN PLAN SUBVERSIVO DEL SEÑOR GONZÁLEZ VIDELA

Poco antes de que se precipitaran los últimos acontecimientos, que han cubierto de vergüenza el honor de mi país, el señor González Videla llamó a La Moneda a la dirección central del Partido Comunista para proponerles un plan subversivo que fue explicado con toda clase de detalles por el presidente de la República, y que tendía a la creación de un gobierno militar sin la participación de partido alguno. El señor González Videla, con el auxilio de las fuerzas armadas, clausuraría el Parlamento. Luego satisfaría, nos dijo, una vieja aspiración de los comunistas chilenos, propiciando una Asamblea Constituyente. Más tarde podrían los comunistas tomar parte en el gobierno de la República. Mientras tanto solicitaba el presidente, a través de mi partido, el apoyo popular para su golpe de Estado. Si este apoyo le fuese negado, su plan marcharía a pesar de todo, aun en contra de la voluntad popular.

En esta entrevista el Partido Comunista de Chile rechazó de plano estas proposiciones sediciosas y le manifestó el peligro que ellas entrañaban para el estado jurídico de nuestra República. Manifestaron además los comunistas que una tentativa de esa clase nos hallaría en la oposición, encabezando una corriente democrática nacional en contra de la imposición armada.

El presidente terminó la entrevista diciendo que, de ser así, los comunistas pagarían las consecuencias.

9. LA HUELGA DEL CARBÓN

En este estado caótico, producido por la inconsecuencia moral y política del señor González Videla, se produjo una huelga legal, esto es, ajustada a las normas señaladas por el Código Nacional del Trabajo, en la zona carbonífera de Chile, Lota y Coronel. Dicha huelga donde participaban 19 mil obreros fue votada libremente por ellos con el extraordinario resultado de sólo 15 votos en contra.

El señor González Videla encontró en esta huelga el pretexto a su traición definitiva, para iniciar una provocación internacional en gran escala y desencadenar una persecución antiobrera como jamás antes se había visto en mi patria.

10. QUÉ SIGNIFICAN LOTA Y CORONEL?

Fuera de Chile nadie puede darse una idea de lo que significa la vida en las minas del carbón. En el duro clima frío de Chile austral las galerías se extienden bajo el mar hasta 8 kilómetros. Los mineros deben trabajar semiacostados, amenazados eternamente por el grisú que periódicamente los mata con mayor velocidad que el trabajo.

Hasta cuatro horas tardan en llegar al frente de su labor, y este tiempo no les es pagado. Miles de obreros ganan allí menos de cincuenta centavos de dólar por estas doce horas de trabajo. Son contados los que tienen un salario de dos dólares al día. Ahora bien, desde sus cavernas salen a una nueva tragedia, la de la habitación y la de la alimentación; las estadísticas oficiales arrojan la espeluznante cifra de seis personas por cama. En el sitio llamado Puchoco Rojas existe el sistema de la «cama caliente». Dicho sistema –que revela la tragedia terrible del pueblo chileno– consiste en el turno permanente para usar una cama, con el resultado de que esta cama no se enfría durante años enteros. La alimentación, con los salarios miserables, está por debajo de lo normal. Cada hombre, según el experto norteamericano, señor Bloomfield, consume dos mil calorías diarias menos de las que necesita. La anquilostomiasis, enfermedad terrible, da un porcentaje elevadísimo de muertos que se agregan a los producidos por la tuberculosis endémica y por los accidentes.

Es natural que en tal atmósfera se hayan desarrollado siempre heroicos movimientos de resistencia obrera que han conseguido mejorar apenas tan pésimas condiciones de vida. Sin embargo, ahora y por primera vez, un presidente elegido precisamente por esos obreros –para que alguna vez se escuchara el clamor que sube desde su infierno– ha declarado en público que el movimiento huelguístico no se debe a las espantosas condiciones existentes en la zona del carbón sino a complots internacionales. Y en este tren de falsedad ha tratado a los huelguistas con una crueldad y ensañamiento sólo encontrado en los sistemas nazis de esclavitud y opresión. El señor González Videla se negó a resolver este conflicto a pesar de las peticiones de los sindicatos y de las mismas compañías afectadas, declarando cínicamente a los representantes capitalistas que «no entendían y no trataran de solucionar el conflicto; que se trataba del primer acto de la nueva guerra mundial». Y tratando este drama de explotación y de dolor en tal forma, hizo acudir inmensas cantidades de fuerzas armadas incluyendo aviación, marina de guerra, infantería y caballería, para aplastar una huelga legal. Acto seguido, los agentes del señor González Videla, en combinación con la policía norteamericana, falsificaron y fabricaron documentos a fin de culpar al lejano gobierno de Yugoslavia de las peticiones de mejoramiento de los obreros, que el señor González Videla había encontrado enteramente justificadas un año antes, cuando era candidato a presidente. Aquella vez derramó lágrimas ante diez mil mineros al ver el fervor con que ellos lo aclamaban como posible realizador de sus esperanzas.

11. PREPARANDO EL CLIMA DE REPRESIÓN

Poco antes había obtenido el presidente de la República, de los sectores más reaccionarios del Congreso, la dictación de una Ley de Facultades Extraordinarias, que prácticamente le da poderes dictatoriales.

El señor González Videla está haciendo uso completo de estos poderes y los ha llevado más allá de lo que la ley indicaba.

Los obreros del carbón han sido bárbaramente atropellados. Dos horas antes de declarar la huelga, el ejército rodeó la zona carbonífera como si se tratara de una zona enemiga. Ni parlamentarios ni periodistas fueron admitidos desde entonces. El silencio se hizo más denso sobre una población obrera de extraordinaria significación. Todos los líderes sindicales fueron presos manteniéndolos en barcos de guerra, o en islas inhospitalarias para ser relegados otras veces cerca del Polo. Las puertas de los sindicatos, que fueron siempre respetados por todas las administraciones, aun bajo los gobiernos de derecha, fueron destruidas a hachazos, con bandas militares que tocaban himnos marciales para amenizar el espectáculo. Casa por casa fueron de noche los ocupantes armados a buscar a los mineros que eran bajados en ropas menores al socavón de la mina, por la fuerza, si no podían desaparecer antes hacia los bosques. De día las mujeres de los trabajadores más señalados eran paseadas con esposas en las muñecas y a veces con la cabeza afeitada. A los niños se les ponía la pistola al pecho para que dijeran dónde estaban escondidos sus padres. Se han llenado trenes –parecidos a los que llevaban a los condenados de los nazis– repletos de familias y de obreros radicados hasta por cuarenta años en esta zona, a fin de expulsarlos en masa del territorio. Estos trenes han sido especie de cárceles que por días enteros, y sin que nadie pudiera acudir en socorro de las víctimas, han sido mantenidos aislados y sin alimentación. Niños y adultos han fallecido a consecuencia de ese tratamiento. Cadáveres de mineros han aparecido entre los cerros sin que se pudieran investigar estos hechos ya que nadie podía penetrar en la zona.

Y mientras en las NU se trata el crimen de genocidio y el delegado de Chile hará –seguramente– algunos discursos conmovedores al respecto, el señor González Videla se hace entretanto responsable de este crimen, perpetrado contra sus propios compatriotas.

12. EL CASO DE JULIETA CAMPUSANO

Por estos días miles de hombres acusados de comunistas han sido detenidos en todo Chile. Las detenciones se han efectuado simultáneamente cercando con la fuerza armada zonas enteras y trasladándose en masa a los ciudadanos a lugares desolados del país, elegidos según el capricho del sádico colaborador del señor González Videla, jefe de la policía Luis Brun D'Avoglio.

El caso de la señora Julieta Campusano es extremadamente patético.

Julieta Campusano es la primera regidora de Santiago de Chile, es decir, obtuvo la más alta mayoría de votos entre todos los miembros del Consejo de la Ilustre Municipalidad de la capital chilena.

Destacada dirigente femenina, mujer de bondad y abnegación inencontrable, fue la única que acompañó en la gira presidencial al señor González Videla, sin descanso, a todos los puntos del país. A consecuencia de este esfuerzo durísimo la señora Campusano se resintió gravemente de su salud.

Pues bien, sorpresivamente la policía del señor González Videla, cumpliendo una orden de prisión contra ella, entró al dormitorio de la señora Campusano a las cuatro de la madrugada, y la arrastró a un calabozo a pesar de encontrarse en avanzado estado de embarazo. Horas después, en poder de la policía, la dirigente femenina, que tan generosa y esforzadamente acompañara al actual presidente de la nación en su gira electoral, dio a luz prematuramente a causa de las violentas impresiones sufridas, lo cual pudo ser de fatales consecuencias para la madre y el recién nacido.

Creo que para retratar la catadura moral del actual presidente de Chile, basta este ejemplo doloroso y sobran los comentarios.

13. UN PAÍS BAJO EL TERROR

Toda la prensa de mi país está censurada. Pero no puede por imposición de la autoridad advertir al público que sus publicaciones han sido brutalmente eliminadas. El propósito del gobierno es simular un estado de normalidad que no existe.

Nuevas provincias han sido declaradas zonas de emergencia, y sitiadas en la misma forma brutal que las provincias carboníferas.

Mientras tanto, el presidente de la República ha invitado a la policía extranjera y al presidente Perón a intervenir en los asuntos de Chile. Las conversaciones telefónicas de ambos presidentes, que duran a veces largas horas, han sido anunciadas oficialmente por el gobierno.

Tres aviones cargados de policías argentinos han sido recibidos con honores por el presidente de la República, que hasta el mismo día de su elección fue presidente del más poderoso centro antiperonista de la América del Sur.

El jefe de la policía norteamericana, Warren Robbins, ha poblado al país de nuevos agentes del FBI destacándolos especialmente para dirigir la represión obrera en la zona del carbón.

14. EMIGRADOS ESPAÑOLES

El señor González Videla ocupó durante varios años el honroso cargo de presidente de la Asociación Hispano-Chilena Antifranquista. Desde ese cargo tuvo estrecha intimidad con los refugiados españoles, de jerarquía intelectual y política. Cómo ha utilizado este trato y honrosa convivencia?

Encarcelando a estos patriotas republicanos, mediante órdenes directamente emanadas de él, haciendo uso del conocimiento que él mismo, personalmente, obtuvo de ellos en la intimidad fraternal de la lucha antifranquista. Sólo mi denuncia en el Senado ha impedido, hasta ahora, que comiencen a deportar en masa a los refugiados españoles traídos por el gobierno del presidente Aguirre Cerda, cuya paz y tranquilidad son un compromiso de honor basado en el derecho de asilo. Nada garantiza, en el actual estado de culpable perturbación de la vida pública chilena, que mañana no se cumplan los propósitos de la policía norteamericana, y sean estos refugiados políticos entregados a sus verdugos peninsulares.

15. CAMPOS DE CONCENTRACIÓN

Dos campos de concentración se han habilitado permanentemente en esta guerra contra el pueblo chileno.

El primero se ha fundado en la isla Santa María, isla abrupta de clima durísimo. La población penal existente allí –compuesta por criminales irreductibles– fue evacuada. En su sitio se albergan hoy más detenidos políticos de lo que los establecimientos pueden contener. Centenares de presos sin cama ni habitación se amontonan en esta isla.

Un nuevo campo de concentración se ha abierto en Pisagua, en las ruinas de una población minera entre el desierto y el mar. Alambrados de púas al estilo nazi rodean ese establecimiento situado en una de las regiones más sobrecogedoramente inhospitalarias del planeta. Numerosos intelectuales y centenares de dirigentes obreros están allí encarcelados, cada día llegan nuevos contingentes de presos.

Los alcaldes de Iquique, Antofagasta, Calama, Tocopilla, Coronel, Lota, han sido trasladados a este campo de concentración sin respeto alguno por su investidura emanada de la voluntad popular. Las municipalidades de la mayoría de estos sitios han sido disueltas, nombrándose en su lugar burdas juntas de vecinos formadas por agentes policiales y algunos españoles franquistas.

16. EL TRABAJO FORZOSO

El nuevo régimen de trabajo en Chile, en su mayoría de industrias básicas, es un régimen de esclavitud y de trabajo forzoso. Los obreros son obligados militarmente a concurrir a sus labores.

Transcribo el documento militar correspondiente para que sea conocido en toda América:

Cítase a… Domiciliado en… para que se presente en su trabajo habitual el día 10 de octubre a las 8 a.m. bajo sanción, si no lo hiciere, de ser considerado infractor a la Ley de Reclutamiento del Ejército y castigado con una pena de tres años y un día de presidio menor en su grado máximo. Un timbre. La Jefatura Militar.

Es necesario que todos los demócratas de América conozcan este documento vergonzoso, que no arroja indignidad alguna sobre el pueblo de Chile, pero que define para siempre en
la historia la siniestra figura de un triste demagogo transformado en verdugo.

17. LAS RUPTURAS

Os preguntaréis: qué motivos ha expuesto el gobierno de Chile para sus insólitas decisiones de ruptura de relaciones con
Yugoslavia primero, y luego con URSS y con la República
checoslovaca?

Ha acusado a estos lejanos países de fomentar huelgas en el
mineral del carbón con el objeto de paralizar la industria bé-
lica norteamericana en una guerra que, según el presidente de
la República de Chile, ha estallado ya entre aquellos países y
Estados Unidos. Es decir, ha aprovechado un hecho económico y local para realizar una provocación internacional.

En el caso de Yugoslavia ha procedido a expulsar al antiguo
cónsul monarquista yugoslavo y a un diplomático acreditado
en Argentina, de visita en el país, a los cuales invitó a una conversación cordial el ministro de Relaciones. Junto con notifi-
carle la ruptura, con una villanía y grosería inigualadas, los
hizo detener en la puerta de su oficina después de saludarlos,
despedirlos y sonreírles amistosamente. Desde la cancillería los
llevaron al extranjero como presidiarios. Tal acción fue ejecutada para saquear impunemente la oficina de los representantes yugoslavos, de donde extrajeron documentos que adultera-
ron y falsificaron para justificar sus alevosos designios.

En cuanto a la URSS, desde la llegada del señor González
Videla al poder, y a pesar de ser éste presidente honorario del
Instituto Soviético de Cultura, el gobierno, sin considerar las
reclamaciones hechas por las instituciones culturales y partidos populares, autorizó una campaña de bajeza y malignidad
en contra de la URSS hecha por todos los sectores fascistas de
la población.

Semejante estado de cosas llegó a su extremo cuando poco
antes de la ruptura, desde un automóvil, se hicieron disparos

con pistola ametralladora a la sede de la embajada soviética. El gobierno no hizo nada para encontrar a los culpables, los cuales –envalentonados por el éxito de su cobarde atentado– en presencia del señor González Videla y autorizados por un discurso de la primera autoridad, de carácter provocador, realizaron una agresión organizada llegando casi a las vías de hecho contra el embajador soviético al encontrarlo en una exposición a la que asistía el primer mandatario.

En vez de dar las excusas que cualquier gobierno –aun las que el jefe de una tribu primitiva hubiera dado– para mantener separados estos hechos de la acción oficial, el ministro de Relaciones Exteriores por orden del presidente de la República, de la noche a la mañana, rompió relaciones con la URSS, extendiendo también este rompimiento a la República Checoslovaca, en el preciso momento en que este país finiquitaba una negociación para dotarnos de maquinaria agrícola e instalar una fábrica explotadora de betarraga con el objeto de producir azúcar en Chile: golpe cínicamente premeditado para amarrarnos a los monopolios norteamericanos correspondientes.

Cuanto se haya dicho en el extranjero, propalado por las agencias norteamericanas de noticias y por los representantes oficiales de Chile, en cuanto que estos representantes extranjeros intervinieron alguna vez en asuntos internos en el país, es burdamente calumnioso, y es el plato de mentiras guisado por el gobierno de la nación, condimentado por el experto del Departamento de Estado norteamericano, Mr. Kennan, y ofrecido a los reaccionarios profascistas e imperialistas de América entera como obra de provocación audaz y repulsiva. En Río de Janeiro, en reuniones secretas con el general Marshall, se decidió que Chile, como país de tradición democrática, iniciara esta maniobra para influir así a las restantes cancillerías de América.

González Videla ha entregado y negociado, pues, el patrimonio histórico, jurídico y moral de Chile. Y lo ha hecho con fría impudicia. No de otro modo puede interpretarse la negativa suya para nombrar una comisión investigadora –compuesta de personalidades de todos los partidos– que dictaminase acerca de la denuncia del gobierno respecto al pretendido «plan subversivo» de países extranjeros vinculados a la URSS.

La comisión propuesta por el Partido Comunista fue la siguiente:

Arturo Alessandri Palma, presidente del Senado, senador liberal; Eduardo Cruz Coke, senador conservador; Salvador Allende, senador socialista; Gustavo Girón, senador radical; Eduardo Frei, diputado falangista; Pablo Neruda, senador comunista.

18. LA SITUACIÓN ACTUAL

El pueblo de mi patria no puede en ningún sitio mostrar el desprecio que le merecen estas actitudes y estas traiciones. El terror, la intimidación, la censura de prensa y de radio, la delación instigada por el gobierno reinan en este momento.

No hay garantías individuales, ninguna libertad es respetada por el Estado policial de González Videla. Los domicilios son allanados de noche y los habitantes son arrojados a prisión o trasladados a zonas inclementes, sin interrogárseles, y sin siquiera hacérseles acusación alguna. La prensa es obligada a mentir diariamente y una atmósfera de envilecimiento de hombres y partidos se hace más densa en los círculos que rodean al gobierno de la República.

19. LA RESISTENCIA

Sin embargo, un profundo malestar, un sentimiento unánime de repulsión existe en todas las capas sociales de Chile, apenas cubierto por la propaganda y la mentira de la presidencia.

Chile conoce ya otros regímenes dictatoriales militaristas y reaccionarios, no se engaña fácilmente a un pueblo de tan alta conciencia cívica como el nuestro.

Las capas superiores de la oligarquía terrateniente y bancaria aplauden oficialmente cada día los actos del gobierno, pero cada día también muchos de sus personeros nos manifiestan, individualmente, su asco ante tamaña deslealtad y el peligro común que amenaza a las antiguas y tradicionales instituciones democráticas de Chile. En el momento actual os escribo estas líneas para deciros cuán incierta es la situación, que por su misma artificialidad puede ser llevada a un estado de mayor violencia. El pueblo chileno, sin embargo, espera tranquilamente y su sentido orgánico lo hace no aceptar las provocaciones a que día a día lo conduce el gobierno.

Por mi parte, y personalmente, a tantos y tantos amigos fraternales de todos los países americanos quiero decir que ninguna de estas manchas caídas sobre el honor de mi país son imborrables. Conservo firme, decidido y acrecentado el amor indestructible hacia mi patria y la confianza absoluta en mi pueblo.

Éste no es un llamado ni petición de ayuda. Es simplemente una carta íntima para millones de hombres que desearán conocer el drama de un país que fuera el más orgulloso entre los campeones de la libertad americana.

Los instigadores de estos crímenes amenazan no sólo la libertad chilena sino el orden y el decoro de nuestra desamparada América Latina.

Otros gobiernos continuarán estas traiciones y estas debilidades. Los dictadores crueles y sanguinarios de algunos países hermanos se sienten hoy más firmes y más resueltos a apretar la soga al cuello de sus pueblos. Franco ha felicitado por medio de sus órganos de prensa al señor González Videla, ex presidente de las actividades antifranquistas.

El plan de dominación brutal de nuestro continente se está cumpliendo en forma implacable a través de la intervención directa del gobierno norteamericano y por sus servidores.

Estos fantoches darán cuenta en Bogotá de cómo han cumplido sus encargos respectivos. Allí estrecharán el cerco de esclavitud tenebrosa para nuestros países. Y cada uno de estos títeres tendrá como biblia el *Reader's Digest* y un código policial de torturas, prisiones y destierros.

Pero alguna vez darán cuenta a la historia y a los pueblos de tanta ignominia.

Repito que no pido ninguna ayuda para Chile. Tenemos conciencia de nuestros deberes y lucharemos en nuestro país para que este estado de violencia llegue a su fin y la vida normal de respeto y de decencia vuelva a los viejos cauces que señalan a mi pueblo entre los primeros de América.

RECADO PERSONAL

Perdonaréis que termine agregando algunas noticias personales. Se ha terminado definitivamente para mí el tiempo disponible para contestar cartas a los innumerables y excelentes amigos que me escriben.

Estos años de parlamentario y escritor errante me han enseñado a escudriñar la dolorosa vida del pueblo y he llevado a todos los rincones de mi patria, pampa y cordillera, mar y llanura, una voz activa de examen y de auxilio. Pero justamente hace dos meses la dirección del Partido Comunista chileno me llamaba para pedirme diera más tiempo y atención a mi obra poética. Con este fin me ofreció el aislamiento y la soledad necesarios durante un año para adelantar especialmente mi *Canto general*.

Os daréis cuenta del sentido de amplitud y cariño que significaba esta petición, y en qué terreno de tranquilidad y de legalidad se veían venir las luchas de los trabajadores, para que el Partido Comunista pudiera prescindir por tan largo tiempo de uno de sus senadores.

Me disponía a trenzar de nuevo el ritmo y el sonido de mi poesía, me preparaba a cantar de nuevo ensimismándome en la profundidad de mi tierra y en sus más secretas raíces, cuando el drama que os he revelado a grandes trazos, comenzó a gravitar sobre todas las vidas chilenas.

Esta traición y estos dolores de mi pueblo me han llenado de angustia. Por suerte un grupo de patriotas cristianos: el Partido de la Falange Nacional de Chile, perseguido actualmente por el gobierno casi en la misma forma que los comunistas, me ha dado el consuelo de compartir con otro grupo humano la gravedad de esta hora de Chile. El descontento creciente del pueblo se manifiesta en todas partes. Cada vez es más claro el chantaje que pretexta la guerra para aterrorizar a nuestros ciudadanos y terminar con nuestra vida independiente. Mientras tanto los problemas nacionales se agravan cada día, la explotación, la especulación, la injusticia y el abuso fermentan. Y en este clima de tiranía y de corrupción, la delación corre a parejas con los negociados de personajes cercanos al gobierno. Pero no sólo la tragedia crece sino también la esperanza del pueblo de aclarar en forma definitiva la vida democrática de Chile con este desenmascaramiento súbito de demagogos y arribistas.

Sin embargo, del examen de estos mismos antecedentes que expongo a la conciencia americana surge lo imprevisible de una situación llevada a este estado de caos por gobernantes histéricos, irresponsables y antipatriotas.

Personalmente me he apresurado a salir de mi retiro de la costa de Chile a tomar mi puesto en la primera fila de las defensas de la libertad amenazadas. Afronto, pues, cada día los deberes que me impone mi condición de escritor y de patriota.

Si en el desempeño de estos altos deberes algo llega a acontecerme, me siento orgulloso de antemano de cualquier riesgo personal sufrido en esta lucha por la dignidad, la cultura y la libertad, lucha más esencial porque va unida a los destinos de Chile y al amor sin límites que siento por mi patria tantas veces cantada por mi poesía.

Por eso, por este documento, y en forma solemne, hago responsable de cualquier acción en mi contra, dentro del estado de represión que vivimos, al actual gobierno de la República, y en forma directa y especial al presidente Gabriel González Videla.

Santiago, noviembre de 1947

El Nacional, *Caracas, 27.11.1947.*

Yo acuso

(Sesión en martes 6 de enero de 1948)

POR EL PRESTIGIO DE CHILE

Vuelvo a ocupar la atención del Senado, en los dramáticos momentos que vive nuestro país, para ocuparme del documento enviado por mí a diversas personalidades americanas, en defensa del prestigio de Chile y que hacen una rápida historia de nuestro sombrío panorama político.

El presidente de la República ha dado un paso más en la desenfrenada persecución política que lo hará notable en la triste historia de este tiempo, iniciando una acción ante los tribunales de justicia, pidiendo mi desafuero para que desde este recinto se deje de escuchar la crítica a las medidas de represión que formarán el único recuerdo de su paso por la historia de Chile.

LAS CUATRO LIBERTADES

Al hablar ante el H. Senado en este día, me siento acompañado por un recuerdo de magnitud extraordinaria.

En efecto, en un 6 de enero como éste, el 6 de enero de 1941, un titán de las luchas, de las libertades, un presidente gigantesco, Franklin Delano Roosevelt, dio al mundo su mensaje, estableciendo las cuatro libertades, fundamentos del futuro por el cual se luchaba y se desangraba el mundo.

Éstas fueron:

1. DERECHO A LA LIBERTAD DE PALABRA;
2. DERECHO A LA LIBERTAD DE CULTOS;
3. DERECHO A VIVIR LIBRES DE MISERIA;
4. DERECHO A VIVIR LIBRES DE TEMOR.

Ése fue el mundo prometido por Roosevelt.

Es otro el mundo que desean el presidente Truman y los Trujillo, Moríñigo, González Videla y Somoza.

En Chile no hay libertad de palabra, ni se vive libre de temor. Centenares de hombres que luchan porque nuestra patria viva libre de miseria son perseguidos, maltratados, ofendidos, condenados.

En este 6 de enero de 1948, siete años justos después de aquella declaración rooseveltiana, soy perseguido por continuar fiel a estas altas aspiraciones humanas, y he debido sentarme por primera vez ante un tribunal, por haber denunciado ante la América la violación indigna de esas libertades en el último sitio del mundo en que esto pudo ocurrir: CHILE.

HISTORIA ANTIGUA

Esta acusación de que se me hace objeto es historia antigua: no hay país, no hay época en que mi caso no tenga ilustres y conocidos antecedentes. Se deberá ello a que en los países se repiten periódicamente los fenómenos de traición y antipatriotismo? No lo creo. Los nombres de los que fueron acusados livianamente son nombres que hoy día todo el mundo respeta; fueron, una vez pasada la persecución y la perfidia, incluso dirigentes máximos de sus países y sus compatriotas confiaron en su honradez y en su inteligencia para dirigir el destino de sus patrias. Y ellos llevaron siempre, como un timbre de honor, el máximo timbre de honor, la persecución de que fueron objeto.

No; la causa debe ser otra. Ella fue estudiada y expuesta en forma lúcida por Guizot, historiador francés monarquista, ministro de Luis Felipe de Orléans. He aquí lo que dice en su obra *De las conspiraciones y la justicia política*, p. 166:

¿Qué hará el gobierno que ve agitarse bajo su mano a la sociedad mal administrada? Inhábil para gobernarla, intentará castigarla. El gobierno no ha sabido realizar sus funciones, emplear sus fuerzas. Entonces, pedirá que otros poderes cumplan una tarea que no es suya, le presten su fuerza para un uso al cual no está destinada. Y como el poder judicial se halla vinculado a la sociedad mucho más íntimamente que cualquier otro, como todo desemboca o puede desembocar en juicios, tal poder tendrá que salir de su esfera legítima para ejercerse en aquélla en que el gobierno no ha podido bastarse a sí mismo.

En todos aquellos lugares en que la política ha sido falsa, incapaz y mala, se ha requerido a la justicia para que actuara en su lugar, para que se comportara según motivos procedentes de la esfera del gobierno y no de las leyes, para que abandonara finalmente su sublime sede y descendiera hasta la palestra de los partidos. En qué se convertiría el despotismo, si no gobernara absolutamente a la sociedad, si sólo tolerara alguna resistencia? Adónde iría a parar, si no hiciera tolerar su política a los tribunales y no los tomara como instrumentos? Si no reina en todas partes, no estará seguro en parte alguna. Es por naturaleza tan débil, que el menor ataque lo hace peligrar. La presencia del más pequeño derecho lo perturba y amenaza.

He aquí expuesta por un francés de la primera mitad del siglo pasado, la exacta situación del gobierno chileno en el año 1948. He aquí explicado por qué se ha pedido mi desafuero y se me injuria aprovechando la censura de sur a norte del país por periodistas bien o mal pagados.

Al acusarme de haber herido el prestigio de mi patria, por haber publicado en el extranjero la verdad, que en mi patria, un régimen de Facultades Extraordinarias y de censura no me permite hacer saber, no se infiere una injuria a mí, sino a los más grandes hombres de la humanidad y a los Padres de la Patria. Es curioso verse motejado de antipatriotismo por haber hecho lo mismo que hicieron en el extranjero los que nos dieron independencia y echaron las bases de lo que debiera haber sido siempre una nación libre y democrática. Al tachárseme de traidor y antipatriota, no se dirige acaso la misma acusación que los Ossorio, los San Bruno, los Marcó del Pont dirigían contra O'Higgins, contra los Carrera, contra todos los chilenos expatriados en Mendoza o en Buenos

Aires, que después de haber luchado en Rancagua combatían con la pluma a los invasores que más tarde iban a vencer con la espada?

EL TIRANO ROSAS CONTRA SARMIENTO

La misma acusación que en mi contra se mueve fue hecha por el gobierno tiránico de Juan Manuel de Rosas, que se llamaba a sí mismo Ilustre Restaurador de las Leyes. También el tirano pidió al gobierno de Chile la extradición de Sarmiento para ser juzgado por traición y falta de patriotismo. Tengo a mano un párrafo de la altiva carta que Sarmiento dirigió en esa ocasión, al presidente de Chile. Dice así:

La conspiración por la palabra, por la prensa, por el estudio de las necesidades de nuestro pueblo; la conspiración por el ejemplo y la persuasión; la conspiración por los principios y las ideas difundidas por la prensa y la enseñanza; esta nueva conspiración será, Excelentísimo señor, de mi parte, eterna, constante, infatigable, de todos los instantes; mientras una gota de sangre bulla en mis venas; mientras un sentimiento moral viva en mi conciencia; mientras la libertad de pensar y de emitir el pensamiento exista en algún ángulo de la tierra.

Por su parte, Juan Bautista Alberdi, también exiliado en nuestra patria, escribía:

No más tiranos ni tiranías. Si el argentino es tirano y tiene ideas retardatarias, muera el argentino. Si el extranjero es liberal y tiene ideas progresistas, viva el extranjero.

Rosas no logró tener en sus manos a Sarmiento ni a Alberdi. Y, una vez caído el tirano, Sarmiento fue presidente de su patria.

Podría ser cuento de nunca acabar el citar todos los hombres libres que se vieron obligados a enjuiciar los regímenes tiránicos que sojuzgaban su patria y contra quienes se movió la acusación de traición y antipatriotismo. Victor Hugo, implacable fustigador de Napoleón III, desde su destierro de Guernesey; Victor Hugo, el poeta inmenso y el patriota abnegado, fue también acusado de traición por parte de Napoleón el Pequeño y sus secuaces, que preparaban para Francia la humillación y la derrota de Sedán.

BILBAO

Este hecho indiscutido, esta sensación que hace que el perseguido sienta aun en los momentos del tormento la infinita superioridad que lo distingue de su perseguidor; esa sensación de estar luchando por la buena causa que hizo exclamar a Giordano Bruno al ser condenado a la hoguera: «Estoy más tranquilo en este banquillo que vosotros –y señaló a los jueces eclesiásticos– que me condenáis a muerte»; esa convicción en una justicia que separa la buena de la mala fe, y la causa justa de la injusta, fue expresada por nuestro compatriota Francisco Bilbao, en forma magistral, durante su proceso; dijo así:

> Aquí, dos nombres, el del acusador y el del acusado. Dos nombres enlazados por la fatalidad de la historia, y que rodarán en la historia de mi patria. Entonces veremos, señor Fiscal, cuál de los dos cargará con la bendición de la posteridad. La filosofía tiene también su Código, y este Código es eterno. La filosofía os asigna el nombre de retrógrado. Y bien, innovador, he aquí lo que soy; retrógrado, he aquí lo que sois.

Dice José Victorino Lastarria a este respecto:

> El vaticinio no podía dejar de cumplirse, pues los iracundos estallidos de odio de los servidores del antiguo régimen han labrado siempre la gloria futura de sus víctimas y han contribuido al triunfo de la verdad y de la libertad casi con más eficiencia que los esfuerzos de los que la sustentan.

La posteridad honra y glorifica al autor de *La sociabilidad chilena*.

Sin embargo, Francisco Bilbao fue condenado bajo los cargos de inmoral, blasfemo, a ver su obra quemada por mano de verdugo. No aspiro a méritos ni a recompensa. Pero tengo la certeza absoluta que tarde o temprano, más bien temprano que tarde, el inicuo proceso político a que he sido sometido será juzgado como merece y sus inspiradores y perpetradores recibirán el nombre que les corresponde para librar al gobierno del resultado de los desaciertos que ha cometido y que no sabe cómo remediar.

UN JURISTA CONTRA SU OBRA

Voy a hacerme cargo de las observaciones que mi persona, mi obra y mi actitud en las presentes circunstancias han merecido al honorable senador don Miguel Cruchaga Tocornal, en la sesión del 23 de diciembre del pasado año. El honorable señor Cruchaga no es sólo un miembro distinguido de esta alta Corporación, sino también un ilustre hijo de Chile; su labor de tratadista, de diplomático y de canciller, le han valido una destacada situación en el extranjero. Se cita su nombre como una autoridad indiscutible en materias internacionales, y se usan sus juicios como argumentos de gran valor y peso. En cuanto a su prestigio en el interior, es inútil que me refiera a él, ya que es de todos conocido. Me bastará recordar que el señor Cruchaga Tocornal, después de haber desempeñado con brillo las altas funciones de canciller de la República, ocupó en tiempos difíciles, la presidencia de esta Corporación.

Es, por lo tanto, con cierta alarma que noto en las observaciones que el honorable senador me dedicó, cierta falta de claridad, no sólo en los juicios, sino, también, en las bases estrictamente jurídicas de sus argumentaciones. Y sentiría que su limpio prestigio de jurista que jamás debió ser empañado, sufriera los ataques de quien era menos de esperar: de él mismo, que podría haber entrado en franca contradicción, no sólo con la generosidad y la equidad que debería merecerle un compatriota y colega suyo; no sólo con los principios cristianos, que lo obligarían a estudiar, analizar y profundizar un asunto, antes de pronunciar sobre su prójimo un juicio de esos que la Biblia llama «temerarios»; no sólo con la serenidad e imparcialidad que deben presidir la actuación de todo jurisconsulto para no caer en afirmaciones aventuradas, sino, lo que es gravísimo, que sus afirmaciones hubieran entrado en una contradicción irreductible con lo que él ha sostenido en su tratado universalmente conocido; en una palabra, que se convirtiera de la noche a la mañana, en el detractor e impugnador de su propia obra sobre la que descansa su fama internacionalista.

Pido perdón al honorable señor Cruchaga y a esta alta Corporación por estas dudas irreverentes. Pero, en verdad, no atino a explicar dentro de las normas universalmente conocidas de derecho público, la grave afirmación en mi contra, emitida por el honorable señor Cruchaga, cuando dice así:

> El Senado ha tenido el triste privilegio de presenciar uno de los hechos más insólitos ocurridos en la Historia de Chile. Producido un conflicto diplomático entre la República y un gobierno extranjero, un miembro de esta Corporación no ha trepidado en volverse contra su propia patria, atacando al ejecutivo y convirtiéndose en ardiente defensor, no de Chile, sino justamente de dicho gobierno extranjero.

No deseo, por el momento, referirme a la parte personal, apasionada y subjetiva de la frase que he citado. El desagrado que ella pueda causarme, sobre todo a causa de ser aventurada e injusta, está sobrepujado por la sensación de malestar que me produce el pensar la cara de asombro y de incredulidad que habrán puesto los admiradores chilenos y extranjeros del señor Cruchaga Tocornal y que aún debe dominarlos.

No es posible –deben pensar– que el sereno y circunspecto tratadista haya abandonado el escrupuloso uso del vocabulario técnico-jurídico, para caer en una confusión tan arbitraria y populachera de términos que tienen cada cual un significado preciso; y todo, para qué? Para llegar a una conclusión que no honra a un tratadista. No es posible que el señor Cruchaga Tocornal, en su papel de senador, se dedique a destruir al señor Cruchaga, internacionalista.

Y tampoco es esto lo más grave. Como ciudadano chileno, es decir, como hijo de un país que ha luchado y seguirá luchando para imponer la democracia y la libertad en el ámbito de su territorio, del continente y del mundo, y como senador, es decir, como miembro de una rama del Congreso que es uno de los Poderes del Estado, no puedo menos que llamar la atención sobre los extremos a que puede arrastrar la pasión política, aun a hombres de la edad y la fama del honorable señor Cruchaga Tocornal; y me veo en la obligación de protestar enérgicamente del desmedrado, sórdido e indigno papel que, en el concepto del señor Cruchaga, debería desempeñar el Senado. Esta alta Corporación ha tenido, en efecto, para servirme de las palabras del honorable señor Cruchaga, «un triste privilegio»; pero éste no ha sido el que indicó, sino otro; el de ver cómo se denigraba, cómo se desprestigiaba, cómo se tachaba injustamente, con evidente desconocimiento de la historia, y cómo se procuraba acallar e infamar a un senador que procedía, a la luz del sol, en el ejercicio de su cargo de representante del pueblo en cumplimiento de su misión de senador. Esto sí que es triste y denigrante; esto sí que es de lamentar, y empaña nuestra fama de país democrático. El honorable señor Cruchaga Tocornal es dueño de opinar a favor o en contra del ejecutivo, es dueño de juzgarme con acritud o benevolencia; es dueño de todo; pero no lo es de achicar en esta forma la función de una de las ramas de los poderes del Estado; no lo es de empequeñecer arbitrariamente las altas funciones que corresponden al senador, no lo es de condenar a un miembro de esta Cámara como antipatriota, justamente porque está procediendo como chileno leal, como patriota efectivo y como senador que mantiene en alto la independencia del más alto de los tres poderes: el Poder Legislativo.

He dicho que admiro la fama internacional del señor Cruchaga; pero recuerdo que, por una u otra razón, otros muchos hombres la tuvieron antes que él; entre ellos, el historiador Paulo Giovio, a quien solicitaban y adulaban los monarcas europeos. Giovio decía que tenía dos plumas para escribir sus historias: una de oro para sus favorecedores; otra de fierro contra los que no lo eran. Es sensible que el honorable senador haya usado en su discurso, las dos plumas: una de oro para el poder ejecutivo: AL QUE ARBITRARIAMENTE CONFUNDIÓ CON LA PATRIA, COSA DE LA CUAL PROTESTO COMO CIUDADANO, COMO SENADOR E INCLUSO EN NOMBRE DEL DERECHO, DE CUYOS FUEROS DEBERÍA SER EL HONORABLE SEÑOR CRUCHAGA EL MÁS CELOSO DEFENSOR, y otra de fierro en contra mía y, lo que es más extraño, en contra suya propia y en contra de su obra máxima.

EL EJECUTIVO NO ES LA PATRIA

No creo que nadie en esta alta Corporación, no creo que ni siquiera el propio honorable senador a sangre fría se atreva ahora a sostener que yo, al criticar actuaciones del ejecutivo, a la luz del día, en este recinto, y para el cumplimiento de la misión que me encomendó parte del pueblo de mi patria, al proceder de acuerdo con las normas de la Constitución Política, a manifestar mis opiniones y a exponer hechos que tienen relación con materias sobre las que el Senado debe pronunciarse, ME HAYA VUELTO EN CONTRA DE MI PATRIA. El ejecutivo no es la patria, y criticar sus actuaciones o diferir de ellas, no es VOLVERSE CONTRA LA PATRIA.

Actuar contra la patria es aceptar sumisamente, callar o defender cosas indefendibles. Es aceptar sin protestas que, en el desarrollo de una política personalista que no ha podido ser justificada ni explicada, a pesar de los largos discursos y de las farragosas citas, se cometan injusticias y desaciertos que nos cubrirán de vergüenza ante el mundo civilizado.

QUIÉNES ESTÁN CONTRA CHILE

Es aceptar que la politiquería interior prime sobre las actuaciones internacionales. Con ello se traiciona y se ataca a la patria. Si la patria no es un concepto antojadizo e interesado, si es algo puro no ligado a intereses materiales, justo y bello, sus intereses se confunden con los de la Verdad, la Justicia y la Libertad. Se defienden también esos conceptos por los que tantos hombres a través de tantos siglos se han sacrificado y han muerto; y se le ataca cuando se la quiere transformar en un útil de la politiquería personalista; cuando se la quiere confundir a ella, que es la suma de todos los chilenos presentes, pasados y futuros, con una sola persona. Peor aún: con la actitud transitoria de una sola persona que ha demostrado, en su carrera política, tener un exceso de actitudes contradictorias y una falta total de línea política honesta y consecuente.

LA PALABRA Y LA VERDAD

Rechazo, por lo tanto, no en lo que me afecta personalmente, sino en mi calidad de senador, el juicio inaceptable, vejatorio para nuestra dignidad de representantes del pueblo, de que nos volvemos contra la patria, si criticamos, aquí en el Senado, abiertamente, las actuaciones del ejecutivo. Lamento esta afrenta que se ha hecho en mi persona al Senado de Chile, sin que eso me mueva a calificar al honorable senador en la forma arbitraria e injusta con que lo hizo conmigo. Existe una diferencia entre los dos: para él, no parece haber significado gran cosa el presentar desde el Senado a uno de sus colegas como «volviéndose contra su patria». Sabía bien que al afirmar eso afirmaba una vergüenza para el Senado y para Chile, así como significaba una afrenta para la justicia, porque eso no es verdad. Sin embargo, lo hizo y demostró que tenía más interés y adhesión para la palabra *patria* que para la patria misma. Yo, en cambio, lamento profundamente la indebida mancha que a nuestra Corporación y a nuestra democracia se ha hecho, y lo lamento porque, tal vez a causa del materialismo que tanto desprecio merece al honorable senador, prefiero sacrificarme y entregarme por entero a la patria, tal como es en la realidad, en lugar de supeditarla a la mera palabra. No es la primera vez que los idealistas, antimaterialistas, como el honorable senador, demuestran lo que podría parecer una paradoja: ellos, seres de altos y nobles pensamientos, desinteresados caballeros de un ideal, confunden en último término una mera autoridad política y transitoria, como es el jefe del ejecutivo, con la patria que nos sobrepasa en el tiempo y en el espacio, y supeditan los altos principios de la justicia y la Constitución a las meras consignas políticas ordenadas por los intereses del momento.

TRAICIÓN POLÍTICA

En la carta a mis amigos de América, se ha calificado posiblemente como injuria mi denominación de los actos del ejecutivo, que el Reglamento me impide llamar por su verdadero nombre: traición política; abandono del programa del 4 de septiembre, jurado y suscrito con solemnidad el 21 de julio de 1946, el mismo día en que el heroico pueblo de La Paz colgó de un farol al tirano Villarroel y al secretario general de gobierno, Roberto Hinojosa; guerra al Partido Comunista, que fue el factor decisivo en su campaña presidencial, ya que tuvo en su contra a destacados correligionarios suyos que forman ahora en la «Corte de los Milagros»; deslealtad al pueblo de Chile que votó por él en la confianza de que entraría a una fase superior el proceso político social iniciado por el gran presidente Pedro Aguirre Cerda en 1938, y que en sus líneas fundamentales no modificó Juan Antonio Ríos, como sucesor de aquél; desaire afrentoso a los pueblos de América que vieron siempre en Chile a la vanguardia de todos ellos; deserción, en fin, a los grandes ideales que la humanidad progresista desea plasmar en esta época de postguerra, tan llena de esperanzas como de obstáculos, de afirmaciones como de apostasías, de lecciones de heroísmo cívico, como de los más repugnantes oportunismos personalistas.

VOTAMOS POR UN PROGRAMA

Siempre será poco sostener que en la última jornada presidencial el pueblo de Chile votó por un programa y no por un caudillo; votó por principios y no por banderas manchadas por el tráfico electoral, votó por la soberanía de la patria y la independencia económica y no por la subyugación y la entrega al imperialismo extranjero.

SUS PROPIAS PALABRAS LO ACUSARÁN

Para corroborar la destructiva acción política de que he acusado al primer mandatario, apelaré a sus propias palabras y declaraciones. La reproducción de ellas probará que no he vertido injurias y calumnias contra él, que no me interesa su vida privada personal, sino su categoría de político y sus actos de gobernante, y estableceré, además, la inconsecuencia de sus juramentos como candidato y de su conducta como presidente.

Uno de sus biógrafos, su correligionario Januario Espinosa, acuña conceptos del discurso que, exactamente un mes después del triunfo del Frente Popular, expresara en el acto político en honor del presidente electo don Pedro Aguirre Cerda, organizado por el Partido Radical, en el Teatro Municipal de Santiago. Dijo en esta ocasión el señor González Videla:

> Nosotros no queremos participar en el gobierno ni en la administración pública con los judas que nos venden, ni con los traidores que en la tremenda lucha de intereses sirvan clandestinamente al imperialismo, a los monopolios, a esa política económica que ha permitido que las contribuciones sean quitadas de los hombros de los ricos para ser impuestas sobre los hombros de los pobres.

Y agregó, dirigiéndose al señor Aguirre Cerda, que asumiría el gobierno un mes más tarde:

> Como todos los soberanos, está el adulo de tanto filisteo que, como aves de variados plumajes, se entremezclarán furtivamente para entonarle, en los momentos difíciles y de vacilaciones, el menosprecio y abandono a los hombres y partidos

que lo ungieron primero candidato y después presidente de la República. Cuando esas aves de colores inverosímiles y cambiantes lleguen a anidar en el alero de aquel viejo caserón donde tanto se sufre, yo le pido a Su Excelencia don Pedro Aguirre Cerda, en esta noche solemne en que viven y están presentes los espíritus de Matta, de Gallo, de MacIver y Letelier, que recuerde el dolor de un pueblo entero, que, a pesar de haber sufrido tanta traición, con una fe y lealtad que no tienen parangón en la historia de América, lo designara el Mandatario de los pobres, del obscuro conventillo, de la carne de hospital.

Pocos años después, y antes de partir en el viaje obligado que los candidatos a presidente suelen hacer a los Estados Unidos, a fines de octubre de 1945, declaró al diario de su propiedad, el *ABC* de Antofagasta:

Un gobierno de izquierda debe tener visión y responsabilidad suficiente para no dejarse arrastrar por los sectores antiobreros de nuestro país, que están conspirando con éxito contra la unidad de izquierda y cuyo triunfo más sensacional habría sido utilizar a ministros radicales como instrumentos de represión contra la clase obrera.

Las empresas extranjeras están reemplazando sus antiguos gestores y abogados con influencia en la derecha, por personeros elegidos inteligentemente en las filas de la izquierda y que aún continúan actuando e interviniendo dentro de ella y en permanente contacto con miembros del Parlamento y del gobierno.

ASÍ HABLABA

En la sesión del Senado del 2 de febrero de 1946, a raíz de los acontecimientos de la plaza Bulnes, el señor González Videla, entre otros juicios lapidarios, vertió los siguientes:

Yo, en nombre del radicalismo chileno, quiero dejar establecido que estas responsabilidades, cualesquiera que ellas sean,

no pueden comprometer al Partido Radical, puesto que sus
principios, su tradición y su doctrina, manifestados claramente en la Convención de Valdivia, repudian todo pacto de violencia y represión en la solución de los problemas sociales.

Y, por si hubiera dudas, agregó:

Desgraciadamente, la negación de los derechos sociales del
pueblo y la represión por las armas de sus manifestaciones cívicas, hasta el extremo de convertirlas en masacre, comprome-
ten la propia estabilidad del régimen democrático, en una época como ésta de postguerra, en que nace un mundo en plena
revolución.

Y adelantándose a los hechos futuros que le tocaría protago-
nizar, en este mismo discurso, manifestó: «Son los pigmeos de la política que se encaraman en el poder los que producen estas calamidades públicas. Nadie más que ellos son
los responsables de estos trastornos políticos y sociales que
hoy conmueven al país».
Sería cansar al Senado citar pasajes de los discursos que
pronunció como candidato a la presidencia de la República o
de aquellos que como presidente electo dirigió especialmente
al Partido Comunista, jurando que no habría traición; pero
no resisto a recordar una vez más pasajes del que pronunció
en la plaza Constitución, advirtiendo los peligros hacia donde suele llevar el anticomunismo. Dijo:

Esto es lo que quieren, señores, los fascistas disfrazados que
todos conocemos en este país. Y yo les temo mucho más –porque los vi actuar en la noble Francia– a los negros Lavales de
la izquierda que a los hombres de derecha.
El movimiento anticomunista, en el fondo, es la persecución,
la liquidación de la clase obrera.
Cuando las fuerzas del señor Hitler penetraron en Francia y
se tomaron París, los soldados nazis no anduvieron pidiéndo-
les a los obreros el carnet de comunistas; bastaba que fueran
afectos a un sindicato, bastaba que pertenecieran a una orga-

nización sindical para que fueran perseguidos, encarcelados y condenados a trabajos forzados.

Esto es lo que se pretende, no sólo el miedo contra el comunismo que explota esta gente para intimidar a las clases productoras de este país, sino en el fondo lo que quieren es perseguir a la clase obrera, disolver los sindicatos, que los obreros no estén asociados ni disfruten de los derechos sociales, que yo estoy dispuesto a respetar como siempre los he respetado.

JUZGAD AHORA

Podría afirmar alguien que no hay traición política o, por lo menos, inconsecuencia entre los juramentos y la traducción real que ellos han tenido?

La política importa tanto por los hechos mismos como por sus consecuencias. Y bien, qué consecuencias ha tenido para la democracia chilena la política del señor González?

Que por él se encargue de contestar el diputado conservador, señor Enrique Cañas Flores, reciente huésped de Franco, quien, según los cables, como personero del gobierno de Chile, declaró que: «CHILE ESTÁ HACIENDO LO MISMO QUE HIZO ESPAÑA CON EL COMUNISMO». Es decir, nuestro país se ha convertido también en un satélite del Eje fascista y en una amenaza para la paz y la democracia internacionales!

Qué calificativos merece esta conducta? Puede extrañar la triste fama que vamos adquiriendo en el exterior, incorporados al campeonato anticomunista y antisoviético, transformados en una colonia del imperialismo y en un foco de intrigas internacionales?

No es el pueblo de Chile, que sigue siendo fiel al programa y a los principios y a su mejor tradición democrática y antiimperialista, el que ha cambiado: es el presidente del país quien ha hecho tan brusco viraje, adorando ahora lo que antes había quemado.

A mis serenas observaciones basadas en hechos QUE NO HAN SIDO REBATIDOS NI DESMENTIDOS, se ha preferido oponer la diatriba y la acusación altisonante, al razonamiento y la discusión. En todo el país, la prensa y la radio se han entregado a una encendida campaña difamatoria en mi contra.

LOS SALVADORES SE AVERGÜENZAN

El Honorable Senado sabe muy bien que, debido a las facultades extraordinarias, concedidas con demasiada amplitud y ejercidas en una forma tal, que no hay recuerdo entre nosotros, no existe actualmente en Chile libertad de palabra ni de prensa. La prensa que podría mantener los fueros de la verdad, la única prensa que apoyó al actual presidente de la República en su campaña presidencial ha sido suprimida o censurada. Se ha reducido al silencio incluso una audición humorística por haber comparado las actividades turísticas y viajeras del primer mandatario con las del judío errante, y por haber afirmado que «el tónico de la esperanza, único remedio comestible que se ofrece al pueblo de Chile para compensar las alzas, está agotado hasta en las boticas». Los ciudadanos han sido detenidos, relegados y esparcidos a través del territorio. El presidente de la República, en declaración hecha a los dirigentes ferroviarios y ampliamente difundida por la prensa y por la radio, DIO A CONOCER LA EXISTENCIA DE UNA PERSECUCIÓN INCONSTITUCIONAL E IDEOLÓGICA, AL AFIRMAR QUE LOS MIEMBROS DEL PERSONAL DE FERROCARRILES QUE HAN SIDO SEPARADOS DE SUS PUESTOS, LO HAN SIDO NO POR DELITOS QUE HAYAN COMETIDO, SINO POR SER COMUNISTAS. De este modo, la igualdad de todos los chilenos ante las leyes y la libertad de creencia, asociación, etc., han sido abolidas. Para acallar a los parlamentarios que se atreven a discrepar del gobierno y a dar a conocer los hechos que se quieren guardar en estricto misterio, se ha iniciado, ahora, una petición de desafuero en mi contra. La razón de ella no está en las acusaciones que se me han hecho, SINO EN EL HECHO IMPERDONABLE PARA EL GOBIERNO DE HABER HECHO SABER AL PAÍS Y AL MUNDO LAS ACTUACIONES QUE ÉL QUERÍA HACER PERMANECER EN LA SOMBRA ESPESA, AHERROJADO EL PAÍS POR

LAS FACULTADES EXTRAORDINARIAS, LA CENSURA DE PRENSA Y LAS DETENCIONES. De este modo, el ejecutivo se nos presenta en una curiosa situación. Por un lado, dice que salva al país, a la tranquilidad y a la ciudadanía por medio del estricto cumplimiento de las leyes; dice que sólo detiene a disolventes y a los malos patriotas; afirma que ha liberado a Chile de gravísimos peligros internacionales. Pero, por el otro, se ofende y se irrita hasta llegar a épicos arrebatos de ira, todas las veces que sus actividades «salvadoras» son dadas a conocer. El país, en realidad, no se explica cómo el presidente de la República puede estar al mismo tiempo tan orgulloso de sus procedimientos y tener tanta vergüenza y tanto miedo de que sean conocidos.

PERO LA VERDAD SE ABRE PASO

Frente a la campaña de difamación que una prensa totalmente entregada ha emprendido en contra de un miembro de este Honorable Senado, se nos arrebatan los medios para defendernos, pretenden silenciarnos hasta en este sitial que algunos llaman tribuna, pero, de boca en boca, la verdad se hace presente y todo el mundo sabe a qué atenerse. Desde luego, quiero hacer notar cómo la sinrazón y la injusticia suelen llevar a los hombres, aun a los más ecuánimes, a abanderizarse en una facción demasiado cerrada y perder de vista los altos intereses nacionales y humanos. Los conceptos de patria y nación no pueden ser desvinculados de los conceptos fundamentales en que se asienta la libre y democrática convivencia humana. Cuando ellos son contrapuestos, entonces no cabe duda ninguna: el problema ha sido mal planteado, y gente interesada está usando indebidamente los conceptos sagrados de patria y patriotismo para encubrir con ello mercaderías que no resisten a la luz del sol; cuando no se cumple la palabra empeñada; cuando se gobierna para unos pocos; cuando se hambrea al pueblo; cuando se suprime la libertad; cuando se censura la prensa; cuando se teme que nuestras actuaciones sean conocidas; cuando se obra en contra de todo lo que se sustenta; cuando se abandona a sus amigos; cuando se es inferior, muy inferior a la tarea de gobernar que se ha asumido; cuando se crean campos de concentración y se entrega parte a parte la patria al extranjero; cuando se tolera la invasión segura y siempre creciente de funcionarios técnicos, G-Men, miembros del FBI, que cada vez se inmiscuyen más en nuestra vida interna, entonces es cuando la palabra *patria* es deformada, y es necesario levantarse virilmente, sin miedo, para restablecer las cosas en su lugar y devolver a esa palabra su verdadero significado.

Y ENTONCES?

Estoy acusado por haber hecho saber lo que en Chile sucede bajo el gobierno con facultades extraordinarias y censura de prensa, del Excmo. señor Gabriel González Videla; se me hace el cargo de haberme dirigido contra la patria, por no estar de acuerdo con la decisión tomada por este mismo Excmo. señor. Es, en realidad, lamentable esta argumentación. Si no estar de acuerdo con el Excmo. señor González Videla es ir contra la patria, qué habríamos de decir con referencia a este mismo caso, al recordar que el señor González Videla, como presidente del Comité de Ayuda al Pueblo Español, apoyó y defendió el DERECHO DE LOS ESPAÑOLES EXPATRIADOS, DE ATACAR DESDE EL EXTRANJERO AL GOBIERNO DE FRANCO CON EL CUAL ESTÁ AHORA EN TAN BUENAS RELACIONES? No autorizó en esos españoles, que llamaba sus amigos y cuya ayuda impetró, la libertad que ahora, mediante la petición de desafuero, pretende desconocer en mí, ex jefe de su campaña presidencial y senador de la República?

LA VERDAD NO ES INJURIA

Quiero referirme al cargo de haber injuriado al presidente de la República. El abogado Carlos Vicuña, en la brillante defensa que de mi causa hizo ante el Pleno de la Corte de Ape-

laciones, sostuvo que hice cargos políticos al presidente de la
República, cargos que no pueden ser considerados como injuria, entre otras cosas, porque son perfectamente ciertos y
están en la conciencia de todos los habitantes del país y de todos los extranjeros que se preocupan por nuestras cosas. En
la carta íntima para millones de hombres que se me incrimi-
na, nadie, ni siquiera un juez del viejo Santo Oficio, podría
notar otra cosa que un acendrado y gran amor hacia mi tierra,
a la que, dentro de mis posibilidades, he dado también algo
de fama y renombre, más puras, más desinteresadas, más nobles y de mejor calidad, lo afirmo sin falsa modestia, que las
que puede haberle dado con sus actividades políticas o diplomáticas el Excmo. señor González.

¡AÑO NUEVO! ¡UNA EXCEPCIÓN!

Precisamente, en este año nuevo quise comparar los mensajes
que a sus pueblos dirigieron todos los jefes de los Estados
americanos. En todos ellos, aun en aquellos conocidos por
sus regímenes tiránicos, injustos, hubo algunas palabras de
fraternidad, de paz y de esperanza para sus compatriotas. En
todos ellos, este solemne día que abre tal vez un ciclo histórico para la humanidad fue recibido con palabras augurales de
concordia y respeto.

Hubo una sola excepción. Ésta fue la palabra del Excmo.
señor González Videla, impregnada de odio y dirigida a fomentar la división y la persecución en nuestro pueblo.

ESTOY ORGULLOSO

Estoy orgulloso de que esta persecución quiera concentrarse
sobre mi cabeza. Estoy orgulloso porque el pueblo que sufre
y lucha tiene así una perspectiva abierta para ver quiénes se
han mantenido leales hacia sus deberes públicos y quiénes
los han traicionado.

SÓLO CHILE

En este momento histórico, en este año nuevo tan recargado de presagios, Chile es el único país del continente con centenares de presos políticos y relegados, con millares de seres desplazados de sus hogares, condenados a la cesantía, a la miseria y a la angustia. Chile es el único país, en este momento, con prensa y radio amordazadas. Chile es el único país del continente en que las huelgas se resuelven pisoteando el Código del Trabajo y con inmediatas exoneraciones en masa de los presuntos opositores políticos del gobierno.

Yo acuso al Excmo. señor González Videla de ser el culpable de estos procedimientos deshonrosos para nuestra democracia.

QUIÉN NOS DESPRESTIGIA?

En las versiones de la prensa servil y en la acusación del presidente de la República, se pretende imputarme el desprestigio de mi país. Los que cometen estas acciones reprobables, los que han mancillado brutalmente el prestigio de Chile en la América, pretenden acusar tomando el papel de defensores, del prestigio nacional.

Los que tienen a nuestro país aherrojado, atropellado, amordazado y dividido, pretenden tomar la bandera del prestigio que ellos han tirado al polvo.

Cuando comenzaron las persecuciones y exoneraciones en masa de los obreros del salitre, ya las compañías tenían preparadas sus listas de acuerdo con el plan de represión que ya conocían.

A PISAGUA

Hay una mujer detenida en Pisagua por haber iniciado en el año 1941 una huelga de cocinas apagadas. Este acto magnífico de esta mujer, para exigir mejores artículos alimenticios en las pulperías, ha sido el único acto político de su vida. Sucedió en 1941. Ahora está en Pisagua.

Un republicano español de Casablanca que fue relegado nos contaba que el único acto político de su vida en Chile había sido contribuir con la modesta suma de 100 pesos a la campaña del señor González Videla.

NO TENGÁIS HIJOS

Entre las listas preparadas de las compañías del cobre y del salitre para las exoneraciones, detenciones y relegaciones en masa, las compañías escogieron a los obreros de familias más numerosas para ahorrarse algunos miles de pesos de asignación familiar.

Mientras más niños tenían los obreros chilenos, más comunistas eran, según estos aprovechadores del terror.

Y así pasó que, cuando los trenes y camiones se abrían en los sitios de destino con aquella inmensa carga de angustia humana, sólo se oía un ruido. Era el llanto de centenares y centenares de niños que, apretados a sus madres, lloraban y gemían al mismo tiempo, concentrándose en ese llanto todo el dolor de la persecución y del desamparo.

MI SENTENCIA

No habrá por ahora ningún tribunal que desafuere al presidente de la República por los hechos y desventuras de nuestra patria.

Pero yo le dejo como una sentencia implacable, sentencia que oirá toda su vida, el llanto desgarrador de aquellos niños.

YO ACUSO al presidente de la República desde esta tribuna de ejercer la violencia para destruir las organizaciones sindicales.

YO ACUSO al presidente de la República, presidente de la organizaciones antifranquistas en Chile, durante su candidatura, de haber ordenado, como presidente de la República, votar contra la ruptura de relaciones con Franco a nuestra delegación ante las NU, al mismo tiempo que en Chile se encarcelaba y relegaba a los republicanos que formaban parte de esas organizaciones que presidiera.

Yo ACUSO al señor González Videla de haber sido, durante su candidatura, vicepresidente de la organización mundial pro Palestina Hebrea y presidente de esa Asociación en Chile, y de haber ordenado como presidente de la República a nuestra delegación ante las NU de abstenerse y silenciar la voz de Chile en favor de la creación del Estado judío.

Yo ACUSO al señor González Videla de haber encabezado las organizaciones antiperonistas en Chile, durante su candidatura, y luego como presidente, haber consultado en largas conversaciones con el señor Perón, anunciadas por la Secretaría General de gobierno, medidas represivas contra las organizaciones populares de Chile y Argentina.

Yo ACUSO al presidente de la República de haber denunciado al gobierno argentino un complot yugoslavo y comunista, cuyas bases habrían estado, según él, en Chile y en la ciudad de Rosario, en Argentina. La fantasía de estas afirmaciones queda de relieve con el caluroso telegrama publicado por la prensa de anteayer en que el general Perón felicita cordialmente al mariscal Tito de Yugoslavia, y propicia una amistad cada vez mayor entre sus pueblos.

Yo ACUSO al señor González Videla por la mala conducción de nuestras relaciones exteriores que han llegado a ser un ejemplo continental de trivolidad y de inconsecuencia.

Yo ACUSO al presidente de la República de la desorganización y descenso de la producción, como fruto de la evacuación en masa de miles de trabajadores experimentados en las faenas más duras de nuestras industrias.

Yo ACUSO al presidente de la República de obligar a las fuerzas armadas a actuar en labores policiales y enfrentándolas contra el pueblo trabajador. Yo lo acuso de gastar en estas faenas, ajenas al ejército, centenares de millones de pesos que pudieran ser dedicados a mejorar el armamento atrasado y en adquirir armas modernas, en especial, en el ramo de la aviación. Estos conceptos han sido publicados en las mismas revistas del ejército y han causado la brutal exoneración de altos oficiales.

Y o acuso al presidente de la República de mantener en tiempos de paz bases militares extranjeras en nuestro territorio, con oficiales y tropa uniformada.

Y o acuso al presidente de la República de autorizar, aún en los momentos que hablo, la fotografía aérea de nuestro territorio, por aviadores militares extranjeros.

Y o acuso al señor González Videla de empeñarse en una guerra inútil y estéril contra el pueblo y el pensamiento popular de Chile, y de querer dividir artificialmente a los chilenos.

Y o acuso al señor González Videla de tomar medidas contra la libertad de opinión, como el caso de mi proceso de desafuero, y de tratar de acallar por medio de la censura más brutal, de medidas policiales y financieras, el diario *El Siglo*, el órgano oficial de su candidatura y el fruto de muchos años de lucha del pueblo chileno, *El Popular* y seis diarios más.

Y o acuso al presidente de la República de falta de fe en su país, lo acuso de solicitar y soñar con empréstitos extranjeros, con la «quimera del oro», aun a costa de recibir el país las peores humillaciones, en vez de formular una política grande, digna y amplia que dé trabajo a los obreros chilenos y empresas a los industriales de nuestro país. Es de la profundidad de la patria de donde se sacan los recursos; Chile no quiere ser un país mendigo.

Yo pregunto al Honorable Senado, dónde vamos a llegar? Es posible que continúe el estado anormal y de angustia en que vive nuestro país; los mercenarios de cierta prensa aplauden cada día lo que ellos llaman este reino de «paz social». Pero, es que no hay gente sensata que se dé cuenta de que, precisamente, no hay paz social, de que estamos viviendo sobre un volcán, de que este odio alimentado cada día desde la presidencia de la República no constituye ninguna base posible para la actividad de la nación?

Dónde quiere conducirnos el señor González Videla? Continuarán las facultades extraordinarias, continuarán los desafueros, continuarán las exoneraciones en masa, la ley del garrote, substituyendo la ley del trabajo, continuará la censura imperando, continuarán los sindicatos destruidos, continuarán los campos de concentración de Pisagua, continuará la persecución y la delación, la censura telefónica, el servilismo de los diarios cercanos al gobierno? Continuarán las alzas, los lanzamientos, los negociados de que no nos habla la prensa, sino con sordina, el camino descontrolado hacia la dictadura en contra, no sólo de comunistas, falangistas y democráticos, sino en contra de nuevos sectores, mientras se acusa de traición a quien, como yo, explica al país y al extranjero que estos hechos no afectan a la dignidad de nuestra patria, sino a gobernantes incapaces?

Hasta cuándo, se preguntan todos los chilenos, en este Senado y más allá de él, por todos los ámbitos, por todos los rincones de nuestro país amado? Hasta cuándo dura esta pesadilla, piensan obreros, profesionales, intelectuales, industriales, políticos, hombres de la ciudad y de los campos?

No es necesario detener esta carrera desenfrenada, este descentramiento de nuestra vida pública y política? No sería evidente para millones de chilenos la necesidad de volver a la equidad y la decencia?

Debe conocer el Honorable Senado qué respeto merecen a las autoridades las residencias de los senadores. Anoche se intentó incendiar mi casa. El fuego alcanzó a destruir parte de la puerta de entrada. Como mi teléfono ha sido controlado por el gobierno, no me pude comunicar con la policía, lo cual, por lo demás, habría sido inútil.

Mi casa ha sido construida con grandes dificultades, y lo único doloroso sería ver quemadas las colecciones de libros antiguos y de arte, que tengo destinadas, desde hace tiempo, a los museos de mi país.

Es fácil ver la huella de este ultraje. Viene de la misma cueva de donde salieron las criminales persecuciones a Julieta Campusano, de donde salieron los que robaron y destruyeron papeles y máquinas de escribir en el Comité de Defensa de las Libertades Públicas.

Si este atentado llegara a consumarse y mi familia y yo podemos escapar de las llamas, no buscaré la justicia, sino que

sobre las ruinas de mis libros quemados dejaré este letrero:
«Ejemplo de democracia durante la presidencia de González
Videla».

UN JUICIO POLÍTICO

He sido acusado de calumniar y de injuriar al presidente de la
República.

Rechazo y rechazaré estos cargos hasta el final de mi vida.

He hecho el juicio político e histórico de un político que se
sentó a mi lado en esta Corporación, que fue elegido por los
mismos votos que a mí me eligieron. Cuando salió de este recinto para llegar a la presidencia, el país conoce el esfuerzo de
mi partido para darle una victoria que trajese libertad, honor
y progreso a nuestra patria.

Si quisiera injuriar al presidente de la República, lo haría
dentro de mi obra literaria. Pero si me veo obligado a tratar
su caso en el vasto poema titulado *Canto general de Chile*,
que escribo actualmente, cantando la tierra y los episodios de
nuestra patria, lo haré también con la honradez y la pureza
que he puesto en mi actuación política.

El presidente de la República, en su escrito, que no quiero
calificar, pretende que mi carta íntima es la obra satánica del
Partido Comunista y que se ha escogido a una persona políticamente inocua para firmarla. Mi inocuidad política se probó cuando dirigí su campaña de propaganda presidencial.

Asumo la responsabilidad de mis palabras, pero no hay
duda de que la claridad, la verdad con que han sido dichas,
contienen el espíritu militante del grande, del heroico partido
de Recabarren.

A todos los comunistas de Chile, a las mujeres y a los hombres maltratados, hostilizados y perseguidos, saludo y digo:
«Nuestro partido es inmortal. Nació con los sufrimientos del
pueblo y estos ataques no hacen sino enaltecerlo y multipli-
carlo».

Ayer en la noche escuché la sentencia que ha dado una
triste victoria al ejecutivo concediendo mi desafuero por la
Corte de Apelaciones. Se ha presionado a la justicia, llegan-

do hasta a darle minuciosas instrucciones desde las columnas mercantiles de *El Mercurio* y de toda la prensa y radio mercenarias.

Ha olvidado la Corte de Apelaciones, con la honorable excepción de algunos ministros, que no debe imperar en ella la pasión política, y que su deber no es encubrir las arbitrariedades del presidente de la República, sino proteger a los ciudadanos del atropello y del abuso.

Pero quién recuerda ahora los fallos de la Corte, sobre el proceso de los subversivos de 1920, cuando se llegó a fallar en detalle sobre el oro peruano? Dónde está hoy el oro peruano? Estos jueces tienen mala memoria.

Así será enterrada en el olvido, estoy seguro, esta sentencia de la Corte de Apelaciones.

A mí no me desafuera nadie, sino el pueblo.

Ya iré, cuando pasen estos momentos de oprobio para nuestra patria, a la pampa salitrera. Y les diré a los hombres y a las mujeres que han visto tanta explotación, tantos martirios y tantas traiciones:

Aquí estoy, prometí ser leal a vuestra vida dolorosa, prometí defenderos con mi inteligencia y con mi vida si esto fuera necesario. Decidme si he cumplido, y dadme o quitadme el único fuero que necesito para vivir honradamente, el de vuestra confianza, el de vuestra esperanza, el de vuestro amor.

Y cantaré con ellos otra vez bajo el sol de la pampa, bajo el sol de Recabarren, nuestro Himno Nacional, porque sólo sus palabras y la lucha del pueblo podrán borrar las ignominias de este tiempo:

DULCE PATRIA, RECIBE LOS VOTOS
CON QUE CHILE EN TUS ARAS JURÓ
QUE O LA TUMBA SERÁS DE LOS LIBRES
O EL ASILO CONTRA LA OPRESIÓN.

[La última intervención en el Senado]

(Sesión en martes, 13 de enero de 1948)

EL SEÑOR MARTÍNEZ MONTT (PRESIDENTE). Tiene la palabra el honorable señor Neruda.

EL SEÑOR NERUDA. No podría dejar pasar sin dar contestación y rendir homenaje a las elevadas expresiones escuchadas en esta Corporación al más eminente de los senadores que aquí se sientan.

Habrá extrañado al Honorable Senado que no me haya preocupado del incidente de aquella mañana en que no pude hacer uso de la palabra. En realidad, me pareció ínfimo al lado de la gigantesca estatura del presidente del Senado, al elevar, con su gesto, a esta Honorable Corporación a la altura de los más nobles y más prestigiados Parlamentos del mundo, en defensa de la dignidad y de la libertad de opinión.

Soy un perseguido, honorable senador Alessandri, y se me persigue justamente. Una tiranía que comienza debe perseguir a los que defienden la libertad. Muchas historias se lanzarán al espacio, muchas palabras se negarán, muchos letreros inmensos y negros hará la policía en contra de la voz de un patriota que se ha atrevido a revelar procedimientos desgraciados, contrarios a nuestra ciudadanía y a nuestra tradición democrática. Pero no quedará después, en el ir y venir de la historia, sino lo que nos revelaba el honorable senador don Arturo Alessandri, lo que han hecho los partidos, no las insidias, persecuciones ni tiranías, que en sí mismas van desmedrándose.

Así como el honorable senador Alessandri nos reveló, con nobles palabras, el sitio y la labor de algunos partidos en el desarrollo de Chile, sitio que podemos criticar, pero de ninguna manera negar, yo reclamo también el sitio del Partido Comunista entre los que han hecho historia, por el hecho de combatir bravamente, valientemente, nacionalmente, por ideas que son patrimonio del pueblo de Chile y que no han sido recogidas de sectas internacionales, sino del manantial sagrado de las ideas universales de nuestra época. Así, también, otras ideas se sacaron de otras corrientes grandes y generosas, como las de la Francia de la libertad.

Nada puede la persecución, pues en estos momentos el Partido Comunista está haciendo historia. Estaremos aislados, aparentemente, pero de todas partes, como hilos invisibles, vienen la fraternidad y la solidaridad del pueblo y de los hombres libres. No podrán ser acalladas, ni con la censura ni con el desafuero, las verdades que he levantado a la categoría de monumentales para que sean vistas por todos los ciudadanos.

Ni siquiera las manos criminales de la censura ordenada por el gobierno, que borraron nuestra Canción Nacional, con vileza increíble, de las páginas de un periódico para que no se leyera nuestro Himno Patrio, podrán destruir la libertad defendida por mi partido ni podrán tampoco borrar la actitud del honorable senador don Arturo Alessandri.

Reclamo para el Partido Comunista, en este momento crítico, el primer papel entre los defensores de nuestro pueblo y el de prevenir al país de que comienza una tiranía que mañana caerá sobre el Parlamento y sobre todo Chile.

Para salvaguardar estas libertades de Chile he levantado mi voz, la que no será acallada ni por la calumnia ni por la persecución.

La clandestinidad y el exilio

(1948-1952)

I

DESDE EL ESCONDITE
(1948)

Los riñones del general Marshall

El general Marshall se levantó temprano. Estaba contento.
Escupió su goma de mascar colocándola en el cielo raso
con puntería que era proverbial en el War Office.
Luego estiró exquisitamente los pies sobre su escritorio
examinándose los zapatos que a esa hora temprana ya le había
        limpiado el embajador de Nicaragua.
Todo marchaba bien. Llegó uno de sus ayudantes
que como también profesaba principios eminentemente democráticos
colocó otro par de zapatos sobre la mesa
y comenzaron a democratizar el mundo,
sirviéndose antes algunos jugos de naranja helada.
−«Let's see the world, today, my pal» de manera bonachona
dice a su ayudante, pegándose una goma en la suela.
«Fine», dice el ayudante poniéndose los anteojos.

«En Venezuela todo anduvo a las mil maravillas,
en una semana derribamos a Rómulo Gallegos,
nuestro agregado militar dirigió las operaciones,
la ideología...»
                −Déjese de idioteces, interrumpe el general,
ya tenemos todo el petróleo. Escriba: «Operación terminada».
Y tome las órdenes para el resto del día:
«A Somoza, tírele las orejas. Que no pretenda
robar a los norteamericanos, lo conservamos

para que robe exclusivamente a los nicaragüenses.
A Dutra no es necesario darle más, bastaría
con un diploma de Yale o de Columbia.
A González Videla siga pagándole,
no demasiado, no es necesario, lo suficiente
para que intrigue contra la Argentina. Él y Trujillo
son nuestros mejores campeones, y sólo piden
tener los bolsillos llenos. Los tendremos contentos.
De otra manera no podíamos tener trabajo esclavo
para sacarles todo el cobre de Chuquicamata.
Al general Franco, ese demócrata escogido,
préstele inmediata ayuda para que siga fusilando
no más de 25 españoles al día, eso nos significa
apropiarnos de algunos metales de que dispone.
A Grecia hay que mandar oficiales con buena puntería.
Hay que defender la cultura occidental matando griegos.
Tráigase algunas estatuas antiguas que ya no les sirven
y cámbieselas por botellas de Coca-Cola. Pague
cien botellas por cada fusilamiento y condecore
a aquellos que hayan violado a las muchachas griegas.
Esos oficiales deben ser estimulados».

A esta altura recibió la noticia.

El ayudante, con lágrimas en los ojos, le dice: «En China
se han decidido a mandar los chinos. Avanzan
hacia Shanghai. Ha caído Pei-Ping.
Están dispuestos a no recibir nuestras órdenes.
Chiang nos ha robado. Qué haremos? A los comunistas
no podremos comprarlos, y no hemos conseguido extermi-
   narlos».

El general Marshall sintió algo que se deslizaba
hacia atrás, en su espalda, como si le fuera a nacer una cola.
Se tocó suavemente, después con alarma.
Se le había desprendido un riñón con aquella noticia.
Desde ese entonces ha dado órdenes el State Department
de buscarle un nuevo riñón. Se apresuran los ejecutores

en Grecia, en la península Ibérica, escogiendo
entre los cadáveres, un buen riñón
para substituir el roído riñón del general.
Hay que exterminar en el mundo a la gente joven,
escogiendo antes de dar los tiros: ellos necesitan
una víscera en estado excelente. Tal vez tú mismo
estás ya señalado, tal vez tu riñón sirva
para que la nefritis de Marshall se detenga
y pueda seguir civilizando al mundo.
Natalicio en Paraguay busca afanosamente
entre los jóvenes guaraníes el de mejor apostura,
y lo examina con ojo de carnicero. Diariamente
le llegan riñones envueltos al general al sanatorio.
González Videla tiene quinientos hombres en Pisagua
esperando ansiosamente que terminen de morir:
tal vez entre ellos está el riñón que mandará sonriendo
como acostumbraba, y que puede salvar su gobierno.
«Necesitamos riñones con urgencia» dicen los avisos luminosos
de los holandeses que inspeccionan ávidamente
a los indonesios, listos para aprovechar un descuido
y lanzarse sobre ellos a practicarles una operación lumbar.

Mientras tanto el honorable general en su sanatorio
lanza furibundamente su goma de mascar
sobre algunos embajadores latinoamericanos, exigiéndoles
que saquen como puedan el riñón que le falta.
«No importa como sea», les dice, «ustedes
no sólo sirven para limpiarme las botas,
deben suministrar ese órgano que necesito
para consolidar la cultura occidental y venderles refrigera-
    dores.»

Pero dicen algunos zahoríes, lejos, lejos de allí,
que las cosas no están tan bien como se supone.
Y que lejos de suplantar la víscera perdida
en China, en otros pueblos, los hombres decididos
luchan hasta morir por sus patrias amadas.

Pronto se caerá del otro lado
el penúltimo riñón del general Marshall.

Honor, honor, honor
a la guerra del pueblo, a la victoria
del hombre en todas partes: ya se acerca
la gran aurora de semilla roja.
Hay lágrimas detrás de estas sonrisas. Esperamos.
Tenemos mucho que luchar todavía.
Hagamos lo posible para que todos los días su ayudante
traiga malas noticias al hombre sin riñones.

En algún punto de América, 1948

*Publicado en Pablo Neruda, Poesía política, 1953,
antología, vol. 1, pp. 109-113.*

II

ANTOLOGÍA POPULAR DE LA RESISTENCIA
(1948)

A los combatientes de la Resistencia

No sólo la clase obrera de Chile –víctima principal de la represión–, sino muchos otros sectores han manifestado con diversos actos su violento repudio hacia la corrompida y bestial dictadura de González Videla.

Esta primera antología de la protesta clandestina de escritores obreros e intelectuales de la resistencia no pretende dar sino una muestra del inmenso material que circula en nuestro país y en el extranjero y que de una manera u otra revelan la dignidad y la altivez de nuestro pueblo, surgidas de las mejores tradiciones de lucha por la independencia de la patria.

Este primer cuaderno será seguido de otros que complementarán la historia de esta época y su reflejo en el combate inmortal por el honor, la libertad y el decoro de Chile.

El pueblo te llama traidor

por J. Aguilera

Del fondo amargo de la mina
hasta el rancho del labrador
en un grito que no termina
EL PUEBLO TE LLAMA TRAIDOR

Levanta el pampino la frente
cubierta de polvo y sudor
y alto te grita roncamente
EL PUEBLO TE LLAMA TRAIDOR

El poblador desalojado
algo te dice en su dolor
él estuvo antes a tu lado
EL PUEBLO TE LLAMA TRAIDOR

Llora la mujer del minero
y su calabozo de horror
te acusa como carcelero
EL PUEBLO TE LLAMA TRAIDOR

Qué dice ahora el emigrado,
huésped de Chile y de su honor?
Está en la celda encarcelado,
EL PUEBLO TE LLAMA TRAIDOR

Los sindicatos derribados.
El día de odio y de temor.
La noche llena de soldados.
EL PUEBLO TE LLAMA TRAIDOR

La madre hambrienta en los caminos,
mas su llanto desgarrador
está escribiendo tu destino:
EL PUEBLO TE LLAMA TRAIDOR

Por qué no vas a Lota un día
sin almirantes, sin terror,
sin tanques, sin artillería?
EL PUEBLO TE LLAMA TRAIDOR

Hambre y silencio, odio y censura.
Gloria y ascenso al delator
patria vendida y amargura
EL PUEBLO TE LLAMA TRAIDOR

Pero de nuestra tierra entera
sube un altivo resplandor.
Ya volverá la primavera
EL PUEBLO TE LLAMA TRAIDOR

Ya volverá la primavera.
Enterraremos el dolor
que causaste a la patria entera
y en esa hora justiciera
el pueblo alzará su bandera
TRAIDOR, TRAIDOR, TRAIDOR.

El conquistador de la Antártica

por Julio Ruiz

I. EL PATO PILOTO

Mientras sube de precio la comida,
el alquiler, la ropa, los zapatos,
a conquistar tierra desconocida
por aire, tierra y mar camina el Pato.

Prieto Concha dirige la partida,
Meneno Bulnes mangonea un rato
y entre olas de champaña embravecidas
Rivera obtiene alambre por contrato.

Queriendo así ocultar sus traiciones.
Viva la fiesta! el Pato a tropezones
grita, grazna, anexando tierra muerta.

Oh Pato Loco! Todo será en vano
el pueblo acerca su implacable mano
y golpeará en su día y en tu puerta.

II. NO DEBIÓ VOLVER

Mientras suben el pan, la casa, el traje,
mandan la coima y el soborno inmundo,
mientras alzan el gas y el cabotaje
el Pato Loco nos conquista un mundo.

Mientras el hambre acerca su ropaje
al hogar del chileno, y un profundo
sentimiento de cólera y coraje
se avecina segundo por segundo,

el Pato Loco encierra y amenaza,
gesticula, maldice y amordaza
y en un valiente ataque de saliva

nos ofrece una tierra sin frontera
donde debió quedarse con Rivera,
con Prieto Concha y con la comitiva.

III. LA SOMBRA DEL PUEBLO

Conquistador de samba a nadie engañas,
Pisagua escucha, tu traición te sigue:
contigo se levanta y te acompaña
la sombra de Ángel Veas te persigue!

Al que ayer abrazaste en tu campaña
ordenaste matar... Nadie mitigue
tu culpa en este crimen y tu saña!
La sombra de Ángel Veas te castigue!

Baila, festeja, grita, a los rincones
acude a sepultar tus traiciones
no importa ya si bailas o paseas.

El pueblo espera un toque de campana
cuando vuelvas del baile una mañana
encontrarás la sombra de Ángel Veas!

Pedestales del Régimen

por J.A. Carrasco

LUIS BRUN D'AVOGLIO

Quién es? De dónde sale? Quién ha sido?
Quién conoció a este sapo en su agujero?
Se pregunta en prisión el perseguido
y sangrando pregunta el prisionero.

Qué cruce de gallina y forajido
(parto de bacinica y de tintero)
ha dado a luz a este recién nacido
entre puñales de carabinero?

No logrará saberlo, hermano mío,
no conoció a su padre ni a su tío
nació de un soplo este soplón funesto.

Su madre fue doña Traición Oscura.
Su padre fue traidor con dentadura
su nombre: Moco Vil del Presupuesto.

DARÍO POBLETE NÚÑEZ

Si entre los excrementos se buscara
un gusano fecal, en un retrete
hallaréis uno de amarilla cara
color de mierda antigua: ése es Poblete.

Sobrino de Laval, quien lo dotara
de oficina, de timbre y de membrete
para hacer de felpudo y de mampara
al general, al cabo y al cadete,

conocía muy bien sus condiciones
y la materia prima de soplones
que forman su estructura de alcahuete.

El campeón de la prensa es un sarcasmo!
El nuevo rico de palacio un asno!
No digáis un mojón, sino Un Poblete!

RAFAEL MALUENDA

Tuerto, arrugado, feo, enfurecido
vendedor de almacén, tonto de tienda,
pasó de vendedor a ser vendido
y de escritor a ser Rafael Maluenda.

Símbolo fue su pantalón raído
y la actual eficacia de su hacienda
de «contacto social» y «buen sentido»:
no hay nada en Rafael que no se venda.

Vende su clase, vende su apellido,
vende su medio pelo arrepentido
cobrando como Judas su dinero,

mientras los Edwards, suaves y felices
lo aguantan apretando las narices
pagando lo que escribe su dinero.

El Faraón y sus Mulatos

por Juan Talero

Son las ocho de la mañana. La escena se desarrolla en la «Casa donde tanto se Traiciona». Entra el Faraón por la izquierda, bailando rumba, para salir por la derecha, hacia un farol.

ESCENA ÚNICA

F.   A lamerme los zapatos
adelántense, Mulatos!

(Rápido y en cuatro pies
se acerca Ramón Cortés.

Bacinicas y retretes
corresponden a Poblete.)

M.   Aquí tienes, soberano,
las lenguas de dos enanos

con una sola función:
¡déjanos lamer un rato

tus zapatos
Faraón!

Te cobraremos barato.
(Son negocios de Mulatos
La Nación
y la Inmigración.)

Di qué complots preparamos
y todo lo arreglaremos.

Quieres espías rumanos
o eslovenos?

Nosotros nos encargamos.
Ya te los encontraremos.

F. A lamerme los zapatos!
Ya estáis bien pagados con
La Nación
y la Inmigración.
Negocios para Mulatos!

M. Quieres calumniar a alguno?
Es el momento oportuno.

Algún país de ultramar
no reverencia tu altura?
Quieres alguna ruptura?

Todo te lo arreglaremos
lamiéndote los zapatos.
(Buenos negocios tenemos:
La Nación
y la Inmigración
nos dieron a los Mulatos.)

F. Quiero anexarme la luna.

M. Qué idea más oportuna!
Qué emoción y qué alegría!
Puedes contar desde ahora
con toda la policía!

F. Ahora salid de esta esfera
antes que llegue Rivera.
Ganasteis vuestros porotos.
Yo no me mezclo con rotos.
Tengo que ver a los Claro

a los Zañartu, a los Bulnes,
a los Prieto y Larraín:
para ellos alzo los precios.
Que mueran de hambre los necios!
Qué aristócrata me siento!
Me sirvió ese casamiento.
Ellos manejan al fin
los negocios del Estado
desde la Antártica a Arica.

Poblete, deja el calzado!
Lavaste la bacinica?

Deja en ella suficiente
para vuestra pluma fuente!

(Se retira en cuatro pies
primero Ramón Cortés
con un último lamido
Darío Poblete se ha ido.)

Mucho dinero han ganado
con este trabajo honrado
lamiéndole los zapatos
al Faraón los Mulatos:
su lengua les ha costado!

SAQUE EL PUEBLO SOBERANO
SU DEDUCCIÓN ESTA VEZ
SIRVIÓ PUES
ESTA HISTORIA INFELIZ
PARA MOSTRAR EN QUÉ MANOS
O EN QUÉ PIES
ESTÁ ESTE POBRE PAÍS.

Revelaciones sensacionales sobre los atentados ferroviarios

por Francisco J. Talero

No estamos adelantados
en fabricar atentados

en todos sus pormenores
explicaremos, señores,

las consignas horrorosas
con que se hacen estas cosas.

Llega de una francachela
Hitler González Videla

está limpiando el retrete
Goebbels Darío Poblete

lo llama y solemnemente
le da trabajo a su mente.

Goering d'Avoglio ha llegado:
todo está planificado.

Y D'Avoglio al Comisario
entrega todo el rosario.

El comisario a su gente:
−«Lo ha ordenado el presidente».

Por estas y otras razones
se agita Investigaciones

y entre veinticinco agentes
sacan y ponen durmientes.

Si colocan explosivos
les sale más productivo.

Y si no les queda bien
le tiran piedras al tren.

O dejan en un rincón
un «Plan de Revolución»

o meten en un ropero
un documento «extranjero»

o el Reichstag sin previo aviso
queman en Valparaíso.

Éste es el procedimiento,
tan antiguo como el viento

y luego elogios sinceros
en la central de Pateros

que como es de tradición
se reúne en *La Nación*

y así está el país salvado:
se descubrió el atentado!

Las cárceles están llenas
pero no basta a las hienas.

Ay patria, qué noche triste!
Ay Chile, dónde caíste!

Ya expliqué dónde nacía
un «atentado» que estalla.

O un durmiente que se halla
en una lejana vía.

SE HACE COMO ANTES SE HACÍA:
NO PROGRESA LA CANALLA.

Los ideólogos del Régimen

por Heriberto Gómez

1. FRANCISCO BULNES CORREA

Si entre los asnos un concurso hubiera
ellos en su corral y en su decoro
buscarían un burro que exhibiera
el asno en cada uno de sus poros.

Asno de idioma, asno de mollera,
asno de selección, asno tesoro
asno que aún más asno se volviera
aunque este asno se cargara de oro.

Por más que pareciera sin sentido
este asno fue encontrado y elegido
como el asno más asno hasta hoy hallado.

Luego compró un sillón este asno rico.
Francisco Bulnes es este borrico:
oídle rebuznar en el Senado!

2. ÓSCAR KOLBACH

Si a La Moneda vais aunque obligados
a comerciar en ese estercolero
no os confundáis hasta dejar colgado
en la frente de Kolbach el sombrero.

No toméis como percha al abogado
por su frondosa frente de perchero:
su cornamenta es algo respetado.
Y ella le ha producido su dinero.

Bajo esos cuernos encontró el Payaso
el proyecto de ley del garrotazo
para dejar a Chile sordo y mudo.

Por su especialidad y complacencia
mejor que le encargara Su Excremencia
un proyecto de ley anticornudo.

3. INMANUEL HOLGER

Inmanuel, inefable cacaseno
detrás de ti saquean al chileno.

Inmanuel, tu uniforme de soldado
oculta coimas, micros, negociados.

Inmanuel, tu uniforme de marino
oculta alambre, dólares, «pingüinos».

Inmanuel, inefable, tu figura
oculta crímenes y sepulturas.

Inmanuel, entre pillos y payasos
no se distinguen cuáles son sus pasos.

Inmanuel, eres nazi y extranjero;
para nosotros Chile es lo primero.

Inmanuel, Inmanuel, ándate pronto
a Nuremberg con tu cara de tonto,

antes de que comience la batalla
en que caiga el Payaso y su pantalla.

El Rector en Bogotá

por Francisco J. Talero

La derecha que creía
a Juvenal izquierdista
y la izquierda que veía
al Rector con mala vista,
todos se han equivocado
en Bogotá, qué alegría!
el Rector se ha destapado.

Fue firme en su silogismo
que en gran silencio explicamos.
«Todos contra el comunismo!»
«Prisiones necesitamos!»
En su entusiasmo atrevido
y en su celo belicoso,
dijo: «América ha tenido
hasta hoy pocos calabozos!».

«Cárceles, sables, rencores,
nos hacen falta, señores»,
y fue claro como el agua
en su palabra sincera.
«Quiero que América entera
sea una inmensa Pisagua!»

Desde Chile fue instruido
para que este cometido
tuviera un éxito loco.

Fue triste lo sucedido.
Se sorprendieron un poco
y preguntó un extranjero:
–Es su oficio carcelero?

Tuvo felicitaciones
de Trujillo y sus soplones.
Y Marshall entusiasmado
quiso pagarle al contado.

Ésos fueron funerales
de América independiente
y hablaban allí los males
de este pobre continente.
Los vasallos con ceguera
vendían su patria entera
y en entregar a su gente
el Rector fue el más ardiente.

En aquella conferencia
se enterraba la decencia.

NOS HA PARECIDO MAL
VIVIR CON TAL DISIMULO
Y AL FIN EN UN FUNERAL
TERMINAR MOSTRANDO EL CULO
(MAL ESTUVO JUVENAL!)

Seis personajes en busca de un farol

por Francisco J. Talero

I. GABRIEL GONZÁLEZ VIDELA

De Lota a Tarapacá
y de Pirihueico a Praga
traicioné yo a cuantos pude
y a todos los que encontraba:
sólo ejecuté las órdenes
que de Washington me daban
para el tratado argentino

o para enviar a Pisagua
a aquellos que me eligieron.
No soy culpable de nada.
Soy como Laval o Quisling.
Traiciono porque me pagan!

2. GERMÁN VERGARA DONOSO

Me recibí de fascista
y de franquista en España,
un hermosísimo conde
me impartió las enseñanzas.
Decidme, queréis romper
con Siria o con Gran Bretaña?
Yo meteré en las maletas
de cónsules y embajadas
documentos misteriosos,
facturas falsificadas,
enigmáticos mensajes,
espantosos telegramas.
Dios y Franco me lo exigen.
Y al padre Truman le agrada!

3. JUAN BAUTISTA ROSSETTI

La negocia es la negocia!
No entendéis socialistancia?
Debo llenar mis bolsillos.
Debo repletar mis arcas.
Mi emporio de *La Opinión*
no da bastantes ganancias.
Debemos vender a Chile
con sus minas y sus puertos
con sus hombres y sus casas.
Todo a cuarenta, señores!
Aprovechad esta racha,

soy mercachifle y mi socio
Su Excelencia me acompaña.
No tenemos competencia!
Y una última rebaja
sólo para Wall Street:
TREINTA DINEROS LA PATRIA!

4. LUIS BRUN D'AVOGLIO

Soy el Fouché de este régimen.
Fabrico complots y cartas.
Hago levantar durmientes.
Ordeno lanzar pedradas.
Debo mantener repletas
las arenas de Pisagua.
Incendio, si me lo piden,
ferrocarriles o aduanas.
Y culpo a los comunistas
o a las monjitas mañana
con tal de que me lo paguen.
Yo no tengo ideología:
un chequecito mensual
y seis queridas me bastan.

5. RAFAEL MALUENDA

Fui contrabandista de opio.
Fui procesado de estafa.
Ahora soy moralista
de la prensa acomodada.
Fui siútico, fui escritor.
Hoy mi pluma mercenaria
me alimenta y me arrepiento
de mi vida depravada.
Que me sirvan de escarmiento
aquellas hambres pasadas.

Dirijo a Gabriel González
con el ojo que me falla.
Gano treinta mil al mes.
Vendo la tinta y el alma
y soy anticomunista
porque entré en la aristocracia:
mi obligación es chupar
calcetines a los Edwards.
Así me gano la vida
con mi sudor y mi baba.

6. LUIS SILVA SILVA

Felón me llamó Gumucio.
Pero no me pasó nada.
Walker me llamó traidor.
Y yo sigo donde estaba.
Mi religión es sencilla
y debe ser apreciada:
los ricos tienen razón
en cuanto hagan o no hagan
y los pobres sólo deben
hacer lo que se les manda
o escoger relegación
en Patagonia o Pisagua.
Por eso Gabriel González
es el héroe de mi alma!
Tienen razón las talegas!
Un libro de cheques es
mi Sermón de la Montaña!
Con más razón si son dólares
las Sagradas Escrituras
de san Truman o san Marshall!
Viva san Dólar, san Peso,
santa Peseta de España,
san Franco, santa Esterlina!
Estos santos suenan bien

y son de la aristocracia.
Mi religión es sencilla
y nutre como una vaca!

Se llama a concurso para erigir un monumento al Excrementísimo señor González Videla

por Heriberto Gómez

Convocamos al talento,
se llama a la inteligencia:
se trata de un monumento
dedicado a Su Excremencia.

El pedestal debe ser
hermoso y bien dibujado
con las promesas mentidas,
juramentos traicionados,
lágrimas de cocodrilo
y proyectos pisoteados.

Su Excremencia debe estar
compuesto de esta manera:
zapatos de policía,
los bolsillos de Rivera,
vientre de la oligarquía,
uñas de empresa extranjera,
mirada de prostituta,
sonrisa de calavera,
con chaleco de traidor
y ensangrentada pechera,
y una cuerda de verdugo
rodeándole las caderas.
No deben llevar sus manos
nuestra adorada bandera,
orgullo de los chilenos

y sol de la patria entera,
sino que deben mostrar
esas manos traicioneras
treinta dólares de Judas
guardados en su cartera.

Todos sus acompañantes
debe mostrar la escultura:
un grupo con los ladrones
que en su gobierno especulan
y éstos deben exhibir,
alambre, micros, azúcar
y todo lo que robaron
durante la dictadura;
debe verse a Su Excremencia
dando un beso a Mr. Truman,
y un grupo de carceleros
deben rodear su figura
mostrando los instrumentos
con que ejercieron tortura,
los garrotes para el pueblo,
el lápiz de la censura,
los alambres de Pisagua
y, coronando la altura,
una nube de soplones,
un vendaval de calumnias,
una tempestad de crímenes
y un vómito de denuncias.

Debe, por fin, contemplar
el futuro monumento
con letras descomunales
los crímenes del gobierno:
la carestía de todo,
los campos de prisioneros,
la libertad pisoteada,
la persecución a Pablo
Neruda y al pensamiento,

la Constitución manchada
por los malvados coimeros
que junto con Su Excremencia
han salido del infierno
para condenar al hambre,
a la prisión y al silencio
a nuestra querida patria
y a su traicionado pueblo.

Ya se sabe la noticia.
El concurso queda abierto!
Los artistas concursantes
deben enviar su proyecto
desde hoy al Excrementísimo
señor González Veneno
para que vaya apreciando
lo que será su recuerdo
CUANDO CUELGUE DE UN FAROL
POR LA VOLUNTAD DEL PUEBLO.

Dos sonetos republicanos

I

Nací traidor. Mentí con el vagido.
Una traición fue mi primer sonrisa.
Una traición fue mi primer latido.
Y una deslealtad fue mi nodriza.

De escolar a traidor salí ascendido
y entonces en la logia o en la misa
traicioné lo que me fue pedido.
Un tinterazo traidor fue mi divisa.

Llegué más lejos. Judas vagabundo
me lancé a traicionar a todo el mundo
rápidamente en tren o aeroplano.

Lloré en la mina, y traicioné al minero
y como presidente a Chile entero
traicioné por el oro americano.

2

Seguiré traicionando a cada hora
al radical, al fraile, al indeciso,
al agrario, al bombero, a la señora,
a Antofagasta o a Valparaíso.

Traicionaré en la noche o en la aurora
con precaución, con arte, con hechizo,
con lentitud glacial o sin demora
en la audiencia, en la calle, en el bautizo.

Llamaré al militar para venderlo
como llamé al obrero para verlo
encarcelado, traicionado, herido.

Y si el destino mío va marchando
hasta el farol, me iré traicionando
y moriré traidor como he nacido.

> *Los dos últimos sonetos inéditos fueron escritos en*
> *la clandestinidad, en casa de Simón y Elisa Perelman,*
> *Santiago, durante el invierno de 1948.*

III

EL EXILIADO EN MÉXICO
(1949-1950)

Mi país, como ustedes saben...

Mi país, como ustedes saben, es el más lejano de nuestra América. Ha sido ocultado cuidadosamente por la cordillera, por el mar y por el feudalismo.

Sin embargo, muy pronto, grandes potencias fijaron su atención en aquel territorio delgado y herido. Así pasó en el mes de junio de este año. Dos grandes naciones quisieron invitar en ese instante a dos chilenos. El gobierno de los Estados Unidos de América del Norte invitó al general en jefe del ejército chileno. Yo no soy general, soy simplemente un poeta, y sin embargo en aquel instante una gran nación me invitó a visitarla. Esta nación fue la Unión Soviética, y casi en las mismas horas en que el general chileno se dirigía a husmear desde lejos la bomba atómica, yo volaba a celebrar el aniversario de un antiguo poeta, de un profundo y pacífico poeta: Alexandr Serguéievich Pushkin.

Hace ya tiempo que el general volvió a mi patria. Yo no he podido volver, entre otras cosas, porque no estoy seguro de que entre aquellas balas que el general adquirió en su viaje, no haya alguna que me esté destinada. El hecho es que desde su vuelta en mi país se ha fomentado el espíritu bélico, y este general, cumpliendo tal vez con lo que cree su deber, escribe artículos sobre geopolítica y pretende con ellos que mi tierra lejana se convierta en un arsenal para una guerra extracontinental. Y me parece, será bueno decirlo, que no sólo hay palabras dichas después de esta invitación, me parece también que hay bases militares, y que los barcos viajan desde los grandes puertos norteamericanos hacia las tierras australes cargados de armas. El hecho es que poco después de celebrado el viaje, y por primera vez después de muchos años, los gobernantes chilenos han gastado balas y pólvora, tal vez ensayando la guerra, y ensayándola, naturalmente, contra el pueblo chileno. Cerca de cien muertos y quinientos heridos han teñido de sangre, las calles de la lejana República. Han tenido éxito, como se ve, las lecciones que aprendió con otros militares el invitado de Chile; y han tenido éxito porque hace de presidente de mi país un simple mayordomo sostenido allí por los intereses mineros norteamericanos, y este mayordomo servil no tiene por qué preocuparse demasiado por la salud de los hijos de Chile.

Si yo hubiera vuelto a mi país hubiera llevado otras historias, otras experiencias y diferentes verdades. Habría llevado la verdad de Pushkin, el canto, la bandera de Pushkin, es decir de un viejo poeta, del poeta central de su pueblo, que otra nación habría olvidado pero que la Unión Soviética, lejos de olvidar, elevó sobre toda su vasta tierra. Vi flotar esa bandera de poesía, de cultura y de paz en aquellos extensos territorios. Vi levantarse museos de Pushkin de entre los escombros, vi relucir el rostro del poeta, como el de un ángel sorprendido, en los antiguos palacios de los zares, en las estaciones ferroviarias, en las alas de los aviones, en las noches blancas de Leningrado, en la gigantesca y reconstruida fábrica de tractores de la ciudad mil veces heroica de Stalingrado. Pero también vi los versos de Pushkin en medio del campo, en grandes tableros. Así como la Unión Soviética ha reconstruido sus ciudades y sus fábricas, y su bienestar colectivo, así también reconstruye las figuras de sus creadores, y también las entrega al goce de todo un pueblo.

Tal vez en estas dos invitaciones tengamos la clave de cuanto está ocurriendo. Tenemos, de un lado, que cuando se descorre la cortina de dólares por las autoridades de inmigración es para que los generales de América Latina vean de cerca, no muy de cerca tampoco, las posibilidades de destrucción en masa que un gran país exhibe con extraño orgullo, y, del otro lado, cuando se penetra a través de la cortina de calumnia con que se quiere cercar a ese mundo nuevo, se nos muestra la monumental historia del espíritu a pesar del tiempo, y la veneración de un alto hecho de la cultura humana, compartido por la totalidad de un pueblo.

Pero, nos preguntamos, es que la influencia de los fabricantes de armamentos se reduce únicamente a penetrar en nuestra tierra por conducto de algunos generales extranjeros?

Por cierto que no es así y tal vez nunca la historia nos ha dado oportunidad de ver tan claro en su acontecimiento. Es que la guerra que se prepara, guerra necesaria para que los grandes monopolios aseguren en nuestra América Latina sus imperios ante la creciente amenaza de los pueblos que luchan por su independencia económica, esta preparación de un drama inmenso quiere ocultar la inmensidad de una agonía. Y dentro de este sistema agonizante la creación cultural muestra síntomas de enfermedad mortal.

Quiero deciros, por primera vez, una importante decisión personal que no traería a este recinto si no fuera porque me parece estrechamente ligada a estos problemas. Hace poco y después de haber recorrido la Unión Soviética y Polonia firmé un contrato en Budapest para la publicación en lengua húngara de todos mis poemas. Y luego de firmado en una reunión con traductores y editores se me pidió que indicara yo mismo, página por página lo que debía ser incluido en este libro. Yo había visto los miles de jóvenes muchachos y muchachas que empezaban a llegar a Hungría de todos los puntos del planeta para participar en el Festival Mundial de la Juventud; yo había visto, entre los escombros de Varsovia, salir caras de jóvenes estudiantes que entre sus clases de anatomía levantaban de nuevo el destruido pedestal de la paz, yo había visto con mis ojos los inmensos edificios construidos en unas cuantas semanas de entre los escombros de Stalingrado, por veinticinco mil jóvenes voluntarios llegados de Moscú; yo escuché en aquellas tierras como un rumor de abejas de una arboleda infinita, la alegría pura, colectiva, innumerable de la nueva juventud del mundo.

Y cuando aquel día después de tantos años de no leer mis antiguos libros, recorrí, frente a los traductores que esperaban las órdenes para empezar su trabajo, aquellas páginas en que yo puse tanto esfuerzo y tanto examen, vi de pronto que ya no servían, que habían envejecido, que llevaban en sí las arrugas de la amargura de una época muerta. Una por una desfilaron aquellas páginas, y ni una sola me pareció digna de salir a vivir de nuevo. Ninguna de aquellas páginas llevaba en sí el metal necesario a las reconstrucciones, ninguno de mis cantos traía la salud y el pan que necesitaba el hombre allí.

Y renuncié a ellas. No quise que viejos dolores llevaran el desaliento a nuevas vidas. No quise que el reflejo de un sistema que pudo inducirme hasta la angustia fuera a depositar en plena edificación de la esperanza el légamo aterrador con que nuestros enemigos comunes ensombrecieron mi propia juventud. Y no acepté que uno solo de esos poemas se publicara en las democracias populares. Y aún más, hoy mismo, reintegrado a estas regiones americanas de las que formo parte, os confieso que tampoco aquí quiero ver que se impriman de nuevo aquellos cantos.

Hemos llevado los poetas de este tiempo dentro de nosotros mismos las dos fuerzas contrarias que producen la vida. Y ha llegado la hora en que debemos escoger. No se trata puramente de escoger nuestra conducta: se trata de escoger la responsabilidad dentro de nuestro propio ser.

Todo un sistema moribundo ha cubierto con emanaciones mortales el campo de la cultura y muchos de nosotros hemos contribuido con buena fe a convertir en más irrespirable el aire que pertenece no sólo a nosotros, sino a todos los hombres, a los que viven y a los que van a nacer.

Por qué vamos a dejar marcada nuestra huella sobre la tierra, como la que dejaría en la arcilla mojada la desesperación del ahogado?

Sin embargo, es claro que muchos de los creadores de nuestra época no se dan cuenta de que aquello que les pareció la más profunda expresión del ser, es muchas veces veneno transitorio depositado dentro de ellos mismos por sus más implacables enemigos.

El capitalismo agonizante llena la copa de la creación humana con un brebaje amargo. Hemos bebido este licor en que se juntan todos los venenos. Los libros de lo que llaman la cultura occidental, en su mayor parte, han contenido dosificadas fuertemente las drogas de la agonía de un sistema. Y nuestra juventud de América Latina está bebiendo ahora las heces de una época que quiso extirpar de raíz la confianza en los destinos humanos suplantándola por la desesperación absoluta.

Cuando Faedéiev expresaba en su discurso de Wroclaw que si las hienas usaran la pluma o la máquina de escribir escribirían como el poeta T.S. Eliot o como el novelista Sartre, me parece que ofendió al reino animal.

No creo que las bestias aun dotadas de inteligencia y expresión llegaran a hacer una religión obscena del aniquilamiento y del vicio repugnante, como estos dos llamados «maestros» de la cultura occidental.

Pero es comprensible su tarea. Ellos son los apóstoles del gran osario que se prepara, son los gérmenes activos de la destrucción: antes de que caiga la bomba atómica que los monopolistas necesitan dejar caer para aniquilar gran parte de la vida humana en defensa de un sistema injusto de economía, estos apóstoles están encargados de aniquilar moralmente a los hombres. En el caos del capitalismo moribundo ellos deben dar sitio a una mayor angustia y convertir a la inteligencia en una luz parcial que ilumina exclusivamente lo peor, lo pestilencial y lo perverso de la condición humana. Ellos están encargados de degradar la vida para facilitar el exterminio del hombre sobre la tierra.

La burguesía ha apoyado con intensidad a estos protagonistas del derrumbamiento. En los últimos años hemos visto cómo nuestros *snobs* se han apoderado de Kafka, de Rilke, de todos los laberintos que no tengan salida, de todas las metafísicas que han ido cayendo como cajones vacíos desde el tren de la historia, se han convertido en defensores del «espíritu», en bramidos americanistas, en profesionales enturbia-

dores de la charca en que chapotean. Han decretado el olvido
para los grandes humanistas de nuestra época. En nuestra
América Latina estos pigmeos se sonrojan cuando se mencio-
na a Gorki, a Romain Rolland, a Barbusse, a Ehrenburg, a
Dreiser. Estos señoritos no pueden nombrar a Balzac. Estos
sobrevivientes quieren hacernos creer en un surrealismo fallecido y enterrado y que sólo sirvió para que desde las ruinas de
ese movimiento se levantaran como dos estatuas deslumbrantes de la razón y de la fe en el hombre, los dos grandes poetas
de Francia, militantes del Partido Comunista, Louis Aragon y
Paul Éluard.

Cuáles son los aliados de la intoxicación deliberada, de la parálisis intelectual que invade nuestra América? Quiénes son
los ayudantes del suicidio de una época que podía pensar?
Son sólo los *Reader's Digest*? Es sólo el silencio cómplice de
los Steinbeck, de los Hemingway? Hasta qué punto circula en
nuestras propias venas la sangre de los muertos? En los últimos años hemos tenido en nuestra América Latina un fenómeno de extraordinaria importancia. Las artes y en especial
la pintura y la literatura han llegado a una preocupación suprema dirigida a la vida y a las condiciones de nuestros pueblos. La pintura y sobre todo la grandiosa pintura muralista
mexicana ha cumplido victoriosamente los mandatos de la
verdad y de la historia. La literatura, en especial la novela,
también se ha aproximado a nuestros pueblos pero sin pasar
más allá de un realismo pesimista, de una aguda exhibición
de nuestras miserias. Pocas veces como en los casos de Jorge
Amado, José Mancisidor o Rómulo Gallegos, esta literatura
enraizada a la profundidad de nuestros pueblos ha logrado
mostrar el camino de la liberación. Hemos llegado a producir
una literatura ensimismada en los dolores, una larga cantidad
de relatos que parecen destinados a no mostrar sino muros
infranqueables en el camino de los pueblos. Y grandes escritores profundamente nuestros y estimados como Graciliano
Ramos, del Brasil; como Jorge Icaza, del Ecuador; como Miguel Ángel Asturias, de Guatemala; como Nicomedes Guzmán o Reynaldo Lomboy, de Chile, y otros muchos insisten

en destacar la tenebrosa selva de nuestra América negra, sin mostrar la salida ni la luz que, sin embargo, nuestros pueblos conocen.

Está bien que en esta etapa de áspera lucha, espíritus salidos de nuestra dolorosa arcilla, hayan mostrado en toda su grandiosidad la noche que se ha cernido sobre nuestra patria americana. Pero estamos en otra época. Estamos en la época en que millones de hombres se liberan de los yugos feudales, en que millones de hombres rompen la esclavitud imperialista, estamos en la hora más extraordinaria de la humanidad: en la hora en que los puños se hacen realidad porque la lucha de los hombres hizo desaparecer los sueños y aparecer la vida. Estamos en la época que ha visto entrar el Ejército Rojo y dejar en alto de la ciudadela despedazada de los asesinos hitlerianos una banda roja que contiene todas las antiguas esperanzas de los hombres; estamos en los días luminosos de las democracias populares; nos toca el honor y la alegría de vivir una época en que un poeta va ganando una batalla destinada a cambiar los destinos de centenares de millones de hombres. Este poeta se llama Mao Tse-tung.

Estamos en la época en que canta Paul Robeson, a pesar de que vandálicos nazis quieren destruir su canto, que es el canto de la tierra. Estamos viviendo los días en que el pueblo de Chile: mineros, estudiantes, pescadores, poetas, borran con piedras y palos, y con su propia sangre la deshonra que un traidor dejó caer sobre mi patria. Vemos junto a los baluartes de los mercaderes de guerra, junto al veneno calumnioso de una prensa mercenaria, cómo se reúnen en la tierra sagrada de Cuauhtémoc, de Morelos, de Zapata y de Cárdenas, miles de hombres congregados para defender e imponer la paz.

Y esto merece la acción de nuestros creadores. Yo no soy un crítico, no soy un ensayista, soy simplemente un poeta a quien le cuesta mucho esfuerzo decir otras palabras que las de su canto. Pero a veces tengo que hablar porque otros se han callado. Y continuaré hablando mientras la cobardía o la inconsciencia cierren las bocas de muchos que deberían estar cumpliendo los deberes de su oficio. Y este deber es el de señalar hasta qué punto están invadiendo nuestras creaciones culturales los aluviones destructores del enemigo que quiere la guerra.

Son otras las obras que esperamos de nuestro continente. Debemos dar a nuestras tierras americanas la fuerza, la alegría y la juventud que les falta. No esperemos sentados a que nuestros tesoros sean arrasados por los filibusteros y que también estos filisteos se lleven la alegría. Tenemos que superar nuestros dolores y levantarnos sobre la destrucción. Tenemos que enseñar el camino y andar nosotros frente a nuestros pueblos por ese camino. Y tenemos que limpiar este camino hasta dejarlo resplandeciente para que mañana otros hombres puedan caminar por él.

Es nuestro deber de intelectuales combatir las corrientes morbosas de la metafísica, la sensualidad que están penetrando los subterráneos de nuestro continente. Nuestro gran camarada aquí presente, Roger Garaudy, ha definido así estas tendencias: «Escepticismo, desesperación, evasión, actitudes de un mundo que muere. El rasgo común es el pánico ante lo real y, al mismo tiempo, el propósito profundo de no cambiar nada».

En otros tiempos la imitación europea llevó a nuestros románticos indígenas a celebrar los ruiseñores que no conocemos y hablar del mes de mayo como el mes de la primavera. Entonces nos parecieron un poco ridículos. Hoy, además de ridículo, resulta siniestro este empeño de inyectar en las venas americanas una descomposición que no aceptamos como realidad americana. Tenemos en nuestra América un mundo por hacer y no somos abandonados náufragos de una isla tenebrosa, sino luchadores de un orden racional, sostenedores de una causa invencible. Y por cuanto ni nuestras creaciones ni nuestra lucha son actitudes solitarias, sino partes solidarias de una fuerza constructora. No aceptemos que en nuestro joven continente los enemigos de la vida y de la paz prediquen invocando altas disciplinas intelectuales: la pasividad, el aislamiento, el suicidio y la muerte.

Llevamos en este día un duelo inmenso. Volvemos de dejar bajo la tierra que amó con todas sus fuerzas a uno de los más grandiosos creadores de nuestra América, José Clemente Orozco. Su vida y su muerte nos dan una lección que no podemos dejar en el aire ni en las lágrimas. Debemos traerla a este debate.

José Clemente Orozco fue el encarnizado artista de su tierra y de su pueblo. Sus obras gigantescas seguirán viviendo cuanto viva nuestra América. Sin embargo, hay en sus realizaciones una intensidad dramática que casi linda con el terror. La sombría grandiosidad de su obra sobrecogerá aún a las generaciones venideras. El sufrimiento y la sangre de nuestra América están en su obra y también en ella las semillas insurreccionales del pasado y del presente.

Pero hoy que lo hemos perdido, cuando ya su magnitud extraordinaria, su dramática grandeza quedan fijadas en forma imborrable en nuestra vida, quiero señalar que la última expresión pública de José Clemente Orozco fue su adhesión a este Congreso de la Paz. Tal vez no hubo un hecho más significativo en otros congresos anteriores. Porque levantándose sobre su obra total, sobre la obscura profundidad de su pasado, en el límite conmovedor de sus fuerzas, salpicado ya por las aguas de la muerte, José Clemente Orozco miró hacia nosotros y nos envió su último mensaje, su esperanza en nosotros, su confianza en los que luchan por la paz del mundo.

Y este mensaje de un gran americano recién desaparecido es el que debemos transmitir, elevar, construir y diseminar por toda la tierra. Es un mandato más de nuestra época, es el mandato irreductible que sobrevive a la muerte. Es nuestro deber hacia la vida.

Discurso leído durante el Congreso Latinoamericano de Partidarios de la Paz, ciudad de México, septiembre de 1949. Edición clandestina del Partido Comunista de Chile, Santiago, 1949, folleto.

Palabras preliminares
(a la breve biografía de un traidor)

Este folleto no contiene literatura imaginativa. Son verdades de la historia contemporánea de un país que fuera orgulloso entre todas las naciones americanas por su sentido de independencia y de democracia.

Un traidor, es decir, un hombre elegido por el pueblo, designado por las esperanzas de obreros y de intelectuales, ha degradado todas las instituciones de mi patria. Estas líneas revelan hasta qué punto un demagogo vendido a intereses extranjeros y entregado por arribismo a la codicia de los latifundistas, puede dañar el prestigio de una nación.

González Videla es, naturalmente, sólo un títere de los grandes consorcios norteamericanos que detentan casi la totalidad de las riquezas del subsuelo chileno. Pero su caso es extraordinario por su misma vileza. No ha dejado este hombre nada sin manchar en mi patria.

No ha dejado verdad sin renegar, traición sin cumplir, infamia que no cometiera. Sin embargo, su insignificancia, su frivolidad, su vanidad, lo clasifican muy abajo en la terrible escala de los verdugos históricos de nuestros pueblos americanos. Gómez de Venezuela fue llamado *Bisonte*, Machado de Cuba fue bautizado *El Tigre*. González Videla pasará a la historia como *La Rata*. La rata que roe los cimientos sagrados de su propia patria.

En noviembre de 1947 envié una carta íntima para millones de hombres, carta en que avisaba a los pueblos hermanos de América los peligros que amenazaban a mi país. Esa carta me valió la persecución del estado policial y de la gestapo de Chile. Pero mi pueblo me preservó, me defendió y me guardó en su seno. Estoy orgulloso de aquellos días y pienso que mi advertencia fue profética.

Hoy, refugiado político en México, tierra de libertad, he tenido la inmensa alegría de saber cómo en Chile asoma la aurora de la libertad y cómo se aproxima el final de un gobierno que no ha logrado avasallar a mi noble pueblo. En México se han publicado en toda la prensa las fotografías de la lucha en las calles, y allí vemos, frente a los verdugos que lanza González Videla en contra de la muchedumbre indefensa, muchachos y muchachas que con rostros sonrientes han sabido luchar y morir.

La sangre derramada por el abyecto traidor no se borrará de las calles de Santiago. Se reflejará eternamente en la blancura de la orgullosa cordillera nevada y arderá como una lámpara inextinguible.

Dedico este recuerdo a las víctimas masacradas por la tiranía y a la juventud que ha honrado con su lucha, los colores y la estrella de mi patria.

Sin embargo, el combate no ha terminado y aunque Chile no se doblega, ásperos días aguardan a mi patria antes de que pueda prevalecer allí la libertad. González Videla protegido por la violencia y el soborno continuará por algún tiempo aún royendo la estructura de la nación chilena. Así lo quieren en esta hora dura los amos del cobre y del salitre que desde Wall Street dan órdenes a este renegado. Así lo quieren también los implacables y medioevales hacendados de Chile. Quieren ellos no sólo la miseria que han dado como único patrimonio por más de un siglo a mi patria, sino también la condición de siervos que esperan perpetuar por medio del terror.

Sin embargo nuestra época marcha hacia adelante: la historia no retrocede. Cuatrocientos millones de hombres combaten victoriosamente por la libertad y la dignidad en China Popular. Aumenta en España el fuego de las guerrillas. Junto a la poderosa y pacífica Unión Soviética un collar de nuevas repúblicas populares nacen de las ruinas de la guerra con un nuevo concepto colectivo de la construcción, del trabajo y de la alegría.

Los Chiang Kai-shek asiáticos o los González Videla mapochinos no pueden detener la historia. Se sentarán algunos instantes en sus tronos sobre la corrupción, el envilecimiento, y la traición, pero, tarde o temprano serán despertados de sus tenebrosos sueños por una mano férrea de obrero, de campe-

sino, de estudiante, de poeta y de soldado. Por la mano de
Mao Tse-tung.

Por eso estos verdugos esperan con ansiedad la gran catástrofe, la guerra mundial que pueda salvar sus reinos podridos. Esperan salvarse por medio de la bomba atómica. Quieren tomar parte en la carnicería universal. Quieren salvar sus
haciendas a costa de un océano de sangre.

González Videla clama desde hace dos años, en forma his-
térica, pidiendo la guerra. Este ridículo pelele, este mínimo
cacique sanguinario se cree protagonista de lo que llama, en
su delirio, «la cultura occidental».

Hay que salvar esta cultura, aúllan los Trujillo, los González Videla, los Somoza, los entregadores de América Latina,
los que han rematado al mejor postor la riqueza y la dignidad
de pequeñas naciones que sin embargo conocen el camino de
la verdad y se deciden a conquistarlo.

También por eso luchamos por la paz. No queremos que la
guerra salve a los verdugos y les confiera mayor autoridad
homicida.

Lejos de mi tierra, en el aniversario glorioso de su independencia nacional, este dieciocho de septiembre de mil nove-
cientos cuarenta y nueve saludo con la mayor emoción a mis
heroicos compatriotas, obreros, estudiantes e intelectuales en
medio de los cuales espero, antes de mucho tiempo, celebrar
la liberación de Chile. Todos juntos restauraremos el honor
de nuestra patria venerada.

Ciudad de México, 18 de septiembre de 1949

Prólogo a González Videla el Laval de la América Latina.
Breve biografía de un traidor, *México, 1949*.

A los intelectuales y al pueblo de Colombia

Resulta violento distraer la atención de los intelectuales y del pueblo de Colombia, en momentos extraordinariamente graves para su destino, pero no podríamos seguir silenciando por más tiempo la denuncia pública que hacemos contra la persona del embajador de Chile, Julio Barrenechea.

Hechos recientes, que la opinión democrática de Colombia debe conocer, han colmado la medida de nuestra tolerancia. En efecto, Barrenechea acaba de incurrir en una nueva deslealtad –que alcanza los caracteres de toda una felonía– al felicitar públicamente a González Videla, culpable de la masacre de un grupo de estudiantes y trabajadores.

No es la primera vez que el flamante embajador se conduce en esta forma. A raíz de los luctuosos acontecimientos de Bogotá, de abril de 1948, que costaron la vida al líder político señor Eliécer Gaitán, Barrenechea informó a su gobierno en términos incompatibles con la verdad rigurosa, al sostener que fueron los comunistas y el pueblo colombiano los culpables del asesinato de Gaitán.

Ese informe, lleno de inexactitudes, sirvió de base al dictador chileno para intensificar su política represiva y antiobrera. Hizo gran caudal de él en los actos del 1.º de mayo de aquel año, destacando que nadie pondría en duda lo que iba a relatar, dada su procedencia izquierdista...

Para que se pueda apreciar mejor hasta dónde llegó el daño que contribuyó a producir con sus infundios y calumnias, debe tenerse presente que entre las víctimas de la represión «videlista» figuran nada menos que ex amigos del propio Barrenechea, a más de algunos de los cuales les debe, inclusive, apreciables servicios personales. Félix Morales, periodista y escritor, y Ángel Veas, colega del apóstata en la Cámara de Diputados, fueron asesinados en el ominoso campo de concentración de Pisagua. El escritor Volodia Teitelboim anda perseguido desde entonces por la gestapo del dictador. Al poeta Ángel Cruchaga Santa María se le obligó a retirarse de un modesto cargo que ocupaba en la administración pública, pese a su ceguera casi total.

Mientras tanto, y casi simultáneamente con estos sucesos, Barrenechea, por vía privada y confidencial se dirigía a algunos escritores residentes en Santiago, haciéndoles protestas de amistad y de su «invariable izquierdismo» y prometiendo regresar a Chile para promover la alianza socialista-comunista. Este desdoblamiento e indignidad moral provocaron la consiguiente protesta de los escritores chilenos, quienes se reunieron y le enviaron un mensaje pidiéndole explicaciones de su conducta. Le advertían, al mismo tiempo, que se abstenían de mandarle el original con las firmas, porque temían que lo hiciera llegar a González Videla, en un nuevo gesto de obsecuencia y abyección.

Si Barrenechea, a conciencia, distorsionó la verdad de los sucesos de Bogotá para servir a la política de González Videla, tampoco iba a tener escrúpulos para solidarizar con el que ordenó desde el poder asesinar a los estudiantes universitarios, durante las protestas contra el alza del costo de la vida y en las que participaron, estrechamente unidos, jóvenes de la Universidad de Chile y de la Universidad Católica. Entre las víctimas, cuyo saldo fue elevado, quedó también un estudiante colombiano, cuyo asesinato el embajador en Colombia justifica y aplaude.

Esta vez no se trataba de obreros ni de comunistas, sino de la juventud chilena. En 1931 Julio Barrenechea presidió la Federación de Estudiantes de Chile, organismo que participó heroicamente en la lucha por la recuperación del régimen democrático y de las libertades públicas. Barrenechea, que nunca terminó sus estudios regulares en la universidad, especuló siempre con ese honor y le sacó provecho por muchos años.

Ligado como estaba al movimiento estudiantil, era de esperar que, al menos, guardara silencio mientras el verdugo ordenaba martirizar a la juventud. Sin embargo, no fue así y traicionó a sus compañeros de ayer, los que le dispensaron tantos honores inmerecidos, estrechando la mano ensangrentada del tirano.

Qué puede tener entonces de extraño que para conservar posiciones mal adquiridas, Barrenechea se proclame ahora enemigo jurado de quienes, cuando tenía otra postura, le ayudaron a alcanzarlas? Acaso no recuerda el «distinguido» diplomático que cuando el Senado de Chile, con los votos comunistas, le dio el pase para su nombramiento en Colombia, pidió ser recibido por el Comité Central del Partido, al que aseguró –sin que nadie, desde luego, se lo creyera– que «el PC podía contar desde ese momento con un embajador como si fuera de sus filas»? El mismo paso dio el actual representante de Chile ante la ONU, Hernán Santa Cruz. Ambos pertenecen a la misma familia política y moral: la de los inescrupulosos oportunistas.

Olvidó Barrenechea que para asumir su cargo de embajador en Colombia fue necesario que, con verdadero sacrificio, un connotado miembro del Partido Comunista de Chile le ayudara a rescatar deudas y documentos bancarios, sin lo cual no sólo le estaba vedado salir del país, sino que expuesto a desgraciadas contingencias?

Deseamos que quede absolutamente establecido ante el pueblo y los intelectuales de Colombia que Barrenechea no puede sustentar otra representación que la del déspota que oprime al pueblo chileno. La juventud y los trabajadores de nuestra patria lo tienen inscrito en el índice de los renegados y de los traidores. Y en cuanto a los escritores chilenos, a quienes él pretende seguir invocando como amigos suyos, le han manifestado antes su repudio y vuelven a decirle, por nuestro intermedio, que le desprecian.

El pueblo de Chile sigue combatiendo por la libertad. Las noticias que recibimos desde allá son alentadoras y permiten asegurar que se acercan grandes cambios hasta que cese la vergüenza que hoy sufre la patria. La dictadura bambolea, descompuesta económica, moral y políticamente. No sería raro que Barrenechea, a la hora undécima, pretendiera salvarse haciendo un viraje espectacular. Los colombianos pueden tener la certidumbre de que este individuo en Chile ya no engaña a nadie con su demagogia ni con su lirismo adocenado. Esperamos que en Colombia tampoco pueda seguir su obra de mixtificación, puesto que aquí proporcionamos antecedentes fidedignos para que se le conozca de frente y de perfil y para que se le juzgue en consecuencia.

Pablo Neruda, senador de la República; Luis Enrique Delano, escritor y ex diplomático; César Godoy Urrutia, ex diputado y dirigente magisterial.

México, D.F., 10 de noviembre de 1949

Repertorio Americano, *San José de Costa Rica, diciembre de* 1949.

IV

VIAJES 4
(1950)

El esplendor de la tierra

Los ríos de Chile son cortos y desenfrenados. Bajan de las alturas nevadas de la gran cordillera, bajan de las eternas soledades nevadas, del gran silencio callado, y al salir de sus prisiones se desencadenan, combatiendo tierras y prados, horadando roquedos, tronando como mil leones, suspendiéndose en rápidas, cristalinas y secretas cascadas.

Muy pocos de estos ríos se apaciguan y sueñan. Pero hay uno, de márgenes anchurosas y lento movimiento, cuyo espejo casi inmóvil reflejó muchas lunas y recibió mucha sangre.

Es el cauce de la Araucanía, el río Bío Bío. Allí los conquistadores españoles detuvieron el paso y cerca de sus grandes aguas sagradas, en el año de 1550, los guerreros araucanos devoraron el corazón de don Pedro de Valdivia, el Pedro de Alvarado de Chile, el gran conquistador. Desde allí se extienden los bosques del continente frío, la selva levanta sus gigantescas columnas, luego se desplaza en archipiélagos, en infinitas islas y canales, en territorios erizados con las espadas oscuras de la *Araucaria imbricata*. Más allá, la tierra desolada siente resbalar la blancura de los ventisqueros y glaciares, más allá, las extensiones de la Antártida forman la luz blanca del final del mundo.

Allí mi corazón se abrió a la luz y a la sombra. Mi corazón fue descubriendo la lluvia, los seres y las hojas. No fue mi pensamiento el que se levantaba a la luz, mi pensamiento yacía bajo la cúpula de los bosques inmensos, bajo el sonido de la tempestad antártica. Aún ahora, después de haber recorrido todos los vientos del planeta, me sustentan aquellos territorios, me cubren de sombra verde, me llaman con el golpe de la lluvia de invierno.

Eran descubrimientos de hojas inmensas y espinudas, o de temblorosos filamentos vegetales, o de bordadas enredaderas pegadas a los troncos milenarios de la selva.

Cuando vestido de negro, vestido de poeta, inmensamente pequeño en la sombra de aquellas vegetales y frías mezquitas, enterrando los pies en el humus blando y húmedo, un sonido me traspasaba como una lanza, eran los gritos misteriosos del bosque, eran las aves de color frío que de pronto me llamaban o se burlaban con un rápido y oscuro estallido, con una voz repentina y mojada.

Allí, junto a la unión del Bío Bío y del océano, están las grandes minas de carbón. Cerca de treinta mil familias de mineros viven hacinadas bajo el destructivo clima de aquellas regiones. Las poblaciones de Lota y Coronel están junto a un mar sin alegría, al ronco mar gris de las costas australes de Chile. Una historia de lucha y de martirio cubre las vidas de los hombres, de los indomables héroes del carbón. Los he visto salir de la profundidad, tiznados y cansados, avanzando hacia sus arrabales inhumanos.

Qué hermosa época ésta, en que los poetas hemos podido mirar más allá de las hojas y de las flores, más allá de nuestros pequeños corazones, que querían abarcar inasibles inexistencias!

Qué hermosa época ésta en que los poetas hemos visto en las minas seres iguales a nosotros, a nosotros mismos! Los seres que no conocieron la ternura, pero que nos enseñaron la victoria.

Hace algunos años llegó al puerto de los mineros, a causa de alguna avería, un barco extraño por su procedencia: era un barco soviético. Nunca antes había asomado a aquellas costas un barco en cuyo aire ondearan la amarilla hoz y el dorado martillo, firmemente clavados en su campo de sangre gloriosa.

Los gobernantes de Chile no reconocían, como no reconocen hoy, a la Unión Soviética, es decir, obraban como aquellos que tapándose los ojos niegan la existencia del sol. Este gobierno de avestruces tendió su pequeña cortina junto al barco soviético. Prohibieron a los marineros rojos bajar a tierra y subir a bordo a nuestros mineros rojos. Así pues, todo el día los navegantes soviéticos miraban la costa desolada, de la cual lo más aproximadamente humano era el cordón de policías que los vigilaba. Más allá, todo era grisáceo, frío y negro.

Pero en la noche de aquel día los mineros se agruparon en las colinas, llenaron las alturas y los techos y desde allí, en la oscura noche austral, durante la noche entera, encendieron y apagaron sus lámparas mineras, dirigiéndolas como señales de inmensa fraternidad a la muda embarcación soviética. Toda la noche, aquellos que creyeron en la hostilidad de aquellas tierras, vieron cómo a través de las tinieblas latía luminoso, constante e innumerable, el corazón del pueblo que les saludaba.

Qué época para los poetas, qué tiempo grandioso! Éste es el tiempo de la unidad y de la fraternidad, éste es el tiempo de la victoria, éste no es el tiempo de una vida, sino de todas las vidas, éste es el tiempo de las lámparas que arden sobre las colinas oscuras. Por siglos no se han comunicado los pueblos, y los poetas han crecido como los hongos del bosque, en la humedad secreta y pestilencial. Han crecido encarnizándose en sí mismos y devorándose los unos a los otros.

Qué época diferente la que vivimos! Qué fulgores está construyendo la aurora! En cuánta luz estamos participando!

Nuestra América tenebrosa se llenó de cerrojos. Los feudales y los verdugos, los caciques y los traidores han querido cerrar la puerta de nuestros pueblos. Sirven así a su amo. La oscuridad de la noche en América! Los cerrojos en todas partes, los libros que se queman por manos infames. La palabra de Lenin enterrada, escondida. Y sin embargo, más allá de las paredes, una intensa vida, agitadora y subversiva, alimenta el corazón de nuestros pueblos, hoy como hace cien años, hoy durante la vida de Prestes como antes durante los días de Morazán o de Bolívar. Una bandera perseguida, calumniada, despedazada y borrada, hoy como ayer, se teje con las mismas fibras de otras horas victoriosas y con otras manos invencibles.

En el mes de julio de 1947, una gran huelga se produjo en las minas de carbón.

Vamos juntos a explorar estas minas. Tú, Panchito, tú Ramírez, tú eres el minero. Te levantaste a las cinco: ahora vas muy a prisa por las calles fangosas. Panchito Ramírez qué frío hace! Pero hay que llegar al frente de trabajo. Son doce kilómetros bajo el mar. Cuánto tarda! Pero hay que correr! Sí, sí hay que correr! Desde hace cuarenta años, Panchito, hay que correr. Hay que bajar amarrado a los hierros del carrito, en la semitiniebla hay que descender, después de dos horas de viaje, y meterse entreacostado o entrelevantado, porque ésa es la posición del minero, pequeña larva negra de las cavidades sobre la que rezuma la humedad arterial del océano frío y en la que muerde la silicosis como una perra hambrienta.

Bien, Panchito Ramírez, ahora ya pasaron las 10 horas, las 12 horas, las 14 horas, de las que sólo te han pagado 8, y ahora, adónde vas? Sigue lloviendo, sigue fría la noche, las tinieblas abajo, las tinieblas arriba, y hay que correr a la casa, Panchito Ramírez. Pero, qué casa es ésta?

Esta casa es así, como lo he visto yo, como lo atestiguo yo, como lo afirmo yo:

El techo es indescriptible. No hay techos como éste. Este techo se parece al traje de los pobres, de los mendigos, de los derrotados. Es un techo que no pudo vencer, porque está acomodado con materias enemigas. Tiene piedras, tiene cartones, tiene zinc, tiene tejas, tiene agujeros, tiene barro, tiene papeles.

Bajo ese techo vives, Panchito Ramírez, minero. Cuántas habitaciones? Nunca lo supe. Son camas. Camas en las que siempre está durmiendo alguien. No hay sala, no hay comedor, no hay cocina, no hay casa. Hay camas. Lo único que vi, es una radio. Esta radio es el dios de la casa. Está cubierta con un bordado blanco y fino. Cuanto hay en la vivienda es duro, necesario y sombrío. Éste es el gran lujo de las vidas oscuras.

Es la comunicación con las otras vidas, es la comunicación con la vida.

Esas camas son las camas calientes. En esa cama está durmiendo un minero que cuando despierte, se levantará y tambaleando irá hacia la mina, mientras otro minero, que ha esperado su turno para dormir, ocupará la cama. En los 365 días del año, esa cama no se enfría. Ésa es la cama caliente.

Y por eso, por el grande invierno y por la alimentación miserable, y por los doce kilómetros de viaje mortal bajo el océano, y por el grisú, y por la muerte, y por el salario imposible – 50 centavos de dólar por esas 12 horas de trabajo– y por todo lo que sabemos, por los zapatos rotos, y por la ropa mojada, y por la tuberculosis y la silicosis, por eso, en aquel mes de julio de 1947, había, como debe ser, como tiene que ser, una gran huelga entre los mineros del carbón de Lota y Coronel, en las profundidades del desolado sur, bajo las ráfagas antárticas, junto al mar en que el petrel y el albatros de las soledades vuelan en la niebla marina.

Qué presidente teníamos entonces!

Seis meses antes fue a pedirles el voto a los hombres del carbón. Diez mil, veinte mil de ellos lo vitorearon y cuando gesticulaba hablando de cómo los otros candidatos eran adinerados, y no él, eran poderosos, y no él, una viejecita andrajosa, sombra pálida de las terribles minas, se acercó titubeante, deshizo difícilmente el nudo de su pañuelo viejo y sacando un billete de cinco pesos de Chile, algo así como cinco centavos de dólar, se lo entregó en la tribuna diciéndole: «Es todo lo que tengo». Y el candidato tomó aquellos centavillos, arrugados por la pobreza, y los levantó ante la multitud: «Era su nuevo título», dijo, y las lágrimas caían entre sus dientes. Ya pagaría esos cinco pesos, les dijo, ya los pagaría con creces haciendo habitaciones, elevando los salarios, borrando la pobreza.

Y ahora, en esta huelga, cuando la pobreza como una levadura fue hinchando el pan de los pobres, cuando creció la angustia hasta golpear las puertas, sólo bajó de su trono para hundir sus colmillos en la carne del pueblo.

Y los puertos mineros fueron rodeados por un huracán de hierro: acorazados en la bahía, tanques en las calles, aviones en el aire del día y de la noche, artillería en las colinas, soldados y policías en todas partes.

Los mineros se encerraron en sus casas o se fueron a los montes, defendiendo sus derechos de huelga. Entonces, sacaron en interminables trenes a miles de ellos y a sus mujeres y a sus niños, y estos trenes quedaron abandonados a veces en las estaciones y allí murieron niños y viejos.

Algunos de aquellos hombres habían trabajado cuarenta años en las minas y ahora, con un golpe de culata en la cabeza, quedaban derramados por los caminos, en las alturas inhospitalarias de la Gran Cordillera, en el desierto o en las islas antárticas.

La agonía del imperialismo ha necesitado otras armas, no sólo la mano del verdugo en Asia, sino la traición, la falsedad de un Chiang Kai-shek o un Bao Dai. Ha necesitado crear lo que llaman una tercera fuerza con estos hombres cuña para que golpee la agresión, dividiendo la resistencia popular. Ha contado el enemigo del pueblo con todos estos falsos amigos de los pueblos, con todos estos que se asustaron del movimiento que ante ellos crecía y que les dejaba atrás, y el imperialismo en su saco atesoró no sólo explosivos, ametralladoras y látigos de negrero, sino también perjurios, indignidades, traiciones y sonrisas.

Al fin los poetas vemos los rostros desnudos y las máscaras en el suelo. Tenemos todo el espacio ante nosotros. Tenemos la libertad ante nosotros. Nadie podrá engañarnos. Ya los farsantes, los que resistieron entre la espada y la pared, no pudieron resistir entre el oro y la pared. Ya los Malraux, los Ezra Pound, los Koestler, han llegado a *Reader's Digest*, mientras los Aragon, los Ehrenburg, los Éluard, los Machado, los Alberti, los Guillén, los Marinello, han llegado al pueblo.

Entonces hubo silencio en Chile, el silencio de la censura y de la muerte. Los periódicos obreros fueron arrasados, los sindicatos fueron agredidos, las radios fueron intervenidas, se declaró el orden de Truman, el orden de las tumbas.

Y así pasó un año. Hacía un año que los dirigentes sindicales de la zona del carbón estaban recluidos en el campo de concentración de Pisagua. Y cuando llegó el momento de elegir la nueva directiva, aquellos mineros, aquellos hombres apaleados y ultrajados, aquellos de quienes expulsaron un enorme montón de la resistencia activa, aún sitiados por policías y militares, tuvieron una nueva elección sindical. Y en esta elección eligieron a su misma directiva prisionera, a los mismos que desde hace un año soportaban la agonía del campo de concentración de Pisagua, custodiados por las ametralladoras y el desierto inhumano.

Ésta es la edad del heroísmo. Ésta es la edad del gran heroísmo, la edad del pueblo organizado.

Yo canto a esos mineros que soportaron y resistieron y resisten. Yo no canto a ningún hombre entre ellos, porque no conozco a ninguno.

Yo canto a la palabra subterránea que los unió, yo canto al voto innumerable que salió de las manos heridas. Yo canto, tú cantas, porque éstos son los hechos de un nuevo día, porque éstas son las voces que anuncian la primavera, la gran primavera, la gran primavera del mundo.

Yo canto, tú cantas pequeños hechos que antes no tuvieron significado alguno, la mirada de un hombre, una puerta que se cierra, una proclama grasienta que va de mano en mano.

Yo canto lo que palpita subterráneo o dormido en nuestra América, el despertar de los pueblos, y canto y creo en ello.

Quién puede detenerlo? Quién puede detener mi mano? Y quién puede detener tu mano?

Es la hora del canto, la hora de una mayor profundidad y de una mayor extensión. Es una hora de geografía y de movimiento, una época de fraternidad y de acción, una hora sin máscaras, de la que se ha desprendido toda la falsa luz de la mentira, una hora como un rostro hecho de todos los rostros y que nos mira para que nosotros le demos la voz que necesita.

Esa voz la oí en Danzig, o bien en Gdansk, en Polonia. Yo pasé por los astilleros, entre los hierros retorcidos, entre las viejas casas de ladrillo socavadas, quemadas y bombardeadas. La guerra allí había tratado de matar toda resurrección.

Y muertas estaban las grandes avenidas y las estrechas callejuelas y las elevadas chimeneas y las paredes desdentadas.
Todo estaba muerto, menos el hombre. Allí vi la potencia
de la nueva Polonia. Vi el hormiguero de los astilleros y de
los diques y, como pequeños insectos de la reconstrucción,
a los hombres portuarios, junto a una grúa gigantesca como
una uña colosal bajo el cielo grisáceo, una gigantesca grúa recién reconstruida y desafiante cruzar sobre un pontón entre
los silbatos de la victoria del trabajo.

Escucharon mis palabras los obreros de los nuevos astilleros. Allí mismo nacían aceleradas embarcaciones y ellos
para oírme, con sus trajes azules y sus camisas recién lava-
das, habían surgido de las minas y de todas aquellas piedras
desordenadas, que aún decían su testimonio atroz contra la
guerra y la muerte. Y entonces, cuando me escucharon, cuando oyeron mis relatos del sur del mundo, de donde yo venía,
ellos, hombres del norte, acostumbrados a los más amargos
padecimientos y ahora recientes dueños de la victoria, ellos,
al escucharme, con ojos velados y una voz alta y marítima,
de pie, para agradecer mi visita y mi mensaje, no hicieron
sino cantar una antigua y nueva canción, de unidad, de lucha y de esperanza, prometiendo solidaridad con los demás
trabajadores de Chile:

Arriba los pobres del mundo, de pie los esclavos sin pan

Y entre los barcos y los silbatos y las grúas y la niebla y la
reconstrucción y la firmeza de aquellos hombres unidos, subió aquella canción como una voz de piedra, como una voz
de nueva catedral, como una ronca voz disciplinada y reso-
nante. Cantando con ellos me parecía que la canción de los
trabajadores se elevaba con una curvatura de hierro que su-
jetaba enormes edificios. Me pareció no haberla escuchado
nunca antes. Siempre la escuché en tiempos de sorda o sangrienta lucha. Pero ahora era otra cosa, salía de una seguridad inmensa y venía, como una mano gigantesca a estrechar
mi pequeña mano de poeta y peregrino, y las manos de mi
pueblo, ofendido y lejano.

Un poeta muerto hace más de un siglo me invitó a su patria. Recorrí con el recuerdo de Pushkin la Unión Soviética. Qué días extraordinarios! Desde la vieja estatua de bronce en Moscú, donde los niños y los trabajadores depositan flores y poemas hasta la peregrinación por los sagrados lugares para el pueblo soviético, donde vio, sufrió y murió la cristalina voz de Rusia. Pushkin es amado en la Unión Soviética, porque Pushkin fue un romántico y un realista y porque nunca se alejó de su pueblo. Cuando los conspiradores decembristas contra el zar, él estuvo exilado, y para aquellos de sus camaradas caídos o deportados en Siberia, él escribió en el año 1825, con una fe y una firmeza que desearíamos muchos poetas de hoy, este «Mensaje para Siberia»:

Hondo, en la mina siberiana,
guarda tu paciencia orgullosa,
el amargo esfuerzo no será perdido
ni el pensamiento rebelde dominado.

La hermana del Infortunio, la Esperanza,
muda en la oscuridad de abajo
habla con alegre valor a vuestros corazones:
ya llegará el día esperado.

Amor y amistad se verterán sobre vosotros
a través de las puertas oscuras
cuando junto a vuestros lechos de prisioneros
mi libre música se derrame.

Las pesadas cadenas caerán,
una palabra derrumbará los muros,
la libertad os saludará a plena luz,
y vuestros hermanos os devolverán la espada.

Pero sigamos recorriendo el camino, del brazo del poeta.

Ya hemos visitado el inmenso Museo Pushkin, en la ciudad de Pushkin. Ésta se llamaba antes «Recreo del Emperador», *Tsarskoe Selo*. Hoy, el pueblo y Pushkin son dueños de la tierra rusa. La ciudad que llevaba el nombre del emperador que lo desterró, lleva hoy el nombre de la ciudad de Pushkin, Púshkino.

Ahora estamos en el sitio de su destierro, en la profundidad de las tierras rusas. Estamos en la pequeña casa blanca en la que escribió *Borís Godunov* y en la que su lengua de cristal describió con la simplicidad del agua, la vida de los campesinos, de los artesanos, de los rebeldes, de todos los humildes seres que lo rodeaban, y también las áureas leyendas de su tierra ancestral.

Allí planeó también su libro sobre Pugachov, el líder que en las tinieblas de la antigua Rusia dio su grito «Tierra y Libertad».

Desde la blanca casa se ve el verde valle, cruzado por tranquilos ríos. Desde aquí veo cómo en una explanada van reuniéndose los campesinos de los koljoses más cercanos, hasta ciento cincuenta mil hombres y mujeres, que han dejado sus tractores y su trabajo, vestidos muchos de ellos con los trajes regionales, verdes y rojos, o algunos vistiendo sus azules trajes de obreros mecánicos, se van juntando hasta el número de cincuenta mil, para escuchar de boca de los sabios de la Academia de Ciencias y de los poetas soviéticos, la vida y el pensamiento del poeta que aman.

Cincuenta mil hombres festejando a un poeta, en aquellas tierras en que los calumniadores dicen que son la negación del espíritu, la charca de la maldad. Sí, cincuenta mil, pero en un solo punto de Rusia. En realidad, en aquella hora, doscientos millones de habitantes soviéticos oían en sus radios los versos de aquel padre de su idioma, inauguraban centenares de museos con su efigie y sus libros. En los campos, como banderas, flotaban los versos del dulce y valiente trovador, todas sus obras eran interpretadas en todos los teatros de aquella patria vasta. Veinte millones de nuevos ejemplares de sus libros salían a luz, todas las cátedras brillaban con las viejas palabras de melancolía y de lucha que Pushkin agregó a la voz de su pueblo.

Recordé desde la casita blanca en la que la tiranía quiso borrar para siempre la voz del poeta, recordé las palabras

que él escribiera bajo el mismo techo que me cubría, con una
fe profética,

El rumor de mi fama se extenderá por toda la vasta Rusia,
y todos sus pueblos dirán mi nombre cuya luz reinará
igual para el altivo esclavo, que para el finlandés, y el salvaje
    tungus,
y para los calmucos, jinetes de la estepa.
Seré amado y el pueblo recordará por largo tiempo
los pensamientos que hice despertar, la brillante corona,
y sabrá cómo en esta época cruel yo celebré de mi música la
    libertad.

Sigamos nuestro viaje por los sitios sagrados de la historia
de Pushkin. Un año y medio duró el sitio de Leningrado. En
la historia del mundo, nada la iguala en sufrimientos, nadie la
iguala en resistencia victoriosa. Qué bella ciudad! Con el majestuoso recuerdo del imperio de Pedro el Grande, flotando
junto al lento río, camino por la Perspectiva Nevski, calle de
viejos sueños, sitio de patético sonambulismo, desprendido
de las viejas novelas rusas. Ahora, una muchedumbre despierta y precisa llena las avenidas. Ya no hay misterio. El misterio, el sonambulismo, la teoría de la literatura como sueño,
son teorías literarias de siervos y con los siervos han partido... Ya se han ido los cocheros que abrazaban a sus caballos
y han partido, hacia el camino sin retorno, las prostitutas de-
lirantes y los nobles obscenos. Ya no hay huella en Rusia de
sus crueles pasos. Hay huellas en la Perspectiva Nevski y son
huellas de metralla en las paredes, salpicaduras del infierno.
Ésas sí, esas huellas de la guerra están grabadas en el poderoso rostro de la Unión Soviética. Detrás de la sonrisa combatiente hay el recuerdo de la patria taladrada. Eso no lo olvidarán jamás los rusos. Ay de aquel que de nuevo entre o trate
de entrar por sus fronteras! Ay de los que sueñan en un nuevo paseo por aquella patria invencible!
Supe cómo en el terrible invierno de Leningrado, a través de
las ventanas rotas, el frío mataba a los vivos y conservaba a
los muertos. La madre seguía en su habitación por semanas

con el cadáver del esposo muerto. Quién podía llevarlos a enterrar? Apenas unos gramos de pan eran la única alimentación, duplicada para los soldados. El agua se recogía fangosa de las calles. La luz era un problema solucionado con múltiples y extrañas ideas. Y vi en el museo pedazos de correa de maquinaria, roídos por dientes de niños.

Ahora bien, mientras duraba este asedio terrible, los ingenieros se reunían para planificar la reconstrucción de la ciudad.

Y yo la he visto reconstruida, sin más huellas ya que ese granizo de metralla bajo los balcones, pero bella y limpia, ancha y gris, infinitamente ocupada, libre de padecimientos, con los mejores teatros del mundo, traspasada por el sonido de las fábricas y el silbato de las embarcaciones. La ciudad de Lenin, la ciudad fundadora, que reveló al mundo la fuerza organizada de los pueblos.

Así sufrió y así venció. Y ahora creéis vosotros que puedan intimidar a esa ciudad de piedra gris y de corazones capitanes los preparativos de guerra con bomba atómica y chantaje de hidrógeno? Allí hasta las piedras son inmortales. Todas ellas han recibido la sangre de sus invencibles defensores. La fuerza atómica está allí, en el nuevo hombre creado por la «humanidad soviética».

Continuemos el viaje. Fui dejando atrás a Pushkin, y en una mañana de verano implacable, llegamos a Stalingrado. Qué días aquellos en que el mundo temblaba, en que toda la angustia, toda la esperanza, todo el silencio, todo se concentraba en aquel remoto punto, en aquella ciudad del Volga lejano! Y ahora, limpia de escombros, comienza a emerger una nueva, blanca y vibrante ciudad. Por todas partes, como monumentos desgarradores, las altas ruinas quemadas nos hablan de aquella gloriosa victoria. Jardines junto a las ruinas, y el ancho Volga inmutable pasea su grandeza. Y en el centro mismo de la batalla, en donde parecía que iba a terminarse el pulso de la vida humana, en la gran fábrica de tractores, donde azotó todo el pesado huracán de la guerra más grande dejando sólo hierros hacinados y enmarañados y retorcidas ruinas, ahora he visto nacer los tractores con un ritmo continuo, rápido y feliz. Paso entre las filas de obreras, separadas entre sí por alguna maceta florida, entre los miles de mecánicos que ajustan, uno a uno, el rodaje de la creación de la paz.

Visito luego el nuevo Palacio de la Cultura para los obreros de la fábrica. Salas de deporte, salas de música, jardín de invierno y bibliotecas, comedores y duchas. Todo el inmenso edificio, con sus grandes ventanas, mira el transcurrir del Volga.

Dejo atrás la ciudad de Stalin, la ciudad resurgida, levantándose minuto a minuto, como símbolo colosal de la esperanza.

Yo digo: Quién quiere cantar? Quién quiere cantar conmigo? Es que faltan temas a los poetas? Es que falta acero a los poetas?

Venid conmigo, poetas, a los bordes de las ciudades que renacen: venid conmigo a las orillas de la paz y del Volga, o a vuestros propios ríos y a vuestra propia paz. Si no tenéis que cantar las reconstrucciones de esta época, cantad las construcciones que nos esperan. Que se oiga en vuestro canto un rumor de ríos y un rumor de martillos.

Hay muchos que sostienen que no debemos cantar los nuevos hechos, las nuevas victorias, ni dar en nuestro canto lo que nos pide nuestro pueblo y nuestra patria.

Unos mienten y otros no saben. Unos mienten porque no tienen otro papel que el de empujarnos hacia atrás, el de arrastrarnos al pasado. Los poetas forman parte del pueblo, tienen sentimientos y dolores y luchas más profundas, más importantes, y más poéticas que sus pequeñas rencillas metafísicas y que sus esporádicas interjecciones de amor. La burguesía, en su agonía, se agarra a los poetas, porque conoce su valor, para enmudecerlos y para hacerles retroceder. Los atosiga con un misticismo frenético, con un surrealismo perverso, con un ocultismo metafísico, con un subjetivismo muerto.

Las cosas son más simples. Podemos los poetas, como los pintores, sin perder nuestra libertad –por el contrario, fecundándola– dar lo que nuestro tiempo nos exige y nuestro pueblo nos demanda.

Se ha esparcido el rumor de que en la Unión Soviética los escritores y los músicos y los científicos deben conformar su creación a la petición de unos cuantos dirigentes. Ésta es una calumnia más de la reacción internacional, calumnia a la que se aferran los agonizantes intelectuales de la burguesía para agregar su parte de lodo en la charca reaccionaria.

Sería extrañísimo que algunos de nuestros antiguos partidos criollos, los partidos políticos de Somoza y de González Vide-la, de Trujillo, preocupados exclusivamente de la explotación del hombre y de la entrega de cuanto tenemos a las compañías extranjeras, examinaran el problema estético y popular de la música o el camino de las ciencias biológicas. No, estos partidos no lo harán porque son partidos del pasado.

El gran compositor Shostakóvich acaba de conquistar el premio Stalin para 1950. Es el más amado de los músicos en la Unión Soviética, pero su música estaba apartándose de su pueblo y yéndose hacia los laberintos del formalismo y de la decadencia europea. Allí la música es un tesoro nacional. Son millones y millones los obreros que acuden a los conciertos y se le dijo a este gran músico:

«Escucha, tu música se va lejos de los oídos de nuestro pueblo. Vuelve al gran río de nuestra profunda tradición, desarró-llate y progresa dentro de él, para que todos te escuchen, para que todos te comprendan y te compartan».

Los músicos de muchas partes del mundo, los mismos que hacen boleros sobre medida y música genial para películas nor-teamericanas, en las que deben oírse ciertos compases cuando la *vedette* sale del baño mostrando su anatomía, todos estos músicos protestaron: «No hay libertad para la creación del ge-nio en la Unión Soviética». Y siguieron haciendo música para las pantorrillas de las *vedettes*, mientras el gran Shostakóvich, reconociendo sus errores, como un humilde artesano, como debemos serlo los que creemos y creamos, ha hecho nuevas obras magníficas y generosas en las que ha tomado como nue-vo impulso lo que le aconsejara su pueblo y su partido.

Hablando un día en Budapest, en una reunión de poetas de todas partes, salió el caso del poeta Borís Pasternak. Éste es uno de los poetas apolíticos de la Unión Soviética, y muy conocido en el mundo. Se discutió su caso, y alguien dijo entre los que allí hablábamos: «No toquéis, no molestéis al buen Pasternak». Nunca olvidaré la respuesta que un poeta soviético, allí presente, nos dio a todos. Nos dijo: «No, no tocamos, no molestamos a Pasternak. En todas las bibliotecas de la URSS están sus libros y los alumnos hacen tesis descifrando sus poemas. Pero mi país ha sufrido el bloqueo del imperialismo, el ataque de los nazis, ríos de sangre han llenado la tierra rusa y hemos tenido la victoria que ha iluminado al mundo. Y durante tantos y tan largos años, no hay una línea de Pasternak que ayude a nuestro pueblo, que recuerde nuestro pueblo. No criticamos a Pasternak, no molestamos a Pasternak. Yo vivo en la misma casa que él, corredor por medio. Nos prestamos libros. Pero si yo fuese Pasternak, yo estaría muy triste».

También un poeta, su imagen, su bandera, se agitaba en Hungría cuando pasé por sus campiñas dulces y verdes hasta Budapest. Era el centenario de la muerte de Petöfi. Hace cien años murió aquel romántico extraordinario, agitada su poesía por el ronco viento de Francia revolucionaria, poeta protagonista como ninguno de la rebeldía y de la turbulencia de su pueblo. Hizo todos los oficios, llegaba de noche a recitar sus versos y canciones de la *puszta*, de la llanura húngara. Sus versos, canciones errantes, canciones a caballo, corrían por todos los rincones de su pueblo, de su patria sometida. Todas las ideas de libertad de su época están en Petöfi. Su poesía es una espada brillando sobre la cabeza de los explotadores. Un día sus flechas van contra la monarquía austríaca, al día siguiente contra los terratenientes y los feudales. Y así dejó sembrada toda esta ardiente palpitación revolucionaria, que ahora se ha hecho estabilidad y luz en la patria que él cantara.

Murió combatiendo contra los invasores de su patria. Miles de cadáveres húngaros sembraron la llanura. Nunca nadie encontró el del húsar sonoro, que envolviera su tierra con sus cantos.

He llegado a Hungría y ahora me toca hablar junto a su monumento, en los museos en que se conservan sus reliquias,
hoy me toca presenciar la resurrección de su grandeza.

Aquellos campesinos que peleaban por tierra, tienen tierra.
La reforma agraria multiplica la producción de Hungría, los
tractores y la maquinaria agrícola pasan tronando por las
praderas, y en este momento de primavera y de pan, el joven
poeta muerto hace cien años, vuelve a acompañar, con su caballo y con su lira, el destino de su pueblo.

Grandiosa época, época sin lágrimas, época de la pura alegría! Por cientos de años las clases gobernantes martirizaron
a los poetas, los encadenaron o los apalearon, los mataron de
hambre, los alcoholizaron. Sacaron a relucir sus extravagancias para apartarlos del común humano, dieron reputación de
viciosos a los puros para que el pueblo se apartara de ellos
como de alimañas, o les rodearon, sitiándolos con elegancia,
o aislándolos en los salones.

Qué larga es la lista de nuestros martirizados ofendidos, de
nuestros Poes, Verlaines, Daríos amargos! Sin hablar de los
más recientes muertos, de los asesinados como García Lorca
y Miguel Hernández.

Hoy el nuevo mundo que se construye, en el nuevo mundo
del hombre, el poeta está en el centro de su patria, al pie de
las banderas, en el centro de las cosechas, vigilando y cantando, combatiendo y defendiendo, asumiendo, por vez primera
en la historia, el verdadero rol de la poesía.

Cerca de Praga, el más hermoso castillo de Checoslovaquia,
un pequeño Versalles, junto a un lago de maravillosas arboledas, el castillo de Dobris, ha sido destinado por el Estado a
residencia y descanso de los escritores.

Una semana pasé con ellos. Allí los escritores todos tienen
derecho a descansar, como también tienen derecho a pedir
que el Estado costee todos sus gastos en las regiones o fábricas
o industrias o minas sobre las que quieran escribir sus obras.
Y allí, una tarde, con ellos reunido, quise hablarles de la vida
y de la muerte de García Lorca y de Miguel Hernández.

Y allí leí para nuevos amigos de su pueblo, versos de Miguel escritos antes de morir:

Beso soy, sombra con sombra.
Beso, dolor con dolor,
por haberme enamorado,
corazón sin corazón,
de las cosas, del aliento
sin sombra de la creación.
Sed con agua en la distancia,
pero sed alrededor.

Corazón en una copa
donde me lo bebo yo
y no se lo bebe nadie,
nadie sabe su sabor.
Odio, vida. ¡Cuánto odio
sólo por amor!

No es posible acariciarte
con las manos que me dio
el fuego de más deseo,
el ansia de más ardor.
Varias alas, varios vuelos
abaten en ellas hoy
hierros que cercan las venas
y las muerden con rencor.
Por amor, vida, abatido,
pájaro sin remisión.
Sólo por amor odiado,
sólo por amor.

Amor, tu bóveda arriba
y yo abajo siempre, amor,
sin otra luz que estas ansias,
sin otra iluminación.
Mírame aquí encadenado,
escupido, sin calor
a los pies de la tiniebla
más súbita, más feroz,
comiendo pan y cuchillo

como buen trabajador,
y a veces cuchillo sólo,
sólo por amor.

Todo lo que significa
golondrinas, ascensión,
claridad, anchura, aire,
decidido espacio, sol,
horizonte aleteante,
sepultado en un rincón.
Espesura, mar, desierto,
sangre, monte rodador:
libertades de mi alma
clamorosas de pasión,
desfilando por mi cuerpo,
donde no se quedan, no,
pero donde se despliegan,
sólo por amor.

Porque dentro de la triste
guirnalda del eslabón,
del sabor a carcelero
constante y a paredón,
y a precipicio en acecho,
alto, alegre, libre soy.
Alto, alegre, libre, libre,
sólo por amor.

No, no hay cárcel para el hombre
no podrán atarme, no.
Este mundo de cadenas
me es pequeño y exterior.
¿Quién encierra una sonrisa?
¿Quién amuralla una voz?
A lo lejos tú, más sola
que la muerte, la una y yo.
A lo lejos tú, sintiendo
en tus brazos mi prisión:

en tus brazos donde late
la libertad de los dos.
Libre soy, siénteme libre.
Sólo por amor.

Ahora, los autores de todos estos crímenes, los usurpadores de España, publican en sus revistas y en sus libros los poemas de Federico y de Miguel Hernández. Los asesinos quieren borrar con el fulgor de esta poesía sus crímenes. Pero se acerca también la liberación de España a la que acudiremos nosotros los que amamos y respetamos al pueblo español en sus desdichas y en sus victorias, y entonces veremos en medio de su pueblo, como a Pushkin, en Rusia, como a Petöfi en Hungría, las figuras de Federico y de Miguel Hernández, reverenciadas y renacidas.

Allí, en Dobris, en Checoslovaquia, surgían los problemas de la literatura. Las calles de Praga tienen a menudo dos y tres librerías en cada cuadra. Las prensas y las editoriales agotan la literatura. En todas las nuevas democracias hay un ansia de papel impreso. Son astronómicas las tiradas de Shakespeare, de Tolstói, de Pushkin y de todos los escritores modernos, de Europa y de América.

Detrás de la llamada cortina de hierro es donde hay más información sobre la vida y sobre la cultura de todos los países. Ahora bien, lo más importante para ellos es una literatura nacional, salida de sus propias raíces, es una literatura de clase, salida de las entrañas de su pueblo, de su mayoría. Por eso, a la vez que atentos a todo lo que les acerque a ellos este ideal, trabajan y cavan en las profundidades, buscando lo mejor de sí mismos. No hay días más gozosos para mí que aquellos en que los jóvenes poetas húngaros me rodeaban y me leían sus nuevos poemas de cada día. Uno de una fábrica y sobre una fábrica, uno del ejército y sobre su ejército, uno de una mina y sobre su mina. Allí está la juventud del mundo.

Por fin vencieron a los orgullosos y sanguinarios feudales, por fin, dentro de la libertad, una doctrina, una organización y una disciplina une a la poesía con las aspiraciones más profundas de las patrias recién liberadas.

Yo pensaba en nuestra novela americana. Yo soy patriota americano y me enternece cada crecimiento de brote en nuestra vegetal aurora. Y reconozco los grandes árboles que, en nuestro territorio sacudido por trágicas rachas, han elevado hasta el cielo los nidos y los cantos.

Pero nuestra novela y nuestra poesía han sido letales, dolientes y sombrías. Conversando con los escritores de allí me decían, cuando yo les incitaba a traducir algunas de nuestras crueles creaciones: «Estamos en guerra, estamos en guerra por la construcción y por la paz: movilizamos todos nuestros recursos, todos nuestros hombres. Y tú, camarada, cuando van a la guerra los soldados, qué canción les cantarías? Les dirías que marcharan con un himno funeral?».

Y cuando yo respondía por nuestros desesperados escritores hablando de las tétricas condiciones de nuestros países, de la represión y de la matanza en masa, de los campos de concentración en Centroamérica y en Pisagua, ellos me decían: «Gorki escribió *La madre*, ese libro de fe profunda en su pueblo, después de la terrible represión de 1905 en Rusia».

Y tenían razón.

Y tienen razón. Nuestro realismo debe sacudir sus columnas. No debe abrir las fosas de Huasipungo, sino agitar las banderas frente a las cabezas de los mineros de Lota y Coronel, de los trabajadores del Continente.

Nuestro realismo no debe mirar el fondo enrarecido de los martirios, sino para levantar de nuevo la mirada al cielo, a la tierra y al aire que nos pertenece.

Por qué aspiramos a dejar como herencia a nuestros pueblos una literatura hecha de cenizas y de pústulas?

Dejemos como herencia la fe en nuestros destinos. Yo conozco esta América. Vengo del fondo de ella, de sus tinieblas, de sus prisiones, de sus asesinatos. Pero conozco también los manantiales invencibles, la fuerza turbulenta que debe encauzarse, la luz de cada día de mañana.

Nosotros tenemos esas tareas. Tenemos que encender todas las lámparas apagadas. Tenemos que iluminar todos los rincones oscuros. Tenemos que limpiar todas las habitacio-

nes de nuestra América desgarrada. Tenemos que precipitar
la estabilidad invencible de la libertad. Tenemos que construir las escuelas en las que nuestros pintores pintarán los
muros, en las que nuestros músicos darán su canto, en las que
nuestros escritores encontrarán la nueva semilla de nuevas
Américas. Tenemos que borrar al cosmopolitismo trasplan-
tado por la reacción a nuestras tierras y tenemos que hacer de
nuestros creadores los más nacionales, los que más profundamente muestren a nuestros pueblos su camino al porvenir.
Sólo siendo intensamente nacionales llegaremos a todos los
pueblos, sólo destruyendo el cosmopolitismo de la burguesía,
llegaremos al internacionalismo de todos los trabajadores del
mundo.

Vivimos una misma esperanza. Tinieblas y victorias han sacudido a nuestra América, pero nuestros pueblos no son los
mismos. Nuestros pueblos han visto los dos acontecimientos
más importantes de la historia de la humanidad: la Revolución de octubre y la liberación de China. Nuestros pueblos, a
pesar de las mentiras diarias, ven la verdad a través de las
sombras.

No se puede mentir eternamente a los pueblos. Los campesinos saben, porque lo leen en el maíz, en el trigo y en el
arroz, que las vastas tierras de China no pertenecen a los
vampiros de Chiang Kai-shek, ni a los lobos de Wall Street,
sino simplemente a los campesinos de China. Los mineros del
cobre de las altas y grandes minas de Chuquicamata, en Chile, que con sus dedos partidos elaboran la riqueza de los extranjeros, emperadores del cobre, saben que el cobre y la tierra
pueden ser nuestros.

Ésta es la época de la verdad. Ésta es la época de las acciones
y de los hechos. No importa la sombra sobre Chile, sobre
Santo Domingo, sobre Nicaragua, sobre Colombia, sobre el
Perú, sobre Venezuela.

Son las últimas sombras antes de la gran aurora. Son las últimas cavernas antes de la gran primavera que esperamos.
Recordemos lo que os conté de los mineros de Chile. En
aquella noche de tinieblas australes todo parecía estar muer-

to. Nada parecía vivo. Y de pronto, en la noche, comenzaron a brillar pequeñas lámparas, comenzaron a poblarse las colinas de pequeños reflejos. Una no se habría visto, pero miles de lámparas mineras, apagándose y encendiéndose, comunicaron al barco que venía desde la victoria del pueblo nuestro mensaje, nuestra lucha, nuestra luz invencible.

Es el mensaje que traigo desde las tinieblas del sur, éstas son las lámparas que nadie puede apagar, éste es nuestro camino.

Hoy los mercaderes de armamentos quieren hacer la guerra con la sangre de nuestros pueblos.

Nosotros podemos impedirlo.

Nosotros lo impediremos. Ni una gota de sangre nuestra para los sangrientos, ni una gota de nuestra libertad para los esclavistas. Tenemos frente a nosotros toda la paz para construir y para cantar.

Que la palabra de los poetas acompañe las banderas de la paz y de la vida. Que no estén solos nuestros pueblos en su lucha. Así los poetas no estaremos solos.

Texto leído en Ciudad de Guatemala, 1950.
Recogido en Viajes, 1955.

V

EL EXILIADO EN EUROPA
(1950-1952)

Palabras en el Teatro Polski de Varsovia durante la distribución de los premios Mundiales de la Paz 1950

Como las palabras, aunque se hayan gastado mucho, guardan empeñosamente su significado, os diré que esta tarde aquí en Varsovia, me siento feliz.

Yo corrí Polonia en primavera, desde las fronteras del Este hasta las espumas de color de acero del Báltico, fresas pálidas y flores de azul violento, flores y fresas, en las praderas y en los bosques, me salían a recibir, y me decían: «Extranjero, aquí han pasado muchas cosas, hemos sido regadas con sangre y, sin embargo, aquí estamos de nuevo, somos la primavera».

Sí, estoy feliz esta tarde. Ahora el invierno blanco camina sobre la tierra de Polonia. Pero vuestra tierra, vuestro pueblo despertaron para siempre, dais frutos y flores, nos mostráis niños radiantes y máquinas recién nacidas, tenéis escuelas y calles primorosas donde los escombros eran como montañas de mi país natal, y trabajáis cantando bajo el sol o la niebla. Habéis retenido la primavera para repartir el sol, la tierra y el pan. Por eso los hombres que hemos venido de lejos hasta Varsovia para reunirnos en la mayor jornada de la paz, al volver a nuestras tierras para extender el mandato de nuestro congreso, llevaremos en la misma mano tierra de Polonia, tierra estremecida, ayer, por el martirio, hoy por las germinaciones de la esperanza.

Anoche oímos la gran voz de Paul Robeson. Era como si un gran río hubiera venido a saludarnos. Era el Mississippi que nos cantaba canciones de sus orillas, canciones de paz. Quién no siente ternura grave y emoción inmensa cuando Robeson canta? Él canta tan alto que nos sentimos pequeños y, sin embargo, su canto nos da fuerza. Él ha puesto el canto de la paz entre los hombres pero también lo ha lanzado a las grandes alturas para que lo escuche toda la humanidad. Este hombre humilde, por la potencia deslumbradora de su voz, fue halagado por los enemigos de la paz, quisieron que cantara para ellos en sus banquetes. Pero el gran río canta para los pobres, para los pobres negros de sus orillas, para los pobres blancos de todo el mundo. Así ha llegado a ser, fundiendo en un bloque colosal al gran artista y la conciencia, el hombre más eminente de los Estados Unidos de Norteamérica. Por eso le prohíben que salga de allí al mismo tiempo que impiden la entrada de Shostakóvich. Pero esta voz y esta música están guardadas por material más duro que la piedra, resistente hasta a las bombas atómicas; están guardadas por el amor de todos los pueblos.

Los escritores de esta época tenemos una responsabilidad que quiero señalar: vivimos aún la época que mañana se denominará en literatura la época de Fučik, la época del sencillo heroísmo. No existe tal vez en la historia una obra más simple y más alta y ninguna se escribió bajo tan terribles circunstancias. Y esto sucede porque Fučik es el hombre nuevo; es el escritor de época Fučik, época en que para la composición de la amalgama humana hay que tomar como materiales permanentes la creación y el desarrollo glorioso de la Unión Soviética y la conciencia organizada de los trabajadores del mundo. Fučik no es un romántico, no es un Byron. No hay duda de que en un Byron hay algo que nos atrae, como en Shelley, como, más que en ellos, en el gran Victor Hugo de la libertad. Pero en Fučik hay otra cosa: el sentimiento, no sólo de un cantor de la libertad, sino de un constructor de la libertad y de la paz. Fučik es un comunista. Fučik no es un mártir sacrificado al azar, por la bestialidad del fascismo, como mi gran hermano Federico García Lorca, asesinado porque Franco vio en él el espejo de una gran cultura tradicional. Fučik es escogido como una parte elevada de una organización destinada a llevar a los hombres la felicidad y la paz. Estaba condenado a muerte desde que lo encontraron porque él formaba parte vital, consecuente y viva de una actividad, de una esperanza invencible. Al matar a García Lorca los fascistas quisieron apagar una luz de España para dejarla en tinieblas, al matar a Fučik tenían el propósito de derribar un edificio poderoso construido con los elementos adelantados y progresistas de toda la sociedad humana; querían matar el futuro. Si lo lograron o no, no lo diré yo, sino vosotros, porque aquí estamos reunidos en la nueva Polonia liberada y constructora, no muy lejos de la Unión Soviética, más pacífica y más poderosa que nunca, en torno al nombre de Fučik para honrarlo, porque su obra seguirá siendo por los siglos un monumento a la vida, escrito en el umbral de la muerte.

Quiero rendir un homenaje a mi hermano en poesía Nazim Hikmet. Ojalá hubiera estado con nosotros. Su poesía ha sido para todos un gran manantial hecho de noble agua que canta y de acero que corre hacia el combate. Su largo cautiverio no hizo agigantar su palabra hasta hacerla una voz universal. Mi obra de poeta se enorgullece de estar junto a su poesía en esta alta hora de lucha por la paz.

La paloma de Picasso vuelve sobre el mundo. Le disparan desde el Departamento de Estado flechas envenenadas, los fascistas de Grecia y de Yugoslavia le muestran el cuchillo entre los dientes ensangrentados, MacArthur el cruel agresor, desencadena contra ella, sobre la heroica tierra de Corea, cataratas de napalm incendiario, los sátrapas que gobiernan a Colombia y a Chile pretenden prohibirle la entrada. Es inútil. La paloma de Picasso vuela sobre el mundo, nívea e inmaculada, llevando a las madres una palabra dulce, de esperanza, despertando a los soldados con el roce de sus alas para recordarles que son hombres, hijos del pueblo, que no queremos que vayan a la muerte. Y vuela sobre los monumentos y las ciudades, se queda pegada a todos los muros de todas las ciudades del mundo con el mensaje de la paz que el maestro

Picasso envió con ella a todas partes. Esta paloma está viva y brilla cada día aún en la oscuridad de las tinieblas fascistas. Cuando nació los enemigos de la paz sonrieron. Hoy la miran con terror y movilizaron todos sus tanques para que no entrara en Sheffield. Esta paloma tiene mil vidas, voló hacia Varsovia y sigue abriendo las alas sobre el nuevo Chamberlain de Inglaterra, Mr. Attlee, y sobre el pueblo británico. Nuestra paloma vuela sobre el mundo.

Entre los ausentes está también el gran pintor del Brasil, Portinari. Su pintura ha buscado en la vida del pueblo sus materiales imperecederos. Así como la gran escuela de los pintores muralistas mexicanos ha dejado en los muros de México la historia de las luchas del pueblo mexicano, Portinari ha encontrado en el movimiento popular del Brasil, encabezado por el caballero de la Esperanza, Luis Carlos Prestes, un firme terreno donde su obra se construye.

Yo sé que los escritores de Polonia y de las hermanas democracias populares viven hoy nuevas condiciones de vida y de ambiente que transformarán también su obra. Han sido llamados a transformar también la vida, a edificar con su pueblo. Nosotros comprendemos las dificultades técnicas o los problemas literarios que tendréis que resolver en cada obra. En esta etapa, los escritores progresistas de las tierras lejanas os tenemos que decir: en vuestros trabajos, en vuestra adhesión y unidad con vuestras patrias liberadas, os acompañamos con todo nuestro respeto y nuestro amor. Nosotros, en nuestra juventud, no tuvimos casas editoras que nos buscaran para encargarnos libros, sino que nos cerraron las puertas o nos explotaron. Y cuando nuestra conciencia nos indicó que debíamos marchar en el gran camino del progreso de toda la humanidad, con otros escritores, especialmente con los grandes escritores llenos de nueva alegría de la Unión Soviética, no sólo tuvimos las puertas cerradas de las editoriales sino abiertas las puertas de las cárceles.

Por eso, cuanto estáis haciendo, merece nuestra profunda atención. Vais adelantados en la ruta. Os miran muchos ojos, porque esperamos para nuestras patrias, a menudo despedazadas por la opresión, roídas por el imperialismo, la liberación que habéis logrado en la vuestra. Y en esa hora, nuestras obras irán juntas a nuestros pueblos que estarán unidos.

Este congreso me ha permitido conversar con delegados que han venido de las distantes repúblicas de América. El muchacho de Bolivia me contó cómo doce fortalezas volantes, con pilotos norteamericanos, terminaron con una huelga en las altas minas de estaño, en Oruro. Dejaron caer las mismas bombas que masacran a Corea y terminó la huelga porque más de mil mineros quedaron allí muertos. Y en Argentina, en Paraguay y en Puerto Rico, y en Chile y en Venezuela... No sigamos enumerando.

Pero tenemos confianza. Esta lucha por la paz la ganaremos. Y a los escritores del vasto continente americano repito: ganaremos la paz, pero no con vuestro silencio sino con vuestra palabra, con vuestra ayuda, que necesitamos. A los de América del Norte se dirigió con nobles palabras el maestro Ehrenburg. Yo, escritor de América, os digo por qué no contestáis? Por qué no habláis? Hemingway, muchas vidas de gángsteres fueron pintadas por ti con el gran estilo que te reconocemos, ahora, no es bastante fuerza de inspiración para ti la destrucción por una ola de bandidos de nuestra amada república coreana? McArthur no os sugiere un retrato como los de los gángsteres que dejaste en tus libros, grabados con buril? Y por qué no hablas de la paz? Quieres la guerra?

Steinbeck, gran Steinbeck, autor de grandes libros, qué nos dices de Howard Fast? Estás de acuerdo con que un gran escritor de la patria de Jefferson escriba sus novelas en la cárcel? Steinbeck, Steinbeck, qué has hecho de tu hermano?

Muchas veces me han preguntado cosas sobre mi poesía. Yo tengo poco que contestar. No podría decir mucho más que esto: escribo mis poemas porque nací para cantar.

Ahora bien, me preguntan, tus poemas son para muchos una bandera; crees que así debe de ser, que deben ir delante del pueblo, guiándolo con su camino?

Y yo contesto: estoy contento si mi poesía permanece en-

cendida en el corazón del pueblo y llega a iluminar el camino
de la paz que conquistaremos luchando y cantando.

*Discurso leído por Neruda en el Teatro Polski de Var-
sovia el 22.11.1950. Publicado en el Diario de Centroamérica, ciudad de Guatemala, 7.12.1950, y en Repertorio Americano, núm. 1.123, San José de Costa Rica,
1.2.1951.*

Vámonos al Paraguay

Vivo detrás de Notre Dame, junto al Sena. Las barcas arene-
ras, los remolcadores, los convoyes cargados pasan, lentos
como cetáceos fluviales, frente a mi ventana.

La catedral es una barca más grande que eleva como un
mástil su flecha de piedra bordada. Y en las mañanas me aso-
mo a ver si aún está, junto al río, la nave catedralicia, si sus
marineros tallados en el antiguo granito no han dado la orden,
cuando las tinieblas cubren el mundo, de zarpar, de irse navegando a través de los mares. Yo quiero que me lleve. Me gustaría entrar por el río Amazonas en esta embarcación gigante,
vagar por los estuarios, indagar los afluentes, y quedarme de
pronto en cualquier punto de la América amada hasta que las
lianas salvajes hagan un nuevo manto verde sobre la vieja catedral y los pájaros azules le den un nuevo brillo de vitrales.

O bien, dejarla anclada en los arenales de la costa del sur,
cerca de Antofagasta, cerca de las islas del guano, en que el
estiércol de los cormoranes ha blanqueado las cimas: como la
nieve dejó desnudas las figuras de proa de nave gótica. Qué
imponente y natural estaría la iglesia, como una piedra más
entre las rocas hurañas, salpicada por la furiosa espuma oceánica, solemne y sola sobre la interminable arena.

Yo no soy de estas tierras, de estos bulevares. Yo no pertenezco a estas plantas, a estas aguas. A mí no me hablan estas
aves.

Yo quiero entrar por el río Dulce, navegar todo el día entre las enramadas, asustar las garzas para que levanten su repentino relámpago de nieve. Yo quiero a esta hora ir a caballo, silbando, hacia Puerto Natales, en la Patagonia. A mi lado izquierdo pasa un río de ovejas, hectáreas de lana rolliza que avanzan lentamente hacia la muerte, a mi derecha palos quemados, pradera, olor a hierba libre.

Dónde está Santocristo? Venezuela me llama, Venezuela es una llama, Venezuela está ardiendo. Yo no veo las nieblas de este gran otoño, yo no veo las hojas enrojecidas. Detrás de París, como un fanal de faro, de luz multiplicada, arde Venezuela. Nadie ve esta luz en las calles, todos ven edificios, puertas y ventanas, personas apresuradas, miradas que enceguecen. Todos van sumergidos en el gran otoño. No es mi caso.

Yo detrás de todo veo a Venezuela como si detrás de mi única ventana se debatiera con toda la fuerza del fuego una gran mariposa. Dónde me llevas? Quiero entrar en esa tela del mercado de México, del mercado sin nombre, del mercado número mil. Quiero tener ese color quemado, quiero ser tejido y destrenzado, quiero que mi poesía cuelgue de los árboles del pueblo, como una bandera, y que cada verso tenga un peso textil, defienda las caderas de la madre, cubra la crin del agrarista.

Yo no conozco el Paraguay. Así como hay hombres que se estremecen de delicia al pensar que no han leído cierto libro de Dumas o de Kafka o de Balzac o de Laforgue, porque saben que algún día lo tendrán en sus manos, abrirán una a una sus páginas y de ellas saldrá la frescura o la fatiga, la tristeza o la dulzura que buscaban, así yo pienso con delicia en que no conozco el Paraguay, y que la vida me reserva el Paraguay, un recinto profundo, una cúpula incomparable, una nueva sumersión en lo humano.

Cuando el Paraguay sea libre, cuando nuestra América sea libre, cuando sus pueblos se hablen y se den la mano a través de los muros de aire que ahora nos encierran, entonces, vámonos al Paraguay. Quiero ver allí dónde sufrieron y vencieron los míos y los otros. Allí la tierra tiene costurones resecos, las zarzas salvajes en la espesura guardan jirones de soldado.

Allí las prisiones han trepidado con el martirio. Hay allí una escuela de heroísmo y una tierra regada con sangre áspera. Yo quiero tocar esos muros en los que tal vez mi hermano escribió mi nombre y quiero leer allí por primera vez, con primeros ojos, mi nombre, y aprenderlo de nuevo, porque aquellos que me llamaron entonces, me llamaron en vano y no pude acudir.

Soy rico de patria, de tierra, de gentes que amo y que me aman. No soy un patriota desdichado, ni conozco el exilio. Mi bandera me envía besos de estrella cada día. No soy desterrado porque soy tierra, parte de mi propia tierra, indivisible, espacioso.

Cuando cierro los ojos, para que por dentro de mí pase como un río la circulación del sueño, pasan bosques y trenes, desiertos, camaradas, aldeas. Pasa América. Pasa dentro de mí como si yo pasara un túnel o como si este río de mundos y de cosas adelgazara su caudal y de pronto todas sus aguas entraran en mi corazón.

Mi corazón tiene tierra, y en esta tierra hay árboles y en estos árboles un aroma tenaz. Es a veces el olor frío del laurel austral, que cuando cae desde su torre de cuarenta metros, en la selva, golpea como un trueno y desplaza cien toneladas de perfume invisible. O es el olor de caoba, esa fragancia roja de Guatemala, que vive en cada casa, que te espera en las oficinas y en las cocinas, en los parques y en los bosques. Y aún otros aromas.

–Indeleble perfume. Dónde me llevas? Ignoras el océano?

–No, no ignoro el océano. Pero soy tu cabellera, soy tu penacho, te sigo y te circundo, soy tu cola de cometa y de planeta, soy tu único anillo de única boda, soy tu vida.

Sí, eres mi vida, eres mi raza, eres mi estrella. Eres la gran caracola de sangre y nácar que suena y resuena en mis oídos. Quien escuchó tu mar no tiene otro mar, quien nació junto a tus ríos irá con ellos naciendo cada día, quien creció con las araucarias de Lonquimay tiene un deber impuesto, cantará en la tempestad.

Y es así, señores, como cuando despierto, y veo levantarse, hueso y ceniza, sobre el Sena, la barca de Notre Dame de Pa-

rís, atacada y castigada por el océano del tiempo, augusta,
grave, sentada en su antiguo poderío, yo sólo pienso, sólo
sueño

irme hacia tus riberas, oh América mía, en esta embarcación o en alguna otra,
vivir entre tu gente que es la mía, entre sus hojas,
luchar junto a cada uno de mis hermanos, vencer,
para que mi victoria sea extensa y tuya, como nuestra tierra
   ancha, llena de paz y aroma,
y allí, algún día, sobre un nuevo barco fluvial, sobre una
   máquina, sobre una biblioteca, sobre un tractor
(porque nuestras catedrales serán ésas, nuestras victorias
   serán esas anchas victorias)
yo también pueda, después de haber luchado y vencido, ser
   también tierra, sólo tierra, sólo tierra, sólo tierra tuya.

París

Pro Arte, *núm. 117, Santiago, 30.11.1950.*

Serenata

Creo que eres más mía que mi piel. Cuando busco
dentro de mí las venas, la sangre, la escondida
rama circulatoria de la luz que desgrano,
te encuentro a ti como si fueras sangre,
como si fueras piedra o mordedura.

Yo soy por fuera tarde, razón, delirio, traje,
soy una antigua raza de sombra y de madera,
pero cuando me inclino como en un pozo y entro
a tientas como un ciego sobre mi territorio
no encuentro la armadura que dirige mis pasos
sino tu crecimiento de rosa en mi morada.

Dentro de mí, continúas, vas creciendo, insondable
es tu origen, no puedo sino tocar tus ojos,
sino sentir el pétalo que me quema las uñas,
las llamas de tu forma que en mi sed se consumen,
las hojas de tu rostro que construyen la ausencia.
Yo pregunto, quién es? Quién es? Como si tarde,
tarde, tarde golpearan en mi puerta y en medio
del vacío no hallara más que el aire,
el agua, la arboleda, el fin del fuego diurno,
no hallara nada más que todo lo que existe,
nada más que la tierra que llamaba a mi puerta.

Así, sin nombre, vaga como la vida, turbia
como los crecimientos de barro y vegetales
en mi pecho despiertas cuando cierro los ojos,
cuando vuelvo a la tierra comienzas tu existencia.

Tal vez el polvo, el río que acumula su cauce
guardan un desarrollo desnudo de raíces
que crecen como crece tu presencia en la mía,
que acompañan su sombra como tú me acompañas.

Y así, sangre o espiga, tierra y fuego vivimos
como una sola planta que no explica sus hojas.

Isla de San Luis, París, 1951

En Pablo Neruda, Tout l'amour, *antología bilingüe,
París, Seghers, 1954.*

Llamo a los intelectuales de América Latina

He recorrido en los últimos tiempos gran parte de Italia y de
Francia. Una gran lucha por la paz se desarrolla en esos países. Al mismo tiempo que los imperialistas norteamericanos

desembarcan tropas y armamentos y hacen del oeste europeo sitio de ocupación, crece la acción de la paz. Los horrores de las dos grandes guerras mundiales no se han borrado en el corazón de esos pueblos. Las ciudades muestran aún las cicatrices de la guerra.

Los intelectuales de Italia y de Francia mantienen una valiente campaña para evitar la guerra. La obra de muchos escritores y pintores se orienta hacia este gran problema. Hace poco, los mejores pintores, ya escultores de Italia, reunieron sus obras en una exposición dedicada a mostrar las declaraciones de la guerra. Esta exposición fue prohibida por el gobierno italiano, pero la actividad y la resistencia de los artistas está muy lejos de terminarse.

En todas partes de Europa, la paloma de Picasso ocupa algún sitio preferido: sobre la cubierta de un libro, de una caja de cerillas o en una ventana. Pero no hay nada tan dramático como ver esta paloma universal sobre los muros calcinados de Dresde o sobre alguna casa bombardeada de Berlín oriental. Naturalmente, la paloma de la paz no puede detenerse en la Alemania Occidental de una manera pública, pero también aparece a pesar de las persecuciones y emprende su vuelo en las mismas narices de Adenauer. Un buen día veremos esta paloma, símbolo de la lucha mundial por la paz, cubrir bajo sus alas a toda Alemania!

También he recorrido los países del Este europeo: Polonia, Checoslovaquia, Hungría y la Unión Soviética. Yo comprendo que ya la verdad es conocida por muchos, pero es necesario repetirla para que la conozca todo el mundo, todos los hombres.

La Unión Soviética no sólo tiene una política de paz, sino que vive en forma profunda y extensa una etapa de paz creadora. No sólo enseña el camino de la paz en las reuniones internacionales, sino que la practica dentro de sus fronteras. No existe la propaganda de guerra dentro de ella, y, por el contrario, cada día son enaltecidos los héroes de la paz.

Precisamente acabo de regresar de Moscú, de las reuniones del jurado de los premios Internacionales Stalin de la Paz. Y allí, dentro de los muros del Kremlin, en la sala de sesiones del Soviet Supremo, unos cuantos hombres venidos de todos los países buscamos con paciencia a los mejores luchadores de la paz del mundo entero. Por aquellos mismos días, los premios Stalin enaltecían las conquistas pacíficas del hombre soviético de la ciencia, en el trabajo y en las artes. Y pudimos ver en los periódicos de cada día las series de retratos de los laureados, el retrato del obrero mecánico junto al del escritor o del sabio. Cada día nos informábamos de la construcción de inmensos canales y centrales hidroeléctricas, de las obras de regadío y de la lucha para dominar la naturaleza y hacer mejor la vida del pueblo. Como Stalin lo ha dicho, sería esto posible si la Unión Soviética preparase la guerra? Sería posible preparar la guerra rebajando sistemáticamente el precio de todos los productos y elevando en forma considerable el nivel de vida de todos los trabajadores?

El mismo ímpetu de paz y de trabajo he encontrado en los países de democracia popular. Por todas partes de este mundo se habla con orgullo de las cantidades de trigo, de libros o de hospitales que han logrado obtener. En ninguna parte de este mundo se comunica la adquisición de una base militar en tierras extranjeras o el «éxito» de una masacre sobre un pueblo del África o del Asia. Los pueblos de los países de democracia popular nos dan una lección de juventud y esta lección es única en nuestro tiempo. Los imperialistas occidentales tienen miedo a este renacimiento de la paz, del trabajo y de la alegría, tienen miedo de esta poderosa juventud. En especial, los imperialistas norteamericanos calumnian con empeño todas las manifestaciones de la vida que ellos no pueden controlar. Si ellos no pueden vender tantos artefactos o Coca-Cola como quisieran a las poblaciones del Asia oriental, entonces deben apresurarse a defender allí con cañones y aviones la «civilización de Occidente». Al movimiento de liberación nacional de los pueblos, ellos lo bautizan con pintorescos nombres. Antes era «peligro amarillo». Hoy es «peligro rojo».

Todo el mundo se pregunta con qué derecho las tropas norteamericanas de invasión reducen a escombros las aldeas coreanas, y también, con qué derecho se mantienen en Taiwán, desembarcan en Francia, establecen bases navales y aéreas en todo el mundo. Pero nosotros, los latinoamericanos, no podemos preguntarnos esto, porque hace ya mucho tiempo que conocemos la respuesta. Tropas norteamericanas atacaron Veracruz hace muchos años y México perdió gran parte de su territorio, que hasta hoy se llama territorio norteamericano. En Valparaíso, hace muchos años que unos marineros norteamericanos borrachos e insolentes fueron castigados por la población por sus desmanes hacia algunas muchachas chilenas. Los norteamericanos mandaron en respuesta sus barcos de guerra e hicieron que la marina de Chile arriara el pabellón chileno. Pero lo sabroso es que poco después los norteamericanos se apoderaron de las minas de cobre de Chile, consideradas las mayores del mundo. No hablemos de Puerto Rico, porque allí desembarcaron también los soldados norteamericanos y no se fueron más.

Pero mientras ha durado esta «defensa de la civilización» que nos ha dado la potencia imperialista yanqui, un nuevo período colonial ha cubierto como una noche obscura, la vida de América Latina. Mientras ellos con el producto de nuestro cobre, de nuestra azúcar, de nuestro petróleo, de nuestro nitrato, de nuestro café, que los pulpos yanquis revendían en Europa y aún en América Latina, levantaban los edificios de cincuenta pisos del Rockefeller Center, nosotros llegamos a los más altos récords de tuberculosis, de silicosis, de analfabetismo y de miseria. El «sabio» norteamericano Vogt ha dejado escrita en su última obra «científica» la frase siguiente: «Puede considerarse como una bendición para Chile su alta mortalidad».

Ya sabe todo el mundo lo que ha pasado en Bolivia. Un golpe militar fraguado en la embajada norteamericana ha borrado con un golpe de sable las elecciones en que el candidato antiimperialista había triunfado por enorme mayoría. Este candidato prometía a su pueblo un mejor estándar de vida y la nacionalización de algunas minas. «Fuera de Bolivia los norteamericanos!» era un grito popular durante las elecciones. La Junta Militar organizada por el embajador norteamericano ha comenzado a encarcelar y a desterrar a los ciudadanos. «Fuera de Bolivia los bolivianos»: tal es la consigna de los nuevos títeres de Washington.

El golpe de Bolivia, como muchos otros acontecimientos de la política continental, está íntimamente ligado al problema de la guerra y de la paz. La nueva Junta Militar ha declarado que el nuevo período de despotismo en Bolivia y la intervención militar se deben... a los compromisos bolivianos establecidos en el Pacto de Washington. Es decir que, de inmediato, se exhibe el acuerdo de Washington en su verdadera esencia: la facultad de atropello de las libertades nacionales en nombre de los intereses norteamericanos, en nombre de la política de los Estados Unidos. Esta política de guerra está dando frutos en América Latina.

No olvidemos que hace ya tres años cuando [...][1] González Videla, decidió la represión policial contra el pueblo de Chile, se escuchaba: «La guerra comienza. Estoy con los EE.UU. Si es necesario, ametrallaré al pueblo en las calles». Así se hizo. Sus palabras terroristas se han cumplido sólo a medias, porque el pueblo chileno le ha respondido en todos los frentes.

Tenemos el deber de luchar implacablemente contra los enemigos de la paz y sus títeres. Los reaccionarios de América y del mundo sienten, con gran sensibilidad, que el programa de paz que propone el Consejo Mundial de la Paz es un golpe demoledor para sus planes. Se sienten alarmados de que millones de hombres exijan que se firme un Pacto de Paz entre las cinco grandes potencias. Yo creo que podemos pedir a los intelectuales de América Latina la misma sensibilidad, pero en favor de la paz. Que se den cuenta del valor positivo para la paz que significa esta proposición. Todos los trucos y escaramuzas deben estrellarse ante la simplicidad del llamado. En efecto, no es monstruoso que alguien se oponga a que las cinco grandes potencias garanticen la paz del mundo? No es simplemente monstruoso que la propaganda de la paz sea considerada un delito por ciertos gobiernos?

Corresponde a los intelectuales de América Latina intervenir más decididamente en la lucha por la paz. Esta lucha debe reunir junto a las esperanzas de nuestro pueblo, lo mejor de nues-

---

1. Aquí la publicación original suprimió una frase para evitar la aplicación de la ley, entonces vigente en Chile, de Defensa de la Democracia.

tros valores culturales. Nuestra responsabilidad es grande. Los instigadores de la guerra quieren ahogar el progreso del hombre en un inmenso océano de sangre. Por medio de la guerra quieren sellar una época de feroz represión y coloniaje. La independencia y el porvenir de América Latina están en juego. La lucha por la paz nos da una nueva oportunidad de creación, defendiendo los mejores ideales y el destino de nuestro continente.

Democracia, Santiago, 24.6.1951.

A la memoria de Ricardo Fonseca

Ricardo, no hay que buscarte en el pasado, no eres
el inmóvil retrato de un capitán dormido,
aquí estás, aquí está tu mirada radiante
en la bandera del partido.

Yo no te voy a buscar bajo la tierra. Los muertos
están allí, los nombres, las tumbas imprevistas,
tú no has muerto, estás vivo para siempre, te llamas
Partido Comunista.

Hoy votaste la huelga con los de Coronel, los mineros
caminan hoy contigo como ayer. No se gasta
tu fuego combativo. Arde con él la pampa
y el arsenal de Antofagasta.

Nosotros, los chilenos, qué indiferentes somos
al parecer, pero que venga el enemigo!
y encontrará las filas más duras que el diamante
porque la patria está contigo.

Cuando quiso el Traidor darnos su dentellada,
tú, Capitán, luchaste hasta la muerte,
y se rompió la boca la víbora que manda:
ahora somos más fuertes!

Aún rayas las paredes y en el aire te pierdes,
–cómo te va a encontrar la policía?
Que te busque en la fuerza que nos dejaste: tú eras
la torre de nuestra alegría.

Que te busquen, ahí vas entrando con otros
a la fábrica, al diario,
hace cinco minutos te escuchamos en el
mitin de los ferroviarios.

Que te busquen, no hay duda que persiste
tu consejo de acero: tu voz nos disciplina.
Te hallarán, sin sombrero, gritando por las calles
o en la organización clandestina.

Quién no te ve en lucha por la paz, adelante
de todos, con esos ojos puros,
claros y desmedidos porque en ellos cabía
todo el futuro.

Aquí estás, aquí estás, como un baluarte
defendiendo la tierra, el pan, el cobre
de la patria y guardando con tu brazo
la vida de los pobres.

Te voy a describir cómo eres, no es porque
te hayas ido, sino porque en la incierta madrugada,
en una calle oscura, sólo por estas líneas
pueda reconocerte un camarada.

Eras la juventud que desafía al viento
y un manantial en primavera
era la dirección de tu mirada
en tu rostro de sementera.

Ágil y firme, ardiente, desgranabas
con decisión de luz y con bondad bravía
la colmena silvestre que te nutrió en tu infancia:
la miel natal de Araucanía.

Así de dulce y fuerte fue para mí
tu amistad verdadera:
veníamos los dos de las desamparadas
regiones de la frontera,

y entre una racha y otra del tiempo tempestuoso
nos encontramos bajo el mismo techo
junto al fuego que el hombre ha levantado
sacándoselo del pecho.

Para que se conozcan estas cosas escribo
esta escritura simple, este verso sin llanto,
para tus hijos, para Nena, tu compañera,
es este humilde canto.

Y como tú querías, para los habitantes
de Rancagua y de Tocopilla,
del campo y de las minas, de los mares,
para toda la gente sencilla.

Escribo en la Unión Soviética mientras la paz acude
a poblar esta tierra de primavera pura,
en donde honor y acero se reúnen blindando
al pueblo y su armadura.

Mientras más lejos China de cada surco saca
los números del trigo y el pan de los leones
con su bandera roja levantada
sobre cuatrocientos millones.

Cuando Corea llena de sangre
toda la copa del valor humano
y detiene la bota carnicera
del asesino norteamericano.

Ricardo, no el pasado sino el presente es tuyo.
De todo sufrimiento guardaremos memoria.
Que esperen nuestros muertos porque pronto
nosotros escribiremos la historia.

No olvidaremos entonces lo que hizo nuestro pueblo,
los martirios no fueron escritos en el agua.
Ni el nombre del verdugo olvidaremos tampoco.
Lo juzgaremos en Pisagua.

Y a nuestra patria entregaremos cuanto
tenemos, con certeza,
para restituirle lo que le fue robado:
el pan y la belleza.

Ricardo, en nuestra lucha vives y te saluda
toda la patria en su largo desfile
y prometemos continuar la lucha
con el partido y para Chile.

Borraremos el hambre de la patria.
Impediremos la guerra.
Llenaremos de espigas el camino del hombre.
Cambiaremos la tierra.

Y a quien pregunte quiénes somos, diremos:
venimos de las minas del cobre y del nitrato.
Y esto somos, diremos con orgullo,
mostrando tu retrato.

Desde el fondo del pueblo, de la patria venimos.
Nada nos parece imposible.
De O'Higgins, de Bilbao, de Recabarren somos
los hijos invencibles.

Somos los comunistas, Ricardo. Sonriendo
contigo, continuamos la jornada.
Larga es la lucha, pero triunfaremos.
Te lo juramos, camarada.

Democracia, Santiago, 21.7.1951.

En el Sexto Festival Cinematográfico de Karlovy Vary

Yo soy el hombre que entra en la sala oscura a buscar la fascinación, en cualquiera latitud y a toda hora. Soy uno de los millones de hombres que entraron al cine ayer, atraídos por la linterna mágica de la infancia, a ver, oír, soñar, sentir, aprender. El cine exige una atención paralizante, total, como ningún otro arte. Cortaremos la música, cerraremos el libro, nos fatigará el museo de gran pintura, pero pocos se levantan de su sillón del cine antes del fin, aunque nos deprima o nos indigne. En esa atención total hay siempre una posibilidad de nueva imagen, de nuevo camino, de esperanza.

A causa de ese poder absoluto el cine ha sido prostituido con mayor cinismo. No se habla casi de poesía «comercial», de música «comercial», pero sí se habla de cine comercial. Los cinematógrafos occidentales se han convertido en pomposos templos sin hombres y sin dioses, con un río de oro que pasa por la taquilla y se deposita en ciertos bancos, en ciertos bolsillos, en ciertas calles de la gran ciudad. Los sueños de la pantalla se volatilizaron, como el carbón, como el petróleo, y no dejaron nada más que un sucio sedimento de dinero.

En esta elaboración industrial el cine se manchó con las manos de sus progenitores. Los dedos de los monopolistas, de los «grandes negocios» dejaron su impresión digital en la película, y el cine fue vicioso como ellos, agresivo y violento como ellos, salpicado de sangre. Nosotros, los hombres de la oscuridad, espectadores en la sala oscura, nos sentimos descontentos. Estábamos tragando veneno.

También faltaba algo, algo grande que veíamos a nuestro lado cada día pero que no aparecía en la pantalla: el pueblo. Veíamos a nuestro lado desde niños la persecución y la explotación, y también veíamos la organización y la lucha del pueblo, los movimientos heroicos, el camino del hombre hacia el porvenir. Nada de esto estaba en el cine. Por el contrario, allí parecía que cuanto de importante pasa en la vida humana pasa solamente a algunas personas vestidas de *smoking*. Esto era demasiado.

Por eso, sin menospreciar algunas obras maestras del cine occidental, y algunos grandes maestros, cuando los cañones del acorazado Potiomkin dispararon sin sonido aún desde la tela blanca, aquellos disparos fueron en el corazón de muchos hombres las salvas de una aurora. Esa aurora ha crecido y ha llegado a su mediodía. Estamos aquí festejando ese mediodía, los productos que ya germinaron y maduraron. Estamos aquí para ver el cine liberado, el que no se propone acumular monedas sino ampliar la creación, definir la ternura, la lucha, la alegría, la esperanza y la paz de todos los hombres.

Queremos un cine que acompañe el avance de la humanidad con realismo y con sueño, profundamente humano. Queremos reconocernos en la pantalla; igualados todos los hombres en la seguridad de un destino grandioso para la humanidad. Queremos un cine sin alabanzas del pistolero ni del soldado invasor que destruye las moradas de lejanos pueblos que amamos; queremos un cine que nos señale lo mejor de la vida y de la tierra. Queremos un cine que en la sala oscura ilumine lo más puro y lo más noble de la condición humana y nos enseñe a ser mejores.

No queremos tampoco el cine desesperado, negro, de la angustia y del dolor. Sabemos que el capitalismo predica la indiferencia política a todos los artistas, o la angustia sin salida, sin esperanza. No queremos nada de eso en el cine. Somos hombres sencillos y mayoría en la humanidad, no somos especialmente escogidos, sino hombres de talleres y calles, escuelas y minas, campos y fábricas. Queremos ver la gran belleza, la sagrada alegría, la lucha más alta, la nueva realidad.

Éste es el cine que esperamos en esta época en que la Unión Soviética con toda su fuerza y su poderío construye la paz más ancha de la historia humana. Éste es el cine que esperamos cuando las nuevas repúblicas populares nos ofrecen su construcción y su solidaridad, cuando la China levanta por fin su cabeza antigua y maravillosa, sobre todos los pueblos coloniales que también vencerán. El mundo en nuestra época, desde la Revolución de octubre, se ha hecho más ancho, cada día más vasto, y sin embargo los hombres ahora estamos más cerca. Ahora nos tocamos casi, nos conocemos como nunca antes, nos descubrimos cada día, cada día tenemos más hermanos. Hermosa es nuestra época de lucha y de liberación. La paz que conquistaremos la hará más hermosa y mejor para todos los hombres. Trabajadores del cine, amigos, camaradas, vuestras obras serán dignas de nuestra época liberadora y de los hombres libres que entrarán –en mayor número cada día– a la sala oscura, a encontrar, allí también, no la ilusión, no la mentira de unos pocos, sino la verdad para todos.

Democracia, *Santiago, 5.8.1951, y en* Repertorio Americano, *núm. 1.130, San José, Costa Rica, 1.9.1951.*

Hacia Berlín!

Hacia Berlín, por el mar Báltico, sobre las oscuras aguas que recuerdan batallas, por las tierras de la Polonia estival, poblada de pinos, de trigo, de amapolas, hacia Berlín por aire y por la tierra verde y oro de Bohemia, de Moravia, de Eslovaquia. Y más aún, a través de la cordillera de los Andes con sus nieves eternas y sus cóndores, a través del mar Caribe azul y transparente, que deja ver bajo su superficie erizada de tapices de madréporas, sus peces azulados, sus sombríos tiburones.

Los jóvenes que van hacia Berlín desde todos los puntos de la tierra, como nuevos ríos de vida, como nuevas corrientes que aparecen en la nueva geología del globo, venciendo la pobreza, burlando la policía represiva, viajando en este momento en aviones rápidos o sentados en los vagones de los innumerables trenes, cantando, comiendo manzanas o escribiendo versos. Los jóvenes van a Berlín!

A través de la Unión Soviética van los jóvenes de Corea, de China, héroes de heroicas tierras lejanas. Van los jóvenes campesinos de los lejanos koljoses, jóvenes soviéticos de todas las repúblicas.

Van los jóvenes polacos, húngaros, checos, albaneses, griegos. Los muchachos de la montaña y de los ríos, de los puertos y aldeas.

Ayer me encontraba en el aeródromo de Praga. Cuando aterrizó el avión de Francia, vi emocionado, en la pasarela, rostros conocidos. De pronto me rodeó un grupo juvenil. Jóvenes negros de las islas Caribes, estudiantes de Venezuela. Qué alegría en sus rostros!

Un mundo se oponía a su viaje, y hélos aquí, en Praga, a las puertas del mundo que les sonríe y los espera.

El rostro indeciso de un sólido muchacho cubano de buen aspecto, ancho de espaldas, que andaba con paso vacilante, me llamó la atención. Estará enfermo? Me dijeron: está ciego! Hace unas semanas apenas, en un mitin de calle en La Habana, le lanzaron una botella de ácido en pleno rostro y el ácido le quemó la córnea.

El mitin por la paz de las calles de La Habana todavía continúa para mí, me dijo sonriendo.

Qué van a hacer todos estos jóvenes en Berlín? Qué va a hacer este joven bailarín de Moravia y el joven ciego de La Habana? El joven ciclista italiano y el joven héroe por la independencia de la valiente Corea? Qué harán? Deliberarán sobre antiguas filosofías o discutirán problemas internacionales complicados? Es que esta inmensa reunión es una reunión de jóvenes sabios?

Yo no lo creo. Creo que se reúnen únicamente para coexistir. Se reúnen para verse, para hablarse, para estrecharse la mano. Se reúnen para demostrar que los jóvenes de todos los puntos del planeta y de todos los regímenes, de todos los climas y de todas las opiniones pueden vivir en un mismo lugar, reuniendo lo que les une: el amor a la vida, a la cultura, a la paz.

Por ello, ciertos gobiernos occidentales se han apresurado a declarar peligrosa esta concentración. El gobierno italiano la considera más explosiva que la dinamita. El señor De Gasperi reunió una vez su gabinete. No fue para distribuir pan a los niños hambrientos de Calabria, ni para otorgar un premio a una pintura de Guttuso, ni para crear nuevas escuelas, no. Esta sesión fue dedicada exclusivamente a la elaboración de un decreto prohibiendo a los jóvenes italianos ir a Berlín para conocer otros jóvenes de la tierra. Estos gobernantes quieren que los jóvenes se encuentren, pero con una ametralladora en la mano, detrás de las alambradas con un buen casco de acero en la cabeza, o bajo tierra, destrozados, en el hoyo de barro y sangre abierto por un obús. La posibilidad de que el joven ciclista de Nápoles salude al joven deportista alemán sin que se tiren una bomba el uno al otro, parece muy peligrosa al señor De Gasperi. El señor De Gasperi ha comprendido su deber. Por ello se le ha nombrado primer ministro. Su trabajo principal, desde la mañana a la noche, debe consistir en evitar todo entendimiento, toda relación humana entre los hombres, evitar la paz. Y cuando, a pesar de los De Gasperi, de los Chiang Kai-shek, de los Sygman Rhee, de los Trujillo de Santo Domingo, de los dictadores de América del Sur, de los Franco, Perón, Adenauer y Truman, etc., los hombres se encuentran para verse y para cantar, para conocerse y comunicarse entre ellos, para vivir, el señor De Gasperi o el señor Attlee pronunciarán inmediatamente un discurso sobre la cortina de hierro.

Si estos pequeños hombres, estos pequeños politicastros representaran nuestra época, qué triste época viviríamos! Pero no es así. Estamos en la época del Festival de Berlín, de la juventud del mundo que avanza y vence, que se reúne y canta. Armemos a la juventud del mundo para la paz, desafiemos a estos enemigos! Armemos de libros y de alegría, de salud y de espigas, de música y de tractores, de amor y de conocimientos a los jóvenes que vienen a Berlín, a los jóvenes que atraviesan mares y tierras, cielos y cordilleras, únicamente para verse, para conocerse y para estar juntos! Estar juntos es un delito para ciertos gobiernos. La paz, la palabra *paz* es también un delito. Pronto la luz será también un delito para ellos.

Reunión en Berlín para que toda la luz y toda la verdad, toda la fraternidad y toda la paz reinen sobre todos los hombres.

Festival, *boletín del Festival de la Juventud, Berlín, RDA,* 6.8.1951, y Democracia, *Santiago, 26.8.1951.*

El resplandor de la sangre

En el destierro, la áspera patria toma un color de luna, la distancia y los días pulen y suavizan su largo cuerpo, sus planicies, sus montes, y sus islas.

Y recuerdo una tarde pasada con Elías Lafertte en un pueblo sin hombres, en uno de los minerales abandonados de la pampa.

Se extendía, arenosa e infinita, la pampa a nuestro alrededor, y con cada cambio de la luz solar su palidez cambiaba como el cuello de una paloma salvaje suave, verde y violeta se espolvoreaba sobre las cicatrices planetarias, ceniza caía del cielo, confuso nácar irisaba el desierto.

Era en el desolado Norte grande, en las soledades de Huantajaya. Desde allí se abre este libro, sus páginas están hechas con aquellas arenas, fuerte, ancho y trepidante es su mundo y en él las vidas están grabadas con fuego y sudor como en las palas de los derripiadores. Otro color se agrega a las extensiones de la pampa: el resplandor de la sangre.

Nadie podrá olvidar este libro.

Los gobernantes, con pocas excepciones, se han ensañado con el pueblo de Chile y han reprimido con ferocidad los movimientos populares. Han obedecido a decretos de casta o a mandatos de intereses extranjeros. Desde la matanza de Iquique hasta el campo de muerte erigido en Pisagua por González Videla, es ésta una historia larga y cruel. Contra el pueblo, es decir contra la patria, se practica una guerra permanente. Tortura policial, garrotazo y sablazo, estado de sitio, la marina y el ejército, barcos de guerra, aviones y tanques: estos elementos no los usan los gobernantes de Chile para defender el salitre o el cobre contra los piratas del exterior, no, éstos son elementos de la cruenta batalla contra Chile. La cárcel, el destierro o la muerte son medidas de «orden», y los gobernantes que cumplen acciones de sangre contra sus compatriotas son pagados con un viaje a Washington, condecorados en alguna universidad norteamericana. Se trata simplemente de una política colonial. No hay gran diferencia entre las masacres de Madagascar, de Túnez, de Malasia, de Corea, ejecutadas por invasores armados contra pueblos indefensos, franceses, ingleses, norteamericanos y la sistemática represión ejecutada en nuestro continente por gobernantes despiadados, agentes de los intereses imperialistas.

Pero a lo largo de esta historia, el pueblo chileno ha resultado victorioso.

De cada golpe trágico ha derivado enseñanzas y ha respondido, como tal vez ningún otro pueblo americano, con su arma más poderosa: la organización de sus luchas.

Esta lucha multiplicada es el centro de la vida nacional, sus vértebras, sus nervios y su sangre. Infinitos episodios tristes o victoriosos la encienden y la continúan. De ahí que en el vasto drama de Chile, el protagonista incesante sea el pueblo. Este libro es como un extenso prólogo de ese drama, y nos muestra con pureza y profundidad el amanecer de la conciencia.

Pero *Hijo del salitre* no es una desértica disertación civil, sino un prodigioso y múltiple retrato del hombre. Al épico estremecimiento de sus descripciones sucede la ternura imponderable. El amor de Volodia Teitelboim a su pueblo lo conduce hasta encontrar la fuente escondida de la canción y de las lágrimas, las rachas de violenta alegría, las vidas solitarias de la pampa, el vaivén que aparta y desgrana los destinos de las sencillas gentes que viven en su libro.

Son muchos los problemas del realismo para el escritor en el mundo capitalista. *Hijo del salitre* cumple con el mandato creativo, esencial en los libros que esperamos. No basta con tirar por la borda el balbuceo oscurantista, el individualismo reaccionario, el naturalismo inanimado, el realismo pesimista. Este libro cumple y sobrepasa los cánones usados de la novela, saturándonos de grandiosa belleza. Pero también alcanza otro de los puntos inseparables de la creación contemporánea: la de hacer la crónica definitiva de una época. Ya sabemos cómo se apoderan de la historia los falsificadores oficiales de la burguesía. A los escritores del mundo capitalista nos corresponde preservar la verdad de nuestro tiempo: el general Silva Renard o el presidente González Videla no pueden escaparse al verdadero juicio histórico. Los escritores de Chile tendrán que escribir con sangre – sí, con sangre de Iquique o de Pisagua – y así nacerá nuestra literatura.

En esta gesta en la que Baldomero Lillo pone su primera piedra negra, Volodia Teitelboim levanta la primera columna fundamental. Porque no sólo los dolores, las alegrías y las verdades de un pueblo quedan aquí grabadas, sino que, como muchos senderos que se unen en una ruta grande y segura, el pueblo desemboca en su organización liberadora, en el Partido. Recabarren y Lafertte no son en este libro héroes estáticos, sino progenitores de la Historia.

Con Volodia Teitelboim, junto a nuestro pueblo, hemos vivido horas grandes y duras. Después de años de exilio llega a mis manos este libro suyo, racimo asombroso de vidas y luchas, cargado de semillas. Yo, desde aquí, como si estuviera en las alturas abandonadas de Huantajaya, diviso en estas páginas la vida terrible del hombre del salitre, veo los arenales, las colinas, la miseria, la sangre y las victorias de mi pueblo. Y estoy orgulloso del fruto de mi hermano.

Capri, mayo de 1952

Prólogo a la 2.ª edición de Volodia Teitelboim, Hijo del salitre, *Santiago, Austral, 1952.*

Muertos de América

1. PRÓLOGO DE CAPRI

Bajo mi casa el jardín italiano, en escalinata que baja al mar, verde sombrío de cipreses de invierno, qué lejos estoy de mi atropellada, majestuosa, alambrada y huraña *araucaria im-*

bricata: la araucaria de la gran Araucanía, tempestuosa, erizada y férrea, con sus racimos inmensos de piñones que alimentaron por tres siglos la resistencia contra los invasores extremeños.

Mi jardín de Capri baja al mar con las lanzas esbeltas de los cipreses de Cerio. Es un pequeño regimiento verde bajo el cielo blanco. Abajo el mar, las olas mínimas del Tirreno, luego hacia el horizonte zonas de color sulfúrico, vetas anchas de lapislázuli marino hasta perderse en el acero horizontal del suavísimo invierno. En mi casa, en el mar, en la isla, el silencio lo llena todo, hasta las playas también baja en gradaciones a morir con las espumas.

Como no hay automóviles en las callejas, sino enredaderas y grandes hojas espinudas de cactus, el silencio de Capri es especial, como una sustancia que se puede palpar entre los dedos. El mismo mar qué diferente de mi océano del Sur del Mundo. Cuando en mi infancia llegábamos al mar de Bajo Imperial, cerca de Temuco, lejos aún muchos kilómetros de la desembocadura del gran río, oíamos su trueno indecible, su ofensiva infinita. Aún en mis oídos, a través del silencioso mar Tirreno oigo la desbocada artillería que me hacía temblar de emoción como si en cada verano de mi infancia hubiera yo cambiado de planeta, y en las puertas erizadas del mar me recibieran las grandes olas de otro mundo, con su sonido aterrador, de creación, de movimiento y fuerza, que escucho todavía.

Luego las multitudes de aves marinas de mis playas chilenas, que aquí no encuentro. Hace algunos días fui a los rocosos farellones, pétreas figuras custodias de esta isla, y en el aire, vi un solo pájaro, inmóvil, con un temblor blanco y rosado de plumas. Creí que estaba detenido en un alambre invisible, como un acróbata deslumbrante, con el fondo de circo azul del mar dulcísimo. Pero pronto siguió volando, y luego se extendió inmóvil de nuevo en el aire quieto, y comprendí que era su costumbre, que obedecía a las inmutables órdenes de armonía de este mundo marino. Frente a mi casa de Isla Negra, al sur de Valparaíso, cuántas veces vi zambullir el pelícano gris ártico, cayendo como piedra del cielo,

para levantar un ramo de plata viviente en el pico. Y las multitudes de gaviotas, los pequeños patos marinos, los queltehues de tierra adentro que no hablan el idioma de las aves
de la costa, y que se quedan meditando en un solo largo pie
sobre las rocas hirvientes de espuma!

En esta hora de invierno de Capri, desde la niebla y los cipreses se difunde una cinta de creadora melancolía, y en mi
corazón un recuerdo de muertos queridos.

2. MEANY DE GUATEMALA

Extraña apariencia! Acabo de recibir, 2 meses después de su
muerte, una carta de Enrique Muñoz Meany, la última que
escribió, cinco minutos antes de su muerte. Bajo el abrazo final y antes del *Enrique Muñoz Meany* dactilografiado, hay
un pequeño trozo blanco, el espacio en donde no alcanzó a
escribir su firma, porque sus frágiles dedos asían en ese minuto lo inasible.

Frágil, Meany, lo era de cuerpo, que no de temple, ay nunca! Menudo y pálido, hidalgo fino, este aristócrata era el dique en que se estrellaron imperialistas y cafeteros, los tratantes de la sangre centroamericana. Afable y gentil como su
tierra tibia, su Guatemala verde y oro, era recio y batallador.
Es por muchos años el único ministro de Relaciones Exteriores de nuestra pobre América, que muestra frente a los conquistadores norteamericanos el rostro escondido de nuestra
dignidad de naciones. Luego, embajador único de toda Latinoamérica en Francia, su casa fue la de los perseguidos, no la
de los santacruces, ni truccos, ni validos, no la casa de los que
no nos representan en Europa, sino la casa de Aragon y
Éluard, la casa de Carlos Mérida y de Cardoza, la casa de los
jóvenes en camino al festival de la Paz, mi casa.

Ay, qué pérdida tan grande, Guatemala mía! Tú, pequeña
nación libre eres hoy nuestro estandarte. Una a una nuestras
naciones han parpadeado para ver la luz, y han cerrado los
ojos! En la cintura de América eres la joya verde. Arévalo y
Arbenz no han querido ser gigantescos guías de un nuevo

pensamiento, sino que han sido protagonistas de un extraño episodio: han sido sólo americanos, herederos de la verdadera tradición humana del continente, continuadores de 1810, de las tradiciones de independencia y de libertad de las pequeñas patrias, sacudidas después por la incesante tiranía! Pero nuestros días difíciles persiguen hasta la continuidad de nuestro origen, y Guatemala, con sus Muñoz Meany, yace en la encrucijada entre los colmillos de los lobos de dentro y los bandoleros de fuera!

En esta encrucijada violenta, porque es la prueba continental que derrumba casi a países como Chile, y los entrega al saqueo, Muñoz Meany se levanta como un espadín de acero de combate, y esta criatura fragilísima, es nuestro honor, el honor de millones de americanos, desde Río Grande hasta Magallanes, que nunca lo conocieron, y que nunca lo conocerán. Porque estos hombres que pusieron su sangre, su vocación y su fuerza en la argamasa que construye la patria, pasan como sombras, porque lo dieron todo: ardieron de una sola vez, y en Guatemala esta llama de la patria puede tener muchos nombres de caídos, campesinos indios de la gran selva, obreros desangrados y asesinados en las calles, pero el fuego que yo recuerdo, inmortal en el altar, de su tierra maravillosa, se llama Meany, Meany de Guatemala. Amalia de Muñoz Meany, hermana, beso tu frente.

3. PANCHO DE VENEZUELA

El doctor Francisco Herrera debe ser recordado, seguramente, como el gran médico que fue. Yo lo recuerdo como Venezuela. Para mí sólo se llamaba Pancho, y era de Venezuela.

Yo pasé de largo siempre por Venezuela, por el aire o por el mar, o por algunos desterrados en Chile, ya chilenizados y evaporados, o por la Guayra, puerta sórdida de las anchas y generosas regiones. Cuando en la India recibí una carta –de dónde era?, de Maracaibo?– de alguien que me leía, sentí el escalofrío de una llamada a tierra, de lo que me llamaba. Pero nunca fue y no sé si será.

Mientras tanto conocí en un barco a Pancho Herrera, y una tierra se me reveló. Este hombre sabio y popular, era ancho, generoso y alegre, era una geografía entera llena de grandes árboles y niños, manantiales y pueblos. Su simplicidad estaba llena de ciencia, su ciencia estaba dispuesta a volcarse para todos. Parecía apolítico –esa lacra de la cual han disfrutado todos los mandones de América–; pero su sentido común esencial le permitía ver más allá y más acá del horizonte, y muy a las claras. Me habló con entusiasmo, muchas veces, de la Unión Soviética. Su alegría llenaba el barco, se transmitía como una fuerza natural.

Cayó de pronto, como un gran árbol derribado por un rayo. Su ancha alegría se extendió de golpe en la tierra, y yo desde muy lejos, escuché estremecerse el suelo americano, con el golpe del gran follaje que caía mientras miles de hojas y pájaros volaban en el aire, acompañando a Pancho de Venezuela.

4. D'HALMAR DE VALPARAÍSO

Al chileno no le gusta hablar sino balbucear, y en esa tierra sin habla que es mi patria, D'Halmar fue un gran hablador, el que pudo hablar por todos.

Salió de la niebla, de las callejuelas de Valparaíso hacia otras nieblas y callejuelas del mundo. Comenzó a jugar al gran cosmopolita, al despatriado, a la moda escéptico-narcisista de una mala época. Él jugó durante años con elegancia este papel de gran señor de las navegaciones de desencantado. Una ficticia melancolía llena esa parte de su obra de gran escritor, de gran castellano del castillo de la lengua. Luego, enamorado de España, de lo popular de España, comienza a volver hacia Chile y nuestra América. Y comienza a dejar las cáscaras del desdén y a integrarse en nuestro común deber de americanos, llega a participar en las luchas del pueblo, su incomparable palabra deja de ser un alimento escogido y se convierte en pan. Esta conversión de D'Halmar a su pueblo, esta recuperación nacional lo va enalteciendo cada día, así como su largo y anterior cosmopolitismo lo iba encerrando en un círculo estéril.

De esta manera vemos cómo un antiguo escritor orgulloso y solitario se mueve al impulso del movimiento popular, y así crece y fecunda.

Vemos en sus últimos años cómo su célebre vanidad era sólo parte de la máscara cosmopolita, y cómo va mostrando, a desgano primero, y luego caudalmente su humanidad generosa. Al final de sus días el hombre alto y erguido, de cabello nevado, es un sabio popular y ciudadano, lleno de apostura y entereza.

5. SEGUEL DE LA ARAUCANÍA

Ha muerto hace algunos meses el poeta Gerardo Seguel. Era mi paisano de las tierras boscosas y frías del Sur de Chile. Su poesía tiene siempre ese paisaje nuestro de nuestras infancias lluviosas, con un velo que tiembla sobre una lágrima. Seguel, moreno y sonriente, activo, puro, me traía al darme la mano, una sensación de madera selvática, la fragancia de la tierra vegetal. Él abre el camino para que entre a la poesía chilena el viento del Sur, en el que entrará a Santiago, a caballo en su gruta transparente el gran poeta Juvencio Valle.

Seguel es un combatiente extraordinario, un soldado del pueblo, y un maestro ejemplar. A él le debe nuestra América la primera exploración en busca de grandes poetas del pasado, enterrados en los librotes cementerios. Así Seguel encuentra a Pedro de Oña, poeta nacido también en el Sur de Chile, en el siglo XVI, olvidado bajo la gloria de Ercilla, y a esa vaga sombra agrega con su amor sus evidencias, hasta darnos la medalla deslumbrante del que inauguró la poesía de Chile «...con amasados muros de diamantes...».

Gerardo Seguel, buen hermano, ya no volveré a verte, porque los caminos del destierro me tienen lejos de nuestro Sur tempestuoso. Pero cuando regrese por los caminos, junto a los vastos trigales de estío, en lo alto de los avellanos que me saludarán con sus ramas verde puro y escarlata, a la sombra de los robles de tembloroso ramaje, a la entrada de los lagos que nuestros volcanes coronan de nieve, en las hojas gigantescas de la «nalca» silvestre, en las páginas de tantos libros amados, en la noche alta y estrellada de cielo frío, en la masa de hombres a quienes hemos dado lealtad y juramento, en la mirada de los últimos araucanos que defenderemos, en toda la tierra y el pueblo mío, te recordaré, Seguel de mi infancia, camarada poeta, estrella de la Araucanía natal.

Capri, 1952

Democracia, *Santiago, 28.6.1952.*

Pretenden detener con el terror la marcha del pensamiento

Quiero decir algunas breves palabras sobre el desarrollo actual de las relaciones culturales.

La preparación de la guerra ha traído un mayor estancamiento de los intercambios culturales. Se ha hecho más difícil la comunicación de la cultura entre el Este y el Oeste. Una verdadera guerra contra el cine soviético, promovida por los magnates del cine norteamericano y sus cómplices, tiene como campo de batalla todo el mundo occidental. Decenas de miles de salas cinematográficas dependen directamente de los mismos capitalistas que instigan la guerra, y no sólo son negadas para el cine soviético sino para cualquier realización artística que en algún sentido se oponga a sus intereses. No hay dudas que las iniciativas del Consejo Mundial, especialmente la celebración en forma vasta de los aniversarios de grandes figuras universales, del Este y del Oeste, han suscitado manifestaciones extraordinariamente significativas sobre la unidad de la cultura. Sin embargo hemos visto la reacción inmediata de aquellos que quieren dividir y silenciar estas iniciativas. Al mismo tiempo que se formaba en Italia un admirable centro de estudios sobre la obra y la vida de Leonardo da Vinci, el gobierno italiano negaba la entrada a Italia a los intelectuales que venían desde las democracias populares, para honrar a Italia en la memoria de uno de sus valores más universales.

La situación de los intelectuales norteamericanos que no están de acuerdo con el señor Truman o con los métodos del general Ridgway para implantar la «cultura occidental» en Corea, es verdaderamente trágica, se les retira sus pasaportes y se les trata como a criminales.

Esta política de los carceleros norteamericanos se va extendiendo a todo el continente americano. En los pactos que van ligando poco a poco a casi todos los gobiernos latinoamericanos al carro de la guerra, hay artículos especiales para evitar los viajes de las personas peligrosas, es decir de los representantes de nuestras culturas y de nuestros pueblos. Así se ha llegado a obtener que el aeropuerto de La Habana, punto central de todas las comunicaciones de la América del Sur, se haya convertido en un lugar de prisión para los intelectuales o personalidades partidarias de la paz que deban pasar en tránsito por ese punto. Los escritores progresistas de América Latina pueden difícilmente trasladarse de un país a otro; y cada vez con mayor dificultad logran acceso a revistas y editoriales.

Mientras el novelista Alfredo Varela, de Argentina, sale recién de la cárcel, Jorge Amado es procesado en Brasil, en este momento, por su libro sobre la paz. Juan Marinello, presente en esta sala, eminente ensayista, honra del pensamiento americano, está amenazado de prisión a su regreso, en su patria, Cuba.

Pero la obra de los enemigos de la cultura se extiende en otras direcciones. Soborna y silencia, presiona con el dinero o el terror. Escritores que permanecieron silenciosos, como John Steinbeck, ante los peores crímenes cometidos en su patria contra Paul Robeson, Alvah Bessie o Howard Fast, rompen su largo silencio para negar únicamente la acción de los criminales de guerra norteamericanos en Corea.

A los artistas y escritores de Latinoamérica que no han mostrado independencia hacia las acometidas del imperialismo se ostentan en forma tentadora oportunidades de viajes y becas en los Estados Unidos, mientras la entrada es rehusada a la mayor parte y a lo mejor de nuestros intelectuales. Mientras tanto el continente latinoamericano se inunda de literatura pornográfica, falsas revistas de divulgación y novelas policiales importadas de los Estados Unidos.

No hay dudas de que todas estas acciones forman parte de un plan premeditado.

Es deliberado el propósito de negarnos tribuna, de aislarnos, arrinconarnos, dividirnos.

Ése es el programa de política intelectual de los agresores. A este plan debemos oponernos.

Así pues, para comenzar, a fines de este año, organizamos una conferencia de escritores y artistas de los veinte países americanos. Allí discutiremos las formas de servir la causa sagrada de la paz. Discutiremos nuestro trabajo de creadores y estableceremos una mayor unidad de pensamiento y acción.

Latinoamérica es la retaguardia de los agresores, una retaguardia insegura en sus planes de conquista. Porque no debéis confundir a nuestros gobernantes satélites que en la ONU se reúnen sin más ideología ni propósito que la de abrir la boca para decir apresuradamente el _yes_ que necesitan sus amos de Washington con nuestros pueblos martirizados pero indomables.

Es con esos pueblos de América Latina que estrecharemos los escritores y artistas las filas para defender la soberanía, la libertad y la paz.

A los pactos suscritos por los gobiernos, pactos de guerra y de aislamiento, de saqueo y de sangre, opondremos el pacto de la verdad y de la inteligencia.

Al hacerlo cumplimos con las resoluciones sobre intercambios culturales adoptados por nuestro Consejo de la Paz.

Termino saludando a los escritores y artistas perseguidos y encarcelados en España, Grecia, Turquía, Estados Unidos y América Latina. Bajo todos estos regímenes fascistas los instigadores de la guerra y sus cómplices pretenden detener con el terror la marcha del pensamiento. Yo saludo a la larga lista de estos perseguidos. Quiero que desde esta sala en que tantos hombres y mujeres, por tan diversos caminos hemos venido para defender en común la paz y la cultura, sepan que nuestro pensamiento y nuestra lucha los acompañan. No están solos. Con ellos así como con nosotros en esta sala están la conciencia y la esperanza. Estos días son amenazantes y terribles, con la persecución y los fusilamientos de patriotas, con la destrucción de Corea y la nueva guerra maldita, de átomos y microbios.

Pero la humanidad ha pasado por tantas horas obscuras. Siempre la claridad se refugió en algún sitio para salir después y vencer a las tinieblas. Aquí está con nosotros la claridad. Estoy seguro de que venceremos.

Intervención en la reunión del Consejo Mundial de la Paz, Berlín, publicada en Democracia, *Santiago, 23.7.1952.*

El retorno del soldado errante

(1952-1955)

I

EL OLOR DEL REGRESO
(1952)

Palabras a Chile

Regreso a mi patria llamado por mi pueblo. Estaré en Chile a mediados de agosto.

Durante estos años de exilio he llevado el nombre de Chile escrito en mi frente. Sobre mi frente lo han leído millones de hombres y han aprendido a amarlo y respetarlo.

En la China nueva, espaciosa y fecunda los cultivadores de arroz de los campos y las aldeas escucharon con silencio religioso la historia de O'Higgins y de Recabarren.

En el mar Báltico conté a los trabajadores de los astilleros cómo viven y luchan los hombres de Coronel y Lota.

A los hombres y a las mujeres de la poderosa y amada Unión Soviética hablé de nuestras mujeres y de nuestros hombres, y dibujé para ellos en una pizarra, muchas veces, una flor de copihue, flor de sangre y de libertad.

Dije a los obreros rumanos orgullosos de construir el edificio más grande de Europa para la publicación de libros y periódicos: «Mi lejano pueblo, con sus luchas, también ha ayudado a levantar estos ladrillos».

A los trabajadores de Katowice, en la región minera de Polonia les conté por horas la vida y las victorias de los nuestros, los héroes de Chuquicamata, de la pampa y del Norte Grande.

No olvidé tampoco a nuestra gente de las ciudades, a los intelectuales, a los empleados, a los profesionales.

En Italia en diez ciudades y en fábricas relaté la simple y heroica vida del pueblo chileno.

Esto lo he hecho sin descanso porque creo en mi pueblo y en el destino de mi patria.

Somos un pequeño país rico que vive en la pobreza, amenazado y explotado, pero indomable.

Hay países con docenas de estrellas en su bandera, pero no están satisfechos, quieren apoderarse de otras tierras, dominar a otros pueblos y agregar nuevas estrellas a sus banderas.

Nosotros los chilenos tenemos una sola estrella en la nuestra, y ésa nos basta. Amamos nuestra estrella sobre su azul maravilloso. Amamos nuestra bandera, la más lejana de todos los pueblos.

Pero no amamos la soledad. Queremos conocer, comerciar, intercambiar la cultura y la amistad con todos los países, sin perder un átomo de la independencia que conquistó la sangre de Chile.

Por eso queremos la paz y la defenderemos.

Yo he enseñado en todas partes el amor a mi patria pero también he aprendido mucho. He aprendido a amar y respetar a otros pueblos. En todas partes he visto una ansiedad por comunicarse, por comprenderse. Son algunos los que aspiran a la separación entre los hombres, los que quieren la destrucción, la guerra y la muerte.

Los pueblos, en todos los sitios, son tan simples y generosos como el pueblo chileno. Los hombres sencillos somos más numerosos y mejores, y por eso venceremos.

Venceremos a la bomba atómica, a los microbios arrojados desde el aire, venceremos al crimen.

El porvenir de la humanidad puede estar en peligro en manos de unos cuantos malvados, pero no les pertenece. Es nuestro el porvenir del hombre, porque somos nosotros la esperanza.

Tenemos mucho que hacer los chilenos. Con vosotros, entre vosotros, uno más de vosotros, estaré trabajando.

Al regresar a mi patria, después de tan largo destierro os digo solamente: «Consagré mi vida a defender el honor de Chile. Ahora vuelvo a poner una vez más mi vida en las manos de mi pueblo».

Costa de África, en viaje de regreso
a Chile, 27 de julio de 1952

Democracia, *Santiago, 9.8.1952.*

Pequeña canción para Matilde

Las olas van, el viento
esparce azul y olor.
Yo con amor te amo,
con amor.

Adónde van las olas
con nosotros, al goce?
Al goce, o al dolor?
No lo sabemos, ay!
Yo con amor te amo,
con amor.

Así se van los días,
así los devoramos
en fruta y flor.

Eres mía y te amo,
y con amor te amo,
con amor.

No temas a las olas
aunque vayan rodando
hacia el dolor.

Todo se irá perdiendo.
Tú y yo nos quedaremos.
Porque, amor mío, te amo,
con amor.

Tú y yo floreceremos
hasta la última flor,
hasta la última hora
y el último temblor.

> Porque tú y yo, amor mío,
> con amor nos amamos,
> con amor.

Poema escrito a bordo del transatlántico Giulio Cesare
el 1.8.1952. Recogido en FDV, *pp. 88-89.*

Yo soy chileno del Sur

Yo soy chileno del Sur, mis pensamientos nacieron entre San
Rosendo y Carahue. Yo le debo a la Frontera, a las tierras
mojadas del Sur, mi poesía.

A Santiago le debo algunas gotas de locura y de sabiduría.
Le debo también lo más importante: el descubrimiento de mi
partido, el Partido Comunista de Chile. Por eso le debo el orgullo de ser un comunista.

Al norte, al Norte Grande, a los arenales y a las alturas del
cobre, a María Elena y a Chuquicamata les debo una revelación, haber conocido a los hombres, haber luchado en lo más
profundo y en lo más vivo de las filas del pueblo.

Le debo, pues, a toda la tierra chilena, y he regresado por
eso, para pagar mi deuda, para pagar lo que debo a toda la
tierra de Chile y a todo el pueblo de mi patria.

Vengo a expresar mi gratitud a ustedes, porque sé lo que se
ha trabajado por mi regreso.

Y éstas son mis palabras para abrazarlos a todos, envol-
viéndolos a todos en el vasto amor de la patria.

Que nadie espere de mí en esta hora expresiones de rencor
o de odio. Tenemos que aprender la lección de la vida y sufrir
en nosotros mismos los sufrimientos de todos los nuestros,
y en estos años mucha gente sencilla ha sufrido más que yo.
Pero lo que se queda atrás en la historia debemos dejarlo para
que mañana sea estudiado y juzgado, es decir, para extraer de
los hechos más dolorosos, la lección que nos enseñe el camino de la victoria.

Es éste nuestro trabajo de hoy. Tenemos que marchar juntos y construir nuestra victoria, la victoria de Chile.

Cuál es esta victoria? Qué deseamos? Cómo debemos marchar? Cómo vamos a vencer?

Somos uno de los países más ricos del mundo, nuestro pueblo es uno de los más pobres del mundo. Tenemos la mayor cantidad de cobre que existe en el planeta. Pero los niños del pueblo no tienen zapatos. Con nuestro cobre, con nuestro salitre, con nuestro hierro, con nuestro yodo, con nuestro manganeso, y con el sudor y el dolor del pueblo de Chile no se construyeron casas para los hijos de la patria, sino edificios de cincuenta pisos en la ciudad de Nueva York.

La miseria de Chile no es algo accidental, no es una maldición del cielo, ni una circunstancia dolorosa, ni mezquindad de la tierra. La miseria de Chile es un concienzudo trabajo de los enemigos del pueblo. Y estos enemigos no están sólo dentro del país, sino también lejos de nuestras fronteras.

Yo he visto las ciudades arrasadas por la guerra, y he visto en los países del socialismo naciente cómo de las ruinas se edifica la construcción y la esperanza. Pero en la guerra en contra de nuestro pueblo, hay miles de víctimas: faltan los techos, como en las ciudades bombardeadas, falta el pan y la ropa. Y no se construye nada para nuestro pueblo.

Yo acabo de estar en la ciudad de Shanghai, en la nueva China Popular. Es una ciudad de 7 millones de habitantes. Ha sido arrasada y saqueada por los imperialistas japoneses y norteamericanos. Y, sin embargo, la enorme ciudad vive de nuevo, construye más que nunca, produce más que nunca. Antes, los acorazados de los colonialistas apuntaban con sus cañones hacia la población. Hoy el río Yang-tse ha quedado limpio de estos reptiles. La inmensa ciudad sigue trabajando y palpitando.

A nosotros se nos quiere hacer creer que si los norteamericanos imperialistas abandonan Chuquicamata no saldrá más cobre de nuestras minas. Eso es mentira. Produciremos más cobre. Y con el producto de nuestra propia riqueza podremos hacer casas, escuelas, bibliotecas para toda la población de Chile, que es menor que la población de la ciudad de Shanghai.

Y si los teléfonos dejan de ser extranjeros, no vamos a dejar de comunicarnos por teléfono. Y si la energía eléctrica deja de ser propiedad extranjera, no vamos a vivir en las tinieblas por eso. Yo creo que, por el contrario, vamos a tener más luz, y para todos.

Estamos en un momento extraordinario de la vida nacional. Estamos en una encrucijada de la historia. No podemos seguir el camino trazado por los enemigos de Chile; no podemos seguir manteniendo la indigna miseria de campesinos y de obreros; debemos seguir repudiando grotescos pactos militares; no podemos seguir siendo un país satélite de un imperialismo despiadado; no podemos seguir azuzando la mortal enfermedad de la guerra. Queremos suscribir un pacto de paz con todas las naciones y comprendemos que, aunque nuestra patria sea muy pequeña en el concierto de las grandes naciones, si ella expresa su voluntad de paz, será escuchada con respeto por todos los pueblos del mundo.

Los millonarios y los generales norteamericanos ordenaron, hace ya tiempo, que nuestro país rompiera relaciones con la grande y generosa Unión Soviética y con las democracias populares. Aún no entablamos relaciones con la China Popular, esta nación de 475 millones de habitantes, que extiende sus costas frente a las nuestras, bañadas por el océano, que no debe separarnos, sino unirnos.

No es éste aislacionamiento enteramente irracional? No es esto una pesadilla?

Yo he conversado con aquellos hombres, y en las lejanías de China, en las costas del mar Báltico, en Polonia, entre el maravilloso rumor de la reconstrucción de Stalingrado, yo he hablado de estas cosas; yo he hablado de vosotros, los que me escucháis; he hablado con orgullo de mi patria; he hablado de toda la gente sencilla de nuestra tierra, y ellos no me dieron, para mi pueblo, para vosotros, un mensaje de rencor, ni una palabra de guerra o de odio, sino que me dijeron: «Amamos a tu pueblo. Queremos conocerlo más. Queremos la paz, para que todos los pueblos se conozcan, se respeten y se amen».

Yo quiero saludar, también, al abanderado popular y candidato del Frente del Pueblo, senador Salvador Allende.

El programa suyo y del pueblo, merecen la atención y la adhesión de los ciudadanos.

En el primer día de mi regreso yo le doy mi adhesión y comprendo que él encarna, en este momento, las aspiraciones populares.

Pero esta elección es una etapa más en el camino de Chile hacia la independencia, la dignidad y la libertad. Nos hemos propuesto conquistar la victoria, pero esta lucha continuará, sea quien sea el candidato triunfante, desde el momento mismo en que terminen las elecciones presidenciales.

Por eso yo llamo a todos los chilenos a trabajar juntos en una perspectiva cada vez más amplia que nos lleve a la coronación del destino histórico de Chile. Yo llamo a todos los chilenos, a los que hoy están separados ante la proximidad de las elecciones, para trabajar en común por la paz del mundo y por la felicidad de nuestra patria.

Me siento orgulloso de pertenecer a un pueblo que tanto ha luchado por la libertad; me siento orgulloso de ser chileno entre los chilenos, como me sentí en el destierro unido a mi tierra, a mi bandera, a mi pueblo, a los bosques y a los ríos, a las flores de los campos y a las estrellas del cielo de la patria.

Me siento orgulloso de ser un comunista. Al respirar el aire de la tierra que amo, yo saludo a mi partido, el más nacional de todos los partidos, el que salió de la pampa salitrera, el partido que no ha podido ser vencido, porque tiene en sus manos indomables, el porvenir y la defensa de nuestro pueblo.

Yo saludo a todos los chilenos sin partido, a todos los que velan, se inquietan y defienden el destino de nuestro país.

Yo saludo a los escritores y a los mineros, a los soldados y a los campesinos, a los empleados y a los artesanos. Yo les digo a ellos y a ustedes:

Hoy es un día muy grande para mí. Hoy, después de años, he respirado el aire y he pisado la tierra de Chile. Yo me siento como en una fiesta, y esta fiesta se la debo a todos ustedes. Yo quiero pagar la deuda que tengo y que tendré, y que tenemos todos hacia la tierra que amamos, trabajando para que nuestra patria sea cada día más hermosa, para que extirpemos de ella la miseria, para que reconquistemos nuestro pa-

trimonio nacional, para que dentro de la paz del mundo re-
construyamos el honor y la grandeza de nuestra patria, dándole mayor progreso, felicidad, dignidad, libertad y alegría.

> *Palabras a la multitud reunida en la plaza Bulnes de*
> *Santiago el 12.8.1952 para celebrar el regreso a Chile*
> *del poeta, al cabo de tres años de exilio. Publicado en*
> Democracia, *Santiago, 13.8.1952.*

Ésta es una nueva etapa que comienza

Es ancho el mar, es ancha la tierra, pero la he recorrido dos
veces. Ahora he regresado para reintegrarme con vosotros en
esta nueva jornada; en busca de la libertad, del pan, de la paz,
del progreso y de la cultura para toda nuestra patria.

Está lejos Polonia, pero mis palabras la traerán en rápidos
momentos con ustedes. Porque allí hay gentes como nosotros, hay hombres como nosotros, pero el pueblo gobierna y
ese Estado es cada vez más floreciente y es más brillante la
vida y más llena de esperanzas. Cuando llegué a Polonia, me
invitaron a muchos sitios, me invitaron a los sitios de reposo
especiales para los trabajadores y para los escritores que existen en el régimen socialista. Yo pedí una visita que quería hacer. Fue la de visitar las minas de carbón de Polonia: a las
grandes minas de Katowice. Una vez llegado, pude visitar
las grandes minas del carbón y compactos siderúrgicos que
ocupan a trescientos mil obreros. Estas grandes minas y estas
empresas siderúrgicas anexas eran propiedad de los capitalistas internacionales. Allí estaba el rincón de mayor opresión
de toda Europa. Aquélla era la carne de cañón del trabajo de
Europa y de allí salía también el acero para la guerra. Pues
bien, ahora, con el régimen popular, con la nueva República
Democrática de Polonia no se ha detenido el trabajo; más de
trescientos mil obreros trabajan, no hay ninguna mala habitación, no hay hambre, no hay malos vestidos, no hay traba-

jo agotador. Hay sitios de descanso para los trabajadores en los mares calientes de Rumania, hay vacaciones estrictamente dadas a los trabajadores; existe el cuidado médico más perfecto; hay, en realidad, un nuevo régimen de trabajo. Pero de trabajo con tranquilidad y con esperanzas. Y quién gobierna esta inmensa empresa de minas del carbón siderurgia? Es que son grandes técnicos extranjeros o grandes letrados? Toda esta empresa de trescientos mil hombres trabajando es gobernada por un comité de fábrica, todos salidos de la mina y todos salidos de la siderurgia. Y eso les prueba a ustedes lo falso de aquello que el pueblo y la clase obrera no pueden dirigir las más grandes empresas humanas. El pueblo tiene en sí todas las fuerzas creadoras para construir, para establecer lo mejor sobre la tierra y ahí tienen esa empresa de Katowice que funciona maravillosamente y por si no fuera bastante, ahí está la vasta, poderosa, grande y gloriosa Unión Soviética. Ahí, la China Popular con su clase trabajadora al frente de su gobierno, que en este momento marcan los rumbos de la nueva humanidad, produciendo cada vez más para la alegría y la felicidad de sus pueblos.

Pude conversar con los dirigentes de fábricas y con un grupo numeroso de los mineros. Entonces les conté la vida de ustedes, la vida de los mineros, de los hombres, de las mujeres y de los niños de la zona del carbón y de Lota en especial. Muchas veces, cuando conté la heroica actitud de ustedes, vi cómo se humedecían los ojos de los hombres del socialismo, de los nuevos trabajadores de Polonia. Y cómo al trazar mis palabras las etapas culminantes de la lucha contra la represión, y al contarles cómo Lota nunca fue derrotada, ellos irrumpieron en aplausos y al finalizar mi relato sobre vuestras vidas, sobre vuestras luchas, sobre vuestros dolores y sobre vuestras victorias, se elevaron unánimes, en una gran canción, las voces de todos los trabajadores. Cantaron en honor a ustedes una *Internacional* con sus voces altas y poderosas que estaban dedicadas a vuestras luchas, a vuestras futuras victorias. Y aquella *Internacional*, cantada en aquel sitio, en que todos los esfuerzos de los trabajadores habían sido marcados por la victoria, me pareció el más grande homenaje a las luchas de ustedes, y me pareció la más hermosa *Internacional* que nunca escuchara en mi vida. Por todas partes me fui diciendo el nombre de Lota y lo fui diciendo, porque estaba orgulloso de ustedes.

Fue en China, en la vasta China, ante grupos de trabajadores o de intelectuales. Fue junto al río Danubio en Hungría, república socialista también. Fue en la Unión Soviética entre los trabajadores victoriosos. Fue también en Checoslovaquia, en las usinas de Kladno, productoras de acero, en todas partes, el nombre de Lota fue asociado a lo mejor de las luchas del pueblo en todo el mundo. Y ésa es la responsabilidad que tenéis ahora; porque el nombre de Lota es conocido en las luchas de los trabajadores, en todas partes. Y a este nombre y a esta tradición en la cual formáis parte vosotros con vuestro antiguo heroísmo, en esta nueva jornada tenéis que darle nuevo lustre y esplendor. Tenéis que seguir sosteniendo el nombre de Lota, como un pilar, como una columna en la lucha por la liberación, no sólo de nuestra patria, sino de todos los pueblos.

Viene entre mis equipajes, y ya lo traeré después de la campaña, una estatua hecha en carbón por los mineros polacos. Esa estatua me la regalaron a mí y desde ese mismo momento prometí entregarla un día a ustedes. Ya llegará. Y también debéis saber que muchos niños en el mundo, muchas niñitas recién nacidas, han sido llamadas Lota. Y hay Lotas polacas, hay niñas Lota chinas, hay niñas Lota rusas, hay niñas Lota checoslovacas.

[...]

Ésta es una nueva etapa que comienza, es muy largo este camino. Lo conocéis; porque lo habéis sufrido en este camino; pero si estamos juntos y podemos reunir todas las voluntades populares en contra de la miseria, en contra del imperialismo explotador, en contra de los tránsfugas y traidores políticos, en contra del feudalismo y de esta casta adinerada que nos oprime, si juntamos todas las voluntades de Chile. Es posible compañeros que no vayamos hacia adelante? Yo os digo, no es posible. Y éste es el camino que nos indica el Frente del Pueblo. Es un camino largo y ancho, es el camino de la liberación nacional.

Yo os digo camaradas, buenas tardes!; ya me voy; pero voy a volver pronto. Parecía hace tiempo cuando nos veíamos la última vez, que ya no volveríamos más a vernos juntos. Pero ya veis, ha sido difícil y largo; pero vuestras luchas, vuestras esperanzas, la firmeza con que hemos sostenido nuestros ideales, la unidad de los trabajadores, la unidad socialista y comunista, todo esto ha permitido mi regreso. Mi regreso se lo debo yo a mi pueblo. No se lo debo a ningún accidente gratuito del gobierno. Yo sé perfectamente a quién le debo el estar hablando frente a vosotros. Se lo debo solamente a vuestra lucha, a la lucha del pueblo chileno. Y entonces muy pronto nos veremos para contaros y hablaremos más en detalle de lo que he visto. Yo sólo he venido hoy en misión del Frente del Pueblo, para establecer el primer contacto y daros el primer saludo y os digo: Buenas tardes, camaradas! Saludo también vuestra jornada de huelga de mañana. Ella, también con la simpatía del Frente del Pueblo, cuenta con la adhesión de todos los ciudadanos patriotas de nuestro país que conocen vuestras desamparadas vidas y vuestras inmensas luchas.

Yo os digo: hasta muy pronto; pero en este pronto, en cada día que pase, adebemos afirmar estos sentimientos de lucha sin cuartel hacia delante y de unidad cada vez más amplia, para que podamos pronto alguna vez llegar a la victoria que esperamos no sólo para nuestro pueblo, sino para todos los pueblos, la felicidad, la paz y el progreso para toda la tierra.

Democracia, *Santiago, 6.9.1952.*

Palabras del camarada Neruda

Salí de Chile en un momento oscuro para nuestra patria. No pensábamos en la derrota. Nosotros no conocemos la derrota. Pero sentíamos y acusábamos el golpe. Ahora, al volver, al escuchar este informe del camarada Galo, he visto cómo vuelve la claridad a nuestra patria.

Estamos en el grave momento de la preparación de la tercera guerra mundial por parte de los imperialistas. Éstos se proponen la perduración del capitalismo, aplastar a la Unión Soviética y a los países de democracia popular, mantener el sistema colonial, impedir el triunfo de la clase obrera y del pueblo en los países capitalistas. Por eso la defensa de la paz es la más noble y gran tarea. A través de ella nos unimos a otros pueblos y ayudamos a la liberación de nuestro propio pueblo.

Nuestra lucha es seguida con atención por los combatientes de la paz y de la democracia de todo el mundo. Muchas veces referí nuestros combates. Y si es verdad que no debemos envanecernos, es verdad también que no debemos subestimarnos. Y en opinión de destacados luchadores antiimperialistas nosotros tenemos el pecado de ser demasiado modestos. La lucha de nuestro pueblo contra el pacto militar ha atravesado todas las censuras, ha sido celebrada en todo el mundo. Otras veces, las noticias de Chile que han ocupado las primeras páginas de los diarios europeos, se han referido a terremotos que frecuentemente sacuden nuestra tierra. Ahora último esas páginas han sido ocupadas por las acciones de los patriotas chilenos contra el pacto militar con Estados Unidos.

En Francia fui invitado un día a relatar nuestras luchas ante la Comisión de Relaciones Exteriores del Partido Comunista francés. Sentado entre Cachin y Thorez hablé de nuestro pueblo, de los obreros del carbón, del salitre y del cobre, de nuestro partido, de Recabarren, del Frente Popular, de la traición de González Videla, de la represión y de la manera en que la afrontamos. Después de escucharme, Thorez dijo: «El Partido Comunista chileno es un gran partido obrero. Un partido que ha aprendido tantas lecciones como el chileno, no será jamás vencido. Tiene un gran porvenir».

Mucho tiempo después, en una conversación con un destacado camarada en la Unión Soviética, donde la parquedad en hablar es característica, tenía en mis manos un ejemplar del diario *Democracia*. En su primera página se hablaba de una huelga de más de 40 días en el salitre. Se impuso de ella y exclamó: «¡Qué luchadores indomables!»: En Rumania, en Polonia, en Italia, en todas partes donde hablé de nuestras luchas, escuché grandes elogios para nuestro pueblo y nuestro partido. Pero no sólo nos elogian nuestros camaradas y amigos. Un día leí en la revista *Times* un comentario que más o menos decía lo siguiente: «Wall Street no está en realidad tan preocupado de los precios del cobre chileno, sino de la actividad de los comunistas chilenos». Esta mención de nuestros enemigos demuestra también lo que valemos.

Sin embargo, debo decir que en todas partes me preguntaban: y cómo anda el movimiento campesino chileno? Confieso que me ruborizaba un poco porque éste es nuestro lado débil. Encuentro que este trabajo no ha adelantado y pienso que debemos volcarnos efectivamente al campo.

En esta reunión he escuchado con mucho interés lo que se ha dicho respecto al estudio. En mi último viaje a la URSS y democracias populares vi intensificarse el estudio a tal punto que todo el mundo anda con libros. En Stalingrado fui un día a una tienda. Estaba con las cortinas semicerradas. Llamé a la puerta. Me abrieron y vi que todos los dependientes estaban en clase de marxismo. Me encontré en la URSS con viejos camaradas españoles. Uno de ellos, que tuvo gran influencia en mi entrada al partido y que conocí en Madrid hace ya más de quince años, tenía ya la cabellera blanca. Y estaba asistiendo a clases de marxismo, y lo mismo su mujer y su sobrina. Asistí un día a una función de ballet. Actuaba la primera bailarina de la Unión Soviética. Uno de mis acompañantes me invitó a conocerla al día siguiente. La esperábamos con un té. Y aquella bailarina que la noche antes había visto vestida de mariposa o de flor, venía ahora, con sus libros bajo el brazo, de una clase de marxismo. Pienso que si en la Unión Soviética se estudia tanto, con mayor razón debe hacerse entre nosotros.

Estoy de acuerdo en que debemos agrandar el partido, reclutar nuevos militantes, usando nuevos métodos, como los que vi en Nápoles, donde se hacen reuniones abiertas y se recluta casa por casa.

También debemos preocuparnos por hacer más sólido y fraternal el trabajo con nuestros aliados socialistas y con todos nuestros aliados. Tener aliados es muy importante.

Actualmente estoy trabajando en un nuevo libro, sobre las

luchas de todos los pueblos del mundo. Me he hecho una autocrítica. He cambiado mi estilo, para escribir más sencillo.
Poco a poco me he ido despojando de las formas complica-
das, a fin de que todos entiendan mi poesía. Con la publicación de mis libros en la Unión Soviética, en China, en casi todos los países y lenguas, comprendo que hay que escribir
para que todos nos entiendan.

> *Texto de la intervención de Neruda en una reunión del*
> *Comité Central del Partido Comunista de Chile, publica-*
> *do en* Principios, *Santiago, septiembre de 1952.*

[Todo es nuevo bajo el sol]

Todo es nuevo bajo el sol, y entre todas las cosas, la poesía. Pasan y vuelven las estaciones, pero en primavera o en invierno
crece, florece y se duplica esta rosa de todos los tiempos.

Por eso los poetas cantamos todo lo que existió, lo que existe y lo que vivirá mañana. La tierra y el hombre tienen perpetua profundidad y fecundidad para nosotros. Nunca rechaza-
remos nada sino la complicidad con el mal, con lo que daña
a los seres, con la opresión o el veneno. Es esta relación entre
la tierra, el tiempo y el hombre la que necesita riego y fulgor,
es decir, poesía, para resplandecer y fructificar, para que la
dicha universal sea nuestro reino común.

Por eso son enemigos de la poesía cuantos excluyen de ella la
lucha que es también nuestro pan de cada día. Aquellos que
nos ponen una frontera, quieren destruir todo el castillo. Aquellos que, políticamente, quieren apartar la poesía de la política,
quieren amordazarnos, quieren apagar el canto, el eterno canto.

Yo quiero que todos los poetas canten la rosa roja y la rosa
blanca, los ojos azules y los ojos negros, los días de sol sobre
la arena y las noches de sombra tempestuosa. Yo quiero que
todos canten sus amores.

Si no lo hicieran, estarían traicionando sus propios mandatos imperiosos. Pero hay una traición más aterradora, y es la de que nuestro canto no comparta, no recoja o no guíe los caminos del hombre. La sociedad humana y su destino es materia sagrada para el ciudadano, pero para el poeta es masa creciente, creación profunda, obligación original. No hay poesía sin contacto humano. En el pan de mañana deben ir señaladas las manos del poeta.

Ay de aquellos que no comprendieron sino el silencio, cuando la poesía es palabra, y de aquellos que sólo comprendieron la sombra, cuando la poesía es luz de cada día y cada noche de los hombres!

Por eso el camino no va hacia adentro de los seres, como una red de sueños. El camino de la poesía sale hacia fuera, por calles y fábricas, escucha en todas las puertas de los explotados, corre y advierte, susurra y congrega, amenaza con la voz pesada de todo el porvenir, está en todos los sitios de las luchas humanas, en todos los combates, en todas las campañas que anuncian el mundo que nace, porque con fuerza, con esperanza, con ternura y con dureza lo haremos nacer.

Nosotros los poetas?

Sí, nosotros, los pueblos.

Los Guindos, noviembre de 1952

Prólogo a Pablo Neruda, Poesía política, antología, Santiago, Austral, 1953.

El olor del regreso

Mi casa es profunda y ramosa. Tiene rincones en los que, después de tanta ausencia, me gusta perderme y saborear el regreso. En el jardín han crecido matorrales misteriosos y fragancias que yo desconocía. El álamo que planté en el fondo y que era esbelto y casi invisible es ahora adulto. Su corteza tiene arrugas de sabiduría que suben al cielo y se expresan en un temblor continuo de hojas nuevas en la altura.

Los castaños han sido los últimos en reconocerme. Cuando llegué, se mostraron impenetrables y hostiles con sus enramadas desnudas y secas, altos y ciegos, mientras alrededor de sus troncos germinaba la penetrante primavera de Chile. Cada día fui a visitarlos, pues comprendía que necesitaban mi homenaje, y en el frío de la mañana me quedé inmóvil bajo las ramas sin hojas hasta que un día, un tímido brote verde, muy lejos en lo alto, salió a mirarme y luego vinieron otros. Así se transmitió mi aparición a las desconfiadas hojas escondidas del castaño mayor que ahora me saludan con orgullo pero ya acostumbradas a mi retorno.

En los árboles los pájaros renuevan los trinos antiguos, como si nada hubiera pasado bajo las hojas.

La biblioteca me reserva un olor profundo de invierno y postrimerías. Es entre todas las cosas la que más se impregnó de ausencia.

Este aroma de libros encerrados tiene algo mortal que se va derecho a las narices y a los vericuetos del alma porque es un olor a olvido, a recuerdo enterrado.

Junto a la vieja ventana, frente al cielo andino blanco y azul, por detrás de mí siento el aroma de la primavera que lucha con los libros. Éstos no quieren desprenderse del largo abandono, exhalan aún rachas de olvido. La primavera entra en las habitaciones con vestido nuevo y olor a madreselva.

Los libros se han dispersado locamente en mi ausencia. No es que falten sino que han cambiado de sitio. Junto a un tomo del austero Bacon, vieja edición del siglo XVII, encuentro *La capitana del Yucatán*, de Salgari, y no se han llevado mal, a pesar de todo. En cambio, un Byron suelto, al levantarlo, deja caer su tapa como un ala oscura de albatros. Vuelvo a coser con trabajo lomo y tapa, no sin antes recibir en los ojos una bocanada de frío romanticismo.

Los caracoles son los más silenciosos habitantes de mi casa. Todos los años del océano pasaron antes y endurecieron su silencio. Ahora, estos años le han agregado tiempo y polvo. Sin embargo, sus fríos destellos de madreperla, sus concéntricas elipses góticas o sus valvas abiertas me recuerdan costas y sucesos lejanos. Esa inestimable lanza de luz sonrosada es la

Rostellaria, que el malacólogo de Cuba, mago de profundidad, Carlos de la Torre, me otorgó una vez como una condecoración submarina. Aquí está un poco más descolorida y empolvada, la «oliva» negra de los mares de California y, de la misma procedencia, la ostra de espinas rojas y la de perlas negras. Allí casi naufragamos, en aquel mar de tantos tesoros.

Hay nuevos habitantes, libros y cosas que salen de cajones largo tiempo cerrados. Éstos de pino vienen de Francia. Sus tablas tienen olor al Mediodía, y, al levantarlos crujen y cantan mostrando un interior de luz dorada desde donde salen las tapas rojas de Victor Hugo. *Los miserables*, en su antigua edición, llegan a poblar con múltiples y desgarradoras existencias los muros de mi casa.

Pero de este largo cajón parecido a un ataúd sale un dulce rostro de mujer, altos senos de madera que cortaron el viento, unas manos impregnadas de música y salmuera. Es una figura de mujer, un mascarón de proa. La bautizo *María Celeste* porque trae el misterio de una embarcación perdida. Yo encontré su belleza radiante en un *bric à brac* de París, sepultada bajo la ferretería en desuso, desfigurada por el abandono, escondida bajo los sepulcrales andrajos del arrabal. Ahora, colocada en la altura navega otra vez viva y fresca. Se llenarán cada mañana sus mejillas de un misterioso rocío o lágrimas marinas.

Las rosas florecen precipitadamente. Yo antes fui enemigo de la rosa, de sus interminables adherencias literarias, de su orgullo. Pero viéndolas surgir, resistiendo al invierno sin vestidos ni sombreros, cuando asomaron sus pechos nevados o sus fuegos solferinos entre los troncos duros y espinosos, me he llenado poco a poco de enternecimiento, de admiración por su salud de caballos, por la desafiante ola secreta de perfume y luz que extraen implacablemente de la tierra negra, en la hora debida, como milagros del deber, como ejercicios exactos de amor a la intemperie. Y ahora, las rosas se levantan en todos los rincones con seriedad conmovedora que correspondo, alejadas, ellas y yo, de la pompa y de la frivolidad, cada uno trabajando en su personal relámpago.

Pero de todas las capas del aire llega un suave y tembloroso vaivén, una palpitación de flor que entra en el corazón.

Son nombres y primaveras idas, y manos que apenas se tocaron y altaneros ojos de piedra amarilla y trenzas perdidas en el tiempo: la juventud que golpea con sus recuerdos y su más arrobador aroma.

Es el perfume de las madreselvas, son los primeros besos de la primavera.

Los Guindos, 22 de octubre de 1952

Vistazo, núm. 12, Santiago, 11.11.1952, y Novedades, México, 16.11.1952. Recogido con leves variantes en PNN, pp. 161-163, versión aquí reproducida.

Con esta primavera, vuelven las hojas de «El Siglo»

El Siglo ha sido para muchos de nosotros la luz y el pan de cada día. En esta época en que sólo la violencia sostiene los restos de un sistema caduco y la mentira es el elemento natural de la prensa capitalista que se atreve a llamarse «libre», este diario detenía la oscuridad y nos daba la luz.

Nos mostró los conflictos del pueblo organizado y también la vida de los pequeños seres, de la gente más simple.

Ha sido una lección de poesía cotidiana.

Y también un recio clarín de lucha a pleno sol.

Yo presencié cómo nacía y era conmovedor ver los ojos humedecidos de los viejos militantes. Detrás de la gran rotativa que empezó a moverse aparecieron el rostro de Recabarren, la primera y humilde prensa obrera, los viajes de Lafertte por la pampa, los arenales y la sangre, los golpes de la represión a las máquinas, las pequeñas prensas encarceladas, tantas vidas y tantas cosas, tantos combates y tantos martirios, y, al fin, la gigantesca obra que nacía, el papel impreso para todo el pueblo, la dignidad alcanzada en la continuidad inflexible de nuestra lucha.

Luego llegaron los Pobletes, los Corteses, los Brun, los bailarines de samba, los Truccos, y un viento de soplones apagó nuestra luz. Yo vi cómo se deleitaban arrancando a *El Siglo* editoriales, avisos, trozos y fragmentos, con regocijo sucio, con su obscenidad socarrona, y creían que nos iban matando, cuando son ellos, pobres diablos, los muertos que hieden o las ratas que jubilan apresuradamente, mientras la luz espléndida de la verdad vuelve a marchar por los caminos de Chile.

No pueden detener la historia.

Con el silencio de estos años también *El Siglo*, nuestro diario, ha ayudado a escribir la historia, pero nos hacía falta su voz grande y su grandeza de gran árbol chileno.

Con esta primavera vuelven las hojas a *El Siglo*, éste se poblará de voces, de canto de esperanza y el viento del futuro esparcirá por todos los rincones de la patria las semillas de la verdad. En nuestro diario tenemos que enseñar y aprender cada día.

En estos días de octubre a lo largo de la patria se oyen todas las voces de las aguas y los bosques. Es algo natural y primaveral que a ellas se agregue la antigua y poderosa voz del pueblo.

Los Guindos, 25 de octubre de 1952

El Siglo, *Santiago, 26.10.1952.*

Mi amigo ha muerto

Es muy difícil para mí escribir sobre Paul Éluard. Seguiré viéndolo vivo junto a mí, encendida en sus ojos la eléctrica profundidad azul que miraba tan ancho y desde tan lejos.

Este hombre tranquilo era una torre florida de Francia. Salía del suelo en que laureles y raíces entretejen sus fragantes herencias. Su altura era hecha de agua y piedra, y en ella trepaban antiguas enredaderas portadoras de flor y fulgor, de nidos y cantos transparentes.

Transparencia, es ésta la palabra. Su poesía era cristal de piedra, agua inmovilizada en su constante corriente.

Poeta del amor cenital, hoguera pura de mediodía, en los días desastrosos de la patria puso en medio de ella su corazón y de él salió fuego decisivo para las batallas.

Así llegó naturalmente a las filas del partido. Para Éluard ser un comunista era confirmar con su poesía y su vida los valores de la humanidad y del humanismo.

No se crea que Éluard fue menos político que poeta. A menudo me asombró su clara videncia y su formidable razón política. Juntos examinamos muchas cosas, hombres y problemas de nuestro tiempo y su lucidez me sirvió para siempre.

No se perdió en el irracionalismo surrealista porque no fue un imitador, sino un creador y disparó sobre el cadáver del surrealismo disparos de claridad e inteligencia.

Fue mi amigo de cada día y pierdo su ternura que era parte de mi pan. Nadie podrá darme ya lo que él se lleva porque su fraternidad activa era uno de los preciados lujos de mi vida.

La Francia de Pinay, entregada a los saqueadores yanquis, la Francia antes orgullosa y hoy nicaraguanizada, apresuró su fin. Él sostenía con su columna azul las fuerzas de la paz y la alegría mientras de nuevo los enemigos de Francia la corrompen y devoran. Él ha muerto con sus manos floridas, soldado de la paz, poeta de su pueblo.

Torre de Francia, hermano! Me inclino sobre tus ojos cerrados que continuarán dándome la luz y la grandeza, la simplicidad y la rectitud, la bondad y la sencillez que implantaste sobre la tierra.

El Siglo, *Santiago, 23.11.1952.*

II

VIAJES 5
(1952)

Viaje de vuelta

Esto hace ya cuatro años. Pasé por Temuco a mediodía, no me detuve en ningún sitio, nadie me reconoció, llevaba barba y anteojos y me disponía a salir de Chile. Por simple azar era mi ruta de salida.

Pasé el puente y Padre las Casas. Me detuve ya lejos de la ciudad a comer algo en el camino, en el mismo camino, sentado en una piedra. Allí pasaba un estero bajo, y las aguas sonaban. Eran aguas de Temuco, sonaban y cantaban las aguas en las piedras y me decían: «Hasta luego». Era mi infancia que me despedía.

Pensé qué extraño era mi destino. Yo crecí en esta ciudad, mi poesía nació entre el cerro y el río, tomó la voz de la lluvia, se impregnó como madera de los bosques, y ahora en el camino hacia la libertad, después de la lucha, me tocaba al lado de Temuco, solo, sentado en una piedra, oír la voz del agua que me enseñó a cantar.

Yo sabía que muchas puertas se habrían abierto si yo hubiera aparecido entre las gentes, yo sabía que sólo amigos, conocidos y desconocidos, había detrás de las puertas, y era extraño para mí pasar sin ver a nadie, sin que me viera nadie, sin comprometer a nadie. Porque para mí la vida ha sido siempre un compromiso y nuestro deber es comprometernos cada día.

Todo se hizo, comprometiéndose los hombres y la vida. Así se levantaron las construcciones en la vasta Frontera, así avanza la humanidad, así se construye, en otros sitios, el socialismo.

Seguí mi camino. Después pasé las islas y crucé a caballo la cordillera nevada.

No había ruta, había que hacerla y marcar en los troncos de los árboles, con hacha, el camino para que pudieran volver los que me acompañaron. Pero la selva era espaciosa y mullida, como un salón. Los grandes árboles sólo dejaban espacio para el paso de las cabalgaduras. Arriba se cerraban los árboles. Más lejos, los árboles eran bajos y achaparrados. Eran los árboles que reciben la nieve y era extraño verlos desde la altura como miles de pequeños paraguas. De pronto, todo se hacía abrupto, todo se volvía piedra, barrancos, ríos vertiginosos, todo había que pasarlo. Todo había que vencerlo.

Ya, en la altura de la cima, los arrieros me dijeron que tomara unas ramas secas, y las tirábamos a los montones de ramas que al borde de nuestra huella indicaban los muertos, los muertos de frío, los que no pudieron pasar. Más lejos cambió el paisaje. Ya bajábamos del otro lado, y en el último árbol de Chile escribí con mi cuchillo mi despedida: unas iniciales. Bajamos de los caballos. Todo era verde y un agua plácida surgía de los arroyos argentinos. Me dijeron mis compañeros: «Aquí hay que hacer el baile». Había allí un cráneo de buey sobre una estaca, y allí dimos la vuelta tres veces en un pie. Luego había que echar algunas monedas por las cuencas del buey, algunas monedas para los que cruzaran de allá para acá, una ayuda al desconocido vencedor de la cordillera, de la distancia y del frío.

Más tarde, crucé la pampa. Ya estaba lejos, ya podía continuar mi camino con tranquilidad, pero, antes de salir me impregné para todos los años que vendrían de tierra fría y de cordillera del sur. Temuco me había despedido a su manera, sin palabras, porque nos conocíamos mucho, y me llevé por el mundo este silencio y este olor de los bosques y el agua del sur que siempre estuvo cantando en mi corazón.

Apenas salí de Chile, me puse botas de siete leguas, caminé hacia el norte, navegué hacia el este, volé hacia el sur. Descubrí cuán ancha es la tierra, y descubrí también cómo la tierra había crecido de pronto, para mí, y cómo los hombres eran más numerosos, mi familia era más grande: tuve de pronto millones de hermanos.

Para el viejo escritor existía un pequeño mundo fuera de nuestra patria y ése era París: apenas si se asomaba con pasos rápidos por otras ciudades y países. La leyenda de la cortina de hierro nos asegura que desde Praga hasta Vladivostok hay tinieblas desconocidas. Pues bien, yo he visto sólo claridad, yo he hecho un viaje a través de la luz.

Llegué tarde en el crepúsculo a mi cita con una de las ciudades más hermosas del mundo, la perla fría del Báltico, la antigua y nueva, la noble y heroica Leningrado, la ciudad de Pedro el Grande y de Lenin el Grande. Aquella ciudad, como París, tiene «ángel», tiene «ángel gris», avenidas de color de acero, palacios de piedra gris y mar de acero verde. Los museos más maravillosos del mundo, todos los tesoros de los zares, todos sus cuadros y sus uniformes, todas sus joyas deslumbrantes y sus vestidos de ceremonias, sus armas y sus vajillas estaban ante mi vista. Y los nuevos recuerdos inmortales: la cañonera *Aurora* cuyos cañones junto al pensamiento de Lenin derribaron los muros del pasado y abrieron las puertas de la historia.

Ciudad del Báltico helado, ciudad del porvenir!

Yo acudí a una cita con un viejo poeta muerto hace 100 años, Alexandr Pushkin, autor del *Borís Godunov*, autor de tantas inmortales leyendas y novelas. Aquel príncipe de poetas populares ocupa el corazón de la grande Unión Soviética. En aquellos días se celebraba su centenario. Y los rusos habían reconstruido pieza por pieza el palacio de los zares para hacer un museo de Pushkin. Cada muro había sido levantado como si antes existiera. Los nazis habían destruido con artillería gran parte de la ciudad, y el palacio había quedado reducido a escombros pulverizados. Pues bien, todo lo habían levantado de nuevo los soviéticos y habían utilizado los viejos planos del palacio, todos los documentos de una época, construyendo los vitrales de nuevo, las bordadas cornisas, los capiteles floridos. Todo para honrar a su maravilloso poeta

de otro tiempo. Mientras tanto en Moscú yo pude ver cómo
en la estatua de Pushkin se acumulaban las flores y cómo la
estatua recibía cartas y poemas del pueblo. Es este hecho el
que quiero que conozcáis vosotros, gentes de Temuco, que sois
como yo soy, gentes sencillas, y tenemos que ver lo que pasa
a las gentes como nosotros. Nos han asustado mucho con la
gente soviética que son gentes parecidas a nosotros, gente que
va a dejarle flores y cartas a un poeta muerto hace cien años,
gentes que cantan y trabajan como nosotros.

Y en el inmenso palacio reconstruido vive ahora un habitante, a quien mucho torturaron, en su tiempo, los déspotas
de la antigua Rusia: el poeta romántico, realista y revolucionario: Alexandr Pushkin. Después de ser desterrado por su
actividad antizarista, el creador del moderno idioma ruso
murió en un duelo, en una provocación, verdaderamente asesinado por un espadachín de la corte imperial. Y ahora, la
Unión Soviética celebraba el aniversario de su nacimiento.
Todas las estaciones de ferrocarriles, los teatros, las escuelas
se transformaron en museos de Pushkin, con fotografías y
con libros. En los campos, junto a las rutas, en el sitio donde
vemos aquí los anuncios de la Coca-Cola, se levantaban grandes cartelones con estrofas de los poemas de Pushkin. Los retratos de Pushkin flotaban en el viento sobre toda la vasta tierra soviética. Pero en aquel gran museo, con sus inmensas
salas dedicadas a todos los libros nacionales y extranjeros del
poeta, a los trajes de las óperas que él inspiró, a los personajes de sus libros, a las marionetas y figuras populares que
recordaban sus obras, a sus cartas y a sus recuerdos, a los retratos de sus más célebres contemporáneos, a sus amores y a
su muerte, en ese gran museo estaba toda la vida del pueblo
ruso. Allí se celebraron los saraos y bailes de la nobleza, de
los enemigos de Pushkin. Por aquellas ventanas entró la llama de la Revolución de octubre y subió el pueblo, por vez primera, sus escalinatas de mármol para levantar en lo alto la
bandera roja de la liberación. Los imperialistas prusianos lo
redujeron a ceniza, y desde la ceniza, desde el incendio y
la muerte, las manos soviéticas habían levantado de nuevo la
grandeza del viejo palacio para que allí viviera, alta y res-

plandeciente, popular y eterna, indestructible y vencedora, la memoria de un poeta.

Ahora bien, quiero que comprendáis que Leningrado estuvo dos años bajo los cañones del enemigo, enteramente sitiada y cortada por todas partes. No había luz. La ración de pan era de 15 gramos al día, y el doble para los soldados, como único alimento. He visto en el museo cómo las suelas de zapatos conservaban la huella de los dientes. No había más agua que la de las charcas de las calles, no había ventanas porque todos los vidrios fueron rotos por las explosiones. Por efecto del frío los cadáveres se conservaban, y así las esposas seguían durmiendo con sus esposos muertos, las madres junto a los cadáveres de sus pequeños hijos. Sólo de cuando en cuando llegaban los soldados de regreso del frente, muertos de fatiga. Podían apenas enterrar a los muertos. Y durante estos dos años, quiero que me escuchen: los arquitectos de Leningrado se reunían en los sótanos de la ciudad y planeaban la reconstrucción de todo lo destruido, de todo lo que se iba destruyendo cada día, y sobre la base de aquellos planos trazados bajo la lluvia de las bombas, bajo el terror y bajo la muerte, el mismo día que terminó la guerra, comenzó la reconstrucción de Leningrado.

Yo pregunto a los que quieren hacer la guerra, a los que son partidarios del fuego: es posible destruir a un pueblo tan heroico? Hay bombas atómicas para destruir esta semilla sagrada? No es posible y por eso, nosotros, todos los hombres de Temuco, modestamente como ciudadanos del sur del mundo, los hombres de Nueva York y los hombres de Leningrado y de Pekín, debemos luchar por la preservación de la paz, porque la guerra no destruirá lo indestructible.

Y así también visité Stalingrado. Allí me condujeron mis antiguos cantos de amor a la ciudad heroica, y vi también allí crecer la nueva ciudad blanca y radiante, desde sus ruinas, y así como antes salieron armas para su defensa, vi montarse frente a mis ojos, pieza por pieza, los tractores, y salir hacia los campos con su profundo mensaje de fecundidad. Y entonces escribí mi tercer canto a Stalingrado.

Siete días viajé en el ferrocarril transiberiano. Era otoño en la planicie siberiana. Junto a la vía los abedules de tronco blanco se habían cubierto de oro. Las nuevas ciudades de Siberia respiraban en las estaciones. El tren estaba lleno de arquitectos, de ingenieros soviéticos, de hombres que iban a perforar las islas árticas buscando petróleo, o construyendo centrales hidroeléctricas en las soledades más remotas. Junto al lago Baikal comí con los investigadores de la vida biológica del lago, gente sencilla como toda la gente soviética. Ellos me dieron a probar pescado recogido a 1.500 metros de profundidad. Es el lago más profundo que existe en el planeta, viejo lago romántico cuya extensión de mar significó para los evadidos de Siberia el horizonte de la libertad. Las viejas canciones populares mencionan siempre el lago Baikal. La Siberia era, durante el régimen zarista, una estepa de prisioneros, el planeta de los olvidados. Éstos atravesaban, para libertarse, las llanuras inmensas y al llegar al lago y cruzar sus aguas, eran libres. Cuánto ha cambiado el mundo. Hoy la Siberia terrorífica de antaño es un campo de germinación y de vida. Grandes ciudades nuevas, magnéticas usinas, nuevos cultivos que adaptan las plantas a la naturaleza de acuerdo con los revolucionarios éxitos de la ciencia soviética, la Siberia es hoy la estepa de la esperanza. En balde quieren enturbiar este proceso de creación los fomentadores de la guerra con la invención de campos de esclavos y de millones de hombres que trabajan obligatoriamente. Es precisamente la Unión Soviética la tierra del trabajo, y el trabajo y la alegría son el centro de la vida, no sólo en Siberia, sino en toda la tierra soviética.

Crucé entonces toda la tierra soviética. Era otoño en Siberia. Los abedules lucían su tembloroso encaje de oro. Venía el frío desde el norte. Las nuevas ciudades colosales trepidaban de actividad, los koljoses duplicaban sus cosechas, todo el esplendor de la nueva prosperidad inundaba el vasto territorio.

Vi en Mongolia los antiguos monjes budistas respetados en su religión por la República Socialista, vi las caravanas de camellos y las carpas de los errantes mongoles del desierto, pero vi también los institutos de biología, la universidad luminosa, y los estudiantes aprendiendo los más modernos caminos de la ciencia en aquel sitio que antes sólo fue teatro de la superstición y de la miseria.

De allí volé hacia China. Vi cómo la tierra de las hambrunas y las inundaciones se convierte en tierra de la abundancia. El primer ministro de China, Chou En-lai, me dijo: «Ya no tenemos problema de superpoblación». Cuatrocientos setenta y cinco millones de hombres que aumentan un millón por año, en la tierra de las catástrofes y del atraso, cuando antaño los esqueletos humanos cubrían kilómetros de carreteras.

Vi la ciudad de Shangai con sus siete millones de hombres y mujeres resplandeciente de actividad, con todas sus fábricas textiles y sus mercados abiertos. No vi a un solo harapiento. Sin embargo, Chile tiene menos habitantes que la ciudad de Shanghai y no hay habitaciones ni zapatos, ni ropa, ni escuelas, ni alimentos para nuestro pueblo. Yo había visitado hace muchos años aquella nación y había visto los barcos de guerra de todas las potencias occidentales junto al río, amenazando al corazón de Shangai. Era la ciudad que vivía como un gran lupanar, como el sitio de extracción de todas las riquezas chinas por los colonialistas desenfrenados. Era la ciudad del crimen y del opio, la ciudad del juego y de la prostitución. Y ahora me contaba el alcalde, con orgullo, que desde hacía seis meses no se había producido un solo acto criminal en aquella ciudad de siete millones de habitantes. El camino del socialismo puede producir desorientación en muchos hombres, puede transformar las ideas de muchos que pensaban en los sistemas sociales como en una rutina inexorable, pero hay algo más importante, que nadie puede negar: es la limpieza moral, el saneamiento de la vida, de las costumbres, del intelecto. Es muy distinto oír la música norteamericana (la contorsión grotesca, sexual y paranoica) que oír la música soviética por ejemplo, música en la cual los más nobles acentos, las más altas modulaciones del espíritu están expresadas.

El alcalde de Pekín me contaba cómo del Lago de los Lotos, junto al Palacio de la Emperatriz, por tres meses enteros extrajeron la inmundicia acumulada durante siglos. En el corazón de Pekín los lotos florecían en los inmensos estanques en los que se acumulaba el detritus. La pestilencia crecía, las enfermedades diezmaban a la población, pero la emperatriz, los turistas, Chiang Kai-shek estaban contentos. Ahora hay menos lotos en Pekín, pero no hay malaria ni pestilencia. La ciudad está limpia. Así tiene que suceder con nuestro arte. Posiblemente tendremos que sacrificar muchas flores, deberemos eliminar muchas seductoras apariencias, pero encontraremos un contenido más puro, seguiremos el camino de la limpieza y de la verdad.

Hemos abandonado las grandes líneas del humanismo. La gente olvida a Cervantes y a Romain Rolland y quiere sumergirse en las cenagosas aguas del existencialismo, de la perversidad creada por los enemigos de los pueblos.

Tenemos que comprender el fenómeno que se desarrolla en el mundo actual. Antes de la segunda guerra mundial la China estaba esclavizada, no existían las democracias populares, el mundo socialista estaba limitado a la Unión Soviética, rodeada ésta por sus más encarnizados enemigos. En este momento más de 600 millones de hombres viven en el desarrollo y en la cultura socialistas. Esto ha cambiado el balance económico y cultural del mundo, el mundo capitalista produce cañones, el mundo socialista produce libros. Ahora bien, el hecho de que millones de hombres campesinos y obreros hayan alcanzado un nuevo nivel cultural en el mundo socialista significa que todos los cánones antiguos con que medíamos la extensión de la cultura han terminado bruscamente. Un escritor no escribe ya para dos mil personas, sino para muchos millones. Un músico o un pintor tendrán que enfrentar un público nuevo y una exigencia más espaciosa. Por lo tanto tienen que examinar su acción creadora y dirigirla hacia los nuevos consumidores de arte, hacia las grandes masas populares y éstas quieren y piden dos cánones eternos: la verdad y la belleza.

Ésta es una tarea muy antigua para los artistas, pero no por antigua es menos perentoria.

Este mundo nos amenaza? Esta exigencia de la verdad y de la belleza significa el derrumbe de alguna cosa eterna? Sí. Significa el derrumbe del mal y la mentira.

Este mundo del porvenir quiere suprimir el amor y la ternura, quiere suprimir el espíritu nacional, quiere suprimir las patrias?

Yo quiero contestar con dos incidentes de mi largo camino. En Checoslovaquia, en una ciudad, vi un nuevo edificio de gente trabajadora. Era durante las horas del día y muchas madres habían acudido a sus trabajos. El piso de abajo estaba lleno de criaturas. Una doctora y dos enfermeras tenían a su cargo la guardería infantil del edificio. Vi los niños más pequeños dormir en sus cunas. Vi los más grandes jugar en el jardín. Vi toda la protección de una sociedad para las madres y los niños. Pensé en nuestras madres, en sus terribles problemas para cuidar sus hijos y ganarse el pan de cada día. Y pensé que el amor en una nueva sociedad tiene una nueva dimensión: el futuro. Tiene una nueva proyección: la responsabilidad de todos. El niño no ha perdido a su madre, pero ha ganado en maternidad, tiene a la sociedad entera como vigilancia y como acción defensiva.

En la China Popular me fui por los caminos y llegué a una aldea en que las tierras de los latifundistas habían sido repartidas entre los campesinos. En aquellos pueblos tan atrasados por siglos las madres habían vendido a sus pequeñas hijas, y hasta existía el sitio en que las despeñaban, las tiraban a una barranca de piedra porque el tener una hija más era una maldición. Yo llegué a aquella aldea y encontré el orgullo de los nuevos pobladores. Me mostraron sus chanchos y sus vacas, sus graneros y sus casas, sus escuelas y sus granjas. Todo era tan simple y había sido tan difícil. La producción se había duplicado. Pero cuando yo entré en el patio donde los niños y las mujeres cantaban y me recibían con brazadas de flores observé una pequeña jaula con docenas de cigarras, chicharras... Estas chicharras de la China son más lindas que las nuestras, tienen caras pintadas de verde y de ocre y cantan muy alto, con un sonido de violoncello. Por eso los chinos las ponen en pequeñas jaulas de bambú, para que los niños las escuchen y las amen. Y bien, yo di más atención a aquella extraña jaula de insectos que cantaban, que a los innumerables progresos de la aldea socialista. Me dieron luego de comer arroz y té, carne de pato y frutas deliciosas y por todas partes me llevaron mostrándomelo todo y sonriendo. Me mostraron también la casa del antiguo propietario, a quien conocí, y a éste le habían dejado su antigua casa y la misma cantidad de tierra que a todos los demás. Nadie se quejaba allí de nada. Cuando me despedí me rodearon los niños, esos irresistibles niños chinos, que parecen niños de juguetería, y que gritaban: «Adiós, Neluda», «Viva Chile».

Más tarde, cuando subí al automóvil que me llevaba de regreso, me encontré que allí estaba la jaula de chicharras, el castillo de las cigarras sonoras que allí se llaman cicadas. Yo pregunto: se ha suprimido en ese mundo la ternura? Recordemos que hace tan poco tiempo aquellos campesinos lucharon con las armas en la mano derrotando a Chiang Kai-shek y a los imperialistas. Y, sin embargo, tenían la delicadeza de pensar en un regalo para mí y para mi poesía. Largo tiempo me acompañaron las cicadas que cantaban en mi hotel a toda hora y no dejaban dormir a nadie. Pero para mí era algo muy grande, eran la tierra china.

Entonces escribí:

> Llenaba la mañana de la aldea
> el otoño estridente
> de las cicadas sonoras.
> Me acerqué: las cautivas
> en sus pequeñas jaulas
> eran la compañía de los niños,
> eran el violoncello innumerable
> de la pequeña aldea
> y de China el rumor
> y el movimiento de oro.
> Divisé apenas a las prisioneras
> en sus jaulas minúsculas
> de bambú fresco,
> pero cuando volví para partir
> los campesinos
> pusieron el castillo de cicadas
> en mis manos.

Yo recuerdo en mi infancia los peones
del tren en que mi padre trabajaba,
los coléricos hijos
de la intemperie, apenas
vestidos con harapos,
los rostros maltratados por la lluvia o la arena,
las frentes divididas
por cicatrices ásperas,
y aquéllos me llevaban
huevos empavonados de perdiz,
cantáridas de color de luna,
y todo ese tesoro
de las manos gigantes maltratadas
a mis manos de niño,
todo eso
me hizo reír y llorar,
me hizo pensar y cantar,
allá en los bosques
lluviosos
de mi infancia.

Y ahora
estas cicadas
en su castillo de bambú oloroso,
del fondo de la tierra china,
rascando su estridente
nota de oro,
llegaban a mis manos
por manos bautizadas por la pólvora
que conquistó la libertad, llegaban
desde las anchas tierras
liberadas,
pero eran las manos del pueblo,
las grandes manos,
que en las mías dejaban
su tesoro.
[...]

Habéis de saber vosotros que China era uno de los más importantes mercados de nuestro salitre en el mundo. Pero llegó la Guerra Fría y desde Washington ordenaron al gobierno satélite de Chile que no reconociera a la nueva China Popular. El gobierno que se dice chileno, de estos últimos años, obedeció sin chistar y entonces por obra y gracia de esta servil obediencia no existe para nosotros la inmensa China, con sus 475 millones de habitantes y su deseo de comprarnos, a mejor precio, todo nuestro salitre. Parece que hay un embajador de Formosa, que es como si hubiera en el extranjero, para representar a Chile, un embajador de Chiloé, si Chiloé pudiera ser, alguna vez, como lo es Formosa, gobernada por títeres de los norteamericanos.

Cómo puede progresar nuestro país si pueden producirse tales absurdos? Se pretende que ignoremos la existencia de la mitad de la tierra con perjuicio de nuestra economía y de nuestra independencia. Mientras tanto, Stalingrado se reconstruye, y China entera es la colmena prodigiosa de un nuevo renacimiento humano. Nuevas fábricas, nuevas universidades, la guerra contra la miseria y el analfabetismo, la guerra contra las epidemias y las inundaciones, la victoria del hombre tan largamente esperada por ese noble pueblo.

Sabéis cuánto de menos eché a Chile, conocéis algunos de mis versos y de mis ansiedades, sabéis que mi corazón nunca se alejó de sus raíces que aquí quedaron enterradas entre los terrones de la patria. Sabéis que las luchas de mi pueblo, de nuestro pueblo, son el centro de mi vida, y que esas luchas me acompañaron, me sostuvieron y me hicieron volver.

Pero acabo de volver. Son grises estos días, nuestra primavera milagrosa sólo comienza a parpadear. Encontré como si la oscuridad hubiera teñido las paredes y achatado las casas. Sólo barrios de lujo se construyen en la ciudad de Santiago. Los tugurios y las pocilgas nos acechan en todas partes. Santiago me pareció resquebrajada, como si seis años de mal gobierno le hubieran pasado por encima con el peso de todos los dolores y del hambre de nuestro pueblo. En Lota, cerca de algunas casitas flamantes para lucir ante los extranjeros, vol-

ví a encontrar a nuestros indomables mineros, ejemplo de heroísmo en las luchas populares del mundo entero, y que siguen viviendo en sus fatídicas, destartaladas y terribles viviendas. Y un gran dolor me entró por el costado, y me subió
a la boca un sabor de sal.

Porque comprendí que las ciudades bombardeadas se levantan de nuevo, con amor y con fuerza, comprendí que los
efectos de la guerra se borraron en las ciudades y los pueblos
del socialismo, y aquí encontré un país bombardeado, casas
sin techos, madrigueras en vez de habitaciones, y vi que de
esta guerra, de esta guerra terrible contra el pueblo de Chile,
han permanecido las ruinas y nada se ha reconstruido, nada
se ha edificado, salvo, naturalmente, La Serena.

Pero que los autores de esta Guerra Fría, los imperialistas y
los feudales, sepan que en Chile hay fuerzas que los derrota-
rán: hay un ejército de paz, hay todas las perspectivas de la
unidad en defensa de la patria y sobre todo existe en el pueblo chileno, junto a su indomable espíritu, la misma fuerza de
creación que en aquellos grandes pueblos de que os he hablado. Y con estas fuerzas vamos a reconstruir la patria.

Redoblaremos ahora la lucha contra el aislamiento. No
aceptaremos que se nos arrincone. Queremos conversar con
el mundo entero. Queremos fraternizar con todos los pueblos. Nadie nos disputará el nombre de patriotas, nadie rom-
perá los lazos que nos vinculan a la lucha o a la construcción
de los hombres de todos los países. Y así, profundamente nacionales, somos extensamente internacionalistas. Vivimos el
progreso humano en toda su extensión y lucharemos con todos los pueblos contra el aislamiento y porque la paz reúna y
corone todos los esfuerzos humanos.

En los próximos días se celebrará en Pekín una Conferencia
de la Paz de los pueblos asiáticos y de los pueblos del Pacífico. Nuestro país está invitado. Allí acudiremos. Irán intelectuales nuestros y mineros nuestros, industriales y estudiantes,
mujeres y jóvenes. Nuestra Canción Nacional, en una de sus
bellas estrofas, dice:

> y ese mar que tranquilo te baña
> te promete futuro esplendor...

Hasta ahora ha sido enigmático este verso, y no pasaba de ser un fragmento de visión poética. Pero la Conferencia de la Paz de Pekín será el primer paso hacia ese «futuro esplendor». Los imperialistas norteamericanos, que han perdido cientos de miles de jóvenes vidas preciosas lanzándolas a la invasión criminal de Corea, se han reunido en Hawai, en el territorio robado a los dulces polinesios, para fijar el campo de guerra del Pacífico, es decir, para que nuestros puertos y nuestras ciudades sean primero colonizadas y luego destruidas por la guerra que preparan. En China se reunirán los pueblos del Pacífico, y allí, con asistencia de nuestros representantes, se estudiarán las formas de la lucha por la paz y la felicidad de los pueblos del Pacífico. Tal vez, en un día no lejano, naves chilenas y chinas se cruzarán en alta mar llevando en la pacífica mercancía la fraternidad que nos han querido negar y que nos hace falta.

Cuando uno sale de su tierra comienza a buscarse amigos que más tarde son parientes. En Temuco, en el cementerio del cerro Ñielol yace mucha de mi gente. Y por el mundo entonces yo fui recomponiendo mi familia, fabricándome tíos, reconquistando primos, haciéndome de hermanos.

No ha sido para mí tarea difícil. Antes los chilenos partían a ver los monumentos maravillosos del pasado, la Torre de Eiffel, las pirámides, las viejas calles de Europa. Yo he salido a buscar por todas partes un monumento extraño: el hombre nuevo, el hombre que sale de las ruinas de la guerra y del odio, para reconstruir sus ciudades y proyectar el porvenir. Ése es mi próximo pariente. Ése es mi hermano. Por eso mi familia se ha agrandado, no sólo la tengo en Temuco, sino en los arrabales de Varsovia, en las usinas de Rumania, junto a los ríos de China. De todas partes han llegado hombres y mujeres que me han reconocido. Me han dicho: «Vienes de lejos, hemos leído tus versos, sabemos que existen los obreros del carbón y del salitre, conocemos las luchas de tu pueblo».

Ahora voy a presentarles a uno de mis nuevos hermanos, el poeta turco Nazim Hikmet. Estuvo 18 años en la cárcel. Es un resucitado.

Nazim Hikmet vivió en su país, Turquía, que con Yugoslavia, Grecia y España, son los países de la mayor crueldad, del mayor terror, de la mayor pesadumbre. A Nazim lo acusaron de querer sublevar a la marina de su país, y lo condenaron a todas las penas del infierno. Lo juzgaron en un barco de guerra. Me contaba cómo lo hicieron andar alrededor del barco, hasta fatigarlo, y luego le metieron en el sitio de los excusados, en que las letrinas y los excrementos se levantaban medio metro sobre el piso. Entonces mi hermano, el poeta, se sintió desfallecer, la pestilencia lo hacía tambalear. Pero pensó: los verdugos me están observando desde algún punto, quieren verme caer, quieren contemplarme desdichado. Y entonces sus fuerzas resurgieron, encendió un cigarrillo y comenzó a cantar, en voz baja primero, en voz más alta después y luego con toda su garganta. Y así cantó todas las canciones, todos los versos de amor que recordaba, y todos sus poemas y todas las canciones de los campesinos y de las luchas de su pueblo. Cantó todo lo que sabía. Y así triunfó de la pestilencia y del martirio. Yo le dije, cuando me contaba estas cosas: «Hermano mío, cantaste de una vez, cantaste por todos nosotros. Ya no necesitaremos pensar en lo que haremos, ya todos sabemos cuándo debemos empezar a cantar». «Cantaste por todos nosotros, buen amigo, buen camarada, buen poeta.»

Es el canto victorioso que los tiranos no pueden sumergir en su podredumbre, en su pestilencia o en su terror. El canto de mi hermano Nazim Hikmet, allí, tan cercano a la muerte, era un canto de victoria, era el canto de la victoria del hombre, victorioso entre los enemigos del hombre.

En nuestras largas conversaciones, y cuando yo le hablaba de las terribles condiciones de vida de nuestra gente, de las miserables chozas de la población minera, de las poblaciones callampas, también él me contaba los dolores de su pueblo.

Los campesinos son brutalmente perseguidos por los señores feudales de Turquía. Nazim los veía llegar a la prisión y cambiar después de algunos días, el pedazo de pan que por

única ración le daban, por tabaco. Luego, me contaba, comenzaban a mirar el pasto del patio, primero con cierta distracción y luego con más intensidad, algunas briznas de pasto se
llevaban a la boca en los primeros días, luego lo arrancaban
a manojos que devoraban apresuradamente. Más tarde ya comían el pasto en cuatro pies, como los animales. Ése era su
único alimento.

Turquía es uno de los países favoritos del imperialismo. Las
bases fascistas para la guerra más seguras son, según ellos,
España, Yugoslavia, Grecia y Turquía. En todos estos países
la represión es cruel, la vida es miserable. Estos pobres campesinos que comen pasto en las prisiones de Turquía son,
como nuestro pueblo, la carne de cañón con la que esperan
los norteamericanos hacer la guerra para que prosperen sus
palacios y sus bancos.

Esos campesinos comiendo pasto en las prisiones, los tugurios y la tiranía en América Latina, los regímenes fascistas de
Franco y de Tito, los bufones sangrientos como Somoza y
Trujillo, 40.000 hombres privados de sus derechos en nuestro pequeño país, las masacres de prisioneros indefensos en
Corea, el garrote colonial contra los pueblos de color, la discriminación en contra de los ciudadanos negros en los Estados Unidos, la miseria, la inflación, la prostitución, el analfabetismo, la delincuencia infantil, a esto, a esto se le llama «la
cultura occidental, la cultura cristiana» y parece que hay que
armarse de inmediato y firmar pactos militares para defender
estos horrores.

Es grande Nazim Hikmet, tiene casi dos metros de estatura,
tiene ojos azules y es el hombre más alegre que he visto. Es
claro que se olvida todas las noches de apagar la luz de su
cuarto, porque por 18 años durmió con una ampolleta encendida sobre su calabozo, es claro que se le olvidan las llaves
en todas partes, porque por 18 años otros abrieron y cerraron la cerradura de su celda, pero con todas esas ventajas y
desventajas les presento a este nuevo miembro de mi familia,
el gran poeta Nazim Hikmet. Éste es uno de sus poemas:

Si con el señor Nuri, aquel comisionista,
mi ciudad, Estambul, me remitiera
un cofre de ciprés, de los de bodas,
cuando lo abriera, sonaría schinnnn...
la campanita de la cerradura.
Dos piezas de tejidos procedentes de Chile,
dos pares de camisas,
unos pañuelos blancos con bordados de plata,
las flores de lavanda en saquitos de tul
y tú.

Y cuando de allí dentro tú salieras,
yo te haría sentar al borde de mi lecho,
tendería a tus pies mi piel de lobo
y, ante ti, quedaría
las manos juntas, la cabeza gacha...
te miraría – oh, júbilo! – te miraría hechizado:
qué hermosa eres, mi Dios, qué hermosa eres!
De Estambul, mi ciudad,
la atmósfera y el agua jugando en tu sonrisa,
su voluptuosidad en tu mirada...
Oh, mi sultana, mi Señora!
Y, si lo permitieras
y tu esclavo Nazim se decidiera,
sería como si él aspirara
y besara a Estambul en tu mejilla.
Pero, cuidado!
Cuidado con decirme «Acércate»:
creo que si tocaras mi mano con tu mano,
sobre el piso de cemento me caería muerto.

En Berlín es en donde tuve la visión más clara de cómo se
va dividiendo la humanidad por el mismo sistema diferente de vida. De un lado, la modesta vida de trabajo y de paz
que triunfa cada día reconstruyendo vastos sectores de Berlín.
Y del otro lado, mejor leerlo en este poema escrito después de
mi paso por Alemania:

Desperté. Era Berlín. Por la ventana
vi el corazón desdentado,
la loca sepultura,
la ceniza,
las ruinas más pesadas,
con florones y frisos
malheridos,
balcones arrancados a una negra mandíbula,
muros que ya perdieron, que no encuentran
sus ventanas, sus puertas,
sus hombres, sus mujeres,
y una montaña adentro
de escombros hacinados,
sufrimiento y soberbia confundidos
en la harina final, en el molino
de la muerte.

Oh, ciudadela, oh sangre
inútilmente desaparecida,
tal vez es ésta, es ésta
tu primera victoria,
aún entre escombros negros
la paz que has conocido,
limpiando las cenizas y elevando
tu ciudadela hacia todos los hombres,
sacando de tus ruinas
no a los muertos,
sino al hombre común,
al nuevo hombre,
al que edificará las estructuras
del amor y la paz y la vida.
[...]

Berlín cortado
continuaba sangrando
secreta sangre, oscura
la noche iba y venía.
El resplandor del tiempo

como un relámpago en Berlín del Este
iluminaba el paso
de los jóvenes libres
que levantaban la ciudad de nuevo.
En la sombra pasé de lado a lado
y la tristeza de una edad antigua
me llenó el corazón como una pala
cargada de inmundicia.
En Berlín custodiaba el Occidente
su «Libertad» inmunda,
y allí también estaba
la estatua con su falso
fanal, su mascarón leproso
pintado de alcohólico carmín,
y en la mano el garrote
recién desembarcado de Chicago.
[...]

En la India encontré casi el mundo de antes. La multitud llenando las ciudades y las aldeas, las ceremonias extrañas, los monasterios descascarados, los ídolos de piedra pintados de colores violentos. El hambre se pasea por los campos y las calles del antiguo Indostán, pero aún la población se arrodilla junto a los ídolos de piedra, pidiendo inútilmente algo a los dioses inmóviles.

Yo nunca dejaré de recordar mi visita hace años al templo de la diosa Kali, en Calcuta. Yo coincidí con los pobres peregrinos venidos de los rincones de la India. Al entrar al templo, después de caminar por días bajo el sol terrible, los acorralaban, los sacerdotes les gritaban, sacándoles sus últimas monedas que ellos torpemente, con manos temblorosas, buscaban desatando sus pañuelos. Y entonces el golpe de los tambores, el ruido de los gong de bronce, el grito de los cantantes sagrados, el humo pesado del incienso, todo los aturdía. Apenas habían pasado un velo, una puerta, una cortina. Y allí los sacerdotes sacrificaban cabritos en honor de la diosa de la muerte, de un solo tajo rebanaban las delgadas gargantas y la sangre salpicaba las paredes. Ya el terror los dominaba, llegaban ante la diosa vacíos, desbaratados por el ataque de la idolatría y la explotación. Entonces, alta de varios metros, con una lengua roja hasta las rodillas, pintada de negro y con un collar de calaveras al cuello, allí estaba la diosa de la muerte y la de la fertilidad. Y por la puerta salían los esquilmados peregrinos, mientras la miseria de la India, el hambre, la enfermedad y la ignorancia se pasean por las calles y los campos.

Pero los poetas que me rodearon para decirme sus canciones y sus versos no eran los mismos. Acompañándose con sus tamboriles, vestidos con sus talares ropas blancas, sentados en cuclillas sobre el pasto, cada uno de ellos lanzaba un ronco, intermitente grito y subía una canción que habían compuesto con la misma forma y metro de las canciones antiguas, milenarias. Pero el sentido de las canciones no era el mismo. Ya eran muy pocas las canciones de amor, de sensualidad o de goce. Éstas eran las canciones de protesta, canciones contra el hambre, canciones escritas en las prisiones. Muchos de estos jóvenes poetas que encontré a todo lo largo de la India y cuyas miradas sombrías no podré olvidar, acababan de salir de la cárcel, a la que iban a entrar tal vez mañana de nuevo. Porque estos poetas pretendían sublevarse contra la miseria y contra los dioses, y entonces deben de ir a la cárcel a componer sus canciones. Ésta es la época que nos ha tocado vivir. Y éste es el siglo de oro de la poesía universal. Mientras que los nuevos cánticos son perseguidos, por las afueras de Bombay un millón de hombres duerme cada noche junto al camino. Duermen, nacen y mueren. No hay habitaciones, ni pan, ni medicinas. Así ha dejado su imperio colonial la antigua orgullosa Inglaterra. Se ha despedido de sus antiguos súbditos sin dejar ni escuelas, ni industrias, ni viviendas, ni hospitales, sino prisiones y montañas de botellas vacías de whisky.

Apenas llegado a Italia, comencé a notar a mi rededor una especie de mosca oscura con diferentes caras y bigotes. Era la policía. La encontraba hasta en la sopa. Un día me comunicaron que debía abandonar Italia. Protesté. Les dije cuánto amaba yo su tierra. Me dieron muchas excusas, pero me llevaron en tren hacia la frontera. La poesía es bastante peligrosa para los malos gobiernos. La palabra *paz* está siendo tan grave, que muchos no se atreven a pronunciarla. Y como yo escribo poesía y pronuncio en voz alta la palabra *paz*, me pasan estos accidentes. En el tren, los policías me dijeron: «Somos padres de familia, tenemos que cumplir estas órdenes repugnantes. Por favor, déjenos un autógrafo para nuestros hijos ya que ellos no serán policías».

Llegamos a Roma, y allí me esperaban centenares de escritores, de artistas y de obreros. En un momento dado, me arrebataron a la policía. Todos gritaban: «Viva la pace»... y me zarandeaban entre la policía y mis amigos. Allí se batieron los escritores y las escritoras, y una de ellas, la dulce Elsa Morante, rompió su pequeño paraguas en la cabeza de la policía.

Pocos días después podía quedarme en Italia. «Cuanto tiempo quiera usted», me dijeron. Era una lucha más del pueblo italiano en defensa de la paz. Y era también un homenaje a Chile, que estaba allí presente. Un homenaje a todos vosotros, al pueblo de Chile, a todos los que lucháis y sostenéis los ideales mejores de este tiempo.

Residí en Italia los últimos meses. Grandes luchas se desarrollan en las ciudades y en la bella campiña italiana. Los campesinos avanzan hacia las tierras, se las reparten, ellos han sembrado y levantado sus hogares antes de que lleguen los carabineros a desalojarlos.

Esta lucha por la tierra adquiere, así, una trágica intensidad. Pasando por los caminos, las aldeas nos muestran las viviendas miserables de los campesinos sin tierra. La ropa puesta a secar, colgando de todos los balcones, es la verdadera bandera de Italia, una bandera de paz, de pobreza y de trabajo. Así, pues, la Reforma Agraria ha sido impuesta por los campesinos al gobierno falsamente democrático y falsamente cristiano del señor De Gasperi. Y el motor de esta conquista de la tierra es la unidad de dos grandes partidos populares, el Partido Comunista y el Partido Socialista italianos.

La pobreza aumenta cada día a causa de la intervención norteamericana en toda la vida italiana. Pero campesinos y obreros se agrupan junto a sus partidos y luchan con extra-

ordinaria disciplina y heroísmo. Así he visto yo una etapa de
estas luchas, la toma de las tierras por los campesinos.

Sí, estuve en Italia, no como lo dijo un chistoso diputado de
la derecha, en la isla de Capri, en que sólo, según él, pueden
vivir los potentados como el rey Farouk y yo. Italia es tierra
de gran pobreza, y todos podríamos vivir allí, reyes, poetas
en destierro o campesinos harapientos. Pero hay una amenaza para Italia y es la guerra. No hay un país más pacífico que
esta tierra del aceite y del azahar. Escuchaba en los caminos
cantar a los caminantes solitarios. Por todas partes me estrecharon las generosas manos de Italia popular.

Entiéndase que cuando ellos, chinos o mongoles, italianos o
rusos, turcos o polacos, me estrecharon la mano, saludaban a
Chile y éste es el saludo que yo traigo para todos. Yo traigo
el saludo del mundo, yo traigo la flor de la tierra, yo traigo el
canto de la paz, para todos.

Por estos caminos, junto al río Cautín, salió mi poesía a conocer las tierras y los hombres. Ahí estuve fundando mi pensamiento bajo la lluvia de todos los días, allí me senté en una
piedra en la primera etapa del camino del destierro, pero en
realidad nunca salí de allí, nunca me abandonó la araucaria,
ni los copihues, ni los montes del sur, ni la desembocadura
del río Imperial, ni los recuerdos de los hombres y mujeres de
Temuco, ni la sombra y la tierra de mi patria, ni de mi pueblo
en que bajo la hirsuta flora del cerro Ñielol yacen durmiendo
mis padres y los orígenes de mi poesía. Nunca olvido ni olvidaremos lo que fue hecho con amor, porque salimos del amor
y volveremos a él por el camino de la paz. Por eso, antes de
abandonar Europa, antes de dejar a los europeos con sus dramáticos conflictos, yo les dejé este mensaje de despedida:

Palabras a Europa

Yo, americano de las tierras pobres,
de las metálicas mesetas,
en donde el golpe del hombre contra el hombre
se agrega al de la tierra sobre el hombre,

yo, americano errante,
huérfano de los ríos y de los
volcanes que me procrearon,
a vosotros, sencillos europeos
de las calles torcidas,
humildes propietarios de la paz y el aceite,
sabios tranquilos como el humo,
yo os digo: aquí he venido
a aprender de vosotros,
de unos y otros, de todos,
porque de qué me serviría
la tierra, para qué se hicieron
el mar y los caminos,
sino para ir mirando y aprendiendo
de todos los seres un poco.
No me cerréis la puerta
(como las puertas negras, salpicadas de sangre,
de mi materna España).
No me mostréis la guadaña enemiga,
ni el escuadrón blindado,
ni las antiguas horcas para el nuevo ateniense,
en las anchas vías gastadas
por el resplandor de las uvas.
No quiero ver un soldadito muerto
con los ojos comidos.
Mostradme de una patria a otra
el infinito hilo de la vida
cosiendo el traje de la primavera.
Mostradme una máquina pura,
azul de acero bajo el grueso aceite,
lista para avanzar en los trigales.
Mostradme el rostro lleno de raíces
de Leonardo, porque ese rostro
es vuestra geografía,
y en lo alto de los montes,
tantas veces descritos y pintados,
vuestras banderas juntas
recibiendo
el viento electrizado.

Traed agua del Volga fecundo
al agua del Arno dorado.
Traed semillas blancas
de la resurrección de Polonia,
y de vuestras viñas llevad
el dulce fuego rojo
al Norte de la nieve!
Yo, americano, hijo
de las más anchas soledades del hombre,
vine a aprender la vida de vosotros
y no la muerte, y no la muerte!
Yo no crucé el océano,
ni las mortales cordilleras,
ni la pestilencia salvaje
de las prisiones paraguayas,
para venir a ver
junto a los mirtos que sólo conocía
en los libros amados,
vuestras cuencas sin ojos y vuestra sangre seca
en los caminos.

Yo a la miel antigua y al nuevo
esplendor de la vida he venido.
Yo a vuestra paz y a vuestras puertas,
a vuestras lámparas encendidas,
a vuestras bodas he venido.
A vuestras bibliotecas solemnes
desde tan lejos he venido.
A vuestras fábricas deslumbrantes
llego a trabajar un momento
y a comer entre los obreros.
En vuestras casas entro y salgo.
En Venecia, en Hungría la bella,
en Copenhague me veréis,
en Leningrado, conversando
con el joven Pushkin, en Praga
con Fučik, con todos los muertos
y todos los vivos, con todos

los metales verdes del Norte
y los claveles de Salerno.

Yo soy el testigo que llega
a visitar vuestra morada.
Ofrecedme la paz y el vino.

Mañana temprano me voy.

Me está esperando en todas partes
la primavera.

Por eso he venido. Ancha y vasta es la tierra. Los océanos
nos separaban, pero yo he regresado para cumplir con un deber: el deber de luchar en medio de mi pueblo.

Vi los puertos italianos llenos de tropas norteamericanas.
Vi los marineros ebrios molestar a las mujeres, violar los hogares. La prostitución y la violencia marcan el sitio donde llegan los instigadores de la guerra. El proceso de colonización
del mundo por los fascistas norteamericanos entra en un período de exasperación. La resistencia de los pueblos es cada
vez más grande.

Creo que podemos vencer la guerra, la miseria y la represión en los pueblos. El dinero gastado en armamentos se ocupará noblemente en dignificar la condición humana. Por eso,
no me dirijo a los hombres de partidos, sino a todos los hombres y mujeres y jóvenes. Quiero que seamos respetuosos de
muchas ideas, pero inflexibles en nuestra voluntad de paz.

Hoy, existe un mundo de la paz. Y es una fortaleza que defenderán la mayor parte de los habitantes de la tierra. Y son
muy simples las razones. Son pequeñas y grandes cosas que
yo he visto con mis ojos.

En la Unión Soviética, en las democracias populares cuando se hace notificaciones oficiales sobre precios es para re-
ducirlos. Imaginaos países en que esta baja de los precios de
los alimentos, de la ropa, de las medicinas, de todo, se repite
periódicamente. No están allí las mujeres desesperadas por
comprar antes de la próxima alza, sino que conscientes de

que cada artículo tiene su justo precio y que bajará con el mayor consumo y producción.

Yo encontré interrumpida la circulación en la avenida Gorki junto al hotel donde habitualmente resido en Moscú. Y sabéis por qué miles de personas ocupaban la más grande arteria de la ciudad? Se abría esa mañana la suscripción de una nueva edición de las obras de Balzac, y ésos eran los primeros suscriptores al primer volumen, que querían asegurar antes de que vertiginosamente se agotara. Porque este amor de la paz trae un desenvolvimiento arrollador de la cultura. Todos los grandes valores de Occidente son allí conocidos y se lee más a Shakespeare que en Inglaterra y más a Cervantes que en España. El nuevo público que se incorpora a la cultura pide inmensas cantidades de libros, de música, de teatro y de museos. Son millones de obreros y de campesinos que han abierto las puertas de un mundo que en el Occidente está cerrado para ellos, el mundo de la cultura universal y nacional.

Por eso la voluntad de paz se transforma en fuerza creadora. Los voluntarios acuden por millares a las nuevas obras. Vi una casa de departamentos en Stalingrado construida por los jóvenes de Leningrado. Apenas terminada la guerra los estudiantes universitarios y jóvenes obreros regalaron esta casa construyéndola ellos mismos a la ciudad heroica de Stalin. Allí durmieron en cuevas, difícilmente pasaron los materiales sobre los escombros, pero de las manos de aquella juventud incomparable salió el primer edificio blanco y alegre de las ruinas. Y en Rumania, donde se han formado más de cien mil grupos folklóricos que cantan y bailan para el pueblo, vi cómo se cambiaba de curso al río Danubio para que fertilizara las tierras estériles. Y vi también cómo una parte de las gigantescas obras las hacían muchos voluntarios, alegres y orgullosos de haber puesto sus manos en la construcción de una obra de paz y de fecundación.

Yo dejé a los europeos, antes de abandonar Italia, con respeto y con amor, mi mensaje contra la muerte. En él están contenidas mis ansiedades y mi despedida.

Otra vez seguiremos conversando. He visto en las calles y en las miradas de los chilenos, cómo no se ha apagado la luz encendida en 1810. Veo las perspectivas cada vez más anchas y seguras para una mayor unidad y resolver así nuestros problemas a la luz de la paz que conquistaremos. Estoy seguro del destino de Chile. Las calles y los días oscuros pasarán. Y así, pues, con el mensaje que dejé a los europeos del occidente como despedida, va mi saludo a los que nunca dejaron de recordarme, a todos vosotros y a los que llegarán sin cesar a enaltecer nuestra patria y a conducirla a una victoria que también será la victoria de todos los pueblos.

Yo atravesé las hostiles
cordilleras,
entre los árboles pasé a caballo.
El humus ha dejado
en el suelo
su alfombra de mil años.
Los árboles se tocan en la altura,
en la unidad temblorosa.
Abajo oscura es la selva.
Un vuelo corto, un grito
la atraviesan,
los pájaros de cléctrica cola,
una gran hoja que cae,
y mi caballo pisa el blando
lecho del árbol dormido,
pero bajo la tierra
los árboles de nuevo
se entienden y se tocan.
La selva es una sola,
un solo gran puñado de perfume,
una sola raíz bajo la tierra.

Las púas me mordían,
las duras piedras herían mi caballo,
el hielo iba buscando bajo mi ropa rota
mi corazón para cantarle y dormirlo.

Los ríos que nacían
ante mi vista pasaban veloces
y querían matarme.
De pronto un árbol ocupaba el camino
como si hubiera
echado a andar y entonces
lo hubiera derribado
la selva, y allí estaba
grande como mil hombres,
lleno de cabelleras,
pululado de insectos,
podrido por la lluvia,
pero desde la muerte
quería detenerme.

Yo salté el árbol,
lo rompí con el hacha,
acaricié sus hojas, hermosas como manos,
toqué las poderosas
raíces que mucho más que yo
conocían la tierra.

Yo pasé sobre el árbol,
crucé todos los ríos,
la espuma me llevaba,
las piedras me mentían,
el aire verde que creaba
alhajas a cada minuto
atacaba mi frente,
quemaba mis pestañas.
Yo atravesé las altas cordilleras
porque conmigo un hombre,
otro hombre, un hombre
iba conmigo.
No venían los árboles,
no iba conmigo el agua
vertiginosa que quiso matarme,
ni la tierra espinosa.

Sólo el hombre,
sólo el hombre
estaba conmigo.
No las manos del árbol,
hermosas como rostros, ni las graves
raíces que conocen la tierra
me ayudaron.
Sólo el hombre.
No sé cómo se llama.
Era tan pobre como yo, tenía
ojos como los míos, y con ellos
descubría el camino
para que otro hombre pasara.

Y aquí estoy.
Por eso existo.

Creo
que no nos juntaremos
en la altura.
Creo
que bajo la tierra nada nos espera,
pero sobre la tierra
vamos juntos.
Nuestra unidad está sobre la tierra.

Antes publicado sólo en el volumen Viajes,
Santiago, Nascimento, 1955.

III

A LA PAZ POR LA POESÍA
(1953-1954)

Las dos sirenas

Frente al mar de Isla Negra dos sirenas,
Marta opulenta y Margarita alada
peinaban hebras rubias y morenas,
hechizados donceles y hechizadas.

Una era rubicunda luna llena,
la otra como pez o como espada:
una con la sonrisa te encadena
mientras la otra sueña, desvelada.

Pero hay un punto claro que da cita
al encanto de Marta y Margarita
y las reúne en un ruidoso abrazo:

cuando olvidando formas y matices
se suenan, estruendosas, las narices,
y nos aturden con sus trompetazos.

> *Soneto humorístico de circunstancia, probablemente
> escrito a comienzos de 1953 en Isla Negra. Las sire-
> nas eran Marta Jara y Margarita Aguirre. Recogido
> en* Varas, *p. 22.*

A la paz por la poesía

Aunque parezca extraño, la suprema prueba de una raza es su propia poesía. La presencia de la poesía o su ausencia, cualquiera de las dos cosas, nos revela un país. Como la floración de la rosa o el lirio, como el fruto maduro, copiosos o extendidos los ramajes, éste es, al fin y al cabo, el *sine qua non*, la patente de entera y resuelta grandeza de cualquier nación, debe serle severamente retirada hasta que haya producido poemas originales de primera clase. Las imitaciones no servirán de nada.

Con estas palabras de Walt Whitman quiero comenzar mi intervención de hoy, mi conversación con ustedes sobre la poesía. Y así pues es ésta la verdad. La fisonomía de nuestro continente la trabajarán en su profundidad mineros e ingenieros, campesinos y pescadores, guerrilleros y partidarios, pero el rostro de nuestro continente será el que le demos los poetas.

Estamos cavando, descubriendo y tallando la gran estatua de América. Queremos lavar las manchas de sangre y de martirio que en todas las épocas han salpicado su estatura. Queremos espléndido su rostro entre los grandes mares, lleno de luz y de alegría. Queremos dar a sus ojos una expresión, un sentido inolvidable, queremos poner en su boca las más nobles palabras.

Hablaré ahora de mis experiencias. Algunos de ustedes saben que mi último libro, el *Canto general*, fue escrito en su mayor parte en días de persecución y dificultades. No estaba yo en la prisión, pero era difícil escribir sin tener comunicaciones con nadie. Me parece que aquellos días, que no quiero recordar especialmente, eran sombríos para los chilenos. Yo encontré que trabajar en mi poesía era cavar en el túnel oscuro por el que pensábamos, era marchar hacia la luz.

Así fui componiendo mi largo libro. Tuve grandes dificultades conmigo mismo. El problema mayor de estos años en la poesía, y naturalmente en mi poesía, ha sido el de la oscuridad

y la claridad. Yo pienso que escribimos para un continente en
que todas las cosas están haciéndose y, sobre todo, en el que
queremos hacer todas las cosas. Nuestras gentes están recién
aprendiendo profesiones, artesanías, artes y oficios. Por lo
menos recobrándolos. Nuestros antiguos picapedreros, escultores y cerámicos fueron casi exterminados por la Conquista.
Nuestras ciudades tienen que construirse. Necesitamos casas
y escuelas, hospitales y trenes. Deseamos tenerlo todo. Somos
naciones compuestas por gentes sencillas, que están aprendiendo a construir y a leer. Para esas gentes escribimos.

Yo recuerdo que en un país de Europa, un verso mío que
causó las más grandes dificultades para ser traducido, fue ese
fragmento de «Que despierte el leñador», allí donde dice:

> Pero yo amo hasta las raíces
> de mi pequeño país frío.
> Si tuviera que morir mil veces
> allí quiero morir:
> si tuviera que nacer mil veces
> allí quiero nacer,
> cerca de la araucaria salvaje,
> del vendaval del viento sur,
> de las campanas recién compradas.

Esto de «las campanas recién compradas» no lo podían
entender. Yo hablaba de los pueblos del sur de Chile, recién
nacidos, con campanario nuevo, con campanas nuevas. Mis
traductores preguntaron a los españoles qué podía ser este
enigma. Los españoles quedaron perplejos. Es claro, en España, en Italia, en Polonia, hace siglos que se compraron las
campanas.

Nosotros escribimos para gentes sencillas, que ahora están
comprando campanas. Escribimos para gentes modestas que
muchas veces, muchas veces, no saben leer. Sin embargo, sobre la tierra, antes de la escritura y de la imprenta, existió la
poesía. Por eso sabemos que la poesía es como el pan, y debe
compartirse por todos, los letrados y los campesinos, por toda
nuestra vasta, increíble, extraordinaria familia de pueblos.

Yo confieso que escribir sencillamente ha sido mi más difícil empeño. Por aquellos días de persecución, oculto en tantas casas de gentes generosas, con pocos libros a mi alcance, sin nadie a quien consultar, me encontré conmigo mismo. No creo –y entiéndase bien– haber inventado nunca nada. Hace tiempo, en el Uruguay, un joven crítico, lamento que ahora no esté presente con nosotros, me dijo que mi poesía se parecía más que a ninguna otra a la de un poeta venezolano. Yo no sé si ustedes van a reírse cuando escuchen el nombre de este poeta, pero yo me reí de buenas ganas: es Andrés Bello.

Y bien, es Andrés Bello, cuyo ilustre nombre decora esta sala junto al de Sarmiento, quien comenzó a escribir antes que yo mi *Canto general*. Y son muchos los escritores que sintieron primordiales deberes hacia la geografía y la ciudadanía de América.

Unir a nuestro continente, descubrirlo, construirlo, recobrarlo, ése fue mi propósito. Hablar con sencillez era el primero de mis deberes poéticos. Los antiguos pensadores patricios, adustos como Bello, que como rector no fue ni oportunista ni cobarde, o como Rubén Darío, cascada inalterable del idioma, nos indicaron este camino de sencillez y de construcción continental que ahora nos reúne.

Porque quisiera dejar bien dicho que, para los poetas, América o claridad, deben ser un solo nombre equivalente.

Me costó mucho salir de la oscuridad a la claridad, porque la oscuridad verbal ha pasado a ser entre nosotros un privilegio de casta literaria, y los prejuicios de clase han tenido como plebeya la expresión popular, la sencillez del canto. Aquí está entre nosotros un descendiente tropical del patricio Martín Fierro, un gran plebeyo, un poeta popular cristalino pero lleno de sabiduría, que se llama Nicolás Guillén. Él puede enseñarnos mucho. El hecho es que, en toda la América, junto con las características del desarraigo, de contrapatria, de irrealidad, va siempre unida en nuestra poesía americana una expresión de casta, un deseo de ser superiores haciéndonos oscuros. Este hecho es el resultado de la distancia entre los señores feudales con su esplendor y la oscuridad de la gleba trasladada al territorio de la poesía. Es el reflejo y el traslado de las costumbres elegantes al material de la inteligencia para que éste conserve de alguna manera los signos señoriales.

Es, pues, sobre la base de claridad que podemos entendernos entre nosotros y hacernos entender de nuestros pueblos. La oscuridad de lenguaje en la poesía es el vestigio del antiguo servilismo.

Luché contra la oscuridad en aquellos días dentro de mi conciencia y de mi libro naciente, pero no creo haberlo merecido. Me propongo ser más sencillo, cada día, en mis nuevos cantos. Me propuse también abarcar nuestra inmensidad americana sin tener la fulguración de los héroes ni pasar por alto los crímenes que nos han ensangrentado. Tuve serias dudas si nombrar o no junto a los progenitores de nuestras patrias a los pequeños villanos que transitoriamente las mancillan, y decidí que sí, y así lo hice. Pero comprendo que ni de héroes ni de granujas está completo el rol en mi libro.

Así fui trabajando en el terreno de la crónica o memorial, que, en un principio, me pareció pedregoso e inhospitalario. Pero pronto encontré que esa crónica poética había sido hecha por todos. No hay material antipoético si se trata de nuestras realidades. Y nosotros tenemos que cumplir esa tarea. Los hechos más oscuros de nuestros pueblos deben ser levantados a la luz. Nuestras plantas y nuestras flores deben por primera vez ser contadas y cantadas. Nuestros volcanes y nuestros ríos se quedaron en los secos espacios de los textos. Que su fuego y su fertilidad sean entregados al mundo por nuestros poetas. Somos los cronistas de un nacimiento retardado. Retardado por el feudalismo; por el atraso, por el hambre. Pero no se trata sólo de preservar nuestra cultura, sino de entregarle todas nuestras fuerzas, de alimentarla y de hacerla florecer.

Hemos hablado del cine y también de las danzas, los cantos y las costumbres de nuestras tierras americanas. Sobre el cine quiero agregar, aunque salga de mi materia esencial, que el importado de Hollywood es, en general, una terrible droga no sólo contra nuestras costumbres, sino contra nuestra moral. No creo como Subercaseaux que el protestantismo haya dado a los pueblos anglosajones una superioridad ética. Creo que en todos los ámbitos del mundo capitalista la moral social y la moral política están en grave crisis; pero creo que hacer ostentación de ella en inmensa escala, con una maquinaria tan poderosa, sólo le ha sido dado a la industria norteamericana del cine. No hay duda que grandes artistas, como Chaplin –hoy impedido de regresar a los Estados Unidos–, contribuyeron con su genio a elevar en forma meteórica la cinematografía norteamericana. Pero ésta, hoy, recurre casi exclusivamente a la pornografía y a la violencia para seducir a las masas, alterando así brutalmente la formación de nuestro público. Igual sucede con revistas, falsas historias infantiles y novelas policiales. Toda esta convulsión de sangre, de perversidad y de horror desatada sobre nuestros pueblos no nos puede dejar indiferentes.

Y a la sombra de tales aluviones comerciales se va exterminando la manifestación popular y la expresión de nuestras culturas. Tenemos el caso extraordinario de uno de los más notables escritores del continente, que en una editorial de gran difusión dirige una colección, no de clásicos o de maestros, sino de novelas de crímenes y de terror traducidas del inglés.

No podemos por tales reparos fundamentales estar contra las culturas extranjeras a nuestra América. Por el contrario, la sabiduría del mundo nos enseña a encontrarnos y necesitamos de toda la creación. Pero rechazamos la deformación deliberada de la mentalidad de nuestro pueblo hecha por grandes organizaciones mercantiles extrañas.

He caminado mucho por Walt Whitman en este último tiempo. Ya en 1880 el gran poeta norteamericano escribía:

Yo pediría un programa de cultura trazado no para una sola clase o para los salones de conferencias, sino con un ojo hacia la vida práctica, el oeste, los trabajadores, los hechos de las granjas y de los ingenieros... Yo pediría de este programa o teoría una amplitud tan generosa que incluyera la más ancha área humana.

Naturalmente, éste es el vivo pensamiento de un gran poeta que corresponde a la salud intelectual del continente.

Pero volviendo a mis trabajos, después de mi *Canto general* y de mis viajes por el mundo, he escrito un libro, sin nombre todavía, en que recojo lo que más he amado de la antigua y de la nueva Europa. Llamo nueva Europa a la Europa socialista. Quiero que este libro sea mi contribución a la paz. En él busco los mejores hechos de la Europa occidental y de la Europa oriental, busco los héroes y los pueblos, paisajes y productos, tierras, puentes, pueblos, vinos. Quiero que este canto reúna esta unidad amenazada: nuestro mundo de hoy.

Porque los poetas tenemos deberes hacia las esencias nacionales y hacia la comunicación con todos los seres. Tenemos también un deber supremo y es el de contribuir a la paz del mundo. La incultura es la guerra. La paz es la cultura.

Y en esta etapa, nuestro deber hacia la cultura nos impone preservarla, no sólo de la deformación venenosa, sino de la destrucción total. Por eso nuestra reunión es obra de paz. Yo creo que este congreso tiene las presencias de seres eminentes y queridos, de representantes de pueblos fraternales, pero hay aquí una ausencia que a mí me toca más directamente. Yo hubiera querido que estuviera entre nosotros, con su cabello gris, hirsuto y su sabiduría, el gran escritor y amigo nuestro Ilyá Ehrenburg, así como sus compañeros, cinematografistas y científicos soviéticos que, por razones que todos conocen, no pudieron venir.

Yo siento que sin ellos nos falta un elemento profundo en nuestra reunión. Conozco y admiro al pueblo soviético y a sus dirigentes por sus extraordinarios hechos imborrables en la historia humana. Pero lo que más admiro de aquella tierra es su dedicación a la cultura. Tal vez de todos, éste es el rasgo más fundamental y más impresionante de la vida soviética, con el florecimiento pleno del individuo, nunca alcanzado antes en la historia.

Yo quisiera que la invitación que hicimos esta vez a nuestros amigos rusos pueda realizarse en nuestra tierra en fecha próxima y me gustaría que en alguna nación de América, en cualesquiera de ellas, pudieran reunirse, ojalá dentro de algunas semanas o meses, intelectuales venidos de la Unión Soviética con intelectuales venidos de los Estados Unidos de Norteamérica. El mundo está respirando con ansiedad el aire de una futura paz en Corea y del término de la espantosa Guerra Fría que en la realidad nos ha estado helando las almas. Los grandes escritores de Estados Unidos tienen el deber de dialogar con los valores culturales de la Unión Soviética. El 20 de diciembre de 1881, Walt Whitman escribía: «Vosotros rusos y nosotros americanos, nuestros países tan distantes, tan diferentes en condiciones sociales y políticas… y sin embargo, en ciertos rasgos, y muy vastos, tan parecidos uno a otro… El informe y nebuloso estado de muchas cosas, que aún no están permanentemente fijadas, pero que están de acuerdo en ser la preparación de un futuro infinitamente más grande… son en verdad características que vosotros rusos y nosotros americanos poseemos en común…».

Que estas palabras de buena voluntad y de amplitud generosa puedan confrontarse en nuestra propia tierra y gracias a nuestro esfuerzo común.

Yo sé que muchos intelectuales afectados por la intensa propaganda en contra de nuestra reunión, o sinceramente convencidos de lo pernicioso de nuestros pensamientos, no están aquí para conversar con nosotros o para escucharnos. Yo lo lamento. Es sin duda una pérdida para nosotros, pero es una pérdida mucho mayor para ellos. Es posible que ellos también deseen afirmar su antagonismo con razones que deben interesarnos.

Yo creo que el pasado y el porvenir se defienden y luchan en cada hombre y en cada grupo humano. Yo creo sinceramente que esos grupos hostiles, de una manera o de otra, están ligados a un pasado de encarnecimiento, de división, de rencor y de desconocimiento. Este pasado seguirá pugnando por subsistir.

Yo creo en el esplendor que viene. Creo en el hombre y en los hombres. Yo sé muy bien que en todos los rincones de nuestra América hay persecuciones y violencias. Yo sé que las cárceles nos contarán terribles cosas cuando se abran y se escriba de manera honesta la martirizada historia de nuestros pueblos.

Pero yo sé que todo eso pasará.

Yo sé que nuestro amado amigo, uno de los más grandes artistas que han existido en este mundo, Paul Robeson, ha sido impedido por la fuerza de asistir a nuestro congreso.

Yo estoy seguro que Paul Robeson estará con nosotros en nuestra próxima reunión, en La Habana, en Lima, en Bogotá o tal vez en Nueva York.

Yo tengo confianza en el tiempo que viene. Este tiempo se construye ante nuestra vista, se construye ante nuestra vista la fraternidad del porvenir. La fraternidad, hija de la paz, racimo del gran viñedo humano.

Yo sé que en España, en Turquía, en Grecia desde hace años, escritores, artistas como maestros viven encarcelados. En la isla de Macronisos, desde hace muchos años, escribe detrás de los alambres de púas el gran poeta de Grecia Juan Ritsos. Yo creo que todo esto pasará.

Hace pocos años yo debí atravesar a caballo la frontera de Chile, clandestinamente, debí pasar la helada cordillera mientras aquí la persecución arreciaba, la falsedad y el delito eran armas oficiales contra el pueblo.

Una gran fraternidad y amistad me acogió en todas partes. Y ahora puedo hablarles a ustedes, delegados del continente, desde el corazón mismo de Santiago de Chile que nos acoge.

Esto no es un milagro, sino el tiempo que avanza.

Esta confianza en todos los hombres nos hace confiar más, esperar más de nosotros mismos. Esta seguridad de un destino humano es la que nos congrega.

A la claridad que resplandecerá sobre la tierra se va uniendo desde ahora la voz de los poetas, el canto universal de mis hermanos. Porque el tiempo que viene implantará, entre muchos dones, el reparto de tres tesoros comunes a que aspiramos todos los hombres: el pan, la justicia y la poesía.

Texto del discurso leído en el Teatro Caupolicán de Santiago el 26.5.1953, ante la Asamblea Plena del Congreso Continental de la Cultura. Publicado en El Siglo, *Santiago, 31.5.1953.*

[Creo que Diego Muñoz...]

Creo que Diego Muñoz es el escritor más interesante de Chile. Hay en nuestra pequeña literatura figuras majestuosas o singulares, pero ningún *revelador* como Diego Muñoz. Escribió hace años la discordante *nouvelle De repente*, especie de Oblomov chileno, relato inigualado en que el protagonista principal es la miseria. A pesar de las concesiones de estilo de esa corta novela, creo que esta descripción extremista de un exasperado ambiente de sopor y ruina será considerada algún día como un clásico de nuestra literatura. Es una obra maestra del realismo pesimista, es decir del pasado.

Días después de los sucesos que condujeron a la caída de la dictadura, en julio de 1931, Diego Muñoz escribió *La avalancha*, testimonio directo de quien vivió hora por hora aquellos sucesos, reportaje vivo de la lucha que se desarrolló de día y de noche, hasta la victoria clamorosa. Por las páginas de esa novela huyen o acometen las multitudes y los individuos cuya rebeldía se desata en la calle e impera por fin en ella para quedar como advertencia histórica. El realismo, la objetividad de este libro ansiosamente escrito y publicado, han hecho que se lo señale, aquí y en otros países de América, como documento de aquellos cinco días de conmoción.

Pero Diego Muñoz es un escritor invisible que de pronto desaparece, metido en múltiples acciones generosas. Se lo ha tragado una sombra fecunda. Reaparece de pronto levantando a la luz algunos cuentos de mar y tierras lejanas, deslumbrantes algunos, con el fulgor de cielos calurosos, con el rayo verde aprisionado en sus navegaciones.

El escritor invisible no se está quieto. Patriota activo, se hace descubridor y fertilizador del íntimo donaire de la patria: de la olvidada poesía popular. Apareció un día en mi casa, después de una cualquiera de sus ausencias, del brazo con un árbol. Este árbol antiguo y noble se llamó Abraham Jesús Brito, el último de los grandes poetas populares de Chile.

Gracias a Diego tuvimos los poetas letrados el goce de conocer y amar a este simple y gigantesco árbol del pueblo y gracias a Diego pudo el gran poeta iletrado sentarse en la mesa con el presidente de la República (naturalmente era don Pedro Aguirre Cerda). Llegó mucho más lejos aún que aquella mesa honorable. El libro de las poesías y cantares de Brito, publicado y comentado por Diego Muñoz, fue conocido lejos de Chile y honrado en la Unión Soviética como pocos otros libros chilenos, con la atención, el respeto y el amor que allí se dispensa a las grandes obras de todos los pueblos.

Desde entonces Diego Muñoz unió su destino a la poesía popular de nuestra patria, contribuyendo al desarrollo inesperado que hoy la caracteriza.

Diego está de pronto en el fondo lluvioso de la provincia, en el entierro de un bardo, ayudando en la soledad del cementerio a descargar el ataúd silvestre. Luego en la redacción de la *Lira Popular*, ordenando cantidades de décimas y sentencias que como río hermoso va acumulando tristezas, picardías, predilecciones, protestas y amoríos de nuestro pueblo. Nunca antes se ordenó y publicó en forma viva este caudal como lo hace Diego desde las hojas de *El Siglo* en su «Lira» y ningún país de nuestro idioma puede preciarse de tan acendrado y viviente tesoro.

Y ahora Diego Muñoz nos entrega su más poderosa empresa, su novela *Carbón*. Son largas las vicisitudes de este libro. No está fresca la tinta de sus páginas. Lo sorprendió la represión en el período de aquel *clown* sanguinario llamado González Videla, *Gabriel*, como siguen llamándolo algunos olvidadizos. El libro huyó como muchos otros manuscritos. Las zarpas sucias de aquel gobierno andaban metiéndose en nuestros papeles. También ese tiranuelo lanzó sus puntapiés de bailarín de conga a la cultura, con el ánimo de descalabrarla.

Pero la cultura amanece después de la noche persecutoria con cara de buena salud y nuevas obras del espíritu en la mano. Una de ellas es esta novela, purificada y fecundada por una de esas ausencias fértiles del autor.

Ésta es la historia con fechas y con nombres de uno de los sectores más heroicos del pueblo en la lucha de todos los pueblos por alcanzar la dignidad que le corresponde. Historia que muestra por primera vez en nuestra novelística, las luchas organizadas de la clase obrera. En efecto aquí no encontraréis el fácil tema del hombre agobiado por las fatalidades de la vida, ni la desesperación suicida del héroe único que se debate entre sucesivos y maléficos avatares. Éste ha sido el tema de los mejores escritores americanos de la burguesía que miraron al pueblo con los ojos de su propia crisis y desorientación política. Le place a la clase dominante que, en las epopeyas del pueblo que forzosamente han de escribirse, el sentimiento de impotencia ante el mal sea predominante. Así se escamotea o posterga en la literatura la salida victoriosa que coronará las luchas humanas.

Este libro tiene otra concepción. Ha nacido rozándose con los mineros, en el frente del trabajo, en las casas destartaladas azotadas por el invierno austral. Ha crecido con la huelga, con los movimientos de su asombrosa resistencia. Tiene la belleza pareja de esos pasos seguros, de las victorias ganadas cuerpo a cuerpo, con sacrificio inagotable, con endurecidas organizaciones del proletariado, con el espíritu indomable de su férreo y generoso partido.

Para mí resultaba difícil escribir sobre Diego Muñoz. Lo quiero demasiado. Nuestras vidas han crecido juntas en una amistad a la que no ha faltado jamás ni el combate ni la ternura.

Pero éstas no sólo son palabras del corazón sino de un regocijo común: aparecen por fin los frutos del realismo que necesitábamos como el pan. La historia de la esperanza, la verdad escondida y los hechos de nuestros infinitos héroes no quedarán en la sombra.

Diego Muñoz y otros escritores, en todo el mundo, han comprendido y emprendido los deberes verdaderos de la creación.

Isla Negra, noviembre de 1953

Prólogo a Diego Muñoz, Carbón, *Santiago, Editora Austral, 1953.*

[Todas las banderas habían salido a la calle]

Todas las banderas habían salido a la calle. Las calles estaban florecidas de rojo. A todos los árboles habían acudidos, los verdes brotes de la primavera. Parecía que toda la población de la inmensa ciudad se había congregado allí, floreciendo también, con sus sonrisas y alegres movimientos.

Era un 1.º de mayo en Moscú.

Entonces se produjo un susurro muy grande, un silencio muy grande y una ovación como inmenso estallido: era Stalin que subía a la tribuna.

Yo lo vi nada más que aquella vez. Era aquel hombre sencillo que contemplaba el desfile de su pueblo.

Sólo aquella vez lo vi.

Pero ha pasado el tiempo y sigo viendo aquella mañana de la primavera rusa.

Alzaron un niño a la tribuna. Un pequeño niño con un ramo grande de flores. Y Stalin levantó en sus brazos al niño y a las flores.

Tal vez esto haya pasado muchas veces, con muchos hombres, con muchos niños y con muchas flores. Pero para mí aquello era diferente.

Allí, en su urna, dormía Lenin, el constructor de pueblos. Detrás, las bellas antiguas cúpulas del Kremlin eran los testigos del pasado. Millones de hombres, seguros y sonrientes, como olas sucesivas, avanzaban con ramas, con banderas, con estandartes y palomas.

Más allá la solemne tierra rusa se extendía hasta el Asia. Millares de nuevos cultivos, de nuevas escuelas, de nuevas usinas, la poblaban. Un vasto viento de fraternidad venía de la estepa.

Yo venía de Occidente y cada día leía como leemos hasta ahora esta torva amenaza de la guerra. Entonces, como esta mañana en el periódico, cables de Nueva York hablaban de «represalias» atómicas sobre Moscú. Por aquellos días salían planos de Moscú en los diarios, marcando el sitio exacto en donde deben dejar caer la destrucción atómica. Entonces, como hoy, la voz amenazante de la guerra pretendía apagar todas las voces.

Por eso, en la solemnidad de la primavera, con toda la grandeza de su historia personal, frente al mismo pueblo que soportó tantos dolores y cumplió tan purísimas hazañas, me pareció que Stalin con aquel simple gesto, detenía la guerra.

Me pareció que aquel niño que subía a su pecho era la nueva humanidad feliz y que las flores que confundían su serena cabeza y la del niño, eran la paz futura.

Tal vez para todos aquello no tenía más significación que la ceremonial, y el desfile no era más que el paso congregado de una patria feliz.

Para mí todo tuvo la solemnidad de los hechos más memorables: me parecía que allí, en aquel escenario de majestad imponderable, se sellaba un pacto de paz entre la inteligencia, la sabiduría, el trabajo, la juventud y la primavera. Y esto pasaba en la nación más grande y poderosa de la tierra.

Desde entonces pensé que mi poesía debía llevar ese pacto a todas partes, debía propagar la paz con mi propio idioma, con mis palabras de poeta.

Pensé que ésta debía tener un contenido más claro, que debía tener el color de las banderas y asegurar en los corazones la esperanza.

Pensé que mi poesía debiera construir y a través de mi obra cumplir una tarea de pueblo: caminar construyendo, construir cantando.

Por eso, al recibir este gran honor que hombres de muchos países me confieren, pienso en el nombre que tiene esta recompensa, pienso en la palabra *Stalin*.

Yo vi en la Unión Soviética muchas veces las pequeñas medallas de oro del premio Stalin nacional sobre el pecho de ingenieros y músicos, de sabios y poetas. Pero nada me emocionó tanto como verlas sobre el pecho de los héroes del trabajo, de los mineros, de los ferroviarios, de las campesinas koljosianas.

Compartía el pan, la leche, la carne, el vino, la fecundidad de la tierra soviética, con aquellos campeones de la paz y del trabajo.

Y sólo quisiera que lo que yo escribo fuera tan abundante, tan generoso y tan fragante como el pan que me dieron. Quisiera que mi trabajo, como el de aquellos hombres y mujeres, llevara la alegría a muchos seres.

He tenido la suerte, que sólo esta época puede deparar a los poetas, de que mis palabras pudieran llegar a las más remotas lenguas y regiones, y tengo conciencia de que entre todos los mensajes humanos, los que pueden alcanzar más profundamente a la humanidad, son los mensajes de la poesía y de la paz.

No creo que sea fácil escribir sobre los sentimientos de todos o sobre la verdad más visible. Pero más que enseñar a los pueblos, los poetas debemos aprender la simplicidad de los pueblos.

Yo me encontré con el horrible rostro de la guerra en el más inesperado sitio. Me habían invitado a visitar los bosques y los lagos mazurianos, en el norte de Polonia. Los inmensos pinares nos rodeaban. Abajo el mullido tapiz de la selva profunda.

De pronto vi las fortalezas del Estado Mayor alemán construidas allí para el ataque a la Unión Soviética. Los cubos de cemento me parecieron más siniestros en medio de la paz silvestre.

Todo cuanto he visto lo he transformado en poesía para todos ustedes. En unos días más aparece mi libro *Las uvas y el viento*. Así como en mis obras anteriores, he querido que todo el mundo paseara por Chile y conociera a los chilenos, que los búlgaros y los chinos conocieran los nombres de O'Higgins y Recabarren, de Lautaro y Lafertte, que los rumanos conocieran, como yo, cómo es la noche en la pampa o el invierno en Coronel y Lota, así como hablé con otros versos de los árboles y los pájaros, las calles y los caminos, los hombres, las mujeres y los niños de mi patria, hasta hacer que la amaran, hasta hacer que los hombres más distantes oyeran la palabra *Chile* como una ráfaga marina que les refrescara el corazón, así con este nuevo libro quiero que los chilenos, que los americanos de todo el continente, amen los pueblos y las tierras que recorrí en mis viajes y que sólo quieren ser conocidas y amadas.

> *Intervención en el Teatro Caupolicán, Santiago,*
> *17.1.1954, agradeciendo el homenaje por el premio*
> *Stalin de la Paz. Publicada en* El Siglo, *18.1.1954.*

Los enemigos de Guatemala

En un país de América Latina, cerca de los Estados Unidos, se podía admirar en el siglo pasado un extraordinario monumento. Estaba en el cementerio general y era un monumento a una pierna.

La pierna perteneció, antes de estar en el monumento, a un general aventurero que se hizo dueño de todo. Se hacía llamar Su Alteza Serenísima. Fue un déspota megalómano. Tenía una guardia personal con los uniformes copiados de la guardia suiza del Papa.

Este dictador vivió rodeado del halago y de los padecimientos de su pueblo. En cierta ocasión tuvieron que amputarle una pierna. No había otro remedio. Los médicos procedieron a la operación. Todavía no volvía el tirano de la anestesia y se aprestaban los cirujanos a tirar la pierna amputada a la basura, cuando intervino uno de los aduladores de palacio, el que expresó una idea que nadie se atrevió a contradecir: «No podía botarse a un basural una parte de Su Alteza Serenísima». No está este cuerpo lleno de sabiduría? No había este cuerpo ganado innumerables batallas? No era la pierna un importante fragmento de ese cuerpo glorioso? La idea cundió rápidamente. Había que darle un entierro meritorio. Un monumento! sugirió el adulador. Un monumento! corearon los aduladores. Un monumento para la pierna ilustre! publicaron los diarios del tirano.

Poco después, hacia el cementerio, sobre una cureña, iba la pierna seguida por el gabinete, todos de levita: seguían los embajadores extranjeros y tres o cuatro regimientos cuyas bandas tocaban himnos fúnebres. Después del discurso del embajador inglés y del director de informaciones de la República, al décimo cañonazo de las salvas oficiales descendió a la tierra la pierna del general. Allí se quedó encerrada en el hermoso monumento de mármol.

ESTALLA LA REVOLUCIÓN Y HUYE EL DICTADOR

Algunos años después estalló la revolución. El país había sido desangrado por la dictadura. El pueblo, cansado de su opresión, se levantó iracundo. Pero hizo un error. Los habitantes se levantaron en masa al cementerio y arrasaron el monumento de la pierna inmortal.

Mientras tanto el dictador, muy rápido de pensamiento, y con la pierna que le quedaba se había escapado para siempre. Dónde se había escapado? Quién lo había protegido?

La embajada de los Estados Unidos de la América del Norte. Allí fue bien albergado. En aquel país vivió hasta el fin de su segunda pierna.

LA DICTADURA DE MACHADO EN CUBA Y OTRAS

No hace mucho tiempo, sólo hace algunos años, gobernaba Cuba una bestia sanguinaria. Se llamaba Machado. Mandó asesinar en México, donde se había refugiado, al joven líder del pueblo cubano José Antonio Mella. Desaparecían los líderes de la resistencia o los enemigos personales de Machado. Muchas veces eran metidos en sacos y luego tirados vivos al mar. En los estómagos de los tiburones que se pescaban en la bahía se encontraban después los relojes o los anillos de los muertos.

Una insurrección popular derribó a Machado. Y saben ustedes dónde se ocultó este caníbal? Yo voy a decírselo.

En la embajada norteamericana, y, tranquilito, vivió hasta el fin de sus días en el mejor hotel de Miami.

En San Salvador gobernó hasta hace pocos años un tirano terrible. Se llamaba Martínez. Había agitación entre los campesinos. El hambre los martirizaba. El dictador proclamó el estado de sitio. Dijo que los comunistas querían apoderarse del gobierno. Lanzó su ejército contra las aldeas indefensas. Fue la mayor masacre de la América Central. Mataron treinta mil campesinos, hombres, mujeres y niños. Las aldeas quedaron llenas de muertos insepultos. No se podía pasar por los caminos. El olor de los cadáveres llegaba a kilómetros de distancia.

Más tarde, cuando Martínez fue derrocado por una revolución popular, fue de inmediato recibido y ocultado en la democrática embajada norteamericana. No sé si el señor Beaulac, embajador norteamericano en Chile, que era ya diplomático entonces, lo recibiría ofreciéndole café y puros. Tal vez sería otro. Los embajadores norteamericanos son extraordinariamente corteses con esta clase de huéspedes. El tirano Martínez, de El Salvador, terminó sus días en Miami, en un buen palacete.

EL TIRANO ESTRADA EN GUATEMALA

En Guatemala gobernó por más de 20 años un tal Estrada Cabrera. Hay una gran novela que pueden ustedes encontrar en todas partes y que describe la vida de Estrada Cabrera y los terribles sufrimientos de Guatemala en aquellos años. Es *El señor presidente*, de Miguel Ángel Asturias.

Cuando estuve en Guatemala me contaron dos hechos que voy a relatarles.

El país vivía ya muchos años de terror: los jóvenes cadetes de la Escuela Militar se complotaron contra el tirano. La insurrección debía estallar durante una visita del presidente a la Escuela Militar. Los jóvenes iban a estar formados para que el dictador les pasara revista. Cuando bajaran la bandera para saludarlo sería la señal para apresarlo.

Algo falló en el plan. Antes de bajar la bandera, las tropas rodearon la escuela. Luego entraron a ella. La carnicería duró todo el día. Mataron a todos los cadetes, a los asistentes, a las enfermeras, a los médicos y a los oficiales. Buscaron en sus casas a aquellos estudiantes que estaban enfermos o en vacaciones y allí, en el seno de sus familias, en los puntos más distantes de la capital, se les ejecutaba. Luego el dictador hizo demoler la Escuela Militar. El sitio vacío quedó allí por años y por años, para escarmiento de los guatemaltecos. Sólo hace poco tiempo se reconstruyó esta escuela.

Ahora bien, el dictador Estrada Cabrera fue también derrocado. Miguel Ángel Asturias era muy niño entonces. Me contó, sin embargo, cómo recordaba los hechos. Estrada Cabrera era chiquitito y siempre enfundado en su levitón negro. La multitud enfurecida lo había perseguido. Los incendios marcaban el horizonte. Un rumor de furia subía de todos los hogares. En todas aquellas casas alguien había sido asesinado. El pueblo se arremolinaba en su cólera. Entonces, con pasitos cortos, salió hacia el automóvil diplomático, Estrada Cabrera. El viejo chacal iba del brazo del obsequioso embajador norteamericano. Entraron juntos al automóvil. Hubo un silencio de asombro.

Estrada Cabrera pasó en los Estados Unidos sus últimos años, confortado por la democracia norteamericana, tan generosa en su asilo!

Yo llegué a Guatemala cuando gobernaba un déspota que tenía el complejo napoleónico. Se dejaba un mechón como Bonaparte. Se llamaba Jorge Ubico.

Era un déspota sombrío. Guatemala, la tierra de la luz sonriente, era sombría bajo las botas de Ubico. Allí estaban mis amigos. La poesía era sólo un susurro. A mis preguntas se contestaba de extraña manera, mirando a todos lados, hacia atrás, hacia la mesa próxima en el restaurante. Las paredes oyen. Por fin comprendí. Y para conversar de algo, inventamos el picnic. Cuando estábamos bien alejados de la ciudad conversábamos. Pero antes mis amigos guatemaltecos miraban hacia todos lados, y aunque los árboles estaban a treinta metros de ellos, daban una pasada rápida para cerciorarse de que nadie nos espiaba. Se temía del aire. Hasta los pájaros de la selva podían repetir algo.

Pude ver de muy cerca al dictador Ubico. Fui con el ministro de Chile al desfile militar de la festividades nacionales. Frente a nuestra tribuna se apeó de un potro blanco, mientras los cortesanos corrían a su encuentro. Cuando pasó junto a nosotros, el ministro de Chile se acercó a saludarlo. El hombre le estrechó la mano fríamente. El ministro se volvió hacia mí para presentármelo. Yo le dije al oído: «Si usted me lo presenta lo dejaré con la mano estirada». El ministro, muy agitado, me contestó en un murmullo: «Esto es muy grave; está el nombre de Chile de por medio». Le respondí en voz más alta: «Yo represento el nombre de Chile, y no le daré la mano». Al día siguiente, el ministro llegó radiante a mi pieza de hotel. «El señor Ubico –me dijo– es un hombre genial: no sólo sabe de caballos, sino también de poesía. Ha decidido pagar su pasaje de regreso a México. Esto es un honor para Chile».

Yo andaba sin dinero. Había sido suspendido de mis funciones de cónsul por haber dado la visa de entrada a Chile del gran pintor mexicano David Alfaro Siqueiros. El ministro de Relaciones que había tomado esta medida contra mí fue el llamado Juan Bautista Rossetti.

Le dije al ministro que no aceptaba el pasaje. Mis amigos entonces propiciaron un recital de mis poesías. Este recital llenó el teatro y con esto pagué mi regreso. Pero mis amigos me contaron, mucho tiempo después, que mientras yo leía mis versos, el teatro estaba rodeado por destacamentos con ametralladoras.

PAÍS DE BELLEZA INCOMPARABLE

Nunca olvidé a Guatemala. Viajando desde México, quedan atrás la selvas de Chiapas y se entra en una de las regiones de mayor belleza en el planeta. Todo lo cubre la desbordante soberanía de la selva. Subimos y subimos gargantas increíbles, vegetación, ríos como avalanchas rompen su espuma contra las llanas, gritos fantasmales de pájaros, flores fabulosas en la altura gigante de los árboles, pájaros de brillo enceguecedor, fragancias de caoba. Nuestra tierra americana dio a la pequeña Guatemala todo el muestrario de su grandeza. A una gran altura los lagos de inquietante profundidad miran al cielo con viejos ojos de turquesa impasible. Y en la orilla de estos lagos ostentan diariamente sus vestidos de color extraordinario las más cultas y antiguas razas de hombres americanos. Bajo la selva todavía duermen los tesoros sagrados, las estelas, los altares, los edificios de la gran civilización maya. En Quetzaltenango, en Totonicapán vi a los indios dentro de la catedral encender centenares de velas en el suelo y conversar con sus antiguos dioses que inspiraron las joyas y las construcciones, los tejidos y la poesía. En los altares de las iglesias los dioses cristianos son sólo decorativos, y con sus barbas, son el recuerdo de los crueles conquistadores.

Yo no podría entrar en lo político sin hablar de la imponderable belleza de Guatemala. Tal vez por eso me duela más que a nadie el zarpazo que de nuevo pretende desgarrarle las entrañas. Quien ha entrado por el Río Dulce de la pululante noche del trópico, quien ha visto cruzar los grandes peces fosforescentes junto a la embarcación, mientras todos los sonidos de la selva y del agua se conciertan y se elevan, mientras todos los perfumes penetran en el corazón, mientras todas las estrellas acumulan su platino tembloroso en el oscuro cielo; quien se ha sentido mudo y pequeño rodeado por la belleza primordial de nuestra América, concentrada en Guatemala, no puede olvidarla jamás.

Pero no sólo encontré una gran belleza en Guatemala, sino una bondad ambiente, una voluntad creadora. Volví a la pequeña república cuando el último dictador había sido acogido por la embajada norteamericana y cuando por primera vez un gobierno inteligente y humano, el del señor Arévalo, elevaba a la dignidad y a la conciencia la pequeña república olvidada.

UNA NUEVA VIDA Y FE EN LA LIBERTAD

Son hermosas las ruinas de los antiguos templos, son dignos de toda poesía los árboles y los ríos de la tierra americana, pero no hay nada más bello que ver renacer la libertad en las regiones donde la opresión fue más constante. Yo he visto hablar de nuevo al pueblo de Guatemala, tener fe en sí mismo, he visto la esperanza sonriendo en sus labios.

He visto en los estadios construidos por Arévalo y Arbenz, a las multitudes sin miedo, proclamando su fe en el renacimiento de su patria. He dado la mano a los campesinos que han recibido tierras y que han dejado de ser esclavos, he entrado en los nuevos hospitales y en las nuevas escuelas, construidos contra la codicia y la cólera de las compañías norteamericanas. En las tierras en que la opresión, el martirio y el silencio parecían endémicos, yo he visto de nuevo la libertad creadora, he confirmado allí mi profunda fe en el hombre.

Tenemos que comprender que los presidentes Arévalo y Arbenz son para Guatemala lo que los padres de la patria son para los chilenos. En una tierra encadenada son los constructores de la justicia, en una nación saqueada por extranjeros sin escrúpulos son los capitanes de la independencia, en un pueblo que parecía acostumbrado al vasallaje son los rectores de una nueva moral. Han dado a su patria lo que desde hace un siglo le restaban: conciencia nacional, justicia, voluntad y alegría.

AFILAN GARRAS DE LA INTERVENCIÓN

Para nosotros los americanos, no nos extraña que el gobierno terrorista de Washington se afile las garras para destruir la libertad de Guatemala. Al intentarlo por medio de los gobiernos satélites de la reunión de Caracas, no hace sino continuar la tradición impúdica, avorazada y bestial de los norteamericanos en Centroamérica. Nadie se engaña en esta gran comedia. De los burdeles que regentaba, las compañías imperialistas extrajeron al sangriento Trujillo, que desde hace treinta años esclaviza a la nación dominicana. Con las manos mojadas por la sangre del héroe Augusto Sandino el gobierno de los Estados Unidos instaló en el trono de Nicaragua al depravado Tacho Somoza.

Éstos son los gobernantes que la Casa Blanca designa como ideales para toda nuestra América. Cuando un pueblo resiste y quiere reconquistar junto con su cobre, su estaño, su café, las riquezas de su territorio, sus derechos y su soberanía, el gobierno de Washington toca el tam-tam y reúne en Caracas o en otro sitio a sus siervos de las Américas para leerles un cuento de hadas en que él aparece defendiendo la libertad. Nosotros los latinoamericanos conocemos la libertad que desean para nosotros los dueños de los monopolios, los fabricantes de cañones y el señor Foster Dulles. Que recuerden los que van a dar el sí en Washington, a los nicaragüenses ametrallados por los fusileros norteamericanos en las playas de Nicaragua, a los hombres de Texas y Puerto Rico, hasta hoy obligados a reverenciar una bandera que odian, que recuerden los sudamericanos en Caracas cómo en Valparaíso los piratas de Norteamérica humillaron la bandera de Chile, y cómo en Veracruz destruyeron con sus cañones los monumentos históricos de México, masacrando a las mujeres y a los niños mexicanos.

Pero si no quieren recordar estos capítulos sombríos, que siquiera recuerden el precio del cobre, del azúcar, del estaño, del salitre, de los productos del subsuelo de América que los gobernantes venales entregaron al dominio del Shylock norteamericano. Y que recuerden nuestras multitudes harapientas, nuestros niños sin escuelas y sin zapatos.

LO QUE DEBE ACORDARSE EN CARACAS

Si los gobiernos de América Latina representaran como el de Guatemala a nuestros pueblos, esta conferencia de Caracas tendría una oportunidad maravillosa. Sería la de encarar al gobierno de los Estados Unidos y pedirle que termine su política de Guerra Fría y saqueo. Desde hace años no vemos a

las embajadas norteamericanas interviniendo en beneficio de
los pueblos de América. Se reciben en las cancillerías las visitas de esos diplomáticos sólo para presionar sin misericordia
a los gobiernos latinoamericanos con mayores exigencias
para las compañías explotadoras, o bien para exigir nuevas
leyes represivas, nuevos tributos de sangre.

No podemos esperar gran cosa de nuestra misión en Caracas. Sólo que cumpla la promesa oficial de no intervención
en Guatemala. Pero junto a la voz de Guatemala, que hace
honor a América, junto a la voz de Morazán, hubiera sido
hermoso escuchar la voz de O'Higgins. Pero, por lo menos,
podemos decirles a Guatemala y a todos los patriotas de los
pueblos de América: la voz de Chile no está en Caracas, está
en este recinto, está en el campo y en las minas, está en las calles de Santiago, está en los padecimientos del norte, en los
mineros de Chuquicamata, en los obreros de la construcción,
en los balleneros de la Antártida, en nuestros obreros de fábricas, en nuestros empleados aguerridos, en nuestros profesionales, en nuestros escritores y artistas. Y está con Guatemala y con la liberación de América Latina, está con el
pueblo de la Guayana inglesa oprimida por Inglaterra, y con
el pueblo de Puerto Rico oprimido por el gobierno norteamericano. El pueblo chileno conoce ya esta sopa venenosa del
anticomunismo. No se la traga. Que se la sirvan con fruición
los elegantes delegados que han ido a Caracas a representar
en nombre de América Latina los intereses norteamericanos.

CAEN LAS TINIEBLAS SOBRE EE.UU.

Estamos atravesando una etapa desventurada de la historia.
Los poderosos monopolios norteamericanos han instalado un
régimen de terror dentro de los Estados Unidos. De Norteamérica no pueden salir las mejores figuras del pensamiento de ese
país. Einstein es vigilado por la policía, la Gestapo actúa ya
dentro del ejército. El mayor genio de la cinematografía, el actor más ilustre de la historia, creador del cine norteamericano,
Charlie Chaplin, no puede regresar a Norteamérica, y su mu-

jer, la hija del famoso dramaturgo O'Neill, ha renunciado a su nacionalidad. Centenares de procesados políticos llegan cada día a las cárceles de ese país. Los investigadores científicos se ven amenazados. Los escritores no pueden hablar.

Las tinieblas están cayendo sobre los Estados Unidos de América del Norte.

Las columnas construidas por Jefferson y Lincoln están siendo corrompidas y carcomidas por los grandes monopolistas, por los criminales de la Guerra Fría.

Pensemos en los sufrimientos del pueblo norteamericano. Sin embargo, trescientos mil jóvenes muertos en Corea no satisfacen a los nuevos caníbales.

Sabemos que en los hogares de Norteamérica se agitan el temor y el dolor. Dediquemos nuestra más honda simpatía a ese gran pueblo, que por la voluntad de unos cuantos extorsionadores debe convertirse en verdugo de otros pueblos.

Quieren convertir a Guatemala en una nueva Corea. De la noche a la mañana inventarán la invasión de Nicaragua como inventaron la invasión de Corea del Sur. Para apagar la libertad y la luz en Guatemala han recurrido ya a toda su prensa mercenaria, a la prensa que como *El Mercurio* de Santiago de Chile recibe mensualmente los dólares necesarios para socavar la independencia de las naciones latinoamericanas.

Pero no lo permitiremos.

Que el nombre de *Guatemala* sea llevado de boca en boca, de oído en oído, de casa en casa, de pueblo en pueblo, por las calles de América, que este nombre simbolice la resistencia de todas nuestras naciones.

Que la palabra *Guatemala* signifique David contra Goliat, la victoria del hombre sobre el monstruo y la conciencia de los derechos y de los destinos de nuestros pueblos.

SOLIDARIDAD AMERICANA CON GUATEMALA

Que conozca Guatemala, en esta hora de amenaza, la solidaridad del continente. Que salga de aquí un mensaje para el presidente Arbenz.

Que sepan los campesinos cómo se han repartido allí las tierras a quienes las trabajan, y que sepan los estudiantes cómo un pequeño país desafió a las poderosas compañías de horca y cuchillo, las que acostumbraban a sobornar y aterrorizar a casi todos los gobiernos centroamericanos.

Que se conozca en todos los ámbitos la lucha que por su vida y por su independencia sostiene la nación guatemalteca. Yo me dirijo a los obreros y campesinos de Guatemala, y les digo:

«Hasta hoy os habéis batido bravamente. Pero más que nunca en esta hora necesitáis la unidad del pueblo. La bandera de la independencia debe seguir en las manos de todos los patriotas».

A los grandes artistas y escritores de Guatemala, a Miguel Ángel Asturias, a Cardoza y Aragón, a Carlos Mérida, al grupo Saker Ti, a Raúl Leiva, y a otros les digo: «admiramos la dignidad de vuestras obras, conocemos con qué fervor habéis abrazado la causa popular de vuestra patria, y os saludamos con emoción y cariño. Sabemos que lucharéis sumando todas las fuerzas del espíritu para que Guatemala no sea detenida en el camino de su libertad».

HONREMOS CON AMOR A GUATEMALA

Yo comencé por contaros las historias trágicas y grotescas del despotismo en las tierras del norte. Terminaré contándoos una última historia.

Cuando en el siglo xv los conquistadores españoles descargaron su furia y su codicia en nuestro continente, uno de ellos, tal vez el más cruel de todos, invadió Guatemala. Se llamaba Alvarado y era el lugarteniente de Hernán Cortés.

Los pacíficos príncipes indígenas salieron al camino a recibirlos y cantaron los jóvenes en su honor. Con guirnaldas los coronaron.

Después del festín imperial, Alvarado pidió para esa noche muchachas de la nobleza para sus capitanes. Mucho se turbaron los príncipes indígenas, pero se las concedieron.

A la mañana siguiente Alvarado aprisionó a los hijos de los príncipes y llamando a éstos les dijo: «Si esta tarde no me llenáis de oro esta habitación, vuestros hijos serán quemados vivos».

Desde aquel día los conquistadores españoles arrasaron con cuanto existía y ensangrentaron la dulce tierra que los recibió con tantos dones.

Pasan los siglos y nuevos conquistadores invaden América central. Se instalan las compañías fruteras. Son recibidos con danzas y con brindis por los gobiernos. Piden los ferrocarriles. Se los dan. Exigen las aduanas. Se las entregan.

Entonces instalan sus gobiernos, sus títeres sanguinarios.

Y para llenar de oro los bancos de Nueva York y para que haya más lujo en la Quinta Avenida se han desangrado sin misericordia las tierras centroamericanas. Sabemos que Guatemala, su pueblo y su gobierno, significan en esta hora la resistencia contra los empedernidos déspotas explotadores de aquellas tierras maravillosas. Guatemala ha dicho que no para siempre a este estado de cosas y aquí nos reunimos para celebrar el significado y la enseñanza que Guatemala nos transmite.

Pero sabemos también que los enemigos de Guatemala son los mismos que amenazan la paz en el mundo. Son los que instalan un cinturón de bombas atómicas con el propósito de derribar las construcciones del mundo socialista. Son los que renuevan el militarismo alemán y el espíritu de revancha de las antiguas formaciones hitlerianas. Son los mismos que sostienen a Franco sentado sobre un millón de muertos españoles. Son los mismos que ayudan a los hipócritas imperialistas franceses a sojuzgar a los heroicos pueblos de Indochina. Son los mismos que en Formosa sostienen a un puñado de corrompidos bandoleros expulsados de China por la voluntad del pueblo. Son los mismos que en el Irán, en el Egipto y en Arabia se apoderan del petróleo y de otras materias primas a través de la intriga, de la violencia y del soborno.

Tiene, pues, el honor Guatemala de tener en su contra las poderosas y oscuras fuerzas regresivas de nuestra época. Tiene el honor Guatemala, pequeña, hermosa y luminosa nación de nuestra América de precipitar el odio de los que manejan el odio, de soportar la guerra de los que preparan la guerra.

Honremos a la pequeña y heroica nación hermana con el amor de los que creen en el amor, con el honor de los que defenderán el honor de su PATRIA con la adhesión de todos los que saben que su independencia y su libertad son cuestión de amor y de honor para todos los pueblos de América.

> *Discurso leído en el Teatro Caupolicán, Santiago, febrero de 1954. Publicado en* El Siglo, *Santiago, 1.3.1954.*

Prólogo para Nicanor Parra

Entre todos los poetas del sur de América, poetas extremadamente terrestres, la poesía versátil de Nicanor Parra se destaca por su follaje singular y sus fuertes raíces. Este gran trovador puede de un solo vuelo cruzar los más sombríos misterios o redondear como una vasija el canto con las sutiles líneas de la gracia.

La vocación poética en Nicanor Parra es tan poderosa como lo fuera en Miguel Hernández.

Su madurez lo lleva a las exploraciones más difíciles, manteniéndolo entre la flor y la tierra, entre la noche y el sonido, pero regresa de todo con pies seguros. En toda la espesura de la poesía quedarán marcadas sus huellas australes.

Esta poesía es una delicia de oro matutino o un fruto consumado en las tinieblas. Como lo mande el poeta Nicanor nos dejará impregnados de frescura o de estrellas.

> *Isla Negra, junio de 1954*

> *Nota-prólogo a Nicanor Parra,* Poemas y antipoemas, *Santiago, Nascimento, 1954.*

IV

TEXTOS DEL 50.º CUMPLEAÑOS
(Enero-julio 1954)

Infancia y poesía

Para saber y contar y contar para saber... tengo que empezar así esta historia de aguas, plantas, bosques, pájaros, pueblos, porque es eso la poesía, por lo menos mi poesía. Pero ante todo, si alguien se siente incómodo, ése soy yo. No sólo porque tengo que hablar de mí mismo, sino porque tengo que hablar mientras ustedes pueden pensar en lo que les dé la gana, que es lo que me gustaría hacer a mí.

El corazón de los poetas es, como todos los corazones, una interminable alcachofa, pero en él no hay solamente hojas para mujeres de carne y hueso, para amores verdaderos o sueños persistentes, sino para todas las tentaciones de la vida, también para la vanidad. No hay verdadero poeta sin alguna vanidad, así como no hay tampoco grandes poetas inéditos. Entonces iré sacando las hojas de la vanidad para consumirlas entre nosotros, ya que así me lo han pedido. Espero que sea una de las últimas veces y que todo lo demás, las demás hojas que me saque del corazón, sean puro producto, alimentos vegetales, celestes y terrestres, poesía...

Mis tatarabuelos llegaron a los campos de Parral y plantaron viñas. Tuvieron unas tierras escasas y cantidades de hijos. En el transcurso del tiempo esta familia se acrecentó con hijos que nacían dentro y fuera del hogar. Siempre produjeron vino, un vino intenso y ácido, vino pipeño, sin refinar. Se empobrecieron poco a poco, salieron de la tierra, emigraron, volviendo para morir a las tierras polvorientas del centro de Chile.

Mi padre murió en Temuco, porque era un hombre de otros climas. Allí está enterrado en uno de los cementerios más lluviosos del mundo. Fue mal agricultor, mediocre obrero del dique de Talcahuano, pero buen ferroviario. Mi padre fue ferroviario de corazón. Mi madre podía distinguir en la noche, entre los otros trenes, el tren de mi padre que llegaba o salía de la estación de Temuco.

Pocos saben lo que es un tren lastrero. En la región austral, de grandes vendavales, las aguas se llevarían los rieles, si no les echaran piedrecillas entre los durmientes, sin descuidarlos en ningún momento. Hay que sacar con capachos el lastre de las canteras y volcar la piedra menuda en los carros planos. Hace cuarenta años la tripulación de un tren de esta clase tenía que ser formidable. Tenía que quedarse en los sitios aislados picando piedra. Los salarios de la empresa eran miserables. No se pedía antecedentes a los que querían trabajar en los trenes lastreros. La cuadrilla estaba formada por gigantescos y musculosos peones. Venían de los campos, de los suburbios, de las cárceles, mi padre era el conductor del tren. Se había acostumbrado a mandar y a obedecer. A veces me arrebataba del colegio y yo me iba en el tren lastrero. Picábamos piedras en Boroa, corazón silvestre de la frontera, escenario de los terribles combates entre españoles y araucanos.

La naturaleza allí me daba una especie de embriaguez. Yo tendría unos diez años, pero era ya poeta. No escribía versos, pero me atraían los pájaros, los escarabajos, los huevos de perdiz. Era milagroso encontrarlos en las quebradas, empavonados, oscuros y relucientes, con un color parecido al del cañón de una escopeta. Me asombraba la perfección de los insectos. Recogía las madres de la culebra. Con este nombre extravagante se designa al mayor coleóptero, negro, bruñido y fuerte, el titán de los insectos de Chile. Estremece verlo de pronto en los troncos de los maquis y de los manzanos silvestres, de los coigües, pero yo sabía que era tan fuerte que podía pararme con mis dos pies sobre él y no se rompería. Con su gran dureza defensiva no necesitaba veneno.

Estas exploraciones mías llenaban de curiosidad a los trabajadores. Pronto comenzaron a interesarse en mis descubrimientos. Apenas se descuidaba mi padre se largaban por la
selva virgen y con más destreza, más inteligencia y más fuerza que yo encontraban para mí tesoros increíbles. Había uno
que se llamaba Monge. Según mi padre, el más peligroso cu-
chillero... Tenía dos grandes líneas en su cara morena. Una
era la cicatriz vertical de un cuchillazo y la otra su sonrisa
blanca, horizontal, llena de simpatía y picardía. Este Monge
me traía copihues blancos, arañas peludas, crías de torcaza, y
una vez descubrió para mí lo más deslumbrante, el coleóptero del coigüe y de la luna. No sé si ustedes lo han visto alguna vez. Yo sólo lo vi en aquella ocasión, porque era un relámpago vestido de arco iris. El rojo y el violeta y el verde y
el amarillo deslumbraban en su caparazón y como un relámpago se me escapó de las manos y se volvió a la selva. Ya no
estaba Monge para que me lo cazara. Pero nunca me he re-
cobrado de aquella aparición deslumbrante. Tampoco he olvidado a aquel amigo... Mi padre me contó su muerte. Cayó
del tren y rodó por un precipicio. Se detuvo el convoy, pero
me decía mi padre, sólo era un saco de huesos. Lloré una
semana.

Es difícil dar una idea de una casa como la mía, casa típica de
la frontera, hace cuarenta años.

En primer lugar, las casas familiares se intercomunicaban.
Por el fondo de los patios los Reyes y los Ortega, los Candia
y los Mason, se intercambiaban herramientas o libros, tortas
de cumpleaños, ungüentos para fricciones, paraguas, mesas y
sillas.

Estas casas pioneras cubrían todas las actividades de un
pueblo.

Don Carlos Mason, norteamericano de blanca melena, parecido a Emerson, era el patriarca de esta familia.

Sus hijos Mason eran profundamente criollos.

Don Carlos Mason tenía código y biblia. No era un imperialista, sino un fundador original.

En esta familia, sin que nadie tuviera dinero crecían imprentas, hoteles, carnicerías. Algunos hijos eran directores de periódicos y otros eran obreros en la misma imprenta.

Todo esto pasaba con el tiempo y todo el mundo quedaba tan pobre como antes. Sólo los alemanes mantenían esa irreductible conservación de sus bienes que los caracterizaba en la frontera.

Las casas nuestras tenían, pues, algo de campamento. O de empresas descubridoras. Al entrar se veían barricas, aperos y monturas y objetos indescriptibles.

Quedaban siempre habitaciones sin terminar, escaleras inconclusas. Se hablaba toda la vida de continuar la construcción. Los padres comenzaban a pensar en la universidad para sus hijos.

En la casa de don Carlos Mason se celebraban los grandes festejos.

En toda comida de onomástico había pavos con apio, corderos asados al palo y leche nevada de postre. Hace ya muchos años que no pruebo leche nevada. El patriarca de pelo blanco se sentaba en la cabecera de la mesa interminable, con su esposa, doña Micaela Candia. Detrás de él había una inmensa bandera chilena, a la que se le había clavado con un alfiler una minúscula banderita norteamericana. Ésa era también la proporción de la sangre. Prevalecía la estrella solitaria de Chile.

En esta casa de los Mason había también un salón al que no nos dejaban entrar a los chicos sino en contadas ocasiones. Nunca supe el verdadero color de los muebles, porque estuvieron cubiertos con fundas blancas hasta que se los llevó un incendio. Había allí un álbum con fotografías de la familia. Estas fotos eran más finas y más delicadas que las terribles ampliaciones iluminadas que invadieron después la frontera.

Allí había un retrato de mi madre, muerta en Parral, poco después de que yo nací. Era una señora vestida de negro, delgada y pensativa. Me han dicho que escribía versos, pero nunca he visto nada de ella, sino aquel hermoso retrato.

Mi padre se había casado en segundas nupcias con doña Trinidad Candia, mi madrastra. Me parece increíble tener que dar este nombre al ángel de mi infancia. Era diligente y dulce, tenía sentido de humor campesino, una bondad activa e infatigable.

Apenas llegaba mi padre, ella se transformaba sólo en una sombra suave como todas las mujeres de entonces y de allá.

En aquel salón vi bailar mazurcas y cuadrillas.

Había en mi casa también un baúl con objetos fascinantes. En el fondo relucía un maravilloso loro de calendario. Un día que mi madre revolvía aquella arca sagrada yo me caí de cabeza dentro para alcanzar el loro. Pero cuando fui creciendo lo abría secretamente. Había unos abanicos preciosos e impalpables.

Conservo otro recuerdo de aquel baúl. La primera novela de amor que me apasionó. Eran centenares de tarjetas postales, todas dirigidas por alguien que las firmaba, que no sé si era un Enrique o un Alberto, y escritas todas a María Thielman. Estas tarjetas eran maravillosas. Eran retratos de las grandes actrices de la época con vidriecitos engastados y a veces cabellera pegada. También había castillos, ciudades y paisajes lejanos. Durante años sólo me complací en las figuras. Pero, a medida que fui creciendo, fui leyendo aquellos mensajes de amor escritos con una perfecta caligrafía. Siempre me imaginé que el galán aquel era hombre de sombrero de hongo, bastón y brillante en la corbata. Pero aquellas líneas eran de arrebatadora pasión. Estaban enviadas desde todos los puntos del globo por el viajero. Estaban llenas de frases deslumbrantes, de audacia enamorada. Comencé yo a enamorarme de María Thielman. A ella me la imaginaba como una desdeñosa actriz, coronada de perlas. Pero cómo habían llegado al baúl de mi madre estas cartas? Cómo había abandonado su tesoro la diosa desconocida? Nunca pude saberlo.

Los muchachos en el Liceo no conocían ni respetaban mi condición de poeta. La frontera tenía ese sello maravilloso de Far West sin prejuicios. Mis compañeros se llamaban Schnakes, Schelers, Hausers, Smiths, Taitos, Seranis. Éramos iguales entre los Aracenas y los Ramírez y los Reyes... No había apellidos vascos. Había sefarditas: Albalas, Francos; había irlandeses, McGuintys; polacos, Yanichewskys. Brillaban con luz oscura los apellidos araucanos, olorosos a madera y agua, Melivilus, Catrileos.

Combatíamos en el gran galpón cerrado con bellotas de encina. Nadie que no lo haya recibido sabe lo que duele un bellotazo. Antes de llegar al Liceo, que estaba cerca del río, nos llenábamos los bolsillos de armamentos. Yo tenía escasa capacidad, ninguna fuerza y poca astucia. Siempre llevaba la peor parte. Mientras me entretenía observando la maravillosa bellota, verde y pulida, con su caperuza rugosa y gris, mientras trataba torpemente de fabricarme con ella una de esas pipas que me arrebataban, ya me había caído un diluvio de bellotazos en la cabeza. Cuando estaba en el segundo año se me ocurrió llevar un sombrero impermeable de color verde vivo. Este sombrero pertenecía a mi padre, como su manta de Castilla, sus faroles de señales verdes y rojos, que estaban cargados de fascinación para mí y apenas podía los sacaba al colegio para pavonearme con ellos... Esta vez llovía implacablemente y nada más formidable que el sombrero de hule verde que parecía un loro. Apenas llegué al galpón en que corrían como locos trescientos forajidos, mi sombrero voló como un loro. Yo lo perseguía y cuando ya lo iba a cazar volaba de nuevo entre los aullidos más ensordecedores que escuché jamás... Nunca lo volví a ver.

Mi poesía me fue defendiendo poco a poco.

En el Liceo hacía un frío polar. Hace cuarenta años yo tiritaba como deben tiritar ahora los chicos en el nuevo Liceo de Temuco. Han hecho un gran edificio, moderno, con grandes ventanas pero sin calefacción. Así son las cosas por allá en la frontera... En mi tiempo había que hacerse hombres. Las ocasiones no nos faltaban. Las casas del sur eran destartaladas, apresuradamente hechas de maderas recién cortadas y techos de zinc. Las grandes lluvias eternas eran la música en el techo. A veces, en la mañana, la casa del frente se despertaba sin techo. El viento se lo había llevado a doscientos metros de distancia. Las calles eran grandes ríos de barro. Las

carretas se empantanaban. Por las veredas, pisando en una
piedra y en otra, con frío y lluvia, andábamos hacia el colegio. Los paraguas se los llevaba el viento. Los impermeables
eran caros, los guantes no me gustaban, los zapatos se empa-
paban. Siempre recordaré los calcetines mojados junto al brasero y muchos zapatos echando vapor, como pequeñas locomotoras. Luego venían las inundaciones que se llevaban las
poblaciones donde vivía la gente más pobre, junto al río.
También la tierra se sacudía, temblores. Otras veces en la cordillera asomaba un penacho de luz terrible: el volcán Llaima
despertaba.

Pero lo peor eran los incendios. En el año 1906 o 1907, no
recuerdo bien, fue el gran incendio de Temuco. Las casas ardían como cajitas de fósforos. Se quemaron veintidós manzanas. No quedó nada, pero si los sureños saben hacer algo de
prisa, son las casas. No las hacen bien, pero las hacen. Cada
sureño tiene tres o cuatro incendios totales en su vida. Tal vez
el recuerdo más remoto de mi propia persona es verme sentado sobre unas mantas frente a nuestra casa que ardía por segunda o tercera vez.

Pero los aserraderos cantaban. Se acumulaba la madera en las
estaciones y de nuevo se olía a madera fresca en los pueblos.
Por allá quedan aún versos míos escritos en las paredes. Me
tentaban porque las tablas eran lisas como el papel, con venas
misteriosas. Desde entonces la madera ha sido para mí, no
una obsesión, porque no conozco las obsesiones, sino un elemento natural de mi vida.

> [...]
> Ay, de cuanto conozco
> y reconozco
> entre todas las cosas
> es la madera
> mi mejor amiga,
> yo llevo por el mundo
> en mi cuerpo, en mi ropa
> aroma

de aserradero,
olor de tabla roja,
mi pecho, mis sentidos
se impregnaron
en mi infancia
de árboles que caían,
de grandes bosques llenos
de construcción futura,
yo sentí cuando azota
el gigantesco alerce,
el laurel alto de cuarenta metros...

Estas gentes de las casas de tabla tienen otra manera de pensar y sentir que las del centro de Chile. En cierta forma se parecen a la gente del norte grande, de los desamparados arenales. Pero no es lo mismo haber nacido en una casa de adobes que en una casa de madera recién salida del bosque. En estas casas no había nacido nadie antes. Los cementerios eran frescos.

Por eso aquí no había poesía escrita, ni religión. Mi madre me llevaba de la mano para que la acompañara a la iglesia. La iglesia del Corazón de María tenía unas lilas plantadas en el patio y para la novena todo estaba impregnado de ese aroma profundo.

La iglesia estaba siempre vacía de hombres. Yo tenía doce años y era casi el único varón en el templo. Mi madre me enseñó a que yo hiciera lo que yo quisiera adentro de la iglesia. Como yo no era religioso, no seguía el ritual y estaba casi siempre de pie cuando se cantaba y se arrodillaba la gente. Nunca aprendí a persignarme, nunca llamó la atención en la iglesia de Temuco que un chico irreverente estuviera de pie en medio de los fieles. Tal vez ha sido esto lo que me ha hecho entrar siempre con respeto en todas las iglesias. En aquella pequeña parroquia comenzaron mis primeros amores. Me parece recordar que se llamaba María, no estoy seguro. Pero sí recuerdo que todo aquel confuso primer amor o cosa parecida fue fulgurante, doloroso, lleno de conmociones y tormentos e impregnado por todos los resquicios de un penetrante aroma de lilas conventuales.

La gente era muy descreída en aquella ciudad. Mi padre, mis tíos, los innumerables cuñados y compadres, de la mesa grande en el comedor, tampoco se santiguaban. Se contaban cuentos de cómo el huaso Ríos, el que pasó el puente de Malleco a caballo, había laceado a un san José.

Había muchos martillos, serruchos y gente trabajando la madera y segando los primeros trigos. Según parece, a los pioneros no les hace mucha falta Dios. Blanca Hauser, que es de Temuco, su casa estaba en la plaza del Manzano en cuyos bancos yo escribí ríos de pobre poesía, me contaba que una vez en un terremoto salieron corriendo un viejo y una vieja. La señora se golpeaba el pecho dando grandes gritos: misericordia! El viejo la alcanzó, preguntándole: cómo se dice señora, cómo se dice? «Misericordia, ignorante», le dijo la vieja. Y el viejo, hallándolo muy difícil, siguió trotando y golpeándose el pecho, repitiendo: «ésa es la cosa, ésa es la cosa».

A veces me llamaban mis tíos para el gran rito del cordero asado. Estos Mason, ya lo he dicho, tenían sangre norteamericana, pero eran grandes criollos. La fuerte tierra virgen empapaba con sus emanaciones la sangre nórdica o mediterránea, transformándola en sustancia araucana. Corría mucho vino bajo los sauces y las guitarras sonaban a veces una semana. La ensalada de porotos verdes se hacía en las bateas de lavar. De mañana se oía el terrible lamento de los chanchos sacrificados. Para mí lo más pavoroso era la preparación del ñachi. Cortaban el cuello del cordero y la sangre caía en una palangana que contenía fuertes aliños. Mis tíos me pedían que bebiera la sangre.

Yo iba vestido de poeta, de riguroso luto, luto por nadie, por la lluvia, por el dolor universal. Y allí los bárbaros levantaban la copa de sangre.

Yo me sobrepuse y bebí con ellos. Hay que aprender a ser hombres.

Los centauros tenían su fiesta, la verdadera fiesta de los centauros: las topeaduras. Cuando dos potros iban haciéndose famosos, como cuando dos hombres iban siendo notorios por sus fuerzas, se comenzaba a conversar primero y poco a poco iba perfilándose el torneo. Fue famoso el encuentro de *El Trueno* y *El Cóndor*, uno negro y el otro gris, dos potros colosales. Hasta que llegaron a la vara.

Pero habían bajado los hombres, los jinetes montados de todas partes, de Chonchol y Curacautín, de Pitrufquén y Gorbea, de Loncoche y Lautaro, de Quepe, de Quitratúe, de Labranza, de Boroa y de Carahue. Y ahí los centauros, fuerza contra fuerza, se trataban de arrollar o de pasar primero por la vara. Los potros tiritaban de las pezuñas hasta los hocicos llenos de espuma. Eran mortales esos minutos en que no se movían. Después era *El Trueno* o *El Cóndor* el victorioso y veíamos pasar al héroe con sus grandes espuelas relumbrantes sobre el potro mojado. La gran fiesta seguía con cientos de comensales. Así está escrita por los sabios sureños:

> De aceituna una,
> de vino una laguna
> y de asao
> hasta quedar botao.

Entre esta gente violenta apareció un hombre romántico que tuvo mucha influencia sobre mí: Orlando Mason. Fue el primer luchador social que conocí. Fundó un diario. Allí se publicaron mis primeros versos y allí tomé el olor a imprenta, conocí a los cajistas, me manché las manos con tinta.

Este hombre hacía violentísimas campañas contra los abusos de los poderosos. Con el crecimiento venía la explotación. Con pretexto de exterminar a los bandidos se desposeía de sus tierras a los colonizadores, a los indios se les mataba como si fueran conejos. Yo no creo que los araucanos hayan sido ni sombríos, ni tímidos, ni extraviados. Así se hicieron a fuerza de experiencias terribles. Después de la independencia, después de 1810, los chilenos se dedicaron a matar indios con el mismo entusiasmo que los invasores españoles. Temuco fue el último corazón de la Araucanía.

Orlando Mason protestaba por todo. Era hermoso ver ese diario entre gente tan bárbara y violenta defendiendo a los justos contra los crueles, a los débiles contra los prepotentes.

El último incendio que vi en Temuco fue el del diario de Orlando Mason. Se lo incendiaron de noche. El incendio en la frontera era un arma nocturna.

Orlando Mason escribía y publicó el primer libro de poesía impreso entre el río Bío Bío y el estrecho de Magallanes. El volumen se titula *Flores de Arauco*. Leí aquellos versos con gran emoción. Orlando Mason recitaba sus monólogos o melopeas en el teatro. «El artista» y «El mendigo» eran los de más éxito. Para «El mendigo», en mi casa, mi madre y mis tías, le deshilachaban la ropa.

Era un hombre alegre, lleno de batallas.

El verano es abrasador en Cautín. Quema el cielo y el trigo. La tierra quiere recuperarse de su letargo. Las casas no están preparadas para el verano, como no lo estuvieron para el invierno. Yo me voy por el campo en busca de mi poesía. Ando y ando. Me pierdo en el cerro Ñielol. Estoy solo, tengo el bolsillo lleno de escarabajos. En una caja llevo una araña peluda, recién cazada. Arriba no se ve el cielo. La selva está siempre húmeda, me resbalo, de repente grita un pájaro, es el grito fantasmal del chucao. Crece desde mis pies como una advertencia aterradora. Apenas se distinguen como gotas de sangre los copihues. Paso minúsculo, bajo los helechos gigantes. Junto a mi boca pasa una torcaza con un ruido seco de alas. Más arriba otros pájaros se ríen de mí con risa ronca. Encuentro difícilmente mi camino. Ya es tarde.

Mi padre no ha llegado. Llegará a las tres o a las cuatro de la mañana. Me voy arriba, a mi pieza. Leo a Salgari. Se descarga la lluvia como una catarata. En un minuto la noche y la lluvia cubren el mundo. Allí estoy solo y en mi cuaderno de aritmética escribo versos. A la mañana siguiente me levanto muy temprano. Las ciruelas están verdes. Salto los cercos. Llevo un paquetito con sal. Me subo a un árbol, me siento cómodamente, cojo con cuidado una ciruela, la muerdo y escupo un pedacito, entonces la empapo en la sal. Me la como. Así hasta cien ciruelas. Ya lo sé que es demasiado.

Como se nos ha incendiado la casa, esta nueva es misteriosa. Subo al cerco y miro a los vecinos. No hay nadie. Levanto unos palos. Nada más que unas miserables arañas chicas. En el fondo del sitio está el excusado. Los árboles junto a él tienen orugas. Los almendros muestran su fruta forrada en felpa blanca. Sé cómo cazar los moscardones sin hacerles daño, con un pañuelo. Los mantengo prisioneros un rato y los levanto a mis oídos. Qué precioso zumbido!

Qué soledad la de un pequeño niño poeta vestido de negro, en la frontera espaciosa y terrible. La vida y los libros poco a poco me van dejando entrever misterios abrumadores.

No puedo olvidarme de lo que leí anoche: la fruta del pan salvó a Sandokán y a sus compañeros en una lejana Malasia.

No me gusta Búfalo Bill, porque mata a los indios, pero, qué buen corredor de caballo! Qué hermosas las praderas y las tiendas cónicas de los pieles rojas! Por entonces comienzo a leer vorazmente, saltándome de Jules Verne a Vargas Vila, a Strindberg, a Gorki, a Felipe Trigo, a Diderot. Me enfermo de sufrimiento y de piedad con *Los miserables* y lloro de amor con Bernardino de Saint-Pierre.

El saco de la sabiduría humana se había roto y se desgranaba en la noche de Temuco. No dormía ni comía leyendo. No voy a decir a nadie nunca que leía sin método. Quién lee con método? Sólo las estatuas.

Por todas las esquinas de la tierra se entra en el conocimiento. Para unos es un manual de geometría la revelación, para otros las líneas de un poema. Para mí los libros fueron como la misma selva en que me perdía, en que continuaba perdiéndome. Eran otras flores deslumbradoras, otros altos follajes sombríos, misteriosos silencios, sonidos celestiales, pero también, la vida de los hombres más allá de los cerros, más allá de los helechos, más allá de la lluvia.

Por ese tiempo llegó a Temuco una señora alta, con vestidos muy largos y zapatos de taco bajo. Iba vestida de color de arena. Era la directora del Liceo. Venía de nuestra ciudad austral, de las nieves de Magallanes. Se llamaba Gabriela Mistral.

La vi muy pocas veces, porque yo temía el contacto de los extraños a mi mundo. Además, no hablaba. Era enlutado, afilado y mudo.

Gabriela tenía una sonrisa ancha y blanca en su rostro moreno por la sangre y la intemperie. Reconocí su cara. Era la misma del palanquero Monge, sólo le faltaban las cicatrices. Era la misma sonrisa entre pícara y fraternal y los ojos que se fruncían, picados por la nieve o la luz de pampa.

No me extrañó cuando de entre sus ropas sacerdotales sacaba libros que me entregaba y que fui devorando. Ella me hizo leer los primeros grandes nombres de la literatura rusa que tanta influencia tuvieron sobre mí.

Luego se vino al norte. No la eché de menos porque ya tenía miles de compañeros, las vidas atormentadas de los libros. Ya sabía dónde buscarlos.

Prometí tal vez demasiado en los títulos de estos recuerdos. Quiero terminar pronto, tengo prisa. Ya no alcanzo a tomar el tren nocturno a Santiago para embarcarme más anchamente en la vida.

Retrocedo algunos años para contarles alguna historia de pájaros. En el lago Budi perseguían a los cisnes con ferocidad. Se acercaban a ellos sigilosamente en los botes y luego rápido, rápido remaban. Los cisnes, como los albatros, emprenden difícilmente el vuelo, deben correr patinando sobre el agua. Levantan con dificultad las grandes alas en la iniciación del vuelo. Pero los alcanzaban y a garrotazos terminaban con ellos.

Me trajeron un cisne medio muerto. Era una de esas maravillosas aves que no he vuelto a ver en el mundo, el cisne de cuello negro. Un ave de nieve y el cuello como metido en una estrecha media de seda negra. El pico anaranjado y los ojos rojos.

Esto fue cerca del mar, en Puerto Saavedra, Imperial del Sur.

Me lo entregaron casi muerto. Yo bañé sus heridas y le empujé pedacitos de pan y de pescado a la garganta. Todo lo devolvía. Sin embargo, fue reponiéndose de sus lastimaduras, comenzó a comprender que yo era su amigo. Y yo comencé a comprender que la nostalgia lo mataba. Entonces cargando el pesado pájaro en mis brazos por las calles lo llevaba al río. Él nadaba un poco, cerca de mí. Yo quería que pescara y le indicaba las piedrecitas del fondo, las arenas por donde se deslizaban los plateados peces del sur. Pero él miraba con ojos tristes la distancia.

Así cada día, por más de veinte, lo llevé al río y lo traje a mi casa. El cisne era casi tan grande como yo. Una tarde estuvo más ensimismado, también nadó cerca de mí, no se distrajo con las musarañas con que yo quería enseñarle de nuevo a pescar. Se estuvo muy quieto y lo tomé de nuevo en brazos para llevármelo a casa. Entonces, cuando lo tenía a la altura de mi pecho, sentí que se desenrollaba una cinta, algo como un brazo negro me rozaba la cara. Era su largo y ondulante cuello que caía.

Así supe que no cantan los cisnes al morir, cuando mueren de tristeza.

No he hablado gran cosa de mi poesía. En realidad entiendo bien poco de esta materia. Por eso me voy andando con las presencias de mi infancia. Tal vez, de todas estas plantas, soledades, vida violenta, salen los verdaderos, los secretos, los profundos tratados de poesía que nadie puede leer porque nadie los ha escrito. Se aprende la poesía paso a paso entre las cosas y los seres, sin apartarlos sino agregándolos a todos en una ciega extensión del amor.

Una vez buscando los pequeños objetos y los minúsculos seres de mi mundo en el fondo de mi casa en Temuco, encontré un agujero en una tabla del cercado. Miré a través del hueco y vi un terreno igual al de mi casa, baldío y silvestre. Me retiré unos pasos, porque vagamente supe que iba a pasar algo. De pronto apareció una mano. Era la mano pequeñita de un niño de mi misma edad. Cuando acudí no estaba la mano porque en lugar de ella había una maravillosa oveja blanca.

Era una oveja de lana desteñida. Las ruedas se habían escapado. Todo la hacía más verdadera. Nunca había visto yo una oveja tan linda. Miré por el agujero, pero el niño había desaparecido. Fui a mi casa y volví con un tesoro que le dejé en el mismo sitio; una piña de pino, entreabierta, olorosa y balsámica que yo adoraba. La dejé en el mismo sitio y me fui con la oveja.

Nunca más vi la mano ni el niño. Nunca tampoco he vuelto a ver una ovejita como aquélla. La perdí en un incendio. Y aún ahora en este 1954, muy cerca de los cincuenta años, cuando paso por una juguetería, miro aún furtivamente a las ventanas. Pero es inútil. Nunca más se hizo una oveja como aquélla.

Yo he sido un hombre afortunado. Conocer la fraternidad de nuestros hermanos es una maravillosa acción de la vida. Conocer el amor de los que amamos es el fuego que alimenta la vida. Pero sentir el cariño de los que no conocemos, de los desconocidos que están velando nuestro sueño y nuestra soledad, nuestros peligros o nuestros desfallecimientos, es una sensación aún más grande y más bella porque extiende nuestro ser y abarca todas las vidas.

Aquella ofrenda traía por primera vez a mi vida un tesoro que me acompañó más tarde: la solidaridad humana. La vida iba a ponerla en mi camino más tarde, destacándola contra la adversidad y la persecución.

No sorprenderá entonces que yo haya tratado de pagar con algo balsámico, oloroso y terrestre la fraternidad humana. Así como dejé allí aquella piña de pino, he dejado en la puerta de muchos desconocidos, de muchos prisioneros, de muchos solitarios, de muchos perseguidos, mis palabras.

Ésta es la gran lección que recogí en el patio de una casa solitaria, en mi infancia. Tal vez sólo fue un juego de dos niños que no se conocen y que quisieron comunicarse los dones de la vida. Pero este pequeño intercambio misterioso se quedó tal vez depositado como un sedimento indestructible en mi corazón y encendiendo mi poesía.

Primera conferencia del ciclo Mi Poesía, *leída en el Salón de Honor de la Universidad de Chile el 20.1.1954. Texto publicado en* Capricornio, *núm. 6, Buenos Aires, junio-julio de 1954. Reproducido en OC, 1.ª y 2.ª ediciones, Buenos Aires 1957 y 1962, y parcialmente en CHV.*

Algo sobre mi poesía y mi vida

Casi todos ustedes conocen la Vega Central.

Yo también la conocía. Había ido como muchas otras gentes de la ciudad a comprar tomates o esteras o pisos.

Allí siguen vendiéndose esos hermosos pisos de totora y las gredas de Pomaire y de Quinchamalí. Más adentro se ven montañas de repollos, ríos de choclos, cordilleras de papas.

Yo adoro los mercados. Lo primero que hice en Shanghai fue irme al mercado. Lo mismo hice en la Martinica, en Colombo y en Batavia. Los mercados tropicales nos derrotan por fuera como las mariposas y los poetas del trópico.

Todo tiene color violento y turbador aroma.

Pero nuestros mercados, nuestras ferias, desprovistos del esplendor ecuatorial, tienen sólidos y sabrosos tesoros, gloriosos frutos de tierra y mar australes.

Reconozco que, como me pasaba antes, como suele pasarnos, miré mucho las frutas y las legumbres ilustres de nuestra Vega Central. Sin ver hombres ni mujeres. Nunca me había fijado en la muchedumbre de gente que transporta, que sube y baja con los sacos, que pulula y se derrama junto a la catedral de la verdura.

Hasta que un día en 1938 tuve una revelación, de esas que debo confesar aquí.

Yo volvía de España. Me invitaban de sitios muy diversos para dar una charla, para escucharme. Había curiosidad, esa bendita e inextinguible curiosidad de los chilenos por conocer y saber.

Un día de invierno había llegado a mi casa dispuesto a meterme en cama, cansado y con frío, cuando me di cuenta de que a esa misma hora me estaban esperando para escucharme en alguna parte.

Rápidamente tomé mi sombrero y mi abrigo, el libro mío que tuve más a mano. Di el papel en que estaba anotada la dirección a un amigo que me llevó con rapidez al sitio en que me esperaban.

Era la Vega Central. Cuando entré en el local del Sindicato tuve un momento tremendo de vacilación. Me di cuenta de que estaba entre los cargadores de la Vega y que yo no estaba preparado para hablarles.

Tuve la misma sensación que hacía años me había perturbado en Madrid, cuando nos invitaron en la universidad a Federico García Lorca y a mí a leer nuestros últimos versos a los alumnos de literatura. Federico había preparado cuidadosamente su discursito, en que me presentaba. Cuando subimos a la tribuna nos dimos cuenta de que estábamos rodeados, no por un público literario, sino por centenares de colegiales de preparatorias que hacían un ruido infernal.

Federico se levantó para hablar y rápidamente me dijo al oído «Pablito, que disparatón».

Aquí frente a los cargadores de la Vega, yo no tenía a nadie a quien susurrarle nada.

Me senté frente a ellos. Sólo tenía mi libro *España en el corazón* conmigo. Frente a mí veía los rasgos duros de sus rostros, sus tremendas manos sobre el respaldo de las bancas. Casi todos tenían puestos sacos terreros a manera de delantales. Bajo los bancos divisé cantidades de ojotas.

No se me ocurría qué decirles. Comencé a leerles del libro que llevaba conmigo. Les leí aquellos versos de la guerra de España en que tanta pasión y tantos dolores se habían depositado. Pasé de un verso a otro. Leí casi todo el libro.

Yo nunca he pensado que *España en el corazón* fuera un libro fácil. Está allí el interés hacia el mundo del hombre, hacia la verdad ensangrentada por el martirio. Pero el nudo de la obscuridad se está empezando a cortar solamente.

En aquel sitio comprendí que debía cortar en definitiva con muchos prejuicios.

Sin embargo, continuaba leyendo. Sentí de pronto una terrible impresión de vacío. Los cargadores me escuchaban en un silencio riguroso.

Los que no han estado en contacto con nuestro pueblo no saben lo que es el silencio del chileno. Es el silencio total, no sabes tú si es el de la reverencia o el de la reprobación absoluta. Ninguna cara te dice nada. Si quieres pescar un indicio flotante estás perdido. Es el silencio más pesado del mundo. Es un silencio de mahometanos meditando en el desierto.

Terminé la lectura de mis versos. Entonces se produjo el hecho más importante de mi carrera literaria. Algunos aplaudían. Otros bajaban la cabeza. Luego todos miraron a un hombre, tal vez el dirigente sindical. Este hombre se levantó igual a los otros con su saco a la cintura, con sus grandes manos en el banco, mirándome me dijo: «Compañero Pablo, nosotros somos gente muy olvidada, nosotros, puedo decirle, nunca habíamos sentido una emoción tan grande. Nosotros queremos decirle...».

Y rompió a llorar, con sollozos que lo sacudían. Muchos de los que estaban junto a él también lloraban. Yo sentí la garganta anudada por un sentimiento incontenible.

Se habla mucho de si la poesía debe ser esto o aquello, si debe ser política o no política, pura o impura.

Yo no sé leer estas discusiones. No puedo tomar parte en ellas.

La retórica y poética de nuestro tiempo no sale de los libros.

Sale de estas reuniones desgarradoras en que el poeta se enfrenta por primera vez con el pueblo. No se trata de que nadie le exija nada. Cuando yo leo las observaciones sobre mi poesía tengo que poner en la balanza muchos hechos. Sería largo contarlos.

Qué página puede pesar más en esta balanza que esa impresionante reunión humana?

Comencé entonces a pensar no sólo en la poesía social. Sentí que estaba en deuda con mi país, con mi pueblo.

Mi primera idea del *Canto general* fue sólo un canto chileno, un poema dedicado a Chile.

Quise extenderme en la geografía, en la humanidad de mi país, definir sus hombres y sus productos, la naturaleza viviente.

Muy pronto me sentí complicado, porque las raíces de todos los chilenos se extendían debajo de la tierra y salían en otros territorios. O'Higgins tenía raíces en Miranda. Lautaro se emparentaba con Cuauhtémoc. La alfarería de Oaxaca tenía el mismo fulgor negro de las gredas de Chillán.

1810 era una fecha mágica. Fue una fecha común a todos, un año general de las insurrecciones, un año como un poncho rojo de rebelión ondulando en todas las tierras de América.

Cuando pasé por el Alto Perú fui al Cuzco, ascendí a Macchu Picchu.

Hacía tiempo que yo había regresado de la India, de la China, pero Macchu Picchu es aún más grandioso.

Todas las civilizaciones de los manuales de historia nos hablaban de Asiria, de los arios y de los persas y de sus colosales construcciones.

Después de ver las ruinas de Macchu Picchu, las culturas fabulosas de la Antigüedad me parecieron de cartón piedra, de *papier maché*.

La India misma me pareció minúscula, pintarrajeada, banal, feria popular de dioses, frente a la solemnidad altanera de las abandonadas torres incásicas.

Ya no pude segregarme de aquellas construcciones. Comprendía que si pisábamos la misma tierra hereditaria, teníamos algo que ver con aquellos altos esfuerzos de la comunidad americana, que no podíamos ignorarlos, que nuestro desconocimiento o silencio era no sólo un crimen, sino la continuación de una derrota.

El cosmopolitismo aristocrático nos había llevado a reverenciar el pasado de los pueblos más lejanos y nos había puesto una venda en los ojos para no descubrir nuestros propios tesoros.

Pensé muchas cosas a partir de mi visita al Cuzco. Pensé en el antiguo hombre americano. Vi sus antiguas luchas enlazadas con las luchas actuales.

Allí comenzó a germinar mi idea de un canto general americano. Antes había persistido en mí la idea de un canto general de Chile, a manera de crónica. Aquella visita cambió la perspectiva. Ahora veía a América entera desde las alturas de Macchu Picchu. Éste fue el título del primer poema con mi nueva concepción.

Fui precisando lo que nos era necesario. Tenía que ser un

poema extraordinariamente local, parcial. Debía tener una coordinación entrecortada, como nuestra geografía. La tierra debía estar invariablemente presente.

Escribí mucho tiempo más tarde este poema de Macchu Picchu. Como es la preparación de una nueva etapa de mi estilo y de una nueva preocupación en mis propósitos, este poema salió demasiado impregnado de mí mismo. El comienzo es una serie de recuerdos autobiográficos. También quise tocar allí por última vez el tema de la muerte. En la soledad de las ruinas la muerte no puede apartarse de los pensamientos.

Escribí «Macchu Picchu» en la Isla Negra, frente al mar.

Mi contacto con las luchas populares iba siendo cada vez más estrecho. Comprendí la necesidad de una nueva poesía épica, que no se ajustara al antiguo concepto formal. La idea de un largo poema rimado, en sextinas reales, me pareció imposible para los temas americanos. El verso debía tomar todos los contornos de la tierra enmarañada, romperse en archipiélago, elevarse y caer en las llanuras.

Siempre estuve buscando tiempo para escribir el libro. Cada día tenía menos posibilidades de hacerlo. Por esos días llegó a Chile una de esas olas persecutorias que caracterizan a nuestra pobre América. Esta vez me alcanzó a mí y tuve que andar de sitio en sitio para que no me hallaran.

En nuestro continente la libertad es un artículo suntuario, es como un pedacito de bandera que nuestros pueblos pudieran tocar apenas, de vez en cuando, y que pronto se les escapa en el viento.

Para escapar a la persecución no podía salir de un cuarto y debía cambiar de sitio muy a menudo. La prisión tiene algo definitivo en sí, una rutina y un término. La vida clandestina es más intranquilizadora y no se sabe cuándo va a terminar. Desde el primer momento comprendí que había llegado la hora de escribir mi libro. Fui estudiando los temas, disponiendo los capítulos y no dejé de escribir sino para cambiar de refugio.

En un año y dos meses de esta vida extraña quedó terminado el libro. Era un problema sacar los originales del país. Le

hice una hermosa portada en que no estaba mi nombre. Le
puse como título falso *Risas y lágrimas* por Benigno Espino-
za. En verdad no le quedaba mal este título.

Muchas cosas curiosas pasaron con este libro. Fue algo
nuevo para mí llegar a escribir poesía seis, siete y ocho horas
seguidas. A medio camino me faltaron libros. A medida que
profundizaba en la historia americana me hacían falta fuentes informativas. Es curioso cómo siempre aparecieron como
por milagro las que yo necesitaba. En una casa hospitalaria y
un poco campesina en que estuve, encontré dentro de un viejo armario una Enciclopedia Hispanoamericana. Siempre he
detestado estos libros que se venden a plazo. No me gusta ver
esos lomos, encuadernados para bufetes. Esta vez el hallazgo
fue un tesoro. Cuántas cosas que no sabía, nombres de ciudades, hechos históricos, plantas, volcanes, ríos!

En una casa de gente de mar en que debí permanecer cerca
de dos meses, pregunté si tenían algún libro. Tenían uno solo
y éste era el *Compendio de la historia de América*, de Barros
Arana. Justo lo que necesitaba.

Los capítulos que escribía eran llevados inmediatamente y
copiados a máquina. Había el peligro de que si me descubrían
se perdieran los originales. Así pudo irse preservando este libro. Pero yo, en los últimos capítulos, no tenía nada de los anteriores, así es que no me di cuenta exacta de cuánto había
hecho hasta pocos días antes de salir de Chile. Me hicieron
también una copia especial que pude llevarme en mi viaje. Así
crucé la cordillera, a caballo, sin más ropa que la puesta, con
mi buen librote y dos botellas de vino en las alforjas.

Aunque muchos de ustedes no lo sepan, el libro se imprimió
también en Chile. Es tal vez el hecho más extraordinario ocurrido a un libro de poesía. Son frecuentes las impresiones ile-
gales, no muchas las de versos, pero imprimir un libro de qui-
nientas páginas, con ilustraciones, clandestinamente, es algo
memorable.

Se tomaron muchas precauciones y entre otras las de sacar
de las imprentas los pliegos impresos y guardarlos en otros sitios. Después fue un largo trabajo reunirlos para la encuadernación. Esto duró dos años más. Es curioso que, después de

mí, haya sido mi libro el que siguiera viviendo los mismos episodios de la vida clandestina que yo viví. Así como es difícil esconderme a mí, ya que se me reconoce tan fácilmente, fue difícil ocultar ese grueso volumen, sacarlo de noche de pronto cuando el peligro se acercaba, depositar las enormes cantidades de papel en un sitio más seguro, hacer que se juntara con sus tapas, coserlo y distribuirlo uno por uno.

Al pasar la cordillera en aquellos días, ayudado, como mi libro, por la insuperable fraternidad, pensé en que a pesar de todo mi amor por las plantas y los árboles que me rodeaban, no había ayuda de ellos. El hombre es lo central. Es el hombre el acontecimiento. Más tarde escribí el primer capítulo de *Las uvas y el viento* recordando todo aquello.

El *Canto general* ha sido traducido íntegramente por una persona, Alice Ahrweiler, al francés, por Dario Puccini al italiano, por Erich Arendt al alemán. Ésta es una hermosísima edición. Lo digo porque acaba de llegarme en estos días el primer ejemplar y estoy feliz de ver mi libro tan bien vestido, publicado por la Editorial Pueblo y Mundo de la República Democrática Alemana. En la Unión Soviética sale en estos días la edición rusa. Allí se hizo la traducción en forma colectiva. Hay once traductores, entre ellos, Ehrenburg, Tíjonov, maestros de la literatura rusa. Hay hispanistas como Kelin en el grupo y poetas famosos como Kirsánov, discípulo y amigo de Mayakovski.

La Unión Soviética es el país que compensa mejor el trabajo intelectual en el mundo contemporáneo. Así es que la traducción del *Canto general*, en el aspecto económico, resultará para ustedes astronómica. Voy a calculársela como cosa curiosa. Son trece mil versos, me parece. A cada traductor se le paga creo que 10 rublos por línea, salvo a los premios Stalin que deben recibir doble cantidad. Éstos son siete del grupo de once traductores. Trece mil por diez son ciento treinta mil, más setenta y cinco mil, son doscientos cinco mil rublos solamente en la traducción, sin contar los gastos de impresión, ni los derechos de autor. Esta suma equivale a cincuenta y un mil dólares, o sea, más de doce millones de nuestra moneda.

En Polonia también el _Canto general_ ha sido traducido por un equipo de traductores. El sistema es así. Hay uno o dos traductores literales. Éstos proporcionan un borrador que la Unión de Escritores distribuye en el equipo de poetas. El redactor jefe es el gran poeta Jaroslav Iwaskiewicz.

Con este mismo sistema de borrador literal previo traduce el libro en Praga el más grande poeta checo Vitevold Nezval. El gran Nezval es un poeta muy ocupado, así es que creo que nunca leerán los checos el _Canto general_ entero. Sin embargo, allí tengo muchos lectores y hay una calle Neruda. Pero no se trata de mí sino del escritor Jan Neruda. Este Jan Neruda escribió mucho sobre la humilde gente de los barrios pobres de Praga. Con el cambio de régimen, las democracias populares han hecho un culto de aquellos escritores y artistas que reflejaron la vida del pueblo. Jan Neruda es, pues, un héroe central en la nueva vida de Checoslovaquia. Y yo para los checos soy un poco su sobrino.

Cuando yo fui elegido senador me escribieron los checos de Chicago: «Estamos orgullosos con el gobernador Czermak (que creo que era algo gángster). Con usted tenemos dos checos en la vida pública de las Américas».

Neruda es un apellido bastante corriente en Praga. Yo me firmé Neruda por primera vez a los catorce años. Necesitaba un nombre para que mi padre no viera mis poemas en los periódicos. Él le echaba la culpa a mis versos de mis malas notas en matemáticas. Una vez leí un cuento de Jan Neruda, que me impresionó muchísimo. Cuando tuve necesidad de un seudónimo recordé aquel escritor desconocido para todos y como un homenaje, y para protegerme de las iras de mi padre, firmé Pablo Neruda. Después este nombre siguió conmigo.

La traducción verdadera y completa, que tome el ímpetu poético y que no pierda un detalle, es casi imposible. Yo lo veo en las traducciones de mis versos. A veces hay errores graves. En una que tradujeron «disparo» por «disparu» que significa desaparecido. Y éste fue un traductor francés de gran categoría literaria.

A veces me llegan interminables listas de palabras cuyo sentido me pregunta el traductor búlgaro, o chino, o italiano.

Qué quiere decir *copihue*? Qué quiere decir *loica*? Qué quiere decir *Poblete*?

Les cuento todos estos detalles de las traducciones porque son parte de la intimidad y del ámbito expansivo de un libro de esta época.

Antes los libros caían como piedras en un pozo. Ahora tienen nuevos y anchos caminos.

A propósito de estas líneas interminables que me llegan de los traductores, quiero tratar otro problema del *Canto general*. Mucha gente me reprocha haber puesto en él incidencias y personajes mínimos de la vida de Chile y del continente. Hay gente que pone en parangón las «Alturas de Macchu Picchu» con otros fragmentos panfletarios de mi obra.

Veamos cómo son las cosas.

En primer lugar, la vida de una época no la hacen sólo las cosas altas y los nobles personajes. La corriente de un pueblo en su desarrollo está formada por infinitos granos diferentes, por acciones desconocidas, por obstáculos que a veces parecieron pequeños y viles, pero que son parte de grandes todos. Pensé muchas veces al escribir sobre Martí y O'Higgins si escribiría los nombres de Ubico, de Machado, de Melgarejo, de los tiranuelos americanos y su cohorte cortesana.

Creí que debía hacerlo en ese libro.

No podía hacer un libro sólo sobre cosas sublimes, sobre altas montañas y altos héroes. Tenía que cambiar el tono, como cambia la vida y la tierra del continente. Tenía que detenerme en lo minúsculo y para esto escogí un tono de crónica, un estilo deliberadamente prosaico, que contrastara con las esplendorosas visiones. Escribí paso a paso, como quien anda por calles torcidas, contando las piedras y los accidentes callejeros. No quise empequeñecer mi poesía sino entregarla con la vida.

No son éstas defensas de mi libro. Un libro vasto como *Canto general* gustará en parte a algunos, en otra parte a otros. A muchos no les gustará nada. Mi ambición fue lograda al dejarlo como un vasto paisaje.

En algún sitio hay agua que corre, en otro piedras y charcos. Cada uno busque en él su camino, de acuerdo con su amor a la realidad o a los sueños.

Antes de dejar atrás el *Canto general* no quiero olvidar otro libro de consulta, uno de los que más me sirvieron: es el libro *Las aves de Chile*, de los señores J.D. Goodall, A.W. Johnson, Dr. R.A. Philippi B., publicado sólo el año 1951. Conozco pocos libros tan hermosos sobre un país como éste. Desde entonces me acompaña por todas partes. Es uno de mis libros de cabecera y una obra que, aparte de su aporte científico, es una fecunda, prolija y activa acción de amor.

Mis amigos más constantes en Francia fueron Aragon y Paul Éluard. Es curioso que estos dos surrealistas desatados llegaran por diversos caminos a una igual comprensión de los hechos y la vida.

Fueron muy diferentes siempre.

Aragon tiene una inteligencia cortante y una destreza polémica arrolladora. No sólo es un gran poeta, un gran ensayista y un novelista extraordinario del nuevo realismo, sino un organizador escrupuloso. No sé cómo puede hacer tantas cosas a la vez. En realidad, media Francia intelectual está esperando algún nuevo planteamiento de Aragon, con lo que traen éstos de irritación, de iluminación y de vida. Ahora acaba de escribir un largo estudio sosteniendo que la poesía rimada es la poesía nacional de Francia. Este artículo ha caído como una bomba entre los jóvenes poetas. Se ha producido el impacto. Ahora a trabajar con esta nueva agitación en marcha.

Es tremenda la pasión intelectual de los franceses. Por eso, en la pintura, por ejemplo, nuestros jóvenes pintores americanos se pegan como moscas a las teorías. Vuelven hablando mucho y pintando poco.

Lo grave para nosotros es que los pintores bien dotados de nuestra América que antes han pintado pueblos, árboles y cielos americanos, vuelven de París pintando circulitos y rayas. El cosmopolitismo los ha aplastado. Les ha cortado la raíz. Lo hermoso es sostener allí las cordilleras y nuestra visión extensa de la vida real. Está bien que la gente de las ciudades de nueve millones de habitantes que apenas ven caballos, no los pinten. Pero nosotros necesitamos ver pintado lo que conocemos y amamos. Además, ya se pintaron bastante las catedrales y nunca las araucarias, ya se pintó bastante Neuilly-sur-Seine y nunca Lota y Coronel, etc.

Es terrible pensar en los dolores de nuestra América, pero es maravilloso pensar en todo lo que tenemos que hacer en ella. Tenemos responsabilidad y participación en todo lo que se hace.

Diferente a Aragon era Paul Éluard.

Hace sólo un año que se ha muerto. Todavía sigue Francia conmovida con su pérdida. Tenía una madurez visible y dulce, que subía hasta sus grandes ojos claros, como una fruta azul. Casi diariamente nos visitábamos y yo le convencí para que viniera a México al Congreso de la Paz.

Como estuve enfermo en México, todos mis deseos de mostrarle ese país grandioso y sorprendente fracasaron. Se quejaba todos los días en mi cuarto «... no hago más que ir del hotel al Congreso... todos los días lo mismo... esto es igual que París... es tan feo como mi barrio...».

Un año antes había enviudado y se sentía terriblemente solo. Pero en México un día llegó cambiado. Había conocido a Dominique. Se casaron poco después en Francia.

Murió escribiendo versos de amor.

Amaba extraordinariamente a su país. El recuerdo del surrealismo cruzó una vez entre nosotros. Estábamos en el balcón de mi casa, en el Quai d'Orléans, detrás de Notre Dame. Caía lentamente la tarde de invierno. Cuánto he amado ese punto de París. Las grandes barcas pasaban sobre el Sena, quietas y lentas. Una niebla irisada iba envolviendo el ábside de la gran catedral. La aguja gótica se destacaba contra el cielo como un insecto de plata.

–¡Qué belleza! –me dijo Paul, mirando la catedral.

–Sin embargo, durante el surrealismo tú propusiste que se dinamitara Notre Dame –le dije riendo.

Una ancha sonrisa le llenó la cara:

–Nada de cositas chicas –me dijo. «Rien de moins que la Cathédrale» – y se reía a carcajadas como un chiquillo.

Estaba escribiendo en Los Guindos, hace un año, cuando me llegó un telegrama. Lo abrí. Paul Éluard había muerto.

Me voy acostumbrando a estos mensajes. El árbol de la amistad se va deshojando, van cayendo los más altos frutos, el invierno y la muerte van dejando las ramas desnudas. Nosotros también, es natural, algún día.

Pero Paul... La mitad de Francia ha terminado para mí. Volver a París era para mí volver a la noble amistad de Paul Éluard, a su intransigente intimidad, a su fe en la vida.

A Ehrenburg lo conozco hace muchos años. Es un hombre que siempre despierta interés. Es un maestro mundial de la polémica. Me recuerda un poco a Swift por su estilo demoledor siempre inesperado. Casi todos los días lo veo en su casa, en Moscú. Tiene cantidad de perros. Sus amigos de Inglaterra le escriben sobre graves asuntos y sobre perros. De pronto recibe una carta de un famoso científico o de un lord laborista. Casi siempre se trata de perros.

Comemos esta noche con los Ehrenburg. Las paredes están cubiertas por litografías de Picasso. Parecen vitrales negros, rostros bizantinos que estuvieran mejor que nunca allí, en el corazón de Moscú.

En la mesa rusa se pone todo sobre ella. Yo tanto me he sentado en ésta que conozco todo lo que hay. Los rusos comen mucho y Ehrenburg es muy exigente, además. Sus amigos de los sitios más lejanos le traen golosinas. Yo le traigo alguna botella desde Chile. Se ríe mucho de mí, porque es francófilo en el vino hasta la exageración. Le hablo de nuestros Santa Ritas, Tocornales, pero en vano. Levanta la copa de vino chileno: «Pasable», me dice. Yo le digo que no quiere convencerse. Esta discusión continúa en varios continentes cuando viajamos juntos. Tendremos que convidarlo alguna vez a probar con más amplitud y más intimidad nuestro orgullo nacional.

En la mesa hay todas las cosas que me gustan y muchas que desconozco. Hay botellitas pequeñas con vodka transparente. Hay pepinillos frescos, adorables, como sólo los produce la tierra rusa. Hay un gran frasco de caviar en medio de la mesa y mucha mantequilla. Hay unas sardinas de mal aspecto que son maravillosas, que se llaman *Sprats*. Ehrenburg dice siempre: «Cómo puedes comer esta porquería». Se ve que ellos están cansados de los *Sprats*. A mí me gustan con locura. «Déjalo tranquilo que le gustan», dice Luba, su mujer. Ehrenburg me está siempre reprendiendo. Habla que soy un americano mal educado. Tiene razón. En la mesa hay además, jamón inigualable, salmón ahumado en torrejas delgadas, color de melón, hay unas tórtolas gordas, frías, que se llaman *Gelinottes*, grandes como pollos. Hay infinitas cosas en platos pequeños sobre la mesa. También traerán de la cocina un gran pescado del Volga, envuelto en vapor dorado. Los vinos son del Cáucaso y de Georgia. La gente le manda vinos de los koljoses.

Llegan los amigos. Llega Sávich. Es el hombre que más conoce mi poesía en la Unión Soviética. Es inteligente y fino. Llega Símonov con su cara de chillanejo, moreno y de corto bigote, con su bellísima mujer, aquí famosa. Llegan otros.

Ehrenburg es el gran conversador clásico, el que está desapareciendo del mundo. Comienza a hablarnos de un domador de animales. Este hombre adoraba las fieras y tenía comunicación hasta con los más pequeños animales. Era una gran personalidad en el mundo del zarismo y pasó con toda su *ménagerie* a través de la revolución y de la guerra. Hacía que los perros hicieran cosas increíbles, que enrollaran y desenrollaran alfombras, que formaran nombres con letras separadas. Había estudiado este hombre los descubrimientos de Pávlov sobre los reflejos condicionados. Esto le daba un conocimiento profundo de la vida animal. Durante la revolución estaba en un hotel cerca de los Ehrenburg. Luba Ehrenburg, que es muy elegante, llevaba un lindo sombrero. De pronto un mono se sentó en su cabeza. Inmovilizada por el terror y por el respeto no pudo decir nada cuando el mono dejó su recuerdo. Según el domador sus animales nunca tenían la culpa. Más tarde era necesario conseguir una mansión para sus animales. Había una de algunos nobles que emigraron. El domador le había echado el ojo a esta hermosísima casa.

En la mesa rusa no se habla sino de cosas agradables y alegres. Ese pueblo aterrorizado, ese país de tinieblas, sólo existe en los cables de la United Press. Siempre están haciendo bromas y contando historias.

Símonov tiene su casa en Georgia y allí escribe teatro y poesía. Nos dice que en Georgia los brindis son historiados. Me cuenta muchos hermosos y poéticos brindis georgianos. En la mesa georgiana hay que traer siempre un nuevo brindis sentimental o picaresco. Recuerdo uno que nos contó esa noche. Es el brindis por la verdadera amistad:

Iván no ha llegado a casa esa noche. Inquieta, Tatiana pone doce telegramas a doce de sus mejores amigos: «Estoy muy inquieta. Iván no llegó anoche a casa. Dime si lo has visto». A la mañana siguiente recibió doce telegramas de los doce diferentes amigos y todos decían lo mismo: «Quédate tranquila, querida Tatiana. Iván durmió muy bien en mi casa toda la noche». El brindis es entonces: «Bebamos por la verdadera amistad».

Nada de lo que les cuento tiene gran importancia. Podría hablarles de la más grande universidad del mundo que allí he visto, o del mar o de las selvas artificiales que han creado los soviéticos. Les cuento estas cosas minúsculas porque la gente allí es tan sencilla como en todas partes. Se ríen de las mismas cosas. Para decirles que los rusos, después de tantas guerras e increíbles padecimientos, son, aun los más eminentes, gente llena de alegría, de bondad y de sencillez.

Ehrenburg también está siempre buscando plantas. Un día en su casa me dijo, mostrándome una maceta: «Qué es esto?». «Es un jazmín», le respondí. «A ver, huélelo», me dijo. «A qué huele?» Me la acerqué a la nariz y de inmediato le dije: «Huele a fresas». «Estás seguro?»

La flor exhalaba un fuerte olor, un penetrante aroma de fresa. «Decididamente huele a fresa», le dije.

«Qué bueno! Lo traje ayer de Siberia. Qué contento se pondría de oírte el viejo Lysenko. Desde hace diez años trata de que los jazmines tengan olor a fresa!»

Son los milagros de la ciencia soviética. Los nuevos cultivos son las más grandes ambiciones del hombre.

Entre mis nuevos amigos de allá lejos quiero hablarles del poeta turco Nazim Hikmet. Nunca verán ustedes este nombre en las extrañas revistas culturales que aquí leemos. Sin embargo, es el primer poeta, el poeta nacional de su patria, Turquía. Yo lo considero como uno de los más grandes poetas vivos.

El pueblo turco sabe de memoria sus versos, pero su nombre no puede publicarse en Turquía.

Les hablo de él porque de mis nuevos amigos es como si nos hubiéramos criado juntos. Todos ustedes lo querrían. Me gustaría verlo aquí, en esta tribuna, con su alta estatura y sus ojos claros (no parece turco) recitándoles sus versos en ese idioma extraño. Los poetas orientales dicen sus versos como si cantaran.

Cómo darles idea de la bondad, la entereza y la simpatía de Nazim Hikmet?

El gran patriota turco, acosado por la tempestad política de su patria, vive desterrado en Moscú. Cuando yo he pasado por allí, nos ha tocado aceptar juntos invitaciones de estudiantes y obreros para leer nuestros versos y conversar con ellos.

Se ríe de mí porque dice que yo siempre empiezo de la misma manera:

–Chile, mi país, está lejos y es el país más bello del mundo. Es largo, delgado como un filo de espada, entre la cordillera más alta y el océano más ancho...

– Ya con eso te conquistas a la gente – me dice –. Qué puedo yo decir de Turquía, entonces?

Pero dice muchas cosas...

Cerca de quince años lo tuvieron encarcelado, por unos versos escritos en su juventud. Sólo una huelga de hambre de muchos días y los reclamos del mundo entero le dieron la libertad.

Me cuenta que aún ahora después de dos años de vivir en el mundo libre no adquiere aún las nociones de la llave y de la luz eléctrica.

Se le olvidan las llaves porque durante quince años otros abrieron y cerraron su celda.

Se olvida de apagar la luz en la noche, al acostarse, porque durante quince años durmió bajo una ampolleta encendida.

Es el más alegre de los hombres. Está siempre preguntando

por Chile. Le cuento las grandes luchas del pueblo en el norte, en el salitre, le hago la descripción de mis amigos, le digo qué bonitas son las chilenas, y le cuento cómo una vez en la calle, siendo muy joven, me miró una muchacha tan bella que me levantaron porque su belleza me había hecho caer.

–Eres un exagerado –me dice–, tendré que ir a ver todo eso.

Empecé hablándoles del *Canto general* y terminé contándoles historias de mis amigos de otros mundos vivientes.

Es igual. Ésta ha sido la continuación de mi vida y de ésta nace mi poesía tan directamente como una planta de la tierra. Quiero decirles que ninguna cosa de fuera borró nunca mi sentido esencial. Llevé a todas partes lo nuestro, afirmé en todos los sitios mi conciencia americana, mi condición de poeta chileno. Tal vez por esto me quisieron mucho y me leyeron en sitios lejanos. Si he traído estos recuerdos para terminar esta charla es porque mi poesía se extendió por aquellas regiones y allí dejó numerosos, frescos y firmes amigos para mi patria.

No sólo a ellos recuerdo.

Si tuviera más tiempo...

Les contaría cómo he andado con el cantor norteamericano Paul Robeson hablando tardes enteras, cómo cantó para mí solo en una tormenta de nieve y cómo él me prometió que escucharíamos alguna vez en Chile su voz soberana.

Qué tienen que ver ellos con el motivo de estas conversaciones? Qué tienen que ver ellos con mi poesía?

Mi nueva poesía quiere unir a los hombres más distantes. Quiere terminar con la incomunicación dirigida.

Quisiera que mi país cumpliera sólo esa misión en el mundo. Interponerse ante las grandes potencias y hacerles un firme llamado de conocimiento, de inteligencia y de amistad.

Que se escuchen en nuestra patria todas las voces del planeta. Que un pequeño país reconquiste en sí mismo la convivencia perdida.

Y si no puede hacerlo de inmediato y desde sus ministerios, permitid que un poeta, con recuerdos de lluvia y bautismo de luchas, se decida a cumplir con su poesía estos deberes de fraternidad y lo haga desde esta universidad no por pequeña menos universidad. He propuesto como tarea a mi poesía que trabaje con toda su fuerza y su ternura porque los hombres más distantes y las naciones más diferentes vivan en paz, intercambien su sabiduría, se respeten y se amen.

Yo sé que si mi poesía logra avanzar algo en este camino, habré cumplido los deberes más puros de un poeta y los mandatos más profundos de mi patria.

Segunda conferencia del ciclo Mi Poesía, *leída en el Salón de Honor de la Universidad de Chile el 21.1.1954. Texto publicado en* Aurora, *núm. 1, Santiago, julio 1954.*

[El Rector ha tenido palabras magníficas]

El Rector ha tenido palabras magníficas. Entre ellas destaco las que en su discurso relacionaron al poeta y a su pueblo.

Yo soy, una vez más, ese poeta.

Digo una vez más, porque fue deber de todos, a través de la historia, cumplir esta relación. Cumplirla con devoción, con sufrimiento y con alegría.

La primera edad de un poeta debe recoger con atención apasionada las esencias de su patria, y luego debe devolverlas. Debe reintegrarlas, debe donarlas. Su canto y su acción deben contribuir a la madurez y al crecimiento de su pueblo.

El poeta no puede ser desarraigado, sino por la fuerza. Aun en esas circunstancias sus raíces deben cruzar el fondo del mar, sus semillas seguir el vuelo del viento, para encarnarse, una vez más, en su tierra. Debe ser deliberadamente nacional, reflexivamente nacional, maduramente patrio.

El poeta no es una piedra perdida. Tiene dos obligaciones sagradas: partir y regresar.

El poeta que parte y no vuelve es un cosmopolita. Un cosmopolita es apenas un hombre, es apenas un reflejo de la luz moribunda. Sobre todo en estas patrias solitarias, aisladas entre las arrugas del planeta, testigos integrales de los pri-

meros signos de nuestros pueblos, todos, todos desde los
más humildes hasta los más orgullosos, tenemos la fortuna
de ir creando nuestra patria, de ser todos un poco padres de
ella.

Yo fui recogiendo estos libros de la cultura universal, estas
caracolas de todos los océanos, y esta espuma de los siete mares la entrego a la universidad por deber de conciencia y para
pagar, en parte mínima, lo que he recibido de mi pueblo. Esta
universidad no nació por decreto, sino de las luchas de los
hombres, y su tradición progresista, renovada hoy por el rector Gómez Millas, viene de las sacudidas de nuestra historia
y es la estrella de nuestra bandera. No se detendrá en su camino. Será algún día la universidad futura más ancha y popular, consecuente con las transformaciones profundas que
esperamos. Recogí estos libros en todas partes. Han viajado
tanto como yo, pero muchos tienen cuatro o cinco siglos más
que mis actuales cincuenta años. Algunos me los regalaron en
China, otros los compré en México. En París encontré centenares. De la Unión Soviética traigo algunos de los más valiosos. Todos ellos forman parte de mi vida, de mi geografía
personal. Tuve larga paciencia para buscarlos, placeres indescriptibles al descubrirlos y me sirvieron con su sabiduría y su
belleza. Desde ahora servirán más exactamente, continuando
la generosa vida de los libros.

Cuando alguien a través del tiempo recorra estos títulos no
sabrá qué pensar del que los reuniera, ni se explicará por qué
muchos de ellos se reunieron.

Hay aquí un pequeño almanaque Gotha del año 1838. Estos almanaques Gotha llevaban al día los títulos de las ca-
ducas aristocracias, los nombres de las familias reinantes.
Eran el catálogo en la feria de la vanidad.

Lo tengo porque hay una línea perdida en su minúscula ortografía que dice lo siguiente: «Día 12 de febrero de 1837, muere
a consecuencia de un duelo el poeta ruso Alexandr Pushkin».

Esta línea es para mí una puñalada. Aún sangra la poesía
universal por esta herida.

Aquí está el *Romancero gitano* dedicado por otro poeta
asesinado. Federico escribió delante de mí esa magnánima de-

dicatoria y Paul Éluard, que también se ha ido, también en la primera página de su libro me dejó su firma.

Me parecían eternos. Me parecen eternos. Pero ya se fueron.

Una noche en París me festejaban mis amigos. Llegó el gran poeta de Francia al festejo trayéndome un puñado de tesoros. Era una edición clandestina de Victor Hugo, perseguido en su tiempo por un pequeño tirano. Me trajo otra cosa, tal vez lo más apreciado de todo lo que tengo. Son las dos cartas en las que Isabelle Rimbaud, desde el hospital de Marsella, cuenta a su madre la agonía de su hermano.

Son el testimonio más desgarrador que se conoce. Me decía Paul al regalarme estas cartas: «Fíjate cómo se interrumpe al final, llega a decir: "Lo que Arthur quiere…" y el fragmento que sigue no se ha encontrado nunca. Y eso fue Rimbaud. Nadie sabrá jamás lo que quería».

Aquí están las dos cartas.

Aquí está también mi primer Garcilaso que compré en cinco pesetas con una emoción que recuerdo aún. Es del año 1549. Aquí está la magnífica edición de Góngora del editor flamenco Foppens, impresa en el siglo XVII cuando los libros de los poetas tenían una inigualada majestad. Aunque costaba sólo cien pesetas en la Librería de García Rico, en Madrid, yo conseguí pagarlo por mensualidades. Pagaba diez pesetas mensuales. Aún recuerdo la cara de asombro de García Rico, aquel prodigioso librero que parecía un gañán de Castilla, cuando le pedí que me lo vendiera a plazos.

También dos de mis poetas favoritos del Siglo de Oro quedan aquí en sus ediciones originales. Son *El desengaño de amor en rimas* de Pedro Soto de Rojas y las nocturnas poesías de Francisco de la Torre:

> [...]
> Claras lumbres del cielo, y ojos claros
> del espantoso rostro de la noche,
> corona clara y clara Casiopea,
> Andrómeda y Perseo…
> [...]

Tantos libros! Tantas cosas! El tiempo aquí seguirá vivo.

Recuerdo cuando, en París, vivíamos junto al Sena con Rafael Alberti. Sosteníamos con Rafael que nuestra época es la del realismo, la de los poetas gordos.

–Basta de poetas flacos! –me decía Rafael, con su alegre voz de Cádiz–. Ya bastantes flacos tuvieron para el Romanticismo!

Queríamos ser gordos como Balzac y no flacos como Bécquer. En los bajos de nuestra casa había una librería y allí, pegados a la vitrina, estaban todas las obras de Victor Hugo. Al salir nos deteníamos en la ventana y nos medíamos:

–Hasta dónde mides de ancho?

–Hasta *Los trabajadores del mar*. Y tú?

–Yo sólo hasta *Notre Dame de París*.

También se preguntarán alguna vez por qué hay tantos libros sobre animales y plantas. La contestación está en mi poesía.

Pero, además, estos libros zoológicos y botánicos me apasionaron siempre. Continuaban mi infancia. Me traían el mundo infinito, el laberinto inacabable de la naturaleza. Estos libros de exploración terrestre han sido mis favoritos y rara vez me duermo sin mirar las efigies de pájaros adorables o insectos deslumbrantes y complicados como relojes.

En fin, es poco lo que doy, lo que devuelvo, lo que pongo en las manos del Rector y a través de él en el patrimonio de la patria. Son, en último término, fragmentos íntimos y universales del conocimiento atrapados en el viaje del mundo. Aquí están. No pertenezco a esas familias que predicaron el orgullo de casta por los cuatro costados y luego venden su pasado en un remate.

El esplendor de estos libros, la flora oceánica de estas caracolas, cuanto conseguí a lo largo de la vida, a pesar de la pobreza y en el ejercicio constante del trabajo, lo entrego a la universidad, es decir, lo doy a todos.

Una palabra más.

Mi generación fue antilibresca y antiliteraria por reacción contra la exquisitez decadente del momento. Éramos enemigos jurados del vampirismo, de la nocturnidad, del alcaloide espiritual. Fuimos hijos naturales de la vida.

Sin embargo, la unidad del conocimiento continúa la naturaleza, la inteligencia revela las relaciones más remotas o más simples entre las cosas, y entonces unidad y relación, naturaleza y hombre se traducen en libros.

Yo no soy un pensador, y estos libros reunidos son más reverenciales que investigadores. Aquí está reunida la belleza que me deslumbró y el trabajo subterráneo de la conciencia que me condujo a la razón, pero también he amado estos libros como objetos preciosos, espuma sagrada del tiempo en su camino, frutos esenciales del hombre. Pertenecen desde ahora a innumerables ojos nuevos.

Así cumplen su destino de dar y recibir la luz.

> *Discurso de Neruda en la donación de su biblioteca personal a la Universidad de Chile el 20.6.1954. Publicado en* Discursos del Rector de la Universidad de Chile, don Juan Gómez Millas, y de Pablo Neruda..., *Santiago, Prensas de la Editorial Universitaria, 1954.*

Saludo a los chilenos

Al tocar los cincuenta años saludo desde *El Siglo* a los chilenos.

Como todos los hombres no he cumplido como quisiera haberlo hecho, con cuanto me propuse.

Tengo tiempo aún para ello y me siento más fértil cada día. Seguiré trabajando.

Tuve el honor, pocas veces alcanzado por un poeta, de ser comprendido y amado por mi pueblo.

Mi poesía ha pasado a ser su patrimonio.

Estoy contento y orgulloso de que así sea.

Entre tantos pueblos amigos y amigos queridos vaya mi recuerdo de hoy a los hombres de la Unión Soviética.

En sus manos, en sus firmes manos está la fortaleza del futuro de todos los hombres. Su poderío imponente, sus realizaciones fecundas, su sentido vasto y bello de la construcción colectiva enfurecen y amedrentan a los tenebrosos feudales y a los lobos imperialistas. Goebbels se llama ahora Foster Dulles, y aúlla victorioso en la pequeña Guatemala.

Pero se rompe los dientes ante las serenas torres del Kremlin.

Yo saludo a los hombres y a las mujeres de Chile y entre todos ellos a los comunistas chilenos.

Es decir a los chilenos entre los chilenos, a los patriotas entre los patriotas.

Si mi trabajo y mi lucha dieron algo a mi pueblo, ese don lo recibí de la enseñanza múltiple y creadora del partido.

A estas alturas de mi vida es posible que el presidente o los ministros me reciban, pero no tengo derecho a votar en las elecciones.

Estoy orgulloso de no poder votar como miles de chilenos, por ser bien claro nuestro pensamiento y nuestra condición de patriotas.

La vergüenza de tales hechos recae sobre los gobernantes. Para tales pecados no hay absolución del pueblo.

Estoy contento en este límite alcanzado. Me siento alegre y fuerte. Esta alegría y esta plenitud seguirán al servicio de mi pueblo, de mi partido y de mi poesía.

Julio de 1954

El Siglo, *Santiago, 11.7.1954.*

[Andando hace muchos años por el lago Ranco hacia adentro...]

Andando hace muchos años por el lago Ranco hacia adentro me pareció encontrar la fuente de la patria o la cuna silvestre de la poesía, atacada y defendida por toda la naturaleza.

El cielo se recortaba entre las altaneras copas de los cipreses, el aire removía las substancias balsámicas de la espesura, todo tenía voz y era silencio, el susurro de las aves escondidas, los frutos y maderas que cayendo rozaban los follajes, todo estaba detenido en un instante de solemnidad secreta, todo en la selva parecía esperar. Era inminente un nacimiento y lo que nacía era un río. No sé cómo se llama, pero sus primeras aguas, vírgenes y oscuras, eran casi invisibles, débiles y calladas, buscando una salida entre los grandes troncos muertos y las piedras colosales.

Mil años de hojas caídas en su fuente, todo el pasado quería detenerlo, pero sólo embalsamaba su camino. El joven río destruía las viejas hojas muertas y se impregnaba de frescura nutricia que iría repartiendo en su camino.

Yo pensé: es así como nace la poesía. Viene de alturas invisibles, es secreta y oscura en sus orígenes, solitaria y fragante, y, como el río, disolverá cuanto caiga en su corriente, buscará ruta entre los montes y sacudirá su canto cristalino en las praderas.

Regará los campos y dará pan al hambriento. Caminará entre las espigas. Saciarán en ella su sed los caminantes y cantará cuando luchan o descansan los hombres.

Y los unirá entonces y entre ellos pasará fundando pueblos. Cortará los valles llevando a las raíces la multiplicación de la vida.

Canto y fecundación es la poesía.

Dejó su entraña secreta y corre fecundando y cantando. Enciende la energía con su movimiento acrecentado, trabaja haciendo harina, curtiendo el cuero, cortando la madera, dando luz a las ciudades. Es útil y amanece con banderas en sus márgenes. Las fiestas se celebran junto al agua que canta.

Yo recuerdo en Florencia un día en que fui a visitar una fábrica. Yo ahí leí mis poemas a los obreros reunidos, los leí con todo el pudor que un hombre del joven continente puede sentir hablando junto a la sagrada sombra que allí sobrevive. Los obreros de la fábrica me hicieron después un presente. Lo guardo aún. Es una edición de Petrarca del año 1484.

La poesía había pasado con sus aguas, había cantado en esa fábrica y había convivido por siglos con los trabajadores. Aquel Petrarca, que siempre vi arrebujado bajo una caperuza de monje, era uno más de aquellos sencillos italianos y aquel libro, que tomé en mis manos con adoración, tuvo un nuevo prestigio para mí, era sólo una herramienta divina en las manos del hombre.

Yo pienso que si muchos de mis compatriotas y algunos ilustres hombres y mujeres de otras naciones han acudido a estas celebraciones, no vienen a celebrar en mi persona sino la responsabilidad de los poetas y el crecimiento universal de la poesía.

Si estamos aquí reunidos estoy contento. Pienso con alegría que cuanto he vivido y escrito ha servido para acercarnos. Es el primer deber del humanista y la fundamental tarea de la inteligencia asegurar el conocimiento y el entendimiento entre todos los hombres. Bien vale haber luchado y cantado, bien vale haber vivido si el amor me acompaña.

Yo sé que aquí en esta patria aislada por el inmenso mar y las nieves inmensas no me estáis celebrando a mí, sino a una victoria del hombre. Porque si estas montañas, las más altas, si estas olas del Pacífico, las más encarnizadas, [alguna vez] quisieron impedir que mi patria hablara en el mundo, se opusieron a la lucha de los pueblos y a la unidad universal de la cultura, fueron vencidas estas montañas y ese gran océano fue vencido.

En este remoto país, mi pueblo y mi canto lucharon por la intercomunicación y la amistad.

Y esta universidad que nos recibe cumpliendo con sus tareas intelectuales consagra una victoria de la comunidad humana y reafirma el honor de la estrella de Chile.

Bajo nuestra estrella antártica vivió Rubén Darío. Venía del maravilloso trópico de nuestras Américas. Llegó tal vez en un invierno blanco y celeste como el de hoy, a Valparaíso, a fundar de nuevo la poesía de habla hispana.

En este día mi pensamiento y mi reverencia van a su estrellada magnitud, al sortilegio cristalino que sigue deslumbrándonos.

Anoche, con los primeros regalos, me trajo Laura Rodig un tesoro que desenvolví con la emoción más intensa. Son los primeros borradores escritos con lápiz y llenos de correcciones de los *Sonetos de la muerte*, de Gabriela Mistral. Están escritos en 1914. El manuscrito tiene aún las características de su poderosa caligrafía.

Pienso que estos sonetos alcanzaron una altura de nieves eternas y una trepidación subterránea quevedesca.

Yo recuerdo a Gabriela Mistral y a Rubén Darío como poetas chilenos y al cumplir cincuenta años de poeta, quiero reconocer en ellos la edad eterna de la verdadera poesía.

Debo a ellos, como a todos los que escribieron antes que yo, en todas las lenguas. Enumerarlos es demasiado largo, su constelación abarca todo el cielo.

> *Discurso leído en el Salón de Honor de la Universidad de Chile, día 12.7.1954, acto de homenaje a los 50 años del poeta. Publicado en* El Siglo, *Santiago, 13.7.1954.*

[Cuando, hace tiempo, salí de Chile...]

Amigos queridísimos:

Cuando, hace tiempo, salí de Chile, pude albergar mi fatiga, renovar mis luchas, en muchos, distintos países.

Me recibió y me cuidó la vasta Unión Soviética, con sus generosos brazos, su ancho pecho, su respiración poderosa. Praga, la bella, me dejó dormir las noches, y el viejo río, entre las estatuas de piedra sagrada, velaba mi sueño. En la China antigua, renovada de pronto como un panal, como una colmena dorada y activa, pude reposar mi frente. En la Italia, los poetas, los pintores y los obreros de las fábricas escucharon mis poemas.

Pero, amando todos esos sitios, el país en que mis pasos errantes hubieran querido detenerse me negaba la entrada, porque yo tuve, como vosotros, el dolor y el honor de ser de los primeros desterrados de España. *(Aplausos.)*

No es solamente política. Si fuera solamente política, cómo podría mantenerse, por días y por meses, que han parecido siglos, esta ansiedad, este deseo vivo, este alto fuego que arde sin consumirse en los cuatro puntos del planeta? El amor mueve aún, como un río profundo, la causa de España, la causa del pueblo español, en su lucha, que, bien saben los pueblos, y lo reconocerá la historia, no se ha perdido aún.

Y en esto vosotros, errantes españoles, dolorosos y alegres en un mundo de precipitación, de angustias, de catástrofes, de amenazas y de esperanzas, merecéis no sólo el respeto de los que llevamos dentro la sangre y el canto de España, sino de todos los hombres, porque habéis mantenido con rectitud, con sacrificio, con tensión profunda, con energía, la defensa de vuestros principios y no os ha intimidado nada. Y en donde estuve, en la Mongolia lejana, en la India, en China, entre los rusos del lago Baikal en Siberia, en Francia, en Checoslovaquia y en Italia, en todas partes sigue siendo el nombre de España republicana una causa inmortal de todos los humanos.

No sólo a esa causa he destinado mis versos muchas veces, mi constante recuerdo y el profundo cariño de mi corazón, sino al olor de España, a sus claveles, a sus mercados, a sus calles, a su gente: modesta, limpia, orgullosa y firme; a sus bodegas sombrías, a sus viejos castillos, a sus aguas despeñadas; a sus manzanas, a su merluza, a su aceite, a sus estrellas, a la estrella inagotable de luz que ha sido España para los que pudieron conocerla y amarla, como yo pude hacerlo.

Pienso en mi ya larga vida, cuántos caminos, cuántos seres, cuántos puertos, y ciudades, y libros y viajes, y amores y amistades! Pero indeleble ha quedado en mi pecho este amor. Indeleble ha quedado esta marca en mi corazón. Y es que España, para un poeta de este continente, es una vieja mano del pasado, que lo acoge a uno. Pero si al entrar en las severas puertas de la madre patria, también se encuentran la fraternidad, y el espíritu de renovación, y se encuentran la miel y el vino y el pan de la amistad; y, además, en esa misma casa y desde esa misma puerta sale el viento generoso que ilumina por todas partes al planeta, entonces, unidas tantas esencias, tantos recuerdos, tanto pasado, tanto futuro, entonces ese recuerdo no lo pueden borrar ni el tiempo ni ninguna lucha ni ninguna pasión humana.

Es, pues, una España total, sin banderas, la que yo amo; es, pues, una España grande, con la trágica grandeza de su historia, con sus terribles errores y sus inmensas iluminaciones, es una España total, que empezaba el mundo a conocer cuando su florecimiento fue aplastado, la que recordamos y amamos.

Séame permitido, en esta hora, invocar, por amor, otro pueblo que también, cuando empezaba a florecer, ha sido temporalmente aplastado y es la noble y pequeña República de Guatemala. *(Aplausos.)*

Siento demasiada emoción, a lo largo de esta semana en que he visto y he abrazado a tantos amigos, para deciros palabras de análisis político. Pero hay una reflexión política que me reclama: cuando empezó la guerra en España yo escribí un manifiesto para explicar a los americanos las causas y los infortunios de la guerra, y atribuí el levantamiento franquista a una de las insurrecciones militares españolas y americanas, a un pronunciamiento. Pero no faltó un hombre, un español, que se levantara –nunca lo olvidaré–; no lo conocía: desde entonces es mi hermano. Y se llama Wenceslao Roces, que me dijo: «Te equivocas. No es éste un pronunciamiento. Éste es el fascismo internacional».

Yo quiero que este ejemplo, traído de aquellos primeros días de lucha a los españoles que aún en este momento no lo hubieran pensado, advertirles un peligro que ahora nos concierne a españoles y americanos, cuando no al mundo entero: el peligro de un imperialismo agresivo que se ha estrenado con sangre y destrucción y muerte en la valerosa Guatemala. Así, pues, hermanados no sólo en las esperanzas comunes de una humanidad feliz, sino en el peligro evidente de que los que sustentan a Franco ataquen la paz del mundo y la integridad de las repúblicas americanas, amenacen a todos, a España y a América, yo agradezco esta reunión de tan insignes y generosos amigos.

Discurso pronunciado el 18.7.1954, durante la comida de homenaje que los españoles republicanos residentes en Chile ofrecieron al poeta por haber cumplido 50 años pocos días antes. Publicado en el periódico Voz de España, *núm. 16, Santiago, 29.7.1954.*

V

LA VERDAD DE MAÑANA
(1954-1955)

Al recibir de Ehrenburg el premio Stalin de la Paz

Queridos amigos:

Ilyá Ehrenburg ha debido atravesar la tierra trayéndome el «premio Stalin por el fortalecimiento de la paz entre los pueblos». Cuando le pedí que lo hiciera conocía su existencia llena de trabajos, su laboriosa e ilustre vida de escritor, pero pensé que honraría doblemente a mi pueblo y a mi patria si yo recibiera de sus manos esta distinción hasta ahora otorgada sólo a algunos hombres de nuestro continente, entre ellos el grandioso cantante Paul Robeson y el gran novelista Jorge Amado.

En efecto, tu nombre, Ehrenburg, es conocido y querido en mi país. Escritores y obreros, campesinos y músicos, médicos y mineros, cientos de miles de personas sencillas hubieran querido estrechar tu mano, mirando con cariño tu cabeza que el tiempo ha cubierto de nieve y gloria.

Todo este pueblo, junto a sus hermanos de América Latina, sabe que tu visita es un episodio histórico. Reciben nuestros países a menudo con honores oficiales a los partidarios de la guerra, a los predicadores de la destrucción atómica, a los enemigos encarnizados de la paz y de la vida. Tú atravesaste continentes y océanos para dejar sobre mi corazón una dignidad recién creada que arranca sin embargo de la más pura profundidad humana, un premio de la paz que, por su nombre y su significado dan a mi patria un honor que mi sola poesía no podría merecer si no estuviera acompañada por los infatigables anhelos del pueblo chileno.

EL HOMBRE AMERICANO Y LA PAZ

La lucha por la independencia nacional en los pueblos americanos no se ha detenido. Has pronunciado los nombres de O'Higgins y de San Martín, de aquellos que entre el mar y la cordillera fundaron nuestras patrias pacíficas. Ellos quisieron que nuestras gentes y nuestras culturas, nuestras costumbres y nuestras banderas fueran respetadas por todas las naciones. Los pueblos latinoamericanos continúan esta lucha y son innumerables los anónimos héroes que cayeron hasta ayer mismo defendiendo la dignidad americana.

Para elevar esta dignidad, el hombre americano hace suya la causa de la paz y odia a los traficantes del odio y de la sangre.

Si mi poesía ha reflejado este sentimiento, si la copa de mi canto ha contenido la claridad y amor, es porque yo sólo soy mínima expresión de mi tierra, pequeño latido de mi patria.

QUE MI CANTO CUMPLA EL DEBER DE ESTE TIEMPO

En tu patria, Ehrenburg, fui recibido con el mayor decoro y con la amistad, la franqueza, la hospitalidad y el cariño de la noble nación soviética. Toda las casas me abrieron sus puertas, conocí sus construcciones portentosas y su admirable poesía. Puedo decir que junto con los poetas de mi edad, Pushkin y Mayakovski me esperaban para mostrarme toda la grandeza soviética.

Yo no puedo olvidarlo. Y si no hemos podido corresponder en la misma medida, el pueblo y la cultura de Chile te han testimoniado, en muchas formas, su estimación ardiente.

Llegará un día en que recibamos los mensajes de la amistad con la dignidad que se merecen, entonces no se interpondrán oscuros mercenarios, alimañas mentirosas a menoscabar la fraternidad entre las naciones.

Al recibir el «premio Stalin por el fortalecimiento de la paz entre los pueblos», al agradecer la última distinción que recibo, empeño una vez más mi vida, mi palabra y mi canto para que siga cumpliendo en la medida de mis fuerzas, los deberes de luz, de alegría, de lucha y de amor que constituyen en nuestro tiempo el honor de los poetas.

El Siglo, *Santiago, 11. 8.1954.*

Mi saludo a Gabriela

Gabriela Mistral.

En este mes de setiembre florecen los yuyos, el campo es una alfombra temblorosa y amarilla. Aquí en la costa desde hace cuatro días golpea con magnífica furia el Viento Sur. La noche está llena de su movimiento sonoro. El océano es abierto cristal verde, titánica blancura.

Llegas, Gabriela, amada hija de estos yuyos, de estas olas, de este viento gigante.

Todos te recibimos con alegría.

Nadie olvidará tus cantos a los espinos, a las nieves de Chile. Eres chilena.

Nadie olvidará tus estrofas a los pies descalzos de nuestros niños. Perteneces al pueblo.

Nadie ha olvidado tu «palabra maldita». Eres una decidida partidaria de la paz.

Por esas razones, y por otras, te amamos.

Ahora bien, muchos de los que dicen amarte lo dicen por sumarse a tu reinado, al vasto y trágico ámbito de tu poesía, pero son en el fondo enemigos tuyos, adversarios de toda poesía.

Hoy leí en Isla Negra un artículo de *El Mercurio*, lleno de melifluas alabanzas a tu ilustre figura. Fariseos audaces! Hipócritas serpientes! Hace tiempo, a causa de tus palabras en favor de la paz mundial, te despedían y eras así, honrosamente, después de treinta años de trabajo en ese diario norteamericano, tratada como los amos de *El Mercurio* tratan a Paul Robeson.

Es una gloria tuya, y la recuerdo con emoción al unir tu nombre a la voz del Mississippi negro.

Encuentras hoy, en setiembre, los pétalos pasajeros del almendro y del cerezo caídos sobre la tierra y las primeras hojas luchando una vez más, naciendo una vez más, llamadas por nuestra fría primavera.

Así, también, nuestro pueblo. Una vez más lo congregaron, le prometieron pan mayor, vestido, calor, justicia, y volvió a su trágico invierno, a su desamparada miseria. Lo halagaron sin freno, lo reciben hoy con petrificada altanería.

En vez del pan mayor que le fue prometido y jurado, le mandan una nueva ley de palos y torturas.

Pero tu pueblo, Gabriela, es invencible. Él está orgulloso de ti. Bien puedes estar orgullosa tú, pensadora, de los sencillos hombres y mujeres de Chile. No aceptarán la esclavitud. Impondrán la libertad. No participarán en la guerra, y en todo esto serán como las esperanzadas hojas invencibles. Buscarán la luz. Consagrarán la primavera. Aclamarán la paz.

Sabemos que grandes peligros para Chile se incuban en la tierra extraña de donde vienes. Tú acabas de vivir desconsolada, estoy seguro, Gabriela, el acto de rapiña que aniquiló a Guatemala. Ya gobierna allí la cínica y bufonesca tiranía, mandan allí los favoritos de Eisenhower, los Trujillos, Ubicos, los Batistas, los Somozas sangrientos. Ya está satisfecho el dólar asesino.

En la hermosa tierra de nuestro hermano Walt Whitman un puñado de aventureros brutales prepara el desangramiento de la humanidad.

Han ordenado a Chile que no comercie con el Asia, que no hable con Praga ni con Cracovia, sitiales de la más antigua sabiduría, ni conozcan a Polonia ni a Hungría, ni a Bulgaria ni a Albania, que no miren las estrellas de la augusta Leningrado.

Los piratas del cobre, ahítos de oro, niegan el pan a los que extraen el mineral de la cruel cordillera.

Han decidido que en la cuna de Pérez Rosales y de Vicuña Mackenna, en tu tierra y la mía, anónimas, cobardes ratas a sueldo ultrajen y roben a los más grandes escritores del mundo contemporáneo, que visitan nuestra patria, porque creyeron que nuestra patria, tuya y mía, sigue siendo patria de amor y paz, tierra de inteligencia.

Llegas, Gabriela, a los yuyos y a los espinos de Chile. Bien vale que te dé la bienvenida verdadera, florida y áspera, en conformidad a tu grandeza y a nuestra amistad inquebrantable.

Las puertas de piedra y primavera de setiembre se abren para ti y nada más grato para mi corazón que ver tu ancha sonrisa entrar en la sagrada tierra que el pueblo de Chile hace florecer y cantar.

Perdóname porque no me corresponde darte sólo la bienvenida, sino compartir contigo la esencia y la verdad que por gracia de nuestra voz y nuestros actos serán respetadas.

Que tu corazón maravilloso descanse, viva, luche, cante y cree en la oceánica y andina soledad de la patria.

Beso tu noble frente y reverencio tu extensa poesía.

Isla Negra, 8 de setiembre de 1954

El Siglo, Santiago, 12.9.1954.

La verdad de mañana

Es curioso ver una colección de diarios antiguos. La época aparece más viva al leer los hechos diversos de cada día, las calamidades, conmemoraciones, triunfos, hilvanados por el azar del tiempo que corre. Es eso un periódico.

Cuando uno lee *El Mercurio* de hace 100 años, observa que era mejor que el de hoy, más libre, menos dependiente del capital extranjero, más verídico. Uno se pregunta qué impresión nauseabunda tendrían de nuestro país en 100 años más los lectores del futuro, si leyeran esa prensa, gruesa de espíritu y de páginas.

Las páginas de nuestros periódicos americanos han sido invadidas por las mentiras preparadas por los laboratorios desintegradores del Departamento de Estado.

Cuando el lector de mañana busque la verdad va a serle difícil encontrarla en estos diarios enrarecidos, asfixiados bajo el peso de la mentira interesada.

Cuando el diario *El Mercurio* llamó en sus titulares patriotas a los mercenarios de la United Fruit que entraban en Guatemala protegidos por aviones norteamericanos, dejó impresa en nuestra historia de cada día, una falsía, evidente para todo el mundo de hoy. Pero, ¿quiénes dijeron lo contrario? Tendrán que leer *El Siglo*, el diario del pueblo y de la verdad. Tendrán que comparar la página editorial de esos diarios entregados íntegramente a defender la injusticia, la opresión y el sometimiento, con las claras páginas en las que *El Siglo* defiende con inquebrantable valor, el decoro de nuestra vida nacional y las aspiraciones históricas de los chilenos.

Por eso estamos orgullosos de *El Siglo*. *El Siglo* es ejemplo de patriotas, en que se mirará la historia cuando la busquen los hombres honrados de mañana.

Yo saludo al único diario nacional y popular, diario de obreros y de poetas, diario de la lucha y de la verdad. En él vive, en él continúa viviente la palabra de Ricardo Fonseca, y su corazón fresco y firme sigue latiendo en estas páginas.

Si *El Siglo* no existiera, las tinieblas estarían cubriendo la frente de nuestra patria. Gran parte de la luz que irradia nuestro país se la deben los chilenos al incansable y batallador periódico del pueblo.

El Siglo, *Santiago, 24.10.1954.*

Prólogo para Efraín Barquero

Las palabras se gastan en el uso, el sentido se fuga de las formas, la poesía –demasiado usada– se demuele a sí misma. El poeta de época se enreda en las frases como el pez en la red, agoniza fuera del agua, el aire lo aniquila. Así salen poemas de papel, interminablemente enrollados y enrarecidos, de moda oscura, poemas sin piel, sin manos, sin objeto.

La poesía de Efraín Barquero tiene cuerpo. Es un material rico, una reconstrucción según las leyes de la vida, con palabras, con frases que parecían inútiles y que a su reclamo vuelven a brillar como espadas, relucen como el vino, se transforman en piedra, elevan otra vez la dignidad del canto.

Este poeta abanderado puede enseñar poesía pura a un regimiento de oscuristas, pero prefirió la transparencia y con ella algo más: la poesía.

Nadie puede dudarlo, este tono no engaña, quien toque este libro lo sentirá respirar como un ser vivo, y luego se lo llevará este viento de la poesía, arriba y abajo, hacia el mar y los bosques, hacia las vidas del hombre.

La naturaleza y el pueblo se mezclan en la poesía del joven Efraín formando una unidad a menudo victoriosa.

Poeta de clase, popular, campestre y campesino, pone su devoción en los oficios, en las luchas, en los desamparos del pueblo, con la naturalidad y el orgullo de su origen.

Por eso este libro es luminoso y augura un nuevo esplendor a la poesía de nuestras tierras americanas. Pasa a los poetas verdaderamente jóvenes, sin tinieblas ni monserga subjetiva. Efraín Barquero es un poeta de la verdad.

Su canto de hoy, matutino, se impondrá con sonora certeza. En su destino hay agua y hojas, fulgor y amor, combate.

En este minuto en que los oscuros se oscurecen hasta desaparecer llega a nosotros Efraín Barquero recibiendo en su fino rostro y devolviéndola en su canto, la claridad del pueblo.

Los Guindos, 10 de noviembre de 1954

Prólogo a Efraín Barquero, La piedra del pueblo, Santiago, Editorial Alfa, 1954.

Ehrenburg en Chile

Si para todo el mundo significó un acontecimiento el viaje de
Ilyá Ehrenburg a la América del Sur, para mí esta visita tenía
un reconcentrado elemento personal. Ehrenburg es uno de los
pocos escritores europeos que siempre se ha interesado por
nosotros, los latinoamericanos. Su interés viene de España.
Hace ya muchos años tradujo al idioma ruso las *Coplas* de
Jorge Manrique. Yo no conozco el ruso, pero he oído algunas
veces recitarlas al mismo Ehrenhurg, y su sonoridad me pareció la misma. No me cabe duda de que como una campanada
responde a otra, con la misma plenitud trasladó nuestro gran
amigo a su idioma aquellas coplas esenciales, fundamento de
toda la poesía del idioma español.

Perdida España, dominada por fascistas alemanes, italianos
y norteamericanos, Ehrenburg dirigió su curiosidad a nuestra América. La poesía de nuestros poetas le interesó muchísimo, pero también le interesó la vida de nuestras pobres gentes, los monumentos antiguos, la fauna y la flora de estos
países.

Antes de salir de Moscú, con ese interés exhaustivo y ardiente que pone en todas las cosas, extractó de manuales y de
consejos académicos una lista de plantas de Chile.

Yo no podría llamar a Ehrenburg un hombre político. Es
verdad que sus artículos durante la pasada guerra mundial
fueron tan decisivos para la victoria contra el fascismo como
muchos tanques y numerosas divisiones; pero creo que Ehrenburg combatió en especial la guerra, la opresión, la incultura. Ama las artes más populares o más refinadas con un
sentimiento posesivo; forman parte de su territorio pasional.
Cuando se le llama «abanderado de la paz», esto, que parecería un lugar común para muchos, se aplica correctamente a
Ehrenburg. Hay una bandera o una mano de Ehrenburg que
en cualquier parte, ya se trate de un monumento primitivo de
la Isla de Pascua o de la poesía fragante y galante de Ronsard,

se levanta sobre la piedra, las estrofas o los colores para protegerlos de la regresión o de la destrucción.

Tenemos en Chile un embajador norteamericano que en este punto difiere considerablemente de Ehrenburg. Por ciertas razones de ubicuidad siempre mister Beaulac se encuentra en el lugar de los desastres. Si le preguntáramos qué relación tuvo este correcto caballero con la muerte trágica de Gaitán y los motines de Bogotá, el señor Beaulac mostraría una sonrisa más inocente que la Gioconda. Pero allí estaba el señor Beaulac cuando fue asesinado ese hombre que defendía los derechos del pueblo colombiano y desde entonces la muerte, la destrucción, y la sumisión a los intereses norteamericanos han pasado a ser normalidad en la desdichada República de Colombia.

Cosas parecidas pasaron en Grecia y Yugoslavia, donde, por coincidencia, estuvo representando a los desenfrenados militaristas yanquis mister Beaulac. En aquellos países se extinguió la libertad, y el fusilamiento de patriotas griegos ha sido un acontecimiento angustioso en nuestra época.

La llegada de Ehrenburg coincidió con una gran ofensiva del fascismo norteamericano contra Chile. Un émulo, colega y alma gemela de mister Beaulac había dado término en Centroamérica a la «operación Guatemala», que consistió en bombardear las ciudades indefensas para instalar al monopolio frutero en el gobierno. El señor Beaulac tenía la gloriosa oportunidad de dirigir la conquista de Chile.

Los agentes norteamericanos se dirigieron atropelladamente al puerto aéreo de la capital chilena. Todos ya saben lo que pasó. Vejaron al ilustre escritor, saquearon su equipaje, ultrajaron la legalidad y el prestigio de Chile e intentaron tejer un grosero relato, estúpidamente mentiroso, sobre su llegada.

Estos funcionarios confundieron la palabra *Genève* con Génova y equivocaron la reunión de los cuatro grandes con un congreso comunista que no existió.

Del *Canto general* me traía Ehrenburg el primer ejemplar, en pruebas todavía, traducido al ruso laboriosamente en años de trabajo por diez [u once] poetas soviéticos. Los ilustrados funcionarios las mostraron en triunfo a los periodistas:

«Instrucciones de Moscú!», «serán traducidas!». Así pues el *Canto general* iba a ser traducido otra vez, por los esbirros, al castellano. La indignación nacional me libró de esta traducción, que empezó a hacerse en la embajada norteamericana.

Los otros papeles de Ehrenburg eran una lista de plantas chilenas con sus nombres latinos y un prospecto de la compañía escandinava de aviación. Los empleados norteamericanos no conocen el latín y creyeron que se trataba de un idioma secreto. Las palabras *araucaria imbricata* causaron dolores de cabeza a mister Beaulac.

El diploma por el que se me concedía el premio Stalin, en español, también causó una babeante expectativa en los círculos policiales. Lo fotografiaron, que es tanto como fotografiar la Torre Eiffel, como documento secreto.

Agotada la estupidez, enjuiciados severamente por la protesta nacional ante los atropellos, los funcionarios norteamericanos propalaron leyendas de subido ridículo. El señor Ehrenburg traía discos con instrucciones. El señor Ehrenburg era portador de consignas. El señor Ehrenburg traía millones en la maleta.

Todo pasó. Ante una intervención que se conocerá algún día la policía debió entregar el diploma y el folleto de la línea aérea, mi libro y la lista de plantas.

El presidente habló desde La Moneda: «Devuelvan todo antes de diez minutos». Y antes de los diez minutos, Ehrenburg y yo recibimos los papeles robados.

Desde ese momento la policía dejó de hablar de los discos y de los millones.

Ehrenburg me hizo entrega del premio Stalin de la paz, en una ceremonia conmovedora, rodeado por el respeto y la veneración que le demostró el pueblo chileno en todo momento.

No terminaron así las provocaciones. Derrotados, los facinerosos recurrieron a camionetas con altoparlantes, a discos impresos en la Radio Sociedad Nacional de Agricultura, a publicaciones mentirosas sobre la partida de Ehrenburg. Estos folletines, con el poder que les da el monopolio de noticias, los transmitieron a todo el mundo. Ehrenburg, sin embargo, conservó un grato recuerdo de Chile. Pudo ver en las calles, en los círculos populares, estudiantiles, intelectuales, el intenso amor que sienten los pueblos de América Latina por la paz, la amistad, el cariño que los une a la gran nación soviética, y el odio que se está despertando en cada una de nuestras naciones por los invasores de pueblos pacíficos como Corea y Guatemala.

Desde la partida de Ehrenburg, se ha hecho más evidente para los chilenos que aquellas provocaciones al ilustre escritor eran el comienzo de un plan. Nuevos atropellos se registraron más tarde contra visitantes, parlamentarios nacionales, empleados y obreros. Las mismas fuerzas que trataron en forma grosera, y a veces grotesca, de hacer de la visita de Ehrenburg un incidente internacional, continúan la conspiración contra los derechos y las libertades públicas de Chile.

El plan norteamericano de represión está en marcha. Tiene dóciles ejecutores que lo mueven cada día. Relegaciones, prohibiciones, atentados en contra de la Constitución, una red de hilos envenenados pretende enredar los músculos y la acción de nuestro pueblo, preparando un régimen de completa arbitrariedad y entrega, como los que ya existen en otros sitios en América Latina.

El pueblo chileno, sus organizaciones, sus partidos políticos, sin que los divida ningún estrecho concepto ante el peligro mayor, sus intelectuales, sus estudiantes, campesinos, empleados, industriales y trabajadores seguramente harán polvo y humo los intentos de sangre de aquellos que quisieron afrentar a Ilyá Ehrenburg y tuvieron que batirse en retirada con el rabo entre las piernas.

El gran escritor del pelo enmarañado pasó por Chile con la rapidez de un rayo; pero quién podrá olvidar esos días, su presencia, su gallardía indómita en defensa de los valores más hermosos del hombre y de la tierra?

Aurora, núm. 2, Santiago, diciembre de 1954.

Las lámparas del Congreso

El cielo es blanco. A las cuatro de la tarde ya es negro. La noche desde esa hora ha cerrado la ciudad.

Moscú es una ciudad de invierno. Es una bella ciudad de invierno. Sobre los techos infinitamente repetidos se ha instalado la nieve. Brillan los pavimentos siempre limpios. El aire es un cristal duro y transparente. Un color suave de acero y las plumillas de la nieve que se arremolinan, el ir y venir de miles de transeúntes como si no hiciera frío, todo muestra que Moscú es un gran palacio de invierno con extraordinarias decoraciones fantasmales y vivientes.

Treinta grados bajo cero. Una vez más en esta ciudad tantas veces amada, este Moscú que como estrella de fuego y nieve, como encendido corazón, está situado en mitad del pecho de la tierra.

Miro por la ventana. Hay guardias de soldados en las calles. Qué pasa? Hasta la nieve se ha detenido al caer. Entierran al gran Vishinski. Las calles se abren solamente para que pase el cortejo. Este gran silencio, este reposo en el corazón del invierno para el gran combatiente. Avanza el imponente acompañamiento y el fuego de Vishinski se reintegra a los cimientos de la patria soviética.

Los soldados que presentaron armas al paso del cortejo permanecen aún en formación. De cuando en cuando alguno de ellos hace un pequeño baile, levantando las manos enguantadas y zapateando un poco con sus altas botas. Por lo demás, parecen inmutables.

Después de la Gran Guerra me contaba un amigo español que vive largos años en Moscú, en los días de más intenso frío, de más de cuarenta o cincuenta grados Fahrenheit, y justo después de un bombardeo, se veía a los moscovitas comiendo helados en la calle. «Entonces supe que los soviéticos ganarían la guerra –me decía mi amigo–, cuando los vi comer helados con tanta tranquilidad en medio de la guerra y el frío.»

Los árboles de los parques, blancos de nieve, se han escarchado. Nada puede dar idea de estos pétalos cristalizados de los parques en el invierno de Moscú. El sol los pone traslúcidos, les arranca llamas blancas sin que se derrita una gota de la floral estructura. Es un universo arborescente que deja pasar a través de su primavera de nieve las antiguas torres del Kremlin, las esbeltas flechas milenarias, las cúpulas doradas de San Basilio.

Apenas alejado de Moscú veo unas anchas rutas blancas. Son los ríos helados. Y en el cauce de los ríos inmóviles de cuando en cuando veo, como una mosca en un mantel deslumbrante, a un pescador ensimismado. Pregunto y me cuentan toda la técnica de la pesca de invierno. El pescador se detiene en la vasta sábana helada, escoge un punto y pica el hielo, lo perfora hasta dejar visible la corriente sepultada. Entonces no puede pescar porque allí los peces se han asustado con el picoteo. El pescador entonces esparce en el agujero algunos alimentos para atraer a los pescaditos. Y se va a alguna distancia de allí donde hace otro agujero y luego otro más allá. Entonces vuelve al primero, echa su anzuelo y espera. Espera por horas y horas en aquel frío de los diablos.

A todo esto, ustedes han venido a escuchar lo que yo voy a contarles del Congreso de Escritores y me dirán: qué tiene que ver esto con el congreso?

Primero les diré que quería contarles esto, tenía ganas de hablarles de esos pescadores, negros sobre fondo blanco; segundo, que no puedo separar a la naturaleza de los hombres; tercero, que me cuesta mucho empezar a contar un cuento, y cuarto, mucho más importante, atención, que el trabajo de los escritores y el de aquellos pescadores árticos tiene mucho en común.

El escritor tiene que buscar el río y si lo encuentra helado debe romper el hielo. Debe tener paciencia, debe soportar la temperatura, la crítica adversa, debe desafiar el ridículo, debe buscar la corriente profunda, lanzar el anzuelo justo, y después de tantos y tantos trabajos sacar un pescadito pequeñito. Pero volver a pescar contra el frío, contra el hielo, contra el agua, contra el crítico, hasta recoger cada vez una pesca mayor.

Allí estaban, sentados en la presidencia, los grandes pescadores, los grandes escritores de la Unión Soviética. Fadéiev con su sonrisa blanca y su pelo plateado, Fedin con cara de pescador inglés, delgado y agudo, Ehrenburg con sus mechones turbulentos y su traje que aunque sea nuevo da la impresión de que ha dormido vestido, Símonov con su cara de turco, Tíjonov.

Allí estaban también aquellos que representaban las literaturas de las lejanas repúblicas, pueblos que antes no conocíamos ni de nombre, pueblos nómadas que no tenían alfabeto, allí estaban representados también en la presidencia con sus rostros mongólicos y sus libros recién impresos.

En dos grandes medallones, Lenin y Gorki presidían desde la historia este congreso.

De pronto, se pone de pie la sala. Han tomado asiento en la presidencia el partido y el gobierno. Jruschov, Málenkov, Mólotov, Bulganin, todos han tenido tiempo para escuchar las primeras deliberaciones.

En esa atmósfera de solemnidad y de sencillez, qué difícil es trasladarse a miles de kilómetros, y ver cómo a la noche siguiente los diarios occidentales deformarán esta simplicidad solemne. No preocupará a *El Mercurio* el hecho de que junto a las tareas de la inteligencia se sitúen los hombres de mayor responsabilidad histórica de nuestro tiempo, sino que, previa una suculenta conversación con Mr. Beaulac, consagrarán columnas de su pesada página editorial a comentar quién entró primero, si Málenkov, o Kagánovich, si Mólotov se sentó junto a Bulganin, si Jruschov miró a la izquierda o a la derecha. Nadie miró a la izquierda ni a la derecha, porque el partido y el gobierno soviético y todo el Congreso miraba hacia el frente, hacia la vida, hacia el comunismo, y no entró nadie antes que otro, todos entraron con la historia, todos entraron a un mismo tiempo con la voluntad de trabajo, de paz y de belleza que está transformando al mundo.

Muchos escritores extranjeros habían acudido y entre ellos algunos de la América del Sur. Pero de todos ellos destacaré a un viejo amigo mío de quien les he hablado muchas veces.

Encontré a Nazim Hikmet siempre resuelto y vibrante, una intensa preocupación velaba sus ojos claros. Desde hace años, en el exilio, escapado de las prisiones de Turquía, acogido por el amor y la admiración de la cultura soviética, devora al gran poeta una inquietud terrible. Después de quince años de presidio en las inhumanas prisiones turcas vivió el idilio enhebrado desde la cárcel, alcanzó a casarse y a ver nacer a su hijo antes de escapar milagrosamente de los verdugos que le buscaban de nuevo, esta vez para sentenciarlo a muerte. Pero a su mujer y a su hijo no los dejan salir de Turquía. Se han hecho muchas gestiones, pero hasta ahora todo ha sido en vano. Hace poco supo la última noticia. Su propia mujer había ido a pedir su salida al ministro del Interior y éste le había respondido en esta forma: «No saldrás de Turquía, ni tu hijo tampoco. Queremos que él sufra y muera de no estar con ustedes. Tú lo seguirás a la tumba poco después y este niño quedará en nuestras manos para que le enseñemos a odiar a su padre».

Estas palabras textuales reflejan la verdadera cara de nuestros comunes enemigos. Pero ante tanta inquietud, qué hacemos nosotros? Dónde está nuestra acción solidaria?

Paul Robeson, acosado por los mastines del Departamento de Estado, no puede salir de Estados Unidos, ni le dejan trabajar allí, en su patria, a la que ha dado honor. Ya se sabe que Chaplin escapó apenas a la persecución y a la prisión del fascismo oficial norteamericano. Howard Fast, el más grande novelista de Norteamérica, trabaja bajo las mismas dolorosas condiciones, igual Walter Lowenfels, recién salido de la prisión, es otra vez perseguido y amenazado. Yo llamo a los intelectuales aquí presentes a luchar en contra de estas persecuciones. Qué orgullosos nos sentiremos si la pequeña voz de Chile puede aliviar estos dolores, puede ayudar a la concordia, puede rescatar a las ilustres víctimas de la crueldad sistemática!

Con el informe de Súrkov comenzaron los debates del congreso, debates apasionados y orgullosos. La literatura soviética desde Gorki hasta estos días ha conquistado su sitio en el mundo. Ha conquistado este sitio a pesar del boicot, del silencio y de la hostilidad de los enemigos abiertos o encubiertos del avance de la sociedad.

Allí vi en el congreso las grandes dificultades del escritor soviético y allí todas las ideas fueron expuestas en forma apasionada y apasionante. El socialismo cambió la vida de centenares de millones de hombres. Cambió la tierra que se vio fecundada y extendida, el hombre ascendió hasta posibilidades no soñadas. Se venció al desierto, se crearon mares, todo el mundo tuvo pan, ropa, libros, dignidad. Entonces millones de hombres reclamaron esos libros, ascendieron a la dignidad de la música, reclamaron su integración a la cultura.

Se trata, pues, de que los libros muestren esta transformación, esta conquista de la naturaleza, este ascenso del hombre. El escritor soviético no vive amenazado por el hambre. Tiene toda la libertad creadora que necesita y su pueblo le exige una visión profunda y penetrante de su existencia.

La escritora de sesenta y seis años, Marietta Shaguinián, estaba sentada frente a mí. Muy inquieta y un poco sorda, me tocó a veces ayudarle a encontrar los auriculares perdidos. Ella nos cuenta que de sus cuarenta y cinco años de trabajo como escritora, varios de ellos se desarrollaron en la antigua Rusia zarista. Démosle la palabra para apreciar la diferencia de convicciones:

Primero y más importante, el tamaño y los rasgos específicos del público lector. Nosotros, escritores, no teníamos ante nosotros la gran masa de la población de la vieja Rusia. La masa de la población no compraba libros, ni podía hacerlo. No iba al teatro, ni podía ir, aunque fuera sólo por la razón que el vasto número de ciudades provincianas, sin contar las aldeas, no tenía teatros en aquellos días. No iba a las galerías de pintura porque no había ninguna. No escuchaba conciertos, porque no había conciertos que escuchar. Las masas del pueblo podían satisfacer sus necesidades artísticas sólo por sus propios medios, medios folklóricos – versos no escritos, cuentos y canciones y tocando instrumentos folklóricos –. El «arte» que las aldeas recibían de la ciudad consistía en cromos baratos y estridentes y calendarios.

Luego nos cuenta lo que pasaba con los escritores:

> Todo el mundo conoce la vida de Máximo Gorki. En la cumbre de su fama fue detenido, encarcelado y desterrado de la capital por el gobierno zarista y esto sucedió más de una vez. Recuerden la vida de Lev Tolstói. Cuando admiradores de su genio venían a visitarlo de todas partes del globo, mientras sus novelas eran traducidas a todas las lenguas del mundo, la Iglesia rusa lo excomulgaba, los sacerdotes lo anatematizaban en las iglesias, los maestros en las escuelas no podían mencionar su nombre y los censores prohibían novelas como *Resurrección*.
>
> Ésta era la vida de los genios creadores. No es necesario decir que con autores de menor talento las autoridades zaristas no se paraban en ningún miramiento.

Y termina Marietta Shaguinián:

> ¿Tenemos libertad creadora los escritores soviéticos? Esto puedo decirles: Sólo desde la Revolución, sólo en la tierra soviética, sólo a través de guiarnos por el pueblo y sintiendo nuestra conexión con el pueblo, hemos llegado a ser genuinamente libres como artistas creadores. He llegado a comprender los elevados propósitos del escritor y a trabajar para alcanzarlos con esa plena libertad de escoger, con ese sólido estímulo del pueblo, con ese sentimiento de profunda satisfacción de ser útiles que da a todo artista creador, a toda persona que trabaja, el derecho a una conciencia clara y al respeto de su pueblo.

Estas palabras de la escritora soviética nos encaminan al centro del debate. Allí están los protagonistas de la cultura, de la nueva cultura, preguntándose en la intimidad: Hasta dónde hemos cumplido?

En efecto, es mucho más difícil el arte literario con una responsabilidad directa. Esta responsabilidad no se puede eludir para los escritores de nuestra época y, en especial, para los escritores liberados del capitalismo. El problema se plantea no sólo en la intención, sino en los resultados.

A mí me parece más fácil escribir un gran libro en los países martirizados por la opresión económica, que en plena y radiante elevación de vida de los pueblos. Este nuevo libro tiene nuevas condiciones de nacimiento y de ambiente. Nuevos problemas para el escritor.

Debe empezar por luchar consigo mismo y esta lucha puede ser mortal. Constantino Fedin es considerado uno de los más grandes valores de la literatura soviética y fue uno de los pocos para quienes el Congreso se puso de pie cuando subió a la tribuna. Sin embargo, es estimado más bien por sus últimos libros y después de un largo silencio, silencio lleno de trabajo.

Voy a poner el caso de dos libros que estimo extraordinariamente. Se trata de la novela que yo admiro sobremanera, *Mamita Yunái*, de Carlos Luis Fallas. Este libro lo recomiendo siempre. Es el libro que daría yo a mi amigo que se va de viaje, en la ventanilla del tren, seguro de hacerle un servicio. Describe con intensidad, con dramatismo y humorismo la vida de los trabajadores bananeros de América central. Ahora tenemos un libro irreprochable, que todos amamos, como *Un hombre de verdad*, de Borís Polevói. Fallas toma una tarea sin una salida social, describe los más dolorosos estados de opresión, de miseria, de abyección, en el infierno bananero. Pero sus héroes nunca leerán su libro. Esto se nota en el libro de Fallas. Es una ausencia general en casi todos los libros de nuestra América desesperada.

Ahora bien, el libro de Polevói será leído por el protagonista, por centenares de protagonistas, por los heroicos defensores de Stalingrado, por todos los que tomaron parte en la gran guerra patria, y todos ellos comparan, deducen, estiman, y sobre todo esperan profundidad y precisión, en el estilo, simplicidad de medios expresivos y junto al abrasador resplandor de la guerra el eco de cada una de sus vidas, la indomable energía, la constructora esperanza de los hombres soviéticos.

Todo eso está reflejado en ese pequeño libro simple que se llama *Un hombre de verdad*.

Por eso la necesidad vital, permanente de iluminar la vida y la conciencia de los cambios en la vida soviética han hecho también más difícil y más importante las obras de los nuevos períodos postrevolucionarios. Para mi gusto, libros como *El tren blindado*, *Cemento*, de Gládkov, los libros que leíamos hace 25 años, tienen una rapidez ígnea, un fulgor y una velocidad seductores, pero no se comparan a las obras plenas de esta época de la literatura soviética, a *Un verano extraordinario* de Fedin, *Tempestad* de Ehrenburg, *La cosecha* de Galina Nikoláieva. Esas obras son como copas plenas que recogen con generosidad la magnitud de la vida soviética.

Dejemos hablar a los congresales. No puedo aprisionar en esta conversación con ustedes los ataques y contraataques, las réplicas y contrarréplicas, pero citemos algunas frases al pasar.

Dice Shólojov:

Las realizaciones de la literatura soviética multinacional durante estas dos décadas son grandes, sin ninguna duda. Numerosos escritores de talento han surgido de nuestras canteras. Pero, a pesar de todo eso, nos continúa afligiendo una ola gris e incolora de literatura mediocre que, en estos últimos años, desborda las páginas de las revistas e inunda el mercado del libro.

Dice Fadéiev:

Al examinar las razones que entraban en un desarrollo más rápido y más completo de nuestra literatura, no se puede menospreciar el hecho de la lucha de nuestra ideología humanista contra la ideología imperialista de odio a la humanidad.

[...] La asimilación crítica de la riqueza de forma de literatura clásica facilita el enriquecimiento y la diversidad de las formas del realismo socialista.

Dice Ehrenburg:

Conocemos autores contemporáneos que comprenden insuficientemente a sus contemporáneos. Otros, porque en la diversidad del mundo se han acostumbrado a no distinguir más que dos colores: el blanco y el negro [...] Su mundo de cándida azúcar está poblado de seres primitivos, de niños modelos hechos de cera que no tienen nada que ver con los hombres soviéticos, con su vida interior tan profunda y completa. Una literatura que se desarrolla y fortalece no tiene que temer una representación verídica. En nuestra, literatura, la veracidad no se aparta del espíritu de partido: por el contrario, está íntimamente ligada a él. Sabemos que el gran arte fue siempre partidario, es decir, apasionado [...]. Al describir el mundo interior del hombre, el escritor lo transforma por esa acción [...]. El escritor no es un observador de la vida: es un creador.

Dice Símonov:

El escritor soviético, al crear su obra con el realismo socialista por base, observa al ser humano en su totalidad, pero ama lo que en él conduce hacia el futuro. No cierra los ojos ante lo que hay debajo, pero considera lo que es elevado como propio del hombre. Comprende las debilidades del ser humano, pero quiere educar y fortalecer en él lo que es más fuerte.

Uno de los peligros es, pues, el empobrecimiento de los hechos y de las vidas a través de una literatura que sólo tenga como objetivo el halago político o el oportunismo. Y otro peligro es el de hacer de la literatura un espejo viciado en que lo negativo domine a lo victorioso y mejor de la vida. Es en este sentido que reciben críticas Vera Pánova y Ehrenburg por su *Deshielo*. Ehrenburg replica con su acerado y contundente florete:

Decenas de millones de soviéticos saben cómo se funde el acero, cómo los seleccionadores cultivan nuevas especies de manzanos, cómo trabajan los constructores de edificios monumentales, pero muchos lectores están lejos de imaginar cómo se crea una novela. La psicología de la creación artística es poco conocida.

Acaso nuestros críticos, al analizar el éxito o el fracaso de un escritor, ponen en claro los problemas ligados al origen de una obra artística?

No. Desgraciadamente tenemos todavía bien pocos críticos e historiadores serios de la literatura. Para ciertos críticos los libros se dividen en dos categorías: los dignos de ser aplaudidos y aquellos que no merecen más que la reprobación. Cuando analizan los libros de la primera categoría, exponen habitualmente el argumento como lo hacen los alumnos de la séptima clase y, al fin de cuentas, para poner de relieve su independencia y evitar los reproches que se le puedan hacer por su «manía» de echar incienso, levantan un inventario de lo que no está en el libro en cuestión y se quejan del autor. Cuando analizan un libro que según sus puntos de vista merece reprobación, estos críticos se transforman en fiscales acusadores... Es posible que la novela esté frustrada, aunque haya sido escrita con un fin loable, por un autor cuya probidad cívica nadie puede poner en duda; pero su novela es considerada por ellos como algo criminal. Cuando hablan de un tal libro, los críticos no exponen el argumento, sino citas aisladas del contexto y se sirven de ellas como pruebas de cargo.

Sea que los críticos pongan por las nubes una novela o la critiquen lapidariamente, no se detienen mucho en las ligazones que une una obra dada con las otras del mismo autor. Conceden notas, como examinadores, pero no tratan de explicar el éxito o el fracaso de un escritor, de mostrar cómo nacen las obras artísticas, cuáles son los lazos estrechos que unen toda la obra al carácter del escritor.

Jamás y en ninguna parte ha existido como en la Unión Soviética un interés tan vivo por la literatura como por los escritores. No existe entre nosotros, creo, un escritor que no haya recibido cientos de cartas de lectores. Tal vez los escritores, sin temor de que se les tache de inmodestia, cuentan a los lectores cómo han concebido sus obras? Escriben sobre los libros de los otros autores? Porque, sabiendo por experiencia propia cómo maduran y vienen al mundo las obras artísticas, pueden abordar los libros de sus colegas con algo más que discursos de jubileo o conclusiones acusatorias; pueden hacer claridad sobre las fuentes de la creación. No, raramente damos cuenta a nuestros lectores tanto de nuestra experiencia creadora como de nuestra opinión sobre los libros de otros.

En los artículos de ciertos críticos el lector encuentra invariablemente reproches. Se reprocha a un autor el haber guardado silencio demasiado tiempo; a otro el no haber mostrado en su novela sobre la guerra, el heroísmo de la retaguardia; a un tercero, el hecho de que su héroe no es suficientemente optimista o que es demasiado presuntuoso. Al lado de estos artículos el lector puede leer la información de que ciertos literatos han «planificado» las novelas consagradas a tal o cual construcción o rama de la industria y que las redacciones de revistas han enviado autores en misiones creadoras para que escriban novelas sobre las diferentes ramas de la economía nacional!

Oigamos ahora la voz de Galina Nikoláieva, en algunas de las más hermosas definiciones del humanismo que me ha tocado escuchar:

El contenido del arte es siempre la realidad objetiva que constituye también el contenido de la ciencia, pero el arte a diferencia de la ciencia concentra lo principal de su atención sobre la lucha por la belleza. Las obras de arte que reflejan los aspectos monstruosos e insignificantes de la realidad no se convierten en obras de un arte verdadero sino cuando estigmatizan estos aspectos monstruosos y por esto mismo combaten a la vez por lo bello. Las obras que no representan lo monstruoso para llamar a la lucha por lo bello, sino que se deleitan y se complacen en él, tales obras se salen de los límites del arte y es lo que caracteriza el arte burgués reaccionario actual.

La obra más bella y perfecta de la naturaleza es el hombre y es natural que el objeto principal del arte sea precisamente el hombre, no tanto como individuo biológico (la biología, la anatomía, etc., se ocupan de este aspecto), sino como ser social, en toda la riqueza y el conjunto de sus actos, pensamientos, sentimientos. Esto sobresale con una evidencia particular cuando estudiamos el carácter específico de la literatura. La literatura tiene la particularidad de ser inseparable del lenguaje. El lenguaje es «la realidad del pensamiento» (Marx), todo lo

que es accesible al pensamiento, es accesible al lenguaje, es por
esto que con su ayuda se puede obtener toda la riqueza del espíritu humano en su movimiento y en su desenvolvimiento. Es
precisamente por esto que Stalin ha llamado a los escritores
«los ingenieros de las almas humanas».

El sagrado derecho de la crítica se ejerce de viva voz y la autocrítica no aterra tampoco a los escritores. El poeta Alexis
Surkov, secretario de la Unión de Escritores, habla con toda
claridad:

La opinión pública soviética y los propios escritores manifiestan a menudo su descontento con relación a la Unión de
Escritores. Frecuentes casos de publicación, en las revistas
de la Unión de Escritores, de obras no elaboradas, de artículos
erróneos; la falta de homogeneidad en la actividad de las redacciones; la falta de participación de la *Literatúrnaia Gazeta*
en el proceso vivo del desarrollo de la literatura; la publicación
bajo el sello de las Ediciones de Escritores de libros superficiales y mediocres; la pasividad de las formas sociales de la vida
literaria; todo esto indica que los órganos de dirección de la
Unión de Escritores trabajan todavía de un modo insuficiente,
que las relaciones vivas entre los escritores, en el marco de su
oficio son a menudo reemplazadas por la agitación del aparato burocrático y por una verdadera furia de reuniones.

A menudo pasa por el congreso el espectro de la crítica oc-
cidentalista contra la literatura «dirigida», etc. Al vuelo Shólojov contesta:

Más allá de nuestras fronteras, nuestros enemigos llenos de
rabia, pretenden que nosotros, escritores soviéticos, escribimos según las directivas del partido. En realidad, la cosa es
algo diferente: cada uno de nosotros escribe según las directivas de su corazón. En cuanto a nuestros corazones, ellos pertenecen, en efecto, a nuestro partido y a nuestro pueblo, al servicio de quienes hemos puesto nuestro arte.

Este debate del arte dirigido me hace pensar en aquella respuesta de Mayakovski cuando en Nueva York le preguntaron, para provocarlo: Es verdad que usted ha hecho, a pedido del gobierno, versos sobre los corderos? Mayakovski contestó: «Más vale escribir sobre los corderos para un gobierno inteligente, que para los corderos sobre un gobierno idiota».

Polevói viene a comer conmigo. Pocos escritores dan una sensación de tan fresca vitalidad. Mientras se saca el gran abrigo de piel y deposita sobre mi mesa media botella de coñac, diciéndome que «éste sí que es bueno», que lo encontró «en el Cáucaso», ya está embarcado en una nueva historia, mientras un mechón rebelde se le agita cada minuto sobre la frente. Ya ha cambiado de tema y me habla del sitio de Stalingrado, en el que tomó parte (su pecho está cubierto de condecoraciones). Me hace un retrato inolvidable del mariscal Rokossovski, me cuenta cómo en el polo Norte, en la estación científica soviética, leyeron una noche los marinos «El fugitivo» de mi *Canto general*. Rápidamente me relata cómo un ruso blanco, capitán del zar, luchó en Ucrania en forma heroica contra los nazis, a su lado, como guerrillero, y cómo al proponérsele un ascenso el capitán Ivanov contestaba: «Sólo el zar puede ascenderme». Muerto en la lucha, Polevói me dice, hay una calle en Ucrania que lleva el nombre del capitán. Yo le digo: «Hay un escritor en Chile que te gustaría conocer. Siempre anda cazando ballenas y no es raro que en este momento esté en el Polo Sur. Se llama Coloane, Pancho Coloane. Cuando estés tú en el Polo Norte otra vez, me gustaría que hablaras con Coloane de Polo a Polo» y cada vez que me lo encuentro en el congreso, en los pasillos, Polevói que pasa rápido y con el mechón hacia un lado y otro de su frente, me grita: «Habrá llegado ya Pancho al Polo Sur?».

Con Galina Nikoláieva me encuentro a menudo. La famosa autora de *La cosecha* es bella y madura. Conversamos largamente.

—Sobre qué está escribiendo ahora, Pablo? —me pregunta.

—Sobre los tomates, le respondo.

—Sobre los tomates? Y por qué no sobre otra cosa?

–Sobre qué otra cosa, Galina?

–Sobre el amor, por ejemplo.

–Es una buena idea –le digo.

Me parece recordar que fue el poeta Antokolski el que leyó el informe sobre las traducciones. Esta tarea literaria está íntimamente ligada al desarrollo cultural de la Unión Soviética. Baste decir que en los años del poder soviético, según datos de la Cámara del Libro de toda la Unión Soviética, se han publicado 279 millones doscientos cien mil ejemplares de libros extranjeros. La literatura extranjera se presenta en 63 idiomas de aquel país multinacional. Así, pues, los lesguinianos, tates, kabardinos, adeguetzes, cherqueses, tubintzes, kariakos, nanayeses, chukchos, ebenkos, leen en su propia lengua las obras de los americanos, ingleses, franceses, alemanes, italianos, chinos y otros escritores extranjeros.

Quién ha oído hablar de la lengua karapalka o del ocielino? A éstas y al hebreo han sido traducidos libros de veinte países.

En las librerías se forman colas cuando se anuncian la publicación de obras completas de Jack London, Romain Rolland, Jules Verne, Victor Hugo, etc. La publicación de las obras de Shakespeare sobrepasa los dos millones y medio de ejemplares. Solamente *Hamlet* se publicó cerca de cuarenta veces en 19 idiomas. En total, se publicaron 223 ediciones de Shakespeare en 25 idiomas. Shakespeare, que tan difícilmente se presta a traducciones.

Pueden ser cansadores estos números estadísticos. Pero creo que hablan en forma impresionante de la relación integral de la cultura con la masa soviética, de la intensidad del esfuerzo cultural.

A ese incansable perseguidor de comunistas, el anónimo señor Herrera, ministro de Educación de Chile, que ha ido a perfeccionar su analfabetismo en la España franquista, le dedico estos otros números:

Jack London. El tiraje corriente de las obras de este escritor es superior a los 13 millones de ejemplares. 632 ediciones en 31 idiomas.

Victor Hugo. Cerca de 9 millones de ejemplares. 317 ediciones en 44 idiomas.

Ch. Perrault. Más de 7 millones 700 mil ejemplares. 101 ediciones en 34 idiomas.

Balzac. Más de 6 millones de ejemplares. 161 ediciones en 16 lenguas.

Jules Verne. Cerca de 6 millones de ejemplares. 237 ediciones en 16 idiomas.

Guy de Maupassant. Cerca de 6 millones de ejemplares. 264 ediciones en 16 idiomas.

Mark Twain. Cerca de 6 millones de ejemplares. 198 ediciones en 24 idiomas.

Ch. Dickens. Casi 4 millones y medio de ejemplares. 157 ediciones en 16 idiomas.

Émile Zola. Más de 3 millones y medio de ejemplares. 164 ediciones en 15 idiomas.

Sobre todo se presenta ampliamente la literatura francesa. En los años del poder soviético, se han emitido 3.683 obras de 418 autores, en la cantidad de 76.882.000 ejemplares. Libros de Rolland se publicaron casi dos millones y medio. Están traducidos a veinte idiomas de los pueblos de la URSS.

Aproximadamente, el tiraje de obras de H. Barbusse es traducido a 22 idiomas, así como el de A. France y otros.

A. Fadéiev intervino en 1949 en el Congreso de Hombres de Ciencia y Cultura S. Sh. A. en defensa de la paz del mundo, demostrando el interés de los soviéticos por el pueblo americano, con las cifras de las publicaciones de los escritores americanos, que causaron gran impresión.

Ahora ellas quedaron anticuadas, el amplio tiraje de 39.709 se eleva a 51.552.

La literatura inglesa presenta 219 autores. Solamente de 1952 a 1953 se emitieron más de cincuenta obras en doce idiomas. Once de las cuales son obras de Dickens.

Durante los años del gobierno soviético las obras de Swift fueron traducidas a 40 idiomas; las de Defoe, a 36. En general, la publicación de obras de literatura inglesa en la URSS sobrepasa los 38 millones.

Los nombres de los grandes clásicos de la literatura alemana, W. Goethe, Heine, F. Schiller, son conocidos en la URSS casi por todos, desde los escolares hasta los viejos.

23 ediciones de *Intrigas y amor*. 22 de *Guillermo Tell*, 20 de *El corsario*. *Fausto* se editó 19 veces en ocho idiomas.

Con gran interés van conociendo los lectores soviéticos el folklore del pueblo chino por la inspiración de cada uno de sus escritores.

Solamente las obras de Li Sin, están editadas 27 veces. Cinco veces se publicó el conjunto de sus obras escogidas.

No nos ha olvidado, a los americanos, este impulso, este poderío cultural. Traducciones de los poemas de Guillén, de las novelas de Fallas, de Gravina, de Jorge Amado, mis propios libros, incluyendo las *Odas elementales* que, para mi placer, ya tienen numeroso público lector, y otros libros sudamericanos son rápidamente devorados por el lector soviético. Poemas y cuentos de escritores de todos los países americanos aparecen con frecuencia en las revistas literarias. Durante el congreso me enteré de un hecho emocionante. En la revista *Lef*, la famosa revista dirigida por Mayakovski, y en ocasión de la visita a la Unión Soviética de nuestro maestro Luis Emilio Recabarren, se publicó una nota sobre él, destacando su esfuerzo en la creación de un teatro obrero en Chile.

En trabajo de traducción estaban las novelas de Volodia Teitelboim y de Diego Muñoz, así como una antología del pensamiento de Martí, una antología de cuentistas americanos y otra de poetas de nuestra América.

Mientras tanto, qué hacemos nosotros? La Guerra Fría alcanza la vida cultural de nuestros pueblos, y produce su impacto en nuestras relaciones. El gobierno de Chile, continuando fielmente la política servil de González Videla, ha mantenido el aislamiento diplomático y comercial que nos legara aquel gobernante irresponsable, pero, en el terreno de la cultura, no nos interesamos bastante por romper este bloqueo. Yo recuerdo que en el año 1921 yo era un joven escritor que, sin embargo, como muchos de mi generación, pudimos rápidamente leer y traducir del francés, del inglés o del alemán, idiomas importantes de aquella época de postguerra. Si se revisan las colecciones de *Claridad*, la combatiente revista de aquellos años, se verán mis múltiples traducciones, páginas enteras de Rilke, de Jean Grave y de otros ideólogos y escritores. La generación actual debe aprender el ruso y traducirlo. No es posible esta inercia mental y cultural. Debemos leer la poesía rusa traducida por nuestros poetas y nuestros poetas deben comprender que el mundo ya ha dejado de ser sólo París y sólo Londres. Que Moscú, Praga, Varsovia, son capitales del pensamiento contemporáneo, y en esa luz generosa deben aprender para enseñar a nuestro pueblo. Tenemos que decir que los poetas soviéticos han sido mal traducidos hasta ahora, desvirtuados e infantilizados por traductores de buena voluntad, pero que no navegaban en el velero de la lírica. A mis amigos soviéticos les dije que más que traductores, éstos habían sido cazadores de poetas. Estos escopeteros durante muchos años, creyendo ser fieles traductores, han estado echando abajo del ramaje una por una a todas las figuras de la poesía soviética.

Tenemos que reparar este daño grave, y tomar estas tareas de la cultura mundial con nuestras pequeñas manos. Ya me han oído ustedes los números estadísticos. En el informe de Antokolski sobre las traducciones se incitó todavía a mayor número de ellas, a más calidad y a más esfuerzo. Se dijo que Pushkin tradujo a Byron, que Lérmontov dejó versiones deslumbrantes de los románticos alemanes. Es decir, que la gran nación, la más poderosa de la tierra, no basa su felicidad sólo en sus luminosos resultados orgánicos y materiales, en sus fábricas y en su producción, sino en su relación espiritual con las más distantes, remotas y pequeñas culturas. Nosotros, pequeños escritores de un continente semicolonial, manejado en general por mezquinos gobernantes que se niegan aun a tenderles la mano, somos escuchados, interpretados, estudiados y queridos por el pueblo soviético. Y qué damos en recompensa? Dónde están nuestros jóvenes escritores? Están preparados para darnos a conocer la lírica y el teatro de la Rusia renovada? Por qué no toman contacto con ese vasto mundo?

Si no creen en la «Cortina de hierro», frase que acuñó el último pirata inglés antes de entregar Inglaterra a los nuevos amos norteamericanos del mundo capitalista, si creen que debemos romper el aislamiento impuesto a nuestra patria y a nuestra América, por dónde empezar, sino por la puerta luminosa que se abre a un nuevo esplendor y por un idioma ennoblecido, no sólo por Pushkin, por Tolstói y por Gorki, sino por Lenin, por Stalin y por los marineros que apuntaron los cañones del crucero *Aurora* hacia el Palacio de Invierno en una mañana de octubre.

Una de las presencias invisibles del congreso fue Mayakovski. Algunos críticos y un clan pertinaz hicieron bien amarga la vida de Mayakovski y contribuyeron a su muerte. Estos críticos negativos que entraban el desarrollo de la creación fueron fustigados muchas veces en el congreso. Críticos «liquidacionistas» los llaman los escritores soviéticos. Gozaban en el exterminio de un poeta, en el descuartizamiento de un novelista. Grandes aclamaciones de los delegados saludaron las alusiones a estos irresponsables. Fue elevada la crítica constructiva, sin capricho amistoso, generadora de valores, especialmente de los valores juveniles.

Estos grupos de matones intelectuales, enemigos de Mayakovski, continuaron su enemistad hacia el gran poeta aún después de muerto, hasta que Stalin pronunció su famosa frase:

«Mayakovski era y sigue siendo el mejor, el más talentoso poeta de nuestra época soviética».

Y ahora, Mayakovski estaba presente en cada deliberación porque quién sino él fue el enemigo del formalismo vacío y del izquierdismo sin belleza? Y éstos fueron los problemas de la poesía que allí se debatieron. La nueva poesía soviética busca libremente los temas más humanos. Después de años de lucha, florece la poesía amorosa, sin perder de vista el papel ejemplar del canto, su responsabilidad civil.

Pregunté a varios escritores, en la intimidad, cómo formarían una antología de poesía soviética, y recogiendo opiniones cito aquí lo que parecía ser un elemento de apreciación.

Mayakovski, Essenin, Bagritski, Tíjonov, Selvinski, Asséiev, Svetlov, Martínov, Tvardovski, Pasternak.

A éstos habría que agregar a Símonov, a Kirsánov, a Surkov, a Vera Inber, a Chtchipatchev. Comencemos entre nosotros esta antología.

Voy a traducirles así corriendo los versos de Mayakovski sobre el pasaporte soviético, escritos después del último viaje que hizo el gran poeta al extranjero:

Devoraría
la burocracia
como un lobo.
No tengo respeto
por las disposiciones
y envío
«todos los documentos»
a pasear
con el diablo,
pero éste...
Pasando a los compartimentos y a las cabinas
un funcionario muy educadito se adelanta.
Cada uno pasa su pasaporte
y yo le tiendo
mi
pequeña libreta escarlata.
Para ciertos pasaportes tienen una sonrisa
y a otros los escupirían.
Al respeto
tienen derecho, por ejemplo,
los pasaportes con león inglés
de dos asientos.
Tragándose con los ojos al buen señor
haciéndole saludos y zalemas
toman
como se recibe una propina
el pasaporte
de un norteamericano.
Para el polaco
tienen una mirada
de cabra frente a un afiche.
Pero, sin mover
para nada la cabeza,
esto es sin experimentar ninguna

emoción fuerte,
reciben sin pestañear
el pasaporte danés
y los suecos.
De pronto,
como picada por el fuego,
la boca
del buen señor se tuerce.
El señor
funcionario
ha tocado
la púrpura de mi pasaporte.
Lo toca
como una bomba,
lo toca
como un erizo,
como una navaja de dos filos,
lo toca
como una serpiente cascabel
de veinte púas,
y de dos metros o más de longitud.
Cómplice,
ha cerrado un ojo
al cargador que está listo
para llevar el equipaje.
El gendarme
contempla al policía,
el policía
al gendarme.
Con qué voluptuosidad
la casta policíaca
me habría
azotado, crucificado,
porque tengo en mis manos,
levantando la hoz,
levantando el martillo,
el pasaporte soviético.
Yo devoraría

la burocracia
como un lobo.
No tengo ningún respeto por las
disposiciones
y envío «todos los documentos»
a pasear con el diablo,
pero éste...
Sacaré
de mis bolsillos profundos
el testimonio
de un gran itinerario.
Lean bien,
y envídienme:
yo soy
un ciudadano
de la Unión de Repúblicas Socialistas Soviéticas.

Quién al escuchar estos versos escritos en el año 1929 no se pone de inmediato frente a una escena que avergüenza aún a todos los chilenos? Ilyá Ehrenburg en Chile... Pasan los pasaportes argentinos, sin causar «emociones fuertes», los norteamericanos son recibidos como si fueran una «propina» y de pronto los gendarmes miran al policía y éstos se sienten picados como por una serpiente cascabel. «Envídienme, soy un ciudadano de la Unión Soviética.» Sin recordar tal vez el verso de Mayakovski ésa fue la actitud que mantuvo el noble Ehrenburg frente a los que pretendieron ultrajarlo.

Quién conoce a Svetlov? Vamos traduciéndolo: en 1926 escribió este maravilloso poema:

Granada

Desfilando paso a paso
o montando al asalto
llevábamos entre los dientes
la canción de Yablotchko.
Ay, es nuestra canción

y ha dormido hasta ahora
bajo la hierba verde,
malaquita de la estepa.
Pero es otra canción
que de otra tierra hablaba
la que iba con mi amigo
con él y su caballo.
Cantaba contemplando
sus praderas natales:
«Oh Granada, Granada,
oh mi Granada amada».
Repetía este canto,
cantaba de memoria,
¿de dónde sacaría
su tristeza española?
Responde, Alexándrovsk,
y tú, Jarkov, responde:
¿Desde cuándo sabéis
cantar en castellano?
Y dime Ucrania mía
¿no es bajo esta cebada
que hace tiempo reposa
el gorro de Chevchenko?
¿De dónde viene, amigo,
este canto a tu boca?
«Oh Granada, Granada,
oh mi Granada amada.»
Soñador ucraniano
tardas en responderme:
«Hermano, esta Granada
yo la leí en un libro
y el nombre es tan bonito...».
¡Y qué honor más insigne!
El cantón de Granada
que se encuentra en España!
Yo dejé mi cabaña,
partiré a combatir
porque den en Granada

tierra a los campesinos.
Adiós, padres queridos,
adiós familia, adiós,
«Oh Granada, Granada,
oh mi Granada amada».
Y nos apresuramos
por saber de inmediato
sus balas, su alfabeto,
su lengua, sus combates.
La aurora se levanta,
la noche ha regresado,
se fatigó el caballo
de saltar en la estepa,
más la tropa cantaba
el canto de Yablotchko,
arco de los dolores
en el violín del tiempo.
De qué sirve, mi amigo,
esta canción:
«Oh Granada, Granada,
oh mi Granada amada».
Traspasado de balas
cayó su cuerpo al suelo,
fue mi amigo el primero
en caer del caballo.
Vi sobre sus despojos
inclinarse la luna,
y sus labios inertes
murmurar «Oh Granada».
Sí. Hacia otros sitios lejanos
más allá de las nubes,
llevando su canción
partió mi compañero.
Ya no lo oyeron más
las praderas natales:
«Oh Granada, Granada,
oh mi Granada amada».
El batallón no supo

la muerte del soldado
y cantó hasta el final
el canto de Yablotchko.
Frágil lloró la lluvia
deslizando su lágrima
sobre la noche negra.
La vida ha concebido
otras canciones nuevas.
Muchachos, no hay que hacerlo
llorar, este estribillo.
No lloren, compañeros,
«Oh Granada, Granada,
oh mi Granada amada».

Creo que a todos habrá llegado al corazón este poema. Yo seguiría completando esta antología. Así me lo indican mis deberes de poeta. Pero quiero invitar a los más jóvenes poetas chilenos a trabajar con fraternidad y conciencia para que en este sitio, o en la universidad, que estoy seguro abrirá sus puertas para una fiesta tan preclara, continúen esta antología de la flor y el fruto de la poesía soviética.

Perdónenme ustedes mi deshilvanada charla sobre un congreso que tampoco fue muy hilvanado. Nadie ganó allí, en esa competencia, ningún escritor, sino el pueblo soviético. Ojalá nuestros pueblos ganaran cada día algo con nuestros trabajos de escritor.

Yo no creo que los congresos transformen la materia íntima esencial de la literatura. Creo que de los éxitos y de los fracasos implacablemente enumerados en esta gran reunión de todos los escritores de la más grande nación contemporánea, sacamos en limpio que las consignas revolucionarias no agregan ningún talento a quien no lo posee, que tampoco la creación literaria es un misterio, pero que, sin la vinculación con el pueblo, sin la transformación de la realidad viviente, del conocimiento profundo de esta realidad, nosotros, los escritores, no podemos quedarnos solos frente al papel, no podemos incitar la creación.

Para enfrentarnos con ese trozo blanco de cada día, de cada

día y no de cada mes, de cada día y de cada hora, necesitamos enriquecer nuestro corazón, acercarnos fraternalmente a la obra de los otros, arrancar los secretos al pasado, vigilar la conciencia del porvenir. El realismo socialista no es una fórmula mágica que puede hacer de la noche a la mañana milagros de sentido y de forma.

Yo he trabajado por muchos años marchando desde la soledad hacia el pueblo, me he encontrado a cada paso con el denuesto, con la injuria, con los pequeños clanes formados por la amargura de la esterilidad que no crea. En mi pequeña experiencia de poeta de mi pueblo, fiel a mi partido y a mi patria, puedo asegurarles que he mantenido el trabajo constante como arma inexorable contra las embestidas de la envidia y de los enemigos del pueblo.

Esta lección de mi modesta poesía la vi corroborada por el gigantesco trabajo de mis compañeros soviéticos en su victorioso congreso.

Poco antes de partir me buscaban unos escritores soviéticos que a través de varios intérpretes me dijeron su deseo de poner en mis manos una antología, en su lengua shia, en la que figuraban mis poemas.

Eran de la república autónoma de Chuvasquia. Eran pequeñitos y parecidos a nuestros indios de Chiloé o a los aymarás del norte. Aquí tengo el libro lindamente impreso.

Para mí en el congreso, si quisiera reunirlo en algo fundamental, no fueron tan impresionantes los debates como la presencia múltiple de escritores como aquellos hombres pequeñitos y morenos.

Durante milenios junto al círculo ártico llenos de terror de sombra y de padecimientos, lejos de toda corriente de la cultura humana, junto a los ríos cuyo solo nombre fue para nosotros un escalofrío, el Obi, el Yeniséi, el Indighirka, el Alazaeia, habitaron tribus azotadas por la peor ignorancia y los climas más duros.

Aquí venían con un libro en la mano, recién llegados de universidades frescas, de bibliotecas, de bibliotecas y ediciones de revistas de ciencia y arte. Pensé en nuestros alacalufes desaparecidos, en nuestros araucanos diezmados y perseguidos.

Las lámparas colosales de la Sala de San Jorge, cada una de tres toneladas de peso y de fulgor brillaron antes sobre las pelucas y los *decolletés* de la aristocracia... Hoy alumbraron una fiesta de toda la cultura en la que nosotros y los kirguises, adeguetzes, cherqueses, kariakos, tubintzes, tenían su parte de resplandor.

Esta luz fue conquistada por el partido, defendida por la grande Unión Soviética y no la apagará de la tierra la mentira ni la sangre.

A los escritores de todos los pueblos, y a los intelectuales del partido en todos los países corresponde la gran tarea que nos dejó planteada el congreso, la fidelidad del destino de la cultura impulsada por las nuevas e invencibles fuerzas de la historia.

Aurora, núm. 3, Santiago,
abril de 1955.

Salud y que comience el baile!

Queridos jóvenes de todos los países:

Permitidme que os presente los juegos, los bailes, las canciones tristes y alegres, la picardía y la esencia de los pueblos americanos.

Nos dejaron los aztecas su semilla, sus cantos de las cosechas, sus himnos de guerra, sus ritos de paz. Los mayas establecieron su fuego florido en la delgada cintura de América central.

Los araucanos bailaron bajo sus árboles tutelares.

Los españoles dejaron una cinta de suspiros, el aire alegre de las comarcas montañesas y el lenguaje en que por siglos se desgranaron luchas, ilusiones, oscuros dramas del pueblo, historias increíbles.

En el Brasil temblaron los ríos más poderosos de la tierra, contando y cantando historias. Los hombres y las mujeres se arrullaron y bailaron bajo las palmeras. Desde el Portugal llegaron los más dulces sonidos, y la voz del Brasil se penetró de sus profundidades selváticas y de azahares marinos.

Éstas son las canciones y los bailes de América.

En este continente, la sangre y la sombra sumergieron muchas veces la esperanza, parecían desangrados los pueblos, una ola de terror aniquiló los corazones: sin embargo, cantamos.

Lincoln fue asesinado, pareció morir también la liberación, sin embargo, por las orillas del Mississippi cantaron los negros. Era un canto de dolor que aún no termina, era un canto profundo, un canto con raíces.

En el Sur, en las grandes pampas, sólo la luna iluminó la soledad de las praderas, la luna y las guitarras.

En el alto Perú cantaron los indios como los manantiales en la cordillera.

En todo el continente el hombre ha guardado sus canciones, ha amparado, con sus brazos y su fuerza, la paz de sus placeres, ha desarrollado su antigua tradición, el fulgor y la dulzura de sus fiestas, el testimonio de sus dolores.

Os presento el tesoro de nuestros pueblos, la gracia de ellos, lo que preservaron a través de acontecimientos terribles, desamparados y martirizados.

Que la alegría, las canciones y los bailes de las tierras americanas brillen en esta fiesta de la juventud y de la paz, junto a otras alegrías, otras canciones y otras danzas.

Desde el más lejano de los países de América, desde Chile, separado del mundo por la cordillera andina y unido a todos los pueblos por su océano y por su historia de luchas, yo saludo a los jóvenes del festival y les digo:

Más altas que nuestras montañas fueron nuestras canciones, puesto que aquí pueden escucharse, más insistentes que las olas del océano fueron nuestras danzas, puesto que aquí mostrarán su alegría. Defendamos toda esta fuerza delicada, defendamos unidos el amor y la paz que los mantuvo. Ésta es la tarea de todos los hombres, el tesoro central de los pueblos y la luz de este festival.

Salud y que comience el baile.

Isla Negra, el 22 de julio de 1955

Para el Festival de la Juventud en Varsovia. Publicado en PNN, *pp. 375-376.*

Prólogo para Práxedes Urrutia

Práxedes Urrutia, diáfana en su canto, plural como el invisible vuelo de mil aves, recoge en este poema un estremecimiento universal.

Su voz debe ser escuchada. Es como el coro antiguo, su raíz viene de las tinieblas y nos lleva a una deslumbradora claridad.

Práxedes Urrutia asume en su pasión una responsabilidad que muchos poetas no entendieron o no se atrevieron a tomar: que la dulce y alta lira cante desde la muerte la eternidad de un tormento y el vuelo inagotable de la esperanza humana.

1955, agosto

Nota-prólogo a *Práxedes Urrutia*, Canción de amor para tu sueño de paz, *Santiago, Austral, 1955. Recogida en* Prólogos, *p. 38.*

Venturelli

Venturelli es mi amigo de muchos años, aunque yo he pasado los cincuenta y él apenas los treinta. Personalmente es un gigantesco muchacho. No habla mucho. Se sonríe con los ojos y las manos: así lo han hecho siempre los pintores. Nosotros, los poetas, no sabemos mover las manos. Ellos dejan la frase sin terminar, la toman en el aire, la moldean, la llevan contra la pared, la pintan.

Venturelli estuvo enfermo mucho tiempo del pulmón, allá arriba, en un sanatorio de la alta cordillera chilena. Ésa era una época llena de misterio. El pintor se moría, y cuando ya íbamos a enterrarlo no había tal. Nos llegaban docenas de maravillosas pinturas, bocetos iluminados pacientemente con los colores dramáticos que sólo Venturelli posee: amarillos ensangrentados, ocres verdes.

Yo andaba por ahí por las calles, por las minas, por los ríos, armándole guerra a un tiranuelo que molestaba como una mosca a mi país. De cuando en cuando se entrecruzaban sus dibujos y mis poemas, cuando venían bajando de los montes nevados o subiendo desde los archipiélagos botánicos. Y en este cruce de relámpagos yo sentí que se iluminaban mis poemas y que a la vez mi poesía transmigraba a su pintura.

Eran encuentros de viajeros, de guerrillas. Todos somos viajeros y guerrilleros en este territorio que nos dio la vida a Venturelli y a mí. Chile, filudo como espada, con nieve, arena, con desgarraduras mortales de océano y montañas, tiene una primavera marina extensa y dorada y la miseria ladrando de día y de noche junto a las casas de los pobres.

Así, pues, se intercambiaban de paso nuestras ansiedades, nuestras singulares lámparas, y de ahí nació nuestra amistad trabajadora.

Luego yo me hice más misterioso que Venturelli. Me replegué en las entrañas de mi pueblo: la policía me buscaba. Era la policía de aquella mosca, pero, como no debía encontrarme, cambié de casa, de calle, de ciudad. Cambié de humo. Cambié de sombra.

Yo escribía el *Canto general*. Pero las hojas recién hechas podían caer en manos de los persecutores y por eso, apenas las dejaban mis manos, corrían por misteriosos canales a copiarse, a imprimirse.

Venturelli, resucitado y activo, dirigió la edición clandestina y en los secretos «subterráneos de la libertad», como diría Jorge Amado, se acumulaban millares de hojas que fueron formando el libro. Todo estaba a veces a punto de caer en manos de la mosca, los policías interrogaban a todo el mundo, muchas veces lo hicieron sentados sobre montones de pliegos de mi libro. Venturelli seguía llevando y trayendo carillas, corrigiendo las pruebas, ordenando los dispersos sectores del libro, depositados en lugares ocultos, como quien recompone la osamenta de un animal prehistórico.

Pero durante estas idas y venidas de caminante y guerrille-ro, Venturelli les agregó a mis poemas sus estampas conmovedoras. Retrató al conquistador con la cruz y el cuchillo, al pequeño indio andino, al húsar heroico, a los huelguistas ametrallados. Y dibujó también las efigies locas de mi poesía, el cántaro de greda con una mariposa, la estatua desnuda que voló en una proa.

Venturelli es grande, es infantil y dramático como América. Es terrible de pronto. No ve nada más que el luto y los cuervos. Está desamparado. Mira el abismo y va a morir. Vamos a morir los pueblos, vamos a caer bajo el peso de tantas crueldades, no podemos ya subsistir. Pero, de pronto, Venturelli sonríe. Todo ha cambiado. Sus torturadas figuras han sido borradas por la madurez: la acción es la madre de la esperanza.

Queridos alemanes:

En este libro está todo Venturelli desgarrador y sonriente, viajero y guerrillero. Es difícil tal vez para los hombres rubios, que reconstruyen de nuevo su patria admirable desde las cenizas, penetrar así de golpe el mundo americano de Venturelli. Pero, su fuerza de expresión os hará estremecer: es el lenguaje de nuestros volcanes.

En los últimos años, José Venturelli, más vivo que nunca, más viajero que nunca, cruzó la planetaria Unión Soviética, se estableció en China Popular.

Su visión del mundo ha cambiado. Ya no mira el abismo. Se hizo asombrosamente puro en su línea, sonriente y seguro en su descripción del mundo.

El gran muchachón, el reclinado de la cordillera andina, ha resucitado una vez más y nos enseña las muestras magníficas de su renacimiento: el orden, la inteligencia, la bondad, la alegría y el trabajo.

El joven maestro ya no necesita encontrarse conmigo en mitad del camino, entre la nieve y la espuma marina, en el sobresalto de las cordilleras. Vamos por el mismo camino, tomados de la mano.

Prólogo al volumen dedicado a la obra pictórica de José Venturelli (Leipzig, RDA, 1955). Recogido en La Gaceta de Chile, _núm. 1, Santiago, septiembre de 1955._

Unidos al pueblo

En los últimos años, la gran burguesía de América Latina ha dejado muy a mal traer su orgullo castellano y se ha reducido al papel de intermediaria de los negocios yanquis. Producto de esta supeditación a la voluntad de los monopolios norteamericanos son los gobiernos de Odría en el Perú, de Pérez Jiménez en Venezuela, el gobierno sanguinario de Colombia y el despótico mando militar en el Paraguay.

En Chile fue González Videla el iniciador de esta sumisión, y el general Ibáñez ha continuado hasta ahora la política de aquel detestable traidor.

A todos ellos les cae como un ácido quemante en la ropa, cualquier mención a la causa universal de la paz. De inmediato se enfurecen. En su furia ejecutan actos que muchas veces los ponen en descubierto. El caso del señor Fernández Larraín es típico.

Este señor es un hacendado de Melipilla. Sus propiedades son célebres por las grandes extensiones de sus sembrados y por la miserable condición de los campesinos que trabajan sus tierras. El señor Fernández Larraín es un entusiasta partidario de la dominación norteamericana y un ferviente enemigo de la paz. Ahora bien, cómo se ha manifestado este caballero feudal en sus actividades belicosas? Se creería que ha invocado tal vez su abolengo de pretendida nobleza en el que sin duda figuran curas carlistas de trabuco y catecismo? No. Con inaudita paciencia este oscurantista de pergamino se dedica a la delación policial y ha publicado un libro entero con los nombres de aquellas personas que han asistido a algún congreso de paz, a alguna reunión de escritores en Viena, a las celebraciones de Schiller en Alemania, a algún concurso musical en Varsovia. Es una minuciosa nómina de nombres que llenan centenares de páginas. Para todas esas personas pide la excomunión civil y los anatemas celestiales, cuando no simplemente la cárcel de Santiago de Chile.

Afortunadamente, no todo Chile piensa como Fernández Larraín. Gabriela Mistral, por ejemplo, esta escritora que obtuvo el premio Nobel hace algunos años ha sido halagada en forma extraordinaria por los enemigos de la paz y del pueblo chileno. Sin embargo, a una edad avanzada y a pesar de ocupar un cargo oficial, ella ha manifestado varias veces su adhesión a la causa más noble de nuestra época. El pueblo chileno tal vez olvide sus famosos *Sonetos de la muerte*. Pero no olvidará su «Palabra maldita». En este famoso artículo, la gran poetisa relata con palabras sencillas su alarma ante la persecución de las ideas de paz y de amor que han dirigido su vida de maestra rural y de humanista.

Otra decepción se han llevado los partidarios de la guerra en Chile con Francisco Coloane. Es éste, sin duda, una de las figuras más populares de nuestra cultura. Muy popular, físicamente, es también para el pueblo chileno el escritor Coloane, que lo reconoce entre la tripulación de un barco ballenero o entre la concurrencia de un mitin popular. Entre viaje y viaje ha merecido la felicitación de los organismos de la paz porque recolectó las más prestigiosas firmas para el llamamiento mundial por la prohibición de las armas nucleares.

Pero no sólo los escritores en este lejano país se distinguen en la causa de la paz. En primera fila de los llamados y reuniones vemos al músico Armando Carvajal, creador de la Orquesta Sinfónica Nacional de Chile, y a Blanca Hauser, su esposa, cantante distinguida, al pianista Óscar Gacitúa, premiado recientemente en Varsovia en el concurso Chopin. Las primeras figuras del ballet nacional, como Patricio Bunster y otros bailarines, han adherido o trabajan activamente por la paz y la amistad entre los pueblos.

Igual cosa pasa con los mejores pintores. El taller de Nemesio Antúnez, considerado por la crítica como el mejor exponente de la pintura joven, pintor delicadísimo de la intimidad humana y la alegría en la naturaleza, es un destacado militante de la causa de la paz. Para los Fernández Larraín ha sido un golpe demoledor ver que las tribunas de los mítines del Movimiento de la Paz fueron decoradas con inmensos murales de este pintor exquisito. Pero más desagradados aún estuvieron estos señores cuando vieron a Camilo Mori, artista consagrado, de cabellera blanca, premio Nacional de Arte, dar todos sus esfuerzos a la defensa de la vida, colaborando con bellísimos afiches y carteles al Movimiento de la Paz.

Baltazar [*sic*] Castro, Olga Poblete, escritores ambos, recorren el país en la campaña de firmas. No es difícil encontrarlos en los sitios más lejanos del territorio, en Punta Arenas, capital del estrecho de Magallanes, hablando a las poblaciones de pastores, de obreros del petróleo y de navegantes sobre el peligro que representan las pruebas atómicas.

Diariamente trabajan en la organización del Movimiento de la Paz escritores como el autor del libro famoso *Hijo del salitre*: Volodia Teitelboim, o Francisco Pezoa, que acaba de publicar un excelente libro lírico: *Nada perece*. El doctor Gustavo Mujica, también trabajador asiduo del Movimiento Nacional de la Paz, ha publicado una colección de relatos: *Coral blanco* sobre los efectos de las descargas nucleares entre los pescadores japoneses.

Tanto Pedro de la Barra como Domingo Piga, fundadores y directores del Teatro Experimental de la Universidad de Chile, son fervorosos y decididos partidarios de la paz. El Teatro Experimental viene a ser como el teatro oficial de Chile y su sala está llena cada día. La última obra que se ha estrenado en este teatro es *Todos son nuestros hijos* de Arthur Miller. La obra de este escritor norteamericano es dramáticamente pacifista y ha suscitado interés y apasionadas polémicas. Pero casi todos los actores y actrices del Teatro Experimental que es orgullo del país son fuera de las tablas impulsadores de la lucha contra la guerra. Bastaría citar dos nombres extraordinariamente queridos por el pueblo de Chile, los esposos Roberto Parada y María Maluenda. Es rato encontrar un acto del Movimiento de la Paz en que no figuren estos inteligentes y prestigiosos actores.

El poeta Ángel Cruchaga Santa María, premio Nacional de Literatura y uno de los modernos clásicos de la poesía chilena, a pesar de su dolencia pues lo aqueja una grave enfermedad a la vista, participa en los actos de la paz y es siempre recibida con ardientes aplausos su emocionante palabra. El primero de los poetas entre las generaciones más jóvenes, Juvencio Valle, es un devoto trabajador pacifista. El gran novelista y profesor Rubén Azócar acaba de volver del sur del país. En aquella vasta región ha dado conferencias y entrevistas defendiendo la causa de la paz. Los jóvenes poetas que recién publican sus primeros libros, como Jorge Soza y Efraín Barquero, entregan gran parte de su tiempo y de su juvenil energía al trabajo organizado de la paz.

Hace poco, la policía chilena, la misma que trató de obstaculizar la visita de Ilyá Ehrenburg, retuvo los pasaportes de una docena de personas que se trasladaban al festival de Varsovia o al Congreso de la Paz de Helsinki. El gobierno explicó que podía negar estos pasaportes. Estas medidas de coerción han sido implantadas ya en otros países: Cuba, Nicaragua, Venezuela, etc. Para hacerlo, en todos esos países y en Chile, se han invocado los convenios anticomunistas y antipopulares de Río de Janeiro.

Pues bien, en Chile ha fracasado tal medida y el gobierno se ha visto obligado a conceder los pasaportes a todos los viajeros de la paz.

Irritado, el presidente Ibáñez ha mandado al Congreso un proyecto de ley pidiendo la autorización parlamentaria y legal para negar pasaportes e impedir la asistencia a cualquier reunión o congreso de la paz y los viajes cuyo objeto sea ver las grandes realizaciones de la URSS y de los países de democracia popular.

Sin duda, este grotesco y monstruoso proyecto será rechazado en el Parlamento de Chile. Hay ya evidentes signos de que así ocurrirá. El diario de extrema derecha, órgano de la alta banca, *El Mercurio*, de Santiago de Chile, en su edición del 16 de julio aconseja a las Cámaras rechazar este proyecto de ley con estas palabras: «Es de esperar que... la mayoría del Congreso Nacional desapruebe este proyecto como una manera de indicar al poder ejecutivo el escaso ambiente que en el país cuentan las iniciativas llamadas a restringir las libertades definidas y garantizadas por la Constitución política vigente».

La inflación y la miseria han azotado implacablemente a Chile en los últimos tiempos. Los gobernantes han continuado la política ciega e impopular de González Videla: mayores tributos y nuevas concesiones a las compañías yanquis del cobre y del salitre. La situación de las masas es desesperada.

Aunque la población de Chile no alcanza a seis millones, la última huelga paralizó la actividad de un millón trescientos mil obreros y empleados. Esta huelga fue una advertencia y una reclamación colectiva en contra de la pauperización del pueblo, producida en gran parte por la política de guerra. La palabra *paz* fue muchas veces pronunciada en el gran mitin que precedió a la huelga.

El pueblo de Chile se siente unido y orgulloso de su poderosa unidad. En su gran mayoría los artistas, los escritores, los profesionales, los profesores, los intelectuales chilenos, están unidos a nuestro heroico pueblo en su lucha común por la libertad y por la paz.

El Diario Ilustrado, Santiago, 3.10.1955.

Despedida a Mariano Latorre

Este día frío en medio del verano es como su partida, como su desaparición repentina en medio del regocijo multiplicado de su obra.

No voy a hacer un discurso funerario para Mariano Latorre.

Quiero dedicarle un vuelo de queltehues junto al agua, sus gritos agoreros y su plumaje blanco y negro levantándose de pronto como un abanico enlutado.

Voy a dedicarle una queja de pidenes y la mancha mojada, como sangre en el pecho, de todas las loicas de Chile.

Voy a dedicarle una espuela de huaso, con rocío matutino, de algún jinete que sale de viaje en la madrugada por las riberas del Maule y su fragancia.

Voy a dedicarle, levantándola en su honor, la copa de vino de la patria, colmada por las esencias que él describió y gozó.

Vengo a dejarle un rosario amarillo de topa-topas, flores de las quebradas, flores salvajes y puras.

Pero él también merece el susurro secreto de los maitenes tutelares y la fronda de la araucaria. Él, más que nadie, es digno de nuestra flora, y su verdadera corona está desde hoy en los montes de la Araucanía, tejida con boldos, arrayanes, copihues y laureles.

Una tonada de vendimias lo acompaña, y muchas trenzas de nuestras muchachas silvestres, en los corredores y bajo los aleros, a la luz del estío o de la lluvia.

Y esa cinta tricolor que se anuda al cuello de las guitarras, al hilo de las tonadas, está aquí, ciñe su cuerpo como una guirnalda y lo acompaña.

Oímos junto a él los pasos de labriegos y de pampinos, de mineros y de pescadores, de los que trabajan, rastrean, socavan, fecundan nuestra tierra dura.

A estas horas está cuajando el cereal y en algún tiempo más los trigales maduros moverán sus olas amarillas recordando al ausente.

De Victoria al sur hasta las islas verdes, en campos y caseríos, en chozas y caminos, no estará con nosotros, lo echaremos de menos. Las goletas volarán sobre las aguas cargadas con sus frutos marinos, pero ya Mariano no navegará entre las islas.

Él amó las tierras y las aguas de Chile, las conquistó con paciencia, con sabiduría y con amor, las selló con sus palabras y con sus ojos azules.

En nuestras Américas el gobernante, de un clima a otro, no hace sino entregar las riquezas originales. El escritor, acompañando la lucha de los pueblos, defiende y preserva las herencias. Se buscará más tarde, si han sido sacrificados nuestras costumbres y nuestros trajes, nuestras canciones y nuestras guitarras, el tesoro que resguardaron hombres como Mariano Latorre, irreductibles en su canto nacional.

Iremos a buscar en la enramada de sus libros, acudiremos a sus páginas preciosas a conocer y defender lo nuestro.

Los clásicos los produce la tierra o, más bien, la alianza entre sus libros y la tierra, y tal vez hemos vivido junto a nuestro primer clásico, Mariano Latorre, sin estimar en lo que tendrá de permanente su fidelidad al mandato de la tierra.

Los hombres olvidados, las herramientas y los pájaros, el lenguaje y las fatigas, los animales y las fiestas, seguirán viviendo en la frescura de sus libros.

Su corazón fue una nave de madera olorosa, salida de los bosques del Maule, bien construida y martillada en los astilleros de la desembocadura, y en su viaje por el océano seguirá llevando la fuerza, la flor y la poesía de la patria.

Texto leído en los funerales del narrador chileno el 12.11.1955. Publicado en La Nación, *Santiago, el 13.11.1955.*

Otra vida comienza

(1956-1961)

I

CON MATILDE Y SIN UTOPÍA
(1956-1959)

Romance de los Carrera

Para saber y contar
esta historia verdadera
la tendremos que llorar:
no hay otra más lastimera,
no hay otra más deslumbrante
en toda la patria entera,
como la historia enlutada
de los hermanos Carrera.

Príncipe de los caminos,
hermoso como un clavel,
embriagador como el vino
era don José Miguel.
Una descarga en su pecho
abrió un manantial morado,
pasan y pasan los años,
la herida no se ha cerrado.

Quién fue el primero que dijo
libertad en nuestra tierra
sin reyes y sin tiranos?
Don José Miguel Carrera.

Tarde triste de Mendoza:
conducidos por su suerte,
uno por uno llegaron
los hermanos a la muerte.

*Partitura para piano con música de Vicente Bianchi,
Santiago, Southern Music International, 1956. Versos en
Zig-Zag, Santiago, 8.9.1956, recogidos en* FDV, *pp. 94-95.*

Canto a Bernardo O'Higgins

Quien será este hombre tranquilo,
sencillo como un sendero,
valiente como ninguno,
Bernardo te llamaremos.
Sólo Bernardo te llamas,
hijo del campo y del pueblo,
niño triste, roble solo,
lámpara de Chillán Viejo.

Pero la patria te llama y vienes
y se despliega tu nombre,
Bernardo O'Higgins Riquelme,
como si fuera una bandera
al viento de las batallas
y en primavera,
al viento de las batallas
y en primavera.

O'Higgins, nos enseñaste
y nos sigues enseñando,
que patria sin libertad
es pan, pero pan amargo.

De ti heredamos la lucha
orgullo de los chilenos,
tu corazón encendido
continuará combatiendo.

Partitura para piano con música de Vicente Bianchi, San-
tiago, Southern Music International, 1956. Versos recogi-
dos en El Siglo, *Santiago, 18.9.1959, y en* FDV, *pp. 92-93.*

América para la poesía!

SOBRE LA POESÍA

Y bien, qué opino yo de la poesía? Pues, opino que hay una
especie de mito sobre ella, una especie de halo fantasmagórico con que se ha querido envolverla. Lo malo es que todo esto
es muy peligroso para los poetas. Se ha recargado tanto el
lenguaje de la crítica, atribuyéndole a la poesía virtudes secretas de sombra y de misterio, que los poetas que nacen traen
una carga ficticia sobre sus hombros, más hecha de papel que
de verdad.

Y en fin de cuentas no cabe ninguna exageración: la poesía
de hoy debe tener el mismo sentido que tuvo siempre: el de
algo que nunca estuvo ni más arriba ni más abajo del ser humano, que estuvo siempre ubicado a la altura del hombre. No
hay novedad en ello.

Naturalmente, hay algo que pedir a los lectores de hoy: que
tengan también ese apetito poético y esa sencillez de corazón
que se requiere para un contacto verdadero con la poesía.

Mi amigo Ilyá Ehrenburg me contaba una vez que en cierta
oportunidad, en que presentara ante el auditorio a un joven
poeta muy gustado por las muchachas de su tierra, había recordado que en la Antigüedad los campesinos recitaban poemas delante de las vacas que se negaban a ser ordeñadas. La
tradición cuenta –decía Ehrenburg– que las vacas, en contac-

to con la poesía se volvían más dóciles... Y Ehrenburg finalizaba, entre sonrisas: «Espero que las muchachas de hoy tengan tan buen gusto como las vacas».

Sí, que la poesía ayude hasta para que las vacas den más leche. Pero que al mismo tiempo, no pierda intimidad con los sentimientos de los seres humanos. Que no deje de ser poesía, en ése, su más empinado –su único– sentido, y sin hacer misterio, ni hechicería. Porque pienso que es mucho más fácil escribir poesía difícil que poesía sencilla.

A los jóvenes poetas les digo que comprendo sus problemas y su propensión a la oscuridad, porque sé que finalmente buscarán el camino hacia una poesía que no abandone su calidad pero que sirva a las necesidades interiores del individuo y de la sociedad. Éste es un ideal que no ha perecido: por el contrario, él sigue siendo un gran acicate, si no la finalidad misma de la expresión poética.

EN EL ALMA DE AMÉRICA

Creo en una originalidad americana en materia de poesía. Creo firmemente en ella.

Hay, para mí, una diferenciación total en el lenguaje de la poesía moderna española y americana.

Cuando, antes de la guerra civil española, conviví con los poetas españoles en su tierra, éstos me acogieron fraternalmente. Por aquel tiempo mis amigos poetas iban a publicar una revista. Manolo Altolaguirre, entonces, me ofreció la dirección: «Tú eres el único –me dijo– que puede hacerlo».

Por qué me llamaban a mí para la dirección? Acaso, porque mi poesía era mejor, porque mi lugar dentro de la poesía era más alto que el de ellos? Por supuesto que no. Me ofrecían la dirección porque mi poesía era diferente.

Hay toda una continuidad, una línea extendida que afirma esta expresión americana. Ya existe una tradición detrás de ello.

Nombres? No es necesario. Las influencias más seguras están en la tierra y no en los libros.

Después de mucho tiempo, leí la antigua poesía de los mayas, su maravilloso Popol Vuh. Este libro casi mágico, cuenta la historia del hombre, desde su creación, tal como lo imaginaron los mayas. Al Popol Vuh no han podido destruirlo los conquistadores ni el tiempo. Aquéllos, por boca de un obispo, ordenaron quemarlo. En mi *Canto general* lo recuerdo. Puedo traerlo ahora aquí?

> El obispo levantó el brazo,
> quemó en la plaza los libros
> en nombre de su Dios pequeño
> haciendo humo las viejas hojas
> gastadas por el tiempo oscuro.

Y el tiempo? Los siglos tampoco fueron más voraces que el fuego. Hoy el Popol Vuh está al lado nuestro descubriéndonos el encanto de su poesía.

Hay, pues, una línea de continuidad en la poesía americana, desde sus orígenes hasta hoy, pasando por toda su historia.

Se preguntará: Y qué relación puede haber por ejemplo entre José Mármol y Vicente Huidobro? La misma que hay en toda nuestra poesía: el hecho de que poco a poco, a sabiendas o no, se va buscando la raíz de lo que somos. Cada gran poeta es un capítulo de esa búsqueda.

Para esta lucha por nuestra expresión nos ha de ayudar mucho el conocimiento de esas culturas, aún las más primitivas.

He leído hace poco poemas de amor de los araucanos. Bien sabido es que ellos no integraban una de las civilizaciones más adelantadas de nuestra América precolombina. Sin embargo, sus poemas de amor son maravillosos. Me asombré leyéndolos.

EL DESCUBRIMIENTO OTRA VEZ

Recuerdo que en una revista brasileña de arquitectura se lanzaba la siguiente pregunta: «Está muerto el arte?». La pregunta era sin duda inquietante.

Portinari, el gran pintor brasileño, contestaba muy desesperado por el camino que éste está tomando. Y un gran escultor abstracto, muy bueno dentro de su concepción del arte, levantaba en su respuesta la bandera de una universalidad conseguida por el abandono de la búsqueda de nuestra expresión característica.

Decía: «Por qué hacer tanto problema sobre lo americano? La gente de nuestro continente vive como los europeos. No nos diferenciamos en nada de los franceses, de los belgas, de los checoslovacos. Si examinamos una escultura primitiva brasileña, no nos emocionamos». Pienso que esto no es verdad. Cómo explicaríamos, atendiendo a esta teoría, la ligazón estrecha que existe entre los jóvenes europeos y el arte grecolatino? En esto no existe la revelación celestial. El clima múltiple de esa Europa, material y espiritual, que dio el arte grecolatino, influye también en las vivencias de los jóvenes actuales. Por eso están ligados a él.

Necesitamos descubrir otra vez a América. Descubrir, no inventar, dentro del vaticinio que fueron revelando la tierra y los poetas que desde siempre a ella se acercaron.

Qué fue nuestra América? Éste es el interrogante. Por qué no creer que los viejos monumentos de la cultura americana nos pueden revelar mensajes que a nadie más que a nosotros pueden transmitir?

Con ello ganaríamos sacar el arte plástico de los marcos del abstraccionismo decorativo para llevarlo por una extensión y profundidad inconmensurablemente mayor.

EL ARTE Y EL PUEBLO

Ser auténticos, ésta es la clave. El contacto con el pueblo puede enseñárnosla. Soy poeta que tengo contacto permanente con él, no sólo por razones de doctrina, sino también por razones de vida. Muy habitualmente leo mis poemas ante grandes grupos de mineros, de trabajadores del carbón y del salitre. Ello me obliga a palpitar con sus problemas y con sus esperanzas. Me enseña a buscar la substancia entrañable de lo americano.

No reniego por eso de Apollinaire, o de cualquier otro. Y en este momento pienso en Apollinaire, no sólo porque se cumple un aniversario de su muerte, sino porque fue un enorme poeta.

Nadie puede ignorar estas influencias. Estamos como en una meseta para recoger todos los vientos.

Pero primero hay que ser, si no no saldremos del mero reflejo.

LA LITERATURA ARGENTINA

Estoy en la Argentina, y quiero hablar de su literatura como un simple colega transandino. Por otra parte, viejos vínculos me atan a vuestra literatura. No soy extraño a ella.

Pienso que en su poesía –por ejemplo– existe una gran riqueza. Hacer nombres siempre significa dejar algunos en el involuntario olvido. Pero al hablar de poesía argentina actual, el recuerdo de José Pedroni, de Ricardo Molinari, de Raúl González Tuñón, de Oliverio Girondo, aparece súbitamente. En la revista que actualmente edito en Chile, se ha publicado hace muy poco, un largo poema de León Benarós, realizado en el verso popular del romance. Quise darlo, no sólo por sus valores intrínsecos como poesía, sino también porque se trataba de una búsqueda de expresión original sumamente interesante.

En otros géneros, pienso en Borges, escritor a quien admiro por sus grandes calidades literarias; en Alfredo Varela, en el ensayista Héctor P. Agosti, y en muchos más que revelan la madurez literaria del pueblo argentino.

Pero sigo pensando en un nombre, como el del más grande escritor argentino, en el de José Hernández.

LA JOVEN LITERATURA

Lamentablemente no conozco la joven literatura argentina. Estoy invalidado para opinar sobre ella. Conozco en cambio la de mi patria, y puedo decir que existe una serie de valores nuevos altamente estimables.

Por ejemplo, José Donoso, novelista, autor de *Veraneo*. Se trata de un libro no social, pero a pesar de todo, muy bueno.

O Efraín Barquero, poeta de 22 años, autor de *La piedra del pueblo*. Y finalmente, en un caso excepcional, el de Víctor Manuel Reinoso, de sólo 10 años de edad y obrero de las minas de Chuquicamata. De él publiqué en mi revista un poema, para mí uno de los mejores poemas de los últimos tiempos.

CONOCERNOS MÁS

Debemos conocernos más. Debemos borrar las barreras que se crean, ficticiamente. América es una, y nosotros, argentinos, chilenos o de cualquier otro país, somos también americanos.

Hay muchas causas que se interponen para evitarlo. Más fuerte debe ser nuestra resistencia.

Por ejemplo, la labor nefasta de las agencias cablegráficas internacionales, que operan en nuestro continente.

Sus cables no hablan más que de las bombas que los Estados Unidos piensan estrenar ese año, o de las rencillas de las actrices de Hollywood. Nunca se dice que ha aparecido un nuevo libro en el Ecuador, y que cumplen años Rómulo Gallegos o Gabriela Mistral. Nuestro deber es abolir la noticia-mercancía. Hay que crear la noticia-verdad.

Pero esto sólo no basta. Estamos viviendo los últimos días del colonialismo en América y en el mundo entero. Debemos acelerar esta muerte, levantando el sentido de independencia, sumándonos al movimiento general de los pueblos.

Declaraciones a la revista argentina Plática *(abril de 1956) reproducidas en* El Siglo, Santiago, 8.7.1956.

El corazón de Chile está enlutado [por Gabriela]

No creo que se haya leído mucho ni entendido bastante la literatura que Gabriela Mistral creó y que ahora deja al pueblo de Chile como señalado patrimonio y extraordinaria herencia. Hay que entrar con reposo y con ímpetu en su poesía y en su prosa tan ricas y tan duras, como quebradas rocosas de nuestro territorio, llenas de victoriosas maderas, sarmientos encrespados, visitación de pájaros.

A la despeñada y heroica corriente de sus primeras poesías sucedió un estilo trabajado, la lección de una gran trabajadora. Hizo el milagro que es tal vez la única solución del estilo: trabajó su dificultad y su debilidad y pudo acentuar así lo natural y más verdadero de su expresión. Su prosa recargada con tantas sales magnéticas se redimió y llegó a ser plétorica y abierta como una embarcación colmada por fragante abundancia.

Así fue fundando Gabriela Mistral su obra, no sólo de intuiciones, sino de aprendizaje constante.

En cuanto a la persona desaparecida, la magnitud de esta sencilla maestra revela las fuerzas escondidas en el pueblo chileno.

Ella no olvidó jamás su origen, y su conversación alegre y maliciosa tenía gran sabor popular. Nunca se abanderó con los usurpadores ni explotadores. Cuando la creyeron ingenua al felicitar al presidente por realizar en Chile la reforma agraria, estaba pidiendo esa reforma con su peculiar lenguaje campesino.

Fue una convencida de la paz y escribió páginas que no olvidará nadie por el tema de nuestro tiempo. No las olvidarán en la Empresa Periodística a la que entregó su valiosa colaboración por treinta años, y que exoneró a nuestra poetisa por su amor a la paz del mundo.

En este país en que hay leyes de previsión para todos, aunque estas leyes sean inconsecuentes y caprichosas, los escritores no tienen seguro social, jubilación ni ayuda económica alguna.

Pienso que el mejor monumento para nuestra gran escritora sería la dictación de la Ley «Gabriela Mistral» de estímulo a los nuevos valores literarios y de respeto a la obra de los que como ella fijan para el mundo la dimensión verdadera, la profundidad y la altura de nuestra patria.

El corazón de Chile está enlutado.

Yo hago llegar mi pésame al pueblo mismo, a los pobres de Chile desde donde surgió la resplandeciente patricia desaparecida. A los niños que cantó y que siguen como en su poema inmortal, con los pies descalzos, a los mineros y albañiles que poblaron con alfareros y tejedores, su poesía. Y también mi pésame a la tierra de Chile que guardará la inmóvil figura de quien cantó con sencillez y con grandeza los ríos y los árboles, el viento y el mar de la patria.

El viento, el mar, los árboles, todo lo que canta en nuestra tierra, cantarán al recibirla para siempre, el único coro digno de Gabriela.

Nota de homenaje a Gabriela Mistral en su muerte (10.1.1957), publicada en El Siglo, *Santiago, 11.11.1957.*

Me niego a masticar teorías

Me dice el editor y amigo Enio Silveira que a este libro de mi poesía, traducido generosamente por tres poetas hermanos del Brasil, debo agregar unas palabras antecedentes.

En este caso, como cuando se levanta uno por obligación a brindar entre los comensales de una larga mesa, no sé qué decir ni por dónde comenzar. Tengo ya 53 años y nunca he sabido qué es la poesía, ni cómo definir lo que no conozco. No he podido tampoco aconsejar a nadie sobre esta substancia oscura y a la vez deslumbrante.

De niño y de grande anduve mucho más entre ríos y pájaros que entre bibliotecas y escritores.

También asumí el deber antiguo de los poetas: la defensa del pueblo, de la pobre gente explotada.

Esto tiene importancia? Yo creo que son fascinaciones comunes a todos los que han escrito, escriben y escribirán poesía. El amor, es claro, tiene que ver con todo esto y debe poner sobre la mesa sus cartas de fuego.

A menudo comienzo a leer disquisiciones sobre la poesía, las que nunca alcanzo a terminar. Una cantidad de personas excesivamente ilustradas se han dispuesto a oscurecer la luz, a convertir el pan en carbón, la palabra en tornillo. Para separar al pobre poeta de sus parientes pobres, de sus compañeros de planeta, le dicen toda clase de encantadoras mentiras. «Tú eres mago – le repiten –, eres un dios oscurísimo.» A veces, los poetas creemos tales cosas y las repetimos como si nos hubieran regalado un reino. En verdad, estos aduladores nos quieren robar un reino peligroso para ellos: el de la comunicación cantante entre los seres humanos.

Este mixtificar y mitificar la poesía produce abundancia de tratados que no leo y que detesto. Me recuerdan los alimentos de ciertas tribus polares, que unos mastican largamente para que otros los devoren. Yo me niego a masticar teorías, y convido a cualquiera a entrar conmigo a un bosque de robles rojos en el Sur de Chile, donde comencé a amar la tierra, a una fábrica de medias, a una mina de manganeso (allí me conocen los obreros) o a cualquiera parte donde se puede comer pescado frito.

No sé si los hombres deben dividirse entre naturales y artificiales, entre realistas e ilusionistas: creo que basta con poner a un lado a los que son hombres y a los que no lo son. Estos últimos no tienen nada que ver con la poesía o, por lo menos, con mis cantos.

Veo que he hablado demasiado y demasiado poco, de pie, en la punta de esta mesa brasilera, en que me pidieron brindar con unas cuantas palabras. No las negué –rompiendo mi desgano hacia prólogos y dedicatorias– porque se trata del Brasil, país poético, terrestre y profundo, que amo y que me atrae.

Yo me crié en el Sur de América, bajo la lluvia fría que durante 13 meses del año (dicen los chilenos del Sur) cae sobre pueblos, montañas y caminos, hasta mojar los archipiélagos derramados en el Pacífico, transir las soledades de Patagonia y congelarse en la Antártica pura.

Por eso, el radiante Brasil, que como una infinita mariposa verde cierra y abre sus alas en el mapa de América, me electrizó y me dejó soñando, buscando las señales de su magnetismo misterioso. Pero cuando descubrí su gente dulce, su pueblo fraternal y poderoso, se completó mi corazón con una tierra indeleble.

A esta tierra y a este pueblo dedico con amor mi poesía.

> *Prólogo para una antología en portugués (Río de Janeiro, abril de 1957). Reproducido en* PNN, *pp. 142-143.*

Nuestro gran hermano Mayakovski

No me declaro enemigo irreductible de las grandes discusiones literarias, pero confieso que la discusión no es mi elemento: no nado en ella como el pato en el agua. Soy amigo apasionado de las discusiones literarias. La poesía es mi elemento.

Aunque sea difícil hablar de Mayakovski sin discutirlo, y aunque el gran poeta volaba en la discusión (porque de todas las plumas hay en el reino de la poesía) como un águila en el cielo, quiero hablar de Mayakovski con amor y sencillez, sin enzarzarme ni en su vida fecunda ni en su muerte desdichada.

Mayakovski es el primer poeta que incorpora al partido y al proletariado activo en la poesía y hace de estos factores alta materia poética. Ésta es una revolución trascendental y en el plano universal de la literatura es un aporte, como el de Baudelaire o Whitman a la poesía contemporánea. Con esto quiero decir que el aporte de Mayakovski no es dogmático, sino poético. Porque cualquiera innovación de contenido que no sea digerido y llegue a ser parte nutricia del pensamiento, no pasa de ser sino un estimulante exterior del pensamiento. Mayakovski hace circular dentro de la poesía los duros temas de la lucha, los monótonos temas de la reunión, y estos asuntos florecen en su palabra, se convierten en armas prodigiosas, en azucenas rojas.

No quiere decir esto que toda la poesía tenga que ser política ni partidista, pero después de Mayakovski, el verdadero poeta que nace cada día tiene un nuevo camino para elegir entre los muchos caminos de la verdadera poesía.

Mayakovski tiene un fuego propio que no puede extinguirse. Es un poeta caudaloso y tengo la sensación de que, como Federico García Lorca, a pesar de la madurez de su poesía, tenía mucho que decir aún, mucho que crear y cantar. Me parece que las obras de estos dos jóvenes poetas, muertos en plena iluminación, son como un comienzo de gigantes, y que aún tenían que medirse con las montañas. Con esto quiero decir que sólo ellos tenían la clave para superarse, y, ay de nosotros, esas llaves se perdieron, trágicamente enterradas en las tierras de España y de Rusia.

Mayakovski es un poeta de vitalidad verbal que llega a la insolencia. Prodigiosamente dotado, apela a todos los ardides, a todos los recursos del virtuoso. Su poesía es un catálogo de imágenes repentinas que se quedan brillando con huellas fosforescentes. Su poesía es tan pronto insultante, ofensiva, como llena de purísima ternura. Es un ser violento y dulce, orgánicamente, hijo y padre de su poesía.

A esto se agregan sus condiciones satíricas.

Sus sátiras contra la burocracia son devastadoras y ahora se siguen representando en los teatros soviéticos con éxito creciente. Su sarcástica lucha contra la pequeña burguesía llega a la crueldad y al odio. Podemos no estar de acuerdo, podemos detestar la crueldad contra gente deformada por los vicios de un sistema, pero los grandes satíricos llegaron siempre a la exageración más delirante. Así fue Swift, así fue Gógol.

Después de cuarenta años de literatura soviética en que se han escrito muchos libros buenos y muchos libros malos, Mayakovski sigue siendo para mí un poeta impresionante, como una torre. Es imposible dejar de verlo desde todas partes de nuestra tierra, se divisan la cabeza, las manos y los pies de este gigantesco muchacho. Escribió con todo, con su cabeza, con sus manos, con su cuerpo. Escribió con inteligencia, con sabiduría de artesano, con violencia de soldado en la batalla.

En estos días de homenajes y de reflexión en que celebramos con amor y con orgullo este aniversario de la Revolución de octubre, me detengo un minuto en el camino y me inclino ante la figura y la poesía de nuestro gran hermano Mayakovski.

En estos días en que él hubiera cantado como nadie, levanto a su memoria una rosa, una sola rosa roja.

Texto leído en Pekín, agosto de 1957, durante un acto de homenaje a Mayakovski. Recogido en PNN, *pp. 94-96.*

Recabarren

Cuando se llega al norte se entra en la luz de Recabarren que partió de estas arenas a iluminar todo el cuerpo de nuestra patria.

Muchos efímeros aniversarios se celebran. Llegará un gran otoño en que caerán las hojas de los falsos héroes, de los que mataron y usurparon, de los que, solamente, derramaron la sangre y las lágrimas.

Recabarren es nuestro héroe, el defensor, el constructor, el que llegó a darnos conciencia y a darnos el pan de la verdad.

Recabarren, el nuestro, es el más grande líder de los trabajadores de todo el hemisferio y en nuestras tierras americanas puede compararse, únicamente, por su papel y su acción, al grandioso Lenin.

Tomemos nota de su grandeza que ahora conoce y comprende sólo nuestro pueblo y que mañana será patrimonio común de todos los pueblos americanos, de toda América y de toda la aurora.

Antofagasta, 21 de diciembre de 1957

Publicado en cuadernillos Hacia, *núm. 37, Antofagasta, Chile, 10.3.1961.*

Nuestro himno

Desde Monjitas hasta calle Reforma
desde Berlín hasta el lago Lemán
desde Rumania a la isla de Capri
va nuestro amor en su marcha triunfal.

La isla de Ischia nos dio su tesoro
y nos besamos en el gran canal
toda la tierra es el ancho camino
de nuestro amor en su marcha triunfal.

Atravesamos el sol de la India
en Leningrado la luz de marfil
en Estocolmo la luna y la nieve
y la alegría del nuevo Pekín.

Recordaremos Ceilán en la noche
no olvidaremos su olor de jazmín
ya nos conocen los puertos de Praga
y una ventana en el mar de París.

Hasta que en medio de Chile florido
de una cascada escuchando el rumor
con piedra y sueños hicimos un nido
y en La Chascona está ardiendo el amor.

Poema privado, recogido sólo en FDV, *p. 96, sin fecha.*
Escrito a comienzos de 1958.

Galo apagó su existencia

Se ha extinguido la vida de un héroe del pueblo.

Nuestro buen camarada Galo, nuestro querido camarada ha cumplido su alto y puro destino y nos ha dejado solos. Nuestra lucha continuará, hay fuego, hay conocimiento, hay disciplina, honor y sacrificio en nuestras filas para continuar su dirección, pero yo y muchos comunistas tendremos desde ahora una sensación de soledad porque nuestro buen camarada ya no está con nosotros. Nos acostumbramos a pensar en él en los momentos duros de nuestra vida, en la hora de la acción, en toda hora: en la indecisión y en la victoria. Estábamos acostumbrados a que pensara en nosotros, en todos nosotros y nunca dejamos de buscarlo en la sombra para pedir su consejo, aprender de su sabiduría, educarnos en su temple sereno.

Tal vez esta pompa final, este silencio, este dolor con que lo despedimos habrá sido la única exterioridad de un héroe que sólo quiso ser oscuro. Quiso que el pueblo brillara, que todos los hombres ascendieran y para ello apagó su propia existencia hasta ser encarnación misma de la lucha, hasta ser él mismo, razón y corazón del partido.

Su vida estuvo colmada de grandes alegrías y severos sufrimientos. El desarrollo victorioso del movimiento obrero, la conciencia cada vez mayor del pueblo chileno, a la que él y nuestro partido contribuyeron con dirección decisiva, fueron sus grandes alegrías.

Y cuando el Sputnik se elevó escribiendo en el cielo y en la historia el nombre glorioso de la Unión Soviética, también Galo González compartió la alegría universal. El crecimiento del socialismo que abarca a más de mil millones de seres humanos, la creación fresca y fecunda de los pueblos liberados del capitalismo: la lucha valerosa de los hombres del Asia y del África por su independencia, los últimos inmensos regocijos que llenaron la vida de nuestro compañero venerado.

Sus dolores no fueron menores: la ilegalidad de tantos años, en que fue sin embargo más intenso su trabajo de la imprenta del pueblo chileno, la impunidad de los que ordenaron desde arriba la acción de los asesinos de la inteligencia fueron amarguras infinitas que tal vez menoscabaron el cuerpo de nuestro capitán indomable y tranquilo.

El triunfo del pueblo chileno en la batalla por el pan, la dignidad, la cultura, la lucha por la paz del mundo, la liberación y la madurez de nuestra patria, la fidelidad al Partido Comunista de Chile: ésta es la herencia luminosa de Galo González.

Esta herencia la recibimos con dolor y con orgullo. Con dolor porque el buen camarada nos ha dejado, y con orgullo porque cumpliremos nuestro deber hacia su memoria y hacia nuestro pueblo.

Palabras en el funeral de Galo González, dirigente máximo del Partido Comunista de Chile, en El Siglo, *Santiago, 11.3.1958.*

Jorge San Martín y el fuego

Quiero llamar la atención con una campana clara, para que acojamos con atención y admiración los esmaltes cerámicos de Jorge San Martín, expuestos por estos días en Santiago.

Soy anticrítico de arte, no tengo teorías ni sistema, sino ojos y manos y recuerdos para ver y tocar y amar.

Así es que un gran artista es para mí, natural como la naturaleza, corriente como un río, y así es este San Martín, chileno y sorprendente, agregando que es también celestial como el cielo y volcánico como los volcanes.

Pocas veces he visto tan deslumbrante poesía en colores, formas y sueños.

Ha logrado, este poeta del fuego, que el fuego cumpla con sus deberes olvidados, le ha recordado al fuego su papel dirigente, y este antiguo autor de festivales y desdichas, ha obedecido a San Martín, recreando en cerámica su esplendor y agonía, toda su pompa intransferible.

No puede dejarse este arte pasar como transeúnte desconocido. Es tanta su fuerza, que desde ahora se nos impone y quedará en el mapa de Chile con natural poderío. Porque la belleza de sus creaciones tiene también algo del mar chileno, con su fosforescencia verde y la pulcritud de sus obras grandes, pero limpias; turbulentas, pero claras, practicadas con limpieza marina.

Doy la bienvenida y mi abrazo fraternal a este Jorge San Martín, que enriquece nuestra estrella. Desde ahora contamos con un nuevo fulgor.

Santiago, 14 de mayo de 1958

La Nación, *Santiago, 16.5.1958.*

Ha fallecido la Ley Maldita, Chile sigue viviendo

Soy de esas personas extrañas a la radiodifusión, tengo todavía ante el micrófono la sensación de hablar a la noche y al vacío. No me gusta hablar en público, pero si lo hago quiero ver la cara del público, y a través de las caras el corazón del público. Porque, quién lo está escuchando a uno en la radio? Una mujer, un niño, un abogado, un obrero, un amigo, un enemigo? Habría que empezar diciendo: queridos amigos o queridos enemigos?

Voy a contarle al viento de la noche lo que siento hoy, lo que he sentido en este ayer famoso, en este hoy inolvidable. Querido viento, escúchame, te daré una noticia para que la lleves por encima de las ciudades, de las islas, de los árboles, hacia todos los hombres, hacia todas las mujeres, hacia el sueño de todos los niños. Ésta es la noticia que quiero que te lleves: se ha derogado la ley inhumana, la ley en contra de la democracia.

No te parecerá poco, querido viento de la noche? A nosotros los chilenos nos parece más que un sueño, nos parece un despertar. Un despertar de la conciencia. Y este acto entra en la historia y con él entra en el regazo de la historia el nombre del presidente de la República, Carlos Ibáñez del Campo, que promulgó la ley y el nombre colectivo del parlamento democrático de Chile, que dio la mayoría necesaria para terminar con la infamia.

Viento, nadie como tú conoce nuestra patria, la tierra chilena, tan difícil de explorar y tan fácil de admirar y amar. Nuestra tierra es suave y áspera, jardín y desierto, nieves y racimos, cuesta llegar a todos sus repliegues: el océano y la cordillera la custodian como leones colosales. Y en todos sus repliegues, en toda su extensión y en su profundidad se albergó el sufrimiento. Hay que recordarlo en esta hora diferente. Recordar a los niños trasladados en carros de animales desde Coronel, recordar a los torturados en las cárceles, los chilenos amontonados en los arenales de Pisagua, recordar a los queridos muertos en el campo de concentración. Sus nombres son muchos, pero los más cercanos de nuestros héroes, los que perdí para siempre, asesinados por esa Ley Maldita, se llamaron Ángel Veas y Félix Morales. La última vez que vi a Ángel Veas era intendente de Tarapacá. Había entonces dificultades para el suministro de harina y pan. Él se levantaba antes del alba y entraba a cada panadería a vigilar el correcto reparto del pan de cada día. Su obsesión era que nada obstaculizara, que nada turbara, ni siquiera el pan, las tareas del nuevo gobierno. Fue ese mismo gobierno el que pocas semanas después lo mandara a Pisagua y a la muerte. A Félix Morales lo vi por última vez encaramado en una larga escalera, pintando con paciencia infinita un retrato del nuevo mandatario. El nuevo mandatario lo sacó de su escalera para enviarlo a Pisagua y a la muerte.

Muchas veces hablé de ellos, escribí poemas que fueron traducidos a otras lenguas y así, en lejanos países también reciben honor y amor los sacrificados de Pisagua. Que en esta noche, viento, agites tú la arena bajo la cual descansan y les lleves esta noticia y esta alegría, y sigas y vueles, bailes y por otras naciones, viento, lleves este alborozo y cuentes cómo

Chile recobró su dignidad y cómo nuestro pueblo no fue jamás engañado ni vencido.

Nuestro pueblo... los chilenos... Acabo de regresar del Norte Chico, y me siento tan orgulloso como si hubiera descubierto una vez más proezas y victorias. Eran proclamaciones de Salvador Allende y pude ver en aquellos caminos solitarios cómo bajaban los campesinos desde los montes secos a conocer, a ver, a abrazar al próximo presidente de Chile. Entre Illapel y Los Vilos, entre Paihuano y Ovalle, en las serranías de Monte Grande, por aquellos caminos sedientos, de pronto una banderita de Chile que se agitaba, que movía su estrella blanca en la soledad: era un grupo de hombres tostados, parecidos a la tierra, que esperaban al candidato del pueblo. Por todas partes estaba floreciendo la tierra del Norte Chico: habían florecido las banderas.

En Vicuña era tan grande el gentío, que la plaza no podía contenerlo. Cientos de jinetes con el traje y la gallardía de los huasos verdaderos, centenares de madres campesinas con hijos que se les enredaban en los brazos y en las faldas y una multitud más de hombres y de jóvenes, de trabajadores de todos los oficios, y además bandas y antorchas, cohetes y farolillos, y bailes y gritos y vivas y canciones... Vicuña revivía y sobre la noche solemne, mientras Allende era escuchado con fervor, velando sobre su propia tierra natal, Gabriela Mistral también revivía. Porque tengo que decirlo, yo la conocí, yo la conocí más que nadie, porque me unió a ella la fraternidad, la admiración y la poesía, puedo decirlo, tengo autoridad para hacerlo: ella no habría estado con otro candidato. Ella habría estado con nosotros, con su pueblo, con Salvador Allende.

El 4 de setiembre, todo ese pueblo congregado, todos los hombres olvidados en los caminos de Chile, van a marcar una vez más una victoria. Se aproxima la hora de los que levantaron las banderas, la hora del despertar de la conciencia. La extrema derecha siente un terror sagrado y mueve con gran intensidad sus faltriqueras, los bolsillos en que han acumulado, como en una tumba oscura, el producto de sus empresas. No hay duda que esas empresas han sido beneficiosas, se han creado enormes riquezas, pero para provecho exclusivo de gentes voraces e insaciables. Es una vergüenza cómo viven nuestros campesinos, es miserable la vida de los mineros, es insoportable e indigno que cientos de niños chilenos no tengan alimentación adecuada, ni escuela, ni zapatos. La única solución es la candidatura nacional de Salvador Allende. No quiero decir nada de las otras candidaturas, no quiero cubrirlas con oprobiosas frases: los muros de Santiago están cubiertos con iniquidades que después del 4 de setiembre serán lo que son hoy: basura. La candidatura del pueblo no necesita sino afirmaciones. Podemos quitarle toda visión crítica, todo sentimiento personal, toda negación del adversario y sin embargo continuará viviendo.

Por qué continuará viviendo? Porque significa la continuidad histórica de las luchas por la independencia y el honor, por el pan y la cultura de todos los chilenos. Esta lucha comienza antes de 1810, es la corriente del pueblo que lucha y florece en la independencia, ilumina los rostros de los héroes populares y nacionales, de los padres de la patria, de los guerrilleros insurgentes. La candidatura del pueblo viene del pensamiento de Lastarria, de la rebelión de Bilbao, de las enseñanzas de Sarmiento, de la trágica luz de Balmaceda, de los versos de Pezoa Véliz, de la indomable apostura de Recabarren, del pueblo junto a Aguirre Cerda. Éste es el hilo que conduce nuestra esperanza. Este hilo cosió las camisas rotas de soldados y mineros, parchó los pantalones desgarrados de los pescadores y dio las puntadas que sujetan la estrella blanca, el azul, y la sangre de nuestra bandera.

Esto es lo que nos sostiene: la historia de la patria. Chile no puede retroceder, entregarse a los encomenderos, a los feudales, a los negreros, ni tampoco se remata Chile, no se vende pedazo por pedazo al imperialismo. Comerciaremos con todas las naciones, seremos amigos de todos los pueblos, queremos el conocimiento de la humanidad entera y en este intercambio con la cultura del mundo, fundamental para un país pequeño y remoto como el nuestro, se juega el destino de la patria. Por eso no nos intimidará ni el más gigantesco portaaviones.

Viento, eso es cuanto quería que soplaras por calles y montañas, por estas tierras y el mar. Tengo la fe de los que conocen y basan su acción y su meditación en nuestra propia familia que es nuestro pueblo. Por eso estos días son gloriosos: ha fallecido la Ley Maldita: Chile sigue viviendo. Septiembre dará la victoria a su pueblo.

El Siglo, *Santiago, 3.8.1958.*

A Carlos Mondaca

Carlos Mondaca, su poesía, me trae inolvidables memorias, jazmines que continúan floreciendo a través del tiempo oscuro.

Poesía emocional y emocionante de un verdadero, clamoroso poeta cuyos acentos abarcaron lo inabarcable, cuyo jardín elevó silenciosa yedra, misteriosa fragancia que nos turbó y persiste.

Octubre de 1958

Fascímil en el Boletín del Instituto Nacional, *núm. 59, Santiago, 3.ᵉʳ trimestre de 1958.*

Intervención durante el XI Congreso del Partido Comunista de Chile
(22.11.1958)

No crean, queridos camaradas, que les vaya a leer un largo discurso, ni un interesante informe. Quiero saludarlos solamente a todos ustedes, de manera informal y según mi propio estilo.

Siempre he pensado que nosotros aportamos al partido no sólo las tareas concretas sino nuestra forma de cumplirlas, es decir, nuestra personalidad. Las diferentes maneras, estilos, personalidades, enriquecen la lucha de nuestro partido.

En primer lugar, quiero saludar a los delegados de los diferentes países del continente americano. A través de ellos quiero saludar a los escritores comunistas, compañeros de lucha, que aquí no están presentes. En especial, quiero que lleven un saludo a Juan Marinello, de Cuba. Desde hace tiempo, mi camarada Juan, espejo de la inteligencia combatiente, vive y trabaja y lucha en la ilegalidad.

Quiero que lleve el delegado del Paraguay un saludo para los escritores paraguayos desterrados y perseguidos, como el joven poeta Eloy Romero.

Pido a los delegados de Argentina, cuyas emocionantes palabras no olvidaremos los escritores, lleven a Alfredo Varela, encarcelado primero por Perón, luego por Aramburu y ahora por Frondizi, nuestro recuerdo y nuestra estimación por su inalterable conducta.

Desde esta tribuna del Partido Comunista de Chile saludo a los escritores e intelectuales españoles, en especial a Rafael Alberti y su compañera María Teresa León. Vaya para ellos nuestro fraternal y cariñoso abrazo.

Ruego al delegado de Venezuela que transmita a los escritores comunistas, regresados a la patria y a la lucha después de muchos años de persecuciones y destierros, nuestra enhorabuena y nuestra común esperanza.

Esta enumeración incompleta revela el hecho extraordinario de que los escritores han acompañado en todo momento al pueblo en sus luchas.

Los últimos años no han sido una época idílica para los escritores comunistas. Nuestra época produce conflictos, a veces agudos, dramáticos, entre el pasado y el presente. Habrá nuevos conflictos después, entre el presente y el futuro. El caso Pasternak es uno de ellos.

Este poeta de alta calidad se mantuvo aislado, solitario, en medio de la vida socialista. La guerra llenó de sangre la tierra soviética, los invasores trajeron muerte y destrucción, llegó la paz y el hombre soviético no sólo reconstruyó su tierra, las ciudades, las fábricas, las escuelas, no sólo aró y cosechó el trigo de la tierra, sino que levantó su energía y la colocó entre las estrellas.

Y mientras tanto Pasternak, encerrado en su torre de marfil, no fue conmovido por esta grandeza, ni por esta sobrehumana victoria. Se mantuvo inconmovible y su último libro hirió y ofendió a los más grandes constructores de nuestro tiempo.

Pensamos que la polémica del premio Nobel ha terminado. Pero sus consecuencias políticas persistirán.

El alma de los escritores es disputada por el pasado y por el porvenir.

Los colonialistas que torturan al noble pueblo de Argelia, los dueños norteamericanos de Puerto Rico y del cobre y del salitre de Chile, buscan escritores, necesitan justificarse, establecer ante la conciencia de nuestra época que ellos también tienen de su parte la palabra escrita.

El porvenir incita con mucha mayor fuerza a los promotores del pensamiento. Y esto no es un acto de desesperación y de corrupción, ni de soborno, como sucede con las tentaciones del capitalismo. Se trata de una corriente interminable de la inteligencia. Estuvieron con las luchas del pueblo y con el futuro del hombre Cervantes y Ercilla, Tolstói y Zola, Victor Hugo y Mayakovski y muchos otros.

Los escritores comunistas hemos escogido, siguiendo el camino de nuestros pueblos, la tradición inquebrantable del más alto humanismo. Y este camino lo seguiremos a pesar de la amenaza, la calumnia y la deserción de algunos combatientes.

En el desarrollo de nuestro congreso hemos visto cómo cobraba vida el largo territorio de nuestra patria. La lucha de los chilenos por su pan, sus derechos y su libertad, es tan interminable como nuestro territorio.

La acción de nuestro partido, los hombres de nuestras filas, volverán mañana a establecer entre los arenales del norte o las nieves del sur, las enseñanzas y las experiencias que en estos debates hemos adquirido. Los escritores tendrán aquí un material tan abundante que no pueden despreciar. Hemos visto cómo en una hacienda, en la periferia de Santiago, se encierra a los trabajadores que no pueden salir sin ser detenidos después de las 11 de la noche. Pero nuestros camaradas están rompiendo el encierro y la oscuridad de esta Edad Media tan próxima a nosotros.

Al escuchar al delegado de la Araucanía, mi paisano Milla-nao, me conmovieron sus relatos. Qué abandonados están los padre araucanos de la patria. Hace tres siglos se escribía más sobre la raza heroica que en estos días, a pesar de que la Unión Soviética nos ha enseñado de una manera más definitiva y asombrosa el progreso de los pueblos más atrasados bajo el florecimiento del socialismo, señalando así una tarea para nuestros jóvenes escritores comunistas.

La prensa, la radio, los escritores mercenarios al servicio del Departamento de Estado han estrechado el cerco, ladrando y amenazando, seduciendo o sobornando, han tratado de producir grietas entre nosotros, han calumniado y mentido con audacia.

No importa. Nuestra firmeza forma parte de la defensa de las conquistas del pueblo. Los escritores forman parte integral de esta lucha y su desaliento o su valor menoscabarán o levantarán la banderas de la victoria.

Estas banderas que heredamos de Recabarren, sostenidas hasta hoy victoriosamente por nuestro partido, son las banderas del pueblo y de los escritores, banderas de trabajo, de lucha y de liberación.

Qué más puedo decirles, camaradas?

El delegado de Malleco pidió que los periódicos y folletos para los campesinos fueran impresos con letra grande, para que así pudieran deletrearse a la luz de las velas en los ranchos.

Lo que más me conmovería como escritor es que a la luz de las velas, en la noche del campo de Chile, se leyeran alguna vez mis versos. Y por eso te prometo, camarada de Malleco, escribir cada vez con letra más clara y más grande mi sencilla poesía.

El Siglo, *Santiago, 23.11.1958.*

Esta Sara Vial es trinadora...

Esta Sara Vial es trinadora, nació tal vez para despepitar la aurora, anunciando los rayos y el arrobamiento del día.

Esta Sara Vial es dulce como el agua del Sur, entre Carahue y Boroa, agua en que cae la salvaje murtilla y la llena de aroma claro que transcurre.

Es antigua y desigual, reminiscente y fogosa, niña antigua con piano enlutado y corazón extremadamente eléctrico.

Es verdadera y cantarina esta suave y serena y sauce Sara!

Dejo en estas letras mi cariño por su natural poesía, mi predilección por lo que ella tiene de matinal campanita, pura, cristalina, delgada en lo más alto de la torre del rocío.

Que siga y suba, que toque y turbe y cante!

Nota-prólogo a Sara Vial, La ciudad indecible, *poemas, Valparaíso, Imprenta Victoria, 1958.*

Prólogo para Matilde Ladrón de Guevara

Chile es tierra de canto y de cántaros.

Bajo los sauces se cruzan las guitarras y las mujeres cantan. En las tierras del norte, del centro y del sur, desde Atacama hasta Quinchamalí, pasando por Pomaire, las mujeres levantan el barro, definen la forma, precipitan las gredas.

Muchas mujeres chilenas escogieron estos oficios. Y cuanto nos creó Gabriela Mistral lo dejó vivo entre cielo y suelo, entre canto y vasija.

Sumamente celestiales y harto terrenales son las mujeres de Chile.

Aquí están los sonetos de Matilde Ladrón de Guevara, que

en mucho la retratan, por cuanto sus ojos bravíos y su pleno perfil fueron cincelados en la espuma.

Estos sonetos fueron redondeados como cántaros silvestres, elaborados en la preciosa greda y las manos blancas de Matilde los hicieron refulgir como supremas esmeraldas.

Debían contener el vino de la tierra florida, y por eso tienen forma palpitante, porque la ráfaga del vino tiene alas celestiales.

Yo presento a la que canta y a sus cántaros.

Cantos y cántaros firmes y finos, que se sostienen con elegancia arrogante entre tierra y cielo.

La presento y me retiro, porque a esta hora tengo cita con el océano de Chile, con la noche marina.

A lo largo del largo litoral, me llevo estos sonetos y levanto cada uno de ellos, como si fueran copas: Salud, oh noche oceánica de ojos inexpugnables.

Isla Negra, diciembre de 1958

Prólogo a Matilde Ladrón de Guevara, Desnuda, *Buenos Aires, Losada, 1960.*

Saludo a la ciudad [Caracas 1959]

Nunca pensé que un honor tan grande fuera a recaer sobre mi poesía, sobre la acción errante de mis cantos. Celebro recibir tal distinción cuando se otorgan los altos premios de la cultura venezolana. Este honor se hace más alto con las palabras del clarísimo poeta Juan Liscano. No voy a protestar ante su fraternal ditirambo. Lo guardaré para examinarme en ese espejo y continuar siendo fiel a la dignidad de la poesía y a las inseparables luchas del pueblo.

Esta mañana bajé del monte Ávila. Allá arriba tiene Caracas su corona verde, sus esmeraldas mojadas, pero la ciudad se había escapado. Su lugar había sido ocupado por una conjuración de harina, de vapor, de pañuelos celestes, y había que buscar a la ciudad perdida, entrar en ella desde el cielo y encontrarla al fin en la niebla amarrada a sus cordilleras, erecta, intrincada, tentacular y sonora, como colmena desbordante erigida por la voluntad del hombre. Los fundadores escogieron con ojo de águila este valle arrugado para establecer en él la primavera de Caracas. Y luego, el tiempo hizo por igual la belleza de casas enrejadas que protegen el silencio, y edificios de pura geometría y luz, en donde se instala el porvenir. Como americano esencial, saludo en primer lugar a la ciudad deslumbrante, por igual a sus cerros populares, a sus callejas coloreadas como banderas, a sus avenidas abiertas a todos los caminos del mundo. Pero saludo también a su historia, sin olvidar que de esta ciudad matriz salió como un ramo torrencial de aguas heroicas el río de la independencia americana.

Salud, ciudad de linajes tan duros que hasta ahora sobreviven, de herencias tan poderosas que aún siguen germinando, ciudad de las liberaciones y de la inteligencia, ciudad de Bolívar y de Bello, ciudad de martirios y nacimientos, ciudad que el 23 de enero recién desgranado en el trigo del tiempo diste un resplandor de aurora para el Caribe y para toda nuestra América amada y dolorosa!

Pero toda esta belleza y la historia misma, el laurel y los archivos, las ventanas y los niños, los edificios azules, la sonrisa color cereza de la bella ciudad, todo esto puede desaparecer. Un puñado de esencia infernal, de energía desencadenada puede hacer cenizas y terminar con las construcciones y las vidas, un solo puñado de átomos puede terminar con Caracas y con Buenos Aires, con Lima y con Santiago, con la poderosa Nueva York y la plateada Leningrado.

Al bajar de las cumbres y contemplar la palpitante belleza de la ciudad que ahora me confiere el honor de ser su amigo, pensé en la destrucción que nos amenaza. Que amenaza a todo lo creado por el hombre y persigue con estigma maldito a sus descendientes, por eso pensé que así como los cabildos americanos fueron la cuna de nuestra libertad, pueden en el presente o en el futuro elevar la advertencia contra la muerte nuclear, y proteger así, no sólo nuestra ciudad, sino todas las ciudades, no sólo nuestra vida, sino la existencia del hombre sobre la tierra.

Una vez más agradezco la fraternidad con que me recibe el Concejo Municipal de la ciudad de Caracas. Gracias, porque así me siento autorizado para continuar mi camino defendiendo el amor, la claridad, la justicia, la alegría y la paz, es decir, la poesía.

Texto leído el 4 de febrero de 1959 en el Concejo Muni-cipal de Caracas. Publicado en Juan Liscano et al, Fuego de hermanos a Pablo Neruda, *Caracas, Editorial Arte, 1960, y en* PNN, *pp. 377-378.*

El viaje de regreso a Chile [abril 1959]

Descubrí Venezuela el 23 de enero de 1959. Venía yo de australes tierras dominadas por la conducta del Pacífico, insurgentes espumas, deliciosos pescados. El reino de Venezuela brillaba a toda luz. El primer hombre que vi me regaló un relámpago. La segunda persona me persiguió con un arco iris. Un tercero se me acercó con una garza de fuego, ibis escarlata o corocoro como en esas regiones lo denominan.

De una u otra manera Venezuela era luz.

Y así fui caminando entre multitudes que celebraban el fin de las tinieblas, o bailadores de joropo que hacían temblar el color blanco o simplemente caminos silenciosos.

Los poetas eran también luminosos. Con una sola línea o una sola copa, cortamos la incomunicación y recibí tal resplandor de poesía que vuelvo a mi patria en este oscuro invierno resplandeciente de cuanta luz me dieron mis hermanos.

La fraternidad no puede agradecerse, por eso en mitad del mar que me devuelve a Chile brindo por la poesía de Venezuela y levanto hacia ustedes, compañeros queridos, una copa de luz.

Publicada en Juan Liscano et al, Fuego de hermanos a Pablo Neruda, *cuaderno de homenaje, Caracas, Editorial Arte, 1960.*

Los lobos vestidos de corderos budistas
o *indignidad en un cine central*

Ha acertado el cine Windsor, situado en el corazón de Santiago, con la tierna y maravillosa historia de ladrones romanos llamada *Los desconocidos de siempre*, que está pasando en estos días. El nuevo realismo italiano, un tanto decaído, ha producido una nueva obra, que si no tiene la grandiosa concepción de *Milagro en Milán*, es una lección de alegría en plena zona de las desdichas, un canto a la escondida bondad.

Pero por lamentable imprevisión – o bajo la presión de las compañías extranjeras – este cine afrenta a la cultura de nuestro país, con un acto de insólita insolencia. En un corto de propaganda del Departamento de Estado, tomando como pretexto la belleza del Alto Tíbet, desnaturaliza la salida del Dalai Lama de Lhasa y con astuta alabanza a las religiones de oriente calumnia, vilifica y ataca la República de China Popular, país de 600 millones de habitantes con el cual comienza a comerciar nuestro país.

Los imperialistas norteamericanos lograron que abandonara el Tíbet un jefe religioso atrasado y fanático, pero no alcanzaron en esta escaramuza sino el desprecio del pueblo chino unido a Tíbet y a los tibetanos por siglos de nacionalidad e historia común. Por eso ante el fracaso de su aventura, la aprovechan para mistificar a través de la pantalla cinematográfica.

Los propietarios de este teatro no cuentan con material cinematográfico para mostrar a Chile cómo la escuadra norteamericana hizo arriar nuestra bandera en Valparaíso y honrar a un grupo de marineros salvajes y ebrios de la marina yanqui. Tampoco tienen un corto que muestre el fusilamiento de los cadetes mexicanos por las tropas norteamericanas en el castillo de Chapultepec. Estoy seguro de que no cuentan con material cinematográfico que relate a los chilenos la invasión por la soldadesca norteamericana de Nicaragua, Cuba, Guatemala, Puerto Rico, ni la apropiación por la violencia de Texas,

Nuevo México, California, etc. Tampoco, y es lástima, no puede mostrar el cine Windsor, para ilustrar al «mundo libre», las ametralladoras que el gobierno de los Estados Unidos entregó a Batista, a Pérez Jiménez de Venezuela; a Rojas Pinilla de Colombia, para asesinar a cientos de miles de venezolanos, colombianos y cubanos. Es triste pensar que tampoco este cine, tan agradable, nos muestre cómo hace poco el Departamento de Estado condecoró a estos tiranos: nombró doctor honoris causa a González Videla y «Tacho» Somoza (Universidad de Columbia) y en verdad que esto haría también una buena película como *Los desconocidos de siempre*, con pícaros criollos en el reparto. Sin hablar de que un film sensacional nos podría mostrar el bombardeo de la indefensa Guatemala por aviones norteamericanos de las bases de Panamá, que detentan por la fuerza y contra el derecho de los pueblos americanos. En este momento, como película de misterio, podría exhibir este cine un corto con el envío actual de dinero y armamentos que reciben los déspotas Trujillo y Somoza, para continuar las cadenas y los dolores de América Central.

No, no tiene este material excepcional el cine Windsor.

Pero mientras tanto, en nombre de la verdad y del respeto, le rogamos con el mayor decoro que retire de su pantalla un corto cinematográfico que no sólo es mentiroso y perverso, sino que está destinado a incitar a Chile al odio, a la Guerra Fría y al desconocimiento del mundo contemporáneo. Estos sentimientos pueden albergarse en los políticos actuales de Estados Unidos de Norteamérica, pero no son ni pueden ser compartidos por el pueblo de Chile.

El Siglo, Santiago, 19.5.1959.

Sobre estos antiguos versos de Nicomedes Guzmán

Cuando Nicomedes Guzmán descargó sus libros tremendos, la balanza se vino abajo porque nunca recibió un saco tan verdadero. No era un costal de joyas. La verdad pesaba como una piedra. Los dolores llenaban aquellos libros andrajosos y deslumbradores que se nos echaban a la conciencia.

Pero siempre en Guzmán existió la ventana submarina y ninguna desdicha encarceló su espacioso corazón. Por la ventana labrada en sin par esmeralda entraron en él inabarcables sueños, y hoy este pequeño volumen de versos reaparece con los adolescentes tesoros.

Con placer represento estas líneas fugaces, más tiernas que el pan purísimo, suaves como el joven vino.

Su susurrante dulzura pareciera no convivir con las cicatrices que nos imprimió *La sangre y la esperanza*, pero es signo de grandeza que el escritor que nos revelara el infierno de las calles de Chile tenga otro sello de errante desvarío, sueños y cenizas que le agregan la infinita dimensión de la poesía.

No hay unidad del hombre y la vida sin que se hagan presentes la realidad y el sortilegio. Por eso este librillo olvidado por su autor lo identifica una vez más como escritor victorioso: una vez por la conciencia inapelable y otra por los sueños irrenunciables.

Isla Negra, septiembre de 1959

> Prólogo a Nicomedes Guzmán, La ceniza y el sueño, poemas, 2.ª edición, Santiago, Ediciones del Grupo Fuego, 1960.

Prólogo para Héctor Suanes

Héctor Suanes es un editor errante y un buen observador de la tierra. Le conocí –incisivo y descomunal– cuando acometió la edición primera de mis *Alturas de Macchu Picchu* en 1948. Eran tiempos larvarios, con gobierno esquizofrénico y no era impune la poesía. Los diarios importantísimos aceptaban los anuncios pagados de la aparición del canto aquel, pero siempre que en ellos no se indicara mi nombre, que no se dijera quién era yo, y me acostumbré a la cobardía de los importantes y a la valentía delgada del hombre que ahora presento.

Ahora él se metió en la acordonada Bahía y rompió los secretos, soltó las palomas negras, encadenó recuerdos, y con siluetas dibujadas por la sencilla y certera Hortensia Oehrens nos regala este libro de misionero y de descubridor. Porque aquí en el Sur frío nadie sabe lo que contiene Bahía y Suanes con Oehrens nos dan las llaves de aquella ciudad –la más diurna y la más nocturna–, ave sagrada, nave purísima, cúpula de la más rosada América.

Gabriela Mistral sostenía que sin indio es desabrido nuestro territorio, afirmación que caía como piedrazo en el ojo del ministerio. Pero sin negro, la América no tiene cadencia ni terrón, no tiene gracia. La profecía de malos agüeros nos trajo una tierra con vascos y alemanes, un porvenir bastante pedregoso sin estas fiestas con santo y aromas, sin esta exhalación hacia la dicha.

Es Jorge Amado el revelador de su tierra, pero los sureños no leemos a fondo las letras espléndidas del Brasil, y por eso Suanes nos hace rendido favor al dejarnos de rodillas en el altar mayor de la ciudad misteriosa y precipitarnos en la cara su emulsión ancestral.

Este hermoso libro nos deja una incitación de sombra y luz a la que no estábamos acostumbrados, para que se construya en nosotros la deslumbradora incitación de Bahía.

Isla Negra, septiembre de 1959

Prólogo a Héctor Suanes, Bahía, ciudad de leyendas, *Santiago, Ediciones Librería Neira, 1963.*

Nemesio Antúnez

Tengo que hablar geográficamente del pintor Nemesio Antúnez. La gran belleza es una exploración aérea, lunática y terrestre. Sobre todo terrestre.

Si alguien llega al dilatado y angosto recinto de Chile hallará en su primera extensión al Norte Grande, las regiones desérticas del salitre, del cobre: intemperie, silencio y lucha. Y en
el extremo del Sur de mi patria, las grandes latitudes frías que
saltan desde el silencio patagónico hasta el Cabo de Hornos
mil veces sobrevolado por el albatros errante, y luego, la resplandeciente Antártica.

Nemesio Antúnez, pintor, es parte de nuestro territorio, entre aquellos extremos. Entre Tarapacá y Aysén situaremos al
longitudinal Antúnez. Ni tan seco como la tierra salitral, ni
tan frío como el continente nevado. Las islas, manifestaciones
florales, su ensimismada fecundidad corresponde a la cintura
central en donde se juntan las uvas cargadas de azúcar con
los peces, moluscos y frutos salados de la costa. Antúnez tiene esa transparencia lacustre, la fecundidad de un mundo au-
roral, tembloroso de nacimientos, en que polen, frutos, aves
y volcanes conviven en la luz.

No hay desorden en esta creación orgánica ni tampoco miseria rectilínea. El color ha nacido de la profundidad y luego
se ha encendido en su propio cenit transformado por las estaciones, vinculado a la cambiante naturaleza. Su estatismo es
sólo la máscara del agua profunda: un misterioso pulso cir-
culatorio creó esta transparencia.

Las tierras Antúnez no son espacios vacíos. Hombres y cosas se integraron tiernamente en esta continua existencia y
tienen vida, expresión, aroma propios e imborrables.

A Nemesio Antúnez lo conocí verde, lo conocí cuadricula-
do, fuimos grandes amigos cuando era azul. Mientras era
amarillo yo salí de viaje, me lo encontré violeta, y nos abrazamos cerca de la Estación Mapocho, en la ciudad de Santia-

go; allí corre un río delgado que viene de los Andes, los caminos hacia las cordilleras sostienen piedras colosales, trinan los pájaros fríos del mediodía de invierno, de pronto hay humo de bosques quemados, el sol es un rey escarlata, un queso colérico, hay cardos, musgo, aguas ensordecedoras, y Nemesio Antúnez de Chile está vestido con todas estas cosas, vestido por dentro y por fuera, tiene el alma llena de cosas sutiles, de patria cristalina. Es delicado en sus objetos porque en el campo chileno se teje fino, se canta fino, se amasa tierra fina, y al mismo tiempo está espolvoreado con el polen y la nieve de una torrencial primavera, del amanecer andino.

Septiembre de 1959

Texto recogido en PNN, *pp. 132-133. Antes en* Nemesio Antúnez, *catálogo de exposición, Lima, Instituto de Arte Contemporáneo, 1960.*

Mujer

Antes del hombre, la mujer, la madre,
durante el hombre, la mujer, la esposa,
después del hombre, la mujer, la sombra.

Sombra del hombre, claridad del hombre,
trabajadora dura en tus trabajos,
amorosa, estrellada como el cielo
en el ciclo tenaz de la ternura,
mujer valiente de las profesiones,
obrera de las fábricas crueles,
doctora luminosa junto a un niño,
lavandera de las ropas ajenas,
escritora que ciñes
una pequeña pluma como espada,
mujer del muerto que cayó en la mina

sepultado por el carbón sangriento,
solitaria mujer del navegante,
compañera del preso y del soldado,
mujer dulce que riega sus rosales,
mujer sagrada que de la miseria
multiplica su pan con llanto y lucha,

mujer,

título de oro y nombre de la tierra,
flor palpitante de la primavera
y levadura santa de la vida,
ha llegado la hora de la aurora,
la hora de los pétalos del pan,
la hora de la luz organizada,
la hora de todas las mujeres juntas
defendiendo la paz, la tierra, el hijo.

Amor, dolor y lucha se congregan
en vuestros reunidos corazones
y mi palabra es ésta:
la tierra es grande y sufre:
está dando a luz el futuro:
ayudemos al nacimiento
de la igualdad y la alegría.

*Texto leído en el Congreso Latinoamericano
de Mujeres y publicado en* El Siglo, *Santiago,
22.11.1959.*

Palabras ceremoniales a Salvatore Quasimodo

Toda la tierra de Italia guarda las voces de sus antiguos poetas en sus purísimas entrañas. Al pisar el suelo de las campiñas, cruzar los parques donde el agua centellea, atravesar las arenas de su pequeño océano azul, me pareció ir pisando diamantinas sustancias, cristalería secreta: todo el fulgor que guardaron los siglos. Italia dio forma, sonido, gracia y arrebato a la poesía de Europa, la sacó de su primera forma informe cuando iba vestida con sayal y armadura. La luz de Italia transformó las harapientas vestiduras de los juglares y la ferretería de las canciones de gesta en un río caudaloso de cincelados diamantes.

Para nuestros ojos de poetas recién llegados a la cultura, aquí donde las antologías comienzan con los poetas del año 1880, a más tardar, nos asombra ver en las antologías italianas la fecha de 1230 y tantos, o 1310 o 1450, y entre estas fechas, los tercetos deslumbrantes, el apasionado atavío, la profundidad y la pedrería de los Alighieri, Cavalcanti, Ariosto, Tasso, Poliziano.

Estos nombres y estos hombres prestaron luz florentina a nuestro dulce y poderoso Garcilaso de la Vega, al benigno Boscán, enseñaron a Góngora y tiñeron con un dardo de sombra la melancolía de Quevedo, moldearon los sonetos de William Shakespeare de Inglaterra y encendieron las esencias de Francia, levantando las rosas de Ronsard y Du Bellay.

Así pues, nacer en las tierras de Italia para un poeta es difícil empresa, empresa estrellada que significa asumir un firmamento de resplandecientes herencias.

Conozco desde hace años a Salvatore Quasimodo, y puedo decir que, personalmente, representa esa conciencia que a nosotros nos parecería fantasmagórica por su pesado y ardiente cargamento.

Quasimodo es, en primer término, un europeo que dispone, a ciencia cierta, del conocimiento, del equilibrio y de todas las

armas de la inteligencia. Sin embargo, su posición de italiano
central, de protagonista actual de un intermitente pero inagotable clasicismo, no lo ha convertido en un guerrero preso
adentro de su fortaleza. Quasimodo es un hombre universal
por excelencia, que no divide el mundo belicosamente en Occidente y Oriente, sino que considera como absoluto deber
contemporáneo borrar las fronteras de la cultura y establecer,
como dones indivisibles la poesía, la verdad, la libertad, la
paz y la alegría.

Poco podría decir de la obra de mi eminente compañero.
Me faltan los estudios del crítico y las herramientas del análisis, de la comparación y de la definición. Debo decir, sin
embargo, que esta poesía vesperal contiene una lúcida sombra y una crepitante melancolía. Ni una ni otra condición
significan la noche total o la dolorosa agonía. En Quasimodo se unen los colores y los sonidos de un mundo melancó-
licamente sereno y su tristeza no significa la derrotada in-
seguridad de Leopardi sino el recogimiento germinal de la
tierra en la tarde, cuando perfumes, voces, colores y campanas protegen el trabajo de las más profundas semillas. Amo
el lenguaje recogido de este gran poeta, su clasicismo y su
romanticismo y sobre todo admiro en él su propia impregnación en la continuidad de la belleza, así como su poder de
transformarlo todo en un lenguaje de verdadera y conmovedora poesía.

He bautizado estas palabras como *ceremoniales*, porque el
habérsele otorgado una alta distinción, nos hace reunirnos en
torno a su ausencia, leer ante él que no nos escucha estas palabras en su homenaje y encender en su honor una nueva lámpara de amistad que ilumine su noble poesía y su carácter
arrogante y valiente. A la luz de esa lámpara leerán sus versos
los hombres de todos los pueblos.

Por encima del mar y de la distancia levanto una fragrante
corona, hecha con hojas de la Araucanía y la dejo volando en
el aire de esta sala. Que se la lleve el viento y la vida y la deje
caer sobre la frente de Salvatore Quasimodo. No es la corona
de laurel que tantas veces vimos en los retratos de Francisco
Petrarca. Es una corona de nuestros bosques inexplorados,

de hojas que no tienen nombre todavía, empapadas por el rocío de las auroras australes.

Es el símbolo de nuestra admiración, de nuestra estimación, de nuestro regocijo, porque una vez más sale de Italia el resplandor universal y el canto interminable de su antigua, nueva, pura, alta, fresca y serena poesía.

> *Palabras ceremoniales en homenaje al premio Nobel*
> *de Literatura 1959, Biblioteca Nacional, Santiago,*
> *27.11.1959. Texto publicado en* Atenea, *núm. 386,*
> *Concepción, Chile, octubre-diciembre de 1959.*

Prólogo para poemas a Mariátegui

Ésta es una antología incompleta. Sobre Mariátegui seguirá cantando el mar. Lo echarán de menos nuestras praderas, nuestras desoladas planicies. El viento en las alturas superiores lo recuerda. Nuestro pequeño hombre oscuro que crece a tumbos lo necesita porque él nos ayudó a darle nacimiento. Él comenzó por darnos luz y conciencia.

Los poetas seguirán cantando su partida, sus obras, su cristalina contribución. Aquí sólo hay algunas hoces que levantan cantando el cereal que nos legara. Aquí sólo hay algunas notas de quena, de lira, de guitarra, que lo llaman aún. Él desde su ausencia acude, acude siempre. Porque está vivo. Resplandece detrás de las antiguas piedras peruanas, camina por vías y carreteras, sube por los andamios, continúa su pensamiento. En el juego de la vida y la muerte Mariátegui sacó –no por azar– la cara o la cruz de la vida. Otros, vociferantes, inauditos, son vividores pero no vivientes. Él, de sus propias, dolorosas células construyó tanto que lo que hacemos y haremos tiene en él sus cimientos. Fue un examinador que enseñaba, fue un maestro que metió las manos en la tarea y en el hombre para amalgamarlos y encaminarlos en la historia.

Por eso los poetas elevaron el canto hasta su altura. Hasta

su silenciosa presencia, hasta su prestigiosa ausencia, hasta su dimensión creciente.

Yo digo: maestro, hermano, te seguiremos cantando, seguiremos llamándote. Así no estarán solos nuestros pueblos en su dura ascensión a la libertad y a la dignidad.

Casa La Chascona, Santiago de Chile, 1959

Prólogo a Poemas a Mariátegui, *Lima, Editorial Amauta, 1959, volumen IX de las* Obras completas *de J. C. Mariátegui que incluye facsímil del manuscrito de Neruda.*

II

VIVA CUBA!
(1960-1961)

Soneto injusto

*Para don Rafael Figueroa
que protege los últimos
bosques chilenos*

Por Nancahue, en el lar de Figueroa,
volvió mi infancia a revivir conmigo.
En su altura la casa era una proa.
La tierra era un océano de trigo.

Tomé la pluma y comencé la loa
a la heredad y al vino del amigo:
era otra vez la tierra de Boroa,
los días sin tristeza ni castigo.

Busqué entonces los bosques de mi infancia,
la espesura cargada de fragancia,
y divisé un ejército de pinos.

Entonces, sin raulíes ni avellanos
cerré los ojos, estiré las manos
como un palo quemado en el camino.

Nancahue, 12 de febrero de 1960

*Soneto incluido en Aída Figueroa, A la mesa
con Neruda, p. 28.*

Prólogo para González Urízar

Presentar a un poeta y más aún a un joven poeta no es sólo buscar cierto nimbo, vapor o emanación en sus trabajos, sino averiguar con probable certidumbre su intimidad con la poesía.

Pocas veces he conocido tan ceñido amante como este Fernando González Urízar, de tan antigua y palpitante rosa, y en su honor y esplendor ha desgranado estos collares, taciturnas, desgarradoras guirnaldas, ha versado y tergiversado razones y encantamientos, ha dispuesto de extremas unciones y de atardeceres ensimismados para cantar, cantar, cantar como el hombre manda.

Esto es, ha vivido y extravivido la poesía más íntima y más ancha, apretando y extendiendo sin fin no sólo el corazón sino el conocimiento.

Poesía singularmente desgarrada, busca una claridad propia, un ritmo que ordene su respiración y establezca por fin los mayores dones de la alegría.

Presento con algunas palabras a Fernando González Urízar, pero basta con abrir algunas de sus sílabas para ver cómo salen volando inequívocas alas por él creadas, que ascenderán noche y tinieblas con el nuevo nombre que el poeta quiere dar a la luz.

Casa La Chascona, Santiago de Chile, febrero de 1960

Prólogo a Fernando González, Las nubes y los años, poemas, Caracas, edición de la revista Lírica Hispana, 1960; 2.ª edición: Santiago, Nascimento, 1961.

Soneto a Vinicius de Morães

No dejaste deberes sin cumplir:
tu tarea de amor fue la primera:
jugaste con el mar como un delfín
y perteneces a la primavera.

Cuánto pasado para no morir!
Y cada vez la vida que te espera!
Por ti Gabriela supo sonreír.
(Me lo dijo mi muerta compañera.)

No olvidaré que en esta travesía
llevabas de la mano a la alegría
como tu hermano del país lejano.

Del pasado aprendiste a ser futuro:
y soy más joven porque en un día puro
yo vi nacer a Orfeo de tu mano.

> *Escrito en alta mar el 27.3.1960. El poeta y Matilde*
> *viajaban hacia Europa y también Vinicius de Morães*
> *en la misma nave. Recogido en FDV, p. 54.*

Segundo soneto a Vinicius

Su luz amarga y su áspero alfabeto
por fin, Vinicius, yo reconstituyo
el verso que fue mío y que fue tuyo
y perdido a pesar de la ternura.

Y que ha vuelto a sonar en mi conciencia:
Vinicius, con *saudade* y con *sosinho*,
con la rosa fresca y el secreto
y con la copa del Aleijadinho

te dedico de nuevo este soneto.
Cierta vez, una vez, sólo es un niño,
Mistral me dijo con su voz de abeto:

ella te amó y defiende su cariño
en la meseta de la transparencia
porque nuestra verdad está en la altura.

> *Este segundo soneto fue escrito (también en alta mar)*
> *por haberse extraviado el primero (que reapareció poco*
> *después). Recogido en* FDV, *p. 55.*

Soneto a Alberto Sánchez de Toledo

De amontonados frailes en enero
saliste al mundo, pájaro sombrío,
y fue creciendo, entre sepultureros,
Alberto, el rayo de tu poderío.

Fue demasiado pastoral tu río
(el Tajo ensimismado en sus aceros),
mientras en tanta muerte y tanto frío
nació el pan de tus manos, panadero.

Y así de ásperos rieles oxidados,
de victorias y huesos y ganados,
de estornudos que estallan en el miedo,

de par en par se abrieron las entrañas
y de una vez parieron las Españas
a su hijo: Alberto Sánchez, de Toledo.

Soneto escrito en Moscú el 21.4.1960,
según FDV, *p. 53.*

Soneto sin título escrito en Pisa 1960

En Pisa recordando tu sonrisa
una corbata de color de plata
subió – lisa y plateada – a mi camisa,
y piso Pisa en pos de mi corbata.

Tengo la luz de perla o flor marchita
que luce Pisa, el pétalo de plata
el color de la Torre que medita:
llevo a Pisa anudada a mi corbata.

Y todo el río pálido que corre
y la pálida plata de la Torre
y la ceniza pálida de Pisa,

en tranquilo relámpago de plata
van de la arquitectura a mi corbata,
vienen de tu ternura a mi camisa.

Soneto escrito en Pisa el 17.10.1960,
según FDV, *p. 51.*

Este libro adolescente

Este libro fue escrito hace 36 años y, aunque separado de él por tantas distancias, no cesan de habitarme la primavera marina que lo suscitó, la atmósfera de aquellos días, las estrellas de esas noches.

El tiempo cerró los ojos de mujer que en estas páginas se abrieron. Las manos, los labios que en este libro ardieron fueron consumidos por el fuego. Los cuerpos de trigo que se extendieron en sus versos, aquella vida, aquella verdad, aquellas aguas, todo cayó al gran río subterráneo, palpitante, nutrido de tantas vidas, de todas las vidas.

Pero la niebla, la costa y el tumultuoso océano del Sur de Chile, que en este libro adolescente encontraron su camino hacia la intimidad de mi poesía, todavía hoy asedian mi memoria con su jerárquica espuma, con su geografía amenazante.

Yo crecí y amé en esos paisajes fluviales y oceánicos, en la más abandonada juventud. Allí, en el frío litoral de los mares australes, en Puerto Saavedra o Bajo Imperial, algo me esperaba.

Niño aún, vestido de negro, irrumpí en pleno verano en un patio donde todas las amapolas del mundo crecían en condición salvaje. Antes apenas había visto alguna –sangre o rubí– entre los cereales. Aquí, por millares balanceaban sus largos tallos como delgadas serpientes erectas. Las había blancas, nupciales y marinas, como anémonas del mar que las reclamaba con bramidos de toro negro. Algunas agregaban a sus corolas un borde purpúreo como traza de herida. Otras eran violetas, amarillas, coralinas o cobrizas, y hasta las había de un color nunca visto, las amapolas negras, inquietantes como apariciones de aquel patio solitario situado en el umbral de la Antártica –cuyo extremo dominio, por lo demás, reservaba una última y glacial amapola: el polo Sur.

Aquel puerto era la fragancia láctea y ponzoñosa de un millón de amapolas que me esperaban en el jardín secreto.

El jardín de los Pacheco. Los pescadores Pacheco, el bote abandonado...

Allí se descargaban las grandes tempestades del Pacífico Sur y por mucho tiempo la gente del lugar vivió de los naufragios. Al fondo del huerto, entre la inmensa multitud de las amapolas, yacía el bote salvavidas de algún barco náufrago. Extendido sobre la bancada del bote, mirando hacia arriba un cielo endurecido por el viento gélido, muchas veces perdí conciencia de mí mismo: inmóvil, en el centro de una espiral azul y bajo el peso de la verdad desnuda del espacio, mi razón se debatía mientras a mi alrededor se agitaban las olas del mar.

Estos poemas fueron escritos con aire, mar, espigas, estrellas y amor, amor... Desde entonces van por el mundo rondando y cantando... El tiempo los fue despojando de sus primeras vestiduras... El cataclismo de Chile, siempre suspendido como una espada de fuego, acaba de abatirse sobre Puerto Saavedra aniquilando mis recuerdos. Se alzó y se adentró en la tierra el mar, el mismo mar que resuena en este libro, y la marejada arrolló las casas y los pinos. Los muelles fueron desquiciados. Una ola gigantesca degolló las amapolas. Todo fue aniquilado en este año 1960.

Todo... Que mi poesía preserve en su copa aquella primavera asesinada.

París, noviembre de 1960

Prefacio de autor para la segunda edición de Tout l'amour, *antología bilingüe, París, Seghers, 1961.*

Pequeña historia
[de los «Veinte poemas de amor»]

GESTACIÓN

El año de 1923 se publicó mi primer libro *Crepusculario*; luego me dediqué a escribir largos poemas de amor. Cambié súbitamente de orientación y me propuse escribir poesías más intensivas y breves. Muy pronto me sentí lleno de estos ritmos y terminé mi libro antes del verano de 1924, fecha en que apareció la primera edición de los *Veinte poemas de amor y una canción desesperada*. No se conserva ni uno solo de los originales de aquel tiempo. Mi vida ya tenía la trepidación y el desorden de la capital de mi país.

EL PAISAJE

Aunque escritos a veces en Santiago de Chile, los *Veinte poemas* tienen como fondo el paisaje del Sur, especialmente los bosques de Temuco, las grandes lluvias frías, los ríos, y el salvaje litoral sureño.

El puerto y los muelles que aparecen en algunos de los versos son los del pequeño puerto fluvial de Puerto Saavedra, en la desembocadura del Río Imperial. Puedo anotar que el viejo poeta Augusto Winter –autor del famoso poema de la época: «La fuga de los cisnes»– me ayudó a copiar a máquina casi todo el libro. Yo insistí que éste fuera copiado en papel de estraza en formato cuadrado. También decidí que los bordes de las páginas debieran ser dentados, para lo cual el pobre don Augusto, víctima de mis caprichos, haciendo presión con un serrucho sobre el papel, dejaba cada página maravillosamente dentada. El noble poeta, con su barba blanca y amarilla, celebraba todas mis extravagancias.

Más tarde, el editor conservó el formato cuadrado de mis originales, promoviendo así una pequeña revolución en los libros de poesía de aquel tiempo.

LOS PERSONAJES

Cuando recuerdo los rostros amados en mi juventud, pienso que es más de una la inspiradora del libro.

LA EDICIÓN

Leídos por mí algunos de estos poemas en la casa del novelista Eduardo Barrios, éste sintió gran entusiasmo y llevó el libro a don Carlos George Nascimento, quien lo publicó de inmediato.

Incontables ediciones han aparecido después. Entre ellas, numerosas piratescas, truncas y erróneas. Reconozco como las únicas autorizadas, las de mi actual editor en lengua española, Losada de Buenos Aires.

POLÉMICA

El poema 16 fue escrito como una paráfrasis a un poema de *El jardinero*, del poeta bengalí R. Tagore, dedicado especialmente a una muchacha gran lectora de este poeta. Al publicarse la primera edición no se hizo la aclaración necesaria por distracción e intención, ya que esto no significaría gran cosa. Por el contrario, todos mis amigos me decían que convendría a un oscuro poeta dar pretexto para una acusación de plagio. Ésta se presentó tardíamente, después que en la tercera edición, publicada en Buenos Aires, en 1933, el libro llevaba la nota que indicaba esta forma de homenaje al amor y a la poesía.

OTROS PUNTOS POLÉMICOS

Se ha repetido con insistencia mi imaginario repudio hacia este libro. Dejo en claro que no sólo es falso este rumor sino que estos versos continúan teniendo para mí un encendido sitio dentro de mi obra. Este sitio está lleno de recuerdos y aromas, traspasados por lancinantes melancolías juveniles, abierto a todas las estrellas del Sur.

Por obra del curioso destino, los *Veinte poemas* continúan siendo un libro de aquellos que se aman. Por un milagro que

no comprendo, este libro atormentado ha mostrado el camino
de la felicidad a muchos seres.

Qué otro destino espera el poeta para su obra?

PALABRAS FINALES

Escribo estas líneas sólo para esta edición.

No soy amigo de las acotaciones en los libros, ni de las confesiones de autor. La poesía debe ir desnuda por las calles, y
sólo debe envolverse con la multitud de la naturaleza.

1960

> *Prólogo de Neruda a sus* Veinte poemas de amor y una canción
> desesperada, *edición especial denominada «1.000.000 de ejem-
> plares», Buenos Aires, Losada, 1961.*

Pez en el agua

Se me pregunta
a menudo en las calles de La
Habana, en cada
rincón, en una tienda o en una esquina, se me
pregunta
siempre y casi con las mismas palabras,
la misma pregunta: Cómo
se
siente usted en Cuba,
Neruda? Ahora que estoy frente a un público invisible
tan inmenso,
quisiera contestar de una
vez
por todas, esta pregunta tan cariñosa
y tan frecuente, diciéndoles a todos
los cubanos: en el año de 1960,

casi al empezar el año 1961, me siento
en Cuba
como el pez en el agua.

Lunes de Revolución, *La Habana, núm. 88,*
26.12.1960, última página.

Soneto a César Martino

Ciudad Guzmán sobre su cabellera
de roja flor y florestal cultura
tiene un tañido de campana oscura,
de campana segura y verdadera.

Martino: tu amistad está en la altura
como el tañido sobre la pradera
y como está sobre la primavera
temblando el ala de la harina pura.

De pan y primavera y campanada
y de Ciudad Guzmán empurpurada
por la llegada de una flor segura,

está Martino, tu amistad formada,
fresca y futura como tierra arada,
alta y azul como campana dura.

Soneto recogido en FDV, *p. 50. Escrito pro-*
bablemente en México D.F., a comienzos
de enero de 1961.

A Siqueiros, al partir

Aquí te dejo, con la luz de enero,
el corazón de Cuba libertada
y, Siqueiros, no olvides que te espero
en mi patria volcánica y nevada.

He visto tu pintura encarcelada
que es como encarcelar la llamarada.

Y me duele al partir EL DESAFUERO!
Tu pintura es la patria bienamada,
MÉXICO está contigo PRISIONERO.

México D.F., 9 de enero de 1961

Hago extensivo lo que significa el bello y solidario homenaje de Pablo Neruda, a mis compañeros Demetrio Vallejo, Gilberto Rojo Robles, Filomeno Mata, Dionisio Encina, J. Encarnación Pérez, Valentín Campa, Alberto Lumbreras y demás camaradas encarcelados por la misma represión política.

DAVID ALFARO SIQUEIROS

Cartel de protesta por el encarcelamiento de David Alfaro Siqueiros: en la parte superior del cartel hay una foto del pintor tras las rejas de la cárcel y al lado impresos los siguientes datos: «PALACIO NEGRO DE LECUMBERRI / PRESO N.° 46.788 / Desde el 9 de / agosto de 1960». Más abajo el texto de Pablo Neruda y una nota al pie firmada por Siqueiros.

Corona para mi maestro

Lo que comprendo y lo que canto
lo aprendí de hombres y mujeres:
no sé cómo pero sé cuánto
aprendí de todos los seres.

Cuando al derecho y al revés
me cubrió la sabiduría
empecé a aprender otra vez
en la pampa, con don Elías.

Anduvimos codo con codo,
sal y salitre, cobre y pena,
y lo aprendí de nuevo todo
con don Elías, en la arena.

Me di cuenta a tanta distancia,
después de andar y recorrer,
de que era grande mi ignorancia
y había mucho que aprender.

Tenía que aprender el dolor
en aquel desierto amarillo
y aprender por fin el honor
con don Elías, el sencillo.

Entré a las casas diminutas
hechas con tablas y papeles
y con mi nueva familia hirsuta
comí en las mesas sin manteles.

Por las remotas oficinas
fui con mi maestro fecundo
y en la dura tarde pampina
cantaban los pobres del mundo.

Ahora que este hombre de oro
por fin se puso a reposar
comprenderán que si no lloro
es porque me enseñó a no llorar.

Se sabe que no abrió los labios
sino para decir la verdad
y todos saben que fue un sabio,
un profesor de la bondad.

Fue perseguido y prisionero
iluminaba las prisiones:
como el sol en el mes de enero
daba la luz a borbotones.

El adversario alaba al fin
su pureza y su honor extremo:
ya no lo pueden perseguir
ahora que lo enterraremos.

Ahora es un muerto glorioso,
honra de la ciudadanía,
y antes eran los calabozos,
o los destierros, para Elías.

Fue recto, fue grande, fue claro,
fue puro como una vertiente:
del pueblo y de su desamparo
salió su fuerza combatiente.

Así la lucha fue su gloria
y entregó al pueblo su conquista.
Su epitafio será su historia:
«Aquí descansa un comunista».

Porque esta lucha no termina
con una vida ni una muerte,
esta bandera no se inclina.

Y tu corazón que germina
no tiene fin, Elías Lafertte.

En avión entre Iquique y Vallenar,
19 de febrero de 1961

Texto leído en los funerales de Elías Lafertte, líder histórico del movimiento obrero y de los comunistas chilenos.
Publicado en El Siglo, Santiago, 26.2.1961, y recogido
en FDV, pp. 62-64.

En la Pampa con don Elías

Me parece que el público que escuchó a Lafertte nunca conoció al verdadero. Esta oportunidad la tuve yo al viajar por el
Norte Grande con don Elías cuando recorrimos la Pampa. La
Pampa favorita de él era la de Tarapacá, la más pobre: la del
proletariado más desamparado. Hablando Lafertte, adquiría
dimensiones extraordinarias que es muy difícil precisar. Se dirigía a los obreros con un conocimiento absoluto de su mentalidad y de sus necesidades.

Les hablaba de todos los temas imaginables, desde las últimas novedades científicas, de los alimentos que comían, de la
ropa que vestían, de la antigua Pampa salitrera. Esta gente
pampina lo escuchaba con una inmensa devoción, era emocionante ver todas esas caras morenas y esos ojos que podían
poner atención durante horas mientras Lafertte hablaba.

LA PAMPA

Su vitalidad parecía inagotable, yo me quedaba extenuado.
Habíamos hecho 5 o 6 actos en el mismo día en plena Pampa:
él se acostaba fresco y a la mañana siguiente era el primero en
levantarse. De una meticulosidad exacta, en su maleta le cabía

todo y se vestía en forma inmaculada sin dejar ningún detalle al azar. En la mañana, a las 6, ya estaba esperándome en la puerta para salir y continuar la gira con su bufanda blanca, bien vestido de pies a cabeza. Para mí, salir de gira con Lafertte era una fiesta, su espíritu no descansaba; un espíritu travieso, poético y de una extraordinaria sabiduría. Yo lo he llamado en alguna parte «un gran sabio popular», con un bagaje inagotable de cosas y de hechos de la vida, tenía un repertorio muy largo de canciones, de comedias de otro tiempo que recitaba de un extremo a otro, como ser *Flor de un día*. Este dramón era el predilecto de mi familia en Temuco hace 40 años y don Elías lo recitaba actuando los diferentes personajes con una animación extraordinaria. También podía entonar largos pasajes de *La princesa del dólar*, una de sus operetas favoritas. Al cruzar la inmensa Pampa desértica, nada se le escapaba, una gran piedra tenía un significado para él, una huella que se apartaba del camino quería decir algo, un montículo de ruinas significaba una historia de alguna oficina ya muerta. Un hombre que con un atado al hombro cruzaba solitario al atardecer muy lejos de nosotros, no era ningún enigma, él sabía de dónde venía y hacia dónde se dirigía.

LAS PIEDRAS DE TALTAL

Su extraña humanidad y su relación con un poeta desordenado como yo, puede plasmarse para los lectores de *Ercilla* con esta anécdota. Llegamos a Taltal, después de una gira agotadora, y a la hora anunciada no se juntaba gente en el local sindical donde teníamos que hablar. Mientras se hacían los llamados me fui por la playa y comencé a recoger unas piedras negras y brillantes con las cuales me llenaba los bolsillos, ensimismado en mi tarea. Así se pasó el tiempo y apareció Elías, diciéndome con grandes gestos: «El sindicato lleno y tú buscando piedras, cómo es posible? Mira qué piedras más feas vas a llevar». Después de esto nos fuimos al local del sindicato donde dimos el acto político. Al día siguiente me levanté temprano, pero aun así retrasado. Lafertte me esperaba ya y subimos al auto y marchamos por esa carretera larga. En el camino Lafertte me preguntó: «Y tus piedras?». Le respondí: «Tuve tanto apuro para salir que se me olvidaron y además a ti te costaron un ataque ayer, así que no importa». Entonces, a pesar de que ya habíamos recorrido un par de kilómetros, ordenó al chófer: «Vuelva inmediatamente para que traigamos las piedras de Pablo». Y las trajimos.

UN LEÓN

En otra ocasión llegamos al atardecer a una oficina perdida y pobre: Piojillos. Hablamos en plena Pampa sobre un estrado improvisado. En la Pampa hay una afluencia extraordinaria de niños y muchachitos que van a todas las concentraciones políticas. Yo leía mis poemas, con estos chicos de una movilidad increíble que a la vez se nos metían entre las piernas, se aparecían encima de las mesas para jugar con la botella del agua. Íbamos ya a empezar a hablar a los pampinos cuando notamos escasa atención y un movimiento de deserción de una gran parte del público compuesto especialmente por este grupo de chiquillos. Qué había pasado? Un titiritero errante, hombre extraño, viejo, alto, desgarbado y flaco, había llegado a ese sitio para dar a conocer su espectáculo que era un viejo león que él arrastraba en su carrito. Los chicos, pues, nos abandonaron en su totalidad.

Yo me lo explicaba y a mí también me hubiera gustado ir a ver al león, pero Elías se sintió muy ofendido con este hecho. Terminamos el mitin que tuvo mucha concurrencia y cuando estábamos ya sentados comiendo en el albergue, una gran multitud de chicos que venían del espectáculo del titiritero asomaban sus caras morenas y sus manos invadiendo el sitio en que comíamos y pidiendo a gritos que yo les recitara mi poema «Canto a Stalingrado». Sin poder contenerse Elías se asomó a la puerta y enfrentándose a ellos les dijo: «Se fueron de la reunión por su voluntad, vayan ahora a que el león les recite el poema de Stalingrado». Y se volvió iracundo a sentarse conmigo. A los diez minutos después yo recitaba el poema para los niños, presentado por el viejo maestro que no conservaba ya nada de su enojo.

EL POLÍTICO

La sencillez y la voluntad de Lafertte, como sus condiciones reconocidas de honestidad, son presentadas por el sector
reaccionario de una manera ambigua. Siempre la derecha
tiende a presentar la cosas como una división entre la persona y su tendencia política. A mí mismo me pasa, porque el
gran empeño de la derecha es dividir mi parte política de mi
parte poética.

En Lafertte es innegable la unidad de su persona con su tendencia política. Si bien su talento, su bondad y su gran conocimiento de la vida humana y de nuestro pueblo son intereses
impresionantes en la apoteósica carrera del luchador Lafertte, no es menos importante aclarar que todas estas virtudes
tuvieron por dentro como un esqueleto de gran firmeza sus
convicciones doctrinarias, su estructura de comunista. Su honestidad acrisolada no es ninguna rareza: es una exigencia general y común para todos nuestros militantes. Hay una foto
impresionante que *Ercilla* debiera publicar. Debe estar naturalmente en la casa de la familia. Nos muestra uno de los
primeros mítines en la ciudad de Iquique, en la plaza, y está
Recabarren avanzando el cuerpo desde el quiosco hacia la
multitud, hablando, y detrás de él el joven Lafertte, que escuchaba.

Esta foto es histórica y reveladora. Lafertte es naturalmente un discípulo del grandioso Recabarren, que para mí es el
más grande líder obrero, es decir, precursor de la revolución
proletaria en todo el continente americano. Pero en Lafertte
esta atención manifestada en la foto significa también la va-
lorización total de un hombre como Recabarren desde el primer instante en que le conoció y en el campo en que naturalmente se vio para dedicarse íntegramente a la causa del
pueblo chileno. Pero esto denota en él no sólo una calidad
partidaria y revolucionaria, sino una condición, una capacidad de comprensión anticipada de una figura y de un movimiento gigantesco.

LA CUECA

Lafertte era acendradamente nacional, no podía soportar otro baile que la cueca, ni otras canciones que las nuestras: hacía cortar con gesto muy indignado cuando se oían las máquinas parlantes que atronaban el aire con rock and roll y aun los tangos lo ponían nervioso. Que no tenemos cueca?, rugía. Qué es esto? y enseñaba a la juventud que aprendiera nuestra danza nacional, especialmente a los jóvenes. Su curiosidad intelectual lo llevaba a estar siempre interesado en los últimos descubrimientos de medicina y esta curiosidad era solamente superada por su interés en los seres humanos, en las masas sencillas y de ellos lo que más pesaban en sus sentimientos eran los hombres del norte.

Nunca olvidaré cuando, llegando a las oficinas salitreras, a mucha distancia, vimos un pequeño grupo en la soledad del desierto. Con su vista de lince, Elías me decía: «Ahí están esperándonos en la mitad del camino». Se percibía un grupo de pampinos que después nos abrazaron. Y allí tomábamos la dirección de la columna y Elías de inmediato caminaba y dirigía el Himno Nacional y la *Canción de la Pampa*, el poema de Francisco Pezoa, que lo escribiera a raíz de la masacre de 1907.

Acabo de atravesarla otra vez para proclamar a Lafertte que ya no me pudo acompañar. En el primer acto en Arica en vez de proclamarlo tuve que anunciar su muerte. El destino me trajo al mismo sitio y ser escuchado por la misma gente que tantas veces nos rodeó y que era como la greda o la harina de que estaba hecho el corazón de Lafertte. Ésta fue la última grande impresión que tuve.

Cuando la anuncié al gentío, los pampinos de Tarapacá primero lloraron en forma tímida y luego un inmenso llanto de la multitud se dejó oír mientras se elevaban las primeras estrofas de la más triste *Internacional* que yo haya escuchado.

Ercilla, núm. 1.344, Santiago, 22.2.1961.

Viva Fidel! Viva Cuba!

Sólo hace algunos días, lord Bertrand Russell, ilustre hombre de ciencia, nos advertía desde Londres: «Kennedy es más perverso que Hitler».

Hace algunas horas el presidente norteamericano ha confirmado las palabras del sabio más ilustre de Europa. Ha desencadenado la destrucción y la muerte entre nuestros hermanos de Cuba. Conocíamos en el cine el rostro bestial del estúpido Kennedy. Sonreíamos. Pensamos tal vez que el inerte pueblo norteamericano tiene en este microcéfalo el mandatario que se merece. Que se merecen los Steinbecks, Hemingways, Capotes, escritores inertes, sin mayor responsabilidad ante su época que una boca cerrada, una pluma muerta y una conciencia de cemento ante los acontecimientos de nuestro tiempo.

Pero ahora, Kennedy, se ha manchado de sangre las manos, la frente y los zapatos. Chapotea en la sangre nuestra. Ya nunca podremos ver sin asco y odio el rostro de este asesino.

Con el ejecutor y verdugo de Guatemala, Foster Dulles, con el cínico tratante de petróleo Adlai Stevenson, planificaron esta invasión, reclutando bandidos de toda especie, matando e incendiando indefensos en las ciudades de Cuba. Y ahora amparados por su estupidez y su fuerza quieren demoler totalmente la construcción nueva y radiante que allí se estableció. Esta banda de criminales que dirigen el gobierno de los Estados Unidos sin más remordimientos en el alma que cualesquiera de los gángsters que enseñan en Norteamérica el asesinato industrial, se creen con autoridad para enseñar al mundo su moral infame: la agresión contra lo más bello y floreciente de nuestros pueblos latinoamericanos. Estos enemigos de la América del Sur, después de haber saqueado México, Panamá, Puerto Rico, Nicaragua, Guatemala, nos declaran en 1961 una guerra total, a todos nuestros pueblos, a todos los hombres, mujeres y niños del continente. Los masacradores han empezado su guerra de colonización. Aquí en Santiago ya ha llegado –junto con traidores cubanos reclutados– un enviado de Kennedy, norteamericano, a investigar nuestra vida política y establecer su próxima base de sangre.

No lo toleraremos. A esta guerra responderemos con la guerra! Fuera de Chile la embajada de carniceros norteamericanos! Fuera de nuestros países los invasores de Cuba!

Que la sangre que hoy derraman, sangre del pueblo hermano, les caiga sobre sus cabezas! Aprendamos a odiar a los asesinos! Hagamos los escritores de América entero juramento para que sean vengadas en nuestra acción y pensamiento las víctimas de los bandoleros yanquis. Enseñemos a los niños, y a los jóvenes, por generaciones y generaciones que los monstruos infames del Norte de América vivieron ofendiendo, explotando y diezmando a los hijos de América Latina. Dejemos en nuestros libros el retrato de Kennedy con sangre de Cuba en su estrecha frente de caníbal!

Y mientras tanto, seguros de que Cuba resistirá y vencerá, olvidemos –pueblos y escritores– divisiones y querellas para enfrentarnos al peligro. La dignidad combatiente de Cuba, y su actual martirio son ejemplos para el mundo entero, pero lo son más graves y ardientes para nuestro espíritu americano.

Con Cuba en esta hora, para Cuba en esta prueba todas nuestras palabras y la firmeza implacable de nuestra acción.

Honor a Fidel Castro, a los soldados, obreros, intelectuales, campesinos que defendiendo su patria defienden el honor de las naciones de América!

El crimen norteamericano nos ha revelado nuestro propio enemigo, su hipocresía y su perversidad.

Junto a nuestros hermanos de Cuba todas nuestras banderas, nuestros libros, nuestras armas y nuestras vidas!

El Siglo, *Santiago, 19.4.1961.*

Despedida a Lenka

Me puse corbata negra para despedirte, Lenka.
  – Qué tonto eres, sácatela.
  – Lloramos anoche, recordándote, Lenka.
  – Qué locura! Recuerda mejor cuánto nos reíamos juntos.
  – Y qué puedo decirte, Lenka!
  – Cuéntame un cuento, y cállate.
  – Para saber y contar, Lenka, te contaré que hoy la tierra se parece a tu cabeza querida, con oro desordenado y nieve amenazándote. Todo este tiempo en que te ibas cada día trabajábamos en Isla Negra, en donde casi llegaste a morir. Fue la única invitación que no cumpliste. Tu sitio estaba vacío.

Pero mientras te ibas te acercabas y te alejabas a fuerza de dolor, cada ola se rompía en la arena con tu nombre. Era tu vida que luchaba y cantaba. Cada ola se apagaba contigo y volvía a crecer. A florecer y a morir. Cada movimiento entre la tierra y el mar eras tú, Lenka, que venías a verme, eras tú que hablabas de nuevo, interminablemente agitada por el viento del mundo. Eras tú que por fin llegabas adonde te esperábamos, eras tú, querida errante, que vivías y morías siempre cerca y siempre lejos.

Pensar en ti con tanta espuma y cielo era dedicarte lo más alto. Y tu recuerdo surge, tu misterioso retrato. Tu grandiosa inteligencia y tus gestos consentidos. Eras tan trabajadora, perezosa querida. Eras tan frágil y tan recia. Eras esencia de mujeres y lección para un millón de hombres.

Recuerdo cuando me perseguían a mí y a todo el pueblo y se vivía un carnaval de enmascarados, tú sostenías la pureza de tu rostro blanco, tu casco de oro levantando la dignidad de la palabra escrita. Otros falsos maestros de periodismo indicaban como mastines la pista de mi poesía, cumplían su destino de bufones y de delatores, mientras que tú encarnabas la transparencia de la verdad, de tu verdad sin ilusiones pero sin traiciones.
  – Ya te estás pasando en mi elogio, Pablo, te reconozco.

—Perdóname, Lenka, si sigo siendo demasiado humano. Tú eres ahora aún más bella, eres una ola de cristal con ojos azules, alta y resplandcciente que tal vez no volverá a repetir su espuma de oro y nieve en nuestra pobre arena.

> *Texto leído el 25.5.1961 en los funerales de la periodista chilena Lenka Franulic y publicado en los diarios* El Siglo *y* Última Hora, *Santiago, 27.5.1961.*

Soneto punitivo para Germán Rodríguez, abogado antiobrero de la intendencia de Valparaíso

Este soplón, soplete carcelario,
este ratón de la jurisprudencia
ambicionó llegar a secretario
de burdel, de presidio o de intendencia.

Para poder vivir este arribista,
este Germán Rodríguez, esta lapa,
fue más y más servil este papista,
fue mucho más papista que la papa.

Este Germán Rodríguez, lacayuno,
les propuso a sus amos oportunos
apresar a maestros en montón.

Y pudo hacerlo. Pero nadie ignora
que a estos verdugos llegará la hora
y los veremos en el paredón.

El Nano

Septiembre de 1961

> *Publicado con pseudónimo en hoja volante de apoyo a la huelga de profesores. Valparaíso, 1961.*

Palabra

En la confusión de la primera luz y la última tiniebla siempre la nueva voz de los nuevos poetas. Tienen el rocío sombrío de la primera hora, la ansiedad y la pureza del desamparado nacimiento.

Seguirá riendo, oyendo, cantando? Conquistará y ganará la luz de cada día? Robará el fuego? Se decidirá entre noche madura y alba agónica?

Cada joven poeta merece ser oído entre las hojas del bosque.

A Miguel Búdnik Sinay, a su joven cantar deseo toda la paciencia de la luz que conduce a la soberanía del racimo.

Valparaíso, octubre de 1961

Nota-prólogo a Miguel Búdnik, Cuento para un poema, Santiago, Editorial Alfa de Arancibia Hnos., 1961.

Tres sonetos punitivos para Rubén Azócar

Primer soneto punitivo que relata cómo habiendo esperado a un tal Rubén, antiguamente llamado El Chato, y ahora presidente de los escritores, éste no acudió al sitio donde lo esperaban sus amigos, en Isla Negra, el día 10 de noviembre de 1961.

Érase un falluto y querido Chato,
chambeco cocoroco y cucufate,
en buenas cuentas un sabroso plato,
un plato entre poroto y chocolate.

Debió llegar sonoro el garabato
dirigido, oh Rubén! a tu gaznate,
curcunchos de esperarte tanto rato
como soldados antes del combate.

Qué hace en Santiago nuestro presidente?
Sigue perdiendo el tiempo con la gente
o viaja en taxi en busca de un refajo?

La verdad es que el Chato nunca vino
cometiendo un perfecto desatino.
Por eso lo mandamos al carajo.

Segundo soneto punitivo que enumera los manjares que dicho Chato se perdió con su ausencia.

Perdió perdices que le gustan tanto,
perdió el champán que nunca conociera,
perdió whiskys de marcas extranjeras
que ansía por receta y por encanto.

Perdió un sabroso plato de ternera,
mariscos que son lujo de curanto
y para resumir este quebranto
se perdió una cocina de primera.

Por andar entre tantas poetisas
perdió los pejerreyes y las lisas
y el borgoña escondido en un rincón.

Por Matilde y sus manos hechiceras
que guardaban para él la primavera.
Todo esto lo perdió por jetón.

Y en este tercer soneto punitivo sus amigos, por el hecho de haberlos dejado esperando, como se ha relatado, condenan al susodicho Azócar a diversas penalidades en este mundo y en el otro.

Que continúes siendo presidente
de tantos escritores y alcatraces,
de tantos portaliras contumaces,
de tantas plumas y tan poca gente.

Que frente al batallón de las mujeres
prosigas tu papel de Nueva Ola
apacentando Cármenes y Esteres
con tu siempre dispuesta guaripola.

Nunca más tendrás whiskys ni cebollas,
ni comerás opíparas centollas,
serás a un cielo austero condenado.

Como un vulgar y celestial Paleta:
beberás sólo Andina en tu planeta
por los eternos Mason bien rodeado.

Sonetos recogidos en Varas, *pp. 68-70.*

Crónica rimada para una bomba de 50 megatones

Hombre del mar, minero de la tierra,
que no te asusten las detonaciones:
sencillo compañero de las calles,
de las abandonadas direcciones,
hombre y mujer del pan de cada día:
hagamos juntos las comparaciones
de las bombas de ayer y las de hoy.
Aquilatemos estas explosiones.
Ayer los que arrasaron Hiroshima
se jactaban en todas las naciones
de haber quemado vivos a los niños
y haber muerto a 500 mil nipones.
A sangre fría dejaron la bomba

caer sobre indefensas poblaciones
(quedó una cicatriz donde cantaban
los niños, y murieron sus canciones,
y el infierno cayó sobre el amor
calcinando los pobres corazones:
aquellos cuyos brazos abrazaban
no tienen brazos hoy, sino muñones,
y ya no tienen boca aquellos besos:
sepultó la ceniza las pasiones.
Pero Hiroshima muerta es una boca,
una boca que dice: «No perdones»).

Qué dijo el Papa entonces? Ni un murmullo.
El buen hombre siguió en sus oraciones.

Quieren saber ustedes si «*El Percurio*»
derramó, como ahora, lagrimones?

No conocen ustedes a Paluenda.
No le pagaban esas emociones.

Y aquel crimen horrendo y repetido,
asesinar a tres generaciones,
dejó fríos a todos los que ahora
derraman lágrimas y maldiciones.

Dirán ustedes que estos cocodrilos
tienen ahora tiernos corazones
o que de tanto molestar a Cristo
llegan a compartir sus opiniones,
que, enternecido, el Banco de los Pewards
repartirá en las calles sus millones.

Tal vez creen ustedes que cambiaron.
Me molesta matar sus ilusiones.

Pero ahora se trata de otra cosa
y hay que aclarar estas contradicciones:

ahora la Bomba no ha matado a nadie,
por eso están furiosos los bribones:
ni un pájaro ha caído, ni una pulga.
«Qué criminales estas explosiones.»
«Detened a los bárbaros soviéticos.»
Su crueldad estremece a los patrones:
dejar caer la Bomba en pleno Polo
donde no hay japoneses ni leones!
No matar una mosca, qué espantosos,
los rusos y sus abominaciones!

En fin, todos se quejan como viudas:
nunca sufrieron tantas conmociones.
Y en realidad, ya tienen su cadáver:
es el mundo de sus predilecciones:
ya huele a muerto lo que defendieron
y sollozan por eso a borbotones!
Está la inteligencia en otra parte,
la luz está llegando a los rincones,
la Unión Soviética dirige la música,
van hacia ella nuestros corazones.

Eleva el libro, cunden sus espigas,
tiene la fuerza y tiene las razones,
por eso se amedrentan los verdugos
y corren a sus cuevas los ratones.

Yo digo aquí entre todos: adelante,
África, Cuba, amor, revoluciones,
los pueblos no están solos, compañero,
aquí se terminaron los matones.
Pisa con paso firme hacia el futuro,
con el orgullo de tus convicciones.
Ya no le robarán Texas a México,
ni pisarán de Cuba los terrones,
no humillarán el pabellón de Chile
los borrachos de sus tripulaciones.
Algo se estremeció, tocó la luna

un proyectil de socializaciones,
dos astronautas circunnavegaron
la tierra derribando religiones,
y ahora para defender el pan,
el amor y la paz de las naciones,
una bomba tan grande como el sol
hizo estallar la URSS en sus regiones.

Su inmensa llamarada no amenaza
al ser humano, sino a los cañones,
y sin querer matar, mató la guerra.

Y ahora termino, son mis conclusiones:
la paz por fin se siente defendida,
los pueblos vencerán sus aflicciones,
la URSS hizo estallar la primavera,
florece el cielo con sus invenciones,
luchan contra la muerte sus soldados,
amor y vida son sus batallones.

No son los asesinos de Hiroshima
los que llegan a las constelaciones.
Son tus propios hermanos los que tienen
la fuerza, la verdad y las canciones.

Adelante, sencillo compañero,
te defienden cincuenta megatones.

*Texto leído durante un acto de homenaje a la URSS,
Teatro Caupolicán, 12.11.1961, y publicado en El Siglo,
Santiago, 19.11.1961, y en una carpetilla de saludo de
Año Nuevo, Santiago, Imprenta Horizonte, 1961.*

El nuevo lenguaje autobiográfico

(1962)

Las vidas del poeta

A CABALLO ATRAVESÉ LA GRAN CORDILLERA

La montaña andina tiene pasos desconocidos, utilizados tal vez antiguamente por contrabandistas, tan hostiles y difíciles que ya ni siquiera son custodiados por los guardias rurales. Ríos y precipicios se encargan de atajar al caminante.

Mi amigo Jorge Bellet era el jefe de la expedición. Antiguo piloto, hombre de acción, ahora montaba un gran aserradero junto al lago Maihue. De allí salimos un día al amanecer. Ya estaban cayendo las primeras lluvias. La selva virgen estaba envuelta en su niebla o lluvia matutina. A nuestra escolta de cinco hombres, buenos jinetes y baqueanos, se agregó mi viejo amigo Víctor Bianchi, que había llegado por esos parajes como agrimensor en unos litigios de tierras. No me reconoció. Yo llevaba la barba crecida de año y medio de vida oculta, pero apenas supo mi proyecto de cruzar la selva nos ofreció sus grandes servicios de avezado explorador. Antes ya había ascendido el Aconcagua en una trágica expedición de la que fue casi el único sobreviviente.

Marchábamos en fila en la solemnidad del alba. Hacía muchos años, desde mi infancia, que no montaba a caballo, pero aquí íbamos al paso.

La selva andina austral está poblada por grandes árboles apartados entre sí. Son gigantescos alerces y maitenes, luego tepas y coníferas. Los raulíes asombran por su espesor. Los medí. Eran del diámetro de un caballo. Por arriba no se ve el cielo, por abajo las hojas han caído por siglos formando una capa de humus en que se hunden los cascos de las cabalgaduras. En una marcha silenciosa cruzábamos aquella gran catedral de la salvaje naturaleza.

Los baqueanos iban adelante y atrás de nosotros, resguardándonos y escuchando los infinitos pequeños ruidos de la tierra virgen. De cuando en cuando golpeaban con sus machetes un árbol del camino que dejaba de inmediato, a la altura de nuestras cabezas, una húmeda cicatriz amarilla. Eran las señales para hallar el camino del regreso.

Subiendo ya la cordillera, los árboles se achaparraron y semejaron de las cumbres una multitud de paraguas. La nieve no los dejaba crecer. No había camino. Cómo se orientaban los baqueanos? No lo supe. Pero de cuando en cuando se sabía que por ahí había pasado alguien antes. Se sabía por un túmulo hecho por otros caminantes. Eran pirámides de ramas y leños a uno y otro lado de la dirección que llevábamos. Bajo aquellos túmulos yacían otros viajeros infortunados. La nieve los había detenido para siempre. Religiosamente, al aproximarnos a uno de los túmulos anónimos, cortábamos una rama que cada uno tiraba sobre el montón de palos como un póstumo homenaje al caído.

A plena noche encontramos un paraje habitado. Eran los baños de Chihuío. Ya estábamos cerca de la frontera con la Argentina. Nunca olvidaré la llegada a ese alto punto de la cordillera.

En un hangar destartalado en que se veían montañas de quesos, ardía un árbol entero en un fogón, en el suelo. Allí estaban agrupadas algunas sombras imposibles de reconocer como seres humanos, porque no había más luz que la de las brasas. Parecían cantar y el rasgueo de una guitarra emergía de la oscuridad con un sonido melancólico de agua de lluvia.

Encontramos el refugio que no se niega a nadie a esas alturas de la tierra y antes de dormir todos nos metimos en las candentes aguas termales casi hirvientes y que nos levantaban en vilo con su saturación mineral.

Al alba siguiente, frescos y revividos continuamos la marcha.

El camino se hizo abrupto. Era difícil avanzar. Parecía que los mismos muros arrugados y eternos de los Andes se estrechaban para impedirnos el paso. Los caballos, al entrar en estos túneles de roca, resbalaban, y un chisporroteo de chispas saltaba de las herraduras.

Más tarde fue un río y otro río. La inviolada magnitud de la naturaleza no quería dejarnos pasar. En fila entramos por el río que rodaba con rugido y canto de bestia terrible, coronado de espumas. Yo apenas me sostenía porque había levantado los pies hasta colocarlos sobre el cuello de la cabalgadura. El río me parecía cada vez más ancho, mientras mi caballo ondulaba y luchaba por mantenerse en línea detrás de los otros que ya llegaban a la orilla.

Al tocar tierra firme me sentí vivo de nuevo y miré al baqueano que me seguía. Le dije:

−Bueno, y si me caigo y me lleva el río?

Siempre sonriendo me contestó:

−No, pue, don Pablito, no ve que aquí mesmo cayó mi padre y se lo llevó el agua. Así es que yo venía con el lazo en la mano, listo pa' laciarlo.

Después de los ríos y los vados ocurrió algo extraño en el paisaje y también en los hombres.

Como si de pronto en una gran sinfonía el director detiene la turbulencia de las grandes masas de sonido para producir un hilo finísimo, una cadencia pastoril que se eleva y nos refresca el alma acongojada, así sucedió con las violentas cordilleras.

Habíamos llegado a otra altura y al traspasarla encontramos un extenso paisaje verde, de infinita suavidad serena. Prados y prados como hechos por la mano del hombre, de yerba mullida como el césped inglés, se extendían en las infinitas soledades y un jugueteo de arroyos cristalinos que se entrecruzaban serpenteando, parecían allí dispuestos como en una página de Garcilaso. Me quedé asombrado. Faltaban allí sólo las náyades desnudas que sumergieran sus pies plateados en el agua de cristal.

Llegados al centro de aquel esplendor verde bajamos y desensillamos las cabalgaduras. Apenas podía mover las piernas, y a punto de tenderme en el pasto que me invitaba brillando al sol frío, noté que los baqueanos se preparaban para un nuevo rito.

Una gran calavera de res relucía al sol en medio de un círculo casi perfecto que habían hecho muchas pisadas. Los baqueanos y luego todos nosotros echamos monedas en la calavera del buey mientras dábamos vueltas a su alrededor saltando en un solo pie.

Las monedas eran para los viajeros perdidos. Y aquel rito del baile? Hasta ahora no lo sé. Misterio de cordilleras, rito de los hombres errantes.

Una choza abandonada nos indicó la frontera.

Ya era libre. Ya había dejado atrás la persecución. Escribí en la pared de la cabaña: «Hasta luego, patria mía. Me voy, pero te llevo conmigo».

Fragmento de «Las vidas del poeta. Capítulo noveno: Lucha y destierro», en O Cruzeiro Internacional, *Río de Janeiro, 16.5.1962.*

Mariano Latorre, Pedro Prado
y mi propia sombra

Poco acostumbrado a los actos académicos quise conocer el tema de mi discurso y entre las sugerencias de mis amigos surgieron dos nombres de esclarecidos escritores, ambos antiguos miembros de esta facultad, ambos definitivamente ausentes de nuestras humanas preocupaciones: Pedro Prado y Mariano Latorre.

Estos dos hombres despertaron ecos diferentes y contrarios en mi memoria.

Nunca tuve relación con Mariano Latorre y es a fuerza de razonamiento y de entendimiento que aprecié sus condiciones de gran escritor, ligado a la descripción y la construcción de nuestra patria. Un verdadero escritor nacional es un héroe purísimo que ningún pueblo puede darse el lujo de soslayar. Esto queda al margen de las incidencias contemporáneas, del tanto por ciento que debe pagar por su trabajo, del desinterés apresurado y obligatorio de las nuevas generaciones, o de la malevolencia, personalismo o superficialidad de la crítica.

Lo único que conocí bien de Latorre fue su cara seca y afilada y no creo haber sido escatimado por su infatigable alacraneo. Pero sólo el contumaz rencoroso tomará en cuenta la pequeña crónica, los dimes y diretes, el vapor de las esquinas y cafeterías al hacer la suma de las acciones de un hombre grande. Y hombre grande fue Latorre. Se necesitaba ancho pecho para escribir en él todo el rumoroso nombre y la diversidad fragante de nuestro territorio.

La claridad de Mariano Latorre fue un gran intento de volvernos a la antigua esencia de nuestra tierra. Situado en otro punto de la perspectiva social y en otra orientación de la palabra y del alma, muy lejos yo mismo del método y de la expresión de Mariano Latorre, no puedo menos que reverenciar su obra que no tiene misterios, pero que seguirá siendo sombra cristalina de nuestro natalicio, mimbre patricio de la cuna nacional.

Otra cosa diferente y mucho más profunda significó Pedro Prado para mí. Prado fue el primer chileno en que vi el trabajo del conocimiento sin el pudor provinciano a que yo estaba acostumbrado. De un hilo a otro, de una alusión a una presencia, persona, costumbre, relatos, paisajes, reflexiones, todo se iba anudando en la conversación de Prado en una relación sin ambages en que la sensibilidad y la profundidad construían con misterioso encanto un mágico castillo, siempre inconcluso, siempre interminable.

Yo llegaba de la lluvia sureña y de la monosilábica relación de las tierras frías. En este tácito aprendizaje a que se había conformado mi adolescencia, la conversación de Prado, la gozosa madurez de su infinita comprensión de la naturaleza, su perenne divagación filosófica, me hizo comprender las posibilidades de asociación o sociedad, la comunicación expresiva de la inteligencia.

Porque mi timidez austral se basaba en lo inseparable de la soledad y de la expresión. Mi gente, padres, vecinos, tíos y compañeros, apenas si se expresaban. Mi poesía debía mantenerse secreta, separada en forma férrea de sus propios orígenes. Fuera de la vida exigente e inmediata de cada día no podían aludir en su conversación los jóvenes del sur a ninguna posible sombra, misterioso temblor, ni derrotado aroma. Todo eso lo dejé yo en compartimiento cerrado destinado a mi transmigración, es decir, a mi poesía, siempre que yo pudiera sostenerla en aquellos compartimentos letales, sin comunicación humana. Naturalmente que no sólo había en mí, y en mi pésimo desarrollo verbal, culpa de clima o peso regional, de extensiones despobladas, sino que el peso demoledor de las diferencias de clase. Es posible que en Prado se mezclara el sortilegio de un activo y original meditador a la naturalidad social de la gran burguesía. Lo cierto es que Pedro Prado, cabeza de una extraordinaria generación, fue para mí, mucho más joven que él, un supremo relacionador entre mi terca soledad y el inaudito goce de la inteligencia que su personalidad desplegaba a toda hora y en todos los sitios.

Sin embargo, no todos los aspectos de la creación de Prado, ni de su multivaliosa personalidad, me gustaban a mí. Ni mis compañeros literarios, ni yo mismo, quisimos hacer nunca el fácil papel de destripadores literarios. En mi época primera el iconoclasta había pasado de moda. No hay duda que revivirá muchas veces. Ese papel de estrangulador agradará siempre a la envolvente vanidad colectiva de los escritores. Cada escritor quisiera estar, único sobreviviente respetado, en medio de la asamblea de la diosa Kali y sus adeptos estranguladores.

Los escritores de mi generación debíamos a los maestros anteriores deudas contantes y sonantes, porque se ejercitaba entonces una generosidad indivisible. Anotando en el libro de mis propias cuentas no son números pobres los que acreditaré a tres grandes de nuestra literatura. Pedro Prado escribió antes que nadie sobre mi primer libro *Crepusculario* una sosegada página maestra, cargada de sentido y presentimiento como una aurora marina. Nuestro maestro nacional de la crítica, Alone, que es también maestro en contradicciones, me prestó casi sin conocerme algún dinero para sacar ese mismo primer libro mío de las garras del impresor. En cuanto a mis *Veinte poemas de amor*, contaré una vez más que fue Eduardo Barrios quien lo entregó y recomendó con tal ardor a don Carlos George Nascimento que éste me llamó para proclamarme poeta publicable con estas sobrias palabras: «Muy bien, publicaremos su obrita».

Mi disconformidad con Prado se basó casi siempre en otro sentido de la vida y en planos casi extraliterarios que siempre tuvieron para mí mayor importancia que tal o cual problema estético. Gran parte de mi generación situó los verdaderos valores más allá o más acá de la literatura, dejando los libros en su sitio. Preferíamos las calles o la naturaleza, los tugurios llenos de humo, el puerto de Valparaíso con su fascinación desgarradora, las asambleas sindicales turbulentas de la IWW.

Los defectos de Prado eran, para nosotros, ese desapasionamiento vital, una elucubración interminable alrededor de la esencia de la vida sin ver ni buscar la vida inmediata y palpitante. Mi juventud amó el derroche y detestó la austeridad obligatoria de la pobreza. Pero presentíamos en Prado una crisis entre este equilibrio austero y la incitante tentación del mundo. Si alguien llevó un sacerdocio de un tipo elevado de la vida espiritual ése fue, sin duda, Pedro Prado. Y por no conocer bastante la intimidad de su vida, ni querer tocar tampoco su secreta existencia, no podemos imaginarnos sus propios tormentos.

Su insatisfacción literaria tuvo mucha inquietud pasiva y se derivó casi siempre hacia una constante interrogación metafísica. Por aquellos tiempos, influenciados por Apollinaire, y aun por el anterior ejemplo del poeta de salón Stéphane Mallarmé, publicábamos nuestros libros sin mayúsculas ni puntuación. Hasta escribíamos nuestras cartas sin puntuación alguna para sobrepasar la moda de Francia: aún se puede ver mi viejo libro *Tentativa del hombre infinito* sin un punto ni una coma. Por lo demás, con asombro he visto que muchos jóvenes poetas en 1961 continúan repitiendo esta vieja moda afrancesada. Para castigar mi propio pasado cosmopolita, me propongo publicar un libro de poesía suprimiendo las palabras y dejando solamente la puntuación.

En todo caso, las nuevas olas literarias pasan sin conmover la torre de Pedro Prado, torre de los veinte, agregando su valor al de los otros, porque ya se sabe que él valía por diez. Hay una especie de frialdad interior, de anacoretismo que no lo lleva lejos, sino que lo empobrece.

Ramón Gómez de la Serna, el Picasso de nuestra prosa maternal, lo revuelve todo en la península y asume una especie de amazónica corriente en que ciudades enteras pasan rumbo al mar, con despojos, velorios, preámbulos, anticuados corsés, barbas de próceres, posturas instantáneas que el mago capta en su fulminante minuto.

Luego viene el surrealismo desde Francia. Es verdad que éste no nos entrega ningún poeta completo, pero nos revela el aullido de Lautréamont en las calles hostiles de París. El surrealismo es fecundo y digno de las más solícitas reverencias, por cuanto con un valor catastrofal cambia de sitio las estatuas, hace agujeros en los malos cuadros y le pone bigotes a Monna Lisa que, como todo el mundo sabe, los necesitaba.

A Prado no lo desentumece el surrealismo. Él sigue perforando en su pozo y sus aguas se tornan cada vez más sombrías. En el fondo del pozo no va a encontrar el cielo, ni las espléndidas estrellas, sino que otra vez la tierra. En el fondo de todos los pozos está la tierra, como también en el fin del viaje del astronauta que debe regresar a su tierra y a su casa para seguir siendo hombre.

Los últimos capítulos de su gran libro *Un juez rural* se han metido ya dentro de este pozo y están oscurecidos no por el agua que fluye, sino por la tierra nocturna.

Pensando en modo más generalizado, se ve que en nuestra poesía hay una tendencia metafísica, a la que no niego ni doy importancia. No parto desde un punto de vista crítico estético, sino más bien desde mi plano creativo y geográfico.

Vemos esta soledad hemisférica en muchos otros de nuestros poetas. En Pedro Antonio González, en Mondaca, en Max Jara, en Jorge Hübner Bezanilla, en Gabriela Mistral.

Si se trata de una escapatoria de la realidad, de la repetición retrospectiva de temas ya elaborados, o de la dominante influencia de nuestra geología, de nuestra configuración volcánica, turbulenta y oceánica, todo esto se hablará y discutirá, ya que los tratadistas nos esperan a todos los poetas con sus telescopios y escopetas.

Pero no hay duda que somos protagonistas semisolitarios, orientados o desorientados, de vastos terrenos apenas cultivados, de agrupaciones semicoloniales, ensordecidos por la tremenda vitalidad de nuestra naturaleza y por el antiguo aislamiento a que nos condenan las metrópolis de ayer y de hoy.

Este lenguaje y esta posición son expresados aún por los de más altos valores de nuestra tierra, con regular intermitencia, con una especie de ira, tristeza, o arrebato sin salida.

Si esta expresión no resuelve la magnitud de los conflictos es porque no los encara, y no lo hace porque los desconoce. De allí un desasosiego más bien formal en Pedro Prado, encantadoramente eficaz en Vicente Huidobro, áspero y cordillerano en Gabriela Mistral.

De todos estos defectos, con todas estas contradicciones, tentativas y oscuridades, agregando a la amalgama la infinita y necesaria claridad, se forma una literatura nacional. A Mariano Latorre, maestro de nuestras letras, le corresponde este papel ingrato de acribillarnos con su claridad.

En un país en que persisten todos los rasgos del colonialismo, en que la multitud de la cultura respira y transpira con poros europeos tanto en las partes plásticas como en la literatura, tiene que ser así. Todo intento de exaltación nacional es un proceso de rebeldía anticolonial y tiene que disgustar a las capas que tenaz e inconscientemente preservan la dependencia histórica.

Nuestro primer novelista criollo fue un poeta: don Alonso de Ercilla. Ercilla es un refinado poeta del amor, un renacentista ligado con todo su ser a la temblorosa espuma mediterránea en donde acaba de renacer Afrodita. Pero su cabeza, enamorada del gran tesoro resurrecto, de la luz cenital que ha llegado a estrellarse victoriosamente contra las tinieblas y las piedras de España, encuentra en Chile, no sólo alimento para su ardiente nobleza, sino regocijo para sus extáticos ojos.

En *La Araucana* no vemos sólo el épico desarrollo de hombres trabados en un combate mortal, no sólo la valentía y la agonía de nuestros padres abrazados en el común exterminio, sino también la palpitante catalogación forestal y natural de nuestro patrimonio. Aves y plantas, aguas y pájaros, costumbres y ceremonias, idiomas y cabelleras, flechas y fragancias, nieve y mareas que nos pertenecen, todo esto tuvo nombre, por fin, en *La Araucana* y por razón del verbo comenzó a vivir. Y esto que revivimos como un legado sonoro era nuestra existencia que debíamos preservar y defender.

Qué hicimos?

Nos perdimos en la incursión universal, en los misterios de todo el mundo, y aquel caudal compacto que nos revelara el joven castellano se fue mermando en la realidad y falleciendo en la expresión. Los bosques han sido incendiados, los pájaros abandonaron las regiones originales del canto, el idioma se fue llenando de sonidos extranjeros, los trajes se escondieron en los armarios, el baile fue sustituido.

Súbitamente, en una tarde de verano sentí necesidad de la conversación de Prado. Me cautivó siempre ese ir y venir de sus razones, a las que apenas si se agregaba algún polvillo de personal interés. Era prodigioso su anaquel de observaciones directas de los seres o de la naturaleza. Tal vez esto es lo que se llama la sabiduría y Prado es lo que más se acerca a lo que en mi adolescencia pude denominar «un sabio». Tal vez en esto hay más de superstición que de verdad, puesto que después conocí más y más sabios casi siempre cargados de especialidad y de pasión, teñidos por la insurgencia, recalentados en el horno de la humana lucha. Pero esa sensación de poderío supremo de la inteligencia recibida en mi joven edad no me lo ha dado nadie después. Ni André Malraux que cruzó más de una vez conmigo, en interminables jornadas, los caminos entre Francia y España, chisporroteando los eléctricos dones de su cartesianismo extremista.

Otro de mis sabios amigos ha sido mucho después el grande Ilyá Ehrenburg, también deslumbrante en su corrosivo conocimiento de las causas y los seres, ardiente e inamovible en la defensa de la patria soviética y de la paz universal.

Otro de estos grandes señores del conocimiento, cuya íntima amistad me ha otorgado la vida, ha sido Aragon, de Francia. También el mismo torrente discursivo, el más minucioso y arrebatado análisis, el vuelo de la profunda cultura y de la audaz inteligencia: tradición y revolución. De alguna manera o de otra, pero de pronto Aragon estalla, y su estallido pone en descubierto su beligerancia espacial. La cólera repentina de Aragon lo transforma en un polo magnético cargado por la más peligrosa tempestad eléctrica.

Así, pues, entre mis sabios amigos este Pedro Prado de mi mocedad se ha quedado en mi recuerdo como la imagen sosegada de un gran espejo azul en que se hubiera reflejado, de una manera extensa, un paisaje esencial hecho de reflexión y de luz, serena copa siempre abundante del razonamiento y del equilibrio.

En aquella tarde atravesé la calle Matucana y tomé el destartalado tranvía del polvoriento suburbio en que la añosa casa solariega del escritor era lo único decoroso. Todo lo demás era pobreza. Al cruzar el parque y ver la fuente central que recibía las hojas caídas, sentí que me envolvía aquella atmósfera alegórica, aquella claridad abandonada del maestro. Se agregaba, impregnándome, un aroma acerca de cuyo origen Prado guardó para mí un sonriente misterio, y que después descubrí que era producido por la hierba llamada «del varraco», planta olorosa de las quebradas chilenas que perdería su perfume si la llamáramos planta «del verraco», disecándola de inmediato. Ya confundido y devorado por la atmósfera, toqué la puerta. La casa parecía deshabitada de puro silenciosa.

Se abrió la pesada puerta. No distinguí a nadie en la entresombra del zaguán, pero me pareció oír un patente o peregrino ruido de cadenas que se arrastraban. Entonces, de entre las sombras, apareció un enmascarado que levantó hacia mi frente un largo dedo amenazante, impulsándome a caminar hacia la gran estancia o salón de los Prado, que yo también conocía, pero que ahora se me presentaba totalmente cambiado. Mientras caminaba, un ser mucho más pequeño, con túnica y máscara que lo cubrían completamente y encorvado con el peso de una pala llena de tierra, me seguía, echando tierra sobre cada una de mis pisadas. En medio de la estancia me detuve. A través de las ventanas, la tarde dejaba caer el extraño crepúsculo de aquel parque perdido en los extramuros desmoronados de Santiago.

En la sala casi vacía, pude distinguir, adosados a los muros, una docena o más de sillones o sitiales y sobre ellos, en cuclillas, otros tantos enigmáticos personajes con turbantes y túnicas que me miraban sin decir una palabra, detrás de sus máscaras inmóviles. Los minutos pasaban y aquel silencio fantástico me hizo pensar que estaba soñando o me había equivocado de casa o que todo se explicaría.

Comencé a retroceder, temeroso, pero al fin descubrí un rostro que reconocí. Era el del siempre travieso poeta Diego Dublé Urrutia, que, sin máscara que lo ocultara, me miraba, detenidas sus facciones en una morisqueta, a la que ayudaba levantándose la nariz con el índice de la mano derecha.

Comprendí que había penetrado en una de las ceremonias secretas que debían celebrarse siempre en alguna parte y en todas partes.

Era natural que la magia existiera y que adeptos y soñadores se reunieran en el fondo de abandonados parques para practicarla.

Me retiré tembloroso. Los circunstantes, seguramente llenos de orgullo por haberse mantenido en sus singulares posiciones, me dejaron ir, mientras aquel duende redondo, que más tarde conocí como Acario Cotapos, me persiguió con su pala hasta la puerta, cubriendo de tierra mis pisadas de fugitivo.

No podría hablar de Prado sin recordar aquella impresionante ceremonia.

Para placer y dicha de su creación, la amarga lucha por el pan no fue conocida por el ilustre Pedro Prado, gracias a su condición hereditaria, miembro de una clase exclusiva que hasta entonces, durante la vida de nuestro compañero y maestro, no padecía de sobresaltos. Y la polvorienta calle que conducía a la antigua casa de Pedro Prado continuaría por muchos años sin traspasar la valla de aquel elevado pensamiento.

Pero tal vez para recóndita y reprimida satisfacción del poeta, en mis escasos regresos por aquellos andurriales he visto que desaparecieron las verjas y que centenares de niños pobres de las calles vecinas irrumpieron en las habitaciones solariegas transformadas hoy en una escuela. No se olvide que

Pedro Prado, inconmovible tradicionalista, se inclinó ante la tumba de Luis Emilio Recabarren dejando como una corona más de su abundante pensamiento un decidido homenaje a las ideas que él creyó, calificó con inocencia conservadora, como inalcanzables utopías.

Una tercera posibilidad de este discurso habría sido un autocrítico examen de estos cuarenta años de vida literaria, un encuentro con mi sombra. En realidad, éstos se cumplen en esta primavera recién pasada, uniéndose al olor de las lilas, de las madreselvas de 1921, y de la imprenta Selecta, de la calle San Diego, cuyo penetrante olor a tinta me impregnó al entrar y salir con mi pequeño primer libro, o librillo, la *Canción de la fiesta*, que allí se imprimió en octubre de aquel año.

Si tratara yo de clasificarme dentro de nuestra fauna y flora literaria o de otras faunas y floras extraterritoriales, tendría que declarar en este examen aduanero y precisamente en este salón central de la educación mi indeclinable deficiencia dogmática, mi precaria condición de maestro.

En la literatura y en las artes se producen a menudo los maestros. Algunos que tienen mucho que enseñar y algunos que se mueren por amaestrar, es decir, por la voluntad de dirigir. Creo saber, de lo poco que sé de mí mismo, que no pertenezco ni a los unos ni a los otros, sino simplemente a esa gregaria multitud siempre sedienta de los que quieren saber.

No lo digo esto apelando a un sentimiento de humildad que no tengo, sino a las lentas condiciones que han determinado mi desarrollo en estos largos años de los cuales debo dejar en esta ocasión algún testimonio.

Qué duda cabe que el sentimiento de supremacía y la comezón de la originalidad juegan un papel decisivo en la expresión.

Estos sentimientos que no existieron en la trabajosa ascensión de la cultura, cuando las tribus levantaban piedras sagradas en nuestra América y en Occidente y Oriente las agujas de las pagodas y las fechas góticas de las basílicas querían alcanzar a Dios sin que nadie las firmara con nombre y apellido, se han ido exacerbando en nuestros días.

He conocido no sólo a hombres sino a naciones que antes
de elaborar el producto, antes de que las uvas maduraran, antes de que los toneles estuvieran llenos y cuando las botellas
vacías esperaban, ya tenían el nombre, las consecuencias, y la
embriaguez de aquel vino invisible.

El escritor desoído y atrapado contra la pared por las condiciones mercantiles de una época cruel ha salido a menudo a
la plaza a competir con su mercadería, soltando sus palomas
en medio de la vociferante reunión. Una luz agónica entre
crepúsculo de la noche y sangriento amanecer lo mantuvo desesperado y quiso romper de alguna manera el silencio amenazante. «Soy el primero», gritó: «Soy el único», siguió repitiendo con incesante y amarga egolatría.

Se vistió de príncipe como D'Annunzio y no dejó de incitar
al estupefacto cardumen elegante de las playas este atrevido
falsificador de la audacia. En nuestras Américas cerriles se
levantó contra la hirsuta mazorca de dictadores sin ley y de
brutales encomenderos el elegante Vargas Vila, que cubrió
con su valentía y su corruscante prosa poética toda una época otoñal de nuestra cultura.

Y otros y otros continuaron proclamándose.

En realidad, no se trata de que esta tradición egocéntrica
con su caótica formulación vaya más allá de las palabras. Se
trata sólo, y en forma desgarradora, del pobre escritor acongojado por el muro de la ciudad que no lo escucha y que él
debe derribar con su trompeta para ver coronados a los ángeles de la luz. Y para que esta luz llegue no sólo a la delirante soberbia de su obra levantada contra la eternidad, sino que
atraiga en forma dolorosa, y a veces con el estampido final
del suicidio, la atención hacia la acción del espíritu, herida
por una sociedad de corazones ásperos.

Muchos escritores de gran talento, aun en mi generación, debieron escoger este camino de los tormentos, en que se cruci-
fica el poeta quemado por su propia vida mesiánica.

En plena recepción atmosférica de lo que venía y de lo que
se iba, yo sentí pesar sobre mi cabeza estas ráfagas de nuestra
inhumana condición. Teníamos que escoger entre aparecer

como maestros de lo que no conocíamos para que se nos creyera, o condenarnos a una perpetua y oscurísima situación de labriegos, de fecundadores del barro. Esta encrucijada de la creación poética nos llevó a las peores desorientaciones. Seguirán llevando tal vez a los que comiencen a sentirse perplejos entre las llamas y el frío de la verdadera creación poética.

Sólo Apollinaire con su genio telegráfico ha dicho la palabra justa:

Entre nous et pour nous, mes amis,
Je juge cette longue querelle de la tradition et de l'invention
De l'Ordre et de l'Aventure
Vous dont la bouche est faite à l'image de celle de Dieu
Bouche qui est l'ordre même
Soyez indulgents quand vous nous comparez
à ce qui furent la perfection de l'ordre
Nous qui quêtons partout l'aventure
Nous ne sommes pas vos ennemis
Nous voulons vous donner de vastes et d'étranges domaines
où le mystère en fleurs s'offre à qui veut le cueillir
Il y a là des feux nouveaux des couleurs jamais vues
Mille phantasmes impondérables
Auxquels il faut donner la réalité
Nous voulons explorer la bonté contrée énorme où tout se tait
Il y a aussi le temps qu'on peut chasser ou faire revenir
Pitié pour nous qui combattons toujours aux frontières de
*   l'illimité et de l'avenir*
Pitié pour nos erreurs pitié pour nos péchés

En cuanto a mí, me acurruqué en mis sentidos y seguramente me dispuse a acumular y pesar mis materiales, para una construcción que tal vez pensé, y ahora confirmo, duraría hasta el final de mi vida. Digo seguramente porque no es posible predecirse a sí mismo y el que lo hace ya está condenado y publicado en su insinceridad. *Sinceridad*, en esta palabra tan modesta, tan atrasada, tan pisoteada y despreciada por el séquito resplandeciente que acompaña eróticamente a la estética, está tal vez definida mi constante acción. Pero sinceridad no significa una simplista entrega de la emoción o del conocimiento.

Cuando rehuí primero por vocación y luego por decisión toda posición de maestro literario, toda ambigüedad de exterior que me hubiera dejado en trance perpetuo de exteriorizar, y no de construir, comprendí de una manera vaga que mi trabajo debía producirse en forma tan orgánica y total que mi poesía fuera como mi propia respiración, producto acompasado de mi existencia, resultado de mi crecimiento natural.

Por lo tanto, si alguna lección se derivaba de una obra tan íntimamente y tan oscuramente ligada a mi ser, esta lección podría ser aprovechada más allá de mi acción, más allá de mi actividad, y sólo a través de mi silencio.

Salí a la calle durante todos estos años, dispuesto a defender principios solidarios, a hombres y pueblos, pero mi poesía no pudo ser enseñada a nadie. Quise que se diluyera sobre mi tierra, como las lluvias de mis latitudes natales. No la exigí ni en cenáculos ni en academias, no la impuse a jóvenes transmigrantes, la concentré como producto vital de mi propia experiencia, de mis sentidos, que continuaron abiertos a la extensión del ardiente amor y del espacioso mundo.

No reclamo para mí ningún privilegio de soledad: no la tuve sino cuando se me impuso como condición terrible de mi vida. Y entonces escribí mis libros como los escribí, rodeado por la adorable multitud, por la infinita y rica muchedumbre del hombre. Ni la soledad ni la sociedad pueden alterar los requisitos del poeta, y los que se reclaman de una o de otra exclusivamente falsean su condición de abejas que construyen desde hace siglos la misma célula fragante, con el mismo alimento que necesita el corazón humano. Pero no condeno ni a los poetas de la soledad ni a los altavoces del grito colectivo: el silencio, el sonido, la separación y la integración de los hombres, todo es material para que las sílabas de la poesía se agreguen precipitando la combustión de un fuego imborrable, de una comunicación inherente, de una sagrada herencia que desde hace miles de años se traduce en la palabra y se eleva en el canto.

Federico García Lorca, aquel gran encantador encantado que perdimos, me mostró siempre gran curiosidad por cuanto yo trabajaba, por cuanto yo estaba en trance de escribir o terminar de escribir. Igual cosa me pasaba a mí, igual interés tuve por su extraordinaria creación. Pero cuando yo llevaba a medio leer alguna de mis poesías, levantaba los brazos, gesticulaba con cabeza y ojos, se tapaba los oídos, y me decía: «Para! Para! No sigas leyendo, no sigas, que me influencias!».

Educado yo mismo en esa escuela de vanidad de nuestras letras americanas, en que nos combatimos unos a otros con peñones andinos o se galvanizan los escritores a puro ditirambo, fue sabrosa para mí esta modestia del gran poeta. También recuerdo que me traía capítulos enteros de sus libros, extensos ramos de su flora singular, para que yo sobre ellos les escribiera un título. Así lo hice más de una vez. Por otra parte, Manuel Altolaguirre, poeta y persona de gracia celestial, de repente me sacaba un soneto inconcluso de sus faltriqueras de tipógrafo y me pedía: «Escríbeme este verso final que no me sale». Y se marchaba muy orondo con aquel verso que me arrancaba. Era él generoso.

El mundo de las artes es un gran taller en el que todos trabajan y se ayudan, aunque no lo sepan ni lo crean. Y, en primer lugar, estamos ayudados por el trabajo de los que precedieron y ya se sabe que no hay Rubén Darío sin Góngora, ni Apollinaire sin Rimbaud, ni Baudelaire sin Lamartine, ni Pablo Neruda sin todos ellos juntos. Y es por orgullo y no por modestia que proclamo a todos los poetas mis maestros, pues, qué sería de mí sin mis largas lecturas de cuanto se escribió en mi patria y en todos los universos de la poesía?

Recuerdo, como si aún lo tuviera en mis manos, el libro de Daniel de la Vega, de cubierta blanca y títulos en ocre, que alguien trajo a la quinta de mi tía Telésfora en un verano de hace muchos años, en los campos de Quepe.

Llevé aquel libro bajo la olorosa enramada. Allí devoré *Las montañas ardientes*, que así se llamaba el libro. Un estero ancho golpeaba las grandes piedras redondas en las que me senté para leer. Subían enmarañados los laureles poderosos y los coigües ensortijados. Todo era aroma verde y agua secreta.

Y en aquel sitio, en plena profundidad de la naturaleza, aquella cristalina poesía corría centelleando con las aguas.

Estoy seguro de que alguna gota de aquellos versos sigue corriendo en mi propio cauce, al que también llegarían después otras gotas del infinito torrente, electrizadas por mayores descubrimientos, por insólitas revelaciones, pero no tengo derecho a desprender de mi memoria aquella fiesta de soledad, agua y poesía.

Hemos llegado dentro de un intelectualismo militante a escoger hacia atrás, escoger aquellos que previeron los cambios y establecieron las nuevas dimensiones. Esto es falsificarse a sí mismo falsificando los antepasados. De leer muchas revistas literarias de ahora, se nota que algunas escogieron como tíos o abuelos a Rilke o Kafka, es decir, a los que tienen ya su secreto bien limpio y con buenos títulos y forman parte de lo que ya es plenamente visible.

En cuanto a mí, recibí el impacto de libros desacreditados ahora, como los de Felipe Trigo, carnales y enlutados con esa lujuria sombría que siempre pareció habitar el pasado de España, poblándolo de hechicerías y blasfemias. Los floretes de Paul Feval, aquellos espadachines que hacían brillar sus armas bajo la luna feudal, o el ínclito mundo de Emilio Salgari, la melancolía fugitiva de Albert Samain, el delirante amor de Pablo y de Virginia, los cascabeles tripentálicos que alzó Pedro Antonio González dando a nuestra poesía un acompañamiento oriental que transformó, por un minuto, a nuestra pobre patria cordillerana en un gran salón alfombrado y dorado, todo el mundo de las tentaciones, de todos los libros, de todos los ritmos, de todos los idiomas, de todas las abejas, de todas las sombras, el mundo, en fin, de toda la afirmación poética, me impregnó de tal manera que fui sucesivamente la voz de cuantos me enseñaron una partícula, pasajera o eterna, de la belleza.

Pero mi libro más grande, más extenso, ha sido este libro que llamamos Chile. Nunca he dejado de leer la patria, nunca he separado los ojos del largo territorio.

Por virtual incapacidad me quedó siempre mucho por amar, o mucho que comprender, en otras tierras.

En mis viajes por el Oriente extremo entendí sólo algunas cosas. El violento color, el sórdido atavismo, la emanación de los entrecruzados bosques cuyas bestias y cuyos vegetales me amenazaban de alguna manera. Eran sitios recónditos que siguieron siendo, para mí, indescifrables. Por lo demás tampoco entendí bien las resecas colinas del Perú misterioso y metálico, ni la extensión argentina de las pampas. Tal vez con todo lo que he amado a México no fui capaz de comprenderlo. Y me sentí extraño en los Montes Urales, a pesar de que allí se practicaba la justicia y la verdad de nuestro tiempo. En alguna calle de París, rodeado por el inmenso ámbito de la cultura más universal y de la extraordinaria muchedumbre, me sentí solo como esos arbolitos del sur que se levantan medio quemados sobre las cenizas. Aquí siempre me pasó otra cosa. Se conmueve aún mi corazón –por el que ha pasado tanto tiempo– con esas casas de madera, con esas calles destartaladas que comienzan en Victoria y terminan en Puerto Montt, y que los vendavales hacen sonar como guitarras. Casas en que el invierno y la pobreza dejaron una escritura jeroglífica que yo comprendo, como comprendo en la pampa grande del norte, mirada desde Huantajaya, ponerse el sol sobre las cumbres arenosas que toman entonces los colores intermitentes, arrobadores, fulgurantes, resplandecientes o cenicientos del cuello de torcaza silvestre.

Yo aprendí desde muy pequeño a leer el lomo de las lagartijas que estallan como esmeraldas sobre los viejos troncos podridos de la selva sureña, y mi primera lección de la inteligencia constructora del hombre aún no he podido olvidarla. Es el viaducto o puente a inmensa altura sobre el río Malleco, tejido con hierro fino, esbelto y sonoro como el más bello instrumento musical, destacando cada una de sus cuerdas en la olorosa soledad de aquella región transparente.

Yo soy un patriota poético, un nacionalista de las gredas de Chile. Nuestra patria conmovedora! Cuesta un poco entreverla en los libros, tantos ramajes militares han ido desfigurando su imagen de nieve y agua marina. Una aureola aguerrida que comenzó nuestro Alonso de Ercilla, aquel pa-

dre diamantino que nos cayó de la luna, nos ha impedido ver
nuestra íntima y humilde estructura. Con tantas historias en
cincuenta tomos se nos fue olvidando mirar nuestra loza negra, hija del barro y de las manos de Quinchamalí, la cestería
que a veces se trenza con tallos de copihues. Con tanta leyenda o verdad heroica y con aquellos pesados centauros que llegaron de España a malherirnos se nos olvidó que, a pesar de
La Araucana y de su doloroso orgullo, nuestros indios andan
hasta ahora sin alfabeto, sin tierra y a pie desnudo. Esa patria
de pantalones rotos y cicatrices, esa infinita latitud que por
todas partes nos limita con la pobreza, tiene fecundidad de
creación, lluviosa mitología y posibilidades de granero numeroso y genésico.

Conversé con las gentes en los almacenes de San Fernando,
de Rengo, de Parral, de Chanco, donde las dunas avanzan
hasta ir cubriendo las viviendas, hablé de hortalizas con los
chacareros del valle de Santiago y recité mis poemas en la
Vega Central, al sindicato de cargadores, donde fui escuchado por hombres que usan como vestimenta un saco amarrado
a la cintura.

Nadie conoce sino yo la emoción de decir mis versos en la
más abandonada oficina salitrera y ver que me escuchaban,
como tostadas estatuas paradas en la arena, bajo el sol desbordante, hombres que usaban la antigua «cotona» o camiseta calichera. En los tugurios del puerto de Valparaíso, así
como en Puerto Natales o en Puerto Montt, o en las usinas
del gran Santiago, o en las minas de Coronel, de Lota, de Cu-
ranilahue, me han visto entrar y salir, meditar y callar.

Ésta es una profesión errante y ya se sabe que en todas partes me toman, a orgullo lo tengo, no sólo como a un chileno
más, que no es poco decir, sino como a un buen compañero,
que ya es mucho decir. Ésta es mi arte poética.

En Temuco me tocó ver el primer automóvil, y luego el primer aeroplano, la embarcación de don Clodomiro Figueroa,
que se despegaba del suelo como un inesperado volantín sin
más hilo que la solitaria voluntad de nuestro primer caballero del aire. Desde entonces, y desde aquellas lluvias del sur,

todo se ha transformado y este todo comprende el mundo, la tierra, que los geógrafos ahora nos muestran menos redonda, sin convencernos bien aún porque también tardamos los hombres antes en dejar de creer que no era tan plana como se pensaba.

Cambió también mi poesía.

Llegaron las guerras, las mismas guerras de antaño, pero llegaron con nuevas crueldades, más arrasadoras. De estos dolores que a mí me salpicaron y me atormentaron en España vi nacer el *Guernica* de Picasso, cuadro que a la misma altura estética de la *Gioconda* está también en el otro polo de la condición humana: uno representa la contemplación serenísima de la vida y de la belleza y, el otro, la destrucción de la estabilidad y de la razón, el pánico del hombre por el hombre. Así, pues, también cambió la pintura.

Entre los descubrimientos y los desastres que hicieron trepidar las piedras bajo nuestros pies y las estrellas sobre nuestros pensamientos llegó, desde la mitad del siglo pasado hasta los comienzos de este siglo, una generación de extraordinarios padres de la esperanza. Marx y Lenin, Gorki, Romain Rolland, Tolstói, Barbusse, Zola, se levantaron como grandes acontecimientos, como nuevos conductores del amor. Lo hicieron con hechos y con palabras y nos dejaron encima de la mesa, encima de la mesa del mundo, un paquete que contenía una caudalosa herencia que nos repartimos: era la responsabilidad intelectual, el eterno humanismo, la plenitud de la conciencia.

Pero luego vinieron otros hombres que se sintieron desesperados. Ellos pusieron nuevamente frente al follaje de las generaciones el espectáculo del hombre aterrorizado, sin pan y sin piedra, es decir, sin alimento y sin defensa, tambaleando entre el sexo y la muerte. El crepúsculo se hizo negro y rojo, envuelto en sangre y humo.

Sin embargo, las grandes causas humanas revivieron fuertemente. Porque el hombre no quería perecer se vio de nuevo que la fuente de la vida puede seguir intacta, inmaculada y creadora. Hombres de mucha edad como el insigne lord Bertrand Russell, como Charles Chaplin, como Pablo Picasso,

como el norteamericano Linus Pauling, como el doctor
Schweitzer, como Lázaro Cárdenas, se opusieron en nombre
de millones de hombres a la amenaza de la guerra atómica
y de pronto pudo ver el ser humano que estaban representados y defendidos todos los hombres, aun los más sencillos, y
que la inteligencia no podía traicionar a la humanidad.

El continente negro, que abasteció de esclavos y de marfil a
la codicia imperial, dio un golpe en el mapa y nacieron veinte repúblicas. En América Latina temblaron los tiranos. Cuba
proclamó su inalienable derecho a escoger su sistema social.
Mientras tanto, tres muchachos sonrientes, dos jóvenes soviéticos y uno norteamericano, se mandaron a hacer un traje
extraño y se largaron a pasear entre los planetas.

Ha pasado, pues, mucho tiempo desde que entré con reverencia a la casa solariega de Pedro Prado por primera vez, y
desde que despedí los restos de Mariano Latorre en nuestro
desordenado Cementerio General. Despedí a aquel maestro
como si despidiera al campo chileno. Algo se iba con él, algo
se integraba definitivamente a nuestro pasado.

Pero mi fe en la verdad, en la continuidad de la esperanza,
en la justicia y en la poesía, en la perpetua creación del hombre, vienen desde ese pasado, me acompañan en este presente
y han acudido en esta circunstancia fraternal en que nos encontramos.

Mi fe en todas las cosechas del futuro se afirma en el presente. Y declaro, por mucho que se sepa, que la poesía es indestructible. Se hará mil astillas y volverá a ser cristal. Nació
con el hombre y seguirá cantando para el hombre. Cantará.
Cantaremos.

A través de esta larga memoria que presento a la Universidad
y a la Facultad de Filosofía y Educación que me recibe y que
presiden Juan Gómez Millas y Eugenio González, amigos a
quienes me unen los más antiguos y emocionantes vínculos,
habéis escuchado los nombres de muchos poetas que circulan
dentro de mi creación. Muchos otros no nombré, pero también forman parte de mi canto.

Mi canto no termina. Otros renovarán la forma y el sentido. Temblarán los libros en los anaqueles y nuevas palabras insólitas, nuevos signos y nuevos sellos sacudirán las puertas de la poesía.

> *Discurso leído por Neruda el 30 de marzo de 1962 en el Salón de Honor de la Universidad de Chile, durante el acto de su incorporación a la Facultad de Filosofía y Educación en calidad de Miembro Académico. Publicado en Pablo Neruda y Nicanor Parra, Discursos, Santiago, Nascimento, 1962, y recogido en PNN, pp. 388-408.*

Prefacio para «Sumario» (1962)

Es éste el primer paso atrás hacia mi propia distancia, hacia mi infancia. Es el primer volver en la selva hacia la fuente de la vida. Ya se olvidó el camino, no dejamos huellas para regresar y si temblaron las hojas cuando pasamos entonces, ahora ya no tiemblan ni silba el rayo agorero que cayó a destruirnos. Andar hacia el recuerdo cuando éstos se hicieron humo es navegar en el humo. Y mi infancia vista en el año 1962, desde Valparaíso, después de haber andado tanto, es sólo lluvia y humareda. Vayan por ella los que me amen: su única llave es el amor.

Es claro que estas ráfagas desordenadas nacidas al pie volcánico de cordilleras, ríos y archipiélagos que a veces no saben su nombre todavía, llevarán adheridas la desobediente espadaña y las arrugas hostiles de mi origen. Es así el patrimonio de los americanos: nacimos y crecimos condicionados por la naturaleza que al mismo tiempo nos nutría y nos castigaba. Será difícil borrar esta lucha a muerte, cuando la luz nos golpeó con su cimitarra, la selva nos incitó para extraviarnos, la noche nos hirió con su frío estrellado. No teníamos a quién acudir. Nadie fue anterior en aquellas comarcas: nadie dejó para ayudarnos algún edificio sobre el territorio ni olvidó sus huesos en cementerios que sólo después existieron:

fueron nuestros los primeros muertos. Lo bueno es que pudimos soñar en el aire libre que nadie había respirado. Y así fueron nuestros sueños los primeros de la tierra.

Ahora este ramo de sombra antártica debe ordenarse en la bella tipografía y entregar su aspereza a Tallone, rector de la suprema claridad, la del entendimiento.

Nunca pensé, en las soledades que me originaron, alcanzar tal honor y entrego estas parciales páginas a la rectitud del gran impresor como cuando en mi infancia descubrí y abrí un panal silvestre en la montaña. Supe entonces que la miel salvaje que aromaba y volaba en el árbol atormentado fue alojada en células lineales, y así la secreta dulzura fue preservada y revelada por una frágil y firme geometría.

Valparaíso, 1962

Prefacio a Pablo Neruda, Sumario. Libro donde nace la lluvia, *Alpignano (Torino)*, A. Tallone impresor, *1963*. *Dicho volumen, sin este prefacio, será el tomo I de Memorial de Isla Negra, Buenos Aires, Losada, 1964.*

Por Matilde y por la paz

(1962-1963)

I

TEXTOS POLÍTICOS

Al Partido Comunista de Chile en su cuadragésimo aniversario

Partido,
mi partido!
Cuánto dolor, amor
y gloria encierras!
Qué larga historia pura
y lucha larga!

Eres una cadena
de hombres eslabonados,
firmes y serios, fuertes
y sencillos,
anchos de corazón,
duros de mano,
con los ojos cerrados
a la muerte,
con los ojos abiertos
a la vida:
de pronto, alguno falta
y otro llega,
de pronto alguno cae
y otro sube y se colman las ausencias
con el metal humano, innumerable!

Partido, mi partido!
Siento no haber estado

en tu cuna de cobre,
el nacimiento:
eran tiempos difíciles,
era el camino duro
cuando el pueblo de Chile con una piedra al cuello
y en el fondo de un pozo
vio que lo sostenían y ayudaban
y que la piedra estaba
ahora en su mano,
vio que no estaba solo
y se sintió crecer, crecer, crecer,
y crecía la piedra con la mano.

Allá lejos Octubre
establecía
el orden de los pueblos:
un rayo rojo
había cercenado,
la paz de los verdugos
y el martillo de acero
se unió a la hoz del trigo:
desde entonces
hoz y martillo fueron la bandera
de los abandonados.

Partido, mi partido!
Me parece
aún ver a Recabarren
apoyado en la puerta
de la Federación de los Obreros.
Yo tenía quince años.
Sus ojos se entreabrían
divisando
la Pampa, las arenas
desoladas
que cruzó paso a paso
construyendo
las victoriosas
organizaciones.

Padre de nuestro pueblo!
Gigante
camarada!

Como se siembra el trigo
derramándolo
así
fundó la prensa
proletaria.
Yo he visto
aquellas
máquinas quebradas
por los verdugos de la policía
que quisieron así matar la luz.
He pasado la mano
por el hierro
que conservaba en su materia lisa
el recuerdo del tacto
de aquella mano suya, fundadora,
y aún la vieja máquina luchaba,
aún imprimía la palabra nuestra,
guardaba aún el fierro castigado
su profunda entereza
como si el corazón de Recabarren
aún para nosotros palpitara.

Partido, mi partido!
Qué larga lucha, larga
como Chile,
encarnizada como
el territorio duro
de la patria!
Recorrí con Elías
las arenas
del Norte desolado,
y con Luis Corvalán la tierra verde
del Sur, y vi llegar los comunistas
desde crueles desiertos,

subir
desde la mina oscura
con la sonrisa clara
del que sabe el camino,
y ya sabemos, claros camaradas,
que traición o martirio no pudieron
nada contra nosotros:

somos los vencedores de Pisagua!

A los que ahora llegan,
a los jóvenes,
a los trabajadores
de sol a sol, del campo, campesinos,
a los muchachos
de las minas abruptas,
de la ciudad, inquietos,
de fábricas, talleres, oficinas,
digo:
éste es el pan y el vino
del partido,
éste es el libro y el ejemplo: Lenin,
el ejemplo en acción es Recabarren,
el hombre proletario es nuestra fuerza
y nuestra estrella la familia humana!

Nuestro camino es ancho.
Hay sitio a nuestro lado para todos.

Principios, *órgano oficial del Partido Comunista de Chile, núm. 88, Santiago, enero-febrero de 1962.*

La hazaña soviética

Viva la Tierra. Cuando se hable de estos dos nuevos cosmonautas en vuelo, girando por el espacio que nunca ha sido medido, que no puede ser medido, pensamos: qué se puede decir? Los adjetivos se han declarado en bancarrota. No sirven los «maravillosos» y los «fantásticos». Estas palabras son bien pequeñas como cucharas pequeñas sacando agua del mar: del mar y del espacio. Del espacio en que volaron, navegaron, corrieron nuestros dos cosmonautas. Digo nuestros porque ellos no sólo pertenecen a la Unión Soviética, a la que representan entre los planetas, sino que pertenecen al mundo entero, a toda la ciencia, al progreso humano y naturalmente a la poesía. La poesía tiene que buscar nuevas palabras para hablar de estas cosas, para hablar de estos acontecimientos que se cumplen.

Cuando estas novedades de la vida nueva, en especial del mundo socialista, eran sólo profecías, se predijeron con un rico vocabulario. El mismo Jules Verne, gran profeta romántico, inventó encantadoras anticipaciones, habló de manera apropiada poblando de mitos subterráneos y celestes lo que pasaba entonces y lo que iba a pasar después.

Hace poco en Moscú vi por primera vez un diccionario de términos físiconucleares. Me asombré porque, fuera de la palabra *átomo-reactor*, y otras pocas, no conocía ninguna de las muchas que llenan como columnas cerradas este libro singular. Las que leí y que no comprendí me parecieron palabras claramente poéticas, absolutamente necesarias a las nuevas odas, a los futuros cantos, a la poesía que relacionará de modo más estrecho al hombre de hoy con el espacio desconocido y con el hombre futuro me di cuenta de que la poesía ha quedado atrasada, posiblemente las novelas de ciencia ficción que aún no conozco contienen algunos de los elementos imponderables de la atmósfera misteriosa y del mágico vocabulario de la anticipación. Pero siempre quedará mucho que hacer. Estos dos cosmonautas que se comunican entre sí, que son examinados y dirigidos desde nuestro planeta lejano, que duermen y comen en el cosmos desconocido son los poetas descubridores del mundo. Y en este nuevo Parnaso, Gagarin, Titov, también tiene su diadema, pero falta que los poetas incorporen, antes y después de volar con los astronautas, la sensación nueva que significa la dominación del universo infinito.

Ascendiendo tan alto han llegado a ser también los más universales de nuestra época. Han visto la Tierra en su verdadera dimensión. Y esta dimensión, que no la podíamos sentir antes, ahora se ha visto como se ve una manzana sobre una mesa. A esto tenemos que agregar que son los principales fundadores de un nuevo patriotismo, del patriotismo planetario. Los hombres de mi edad y muchos otros antes, estuvimos orgullosos de nuestra aldea, de nuestra patria, de la geografía de nuestro continente, de nuestras pequeñas o grandes revoluciones. Es la época en que los seres están orgullosos de su planeta. Llegaremos a comparar con los lunarios las bellezas de la luna, con los venusianos las montañas diamantinas de Venus, con los saturnianos el prodigioso anillo que rodea su planeta. Discutiremos con ellos, exagerando nuestras cordilleras, nuestros lagos y nuestras obras humanas. Estaremos entonces verdaderamente unidos por un orgullo terrestre. Nuestras guerras frías y calientes habrán terminado. Amaremos y defenderemos nuestro planeta.

Honor a la nueva ciencia espacial. Vivan los astronautas soviéticos. Viva la Tierra.

> *Texto escrito en avión, volando entre Sochi y Moscú, mientras las cápsulas Vostok III y Vostok IV giraban en torno a la Tierra pilotadas por Adrián Nikoláiev y Pável Popóvich, agosto 1962. Tomado de* El Siglo, Santiago, *18.8.1962. Algunas semanas después, Neruda reutilizará este mismo artículo –ampliándolo– al comienzo de su discurso «Con los católicos hacia la paz», ver p. 1115 del presente volumen.*

El continente de la esperanza

A América Latina le gusta mucho la palabra *esperanza*. Nos gusta que nos llamen «continente de la esperanza». Los candidatos a diputados, a presidentes se autotitulan «candidatos de la esperanza».

En realidad, esta esperanza es como cielo prometido, es algo indefinido, una promesa de pago, cuyo cumplimiento se aplaza. Se aplaza para el próximo período legislativo, para el próximo año o para el próximo siglo.

Cuando se produjo algo parecido en Cuba, recientemente, millones de sudamericanos tuvieron un brusco despertar. No creían lo que escuchaban. Esto no estaba en los libros de un continente que ha vivido desesperadamente, pensando en la esperanza.

De pronto, he aquí que Fidel Castro, un cubano que antes nadie conocía, agarraba la esperanza del pelo o de los pies, antes de que volara y la sentaba a su mesa, es decir, la mesa y la casa de los pueblos de América.

CARRETAS Y BARRO

Desde entonces, para decir la verdad entera, hemos adelantado mucho en este camino de la esperanza hecha realidad. Pero vivimos con el alma en un hilo. Un país vecino muy poderoso quiere aplastar a Cuba con esperanza y todo. Las masas de América leen todos los días las noticias, escuchan la radio todas las noches. Suspiran de satisfacción. Cuba existe. Un día más. Un año más. Nuestra esperanza no ha sido decapitada.

En la región donde yo me crié hay mucha lluvia y mucho viento. Frente a mi casa en mi infancia la calle se convertía en un río de barro.

Mi gran distracción infantil era ver las carretas vencidas por el barro. Los bueyes las tiraban en vano. Se sacudía la ca-

rreta como una nave en el mar, pero las ruedas de una sola
pieza de madera se hundían más y más en el líquido negro del
invierno. Para llegar a mi escuela, a menudo con los zapatos
rotos, debía yo hacer acrobacias de una piedra a otra para no
quedarme pegado como la carreta.

Mi ciudad ha cambiado por lo menos en esa calle que está
ahora pavimentada. Siguen pasando las mismas carretas con
trigo, con sacos de papas, con corderos. Ya no se quedan enterradas allí, frente a mi antigua casa, sino que un poco más
lejos, en otra calle, frente a otras casas en que tal vez un niño
parecido al que fui yo la mirara con profundo interés desde la
ventana.

Antes de 1914, nosotros, los millones de gentes que hablamos español y otras lenguas en América del Sur, tuvimos la
esperanza de que el siglo xx que entonces tenía pantalones
cortos terminaría con las carretas y con el barro.

La verdad es que continuamos esperando. Siempre había
una guerra que impedía pavimentar la calle, hacer escuelas,
crear nuevos hospitales, en Europa se disparaban conscientemente alemanes y franceses, búlgaros y turcos, austríacos y
rusos.

SIN NINGÚN ENTUSIASMO

En América, para no ser menos, se masacraban bolivianos y
paraguayos, peruanos y ecuatorianos, chilenos y bolivianos.
En América Central desembarcaban los marinos norteamericanos y éstos no discriminaban. Disparaban por igual contra
los mexicanos y contra los nicaragüenses, mataban a los colombianos o cubanos sin ningún entusiasmo, pero con cierta
eficacia.

Mientras tanto, el inmenso continente, América, crecía por
fuera y por dentro. Aprendimos a conocer lo que teníamos y
lo que no teníamos.

Lo que podíamos dar a los demás y lo que nos faltaba. Lo
que nos sobraba era mucho. Teníamos petróleo, nitrato, trigo, plata, lana para dar al mundo. Lo que necesitábamos lo
seguimos necesitando angustiosamente. Necesitábamos ropa,

casas, camas, alfabeto, medicinas, cultura, maquinaria, industrias, puertos, aeropuertos, caminos, camiones.

Mi compatriota, el señor Hernán Santa Cruz, dirigente de la agricultura y alimentación en la ONU, ha declarado hace pocos días que en América Latina de 192 millones de habitantes, 80 millones son analfabetos, 14 millones de niños en edad escolar no van a la escuela por falta de locales y maestros, 100 millones padecen de inanición. Mientras tanto los monopolios norteamericanos obtuvieron desde 1956 hasta 1961 la ganancia de 3.479 millones de dólares.

Estos datos oficiales son desagradables y difíciles de tragar. Tienen olor a sudor y gusto a sangre. Pero, cómo meterlos en un cajón y olvidarlos? Son tan terribles que reventarían el cajón. Es mejor contemplarlos cara a cara. Nuestros libros aparecen como ásperos y amargos. Es que vienen de allá abajo, de la verdad terrible.

Salieron al mundo nuestros productos. Pero ya escucharon lo que ganamos nosotros y los otros. Y mientras tanto, saben ustedes qué recibimos? En vez de lo que necesitábamos, recibimos barcos viejos de guerra, aviones para que pudieran bombardearse entre sí nuestros pueblos, tanques de tercera clase, de estilo siniestro decorativo, y ametralladoras que fueron usadas frecuentemente en la antigua guerra de los malos gobiernos contra los buenos pueblos.

DAÑOS Y PERJUICIOS

Otra gran guerra comenzó en Europa y nuestros gobernantes encontraron otra vez que no se podían pavimentar las calles llenas de barro de los pequeños pueblos del continente americano porque otra vez la sangre y el fuego cubrían las calles de Europa.

Esta vida del hombre entre las guerras ha hecho profunda mella en la cultura de este tiempo. La guerra fría ha dividido injustamente a la población humana. Las obras artísticas han sufrido considerables mutaciones. Por una parte el humanismo tal vez no alcanzó su anterior expansión. Muchas de nuestras obras firmemente identificadas con nuestra época fueron, sin embargo, parciales, estrechas e irritadas. Exageramos la bondad de nuestros amigos o la maldad de nuestros enemigos. También abrazamos a falsos amigos o inventamos inexistentes enemigos. En el otro sector el hermetismo, la abstracción o la perversidad fueron también exagerados con el afán de no adherir a ningún principio y alejarse de la obsesión política. Esta situación ha lacerado gravemente la creación de nuestro tiempo y muy pocos pueden declararse indemnes de daños y perjuicios.

En América Latina esta herida se repitió también. Pero allí las grandes masas se alejaron más y más de las creaciones de la cultura, puesto que los creadores de la cultura no tuvieron muchas veces medios de llegar a las masas. El enorme número de analfabetos, la crueldad de algunas tiranías, la falta de libros y editoriales, la ausencia de escuelas y maestros, todo esto contribuyó a aumentar la distancia entre los pueblos y los protagonistas de la cultura. Esta situación produjo generaciones nuevas que, nacidas en el pesimismo, quieren arrancar a la vida rápidamente sus frutos más violentos. Vista a contraluz esta parte de la sociedad humana parece entregarse a una frenética danza ritual que se desarrolla en negro y rojo contra el resplandor de la agonía atómica.

VUELA LA PALOMA DE PICASSO

Una paz firme o una tregua responsable curará de inmediato muchos de estos estigmas en nuestros jóvenes pueblos que luchan oscuramente por su existencia y por su independencia. Esta paz significará nueva energía y fecundidad para ellos. Un desarme mundial quitará de los ojos las armas que se amontonan y oxidan en los puertos de América del Sur, o que se preparan para la lucha entre los hermanos. Las perspectivas de la cultura serán tan extensas como el territorio de nuestro continente gigantesco.

Los verdaderos problemas, los viejos y los nuevos problemas, conflictos y soluciones se examinarán en las tribunas y en los libros. Los alimentos y los libros llegarán a todos los rincones de la América analfabeta y hambrienta. Reaparecerá entonces el amplio humanismo que no puede vivir eternamente enfrentándose a las apremiantes necesidades, a la vida estrecha y oscura y al terror cósmico de una posible guerra total.

Pienso que en este tiempo nuestras comunes ideas de paz han logrado hacerse presentes a la mayoría de la humanidad. Cuando hace algunos años abrió sus alas por vez primera la paloma de Picasso, no pensamos que alguna vez su vuelo llegaría al África remota y al ardiente Caribe. Hoy toda la humanidad la conoce y nos reunimos para que su vuelo musical no se interrumpa. El hombre explora el cosmos y en esta exploración lo acompañan los más viejos sueños del hombre y las tremendas energías de las nuevas fuerzas descubiertas y desarrolladas. Estamos a punto, me parece, de hacer llegar hasta los más endurecidos los conceptos de la guerra imposible y de la paz razonada. Es otro viejo sueño de la humanidad, en el cual hombres de conciencia y grandes pueblos representados en esta reunión, trabajan sin descanso. Representamos un nuevo continente, el verdadero continente de la esperanza humana que invita a todos los hombres a trabajar en paz.

Texto leído durante el Congreso Mundial por el Desarme General y por la Paz, Moscú, 9-14 julio 1962, y publicado en Principios, núm. 91, Santiago, septiembre-octubre 1962.

Con los católicos hacia la paz

Visité muchos países en este viaje y comprendo que mi deber es contar a todos y en todas partes cuanto he visto, cuanto he oído. Comencemos ahora mismo, y al tuntún de lo que venga y de lo que me suene en el recuerdo. A los políticos impacientes les prometo hablar de los obispos y de sus manifestaciones políticas al final de esta conversación.

Pero, ahora que entramos a lo más ancho de mi tema, quiero vagar con ustedes por lo más ancho del mundo, por la tierra y por los espacios que recién está descubriendo el hombre, y abriéndole caminos. No me condenen tan pronto a hablarles de lo más estrecho, de las palabras sectarias, de lo que no habrá más remedio que hablar, de las agresiones a la conciencia, a la libertad y al futuro del hombre. Dejemos para algunos minutos más la Guerra Fría y su veneno congelado. Dediquémonos, compañeros, a los pájaros.

En realidad, el oficio del poeta es, en gran parte, pajarear. Y yo lo digo sin ningún pudor, pues, precisamente, por las costas del mar Negro y entre los montañosos desfiladeros del Cáucaso soviético, me vino la tentación irresistible de escribir un libro sobre los pájaros de Chile.

Los médicos me habían mandado a uno de esos grandiosos sanatorios que, como centinelas blancos, levantan por centenares de kilómetros sus imponentes arquitecturas a lo largo de la costa para recibir a millones de trabajadores fatigados, a escasa distancia de la frontera turca donde la OTAN acumula armamentos y explosivos para desencadenar la guerra.

CONTUVIMOS LA RESPIRACIÓN

El poeta de ustedes, poeta de Temuco y del territorio nacional, estaba, pues, conscientemente dedicado a pajarear, escribiendo, naturalmente, sobre los pájaros de su tierra tan lejana, sobre chincoles y chercanes, tencas y diucas, cóndores y queltehues, cuando, uno después de otro, dos pájaros humanos, dos cosmonautas soviéticos se sostuvieron en el cielo, se alcanzaron en el espacio y pasmaron de admiración al mundo entero que guardó silencio mientras circulaban alrededor de la tierra, no sólo media vuelta o seis vueltas, sino días y noches enteras.

Mis pajaritos se detuvieron en el papel frente a la proeza, y todos contuvimos la respiración, nos extasiamos sintiendo sobre nuestras cabezas y mirando con nuestros ojos el doble vuelo cósmico.

Porque, mientras volaban, pudimos contemplarlos en la televisión. Pudimos ver cómo se alimentaban, cómo soltaban objetos que permanecían en el aire, y cómo se comunicaban entre sí los dos astronautas, hablándose como si fueran por una carretera entre Rancagua y San Fernando.

En todas partes se ha comentado el alcance de la hazaña, pero lo emocionante era saberlo y contemplarlo en la misma tierra socialista que les había dado las alas, la fuerza y el valor para volar.

Cuando se hable de estos dos nuevos cosmonautas en vuelo, girando por el espacio que nunca ha sido medido, que no puede ser medido, pensamos: Qué se puede decir? Los adjetivos se han declarado en bancarrota. No sirven los «maravillosos» y los «fantásticos». Estas palabras son bien pequeñas como cucharas pequeñas sacando agua del mar: del mar y del espacio. Del espacio en que volaron, navegaron, corrieron nuestros dos cosmonautas. Digo nuestros porque ellos no sólo pertenecen a la Unión Soviética, a la que representan entre los planetas, sino que pertenecen al mundo entero, a toda la ciencia, al progreso humano y naturalmente a la poesía. La poesía tiene que buscar nuevas palabras para hablar de estas cosas, para hablar de estos acontecimientos que se cumplen.

Cuando estas novedades de la vida nueva, en especial del mundo socialista, eran sólo profecías, se predijeron con un rico vocabulario. El mismo Jules Verne, gran profeta romántico, inventó encantadoras anticipaciones, habló de manera apropiada poblando de mitos subterráneos y celestes lo que pasaba entonces y lo que iba a pasar después.

Hace poco en Moscú vi por primera vez un diccionario de términos físiconucleares. Me asombré porque, fuera de la palabra *átomo-reactor*, y otras pocas, no conocía ninguna de las muchas que llenan como columnas cerradas este libro singular. Las que leí y que no comprendí me parecieron palabras claramente poéticas, absolutamente necesarias a las nuevas odas, a los futuros cantos, a la poesía que relacionará de modo más estrecho al hombre de hoy con el espacio desconocido y con el hombre futuro me di cuenta que la poesía ha quedado atrasada. Posiblemente las novelas de ciencia ficción que aún no conozco contienen algunos de los elementos imponderables de la atmósfera misteriosa y del mágico vocabulario de la anticipación. Pero siempre quedará mucho que hacer. Estos dos cosmonautas que se comunican entre sí, que son examinados y dirigidos desde nuestro planeta lejano, que duermen y comen en el cosmos desconocido son los poetas descubridores del mundo. Y en este nuevo Parnaso, Gagarin, Titov, también tienen su diadema. Pero falta que los poetas incorporen, antes y después de volar con los astronautas, la sensación nueva que significa la dominación del universo infinito.

Ascendiendo tan alto han llegado a ser también los más universales de nuestra época. Han visto la Tierra en su verdadera dimensión y esta dimensión que no la podíamos sentir antes, ahora se ha visto como se ve una manzana sobre una mesa. A esto tenemos que agregar que son los principales fundadores de un nuevo patriotismo, del patriotismo planetario. Los hombres de mi edad y muchos otros antes, estuvimos orgullosos de nuestra aldea, de nuestra patria, de la geografía de nuestro continente, de nuestras pequeñas o grandes revoluciones. Es la época en que los seres están orgullosos de su planeta. Llegaremos a comparar con los lunarios las bellezas de la Luna, con los venusianos las montañas diamantinas de Venus, con los saturnianos el prodigioso anillo que rodea su planeta. Discutiremos con ellos, exagerando nuestras cordilleras, nuestros lagos y nuestras obras humanas. Estaremos entonces verdaderamente unidos por un orgullo terrestre. Nuestras guerras frías y calientes habrán terminado. Amaremos más y defenderemos con amor nuestro planeta.

Honor a la nueva ciencia espacial! Vivan los astronautas soviéticos! Viva la Tierra!

Démosle la palabra a un comentador científico:

El Vostok IV acababa de entrar en su órbita cuando el Vostok III, que completaba su decimosexta vuelta, entró en el campo visual del comandante Popóvich. La reunión de los dos vehículos quedaba asegurada desde ese momento.

Imaginen un automóvil en una autopista. Marcha a 140 kilómetros por hora. En una carretera adyacente, un automovilista tiene que alcanzar al primero. Está a diez kilómetros de la autopista y sólo sabe que a la hora «H» el primer automóvil se encontrará justamente en la bifurcación.

Los dos vehículos ruedan de noche. Es imposible verse y, por lo tanto, guiarse por la vista. Sólo una suerte prodigiosa o un gran prodigio técnico harán que los dos automóviles se reúnan suavemente y consigan rodar después uno junto al otro.

Pues bien, multipliquen por diez mil las dificultades de esta cita en carretera y se harán una idea de lo que supone la cita cósmica que se llevó a cabo sobre el Pacífico.

El viaje de los dos Vostoks es, indudablemente, la hazaña más audaz y significativa de todas las audacias de la astronáutica, de todos los fuegos artificiales del espacio.

Queridos amigos: Este párrafo que les acabo de leer, firmado por el señor Lucien Barnier, de la agencia France Presse, se publicó el día 30 de septiembre, sólo hace algunos días, en dónde?, adivinen ustedes. Ya sé que me van a decir, en *El Siglo*. No, señores, no. Se publicó en otro diario bolchevique que se llama *El Mercurio*. Se publicó, tal vez, por distracción, entre tantos artículos de plomo que nos prueban hasta la saciedad que la Unión Soviética no hace nada de bueno, que todo lo bueno lo hace nuestro tío del Norte. Está claro que en el mismo número salía otro parrafito, según el cual estos astronautas soviéticos iban seguramente hipnotizados, o dopados, como vulgares futbolistas. La verdad es que todo el mundo sabe que los únicos hipnotizados son los redactores de *El Mercurio*. Pero, no hay temor: *El Mercurio* nunca aprenderá a volar.

VENÍAN DEL PUEBLO MISMO

Este mundo nuevo de los astronautas me preocupó. Qué hacen en la vida diaria, en la tierra de todos los días? Los poetas de otro tiempo se daban mucha importancia. Pensaban que no podían vivir como todo el mundo, después de haber andado entre las nubes y las nebulosas de la inspiración. La vida nos probó desde Victor Hugo, de París, hasta Pezoa Véliz, de Valparaíso, que los poetas somos gente como todos los demás, que vive, sufre, goza y lucha como todo el mundo. Pero estos astronautas, pensaba yo, serán como todo el mundo? Ellos navegaron tan alto, tan solitarios allá arriba, ellos, ellos, tal vez los únicos seres que pudieron comer y dormir y cantar entre las estrellas.

Nos encontramos con los dos nuevos cosmonautas: los comandantes del III y IV Vostoks, Popóvich y Nicoláiev. Los vimos llegar a la Plaza Roja donde, supremo honor, los recibió el camarada Jruschov en nombre de la nación soviética. Después los vimos en la sala de San Jorge, en el Kremlin. Este salón construido por los zares, inmenso, blanco y dorado, es para mí la habitación más hermosa del mundo. Fue concebida para condecorar a los antiguos guerreros de la Rusia feudal. Ahora condecoraba a estos dos rusos que volvían del cielo. Pero, junto a ellos, completamente terrestres, sus familiares me mostraban de dónde venían, del pueblo mismo. Los viejos llevaban, él, inmensos bigotes campesinos, ella, cubría sus cabellos blancos con el pañolón de las innumerables aldeas y campiñas. Me di cuenta de que eran como nosotros, compadres del campo, de la aldea, de las fábricas, de las oficinas, gente común, levantada desde las entrañas del pueblo por una conmoción más grande que ninguna, la palabra de Lenin, la Revolución de Octubre.

Otra vez me encontré con Germán Titov, el astronauta número 2. Un chico simpático, de ojos grandes y luminosos, un poco tímido. Le pregunté de sopetón: «Dígame, comandante, cuando navegaba por el cosmos y usted miraba y examinaba nuestro planeta, se divisaba Chile?».

Era como decirle «Usted comprende que lo importante de su viaje era ver a Chilito desde arriba».

Muy reflexivo de temperamento, no sonrió como lo esperaba, pensó algunos instantes y luego me dijo: «Recuerdo unas cordilleras amarillas. Se notaba que eran muy altas. Tal vez sería Chile».

GAGARIN DORMÍA

Este carácter meditativo del astronauta y su aire normal de joven con buena salud, me hizo pensar en lo que me habían contado mis amigos en la URSS. Son estas cosas que no aparecen en los periódicos. Al parecer los cosmonautas son preparados en equipo, tres o cuatro o cinco al mismo tiempo. Hasta el último día todos reciben la misma preparación, nadie sabe quién va a correr la gran aventura. Esta aventura era la más grande, porque se trataba del primer viaje. Era la última noche, Titov, Gagarin y los otros, estaban congregados. En la mañana iba a realizarse el vuelo. Los científicos los mandaron a dormir. Todo estaba preparado, pero aún no se designaba al primer héroe de los viajes celestes. Quién iría a ser? Uno de ellos partiría al cosmos.

Tarde, en la noche, los científicos miraron el dormitorio. Varios de los posibles cosmonautas se revolvían intranquilos en sus lechos ante la inminencia de la aventura espacial. Sólo uno de ellos dormía como un lirón. Era Gagarin. Por lo tanto, él voló a la mañana siguiente.

A propósito de Gagarin, ya sabrán ustedes la conversación que tuvo con una señora chilena. Aunque la sepan, se la voy a contar. Esta chilena fue a pedirle un autógrafo, Gagarin le preguntó de qué país era. Ah!, le respondió nuestra compatriota. Soy de un país muy lejano y muy chiquito. De Chile. Sí, replicó Gagarin firmándole el autógrafo, muy lejano y muy chiquito, pero nos metieron 2 goles en Arica.

LA VEGETACIÓN DEL ODIO

Al volver a Chile encontré la vegetación nueva en las calles y en los parques. En los parques de Santiago, en los árboles de la ciudad nuestra maravillosa primavera se había puesto a pintar de verde los follajes forestales. Para nuestra vieja capital gris, las hojas verdes hacen tanta falta como el amor al corazón humano. Respiré la frescura de esta joven primavera de 1962. No sé por qué cuando estamos lejos de la patria y la vamos recordando con más y más nostalgia, nunca la vemos en invierno. Poco a poco la distancia ha ido borrando el doloroso invierno, las poblaciones desamparadas, los niños descalzos en el frío. Por arte del recuerdo, sólo vemos campiñas verdes, flores amarillas y rojas, y el cielo azulado del himno nacional. Esta vez la visión de la lejanía era el verdadero retrato de la bella estación.

Pero encontré otra vegetación en los muros de la ciudad. Estaba toda tapizada por la vegetación del odio. Carteles anticomunistas, que chorreaban grosería y mentira, carteles contra Cuba, carteles antisoviéticos, carteles contra la paz y la humanidad: Ésta era la nueva vegetación que encontré envileciendo los muros de la ciudad.

Yo ya conocía el tono de esta propaganda. Me tocó vivir en la Europa anterior a Hitler y al fascismo, y éste era el espíritu de la propaganda hitleriana. El espíritu de la mentira a todo trapo, la propaganda del miedo, el despliegue de todas las armas del odio en contra del porvenir.

Sentí la sensación penosa de que desde afuera habían ensuciado la ciudad. Sentí que querían cambiar el espíritu de nuestro país y de nuestra vida. Y de verdad no encontré quiénes, de entre nosotros, los chilenos, pudieran ofender de esta manera nuestro espíritu nacional.

Pero ya todo se sabe. Millones de estos carteles han sido impresos en las prensas de *El Mercurio*, ordenados y pagados por la embajada de Estados Unidos de Norteamérica.

Los círculos dirigentes de la política norteamericana, influenciados en forma total por el Pentágono, pasan por una época crítica de agudo militarismo y de violenta fascistización. Convencidos de su poderío, creen que pueden y deben oponerse al creciente prestigio del socialismo. Los deslumbrantes progresos científicos de la URSS les quitan el sueño. Los cambios políticos en el Asia y en el África los desvelan. Cuba, que entra en su cuarto año de transformación social, los tiene perplejos.

Y ahora, Chile...

Hace cuatro o cinco meses el senador norteamericano Fulbright, jefe de Relaciones Exteriores de la Casa Blanca, dio una conferencia de prensa en Washington. «En Chile no nos quieren» dijo en tono quejumbroso. «En el año 64 va a haber un gran cambio en Chile. Todo indica que van a ganar las izquierdas. Allí no habrá tiros. No será el caso de Cuba. Todo pasará legalmente, pero, para nosotros, es lo mismo. Qué vamos a hacer?»

Ese qué vamos a hacer lo estamos viendo. Empeñarse en torcer la historia, nuestra historia. Primero con esta propaganda maligna, a base del grosero tonelaje del papel impreso, con la repetición, en nombre de la democracia, de la ideología fascista. Luego, favoreciendo la desunión de la oposición, fomentando la división entre los chilenos. Y todo esto llevando en la manga norteamericana la última carta: el golpe militar fraguado en nombre de la democracia. Esto significa que los imperialistas, que viven haciéndose gárgaras con la palabra *democracia*, propician para Chile el mismo destino de confusión, de caos y de estupidez que han implantado en Argentina, en el Perú, en el Ecuador.

Se han apresurado a reconocer estos gobiernos que anularon las elecciones populares, porque éstas no les convenían. Cuando los votos no favorecen a los negociantes monopolistas norteamericanos, a los dueños del cobre y del petróleo, el democrático señor Kennedy después de algunos carraspeos de fórmula, se abraza con el primer coronelito que le da un puntapié a la constitución y a la democracia representativa, como llaman pintorescamente ciertos radicales chilenos a la vaca que ordeñan.

YA LOS ECHARON A USTEDES

De todas maneras, cabe preguntar: Quiénes amparan esta propaganda? Está dentro de las reglas del derecho internacional que las embajadas extranjeras tengan vía libre para propagar sus beligerancias? Y cómo los poderes públicos toleran semejante intervención en la vida política de los chilenos? Oímos hablar mucho al gobierno de la soberanía nacional refiriéndose a las aguas del Lauca o a los pingüinos de la Antártida, y por qué no ejercer también esta soberanía en la capital de la República de Chile?

Por mi parte, y en nombre de los comunistas, debo decir a los promotores de esta torpe campaña que los comunistas no sentimos miedo. Sabemos de qué se trata. Se trata de alarmar al tranquilo ciudadano y a la sombra de esa alarma apoderarse de lo que aún nos queda de independencia y de materias primas.

Ya los echaron a ustedes, señores imperialistas, de China y de Indonesia. Difícilmente pueden ustedes seguir chupando la sangre de los pueblos del África. Más difícil será que lleguen a colonizar la Luna. Entonces, piensan ustedes que la América Latina les pertenece, que nuestros pueblos no pueden disputársela, que en estos países no podemos cambiar de régimen político, según nuestras condiciones y nuestras decisiones. Consideran ustedes, señores imperialistas, que el dólar y el garrote deben regir los destinos de más de 200 millones de latinoamericanos.

Este concepto es un grosero error de cálculo político y de conocimiento de la historia humana.

Nosotros consideramos que nadie ha establecido como deber divino que nuestros pueblos no puedan cambiar, ni puedan buscar el camino que crean justo para su desarrollo. Y deben saber, de una vez por todas, porque de algo les debe servir la lección de Cuba, que, cuando llegue la hora, defenderemos nuestras culturas, nuestra independencia, nuestras banderas y nuestra soberanía con nuestra palabra, con nuestra acción, con nuestro trabajo y con nuestra sangre. Los chilenos queremos seguir siendo chilenos. Sepan de una vez por todas que no aceptaremos ser colonia norteamericana.

Saludemos a Cuba. Siempre nos pareció resplandeciente, mágica, azul, dorada y negra, la isla bella entre todas las islas del planeta. Pero, nunca pensamos antes, tal vez por falta de imaginación, que a todo su encanto de ritmos y palmeras tendríamos que agregarle alguna vez la dimensión suprema del heroísmo. Nunca pensamos que nuestra pequeña hermana, desangrada por la codicia extranjera y por las tiranías interiores, se iba a mostrar en toda la magnitud de su destino, defendiendo a la vez todos los derechos presentes y futuros de nuestro continente latinoamericano:

Y a Cuba ven los mineros australes,
los hijos solitarios de la pampa,
los pastores del frío en Patagonia,
los padres del estaño y de la plata,
los que casándose con la cordillera
sacan el cobre de Chuquicamata,
los hombres de autobuses escondidos
en poblaciones puras de nostalgia,
las mujeres de campos y talleres,
los niños que lloraron sus infancias:
ésta es la copa, tómala, Fidel.
Está llena de tantas esperanzas
que al beberla sabrás que tu victoria
es como el viejo vino de mi patria:
no lo hace un hombre sino muchos hombres
y no una uva sino muchas plantas:
no es una gota sino muchos ríos:
no un capitán sino muchas batallas.
Y están contigo porque representas
todo el honor de nuestra lucha larga
y si cayera Cuba caeríamos,
y vendríamos para levantarla,
y si florece con todas sus flores
florecerá con nuestra propia savia.
Y si se atreven a tocar la frente
de Cuba por tus manos libertada
encontrarán los puños de los pueblos,
sacaremos las armas enterradas:
la sangre y el orgullo acudirán
a defender a Cuba bienamada.

TODAS LAS ARMAS

Sí, la defenderemos. Pero, todas las armas hacen falta en esta defensa. Y entre nosotros las mejores armas del espíritu. Porque la propaganda reaccionaria persigue aterrorizar, esconder el nombre glorioso de Cuba, su gesta. Se trata de invalidar esta conquista dentro de las almas sencillas. Se trata de insistir en el paredón, de presentar la justicia revolucionaria con colores siniestros. Esto tiene dos objetivos. El primero es salvar, si pueden, a los criminales que dentro de Cuba son aún ahora encontrados culpables de perversas acciones. Se encontró a una pandilla que asesinó, crucificándolo, a un adolescente, voluntario de una brigada de alfabetizadores, que enseñaba a leer a los campesinos. Lo curioso es que algunos «cristianos» compadezcan no al mártir crucificado, sino a los sádicos asesinos. La segunda parte de esta campaña es oscurecer el inmenso trabajo de regeneración moral, económica, social, de la gran Revolución cubana. Nunca hubo menos violencia en una revolución y nunca se hicieron tantas cosas y tan importantes en nuestra América.

Nunca un cambio de estructura en un país de nuestra América arrancó hasta las raíces de la corrupción, del atraso y de la explotación. Y nunca, tampoco, se vieron fuerzas tan inmensas, fuerzas extranjeras, dispuestas a aplastar por la fuerza o por la mentira cuanto de noble y de fecundo se está construyendo en Cuba.

Ahora el Departamento de Estado acaba de congregar a los ministros de Relaciones latinoamericanos en un nuevo esfuerzo para bloquear a Cuba. Se trata de impedir al pueblo cubano que reciba alimentos, que reciba petróleo para que anden sus industrias, que reciba papel y libros, que reciba medicinas para sus hospitales, y hasta se proponen terminar con la modesta venta de ajos y cebollas que es lo único que les llega de Chile.

En este diabólico plan, que se pretende llevar a cabo en nombre de la diplomacia, la voz cantante ha sido llevada por el canciller del Perú. Éste ha sido el mejor aliado de los norteamericanos. Como que tiene su título, puesto que con sus propias manos y las de los militares peruanos ha estrangulado la democracia en el Perú, negándose a respetar los votos de los electores peruanos. Así sucede siempre. El gran campeón de la democracia imperialista necesita pruebas palpables de que sus aliados comparten su ideología. No hay duda que los guerreros peruanos, que parecen tan ansiosos de derramar sangre cubana, serán favorecidos y condecorados como Franco, Salazar, y otros verdugos que sería largo enumerar.

La propaganda se vierte sobre las armas de que disponen los cubanos y que causan mucha irritación en Washington. También le molesta a la Casa Blanca que reciban alimentos. Y con eso tenemos un extraño panorama: estos «cristianos» acechan con fruición, esperan con oraciones los menores síntomas del hambre en Cuba. Estos partidarios de la justicia y del derecho preparan invasiones, las confiesan, fracasan en ellas, continúan sus amenazas armadas, y en nombre del derecho quieren impedir que un pueblo independiente consiga armas donde pueda para defender su existencia.

Todos los días leemos los titulares destinados al engaño colectivo para hacernos creer que las armas de Cuba están destinadas a invadir a las repúblicas hermanas, a México o a Colombia, a Chile o al Uruguay. Francamente, si esto no fuera el colmo del cinismo y si no diera lugar a estas caricaturales reuniones de cancilleres, sería para morirse de la risa.

EL PUERTO PESQUERO

También se hace mucha alharaca por un gran puerto pesquero que construirán los ingenieros soviéticos en el litoral de Cuba. Yo voy a explicarles el motivo de esta alharaca.

La Unión Soviética con su inagotable generosidad humanista y su inflexible sentido de internacionalismo, no ha dejado que estrangulen a Cuba, que la maten por hambre. Y para aumentar las reservas alimenticias de la isla ha enviado su flota pesquera y sus pescadores de técnica moderna. Con esto se ha aumentado la producción y la recolección de pescados, ya aumentada, se duplicará en el año próximo de 1963. No obstante, y para elevar aún más esta defensa fisiológica del pueblo cubano, quiere construir, para regalarlo a Cuba, un puerto moderno para sus embarcaciones pesqueras y para las derivaciones de la industria del pescado. Con el fin de continuar su política de bloqueo criminal, las agencias telegráficas norteamericanas han difundido la especie de que no se trata de un puerto de pescadores, sino de una amenaza para el continente. Esto tiene por objeto alarmar a los gobiernos, incitarlos a romper sus relaciones con Cuba y, a la vez, cumplir el siniestro objetivo de que no coman los cubanos.

Todos sabemos que con respecto a la agresión física del ejército norteamericano a Cuba, la Unión Soviética ha dejado bien en claro las cosas. Los agresores serán castigados y exterminados. Sería el comienzo de la guerra mundial. Entonces, el plan imperialista consiste en presionar a los países que como Chile, México, Brasil, Uruguay y Bolivia, no han aceptado la indignidad de romper relaciones con nuestra hermana revolucionaria. Quieren llevar a estos gobiernos al paroxismo y a la ruptura. Entonces declararán que ha sido agredido uno de sus satélites, como Nicaragua, Guatemala, Panamá o Santo Domingo, y tratarán entonces de formar un falso ejército panamericano, que dirigido nominalmente por un traidor, tipo Moscoso, cuente con dos o tres hileras de guatemaltecos o nicaragüenses y señoritos cubanos de Miami, que servirían de pantalla a las divisiones norteamericanas de la invasión en masa. Todo esto bajo el pabellón de la OEA. Es un juego que consiste en sacar las primeras castañas del fuego, con la mano del gato. Pero que puede terminar en la catástrofe.

NO ES DE FIDEL

Yo quiero leerles a ustedes algunos extractos de un texto altamente ético y político, que parece dirigido por Fidel Castro, en nombre del pueblo cubano, al señor Kennedy, agresor por confesión propia de la nación cubana:

> [...] es una historia de insultos repetidos y usurpaciones que tienen todas como directo objetivo establecer una tiranía absoluta sobre estos Estados. Para probar esto hagamos que los HECHOS sean conocidos por un mundo sin prejuicios: Ha saqueado nuestros mares, ha asaltado nuestras costas, ha quemado nuestras ciudades y destruido las vidas de nuestro pueblo. En este momento está transportando grandes ejércitos de

mercenarios para que completen el trabajo de muerte, desolación y tiranía, que ya comenzaron con agravantes de crueldad y perfidia que encuentran rara vez paralelo en las edades más bárbaras y que son totalmente indignas del jefe de una nación civilizada. Ha obligado a nuestros compatriotas... a alzarse en armas contra su patria, para que sean los verdugos de sus amigos y hermanos. Ha provocado insurrecciones domésticas entre nosotros. Nuestras peticiones repetidas han sido sólo contestadas por repetidos insultos.

Tengo que desengañarlos. No es Fidel Castro quien acusa a Kennedy con estas tremendas palabras: les he leído la propia Declaración de la Independencia de los Estados Unidos de América, y es Tomas Jefferson quien, el 4 de julio de 1776, dejó escritas estas frases candentes condenando la política imperialista de Inglaterra. Ahora, que las relean los gobernantes norteamericanos porque se aplican en forma profética a la actual política de coerción y piratería que practica el gobierno de los Estados Unidos en contra de la República de Cuba.

QUE EL DESTINO DE CUBA RESPLANDEZCA

Pero no nos desanimemos. El mundo no es el mismo de hace algunos años cuando con tácticas parecidas el gobierno norteamericano aplastó la democracia y la dignidad de Guatemala. No han pasado muchos años, pero ha pasado mucha agua debajo de los puentes, y ya no podemos considerar a los gobernantes de los Estados Unidos como mandones del mundo, árbitros de vida o muerte en el desarrollo de los pueblos. Ahora intervienen otros factores. Desde luego, la mayor conciencia de nuestros pueblos y las tremendas fuerzas de paz del mundo socialista. Con estas grandes energías humanas, con los cubanos unidos alrededor de Fidel esperamos que el destino de Cuba resplandezca. Por lo demás, Cuba lo dice: «Patria o muerte. Venceremos».

[...]
ahora llegó la hora de las horas:
la hora de la aurora desplegada
y el que pretenda aniquilar la luz
caerá con la vida cercenada:
y cuando digo que llegó la hora
pienso en la libertad reconquistada:
pienso que en Cuba crece una semilla
mil veces mil amada y esperada:
la semilla de nuestra dignidad,
por tanto tiempo herida y pisoteada,
cae en el surco, y suben las banderas
de la revolución americana.
[...]

LA PASTORAL: UN DICHO Y UN HECHO

Y ahora entremos a la pastoral de los obispos. Yo ya pasé la época de la juventud iconoclasta, entre otras cosas porque mi partido me enseñó a valorizar, respetar en lo que se merecen y examinar todas las ideas. Pero, también, mi partido me enseñó a valorizar los hechos, los «porfiados hechos».

Esta pastoral de los obispos chilenos es un dicho y un hecho y tenemos que pensar, para examinarla, que quiere imprimir rumbos, promover situaciones, alcanzar objetivos determinados. Es decir, que quiere llegar de los dichos a los hechos.

Por lo tanto, como con cualquiera otra manifestación o acción de nuestra vida nacional, nosotros los comunistas tenemos el deber de aclarar hasta qué punto estamos de acuerdo y hasta qué punto estamos en desacuerdo.

Nosotros, los comunistas, no separamos a nadie, no suponemos a nadie fuera de la convivencia y de la discusión de los problemas de la patria. En este concepto, o concepción dialéctica, no discriminamos. Discriminamos severamente en cuanto se refiere a la composición de los elementos sociales, de las clases que componen nuestra nación y las otras. En esto somos claros, hasta la insistencia: la sociedad en todos los países se compone no de católicos y de ateos, sino de explotadores y explotados.

Es conmovedor que la pastoral comience por una denuncia vigorosa del estado de miseria económica y fisiológica en que sobrevive nuestro noble pueblo. En esto la pastoral de la Iglesia católica de Chile no hace más que apoyar, con su propio estilo y respetables argumentos, lo que el Partido Comunista de Chile, desde Luis Emilio Recabarren hasta nuestros días, ha revelado y combatido, dejando en el camino, en prisiones, destierros y martirios, innumerables mártires del pueblo chileno.

Celebramos, pues, que la pastoral ataque el egoísmo, la injusticia y la crueldad de nuestro estado social. Pero, señalo con la más alta consideración, que esta parte de la exposición eclesiástica se hubiera enriquecido *nombrando* los culpables de este atraso secular, de la indignidad y la miseria, de la explotación y de la injusticia. Lamentablemente, no lo dicen los obispos.

Yo sí voy a decirlo. Los culpables de cuanto nos sucede son los mismos que en todas partes: una clase rapaz de latifundistas, capitalistas, banqueros, monopolistas e imperialistas, cuyo concepto de la sociedad humana tiene la misma ferocidad que la ley de la selva, en que el más fuerte engulle al más débil e indefenso.

Tampoco señala el documento de la Iglesia a los hombres u organizaciones que lucharon en contra de este estado de cosas, y que lucharon, cuando aún no era tan grave ni desesperado. Si la pastoral proclama su identificación con la doctrina cristiana, nos parece que hubiera estado dentro de su espíritu el que hubiera tomado en cuenta, con generosidad, a quienes dieron la vida en esta lucha. El que no se haga este reconocimiento parecería ser una omisión injusta. La lucha por la justicia y por la dignidad de nuestro pueblo se originó hace mucho tiempo y se originó dentro de la clase obrera. Será dentro de esta clase donde se continúe. La clase obrera, aliada firmemente con los campesinos, sus compañeros de lucha, forman la clase avanzada y revolucionaria de nuestro tiempo. Así, pues, los cambios se producirán, no por la caridad, ni por el desprendimiento de las clases explotadoras, sino por la lucha consecuente y victoriosa del pueblo organizado.

Por eso, dentro de una concepción práctica, utilitaria, del progreso social, de las posibilidades plenas de nuestra patria, tenemos que reconocer que fundamentalmente es la lucha de clases la que promueve los cambios sociales que sobrevendrán. En la lucha de clases están considerados el concurso que cualquiera colectividad o cualquiera individualidad aporte a la crisis del capitalismo.

LAS SACUDIDAS DE LA SOCIEDAD

No hay duda de que la Iglesia católica, en su existencia milenaria, ha sentido y reflejado las sacudidas de la sociedad. Esto es, se ha inclinado por una u otra fuerza en el combate humano, ha perdido o ha ganado en el transcurso de la historia. En un vaivén de larga duración se ha alejado o se ha acercado a las primitivas fuentes de su origen. El origen del cristianismo fue una lucha de clases entre explotadores y explotados.

Voy a citar unas palabras revolucionarias. Tal vez estas palabras pudieron ser puestas a la cabeza de la pastoral, tanto por lo que dicen como por la autoridad santificada de donde vienen. Escuchen:

La propiedad privada provoca disensiones, insurrecciones, guerras, matanzas, pecados graves o veniales. Por eso, si no nos resulta posible renunciar a la propiedad en general, renunciemos por lo menos a la propiedad privada. Poseemos demasiadas cosas superfluas. Contentémonos con lo que Dios nos ha dado y tomemos sólo aquello que necesitamos para vivir. Porque lo necesario es obra de Dios, y lo superfluo obra de la codicia humana. Lo superfluo de los ricos es lo necesario de los pobres. Quien posee un bien superfluo posee un bien que no le pertenece.

Hace 1.500 años un padre de la Iglesia, pensador extraordinario, san Agustín, trazó estas palabras que pudieron haber significado la continuidad de una doctrina. Pero, vemos en la pastoral de los obispos, cómo el vaivén del tiempo alejó a la Iglesia, en Chile, de estos purísimos conceptos.

Dice la pastoral citando una encíclica del papa Pío XI:

> Los individuos no tienen derecho alguno de propiedad sobre los bienes naturales ni sobre los medios de producción; toda clase de propiedad privada, según los comunistas, debe ser destruida radicalmente, por considerarla como la fuente principal de la esclavitud económica.

CUIDADO CON LAS ENCÍCLICAS

No creo, o tal vez no sé si es faltar el respeto al cardenal decirle que hay que andarse con cuidado con las encíclicas. Una encíclica de otro papa, Pío VII, execró y condenó la lucha de los patriotas en 1810 por la independencia nacional. Los obispos Zorrilla, de Santiago, y Villodres, de Concepción, con casi todos los sacerdotes chilenos, declararon que nuestros próceres eran herejes y los excomulgaron.

Señores obispos, cuidado con las encíclicas.

La pastoral continúa esta peligrosa discriminación tratando de separarnos a los comunistas, apartando a un grupo grande de seres humanos, por no decir de electores, no del cielo, sino de la tierra, esto es, condenándonos a un ostracismo que los comunistas no podemos, señores obispos, aceptar.

Supongo que se sabe que en el mundo comunista viven 60 millones de católicos. Polonia, de sus 27 millones, debe contar tal vez con 26 millones de católicos. El cardenal polaco y 14 de sus obispos han partido de Polonia y deliberan en este momento en el Concilio Ecuménico de Roma.

Los comunistas no ponemos en el ostracismo a estos obispos, ni a estos millones de católicos. Muchos millones de ellos han tomado parte importantísima en las transformaciones socialistas que ha impuesto la historia de nuestro tiempo.

Adoptando una posición plenamente política, con esta pastoral, la Iglesia reincide en posiciones que la ligan a las capas

más reaccionarias y anticuadas, así como al sentido violentamente anticomunista de los explotadores, colonialistas e imperialistas. Contra éstos no hay una palabra. Los males vienen
del pueblo y del partido más combativo de la clase obrera.
Contra éstos hay que combatir. Así combatió la Iglesia dentro
de nuestra América las corrientes de ideas que provocaron la
independencia de nuestros países latinoamericanos.

Durante la Reconquista el papa León XII apoyaba las pretensiones de Fernando VII. Los obispos de aquella época tampoco comprendían la causa de nuestra liberación. El obispo
fray Hipólito Sánchez Rangel, primer obispo de Mainas, llamaba a la guerra santa contra San Martín y O'Higgins, padres de más de una patria. Escuchemos algunas de sus frases:

> Salid, hijos, les decía, contra esas gavillas de bandidos y bri-
> bones; presentad vuestros pechos al acero antes de condescen-
> der a un juramento (el de la independencia) que os hace perju-
> ros para Dios y traidores a vuestro rey, a vuestra patria y a
> vuestra nación... os quieren obligar a ofrecer incienso a Baal,
> despreciando al Dios de Israel. Ingratos! Inhumanos! El nom-
> bre solo de independencia es el nombre más escandaloso. Huid
> de él, hijos, como del infierno... Por lo que a Nos toca, cual-
> quiera de nuestros súbditos que voluntariamente jurase la es-
> candalosa independencia lo declaramos excomulgado vitando
> y mandamos que sea puesto en tablillas: si fuere eclesiástico lo
> declaramos suspenso; y si lo hiciere alguna ciudad o pueblo de
> nuestra diócesis, le ponemos entredicho local y personal; y
> mandamos consumir las especies sacramentales y cerrar la igle-
> sia hasta que se retractare. Si alguno de nuestros hijos obede-
> ciere a otro obispo o vicario u oyere misa de sacerdote insur-
> gente o recibiere de él los sacramentos, lo declaramos también
> excomulgado vitando por cismático y cooperador del cisma
> político y religioso, que es toda la obra de los insurgentes.

Así hablaban los prelados en 1810 en toda América. Ponían
bajo el pabellón celestial su apoyo a la monarquía y, por lo
tanto, al sistema de siervos y encomenderos imperante en
esos años.

Para contradecir la causa popular se olvidan los términos de dulzura cristiana, se acude a las palabras violentas.

DE NUEVO ESA FRASEOLOGÍA

Desdichadamente, después de siglo y medio encontramos que la pastoral de 1962, firmada por el cardenal Silva Henríquez, emplea de nuevo la fraseología virulenta del pasado. Ah!, es que se trata, también ahora, de una causa de liberación encarnada principalmente por los comunistas. Véase la diferencia del lenguaje. Al referirse a los capitalistas indica suavemente: «Que esto no haga olvidar, empero a los católicos que la Iglesia ha condenado los abusos del liberalismo capitalista». Mientras que cuando se refiere a las luchas emancipadoras de los comunistas es ésta la manera de hablar: «No debe, pues, causar extrañeza que la Iglesia declare que quienes traicionan los sagrados derechos de Dios, de la patria y del hombre, colaborando en una acción que va dirigida directamente contra estos grandes valores, fundamentos y base de toda la civilización cristiana, no estén en comunión con Ella. Los que tal hacen, con dolor lo decimos, son hijos que se han apartado de la casa paterna».

Deberíamos sentirnos honrados al ser tratados por la Iglesia casi en los mismos términos desusados que se emplearon en otra época contra los patriotas de 1810. Sentimos la responsabilidad y la continuidad de todas las causas de liberación. Hoy día los pueblos luchan por el socialismo atacados por todas las fuerzas de la opresión y de la explotación. Sí, nos sentimos orgullosos de sostener, junto a los pueblos, una lucha sin cuartel cuya victoria se ve cada vez más próxima. Pero hubiéramos querido que los prelados de Chile no llamaran de nuevo a la guerra santa, no tocaran las campanas sino para sosegar las almas.

Esta campaña de la Iglesia con esta pastoral que nos quiere arrojar a una lucha inútil entre católicos y no católicos, puede tener dos orígenes. Uno es el antiguo espíritu de una Iglesia combatiente, de tradición montaraz, de curas carlistas con el catecismo en una mano y el trabuco en la otra. Recordemos que el arzobispo Mariano Casanova, hace sólo 60 años, tenía la siguiente concepción de la vida social. De él son estas palabras:

La doctrina socialista es, pues, antisocial, porque tiende a trastornar las bases en que Dios, autor de la sociedad, la ha establecido. Y no está en manos del hombre corregir lo que Dios ha hecho. Dios, como dueño soberano de todo lo que existe, ha repartido la fortuna según su beneplácito y prohíbe atentar contra ella en el séptimo de sus mandamientos. Pero no por eso ha dejado sin compensación la suerte de los pobres. Si no les ha dado bienes de fortuna, les ha dado los medios de adquirir la subsistencia con un trabajo que, si abruma el cuerpo, regocija el alma. Si los pobres tienen menos fortuna, en cambio tienen menos necesidades: son felices en su misma pobreza. Si los ricos tienen mayores bienes, tienen en cambio más inquietudes en el alma, más deseos en el corazón, más pesares en la vida. Los pobres viven contentos con poco, los ricos viven descontentos con mucho.

Hasta aquí las palabras del venerable obispo Mariano Casanova.

Pero nos asalta una duda. A quién debemos creer. A este reverendo sacerdote o a los que firman la pastoral de ahora?

En uno y otro caso seguramente creen ellos interpretar la voz de Dios. No habrá pequeños errores en estas interpretaciones? No se repetirán estos errores? No tendrán que lamentarse más tarde de las directivas de hoy?

Cuidado, señores obispos, cuidado con la voz de Dios! En vuestra pastoral se citan para iluminar al pueblo chileno, las siguientes palabras de Pío XI. Pido atención para ellas: créanme que las cito con un dolor profundo. Siento la pesadumbre de que alguien haya podido escribirlas, de que alguien pudiera creer en ellas:

La familia, para el comunista, no tiene razón de ser: es una creación burguesa sobre la cual se funda la sociedad actual, que hay que debilitar y destruir. El comunismo suprime todo vínculo que ligue a la mujer con la familia y con su casa; niega a los padres el derecho a la educación de los hijos; y pone en manos de la colectividad el cuidado del hogar y de la prole; la mujer es lanzada a la vida pública y al trabajo, por pesado que sea, lo mismo que el hombre.

Ay, señores cardenales! Ay, señores obispos! No basta decir que esto deforma la verdad, que estas líneas no contienen un átomo de verdad ni de bondad, no basta decir que no son verdaderas!

Son exactamente lo contrario de la verdad, son palabras irresponsables y vacías. Tal vez no son vacías, sino que están cargadas de monstruoso error o de mentira.

No hay comunidad con tan fuerte, profundo y moral sentido de la familia como la sociedad comunista. No hay en ninguna parte, entre los países capitalistas, un cuidado tan extenso y tan tierno del núcleo familiar, de la madre y del hijo. Nunca, en ningún país socialista, se quitaron los hijos a las madres. Por el contrario, se dio a las madres todas las posibilidades para la felicidad de sus hijos. Ni alimentos, ni medicinas, ni vestidos, ni zapatos, ni educación faltan a los niños aquí, como deplorablemente faltan entre nosotros. Esta tragedia de las madres chilenas, de las madres de América Latina, de millones de madres, no existe por allá, señores obispos.

En ningún lugar las mujeres ocupan sitios tan prominentes. Dirigen empresas, clínicas, editoriales, fábricas, universidades.

Y cómo puede llegarse a deformar los hechos de esta manera?

VAMOS A LA URSS, CARDENAL

Miles de católicos han visitado estos años la Unión Soviética. He visto allí y he conversado con sacerdotes del Brasil, del Perú, de Italia. Miles de madres latinoamericanas han visitado las maravillosas guarderías infantiles, establecidas en los edificios de habitación, en las fábricas, en los hospitales. Los niños mejor vestidos del mundo son los niños soviéticos, todos los niños soviéticos, no unos pocos como en Santiago de Chile.

Y por qué no vamos juntos, señor cardenal, y vemos si esto es verdad o no lo es? Yo he visto, señor cardenal. Santo Tomás dijo: «Ver para creer». Estoy seguro de que usted sería allí bien recibido, con el respeto a la dignidad de su investidura. O es que estoy saliéndome del tiesto o estoy soñando? Puede ser considerado imposible que un cardenal chileno y un poeta chileno vayan y vean las cosas? Me gustaría entrar con usted en centenares de casas que conozco, conversar con las madres, acariciar a los niños, que allí son como todas las madres y todos los niños, amorosas ellas, inocentes ellos, pero con algo nuevo: la seguridad en la vida. Nadie tiene temor al abandono, a la miseria, al hambre, al frío. Eso no existe allí.

Me encontré solo hace un mes en el sanatorio de Sochi, donde estuve curando mis dolencias, con la viuda del gran pintor francés ya desaparecido Fernand Léger. Fue un azar solamente el que nos encontráramos, puesto que ese pueblo de Sochi recibe en cada temporada más de un millón de trabajadores que ocupan miles de casas de reposo y sanatorios. Conversamos como viejos amigos.

La señora Léger es de origen ruso, pero vive más de 30 años en Francia. Acababa de visitar a su familia en una aldea rusa. Me conmovió profundamente lo que me dijo.

No tiene usted idea, Pablo, de los cambios que he encontrado. He visto a toda mi familia, a mis hermanos y hermanas. Entre como vivíamos antes y como vive ahora la gente hay un abismo. Nosotros no éramos los más pobres del pueblo. Mi padre era un funcionario modesto, pero con mayores entradas que mucha otra gente. Yo iba a la escuela con una chaqueta rota, de hombre, con una cuerda me la apretaba a la cintura. Nunca tuvimos para comprarnos medias. Los zapatos rotos de mi padre, descartados por él, servían rellenos con papel de periódico para que mis pequeños pies los arrastraran por los caminos llenos de fango. Yo empezaba a dibujar y a pintar y tuve que hacerme una lamparita con mis propias manos para pintar en la noche, porque de día había que trabajar todas las horas, a pesar de nuestra tierna edad.

Ahora me contaron cómo habían pasado la guerra.

Los nazis invadieron también mi pueblo. Ocuparon todas las casas. Los alemanes fusilaban hombres y mujeres todos los días. Mi familia, mujeres y niños, encontraron un agujero en tierra. Allí pasaban todo el día. En el hoyo no había espacio para tenderse. Todo el día se apretaban unos a otros de pie y metidos bajo tierra. Sólo muy tarde en la noche podían cocer algunas papas o raíces, comerlas y volver a su entierro. Así hasta que se fueron los alemanes.

Qué mantuvo esta familia unida contra el hambre, contra el frío, contra la guerra de exterminio? El sentimiento más profundo y más alto, la alta moral de la familia soviética, el alto nivel del heroísmo, el sentido de patria y de nacionalidad, el sentimiento de unidad familiar, la preservación del hogar, fundamento básico de la sociedad socialista.

TERMINÓ EL INMUNDO TRÁFICO

Pero, así como el hogar y la familia de mi amiga hay miles y millones de casas que sufrieron la guerra, la pérdida de sus bienes, la separación y la muerte y que después se reconstruyeron y florecen de nuevo en la alegría y el trabajo.

Recuerdo en este momento aquel libro terrible que hace algunas décadas produjo espanto y conmoción en el mundo: *El camino de Buenos Aires*, por el periodista francés Albert Londres. Allí se describía cómo antes de la Revolución los tratantes de blancas compraban por miles las muchachas en Polonia y Besarabia y las vendían en los prostíbulos de Buenos Aires. Aquel inmundo tráfico se terminó con el socialismo. Pero los prostíbulos siguen prosperando en el mundo capitalista. Ya los piratas no pueden comprar allí su mercadería humana. Dónde la compran? Yo he visto en las calles de Hamburgo y de Amberes escaparates con luz neón exhibiendo las prostitutas, la mercadería humana. Estas muchachas son compradas, a base de la destrucción de la familia, en los campos y aldeas del llamado Mundo Libre.

Contra esto y contra la corrupción aristocrática de la *dolce vita*, contra todos los atentados a la dignidad del ser humano debemos luchar todos, católicos y no católicos, creyentes o no creyentes, y además tenemos el deber de luchar juntos, católicos y no católicos, contra la degradación que impone la miseria, contra el analfabetismo, contra la explotación del hombre por el hombre. En esta lucha nadie podrá separar a los comunistas de los católicos, ni nosotros, los comunistas, aceptaremos esta separación.

Decíamos hace un momento que esta campaña de la Iglesia contra los comunistas puede originarse también en otras fuentes.

La Iglesia ha visto alejarse las masas de su seno. Los pueblos han encontrado siempre a la Iglesia apoyando las causas antipopulares. Recordemos cómo los obispos bendijeron los aviones fascistas que bombardearon las indefensas ciudades españolas. Bendijeron también los ejércitos que partían a masacrar inocentes en Abisinia. La Iglesia apoyó a Franco y a sus guardias moros. Sólo el 17 de mayo de 1962 el nuncio papal en España, Giliberto Antonietti, hizo tales alabanzas del caudillo fascista, que centenares de católicos, o tal vez miles de ellos, entraron a colaborar con los comunistas.

El gobierno de Salazar subsidia las Iglesias de Angola y Mozambique y éstas ayudan a mantener la esclavitud en esas regiones del África. En el Congo, los colonialistas belgas, contaron con la ayuda de la Iglesia. En 1947 el papa aprobó la doctrina Truman, que establece la política exterior de los Estados Unidos orientada hacia el desencadenamiento de una tercera guerra mundial. En febrero de 1949, Pío XII apoyó el Pacto del Atlántico, pacto de guerra y de agresión. En 1959 la revista del Vaticano *Civiltà Cattolica* acogía estos preparativos de guerra con la siguiente frase: «Nosotros valorizamos el hecho de la organización del Pacto del Atlántico como un acto enormemente positivo».

Anticipándose al creciente sentimiento de disgusto y desapego que sienten los creyentes y los pueblos en general, la Iglesia ha comenzado a realizar pequeños actos que parecerían mostrar otro rumbo. Un par de fundos de su propiedad han sido repartidos a algunas familias campesinas con el fin de hacer nuevos propietarios.

INMENSOS VÍNCULOS

Pero, la verdad es que la Iglesia conserva su fabuloso poder financiero, entroncado a los grandes monopolios mundiales. Cuenta con vínculos económicos más allá de Roma y de Italia. En Estados Unidos de Norteamérica, para citar un país, cuenta con fuertes inversiones de capital en el Banco de Morgan, en el trust petrolero Sinclair Oil, con parte apreciable de las acciones del Bank of America, de las grandes compañías metalúrgicas Republic Steel, National Steel, y de las compañías de aeronavegación Boeing, Douglas, Lockheed y Curtiss–Raith. Todos los chilenos saben que los lujosos barcos de la Casa Grace, los *Santa*, así como las refinerías de azúcar y otras industrias de esa firma pertenecen en gran parte a la Iglesia. Es también de público conocimiento que, en el plano mundial, 92 de las más grandes sociedades anónimas son controladas por el Vaticano.

Está claro para los que me escuchan, y para los que saben estas cosas, que la Iglesia se ha asociado a través de inmensos vínculos con el capitalismo, con las aventuras coloniales, con la política imperialista de Estados Unidos. Que el derrumbe de toda esta máquina, sus grietas, sus rupturas, todo lo que presagia el final de una época, amedrenta también a tan secular institución.

De ahí que, por una parte, quiera remozarse para recuperarse socialmente de su aislamiento de las masas populares. Con este fin y para unificar el mundo religioso abre y cierra las puertas de un gran Concilio Ecuménico, en que revisará su estrategia.

Por otra parte, tiende a entronizar grandes partidos políticos directamente ligados a su mandato, como ser los partidos democratacristianos de Alemania e Italia. En este sentido no quiero hablar de Chile porque ustedes saben más que yo.

El salario de un obrero católico, de un oficinista católico, de un campesino católico, es completamente igual y siempre insuficiente al que percibe un obrero, un oficinista o un campesino sin creencias. Si separamos a los que creen en el cielo de los que no creen en el cielo, estamos perdiendo la tierra, estaremos entregando el presente a un régimen de injusticia que no puede sobrevivir. Si se dividen los explotados no puede ganar Dios, sino los explotadores.

SE PRECIPITA LA RUINA

Mientras tanto las compañías Weir Scott y otras dos ganaron en un día, el cuatro de noviembre del año pasado, cien millones de pesos porque fueron liberadas de impuesto para internar leche condensada. El alza oficial del dólar ha hecho subir aún más la leche, y el alimento entre los niños, el azúcar ha subido en 12 pesos el kilo y el kilo de mantequilla en 800 pesos. El alza del dólar a 1.380 pesos lo pagará el pueblo en 112 mil millones. Si el alza es a 1.600 el desembolso llega a 187 mil millones de pesos.

Las empresas norteamericanas Anaconda y Braden ganarán automáticamente entre 10 y 20 millones de dólares. Un pequeño número de latifundistas y magnates financieros ganarán de una sola vez de 50 mil a 80 mil millones de pesos y si el dólar sube a 2.000 pesos ganarán 152 mil millones.

Se está precipitando, pues, a nuestra vista la ruina de Chile. Los pequeños reajustes que promete el gobierno serán barridos en esta ola de ganancias para unos cuantos poderosos en esta marejada de miseria que se nos viene encima. El kilo de cebollas se está vendiendo hasta 900 pesos. Cómo comprará el pueblo la carne de cazuela a mil pesos?

Mientras tanto los obispos proponen a los católicos, a los obreros católicos que luchen contra los obreros comunistas, proponen a los empleados católicos, a los profesionales católicos, a los comerciantes católicos, a los campesinos católicos, a las madres católicas, no que luchen contra las alzas, no nos proponen detener la avalancha que golpea los huesos de nuestra patria, sino que nos proponen una lucha entre hermanos sobre ideas religiosas que pueden descansar en la conciencia de cada uno.

Nosotros, por el contrario, pensamos que nada puede separarnos, sobre todo en esta emergencia. Tenemos el deber sagrado de detener entre todos este terremoto antes que el terremoto nos destruya a todos juntos. Podemos aún hacerlo, podemos unirnos en un movimiento nacional contra el hambre. La devaluación ha sido ordenada por el gobierno norteamericano, el mismo gobierno que quiere destruir a Cuba sin más argumento que las armas, quiere atacar por hambre a nuestro país. Quieren convertir a nuestra patria en un país de mendigos. Los comunistas chilenos no podemos permitirlo. Llamamos a todos los chilenos a luchar, a manifestarse, a protestar. Queremos luchar contra muchas iniquidades.

El ímpetu de los chilenos debe dirigirse contra la miseria, contra los causantes de ella. El ímpetu de los chilenos debe dirigirse en una sola fuerza común contra los que imponen la adversidad y la humillación a nuestra vida nacional que puede ser cada día más hermosa y más grande.

La pastoral de los obispos está dando ya sus frutos.

Se está celebrando actualmente en Santiago un Festival de Coros Juveniles de todo Chile. Han venido delegaciones del norte y del sur, en mayor cantidad de la que venía a otros festivales de años anteriores. Los niños siempre se alojaron en colegios fiscales, establecimientos particulares, comisarías, etc.

Este año se cerraron las puertas de los colegios católicos para los niños de Lota y Coronel. El Liceo Barros Arana no los pudo recibir por no estar en condiciones adecuadas su local. Pero los colegios católicos, a los cuales se les ofreció por los organizadores del Festival la suma de $1.000 por cada niño que alojaran, se resistieron a recibirlos argumentando que se trataba de niños comunistas.

Señores obispos, a esto se llama cristianismo?

Pero, el ímpetu de la pastoral se dirige contra el comunismo. Esto es explicable. La mitad de la humanidad, mil millones de hombres, se rigen, ordenan y trabajan en la estructura socialista. Han abolido de raíz el capitalismo, y, sin embargo, viven, crean, producen, y alcanzan los más altos niveles de la cultura, de la ciencia y de la economía. Se explica, pues, que todas las instituciones ligadas al capitalismo moribundo toquen a rebato sus campanas: incendio, incendio, dicen. Pero nadie se está quemando.

Se habrán extrañado, amigos míos, que esta conversación que comencé con ustedes tan alegremente, hablándoles de cosmonautas y de pájaros se haya ido ensombreciendo con muchas citas pontificales, con datos históricos, y hasta espantosos nombres de compañías anónimas. Nadie lo siente más que yo.

Me hubiera gustado más leerles mis versos sobre los pájaros de Chile. Será otra vez, se los prometo.

ME HE SENTIDO OFENDIDO

Pero la verdad es que me he sentido ofendido por la pastoral. No soy católico, ni soy creyente de ninguna religión. He visto en mi larga vida, en mis continuos viajes, desde muy joven, los más diversos ritos, los templos de Mahoma, las inmensas basílicas, las pagodas budistas, los extraños templos hindúes en que dioses de veinte brazos y rostros de elefantes, fueron venerados en aquel milenario y profundo país de cientos de millones de habitantes. Hay muchas religiones, pero en general no es su papel dominar el mundo y romper la paz del hombre.

Tardes enteras, en la soledad de mi casa de Ceilán, he visto el desfile amarillo de miles de monjes, discípulos de Gautama Budha, hacia los templos adornados con inmensas estatuas de piedra.

He visto por días enteros quemarse los cadáveres según ritos antiguos a la orilla del río Ganges. He visto representaciones de dioses de todas formas y colores, bellos dioses griegos, dioses en forma de serpiente, dioses con larga lengua roja, diosas sangrientas con collares hechos de calaveras humanas, templos llenos de dioses dorados. He visto bailar frente a los templos, he visto prosternarse a todas las religiones, he visto a los creyentes de Mahoma cruzar con pies desnudos una larga alfombra de fuego vivo, he oído aullar a los derviches, y he visto romperse la frente en la tierra a los viejos mongoles, en adoración de sus antiguos dioses.

Pero, entre tantas cosas que he visto, tal vez lo más antiguo y lo más sencillo es lo que continuó siendo para mí lo más imborrable: es el recuerdo de mi madre, encorvada por la edad, rezando sus oraciones en un rincón de nuestra pobre casa de Temuco. Siempre imaginé, cuando niño, que ése era un acto más de su bondad.

Por eso me entristeció la pastoral. Me pareció inaceptable su violencia política, su incursión en un mundo de combate, su equivocación de los hechos de la historia contemporánea. Sin ser creyente yo sentí que el espíritu de la pastoral se alzaba contra mis recuerdos. Removía la imagen de mi madre, de su intimidad religiosa, para lanzarla a las llamas de una guerra. De una guerra religiosa que los comunistas por ningún motivo aceptaremos.

Nosotros detestamos el anticlericalismo burgués, que pretende distraer la atención hacia un conflicto metafísico entendiéndose por encima de los altares en un pseudo Frente Democrático con los verdaderos culpables de la explotación y del atraso para disputar del botín. No es la religión la que divide a los chilenos, ni a los otros pueblos. Es la lucha por conservar los privilegios o por dar justicia y bienestar a los hombres. No son enemigos nuestros los católicos, sino los explotadores. Éstos pueden ser católicos o pueden ser ateos. Nosotros queremos cambiar la sociedad humana y entregar el beneficio de la naturaleza y del trabajo a todos los seres humanos. Queremos que no haya pobres en el mundo, queremos que la riqueza se distribuya, no por la caridad ni la piedad, sino por el derecho sagrado que tiene cada ser humano a la dignidad y a la vida.

Hace algunos días en el pleno de mi partido me enteré de que los jóvenes mineros de la poderosa compañía minera de El Tofo duermen en cuevas, excavadas por ellos mismos.

Qué importancia tiene que aquellos jóvenes compatriotas en sus guaridas sean católicos o no sean católicos? Es otra cosa la que los une: católicos o no católicos han sido allí ofendidos y humillados por un tratamiento inhumano. Juntos deben luchar para terminar de una vez por todas con un sistema social que los degrada.

Una vez más los comunistas chilenos tendemos la mano a todos los católicos para trabajar en común, por el bienestar, por el progreso, por la justicia y por la alegría.

Ésta es nuestra posición y en ella seremos inflexibles. Nadie nos llevará a confundir el camino de la luz. Las diferencias religiosas no son vallas que puedan atajar el progreso de la humanidad. No lo han sido. Las masas saltan estas vallas y se unen los hombres en una marcha que no retrocede, que avanza siempre para dominar y conquistar la naturaleza y establecer todas las posibilidades de la fraternidad sobre la tierra.

«AÚN TENEMOS PATRIA»

Ya faltan pocos minutos para que deje esta tribuna y todos nos dispersemos, a nuestros barrios, a nuestras poblaciones, a nuestros trabajos. No quiero dejar la impresión de un porvenir saturado solamente por las calamidades, las angustias, las tenazas que nos aprietan. Por el contrario, veo radiantes posibilidades, inmensas victorias, pero éstas no nos caerán del cielo. Serán la consecuencia de una lucha cuerpo a cuerpo, calle por calle y corazón por corazón para poder cambiar el aspecto y el fondo de nuestro país. La reacción, las fuerzas enemigas del pueblo chileno están apoyadas internacionalmente por gente malvada y poderosa. Pero Fidel Castro les ha probado que no son invencibles. Nosotros podemos probárselo también, en forma pacífica y en otras formas más decididas, pero antes necesitamos el trabajo de cada uno de los trabajadores, la esperanza de todos los que tienen esperanza, la valentía de todos los valientes. No olvidemos que uno de nuestros guerrilleros del pasado que, a su vez, fue el más valiente y el más brillante de los guerrilleros de la gesta por la emancipación americana nos dejó un grito que aún resuena: «Aún tenemos patria, ciudadanos».

Yo me vuelvo esta tarde a mi casa en Isla Negra. Aún tenemos patria. Aún tenemos maravilloso mar, aún tenemos primavera florida. Déjenme volver, aunque sea por unos días, a mi poesía, a cantar también entre tantas bellezas de la patria las bellas aves de Chile.

Discurso pronunciado en el Teatro Caupolicán, Santiago, 12.10.1962, publicado en folleto (Santiago, Imprenta Horizonte, 1962) y en El Siglo, Santiago, el 14.10.1962.

1.º de mayo en otoño

Aquí salen las banderas a la calle, en otoño.
Son viejas y nuevas banderas, algunas fueron bordadas
con el amor antiguo, tienen emblemas, laureles, manos
que se entrecruzan,
rosas, locomotoras, timones, ruedas de hilar.
Fueron hechas con oro sobre el fondo oscuro del terciopelo
    rojo.
Son los estandartes de viejos sindicatos, sus dirigentes
murieron
en la cárcel, en el hospital, cn la calle, de uno o de muchos
    balazos
o simplemente en sus camas, rodeados por sus familias
    obreras.
Siempre amé estas banderas, tienen bordados exquisitos,
han sido remendados con una delicadeza que ahora no
    existe.

Pero existe ahora otro mundo y la lucha no tiene terciopelo,
y donde estuvo la rosa hay una llama crepitante.
Vienen recién cosidas las banderas del partido.
Son de tela barata, sus letras blancas indican
la comuna, la fábrica, la mina, los gremios de pescadores,
de obreros de todos los oficios, desde la cordillera
hasta la costa, desde el Polo hasta el desierto caliente.

Es la semilla de la acción, la geografía del pueblo,
la estrella que se destrozó mil veces, cayó salpicada de san-
    gre,
y volvió a nacer, a palpitar y a dominar las tinieblas.
Avanza la multitud en el aire del otoño.
Yo, entre las banderas, soy muy pequeño, tengo algunos pocos
años, y sé que marcho de la mano de un gigante que tiene mu-
    cho que
andar todavía.

Hay en el aire de otoño una nueva bandera.
Es la bandera de la pequeña isla del baile,
del azúcar que como nieve tórrida llenaba sus puertos,
del ritmo repetido de los tambores a la luz de la luna.
De pronto esta bandera saltó del paraíso fotográfico
y se puso a caminar en todas partes con las banderas rojas.
A nosotros los argentinos, los chilenos, los fluviales,
los patagónicos, a nuestros hombres del cobre terrible
y del salitre amargo,
a todos nos sorprendió ver esta estrella blanca entre noso-
    tros,
estábamos tan lejos, vivíamos tan separados.
Los pueblos de América vivieron agachados mirando el surco,
mirando el carbón, mirando siempre la tierra,
apenas había tiempo para mirar hacia el Norte y hacia el Sur,
de todas partes llegaba el viento cruel y la noche aterradora.

Había apenas tiempo para mirarse las manos partidas,
para secarse el sudor, para mirar las flores.
hasta que una gran revolución en las tierras distantes,
en octubre,
detuvo a todos los hombres y éstos se miraron entre sí.
Unos corrieron a esconder sus caudales. Otros sonrieron.
Y comenzaron a aparecer infinitas banderas rojas.
El primero de mayo se fue poblando con muchedumbres y
    banderas.
Y cuando se unió la bandera de Cuba a todos los desfiles
comprendimos que la separación había terminado,

que podíamos mirarnos de pueblo a pueblo
y que más dura y más alta que los Andes es la voluntad de la
  lucha.

1.º de mayo de 1963

Santiago, el 30.4.1963.

España canta a Cuba

París 13 (P. L.). Los periódicos parisienses comentan las noticias sobre un nuevo crimen cometido por los verdugos fascistas. El asesinato del joven poeta Manuel Moreno Barranco.
Detenido en febrero de este año, Barranco falleció a los 10 días de su arresto en el hospital de la cárcel. Las autoridades franquistas comunicaron a sus familiares un pretexto similar al utilizado cuando quisieron asesinar por primera vez a Julián Grimau, diciéndoles que «intentó suicidarse arrojándose por la ventana de la cárcel», pero esta versión quedó desmentida cuando los verdugos franquistas, para ocultar las huellas de las torturas a que habían sometido a Moreno Barranco, negaron el permiso a la madre del joven poeta para que visitara a su hijo agonizante.

De la prensa santiaguina del 14 de junio

Amanecí enfermo en este día 14 de junio del año 1963. Pensé, a primera hora, en la mañana: éste es el día para que yo escriba el prólogo a los poetas españoles que cantan a Cuba. Desde mi lecho, más allá del ventanal, veo la rada de Valparaíso. Algunos de estos barcos que se destacan negros sobre el agua de invierno vendrán tal vez de España, pasarán por España en su retorno. Mis pensamientos también iban y venían del libro a los puertos, de Cuba a la nueva poesía. Abrí mientras tanto el periódico y leí la triste noticia que he dejado aquí para señalar este día de España.

Entonces, todo sigue lo mismo?

Me parece que sí. Me parece que no.

Me parece que sí porque los crueles siguen matando.

Me parece que no porque los poetas cantan de nuevo.

Éste es un libro de los que arañan el muro, de los que cantan sobre el muro, de los que alcanzan con su voz el gran océano, de los que interpretan el profundo subterráneo murmullo de la tierra española.

Cuando nosotros, poetas de todos los mundos, corrimos hacia España con nuestra poesía, se vio que los que más sintieron y sufrieron, que los que más cantaron en aquella abundancia de la gesta, fueron mis compañeros, los poetas americanos. Éramos de aquí y de allá, nos separaban cumbres ferruginosas, praderas planetarias, pero el espacio no nos dividió. No nos conocíamos, pero cantamos con una sola voz. Amábamos a España y a su pueblo, nuestras palabras eran para combatir y amparar. Una gran esperanza nos enseñó la unidad cristalina. Aquí construimos aquella torre.

Ahora estos poetas de todos los pueblos de España nos dan la maravillosa sorpresa de repetir para bien nuestro aquel canto interrumpido, de inventarlo de nuevo, de darle nueva vida, nuevo sentido, nuevo espacio.

Cuántas sombras se disipan al leer estas dolorosas poesías. Están hechas tan cerca de la acción que se confunden con ella. Se levantan desde la resistencia española, pensando en Cuba y combatiendo por la propia liberación.

Nos dice Pere Quart:

> La llibertat tot just ha descobert Amèrica,
> hi ha plantat finalment l'aspra bandera...

Nos canta Gonzalo Abad:

> quiero volver a comenzar de nuevo
> bajo el sol de La Habana

Y Ángel Santiago:

> Yo quito el mar de en medio
> desde Europa hasta América,
> porque me estorba, y lo hago
> para llevar más secas mis botas de soldado

Y Antonio Pérez:

> El rojo romancero de la guerra
> dijo su son,
> pero no todo se acabó.

Y Carlos Álvarez:

> que al apretar de Cuba la esperanza
> contra mi pecho de español naciente
> desangrado en la herida de mi patria

Y Santiago Puga:

> Quiero morir en La Habana

Y Julián Marcos:

> y si llega el momento de abandonar la pluma,
> mi brazo está dispuesto

Y Antonio Rodríguez:

> Y ese algo, que tú has avivado,
> ese algo es la esperanza

Y Francesc Vallverdú:

> La nit americana
> veu mil·lions d'esguards fitant l'hora cubana

Y Gabino Carriedo:

> España, muerde el corazón. Lo joven
> –blanco y verde escarlata– de las Antillas llega

Y Ángel Crespo:

> No te invento. Te tengo
> ante mis ojos, Cuba.
> Yo también corto caña con los tuyos,
> pego carteles grandes
> en puertas y paredes
> y pongo este poema
> junto al mar

Y Aquilino Duque:

> El tumbador de caña desenvaina el machete
> y corta las amarras de su isla marina

Y López Pacheco:

> esa paz de las manos
> de Cuba

Y Ángel González:

> Antilla– sobre el suelo,
> tormenta ciega o cielo derribado
> –izada Cuba, como una bandera–,
> llama implacable o luz definidora

Y Carlos Barral:

> Porque otra vez ocurre algo que nos contagia,
> está ocurriendo algo que nos llama
> desde extrañas orillas, por encima
> de mares sordos y ciudades sordas

Y Jaime Ibarra:

> Yo soy España. Ve. Mira mi vida
> —mi muerte a sangre y cárcel—. Ve mis manos.
> Mira mis calles. Van a ningún sitio
> y preciso que vayan a algún lado

Y Leopoldo de Luis:

> Porque un rebaño azul de sombra
> pasa entre olivos, pinos, robles,
> por las llanuras de la vieja
> geografía, sobre sus montes,
> canto a Cuba ahora que ha soltado
> sus palomas contra la noche

Y José Ángel Valente:

> Desde lejos nos llaman, desde lejos
> se oye una voz. Pronuncia
> palabras de mi estirpe y de mi sangre.

Y Jaime Gil:

> Yo pienso que a estas horas amanece en la Ciénaga,
> que todo está indeciso, y que sigue el combate,
> y busco en las noticias un poco de esperanza
> que no venga de Miami

Y Juan Rejano:

> Ha vuelto. ¿No lo veis? Ha vuelto

Y Ángela Figuera:

> Que el pueblo de Cuba está
> ya libre de pies y manos,
> abriéndose a pecho limpio
> caminos esperanzados,
> mientras el pueblo español,
> vendido y amordazado,
> traga quina y tasca el freno
> por mil heridas sangrando

Y Blas de Otero, Rafael Alberti, y los tantos otros, y los que no pudieron cantar, y los que ya se fueron asesinados, y los que no alcanzaron a este libro. Y los que están naciendo, los que están abriendo los ojos y la boca. A todos pertenece este coro unánime. La poesía de los españoles nos acompaña a defender a Cuba dándonos su fuerza solidaria, su luz dolorosa, su ternura indomable.

Valparaíso, 14 de junio de 1963

Prólogo al volumen España canta a Cuba, *Santiago, Editorial Universitaria, 1963.*

«In memoriam» Javier Heraud

He leído con gran emoción las palabras de Alejandro Romualdo sobre Javier Heraud. También el doloroso examen de Washington Delgado, las protestas de César Calvo, de Reinaldo Naranjo, de Arturo Corcuera, de Gustavo Valcárcel. También leí la desgarradora relación de Jorge A. Heraud, padre del poeta Javier.

Me doy cuenta de que una gran herida ha quedado abierta en el corazón del Perú y que la poesía y la sangre del joven caído siguen resplandecientes, inolvidables.

Morir a los veinte años acribillado a balazos «desnudo y sin armas en medio del río Madre de Dios, cuando iba a la deriva, sin remos!...». El joven poeta muerto allí, aplastado allí en aquellas soledades por las fuerzas oscuras! Por nuestra América oscura, por nuestra edad oscura!

No tuve la dicha de conocerlo. Por cuanto ustedes lo cantan, lo lloran, lo recuerdan, su corta vida fue un deslumbrante relámpago de energía y de alegría.

Honor a su memoria luminosa. Guardaremos su nombre bien escrito, bien grabado en lo más alto y en lo más profundo para que siga resplandeciendo. Todos lo verán, todos lo amarán mañana, en la hora de la luz.

Isla Negra, julio de 1963

Incluido en Javier Heraud, Poesías completas y Homenaje, *Lima, Perú, Ediciones de La Rama Florida, 1964.*

Retrato del gladiador

Ahora que los moscovitas han visto y oído, sentido y vivido, a Fidel Castro, les contaré que yo también lo conozco, lo he visto pocas veces y he hablado con él, así, al pasar, saliendo de un sitio o llegando a otro. Me gustó esta manera de conocerlo porque detrás de un escritorio cabe casi todo el mundo, menos Fidel Castro. Hay que verlo de pie, y como es muy alto, se le mira desde abajo, y eso también sucede con los edificios y con los montes nevados de mi país.

También es una manera lógica que nosotros los americanos lo miremos hacia arriba, porque de pronto creció mucho este hombre e hizo crecer a su país también. La pequeña isla cubana ocupó más sitio en los lenguajes humanos y también en las aguas del Caribe.

También crecieron estas aguas, se habla más del Caribe que del gran océano Pacífico. Se llenaron aquellas aguas de acontecimientos y allí lucharon las antiguas ideologías que son siempre las nuevas: la multitud de los que quieren liberarse, fecundar la vida y la tierra y, por otro lado, los que están dispuestos a defender los sistemas inmóviles.

Diré que cuando vi por primera vez a este hombre, comprendí que al norte su barba limitaba con el pensamiento universal, con la claridad de nuestra época, con lo celestial que vamos conquistando al futuro. Más arriba de su barba, mirando al este y al oeste, tiene dos ojos agudísimos negros que no dejan pasar pájaro sin anotarlo en su largo libro. Más al norte aún, tiene una frente capaz de recibir el viento contrario. Y entre estos accidentes tiene una nariz de conquistador antiguo, de esos que desembarcaron en nuestras costas. Es una nariz como proa de navío, bien dirigida hacia el combate.

Al este de su largo cuerpo limita Fidel Castro con la transmutación del mundo, con el sentido socialista-leninista de las masas humanas. Hacia ese lado, con su mano izquierda, hace de vez en cuando señales que mueven el aire de todo el continente en que vivo. Eso está bien.

Por el oeste limita Fidel con el Enemigo. Es difícil describir este Enemigo, tiene rostro de periódico, voz de radio poderosa, dientes atómicos, forma de Pentágono y piernas que terminan en garras de tigre. Este tigre, al contrario de lo que piensan algunos soñadores budistas, no es de papel. Lo decimos por experiencia nosotros los latinoamericanos. Sea de lo que sea el material de este felino, está probado que Fidel no le tiene miedo.

Al sur limita Fidel con la tierra, no sólo con su isla azucarera, sino con toda la tierra. Es lo que llamamos un hombre bien plantado, y aunque se mueve mucho, como los antiguos caballeros andantes, echa de inmediato raíces en donde está y por donde pasa.

Pero en el centro de su cuerpo, en el preciso sitio donde todo el mundo tiene el corazón, Fidel Castro tiene una isla. Esta isla se llama Cuba y no latía hasta que llegó al pecho de Fidel. Desde entonces grandes oleadas de vida, de emoción, de agonía y de resurrección, han hecho de ella una víscera verdadera, generosa y activa. Por este milagro este corazón se pobló de hechos valerosos, de construcciones audaces, de evidentes transformaciones, y todo comenzó a ser fecundo. Y todo el continente latinoamericano sintió nueva sangre en las venas, una ola de frescura, ardor y valor se extendió por todas las arterias del colosal hacinamiento que es nuestro cuerpo planetario. Así la isla llegó a ser corazón del continente. Y todo esto latiendo en el pecho de Fidel.

Ya ven ustedes que ahora a primera vista lo aman, lo llenan de flores, de hermosas palabras y de grandioso apoyo. Ya ven que nosotros teníamos más razones para admirarlo como lo admiramos, para defenderlo y amarlo.

Por eso mis versos lo proclamaron en el idioma español, idioma que suena a veces como guitarra y algunas veces como trueno. Por eso, cuando lo visité y nos encontramos saliendo o entrando de algún recinto, de alguno de sus grandes deberes, o simplemente de un restaurante donde comía en la cocina, saqué una botella de vino, llené una copa y le lancé estos versos de mi *Canción de gesta*:

> Fidel, Fidel, los pueblos te agradecen
> palabras en acción y hechos que cantan,
> por eso desde lejos te he traído
> una copa del vino de mi patria:
> es la sangre de un pueblo subterráneo
> que llega de la sombra a tu garganta,
> son mineros que viven hace siglos
> sacando fuego de la tierra helada.
> Van debajo del mar por los carbones
> y cuando vuelven son como fantasmas:
> se acostumbraron a la noche eterna,
> les robaron la luz de la jornada
> y sin embargo aquí tienes la copa
> de tantos sufrimientos y distancias:
> la alegría del hombre encarcelado,
> poblado por tinieblas y esperanzas
> que adentro de la mina sabe cuándo

llegó la primavera y su fragancia
porque sabe que el hombre está luchando
hasta alcanzar la claridad más ancha.
Y a Cuba ven los mineros australes,
los hijos solitarios de la pampa,
los pastores del frío en Patagonia,
los padres del estaño y de la plata,
los que casándose con la cordillera
sacan el cobre de Chuquicamata,
los hombres de autobuses escondidos
en poblaciones puras de nostalgia,
las mujeres de campos y talleres,
los niños que lloraron sus infancias:
ésta es la copa, tómala, Fidel.
Está llena de tantas esperanzas
que al beberla sabrás que tu victoria
es como el viejo vino de mi patria:
no lo hace un hombre sino muchos hombres
y no una uva sino muchas plantas:
no es una gota sino muchos ríos:
no un capitán sino muchas batallas.
Y están contigo porque representas
todo el honor de nuestra lucha larga
y si cayera Cuba caeríamos,
y vendríamos para levantarla,
y si florece con todas sus flores
florecerá con nuestra propia savia.
Y si se atreven a tocar la frente
de Cuba por tus manos libertada
encontrarán los puños de los pueblos,
sacaremos las armas enterradas:
la sangre y el orgullo acudirán
a defender a Cuba bienamada.

Yo les he descrito mi manera de ver a Fidel. Ustedes con diez millones de ojos lo mirarán de otro modo en las calles de Moscú. Cuando ya se haya ido levantándose en el aire y volando de nuevo hacia Cuba fragante, lo seguirán ustedes viendo. Es imborrable no sólo por lo que ha hecho, no sólo por la amistad y la verdad que representa, sino por su estampa de indiscutible luchador.

Les voy a contar algo. Una tarde que miraba con cierto aburrimiento los tesoros romanos, griegos y etruscos del museo de Pushkin, en Moscú, me detuve de pronto, atónito. No creía lo que mis ojos veían. Había allí, tallada en bella piedra milenaria, una estatua de Fidel Castro. La semejanza era tan pasmosa que casi se podía conversar con él. Pero, la estatua de piedra no podía salir de su recogimiento. La nariz aquilina, la barba enrizada, los ojos de Fidel no tomaban en cuenta a los que por allí pasaban. Parecía ensimismada en un grave problema. Es el problema de la lucha.

Se trata de la estatua del gladiador romano, escultura anónima en que un hombre se prepara a un gran combate.

Compañeros, les aconsejo ir a ver este retrato de Fidel Castro y desearle a ese gladiador pensativo, que se prepara a la lucha, buena suerte en el gran combate que dura todavía.

En vísperas del viaje de Fidel Castro a la Unión Soviética, el diario Pravda *de Moscú pidió a Pablo Neruda que escribiera sobre el gran dirigente cubano. Neruda envió este «Retrato del gladiador», cuyo texto original en castellano fue publicado en Santiago por el diario* El Siglo, *28.7.1963.*

Bajo la máscara anticomunista

Las distancias desaparecen, las comunicaciones son instantáneas, el mundo es más pequeño. Cuanto pasa en otros continentes, todo movimiento de opresión, de confusión, de entendimiento, de liberación, producen una pequeña o vasta o eléctrica onda, circula hasta llegar a tocar el cuerpo en Chile.

Nos damos cuenta, los chilenos, cada día, de que aunque seamos un distante país participamos de alguna manera de los acontecimientos, fracasos o esperanzas de otros pueblos. De este inmenso mundo exterior nos llegan noticias y viajeros.

NOTICIAS MALAS

Los colonialistas quieren utilizar el nuevo Estado malayo contra Indonesia. Indonesia se ha distinguido por su política independiente y su decisión de defender su nacionalidad, sus costumbres y su revolución. Varias veces los extranjeros desplazados han intentado asesinar al presidente Sukarno, gran figura y promotor del pacto neutralista de Bandung. Ahora, con la complicidad de otras naciones, se preparan nuevas amenazas contra la independencia de Indonesia.

BUENAS NOTICIAS

El Congreso norteamericano ha ratificado el Tratado de proscripción parcial de las pruebas atómicas. Hace años los enfurecidos imperialistas se creían dueños del mundo. Cifraban toda su esperanza en su propio poder de destrucción. Se empeñaban en desconocer y hacer desconocer a sus pueblos el gigantesco y tranquilo poderío de la Unión Soviética. Pero no han tenido más remedio que aceptar ante el mundo un pacto que ante la historia significa, por lo menos, la igualdad de fuerzas. Pero sabemos que tiene un significado más extenso y más profundo.

La Guerra Fría llegó más allá de todas las previsiones: se convirtió en un monstruo que ha envenenado por igual la vida de Oriente y de Occidente, del socialismo y del capitalismo. Se llegó a extremos que sobrepasan los límites económicos y políticos de los dos sistemas. Por este camino correremos el riesgo de dejar de ser humanos unos y otros. En Moscú se estimaba peligrosa la música de jazz. En Estados Unidos se combatían las leyes de previsión, medicina social y ayuda a los ancianos, tildándolas de peligrosamente comunistas. La Guerra Fría ha recibido su primer golpe de muerte lenta. Esperamos enterrarla alguna vez. Ni la amenaza perpetua, la bomba sobre nuestras cabezas, ni la ridiculez extraideológica, pueden ayudar a la madurez moral del hombre, ni a la lucha por el cambio revolucionario de la humanidad.

BIENVENIDO MARCOS ANA!

Los comunistas hemos llegado a una edad responsable. Podrán aullar, mentir, adulterar, falsificar. Todo esto puede hacerlo el enemigo de clases con su poderoso dinero, pero, no hay remedio, no hay remedio! Tienen que tomarnos en cuenta! Somos el pensamiento obsesionante de los reaccionarios, de los imperialistas, de los explotadores, precisamente porque hemos llegado a la serenidad de la acción y de la conciencia revolucionaria.

Hace muchos años combatía en España y luego en las encrucijadas y en las montañas yugoslavas un guerrillero sólo conocido por algunos hombres. Hemos visto cómo en estos días el gobierno de Chile, exponente de nuestra atrasada burguesía, interpretando sin embargo, el sentimiento nacional, lo ha esperado, lo ha festejado, y le ha dado las llaves de nuestra hospitalidad.

Hace años yacía entre millares de presos políticos españoles un muchacho radiante, un adolescente que creció atormentado y condenado. Franco quería exterminarlo. Quería continuar su trágica lista. Antonio Machado, García Lorca, Miguel Hernández, poetas martirizados y asesinados. A los tiranos les asusta más un poeta que un tigre. Sin embargo, aquí en Chile, en el Salón de Honor de la Universidad o en la mesa directiva de los sindicatos nacionales, hemos recibido al poeta que salía con el corazón intacto después de 23 años de cárcel: Marcos Ana es huésped de Chile. Es huésped de Chile, a pesar de que la embajada de España rebuznó oficialmente y a pesar de que *El Mercurio* encomendó a uno de sus mejores pollinos un rebuzno mercantil que no ha impedido a nuestro compañero poeta dormir con tranquilidad entre la montaña nevada y el océano de Chile.

Bienvenido, compañero poeta, testigo de la «cultura franquista»! Bienvenido, condenado a muerte y que se sepa que contamos con tu vida y con tu poesía para la liberación de España!

LA AUSENCIA DESGARRADORA DE NAZIM

Ya me conocen mis compatriotas y saben que me aparto de todos los temas. A estas presencias que han llegado a nuestra patria confirmando la importancia creciente de los comunistas en el orden político y moral de nuestro tiempo, les pido me permitan agregar una ausencia, una ausencia desgarradora para la poesía general y para mi corazón en particular. Hace apenas unas semanas ha muerto en Moscú NAZIM HIKMET, grandioso poeta y uno de mis más queridos camaradas.

Con él ha muerto uno de los más grandes comunistas de nuestro tiempo, lejos de su patria, Turquía, en donde pasó muchísimos años en prisión. Lo acogió la Unión Soviética, madre generosa de todos los perseguidos.

Uno de sus poemas decía:

La mayoría humana
por Nazim Hikmet

La mayoría de la humanidad
viaja en la cubierta de los navíos
en los trenes viaja en tercera clase
por los caminos va caminando a pie
la mayoría humana.
La mayoría humana va al trabajo a las ocho
se casa a los veinte años
se muere a los cuarenta
la mayoría humana.
Salvo para la mayoría humana
hay pan para todo el mundo
con el arroz pasa lo mismo
con el azúcar pasa igual
pasa lo mismo con la ropa

con los libros pasa lo mismo
para todos alcanza todo
menos para la mayoría humana
no hay sombra sobre la tierra
de la mayoría humana
ni luces en sus calles
ni vidrios en sus ventanas
pero tiene la esperanza
la mayoría humana
no se puede vivir sin esperanza.

SEÑORITOS PILLASTRES E IZQUIERDIZANTES
VESTIDOS DE REVOLUCIONARIOS

Ya saben los que me escuchan que el anticomunismo es una máscara envilecida por el uso de los que la usaron. Esta máscara tiene la particularidad de envilecer de inmediato el alma de los que se la ponen en la cara. Qué oculta esta máscara anticomunista? En Alemania ocultó el terror de Europa. Bajo ella ardían los hornos crematorios. Bajo esta máscara se escondían el saqueo, la destrucción de ciudades enteras que caían reducidas a polvo en algunos minutos. Bajo la máscara anticomunista había millones de hombres deportados, montañas de dientes de oro extraídos a los cadáveres de los asesinados, ríos de cabelleras cortadas a las mujeres muertas, pirámides colosales de juguetes robados a los niños antes de quemarlos, y pantallas de lámparas revestidas de piel humana.

Bajo la máscara del anticomunismo los grandes imperialistas atacan desde el aire las industrias pacíficas y las aldeas indefensas de Cuba. Bajo esa máscara se sostienen las cárceles del Paraguay, se cierran universidades en el Ecuador y levantan la cabeza en Santo Domingo y en Nicaragua los venenosos escorpiones de Trujillo y de Somoza.

Bajo la máscara del anticomunismo los señoritos pillastres de «Chile-Libre» quieren justificar sus sueldos de mercenarios, escribiendo panfletos y pegando mentiras en las paredes.

A estos señoritos pillastres y nostálgicos del fascismo se han venido a agregar algunos llamados izquierdistas que contribuyen a ensuciar las paredes con denuestos hacia la Unión Soviética y hacia nuestro Partido Comunista.

SÓLO LOS FRENÉTICOS

Siempre estos izquierdizantes, vestidos de revolucionarios, quisieron comerse los niños crudos para impresionar. Pero siempre adoptaron en la actividad política, las banderas manchadas de la reacción.

Cuando la contrarrevolución húngara muchos de ellos habrían deseado que no interviniera la Unión Soviética que ayudó al pueblo húngaro a aplastar una conspiración imperialista y fascista.

Qué hubiera pasado si hubieran ganado allí las fuerzas de la insurrección? Hungría sería el centro de la contrarrevolución mundial en el corazón del mundo socialista.

Más tarde estuvieron en contra del retiro de los proyectiles nucleares establecidos en Cuba en un momento determinado de su acelerada historia. Qué habría pasado si no se retiran esos proyectiles? De la revolución cubana no quedaría ni cenizas. Sólo quedarían los escombros de las ciudades y los huesos quemados de los hombres. Las explosiones nucleares habrían alcanzado también a la mayor parte del planeta llevando la destrucción y la muerte total.

La guerra nuclear no es un espantapájaros. En un solo día puede casi terminarse la humanidad. Quién puede desear esta guerra? Sólo los frenéticos, sólo los enfermos mentales, sólo los perversos.

LA CAUSA DE LA PAZ NO SIGNIFICA TREGUA

La causa de la paz no significa tregua ni un paso atrás en la lucha contra la explotación humana. La coexistencia pacífica significa el reconocimiento de la estabilidad alcanzada por el mundo socialista. La coexistencia pacífica significa el respeto y el crecimiento del movimiento popular en todos los países. Significa que se reconoce la existencia de las poderosas fuerzas vitales del socialismo y que éstas continúan su camino de lucha, de transformaciones y de victorias.

A la sombra de los actuales errores de algunos comunistas chinos, los anticomunistas, los extremistas de izquierda, hacen el juego a las fuerzas reaccionarias internas y externas. Atacando a la Unión Soviética ayudan al Departamento de Estado. Atacando a los comunistas chilenos ayudan a la tambaleante candidatura de Julio Durán.

He dicho los errores de algunos comunistas chinos. Los comunistas chinos que no están de acuerdo no pueden hablar, porque están privados de expresar sus opiniones.

No me hubiera gustado hablar de estos hechos, de estas cosas que transitoriamente nos separan atravesando por la mitad nuestras almas. Pero no hay más remedio. Todos los elementos de la ultraderecha celebran las extrañas manifestaciones chinas. Están felices de la aparente división de pareceres. Hasta nuestro prestigioso crítico Hernán Díaz Arrieta, *Alone*, muy conocido por sus ideas políticas coloniales, exclamó en una de sus inefables audiciones de radio: «Ojalá que por esta brecha entre la libertad». La libertad la entiende Alone como el aplastamiento del movimiento obrero y de los avances de la revolución mundial. Hernán Díaz Arrieta dividió el mundo entre rotos y Díaz Arrieta. Está perdido porque los rotos somos más numerosos y mejores que los Díaz Arrieta.

EL CULTO A LA PERSONALIDAD EN CHINA

A mí me parece que China deriva sus errores y su política violenta, interna y externa, de una sola fuente: del culto de la personalidad, interna y externa. Los que hemos visitado China vimos repetir allí el caso de Stalin. Cada calle, cada puerta, tiene un retrato de Mao Tse-tung. Mao Tse-tung se transformó en un Buda viviente, separado del pueblo por una corte de bonzos que interpretan a su manera el marxismo y la historia contemporánea. Los campesinos se veían obligados a hacer una venia, una genuflexión ante el retrato del líder. Recientemente el camarada Chou En Lai, felicitó públicamente a un joven chino porque se había esterilizado voluntariamente para servir a la República china.

Dice el cable de Pekín:

> Un campesino chino que se había hecho esterilizar para poder consagrar todas sus energías a la construcción del socialismo en China, fue calurosamente felicitado en público por Chou En Lai, narra la bimensual *Juventud Comunista*, órgano de la Liga de Jóvenes Comunistas en su número del 10 de setiembre.
>
> Este suceso ha dado a todo el mundo un excelente ejemplo tanto más cuanto fue el marido quien tomó la iniciativa. Este ejemplo debería suscitar un gran ejemplo de emulación, declaró Chou En Lai.

Se nos ocurre el pensamiento natural de que si el padre del camarada Chou En Lai hubiera tenido esta idea, Chou En Lai no existiría. Es esto comunismo? Es más bien una adoración religiosa, ridícula, supersticiosa, inaceptable.

Compañeros: cada ferrocarril, cada puente, cada fábrica, cada avión, cada rifle, cada camino moderno, cada cooperativa agrícola, fue estructurada en China Popular por los ingenieros y los técnicos soviéticos. Cuando estuve allí yo y pasé algunos días en un balneario en el mar Amarillo, en un solo hotel de ese balneario descansaban dos mil técnicos soviéticos, generosamente prestados por el Estado socialista.

A este Estado los dirigentes chinos acusan de no ayudar a las crecientes fuerzas del socialismo. Los que todo lo deben acusan a quienes lo dieron todo.

Estos dirigentes envían cartas a todos los intelectuales de América Latina incitándolos a colaborar en la división del mundo socialista. Esta incitación puede inducir a muchas equivocaciones y puede contribuir a debilitar los frentes nacionales de liberación.

CHINA Y DOS CASOS TRÁGICOS

Pero el culto de la personalidad lleva en China a los mismos trágicos pasos del pasado. Sólo hablando de los que conozco entre mis compañeros escritores chinos voy a contarles que la primera figura de la novela china, premio Lenin, ex presidente de la Unión de Escritores Chinos, Tieng Lin ha desaparecido. Primero fue condenada a lavar platos y dormir en el suelo en una comuna popular de lejanos campesinos. Luego ya no supimos más de ella. Yo la conocí muchísimo, puesto que ella fue presidenta de la comisión designada por el Ministerio de Cultura para recibirnos a Ilyá Ehrenburg y a mí cuando viajamos a Pekín a entregar el premio de la Paz a Sun Chi Lin, Mme. Sun Yat Sen. Por qué la condenaron? Encontraron que hace 25 años había tenido amores con un partidario de Chiang Kai-shek. Sí, era verdad, pero no decían que la gran escritora, con su niño en brazos, descalza y con un rifle al hombro, hizo toda la gran marcha desde Yenán hasta Nankín con los guerrilleros del Partido Comunista chino.

Y al poeta Al Chin, aquel que todos los chilenos conocieron, el mejor poeta de China, viejo comunista, que visitó Chile con ocasión de mis 50 años, dónde está? Acusado de derechista porque conoce el idioma francés, y por otras acusaciones ridículas, ha sido desterrado al desierto de Gobi, a una altura inhumana, y ha sido obligado a firmar sus poemas con otro nombre. Es decir, se le ha fusilado moralmente.

El dirigente chino que me daba esta información se sonreía con sonrisa helada.

Yo no me sonrío, camaradas. Creo que el Partido Comunista de China reparará estos errores en el futuro. Creo que la causa mundial del socialismo contará mañana con la eficacia, la inteligencia, el dinamismo y la bondad que le vuelva a dar la República Popular de China. Pero, por qué atravesar esta etapa de desorientación, de división, de persecución?

Si es verdad que estos acontecimientos nos hieren en lo más profundo, tenemos el deber de revelarlos para que no se propague en los intelectuales y en el pueblo la falacia, conducida por una propaganda que encanta a nuestros enemigos.

Los comunistas no aceptamos el terror. Bajo el gobierno opresivo del culto a la personalidad se deforman todas las ideas y la dura opresión hace confusas y tenebrosas las ideas que nacieron precisamente para terminar con la confusión y las tinieblas.

NO COMPRENDERÁN LA LECCIÓN DE LA HISTORIA

En el terreno internacional nuestro partido, con la inmensa mayoría de los partidos comunistas del mundo, está al lado de la Unión Soviética, de su asombrosa misión de paz, que ha logrado maniatar a los imperialistas que nos conducían a la guerra atómica. Está al lado de la Unión Soviética, cuyos éxitos, cuyo dinamismo, cuya energía, cuya libertad, cuya serenidad, son la fuente inagotable de todos los movimientos populares. Los que no quieran aprender las enseñanzas dadas por 45 años de la Revolución más grandiosa, no comprenderán la lección misma de la historia.

Hace sólo tres meses un grupo de jóvenes me pidió una página en homenaje a un guerrillero muerto en un país vecino. Este muchacho de 21 años, luminosa personalidad de la poesía y de la juventud política de su país, se lanzó a las montañas a hacer solo su revolución. Después de dos meses de solitario heroísmo la policía despiadada de ese país lo encontró semidesnudo y hambriento, conduciendo él solo una piragua en medio de la corriente del río tropical. Aunque ya no llevaba arma ninguna lo acribillaron largamente, con ráfagas de ametralladora, aun después que el cadáver del bravo muchacho ya se había desangrado y flotaba la embarcación a la deriva.

Yo envié mi homenaje que se leyó sin duda ante sus amigos, ante la juventud de aquel país que perdía con él a un joven capitán del futuro. Pero yo escribí mi homenaje con dolor y con ira. Dolor por lo que todos perdemos. Ira por los que lo asesinaron y también contra los que no encauzaron a tiempo su acción, para que dirigiera su rebeldía por el camino justo.

El partido de Luis Emilio Recabarren sostiene una lucha, una de las más heroicas luchas. Ni la represión infame, ni los intentos divisionistas, ni el aventurerismo sin principios ni el derechismo conciliatorio, han logrado mermar la magnitud de nuestro partido. Pero no somos despilfarradores de la sangre del pueblo. En todos los terrenos nos encontrará el enemigo. Nos hallará organizados, unidos y conocedores del alcance y la oportunidad de nuestra acción. En este momento señalamos como justo el camino de reunir todas las voluntades en torno a la victoria popular de 1964. Quien no está con Allende no está con el pueblo. Quien intente dividirnos y separarnos en este momento crucial de la historia es porque quiere impedir la liberación de Chile.

CONTRA LOS REACCIONARIOS DE ADENTRO
Y LOS IMPERIALISTAS DE AFUERA

Los comunistas levantamos la bandera de la unidad, de la liberación, contra nuestros verdaderos enemigos: los reaccionarios de adentro y los imperialistas de afuera.

Conscientes, activos y organizados, apoyándonos en las claras lecciones del pasado y en el esplendor futuro de la humanidad, daremos a Chile la victoria que se merece nuestro pueblo maltratado y maravilloso. En nombre de tales posibilidades, de las luchas antiguas, próximas y futuras, en nombre de la gloriosa y poderosa primavera del mundo, termino pidiendo a los que no pertenezcan a nuestras filas, que ingresen al Partido Comunista de Chile. Queremos nuevos camaradas, seremos cada día más grandes, seremos grandes como grande es el destino del hombre: vivir plenamente en la plenitud de la justicia, de la paz y de la creación.

He terminado, queridos camaradas de ayer, de hoy, de siempre.

Discurso en el Parque Bustamante de Santiago, 29.9.1963, publicado en El Siglo, *Santiago, 30.9.1963.*

Quiénes mataron a Kennedy?

La multitud precipitándose y empujándose de aquí para allá, la noche, los aullidos, los pálidos rostros, mucha gente asustada tratando en vano de salir de allí, el hombre atacado, aún no liberado de las mandíbulas de la muerte, ya parecido a un cadáver, todo esto, hacía el escenario a la gran tragedia del asesinato. Booth, el asesino, vestido de negro, sin sombrero, de cabellera negrísima y ojos de animal enloquecido, relampagueando resolución lleva en una mano un ancho cuchillo, se vuelve hacia la audiencia mostrando su rostro de belleza estatuaria, alumbrado por esos ojos de basilisco que brillaban con desesperación y locura. Entonces, con firme y fuerte voz dice las palabras SIC SEMPER TYRANNIS y entonces desaparece con pasos ni rápidos ni lentos. No parece que toda esta escena terrible hubiera sido ensayada antes por el asesino?

Con estas palabras describió Walt Whitman el 14 de abril de 1879 en Filadelfia la muerte violenta del gran presidente Abraham Lincoln. El gran poeta era periodista y estaba allí, en el teatro, cuando por primera vez fue asesinado un presidente norteamericano. John Kennedy es el cuarto presidente que cae aniquilado casi por las mismas oscuras corrientes de la historia, por furiosas fuerzas regresivas.

Pero ha corrido mucha agua bajo los puentes, desde entonces, y se ven claramente las diferencias en estas acciones siniestras. También se notan algunas semejanzas. La diferencia es que el enemigo de Lincoln se dirige a la multitud y la enfrenta, diciendo lo que cree su razón. Ahora todo fue premeditadamente confuso.

Se podría decir que la misma mano hizo caer ensangrentados a los dos presidentes a través del tiempo. Pero en el caso de Lincoln la mano se vio y en el caso de Kennedy la mano fue ocultada.

Pero hay también semejanza. Como dice Walt Whitman, en

aquel histórico magnicidio hay algo artificial: él lo dice «como si hubiera sido ensayado el drama terrible».

Ya no le cabe duda a nadie. El asesinato del presidente Kennedy, que ha herido a la humanidad entera, fue pensado, planeado y ensayado. Dallas tiene la triste especialidad de la violencia. Allí se fabrican y prefabrican crímenes. El periodista Juan Ehrmann nos dice, en el último número de la revista *Ercilla*, que en la ciudad de Dallas, en 1959, fueron asesinadas 1.094 personas y en 1960, 1.080. De esas 1.080, sólo unas 5 fueron ajusticiadas por la vía legal. En la ciudad de Dallas, con aproximadamente medio millón de habitantes, se asesina anualmente a más gente que en Inglaterra, con 45 millones. Hasta aquí el periodista.

Dallas es, además, notoria por su racismo, por la feroz persecución antiobrera, por su espíritu reaccionario y por su corrompida policía.

A este matadero llevaron al joven, sonriente y luminoso muchacho, que, aunque suprema autoridad de su país, era negado y apostrofado en la ciudad adonde lo llevaron a morir. Para que no erraran las balas de los asesinos, los encargados de custodiarlo no colocaron la cubierta plástica protectora del automóvil en que viajaba. Por qué fue olvidada, en esta única ciudad, esta elemental precaución?

El mayor del ejército en retiro, Eugene Lee, que vive en San Francisco, recibió una carta antes del atentado, escrita por un pariente de él que reside en Dallas, cuyo nombre no quiere revelar, naturalmente, para no poner su vida en peligro. La carta, publicada por la prensa norteamericana, dice lo siguiente: «Estamos preocupados por el presidente Kennedy, cuando llegue aquí mañana. Lo odian algunos extremistas que son capaces de todo». La carta agregaba, refiriéndose a la propaganda contra Kennedy: «Hay carteles en la ciudad calificándolo de traidor. Están lavados del cerebro por nuestros periódicos que diariamente atacan a Washington, como si se tratara de una siniestra potencia extranjera. Creo que Kennedy está en mayor peligro aquí que cuando viajaba por toda Europa».

Otro documento: «El odio de los ultraderechistas de Dallas contra el presidente Kennedy era tan grande que el 20 de no-

viembre –dos días antes del asesinato– un estudiante de dieciocho años, de Dallas, le escribió a su madre que temía que
Kennedy fuera asesinado si venía a Dallas». La carta del estudiante la publicó el *Quote Registers Unquote*, diario de
New Haven, Connecticut, el 23 del presente.

Sólo ayer leíamos en la prensa el siguiente despacho: «El
pastor protestante de Dallas, William Holmes, reveló por televisión que los alumnos de una escuela pública aplaudieron
cuando se les dio la noticia del asesinato de Kennedy. La policía custodia ahora la residencia del pastor porque de inmediato recibió anónimas amenazas de muerte. Las declaraciones de Holmes fueron confirmadas por la maestra primaria
Joanna Morgan, quien dijo que sus alumnos también habían
aplaudido la noticia. Holmes, hablando en la televisión, aco-
tó con sensatez: "Los alumnos que aplaudieron eran demasiado jóvenes para odiar en tal forma y sólo reflejaban los
puntos de vista de sus padres"».

Esto quiere decir que la semilla del odio sigue germinando
en Dallas. No ha bastado el crimen, ni el duelo universal.
No ha bastado que las fuerzas tenebrosas sigan encubriendo a los verdaderos autores. No ha bastado tampoco el asesinato de un presunto culpable o de un presunto inocente.
A ése, además de responsabilizarlo, hallándose a 6 kilómetros de distancia del suceso, se le añadieron actividades políticas. La mascarada sangrienta comprendía atribuir el asesinato a un castrista, a un comunista, a un izquierdista, en
suma.

Los verdaderos culpables adquirieron, previamente, un fusil por correspondencia, atribuyendo la adquisición al que
designarían como asesino. Luego, de alguna manera, lo retra-
taron con un fusil parecido. Pero, este hombre nunca se reconoció culpable. Los que fabricaron las pruebas, no pudieron
fabricar el hombre.

Hitler, cuando incendió el Reichstag, victimizó al débil
mental Van der Lubbe. Lo drogaron y en estado de aniquilamiento total lo sentenciaron en los tribunales, en donde los
nazis fueron derrotados por el gigante Dimitrov. Todo el
mundo recuerda cómo los reaccionarios alemanes forjaron

pieza a pieza aquel incendio para desencadenar la crueldad y la guerra sobre Europa y el mundo.

Los verdaderos culpables de la muerte del presidente Kennedy aún no han sido desenmascarados. Pero han andado más de prisa que los nazis. Eliminaron con velocidad al presunto culpable, antes de que llegara a ser sometido a juicio. Este juicio resultaba peligroso porque seguramente este hombre no era el que les convenía para mantener la farsa.

El mundo entero ha visto, estupefacto e indignado, la atroz fotografía del nuevo asesinato. Dos policías, impertérritos, sujetan firmemente al acusado para que el amigo de la policía le dispare. Se ve la mueca de dolor del que ya nunca podrá hablar y se ve el revólver del que, hasta ayer, recibía a las autoridades de Texas en su cabaret de *strip-tease*.

Mientras tanto, el cable nos trae opiniones, como la del experto de Viena, campeón balístico de tiro con carabina, Huber Hammerer, que dicen que «es inverosímil que un tirador equipado con una carabina de repetición con teleobjetivo pueda dar en el blanco tres veces seguidas cuando dispara contra un objetivo que se desplaza a una distancia de 180 metros y a una velocidad de 15 kilómetros por hora».

Volodia Teitelboim, en su discurso del 28 de noviembre, en la Cámara de Diputados de Chile, dijo, entre otras verdades maravillosamente expresadas: «Kennedy tuvo paradojalmente una vida clara y una muerte oscura».

Pero, la muerte oscura de un hombre eminente entre todos, no puede ser sino inaceptable en esta hora del mundo.

El verdadero homenaje a la vida de Kennedy será la aclaración de esta oscuridad que ha envuelto su muerte.

No puede aceptar la conciencia del mundo actual hechos tan deliberadamente tenebrosos.

El señor Kennedy intentó vencer a los furibundos segregacionistas del sur de los Estados Unidos. El señor Kennedy intentó disminuir los gigantescos presupuestos de guerra. Él ha caído, sin duda, en esa batalla. Y aunque sólo fuera por eso, merecería la medalla del gran recuerdo, la medalla del soldado que defendió la integridad y la verdad.

Pero, este joven gobernante comprendió muy pronto, por

los propios golpes que le asestó la historia contemporánea, que existe un mundo que produce, crea y se multiplica bajo otras leyes que las del capitalismo que él defendió como jefe de su gran país. Él llegó a la conclusión de que el entendimiento humano es fundamental. Sosteniendo tesis completamente contrarias al marxismo, aprendió a respetar a la inmensa humanidad socialista. Sus enemigos internos, que reconocieron antes que nadie los cambios a que su experiencia lo llevaba, comprendieron que el presidente Kennedy caminaba directamente en el sentido del entendimiento y de la paz, y no soportaron este cambio. Ellos habrían sostenido a un agresivo capitalista, más y más dependiente del Pentágono, más y más alejado de la necesaria coexistencia de los pueblos.

Por eso fue aniquilado. El senador Luis Corvalán lo dijo en una sola frase: «Kennedy fue muerto por los descendientes de los asesinos de Lincoln».

Pero estos descendientes feroces deben ser buscados y confrontados por la verdad. Nos negamos a creer que una confabulación de políticos reaccionarios, de policías y de gángsters, pueda borrar todos los rastros, pueda impedir el esclarecimiento de un hecho que atormenta y avergüenza a toda la humanidad. Nos negamos a creer que la policía de Dallas sea más fuerte que la conciencia universal que pide castigo para los culpables.

Ha sido corriente en la larga historia del pensamiento y del progreso que aquellos que quieren detener la marcha del pensamiento y del progreso, intenten achacar sus propios delitos a los que representan y defienden el desarrollo histórico y luchan por la renovación de los sistemas que envejecen. Muchas veces la falsificación de los hechos ha pasado como verdad: los perpetradores han echado la culpa al hombro de sus víctimas y las víctimas, no los criminales, llegaron al calvario. Así pasó en los tribunales norteamericanos con Sacco y Vanzetti.

Pero, esta vez, el mundo no se ha tragado la mentira, ni parece haber aceptado la mentira. Sólo algunos hombres mediocres y rencorosos, en nuestro país, han pretendido obtener ventajas políticas basadas en la confabulación y en la sangre de Dallas. Tales recursos subalternos son impropios de la gran tragedia que ha conmovido al mundo y sólo revelan la mezquindad de ciertos insensatos.

Lo importante es que este crimen no detenga el curso de las mejores causas de la humanidad. Que siga el gobierno de los Estados Unidos sosteniendo la integración racial, que terminen las amenazas contra la revolución y la independencia de Cuba, que progrese el acuerdo de suspensión de pruebas nucleares, hasta eliminar totalmente el peligro de una guerra atómica, que no se ampare la violencia y la ilegalidad existentes en Paraguay, Ecuador, Nicaragua, Honduras, Santo Domingo.

Y que la convivencia pacífica entre los pueblos que propicia la Unión Soviética y las naciones socialistas sea tomada en cuenta como el único camino para la fecundidad y felicidad del mundo en que vivimos.

Texto de una declaración difundida por radio y publicada en El Siglo, *Santiago, 1.12.1963.*

II

TEXTOS DE AMOR Y DE AMISTAD

Un globo para Matilde

Un año más para la raza humana,
para la calle Prat, para mi tía,
un año más para La Sebastiana,
para decir «adiós» o «todavía».

Un año más, picadito en semanas
por Dios, el cardenal y compañía,
un año más, Patoja soberana,
para tu deficiente ortografía.

Pero no para ti, mi bien amada:
me das la luz y estás iluminada:
no tiene un día más tu mediodía.

Y aunque hasta las estrellas palidecen
con este amor, los años no envejecen:
tienes un año menos, alma mía.

*Soneto escrito en La Sebastiana, Valparaíso, 3.5.1963
(51.° cumpleaños de Matilde) e impreso en hojas volantes por una anónima imprenta de Valparaíso. Recogido
en* FDV, *p. 58.*

Prólogo para Manuel Balbontín

Manuel Balbontín se dedica en este libro, con amor y paciencia, a reconstruir un relámpago. El gran fulgor carrerino atravesó la noche colonial, su paso dejó la patria constelada para siempre.

El autor de este relato nos revela con pasión minuciosa los acontecimientos, la composición, el desarrollo y el espacio del drama que continúa conmoviendo. Honor a quienes como él, trabajan restableciendo la luz!

Mayo, 1963

Prólogo a Manuel G. Balbontín M., Epopeya de los húsares, *Santiago, Orbe, 1963.*

Corona de invierno para Nazim Hikmet

Por qué te has muerto, Nazim? Y ahora qué haremos sin tus
   cantos? Dónde encontraremos la fuente? Dónde estará tu
   gran sonrisa, esperándonos?
Qué vamos a hacer sin tu postura, sin tu ternura inflexible?
   Dónde
encontrar otros ojos que como los tuyos contengan el fuego y
   el agua
de la verdad que exige, de la congoja que llora y de la alegría
   valiente?
Hermano, me enseñaste tantas cosas que si las deshojara
en el amargo viento del mar, a manos llenas,
tal vez se irían y caerían como la nieve allá lejos,
en la tierra que escogiste en la vida, que ahora te acoge
también en la muerte.
Un ramo de crisantemos del invierno de Chile,

la luna fría del mes de junio de los Mares del Sur
y algo más: el combate de los pueblos, del mío,
y el redoble apagado de un tambor de luto en tu patria.
Hermano mío, soldado, qué sola es la tierra
para mí desde ahora
sin tu rostro que florecía como un cerezo
de oro,
sin tu amistad que fue pan de mi boca,
agua de mi sed, fuerza para mi sangre!
De tus prisiones que fueron como pozos sombríos,
pozos de la crueldad, del error y del dolor
te vi llegar y aceché en tus manos la huella
del castigo, en tus ojos busqué la espina del odio,
pero lo que traías era tu corazón radiante,
tu corazón herido sólo traía luz.
Y ahora?, me pregunto. Déjame ver, pensar,
imaginar el mundo sin la flor que le dabas.
Imaginar la lucha sin que tú me demuestres
la claridad del pueblo y el honor del poeta.
Gracias por lo que fuiste y por el fuego
que tu canción dejó para siempre encendido.

Poema fechado el 8.5.1963, escrito en memoria del poeta
turco y amigo, publicado en El Siglo, *Santiago, el 9.6.1963.*

Despedida a Zoilo Escobar

Ha dejado de latir el corazón más puro de Valparaíso. Como a todos los hombres, abriremos la tierra que guardará su cuerpo, pero esta tierra será la tierra que él amó, tierra de los cerros del puerto que él cantó. Descansará frente al océano cuyas olas y vientos hicieron palpitar su poesía, como las velas de un viejo navío. Ninguna palabra podrá cubrir su ausencia y, tal vez, aquí no debiera hablar en esta hora para decirle adiós y rendirle homenaje, sino la voz del mar, del mar de Valparaíso.

Zoilo fue un poeta del pueblo, salido del pueblo mismo, y siempre conservó esa estampa de bardo antiguo, de payador marino. Esa picaresca alegría que brillaba en sus ojos era una picardía de minero, de pescador. Las arrugas de su rostro eran surcos de la tierra chilena, su poesía era una guitarra de Chile.

Dos palabras volverán siempre cuando se trate de recordar esta vida. Estas palabras son la *pureza* y la *pobreza*. Zoilo Escobar fue puro de solemnidad y pobre con alegría. Pero en este sitio del abrazo final debemos dejar establecido que no aceptaremos los poetas que con estas dos palabras se quiera jugar, tergiversando su vida soñadora. Muchos querrán confundir su pureza con su pobreza para justificar el abandono del pueblo. No queremos la pobreza ni en los poetas ni en los pueblos, y en esto Zoilo Escobar fue como todo verdadero poeta, un revolucionario. Hermano de Pezoa Véliz, su poesía se tiñe de rojo en el comienzo del siglo. Eran tiempos anárquicos en que Baldomero Lillo creaba la primera novela realista social del continente. Zoilo Escobar acompañó la evolución del mundo y cantó con su estilo florido las victorias del socialismo en el mundo naciente.

Qué sitio ocupará Zoilo Escobar en la permanencia literaria de nuestro país? Inútil pregunta que aquí nadie puede contestar, ni nadie debe contestar, sino el viento del océano. No pasó su vida defendiendo a dentelladas su nombre en el Parnaso. En cambio, nos dio a todos, desde que muy jóvenes lo conocimos, una lección diaria de fraternidad, de amistad, de amor hacia la vida, nos dio, pues, una larga lección de poesía.

Esta insigne ternura será para mí un perpetuo recuerdo. Muchos poetas que ya desaparecieron disfrutaron de la bondad de nuestro hermano mayor, más antiguo en la bondad y en la poesía que nosotros. Sería mucho honor para mí si aquellos que callaron ya para siempre hablaran por mi voz despidiéndolo, ahora que él también ha callado.

Yo le traigo desde Isla Negra estas ramas de aromo. Ellas florecieron frente al viento del mar, como sus sueños y su poesía.

Valparaíso, 1963

PNN, *pp. 111-112.*

RLV

Casi por mismos días del año 1921 en que yo llegaba a Santiago de Chile desde mi pueblo, se moría en México el poeta Ramón López Velarde, poeta esencial y supremo de nuestras dilatadas Américas. Por supuesto que yo no supe ni que se moría ni que hubiera existido. Por entonces y por ahora nos llenábamos la cabeza con lo último que llegaba de los transatlánticos: mucho de lo que leíamos pasó como humo o vapor para nuestro carnívoro apetito, otras revelaciones nos deslumbraron y con el tiempo sostuvieron su firmeza. Pero no se nos ocurrió preguntar nada a México. Nada más que el eco de sus revoluciones nos despertaba aún con su estampido. No conocíamos lo singular, lo florido de aquella tierra sangrienta.

Muchísimos años después me tocó alquilar la vieja villa de los López Velarde, en Coyoacán, a orillas del Distrito Federal de México. Alguno de mis amigos recordará aquella inmensa casa, plantel en que todos los salones estaban invadidos de alacranes, se desprendían las vigas atacadas por eficaces insectos y se hundían las tablas de los pisos como si se caminara por una selva humedecida. Logré poner al día dos o tres habitaciones y allí me puse a vivir a plena atmósfera de López Velarde, cuya poesía comenzó a traspasarme.

La casa fantasmal conservaba aún un retazo del antiguo parque, colosales palmeras y ahuehuetes, una piscina barroca, cuyas trizaduras no permitían más agua que la de la luna, y por todas partes estatuas de náyades del año 1910. Vagando por el jardín se las hallaba en sitios inesperados, mirando desde adentro de un quiosco que las enredaderas sobrecubrían, o, simplemente, como si fueran con elegante paso hacia la vieja piscina sin agua, a tomar el sol sobre sus rocas de mampostería.

Entonces sentí con ansiedad no haber llegado a tiempo en la vida para haber conocido al poeta. No sé por qué me parece que le hubiera ayudado yo a vivir, no sé cuánto más, tal vez sólo algunos versos más. Sentí como pocas veces he senti-

do la amistad de esa sombra que aún impregnaba los ahuehuetes. Y fui también descifrando su breve escritura, las escasas
páginas que escribiera en su breve vida y que hasta ahora,
como muy pocas, resplandecen.

No hay poesía más alquitarada que su poesía. Ha ido de
alambique en alambique destilando la gota justa de alcohol
de azahar, se ha reposado en diminutas redomas hasta llegar
a ser la perfección de la fragancia. Es tal su independencia
que se queda ahí dormida, como en un frasco azul de farma-
cia, envuelta en su tranquilidad y en su olvido. Pero al menor
contacto sentimos que continúa intacta, a través de los años,
esta energía voltaica. Y sentimos que nos atravesó el blanco
del corazón la inefable puntería de una flecha que traía en su
vuelo el aroma de los jazmines que también atravesó.

Ha de saberse, asimismo, que esta poesía es comestible,
como turrón o mazapán, o dulces de aldea, preparados con
misteriosa pulcritud y cuya delicia cruje en nuestros dientes
golosos. Ninguna poesía tuvo antes o después tanta dulzura,
ni fue tan amasada con harinas celestiales.

Pero bajo esta fragilidad hay agua y piedra eterna. Cuidado con engañarse. Cuidado con superjuzgar este atildamien-
to y esta exquisita exactitud. Pocos poetas con tan breves palabras nos han dicho tanto, y tan eternamente, de su propia
tierra. López Velarde también hace historia.

Por ese tiempo, cuando Ramón López Velarde cantaba y
moría, trepidaba la vieja tierra. Galopaban los centauros para
imponer el pan a los hambrientos. El petróleo atraía a los fríos
filibusteros del Norte. México fue robado y cercenado. Pero
no fue vencido.

El poeta dejó estos testimonios. Se verán en su obra como se
ven las venas al trasluz de la piel, sin trazos excesivos: pero ahí
están. Son la protesta del patriota que sólo quiso cantar. Pero
este poeta civil, casi subrepticio, con sus dos o tres notas del
piano, con sus dos o tres lágrimas verdaderas, con su purísimo
patriotismo, completa así la estatua del cantor imborrable.

Es también el más provinciano de los poetas, y conserva
hasta en el último de sus versos inconclusos el silencio, la pá-
tina de jardín oculto de aquellas casas con muros blancos de

adobe de las cuales sólo emergen puntiagudas cimas de árbol. De allí viene también el líquido erotismo de su poesía que circula en toda su obra como soterrado, envuelto por el largo verano, por la castidad dirigida al pecado, por los letárgicos abandonos de alcobas de techo alto en que algún insecto sonoro interrumpe con sus élitros la siesta del soñador.

Supe que hace diez siglos, entre una guerra y otra, los custodios de la Corona Real de una monarquía ahora difunta, dejaron caer el Objeto Precioso y se quedó para siempre torcida la antigua cruz de la Corona. Muy sabios, los viejos reyes conservaron la cruz torcida sobre la Corona fulgurante de piedras preciosas. Y no sólo así siguió custodiada, sino que la cruz torcida pasó a los blasones y a las banderas: es decir, se hizo estilo.

De alguna manera me recuerda este antiguo episodio el modo poético de López Velarde. Como si alguna vez hubiera visto la escena de soslayo y hubiera conservado fielmente una visión oblicua, una luz torcida que da a toda su creación tal inesperada claridad.

En la gran trilogía del modernismo es Ramón López Velarde el maestro final, el que pone el punto sin coma. Una época rumorosa ha terminado. Sus grandes hermanos, el caudaloso Rubén Darío y el lunático Herrera y Reissig, han abierto las puertas de una América anticuada, han hecho circular el aire libre, han llenado de cisnes los parques municipales, y de impaciente sabiduría, tristeza, remordimiento, locura e inteligencia los álbumes de las señoritas, álbumes que desde entonces estallaron con aquella carga peligrosa en los salones.

Pero esta revolución no es completa, si no consideramos este arcángel final que dio a la poesía americana un sabor y una fragancia que durará para siempre. Sus breves páginas alcanzan, de algún modo sutil, la eternidad de la poesía.

Isla Negra, agosto de 1963

Prólogo al volumen Presencia de Ramón López Velarde en Chile, *que incluye poesías y prosas del escritor mexicano seleccionadas por Pablo Neruda, Santiago, Prensas de la Editorial Universitaria, 1963.*

Alberto Sánchez huesudo y férreo

La muerte de Alberto Sánchez en Moscú no sólo me trajo el súbito dolor de perder a un gran hermano, sino que me causó perplejidad. Todo el mundo, pensé, menos Alberto. Esto se explica por la obra y la persona de quien ha sido para mí el más extraordinario escultor de nuestro tiempo.

Poco después de los años veinte, los primeros veinte de nuestro siglo, comienza Alberto a producir su escultura ferruginosa con piedra y hierro. Pero también él mismo, con su largo cuerpo flaco y su rostro seco en que aparecía la osamenta audaz y poderosa, era una escultura natural de Castilla. Era por fuera este gran Alberto Sánchez entero y pedregoso, huesudo y férreo, como uno de esos esqueletos forjados a la intemperie castellana, tallado a sol y frío.

Por eso su muerte me pareció contraria a las leyes naturales. Era uno de esos productos duros de la tierra, un hombre mineral, curtido desde su nacimiento por la naturaleza. Siempre me pareció uno de esos árboles altísimos de mi tierra que se diferencian muy poco del mineral andino. Era un árbol Alberto Sánchez, y en lo alto tenía pájaros y pararrayos, alas para volar y magnetismo tempestuoso.

Esto no quería decir que nuestro gigantesco escultor fuera un hombre monolítico, empedrado por dentro. En su juventud fue, por oficio, obrero panadero y, en verdad, tenía un corazón de pan, de harina de trigo rumoroso. Por cierto que en muchas de sus esculturas, como lo hiciera notar Picasso, se le veía el panadero: alargaba las masas y las torcía, dándoles un movimiento, una forma, un ritmo de pan. Popular, como esas figuras que se hacen en los pueblos de España con formas de animales y pájaros. Pero no sólo la panadería se mostraba en su obra. Cuando yo vi por primera vez en casa de Rafael Alberti, el año 1934, sus esculturas, comprendí que allí estaba un gran revelador de España. Aquellas obras de forma ardientemente libre tenían incrustados trozos de hierro, rugosos guijarros, huesos y clavos que asomaban en la epidermis de sus extraños animales. *Pájaro de mi invención*, recuerdo que se llamaba uno de sus trabajos. Allí lucían estos fragmentos extraños, como si fueran parte de la piel hirsuta de la llanura. La arcilla o el cemento que formaban la obra estaba rayada y entrecruzada por líneas y surcos como de sementeras o rostros campesinos. Y así, a su propia manera, con su estilo singular y grandioso nos daba la imagen de su tierra que él amó, comprendió y expresó como ninguno.

Alberto venía muchas veces a mi casa en Madrid, antes de que se casara con la admirable y querida Clara Sancha. Este castellano tenía que casarse con una mujer clara y sanchesca. Y así sucedió hasta ahora, en que Clarita se ha quedado sin Alberto y sin España.

Por aquel entonces y en Madrid, Alberto hizo su primera exposición. Sólo un artículo compasivo de la crítica oficial lo ponía en la trastienda de la incomprensión española, en la cual, como en una bodega, se amontonaban tantos pecados. Por suerte, Alberto tenía hierro y madera para soportar aquel desprecio. Pero lo vi palidecer y también lo vi llorar cuando la burguesía de Madrid escarneció su obra y llegó hasta escupir sus esculturas.

Vino aquella tarde a mi domicilio en la Casa de las Flores y me encontró en cama, enfermo. Me contó los ultrajes que diariamente hacían a su exposición. Su realismo fundamental, que va más allá de las formas, la violencia de su revolución plástica, a la que parecían incorporarse todos los elementos, comenzando por la tierra y el fuego, el colosal poderío, el asombroso vuelo de su concepción monumental, todo esto lo llevaba hacia una forma aparentemente abstracta, pero que era firmemente real. Sus mujeres eran otras mujeres, sus estrellas, estrellas diferentes, sus pájaros eran aves que él inventaba. Cada una de sus obras era un pequeño planeta que buscaba su órbita en el espacio ilimitado de nuestro pensamiento y de nuestro sentimiento y que entraba en ellos despertando presencias desconocidas.

Creador de fabulosos objetos que quedaban formados misteriosamente, como la naturaleza forma las vidas, Alberto nos estaba entregando un mundo hecho por sus manos, mundo natural y sobrenatural que yo no sólo comprendí, sino que me ayudó a descifrar los enigmas que nos rodean. Era natural que la burguesía de Madrid reaccionara violentamente en contra suya. Aquellas gentes atrasadas habían codificado el realismo. La repetición de una forma, la mala fotografía de la sonrisa y de las flores, la limitación obtusa que copia el todo y los detalles, la muerte de la interpretación, de la imaginación y de la creación eran el tope a que había llegado la cultura oficial de España en aquellos años. Era natural que el fascismo surgiera por allí cerca, enarbolando también sus oscuras limitaciones y sus marcos de hierro para someter al hombre.

Aquella vez me levanté de mi lecho de enfermo y corrimos a la sala desierta de la exposición. Solos los dos, Alberto y yo. La desmontamos muchos días antes de que debiera terminarse. De allí nos fuimos a una taberna a beber áspero vino de Valdepeñas. Ya rondaba la guerra por las calles. Aquel vino amargo fue interrumpido por algunos estampidos lejanos. Pronto llegó la guerra entera, y todo fue explosión.

Como campesino de Toledo, como panadero y escultor, apenas llegó la guerra, Alberto dio todo su esfuerzo y su pasión a la batalla antifascista. Llamado por su gran amigo, el arquitecto Luis Lacasa, el escultor Alberto con Picasso y con Miró hacen la trinidad que decoró el pabellón de España republicana de 1937 en París. En esa ocasión vimos llegar de manos de Picasso, recién salida de su horno incesante, una obra maestra de la pintura universal, el *Guernica*. Pero Picasso se quedaba largo tiempo distraído mirando a la entrada de la exposición una especie de obelisco, una presencia alargadísima, estriada y rayada como un cactus de California y que en su verticalidad mostraba el acendrado tema que siempre persiguió nuestro gran Alberto: el rostro arrugado y lunario de Castilla. Aquel Quijote sin brazos y sin ojos era el retrato de España. Levantado verticalmente hacia el combate con todo su seco poderío.

Jugándose la suerte con su patria, Alberto fue exilado y acogido en Moscú, y hasta estos días en que nos ha dejado, trabajó allí con silenciosa profundidad.

Primero se sumergió, durante el acerbo último tiempo de Stalin, en el realismo. No era el realismo de la moda soviética, de aquellos días atormentados. Pero él hizo espléndidas escenografías. Su presentación del Ballet de los Pájaros es una gran obra, inigualada, encontrando él la mágica belleza vestimental de los pájaros que tanto amó. También logró entregar al Teatro Gitano espléndidas visiones para las obras del teatro español. Y aquella voz que surge en el film *Don Quijote*, cantando algunas viejas canciones que dan gran nobleza a este film extraordinario, es la voz de Alberto, que seguirá cantando allí para nosotros, es voz de nuestro Quijote que se nos ha ido.

Pintó también numerosas obras. Nunca había pintado al óleo en España y aprendió en Moscú a hacerlo para consumar su realismo. Se trata de naturalezas muertas de gran pureza plástica, hermosas y secas de materia, tiernas en su apreciación de los humildísimos objetos.

Este realismo zurbaranesco en que en vez de monjes pálidos dejó Alberto pintados con exaltación mística ristras de ajos, vasos de madera, botellones que brillan en la nostalgia de la luz española. Estos bodegones son cumbre de la pintura real, y alguna vez el Museo del Prado los ambicionará.

Pero he dicho que aquella época encontró a Alberto recién llegado de Moscú y recibido en plena confraternidad y cariño. Desde entonces, amó apasionadamente a la Unión Soviética. Allí vivió los infortunios de la guerra y la felicidad de la victoria. Sin embargo, como esos ríos que se entierran en la arena de un gran desierto para surgir de nuevo y desembocar en el océano, sólo después del XX Congreso, Alberto volvió a su verdadera, a su trascendente creación.

Allí quedan en su taller del barrio de la Universidad de Moscú, en donde vivía feliz estos últimos años, trabajando y cantando, muchas obras y muchos proyectos. Constituyen su reencuentro con su propia verdad y con el mundo que este gran artista universal contribuyó a crear. Un mundo en que las más ásperas materias se levantan hacia la altura infinita por arte de un extraordinario espíritu inventor. Las obras de Alberto Sánchez, severas y grandiosas, nacidas de la intensa comunicación entre un hombre y su patria, criaturas del amor extraordinario entre un gran ser humano y una tierra poderosa, permanecerán en la historia de la cultura como monumentos erigidos por una vida que se consumió buscando la expresión más alta y más verdadera de nuestro tiempo.

Texto escrito en homenaje al artista español fallecido en Moscú el 12 de octubre de 1963. Publicado en Realidad, *órgano de los comunistas españoles en el exilio, núm. 1, Roma, septiembre-octubre 1963.*

El hombre más importante de mi país

El hombre más importante de mi país vive en una vieja casa que enfrenta la gran cordillera. Desde el fondo de su jardín suele sentarse a contemplar los inmensos muros de piedra nevada que nos aíslan, haciéndonos daño, y nos preservan, haciéndonos bien. Se ve muy frágil mi amigo, con la mirada puesta en la colosal blancura, y su cabeza y su barba blanca parecen un pequeño pétalo caído desde la magnitud de la nieve.

Pero, aunque nórdico originario, tiene poco o nada que ver este gran hombre frágil con la nieve. Más bien podría buscársele parentesco con el fuego. Esta comparación parecería simplista y, desde luego, es sólo el parcial parecido de un alma tan abundante. Él tiene, en realidad, la condición del fuego cuando destruye y hace cenizas prejuicios, sinrazones y confabulaciones, por más antiguas que ellas sean. Las busca, las escarmena, las quema, las hace cenizas. En esto se parece al fuego, tiene esa crepitante energía.

El fuego es impaciente, devora sin continuidad. Se aleja, bailando, de su propia obra. Pero nuestro amigo, en su vieja casa de Los Guindos, no sólo reduce a cenizas la necedad y la mentira, sino que establece la verdad cristalina construyéndola con todos los materiales del conocimiento. Si bien es un impaciente enemigo de la falsedad es también el más porfiado investigador de la razón.

Para mí, su humilde vecino de las proximidades de la montaña nevada, paraje en el que convivimos durante muchos años, fue siempre mi sorprendente admiración y la revelación sucesiva de la grandeza y la belleza. Siempre pensamos los niños provincianos que los sabios tenían zapatos de bronce, guantes de mármol, y pesadas contexturas de estatuas. Los sabios, para nosotros los niños tontos, tenían pensamientos de piedra. Y como tontos que éramos crecimos admirando falsos sabios de piedra que acumularon pesados y repetidos pensamientos. Mi vecino me dio la sorpresa del eterno descubrimiento, del continuo florecer, de la incesante curiosidad, de la justiciera pasión, de la perpetua alegría del conocimiento.

Recuerdo una vez, y era tarde, y desde los altos Andes habían bajado cubriendo nuestras vecinas habitaciones las tinieblas frías del invierno de Chile. Aquel día lo había visto yo a mi amigo en su laboratorio y había soportado el tormento de que me mostrara uno a uno tumores y probetas, cifras hormonales, pizarras llenas de números: todos los elementos de su lucha fructífera con el cáncer que es, en nuestros días, la lucha contra el demonio. No hay duda que allá estaba como un arcángel blanco batallando con su espada incomprensible contra las tinieblas del organismo humano.

De pronto sonó el teléfono, en la noche. Era su voz que me decía, excusándose con la extrema cortesía que es el escudo de su noble audacia: «No puedo, Pablo, resistir. Debo transmitirle esta maravillosa poesía» y por quince minutos, trabajosamente, me tradujo verso por verso, páginas y páginas de Lucrecio. Su voz se elevaba con el entusiasmo. En verdad, la espléndida esencia materialista me pareció flagrante, instantánea, como si desde la casa de Los Guindos la más antigua sabiduría y poesía iluminaran, en la sombra de mi ignorancia, el amanecer nuclear, el despertar del átomo.

Junto con mandarme, poco después, versos burlescos y flores de su jardín que yo retribuí también con poesía y flores, se apasionó por la recóndita historia de América. Este luchador inexpugnable se preocupa tan pronto de Gonzalo Guerrero, marinero de Palos, que se asimiló a la vida de los mayas en plena guerra imperial, como de las viejas tribus araucanas, de su condición y precarias protecciones legales. Cada uno de sus trabajos no sólo defiende, acusa, fundamenta, sino que propone todas las normas de la futura consideración de los entrecruzados problemas indígenas y sus derivaciones filosóficas, raciales, sociales y políticas.

Y poéticas yo diría. Hay tal intensidad en el minucioso planteamiento de todas sus tesis, proposiciones, esclarecimientos y verdades que nos comunica su generosidad, que tiembla la tierra, a pesar de sus mesuradas palabras. Porque cada una de sus acciones tiene raíces indestructibles. Es el gran iluminador marxista de regiones oscurecidas de nuestra historia, oscurecidas por la charlatanería sin sustancia o por la interesada vileza. Por lo tanto, sus palabras despiertan, como las revelaciones poéticas, la contra ola del furor, la estéril espuma reaccionaria. Sobre esos oleajes del pasado, nuestro inextinguible amigo trabaja a plena conciencia dándonos tanta luz que aún somos incapaces de medirla.

El hombre más importante de Chile no mandó nunca regimientos, no ejerció nunca un ministerio, no mandó, sino que fue mandado en una universidad de provincia. Sin embargo, para nuestra conciencia, él es un general del pensamiento, un ministro de la creación nacional, el rector de la universidad del porvenir.

El más universal de los chilenos nació lejos de estas tierras, de estas gentes, de estas cordilleras. Pero nos ha enseñado más que millones de los que aquí nacieron: nos ha enseñado no sólo ciencia universal, método sistemático, disciplina de la inteligencia, devoción por la paz. Nos ha enseñado la verdad de nuestro origen mostrándonos el camino nacional de la conciencia. Y su sabiduría nos revela que la exactitud, la plenitud y la pasión pueden convivir con la justicia y la alegría.

El hombre más importante de mi país en estos años en que escribo es don Alejandro Lipschütz, vecino de Los Guindos, suburbio de Santiago de Chile. En estos días cumple ochenta años de vida y me siento orgulloso de dejar aquí este débil retrato escrito de un alma ardiente, de un sabio verdadero. Mi orgullo es, además, decir aquí que aunque ya casi nunca nos vemos desde que yo me vine a vivir a mi Isla Negra, seguimos siendo los sencillos amigos que se intercambian de casa a casa hallazgos nuevos, flores y poesía.

Prólogo a Alejandro Lipschütz, El problema racial en la conquista de América y el mestizaje, *Santiago, Ed. Austral, 1963.*

Saluuuuud! a Diego Muñoz

Los dos pequeños libros más fascinantes de nuestra literatura son, seguramente, *La amortajada* de María Luisa Bombal y *De repente* de Diego Muñoz.

Están alejados uno del otro como dos polos. El uno es polarmente sueñero, el otro es antárticamente real. Pero en ambos se puede vivir y soñar, ser y dejar de ser. Los dos son una caída, una cascada, un abismo en cuyo fondo caeremos con los ojos cerrados para encontrarnos con nosotros mismos.

Estas páginas son la cronología de semanas, de barrios de la ciudad, de grupos humanos que ya no existen. Yo comprendo que este libro mágico haya contribuido a destruirlos. Tan esencial me parece el desquiciamiento que reina en él como protagonista profundo. Sus signos rápidos, sus días cabalísticos, han reconcentrado actos inútiles, lentas disoluciones, conversaciones perdidas.

Pero yo conocí esa época, aquellos callejones y la luz que reverberando desde las manos de Diego ilumina estas vidas como una lámpara submarina. Yo toqué estas vidas, y no les di importancia. Sólo la infinita poesía con que el escritor me las revelara me hizo comprender que no todos pueden ver el tesoro pasivo. Hay que desentrañarlo y darle su verdadero color de ceniza. De esta manera Diego Muñoz produjo esta espléndida flor crecida en los arrabales de mi tiempo.

Publicado en el mes de octubre de 1933, éste ha sido el más

desapercibido de los libros. Críticos y criticones de la empeñosa literatura publican con eficiencia grandes y funestos catálogos en que aparecen, bien o mal juzgados, aquellos que nos relatan la vida, la tierra, el tiempo y la muerte de cuanto nos rodea. Pero nadie nombró este pequeñísimo libro que a mí me parece gigantesco.

Me tiene sin cuidado que me tomen por parcial. En todo caso no fui parcial de la injusticia, ni acepté sitio alguno en el ejército negativo de los envidiosos. Lo bello es amar y admirar y tanto como quiero a mi compañero fraternal, Diego Muñoz, por tantas vidas y distancias que hicimos juntos con alegría, admiro esta obra singular, singular también entre todo lo que ha hecho.

Qué le pueden importar a estas páginas algunos años de proscripción, algunas guerras del olvido? No hay duda que saldrán invictas de su enterramiento, con tres estrellas en la frente. Y ocuparán con tranquilidad el sitio preferido, porque el tiempo no hará sino añadir atención y alabanzas a su despiadada grandeza.

Yo cumplo con mi deber de reponer en la predilección de muchos lo que siempre fue sosegada predilección entre mis lecturas. Cumplido este deber le grito a Diego Muñoz desde la colina: SALUUUUD! HASTA LUEGOOO! VIVA LA VIDAAAA! Y sigo andando hasta perderme en la arena.

Isla Negra, primavera, 1963

Prólogo a Diego Muñoz, De repente, 2.ª edición,
Santiago, Orbe, 1964.

Miguel Otero Silva y sus novelas

Pasé por Ortiz en un día abrasador. El sol venezolano pegaba duro sobre la tierra. Junto a la iglesia en ruinas, habían amarrado con un alambre grueso la vieja campana, que tantas veces escucharon los muertos y los vivos, cuyas vidas y muertes nos relata Miguel Otero Silva. No sé por qué figuraba aún en el mapa aquella aldea, aquellas casas muertas. Un gran silencio y el duro sol era todo lo que existía. Y la vieja campana colgada del sol y del silencio.

Nunca pasé por Oficina n.° 1, pero estoy seguro de que la vida endiablada, el constante movimiento, las fuerzas que crean y las que destruyen, la sociedad humana que por primera vez se reconoce y lucha, todo esto seguirá vivo, como en el libro. Porque este libro contiene, en su desolación y en su vitalidad, la realidad caótica del continente latinoamericano. Y, naturalmente, es una fotografía desgarradora y poética del esqueleto y del alma de Venezuela.

El autor pertenece a una joven generación de venezolanos que, desde que nacieron, aprendieron a vivir intranquilos. Una gran sombra tiránica, una paulatina y violenta hegemonía del terror bajó de las grandes montañas venezolanas y cubrió hasta los últimos rincones: familias enteras eran arrastradas a la cárcel. Los campos y las aldeas eran diezmados por la malaria y la miseria. En Ortiz, entre las casas muertas de aquel poblado que agonizaba, se ven llegar cadenas de presos políticos que atraviesan el silencio hacia otra dirección misteriosa, que era también la dirección de la muerte.

Lo que no dice Miguel Otero Silva es que él pasó por esas calles y atravesó aquel silencio maligno con cadenas en los tobillos hacia las prisiones de Gómez. Entonces tenía el autor 15 o 16 años.

Lo que no dice el autor es que él, ya mayor de edad, emprendedor y apasionado, vivió muchas Oficinas n.° 1, muchos pueblos que surgieron del petróleo, muchos brotes y crecimientos de nuestra asombrosa vida de continente que continúa naciendo. Poeta popular, corazón generoso, integral patriota venezolano, no hay riña de gallos ni sindicato que no hayan visto su figura, no hay tabladillo popular que no lo haya sostenido bailando, mejor que nadie, el joropo, no hay renovación de su país ni sueño de liberación de su patria que no haya incubado, crecido, en Otero Silva.

Para nosotros los americanos del extremo sur de América

quieta y fría, sólo sacudida por las conmociones telúricas, Venezuela fue una piedra misteriosa, piedra que pesaba sobre el corazón de todos los americanos. Después de aquel tirano que con cuarenta años de reino se fue tranquilamente a la tumba, dejando aún las cárceles llenas, pasaron cosas inesperadas. Un noble poeta, Andrés Eloy Blanco, un tanto ebrio con el desacostumbrado aire de la libertad, propuso recolectar los grillos y las cadenas que formaban la única ley del Tirano de los Andes. En efecto, reunieron aquellos hierros que juntos hacían una montaña, y entre discursos líricos, los tiraron al mar.

Aquellos jóvenes desconocedores de la historia, cuando quisieron ahogar en el olvido las toneladas del suplicio, creyeron que enterraban los dolores de Venezuela. Pero no ha sido así.

Con el petróleo y los establecimientos norteamericanos, no sólo surgió la vida tumultuosa descrita en este libro, sino una nueva casta de gobernantes: los betancures. Éstos aplicaron para su país los decretos de las compañías del petróleo, se hicieron instrumento de la codicia extranjera. Amenazaron, atropellaron y dispararon sobre las masas que reclamaban nuevos derechos. Y cuando la estrella de Cuba brilló como ninguna en el cielo atormentado del Caribe, los betancures se aliaron con los intereses del petróleo para bloquear y traicionar a la limpia revolución de la isla hermana.

Se ve que, en vez de arrojar al mar los grilletes, debieron haberlos conservado como montaña de los recuerdos, como monumento siempre presente.

El autor de este libro es, más que nada, un verdadero y esencial poeta. Sus versos han recorrido la extensión del idioma español y los oí recitar, no sólo en los ateneos y en las academias, sino en las grandes reuniones obreras, en jornadas de lucha, en días de alegría o en tardes de tinieblas. Su transparente poesía le da un dominio que abarca todo el reino de los seres humanos: nombra y describe las extrañas flores y plantas del territorio venezolano con la misma claridad con que define los actos y las inclinaciones de la gente sencilla y escondida que nos va descubriendo.

Estas regiones y estos seres están divididos implacablemente entre la agonía y la salud, entre el pasado y esperanza, entre el daño y la verdad.

Parecería esquemático, parecería sólo trazo de luz y sombra, pero esta división existe. Esta cicatriz marca cruelmente el rostro deslumbrante y doloroso de la república venezolana. Y en este libro está revelado el origen de estos males, con ternura, a veces, y con realidad despiadada, en otras ocasiones.

Miguel Otero Silva nos sumerge en su mundo, mostrándonos la cara o cruz de la tierra dramática.

ENVÍO. Acostumbrado a una vida de compañeros y a la profunda milicia de la amistad, echo de menos, de pronto, a los ausentes. No en su conjunto, no en lo que ocupan del espacio. No, sino un rasgo, algo que quedó persistiendo en el aire, en el vacío de la ausencia.

De Miguel Otero Silva echo a veces de menos y, violentamente, su risa. Las dos mejores risas de América son las del poeta andaluz Rafael Alberti, gracioso desterrado, y la de Miguel. Rafael va incubando la risa, va suscitándola hasta que, irresistible, le sacude todo el cuerpo, comprendiendo lo que antes fue su rizada cabellera. Miguel, por el contrario, ríe de una sola vez, con una carcajada interjectiva que, subiendo muy alto, no pierde su ancho y ronco tono. Es una risa que va de cerro en cerro en las alturas de su Venezuela natal, y de calle en calle cuando juntos recorremos el extenso mundo. Es una risa que proclama para los transeúntes el derecho a la gracia, a la libertad de la alegría, aún en las circunstancias más entrecruzadas.

Sobre este libro tan serio, tan bello y tan revelador, veo levantarse la risa de Miguel Otero Silva, como si de sus páginas alzara el vuelo un ave libre y alta.

Prólogo a la edición checa de Miguel Otero Silva, Casas muertas. Oficina n.° 1, *Praga, 1963.*

Los dos cumpleaños de 1964: Shakespeare (400.º) y Neruda (60.º)

Inaugurando el año de Shakespeare

Goneril, Regan, Hamlet, Angus, Duncan, Glansdale, Mortimer, Ariel, Leontes...
Los nombres de Shakespeare, estos nombres, trabajaron en nuestra infancia, se cristalizaron, se hicieron materia de nuestros sueños. Detrás de los nombres de Shakespeare, cuando aún apenas si podíamos leer, existía un continente con ríos y reyes, clanes y castillos, archipiélagos que alguna vez descubriríamos. Los nombres de sombríos o radiantes protagonistas nos mostraba la piel de la poesía, el primer toque de una gran campana. Después, mucho tiempo después, llegan los días y los años en que descubrimos las venas y las vidas de estos nombres. Descubrimos padecimientos y remordimientos, martirios y crueldades, seres de sangre, criaturas del aire, voces que se iluminan para una fiesta mágica, banquetes a los que acuden los fantasmas ensangrentados. Y tantos hechos, y tantas almas, y tantas pasiones y toda la vida.

En cada época, un bardo asume la totalidad de los sueños y de la sabiduría: expresa el crecimiento, la expansión del mundo. Se llama una vez Alighieri, o Victor Hugo, o Lope de Vega o Walt Whitman.

Sobre todo, se llama Shakespeare.

Entonces, estos bardos acumulan hojas, pero entre estas hojas hay trinos, bajo estas hojas hay raíces. Son hojas de grandes árboles.

Son hojas y son ojos. Se multiplican y nos miran a nosotros, pequeños hombres de todas las edades transitorias, nos miran y nos ayudan a descubrirnos: nos revelan nuestro propio laberinto.

En cuanto a Shakespeare, viene luego una tercera revelación, como vendrán muchas otras: la del sortilegio de su alquitarada poesía. Pocos poetas tan compactos y secretos, tan encerrados en su propio diamante.

Los sonetos fueron cortados en el ópalo del llanto, en el rubí del amor, en la esmeralda de los celos, en la amatista del luto.

Fueron cortados en el fuego, fueron hechos de aire, fueron edificados de cristal.

Los sonetos fueron arrancados a la naturaleza de tal manera, que desde el primero al último se oye cómo transcurre el agua, y cómo baila el viento, y cómo se suceden, doradas o floridas, las estaciones y sus frutos.

Los sonetos tienen infinitas claves, fórmulas mágicas, estática majestad, velocidad de flechas.

Los sonetos son banderas que una a una subieron a las alturas del castillo. Y aunque todas soportaron la intemperie y el tiempo, conservan sus estrellas de color amaranto, sus medialunas de turquesa, sus fulgores de corazón incendiado.

Yo soy un viejo lector de la poesía de Shakespeare, de sus poemas que no nos dicen nombres, ni batallas, ni desacatos, como sus tragedias.

Está sólo la blancura del papel, la pureza del camino poético. Por ese camino, interminablemente se deslizan las imágenes como pequeños navíos cargados de miel.

En esta riqueza excesiva en que el urgente poder creativo se acompasa con toda la suma de la inteligencia, podemos ver y palpar a un Shakespeare constante y creciente, siendo lo más señalado, no su caudaloso poderío, sino su forma exigente.

Mi ejemplar de los *Sonetos* tiene mi nombre escrito y el día y el mes en que compré aquel libro en la isla de Java, en 1930.

Hace, pues, 34 años que me acompaña.

Allí en la lejana isla, me dio la norma de una purísima fuente, junto a las selvas y a la fabulosa multitud de los mitos desconocidos, fue para mí la ley cristalina. Porque la poesía de Shakespeare, como la de Góngora y la de Mallarmé, juega con la luz de la razón, impone un código estricto, aunque secreto. En una palabra, en aquellos años abandonados de mi vida, la poesía shakesperiana mantuvo para mí abierta comunicación con la cultura occidental. Al decir esto, incluyo naturalmente en la gran cultura occidental a Pushkin y a Karl Marx, a Bach y a Hölderlin, a lord Tennyson y a Mayakovski.

Naturalmente, la poesía está diseminada en todas las grandes tragedias, en las torres de Elsinor, en la casa de Macbeth, en la barca de Próspero, entre el perfume de los granados de Verona.

Cada tragedia tiene su túnel por el que sopla un viento fantasmagórico. El sonido más viejo del mundo, el sonido del corazón humano va formando las palabras inolvidables. Todo esto está desgranado en las tragedias, junto a las interjecciones del pueblo, a las insignias de los mercados, a las sílabas soeces de parásitos y de bufones, entre el choque de acero de las panoplias enloquecidas.

Pero a mí me gusta buscar la poesía en su fluir desmedido, cuando Shakespeare la ordena y la deja pintada en la pared del tiempo, con el azul, el esmalte y la espuma mágica, amalgama que las dejará estampadas en nuestra eternidad.

Por ejemplo, en el idilio pastoril de *Venus and Adonis*, publicado en 1593, hay muchas sombras frescas sobre las aguas que corren, insinuaciones verdes de la floresta que canta, cascadas de poesía que cae y de mitología que huye hacia el follaje.

Pero, de pronto, aparece un potro y toda irrealidad desapareció al golpe de sus cascos cuando «sus ojos desdeñosos relumbran como el fuego, mostrando su caliente valor, su alto deseo».

Sí, porque se ve que si un pintor pintara ese caballo «tendría que luchar con la excelencia de la naturaleza», «lo viviente sobrepasará a los muertos». No hay descripción como la de este caballo amoroso y furioso golpeando con sus patas verdaderas los estupendos sextetos.

Y lo menciono cuando en su bestiario quedaron rastros de muchas bestias y en el herbario shakesperiano permanece el color y el olor de muchas flores, porque este potro piafante es el tema de su oda, el movimiento genésico de la naturaleza captado por un gran organizador de sueños.

En los últimos meses de este otoño me dieron el encargo de traducir *Romeo y Julieta*.

Tomé esta petición con humildad. Con humildad y por deber, porque me sentí incapaz de volcar al idioma español la historia apasionada de aquel amor. Tenía que hacerlo, puesto que éste es el gran año shakesperiano, el año de la reverencia universal al poeta que dio nuevos universos al hombre.

Traduciendo con placer y con honradez la tragedia de los amantes desdichados, me encontré con un nuevo hallazgo.

Comprendí que detrás de la trama del amor infinito y de la muerte sobrecogedora, había otro drama, había otro asunto, otro tema principal.

Romeo y Julieta es un gran alegato por la paz entre los hombres. Es la condenación del odio inútil, es la denuncia de la bárbara guerra y la elevación solemne de la paz.

Cuando el príncipe Escalus recrimina con dolorosas y ejemplares palabras a los clanes feudales que manchan de sangre las calles de Verona, comprendemos que el Príncipe es la encarnación del entendimiento, de la dignidad, de la paz.

Cuando Benvolio reprocha a Tybaldo su pendenciera condición, diciéndole: «Tybaldo, no quieres la paz en estas calles?», el fiero espadachín le responde:

«No me hables de paz, esa palabra que odio».

La paz era, pues, odiada por algunos en la Europa isabelina. Siglos más tarde, Gabriela Mistral, perseguida y ofendida por su defensa de la paz, expulsada del diario chileno que publicaba desde hacía 30 años sus artículos, escribió su recado famoso: «La paz, esa palabra maldita». Se ve que el mundo y los órganos de prensa continuaron gobernados por los Tybaldos, por los espadachines.

Una razón más, pues, para amar a William Shakespeare, el más vasto de los seres humanos. Siempre tendríamos tiempo y espacio para explorarlo y extraviarnos en él, para ir muy lejos alrededor de su estatura, como los diminutos hombres de Lilliput en torno a Gulliver. Para ir muy lejos sin llegar al fin, volviendo siempre con las manos llenas de fragancia y de sangre, de flores y de dolores, de tesoros mortales.

En esta ocasión solemne me toca a mí abrir la puerta de los homenajes, levantando el telón para que aparezca su deslumbrante y pensativa figura. Y yo le diría a través de cuatro siglos:

«Salud, príncipe de la luz! Buenos días, histriones errantes.
Heredamos tus grandes sueños que seguimos soñando. Tu
palabra es honor de la tierra entera».
Y, más bajo, al oído, le diría también:
«Gracias, compañero».

*Anales de la Universidad de Chile, núm. 129, Santiago,
enero-marzo de 1964.*

Algunas reflexiones improvisadas
sobre mis trabajos

Mi primer libro *Crepusculario*, se asemeja mucho a algunos
de mis libros de mayor madurez. Es, en parte, un diario de
cuanto acontecía dentro y fuera de mí mismo, de cuanto llegaba a mi sensibilidad. Pero, nunca, *Crepusculario*, tomándo-
lo como nacimiento de mi poesía, al igual que otros libros invisibles o poemas que no se publicaron, contuvo un propósito
poético deliberado, un mensaje sustantivo original. Este mensaje vino después como un propósito que persiste bien o mal
dentro de mi poesía. A ello me referiré en estas confesiones.

Apenas escrito *Crepusculario* quise ser un poeta que abarcara en su obra una unidad mayor. Quise ser, a mi manera,
un poeta cíclico que pasara de la emoción o de la visión de un
momento a una unidad más amplia. Mi primera tentativa en
este sentido fue también mi primer fracaso.

Se trata de ese ciclo de poemas que tuvo muchos nombres y
que, finalmente, quedó con el de *El hondero entusiasta*. Este
libro, suscitado por una intensa pasión amorosa, fue mi primera voluntad cíclica de poesía: la de englobar al hombre, la
naturaleza, las pasiones y los acontecimientos mismos que
allí se desarrollaban, en una sola unidad.

Escribí afiebrada y locamente aquellos poemas que consideraba profundamente míos. Creí también haber pasado del
desorden a un planeamiento formal. Recuerdo que, despren-

diéndome ya del tema amoroso y llegando a la abstracción, el primero de esos poemas, que da título al libro, lo escribí en una noche extraordinariamente quieta, en Temuco, en verano, en casa de mis padres. En esta casa yo ocupaba el segundo piso casi por entero. Frente a la ventana había un río y una catarata de estrellas que me parecían moverse. Yo escribí de una manera delirante aquel poema, llegando, tal vez, como en uno de los pocos momentos de mi vida, a sentirme totalmente poseído por una especie de embriaguez cósmica. Creí haber logrado uno de mis primeros propósitos.

Por aquellos tiempos había llegado a Santiago la poesía de un gran poeta uruguayo, Carlos Sabat Ercasty, poeta ahora injustamente olvidado. La persona que me habló y me comunicó un entusiasmo ferviente por la poesía de Sabat Ercasty fue mi gran amigo, el malogrado Joaquín Cifuentes Sepúlveda. Por este joven y generoso poeta, que guardaba una admiración perpetua hacia sus compañeros y una falta de egoísmo casi suicida que lo llevó, tal vez por aminorarse, a la destrucción y la muerte, conocí yo los poemas de Sabat Ercasty.

En este poeta vi yo realizada mi ambición de una poesía que englobara no sólo al hombre, sino a la naturaleza, a las fuerzas escondidas, una poesía epopéyica que se enfrentara con el gran misterio del universo y también con las posibilidades del hombre. Entré en correspondencia con él. Al mismo tiempo que yo proseguía y maduraba mi obra, leía con mucha atención las cartas que él generosamente dedicaba a un tan desconocido y joven poeta. Yo tenía tal vez 17 o 18 años y aquella noche, después de haber escrito ese poema, decidí enviarle este fruto de mi trabajo en el que había puesto lo más original de lo esencial mío. Se lo mandé pidiéndole una opinión muy franca sobre él, a la vez que le consultaba si le parecía hallar alguna influencia de Sabat Ercasty.

Yo pensé, y mi vanidad me perdió, que el poeta me lanzaría una ininterrumpida serie de elogios por lo que yo creía una verdadera obra maestra dentro de los límites de mi poesía. Recibí poco después, y sin que ello disminuyera mi entusiasmo por él, una noble carta de Sabat Ercasty en que me decía que había leído en ese poema una admirable poesía que lo había traspasado de emoción, pero que, hablándome con el alma y sin hipocresía alguna, hallaba que ese poema tenía «la influencia de Carlos Sabat Ercasty».

Mi inmensa vanidad recibió esta respuesta como una piedra cósmica, como una respuesta del cielo nocturno al que yo había lanzado mis piedras de hondero. Me quedé entonces, por primera vez, con un trabajo que no debía proseguir. Yo, tan joven, que me proponía escribir una larga obra con propósitos determinados o caóticos, pero que representara lo que siempre busqué, una extensa unidad, y aquel poema tembloroso, lleno de estrellas, que me parecía haberme dado la posesión de mi camino, recibía aquel juicio que me hundía en lo incomprensible, porque mi juventud no comprendía entonces, que no es la originalidad el camino, no es la búsqueda nerviosa de lo que puede distinguirlo a uno de los demás, sino la expresión hecha camino, encontrado a través, precisamente, de muchas influencias y de muchos aportes.

Pero esto es largo de conocer y aprender. El joven sale a la vida creyendo que es el corazón del mundo y que el corazón del mundo se va a expresar a través de él. Terminó allí mi ambición cíclica de una ancha poesía, cerré la puerta a una elocuencia desde ese momento para mí imposible de seguir, y reduje estilísticamente, de una manera deliberada, mi expresión.

El resultado fue mi libro *Veinte poemas de amor y una canción desesperada*.

Sin embargo este libro no alcanzó, para mí, aun en esos años de tan poco conocimiento, el secreto y ambicioso deseo de llegar a una poesía aglomerativa en que todas las fuerzas del mundo se juntaran y se derribaran. Era éste el conflicto que yo me reservaba.

Empecé una segunda tentativa frustrada y éste se llamó verdaderamente *Tentativa*... En el título presuntuoso de este libro se puede ver cómo esta motivación vino a poseerme desde muy temprano. *Tentativa del hombre infinito* fue un libro que no alcanzó a ser lo que quería, no alcanzó a serlo por muchas razones en que ya interviene la vida de todos los días. Sin embargo, dentro de su pequeñez y de su mínima expresión, aseguró más que otras obras mías el camino que yo debía seguir. Yo he mirado siempre la *Tentativa del hombre infinito* como uno de los verdaderos núcleos de mi poesía, porque trabajando en estos poemas, en aquellos lejanísimos años, fui adquiriendo una conciencia que antes no tenía y si en alguna parte están medidas las expresiones, la claridad o el misterio, es en este pequeño libro, extraordinariamente personal.

Curiosamente, en estos días, ha llegado a mis manos el manuscrito de una obra crítica sobre mi poesía, muy extensa, del eminente escritor uruguayo Emir Rodríguez Monegal. No se halla aún impresa y se me ha enviado para que yo la vea. Entre las cosas que allí aparecen he visto que a este libro mío, Jorge Elliott, escritor chileno a quien conocemos y apreciamos, le atribuye la influencia de *Altazor*, de Vicente Huidobro. No sabía que Jorge Elliott había expresado tal error. No se trata aquí de defenderse de influencias (ya he hablado de la de Sabat Ercasty), pero quiero aprovechar este momento para decir que en ese tiempo yo no sabía que existiera un libro llamado *Altazor*, ni creo que este mismo estuviese escrito o publicado. No estoy seguro porque no tengo a mano los datos correspondientes, pero me parece que no. Yo conocía, sí, los poemas de Huidobro, los primeros excelentes poemas de *Horizon carré*, de *Tour Eiffel*, de los *Poemas árticos*. Admiraba profundamente a Vicente Huidobro, y decir profundamente es decir poco. Posiblemente, ahora lo admiro más, pues en este tiempo su obra maravillosa se hallaba todavía en desarrollo. Pero el Huidobro que yo conocía y tanto admiraba era con el que menos contacto podía tener. Basta leer mi poema *Tentativa del hombre infinito*, o los anteriores, para establecer que, a pesar de la infinita destreza, del divino arte de juglar de la inteligencia y del juego intelectivo que yo admiraba en Vicente Huidobro, me era totalmente imposible seguirlo en ese terreno, debido a que toda mi condición, todo mi ser más profundo, mi tendencia y mi propia expresión, eran antípodas de esa misma destreza de Huidobro. *Tentativa del hombre infinito*, experiencia frustrada de un poema cíclico, muestra precisamente un desarrollo en la oscuridad, un aproximarse a las cosas con enorme dificultad para definirlas:

todo lo contrario de la técnica y de la poesía de Vicente Huidobro que juega iluminando los más pequeños espacios. Y ese libro mío procede, como casi toda mi poesía, de la oscuridad del ser que va paso a paso encontrando obstáculos para elaborar con ellos su camino.

El largo tiempo de vida ilegal y difícil, provocada por acontecimientos políticos que turbaron y conmovieron profundamente a nuestro país, sirvió para que nuevamente volviera a mi antigua idea de un poema cíclico. Por entonces tenía ya escrito «Alturas de Macchu Picchu».

En la soledad y aislamiento en que vivía y asistido por el propósito de dar una gran unidad al mundo que yo quería expresar, escribí mi libro más ferviente y más vasto: el *Canto general*. Este libro fue la coronación de mi tentativa ambiciosa. Es extenso como un buen fragmento del tiempo y en él hay sombra y luz a la vez, porque yo me proponía que abarcara el espacio mayor en que se mueven, crean, trabajan y perecen las vidas y los pueblos.

No hablaré de la substancia íntima de este libro. Es materia de quienes lo comenten.

Aunque muchas técnicas, desde las antiguas del clasicismo, hasta los versos populares, fueron empleadas por mí en este *Canto*, quiero decir algunas palabras sobre uno de mis propósitos.

Se trata del prosaísmo que muchos me reprochan como si tal procedimiento manchara o empañara esta obra.

Este prosaísmo está íntimamente ligado a mi concepto de CRÓNICA. El poeta debe ser, parcialmente, el CRONISTA de su época. La crónica no debe ser quintaesenciada, ni refinada, ni cultivista. Debe ser pedregosa, polvorienta, lluviosa y cotidiana. Debe tener la huella miserable de los días inútiles y las execraciones y lamentaciones del hombre.

Mucho me ha sorprendido la no comprensión de estos simples propósitos que significan grandes cambios en mi obra, cambios que mucho me costaron. Comprendo que derivé siempre hacia la expresión más misteriosa y centrífuga de *Residencia en la tierra* o de *Tentativa*, y muy difícil fue para mí llegar al arrastrado prosaísmo de ciertos fragmentos del *Can-*

to general, que escribí porque sigo pensando que así debieron ser escritos. Porque así escribe el cronista.

Las uvas y el viento, que viene después, quiso ser un poema de contenido geográfico y político, fue también una tentativa en algún modo frustrada, pero no en su expresión verbal que algunas veces alcanza el intenso y espacioso tono que quiero para mis cantos. Su vastedad geográfica y su inevitable apasionamiento político lo hacen difícil de aceptar a muchos de mis lectores. Yo me sentí feliz escribiendo este libro.

Otra vez volvió a mí la tentación muy antigua de escribir un nuevo y extenso poema. Fue por una curiosa asociación de cosas. Hablo de las *Odas elementales*. Estas odas, por una provocación exterior, se transformaron otra vez en ese elemento que yo ambicioné siempre: el de un poema de extensión y totalidad. La incitación provocativa vino de un periódico de Caracas, *El Nacional*, cuyo director, mi querido compañero Miguel Otero Silva, me propuso una colaboración semanal de poesía. Acepté, pidiendo que esta colaboración mía no se publicara en la página de artes y letras, en el suplemento literario, desgraciadamente ya desaparecido, de ese gran diario venezolano, sino que lo fuese en sus páginas de crónica. Así logré publicar una larga historia de este tiempo, de las cosas, de los oficios, de las gentes, de las frutas, de las flores, de la vida, de mi visión, de la lucha, en fin, de todo lo que podía englobar de nuevo en un vasto impulso cíclico mi creación. Concibo, pues, las *Odas elementales* como un solo libro al que me llevó otra vez la tentación de ese antiguo poema que empezó casi cuando comenzó a expresarse mi poesía.

Y ahora unas últimas palabras para explicar el nacimiento de mi último libro, *Memorial de Isla Negra*.

En esta obra he vuelto también, deliberadamente, a los comienzos sensoriales de mi poesía, a *Crepusculario*, es decir, a una poesía de la sensación de cada día. Aunque hay un hilo biográfico, no busqué en esta larga obra, que consta de cinco volúmenes, sino la expresión venturosa o sombría de cada día. Es verdad que está encadenado este libro como un relato que se dispersa y que vuelve a unirse, relato acosado por los acontecimientos de mi propia vida y por la naturaleza que continúa llamándome con todas sus innumerables voces. Es todo cuanto por ahora, en la intimidad, podría decir de la elaboración de mis libros. No sé hasta qué punto podrá ser verdadero cuanto he dicho. Tal vez se trata sólo de mis propósitos o de mis inclinaciones. De todos modos, los ya explicados han sido algunos de los móviles fundamentales en mis trabajos. Y no sé si será pecar de jactancia decir, a los años que llevo, que no renuncio a seguir atesorando todas las cosas que yo haya visto o amado, todo lo que haya sentido, vivido, luchado, para seguir escribiendo el largo poema cíclico que aún no he terminado, porque lo terminará mi última palabra en el final instante de mi vida.

Improvisación para inaugurar el seminario de estudios sobre la obra de Pablo Neruda, realizado en la Biblioteca Nacional de Santiago del 7 de agosto al 3 de septiembre de 1964, con motivo del sexagésimo aniversario del poeta. Publicado en la revista Mapocho, II, *núm. 3, de 1964.*

Notas

HERNÁN LOYOLA

Abreviaturas

ACh   Revista *Aurora de Chile*, Santiago.

AUCh Revista *Anales de la Universidad de Chile*, Santiago.

BB   Biblioteca de Bolsillo, colección de Editorial Seix Barral.

BCC   Biblioteca Clásica y Contemporánea, colección de Editorial Losada.

CDT   Neruda, *Cuadernos de Temuco*, Buenos Aires, Seix Barral, 1996, edición de Víctor Farías.

CEG   Neruda, *Crepusculario en germen. Facsimilares de Primeros Manuscritos (1919-1922)*, Santiago, edición conjunta de Fundación Neruda – LOM Ediciones – DIBAM, 1998. Carpeta con 10 poemas en facsímiles de 40 x 30 cm. Colofón: «A 25 años de la muerte del poeta. Edición numerada de 1.000 ejemplares».

CGN   Neruda, *Canto general*, 1950.

CHV   Neruda, *Confieso que he vivido*, 1974.

CMR   Neruda, *Cartas de amor* [a Albertina], Madrid, Rodas, 1974, edición de Sergio Fernández Larraín.

CYP   Neruda, *Cartas y poemas a Albertina Rosa Azócar*, Madrid, edición del Banco Bilbao Vizcaya Argentaria, 2000 (reedición de *NJV*, con igual contenido y con los mismos facsímiles).

DIP   *Discursos parlamentarios de Pablo Neruda (1945-1948)*, edición de Leónidas Aguirre Silva, Santiago 1996.

ETV   Neruda, *Estravagario*, 1958.

FDV   Neruda, *El fin del viaje*, Barcelona, Seix Barral, 1982. Compilación póstuma de textos dispersos (ed. Matilde Urrutia).

HOE   Neruda, *El hondero entusiasta*, 1933.

HYE   Neruda, *El habitante y su esperanza*, 1926.

MIN   Neruda, *Memorial de Isla Negra*, 1964.

NJV   Neruda, *Neruda joven* [cartas y poemas a Albertina], Madrid, edición del Banco Exterior de España, 1983.

OC   Neruda, *Obras completas*, Editorial Losada, 1957, 1962, 1968, 1973.

OCGC Neruda, *Obras completas*, Galaxia Gutenberg/Círculo de Lectores, 1999-2001.

PAR   Neruda, *Para Albertina Rosa*, edición privada de Francisco Cruchaga Azócar, Santiago 1992. Textos y facsímiles de cartas y poemas.

PNN   Neruda, *Para nacer he nacido*, Barcelona, Seix Barral, 1978. Compilación póstuma de textos dispersos (ed. Matilde Urrutia).

RIV   Neruda, *El río invisible*, Barcelona, Seix Barral, 1980. Compilación póstuma de textos dispersos (eds. Matilde Urrutia y Jorge Edwards).

RST   Neruda, *Residencia en la tierra*, 1935.

TER   Neruda, *Tercera Residencia*, 1947.

VPA   Neruda, *Veinte poemas de amor y una canción desesperada*, 1924.

Referencias bibliográficas

Aguirre   Margarita Aguirre, *Correspondencia Neruda-Eandi*, Buenos Aires, Sudamericana, 1980.

Alonso   Amado Alonso, *Poesía y estilo de Pablo Neruda*, Buenos Aires, Sudamericana, 1951.

Collier y Sater   Simon Collier y William F. Sater, *Historia de Chile 1808-1994*, Cambridge-Nueva York, Cambridge University Press, 1998.

Concha   Jaime Concha, *Neruda (1904-1936)*, Santiago, Editorial Universitaria, 1972.

Figueroa   Aída Figueroa de Insunza, *A la mesa con Neruda*, Santiago-Barcelona, Fundación Neruda-Grijalbo Mondadori, 2000.

Gibson   Ian Gibson, *Federico García Lorca / 2. De Nueva York a Fuente Grande 1929-1936*, Barcelona, Grijalbo, 1987.

Lago   Tomás Lago, *Ojos y oídos. Cerca de Neruda*, memorias, edición a cargo de Hernán Soto, Santiago, LOM Ediciones, 1999.

Loyola 1964   Hernán Loyola, «Los modos de autorreferencia en la obra de Pablo Neruda», en *Aurora*, núm. 3-4, Santiago, 1964.

Loyola 1967   Hernán Loyola, *Ser y morir en Pablo Neruda*, Santiago, Editora Santiago, 1967.

Loyola 1986   Hernán Loyola, «Resonancias europeas en el joven Neruda: Giovanni Papini», en *Studi di Letteratura Ispano-americana*, núm. 18, Milán, 1986.

Loyola 1987   Hernán Loyola, «Introducción», notas y apéndices a Pablo Neruda, *Residencia en la tierra*, edición crítica, Madrid, Ediciones Cátedra, 1987, col. Letras Hispánicas, núm. 254.

Loyola 1996   Hernán Loyola, «Primera aproximación al uso del eneasílabo en Pablo Neruda», en *Revista Chilena de Literatura*, núm. 49, Santiago, noviembre 1996.

Loyola 1999   Hernán Loyola, «Neruda moderno / Neruda posmoderno», en *América Sin Nombre*, núm. 1,

	Alicante, diciembre 1999. Versión revisada en *Annali della Facoltà di Lingue e Letterature Straniere*, núm. 1, Sássari, 2001.
Mayorga	Elena Mayorga, *Las casas de Neruda*, tesis de graduación en Arquitectura, Concepción, Chile, Universidad del Bío Bío, 1996.
Muñoz	Diego Muñoz, *Memorias / Recuerdos de la bohemia nerudiana*, Santiago, Mosquito Editores, 1999.
Pring-Mill 1993	*A Poet For All Seasons / International Symposium on Pablo Neruda, Universities of Oxford & Warwick, November 1993*, catálogo y textos de Robert Pring-Mill, Oxford 1993.
Olivares	Edmundo Olivares, *Pablo Neruda: Los caminos de Oriente (1927-1933)*, Santiago, LOM Ediciones, 2000.
Reyes	Bernardo Reyes, *Retrato de familia. Neruda (1904-1920)*, San Juan, Editorial de la Universidad de Puerto Rico, 1996.
Robertson	Enrique Robertson Álvarez, «Pablo Neruda: el enigma inaugural», en *América Sin Nombre*, núm. 1, Alicante, diciembre 1999. Reproducido en *Cuadernos de la Fundación Neruda*, núm 44, Santiago, 2001.
Sáez	Fernando Sáez, *Todo debe ser demasiado. Vida de Delia del Carril, la Hormiga*, Santiago, Sudamericana, 1997.
Silva Castro	Raúl Silva Castro, *Pablo Neruda*, Santiago, Editorial Universitaria, 1964.
Teitelboim 1991	Volodia Teitelboim, *Gabriela Mistral pública y secreta*, Santiago, Ediciones BAT, 1991.
Teitelboim 1996	Volodia Teitelboim, *Neruda*, biografía, edición actualizada, Santiago, Sudamericana, 1996.
Teitelboim 1997	Volodia Teitelboim, *Antes del olvido I. Un muchacho del siglo XX*, memorias, Santiago, Sudamericana, 1997.
Teitelboim 1999	Volodia Teitelboim, *Antes del olvido II. Un hombre de edad media*, memorias, Santiago, Sudamericana, 1999.
Urrutia	Matilde Urrutia, *Mi vida junto a Pablo Neruda. Memorias*, Barcelona, Seix Barral, 1986.
Varas	José Miguel Varas, *Nerudario*, Santiago, Planeta, 1999.

Los primeros textos

[EL SALUDO A LA MAMADRE.] (Página 49.) Escritos para doña Trinidad en una postal de la época, estos versos son los más antiguos de Neruda que se conocen. Faltaba menos de dos semanas para que Neftalí cumpliese once años el 12.7.1915. La postal fue conservada por Laura Reyes Candia, quien desde la infancia tuvo la feliz tenacidad de conservar papeles y objetos del hermano en cuyo talento siempre creyó. Facsímil del manuscrito en *Nerudiana '95* (Sássari, Seminario di Studi Latinoamericani, 1996), p. 15. Probablemente éstos son los versos que Neruda evocó en «Las vidas del poeta. 1, El joven provinciano», *O Cruzeiro Internacional*, Río de Janeiro (16.1.1962), texto después recogido en *CHV**, pp. 32-33:

Muchas veces me han preguntado cuándo escribí mi primer poema, cuándo nació en mí la poesía. Trataré de recordarlo. Muy atrás en mi infancia y habiendo apenas aprendido a escribir, sentí una vez una intensa emoción y tracé unas cuantas palabras semirrimadas, pero extrañas a mí, diferentes del lenguaje diario. Las puse en limpio en un papel, preso de una ansiedad profunda, de un sentimiento hasta entonces desconocido, especie de angustia y de tristeza. Era un poema dedicado a mi madre, es decir, a la que conocí por tal, a la angelical madrastra cuya suave sombra protegió toda mi infancia. Completamente incapaz de juzgar mi primera producción, se la llevé a mis padres. Ellos estaban en el comedor, sumergidos en una de esas conversaciones en voz baja que dividen más que un río el mundo de los niños y el de los adultos. Les alargué el papel con las líneas, tembloroso aún con la primera visita de la inspiración. Mi padre, distraídamente, lo tomó en sus manos, distraídamente lo leyó, distraídamente me lo devolvió, diciéndome:
–De dónde lo copiaste?
Y siguió conversando en voz baja con mi madre de sus importantes y remotos asuntos.
Me parece recordar que así nació mi primer poema y que así recibí la primera muestra distraída de la crítica literaria.

* Véase «Abreviaturas», pp. 1211-1212.

ENTUSIASMO Y PERSEVERANCIA. (Páginas 49-50.) Sobre Orlando Mason y el diario *La Mañana* por él fundado («Allí se publicaron mis primeros versos»), ver en este volumen el texto «Infancia y poesía» de 1954.

Los cuadernos de Neftalí Reyes

Se trata de tres cuadernos de cubiertas encartonadas, manuscritos hacia fines de 1920 por el adolescente Neftalí Reyes (salvo las pocas páginas de los cuadernos 1 y 2 que fueron escritas por su hermana Laura). Al morir en 1977 Laura Reyes confió los tres cuadernos –y su entera biblioteca nerudiana– a un presunto sobrino suyo, Rafael Aguayo Quezada, profesor de la Universidad Católica de Temuco. En 1982 ese legado fue sacado a pública subasta en Londres. Tengo a la vista la convocatoria de Sotheby Parke Bernet & Co. relativa a la subasta de tres lotes nerudianos: lote 165, «Important collection of over ninety autograph and typed letters and cards» [4.950 libras esterlinas]; lote 166, «Collection of literary papers and books by Neruda» [3.850 libras esterlinas]; lote 167, «The important *Cuadernos de Temuco*: three exercise books containing Neruda's earliest collections of poems, including nearly one hundred and ninety original poems, most of them in his own hand, some in the hand of his sister Laura Reyes, the majority unpublished» [14.850 libras esterlinas]. Entre corchetes, las sumas en que los respectivos lotes fueron subastados por Sotheby's –según información del profesor Robert Pring-Mill, de Oxford University, quien hizo esfuerzos por adquirir (¿salvar?) al menos los cuadernos y documentos por cuenta de la Taylorian Library, vinculada a esa universidad y poseedora de una importante colección nerudiana, pero la subasta subió a cifras por entonces fuera de su alcance. Desconozco el actual paradero de los cuadernos. Ignoro además si Aguayo Quezada ha informado a la comunidad científica chilena (e internacional) sobre su manejo de los preciosos documentos y materiales que Laura Reyes le confió –para destinos bien diversos de Sotheby's– y si tomó alguna forma de precaución a fin de dejarlos accesibles a los actuales y futuros estudiosos de Neruda (y de la cultura chilena del siglo XX). No me hago ilusiones al respecto.

Lo anterior explica por qué, al momento de preparar este volumen de *Nerudiana dispersa*, no pude contar con el acceso directo a los tres cuadernos conservados por Laura. Y sin embargo nuestra edición incluye TODOS los poemas originales de Neftalí que esos cuadernos traían. Ello ha sido posible gracias a una afortunada circunstancia. A fines de 1964 Laura Reyes me confió por algunos meses los tres cuadernos. No contando entonces con máquina fotocopiadora a mi alcance, me di el feliz trabajo de hacer yo mismo copias dactiloscritas –completas, rigurosamente fieles y además anotadas– de los cuadernos 2 y 3 para mi uso personal. Del cuaderno 1 copié naturalmente el único poema original de Neftalí que traía. Dos fascículos con las respectivas transcripciones dactiloscritas de los cuadernos 2 y 3 –completadas en marzo de 1965– los llevé a Isla Negra para Neruda mismo que los esperaba con interés (porque Laura le concedía sólo rápidas y vigiladas visiones de los cuadernos, por celos de Matilde a quien desgraciadamente nunca quiso pasar los tesoros nerudianos que ella conservaba). El poeta releyó una vez más sus viejos textos y no hizo observaciones, aprobando con ello implícitamente las copias que le entregué –las cuales, años después, serán parcialmente utilizadas por Matilde Urrutia y Jorge Edwards para componer el volumen *El río invisible. Poesía y prosa de juventud* (Barcelona, Seix Barral, 1980). Matilde decidió recoger en ese libro sólo textos dispersos ya publicados en vida de Neruda, pues sabía que a él no le gustaba que se publicasen sus poemas anteriores a *Veinte poemas de amor*, incluso el libro *Crepusculario*: «terminarán publicando mis calcetines», solía decir.

Por lo mismo yo no había intentado siquiera proponer la edición de los cuadernos del liceano Neftalí, a pesar de disponer del texto completo. En cambio Víctor Farías no lo tuvo en cuenta –o lo ignoraba– al publicar el volumen titulado impropiamente *Cuadernos de Temuco* (Buenos Aires, Seix Barral, 1996). Tampoco tuvo en cuenta sus propias carencias y limitaciones respecto a tal tarea. Mi transcripción de 36 años atrás me ha permitido prescindir de ese lamentable volumen, que es sólo una muy incompleta y defectuosa edición del cuaderno 2.

Advertencia. Las fechas de composición que aparecen al pie de algunos poemas son de Neftalí. Por mi parte he agregado respecto a algunos poemas, cuando los conocía, los datos de sus (primeras) publicaciones en periódicos o revistas. Pero sea claro que los textos mismos están tomados de los Cuadernos y no de esas publicaciones.

Cuaderno 1

NOCTURNO. (Páginas 53-54.) Fechado 18.4.1918, es el más antiguo de los poemas recogidos por Neftalí en sus cuadernos. Se publicó por primera vez en *El Diario Austral*, Temuco, 19.7.1936 (con erratas) y más tarde en *El Siglo*, Santiago, 12.7.1967. Es el único poema original de Neftalí incluido en el cuaderno 1, cuyas páginas restantes contienen sólo composiciones de otros poetas –entre ellos Victor Hugo, Gabriela Mistral, Augusto Winter, Eduardo de la Barra– que desgraciadamente no tuve la precaución de copiar.

Cuaderno 2

Al comienzo del cuaderno Neftalí transcribió trece poemas ajenos: dos de Sully Proudhomme, tres de Charles Baudelaire, uno de Paul Verlaine, uno de Henri de Régnier, uno de Henri Bataille, dos de Paul Fort, uno de André Spire, uno de Jean Richepin (casi todos en versiones castellanas de la antología *La poesía francesa moderna* de Enrique Díez Canedo y Fernando Fortún, Madrid, Renacimiento, 1913) y uno del chileno Jorge Hübner Bezanilla. Siguen unos 160 poemas originales compuestos en Temuco y Puerto Saavedra entre comienzos de 1918 y finales de 1920. De estos poemas originales: (1) los primeros 18 faltan en la mencionada edición *CDT** de Farías (que comienza con «Amo la mansedumbre» de 1919), así como faltan más adelante «Comunión ideal», los sonetos «La muerte» y «Mi juventud» y la primera versión de «El nuevo soneto a Helena»; (2) sólo cinco pasaron a *Crepusculario*: «Pantheos», «Sensación de olor», «Campesina», «Maestranzas de noche» y «El nuevo soneto a Helena».

MIS OJOS. DE MIS HORAS. PRIMAVERA. (Páginas 55-56.) Ya estos primeros poemas manifiestan la precoz destreza métrica de Neftalí. Si en el anterior «Nocturno» había combinado clásicos endecasílabos y heptasílabos, aquí se mide con el renovado alejandrino que ha aprendido de Darío y demás modernistas (y también de sus amados poetas franceses). En «Mis ojos» Neftalí usa por primera vez el eneasílabo, metro de no fácil manejo que devendrá el verso nerudiano por excelencia (cfr. Loyola** 1996). Estrofas: tras las inciertas estancias de «Nocturno», Neftalí exhibe grande e inmediata se-

---

* Véase «Abreviaturas», pp. 1211-1212.
** Véase «Referencias bibliográficas», pp. 1213-1214.

guridad estructurante en «Mis ojos» con sus cuartetos de pie quebrado (en cierto modo anómalos porque el eneasílabo supera la
mitad de las sílabas métricas de los tres alejandrinos); en «De mis
horas» con el primer soneto nerudiano que conocemos; y en «Primavera» con sus dísticos pareados. No deja de sorprender que los
más tempranos poemas de Neftalí anuncien ya versos y modelos
estróficos que Neruda adoptará con gran éxito en el futuro: por
ejemplo, los dísticos romanceados en el poema 20 y en «La canción
desesperada» de *Veinte poemas*; los cuartetos de pie quebrado
(variante sáfico-adónica) en «Ángela adónica» y en «Alberto Rojas
Giménez viene volando» de *Residencia*; y sonetos habrá muchos
de grande maestría, incluyendo un entero libro con *Cien sonetos de
amor*. —Crece la ambición del aprendiz de poeta: ya no le basta publicar en el periódico local, *La Mañana*, y ha comenzado a enviar
sus textos a revistas de la capital como *Corre-Vuela*, muy popular
entonces.

IRÉ POR MI CAMINO. INCERTIDUMBRE. ESPERANZA. NO TE
OCULTES, ARAÑA. LA CANCIÓN DEL ÁRBOL VIEJO. (Páginas 57-
60.) Notar cómo los motivos abstractos (incertidumbre, esperanza,
olvido, desolación) o simbólicos (las zarzas del camino) alternan
con (o tienden a anclarse en) imágenes o figuras tomadas de la
experiencia concreta con la mediación del realismo poético todavía
vigente entonces («este mi pueblecito silencioso y dormido», la araña en su «oscuro rincón», el árbol viejo). La atención de Neftalí hacia oscuros o marginados seres naturales (como la araña o el árbol
viejo) será persistente en estos primeros años como vehículo para
una autorrepresentación degradada del adolescente mismo, cada
vez más consciente de su conflictiva relación con los demás y con el
mundo.

LOS BUENOS. EL DOLOR DEL VIAJERO. EL LLANTO POR LOS
TRISTES. DE MI VIDA DE ESTUDIANTE. (Páginas 61-64.) En esta
serie de poemas se advierten los variados (e inseguros) esfuerzos de
Neftalí por lograr una autorrepresentación satisfactoria y con ella
una identidad poética que sostenga su escritura. En dos de esos poemas el sujeto se incluye en un *nosotros* convencional pero degradado (*los buenos, los tristes*), en un tercero asume –no será la
última vez– la figura del *viajero*, tomada de la tradición literaria.
Por ello me parece de gran interés que ya en mayo de 1919 Neftalí elija de pronto autorrepresentarse a través de su concreta experiencia cotidiana y de su única identidad externa o pública, activa
y verificable: la de *estudiante*. Más adelante habrá otros tres poemas bajo el mismo título, formando serie. No bastan las influen-

cias postnaturalistas de la época para explicar esta propensión que será decisiva.

AMO LA MANSEDUMBRE... (Página 67.) En dificultad para proponer una imagen fuerte y activa (o agresiva) de sí mismo frente al mundo, Neftalí repliega aquí sobre una identidad basada en la idealización de su debilidad, sobre una tentativa de aceptación activa de sus propios límites. —La edición *CDT* de Farías (1996) comienza con este poema.

EL DESEO SUPREMO. (Página 69.) En el v. 13 Farías lee *crasoladamente* (sin sentido posible, aparte el mal gusto fonético) en lugar del neto *consoladamente* del manuscrito, más en armonía con los demás ingenuos neologismos que Neftalí prodiga en el cuaderno 2. Al final del v. 14 el manuscrito traía *morir*, después tachado y sustituido por *partir*.

DE MI VIDA DE ESTUDIANTE [4]. (Página 73.) Los vv. 13-15 en *CDT* dicen, con evidentes problemas de sentido: «La luna riente *No* iluminaría / y añorando penas yo *Me* sentiría / más que la alegría del alejamiento». El manuscrito trae en cambio «*Me* iluminaría» y «yo *No* sentiría» en los lugares marcados.

COMUNIÓN IDEAL. (Páginas 78-80.) Neftalí envió este texto al concurso Juegos Florales del Maule (con sede en Cauquenes) firmándolo con el pseudónimo *Kundalini*. Obtuvo el tercer premio. Este poema falta en la edición *CDT* de Farías.

YO TE SOÑÉ UNA TARDE. (Página 82.) En v. 2, «realeza» parece significar *realidad*, por oposición a las «ficciones» del v. 1. Variantes del motivo de la amada ideal *construida* por el poeta aparecerán incluso en fases tardías de la obra de Neruda.

LA MUERTE. (Página 84.) Este soneto se publicó por primera vez en mi libro *Ser y morir en Pablo Neruda* (Santiago, Editora Santiago, 1967), p. 13.

DESDE MI SOLEDAD... (Página 85.) El segundo de este tríptico es un soneto eneasílabo ([Hiperestesia dolorosa]) de sorprendente maestría en un poeta de quince años.

ESTOS QUINCE AÑOS MÍOS. (Páginas 87-88.) Este mini-memorial íntimo inauguró en 1919 la propensión nerudiana a *marcar* en su escritura la ocurrencia de sus cumpleaños.

LOS SONETOS DEL DIABLO. (Páginas 91-92.) Título del tríptico: *CDT* trae «Las rosas del diablo» (?). En el soneto III, v. 8, Farías transcribe «ignotos fuegos en que todos se *abrazan*» donde parece más pertinente el «*abrasan*» de mi transcripción (no registré el posible error del manuscrito, sin duda porque me pareció evidente).

PROEMIO. (Página 93.) El cuaderno 2 trae varias advertencias, como la que aquí precede al poema, anunciando libros de Neftalí «próximos a aparecer». Pero el mayor interés de este texto es su introducción de un nuevo registro poético –más *canción* y menos «reflexión»–, diverso del dominante en los poemas anteriores. En la última estrofa el verso «(los pájaros se fueron como siempre se van)» anticipa un motivo simbólico que años después el joven Neruda variará así: «De mí huían los pájaros» (*Veinte poemas de amor*, poema 1); «los pájaros del mar lo desestiman y huyen» (*Residencia II*, «Barcarola»).

LA VULGAR QUE PASÓ. (Páginas 97-98.) Los versos de Neftalí parecen ganar en vivacidad cuando aluden a su vida personal, aunque las audacias léxicas («que no se haya *engarfiado* mi vida», «tu dicha *animalada*») no son demasiado felices poéticamente.

MI TRÍPTICO SIMBÓLICO. (Páginas 100-102.) Soneto III, vv. 1-2, «Por mi ventana pasan...»: Laura Reyes recordó más de una vez cuánto le gustaba a Neftalí observar la vida pasando bajo la ventana de su habitación, situada en los altos de la casa familiar en Temuco, o bien que ella le contase lo que veía desde esa ventana cuando su hermano estaba en cama, por enfermedad o por pereza (lo que sucedía con cierta frecuencia).

EN EL PAÍS ENCANTADO. (Página 106.) Este poema inaugura el uso del verso eneasílabo en clave de *canción*, como años más tarde «Lamento lento» y demás madrigales de *Residencia*.

VIEJA PRIMAVERA. (Páginas 110-111.) Particularmente torpe la lectura de este soneto en *CDT*. Por incompetencia filológica (al ignorar por ejemplo las posibilidades de distribución de las rimas del soneto), Farías no logra resolver los problemas generados por probables defectos en las fotocopias utilizadas o propone «resoluciones» más o menos grotescas. Vv. 6 y 7: *CDT* omite las palabras finales de estos versos, respectivamente *amor* y *llega*, declarándolas «ilegibles». Verso 9: *CDT* trae «Y este amor insepulto que vibró en humareda», donde el término *humareda* es simplemente una invención de Farías (bastante ridícula además de irresponsable) para sustituir el término original del manuscrito, que es *harmonía*, seguramente poco legible en la fotocopia. Al parecer, la «h» inicial con que Neftalí solía escribir *armonía* (y sus derivados) despistó a Farías y lo condujo a su cómica *humareda*. Al final del v. 11, otra invención de *CDT*: «sería un brote *de vida*» en lugar de «sería un brote *más*» que trae el manuscrito. Evidentemente Farías ignora algo elemental: que la rima GGF del segundo terceto (prima*vera* – prim*era* – lleg*ar*) presupone EEF en el primer terceto (harmon*ía* – d*ías* – m*ás*), por lo cual su tentativa de «invención» queda al descubierto.

MÚSICA DIABLESA. (Páginas 111-112.) Título: *CDT* trae *diablesca*, probablemente por desatención. De nuevo los enasílabos en clave de *canción*.

LO MISMO. (Página 112.) Al final del v. 5 *CDT* trae «... que conversan a / risotadas...», intentando con «a» resolver otra probable falla de fotocopia. La solución de *CDT* no es siquiera proponible en el contexto de un poema totalmente escrito en rigurosos alejandrinos (cada uno de ellos rigurosamente dividido en hemistiquios 7 + 7, como se ve en el similar v. 13: «Por las calles enormes, desoladas y sin»).

LAS TRANSPARENCIAS CRUELES. (Página 118.) Tras este soneto faltaban en el manuscrito (cuaderno 2) las dos hojas centrales del cuadernillo correspondiente, que con el tiempo tal vez se desprendieron y se extraviaron. Esas dos hojas significaban cuatro páginas que presumiblemente traían un par de poemas breves y el comienzo (perdido) del poema «[Me bañé en las lumínicas aguas de tu mirada]» que reproduzco a continuación según el estado del cuaderno 2 en 1965.

[ME BAÑÉ EN LAS LUMÍNICAS AGUAS DE TU MIRADA] (Páginas 118-119.) En *CDT* el v. 17 es: «aquellas manos albas me negaron su *álbum*», donde para ahorrarse tan penoso *álbum* bastaba poner atención a la rima: «aquellas manos albas me negaron su *albura*», rimando con *amargura* y con *dura* de versos próximos. Además, en el final del v. 2 el manuscrito trae «hondura» (*CDT*, «honduras»).

[CÓMO DUELEN LAS NOTAS DE LOS PIANOS!] (Páginas 121-122.) *CDT* transcribe así el v. 11: «alargando las hondas *sierras* de la amargura». Es claro que el adjetivo *hondas* va mucho mejor con el sustantivo *simas* del manuscrito. Y que el verbo *brotara* del manuscrito parece más adecuado que el verbo *botara* de *CDT* en el último verso.

LLUVIA LENTA. (Páginas 122-123.) Neftalí ensaya una nueva canción en eneasílabos. Entra en escena un personaje clave: *la lluvia*, si bien todavía en un contexto poético convencional. Neftalí avanza hacia lo suyo.

SONATA DE LA DESORIENTACIÓN. (Páginas 132-135.) Estrofa 4, v. 3, en *CDT* Farías lee: «dejó plenas las *crácaras* copas de mi deseo». Increíble. Pase que la fotocopia no era clara, pero me pregunto cómo se pueda siquiera imaginar en Neruda (a los 15 o a los 65 años de edad) una palabrota del tipo *crácaras* adjetivando a *copas*. Admito como atenuante que en ese punto el manuscrito no era fácilmente descifrable pues creo recordar que deseché incluso el tér-

mino afín *cráteras* porque no era utilizable como adjetivo y por incompatibilidad semántico-poética (*cratera* o *crátera*: «Vasija grande
y ancha donde se mezclaba el vino con agua antes de servirlo en
copas durante durante las comidas en Grecia y en Roma», *DRAE*).
Y Neftalí era meticuloso en estas cosas. (Mi lectura del manuscrito
es incluso obvia: *cóncavas copas*.)

[TENGO NECESIDAD DE COMPRENDERME.] (Página 144.) Quepe era un villorrio cercano a Temuco.

NO ME SIENTO CAMBIAR. (Páginas 149-150.) La edición *CDT*
de Farías transcribe: en el v. 9, «Mi padre está *muy* viejo» en lugar
del «Mi padre está *más* viejo» que trae el manuscrito (y que pide
el contexto); en el v. 11, «hay más *niñas*» por «hay más *niños*»; en el
v. 15, «demás» por «de más»; y al final del v. 16 un inexplicable «ni
un poquito de *mundo*» donde el manuscrito trae el «ni un poquito
de *amor*» que tanto la rima como el contexto solicitan.

ALLEGRO EN «A» CLARÍSIMA. (Página 151.) En *CDT* los versos 1-2 son: «Alguna clara llama / *rebelaba* en toda la santidad del
alba». El manuscrito trae «se rebelaba», muy probable errata ortográfica de Neftalí por «se revelaba» que funciona mejor en el contexto. Al eliminar «se» en el v. 2, Farías corrige arbitrariamente, sin
advertir ni explicar.

LOS CUENTOS VIEJOS. (Páginas 154-155.) A esta versión del
poema sigue en el manuscrito lo que es sin duda una variante de la
sección III:

> Andando, andando, andando se han pasado los años,
> se han pasado los meses, se han pasado los días.
> Mis dos hermanos muertos en países extraños,
> muertos sin la riqueza ni la sabiduría.
>
> Pero
> yo te busco lo mismo que en los primeros días
> porque hace tanto tiempo que te espero
> y aquel cuento decía...

La diversa tinta usada y la diversa modulación de la grafía señalan que esta variante fue escrita en el cuaderno 2 con posterioridad.
Pero el hecho de no haber tachado la primera forma de la sección III
me parece un signo de vacilación –al menos inicial– y por ello la he
preferido en este lugar. Otra versión, en el cuaderno 3, traerá en
cambio la segunda forma de la sección III. *CDT* recoge ambas formas sin explicar nada.

LA DULCE BALADA. (Páginas 155-156.) Texto tal vez inspirado por aquella ovejita de lana que Neruda evocará en «Infancia y poesía» de 1954. Notar la versificación de tipo tradicional y popular.

EL CANTAR GENEROSO. (Página 156.) Notar el cambio que se está produciendo en la *ideología* de los textos, que de pronto se abren a la generosidad, al optimismo, a una mayor confianza en la realidad. ¿Nuevas lecturas?

PANTHEOS. (Página 157.) Ésta es la primera versión del poema que retomará el cuaderno 3, que después se publicará en *Claridad*, núm. 12, Santiago, 22.1.1921, y que posteriormente será el más antiguo de los poemas incluidos en *Crepusculario* (1923), con notables variantes en los versos 8, 10 y 11.

SENSACIÓN AUTOBIOGRÁFICA. (Página 158.) Este mini-memorial bajo forma de soneto no trae fecha en el manuscrito, pero obviamente fue compuesto el día del 16.º cumpleaños del poeta, 12.7.1920 (según confirma el texto sucesivo, que trae precisamente esa fecha). Lo publiqué yo mismo por primera vez dentro de mi ensayo «Los modos de autorreferencia en la obra de Pablo Neruda», *Aurora*, 2ª época, núm. 3-4, Santiago (julio-diciembre 1964), p. 68. Un importante comentario a este texto en Concha 1972, pp. 10 y ss.

LAS MANOS DE LOS CIEGOS. (Página 159.) El v. 13 traía en el manuscrito esta forma primitiva: «y se cubren de oro como viejos milagros», verso después tachado por Neftalí y sustituido por «y parecen dos santas palomas de milagro». La corrección manuscrita por Neftalí se lee en la página 264 –en blanco– del cuaderno 2, justo frente al verso tachado en la página 265. *CDT* trae la tachadura pero no la corrección. —Este poema, con su título modificado en «Manos de ciego», dará origen más adelante a un tríptico sobre las manos (de ciego, de campesino, de tísico).

EL LICEO. (Páginas 159-161.) Sobre el título del poema otro título: *Las canciones del odio*, uno más de los que introdujo Neftalí en el cuaderno 2 anunciando imaginarios libros suyos «por aparecer». —*CDT* omite por «ilegible» el v. 21 que en el manuscrito se lee sin la menor dificultad: «que no sufren dolores y que no sueñan sueños...». —Progresivamente la vida personal deviene materia de poesía. Neftalí se distancia cada vez más de sus primeros modelos convencionales y al mismo tiempo desarrolla una nueva actitud poética, menos resignada y más agresiva. Momentos de sarcástica ironía dan tono y forma a incipientes tentativas de crítica respecto a una sociedad que le aparece hostil a su realización individual (y que lo margina junto a otros desheredados del sistema, con los cuales a su vez tiende a solidarizarse). —Fragmentos de este poema aparecie-

ron en mi ensayo de 1964 (ver nota a «Sensación autobiográfica»)
y en *RIV*, p. 49.

ELEGÍA DE LA PENA QUE PASA. (Páginas 161-162.) Prosiguiendo con sus tanteos, Neftalí propone aquí otro poema romanceado de sesgo popular español (ahora en endecasílabos y dodecasílabos), en línea con el precedente «La dulce balada» en octosílabos (pp. 155-156). —En *CDT* Farías omite por «ilegible» el v. 4 de la parte II, sin duda por falla de sus fotocopias porque en el manuscrito el verso se lee muy claramente: «de muchachita que es ya una mujer...».

EL ROMANCE RURAL. (Páginas 162-163.) Un nuevo tono, más seguro, gobierna la escritura de este poema. Una mayor confianza en sí mismo permite ahora a Neftalí no sólo un lenguaje distanciado respecto al amor fallido sino incluso unos desenvueltos paréntesis de metalenguaje en los vv. 10 y 16.

LA CHAIR EST TRISTE, HÉLAS! (Páginas 164-165.) Todavía en el ámbito del 16.º cumpleaños, este nuevo mini-memorial (en soneto) documenta en particular algunas lecturas de Neftalí. De los poetas franceses, Verlaine y Mallarmé figuraban en la antología de Díez Canedo y Fortún (1913). Notar la temprana mención de Schopenhauer, cuya influencia será importante para la escritura de *Residencia*. —En el v. 13 restituyo la preposición que Neftalí olvidó poner en el manuscrito: «que *en* libros y mujeres...».

SENSACIÓN DE CLASE DE QUÍMICA. (Página 165.) Jugar con versos esdrújulos es otra forma de conquistar distancia y libertad creadoras. Neftalí vive un período de ensayos y tentativas. Frente al título del poema, y sobre los comienzos de los tres últimos versos, hay en el manuscrito sendas rayas con lápiz azul (hechas sin duda por Neftalí) que tiendo a leer como signos de insatisfacción hacia lo escrito en esos lugares. El texto se publicó en *Ratos Ilustrados*, núm. 27, Chillán, 18.9.1920, bajo un nuevo título: «Clase de química en ultragris».

ELOGIO DE LAS MANOS. (Páginas 166-167.) El tríptico se publicó en *Selva Austral*, núm. 3, Temuco, 1920.

MANOS DE CAMPESINO. (Página 166.) En el manuscrito el v. 14 decía: «en que todos los versos son rosas de sudor!», pero la página anterior (278) corregía frente al mismo verso con la forma definitiva: «en que los versos huelen a tierra y a sudor!».

MANOS DE CIEGO. (Páginas 166-167.) Segunda versión dentro del cuaderno 2, que respecto a la primera (página 159) trae el título definitivo y la variante «monjes» por «frailes» en el v. 7. El manuscrito traía «largos dedos *negros*» en el v. 12, sin duda por desatención de la copista Laura Reyes que transcribió esta página. Corrijo según la primera versión de este cuaderno y según la tercera que viene en el cuaderno 3 (igual a esta segunda), ambas manuscritas por Neftalí. —Esta versión definitiva del poema se publicó dentro del tríptico «Elogio de las manos» en *Selva Austral*, núm. 3, Temuco, 1920, y separadamente en *Claridad*, núm. 12, Santiago, 22.1.1921, y en Silva Castro, p. 32.

MANOS DE TÍSICO. (Página 167.) Versión también transcrita por Laura Reyes, con otra desatención en el v. 4: «cansancio *que este* nunca deja de florecer» (verso corregido por Neftalí en el cuaderno 3).

[EL HOMBRE ES UN ESTÉRIL SILENCIO CAMPESINO.] (Página 168.) La p. 284 del cuaderno 2 es una página en blanco, salvo por la corrección de los vv. 5-6 del poema transcrito en la página siguiente y cuya forma primitiva era: «Tal vez es algo así como un rezo completo, / rogamos a la vida que no nos haga mal». *CDT* ignora la versión corregida de estos dos versos.

NORMA DE REBELDÍA. (Página 168.) El título primitivo del poemita era *Norma*, escrito con tinta y subrayado por Neftalí, quien más tarde, con lápiz y sin subrayar, agregó *de rebeldía*.

LA BUSCA. (Página 168-169.) También temprana la mención de Nietzsche, como antes la de Schopenhauer. «Adolescentes éramos, tontos enamorados / del áspero tenor de Sils-María, / ése sí nos gustaba / [...] / migas de pan en los bolsillos rotos, / migas de Nietzsche en las pobres cabezas» (*Defectos escogidos*, «Paseando con Laforgue»). Al respecto cfr. «Migas de Nietzsche: el subtexto de *El hondero entusiasta*», artículo de Alfredo Lozada en *Revista Iberoamericana* núm. 123-124, Pittsburgh (1983). —Verso 9: la contracción *quel*, así en el manuscrito.

ÉGLOGA SIMPLE. (Páginas 170-171.) Este poema va en las pp. 291-292 del cuaderno 2. La p. 290 trae una sola palabra al centro: *Biografías*, escrita con letra grande, obviamente un título para un nuevo ciclo de poemas (o para otro libro «por aparecer»). En el manuscrito la letra de Neftalí tiende a cambiar desde el rasgo inclinado (predominante hasta aquí) hacia una grafía vertical y redonda, más gruesa y de mayor pretensión. Pero en verdad se trata sólo de una variante de su letra habitual, algo más «artística» quizás.

BALADA DE LA INFANCIA TRISTE. (Páginas 172-173.) En el v. 7 del *Envío*, por exigencia métrica y rítmica, Neftalí tachó la preposición «a» que gramaticalmente corresponde.

[LA COLEGIALA TENÍA.] (Páginas 173-174.) Bajo la fecha «1920» el manuscrito agrega en tres líneas: «Blanca / amor / finido» y más abajo una cruz. En 1962 escribió Neruda estas líneas que después pasaron a *Confieso que he vivido*:

Los primeros amores, los purísimos, se desarrollaban en cartas enviadas a Blanca Wilson. Esta muchacha era la hija del herrero y uno de los muchachos, perdido de amor por ella, me pidió que le escribiera sus cartas de amor. No recuerdo cómo serían estas cartas, pero tal vez fueron mis primeras obras literarias pues cierta vez, al encontrarme con la colegiala, ésta me preguntó si yo era el autor de las cartas que le llevaba su enamorado. No me atreví a renegar de mis obras y muy turbado le respondí que sí. Entonces me pasó un membrillo que por supuesto no quise comer y guardé como un tesoro. Desplazado así mi compañero en el corazón de la muchacha, continué escribiéndole a ella interminables cartas de amor y recibiendo membrillos.

EL SONETO PAGANO. (Página 174.) En el manuscrito los vv. 7-8 que reproduzco sustituyeron a los siguientes: «... y el pasado que baja... y el porvenir que llega / en el anegamiento del goce sufridor...»; y el v. 10 traía el verbo *abrazó*, que creo pertinente sustituir con *abrasó*, como antes en «Los sonetos del diablo» (ver *supra* mi nota a dichos sonetos).

LA ANGUSTIA. (Páginas 174-175.) En el manuscrito, con lápiz azul, Neftalí escribió «La angustia» sobre el título original del poema que era «El silencio» (y que *CDT* conserva, seguramente porque la fotocopia no registró la corrección). Otra copia del texto, incluyendo el facsímil, en Silva Castro, pp. 145 y 237. El mismo facsímil en *CEG*.

[TU LARGA CABELLERA DESGARRADA.] (Página 176.) Neftalí corrigió el v. 2, que en origen era: «tus ojos azules machucados».

[NO SEAS COMO EL ÁRBOL PRIMIFLORO.] (Página 176.) Sin fecha en el cuaderno 2, el facsímil de una versión manuscrita reproducida en Silva Castro (p. 65) permite establecer que este poema fue escrito en octubre de 1920. Muy probablemente es el primer poema que Neftalí firmó con el pseudónimo apenas inventado. En la primera contracubierta interior del cuaderno 2 hay un timbre: *Neftalí Reyes*. Inmediatamente debajo el poeta manuscribió: *Pablo Neruda – desde octubre de 1920*. No volverá a usar el nombre Neftalí Reyes en sus escritos literarios. Sobre el origen del pseudónimo, atención a las extraordinarias revelaciones de Robertson (1999).

SENSACIÓN DE OLOR. (Página 177.) Primera versión del poema que después será incluido en *Crepusculario*. El manuscrito no trae fecha pero las alusiones religiosas (campanas, novenas, misas, las «lilas conventuales») podrían traer origen del fervor colectivo y provinciano en torno al Mes de María en noviembre (que a Neftalí interesaba por razones más bien profanas de orden sentimental).

—Título originario del poema: «Nostalgia», sobre el cual Neftalí escribió con lápiz azul el nuevo título. —Corrección también en el v. 10, que decía: «vírgenes que tenían *azules* la pupilas».

CAMPESINA. [Páginas 177-178.] Primera versión de otro de los cinco poemas del cuaderno 2 que pasarán a *Crepusculario*, en este caso con variantes en los vv. 11-12 y 15-16 (cfr. el volumen I de estas OCGC, p. 141).

[SOBRE LA PODREDUMBRE DE LOS RITOS HUMANOS.] [Página 178.) Desde el 16.º cumpleaños se advierte un cambio de *mentalidad* o de *ideología* en los textos de Neftalí, quien ha dejado atrás la escéptica amargura y el íntimo menoscabo para asumir en cambio, crecientemente, un ideal de perfeccionamiento espiritual (respecto a sí mismo) y de fraternidad solidaria o compasiva (respecto a los demás). El presente soneto ilustra egregiamente esta fase de la poesía de Neftalí (ahora Pablo), tal vez influida por lecturas de Tagore, de escritores rusos y de humanistas europeos confrontados con los efectos de la primera guerra mundial. Fase que se prolongará con variaciones y matices diversos hasta mediados de 1922, con sarcástico resumen y epitafio en 1923 con «El estribillo del turco» de *Crepusculario* (volumen I de estas OCGC, pp. 118-120).

[POR CADA PRIMAVERA QUE NACE, HERMANO MÍO.] BALADA DE LA DESESPERACIÓN. (Páginas 180-182.) La nueva fase de Neftalí, en general positiva y optimista, se desarrolla en dialéctica contradicción con una inquietud, cada vez más aguda, frente al misterio de la muerte individual (presente al menos desde «Pantheos»). Tan temprana contradicción atravesará –con diversas modulaciones y acentos– todas las fases de la poesía *moderna* de Neruda alcanzando momentos de excepcional creatividad, por ejemplo en los poemas «Galope muerto» y «Entrada a la madera» de *Residencia*, y elaborando incluso una extrema tentativa de resolución del conflicto en «Alturas de Macchu Picchu» de *Canto general*.

MAESTRANZAS DE NOCHE. (Páginas 183-184.) Con modificaciones en vv. 5, 9-10 y 14 (cfr. OCCG, vol. I, pp. 127-128), este poema pasó a *Crepusculario*. Un importante comentario al texto en Concha 1972, pp. 101-105.

EL NUEVO SONETO A HELENA. (Página 184.) También este poema pasó a *Crepusculario*, con modificaciones en vv. 12 y 13 (cfr. OCGC, vol. I, p. 113). Falta en *CDT*.

EPITALAMIO SENCILLO. (Página 185.) Este poema fue publicado (incluyendo el facsímil del manuscrito enviado por el autor) en Silva Castro 1964, pp. 137 y 236.

[IR POR LAS CALLES DE UNA CIUDAD BELLA Y LEJANA.] (Página 186.) Transcrito por Laura Reyes con letra caprichosa o descuidada, el poema se interrumpe bruscamente, no se sabe si por algún desacuerdo entre la copista y su hermano, o porque el poema quedó simplemente así, inconcluso. —*CDT*, en v. 5, «sin la duda que *agota*» (?).

Cuaderno 3

Este cuaderno fue escrito en el Sur a fines de 1920 y comienzos de 1921, durante el verano que precedió al viaje del bachiller Neftalí Reyes hacia la capital para iniciar en marzo estudios universitarios. Era el proyecto de libro que Neftalí armó (con viejos y nuevos poemas) para llevarlo a Santiago como tarjeta de presentación. En su portadilla se leía: *HELIOS / poemas / de / Pablo Neruda*, y a lo largo del cuaderno los poemas habían sido copiados por Neftalí con su mejor caligrafía y dispuestos con extremo cuidado, hasta con arte. Un libro listo para la imprenta. En verdad este cuaderno era el corolario, la prueba final, el producto resultante de los otros dos, por lo cual me parece pertinente considerarlo como el último cuaderno de Neftalí Reyes. Y a la vez como su cuaderno de pasaje, de transición hacia *Pablo Neruda*, que comenzó a existir de veras cuando en marzo de 1921 Neftalí puso pie en la capital.

El proyecto *Helios* recogió en efecto muchos textos del cuaderno 2, casi siempre corrigiéndolos por aquí y por allá, con obvia intención de mejorarlos. El hecho mismo de que Laura Reyes haya podido conservar este cuaderno *Helios* junto a los otros dos significa que Neftalí no llegó a darlo a ninguna imprenta en Santiago y que rápidamente lo desestimó como conjunto. Ello explicaría también el mal estado del cuaderno en 1965, cuando lo copié, pues muchas hojas le habían sido arrancadas, probablemente por Neftalí mismo para utilizarlas como originales destinados a publicación en periódicos o revistas. Contagiada quizás por la desestima de su hermano hacia el cuaderno, Laura utilizó además las páginas en blanco y hasta los márgenes de los poemas para sus propios apuntes escolares. Nunca lo hizo con el cuaderno 2.

Para que el lector tenga una idea más exacta de la estructura del cuaderno 3 he conservado los títulos de las secciones en que Neftalí lo dividió, aunque la pérdida de un buen número de sus poemas ha quitado significación a tal esquema.

[PERO AHORA.] (Páginas 187-188.) En la primera contratapa interior del cuaderno 3 Neftalí agregó este poema sin título y escrito con lápiz. El tiempo ha hecho difícil su lectura. Aunque no formaba parte del proyecto *Helios* (fue agregado con posterioridad), el autor mismo lo sugirió como preámbulo. No queda mal.

INICIAL. (Página 188.) Con variantes en vv. 5-6 (cfr. *OCGC*, vol. I, p. 111) este poema pasó a la primera edición de *Crepusculario* (1923), fue eliminado en la segunda (1926) y en todas las ediciones siguientes hasta la de 1967 (Buenos Aires, Losada, BCC, p. 297, 2ª. edición).

MANOS DE CAMPESINO. (Página 189.) Neftalí reproduce aquí, con variantes en los vv. 6-7, 10 y 12-14, el poema ya incluido en el cuaderno 2 (ver p. 166 de este mismo volumen).

GRITA. (Páginas 190-191.) Versión embrionaria de un poema que *Crepusculario* reelaborará ampliamente (cfr. *OCGC*, vol. I, p. 129).

EL NUEVO SONETO A HELENA. (Página 191.) Reproduce, con algunos cambios de puntuación, el texto ya incluido en el cuaderno 2 (ver p. 184 de este mismo volumen) y que con variantes pasará a *Crepusculario* (cfr. *OCGC*, vol. I, p. 113).

PANTHEOS. (Páginas 192-193.) También reproduce el texto ya incluido en el cuaderno 2 (p. 157 del presente volumen) y que con variantes en vv. 10-11 pasará a *Crepusculario* (cfr. *OCGC*, vol. I, p. 112).

CAMPESINA. (Página 194.) Esta versión, que respecto a la primera ha cambiado los vv. 11-12 (ver pp. 177-178 del presente volumen), pasará a *Crepusculario* sólo con algunos cambios menores en la puntuación (cfr. *OCGC*, vol. I, p. 141).

INTERMEDIO: JACOBO NAZARÉ. (Páginas 196-197.) De nuevo los versos esdrújulos, como en «Sensación de clase de química» del cuaderno 2 (ver p. 165 del presente volumen), pero con netos progresos de estructuración y de lenguaje.

INICIACIÓN. (Páginas 197-198.) Con modificaciones en los vv. 2 y 9 reproduce el poema «[Por cada primavera que nace, hermano mío]», sin título en el cuaderno 2 (ver pp. 180-182 del presente volumen).

HOMBRE. (Página 198.) Reelaboración del poema «[No seas como el árbol primifloro]», sin el apóstrofe-título en el cuaderno 2 (ver p. 176 del presente volumen). El mismo facsímil en *CEG*.

LA ANGUSTIA. (Página 199.) Con pequeñas variantes reproduce el poema de igual título ya incluido en el cuaderno 2 (ver pp. 174-175 del presente volumen). Publicado junto con el precedente «Hombre» en Silva Castro 1964 (pp. 235 y 237). Facsímiles también en *CEG*.

LAS PALABRAS DEL CIEGO. (Páginas 199-200.) Al pasar a *Crepusculario* este poema perderá el título que aquí todavía lleva –será en adelante conocido por sus palabras iniciales: «Viejo ciego, llorabas»– y cambiará el v. 6 (cfr. *OCGC*, vol. I, pp. 112-113).

AQUEL CUENTO DECÍA. (Páginas 200-201.) Reproduce el poema
«Los cuentos viejos» del cuaderno 2 (ver pp. 154-155 del presente
volumen) pero cambiando la sección III.

SIN QUE LO SEPAS. (Página 201.) Este poema y el siguiente
(«Fin») insisten sobre el tema de la muerte individual que obsesiona
a Neftalí desde sus textos del 16.º cumpleaños. Al respecto, ver más
arriba mi nota al poema «[Por cada primavera que nace, hermano
mío]» del cuaderno 2.

FIN. (Página 202.) Con cambios en los vv. 2, 6, 8 y 12 retoma el
poema «[Tu larga cabellera desgarrada]», sin título en el cuaderno 2
(ver p. 176 del presente volumen). Publicado por primera vez en
Loyola 1967, p. 24.

MANOS DE CIEGO. (Páginas 202-203.) Reproduce la segunda
(definitiva) de las versiones incluidas en el cuaderno 2.

ELEGÍA DE UN POBRE GRILLITO QUE MATARON MIS PIES.
(Página 203.) «En mi infancia temuquesina escribí una pequeña
elegía "A un escarabajito que inadvertidamente aplasté con los
pies". Por ahí anda en un grueso librote que sigue en poder de mi
hermana Laura y que contiene mis execrables primeros versos. De
cuando en cuando alguien los descubre y publica dándome puñala-
das retrospectivas. Ahora lo he advertido al escribir en Punta del
Este otro pequeño poema, nada elegíaco sino más bien eléctrico, a
otro escarabajo que encontré allí entre las raíces de los pinares.»
Pablo Neruda, «Escarabagia dispersa», *Ercilla*, núm. 1474, Santiago, 24.4.1968. El *otro pequeño poema* es «Un escarabajo» de *Las
manos del día*, 1968 (cfr. estas OCGC, vol. III, pp. 372-373).

COLEGIALA. (Página 204.) Con variantes en los vv. 7 y 11, reproduce el poema de igual título incluido en el cuaderno 2 (p. 173-174
del presente volumen). Ver *supra* mi nota a aquella primera versión,
que explica el cambio de «vamos» por «fuimos» en el último verso.

LUNA. (Páginas 205-206.) La asociación que Neftalí establece
aquí entre la luna, por un lado, y por otro la convergencia entre su
propio nacimiento y la muerte de su madre (notar que el texto invierte la secuencia cronológica), todo ello configura un momento
importante en la formación del *imaginario* poético de Neruda. Así
se explica, entre otras cosas, el simbolismo negativo de la luna en
«El Sur del océano» y en otros textos de *Residencia* (cfr. Loyola
1987, apéndice II, voz «luna»). El texto se publicó por primera vez
en mi *Ser y morir en Pablo Neruda*, 1967.

DÍA MIÉRCOLES. (Páginas 207-209.) La primera de las tres secciones de este poema había cerrado el cuaderno 2 (p. 186 del presente volumen).

HIMNO AL SOL. (Páginas 209-210.) El voluntarismo solar de Neftalí –generosidad, optimismo, mejorar el mundo a través de la poesía y de la acción individual– es la clave de esta fase hasta mediados de 1922. *Helios* gobernará la escritura de textos como «Oración» y «Sinfonía de la trilla» antes de que los crepúsculos invadan el mundo y hagan de Neftalí un «castillo maldito» dominado por el miedo. El adolescente de Temuco no podía imaginar entonces que su verdadera clave poética no era solar, ni crepuscular, sino decididamente nocturna. Ni podía imaginar entonces (a comienzos de 1921) que para encontrar la respuesta que buscaba en Santiago debía regresar al Sur de la infancia. Para asumirlo en su vida y en su poesía. Sólo entonces podrá Neftalí escribir el verso decisivo que hará de él Pablo Neruda: *Puedo escribir los versos más tristes esta noche.* En el principio será la NOCHE –la Noche del Sur, la Noche de los Sueños y del Amor–, no el Sol ni el Crepúsculo.

LAS LÁMPARAS. (Páginas 210-211.) Con este texto nace un símbolo (conexo al saber y a la racionalidad activa) muy persistente en la escritura de Neruda, por ejemplo en «América, no apagues tus lámparas», artículo de 1943, y en el capítulo «La lámpara en la tierra» que dará inicio al *Canto general*.

Un hombre anda bajo la luna

Sobre el conjunto de los textos de este período (incluyendo muchos de *Crepusculario*), y en particular sobre los contextos biográfico e histórico-cultural en que fueron escritos, siguen siendo de insuperable interés las secciones (o capítulos) segunda y tercera del libro *Neruda (1904-1936)* de Jaime Concha*, pp. 67-215.

CON LOS BRAZOS ABIERTOS. (Páginas 216-217.) Versión corregida y ampliada del poema «La espera» del cuaderno 3 de Neftalí (ver p. 196 del presente volumen). El facsímil del manuscrito y el texto fueron publicados en Silva Castro 1964, pp. 137 y 236. El mismo facsímil en *CEG**.

ÉGLOGA ABSURDA. (Páginas 217-218.) Poema excluido de *Crepusculario* a partir de la segunda edición (1926), tal vez por la crítica harto mordaz de Salvador Reyes en *Zig-Zag*, Santiago, 6.10.1923.

---

* Véase «Referencias bibliográficas», pp. 1213-1214.
** Véase «Abreviaturas», pp. 1211-1212.

SEXO. (Páginas 224-225.) Entre otras influencias posibles, advierto en este texto la de *Juventud, egolatría* y de otros libros de Pío Baroja, escritor que Neruda leyó asiduamente al menos hasta que dejó Chile en 1927. Una completa reproducción de esta nota encabeza el capítulo «Aún vestido de gris y sonidos amargos», dedicado a la poesía amorosa juvenil de Neruda, en Concha* (pp. 186 y ss.).

A LOS POETAS DE CHILE. (Páginas 225-227.) «Es frecuente encontrar a lo largo de la extensa obra literaria de Pablo Neruda, homenajes, recuerdos o tributos de admiración por la obra de otros poetas. [...] Su actitud abierta y fraternal hacia los poetas y su misma posición política, han determinado ciertas preferencias en él por la gran poesía perseguida, por la poesía emancipadora, por la poesía encarcelada o pisoteada por regímenes políticos corrompidos. [...] En cuanto a los poetas americanos y chilenos, su actividad por difundirlas ha sido sostenida. A no mediar la fraternal actitud de Neruda, es improbable que hubiesen sido rescatados del olvido poetas como Alberto Rojas Giménez, Joaquín Cifuentes Sepúlveda, Aliro Oyarzún y otros muchos.» Jorge Sanhueza, «Pablo Neruda, los poetas y la poesía», *Aurora*, núm. 3-4, Santiago, 1964. —Si no me equivoco, el presente texto es el primer llamado solidario que escribió Neruda en favor de otro escritor, el primero en que mezcla los niveles poético y cívico (si bien todavía en un marco anárquico y posromántico al reclamar de la sociedad una particular justicia, un fuero especial para los miembros de su clase, la de los poetas). Joaquín Cifuentes Sepúlveda fue un personaje de vida inquieta y bohemia que nació en San Clemente, Chile, 1900, y murió de sífilis en Buenos Aires, 1929. Al publicarse este llamado, en 1921, cumplía condena por homicidio en la cárcel de Talca, de la que salió «escribiendo innumerables versos bellos, empapando en alcohol terrible su desamparada bondad». Cuando Neruda supo de la muerte de su amigo en Buenos Aires, desde Ceilán envió el poema «Ausencia de Joaquín» (incluido en *Residencia I*) y estas palabras a Héctor Eandi: «Me dicen que se había casado allí, seguramente pensaba tranquilizarse, porque en verdad hizo una dolorosa, desventurada vida. Tristeza! Era el más generoso y el más irresponsable de los hombres, y una gran amistad nos unió y juntos nos dedicamos a cierta clase de vida infernal. Luego, sin ningún incidente ni explicación, conscientes lentamente de nuestras diferencias, nos separamos por completo y, ahora lo veo, para siempre. Mi triste y buen compañero!» (en Aguirre, p. 58). Ver más adelante la nota de Neruda sobre *La torre*, libro de poemas de su amigo Joaquín. —*Domingo Gó-*

mez Rojas. El 21 de julio de 1920 se produjo el asalto al club de la
Federación de Estudiantes de Chile (en el centro mismo de Santiago) por obra de hordas de jóvenes y adultos de extrema derecha
que contaban con los auspicios y con la complicidad del gobierno
del presidente Juan Luis Sanfuentes y, en particular, de Ladislao
Errázuriz, ministro de la Guerra. «Al dirigente estudiantil y poeta
José Domingo Gómez Rojas, junto a obreros y estudiantes, se lo llevaron a la penitenciaría. Lo golpearon tanto, lo torturaron de tal
modo, que perdió la razón. Trasladado a la Casa de Orates, murió
virtualmente asesinado el 25 de septiembre. Era un poeta de enorme
temperamento, muerto cuando apenas empezaba su obra.» (Teitelboim 1996, p. 54).

LA CANCIÓN DE LA FIESTA. (Páginas 227-228.) Poema que
ganó el primer premio en el concurso anual de poesía organizado
por la Federación de Estudiantes de Chile en ocasión de los Juegos Florales de la primavera de 1921 en Santiago. Fueron jurados
Ernesto A. Guzmán, Roberto Meza Fuentes y Daniel Schweitzer.
El poema fue publicado inmediatamente por las dos revistas de la
Federación: *Claridad*, núm. 38 del 15.10.1921, y *Juventud*, núm.
16, septiembre-octubre de 1921. Esta última hizo además una cuidadosa edición separada de 16 páginas: *La canción de la fiesta.
Portada de Igor. Decoraciones de Isaías*, Santiago, Ediciones Juventud, 1921. —El premio desencadenó la popularidad de Neruda
entre los universitarios (y sin duda favoreció sus éxitos amorosos,
en especial con Albertina Azócar). Al respecto vale la pena releer
el poema «1921» de *Memorial de Isla Negra*, II (*OCGC*, vol. II,
pp. 1179-1180).

CARTA A LA SEÑORITA ALBERTINA ROSA. (Páginas 228-229.)
La fecha de estos versos de galanteo confirma el impacto de «La
canción de la fiesta». Texto y facsímil en *CMR*, en *NJV=CYP* y en
PAR.

AMAR. (Página 229.) Texto y facsímil del manuscrito enviado al
amigo (y fechado el 4.4.1922) en Silva Castro, pp. 73 y 236-237.

UN HOMBRE ANDA BAJO LA LUNA. (Páginas 230-231.) Uno de
los textos dispersos de Neruda que ha alcanzado más fortuna y más
admiradores. Y por cierto más publicaciones, puesto que aparte la
de *Claridad*, núm. 49, (29.4.1922) habrá muchas otras, a comenzar
por su inclusión en la antología *Nuestros poetas* de Armando Donoso (Santiago, Nascimento, 1924) y en *Revista Chilena*, núm. 93-94,
Santiago, enero-febrero de 1928.

POESÍAS [I]: EL BARCO DE LOS ADIOSES. [LAS ANCLAS.] (Páginas 232-235.) Esta prosa, que bajo el título «El barco de los adio-

ses» se publicó como fragmento de un bloque de cinco textos en *Claridad*, núm. 69 del 16.9.1922, reaparecerá casi un año más tarde como texto aislado y bajo el título «Las anclas» en *Zig-Zag*, núm. 963, Santiago, 4.8.1923, con muy leves variantes. Remito al iluminador comentario incluido en Concha, pp. 14-22.

COMO EN EL JUEGO DEL TUGAR. (Página 240.) En la variante chilena del juego al escondite, uno de los niños da la orden: «tugar, tugar, salir a buscar».

«Y DOLOR, DOLOR, DOLOR...»: POEMAS DE F. GARCÍA OLDINI. (Páginas 245-247.) Dentro de un texto cuya descuidada publicación en *La Mañana* (29.12.1919) presenta no pocas dificultades de lectura, la cita de los versos del amigo incluye en el v. 4 un cierto «olor de ABS» que alude al mítico ajenjo (*absinthe*) de los poetas malditos.

LEYENDO A AZORÍN EN UN PUEBLO CHICO. (Páginas 247-248.) La lectura de Azorín parece haber sido importante para la formación de muchos escritores latinoamericanos durante la primera mitad del siglo XX. Recuerdo a Mario Vargas Llosa entre quienes lo han confesado por escrito.

[MANUEL ROJAS.] (Página 252.) Estas líneas son una curiosa *nota al pie* o comentario final a un poema del futuro narrador de *Hijo de ladrón*. Índice de que en la redacción de *Juventud* Neruda se sentía a sus anchas puesto que allí era muy apreciado todo lo que escribía, incluyendo estas menudencias.

GLOSAS DE LA CIUDAD [I]-[II]. GLOSAS DE LA PROVINCIA. (Páginas 252-258.) En particular los textos publicados en *Claridad* manifiestan la óptica anarquista pero también las nuevas lecturas del adolescente Neruda. Como siempre, persiguiendo la síntesis *poesía / acción*.

SCOUTS. EL MAESTRO ENTRE LOS HOMBRES. VEINTIUNO DE MAYO. (Páginas 260-263.) Variaciones de sesgo anarquista sobre temas conexos entre sí: la reglamentación autoritaria de la vida, la obediencia a la norma, el militarismo, la guerra. El 21 de mayo es, hasta hoy, «fiesta» nacional en Chile, mezcla de celebración y conmemoración: la fórmula «aquel sacrificio torpe y estéril» alude en efecto a la muerte heroica del capitán Arturo Prat y al hundimiento de la corbeta *Esmeralda* por obra del acorazado peruano *Huáscar* en la bahía de Iquique, el 21 de mayo de 1879, en el contexto de la llamada Guerra del Pacífico (1879-1883) que enfrentó a Chile contra la alianza de Perú y Bolivia. Importa señalar que esta nota de 1922 no será desmentida por *Canto general*, que ignorará completamente la guerra fratricida: «pocos héroes de [esa] guerra, con la importante excepción de Arturo Prat y las víctimas de La Concepción, parecen haberse alojado de manera tan permanente en la imaginación chilena como los héroes de las guerras de Independencia» (Collier & Sater, p. 137, nota). El capitán Prat no será en cambio una excepción, ni para el Neruda anarquista que tenía 17 años cuando se publicó este «Cartel de hoy» en vísperas del 21 de mayo de 1922, ni para el Neruda comunista que había cumplido 46 cuando apareció *Canto general*.

[NOTA SOBRE] «LOS GEMIDOS» [DE PABLO DE ROKHA]. (Página 267.) Con esta nota saludó Neruda la aparición del primer libro de un poeta diez años mayor, Pablo de Rokha (Carlos Díaz Loyola, 1894-1968), que poco después devendrá su más encarnizado y tenaz enemigo. Ver más adelante el texto «Aquí estoy» (1935) y también «Tráiganlo pronto» de *Estravagario* (*OCGC*, vol. II, pp. 713-715). Al período en que escribió la presente nota se refiere en cambio la evocación que comienza: «Él paseaba en Boroa, en Temuco, con un charlatán sinalefo», dentro del poema «Corona del archipiélago para Rubén Azócar» de *La barcarola* (*OCGC*, vol. III, p. 175).

Álbum Terusa

Por entonces las señoritas transcribían en las vírgenes páginas de álbumes más o menos lujosos y decorados los poemas de su predilección, pero sobre todo solicitaban a las amigas, a los amigos, y en particular a los cortejadores, la transcripción de otros poemas o, mejor aún, la escritura de mensajes o textos originales. El llamado *Álbum Terusa* es uno de estos documentos. Desde el golpe militar de 1973 se ignora su paradero.

Cuando me fue confiado en 1971 –para preparar su publicación en *AUCh**– su estado de conservación era más bien deficiente. En sus páginas el adolescente Pablo Neruda había escrito de propia mano –en febrero de 1923 y en el villorrio llamado entonces Bajo Imperial y después Puerto Saavedra, junto a la desembocadura del río Imperial– algunos testimonios de su amor hacia una muchacha a quien años más tarde nombraría *Terusa* en «Amores: Terusa» de *Memorial de Isla Negra*, II (*OCGC*, vol. II, pp. 1173-1179).

Terusa era en 1923 una de las muchachas Vásquez aludidas en el

---

* Véase «Abreviaturas», pp. 1211-1212.

fragmento V del relato *El habitante y su esperanza* de 1926: «Qué quiere decir esto? Trate de encontrarla. Ella vive frente al chalet de las Vásquez». (*OCGC*, vol. I, p. 222). Teresa Vásquez era una muchacha atrayente si no francamente bella, según lo atestigua el hecho de haber sido elegida reina de los Juegos Florales de Temuco en la primavera de 1920. El adolescente Neftalí Reyes fue el poeta que leyó su «Salutación a la Reina» durante la ceremonia de coronación de Teresa. El poema se publicó en el diario *La Mañana* de Temuco el 23.11.1920 y separadamente –según me aseguró en 1967 Neruda mismo– en un cuadernillo que sería el primer apartado registrable en la bibliografía nerudiana. Desgraciadamente ambas publicaciones son inencontrables hoy. Pero en la primavera de 1920 el poema fue un arma muy eficaz para la conquista del corazón de la Reina, o de la Andaluza como la llamó después su poeta enamorado. Ella será más adelante la Marisol (*CHV*, p. 75) inspiradora de algunos de los más célebres entre los *Veinte poemas de amor* y también de «La canción desesperada». Este último texto parece haber sancionado la separación porque a partir de 1924 se pierden las huellas de Teresa en la escritura de Neruda.

Cabe señalar aquí una curiosidad. El verdadero nombre de Teresa Vásquez –según datos fidedignos que me ha procurado Bernardo Reyes– era Teresa LEÓN BATTIENS. La muchacha habría tomado el apellido Vásquez a raíz del segundo matrimonio de su madre, lo que por entonces era una costumbre más o menos generalizada.

Cuando preparé la publicación del *Álbum Terusa* en *AUCh*, núm. 157-160, Santiago, 1971, pp. 45-55, los textos que ahora incluyo en estas *Obras completas* eran prácticamente inéditos. El *Álbum Terusa* traía además los siguientes textos manuscritos:

(1) Poemas 1 y 4 de *La cosecha* de Rabindranath Tagore, cuya transcripción constituye la única prueba documental –por si hiciera falta– de que Neruda no mentía cada vez que declaró que «El poema 16 [de los *VPA*] fue escrito como una paráfrasis a un poema de *El jardinero*, del poeta bengalí R. Tagore, dedicada especialmente *a una muchacha gran lectora de este poeta*» (1961).

(2) «Mancha en tierras de color», fechado «febrero 9 o 10 [1923]», poema después incluido en *Crepusculario* con leves modificaciones.

(3) «Playa del Sur», fechado «Imperial Bajo – segundo mes de 1923», poema después incluido en *Crepusculario* sin modificaciones.

(4) Grupo de versiones manuscritas, muy probablemente las originales, de cinco poemas de la serie de *El hondero entusiasta*. Los

tres primeros correspondían a los poemas 6, 12 y 9, con algunas variantes menores, y por ello no los recojo aquí. Incluyo en cambio el cuarto («Cuando recuerdo que tienes que morirte»), que pertenecía sin duda alguna a la misma serie pero no fue recogido en el libro (probablemente porque ésta era la única copia, no disponible cuando Neruda quiso recuperar sus poemas de 10 años antes –dispersos y olvidados– para editar el *Hondero* a comienzos de 1933), y el quinto, que era una versión embrionaria del poema 5 del *Hondero*.

[AQUEL BOTE, SALVAVIDAS DE UN BARCO MERCANTE...] (Páginas 271-272.) Este bote fue un personaje importante en el proceso íntimo de definición que llevó a Neruda al rechazo de los poemas del *Hondero* y a la contrastante (y vencedora) aceptación de los *Veinte poemas de amor* a comienzos de 1924. Véase en este mismo volumen el texto «Este libro adolescente», escrito en 1960.

[Y AL IRME, HE DEJADO ESCRITO TU NOMBRE...]. (Página 274.) Neruda escribe aquí «Paolo y Teresa» pero además el *Álbum Terusa* traía una hoja suelta transparente, de color amarillo pálido, con la firma *Paolo Neruda* en uno de sus ángulos. Recuérdese que Neftalí Reyes había conocido a Teresa en la primavera de 1920, la misma primavera en que comenzó a usar el entonces pseudónimo Pablo Neruda. Cabe suponer que en el poema «Ivresse», escrito en el verano a comienzos de 1921 y después recogido en *Crepusculario*, son también Neftalí y Teresa quienes esconden su pasión adolescente tras las máscaras literarias de Paolo y Francesca: «Hoy que danza en mi cuerpo la pasión de Paolo / [...] / oh Francesca, hacia dónde te llevarán mis alas!» (*OCGC*, vol. I, pp. 114-115).

El cazador de recuerdos

ÁGUEDA ROSA. LA FAMILIA DE LAS ABEJAS EBRIAS. (Páginas 281-282.) Poema en eneasílabos escrito en Puerto Saavedra para Albertina Azócar, en los mismos días en que escribía poemas para el álbum de Teresa. El facsímil que traen *CMR* * y *NJV=CYP* es muy borroso en la parte inferior. El mismo facsímil me parece en *PAR* sospechosamente más claro en esa zona, como si la escritura hubiese sido algo retocada. Lo cual interesa a la lectura del último

---

* Véase «Abreviaturas», pp. 1211-1212.

verso. Sergio Fernández Larraín, editor de *CMR*, evidentemente no se atrevió a transcribir el texto y se limitó a reproducirlo en borroso facsímil (la resolución fotográfica es, en general, de muy pobre calidad en ese volumen). En *NJV–CYP* el editor Juan Ignacio Poveda transcribe así el último verso: «una inmensa alúa (?) en reposo», con el signo de interrogación que certifica una dificultad de lectura en ese punto. En *PAR* el editor Cruchaga Azócar (hijo de Albertina y de Ángel) transcribe en cambio con decisión: «una inmensa alúa en reposo», lectura que no me convence cuando miro el facsímil (que trae, con grafía dudosamente nerudiana, algo como «alua» sin tilde) y que creo influida por la anterior lectura de Poveda en *NJV*. Ahora bien, en *DRAE* la voz *alúa* dice: «(De *aluda*.) f. *R. de la Plata*. cocuyo, insecto». Y más adelante la voz *aluda*: «(De *aludo*.) f. Hormiga con alas». Considerando el húmedo y abochornado clima erótico del texto, no excluyo la fórmula «mi vientre se enciende como / una inmensa *alúa* en reposo» para significar una ruda y masculina avidez sexual, aunque el término *alúa* me parece demasiado ajeno al vocabulario nerudiano. Pero me inclino a preferir la bien posible lectura *abeja* (en vez de *alúa*) por su conexión solar y por el ardiente frenesí de vitalidad que conlleva en el universo simbólico de Neruda (donde lo encontraremos con frecuencia), además de ser un término convocado por el curioso subtítulo del poema.

LA VIDA LEJANA [I]. HORA FLUVIAL. ARABELLA. (Páginas 282-283.) El término «fluvial» se asocia en este período al pequeño vapor de pasajeros (con la gran rueda de propulsión atrás, como los del Mississippi) que cubría el trayecto entre los portezuelos fluviales de Carahue y Bajo Imperial. Desde Temuco se viajaba en tren hasta Carahue, unos 30 o 40 km hacia el oeste, y desde allí por el río Imperial otros tantos kilómetros en vapor hasta llegar al mar (porque entonces no existía la carretera entre Temuco y Puerto Saavedra). Al respecto, remito entre otros textos a «Puerto fluvial» del *Álbum Terusa* en este mismo volumen, a «Imperial del Sur» en *Anillos* (*OCGC*, vol. I, pp. 240-241) y sobre todo a «El primer mar» en *Memorial de Isla Negra*, I (*OCGC*, vol. II, pp. 1148-1149). —Arabella era uno de los nombres poéticos que Neruda asignó a Albertina Azócar.

LA VIDA LEJANA [II]: HOSPITAL. EL CAZADOR DE RECUERDOS. (Páginas 284-286.) Durante 1923 Albertina debió internarse en un hospital de Santiago por algunos meses. Es probable que las visitas a su amiga enferma inspiraran a Neruda esta prosa. —Cabe leer «El cazador de recuerdos» como expresión del voluntarismo del

Hondero («mi corazón prepara el ubicuo flechazo»), figura que excluía la memoria. La renuncia al proyecto *Hondero* abrirá en 1924 las puertas a la invasión de los recuerdos reprimidos (a través de los *Veinte poemas*, de *Tentativa* y de *Anillos* principalmente).

LAS ANCLAS. (Página 289.) Véase *supra* mi nota a «Poesías [I]»: «El barco de los adioses».

EL HUMO. (Páginas 298-299.) Aferrar lo real cotidiano pero a distancia de la modulación posnaturalista, tal es la novedad de la «vanguardia» nerudiana. Neruda está acercándose al lenguaje de *Residencia*.

POEMAS DE LORENZO RIVAS [I]. (Páginas 300-301.) Tentativa en dirección a aligerar, adelgazar, esencializar el lenguaje, como queriendo hacer compatibles la vanguardia y el mundonovismo aún vigente. Tentativa de abandonar el ámbito protegido de los sueños (coordenadas Noche-Sur) para retomar contacto con la realidad diurna, con el mundo exterior, a través de un deliberado prosaísmo expresivo. —Neruda parece proponer en Lorenzo Rivas su *alter ego* en cuanto poeta, así como Florencio Rivas es el *alter ego* del narrador-protagonista en *El habitante y su esperanza*.

VOLANTÍN. POESÍA DEL VOLANTÍN. (Páginas 302-304.) El segundo texto es un desarrollo o elaboración del primero. De vez en cuando los textos permiten que nos asomemos al taller del joven Neruda.

SOLEDAD DE LORENZO. (Páginas 304-305.) La fórmula «Mi Browning enlutada» alude a una cámara fotográfica de caja negra, muy difundida entonces

VIÑETAS DE LUTO: SOLEDAD DEL OTOÑO. (Páginas 306-307.) Esta prosa, perdiendo el título, será el fragmento IX (intermedio lírico) de *El habitante y su esperanza*.

SACHKA / LOS LIBROS [I] – [2]. (Páginas 309-313.) Los fragmentos «Propósito» y «*Poemas del hombre: libros del corazón, de la voluntad, del tiempo y del mar*, por Carlos Sabat Ercasty» suponen confusión tipográfica y parcial repetición de «las mismas palabras [que] se entrecruzaban en distintas redes», según explica el autor en el fragmento «Esto de las palabras». Atención a la palabra «Propósito» que, asociada a la poesía de Sabat Ercasty, insinúa el proyecto *Hondero*. Lo confirma la fórmula «el flechazo centelleante», que evoca la similar y reciente «mi corazón prepara el ubicuo flechazo» citada más arriba en mi nota a «La vida lejana [II]» «El cazador de recuerdos». Recuérdese que el personaje del anhelado libro iba a llamarse *el Flechero entusiasta* antes de devenir Hondero (ver mi nota al poema 4 de *HOE* en *OCGC*, vol. I, p. 1141). —*Ci-*

fuentes Sepúlveda: ver más arriba mi nota al texto «A los poetas de Chile».

LA BONDAD. (Páginas 313-314.) El voluntarismo del nietszcheano Hondero impone esta crítica –significativamente matizada– de la ideología de la bondad que había inspirado poemas de Neftalí Reyes en sus cuadernos y en los comienzos de *Crepusculario*.

SACHKA / LOS LIBROS [3]: LAS EXTRAÑAS HISTORIAS DE MARCEL SCHWOB. AMIGOS, NO OS ES POSIBLE. (Páginas 314-316.) Dos textos de Schwob, «La ciudad durmiente» y «El incendio terrestre», fueron traducidos por Neruda en 1923 para los números 953 y 974 de la revista *Zig-Zag* de Santiago. —*Llenáis de signos débiles vuestros minutos*: texto de consumo personal: el poeta, enmascarado por el habitual *amigos*, se autoinfunde valor para producir los *signos fuertes* que le reclama el proyecto *Hondero*. Las líneas finales del fragmento son explícitas en tal dirección: «se cimbra en la noche una honda atrevida», «las hondas valientes, las piedras que ascienden».

MISERABLES! (Páginas 317-318.) El titanismo exaltado y desafiante que Neruda exhibe en este período proviene de Sabat Ercasty (con «migas de Nietzsche») y procede –en línea con textos precedentes como «La bondad» y «Amigos, no es posible...»– hacia la anhelada apoteosis triunfante del *Hondero* (que el mismo Sabat Ercasty hará abortar, como se sabe, con su famosa respuesta a Neruda a comienzos de 1924).

FIGURAS EN LA NOCHE SILENCIOSA. LA INFANCIA DE LOS POETAS. (Páginas 318-319.) En contradicción con el titanismo de «Miserables!» (o sea, con la ambicionada ruta hacia el *Hondero*), esta importante nota representa en 1923 la oscura presión de aquella opuesta y subterránea línea de escritura que desembocará en los *Veinte poemas de amor*. Neruda parafrasea libremente a los autores que ha elegido. La fuente de las citas del italiano Giovanni Papini (1881-1956) es sin duda el volumen autobiográfico *Un uomo finito* (1912), cuyo capítulo inicial –«Un mezzo ritratto»– termina así: «No, no: quello non è il ritratto di un bambino. Io vi ripeto che non ho avuto fanciullezza». El libro de Papini, leído al parecer en edición italiana (¿prestada por Aliro Oyarzún?), tuvo sobre la escritura de Neruda una proyección importante en ese período de transición, más allá de su evidente resonancia en el título *Tentativa del hombre infinito* (para detalles remito a Loyola* 1986). –Del francés Octave Mirbeau (1848-1917), la referencia implícita po-

* Véase «Referencias bibliográficas», pp. 1213-1214.

dría ser su novela *Sébastien Roch* (1889). —El párrafo relativo a
Abraham Valdelomar (1888-1919) lo dejo con la forma de cita
que le dio Neruda, aunque en rigor era sólo una reelaboración suya
de algunos versos del soneto «Tristitia», que aquí reproduzco por
su interés documental:

> Mi infancia que fue dulce, serena, triste y sola
> se deslizó en la paz de una aldea lejana,
> entre el manso rumor con que muere una ola
> y el tañer doloroso de una vieja campana.
>
> Dábame el mar la nota de su melancolía,
> el cielo la serena quietud de su belleza,
> los besos de mi madre una dulce alegría
> y la muerte del sol una vaga tristeza.
>
> En la mañana azul, al despertar, sentía
> el canto de las olas como una melodía
> y luego el soplo denso, perfumado, del mar.
>
> Lo que él me dijera aún en mi alma persiste;
> mi padre era callado y mi madre era triste
> y la alegría nadie me la supo enseñar...

La reserva es válida también para las líneas dedicadas al amigo
chileno Romeo Murga (1904-1925), cuyos versos originales –que
no logré confrontar– con probabilidad no coinciden exactamente
con los que aquí cita Neruda. —Un comentario a esta nota de Neruda en Concha, pp. 22-25.

CRÓNICA DE SACHKA [1]. ALIRO OYARZÚN. TOMÁS LAGO.
(Páginas 321-323.) Frecuentes invocaciones a «amigos» y «compañeros» fueron el signo, en este período, de una constante que atravesó toda la trayectoria de Neruda: percibir la literatura como el
producto de una comunidad de escritores empeñados en una misión.

EXÉGESIS Y SOLEDAD. (Páginas 323-324.) Réplica a comentarios
de prensa –en particular a los de Alone (*La Nación*, Santiago, 3.8.1924)
y de Mariano Latorre (*Zig-Zag*, Santiago, 16.8.1924)– adversos a
los *Veinte poemas de amor*.

[LA NOVELA ES LA CLÁSICA EMBOSCADA DEL ESCRITOR.] (Páginas 325-326.) Este raro texto olvidado, felizmente reencontrado
por Alberto Buhadla, hay que ponerlo en relación con el «Prólogo»

a *El habitante y su esperanza* (OCGC, vol. I, p. 217) por su visión de la narrativa.

Crónicas desde Oriente

Los doce textos de este magnífico bloque los he dispuesto según su orden cronológico de escritura y no según la secuencia de sus fechas de publicación en *La Nación*, sujeta a los diversos grados de eficiencia del correo intercontinental. La proyección que esta experiencia de Oriente tuvo sobre la escritura de Neruda fue resumida así por Jaime Concha* (pp. 74 y 235-236):

> Neruda desintegra, con decisiones de su propia existencia, dos mitos del Modernismo: el mito de Francia como espejismo del alma sudamericana y el mito de Oriente. Más tarde, cuando pise las tierras de India, de Ceilán y del sudeste asiático, el Oriente ya no será el nombre de la evasión, sino la oscura conciencia de la prehistoria humana. Lo mismo que otros grandes poetas de este siglo –Claudel y Saint-John Perse– el viaje a Oriente retrotrae a Neruda a su propia realidad. Los dos franceses descubren en él al Occidente. Recuérdese la consigna épica del teatro de Claudel: *à l'Ouest*, y la dirección implacable en la marcha conquistadora de *Anabase*. En el chileno, [...] gracias a la experiencia de este primer y voluntario exilio se prepara la comprensión de Chile como totalidad histórico-geográfica y se establece una compenetrada equiparación entre las morfologías humanas de tan disímiles regiones.
>
> [...]
>
> Oscuro representante de un oscuro país en otras oscuras regiones, Neruda se desplaza como cónsul entre Birmania, Ceilán y Java. Rangún, Colombo y Batavia son los hitos de este itinerario de cinco años, que va desde 1927 hasta 1932. Un largo prólogo lo ha precedido; el viaje mismo, a través de las aguas del Atlántico (de Buenos Aires a Marsella), del Mediterráneo, del Mar Rojo y del Océano Índico. Es un extenso y variado recorrido marino, con una detención de por medio: París. Es una ciudad triste, miserable, amarillenta. El espejismo modernista de la *belle époque* ha desaparecido. París es una ciudad como todas, con algo de mujer envejecida, con una guerra a sus espaldas y otra que se viene encima. Los mitos literarios comienzan a descubrir su opaca y mezquina realidad.

* Véase «Referencias bibliográficas», pp. 1213-1214.

[...]

Durante la estada de Neruda en Oriente se produce una de las mayores crisis del capitalismo mundial. Es la crisis de 1929. Es sumamente decidor que Neruda viva esa crisis en uno de los lugares clásicos de la dominación imperialista, en las colonias asiáticas de Gran Bretaña y Holanda. La explotación, la miseria, el hambre no configuran, sin duda, un cuadro retrospectivo, trazado únicamente por el poeta después de haber adherido al marxismo (*Canto general*, XV), sino que fraguan un testimonio que no deja inmune su poesía. Su condición de oscuro exiliado, su oscuridad de paria social encuentra en esos otros millones de parias que mueren cada día bajo sus ojos, a orillas del Irrawaddy o en el puerto de Colombo, un ensanchamiento colectivo, horrorosamente tangible, de su propia situación.

La correspondencia con Héctor Eandi y los recuerdos de *Confieso que he vivido* confirman detalladamente la síntesis trazada por Concha. Los textos mismos fueron rescatados del olvido por Jorge Sanhueza y por Juan Loveluck en diversas revistas. Alberto Buhadla ha controlado personalmente todas las fechas de las publicaciones originales en *La Nación*, permitiéndome corregir algunos errores que al respecto se deslizaron en mi «Guía bibliográfica» de OC* 1968 y 1973. Un libro reciente: *Pablo Neruda: Los caminos de Oriente* de Edmundo Olivares, Santiago, LOM Ediciones, 2000.

DANZA DE ÁFRICA. (Páginas 332-334.) Entre tantos casos de lenguaje pararresidenciario en estas crónicas, destaco: «Sobre esta región sin inclinaciones de madre el sol cae vertical, agujereando el suelo», donde *sin inclinaciones de madre* está por «implacable, sin la piedad que cabría esperar de la madre tierra».

EL SUEÑO DE LA TRIPULACIÓN. (Páginas 337-339.) El motivo poético del *sueño ajeno* –el *soñar de los otros*– se manifiesta con insistencia en la escritura nerudiana del período. De modo particular en el poema «Colección nocturna» de *Residencia I*, que Neruda comenzó a escribir contemporáneamente al presente texto (en el mismo *Elsinor*, rumbo a Singapur), y antes en el capítulo XV de *El habitante y su esperanza* de 1926 (el soñar de Florencio Rivas) y en «Caballo de los sueños», poema de *Residencia I* escrito en Chile (1927) durante los meses que precedieron al viaje. El motivo reaparecerá en el poema «Número y nombre» (1933), también incluido en el presente volumen (p. 365-368). Antecedentes literarios

* Véase «Abreviaturas», pp. 1211-1212.

conocidos por Neruda: (1) Marcel Schwob, «La cité dormante», relato simbólico incluido en *Le Roi au masque d'or* (Paris, 1920) y traducido al castellano por Neruda y Romeo Murga en *Zig-Zag*, núm. 953 del 26.5.1923; (2) Pierre Loti, *Mon frère Yves*, capítulo XXVIII, líneas sobre marineros que duermen. Para detalles, también sobre Álvaro Rafael Hinojosa, ver mis notas al poema «Colección nocturna» en mi edición crítica de *Residencia* (Loyola 1987). Cfr. *Confieso que he vivido*, en particular el medallón «Álvaro».

—*Lulú o mejor Laura*: más que a su hermana Laura, Neruda estaría aludiendo a Laura Arrué, una de las enamoradas que dejó en Chile y que después se casó con Homero Arce.

DIURNO DE SINGAPORE. (Páginas 339-342.) Por error o descuido, el editor de *Para nacer he nacido* (1978) reprodujo esta crónica en dos fragmentos separados y distantes (p. 42-43 y 48-49) porque leyó el letrero en la puerta del fumadero de opio –*Smoking Room*– como el título de otra crónica.

CONTRIBUCIÓN AL DOMINIO DE LOS TRAJES. (Páginas 345-348.) Los últimos párrafos de esta crónica, relativos a Birmania, conviene leerlos en conexión con las prosas «La noche del soldado» y «El joven monarca» de *Residencia I*, ambas relacionadas con la figura de Josie Bliss (ver mis notas a los dos textos en Loyola 1987). –*penyis*: así en la transcripción de Loveluck (*AUCh* 1971); *PNN* trae «ponyls»; la embajada birmana en Roma me sugiere al teléfono un término que suena «ponghis».

ORIENTE Y ORIENTE. (Páginas 356-357.) Esta última crónica trae todavía «Wellawatta, Ceilán» como encabezamiento, lo cual significa que fue escrita antes del traslado de Neruda a Batavia (donde desembarcó a fines de junio de 1930).

Santiago-Madrid ida y vuelta

INTRODUCCIÓN A LA POÉTICA DE ÁNGEL CRUCHAGA SANTA MARÍA. (Páginas 361-363.) Neruda escribió esta nota tras recibir en Batavia el ejemplar del libro *La ciudad invisible* que le envió su amigo el autor. El matrimonio de Ángel con Albertina Azócar hará que Neruda intensifique cuidados y cordialidad hacia el amigo, y hacia la esposa del amigo, justamente para disimular las heridas (aún más sangrantes con su creciente desilusión conyugal en Batavia) de la ruptura con Albertina en 1929.

NOTA SOBRE LA POESIA DE JUVENCIO VALLE. (Páginas 364-365.) La mención de un «mercader de cuadros que me insulta por envidia» podría ser la primera mención, en la escritura de Neruda, de la feroz e inextinguible hostilidad de Pablo de Rokha, que poco antes le ha destinado el artículo «Pablo Neruda, poeta a la moda», en *La Opinión*, Santiago, 11.11.1932.

NÚMERO Y NOMBRE. (Páginas 365-368.) Reaparece el tema del *sueño de otros*. Véase *supra* la nota a «El sueño de la tripulación» (*Crónicas desde Oriente*). Raro poema en heptasílabos que parece dar forma al intento de Neruda para salir de la postración poética y anímica (y sobre todo económica) en que se encuentra desde que regresó a Chile en abril de 1932.

DISCURSO AL ALIMÓN SOBRE RUBÉN DARÍO. (Páginas 369-371.) «El encuentro con Federico debió ser para Neruda como un espléndido e inesperado regalo, aunque, a decir verdad, apenas está documentada la relación de ambos en Buenos Aires.» (Gibson*, II, p. 277). Este discurso al alimón del 20.11.1933 fue índice de la inmediata sintonía entre dos poetas que se habían conocido sólo un mes atrás (Federico desembarcó en Buenos Aires el 13.10.1933). Importa además tener cuenta de que García Lorca era por entonces un poeta y dramaturgo en el ápice del éxito y de la celebridad a lo largo y ancho del mundo hispanoparlante (en esos días sus piezas teatrales eran representadas a tablero vuelto en la capital argentina por la compañía de Lola Membrives), mientras Neruda era sólo un poeta chileno en ascenso.

SEVERIDAD. (Páginas 372-373.) Seguramente los consejos de García Lorca ayudaron a Neruda a desarrollar una estrategia para responder a los ataques, cada vez más frecuentes, de escritores que no sin motivo comenzaban a temer su creciente fama. Silencio, indiferencia, no darse por aludido, y de improviso golpear oblicuamente con feroces respuestas clandestinas. No es casual que «Severidad» forme parte del opúsculo dactiloscrito *Paloma por dentro*, regalo de Neruda (textos) y de Lorca (dibujos) a la común amiga argentina Sara Tornú. Entre otros aspectos de su influencia transformadora (cfr. «Introducción» a Loyola 1987), Federico ayudó a desbloquear en su nuevo amigo la agresividad –tanto tiempo reprimida– del tímido, pero al mismo tiempo le enseñó a controlar y a administrar esa energía. La modernidad *testimonial* de la primera *Residencia* devino en la segunda modernidad *agonística*, vale decir activa y com-

---

* Véase «Referencias bibliográficas», pp. 1213-1214.

batiente, reivindicadora de los derechos, ambiciones, deseos y pasiones del poeta.

AQUÍ ESTOY. (Páginas 374-380.) Son bien reconocibles en el texto las referencias a episodios biográficos y literarios de Vicente Huidobro y de Pablo de Rokha, quienes, si bien detestándose entre ellos, se unieron de hecho en la común hostilidad (o envidia) hacia Neruda. De Rokha había comenzado con su «Epitafio a Neruda» en *La Opinión*, Santiago, 22.5.1933, y después vino el bullado asunto del poema 16 como «plagio» de un poema de *El Jardinero* de Rabindranath Tagore. La polémica partió con «El affaire Neruda-Tagore» en *Pro*, núm. 2, Santiago, noviembre 1934 (reproducido en *Vital*, enero 1935, con comentario de Huidobro), y tuvo una larga secuela de nuevos ataques (Huidobro, De Rokha, Jaime Dvor, Alfonso Toledo Rojas) y de no menos apasionadas defensas (Tomás Lago, Diego Muñoz, Antonio Rocco del Campo). Véase al respecto mi nota al poema 16 en *OCGC**, vol. I, p. 1157. Un elenco de los documentos de la polémica en la bibliografía pasiva de Alfonso M. Escudero: *OC* 1973, vol. III, pp. 1117 y ss. Nuestro «Aquí estoy» tiene cuenta de las dos versiones que conozco.

(1) Versión *Madrid 1935* (M '35). Dactiloscrito que trae en portadilla: «Pablo Neruda / "Aquí estoy"», más abajo las iniciales *P.N.* escritas por mano de Neruda mismo con tinta verde, y bajo las iniciales la fecha «Madrid, 2 de abril de 1935». El bibliófilo chileno Hernán Bravo Moreno ha contado la historia de esta versión en carta autógrafa del 18.3.1996 a Nurieldín Hermosilla (en cuya colección está actualmente el dactiloscrito con las iniciales):

Dicho ejemplar del «Aquí estoy» corresponde al que mantenía en su poder el escritor español José María Souviron. Sabiendo mi amigo Fernando Rivera Zavala, hombre de libros igual que nosotros, se interesó por obtener también una copia, para lo cual me llevó un papel especial [papel español del siglo XVI] que había pertenecido a su pariente, el insigne bibliógrafo don José Toribio Medina Zavala, para que en él efectuara yo una copia y Rivera se quedó con ésta. Algunos años después fuimos juntos a una conferencia de Pablo Neruda y en esa ocasión Fernando tuvo la buena ocurrencia de asistir con la copia referida. En el lugar de la charla me tocó quedar al lado del poeta Rubén Azócar, gran amigo e íntimo de Neruda, a quien consulté la posibilidad de que Pablo autografiara y autentificara la siempre discutida pieza y pudiera así decirse con certeza que el poema «Aquí estoy» era obra de Neruda. Azócar me expresó que de se-

* Véase «Abreviaturas», pp. 1211-1212.

guro Pablo no tendría inconveniente en hacerlo, y que para tal efecto me apersonase al final de la conferencia al vate, y se lo pidiera.

De acuerdo con este consejo procedimos, Rivera y yo, a abordarlo al final de la conferencia y se lo pedimos.

Neruda accedió, haciéndonos presente que:

El poema «Aquí estoy» nunca se había *publicado*, y sólo habían circulado copias a máquina entre algunos amigos.

Esto lo dijo para dejar en claro lo que había manifestado durante su charla, en el sentido de que él *nunca* había *publicado* nada en contra de otro poeta, y que ese poema nunca fue *publicado*. En este ejemplar procedió entonces a poner sus iniciales, recomendándonos que lo mantuviésemos lo más reservado posible.

La carta olvidó señalar el lugar y la fecha de la conferencia de Neruda, salvo que es anterior a 1965, año de la muerte de Rubén Azócar. Podría tratarse del discurso «Mariano Latorre, Pedro Prado y mi propia sombra» de 1962 (en este volumen, pp. 1082-1101). En todo caso, las iniciales de Neruda certifican su paternidad respecto a un texto titulado «Aquí estoy», pero no garantizan necesariamente la completa fidelidad de la versión contenida en el dactiloscrito. El dato importante es que el ejemplar que perteneció a Bravo Moreno (y hoy a Hermosilla) en origen había sido conservado por Souviron. ¿Una de las copias a máquina que habían circulado entre amigos?

(2) Versión *París 1938* (P '38). Carpeta gris de 35 x 25 cm. En cubierta, impreso sólo: «Aquí estoy». Portadilla interior en p. 5: «Pablo Neruda / AQUÍ ESTOY / París / 1938». La carpeta contiene 5 cuadernillos sueltos por un total de 32 páginas. Colofón en p. 29: «Este poema de Pablo Neruda, titulado *Aquí estoy*, con viñetas dibujadas por Ramón Gaya, fue impreso por amigos del poeta en la ciudad de París, durante el año 1938». Los títulos de portadilla y el texto del poema fueron impresos sólo en las páginas impares, pero la viñeta de Ramón Gaya en página par (p. 4). En p. 7, antes del inicio del poema, en alto a la derecha y en tipo menor (como si fuera un epígrafe o una dedicatoria), se lee: «Barcelona 1935». Al parecer, se trata de una publicación no autorizada por el autor.

Hay notables diferencias entre ambas versiones. Parecen provenir de originales diversos (o de copias ya modificadas –respecto al texto primordial– durante el proceso de multiplicación). Ninguna de las dos me merece total confianza, pues cada una contiene elementos creíbles que faltan en la otra. Para establecer el texto que propongo he tomado como base la versión M '35, modificándola eventualmente (con correcciones o aumentos) cuando P '38 me pareció más válida o más aceptable. P '38 comienza:

> Aquí estoy
> con mis labios de hierro
> y un ojo en cada mano
> y con mi corazón completamente,
> y viene el alba, y viene el alba,
> y viene el alba,
> y aquí estoy
> a pesar de perros, a pesar de lobos,
> a pesar de pesadillas,
> a pesar de ladillas
> a pesar de pesares.

He preferido M '35 porque su disposición métrica y retórica me parece más creíble y más en línea con los últimos poemas de *Residencia II*, que son de ese mismo período (abril 1935). En p. 379, *Venid a lastimarme con esputos*: así en M '35 y en P '38, aunque parecería más lógico «No vengáis a lastimarme» teniendo en cuenta los «no inauguréis» y «ni os hagáis» de versos sucesivos. Allí mismo M '35 trae: «no inauguréis adulterios con jóvenes rameras» donde en cambio P '38: «... con vacas amaestradas». En p. 380: «vive falsificando incestos» (M '35) contra «vive fabricando incestos» (P '38); más abajo, «Venid a mí, podridos» (M '35) contra «Huid de mí, podridos» (P '38); más abajo, los dos versos que comienzan con «y os colguéis de los talones de *El Mercurio*» y terminan con «perfectamente pútridas» faltan en P '38; y más abajo aún, donde M '35 trae «como conviene al judío cursi», P '38 propone en cambio un incomprensible «como conviche al juda cursi» (*sic*) que resta fiabilidad a esta versión. Pero en p. 382, los versos que van desde «los hediondos disfrazados» hasta «y así llegaremos a creer que somos genios» (y más abajo «panfletos purulentos repartió») son de P '38 y faltan en M '35. En p. 384, «d'annunzios de a cuarenta» (M '35) contra «d'annunzios más baratos que pollino podrido» (P '38). En p. 384 he preferido en cambio el verso «aquí estoy con harinas y simientes», de P '38, al «aquí estoy con harinas y cimientos» de M '35. No ha sido fácil moverse entre las dos versiones con las que he intentado establecer un texto fiable.

LOS PRÓLOGOS A LOS CABALLOS VERDES. (Páginas 381-384.) La dirección de la revista *Caballo Verde para la Poesía* (impresa por Manuel Altolaguirre) fue uno de los signos de la acogida que los

mejores poetas españoles del momento dieron a Neruda. La gran
excepción fue Juan Ramón Jiménez, a quien Neruda –sin nombrar-
lo– destina el prólogo al número 3, «Conducta y poesía». En el
cuarto prólogo, homenaje a G(ustavo) A(dolfo) B(écquer) en el centenario de su nacimiento, Neruda afirma implícitamente la unidad
de la tradición poética en lengua castellana. Según Neruda hubo un
número 5, dedicado a la memoria de Julio Herrera y Reissig, que se
terminó de imprimir justo al comienzo de la guerra civil y cuyos
ejemplares se extraviaron –quizás para siempre– en la confusión de
esos días.

FEDERICO GARCÍA LORCA. (Páginas 388-393.) Neruda fue siempre leal a la memoria de Federico y a la promesa que cierra este discurso de homenaje leído en París en 1937, tras las palabras de presentación de Robert Desnos. Que a veces se sintió solo en su tenaz
recordar lo manifiestan, entre otros, estos amargos (y posmodernos)
versos de treinta años después: «Valía la pena cantar / cuando en España los puñales / dejaron un millón de ausentes, / cuando allí murió la verdad? / La despeñaron al osario / y se tejieron las banderas
/ con el silencio de los muertos. // Yo vuelvo al tema desangrado /
como un general del olvido / que sigue viendo su derrota» (*Fin de
mundo*, I, «El tiempo en la vida», en *OCGC*, vol. III, p. 403).

ARTE POPULAR. (Páginas 397-398.) Los precedentes textos conexos a la guerra civil española y al movimiento antifascista internacional (como «Tempestad en España») evidenciaron cambios en la
escritura de Neruda que, sin embargo, en definitiva eran una diversa modulación del viejo lenguaje «profético» (ver mi prólogo al presente volumen): se trataba del mismo ambicioso horizonte poético
de las primeras *Residencias*, sólo que un registro de más explícita al-
tisonancia. No en balde los textos canónicos de esa línea fueron reunidos en un volumen que se llamó *Tercera Residencia*. Mucho más
novedoso en perspectiva fue este «Arte popular», texto de gran significación entonces porque suponía en cambio una nueva axiología
poética. Por primera vez Neruda intentaba formular –con seriedad
y riesgo– las bases conceptuales de una homologación o correspondencia entre la *creatividad de la naturaleza* (como aquella resultante de la interacción *vida/muerte* en el bosque, celebrada en «Galope
muerto» y en «Entrada a la madera») y la *creatividad de la historia*
(como aquella resultante de la actividad artística *popular*, que el
poeta en ese momento reconocía más próxima a la creatividad natural y por ello, en un cierto modo, en condiciones de superioridad
aleccionadora –y de puente– respecto a la tradición artística *culta* en
la que él mismo se incluía). Por todo ello este «Arte popular» es un

texto muy importante en el camino hacia *Canto general* (véase en particular el capítulo VII).

FUERA DE CHILE LOS ENEMIGOS DE LA PATRIA! (Páginas 400-404.) He conservado la firma *PABLO NERUDA (Neftalí Reyes)* porque este discurso, pronunciado por el poeta en Temuco pocos días antes de la muerte de su padre, fue publicado varias semanas después del deceso. Aceptar excepcionalmente entonces que apareciera el nombre *Neftalí Reyes* junto a su *verdadero* nombre fue un homenaje (póstumo) a don José del Carmen y un modo de reconocimiento de la estirpe en ese momento dramático. Tíos y otros miembros de la familia Reyes con toda probabilidad estuvieron presentes durante el discurso o lo leyeron después en el diario local. Algunos de esos tíos eran los mismos bárbaros a que aludirá poco después la prosa «La copa de sangre». También esto tuvo su parte en el itinerario elaborativo del *Canto general de Chile* que más tarde confluirá en el *Canto general*.

MÉXICO, MÉXICO! (Páginas 404-406.) [...] *el pastor que elegimos, el que pudo ser padre de su pueblo* [...] / *Mi oscuro pueblo cantó una canción mexicana para darle la gloria.*» Alusión a Arturo Alessandri Palma, presidente en ejercicio, elegido en 1932 por una coalición de derechas, pero en la elección presidencial de 1920 había sido el candidato de la esperanza popular. El actual conservador había sido entonces un hábil demagogo que los conservadores (en el poder) odiaban y temían. Joven y combativo senador liberal por las provincias del norte, le gustaba que lo llamaran el León de Tarapacá. Su candidatura presidencial despertó un entusiasmo popular −particularmente entre los estudiantes universitarios y empleados de la baja clase media− antes nunca visto en Chile, favorecido además por el nuevo cuadro político intercontinental surgido de la Gran Guerra de 1914-1918, que incluía la Revolución rusa de 1917 y la rebelión universitaria de 1918 en Córdoba, Argentina. Y que por cierto incluía también, reforzados, los ecos de la revolución de Zapata y Pancho Villa, comenzada antes. La canción mexicana a que alude el texto es «Cielito lindo» que, con versos obviamente modificados para la ocasión, fue el himno de batalla de la triunfante campaña presidencial de Alessandri en 1920.

DON PEDRO. (Páginas 406-407.) Aparte los dos mayores candidatos a la elección presidencial de 1938, Pedro Aguirre Cerda y Gustavo Ross Santa María, el texto alude de paso al presidente saliente Arturo Alessandri Palma, «don Arturo» en 1920, y a Carlos Ibáñez del Campo, ex dictador militar durante el período 1927-1931.

LA EDUCACIÓN SERÁ NUESTRA EPOPEYA. (Páginas 407-415.)
La declaración «hemos vuelto a crear la *Aurora de Chile*» alude
al periódico de ese nombre fundado por fray Camilo Henríquez
en 1812.

LA COPA DE SANGRE. (Páginas 417-418.) Cuando alguna vez
pregunté a Neruda por qué no había incluido este texto –para mí
extraordinario– en alguno de sus libros, se limitó a responder: «Demasiado personal». Lo que significaba: vinculado al irresuelto conflicto con su padre (cfr. mi prólogo al presente volumen). Escrito al
despuntar la primavera chilena de 1938, el texto permaneció inédito hasta que los años transcurridos debilitaron la resistencia del
poeta, quien terminó por aceptar su inclusión en la antología que
Arturo Aldunate Phillips estaba organizando para el editor Nascimento (Neruda, *Selección*, 1943).

DISCURSO DE LAS LIRAS. (Páginas 434-435.) «En este mes de
septiembre se cumplen veinte años de la muerte de Pablo Neruda.
Como un mínimo homenaje, publicamos un poema suyo, *Discurso
de las liras*. No es inédito pero pocos, muy pocos lo conocen: se publicó hace ya más de medio siglo en una revista de escasa circulación
[...]. *Discurso de las liras* apareció en el número VI de *Taller*, en noviembre de 1939. A manera de prólogo, precedía a una breve selección de liras de varios poetas del siglo XVII: Luis Martín (figura en
Flores de poetas ilustres, la célebre antología de Pedro Espinosa, y
fue, según Dámaso Alonso, "un excelente poeta de segundo orden"); sor Juana Inés de la Cruz; el Conde Bernardino de Rebolle-
do (autor de un curioso *Tratado sobre la existencia del Purgato-
rio*); Juan de Tassis, conde de Villamediana, y doña Cristobalina (su
nombre completo era Cristobalina Fernández de Alarcón, "Sibila de
Antequera" como la llamó Lope de Vega). Pablo Neruda había hecho la selección de estos poemas para un número de *Cruz y Raya*
que no llegó a salir pues la guerra acabó con la revista, como con
tantas otras cosas. Sabedor de que José Bergamín había logrado salvar el poema de Neruda y los otros textos, le pedí que me permitie-
se publicarlos en *Taller*. Accedió generosamente. En agosto del año
siguiente llegó Neruda a México y aprobó la publicación de su poema. [...] Ignoro por qué *Discurso de las liras* no fue incluido en la
Tercera residencia; no es inferior a los poemas que componen la primera parte de ese libro. Todos ellos, por su inspiración y su factura,
son una suerte de alcance de *Residencia en la tierra*. En *Discurso de
las liras* hay un sostenido sentimiento de la forma –estrofas de cuatro versos cada una– aliado a esa visión sonámbula del mundo que
dio a su poesía, en esos años, una *gravedad* que la distingue de todo

lo que se escribía entonces. Gravitación del lenguaje atraído por un oscuro magnetismo hacia una región de sensaciones y latidos, reinos subterráneos del ser, evidencias que podemos tocar pero no pensar...» (Octavio Paz, en *Vuelta*, núm. 202, México, septiembre 1993, pág. 8).

Entre Michoacán y Punitaqui

Michoacán significa el poeta-cónsul en México, Punitaqui el poeta-senador de los mineros del norte de Chile. Fue un período de misiones y funciones oficiales que enmarcaron la actividad literaria. Del viaje a Europa para la misión *Winnipeg* (1939) se desprendieron los textos dedicados a Sara de Ibáñez (a la ida) y a Uriel García (a la vuelta). Sin las vicisitudes consulares en México no tendríamos quizás los bellísimos *viajes* a la memoria personal y al corazón de Quevedo, ni los sonetos punitivos a Laureano Gómez. De las batallas del senador surgieron textos mayores como «Alturas de Macchu Picchu» y «Las flores de Punitaqui» (*Canto general*) pero también otras manifestaciones menores de prodigiosa vitalidad humana y literaria.

VIAJES 1. VIAJE AL CORAZÓN DE QUEVEDO. (Páginas 451-469.) El gobierno mexicano había aprobado el proyecto solidario de construir una escuela en la ciudad de Chillán, Chile, destruida por el espantoso terremoto del 24 de enero de 1939. La escuela llevaría murales de los artistas mexicanos David Alfaro Siqueiros y Xavier Guerrero. El nuevo cónsul Pablo Neruda extendió las visas a Siqueiros y a su mujer, Angélica Arenal, sin pensarlo dos veces. Pero además sin la protocolar autorización del Ministerio de Relaciones Exteriores que castigó al cónsul por su «acto de indisciplina» con la suspensión de sus funciones por un mes. Sin goce de sueldo, naturalmente. A la indisciplina de Neruda debe Chillán una Escuela México con el mural *Muerte al invasor*. Y los lectores del poeta deben a la misma indisciplina las conferencias que el cónsul castigado aprovechó para escribir y leerlas en Guatemala y en Cuba. Una de ellas fue este «Viaje al corazón de Quevedo», desarrollo del embrionario «Quevedo adentro» de 1939. La otra fue el «Viaje por las costas del mundo». Neruda las reunió en el volumen *Viajes*, Santiago, Ediciones de la Sociedad de Escritores de Chile, otoño 1947, 73 pp. En una posterior edición de *Viajes* (Santiago, Nascimento, 1955, 215 pp.) incorporará otros tres textos: «Viaje al Norte», «Viaje de vuelta» y «El esplendor de la tierra». Al insertar *Viajes* en la cuarta edición OC* (Buenos Aires, 1973), Neruda operó todavía una nueva reducción excluyendo «Viaje de vuelta» y «El esplendor de la tierra». Es claro que nunca tuvo de *Viajes* una idea unitaria y estructurada, nunca pudo pensarlo de veras como uno de sus libros. Además los cinco textos –y en particular los dos primeros, que son simplemente espléndidos– se leen y se disfrutan mejor por separado, por lo cual los he dispuesto en este volumen bajo el lema común VIAJES y según la secuencia cronológica en que fueron escritos. Esperando que el lector apruebe al final de los viajes.

MIGUEL PRIETO. (Página 474.) Pintor español de nacimiento (Almodóvar del Campo, 1907) y mexicano de adopción desde 1939. Hizo paisajes y retratos, pero también murales como el del Observatorio Astrofísico de Tonantzintla (1955). En México sobresalió en la gráfica periodística: fue tipógrafo y director de la revista *Romance*, director artístico y tipográfico de *México en la cultura* (el famoso suplemento literario del diario *Novedades*), de la *Revista de la Universidad* y de las publicaciones del Instituto Nacional de Bellas Artes. Neruda le confió la diagramación y todo el cuidado gráfico de la gran edición mexicana de *Canto general* (1950). De ello Enrique Robertson dedujo razonablemente en conferencia inédita (Universidad de Chile, invierno 2000) que Miguel Prieto habría sido el diseñador del LOGO nerudiano, aparecido por primera vez en esa edición de *Canto general*. Siendo el responsable gráfico de toda ella, Prieto no sintió la necesidad de puntualizar su paternidad respecto al magnífico diseño del pez entre círculos armilares, que para él era sólo un elemento del conjunto. No imaginó quizás que Pablo Neruda –sin revelar o mejor sin recordar su origen, como ocurrió también con su nombre de poeta– habría de adoptarlo como emblema de su obra y como bandera de su reino en Isla Negra. Miguel Prieto murió en la ciudad de México en 1956.

SONATA DE LAS SÚPLICAS. (Páginas 478-479.) Curioso poema inédito que parece escrito en el estilo de «América, no invoco tu nombre en vano», capítulo VI (escrito en 1942) de *Canto general*, del que podría ser un fragmento residuo o desechado. Dactilografiado en papel con membrete del Senado, trae título y correcciones manuscritos con tinta verde de puño y letra de Neruda, más una anotación manuscrita de Homero Arce: *inédito en [¿de?] 1942.* —De la colección nerudiana de Nurieldín Hermosilla.

EN LA SOBERBIA LA ESPINA. TRES SONETOS PUNITIVOS PARA LAUREANO GÓMEZ. (Páginas 492-494.) Cuando en octubre de 1943

* Véase «Abreviaturas», pp. 1211-1212.

Neruda pasó por Colombia de regreso a Chile (desde México), se vio obligado a bajar al redondel para enfrentar a Laureano Gómez, político conservador vehemente y rico (cuanto modesto como poeta), y a algunos de sus escuderos. Las armas elegidas para tan feroz duelo fueron los sonetos. Los de Neruda se publicaron en el diario *El Tiempo*, los antinerudianos en el diario *El Siglo* de Bogotá, fundado y dirigido por el mismo Gómez. A título documental, aquí van también los sonetos antinerudianos según fueron reproducidos por *Zig-Zag*, núm. 2014, Santiago, 29.10.1943. Al menos el último parece escrito por el inefable Laureano.

EN EL TUMOR LA AGUJA
Los 14 primeros

Patán improvisado de poeta,
pirata de barbera y de escopeta,
yangué de retacuero y de martillo,
matarife de euritmia con cuchillo.

Visitas un país y en tu tonillo
–que nunca al buen gusto se sujeta–
ultrajas a distancia, gozquecillo,
con la agria saliva de tu jeta.

Si el insulto a Laureano se te sale
es título mejor que no le admires:
que tu lema, Neruda, sobresale

del horrendo montón de tus decires:
«Odiar, odiar de muerte lo que vale
y envenenar el aire en que respires».

Los segundos 14

Es bueno que te exhibas escudero
–repulsivo payaso del vocablo–
distanciado de todo caballero
en falaz actitud con tu venablo.

Es bueno que te exhibas como artero
calumniando a los grandes, pobre Pablo,

original Pegaso de potrero
de quien cada poema es un establo.

Nunca tendrás el temple de Laureano,
noble sentir y proceder tan sano...
siquiera su talento y su prestancia.

¡Verdulero mediocre y gran villano,
te engordamos con flores, oh marrano,
y nos das sólo grasa, pero rancia!

Y los *14 últimos*

Te endiosaron los bárbaros del verso,
jabalí literario que te inspiras
en todo lupanar y en lo perverso,
porque sólo en el barro tú respiras.

Cantando a Stalingrado no me admiras
que es la oportunidad el universo
donde siempre, batracio, tú te estiras
ocultando la lacra de tu anverso.

No sigas, no, creyendo que eres vate,
tu estilo es una salsa de tomate
fabricada en atroz inquilinato.

En ti, ya nada sirve de remate:
¡no vuelvas por acá, sucio petate,
porque eres puerco y además ingrato!

Ángel María Criales Díaz

Escarabajo lírico

a Nefta Reyes (alias Neruda)

Poetastro mendicante y vagabundo
que al son de tu tambora de gitano

vas infestando el mundo americano
con tu aullido de sátiro iracundo.

Tu alforja de juglar inverecundo
hinchas con temas de segunda mano
que el tufo exhalan y el hedor malsano
de ruin figón y lupanar inmundo.

Y tú, que sólo un seudonombre tienes,
¿tu baba hasta una cumbre a lanzar vienes?
¡Mentecato! Tú te hallas muy abajo

y la cumbre es muy alta: ¡sigue el sino
que marca tu coprófago destino
muriéndote cual vil escarabajo!

Zoólogo

VIAJES 2. VIAJE POR LAS COSTAS DEL MUNDO. (Páginas 498-522.) «En marzo de 1942 visitó Pablo Neruda La Habana por primera vez, invitado por José María Chacón y Calvo, director entonces de la Dirección de Cultura del Ministerio de Educación. En el local de la que fuera Academia Nacional de Artes y Letras, en Acosta y Compostela, ofreció varias conferencias, dos de ellas sobre Quevedo; la que aquí se reproduce figuró en aquel interesante ciclo. «[...] El texto de la conferencia me fue entregado por el propio Pablo al terminar su lectura y no tengo idea de que se haya publicado antes de ahora.» (Ángel Augier, presentación de «Una conferencia inédita de Pablo Neruda», en *La Gaceta de Cuba*, núm. 180, La Habana, julio de 1979.) —Se trata de «Viaje por las costas del mundo» en primera versión y sin el título que más tarde le puso Neruda. La afortunada circunstancia de que Augier no conociera las anteriores publicaciones del texto nos permite el acceso a aquella primera versión que, entre otras variantes menores, no traía el fragmento desde «En estos últimos años vagué por México» hasta «y voló frente a mis ojos hasta perderse en el cielo» (pp. 513-516) –escrito en 1943 para la lectura en Colombia (octubre de 1943) o más tarde en Chile–, y que al cierre traía naturalmente el poema dedicado al capitán Alberto Sánchez, héroe cubano de la guerra civil española, que se extendía hasta los versos «[...] sonriendo un poco junto a la tumba / de nuestros hermanos caídos» (que en la versión Augier decían: «[...] sonriendo un poco junto a la tumba / de nuestros valientes hermanos»). El texto leído en Cuba no traía tampoco el poema que Ne-

ruda más tarde introdujo así: «Me acerqué entonces a Colombia y
dije a los colombianos», y que leyó en Bogotá en octubre de 1943,
pero concluía en cambio con la siguiente versión embrionaria del
poema «El fin del viaje»:

Aquí termina hoy este viaje en que me habéis acompañado
a través de la noche y del día y del mar y del hombre.
Todo cuanto os he dicho pero mucho más es la vida.
Quién nos ha dado a escoger entre el combate y el reposo, el pan y la es-
    tatua?
Escogemos todo, lo visible y lo secreto, lo pequeño y lo grandioso,
y nos pertenece cuanto recoja la verdad o la belleza
enteras o destrozadas porque de las ruinas y de los fragmentos
sale de nuevo la vida, de la derrota
se reconstruye con lágrimas y con espadas la esperanza.

Os saludo a vosotros, a vuestra isla
que llena de perfume y de dulzuras la tierra.
Está reciente aún el eco
de vuestras batallas por la libertad, aún me parece oír
a vuestro Martí hablar con la voz de América entera
y todos los oídos de América agruparse junto a su voz.
Otra vez las campanas de la tiranía traen a través del mar
su tañido de sombra y nuestra América
se llena de un silencio acongojado.
Pero hoy estamos más apretados y juntos, más fortalecidos,
más unidos para decir a los nuevos bárbaros: NO PASARÁN,
no pasarán a ocupar el corazón sagrado de nuestra América libre.

Esta primera versión fue reelaborada y aumentada para la lectura
culminante de la conferencia que hizo Neruda al regresar a Chile (diciembre 1943). Probablemente fue retocada aún para su publicación
en *Viajes* (1947) y –como poema independiente y con título propio–
en el diario *El Siglo*, Santiago, 18.9.1947. De allí la tomó Matilde
Urrutia para incluirla entre los textos dispersos de Neruda que reco-
piló precisamente bajo el título *El fin del viaje (FDV)* en 1982, pero
sin indicar su conexión con nuestro «Viaje por las costas del mundo». —[...] *antes de 1914 comencé a escribir allí [en el Sur] mis primeras poesías.* Neruda solía insistir en versos suyos anteriores a
1915, pero no conozco documentación al respecto. —*Llegué a Calcuta en el mes de diciembre de 1928.* Todas las publicaciones del texto, incluyendo la versión Augier y la de *OC* 1973, traen «diciembre

de 1929», pero el Congreso de Calcuta tuvo lugar en diciembre de 1928. Y Neruda, como se sabe, estaba allí con su amigo Álvaro Hinojosa. En diciembre de 1929 hubo otro Congreso panindio, más importante aún, pero en la ciudad de Lahore (hoy perteneciente a Pakistán), a 2.000 km de Calcuta. Además, la correspondencia con Eandi, con Laura y sobre todo con Albertina (de quien nerviosamente esperaba, justo en ese período, su aceptación a viajar desde Europa para reunirse) me dicen o sugieren que en diciembre de 1929 Neruda no se movió de Ceilán. No conozco ningún indicio de un viaje desde Colombo a Calcuta en ese período ni alguna razón para hacerlo (Álvaro Hinojosa se había marchado hacía tiempo), tampoco los medios, por lo cual prefiero pensar que se trata de una nueva distracción cronológica del poeta. Agrego, para mayor precisión, que a Calcuta no llegó Neruda en diciembre sino en noviembre de 1928, según el mucho más fresco testimonio de la carta a Eandi escrita en la nave *Merkara* y fechada «Bengala Bay, 16 de enero, 1928» (Aguirre*, p. 42), donde la distracción cronológica del poeta, nada infrecuente, ocurrió al revés (la travesía Calcuta-Colombo fue a comienzos de 1929, no de 1928). En esa carta leemos: «Ahora, dentro de tres horas llegará el barco a Colombo. Vengo de Calcuta, *dos meses de vida*.» Lo cual nos retrotrae a noviembre de 1928, cuando Neruda escribió «Tango del viudo» y «Arte poética» de *Residencia*.

SOBRE «TEHERAN» DE BROWDER. (Páginas 537-540.) Este elogioso comentario del volumen *Teheran*, de Earl Browder, es uno de los pocos textos que quizás Neruda querría no haber publicado (aparte sus poemas adolescentes, como se sabe). El título del libro de Browder aludía a la conferencia de los Tres Grandes (Churchill, Roosevelt y Stalin) en la ciudad de Teherán a fines de noviembre de 1943. «Cuando el resultado del conflicto bélico ya estaba a la vista y era natural y conveniente pensar en la posguerra, el Secretario General del Partido Comunista de Estados Unidos, Earl Browder, echó a circular por el mundo y especialmente en América Latina una concepción idealista del futuro. Según él, habría un punto de fusión entre los intereses del capitalismo y de los países dependientes. [...] El "browderismo" influyó en los partidos comunistas del continente, algunos de los cuales incluso cambiaron su nombre y perdieron de vista su papel de vanguardia. El Partido Comunista de Chile fue uno de los menos afectados por esta desviación, aunque no dejó de hacerle mella.» (Luis Corvalán, *De lo vivido y lo peleado. Memorias*, Santiago, LOM Ediciones, 1997, p. 46.)

---

* Véase «Referencias bibliográficas», pp. 1213-1214.

SONETOS PUNITIVOS A «S». (Páginas 545-547.) Probablemente escritos durante el furor de la batalla electoral de Tarapacá y
Antofagasta, estos sonetos podrían aludir a algún oscuro periodista
que se distinguía por el particular fervor anticomunista de sus escritos publicados en algún diario del norte, afecto a las compañías del
cobre y del salitre. Podría tratarse de René Silva Espejo, más tarde
subdirector de *El Mercurio*. La mención de un cierto *Osvaldo* podría corresponder a Osvaldo de Castro, magnate del salitre y del cobre, propietario del diario *El Tarapacá* de Iquique, cuyas astucias y
maniobras de arrogante empresario le valieron el mote de *El zorro
del desierto*, parodiando el que fuera aplicado –con muy otros méritos– a Rommel.

DISCURSO (CON INTERRUPCIONES) AGRADECIENDO UN HO-
MENAJE POR EL PREMIO NACIONAL DE LITERATURA 1945. (Páginas 549-555.) El texto fue así publicado, con las interrupciones
hostiles de una o más personas que el diario no identifica.

VIAJES 3. VIAJE AL NORTE. (Páginas 560-579.) Aquí, y en el
precedente «Saludo al Norte», Neruda subraya cómo su opuesta
perspectiva de hombre del Sur enriquece la elaboración verbal de
su nueva experiencia. El texto documenta la pasión y la sinceridad
con que Neruda hace convivir al senador y al poeta en su escritura.
Notable el pasaje que comienza «Entro en la casa de máquinas»,
cuya visión de los instrumentos inmóviles y de los viejos hierros
amenazados por el óxido cabría ponerla en conexión con la óptica
adolescente de «Maestranzas de noche», en *Crepusculario*, y con
la coetánea de «La huelga» en *Canto general*, XI, XIII (OCGC,
vol. I, pp. 127-128 y 729-730). Conferencia leída a estudiantes de
la Universidad de Chile durante la gran huelga del salitre en 1946.

EL PUEBLO TE LLAMA GABRIEL. (Página 594.) Neruda fue el
Jefe Nacional de Propaganda de la candidatura de Gabriel González Videla. Organizó con éxito incluso un acto multitudinario en el
Estadio Nacional de Santiago, donde el candidato leyó el juramento que algunos meses después traicionaría. Sobre el poema Neruda
mismo recordará años después: «Efectivamente, yo lo escribí. Gabriel González Videla andaba siempre detrás de mí pidiéndome que
escribiera cosas en su honor. Nunca le acepté. Esa actitud suya, a
medida que se acercaba la elección, se hacía más y más insoportable. En vísperas del acto del Estadio me insistió hasta el cansancio
en que le escribiera un poema. Lo hice sólo después que me lo pidió
la Dirección de mi partido. Fue un corto romance en el que cada una
de sus estrofas terminaba con el verso *El pueblo te llama Gabriel*.
No saqué ninguna copia. Leyó el manuscrito frente al micrófono la

actriz Inés Moreno. Y apenas terminó de recitar me acerqué a ella, le pedí el original del poema y lo destrocé allí mismo en mil pedazos. Había visto tantas cosas cosas en mis contactos con él que intuía la posibilidad de una voltereta. Nadie conoce hoy ese poema, porque no se publicó en ninguna parte!» (declaraciones a *El Siglo*, Santiago, 3.8.1963). El fragmento que aquí publicamos –a título de curiosidad documental y sin garantías de total fidelidad– fue probablemente reconstruido a memoria para el diario *Extra*, quizás a petición del candidato mismo. Tampoco Collier y Sater mencionan la fuente de la estrofa que citan en su *Historia de Chile*.

PRÓLOGO PARA JUAN DE LUIGI. (Páginas 608-609.) La relación amistosa que este prólogo manifiesta se rompió más tarde, tal vez por efecto del estrecho contacto entre De Luigi (crítico literario del diario *El Siglo* durante varios años) y Pablo de Rokha. Según parece, Neruda pensaba en De Luigi al escribir la «Oda al mal ciego» (*OCGC*, vol. II, pp. 768-769).

Discursos y documentos del poeta-senador

El poeta Ricardo Neftalí Reyes fue elegido senador por Tarapacá y Antofagasta en marzo de 1945. El presidente de Chile era entonces el radical Juan Antonio Ríos, quien dimitió su cargo en enero de 1946 obligado por un cáncer terminal, del que murió en junio. El radical derechista Alfredo Duhalde asumió la vicepresidencia con resultados desastrosos a causa de su frenética ambición de suceder a Ríos en La Moneda. El candidato elegido por los radicales fue en cambio Gabriel González Videla, considerado entonces hombre del ala izquierda del partido, que en la elección presidencial de septiembre de 1946 resultó triunfante con el apoyo decisivo de los comunistas. Como sabemos, Neruda fue un eficientísimo Jefe Nacional de Propaganda durante la campaña electoral de González Videla (ver *supra*, nota a «El pueblo te llama Gabriel»). Algunos meses más tarde los comunistas, con tres ministros en el gobierno, obtuvieron una votación nacional del 16,5 % en las elecciones municipales de marzo de 1947, con lo cual pasaron a ser el tercer partido político del país, precedido sólo por los partidos radical y conservador. Temeroso del avance comunista en franco desarrollo, y presionado por la política exterior norteamericana en el contexto de la Guerra Fría, el presidente González Videla inició entonces su famoso viraje hacia la derecha y pidió la renuncia de los tres ministros comunistas (abril 1947) con el pretexto de una reorganización del gabinete. Los discursos pronunciados en 1947 y 1948 por el senador Pablo Neruda (ya legalizado su nuevo nombre) son suficientes para que el lector pueda seguir el resto de la historia hasta el ingreso del poeta en la clandestinidad.

[EL PRIMER DISCURSO.] (Páginas 613-627.) ... *esos diarios tan «imparciales», tan «ilustrados» y tan «chilenos» que todos conocéis*: alusiones irónicas a los periódicos *El Imparcial, El Diario Ilustrado* y *El Chileno*, de derechas los tres. –El signo $ que aparece en éste y en sucesivos discursos se refiere normalmente a la moneda nacional, los *pesos* chilenos de entonces.

[MOVIMIENTO DE LIBERACIÓN DEL PARAGUAY.] [SOBRE LA SITUACIÓN POLÍTICA EN NICARAGUA.] (Páginas 655-661.) Estas intervenciones de Neruda, que oponen las situaciones políticas de Paraguay y Nicaragua (y Argentina, Bolivia y Ecuador) a la línea izquierdista y democrática del gobierno en Guatemala, marcan el trasfondo de la nueva visión épica de América que contemporáneamente comienza a abrirse paso en la escritura de *Canto general*.

[POSICIÓN Y ACCIÓN DEL PARTIDO COMUNISTA DE CHILE.] (Páginas 665-670.) Texto de mucho interés para quien quiera adentrarse en la dimensión política de la poesía de Neruda, en su ambición de alta dignidad literaria para la *ideología* de sus textos de trinchera. Tarea muy difícil que Neruda afrontó a plena conciencia y sinceridad, y sobre todo con coherencia. Notar por ejemplo en este texto el elenco de modestos militantes del partido, honrosamente aludidos por sus *nombres* individuales (operación siempre significativa en Neruda) en uno de los recintos de más alto prestigio en el país. Lo cual va en la misma dirección del elenco de figuras humildes elevadas a la dignidad épica en el capítulo «La tierra se llama Juan» de *Canto general*.

La clandestinidad y el exilio

ANTOLOGÍA POPULAR DE LA RESISTENCIA. (Páginas 739-760.) Debemos a Robert Pring-Mill, profesor de Oxford University y gran estudioso de Neruda y de la poesía popular chilena (de Violeta Parra en particular), la reimpresión facsimilar de este folleto publicado clandestinamente en 1948 bajo el sello Ediciones de la Resistencia (al final del folleto: «Editado en Santiago de Chile en pleno régimen de dictadura»). Pring-Mill lo hizo reimprimir en 1993, en ocasión del Simposio nerudiano auspiciado por las Universidades de Oxford y Warwick. Esta antología ficticia –puesto que bajo los pseudónimos se oculta el poeta clandestino– manifiesta la voluntad de identificación de Neruda con el sujeto popular y al mismo tiempo su increíble variedad de recursos métricos y retóricos. En la última página del folleto, al pie del Índice, hay una nota de estirpe borgiana sobre uno de los autores ficticios:

FRANCISCO J. TALERO. Este famoso escritor de la resistencia, además de sus actividades tan celebradas de poeta popular, investigador del folklore del Norte Chico, ha sido minero, explorador, navegante y, en la actualidad, desempeña importantes actividades en su pueblo natal.

Seguramente Neruda pensó escribir una nota similar para cada uno de los «autores» incluidos en la Antología, y quizás lo hizo, pero las demás notas no alcanzó a escribirlas o bien se extraviaron durante alguno de sus varios desplazamientos desde un refugio a otro. Del folleto hemos excluido el poema «La patria prisionera» de Pablo Neruda (en este volumen, pp. 609-610) y otros dos, de autores conocidos, que aquí reproducimos a título de curiosidad y por su sabor de época:

Tendrá su farol

[ovillejo] por Nicolás Guillén

¿Cómo se llama el infiel
que por su pueblo elevado,
a ese pueblo ha traicionado
cuando más confiaba en él?

GABRIEL

Sus instintos infernales
tras blanca sonrisa esconde:
¿a qué apellido responde
este espejo de animales?

GONZÁLEZ

Golpea, mata, encarcela,
sangre de obreros derrama:
¿cómo es que también se llama
quien así a Chile desvela?

VIDELA

Mas ya el pueblo se rebela:
tras la noche vendrá el sol:
¡pronto tendrá su farol
GABRIEL GONZÁLEZ VIDELA!

Tiempo americano
por Julio Moncada

(*Acróstico publicado [inocentemente]
en la página literaria del diario oficial*
La Hora *en su edición del domingo
21 de noviembre de 1947*)

M i corazón en la ternura quema
E l viento de la luz americana.

C anta mi corazón, sencilla umbela,
A nte la lumbre limpia de mañana.
G rita mi corazón como la tierra
O lvido de este Dios en la ventana.

E l pueblo pasa con la luz tranquila,
N unca pudo sonar más su campana.

T arde de historia por mi día suena
R ompiendo esta ternura que me abarca,
U n día te veré alto y sereno,
M ano de la tristeza que me aguarda
A nte el futuro que se eleva pleno,
N octurno y melodioso por la estancia.

A LOS COMBATIENTES DE LA RESISTENCIA. (Página 739.) Aunque no firmada, esta premisa o presentación fue escrita por Neruda, según confirmaron autorizadamente a Pring-Mill el historiador Álvaro Jara –responsable de la seguridad de Neruda y Delia durante la clandestinidad, fallecido hace poco– y Volodia Teitelboim.

EL PUEBLO TE LLAMA TRAIDOR. (Páginas 739-741) Evidente y furiosa palinodia de «El pueblo te llama Gabriel» (p. 594). Conviene recordar que González Videla había hecho en 1946 juramentos públicos del tipo: «Yo les aseguro a ustedes que no habrá poder humano ni divino capaz de romper los lazos que me unen al Partido Comunista y al pueblo» (citado por Collier y Sater*, p. 218).

EL CONQUISTADOR DE LA ANTÁRTICA. (Páginas 741-743.) Durante su mandato el presidente González Videla –apodado el Pato Loco no sólo por los comunistas– hizo un viaje a la Antártica para afirmar la soberanía natural de Chile sobre una franja de ese continente. —*Conquistador de samba*: causaron sensación las fotos del siempre sonriente González Videla bailando animadísimas sambas brasileñas en uno de sus viajes al exterior. —*Ángel Veas*: dirigente comunista, una de las víctimas de la Ley de Defensa de la Democracia.

PEDESTALES DEL RÉGIMEN. (Páginas 743-744.) Sobre éstas y sobre otras figuras de la corte de González Videla hay referencias en los discursos y documentos parlamentarios de Neruda. De Brun D'Avoglio, por ejemplo, en la «Carta íntima para millones de hombres», sección 12 (p. 694-695 de este volumen). Ver también las notas de Enrico Mario Santí a su edición de *Canto general*, Madrid, Cátedra, 1990, col. Letras Hispánicas núm. 318.

EL FARAÓN Y SUS MULATOS. (Páginas 745-747.). *La escena se desarrolla en la «Casa donde Tanto se Traiciona»*: una de las tantas parodias de «La casa donde tanto se sufre», célebre frase acuñada por el presidente Arturo Alessandri Palma en uno de sus discursos, aludiendo por supuesto a La Moneda, el palacio presidencial de Chile.

REVELACIONES SENSACIONALES SOBRE LOS ATENTADOS FERROVIARIOS. (Páginas 748-750.) Versos 5-6: *las consignas horrorosas / con que se hacen estas cosas*: estos dos versos, que no aparecen en la *Antología*, los tomo de los originales conservados en la colección nerudiana de Cesar Soto Gómez.

LOS IDEÓLOGOS DEL RÉGIMEN. (Páginas 750.751.) En el poema dedicado a Holger (p. 751), verso 4, (las) *micros*: abreviación santia-

* Véase «Referencias bibliográficas», pp. 1213-1214.

guina de la palabra que en origen designaba a pequeños autobuses, o sea a los *microbuses*, pero que con el tiempo pasó a designar genéricamente a los autobuses (con cambio al femenino: *las micros*), incluso en oposición a los pequeños autobuses que aparecieron mucho después, comúnmente llamados *liebres*.

EL RECTOR EN BOGOTÁ. (Páginas 752-753.) El personaje en referencia es Juvenal Hernández, rector de la Universidad de Chile por varios períodos.

DOS SONETOS REPUBLICANOS. (Páginas 759-760.) Estos dos sonetos, inéditos hasta ahora, fueron escritos dentro de la misma línea de la «Antología popular de la Resistencia». Los reproduzco de una copia obtenida por Pring-Mill de la familia Perelman, en cuya casa se refugió Neruda por un tiempo.

MIS PAÍS, COMO USTEDES SABEN... (Páginas 761-769.) Este discurso establece el momento culminante de la breve adhesión de Neruda al llamado *realismo socialista*, o mejor, al código artístico y literario más o menos oficializado y dominante en los países socialistas, particularmente en época estaliniana. Aquí el poeta declaró su personal decisión de no incluir poemas de *Residencia* en una antología húngara. Aquí emitió también las sorprendentes opiniones sobre Sartre y T.S. Eliot que tendrán eco en «Los poetas celestes» de *Canto general*, cap. V, II (en OCGC*, vol. I, p. 586) y en otros textos del período. Al respecto quizás sea oportuno recordar que las ideas o concepciones teóricas de Neruda sobre literatura y poética cambiaron según las vicisitudes de su escritura, vale decir, de su vida. Cada opinión suya sobre significado y razón de la literatura fue normalmente la afirmación de su propia praxis poética en ESE momento de su trayectoria. Tal comportamiento a mi juicio fue sincero y coherente con la índole de su obra. Y con el desarrollo de su vida personal. Por eso Neruda nunca se preocupó de justificar o aclarar a fondo los cambios «teóricos» que sucesivos textos ponían en evidencia, así como tampoco justificó ni renegó sus poemas «sectarios» de este período, ni siquiera el que escribió en ocasión de la muerte de Stalin (*Las uvas y el viento*, VI, v, «En su muerte»: OCGC, vol. I, pp. 998-1004) o las acusaciones que escribirá contra el poeta Mao Tse-tung que aquí en cambio elogia. Sus «aclaraciones» eran los textos mismos. Por lo cual no es pertinente ni productivo (ni justo, agregaría yo) citar las opiniones teóricas de Neruda (sus varias *artes poéticas* en prosa o en verso) fuera del contexto biográfico en que las escribió.

---

* Véase «Abreviaturas», pp. 1211-1212.

PALABRAS PRELIMINARES (A LA BREVE BIOGRAFÍA DE UN TRAIDOR). (Páginas 770-772.) La historia de Chile dará razón a Neruda. Al concluir su mandato González Videla, descalificado por su traición ante el país entero –incluso ante su propio partido y ante los partidos de derecha que por más de veinte años evitaron aparecer en conexión con él–, cayó a una tumba de silencio y olvido públicos de la que sólo logró levantar cabeza por un breve tiempo –y con mucha ayuda oficial– durante la dictadura del general Pinochet. Sobran los comentarios.

VIAJES 4. EL ESPLENDOR DE LA TIERRA. (Páginas 777-798.) Bajo el título «El esplendor del mundo», conferencia publicada originalmente en el opúsculo *Neruda en Guatemala*, Ciudad de Guatemala, Ediciones del Grupo Saker-Ti, 1950. Con algunas variantes y supresiones, y con el nuevo título, pasó al volumen *Viajes*, Santiago, Nascimento, 1955, cuyo colofón decía del texto: «Fue dedicado al pueblo de Guatemala, en 1950, cuando esta República era libre y noblemente gobernada por el presidente [Juan José] Arévalo».

VÁMONOS AL PARAGUAY. (Páginas 804-807) Uno de los mejores textos del exilio.

SERENATA. (Páginas 807-808) Este poema escrito en París, 1951, extrañamente ha sido publicado sólo en las dos ediciones de Pablo Neruda, *Tout l'Amour*, antología bilingüe, París, Seghers, 1954 y 1961. Traducido al francés por Alice Ahrweiler (ed. 1954) = Alice Gascar (ed. 1961), el poema no figura en las ediciones en español de la antología *Todo el amor*. Parece destinado a Matilde, aunque olvidado tanto por ella como por el autor.

A LA MEMORIA DE RICARDO FONSECA. (Páginas 813-816.) Desde Europa envió Neruda este poema de homenaje al secretario general del Partido Comunista de Chile, recién fallecido: Ricardo Fonseca (1906-1951). Se hizo una edición clandestina en cuadernillo: Santiago, Imprenta Amistad, 1951, con prólogo firmado J.M.V. [José Miguel Varas].

MUERTOS DE AMÉRICA. (Páginas 824-830.) Texto escrito en la casa que Erwin Cerio, mencionado en el Prólogo, puso a disposición de Pablo y Matilde en la isla de Capri durante la primera mitad de 1952. —*no la de los santacruces, ni truccos, ni validos...*: alusión a políticos chilenos (Hernán Santa Cruz, Emilio Trucco) que como Muñoz Meany fueron ministros de relaciones exteriores u ocuparon altos cargos diplomáticos. –*el poeta Gerardo Seguel*: véanse en este volumen otros textos sobre Seguel en pp.324 y 446.

El retorno del soldado errante

PALABRAS A CHILE. PEQUEÑA CANCIÓN PARA MATILDE. (Páginas 837-840.) Combate y amor son los propósitos con que Neruda regresa a Chile: los resumen estos dos textos. Sobre el embarque en Cannes y sobre el viaje en el transatlántico *Giulio Cesare* hay detalles tanto en las memorias de Neruda (*CHV**, pp. 302-303) como en las de Matilde (capítulo 12, «Regresamos a Chile en el *Giulio Cesare*», en Urrutia**, pp. 135-149), y desde la perspectiva de los Mántaras –los uruguayos Alberto y Olga, compañeros de viaje– en Varas, pp. 131 y ss.

YO SOY CHILENO DEL SUR. (Páginas 840-844.) Se alude a la primera candidatura presidencial de Salvador Allende, la de 1952. Habrá otras tres: en 1958, en 1964 y en 1970, en la que finalmente resultará vencedor. En esas cuatro postulaciones el candidato Salvador Allende contó con el apoyo de los comunistas y, en particular, con el de su amigo Pablo Neruda.

EL OLOR DEL REGRESO. (Páginas 851-854.) La casa en referencia –situada en la avenida Lynch del barrio Los Guindos, en Santiago Oriente– es la que Neruda compartió con Delia del Carril desde que regresaron de México en 1943 y que el poeta, en recuerdo de los tres años vividos en ese país, bautizó *Michoacán*. Desde fines de 1955, el año de la separación, *Michoacán* dejará de ser «mi casa». Será la casa de Delia del Carril hasta su muerte el 26.7.1989, cuando estaba por cumplir sus 105 años de vida. Sobre el período posnerudiano de *Michoacán*, véase Sáez, pp. 171 y siguientes.

CON ESTA PRIMAVERA VUELVEN LAS HOJAS DE «EL SIGLO». (Páginas 854-855.) Diario oficial del Partido Comunista de Chile, *El Siglo* fue fundado en 1941 y puesto fuera de la ley por González Videla en 1948. Los comunistas que eludieron la persecución del gobierno lograron mantenerlo en vida con dificultad a través del diario *Democracia*, que jugó un papel decisivo en esos años. *El Siglo* reapareció en 1952 (es lo que Neruda celebra en esta nota) y fue un diario importante y de buen nivel periodístico hasta 1973, cuando la junta militar de nuevo lo ilegalizó. Al caer la dictadura del general Pinochet, *El Siglo* reapareció una vez más, hasta hoy, pero no como diario sino como periódico semanal.

* Véase «Abreviaturas», pp. 1211-1212.
** Véase «Referencias bibliográficas», pp. 1213-1214.

VIAJES 5. VIAJE DE VUELTA. (Páginas 857-885.) Este texto parece ser el desarrollo de una conferencia leída en Temuco en 1952, algunas semanas después de su regreso, o *vuelta*, al país. —[...] *y crucé a caballo la cordillera nevada*: este relato anticipa (en embrión) los que Neruda escribirá sobre el mismo episodio en *Las vidas del poeta* (1962) y en el «Discurso de Estocolmo» (1971) al recibir el premio Nobel de Literatura. Ver también el poema «Sólo el hombre», *UVT*, I, 1 (*OCGC*, vol. I, pp. 913-915). —*Vi la ciudad de Shangai con sus siete millones de hombres y mujeres*: cfr. la crónica «Invierno en los puertos», fechada en Shangai, febrero de 1928, en este mismo volumen, pp. 349-352. —*... y nada se ha reconstruido, nada se ha edificado, salvo, naturalmente, La Serena*. Alusión irónica a la que entonces era la capital de la provincia de Coquimbo (y hoy de la Cuarta Región) en el Norte Chico chileno. La Serena era la ciudad natal, y por lo mismo predilecta, del presidente González Videla. —Esta conferencia fue una especie de introducción a la lectura del libro *Las uvas y el viento*, entonces en preparación, al cual pertenecen los poemas de Neruda incluidos en el texto. Antes fue publicada sólo en el volumen *Viajes*, Santiago, Nascimento, 1955, pp. 117-162.

A LA PAZ POR LA POESÍA. (Páginas 887-894.) *Hace tiempo, en el Uruguay, un joven crítico* [..] Neruda aludía a Emir Rodríguez Monegal, quien más tarde desarrollará la tesis de la relación Bello-Neruda (la «Oda a la agricultura de la zona tórrida» como antecedente del americanismo de *Canto general*) en su libro *El viajero inmóvil*, Buenos Aires, Losada, 1966. —[...] *uno de los más notables escritores del continente, que en una editorial de gran difusión dirige una colección* [...] *de novelas de crímenes y de terror* [...] Transparente alusión a Jorge Luis Borges, que por entonces dirigía la colección El Séptimo Círculo de la editora Emecé de Buenos Aires. El «sectarismo» de ese período hace de este párrafo una autocrítica indirecta, y no del todo sincera, porque se sabe que Neruda fue siempre un gran lector de novelas policiales y *thrillers*.

LOS ENEMIGOS DE GUATEMALA. (Páginas 901-913.) La preocupación de Neruda por la amenaza que se cernía sobre el gobierno de Arbenz se manifestó en diversos textos, de modo particular en la «Oda a Guatemala» de *Odas elementales* (*OCGC*, vol. II, pp. 111-117).

INFANCIA Y POESÍA. (Páginas 914-928.) *Allí había un retrato de mi madre*: aquél se perdió, pero pocos años antes de su muerte Neruda tuvo otro retrato de su madre, tal vez otro ejemplar de la misma fotografía. Se lo envió una señora, hija o sobrina de una amiga de Rosa Basoalto que lo había conservado. Es el retrato que aparece en diversas publicaciones recientes, por ejemplo en *Adiós, poeta...* (1990) de Jorge Edwards. —*un penetrante aroma de lilas conventuales*: cfr. el poema «Sensación de olor» de 1920 con su *fragancia de lilas* (en este mismo volumen, p. 177). —*A veces me llamaban mis tíos para el gran rito del cordero asado*: este pasaje retoma como anécdota la experiencia dramáticamente evocada en «La copa de sangre» de 1938 (en este mismo volumen, pp. 417-418, y *supra* mi nota al texto). —*El verano es abrasador en Cautín.* Atención al episodio de las ciruelas comidas con sal sobre un árbol: el simbolismo positivo de la sal en *Residencia* proviene sin duda de este sabor de infancia.

ALGO SOBRE MI POESÍA Y MI VIDA. (Páginas 929-945.) *Allí [en Macchu Picchu] comenzó a germinar mi idea de un canto general americano.* Neruda subió a Machu Picchu en 1943 y el poema resultante fue escrito en 1945-1946. El canto general americano había comenzado años antes, en México, Guatemala y Cuba entre 1940 y 1943 (el capítulo «América, no invoco tu nombre en vano», de *CGN*, es de 1942). —*La idea de un largo poema rimado, en sextinas reales, me pareció imposible para los temas americanos.* Neruda pensaba seguramente en las *octavas reales* (que no sextinas) de *La Araucana* de Alonso de Ercilla y Zúñiga. —*Yo me firmé Neruda por primera vez a los catorce años.* En realidad fue a los dieciséis (octubre de 1920). —*Una vez leí un cuento de Jan Neruda*: sobre la veracidad de este recuerdo, y en general sobre el origen del nombre Pablo Neruda, remito al indispensable ensayo de Robertson. —*A propósito de estas líneas interminables... Hay gente que pone en parangón las «Alturas de Macchu Picchu» con otros fragmentos panfletarios de mi obra.* Que el mismo Neruda aluda a *fragmentos panfletarios* de su obra es revelador del alto grado de conciencia que tenía del *arte poética* (y de los riesgos concomitantes) que gobernaba su escritura en ese período. Pocas líneas más abajo: *No quise empequeñecer mi poesía sino entregarla con la vida.* Así en la publicación original de la revista *Aurora* (1954), pero tiendo a pensar en «entregarla» como errata, en lugar de «integrarla» que me parece más congenial.

SALUDO A LOS CHILENOS. (Páginas 949-950.) *A estas alturas de mi vida, es posible que el presidente [Ibáñez del Campo] y los ministros me reciban, pero no tengo derecho a votar en las elecciones.* En efecto, la Ley de Defensa de la Democracia (que impuesta por González Videla en 1948 puso fuera de la ley a los comunistas) restará vigente hasta 1958.

LAS LÁMPARAS DEL CONGRESO. (Páginas 967-992.) Conferencia-informe sobre el Segundo Congreso de los Escritores Soviéticos (Moscú, diciembre 1954), leída en el Teatro Dieciocho, Santiago, y publicada en *Aurora*, núm. 3, Santiago, abril 1955.

UNIDOS AL PUEBLO. (Páginas 997-1001.) Este artículo fue publicado el 3.10.1955 por *El Diario Ilustrado* de Santiago, órgano de la ultraderecha conservadora, con el siguiente preámbulo: «*Por una Paz Duradera* es el título de un periódico editado por el Buró de Información del Partido Comunista de Bucarest. En él encontramos, sobre la firma de Pablo Neruda, el artículo que reproducimos por el curioso elenco de nombres que su autor destaca». No se indican el número ni la fecha de la publicación mencionada, pero el texto sin duda es auténtico. La cuestión es: ¿por qué *El Diario Ilustrado* reprodujo en su página editorial este artículo de Neruda? ¿Qué tenía de «curioso» el elenco de personas mencionadas por el poeta, no todas de militancia comunista pero sí todas ellas de notoria y declarada posición izquierdista? La clave podría estar en el cuarto párrafo, donde Neruda acusa a Sergio Fernández Larraín de dedicarse a la delación policial y de haber publicado «un libro entero con los nombres de aquellas personas que han asistido a algún congreso de paz», etc. No es improbable que el mismo Fernández Larraín haya impuesto la publicación del artículo para «demostrar» que Neruda incurriría también en igual delito de delación con su elenco de partidarios de la paz. Así se explica el «sibilino» preámbulo redaccional, que sugiere un querer descargarse de culpa. Al respecto, es oportuno traer aquí a colación un hecho de casi 20 años posterior al artículo. En 1974 la editora Rodas de Madrid publicó el volumen *Cartas de amor de Pablo Neruda. Recopilación, introducción, notas y epílogo de Sergio Fernández Larraín*, que traía en página 9 la siguiente dedicatoria: «A la inspiradora / de algunos de los / *Veinte poemas de amor y una canción desesperada* / y muchos más / con ocasión de cumplirse el cincuentenario de su / primera edición». La *inspiradora* aludida era Albertina Azócar, quien logró judicialmente recuperar después las cartas y poemas de Neruda que Fernández Larraín habría publicado en modo abusivo. No interesan aquí los detalles del pleito. He querido sólo relevar las singulares contorsiones íntimas de un personaje que en 1955 hizo publicar este artículo de Neruda y que en 1974 conmemoró (por vía dudosamente legítima) los cincuenta años de los *Veinte poemas* sin decir ni una palabra sobre los pocos meses transcurridos desde la muerte de Neruda en septiembre de 1973. La razón evidente: ello lo habría obligado a referirse a las circunstancias públicas en que se produjo el deceso,

doce días después del golpe de estado de Pinochet y del bombardeo
de La Moneda, donde murió también Salvador Allende.

Otra vida comienza

Nada fue igual en la obra de Neruda a partir del doble trauma provocado por las revelaciones de Jruschov sobre la gestión estaliniana
del poder soviético en el XX Congreso del PCUS (marzo de 1956) y
por Budapest de los tanques del Ejército Rojo (noviembre). El cambio fue radical pero no en el sentido que a los políticos y a la prensa
de derechas (nacional e internacional) hubiera hecho felices. Y puesto que la presión de tales eventos públicos vino a exasperar la de un
terremoto privado –la ruptura con Delia del Carril–, la vida/poesía
de Neruda recomenzará con un simple invertir la proporción de los
ingredientes: más Matilde, menos utopía. Por ahora.

ROMANCE DE LOS CARRERA. CANTO A BERNARDO O'HIG-
GINS. (Páginas 1007-1009.) El músico chileno Vicente Bianchi había puesto música (de tonada) al poema-cueca «Manuel Rodríguez» de *Canto general*, IV (*OCGC**, vol. I, pp. 520-521) y lo
había grabado para Odeón con su orquesta y con el grupo folkló-
rico de Silvia Infantas y los Baqueanos. El disco tuvo mucho éxito
de ventas (sigue siendo popular hasta hoy) y Bianchi pidió a Neruda otros textos sobre próceres de la Independencia. Era inevitable
comenzar con O'Higgins y con Carrera, que en vida no se entendieron encabezando facciones rivales dentro de las fuerzas patriotas, y que muertos generaron también, al menos hasta 1973 en cierta
historiografía chilena, sordas afiliaciones de rivalidad entre o'hig-
ginistas y carrerinos (no conozco la situación actual). Neruda obviamente se movía por encima de tales juegos pero, dado su gran
interés por la intrahistoria chilena, no escondió su fascinación personal hacia la aristocrática figura del *húsar desdichado* (Carrera) ni
su simpatía «ideológica» hacia Bernardo, hijo natural del virrey
Ambrosio O'Higgins y de la chilena Isabel Riquelme, y por tal causa objeto de arrogante menosprecio en ciertos sectores de la aristocracia criolla. Estas dos *ànime* de Neruda se manifiestan en los textos que escribió especialmente para Bianchi, puesto que los poemas
de *Canto general* dedicados a O'Higgins y a Carrera no se presta-

---

* Véase «Abreviaturas», pp. 1211-1212.

ban para canciones ligeras. Con los mismos intérpretes –*Silvia Infantas y los Baqueanos con la orquesta de Vicente Bianchi*– ambos poemas y las músicas de Bianchi fueron grabados en Santiago el 5.10.1956, editados en el disco Odeón 51016 (78 rpm) y después recogidos en el LP *Música para la historia de Chile*, Odeón 36056 (1959). Neruda aceptó, con estos poemas destinados a música de consumo popular, una especie de transacción: por un lado redujo la ambición épica con que había tratado los mismos asuntos en *Canto general*, conservando sin embargo un tono de seriedad tanto en la canción melancólica (Carrera) como en la briosa tonada (O'Higgins); por otro lado, aflojó el rígido lema que había gobernado su poesía moderna desde el prólogo de *El habitante y su esperanza* en 1926: «prefiero no hacer nada a escribir bailables o diversiones». Signo de la nueva vida que comienza. Y signo del nuevo rol de Matilde en la vida de la pareja: administradora de los asuntos prácticos (económicos) del poeta, no sólo compañera del soldado.

AMÉRICA PARA LA POESÍA! (Páginas 1009-1014.) Comparando la teorización poética de estas declaraciones con las de textos precedentes, como «Mi país, como ustedes saben...» (1949) y «A la paz por la poesía» (1953), se advierten de inmediato novedades significativas: para comenzar, silencio sobre la idea del quehacer literario como contribución al cumplimiento del proyecto revolucionario mundial y, en cambio, acentuación del discurso sobre «una originalidad americana en materia de poesía».

EL CORAZÓN DE CHILE ESTÁ ENLUTADO [POR GABRIELA]. (Páginas 1015-1016.) La Empresa Periodística aludida es el diario *El Mercurio*, según ya afirmó Neruda en algún texto anterior.

NUESTRO GRAN HERMANO MAYAKOVSKI. (Páginas 1018-1020.) El primer párrafo me llega ambiguo y contradictorio, por lo cual no excluyo alguna errata en la única fuente a mi alcance, o sea en la versión *PNN* que aquí reproduzco. Pero tampoco excluyo la deliberada intromisión del espíritu lúdico e irreverente de *Estravagario*, por entonces (agosto de 1957) en pleno proceso de composición.

NUESTRO HIMNO. (Página 1021.) Poema privado, celebrativo y juguetón. Festiva parodia de los briosos himnos que estudiantes y deportistas cantan en Chile habitualmente, el texto es índice de la nueva situación de los amantes que ahora viven reunidos y sintiéndose un «equipo» victorioso y feliz. Conservado entre los textos íntimos de la pareja, Matilde lo publicó por primera vez en *FDV*, p. 96, sin fecha. Pero las referencias geográficas recorren claramente la historia del amor entre Pablo y Matilde: el primer encuentro en algún apartamento de calle Monjitas en Santiago (¿1946?); los encuentros

sucesivos en México (calle Reforma), en diversos lugares del reciente mundo socialista (Praga, Rumania, el nuevo Pekín), en París, en
Suiza (Nyon, a orillas del lago Leman) y en Italia (Capri e Ischia),
todo ello entre 1949 y 1952; más tarde el periplo asiático y europeo
de 1957 (Ceilán, India, un Pekín menos alegre esta vez, Leningrado, Estocolmo, y el infaltable París), hasta regresar a La Chascona
con su cascada y en plena expansión. Teniendo cuenta de todos estos datos, la escritura del «himno» habría que fecharla a comienzos
de 1958. Muy logrados y sugestivos los versos «ya nos conocen los
puertos de Praga / y una ventana en el mar de París», que dan el mejor toque nerudiano a un texto sin pretensiones.

JORGE SAN MARTÍN Y EL FUEGO. (Páginas 1023-1024.) «Soy
anticrítico de arte, no tengo teorías ni sistema, sino ojos y manos y
recuerdos para ver y tocar y amar»: una autorreferencia muy característica de la fase inaugurada por *Estravagario*.

HA FALLECIDO LA LEY MALDITA CHILE SIGUE VIVIENDO (Páginas 1024-1028.) Reproducción de un mensaje leído por radio celebrando la derogación de la llamada «Ley de Defensa de la Democracia», impuesta por González Videla en 1948, que entre otras
arbitrariedades puso fuera de la ley al Partido Comunista chileno y
permitió encarcelar y relegar al campo de concentración de Pisagua
a muchos sindicalistas y dirigentes obreros. La frase que abre el último párrafo, «Esto es lo que nos sostiene: la historia de la patria»,
y la ausencia de alusiones a la Unión Soviética y al proceso revolucionario mundial, son indicativas de las variantes de óptica que están buscando estabilidad en la escritura de Neruda desde 1957. Léase también en esta clave la sucesiva «Intervención durante el XI
Congreso del Partido Comunista de Chile» (p. 1028-1031).

SALUDO A LA CIUDAD [CARACAS 1959]. EL VIAJE DE REGRE-
SO A CHILE [ABRIL 1959]. (Páginas 1033-1035.) Estos dos textos
conciernen al viaje que Pablo y Matilde hicieron a Venezuela a comienzos de 1959. La fecha 23 de enero, destacada por Neruda en
ambos textos, parece remitir a la contemporánea presencia de Fidel
Castro en Caracas, ampliamente evocada en (*CHV*, pp. 438 y ss).

SOBRE ESTOS ANTIGUOS VERSOS DE NICOMEDES GUZMÁN.
(Páginas 1037-1038.) Los «libros tremendos» de Guzmán a que
alude el texto eran las novelas neorrealistas que le habían dado
fama en Chile, en particular *Los hombres oscuros* (1939) y *La sangre y la esperanza* (1943).

PRÓLOGO PARA HÉCTOR SUANES. (Páginas 1038-1039.) La de
Suanes fue la primera edición de *Alturas de Macchu Picchu* en volumen autónomo (Santiago Ediciones Librería Neira, 1947 –que

no 1948, como equivoca según costumbre nuestro poeta). Antes de ser incorporado a *Canto general,* el poema había sido publicado ya en dos partes por la *Revista Nacional de Cultura* de Caracas, núm. 57 (julio 1946) y núm. 58 (agosto 1946), e integralmente por la revista *Expresión* de Buenos Aires, director Héctor P. Agosti, en su número 1 (diciembre 1946).

PALABRAS CEREMONIALES A SALVATORE QUASIMODO. (Páginas 1043-1045.) Para Neruda el Nobel de Literatura 1959 fue también motivo de orgullo personal pues Quasimodo había sido el traductor del primer volumen de sus poesías publicado en Italia: *Poesie di Neruda,* una antología bilingüe realizada en 1952 por el más prestigioso editor italiano –Einaudi, de Turín– e ilustrada además por uno de los máximos pintores italianos del siglo XX: Renato Guttuso. Dicha antología, que incluyó textos de *Veinte poemas de amor, Residencia en la tierra, Tercera residencia* y *Canto general,* ha sido reimpresa innumerables veces hasta hoy (desde 1965 en formato de bolsillo y sin las ilustraciones de Guttuso).

PRÓLOGO PARA POEMAS A MARIÁTEGUI. (Páginas 1045-1046.) Me cuenta el hispanoamericanista italiano Antonio Melis (Universidad de Siena), especialista en literatura peruana y particularmente en Mariátegui: este prólogo lo había prometido Neruda de paso por Lima, probablemente en 1957, y como el texto no llegaba el hijo mayor de Mariátegui, de nombre Sandro porque había nacido en Italia, viajó especialmente a Santiago para cobrarle al poeta su promesa.

SONETO INJUSTO. (Página 1047.) Me cuenta Aída Figueroa en una carta personal fechada en Santiago el 24.8.1998: «Corría el año 1952 y ya se había decidido el regreso de Pablo porque se juzgaba que las condiciones políticas del país lo hacían posible. Pero había un proceso judicial y una orden de detención todavía pendientes contra Pablo, situación que había que despejar. El partido [comunista] pensó en mi padre Rafael Figueroa González, abogado criminalista, radical, para que representara a Pablo en este asunto. Galo González [entonces secretario general del PCCh] me pidió que le preguntara a mi papá si aceptaba el caso, y él aceptó. Se concertó una reunión entre Galo y mi padre en nuestra casa de calle Estrella Solitaria 4831, en Ñuñoa, a la que yo asistí. Conversaron del asunto y mi papá aceptó asumir los trámites para resolver la situación de Pablo. Al final Galo preguntó: "Señor Figueroa, ¿cuáles serían sus honorarios?" Y mi padre: "Un soneto clásico del poeta dedicado a mi persona". Y en eso quedaron. Después los años fueron pasando y mi padre no cobraba el soneto y yo discretamente lo recordaba a Pablo, pero nada.

Hasta que en el verano de 1960 hicimos un viaje –Sergio Insunza y yo– en nuestro viejo Buick con Pablo y Matilde al sur de Chile. A Pablo se le había ocurrido recorrer sus viejos pagos. Haciendo un aro [un alto para descansar] en el camino, llegamos al fundo de mis padres, Nancahue, que se encuentra de Traiguén hacia la costa, donde descansamos un par de días. Como la ocasión la pintan calva, mi papá la cogió al vuelo y le dijo a Pablo: "éste es el lugar, éste es el sitio... y el soneto queda aquí". Vimos cómo Pablo comenzó a rumiar palabras y a barajar rimas: Figueroa, Boroa, loa, proa, hasta que el último día, poco antes de proseguir nuestro viaje, con la mayor naturalidad entregó a mi padre un papel con el famoso «Soneto injusto» que aquí te envío, famoso porque tiene que ver con mi familia y conmigo, naturalmente». Hasta aquí la carta. El soneto entonces era inédito. Ahora no, porque Aída lo incluyó en su reciente y sabroso libro *A la mesa con Neruda* (Barcelona, Grijalbo Mondadori, 2000), p. 28, donde agrega una oportuna observación: «Llegamos hasta Puerto Saavedra y fue cosa muy afortunada el haber llegado allí antes del gran terremoto [mayo 1960] que borró totalmente ese puerto y los recuerdos materiales que Pablo guardaba de él» (p. 29).

ESTE LIBRO ADOLESCENTE. (Páginas 1052-1053.) El libro adolescente del título es *Veinte poemas de amor* de 1924, núcleo de la antología. En el texto Neruda pasa revista a los principales elementos de su mundo originario, del sur que vive también en otros libros suyos, por ejemplo en *Anillos* y en *El habitante y su esperanza* de 1926, y también en el *Álbum Terusa* del presente volumen (pp. 269-278). El motivo de tan melancólica remembranza se encuentra al final del texto: ese «cataclismo de Chile» alude a la cadena de terremotos que en mayo de 1960 asolaron precisamente el sur de Neruda, en particular los que en Valdivia y Puerto Saavedra asumieron la forma de un apocalíptico maremoto que precipitó furiosas montañas de océano sobre las poblaciones de la costa. Respecto a la misma tragedia, léase también el poema largo «Cataclismo» de *Cantos ceremoniales*, 1961 (*OCGC*, vol. II, pp. 1062-1069).

PEQUEÑA HISTORIA. (Páginas 1053-1056.) *No se conserva ni uno solo de los originales de aquel tiempo.* Neruda no alcanzó a saber o no quiso suponer que Albertina Azócar había conservado (y haría publicar tras la muerte del autor) los originales de algunos de esos *Veinte poemas de amor* y de otros textos de ese tiempo. De los originales conservados por Albertina, véanse las ediciones sigladas *CMR, NJV = CYP, PAR*.

SONETO A CÉSAR MARTINO. A SIQUEIROS, AL PARTIR. (Páginas 1057-1058.) Presumo que Neruda y Matilde salieron de Cuba vía México a comienzos de 1961, y que allí el poeta reencontró a su amigo el ingeniero César Martino, de Ciudad Guzmán, que con María Asúnsolo y Carlos Obregón Santa Cilia, entre otros mexicanos, formaron parte de la comisión editora de *Canto general* en 1949-1950. Antes de dejar México escribió el poema de protesta por el nuevo encarcelamiento de Siqueiros, con alusión a su reciente paso por Cuba. De este mismo período o poco posterior es el poema elegíaco «C.O.S.C.», escrito en memoria de Obregón Santa Cilia e incluido en *Plenos poderes* de 1962 (*OCGC*, vol. II, pp. 1121-1122).

SONETO PUNITIVO PARA GERMÁN RODRÍGUEZ, ABOGADO ANTIOBRERO DE LA INTENDENCIA DE VALPARAÍSO (Página 1069.) Una mañana de septiembre de 1961, Neruda fue testigo presencial del hecho que determinó la escritura de este «soneto punitivo». Por casualidad se encontraba el poeta departiendo con dos amigos en el balcón de un apartamento que daba sobre la plaza Victoria, en Valparaíso, desde donde se podía ver la avenida Condell y en ella la sede de la Unión de Profesores. De pronto los tres amigos vieron cómo tropas de carabineros descendían de vehículos policiales, invadían el edificio y comenzaban a sacar de él a maestros y maestras allí reunidos, golpeándolos brutalmente y arrastrándolos a los furgones. Más o menos 80 fueron los apresados, otros pudieron escapar por las escaleras contiguas. Neruda telefoneó al sindicato del magisterio, para informarse, e inmediatamente después a Volodia Teitelboim en Santiago, quien denunció lo ocurrido (incluso antes de que lo hicieran la policía y la Intendencia de Valparaíso) a Sótero del Río, entonces ministro del Interior del gobierno de Jorge Alessandri, evitándose así que la cosa pasara a mayores. El contexto era una huelga nacional de profesores de primaria y secundaria en pleno desarrollo. El abogado Germán Rodríguez, alto funcionario de la Intendencia de Valparaíso, al parecer sin consultar al intendente Luis Guevara había emitido la orden de arrestar a los dirigentes y delegados provinciales del magisterio reunidos en la sede de la avenida Condell. Hacinados en los vehículos, los ochenta maestros fueron llevados a la comisaría de Cerro Florida, donde permanecieron cinco días en estado de arresto. —*y los veremos en el paredón*: la fórmula suponía una obvia referencia a la drástica justicia revolucionaria que, practicada por el nuevo gobierno cubano en sus primeros años, era por entonces objeto de viva discusión y de opuestas valoraciones éticas y políticas.

TRES SONETOS PUNITIVOS PARA RUBÉN AZÓCAR. (Páginas 1070-1072.) Otro signo lúdico de la nueva fase (posmoderna) de Neruda es lo que veo en esta autoparodia del «soneto punitivo», hasta entonces habitualmente usado con serios propósitos beligerantes. –*como un vulgar y celestial Paleta / beberás sólo Andina en tu planeta*. «El Paleta» era el apodo elogioso tomado de la jerga popular chilena (un tipo «paleteado» = una persona fuerte, capaz y fiable) que la propaganda electoral había hábilmente colgado al presidente en ejercicio, Jorge Alessandri Rodríguez (hijo de Arturo Alessandri Palma), famoso además por ser un magnate solterón y de austeras costumbres (se decía que no bebía vino ni licores, sino sólo Andina, o sea agua mineral).

CRÓNICA RIMADA PARA UNA BOMBA DE 50 MEGATONES. (Páginas 1072-1075.) «*El Percurio*», Paluenda y los Pewards son transparentes alusiones al diario *El Mercurio*, a su director Rafael Maluenda y a sus propietarios, Agustín Edwards y familia.

El nuevo lenguaje autobiográfico

Sobre los aspectos generales de esta fase, vale decir sobre los nuevos rasgos que definen la escritura autobiográfica de Neruda a partir de 1956, remito al «Prólogo» del presente volumen, apartado 16, pp. 34-36.

LAS VIDAS DEL POETA. A CABALLO ATRAVESÉ LA GRAN CORDILLERA. (Páginas 1079-1082.) Diez crónicas autobiográficas de Pablo Neruda fueron publicadas –entre enero y junio de 1962– por la revista *O Cruzeiro Internacional* de Río de Janeiro bajo el título común *Las vidas del poeta. Memorias y recuerdos*. Los títulos de esas crónicas y las fechas en que fueron publicadas son los siguientes:

1 El joven provinciano. 16.1.1962.

2 Perdido en la ciudad. 1.2.1962.

3 Los caminos del mundo. 16.2.1962.

4 La calle oriental. 1.3.1962.

5 La luz en la selva. 16.3.1962.

6 En Ceylán, la soledad luminosa. 1.4.1962.

7 Tempestad en España. 16.4.1962.

8 Las entrañas de América. 1.5.1962.

9 Lucha y destierro. 16.5.1962.

10 Dicciones y contradicciones finales. 1.6.1962.

Diez años más tarde Neruda las utilizó casi en su totalidad como texto-base para la elaboración de sus memorias (*CHV**), si bien fragmentándolas con muy diversa disposición. Por lo cual no publicaremos esas crónicas como aparecieron en la revista brasileña sino según la forma que asumieron en *CHV* (con notas de referencia). El texto que en este volumen reproduzco bajo el título «A caballo atravesé la cordillera» es (salvo error u omisión) el único fragmento extenso que no pasó a las *memorias*, donde Neruda prefirió –para evocar el mismo episodio– un pasaje del discurso leído en Estocolmo al recibir el premio Nobel de Literatura en 1971. Pero hay otros pasajes breves que Neruda por diversos motivos eliminó. Así, de la CRÓNICA 01, refiriéndose a Temuco y al tren lastrero de su padre, desechó estas líneas:

Hace cuatro o cinco años, para asistir a un congreso en Goiânia, hice con el escritor y senador Baltazar Castro un viaje aéreo que me pareció el más largo de los viajes. Por encima del vasto Brasil, el avión de carga en que íbamos atados al asiento, como condenados, tambaleaba y crujía por aquellos huracanados cielos. Y cuando, maltrechos, por fin llegamos al hotel y tuve valor para asomarme a la ventana, vi una ciudad sin pasado, sin telarañas, en que todo se estaba empezando a hacer. Otra vez un mundo de ferreterías. Me volví hacia Baltazar y le dije: «Tanto sufrir en el avión, tanto viajar por el mundo, y todo para volver a Temuco».

[...]

Estos trenes lastreros conducían piedras y arena que depositaban entre los durmientes de la línea férrea, para que la intensa lluvia no moviera los rieles. Debiendo excavar el lastre de las canteras, este tren de mi padre permanecía en cualquier rincón selvático, por semanas completas.

El tren era novelesco. Primero, la gran locomotora antigua, luego los innumerables carros planos en los que la pala excavadora depositaba las pequeñas montañas de la entraña terrestre, después los carros de los peones, por lo general rudos gañanes de vida desordenada, y luego el vagón en que vivían sobre ruedas mi padre y el telegrafista. Todo esto en medio de faroles de vidrios verdes y rojos, de banderas de señales y mantas de tempestad, de olor a aceite, a hierros oxidados, y con mi padre, pequeño soberano de barba rubia y ojos azules, dominando como un capitán de barco la tripulación y la travesía.

Viajé muchas veces por los ramales en esta casita de mi padre que se detenía junto a la selva primaveral, selva virgen que me reservaba los más

* Véase «Abreviaturas», pp. 1211-1212.

espléndidos tesoros, inmensos helechos, escarabajos deslumbrantes, curiosos huevos de aves silvestres.

De la CRÓNICA 04 fue desechado este párrafo sobre los fumaderos de opio en Rangún:

Cada uno de estos centenares de miles de locales tenía licencia del gobierno inglés, que asumía el monopolio del opio, así como los holandeses en sus colonias vecinas y los mismos ingleses en la China de entonces. En algunos de estos países las entradas del opio proporcionaban a ingleses y holandeses el catorce por ciento de las rentas nacionales. Mientras tanto, en Ginebra, se pavoneaban los pulcros funcionarios de Inglaterra y de Holanda, perfectos *gentlemen*, perorando en contra de la venta clandestina del opio. «Estos chacales envenenan al mundo» decían en sus discursos, mientras que sus elegantes pantalones rayados eran tal vez comprados con el producto de aquellos sombríos y solemnes fumaderos del Imperio.

De la CRÓNICA 06 fueron eliminados dos fragmentos. El primero era un parrafillo sobre un aviso que el poeta, de paso por Ceilán en un año reciente, había puesto en un periódico de Colombo para ubicar a su antiguo criado Bhrampy: «No acudió. Posiblemente habrá desaparecido en la germinación, calamidad y muerte que es la vida de los pobres en el Oriente capitalista». El segundo fragmento eliminado cobra interés particular a la luz de acontecimientos posteriores:

Había casi terminado de escribir el primer volumen de *Residencia en la tierra* cuando tuve por primera vez una relación fraternal con escritores de otro mundo, del pequeño o grande mundo europeo que nunca había existido para mí en forma tangible. Alejo Carpentier, en París, y luego el joven poeta Rafael Alberti, de quien yo nunca había oído hablar, leyeron los poemas de ese libro y decidieron editarlo. Aquellas tentativas fueron frustradas, pero me dieron la sensación de que mi poesía no estaba sola, que comenzaba a palpitar fuera de mi destierro. Desde entonces data mi acendrada amistad hacia Alejo Carpentier, a quien ahora he visto en plena revolución cubana firmemente vinculado a su pueblo y engrandecido y respetado. En cuanto a Rafael Alberti, príncipe de una poesía siempre fresca y fragante, la guerra de España nos dio una hermandad aún más profunda y duradera.

Como se sabe, la amistad hacia Carpentier se rompió cuando este escritor –desde el punto de vista del poeta chileno– la traicionó en 1966 al firmar la *Carta abierta a Pablo Neruda* de los intelectuales cubanos. De modo que en *CHV* no sólo desaparecerán estas líneas cordiales sino que ellas serán sustituidas por violentos contraataques. El tiempo confirmará en cambio la amistad con Alberti. Pero siguiendo con los fragmentos eliminados, la CRÓNICA 08 desechó uno relativo al inicio de la segunda guerra mundial, con las noches de París en tinieblas por temor a los bombardeos:

> No había menos tinieblas en las almas. Junto al olor de sangre que llenaba al llamado Occidente se despertaba la codicia. Comenzó en los consulados el tráfico de los perseguidos.
>
> Por esos días entré repentinamente a la oficina de un ministro diplomático de uno de nuestros países de América del Sur. Nunca olvidaré la sorprendente visión que tuve ante mis ojos. Su gran mesa escritorio estaba cubierta de columnas de monedas de oro. Apenas puso atención a mi entrada. Siguió tomando las monedas y organizando sus columnas. El ministro era un hombre rechoncho y pálido, con escasos cabellos rubios sobre su brillante cabeza. Sus manos regordetas iban y venían desplazando las libras esterlinas. Sus blancas manos de monja volaban sobre el oro.
>
> En unos días el ministro se había hecho millonario. Joyeros de Amsterdam, comerciantes de Bruselas, judíos acaudalados de todas partes le dejaban sus tesoros y montones de relojes y collares por una visa o un pasaporte. El ministro recibía los presentes, con sus manos de abadesa firmaba los documentos que garantizaban la escapatoria de los perseguidos, pero, poco después, para que todo quedara en silencio, denunciaba a la Gestapo a los fugitivos. Poco les había servido la flamante documentación.

De la CRÓNICA 10, finalmente, Neruda dejó fuera de sus *memorias* unas líneas acerca de Vicente Huidobro. Tras decir: «En toda su poesía hay un resplandor europeo que él cristaliza y desgrana con un juego lleno de gracia y de inteligencia», agregaba:

> Este brillo europeo no sustrae nada a la obra de Huidobro. Él tenía el prejuicio de la originalidad, quería ser a toda costa inventor, creacionista. Esta manía de la originalidad es la neurosis de nuestro tiempo.
>
> Los más jóvenes poetas de hoy quieren nacer de la nada, salir del mar sin mojarse. Mi buen amigo don Francisco de Quevedo tiene muchas odas y sonetos con esta acotación al margen: «Imitación de Horacio», «Imitación de Ovidio». Pero muchos poetas, entre ellos Huidobro, huyeron de la modestia como de una enfermedad de medio pelo. Él escogió siempre una actitud desafiante y d'annunziana.

MARIANO LATORRE, PEDRO PRADO Y MI PROPIA SOMBRA.
(Páginas 1082-1101.) Este extraordinario texto condensa, desde
una perspectiva madura y serena, las ideas fundamentales de Neruda no sólo sobre su poesía sino sobre el significado del hacer literario en Chile. El poeta se sitúa, digamos, por encima de las diversas
fases de su propio desarrollo pero al mismo tiempo las abarca y las
abraza todas, afrontando y resolviendo las aparentes contradicciones de su itinerario como nunca quizás había hecho antes. Lo hace
además con singular elegancia estilística, con el aplomo de un clásico viviente. El texto se publicó en un volumen de 91 páginas: Pablo
Neruda y Nicanor Parra, *Discursos*, Santiago, Nascimento, 1962,
que incluía las siguiente nota explicativa:

> El 30 de marzo de 1962, la Facultad de Filosofía y Educación de la Uni-
> versidad de Chile, en sesión pública celebrada en el Salón de Honor, reci-
> bió a Pablo Neruda en calidad de Miembro Académico, en reconocimien-
> to a su vasta labor poética de categoría universal. El acto fue presidido
> por el rector Juan Gómez Millas, por el Decano de la Facultad, Eugenio
> González, y por el Secretario General, Álvaro Bunster. Nicanor Parra,
> miembro docente de la Corporación, tuvo a su cargo el discurso de re-
> cepción.

*Nunca tuve relación con Mariano Latorre y es a fuerza de razo-
namiento y de entendimiento...* Creo que a ningún otro escritor rindió Neruda el homenaje de deponer unilateralmente –ya que no
hubo siquiera un acercamiento final como con Huidobro– el feroz
rencor de juventud determinado por la crítica arrogante e incom-
prensiva. El texto «Exégesis y soledad» de 1924 (en este volumen,
pp. 323-324) denuncia la ira de Neruda frente a los comentarios
periodísticos de Alone y de Mariano Latorre, adversos a los *Veinte
poemas de amor*. Aparte su fama nacional como narrador mundo-
novista, Latorre fue profesor de literatura chilena en la misma Facultad de Filosofía y Educación que ahora recibe al poeta. No tengo
noticias de que Latorre haya escrito de nuevo sobre Neruda más allá
de esas «Dos palabras» incluidas en *Pro Arte*, núm. 157, Santiago,
11.8.1952, sumándose escuetamente a la bienvenida de los intelectuales chilenos al poeta que retornaba del exilio. Neruda en cambio
lo despidió al morir con un texto de rara belleza («Despedida a Mariano Latorre», en pp. 1001-1003 de este volumen), adoptado incluso por los libros de lectura en las escuelas. —*Eduardo Barrios.*
En verdad Neruda fue demasiado parco respecto a su amistad con
Barrios. Y no le faltaban cosas que contar. Laura Arrué me contó

por ejemplo que Pablo quiso en 1925 o 1926 concretar el plan –proyectado en común– de «raptarla» para vivir juntos el amor prohibido (por los padres de ella). Ahora bien, puesto que la casa de los Arrué estaba situada fuera de Santiago (tal vez en Malloco o Peñaflor), Neruda tuvo que procurarse la ayuda del único amigo que poseía un automóvil. Pero en vano los faros del vehículo hicieron aquella noche las señales intermitentes convenidas por los amantes. Laura me confesó –no sin arrepentimiento retrospectivo– que le faltó el valor para huir de casa con Pablo en el automóvil conducido por don Eduardo Barrios. –*la torre de Pedro Prado, torre de los veinte:* Los Diez era en efecto el nombre del grupo literario encabezado por Prado, «que no pasó de ser un círculo un tanto arbitrario que lindaba con el juego y el trabajo literarios» (José Promis, *La novela chilena actual*, Buenos Aires, Fernando García Cambeiro editor, 1977, p. 31). –*el libro de Daniel de la Vega* [...] *en los campos de Quepe* [...] Véase en este mismo volumen, pp. 128-130, el poema dedicado a Daniel de la Vega, escrito por Neftalí precisamente en Quepe el 14.12.1919.

Por Matilde y por la paz

AL PARTIDO COMUNISTA DE CHILE EN SU CUADRAGÉSIMO ANIVERSARIO (Páginas 1105-1108.) *somos los vencedores de Pisagua!* El nombre del campo de concentración creado por la Ley de Defensa de la Democracia (González Videla) condensa en clave nacional las dificultades de todo tipo (incluyendo las internacionales) que los comunistas han debido afrontar en los años recientes.

BAJO LA MÁSCARA ANTICOMUNISTA. (Páginas 1159-1169.) Algunos párrafos de este texto, levemente modificados, serán retraducidos más tarde al español (probablemente desde el ruso) en el artículo «Cierta flor de loto», publicado en *Principios* núm. 102, Santiago, julio-agosto 1964.

DESPEDIDA A ZOILO ESCOBAR. (Páginas 1178-1179.) Sobre el mismo poeta, remito a las páginas que Neruda le dedica en sus memorias: «El vagabundo de Valparaíso», en CHV*, capítulo 3, pp. 81-92.

* Véase «Abreviaturas», pp. 1211-1212.

ALBERTO SÁNCHEZ HUESUDO Y FÉRREO. (Páginas 1183-1187.) Al escultor español Neruda dedicó también otros textos incluidos en este mismo volumen: «El escultor Alberto» de 1936 (pp. 385-386) y «Soneto a Alberto Sánchez de Toledo» de 1960 (pp. 1050-1051). Y además el poema IX («Alberto el Toledano») del libro póstumo *Elegía* (en nuestras *OCGC*, vol. III, p. 761).

EL HOMBRE MÁS IMPORTANTE DE MI PAÍS. (Páginas 1187-1190.) El afecto y la admiración de Neruda hacia el profesor Lipschütz ya habían sido expresados en un artículo de 1944 incluido en este volumen (pp. 532-535).

SALUUUUUD! A DIEGO MUÑOZ. (Páginas 1190-1191.) Informaciones de gran interés sobre algunos aspectos de la vida santiaguina del joven Neruda en el libro póstumo de su amigo Diego Muñoz: *Memorias. Recuerdos de la bohemia nerudiana*, Santiago, Mosquito Editores, 1999.

Los dos cumpleaños de 1964:
Shakespeare (400.°) y Neruda (60.°)

ALGUNAS REFLEXIONES IMPROVISADAS SOBRE MIS TRABAJOS. (Páginas 1201-1207.) Desde el epílogo de 1960 a *Canción de gesta*, los buceos autobiográficos del poeta posmoderno no sólo suponen una diversa exploración de los recuerdos sino, además, un meditar a fondo (y en nueva clave) sobre su personal modo de vivir el oficio de escritor. Esta improvisación de 1964 es como un destilado natural de los brillantes textos anteriores, en particular del discurso sobre Mariano Latorre y Pedro Prado escrito en 1962.

Índice de primeros versos

Índice alfabético

Este índice incluye nombres de autores y personajes reales (en VERSALITA), de divinidades y de personajes míticos y literarios (en redonda), de obras literarias y artísticas, poemas, películas y revistas (en *cursiva*), y de artículos, discursos y partes de obras (en «redonda y entre comillas»). Tras las obras se citan los nombres de los autores (entre paréntesis).

Índice general

Los primeros textos
(1915-1917)

Los cuadernos de Neftalí Reyes
(1918-1920)

Un hombre anda bajo la luna
(1919-1922)

Álbum Terusa
(1923)

El cazador de recuerdos
(1923-1927)

Crónicas desde Oriente
para «La Nación» de Santiago de Chile
(1927-1930)

Santiago-Madrid ida y vuelta
(1931-1939)

Entre Michoacán y Punitaqui
(1939-1947)

Discursos y documentos
del poeta-senador
(1945-1948)

La clandestinidad y el exilio
(1948-1952)

El retorno del soldado errante
(1952-1955)

Otra vida comienza
(1956-1961)

El nuevo lenguaje autobiográfico
(1962)

Por Matilde y por la paz
(1962-1963)

Los dos cumpleaños de 1964:
Shakespeare (400.°) y Neruda (60.°)

Edición al cuidado de Nicanor Vélez. Diseño de Norbert
Denkel. Producción: Susanne Werthwein. © Herederos
de Pablo Neruda y Fundación Pablo Neruda, 2001.
© Hernán Loyola, por el prólogo y las notas, 2001.
© Círculo de Lectores, S. A. (Sociedad Unipersonal) y
Nueva Galaxia Gutenberg, S. A., por la presente edición,
2001. Fotografía del estuche: Flash-Press. Fotografía de
fondo de la cubierta (detalle): © Sara Facio. Fotografía
de la cubierta y el lomo: © Antonio Gálvez. Logo de la
contracubierta: Fundación Pablo Neruda. Fotocompo-
sición: Víctor Igual, S. L. Impresión y encuadernación:
Printer industria gráfica, s.a. N II, Cuatro Caminos s/n,
08620 Sant Vicenç dels Horts. Barcelona, 2001.

CÍRCULO DE LECTORES, S.A.
(Sociedad Unipersonal)
Travessera de Gràcia 47-49, 08021 Barcelona
www.circulolectores.com
GALAXIA GUTENBERG, S.A.
Passeig de Picasso 16, 08003 Barcelona
www.galaxiagutenberg.com
3 5 7 9 0 1 1 0 8 6 4 2

Depósito legal: B. 30804-1999
ISBN Círculo de Lectores 84-226-7974-4 (tomo IV)
ISBN Círculo de Lectores 84-226-7970-1
(obra completa)
ISBN Galaxia Gutenberg 84-8109-273-8 (tomo IV)
ISBN Galaxia Gutenberg 84-8109-269-X
(obra completa)
N.º 35667
Impreso en España